3ds Max 베이직 클래스

3ds Max 베이직 클래스
개정판 2024년 11월 1일

지 음 이동후

발행인 한창훈

발행처 루비페이퍼
등 록 2013년 11월 6일 제 385-2013-000053호
주 소 경기도 부천시 원미구 길주로 252 1804호
전 화 032-322-6754
팩 스 031-8039-4526

홈페이지 www.RubyPaper.co.kr
ISBN 979-11-93083-25-3

디자인 손예원

이 책은 저작권법에 따라 보호받는 저작물이므로 무단 전재와 무단 전재와 무단 복제를 금지하며, 이 책 내용의 전부 또는 일부를 이용하려면 반드시 저작권자와 루비페이퍼의 서면 동의를 받아야 합니다.

책값은 뒤표지에 있습니다.

잘못된 책은 구입하신 곳에서 바꾸어 드립니다.

3ds Max
베이직 클래스

이동후 지음

루비페이퍼

3D 그래픽은 게임, 영화, 광고, 애니메이션, 제품, 아트 토이, 3D 프린팅 등 광범위하게 사용되고 있으며 전통적으로 수작업으로 이루어지던 분야까지도 비용 절감이라는 이유로 3D를 활용하는 추세입니다.

이에 따라 다양한 3D 그래픽 분야에서 많은 인력이 필요하고 그 인력이 반드시 갖추어야 할 능력이 3D 그래픽의 기본인 모델링입니다. 모델링 기초가 완벽하게 갖추어지지 않으면 3D 그래픽 분야 어디든 진출하기 어렵습니다.

이 책은 단순히 3ds Max라는 툴을 배우는 것을 넘어 3D 모델링 기본 원리와 접근 방법을 제시합니다.

3ds Max의 수없이 많은 기능을 의미 없이 따라 하기보다는 저자가 오랜 실무를 통해 얻은 경험을 토대로 학습을 저해하는 기능 설명은 자제하고 독자가 성취감을 느끼면서 학습할 수 있도록 구성했습니다.

더불어 독자 스스로 형태를 분석하고 다양한 기능을 응용해 자신만의 노하우를 축적할 수 있도록 많은 예제와 다양한 모델링 방법을 담았습니다.

마지막으로 수많은 시행착오와 경험을 담아 3D 그래픽 분야에 첫발을 내디딜 분에게 올바른 길을 안내할 수 있는 나침반과 같은 책이 되기를 바랍니다.

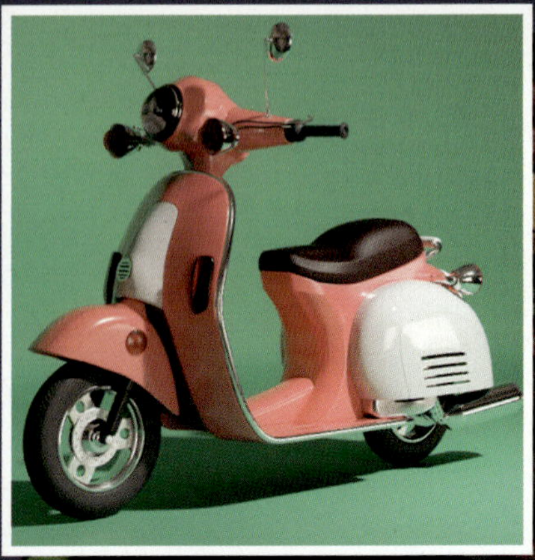
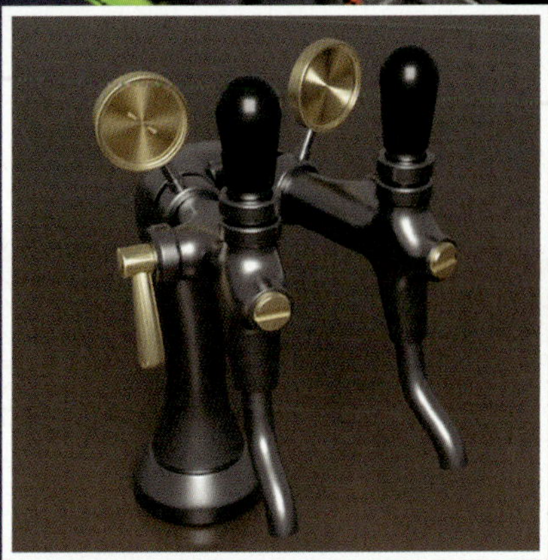
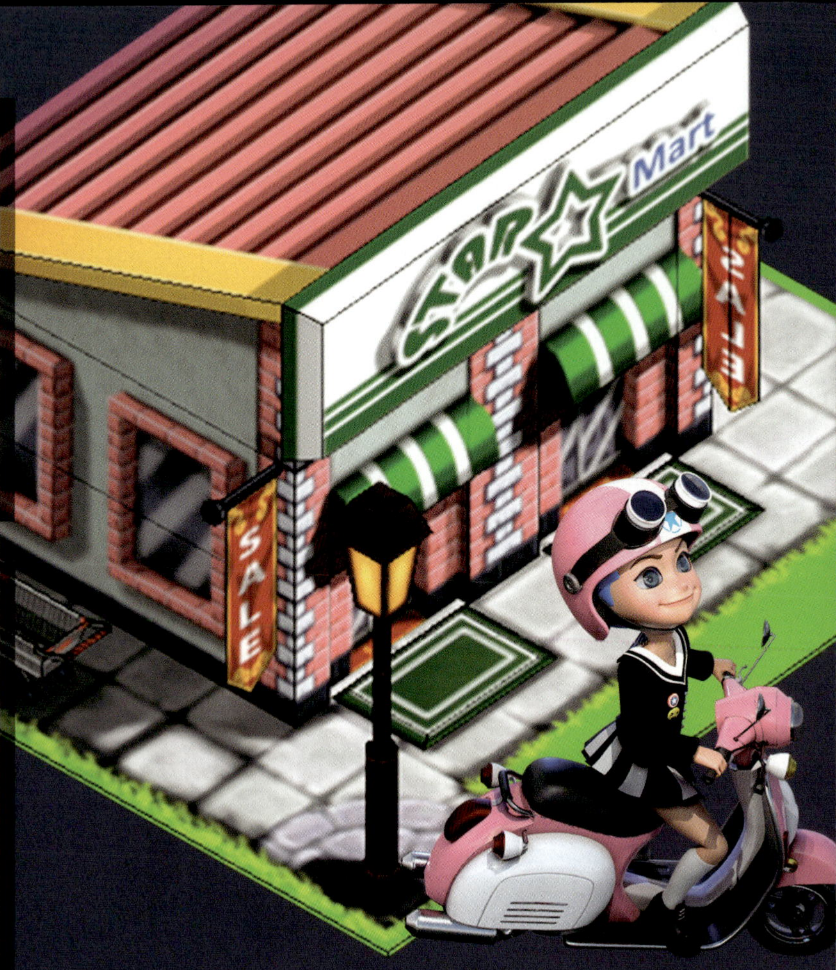
STAR Mart
SALE
SALE
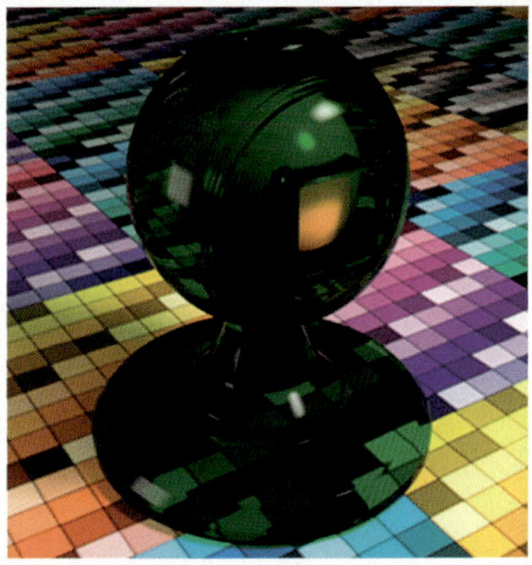
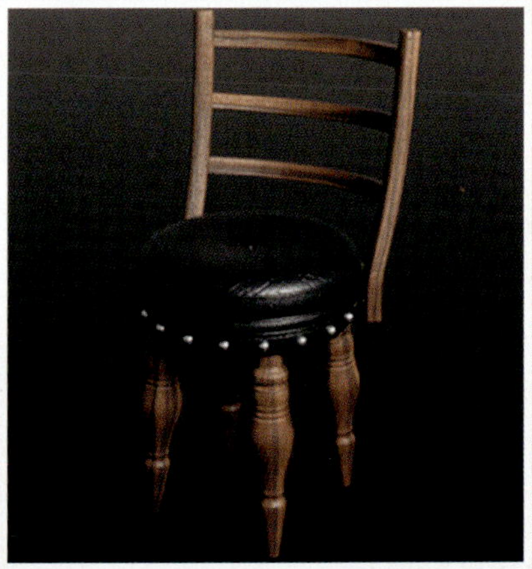
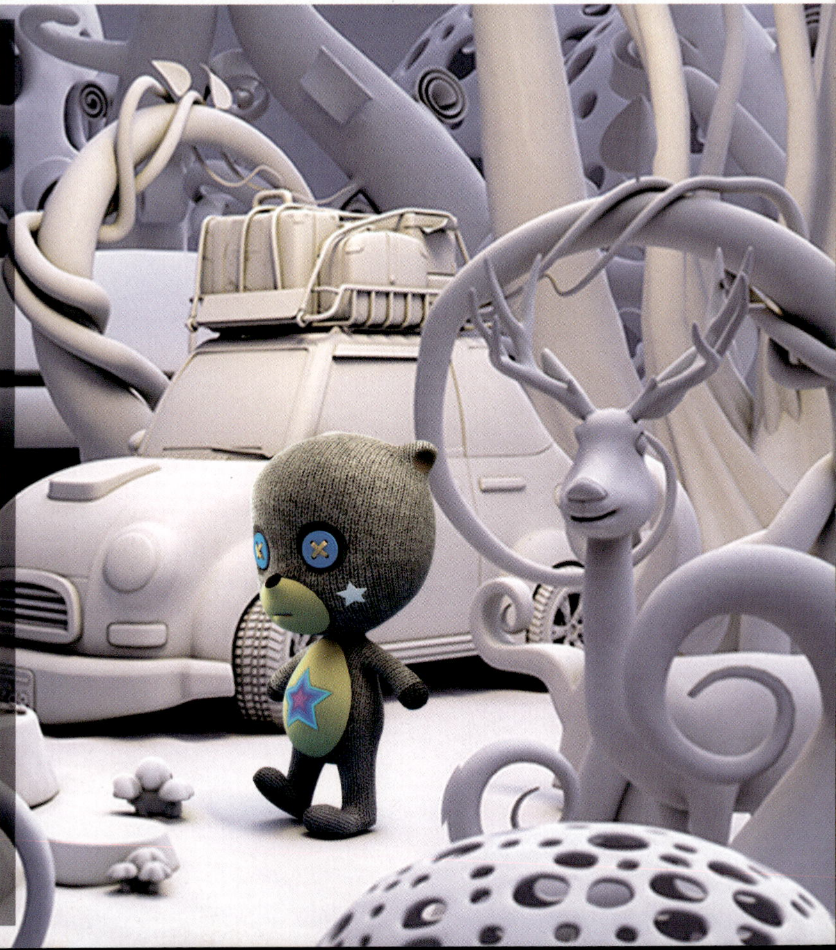

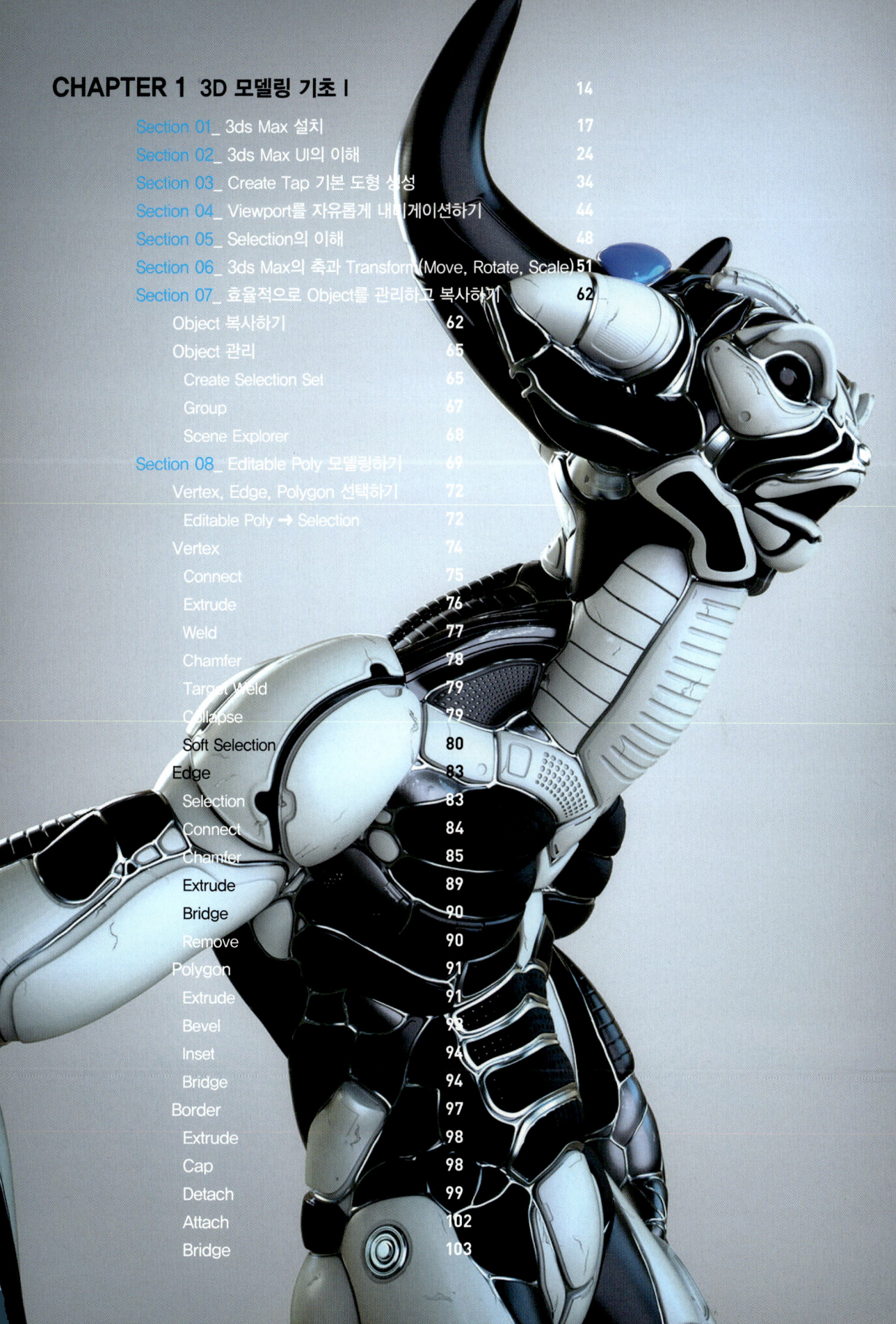

CHAPTER 1 3D 모델링 기초 I — 14

- Section 01_ 3ds Max 설치 — 17
- Section 02_ 3ds Max UI의 이해 — 24
- Section 03_ Create Tap 기본 도형 생성 — 34
- Section 04_ Viewport를 자유롭게 내비게이션하기 — 44
- Section 05_ Selection의 이해 — 48
- Section 06_ 3ds Max의 축과 Transform (Move, Rotate, Scale) — 51
- Section 07_ 효율적으로 Object를 관리하고 복사하기 — 62
  - Object 복사하기 — 62
  - Object 관리 — 65
    - Create Selection Set — 65
    - Group — 67
    - Scene Explorer — 68
- Section 08_ Editable Poly 모델링하기 — 69
  - Vertex, Edge, Polygon 선택하기 — 72
    - Editable Poly → Selection — 72
  - Vertex — 74
    - Connect — 75
    - Extrude — 76
    - Weld — 77
    - Chamfer — 78
    - Target Weld — 79
    - Collapse — 79
    - Soft Selection — 80
  - Edge — 83
    - Selection — 83
    - Connect — 84
    - Chamfer — 85
    - Extrude — 89
    - Bridge — 90
    - Remove — 90
  - Polygon — 91
    - Extrude — 91
    - Bevel — 93
    - Inset — 94
    - Bridge — 94
  - Border — 97
    - Extrude — 98
    - Cap — 98
    - Detach — 99
    - Attach — 102
    - Bridge — 103

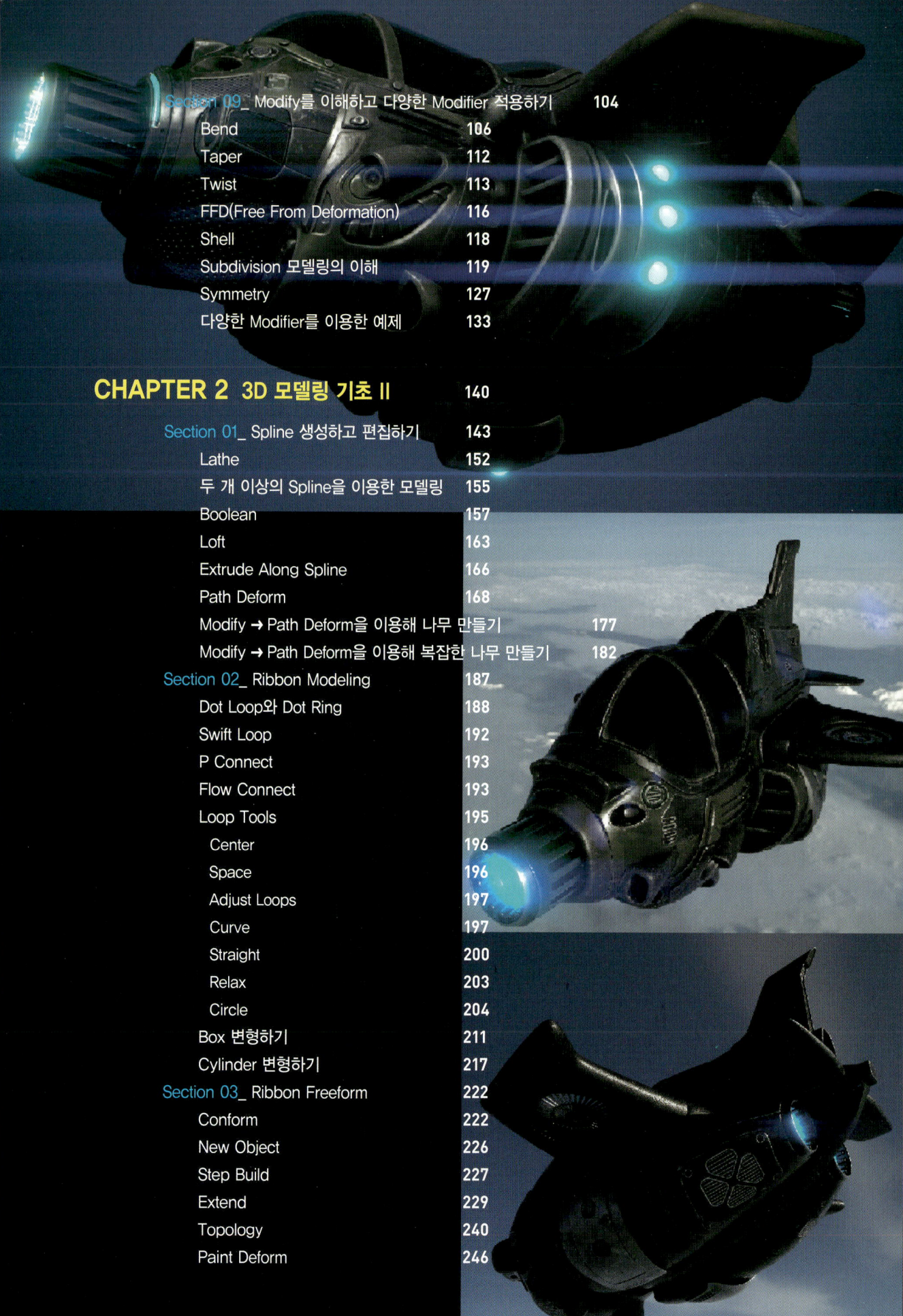

Section 09_ Modify를 이해하고 다양한 Modifier 적용하기   104
    Bend   106
    Taper   112
    Twist   113
    FFD(Free From Deformation)   116
    Shell   118
    Subdivision 모델링의 이해   119
    Symmetry   127
    다양한 Modifier를 이용한 예제   133

CHAPTER 2   3D 모델링 기초 II   140

Section 01_ Spline 생성하고 편집하기   143
    Lathe   152
    두 개 이상의 Spline을 이용한 모델링   155
    Boolean   157
    Loft   163
    Extrude Along Spline   166
    Path Deform   168
    Modify → Path Deform을 이용해 나무 만들기   177
    Modify → Path Deform을 이용해 복잡한 나무 만들기   182

Section 02_ Ribbon Modeling   187
    Dot Loop와 Dot Ring   188
    Swift Loop   192
    P Connect   193
    Flow Connect   193
    Loop Tools   195
      Center   196
      Space   196
      Adjust Loops   197
      Curve   197
      Straight   200
      Relax   203
      Circle   204
    Box 변형하기   211
    Cylinder 변형하기   217

Section 03_ Ribbon Freeform   222
    Conform   222
    New Object   226
    Step Build   227
    Extend   229
    Topology   240
    Paint Deform   246

CHAPTER 3　다양한 Object 제작하기 Ⅰ　256

Section 01_ 접시 만들기　259
- 기본 도형을 이용해 접시 만들기　259
- Plane을 이용해 접시 만들기　265
- Spline을 이용해 접시 만들기　268

Section 02_ 햄버거 만들기　272
- 빵 만들기　273
- 패티와 야채 만들기　276
- 깨 만들기　281

Section 03_ 엔틱 컵 만들기　285
- 엔틱 컵 하단 만들기　292

Section 04_ 엔틱 의자 만들기　297
- 의자 방석 만들기　298
- 의자 다리 만들기　302
- 의자 등받이 만들기　305

Section 05_ 주크 박스 만들기　307
- 주크 박스 몸체 만들기　308
- 주크 박스 덮개 만들기　310
- 주크 박스 기둥과 원형 장식 만들기　316
- 주크 박스 장식 커버 만들기　321

Section 06_ 맥주 펌프 만들기　324
- 펌프 노즐 만들기　325
- 펌프 보디 만들기　326
- 펌프 볼트 만들기　332

CHAPTER 4　다양한 Object 제작하기 Ⅱ　338

Section 01_ 자동차 만들기　341
- 자동차 외형 만들기　345
- 자동차 바퀴 만들기　357

Section 02_ 스쿠터 만들기　377
- 스쿠터 외형 만들기　378
- 스쿠터 바퀴 만들기　393

CHAPTER 5 캐릭터 모델링 　　　　　　406

- Section 01_ 곰 인형 만들기 　　　　　　410
- Section 02_ 말 만들기 　　　　　　428
- Section 03_ Box를 이용해 인체 기본형 만들기 　445
- Section 04_ 인체 구조 이해하기 　　　　　　455
- Section 05_ 사람 머리(얼굴) 만들기 　　　　　　458
- Section 06_ 사람 몸 완성하기 　　　　　　475
- Section 07_ 카툰 스타일 캐릭터 만들기 　　　　　　488
    - 얼굴 만들기 　　　　　　489
    - 몸 만들기 　　　　　　493
    - 팔 만들기 　　　　　　494
    - 다리 만들기 　　　　　　495
    - 손 만들기 　　　　　　496
    - 옷 만들기 　　　　　　499
    - 신발 만들기 　　　　　　503

CHAPTER 6 UVW Map의 이해 　　　　　　510

- Section 01_ UVW Map 좌표의 이해 　　　　　　513
- Section 02_ Unwrap UVW 　　　　　　515
- Section 03_ Projection 　　　　　　520
- Section 04_ Stitch와 Detach Edge Vertex 　532
- Section 05_ Stitch 　　　　　　536
- Section 06_ Quick Transform 　　　　　　538
- Section 07_ Explode 　　　　　　544
- Section 08_ Low Poly로 제작된 건물 Object의 UVW Map 설정 좌표를 설정하고 이미지 적용하기 　　　　　　551
- Section 09_ 곰 인형 UVW Map 좌표 설정하기 　559
    - Quick Peel과 Relax 　　　　　　565
    - Seams와 Pelt Map 　　　　　　573
    - Arrange Elements 　　　　　　583

CHAPTER 7 렌더링과 재질 — 588

Section 01_ Arnold 렌더러 — 592
Section 02_ Arnold Material 기초 — 613
Base — 616
Base Color — 616
Specular ➡ Roughness — 625
Metalness — 629
Transmisson — 634
Subsurface — 645
Coat — 650
Emission — 656
Section 03_ 재질과 렌더링 실습 — 659
맥주 펌프 재질 만들기 — 659
엔틱 의자 재질 만들기 — 660
스쿠터 재질 만들기 — 665
— 668

CHAPTER 8 리깅과 포즈

Section 01_ 리깅 — 671
Bone 생성하기 — 672
Bone을 따라 움직이기 — 677
Envelopes와 Cross Sections — 681
Weight Tool — 682
Paint Weight — 685
Weight Table — 690
Section 02_ 포즈 — 694
Biped — 694
Skin 적용하고 포즈 잡기 — 703

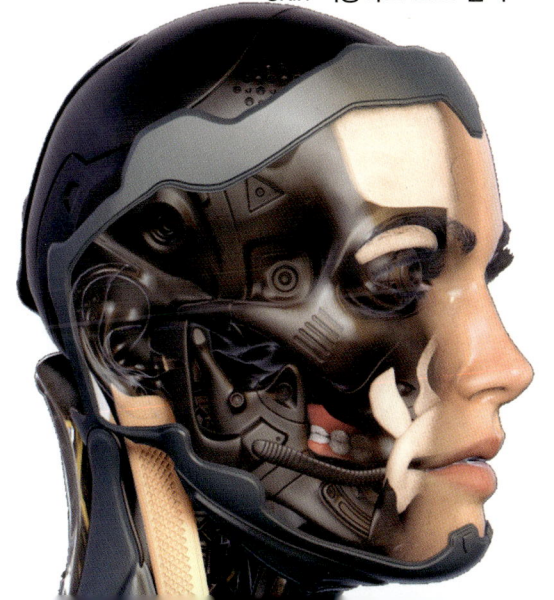

CHAPTER 9 다양한 모델링 접근 방식   716

- Section 01_ Boolean과 Retopology 기능을 활용한 모델링   719
  - Retopology   720
  - Boolean   723
- Section 02_ 규칙적인 패턴을 가진 Object 만들기 1   738
  - 제작 과정   739
- Section 03_ 규칙적인 패턴을 가진 Object 만들기 2   742
- Section 04_ 불규칙한 패턴을 가진 Object 만들기   754
  - 패턴 응용하기   762
- Section 05_ 선택 기능으로 불규칙한 패턴을 가진 Object 만들기 1   766
- Section 06_ 선택 기능으로 불규칙한 패턴을 가진 Object 만들기 2   770
- Section 07_ 선택 기능으로 규칙적인 패턴을 가진 Object 만들기 1   772
- Section 08_ 선택 기능으로 규칙적인 패턴을 가진 Object 만들기 2   776
- Section 09_ 선택 기능으로 규칙적인 패턴을 가진 Object 만들기 3   779
- Section 10_ 선택 기능으로 규칙적인 패턴을 가진 Object 만들기 4   782
- Section 11_ 선택 기능으로 규칙적인 패턴을 가진 Object 만들기 5   785

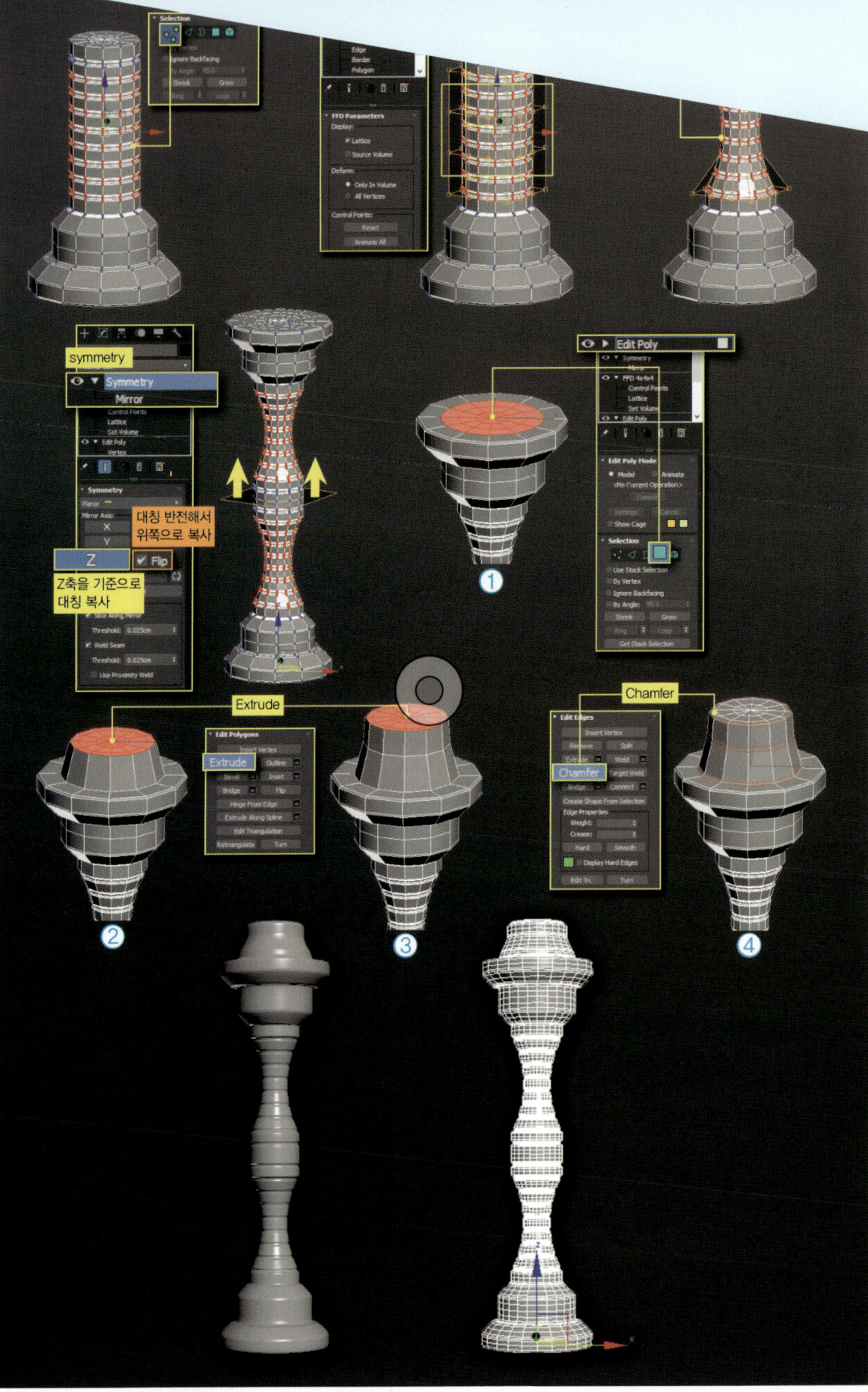

CHAPTER 01

3D 모델링 기초 I

01

CHAPTER 1

BRIEF INTRODUCTION

3d 모델링 과정은 먼저 만들고자 하는 Object의 비율과 특징을 이해하는 것부터 시작합니다.

형태를 분석하고 이해한 후 필요한 기능을 적절하게 사용하여 점(Vertex), 선(Edge), 면(Face, Polygon)을 3차원 공간 안에서 이동(Move), 회전(Rotate), 크기(Scale)를 조절하거나 연결하고 나누는 기능들을 이용해서 형태를 완성합니다.

더불어 게임, 영상, 입체 영상, 혹은 3D 프린팅 등 적용할 플랫폼에 따른 Object의 차이점(모델링의 구성이나 Polygon의 수 등)을 이해하는 것도 매우 중요합니다.

현재 다양한 3D 툴이 있으나 기본적인 모델링 과정은 점(Vertex), 선(Edge) 면(Face, Polygon)을 활용하여 형태를 완성하는 과정으로 모두 비슷합니다. 3ds Max를 선택한 만큼 3ds Max만의 특성과 장점을 파악하고 그 장점을 최대한 활용할 수 있도록 구성했습니다.

이 책은 3ds Max 2024를 기준으로 설명하고 있습니다. 이전 버전을 사용하고 있어도 내용을 이해하는 데 큰 어려움은 없습니다. 다만, 새로운 기능들을 익히고 활용하기 위해서는 3ds Max 2024 3Dmax 또는 3ds Max 2025 버전을 사용하는 것을 권장합니다.

SECTION 01

3ds Max 설치

3ds Max는 유료 소프트웨어이지만, 학생용과 교육용은 무료로 설치하여 모든 기능을 제한 없이 사용할 수 있습니다. Autodesk.co.kr에 접속하여 계정을 생성하고 로그인합니다. 검색창에 '학생용'이라고 입력하면 설치할 프로그램과 버전을 선택하고 다운로드할 수 있으며, 학생용 계정을 생성하는 상세한 설명도 확인할 수 있습니다.

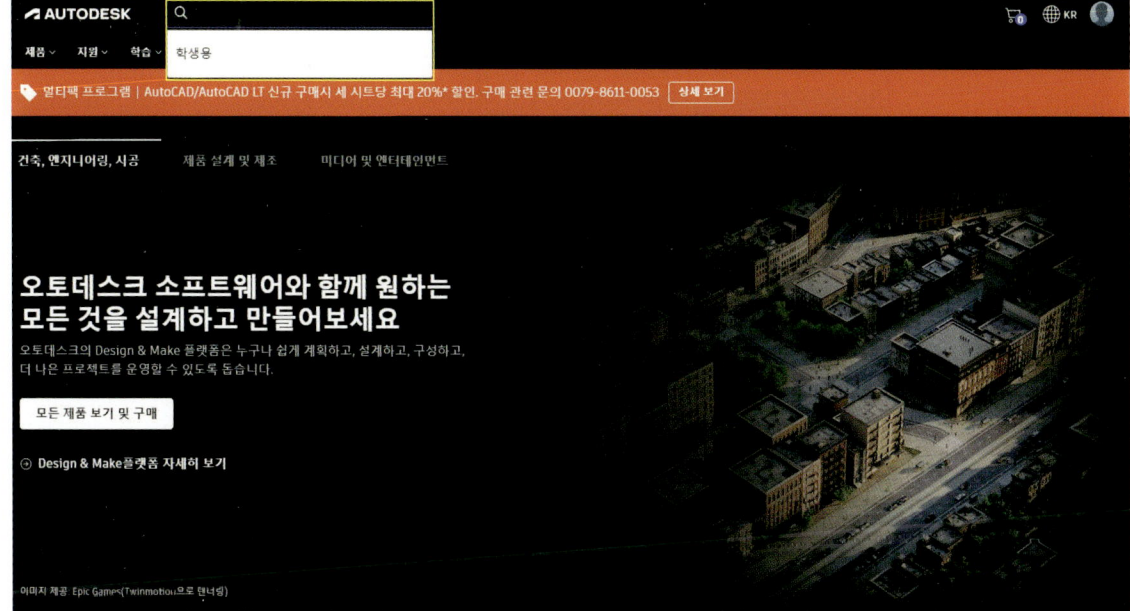

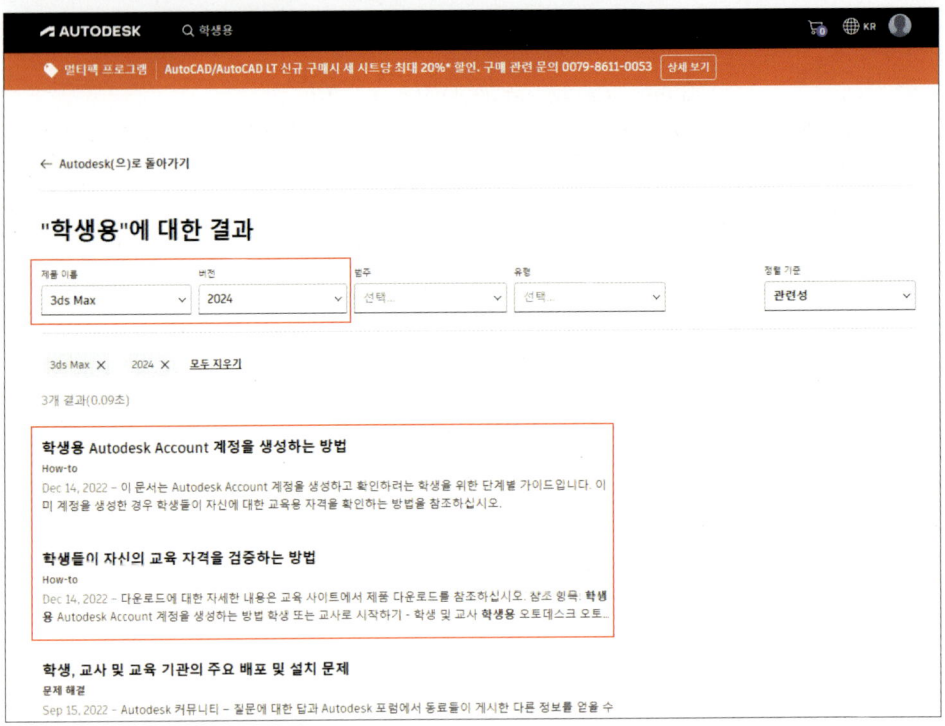

구글에서 '3ds Max 학생용 설치하기'를 검색하고 관련 링크를 클릭하여 접속한 후, 안내된 과정을 따라 프로그램을 다운로드하여 설치하고 사용할 수도 있습니다.

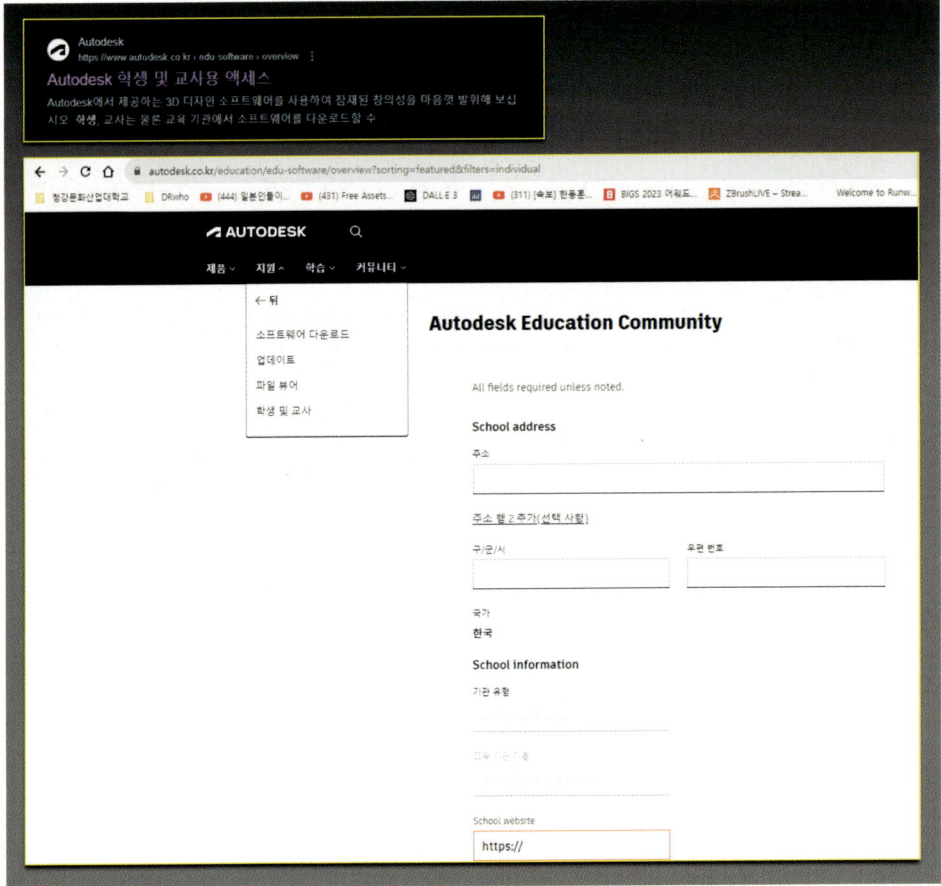

앞선 설명에 따라 설치한 3ds Max 2024를 처음 실행하면 다음과 같은 Welcome Screen이 나타납니다. 오른쪽 상단에서 언어를 한국어로 설정할 수 있습니다. Welcome Screen의 'Show this Welcome Screen at startup'을 선택 해제하면 다음 실행 시부터는 나타나지 않습니다.

Welcome Screen에서 3ds Max 2024의 기본 화면 구성과 키보드와 마우스의 기본 활용법을 확인할 수 있습니다.

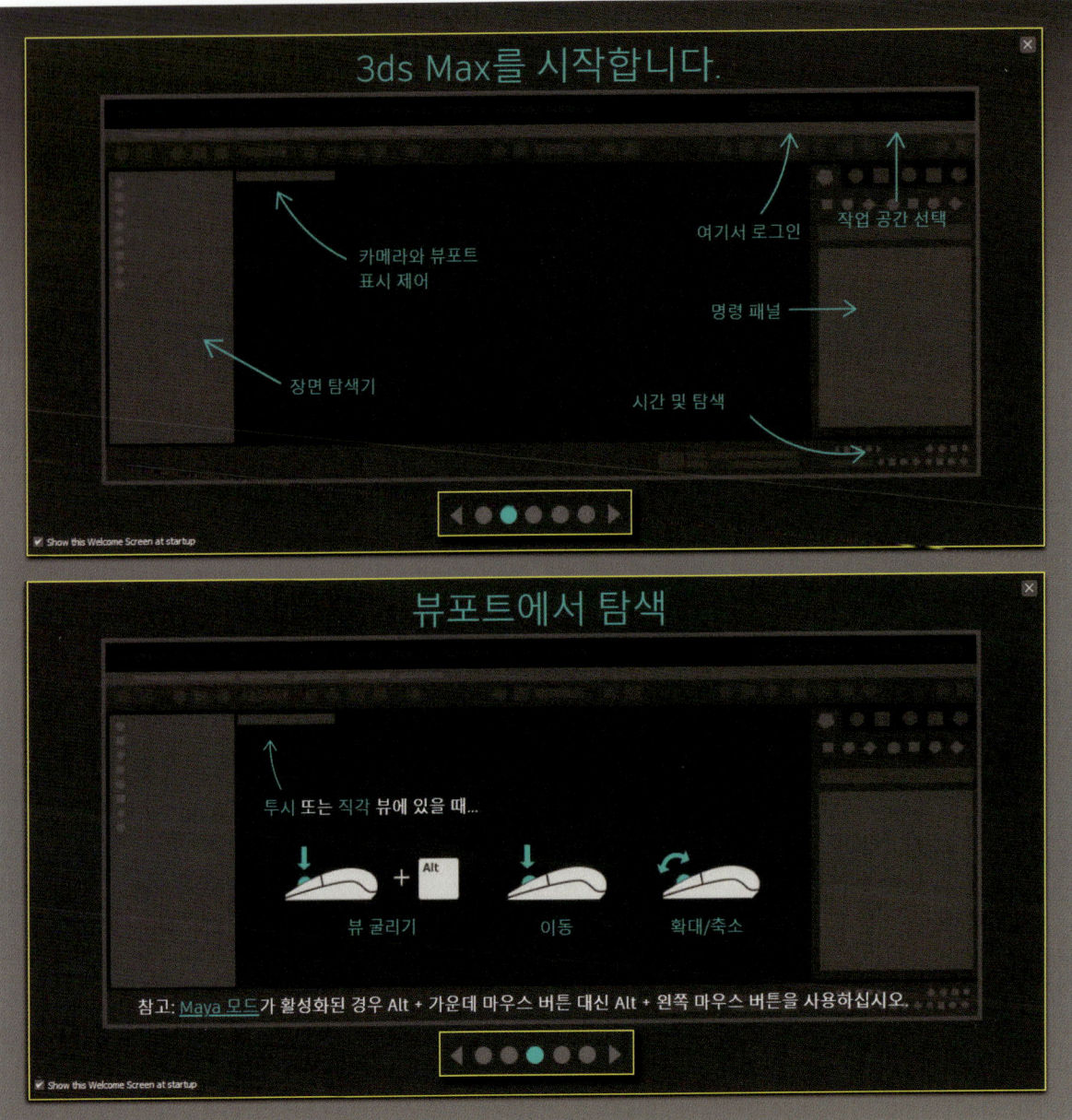

인터넷이 연결되어 있는 상태라면 링크를 클릭해서 3ds Max 2024를 학습할 수 있는 다양한 웹사이트로 이동해 많은 정보를 얻을 수 있습니다.

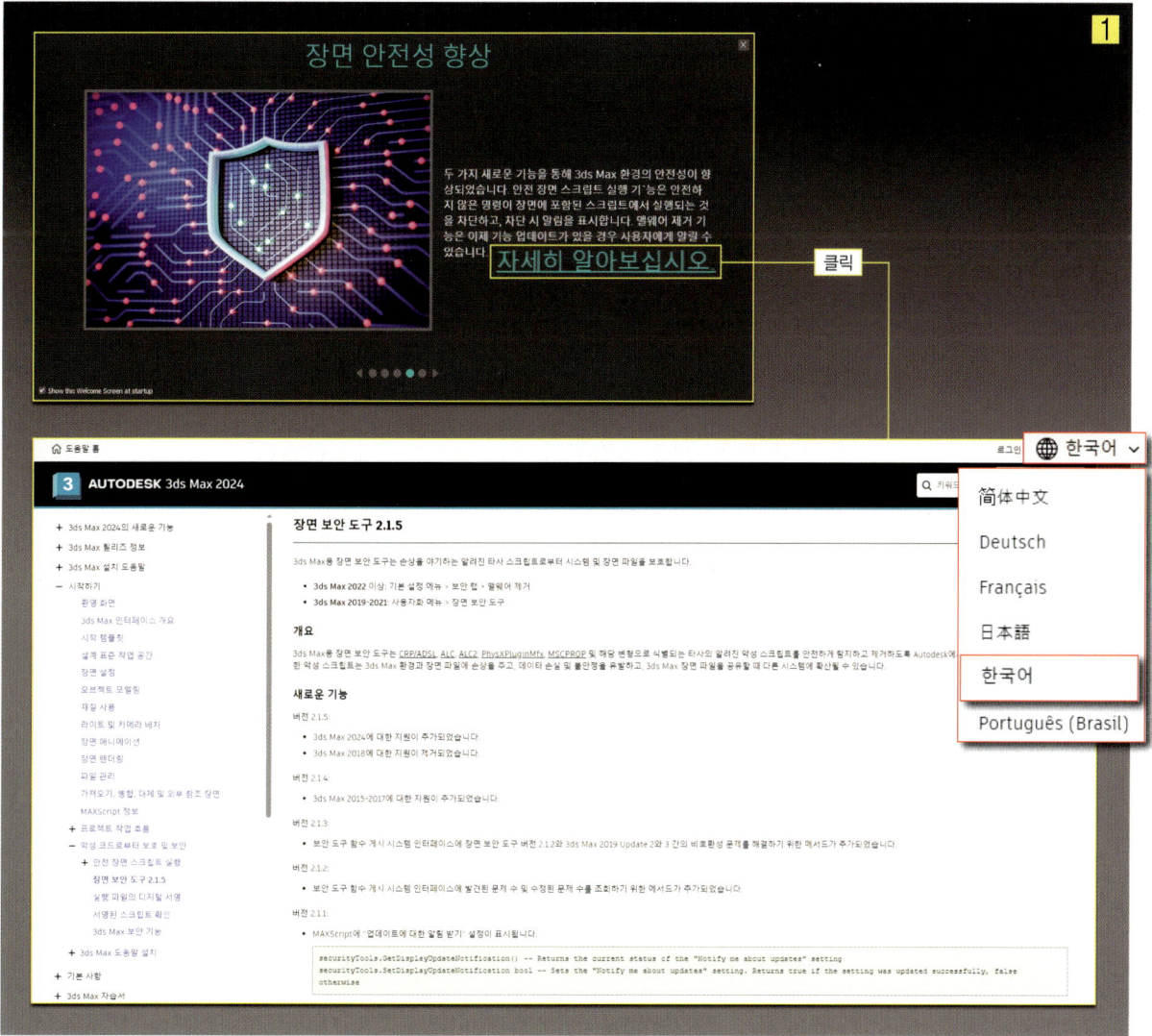

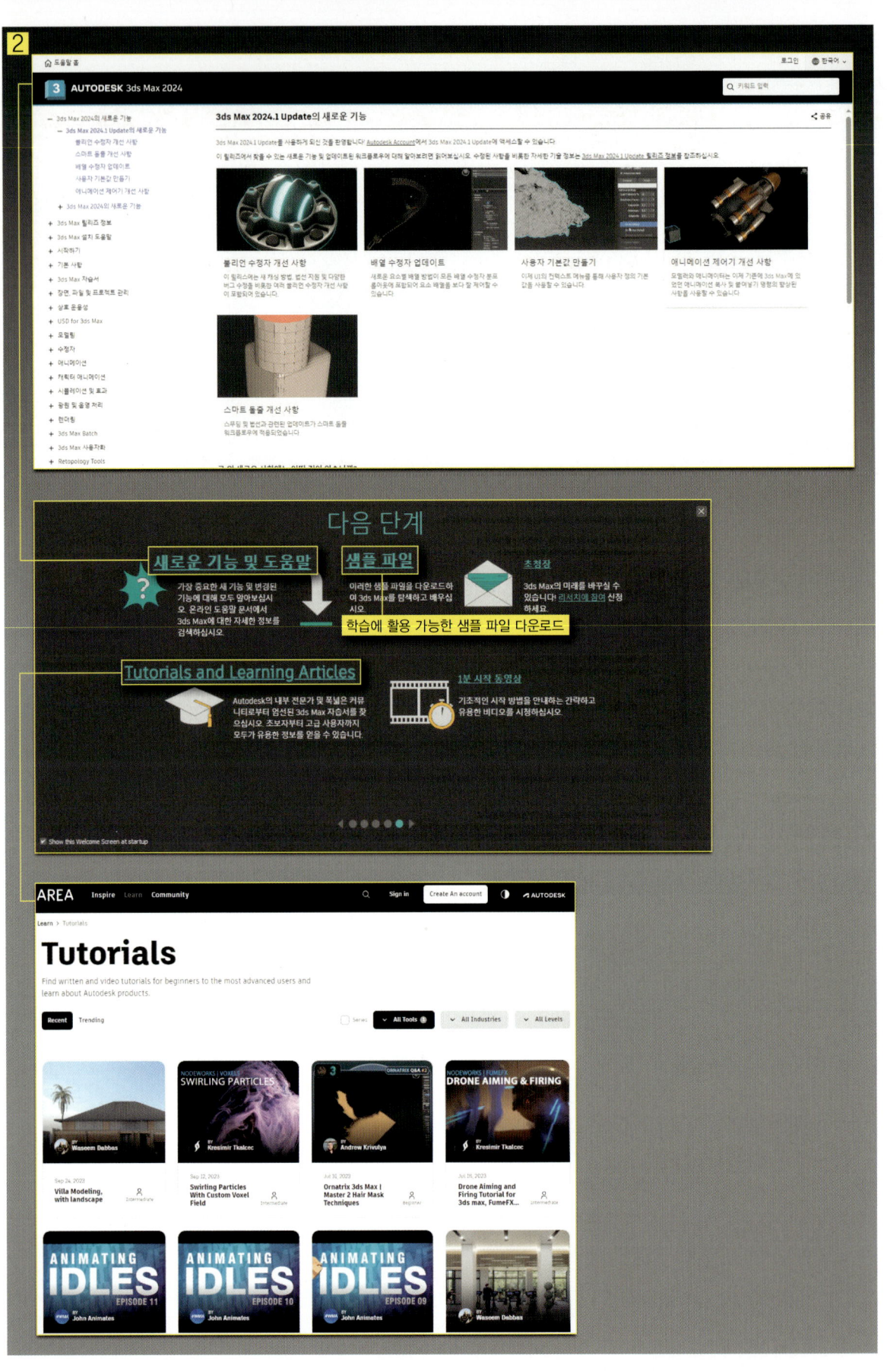

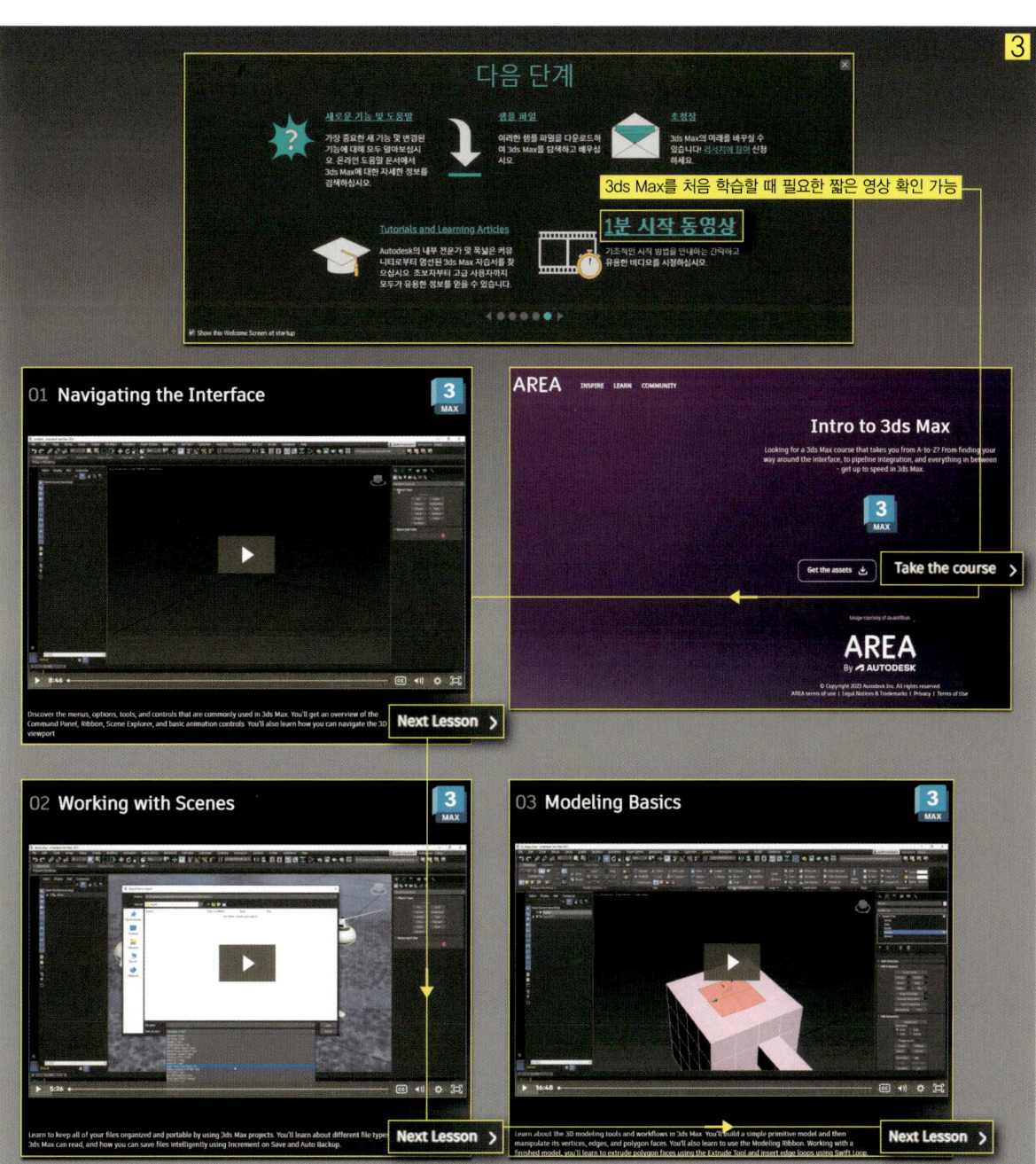

이 책은 3ds Max 2024 학생용 무료 버전을 기준으로 작성되었습니다. 화면 구성과 메뉴 위치를 설명하고 있으나, 이전 버전 사용자도 학습에 지장 없이 따라할 수 있도록 구성했습니다. 학습 목적의 비상업적 사용자는 Autodesk 공식 사이트(www.autodesk.com/education/free-software/3ds-max#)에서 무료로 다운로드할 수 있습니다.

주의: 3ds Max 2020을 설치한 후 업데이트를 적용하면 단축키 지정 방식과 Chamfer 기능에 변화가 있습니다. 이에 대한 자세한 설명은 본문의 해당 부분에서 다루고 있습니다.

SECTION 02

3ds Max UI의 이해

3ds Max UI(User Interface) 구성을 이해하고 수정하는 방법을 학습합니다. 3ds Max UI에 익숙해지는 것이 초심자에게 무엇보다 중요합니다. 3ds Max를 처음 실행하면 화면 중앙에 4개의 Viewport를 중심으로 상단의 Main Toolbar와 그 아래 Ribbon Tool이 오른쪽에 Command Panel과 하단에 Time Slide로 크게 구분되어 있습니다.

화면 중앙에 크게 4개의 분할된 공간이 3ds Max의 작업 공간이고 각각 Top, Left, Front, Perspective Viewport라고 합니다.

Command Panel의 Tap 버튼 옆 공간에서 마우스 오른쪽 버튼을 클릭하고 Dock ➡ Left를 클릭하면 왼쪽으로 이동합니다.

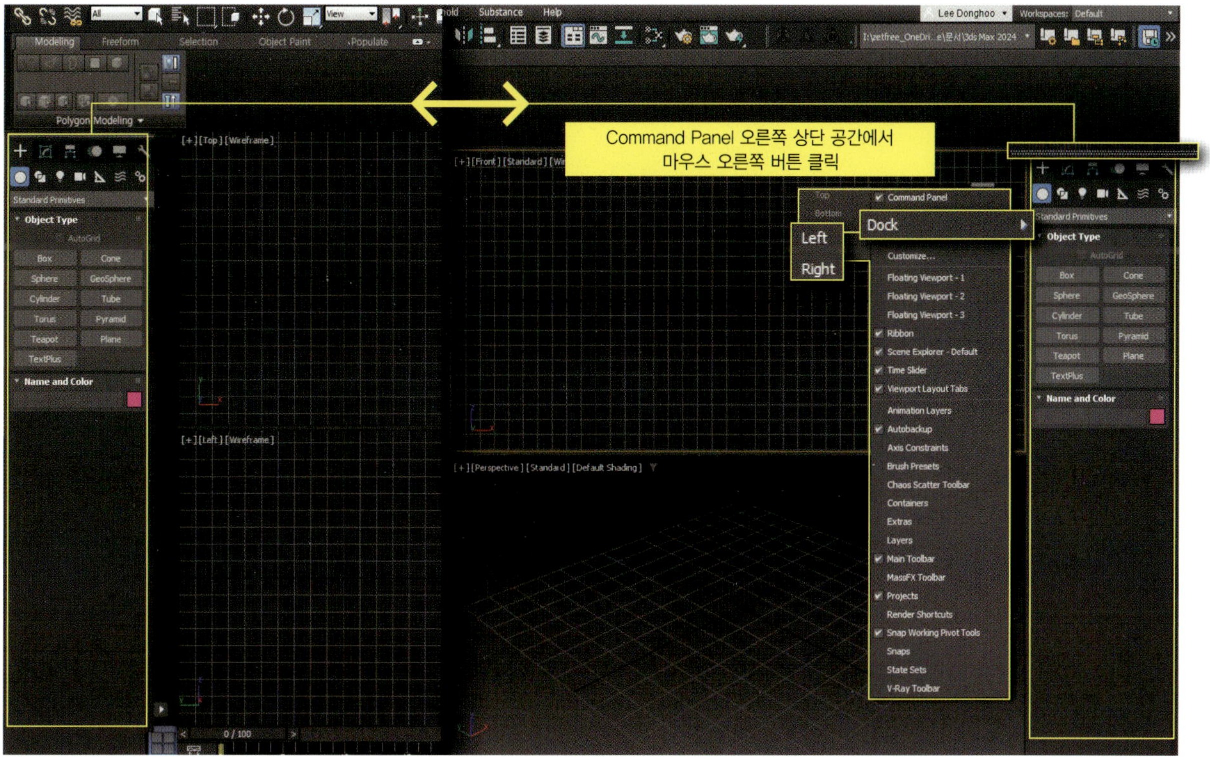

Command Panel의 Tap 버튼 옆 공간에서 마우스 오른쪽 버튼을 클릭하고 Float를 클릭하면 Command Panel이 분리되어 자유롭게 이동할 수 있는 상태가 됩니다.

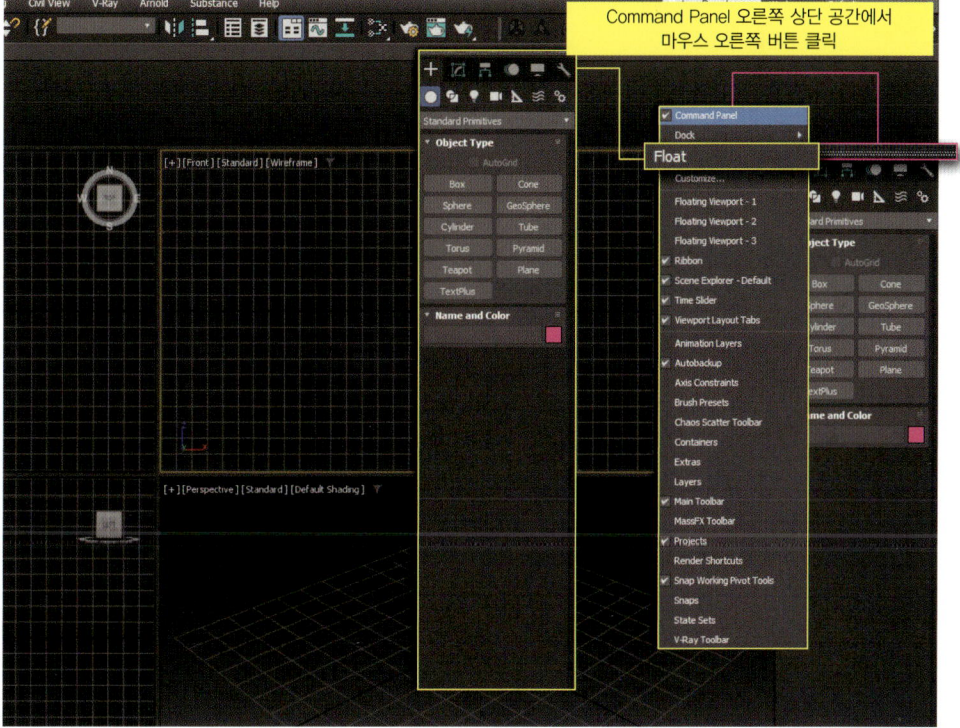

Command Panel과 Viewport의 경계 부분에 마우스를 가져가면 화살표 모양의 아이콘이 나타나고 클릭 앤 드래그 해서 원하는 만큼 크게할 수 있습니다.

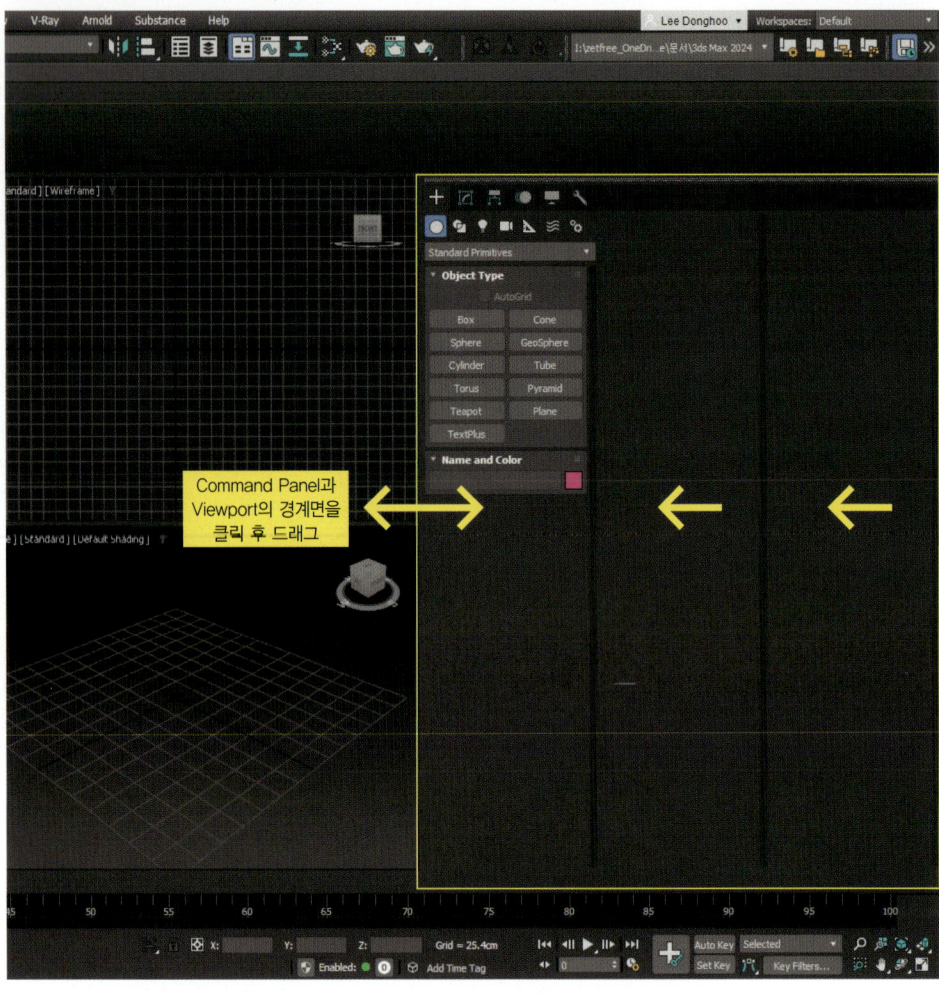

3d 작업을 하기 위해서 먼저 Top, Front, Left, Perspective를 이해하는 것이 중요합니다. 캐릭터의 윗부분은 Top View에서 나타나고, 캐릭터 정면은 Front View에 나타나고, 캐릭터의 좌측면은 Left View에 나타납니다. Perspective에서는 입체적으로 표현됩니다. Viewport의 왼쪽 상단버튼을 클릭해서 각 Viewport의 화면 설정을 변경할 수 있습니다.

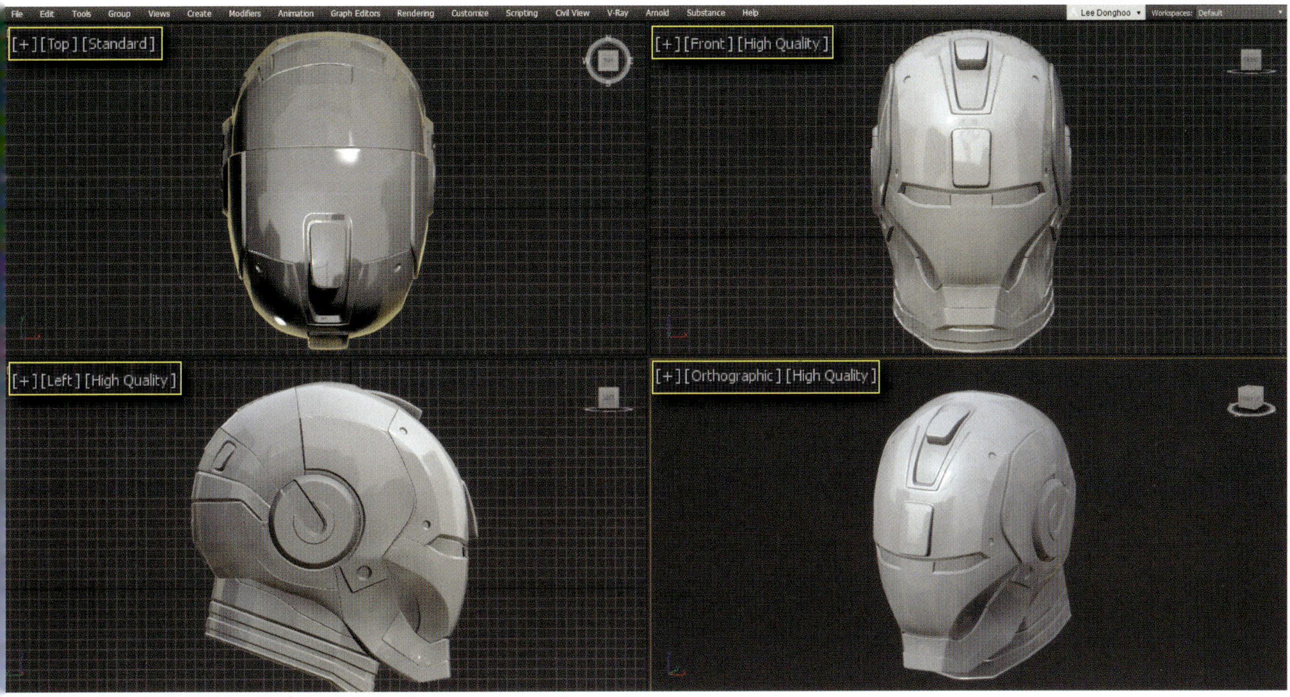

화면을 입체적으로 확인할 수 있는 Viewport는 Perspective와 Orthographic 두 종류가 있습니다(Perspective 단축키 P , Orthographic 단축키 U).

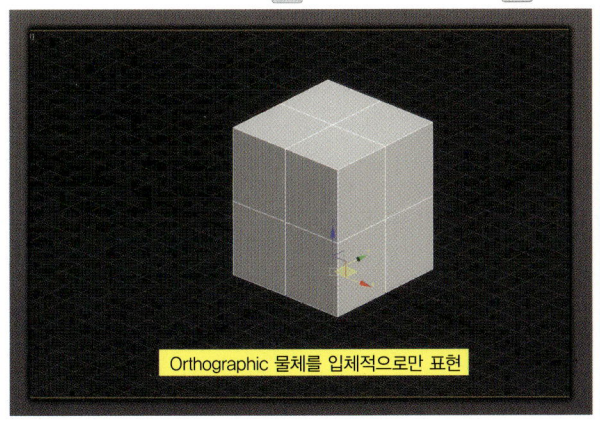

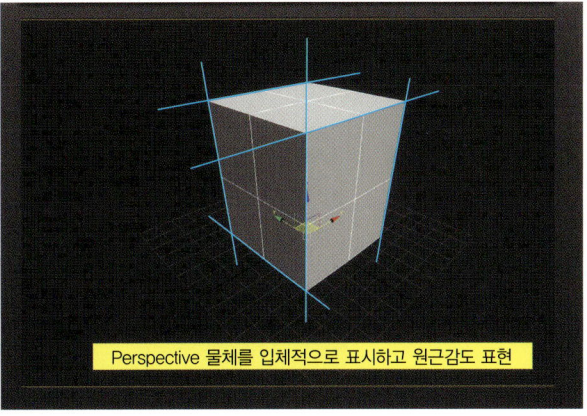

PINUP TIP

Perspective는 원근감을 표현하면서 보여주고 Orthographic는 원근감은 표현하지 않고 입체적으로만 보여 줍니다.

Chapter 01 | 3D 모델링 기초 I 27

왼쪽 하단의 Viewport Layout Tap을 클릭해서 원하는 스타일로 Layout을 변경할 수도 있습니다. 본인에게 적합한 환경으로 바꾸어 작업합니다.

각 Viewport는 본인이 작업하기 편리한 Viewport로 변경할 수 있습니다. 왼쪽 상단의 Viewport를 표시하는 Text를 클릭하고 원하는 Viewport로 변경합니다.

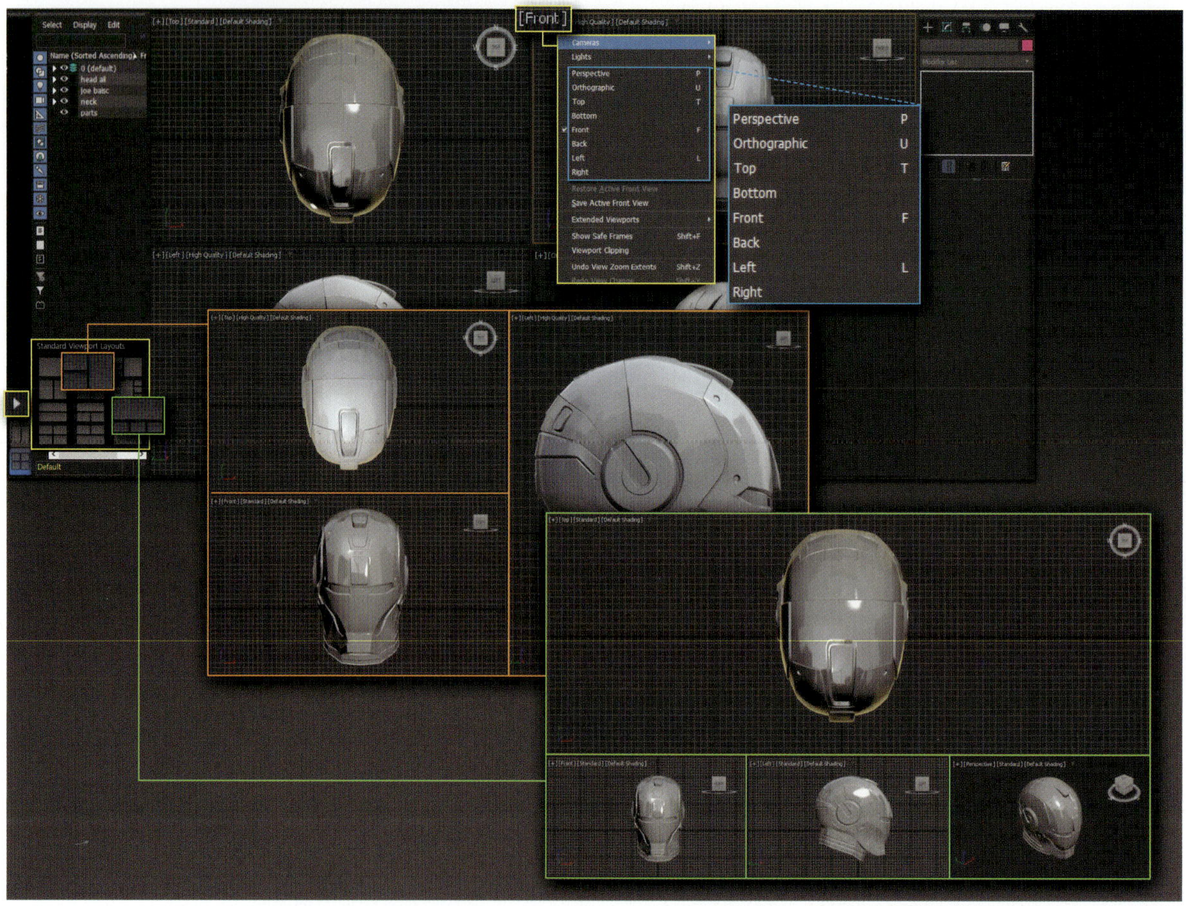

Viewport를 구분하는 경계 부분에 마우스를 가져가면 아이콘이 변경되고 클릭 앤 드래그해서 Viewport의 비율을 조절할 수 있습니다. 다시 경계 부분에서 마우스 오른쪽 버튼을 클릭하면 나타나는 Reset Layout 버튼을 클릭하면 원상태로 돌아옵니다.

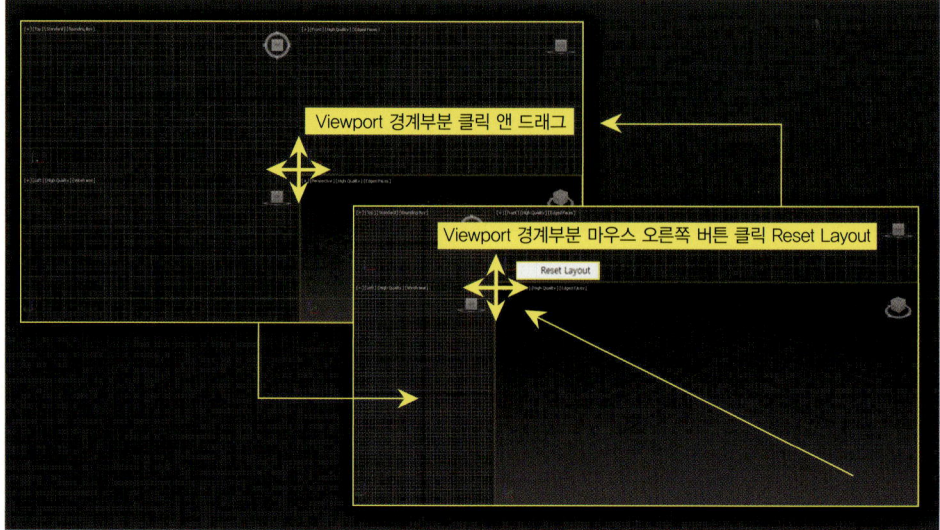

각 Viewport의 실선을 Grid라고 하며 중앙의 굵은 선이 3ds Max가 가진 좌표의 중심입니다. 단축키 G 를 눌러서 활성화하거나 비활성화할 수 있습니다.

본인에 맞게 설정한 UI는 작업 중 실수로 클릭해서 변형되는 것을 막기 위해서 Customize ➜ Lock UI Layout을 체크해서 고정할 수 있습니다.

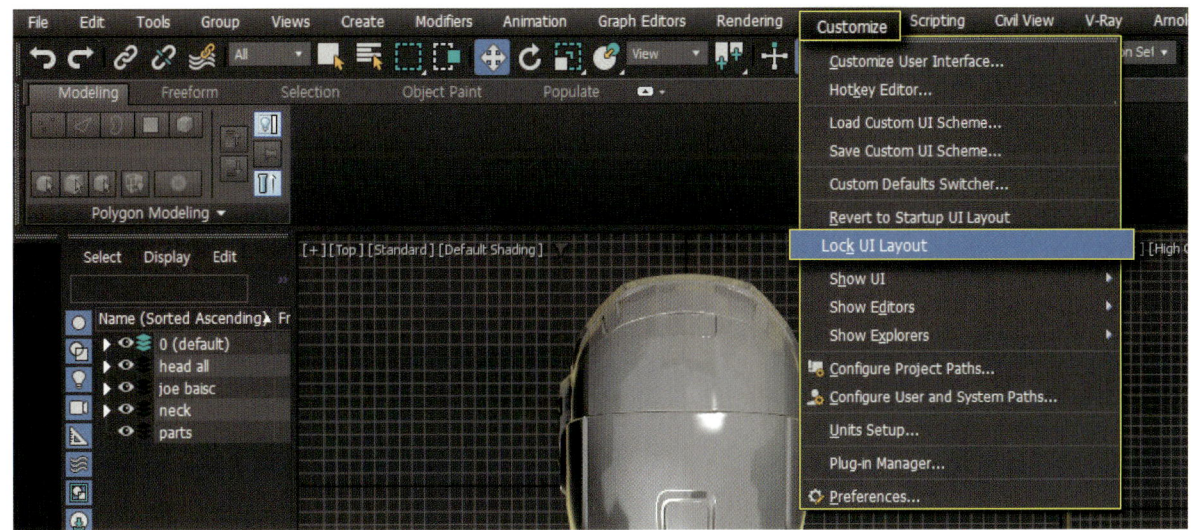

Customize ➜ Save Custom UI Scheme를 클릭해서 자신만의 UI Layout을 저장하고 다시 불러올 수 있습니다.
Customize ➜ Custom UI and Defaults Switcher를 실행해서 기본적으로 저장되어 있는 UI Layout을 사용할 수도 있습니다.

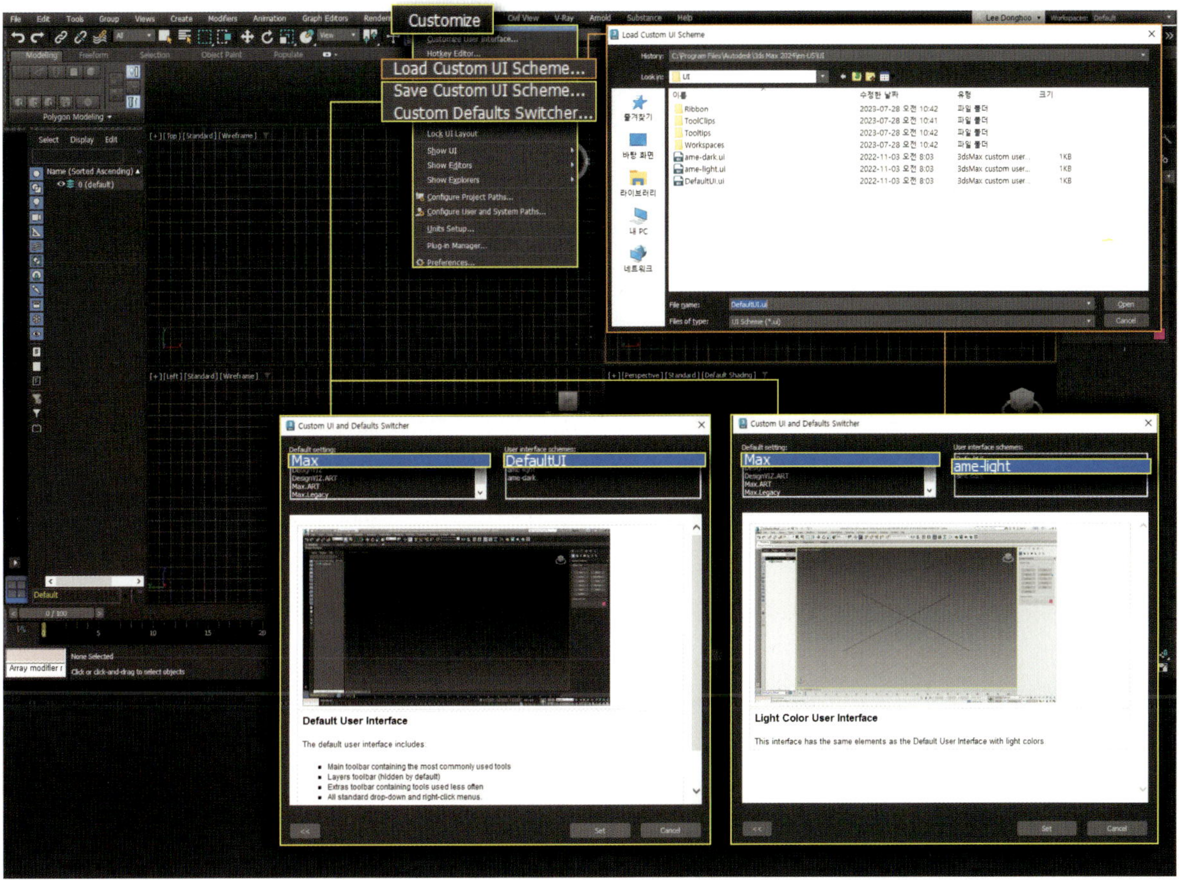

3ds Max의 모든 프로세스에서 가장 중요한 기능은 Command Panel에서 찾을 수 있기 때문에 Command Panel을 이해하는 것이 매우 중요합니다. Command Panel에는 기본 도형이나 Line을 만들 수 있는 Create Tab과 만들어진 기본 도형이나 Line을 수정할 수 있는 Modify Tab으로 구분할 수 있습니다.

모델링 과정에서 가장 중요한 두 개의 Tab이고 책 전체를 통해서 계속 사용하는 부분이기 때문에 정확하게 이해해야 합니다.

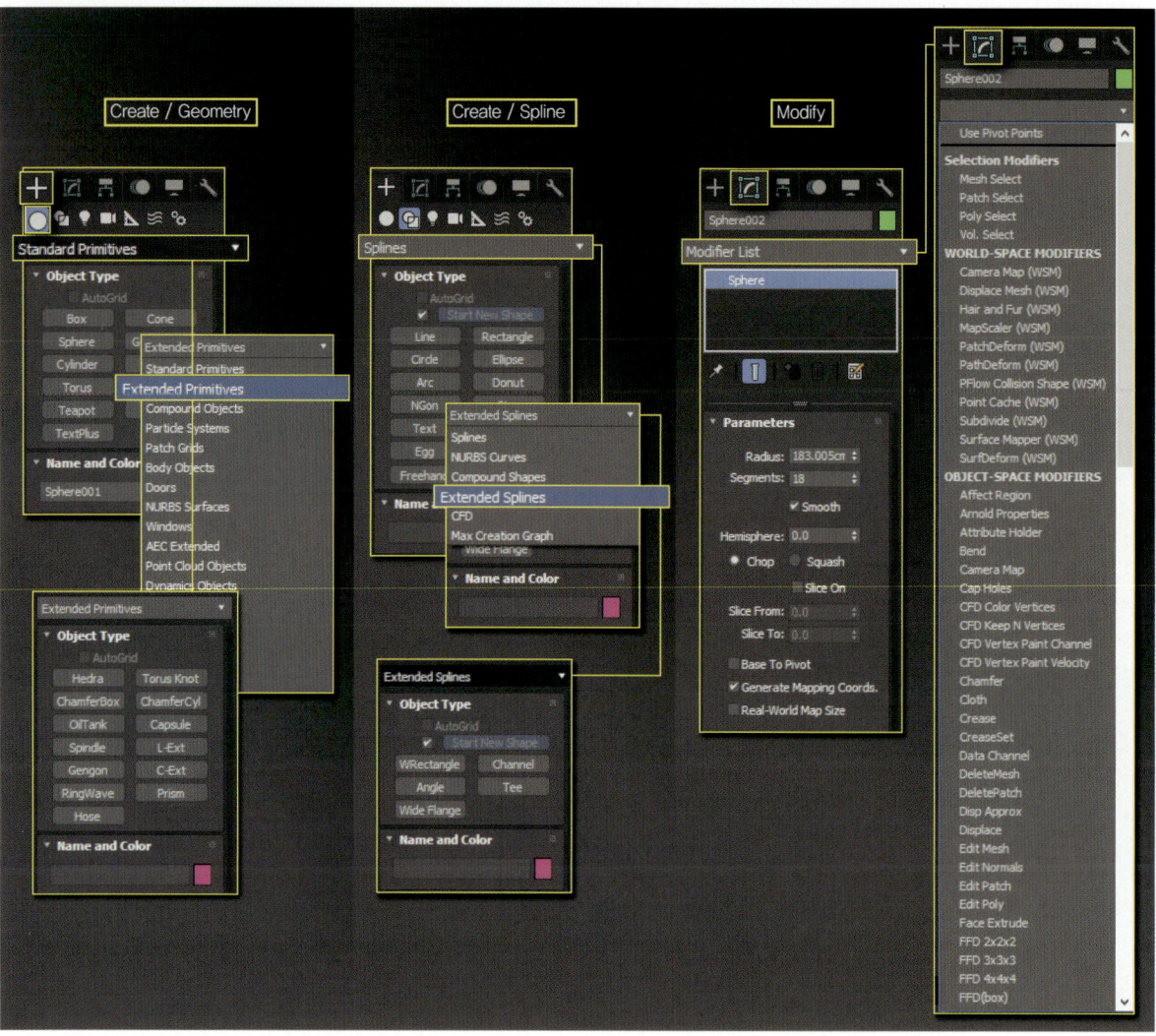

Command Panel의 Create와 Modify Tab은 상단 Main Menu에서도 찾을 수 있습니다.

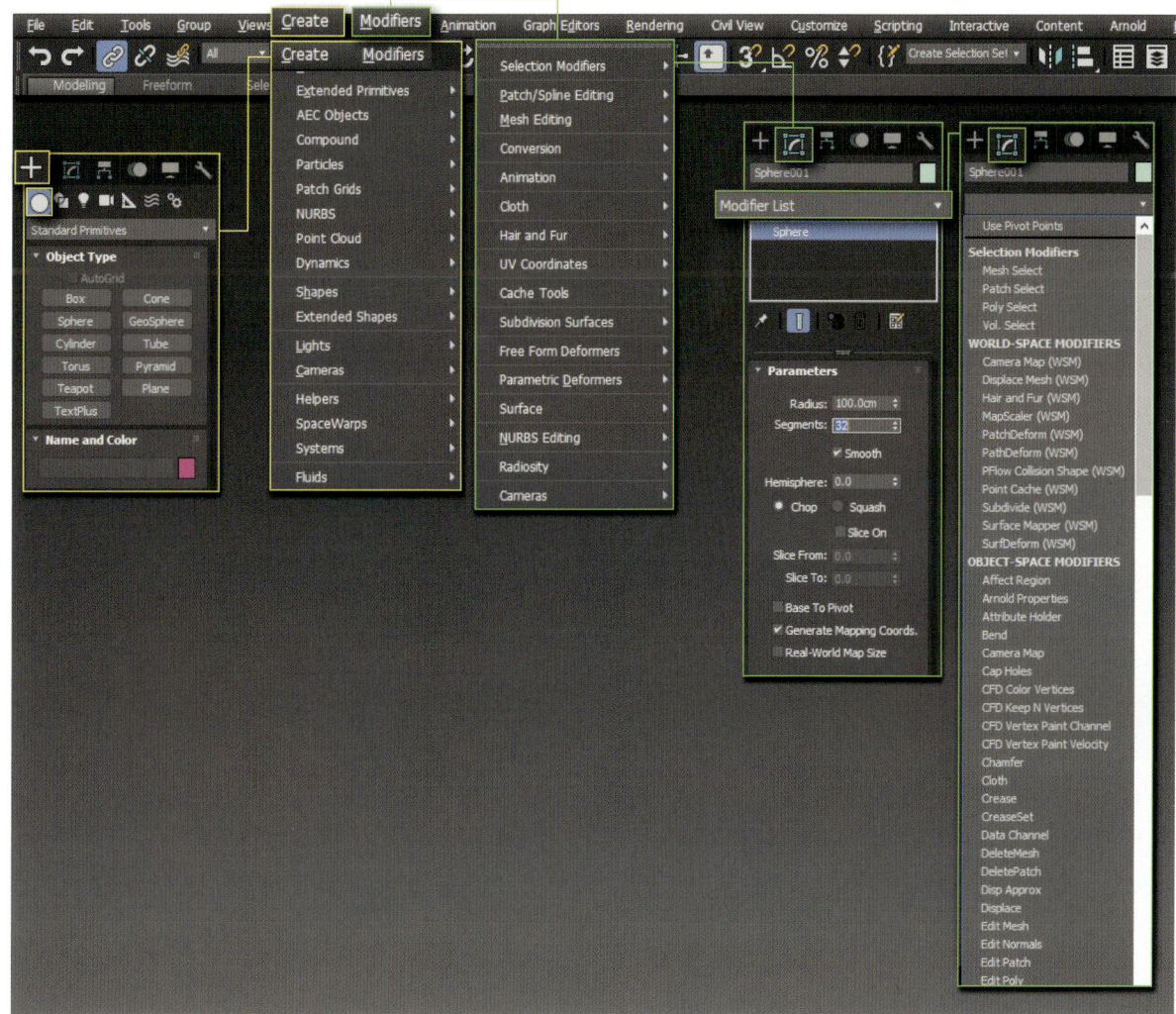

3ds Max의 모델링 과정은 Create 기능을 이용해서 기본 도형이나 선을 만들고(Geometry, Shape 등) 이를 Editable Poly나 Editable Mesh로 변환하여 Modify Tap으로 이동해 모델링하거나 Modify에 다양한 기능을 적용해서 Object를 변형하는 방법으로 진행됩니다.

이 책에서는 Editable Poly을 활용하고 대부분 Editable Poly를 이용합니다.

Object를 생성하고 바로 선택 해제하고 나면 다시 Object를 선택해도 Object의 옵션이 나타나지 않습니다. 생성한 Object를 선택 해제하고 난 후에는 Modify로 이동해서 모델링을 진행해야 합니다.

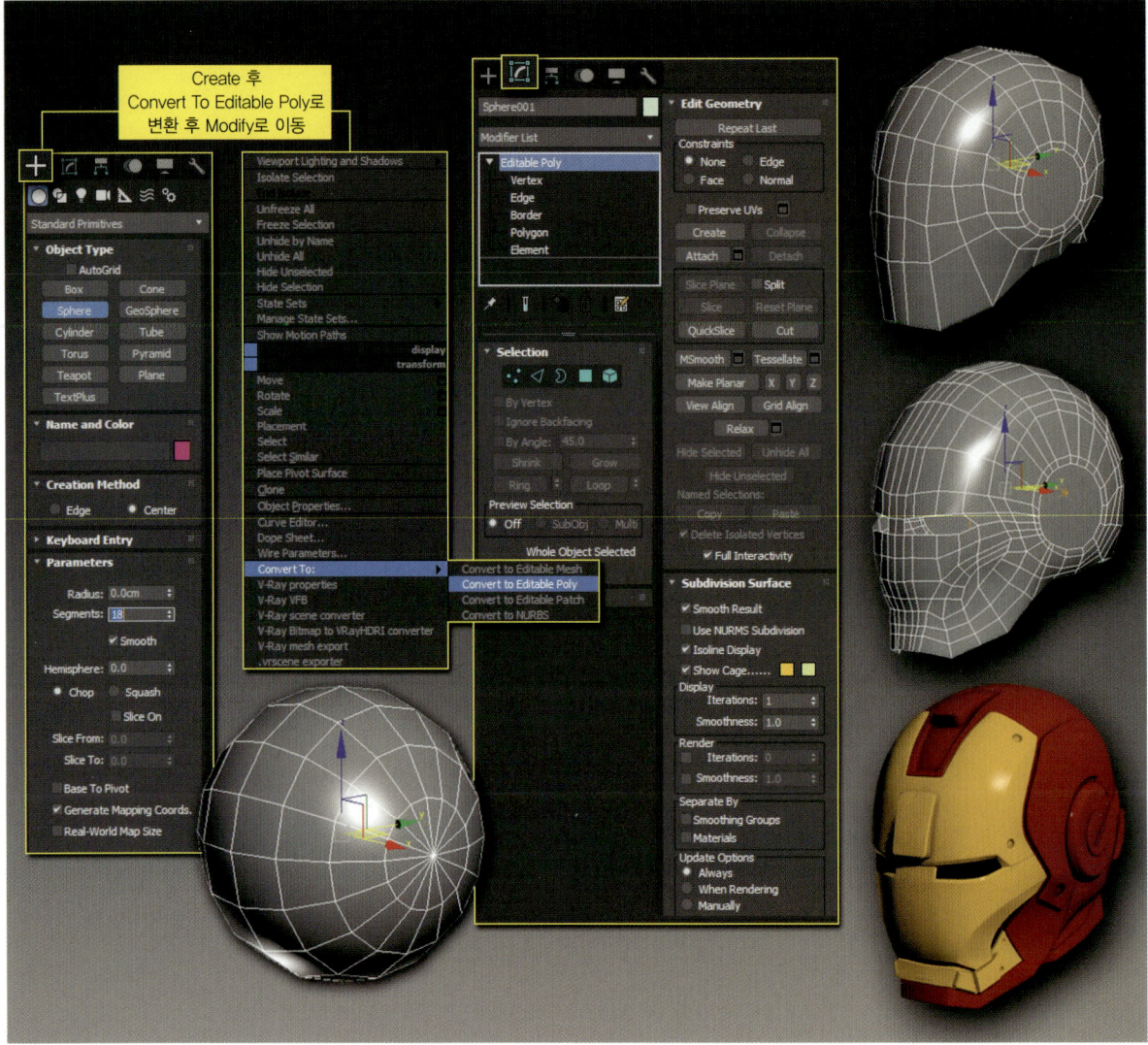

PINUP TIP

Editable Poly란 생성한 기본형 Object를 다양한 기능을 이용해서 편집/수정할 수 있는 상태로 변환된 상태를 의미합니다. 즉 원하는 형태로 변형하기 위해서 꼭 Editable Poly로 변환하거나 Modify에서 Editable Poly를 적용해야 필요한 모든 기능을 활용할 수 있습니다.

Create에서 기본형을 생성하고 이를 Modify로 이동해서 변형한다. 이것이 바로 3ds Max의 기본 모델링 과정입니다. 단어 뜻 그대로 Create에서 아무것도 존재하지 않는 화면에 물체를 만들고 Modify(수정)한다고 이해합니다.

Object는 각 Viewport에서 다양한 방식으로 화면에 표시할 수 있습니다.

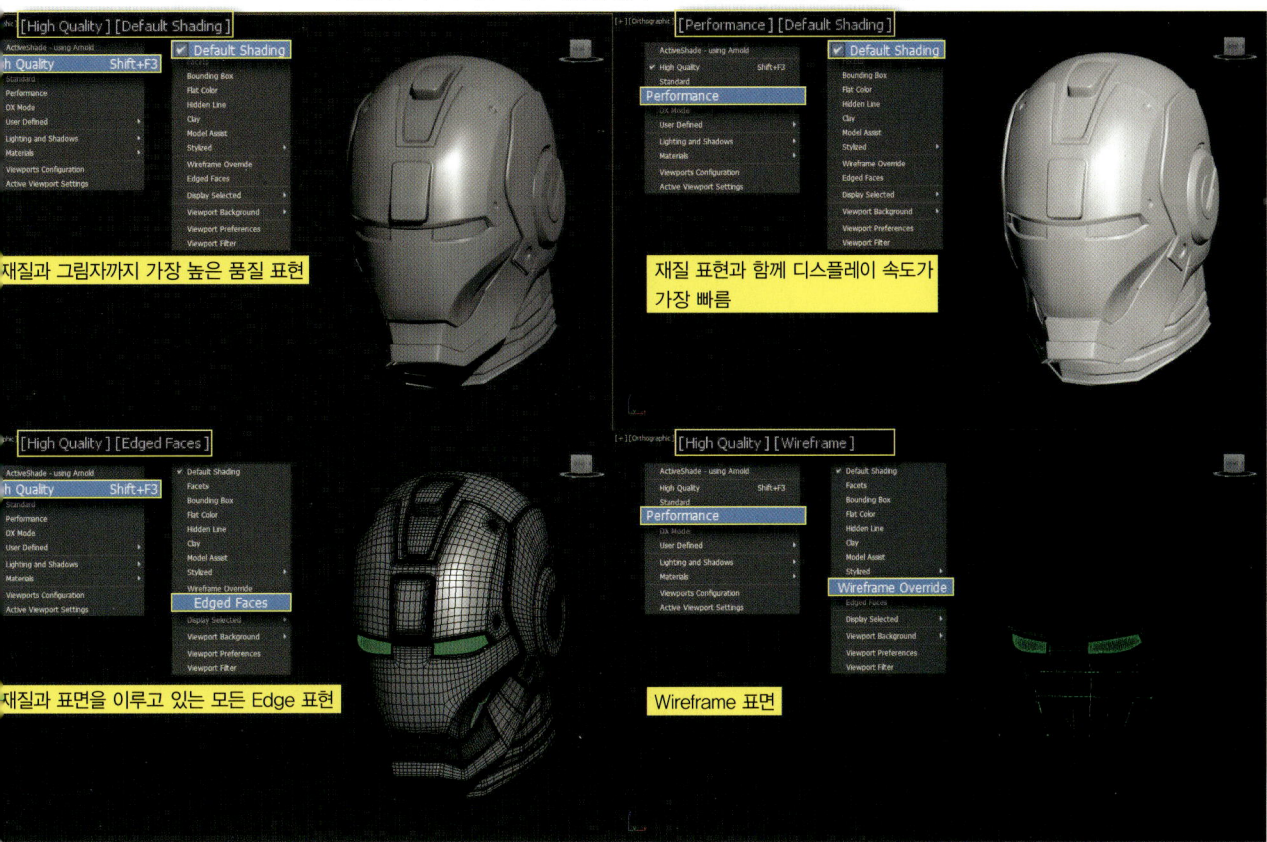

SECTION 03

Create Tap 기본 도형 생성

Create에서 기본 도형을 생성해 보겠습니다. Create ➔ Geometry가 선택된 상태에서 Standard Primitives를 클릭하면 다양한 Object를 생성할 수 있는 하위 Tap이 존재합니다. 실재 존재하는 물체는 대부분 기본 도형의 변형으로 이루어져 있습니다.

Create ➡ Geometry ➡ Box를 선택하고 Top Viewport의 중앙을 클릭하고 드래그하면 면이 생성되고 마우스 버튼을 떼고 마우스를 이동하면 높이를 정할 수 있습니다. 이때 Ctrl 키를 누른 상태로 클릭 앤 드래그하면 클릭한 지점을 중심으로 크기를 조절할 수 있습니다.

이 책의 설명을 위한 오브젝트의 수치는 절댓값이 아니고 각자 적당한 크기로 작업하면서 학습해도 문제 되지 않습니다. 수치보다는 작업하는 과정과 각 기능의 역할을 이해하는 데 집중하기 바랍니다.

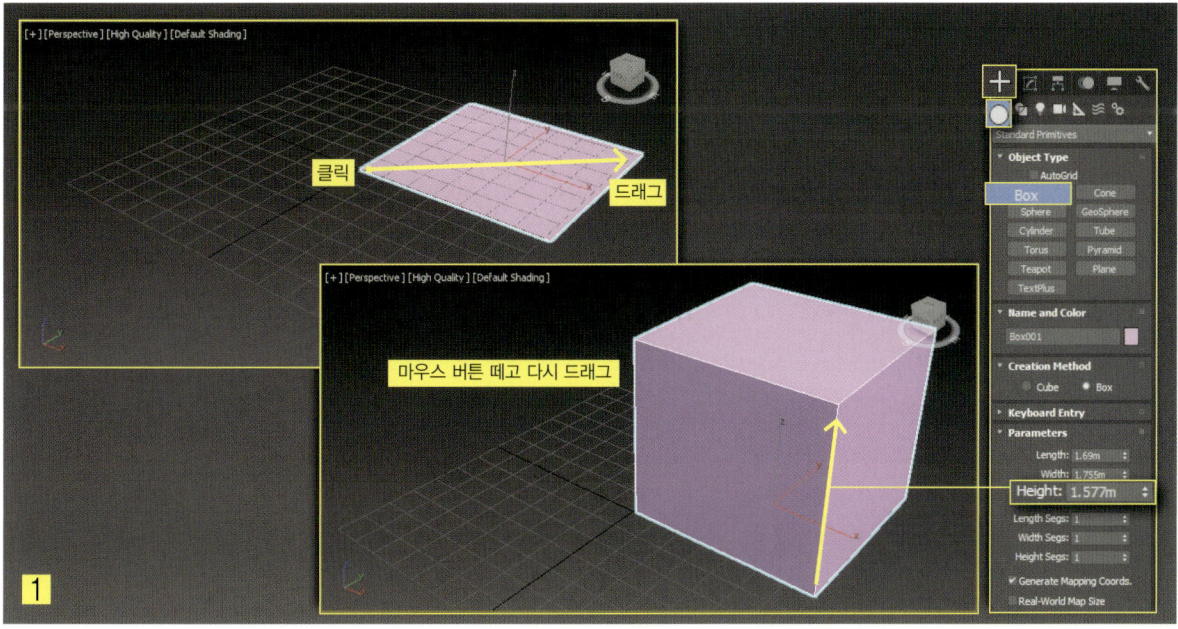

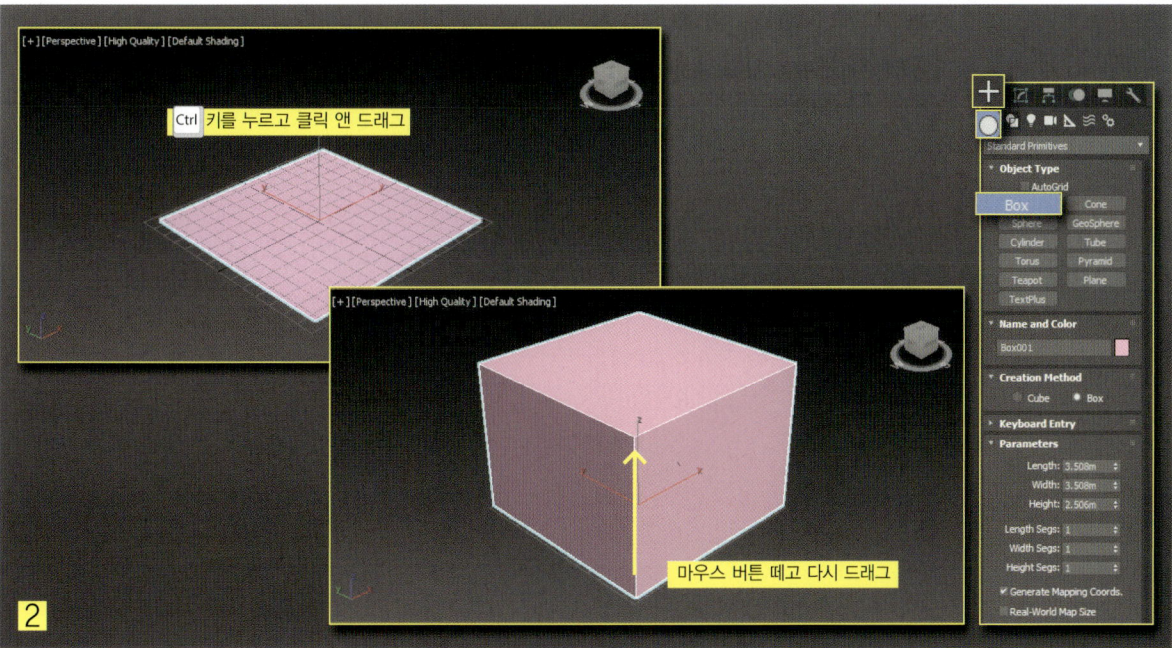

Chapter 01 | 3D 모델링 기초 | 35

주의할 점은 처음 클릭한 Viewport에 평행하게 Box의 바닥이 생성됩니다. 처음 3ds Max를 접하는 독자는 기본형을 Top Viewport나 Perspective Viewport에서 생성하는 것이 축 이해하는 데 도움이 됩니다. Front Viewport에서 생성해보면 다른 결과가 나오는 것을 알 수 있습니다.

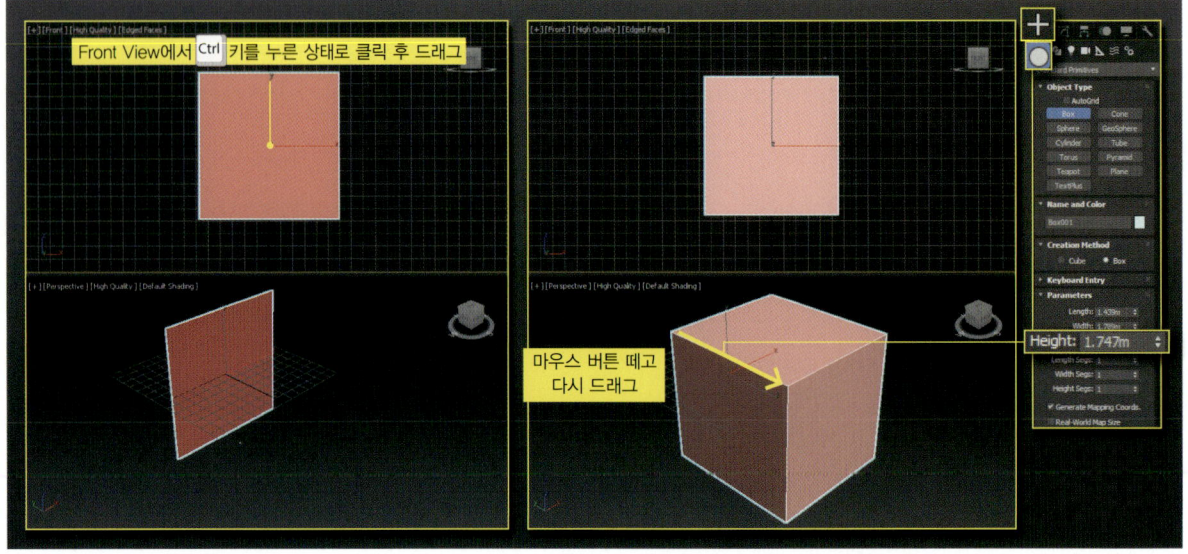

Create ➡ Geometry ➡ Box를 선택한 상태에서 아랫부분 Parameters를 확인해보면 Length, Width, Height(가로, 세로, 높이)를 조절하거나 Length Segs, Width Segs, Height Segs(각 면을 나누는 Edge 수)를 정할 수 있습니다.

Length Segs, Width Segs, Height Segs를 각 5, 5, 5로 입력하고 만들어 본 모습입니다.

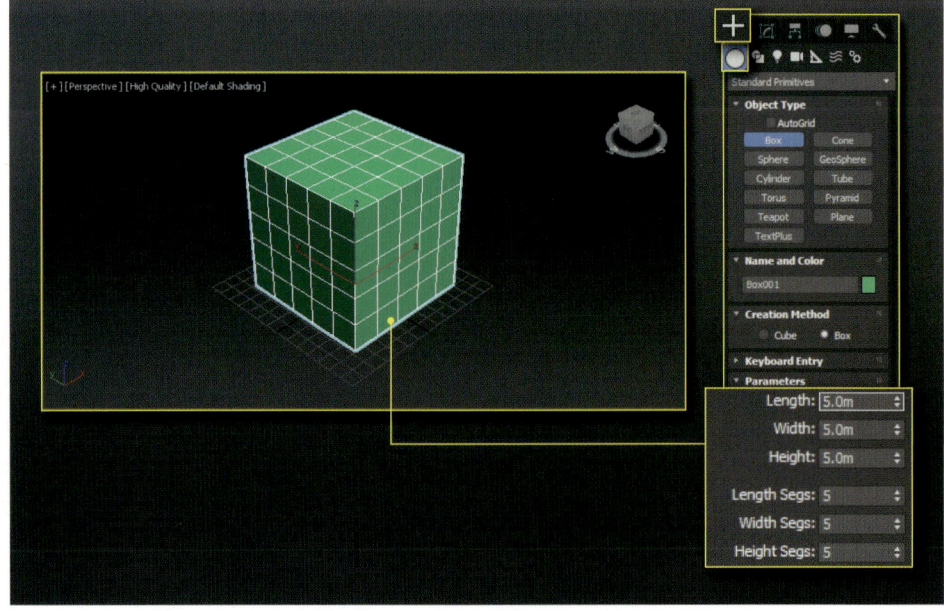

이 수치는 나중에 Modify Tab으로 이동하여 수정할 수 있습니다. Modify Tab에서 실제 모델링을 진행하게 되므로, 현재 상태에서는 기본 도형에 포함된 옵션들을 이해하는 정도로 충분합니다.

Create ➡ Geometry ➡ Cylinder를 선택하고 Perspective에서 중앙을 클릭 앤 드래그해서 원기둥의 바닥 크기를 결정하고 마우스를 뗀 후 드래그해서 높이를 결정하고 다시 클릭해서 생성합니다.

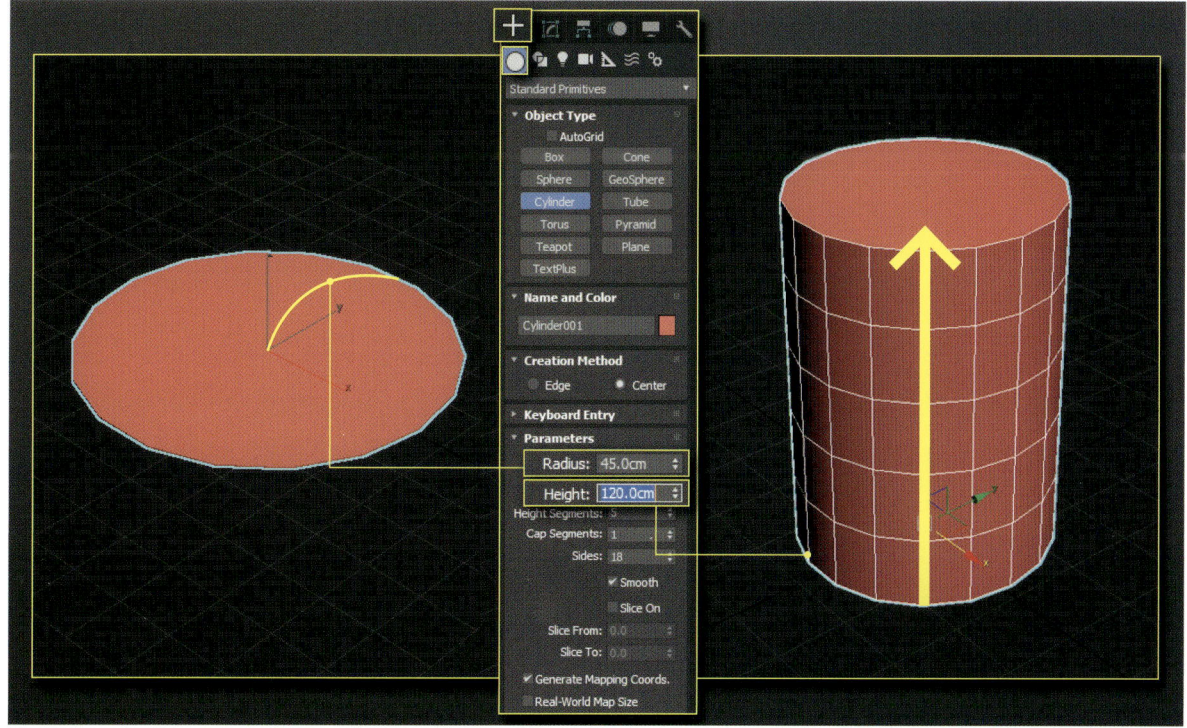

Sides와 Cap Segments, Height Segments의 수치를 변경해서 생성한 모습입니다.

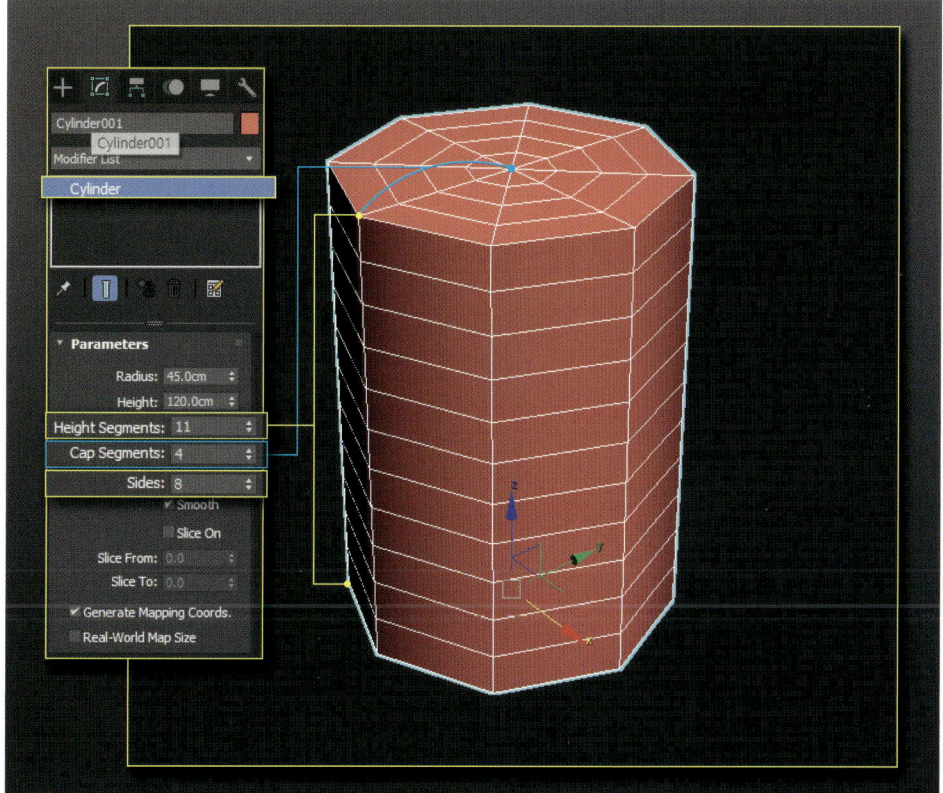

Chapter 01 | 3D 모델링 기초 I

Create ➜ Geometry ➜ Sphere를 선택하고 Perspective에서 중앙을 클릭 앤 드래그해서 생성합니다.

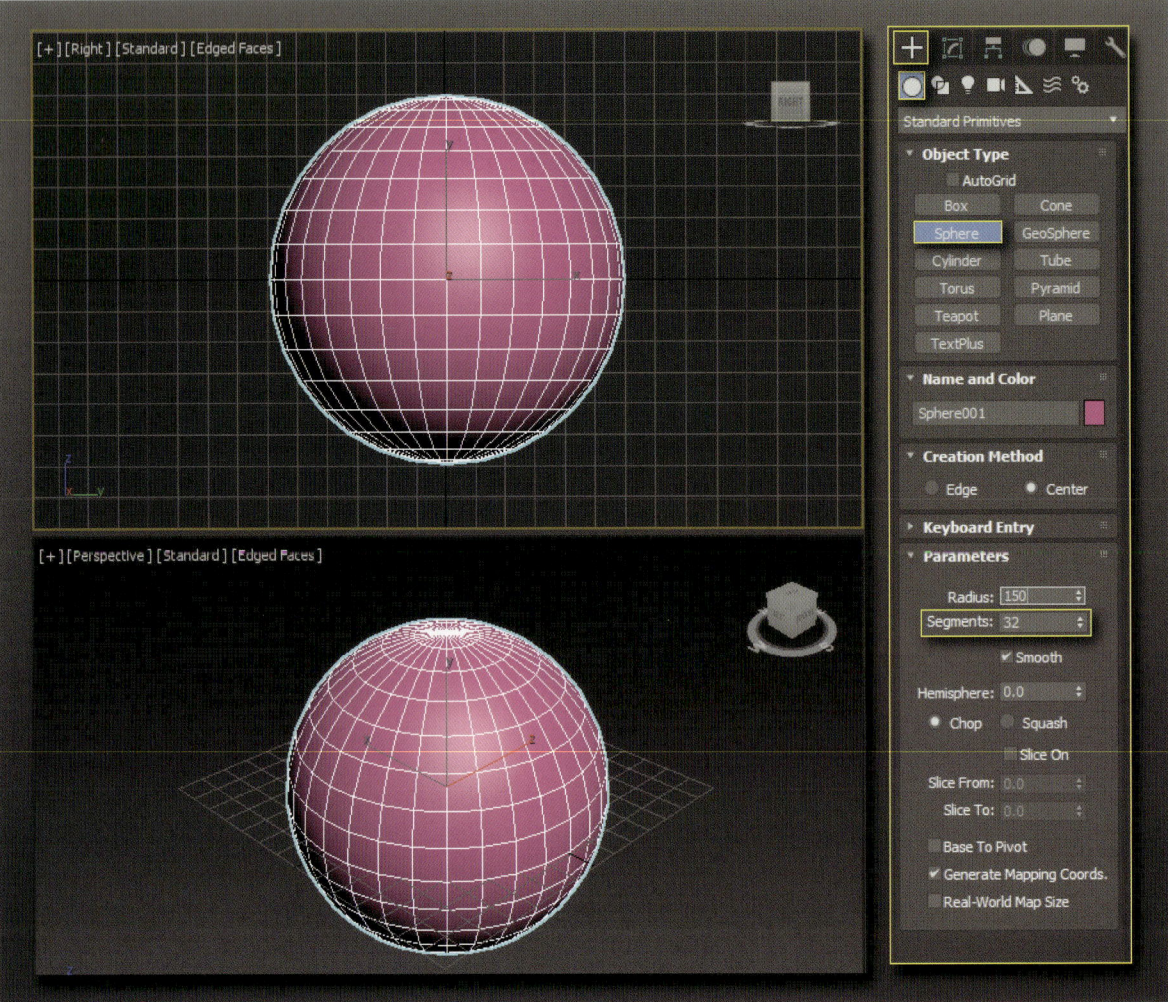

옵션을 조절해서 Sphere의 형태를 변형해 본 모습입니다.

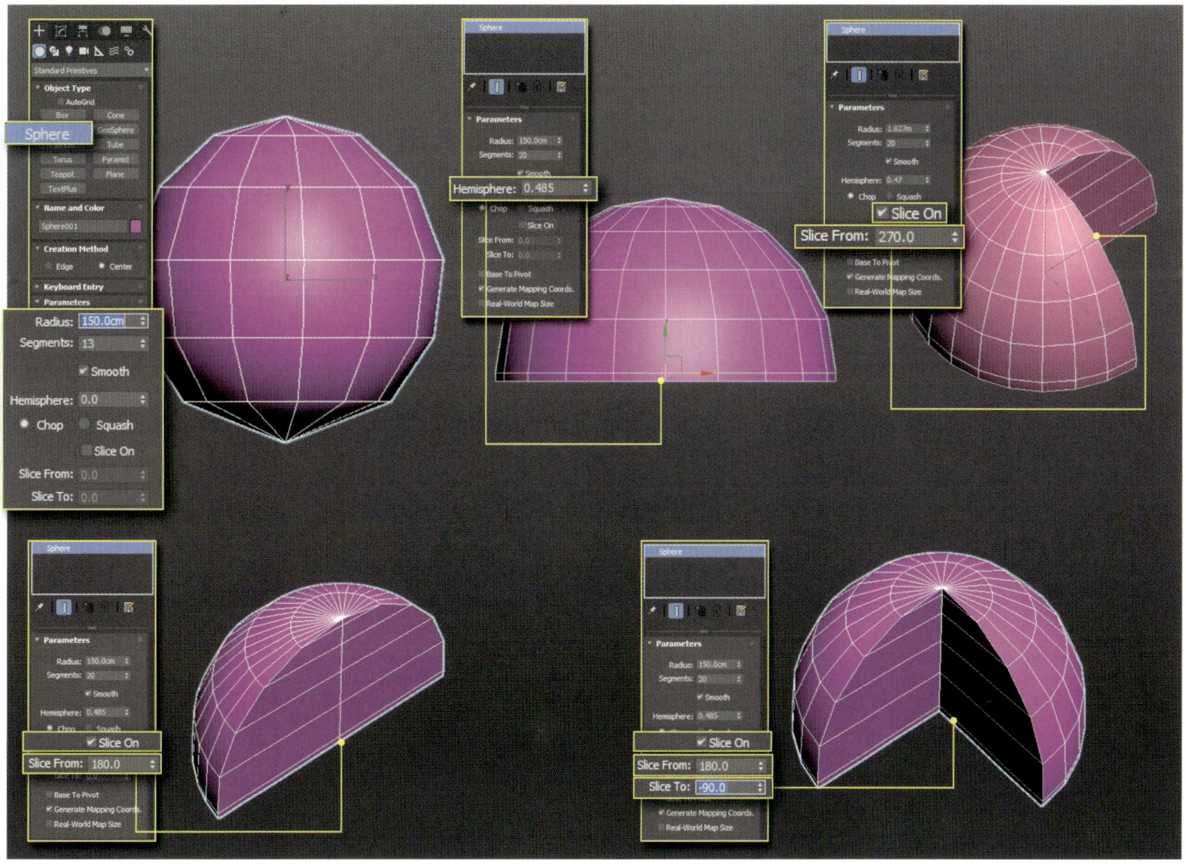

직접 Segment 수와 Radius 등 옵션을 변경하면서 차이점을 확인해 보길 바랍니다.

Create ➡ Geometry ➡ Cone을 선택하고 Perspective에서 중앙을 클릭 앤 드래그해서 생성하고 Modify로 이동해서 옵션을 조절해서 변형한 모습입니다.

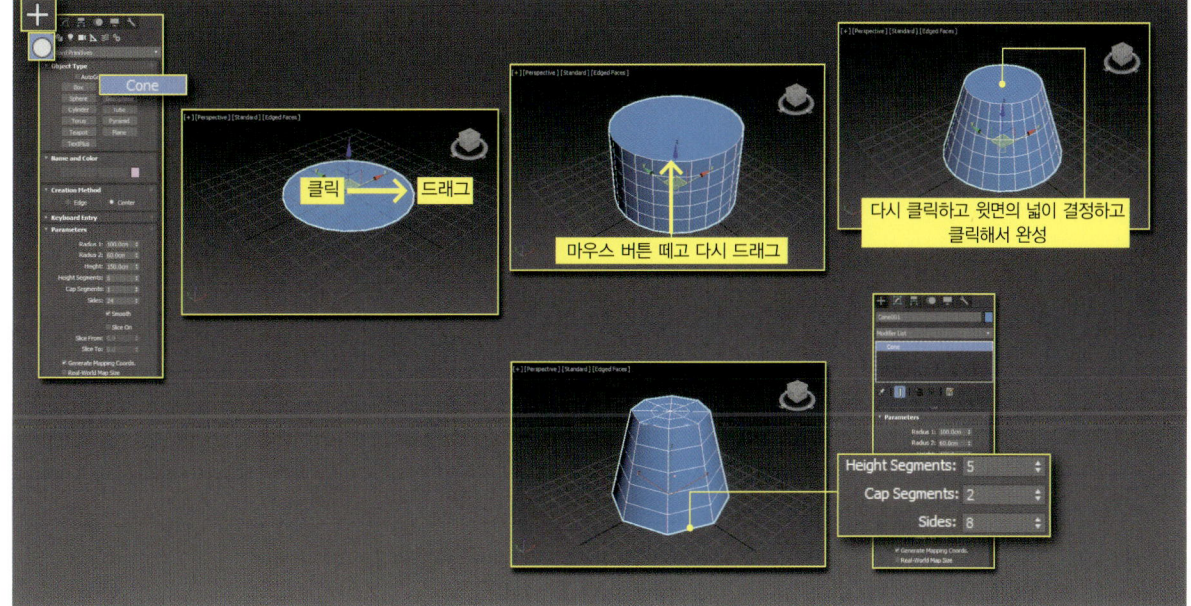

Create ➡ Geometry ➡ Plane를 선택하고 Perspective에서 중앙을 클릭 앤 드래그해서 생성하고 Modify로 이동해서 옵션을 조절해서 변형한 모습입니다.

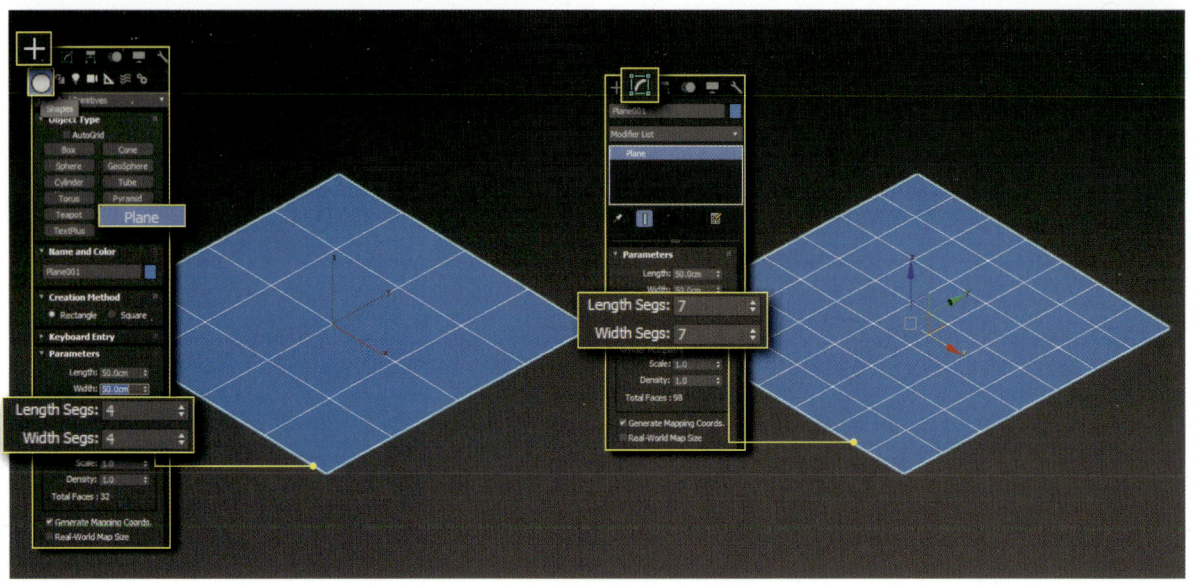

Create ➡ Geometry ➡ Tube를 생성한 모습입니다.

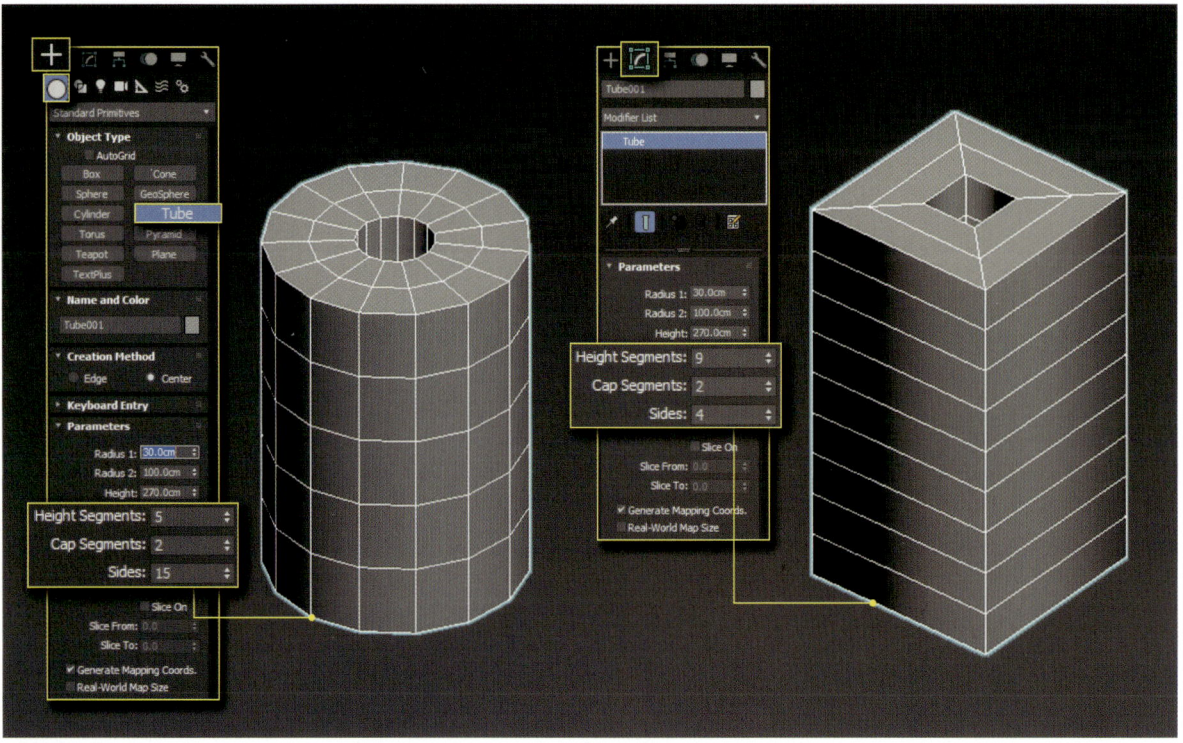

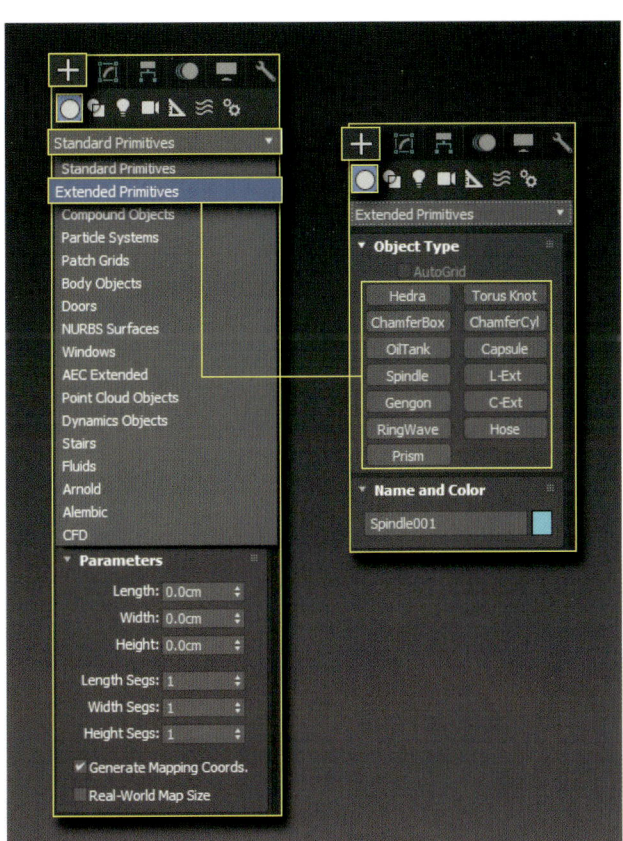

Create ➡ Geometry의 하위 단계의 Extend Primitives를 선택하면 좀더 복잡한 형태의 Primitives들이 존재합니다.

Create ➡ Geometry ➡ Extend Primitives ➡ Hedra를 생성하고 Modify 에서 변형한 모습입니다.

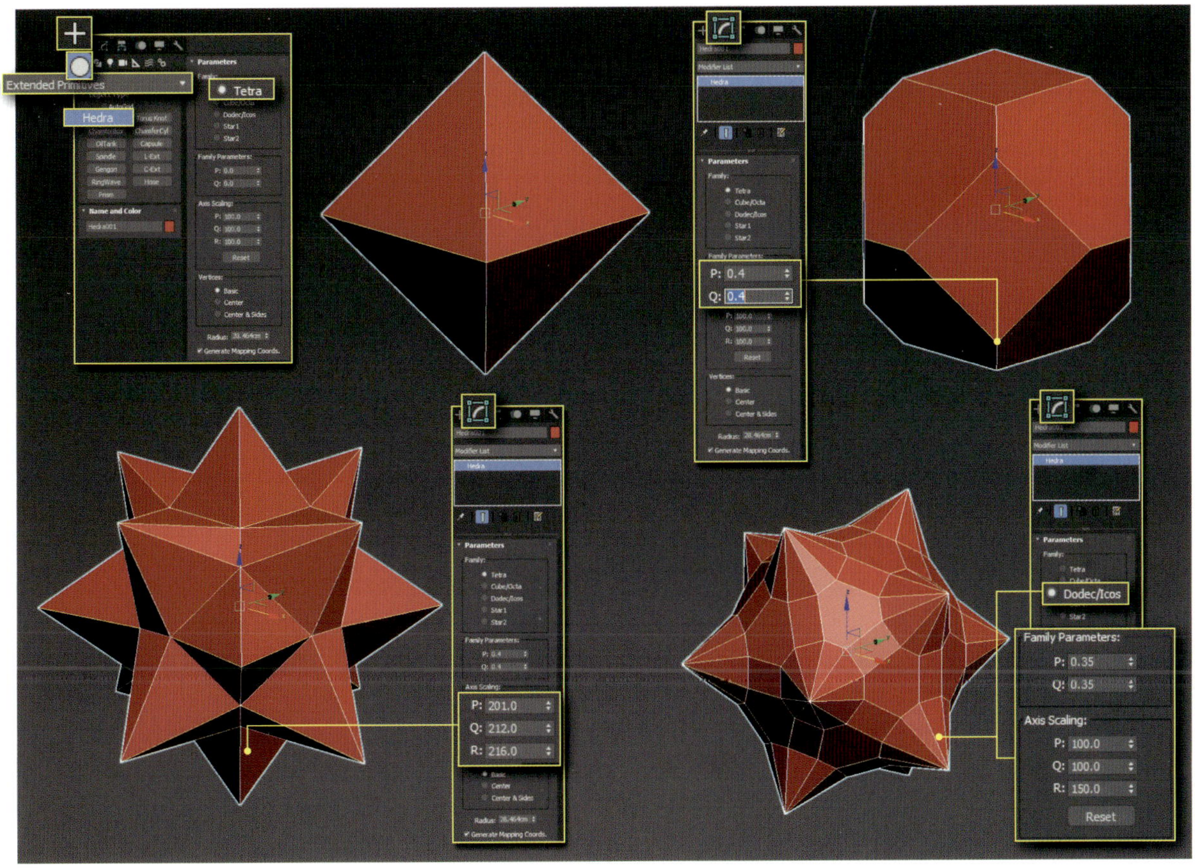

Extend Primitives의 다양한 도형을 만들어 본 예입니다.

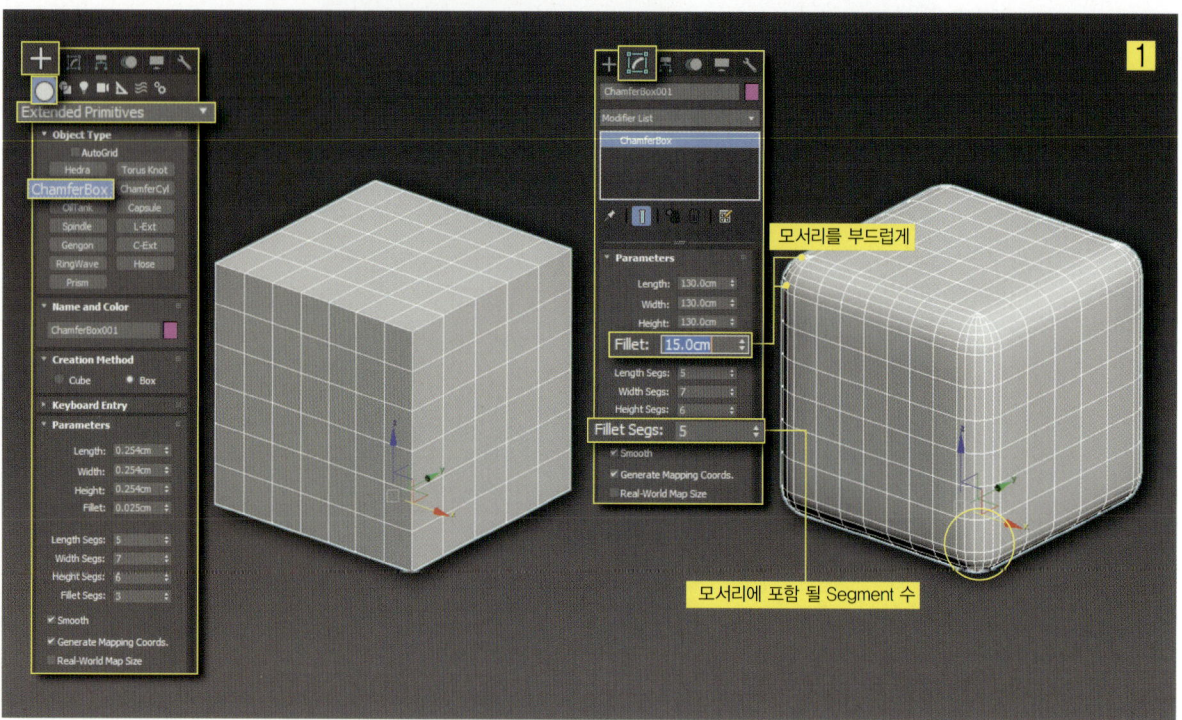

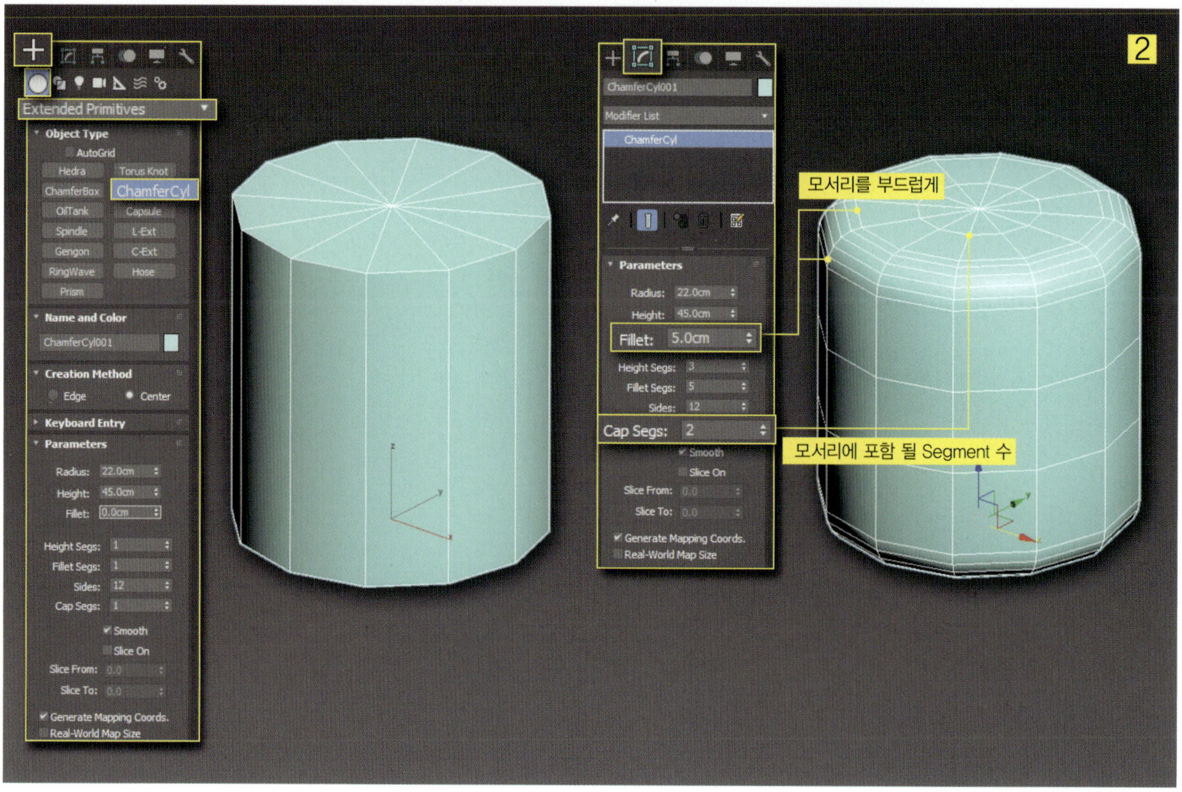

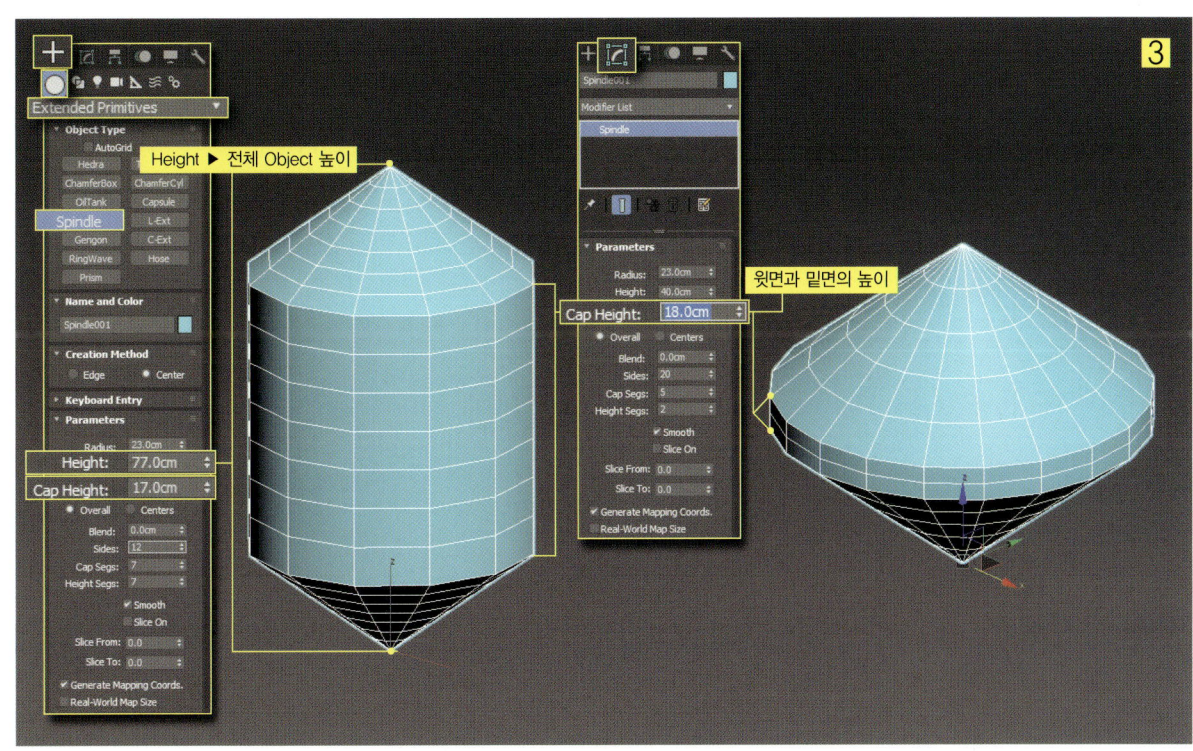

독자 스스로 도형을 모두 만들어 보고 수치를 바꿔 가면서 어떻게 도형이 변형되는지 확인해 보기 바랍니다.

Chapter 01 | 3D 모델링 기초 |

SECTION 04

Viewport를 자유롭게 내비게이션하기

이제 생성된 Object를 변형하기에 앞서 Viewport를 이동하고 원하는 부분은 확대하고 회전하는 등 3ds Max를 자유롭게 다룰 수 있어야 합니다.

화면에 Box 하나를 생성한 상태에서 오른쪽 아래에 보면 Zoom, Pan, Orbit 등 화면 내비게이션에 관련된 기능이 모여 있습니다. Viewport를 선택하고 Maximize Viewport Toggle을 클릭하면 선택한 Viewport가 확대되고 다시 Maximize Viewport Toggle을 클릭하면 원래 상태가 됩니다(단축키 Alt + W).

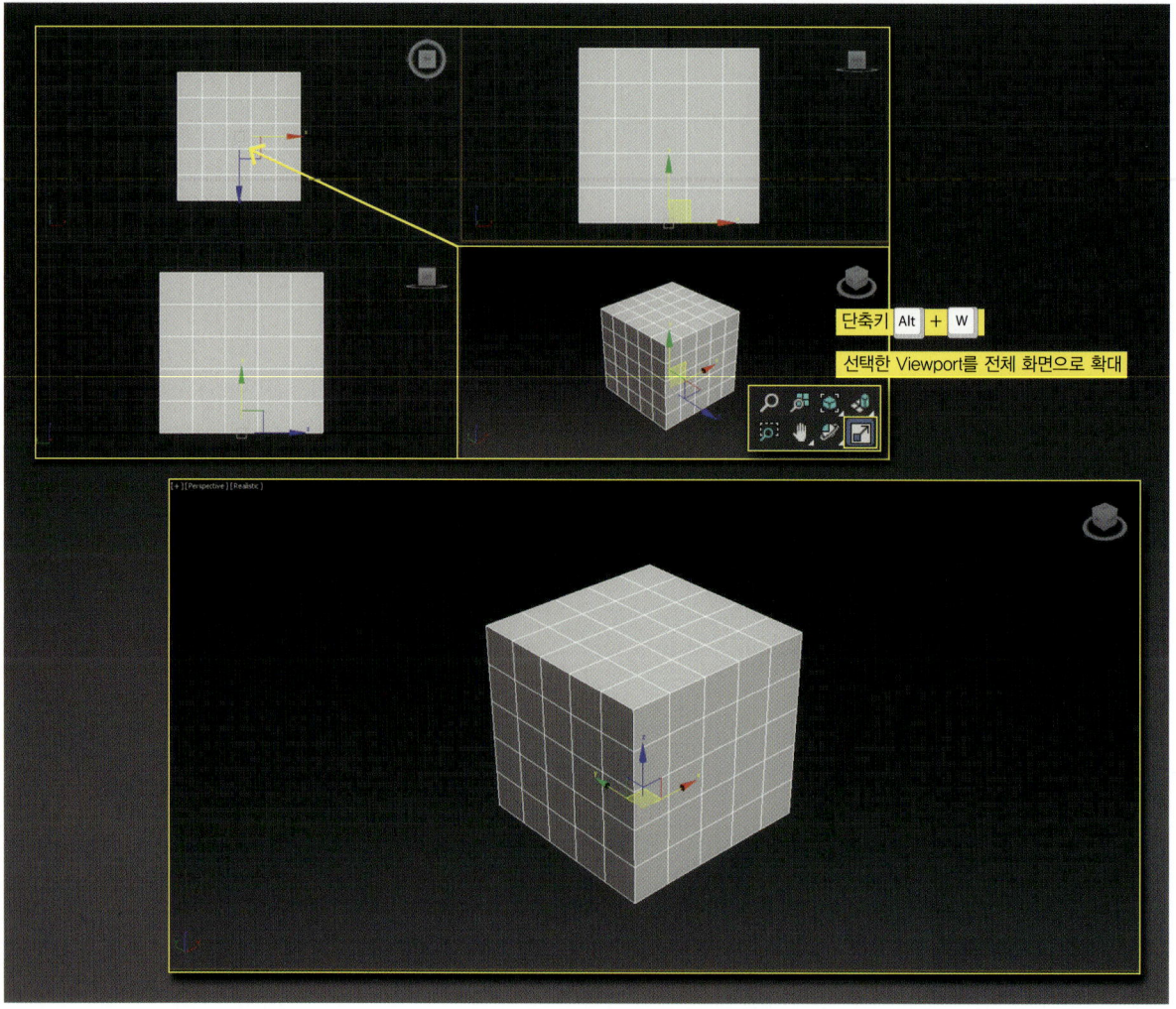

44

Zoom 버튼을 클릭하고 화면을 클릭 앤 드래그하면 클릭한 화면을 기준으로 화면이 확대되거나 축소됩니다. 마우스 휠 버튼을 위 아래로 돌리면 마우스 위치를 기준으로 확대 또는 축소됩니다. 더불어 단축키 Ctrl + Alt + 마우스 가운데 버튼 클릭 앤 드래그나 Alt + Z 로 최초 클릭한 부분을 중심으로 확대 축소됩니다.

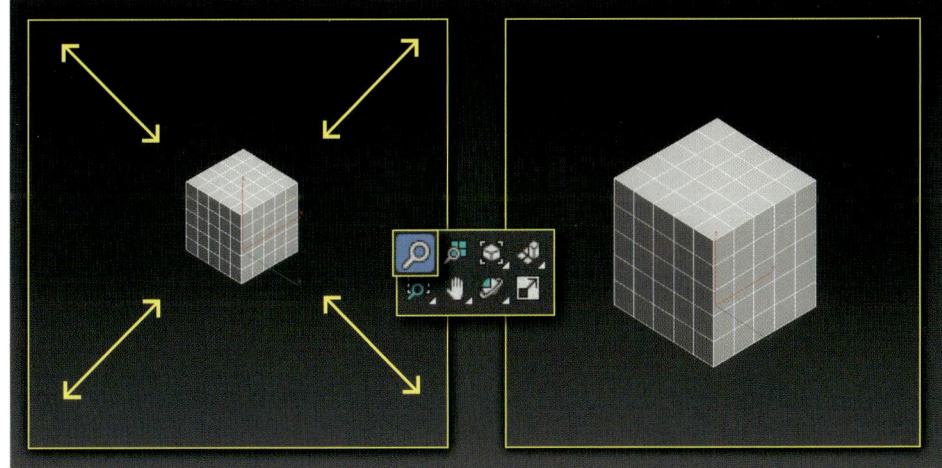

Zoom All 버튼을 클릭하고 화면을 클릭 앤 드래그하면 모든 Viewport가 확대되거나 축소됩니다.

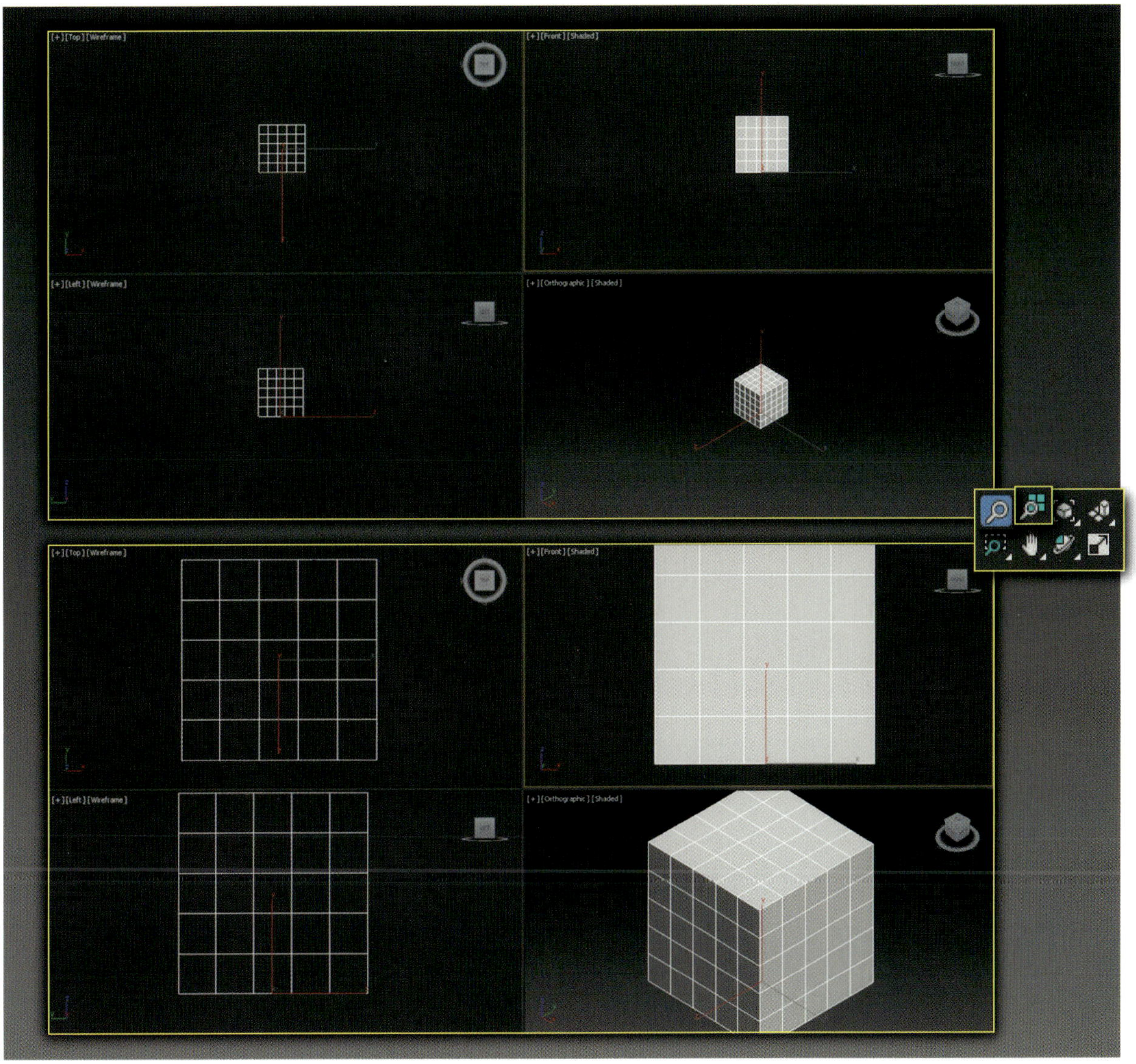

화면에 다양한 Object가 생성되어 있는 경우 Zoom Region 버튼을 클릭하고 Viewport에서 확대해서 보고 싶은 부분을 클릭 앤 드래그하면 점선으로 드래그한 부분이 표시되고 그 부분을 확대해서 볼 수 있습니다.

단축키 Ctrl + W , Perspective Viewport에서는 Field of View 활성화

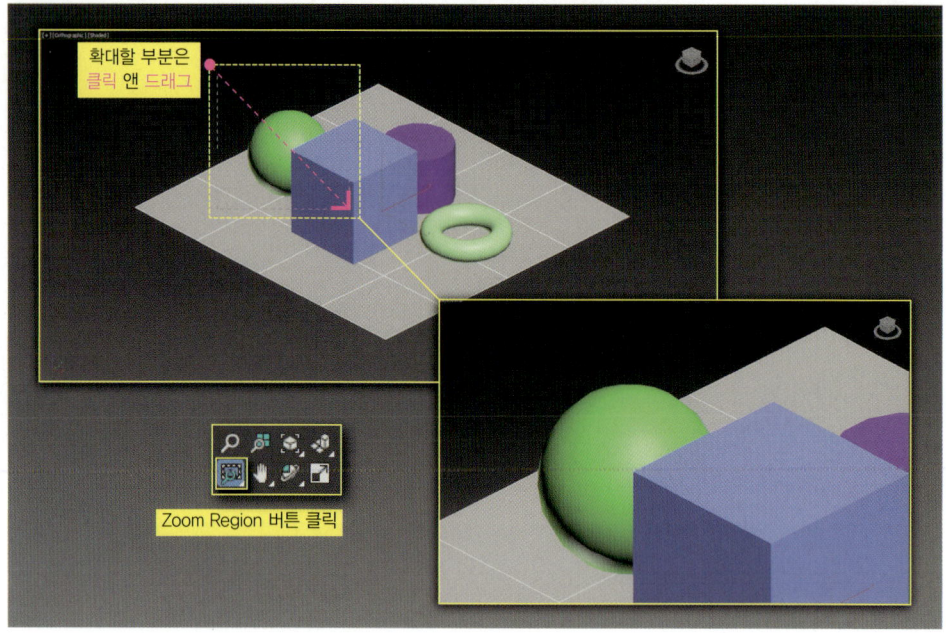

이번엔 Zoom Extents 버튼을 클릭해서 Viewport 중앙에 다시 정렬합니다. Zoom Extents All 버튼을 클릭하면 모든 Viewport가 중앙에 정렬됩니다(단축키 Z).

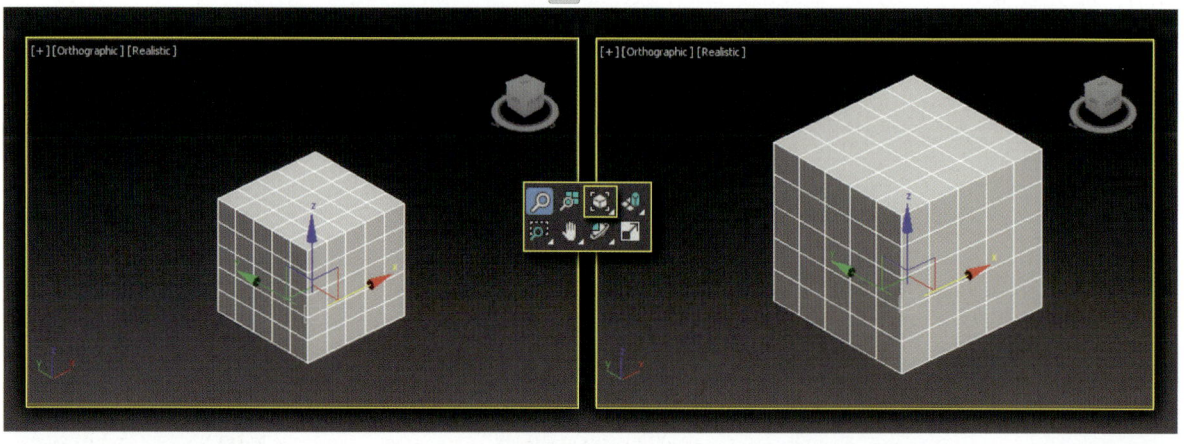

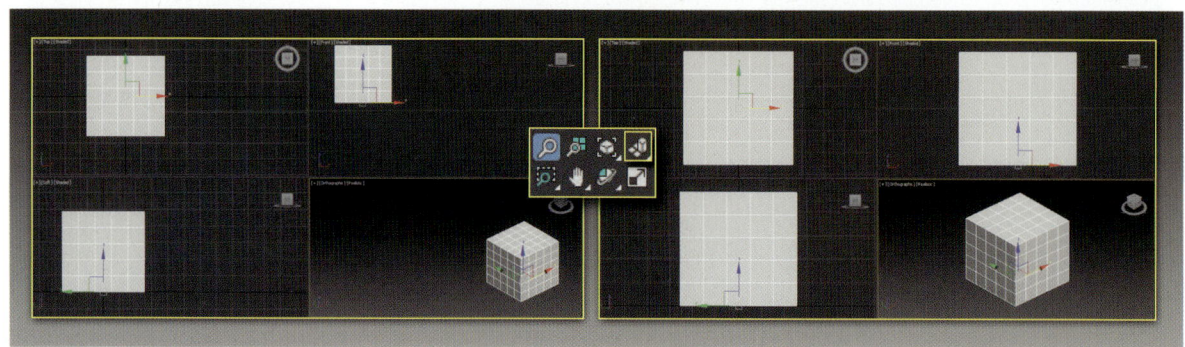

여러 개의 Object가 존재하는 경우 Zoom Extents 버튼을 클릭하고 있으면 하위 버튼이 나타나는데 Zoom Extents Selected 버튼으로 변경하고 Viewport에서 중앙에 정렬하고 싶은 Object를 선택하고 실행하면 선택한 Object를 화면의 중앙으로 정렬됩니다.

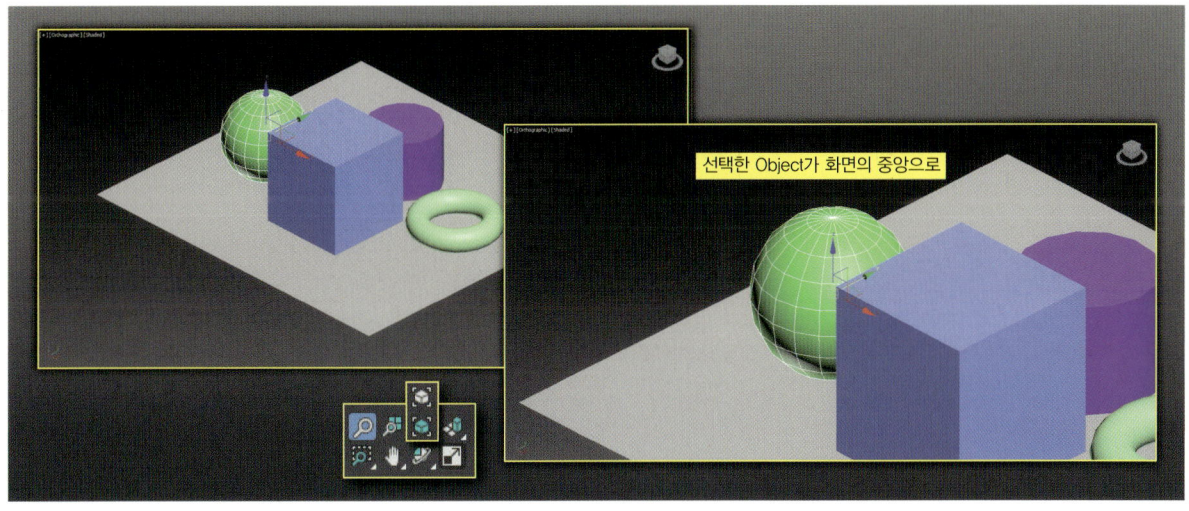

손바닥 모양의 Pan 버튼을 선택하고 Viewport를 클릭한 상태로 이동하면 화면이 평면으로 Panning됩니다. 마우스의 스크롤 버튼(가운데 버튼)을 클릭하면 즉시 Pan 기능을 사용할 수 있습니다.

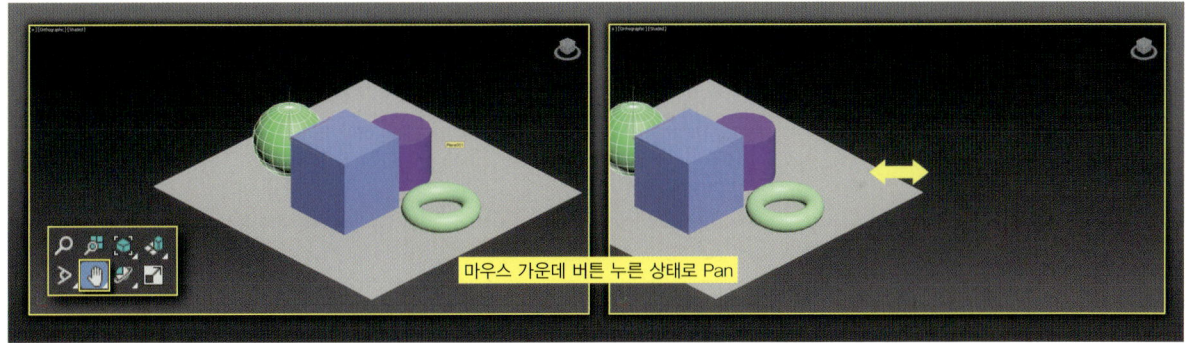

Orbit 버튼을 클릭하면 화면 중앙에 노란색 기준선이 나타나며 Viewport를 입체적으로 회전하면서 원하는 곳을 볼 수 있습니다. 가장 많이 사용되는 기능 중 하나입니다. Viewport를 클릭하고 이동하면 마우스를 이동하는 방향으로 자유롭게 Viewport가 회전됩니다. 마찬가지로 Orbit Selected 버튼을 활성화하면 선택한 Object를 기준으로 회전합니다.

단축키 Ctrl + W , Perspective Viewport에서는 Field of View 활성화

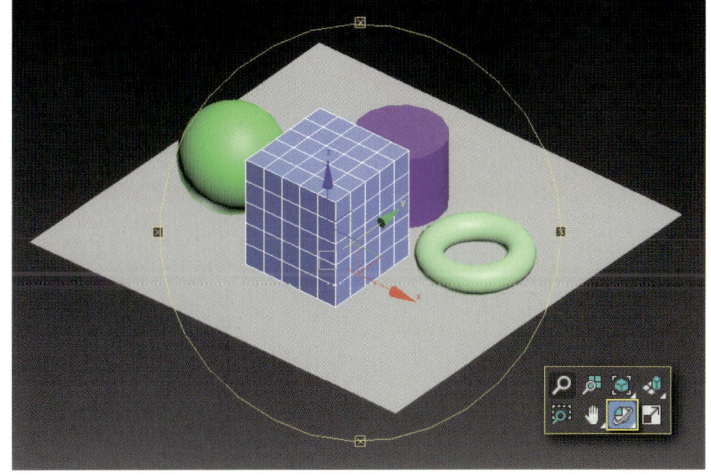

SECTION 05

Selection의 이해

Object를 생성하고 Viewport를 자유롭게 내비게이션할 수 있다면 이제 원하는 Object나 Object의 구성 요소(모델링 과정에서 주로 다루게 될 Vertex, Edge, Polygon 등)를 자유롭게 선택할 수 있어야 합니다. 모델링 과정에서 Object를 선택하는 것이 작업의 시작입니다.

선택과 관련된 기능은 왼쪽 상단에서 확인할 수 있습니다. Select 버튼을 클릭하고 Viewport에서 선택하고 싶은 Object를 클릭하면 즉시 선택됩니다. 추가로 선택하고 싶을 경우 Ctrl 키를 누른 상태로 Object를 클릭하면 선택에 포함됩니다.

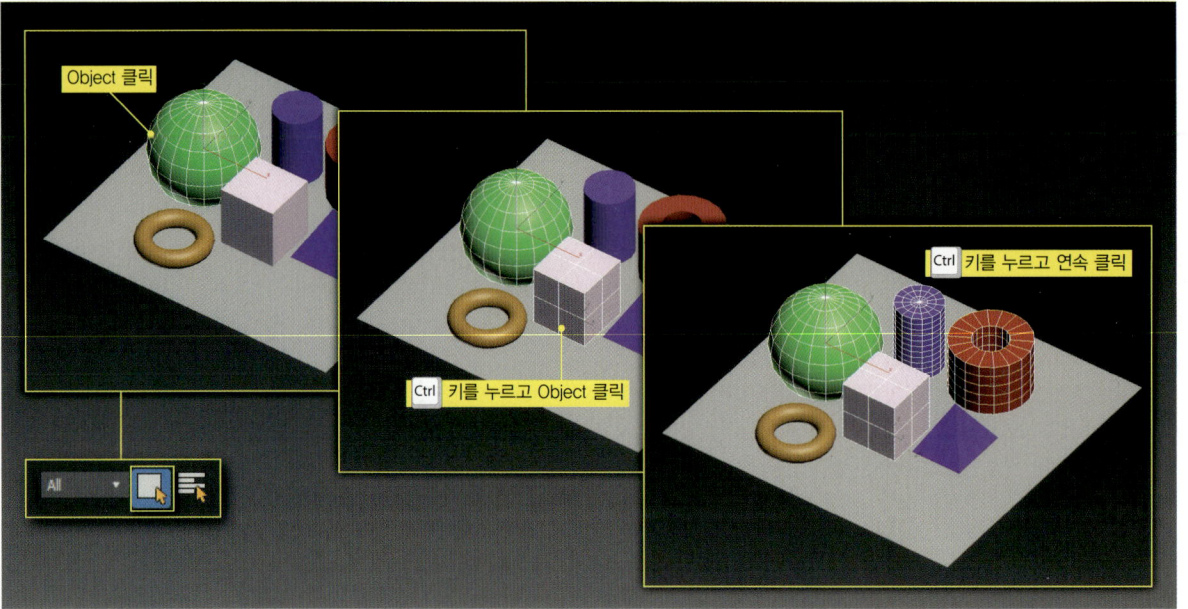

여러 개의 Object가 선택된 상태에서 특정 Object를 제거하고 싶을 경우에는 Alt 키를 누른 상태에서 클릭하면 제외됩니다.

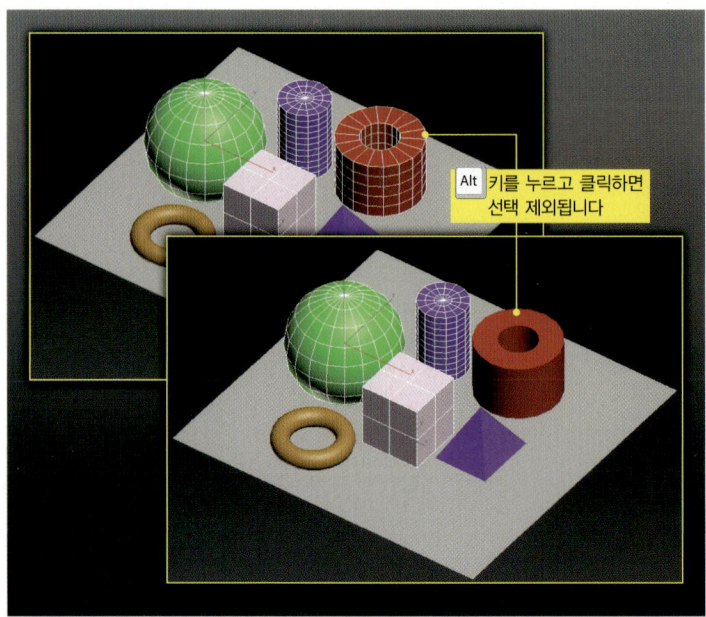

Viewport에서 화면을 드래그하여 점선의 선택 박스에 포함되거나 닿는 Object를 모두 선택할 수 있습니다.

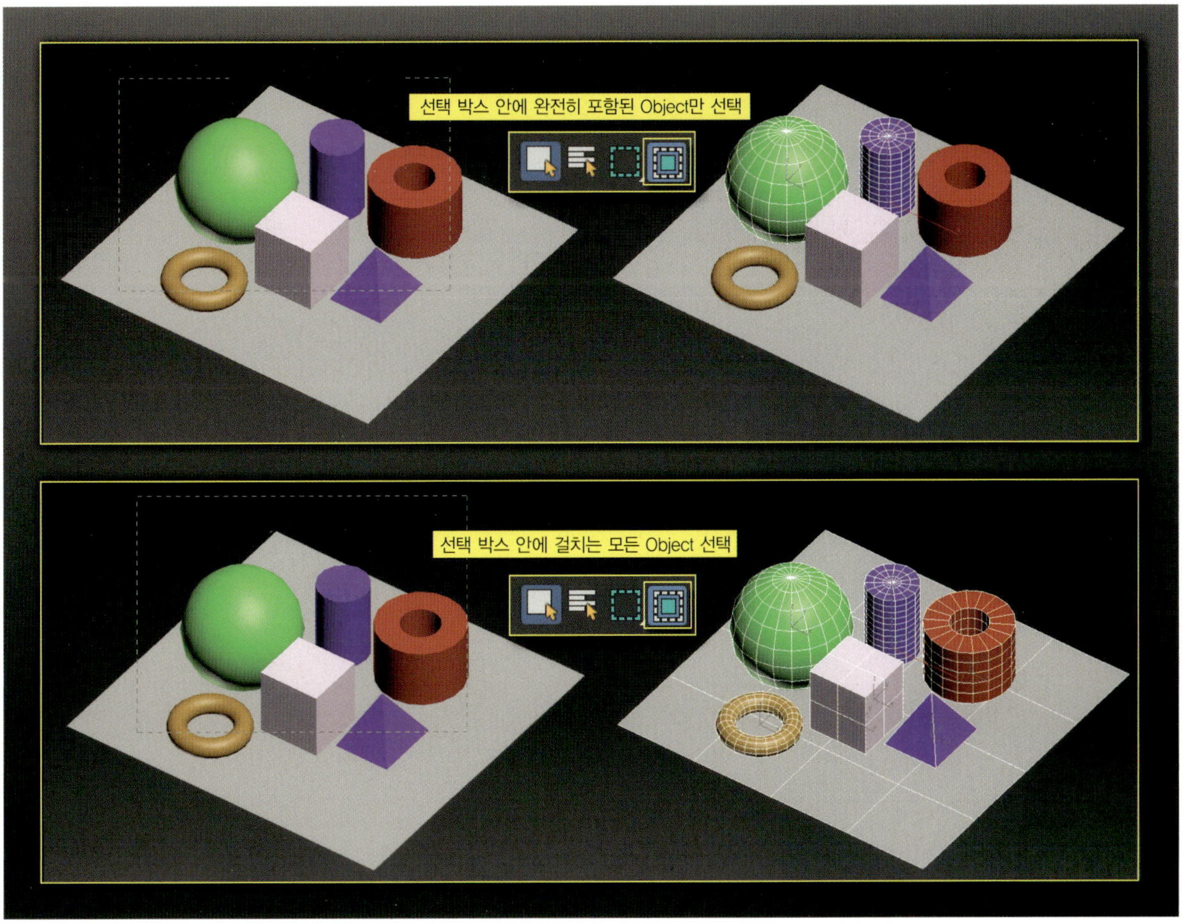

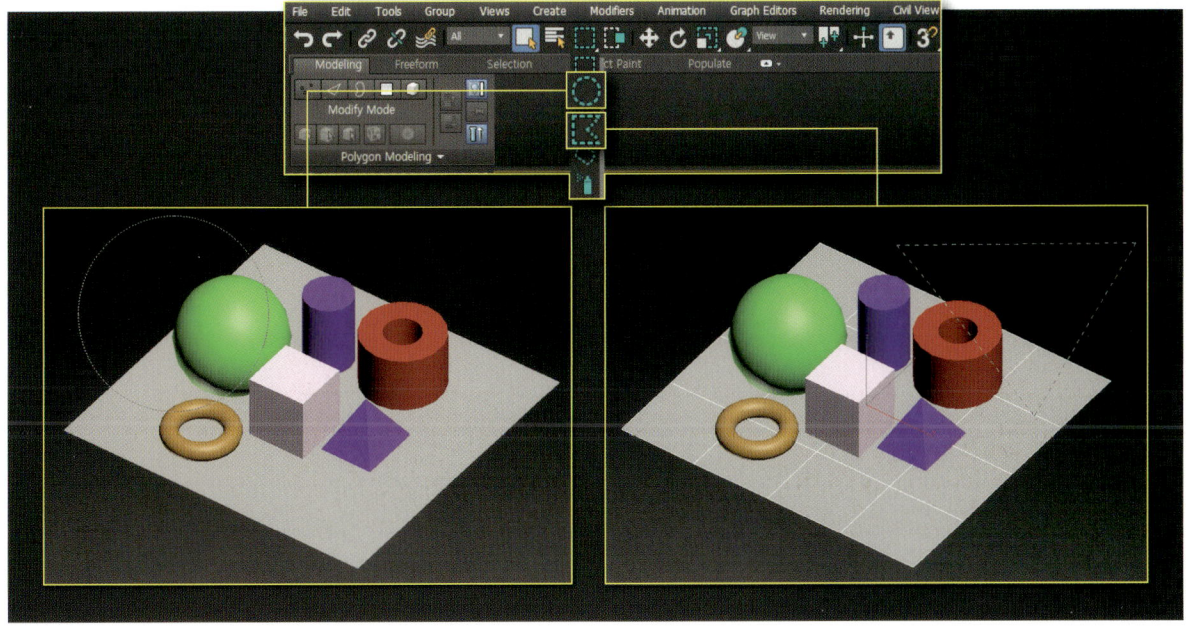

추가 선택과 제외는 마찬가지로 Ctrl 과 Alt 키를 이용합니다. 선택을 위한 점선의 Guide Line을 변경해서 좀더 자유롭게 선택할 수도 있습니다.

원하는 부분을 자유롭게 선택하는 것은 모델링 과정에서 기본이며 중요한 작업입니다. 원하는 것을 선택하지 못하면 모델링을 할 수 없습니다.

Main Toolbar의 Select By Name을 활성화해서 각 Object의 이름을 확인하고 선택할 수 있습니다. Command Panel에서 각 Object 이름을 정해 줄 수 있습니다(단축키 H).

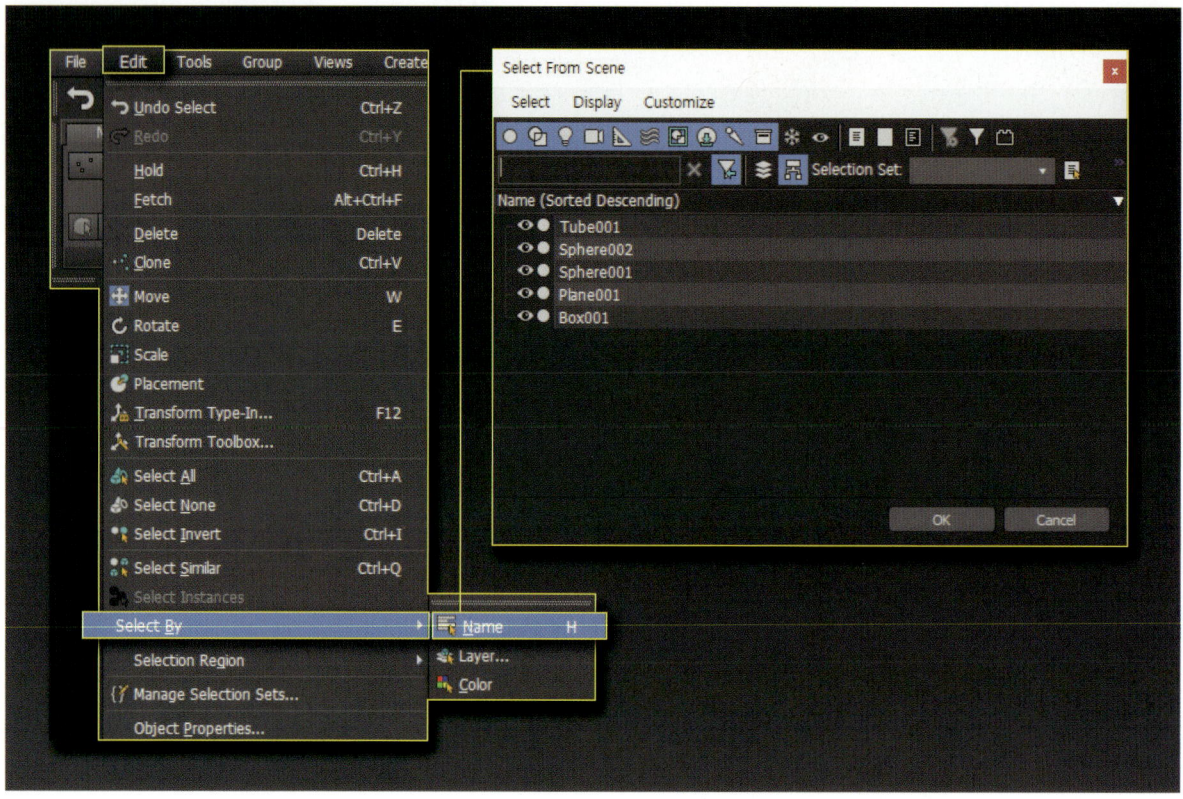

SECTION 06

3ds Max의 축과 Transform(Move, Rotate, Scale)

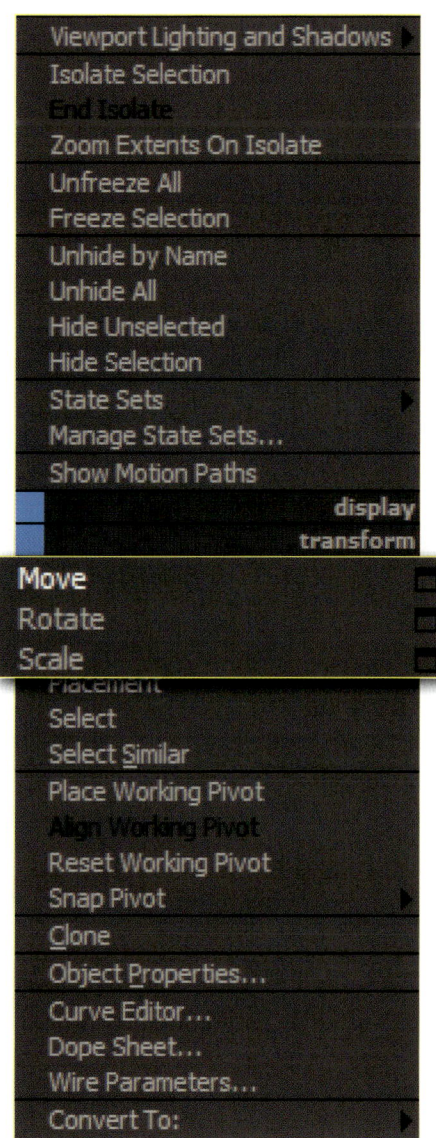

3ds Max에서 사용하는 축을 이해하고 각각의 차이점과 활용 방법을 학습합니다. Transform(Move, Rotate, Scale) 기능을 이용해서 Object를 생성하고 위에서 학습한 축을 활용해서 모델링의 가장 기본적인 기능인 선택한 Object를 Move, Rotate, Scale을 연습합니다.

만들어진 Object들은 Move, Rotate, Scale 기능을 이용해서 직접 이동하고 회전시키고 크기를 조절할 수 있고 직접 수치를 입력해서 정확하게 이동, 회전, 크기를 조절합니다. 가상의 공간에서의 모델링을 할 때 주의해야 할 점은 공간의 축(좌표)를 이해하는 것입니다. 생성할 Object는 항상 공간의 중심에 생성하는 것이 효율적인 작업을 위해 매우 중요합니다.

 Move, Rotate, Scale 등 선택한 기능에 따라 각각 Object 중심에 X, Y, Z 축을 표시하는 Gizmo가 나타납니다.

각각의 Gizmo 위에 마우스를 이동해서 정확하게 X, Y, Z 축을 따라서 Move, Rotate, Scale 등을 할 수 있습니다

단축키는 Move는 W , Rotate는 R , Scale은 E 로 선택할 수 있고 마우스 오른쪽 버튼을 클릭해서 팝업 창에서 기능을 선택할 수 있습니다.

축은 모델링 작업에 있어 매우 중요한 부분입니다. 초심자라면 조금 이해하기 어려운 부분일 수 있지만 결국 어느 부분을 중심으로 이동하거나 회전하거나 크기를 변화시킬 것인가에 대한 문제입니다.

지금 완벽하게 이해되지 않더라도 이 책을 학습하는 과정에서 자연스럽게 익숙해질 것이라 생각합니다.

화면에 Box를 하나 생성하고 생성한 Box를 선택하면 Move, Rotate, Scale 버튼을 활성화되면 도형의 축의 위치를 표시해주는 Pivot이 표시됩니다. Move, Rotate, Scale을 각각 선택했을 때 모습입니다.

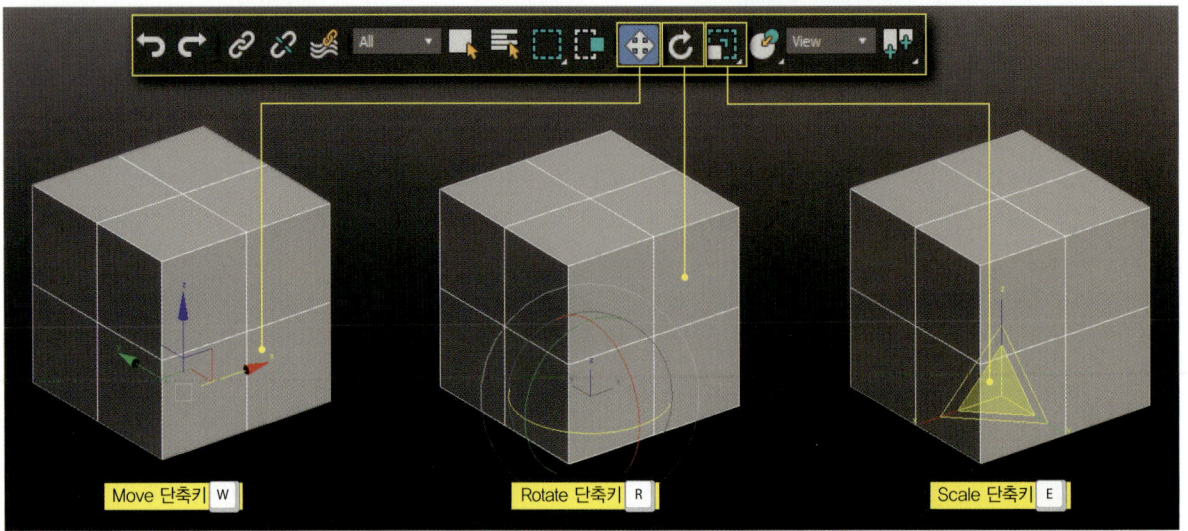

각 Pivot은 키보드의 + 나 - 키를 이용해서 키우거나 줄일 수 있습니다.

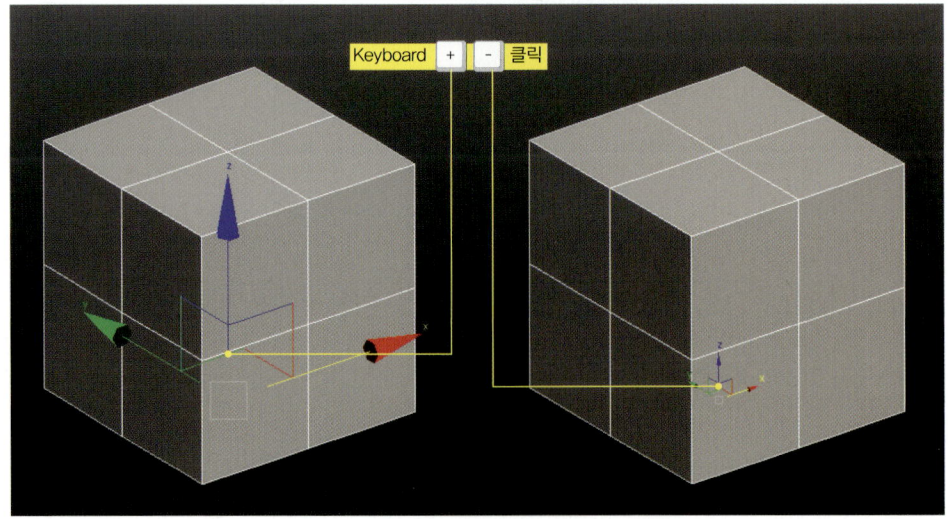

마우스의 위치에 따라서 축의 위치를 확인하고 원하는 방향으로 Move, Rotate, Scale을 조절합니다. Move 방향과 Rotate와 Scale의 기준을 정할 수 있습니다.

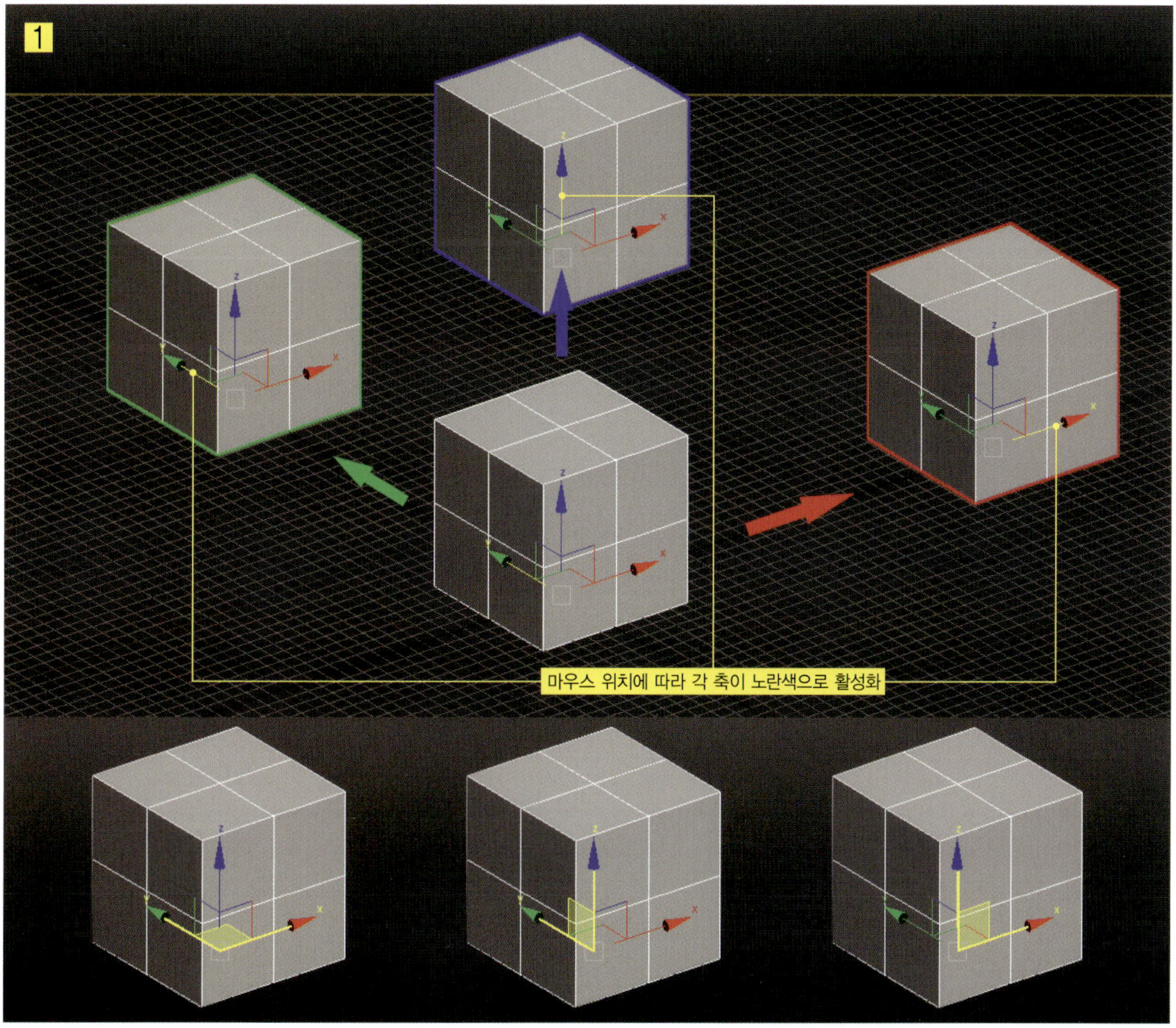

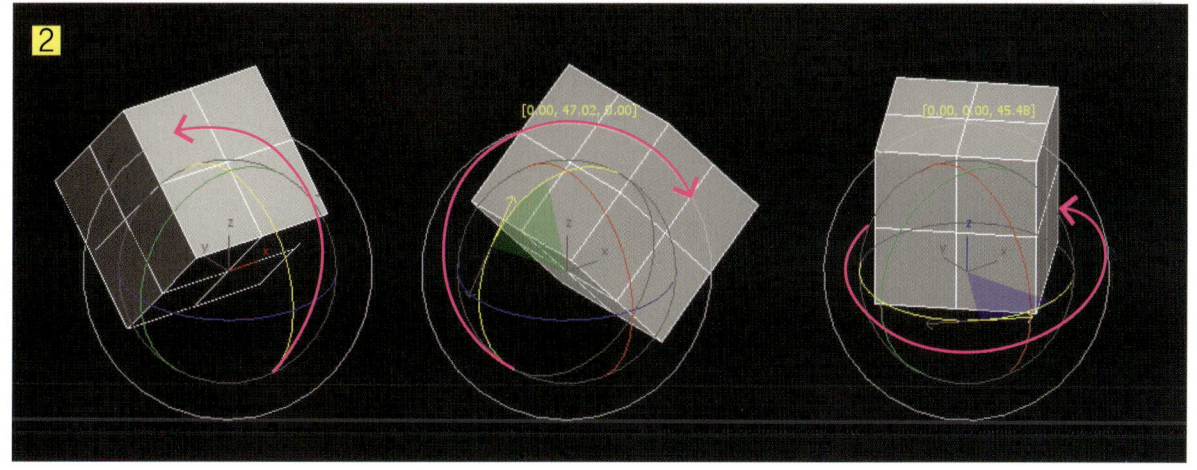

1

마우스 위치에 따라 각 축이 노란색으로 활성화

2

Chapter 01 | 3D 모델링 기초 | 53

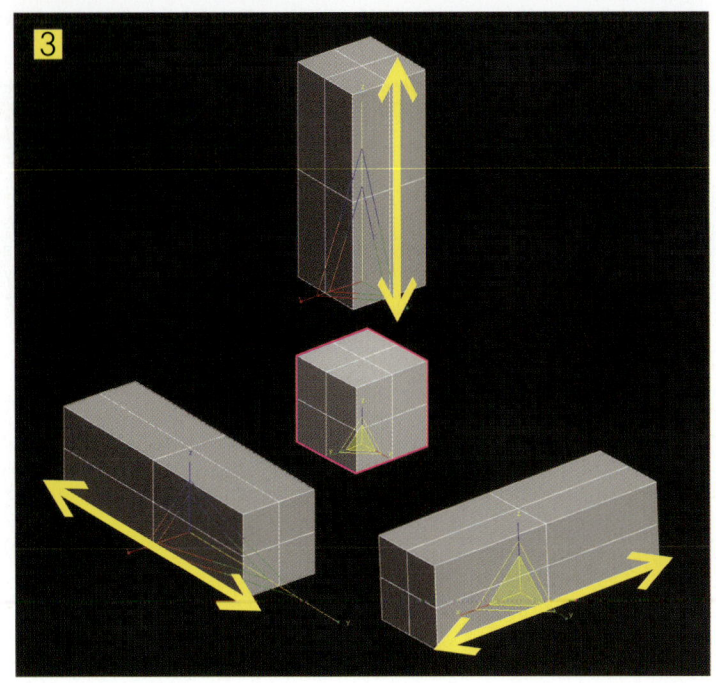

Move, Rotate, Scale 아이콘 위에서 마우스 오른쪽 버튼을 클릭하면 Transform Type-In이라는 새로운 팝업 창이 열리는데 직접 수치를 이용해서 정확한 위치로 이동시키거나 회전시키고 크기를 조절할 수 있습니다.

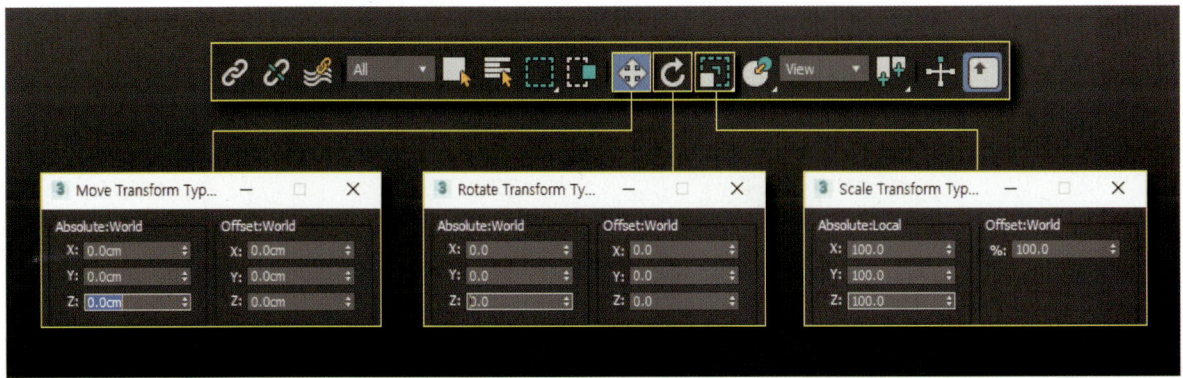

Unit Setup에서 각자 원하는 단위로 설정해서 작업하는 것이 좋습니다. Customize ➜ Unit Setup을 클릭하고 원하는 단위로 설정합니다.

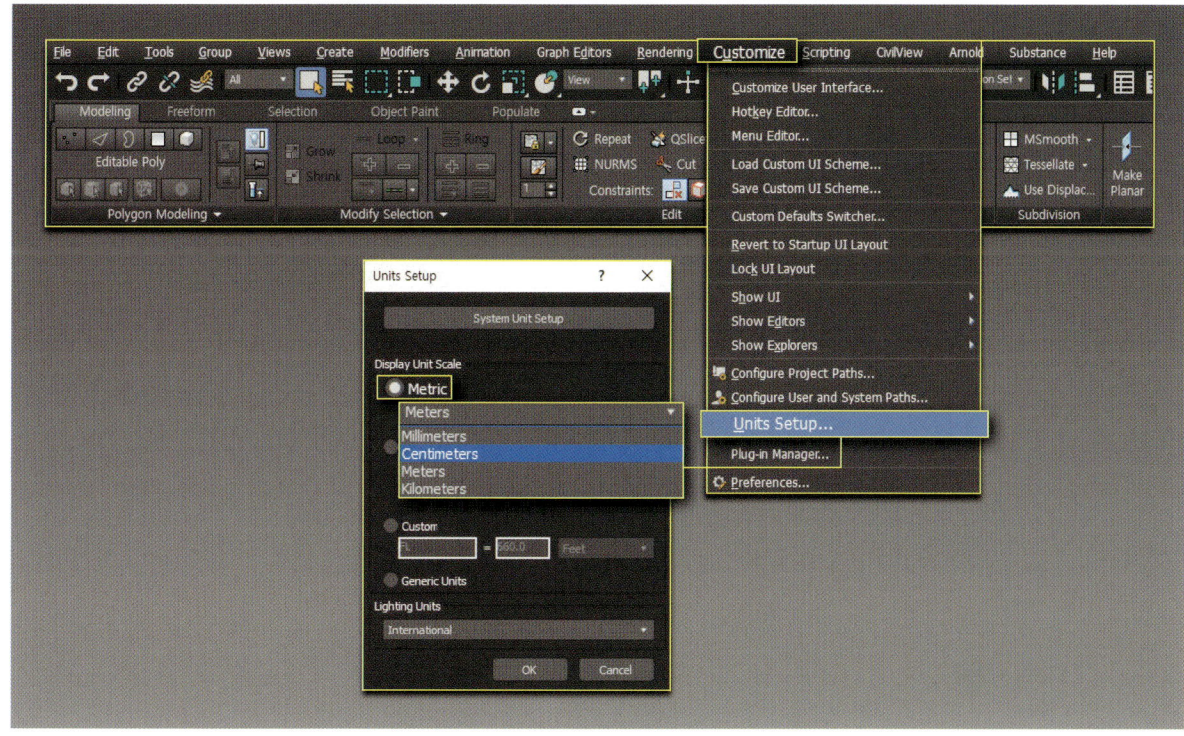

3ds Max에서 View, World, Screen, Local 등 다양한 좌표를 사용할 수 있습니다. 각각의 좌표계는 Use Pivot Point Center, Use Selection Center, Use Transform Coordinate Center의 세 가지 방법으로 적용할 수 있습니다.

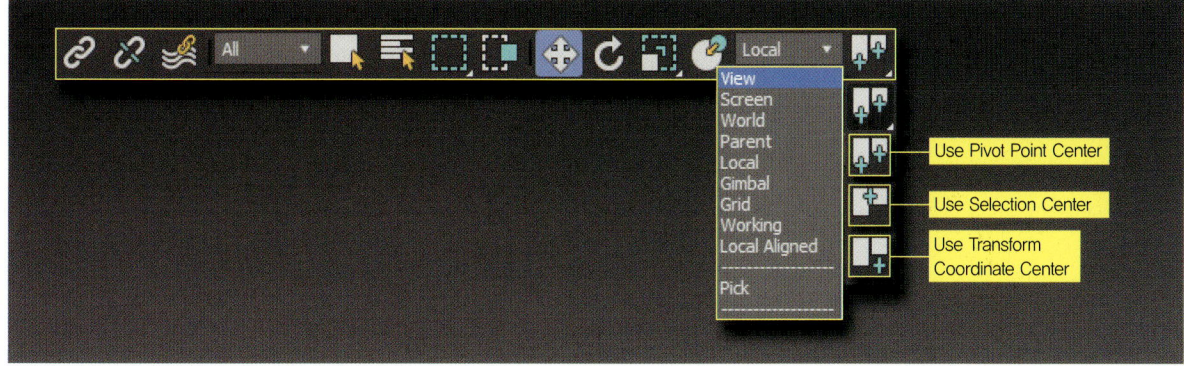

화면의 중앙에 Create ➡ Geometry ➡ Teapot을 생성하고 Top Viewport를 선택해보면 Pivot 가로가 X, 세로가 Y축 표시됩니다. Front Viewport, Left Viewport를 선택해보면 항상 선택한 Viewport에 가로를 X축으로 세로가 Y축으로 표시되고 Perspective(Orthographic) Viewport에서는 평면의 가로가 X, 세로가 Y, 높이가 Z로 표시되는 것을 알 수 있습니다. View 축은 각각의 Viewport에 따라 설정되는 좌표입니다. View 축은 항상 선택한 View를 기준으로 축을 설정해주기 때문입니다.

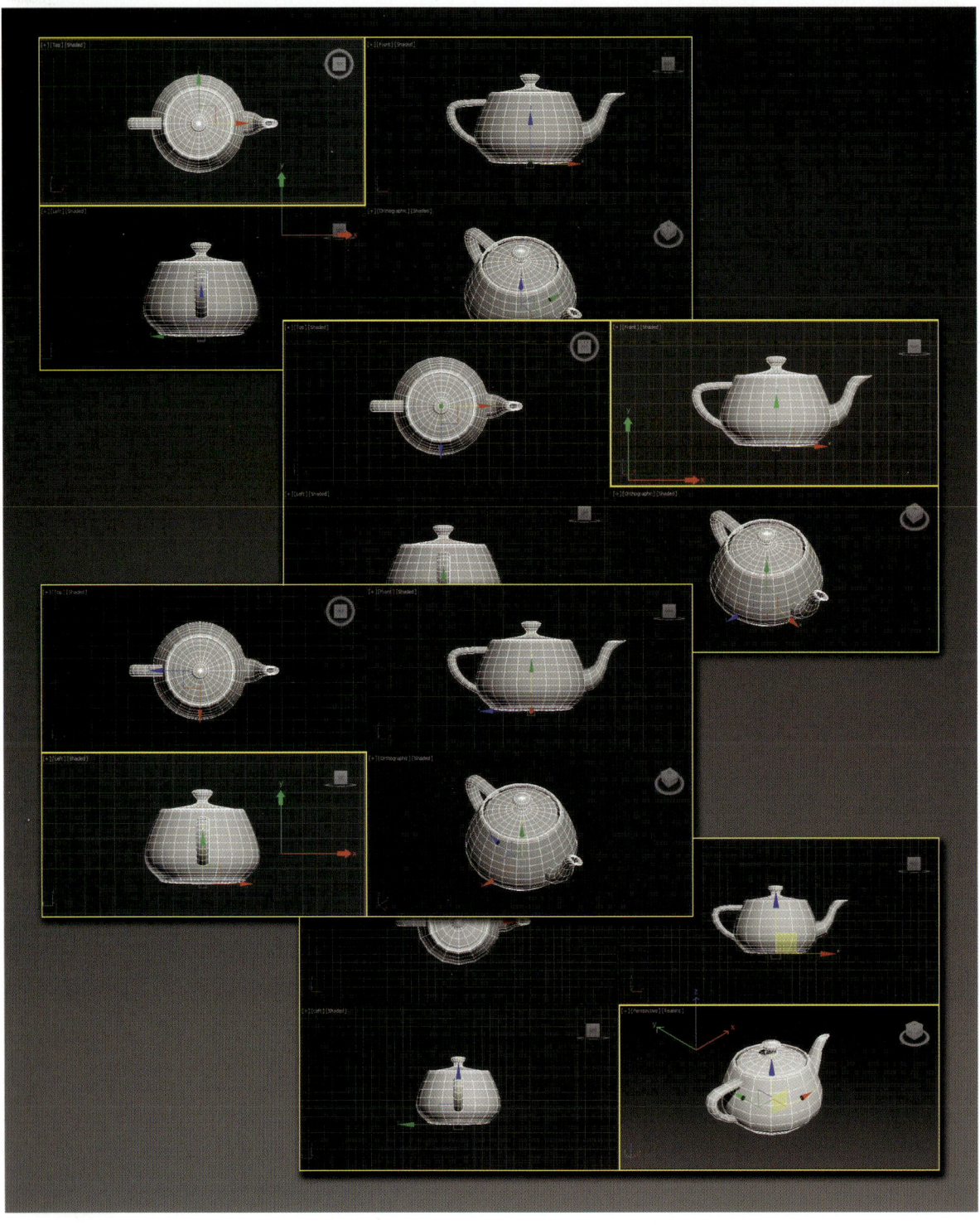

현재 Viewport의 Use Pivot Point Center를 적용한 상태인데 Object가 가진 Pivot Point를 기준으로 작업한다는 의미입니다. Use Selection Center로 변경하면 축을 보여주는 Gizmo의 위치가 이동하는데 선택한 Object의 외형 전체의 중심을 기준으로 작업을 한다는 의미입니다.

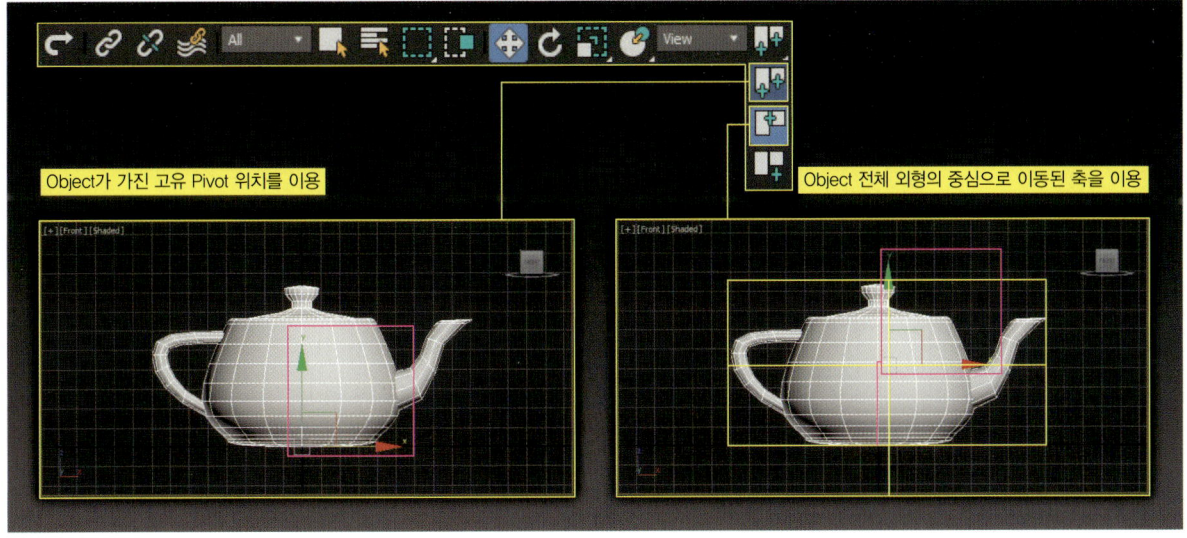

화면에 4개의 Object를 생성하고 축을 View의 Use Pivot Point Center를 적용하고 Scale을 이용해서 크기를 조절해 보면 각각 Object의 Pivot point를 중심으로 크기가 조절되는 것을 볼 수 있습니다.

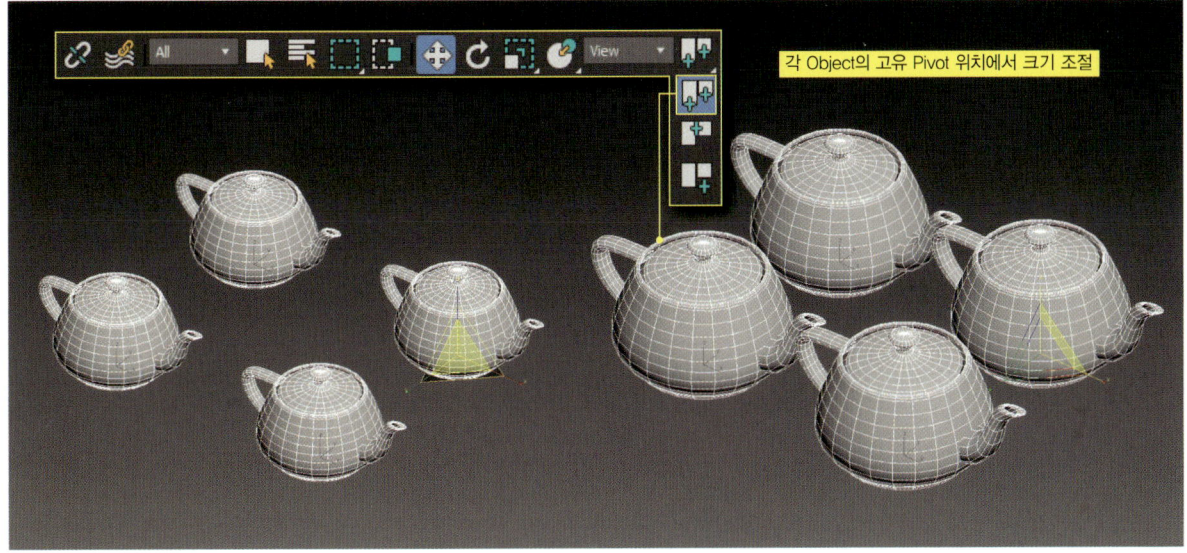

View의 Use Selection Center를 선택하면 선택한 4개의 Object 중심으로 Gizmo가 이동하고 Scale을 이용해서 크기를 조절하면 전체가 한 덩어리로 변형되는 것을 알 수 있습니다.

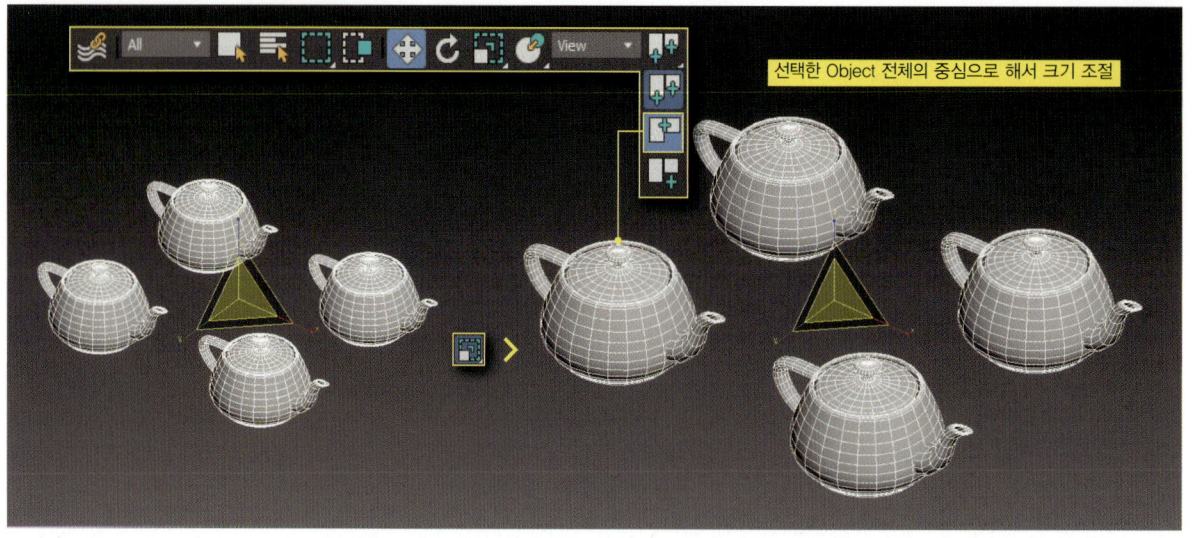

선택한 Object 전체의 중심으로 해서 크기 조절

World 축은 3ds Max의 가상 세계를 중심으로 한 어떤 Viewport에서도 변하지 않고 고정되는 고유의 좌표계입니다.

World 축은 Object를 생성하고 World의 Use Pivot Point Center 상태에서 어떤 Viewport를 선택해도 좌표가 변하지 않는 것을 알 수 있습니다. 어떤 Viewport에서도 높이를 Z로 하는 고유 좌표를 보여주기 때문입니다.

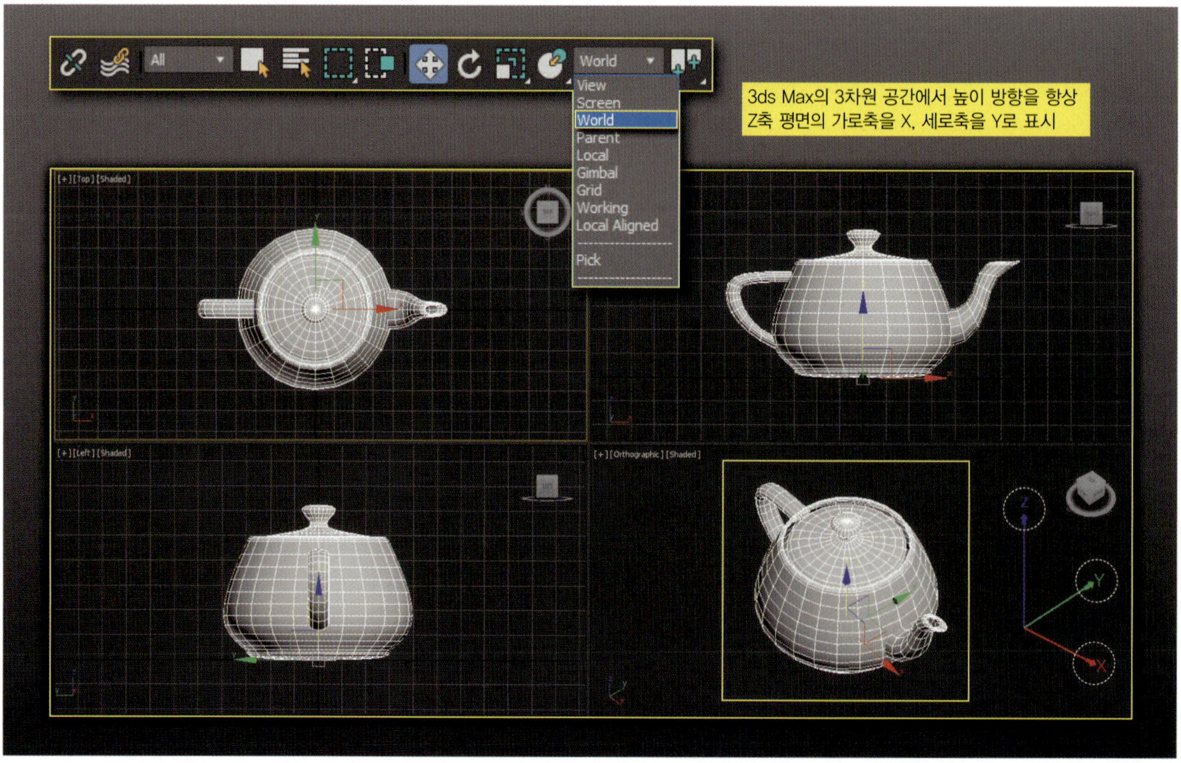

3ds Max의 3차원 공간에서 높이 방향을 항상 Z축 평면의 가로축을 X, 세로축을 Y로 표시

World의 Use Pivot Point Center, Use Selection Center는 View 축과 마찬가지로 World 축을 사용하면서 Object 고유 Pivot 위치와 선택한 Object의 외형의 중심을 이용하고 Use Transform Coordinate Center로 변경하면 Object 만 이동하고 Gizmo는 World의 중심에 고정되어 있습니다.

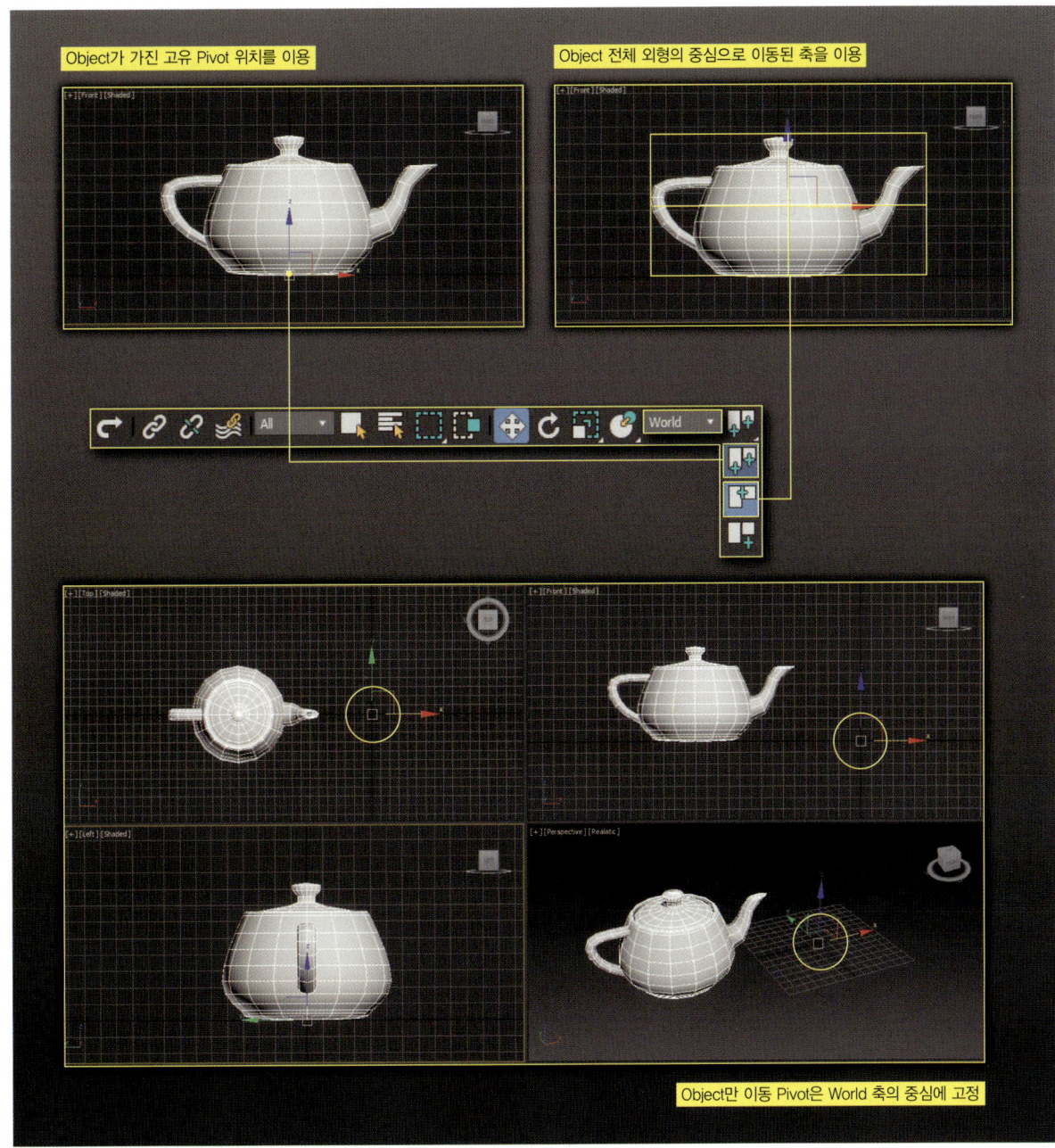

다음은 World의 Use Pivot Point Center 상태에서 Rotate할 때와 Use Transform Coordinate Center 상태에서 Rotate했을 때 차이를 보여 줍니다.

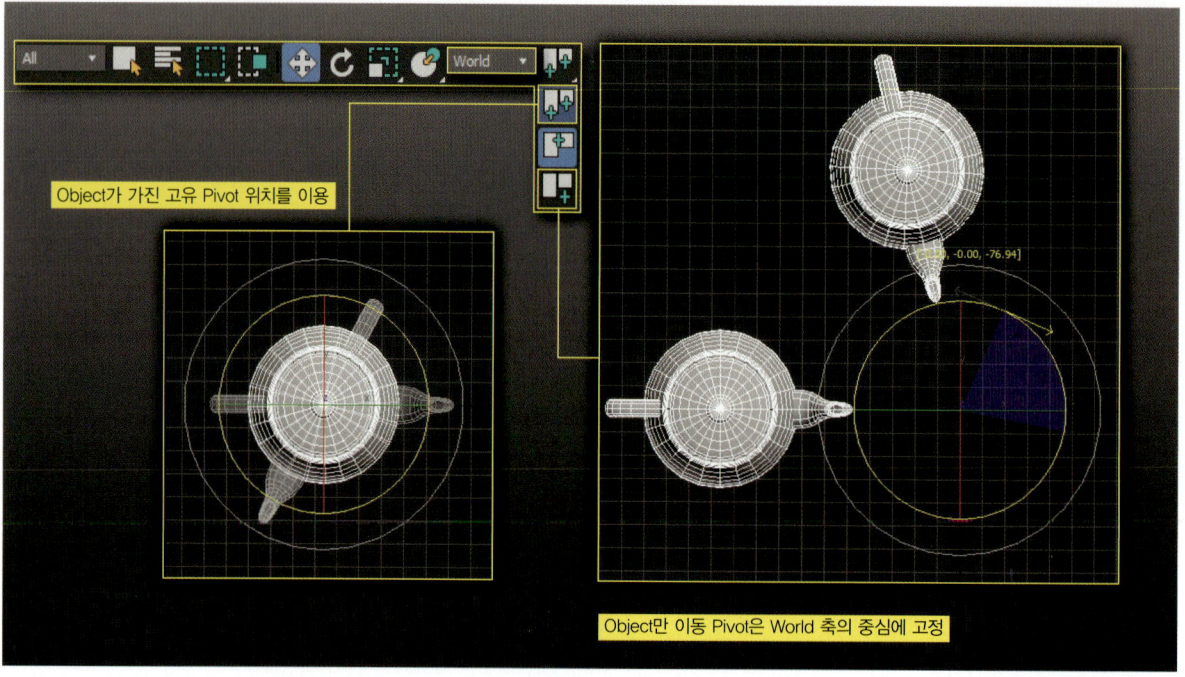

Local 축은 각 Object가 가지고 있는 좌표인데 Object가 회전하면 그 축도 같이 회전합니다. 경사면이 있는 Object와 Sphere가 존재하고 Sphere를 회전하면 Local 축 상태에서 확인하면 축도 함께 회전된 것을 볼 수 있다.

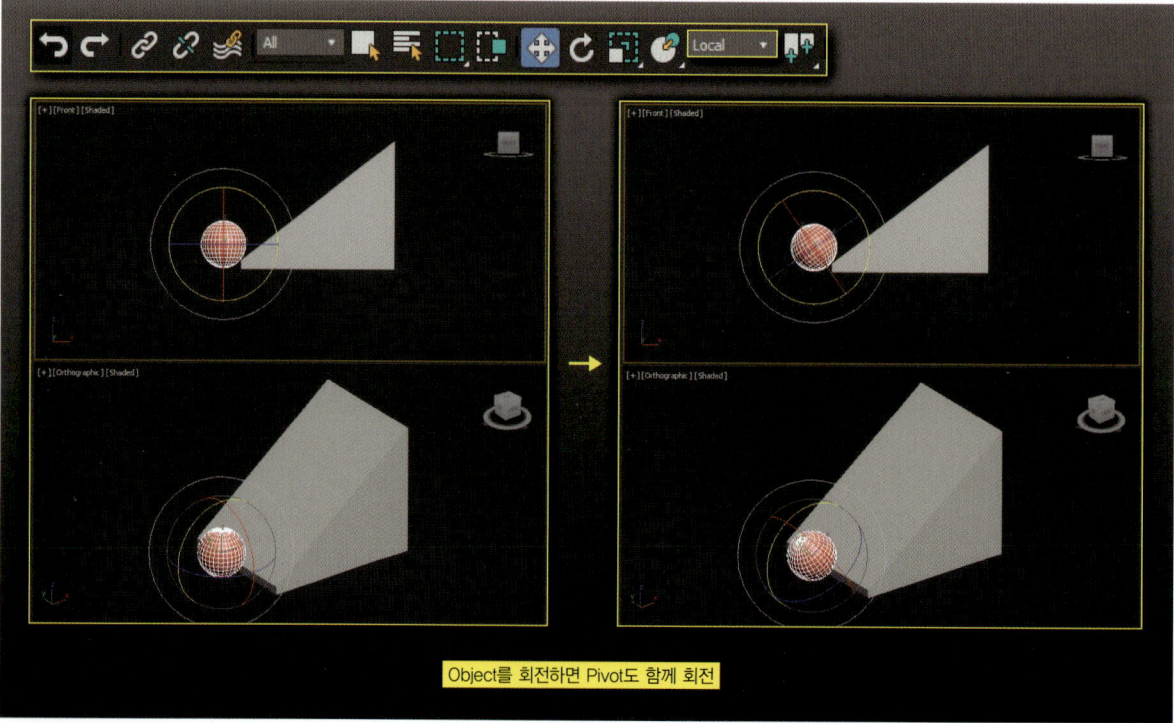

Local 축을 이용하면 다음 그림과 같이 Object의 축 방향으로 정확하게 Move, Rotate, Scale할 수 있습니다.

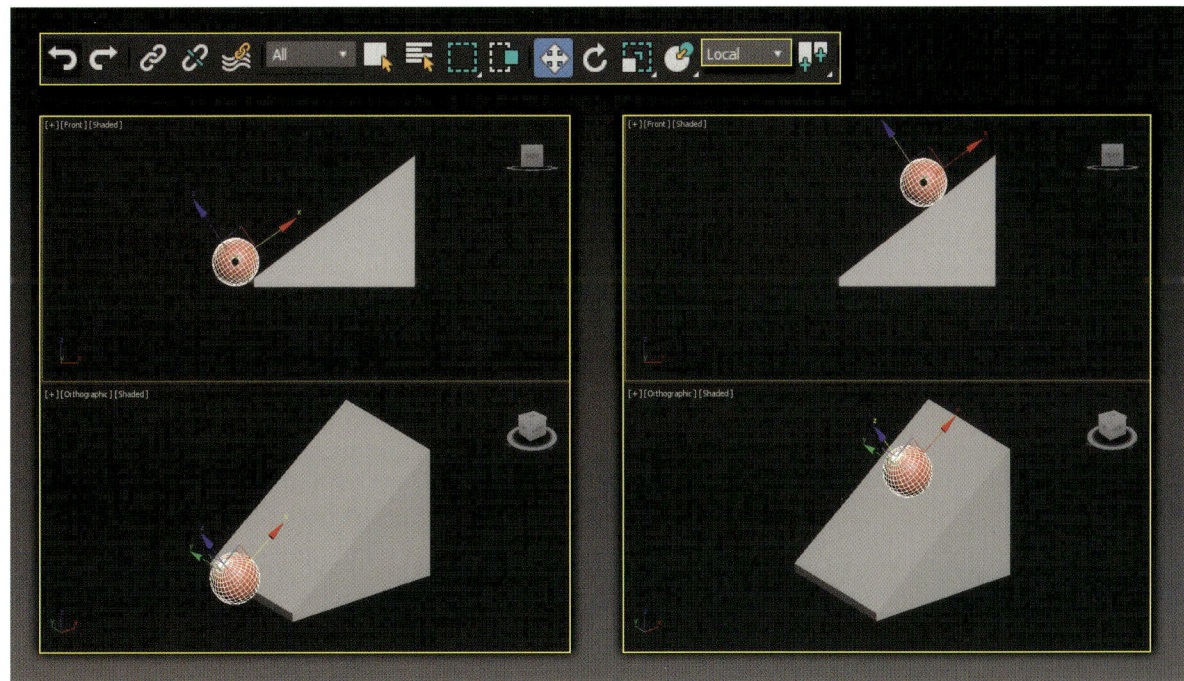

SECTION 07

효율적으로 Object를 관리하고 복사하기

다양한 Object를 생성하고 생성한 Object를 복사하는 방법을 이해하고 더불어 많은 Object가 존재할 경우 효율적으로 작업할 수 있도록 장면을 관리하는 방법을 학습니다.

Object 복사하기

화면에 Teapot를 생성하고 선택한 후에 Shift 키를 누른 상태에서 Move하고 마우스를 떼면 Clone Options 창이 나타나고 Copy를 체크하고 Number of Copies에 기입한 숫자만큼 새로운 Object로 복사됩니다.

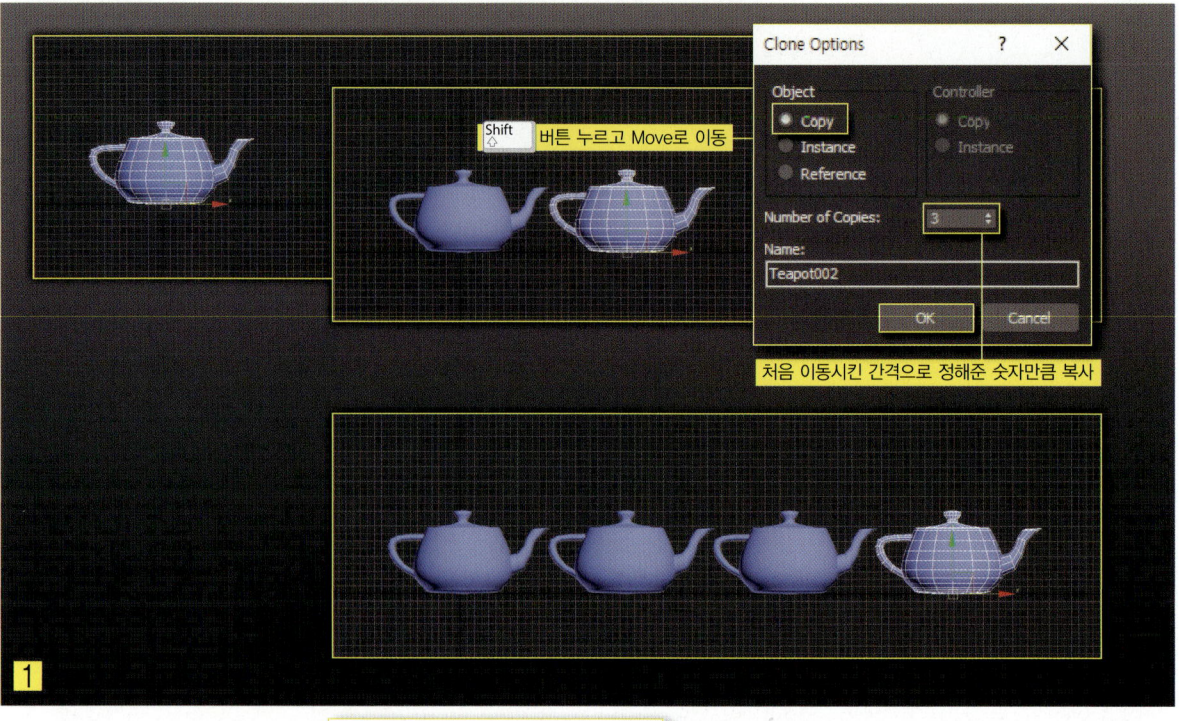

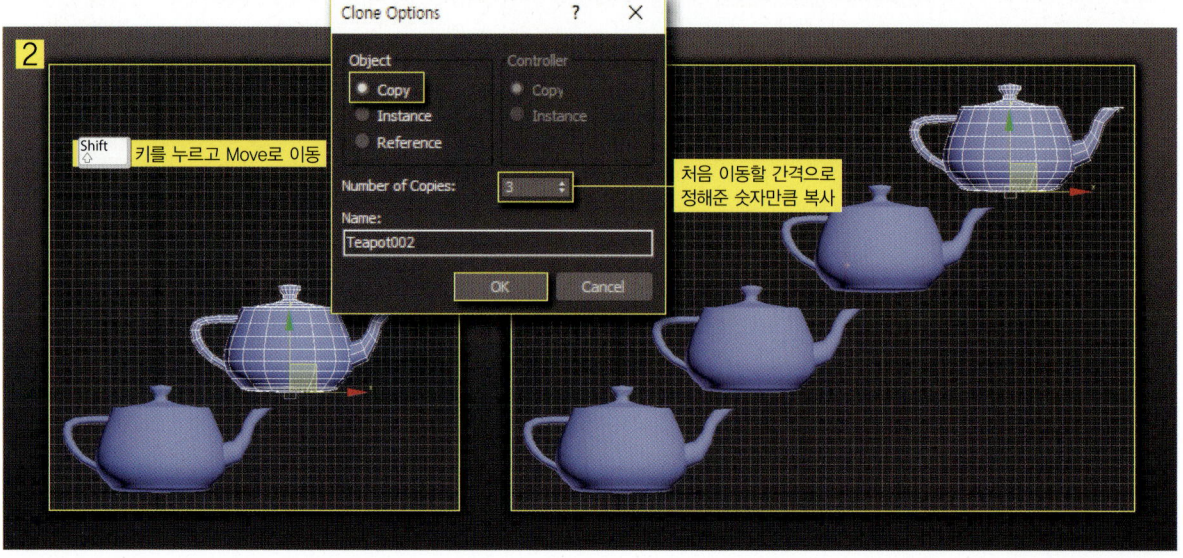

Object를 선택한 다음 Rotate를 선택하고 Shift 키를 누른 상태에서 원하는 각도로 Rotate를 해서 Clone Options 창에 Copy를 체크하고 Number of Copies에 입력한 숫자만큼 새로운 Object로 복사됩니다.

Main Toolbar의 Snap 버튼을 활성화해서 정확하게 원하는 위치로 이동하거나 설정한 각도만큼 단계별로 회전시킬 수 있습니다.

단축키 S 를 누르거나 Snap Toggle 버튼을 누르면 Snap 실행되고 단축키 A 를 누르거나 Angle Toggle 버튼을 누르면 Angle Snap 실행됩니다. Snap 버튼 위에서 마우스 오른쪽 버튼을 클릭하면 Grid and Snap Settings 창이 활성화되고 Option에서 Angle 값을 조절합니다. Angle에 20을 입력하면 20도만큼 회전하게 됩니다.

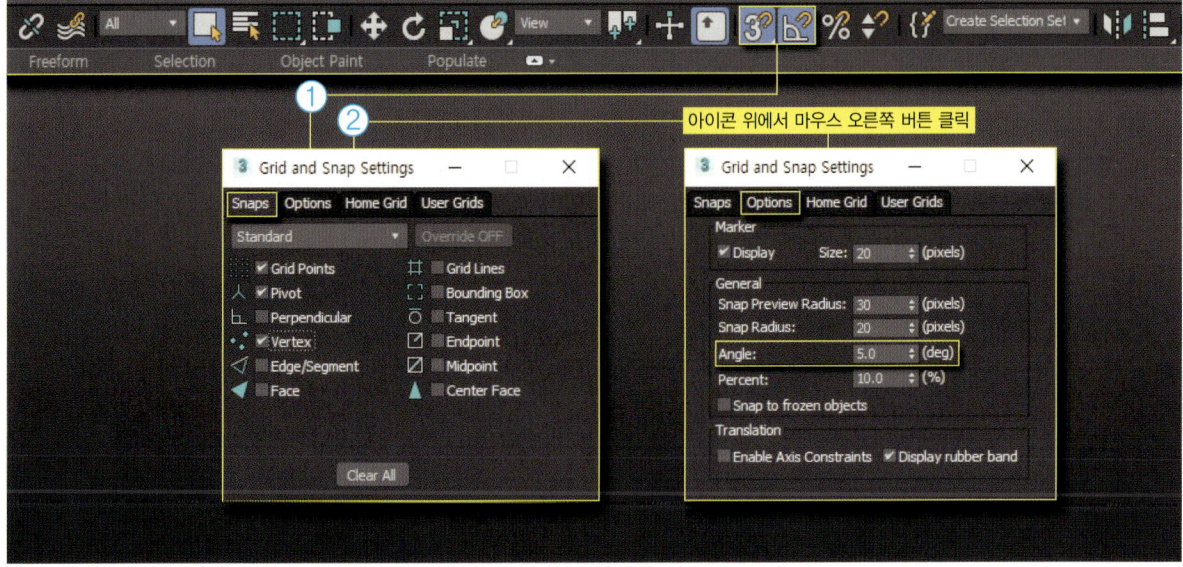

Angle Snap을 활성하고 앞서 학습한 World 축의 Use Transform Coordinate Center를 이용해서 다시 한번 Rotate 복사를 해보겠습니다. 생성한 Teapot를 그림처럼 중앙에서 X축 방향으로 이동시킵니다.

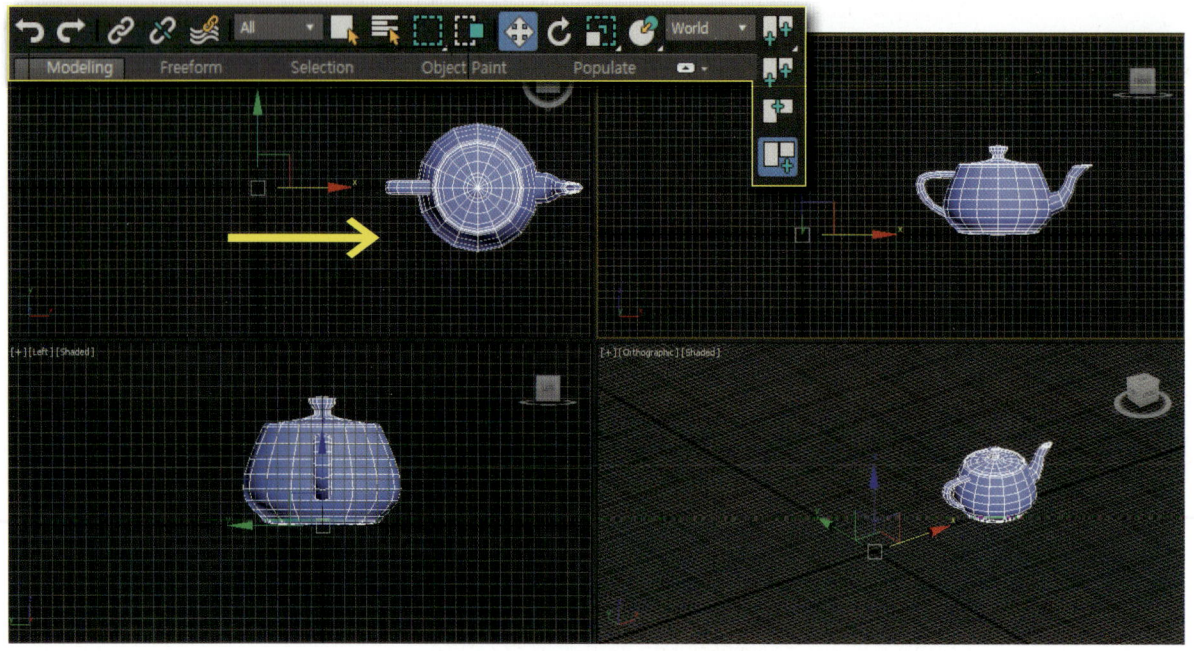

Top Viewport로 이동하고 Rotate 기능을 활성하고 World 축의 Use Transform Coordinate Center를 활성하고 Angle Snap 버튼을 켭니다. Angle Option은 5도씩로 회전하도록 했습니다. Shift 키를 누른 상태로 Rotate해서 45도가 되었을 때 마우스를 떼고 Options 창에 Copy를 체크하고 Number of Copies에 7을 입력합니다. 45도마다 하나씩 7개의 Object가 생성됩니다.

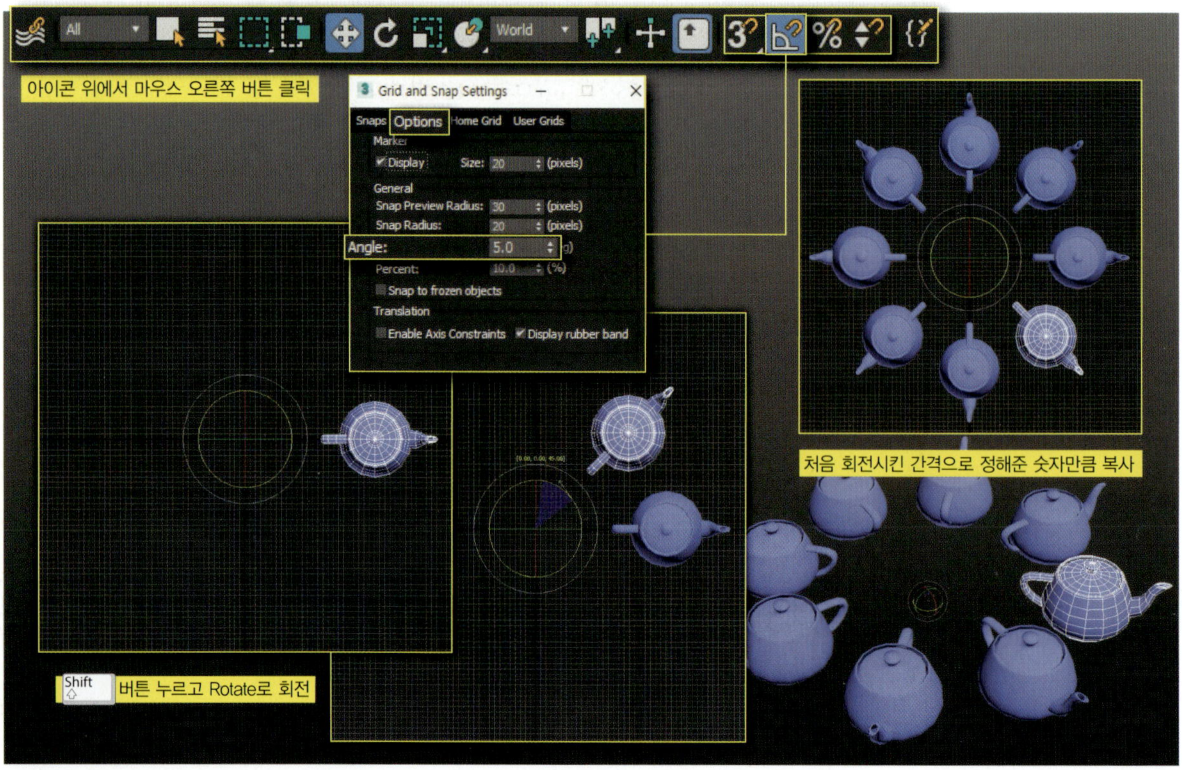

Clone Options에서 Clone과 Instance의 차이는 Copy로 복사하면 독립된 하나의 Object로 복사되고 Instance는 서로의 속성을 공유해서 Instance로 복사된 Object는 연결을 끊어주지 않는 한 원본이나 복사된 어느 한쪽의 Object가 변형되면 서로 똑같이 변형됩니다.

Object 관리

많은 Object가 한 화면에 있을 때 Object를 묶어서 관리하면 효율적으로 작업할 수 있습니다.

■ Create Selection Set

먼저 Create Selection Set을 이용해서 여러 개의 Object를 한 번에 선택할 수 있습니다. 여러 개의 Object 중 몇 개를 선택하고 메뉴에서 Create Selection Set 박스에 원하는 이름을 적어 넣고 Enter 키를 누르면 등록됩니다.

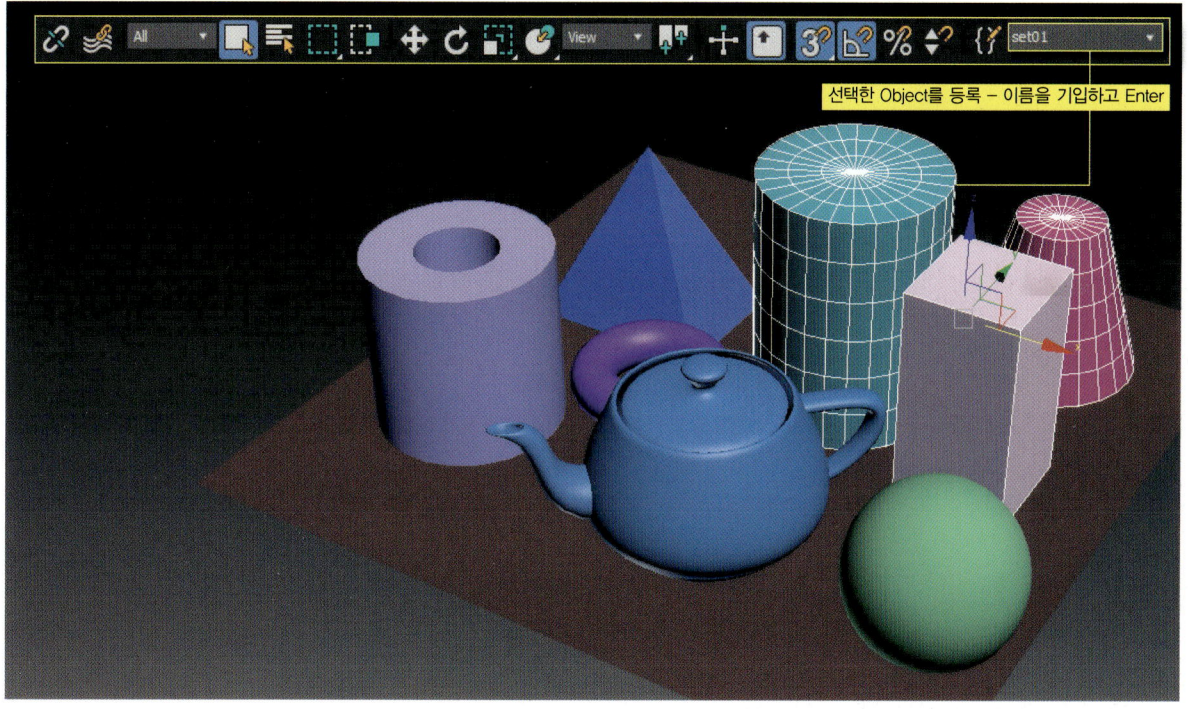

반복해서 등록합니다. Create Selection Set 박스 옆에 버튼을 클릭해서 확인하면 등록된 이름 중 원하는 것을 선택하면 등록된 Object가 한 번에 선택됩니다.

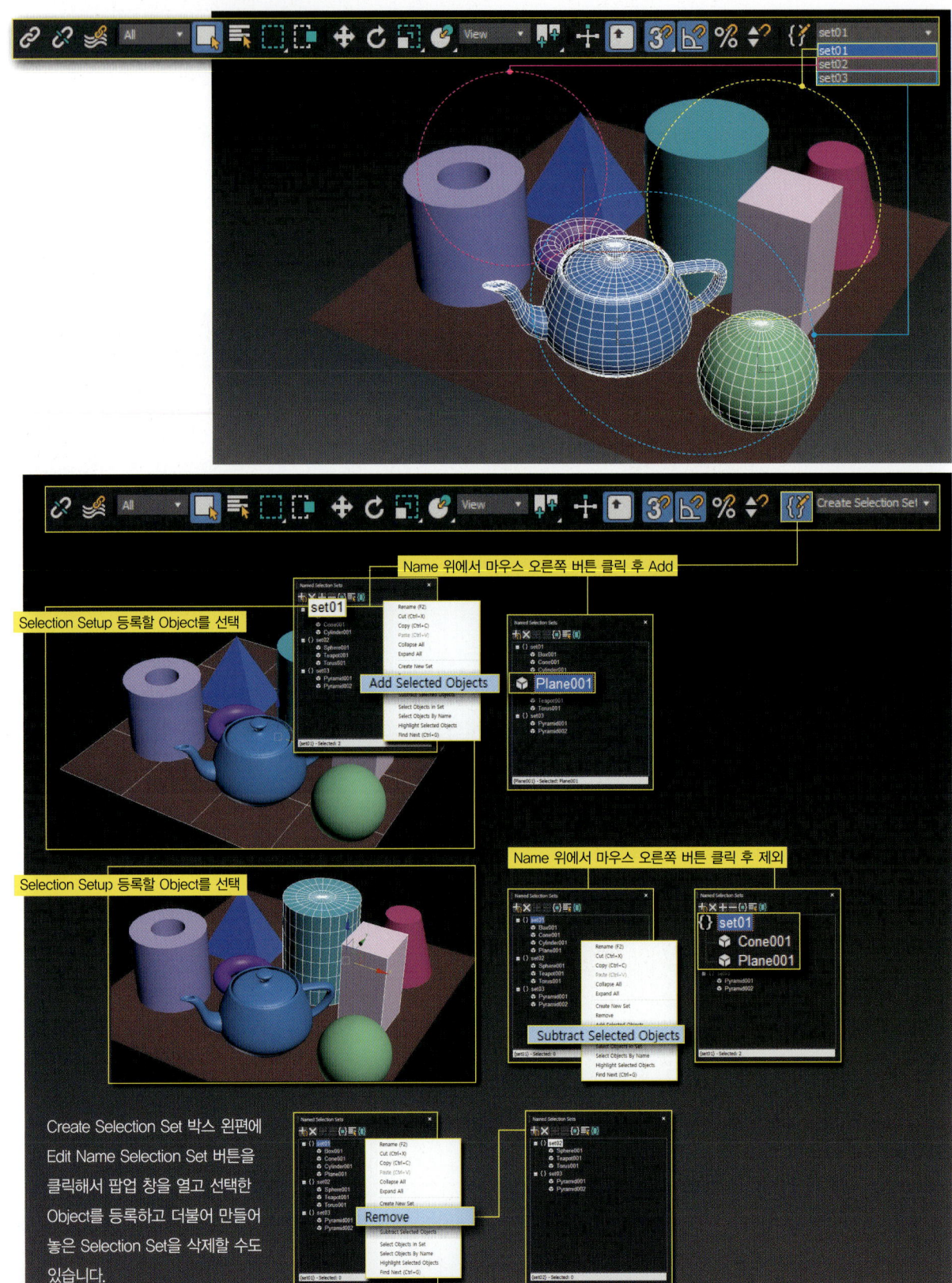

■ Group

장면에 여러 가지 부품을 가진 Object가 존재하는 경우 비슷한 종류의 부품을 묶어 놓으면 효율적으로 작업할 수 있습니다.

Group으로 묶어줄 Object를 선택하고 Main Menu의 Group을 선택하면 팝업 창이 활성화되고 원하는 이름을 정하고 OK해서 선택한 Object를 하나의 Group으로 묶어 줍니다.

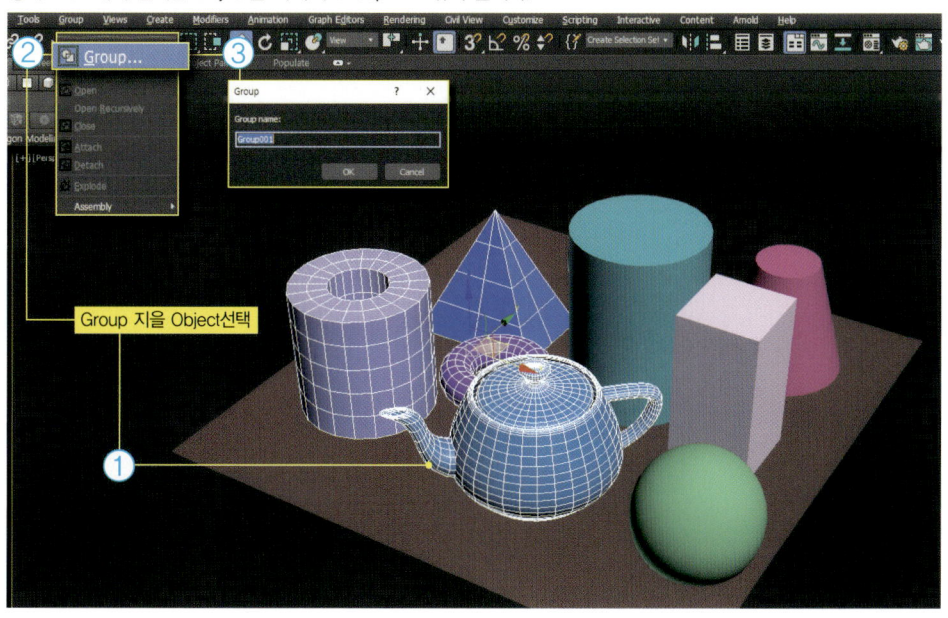

Group → Open을 클릭하면 Group으로 묶은 Object 전체를 선택할 수 있는 Guide Box가 표시되고 Guide Box를 선택해서 Group 전체를 제어하거나 Object를 따로 제어할 수 도 있습니다.

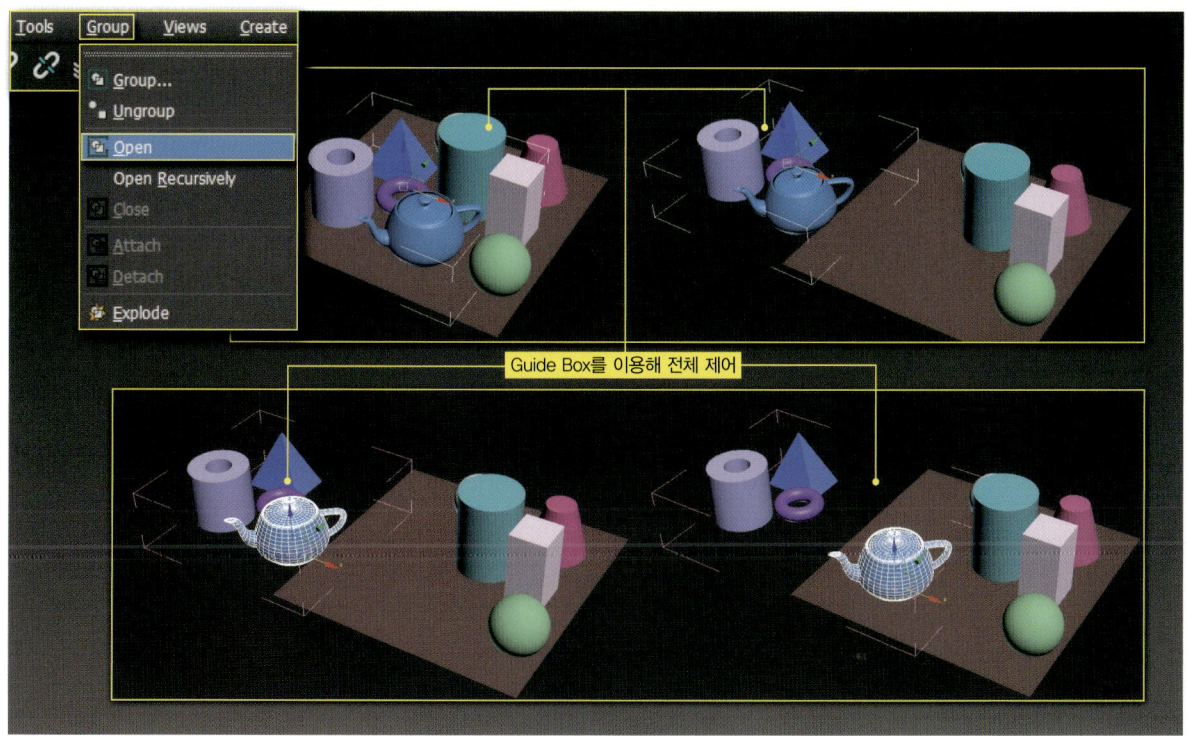

■ Scene Explorer

Main Toolbar의 Toggle Scene Explorer 를 활성화해서 Object를 여러 개의 Layer에 등록해서 관리할 수 있습니다

Manage Layers 활성화하고 Object를 선택하고 New Layer 버튼을 클릭해서 등록하고 다른 Layer로 이동하거나 제거할 수 있습니다.

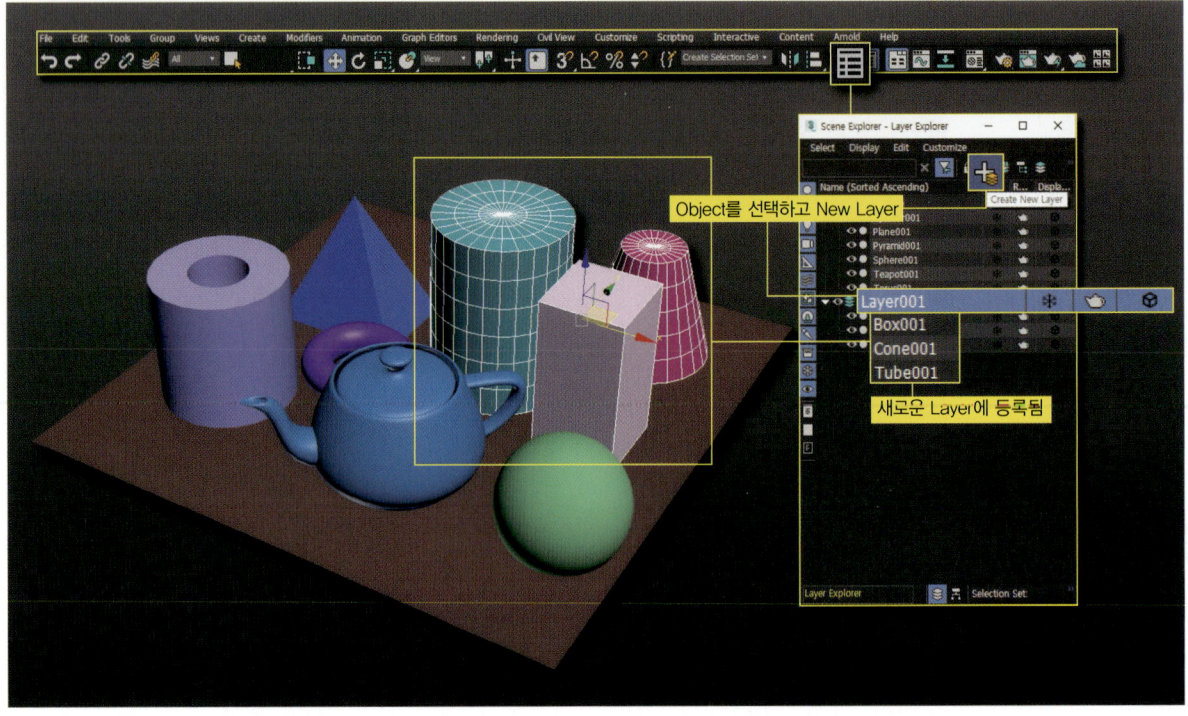

화면에 많은 Object가 존재할 경우 선택한 Object만 보면서 작업을 하면 효율적입니다. Isolate Selection Toggle 버튼을 활성/비활성화하거나 마우스 오른쪽 버튼을 클릭해서 실행할 수 있습니다.

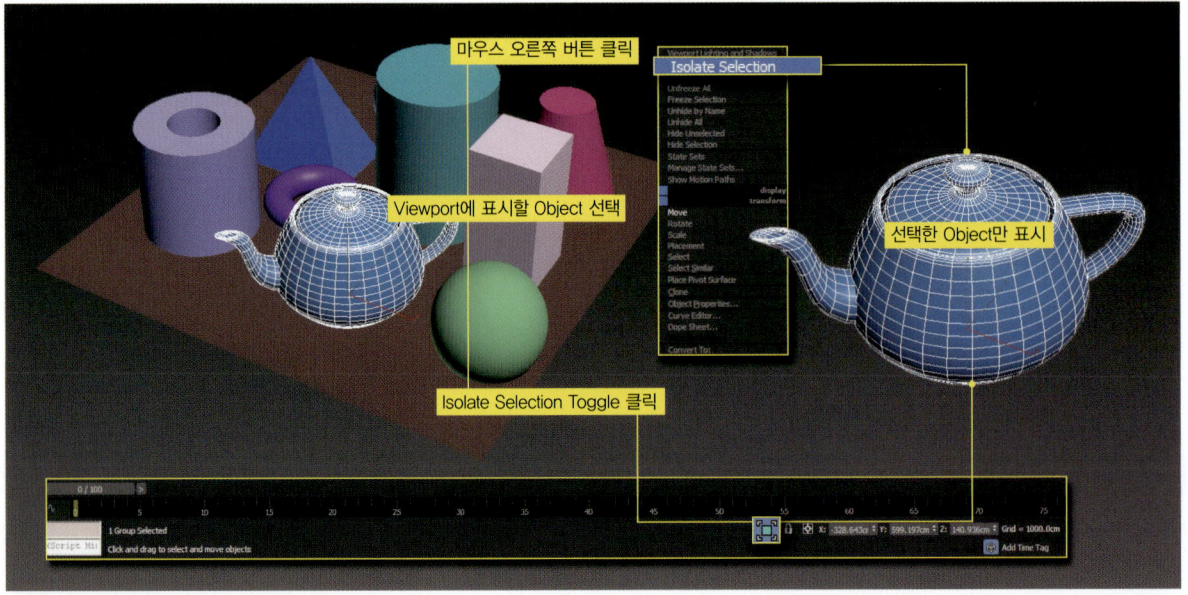

SECTION 08

Editable Poly 모델링하기

3ds Max를 이용한 모델링 과정에서 가장 중요한 부분이 바로 Editable Poly 기능입니다. 많은 3D 툴이 있지만 작업 방식은 유사합니다. 그만큼 3D 모델링 과정에서 차지하는 비중이 크고 거의 전부라고 할 수 있을 정도로 중요한 부분입니다.

Viewport에 Plane를 생성하고 선택한 상태에서 마우스 오른쪽 버튼을 클릭하면 새로운 팝업 창이 나타납니다. 오른쪽 아래 Convert To editable Poly를 클릭해서 Editable Poly로 변환합니다. **편집할 수 있는 Polygon으로 변환한다는 의미입니다.**

변환한 후 Command Panel의 Modify Tab으로 이동해보면 많은 기능이 나타나는 것을 볼 수 있습니다. 크게 Select 기능과 Edit 기능으로 구분됩니다.

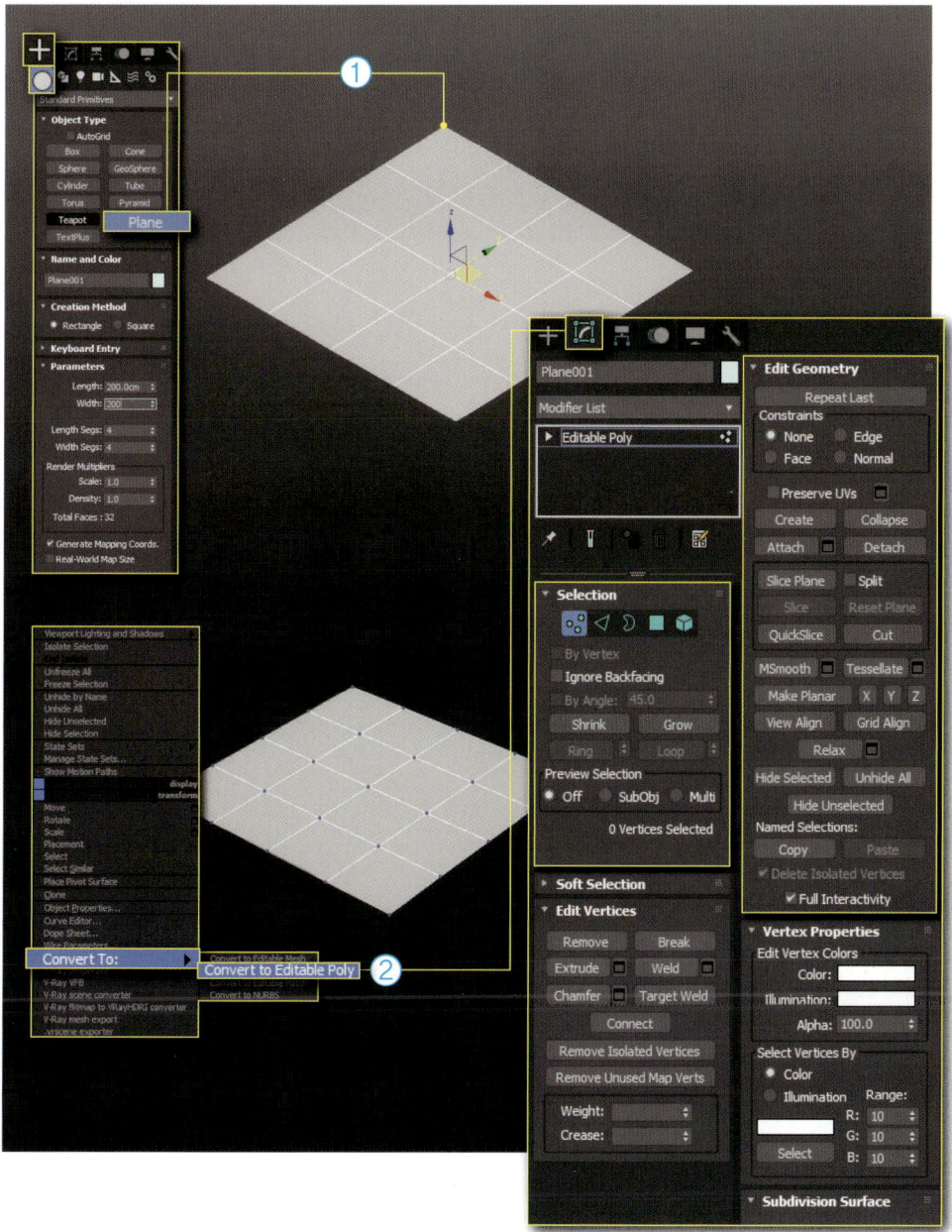

Object는 Vertex, Edge, Polygon으로 이루어져 있고 각 요소를 선택하고 연결하고 추가하고 삭제하는 과정과 원하는 모양으로 Move, Rotate, Scale하는 과정 이 두 과정이 모델링의 전부라고 할 수 있습니다.

 Editable Poly로 변환하지 않으면 아직 기본 도형 상태로 남아 있게 되고 Editable Poly에 포함된 기능을 사용할 수 없습니다. Editable Poly 변환해서 기능을 활성화하거나 Modify에 Edit Poly기능을 추가하는 두 가지 방법으로 모든 기능을 활성화할 수 있습니다. Modify에 Edit Poly를 적용하게 되면 원본을 그대로 유지할 수 있는 장점이 있습니다. Modify 학습과정에서 좀 더 자세하게 다루게 됩니다.

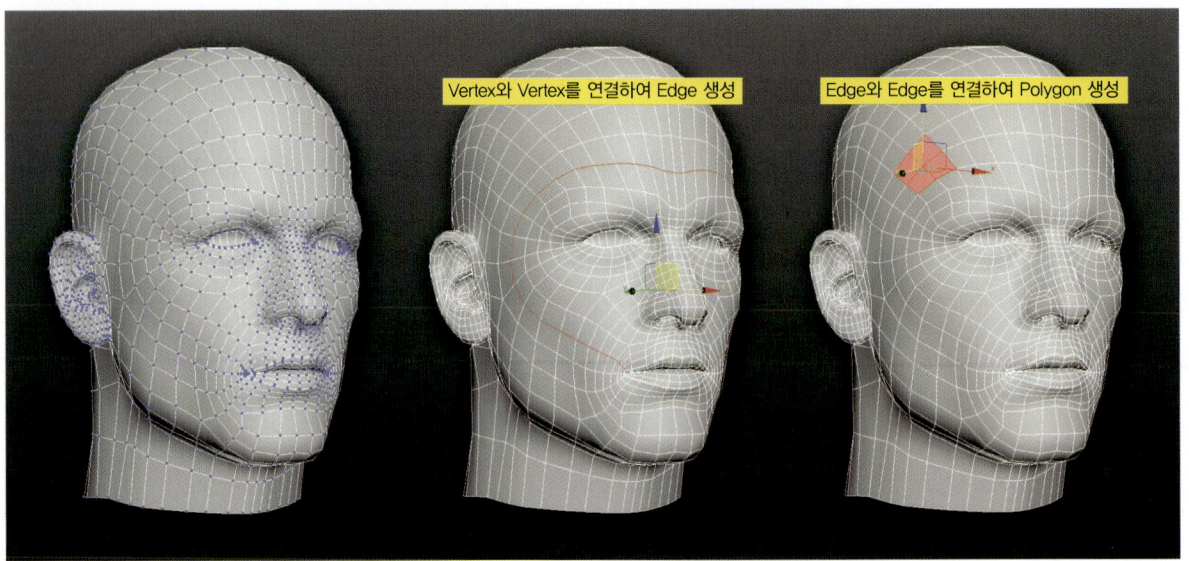

Editable Poly에 포함된 기능은 선택을 위한 기능과 선택된 Vertex, Edge, Polygon을 변형하는 기능으로 나눌 수 있습니다. Object의 하위 단계로 내려가면 각 요소를 선택할 수 있고 선택 모드에서 각 요소를 변형할 수 있는 기능이 활성화됩니다.

Object를 선택하고 마우스 오른쪽 버튼을 클릭해서 각 기능을 실행할 수도 있습니다.

모델링 과정은 변형할 Vertex, Edge, Polygon를 선택하고 Move, Rotate, Scale해서 변형하거나 Edit 기능을 이용해서 Vertex를 연결하고 합치고 나누고 Edge를 분리하거나 연결하고 Polygon을 새롭게 생성하면서 형태를 완성해가는 과정입니다.

Vertex, Edge, Polygon 선택하기

Object 선택과 같은 방법으로 Vertex, Edge, Polygon 선택을 추가하거나 제거할 수 있습니다. 앞서 학습한 선택 방법 외에도, Object의 구성 요소인 Vertex, Edge, Polygon을 효과적으로 선택할 수 있는 다양한 방법을 제공합니다.

■ Editable Poly ➜ Selection

Vertex, Edge, Polygon를 선택하고 Grow를 실행하면 인접한 Vertex, Edge, Polygon으로 선택을 확장하고 Shrink는 반대로 선택을 축소합니다. 단축키 Ctrl + 키보드 위쪽 방향 화살표 클릭하면 Grow, Ctrl +키보드 아래쪽 방향 화살표 클릭하면 Shrink.

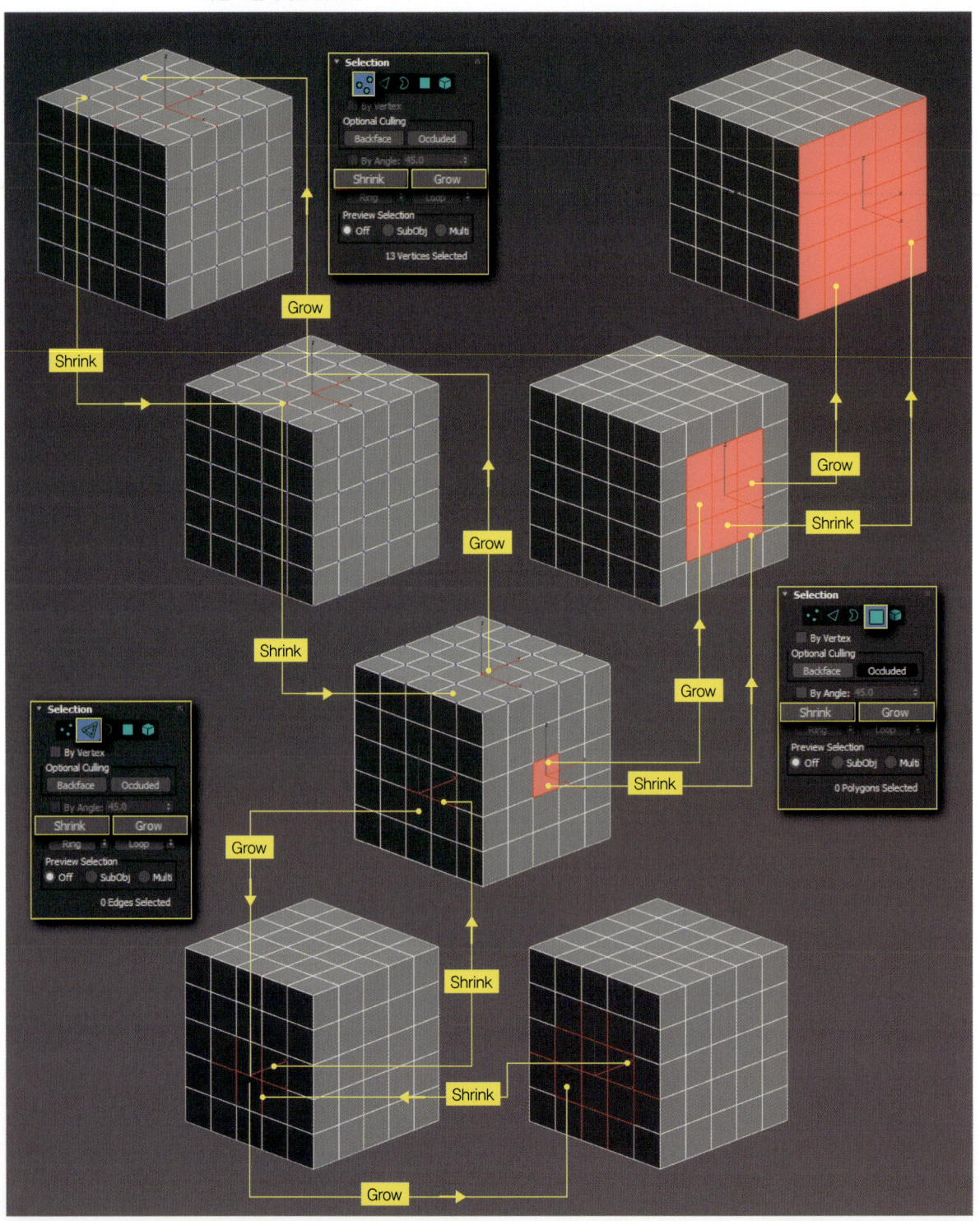

Edge를 선택한 상태에서 Ring을 실행하면 선택한 Edge에 평행한 모든 Edge를 선택할 수 있습니다. 또한, Edge 선택 상태에서 평행한 방향의 인접한 Edge를 더블 클릭하여 Ring 기능과 같은 결과를 얻습니다.

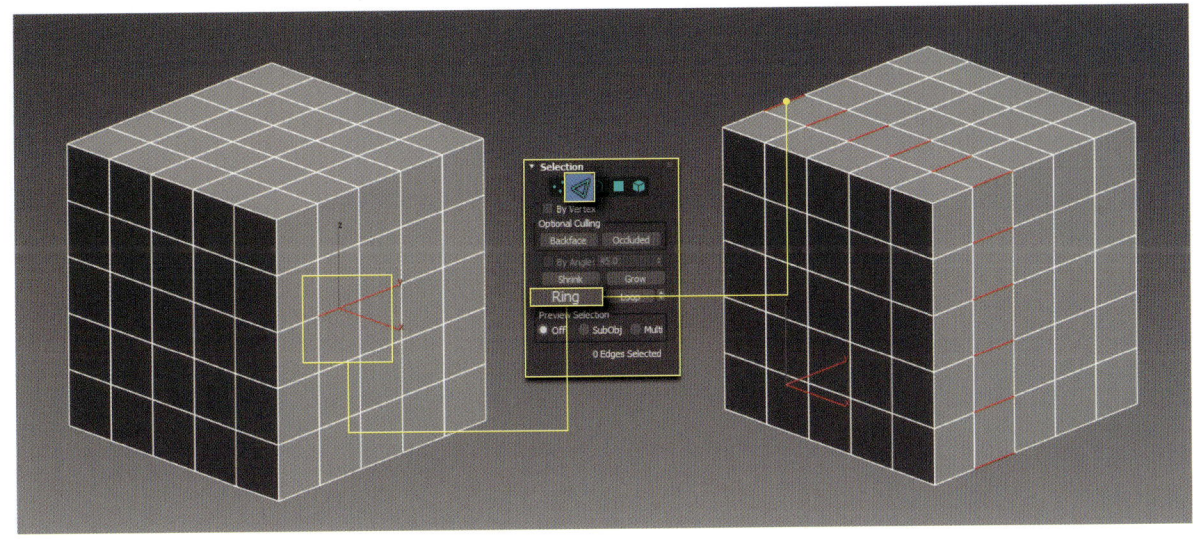

Edge를 선택한 상태에서 Loop를 실행하면 같은 방향으로 연결되어 있는 모든 Edge를 선택할 수 있습니다. 또한, Edge를 더블 클릭하면 Loop 기능을 실행한 것과 같은 결과를 얻을 수 있습니다.

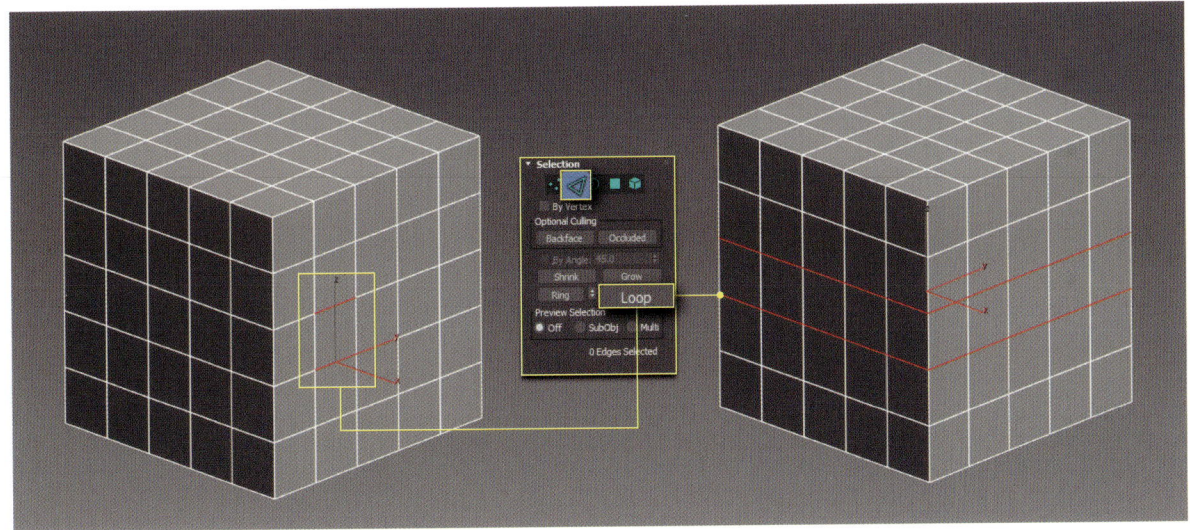

Polygon을 선택한 상태에서 인접한 Polygon을 더블 클릭하면 같은 방향으로 연결되어 있는 모든 Polygon을 선택할 수 있습니다.

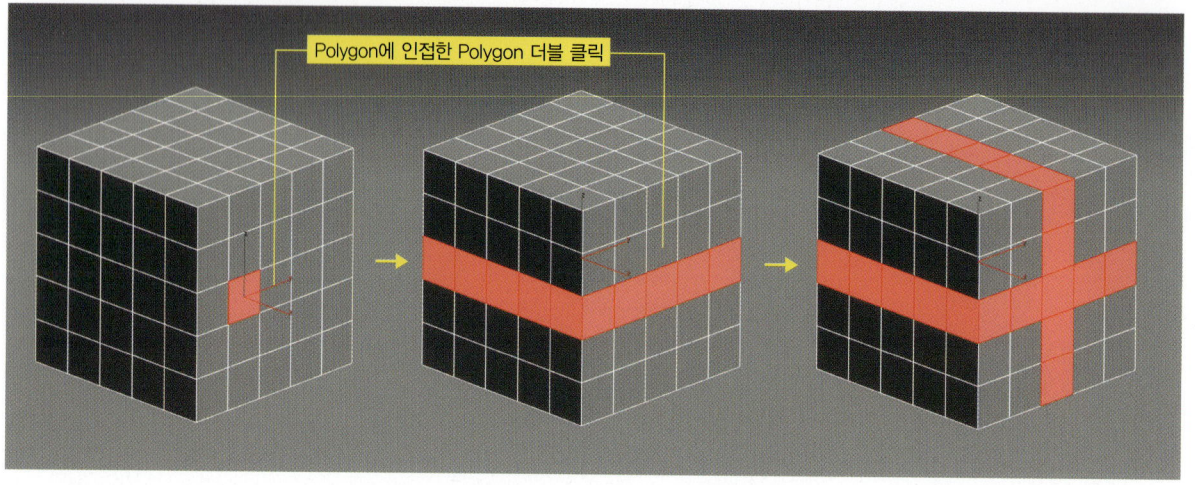

Vertex

Vertex는 앞서 확인한 것처럼 object를 이루는 최소의 단위 즉 하나의 점을 의미합니다. Vertex를 연결하고 하나로 합쳐주거나 필요한 곳에 Vertex를 추가하고 원하는 곳으로 이동하는 것이 모델링의 시작입니다.

변형할 Vertex, Edge, Polygon을 선택하고 Move, Rotate, Scale을 이용해서 변형해 본 모습입니다.

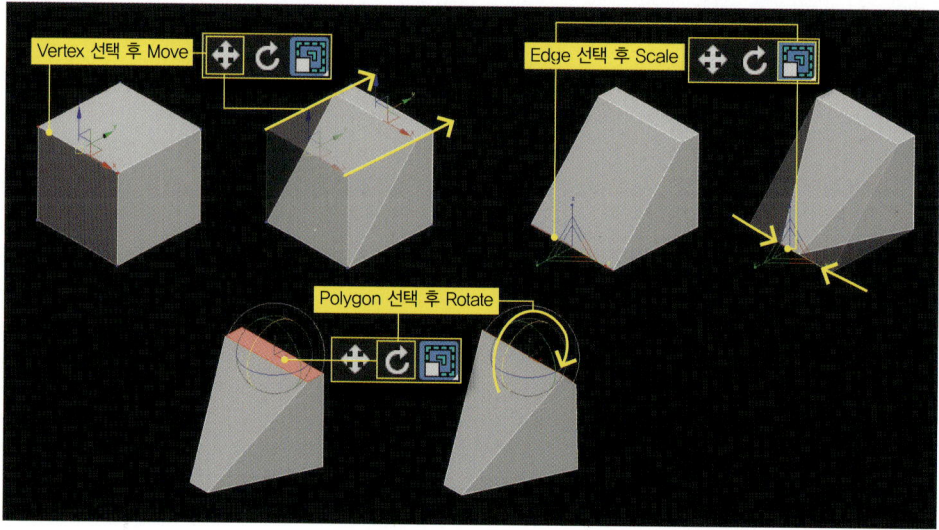

■ Connect

먼저 선택 모드를 Vertex로 설정합니다. 두 개의 Vertex를 선택하고 Connect를 실행하면 선택한 두 개의 Vertex를 연결하는 Edge가 생성됩니다.

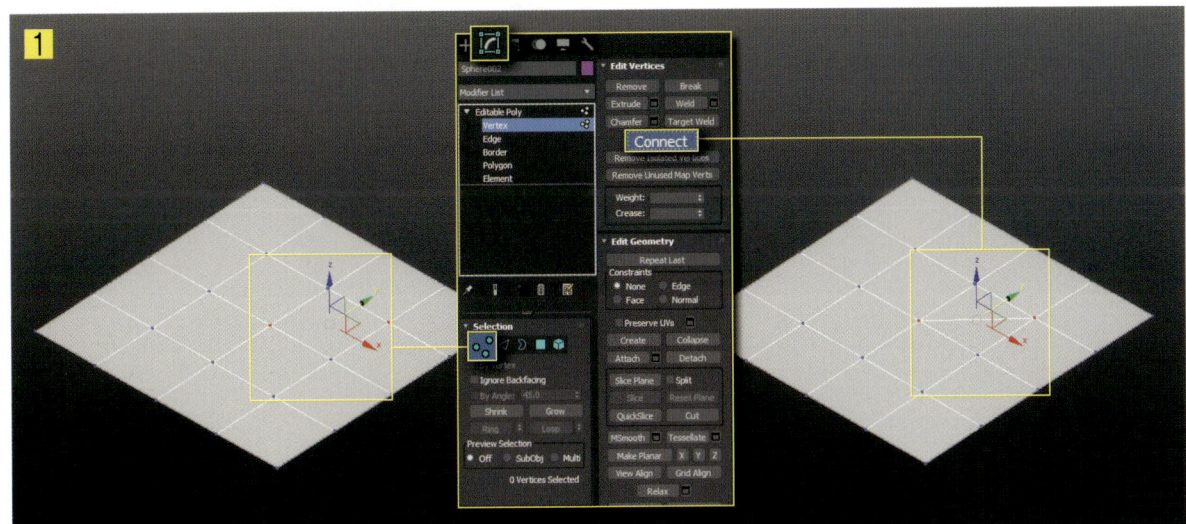

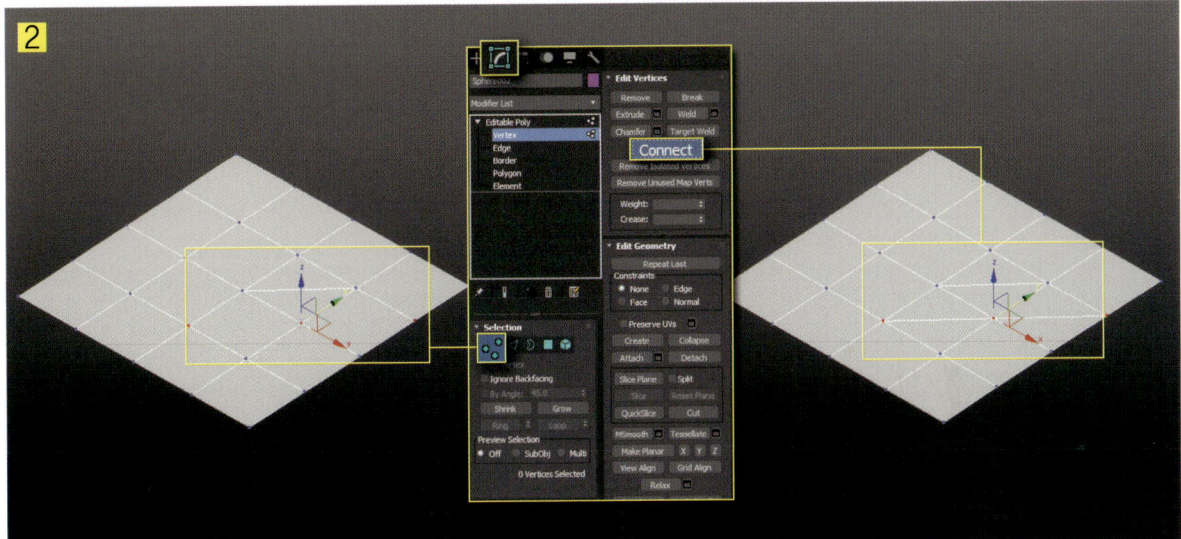

■ Extrude

Extrude는 단어의 뜻처럼 선택한 Vertex를 분리하고 밀어올려 새로운 Vertex를 생성하는 기능입니다.

Extrude 버튼을 활성화하고 Vertex을 클릭 앤 드래그하면 Vertex가 생성되면서 새로운 Polygon이 만들어집니다.

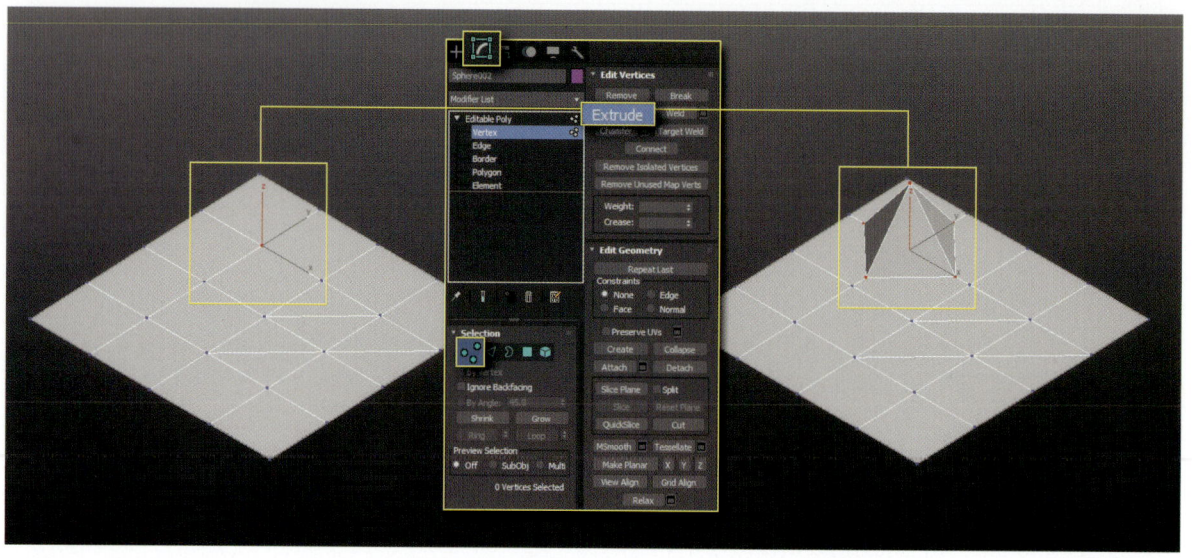

Vertex를 먼저 선택하고 Extrude 옆에 Setting 버튼을 누르면 새로운 창이 활성화되고 원하는 결과를 눈으로 확인하면서 작업할 수 있습니다. OK를 눌러 변형합니다.

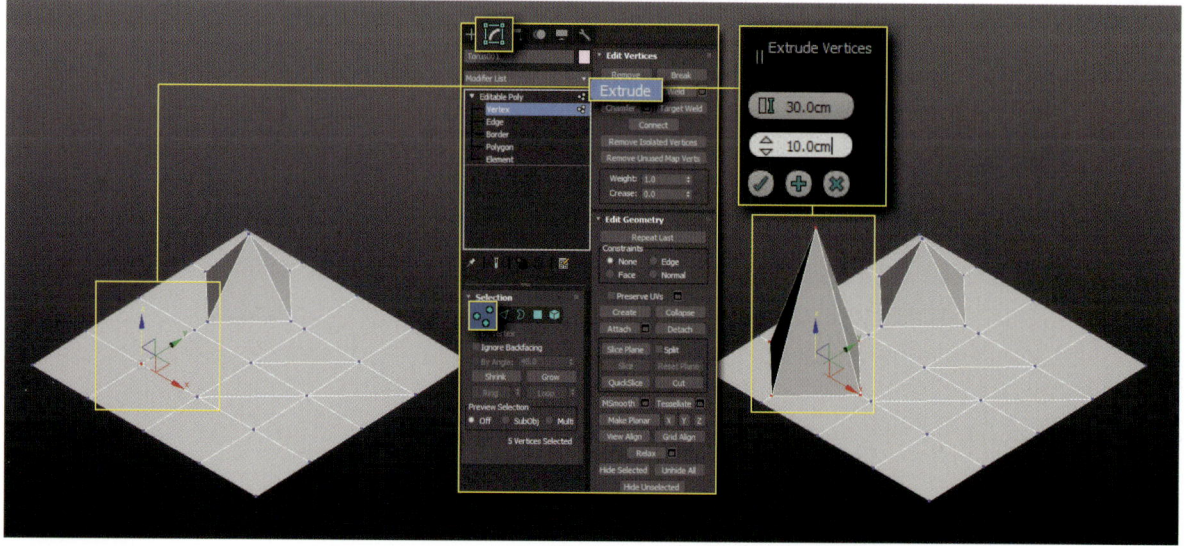

삭제하고 싶은 Vertex를 선택하고 Remove를 실행하면 선택한 Vertex가 제거되면서 Vertex에 연결되어 있던 Edge들도 함께 사라집니다. 주의할 점은 키보드의 Delete 키를 눌러 삭제한 것과는 다르게 Polygon은 유지하고 Vertex만 삭제됩니다.

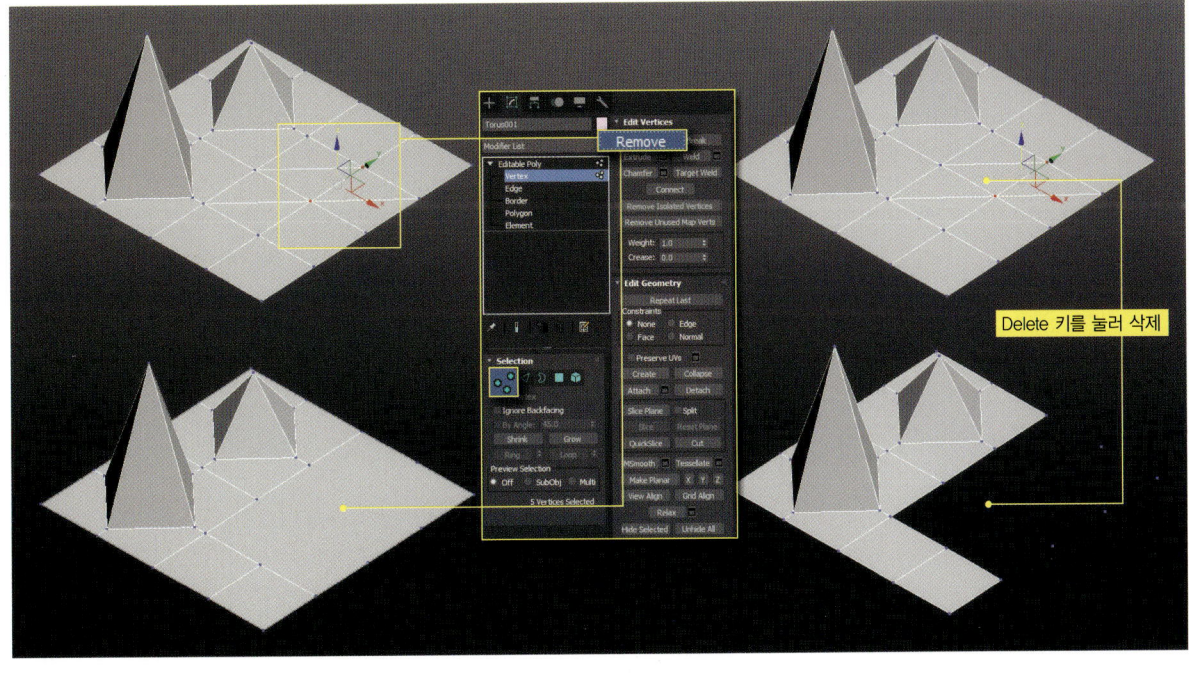

■ Weld

여러 개의 Vertex를 선택하고 일정거리 안에 있는 Vertex를 하나로 합쳐주고 싶을 때 Weld를 사용합니다.

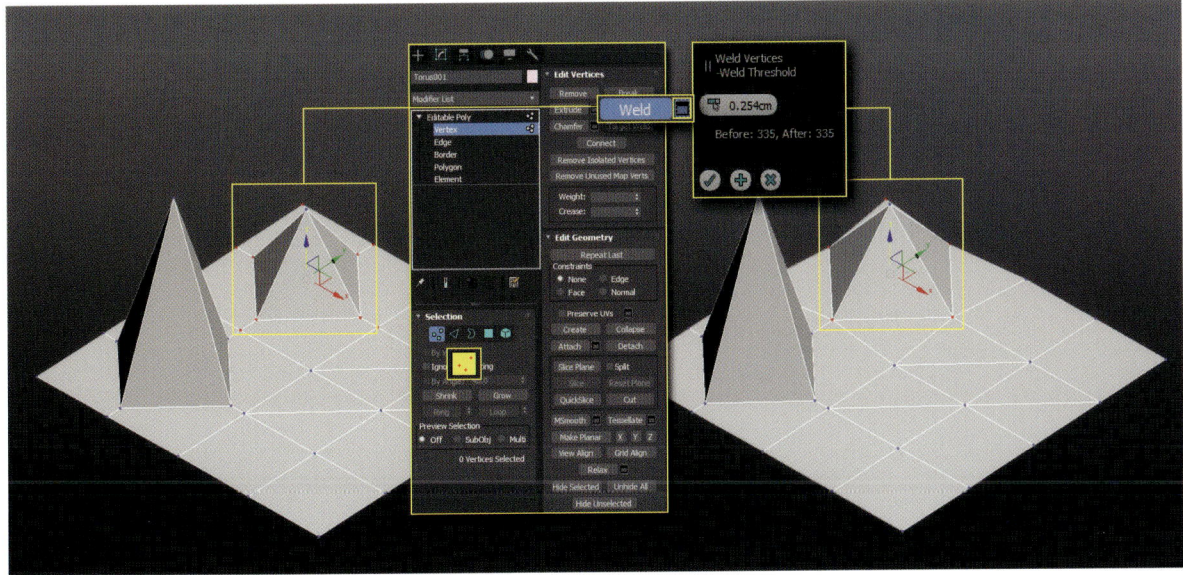

■ Chamfer

Chamfer를 이용해서 선택한 Vertex를 분리하고 새로운 Polygon을 생성합니다. 나눠준 Vertex를 Chamfer Setting을 이용해 다시 실행해 보았습니다.

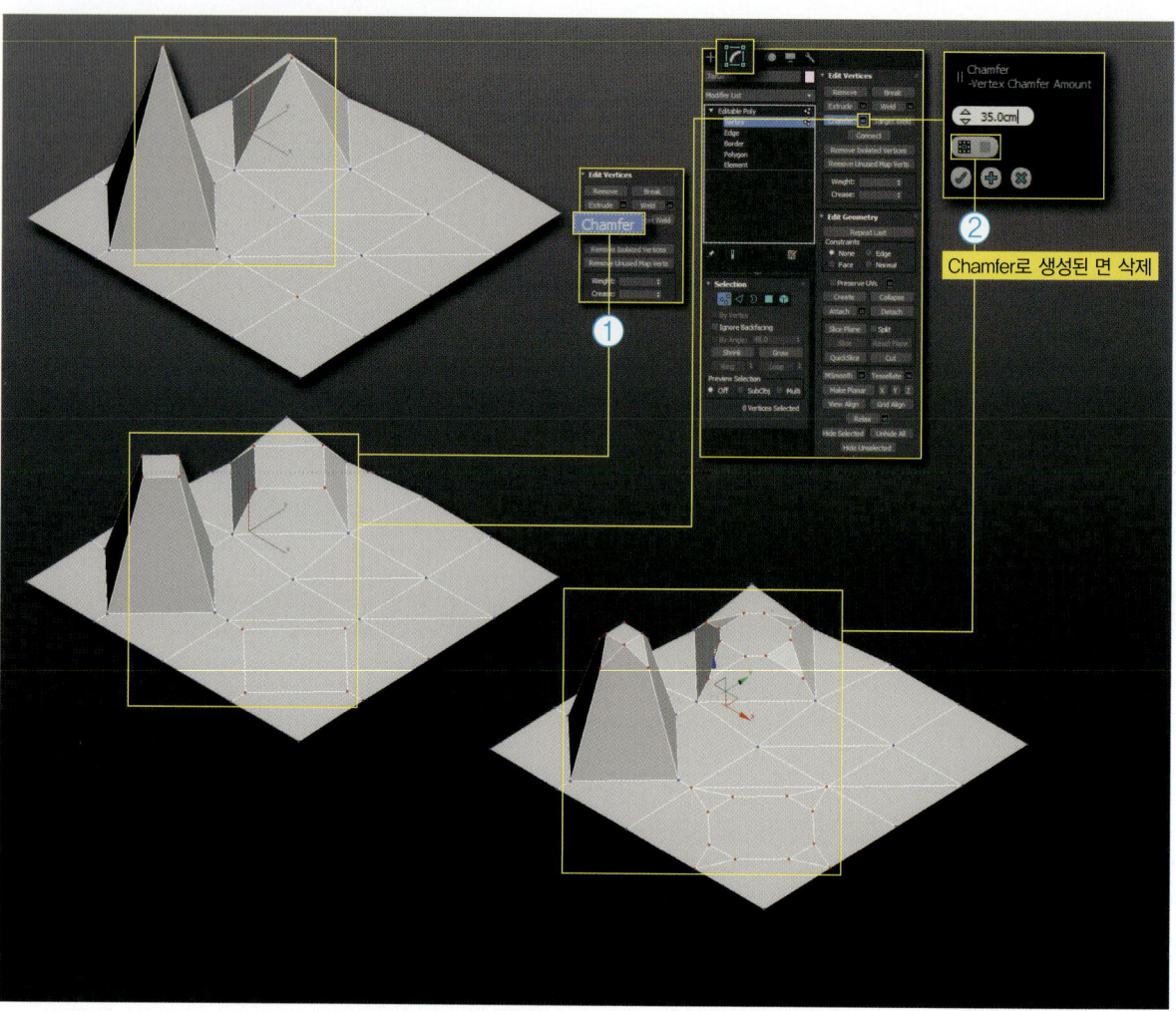

■ Target Weld

Target Weld를 실행하고 첫 번째 Vertex를 클릭하고 드래그해서 인접한 Vertex를 클릭하면 두 개의 Vertex를 하나로 합칠 수 있습니다.

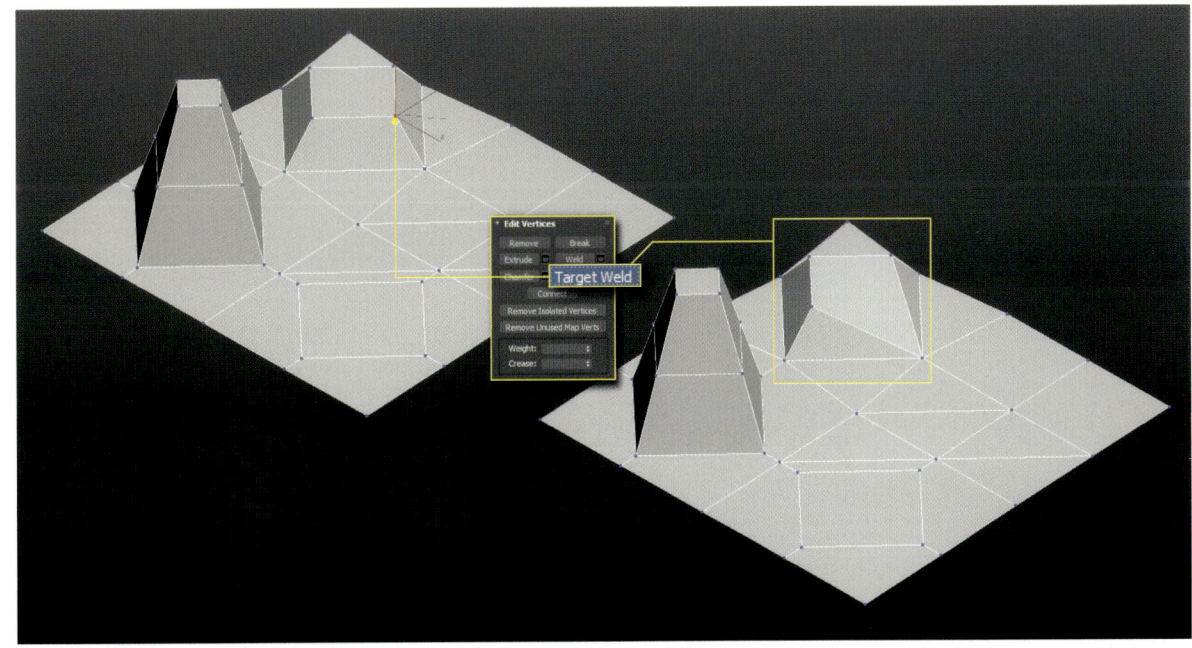

■ Collapse

Box를 생성하고 Convert to Editable Poly를 실행해서 변환하고 Modify로 이동하고 선택 모드를 Vertex로 설정합니다. Vertex를 선택하고 Collapse를 실행하면 선택한 Vertex를 하나로 합쳐줍니다.

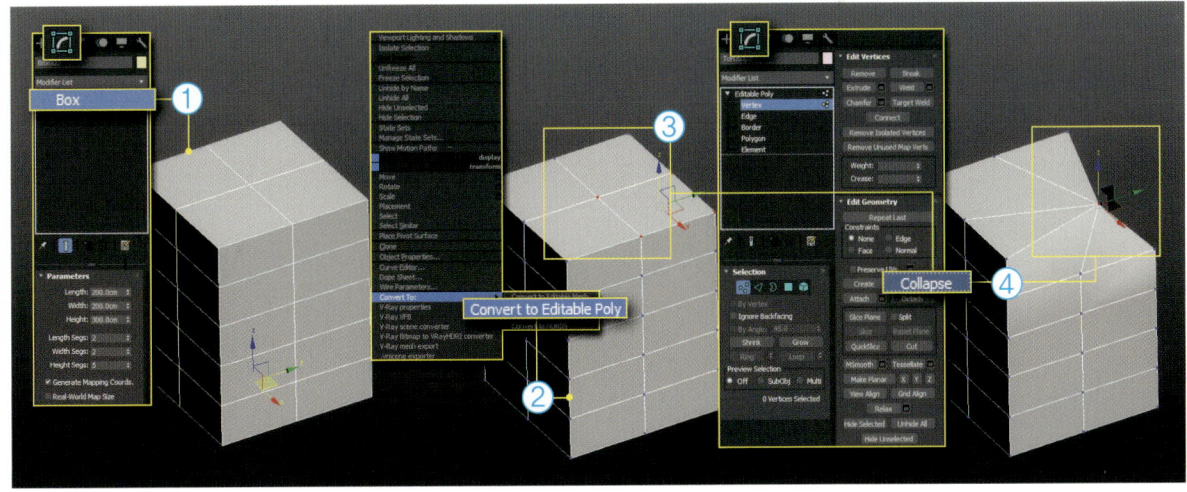

Taget Weld와 Collapse는 모두 선택한 Vertex를 하나로 합쳐 주는 기능입니다. Collapse는 Edge와 Polyon이 선택한 상태에서도 선택한 Edge와 Polygon을 합쳐줄 수 있다는 점에서 차이가 있습니다.

■ Soft Selection

Soft Selection을 이용해서 넓은 면적을 부드럽게 선택하고 변형할 수 있습니다.

충분한 Edge를 가진 Plane을 생성하고 Editable Poly로 변환하고 선택 모드를 Vertex로 설정한 후 중앙에 있는 Vertex를 선택하고 Use Soft Selection을 활성화합니다(단축키 Shift + B).

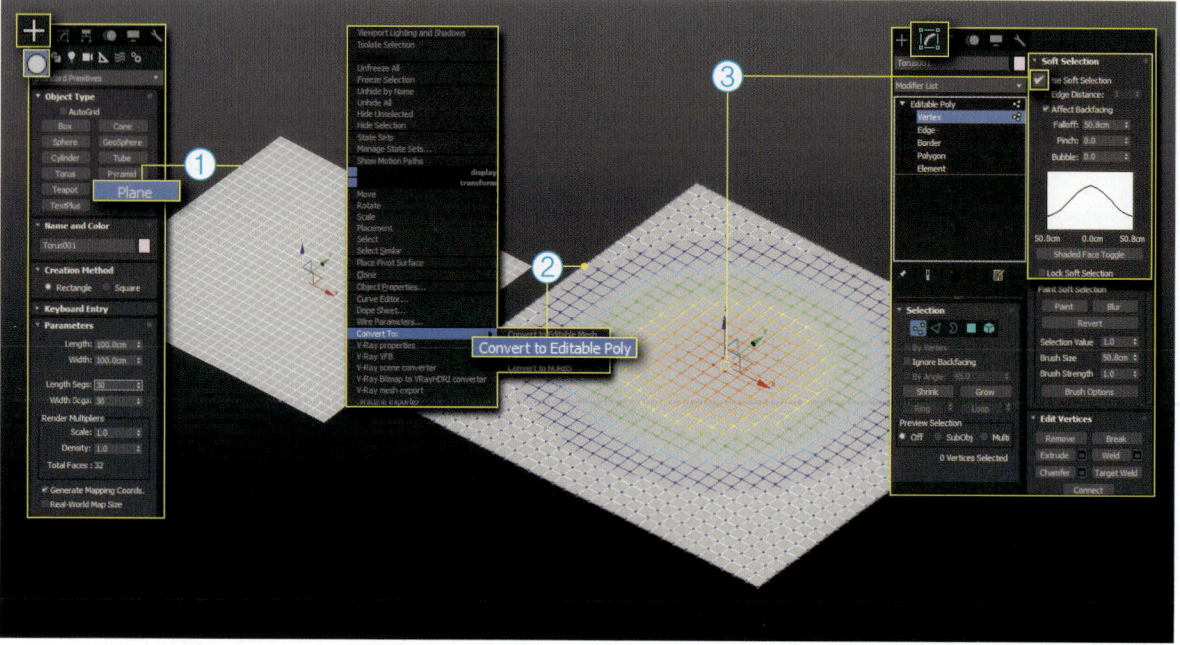

Shaded Face Toggle을 클릭하면 색으로 선택이 표시되고 Lock Soft Select를 해제하면 선택 범위를 조절할 수 있습니다. 선택한 Vertex부터 노란색에서 파란색으로 갈수록 영향을 덜 받게 됩니다.

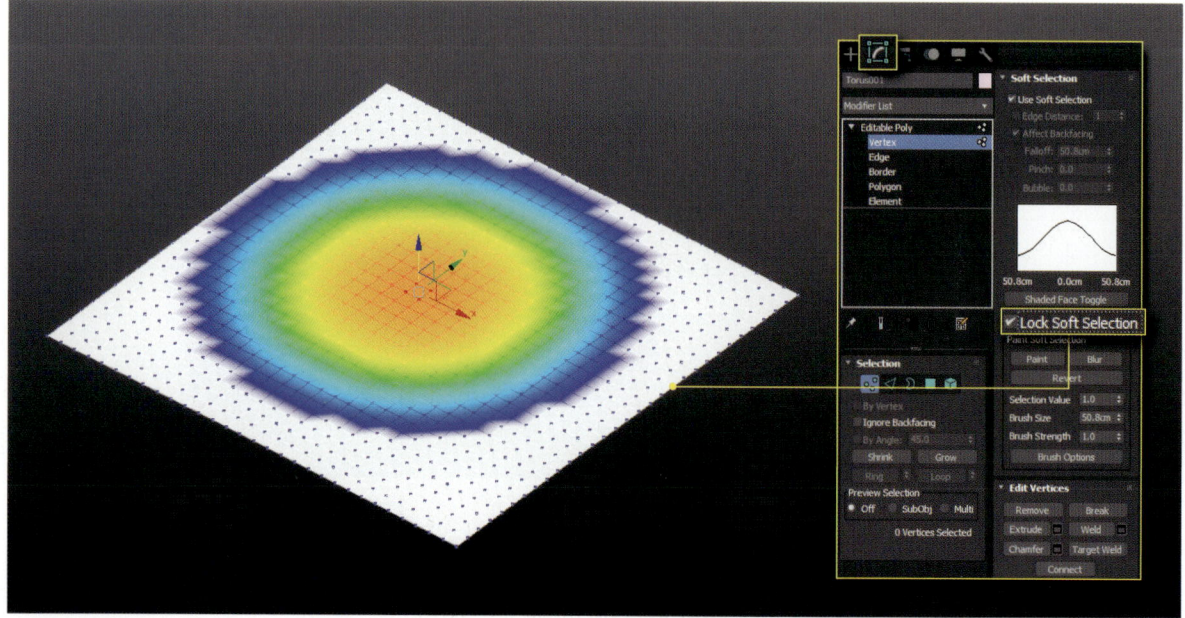

수치를 조절해서 범위와 적용받는 모양을 변경할 수 있고 그래프를 통해 미리 확인할 수 있습니다. 적용 범위를 변경하고 Move해서 변형시킨 결과입니다.

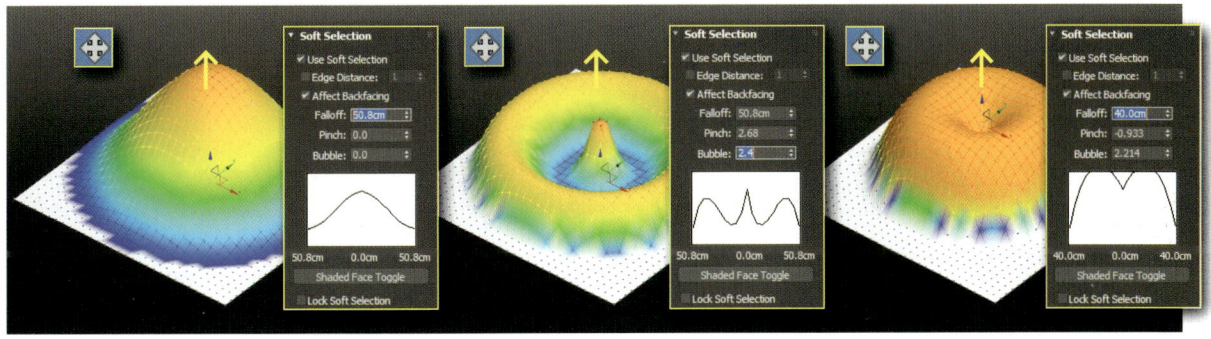

충분한 Segment 가진 Sphere를 만들고 Convert to Editable Poly로 변환합니다. 정중앙의 Vertex를 선택하고 Use Soft Selection을 활성화하고 선택 범위를 조절하고 Move를 이용해 이동했습니다.

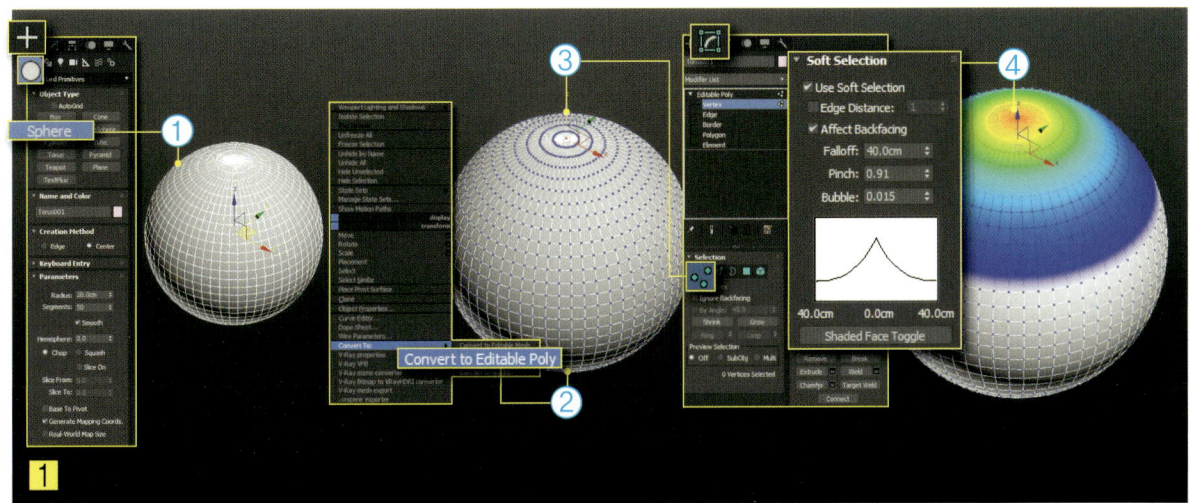

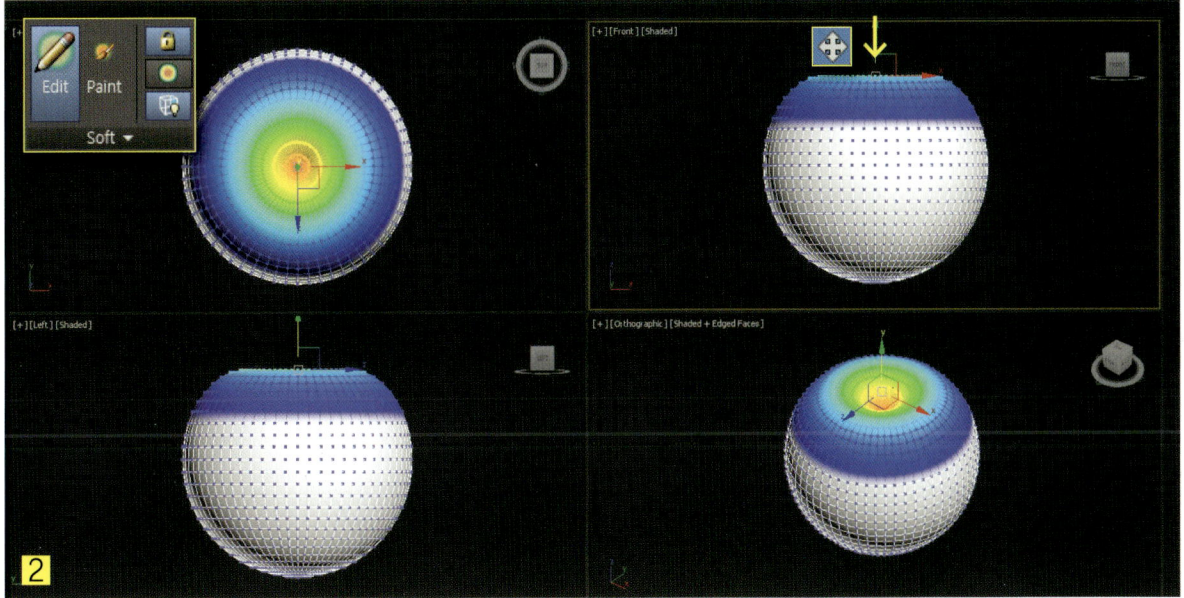

반대쪽도 같은 방법으로 선택하고 이동해서 간단하게 사과형태를 만들어 봤습니다.

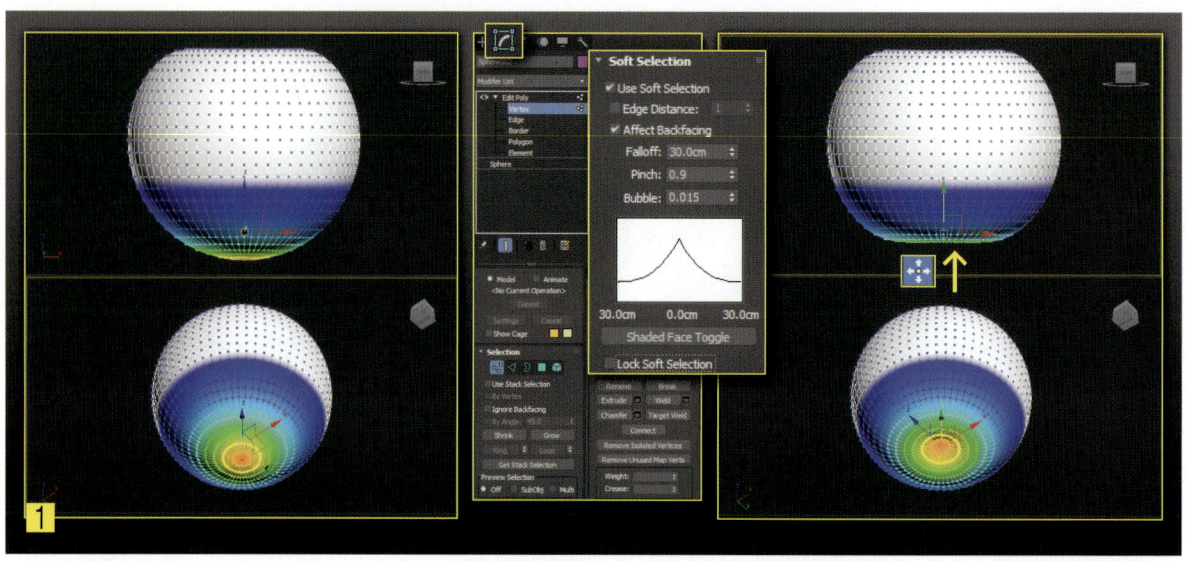

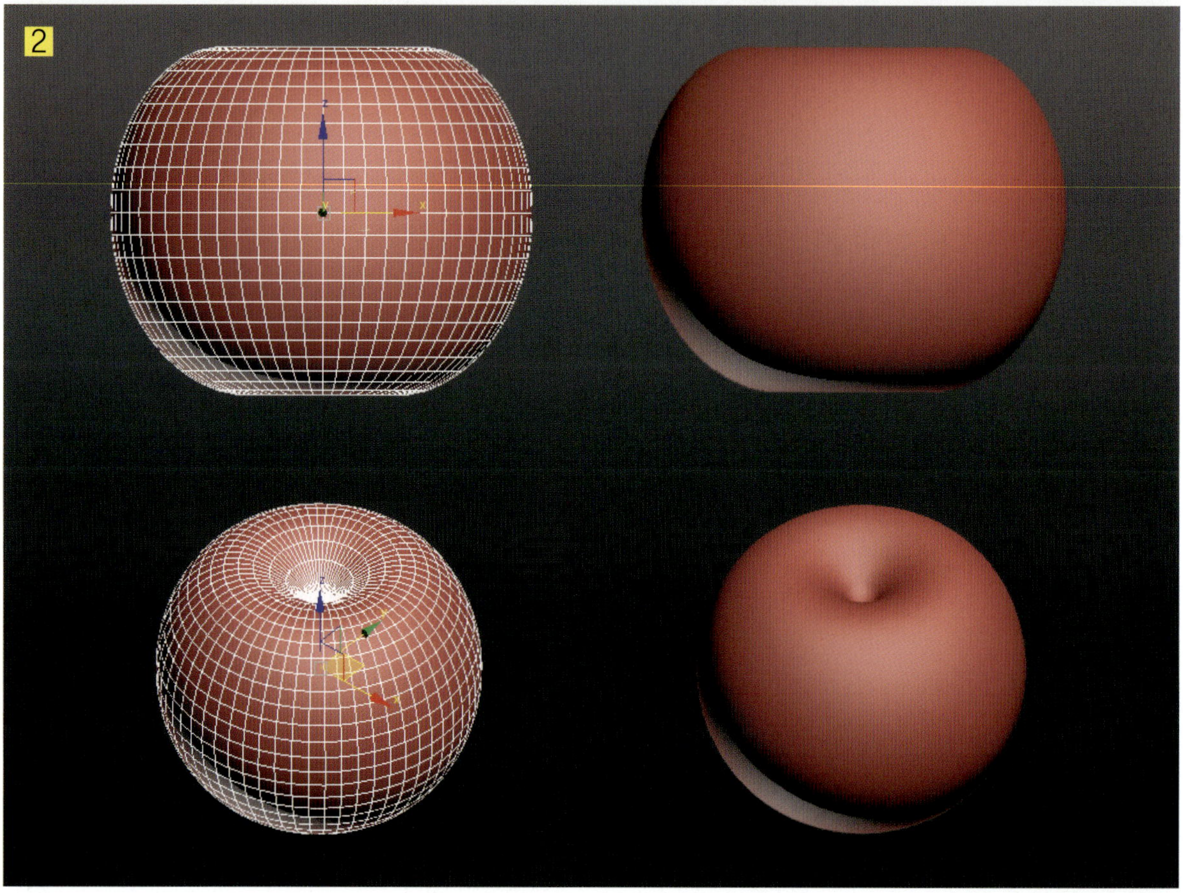

Edge

Edge는 Vertex와 Vertex 사이를 연결한 선을 의미합니다.

■ Selection

그림처럼 Box를 생성하고 Editable Poly로 변환합니다. Modify로 이동하고 Edge로 선택 모드를 변경하면 Selection Tap에 Ring, Loop 등이 활성화됩니다. Edge를 선택하고 Ring을 실행하면 선택한 Edge에 평행하게 회전하는 모든 Edge를 선택합니다. Edge를 선택하고 Shift 키를 누른 상태로 평행하게 인접한 Edge를 클릭해도 Ring Select 기능이 실행됩니다.

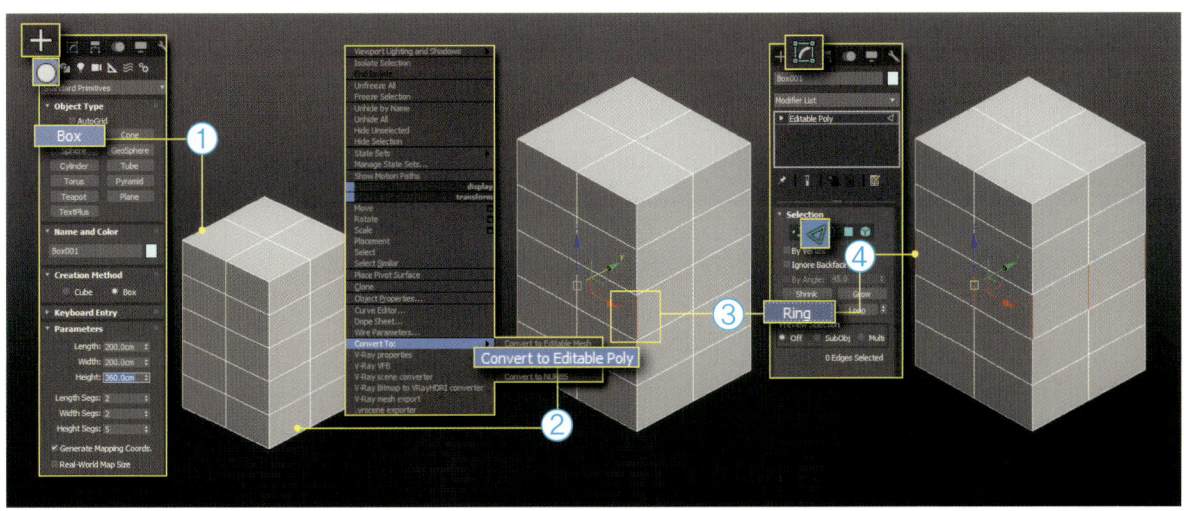

다시 Edge를 선택하고 Loop를 실행하면 선택한 Edge에 나란히 연결된 모든 Edge가 선택됩니다.

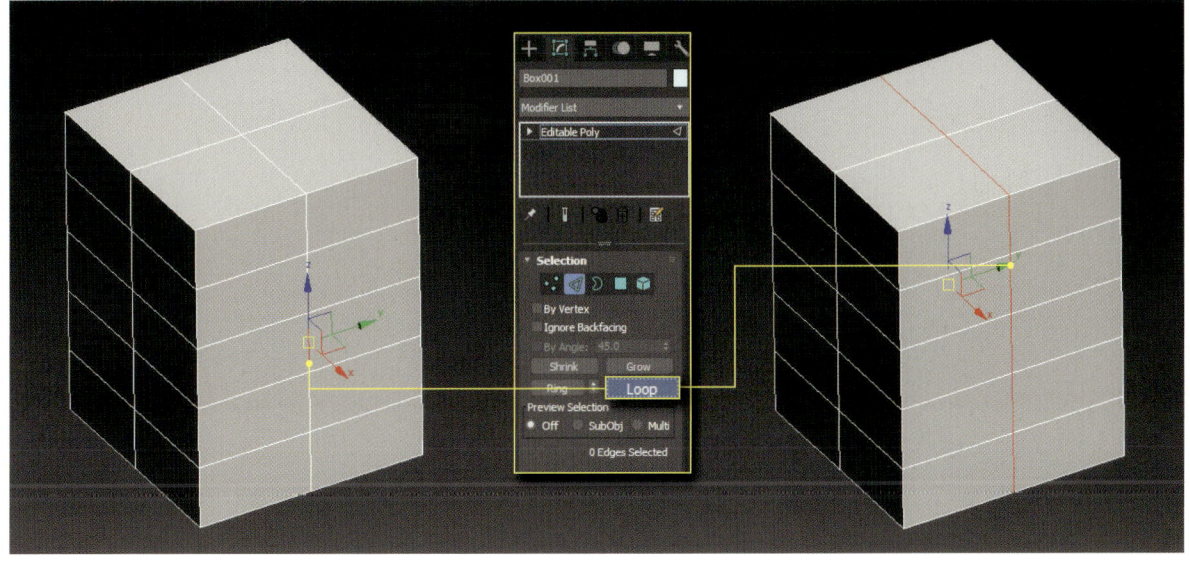

Grow를 클릭하면 Select가 확장되고 Shrink를 클릭하면 Select가 축소됩니다.

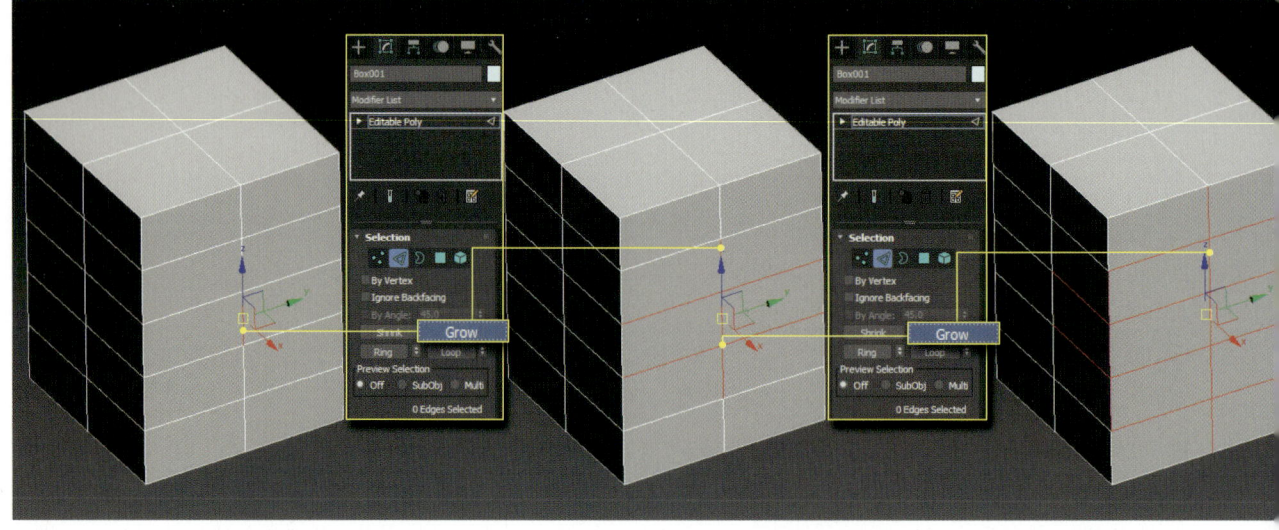

■ Connect

Edge를 선택하고 Ring을 실행해서 선택한 Edge에 평행하게 회전된 Edge를 모두 선택한 후에 Connect를 실행하면 선택한 Edge를 가로지르면서 Edge가 추가됩니다.

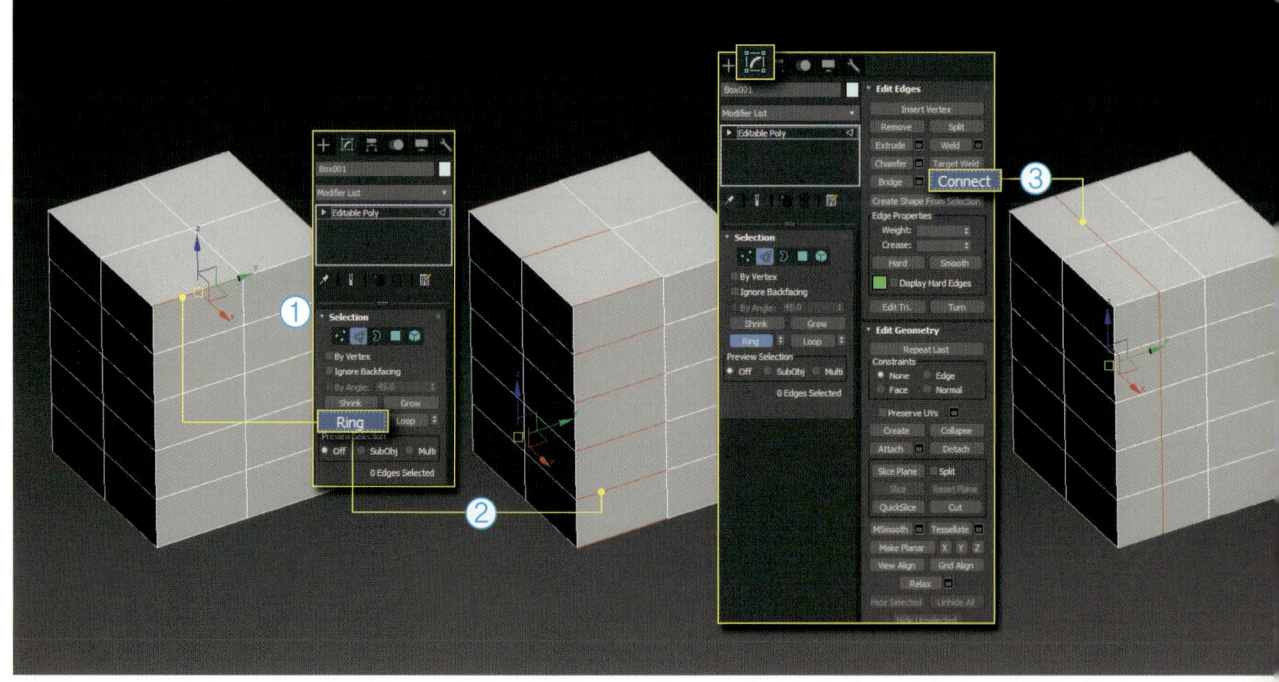

Connect 옆에 Setting 버튼을 클릭해서 팝업 창을 활성한 후에 결과를 직접 확인하면서 Edge를 원하는 개수와 위치로 추가할 수도 있습니다.

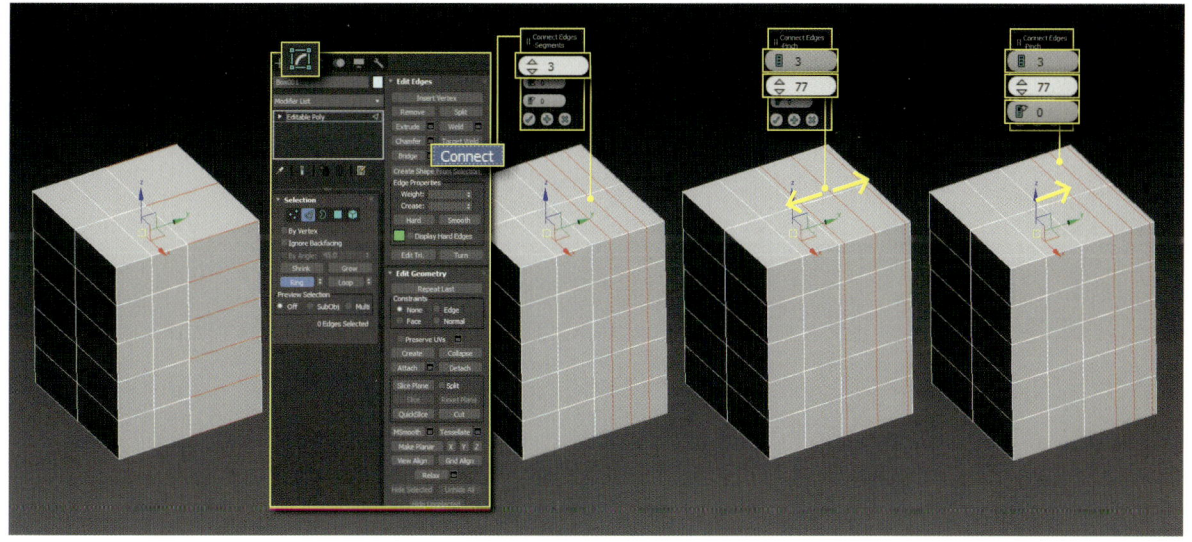

■ Chamfer

Chamfer 기능은 모델의 선택한 vertex, edge를 분리해서 새로운 면을 만들어주는 기능입니다. 날카로운 모서리를 Chamfer를 활용해서 다양한 각도와 형태로 변형할 수 있습니다.

Chamfer를 선택하고 직관적으로 원하는 만큼 적용할 수 있고, Chamfer 옆 setting 아이콘을 클릭해서 스타일, 간격, 세그먼트 수를 조절할 수 있습니다.

박스를 생성하고 Edge를 선택하고 Chamfer 옆 Setting 버튼을 클릭합니다. 선택한 Edge를 분리하면서 새로운 Polygon을 생성합니다.

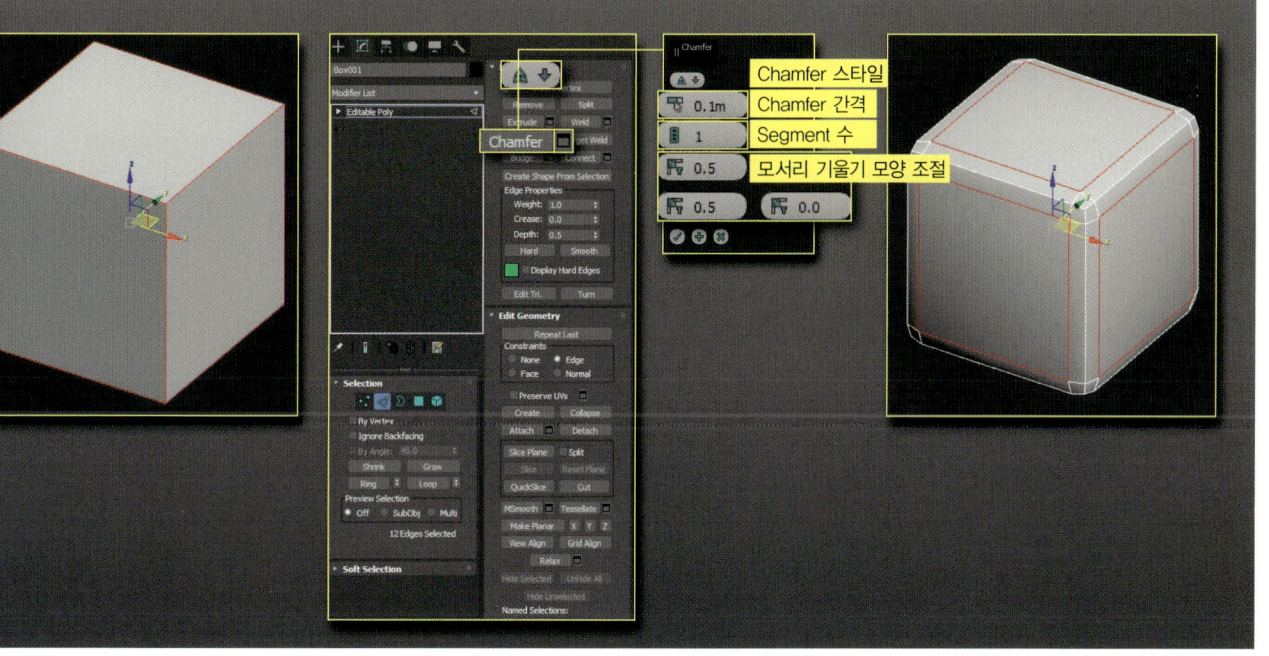

다음은 Setting 창에서 Chamfer 스타일 선택 버튼을 클릭하면 다섯 개의 스타일이 포함되어 있습니다. 스타일을 Quad Chamfer로 바꾸고 수치를 조정한 결과입니다.

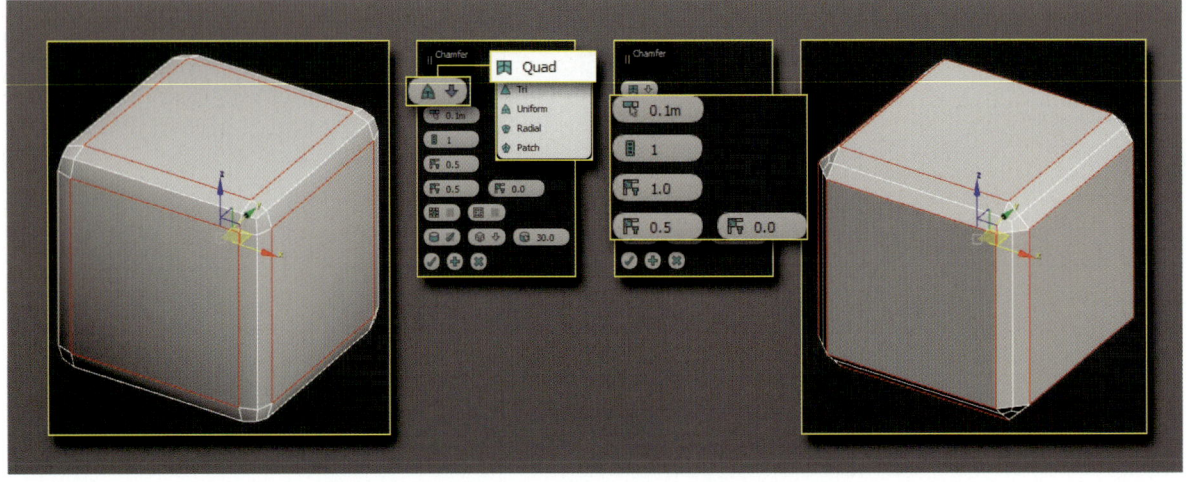

스타일을 Tri Chamfer로 바꾸고 수치를 조정한 결과입니다.

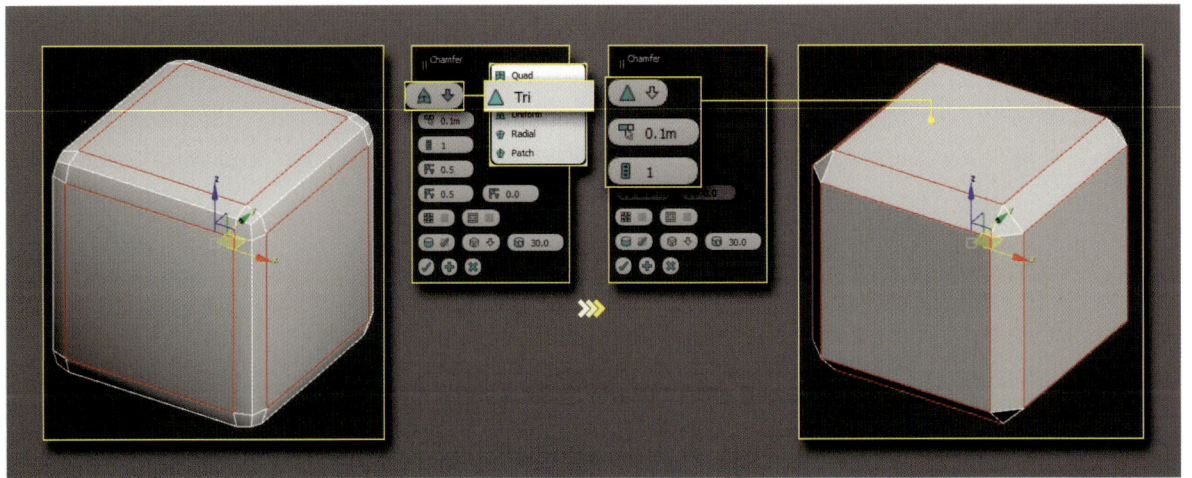

스타일을 Radial Chamfer로 바꾸고 수치를 조정한 결과입니다.

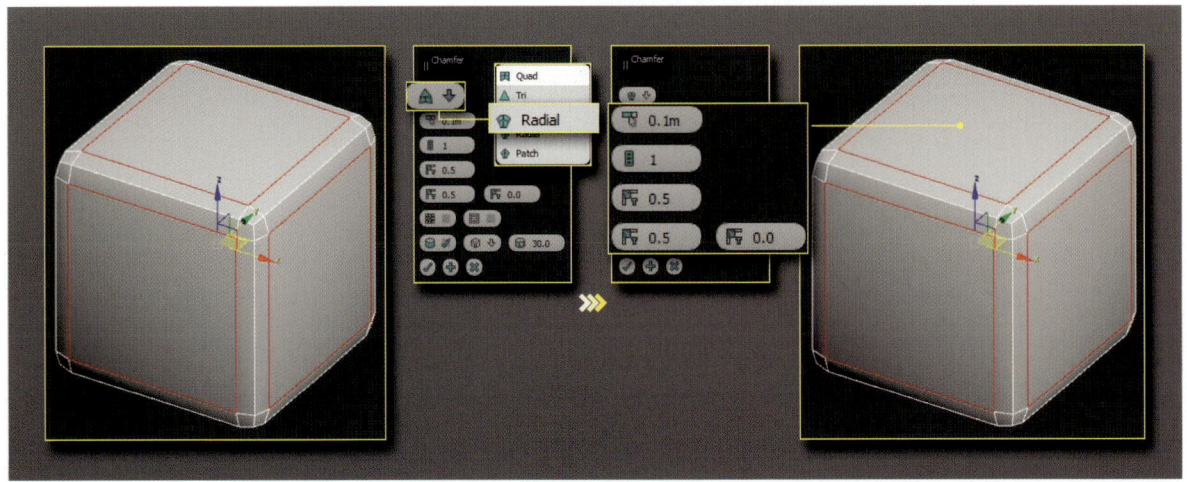

Chamfer가 적용된 모서리의 기울기에 적용한 수치를 변경한 결과입니다.

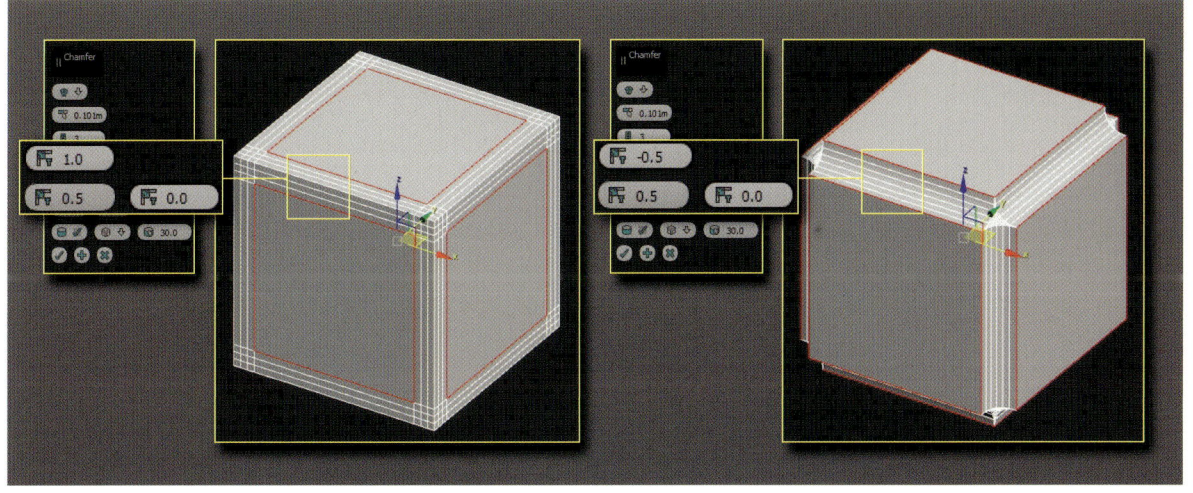

Chamfer가 적용된 모서리를 제거하거나 모서리만 남겨서 완성할 수 있습니다.

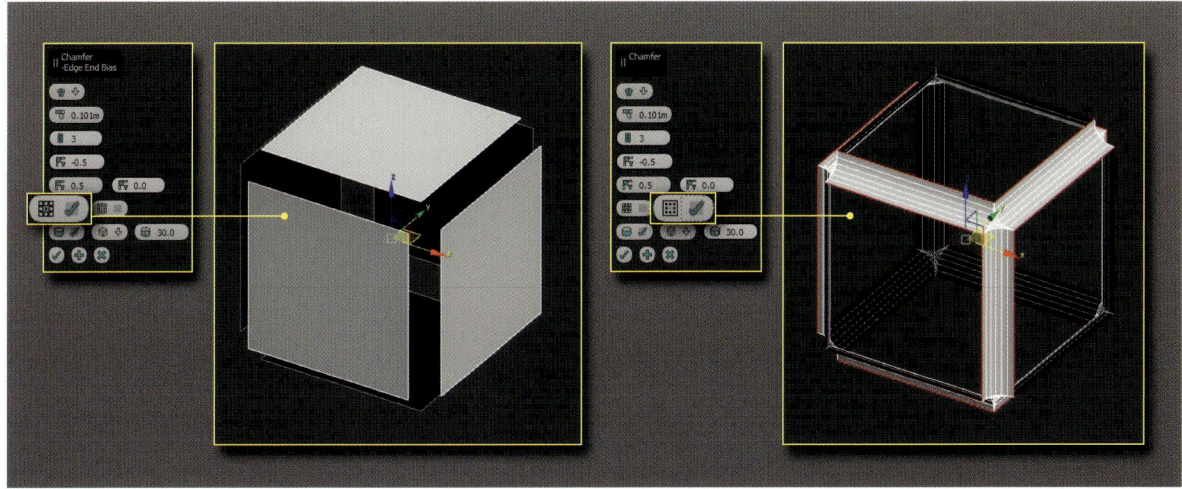

Edge를 선택하고 Chamfer를 실행하면 선택한 Edge를 분리하면서 새로운 Polygon을 생성합니다. Setting을 이용해서 결과를 확인하면서 변형할 수도 있습니다.

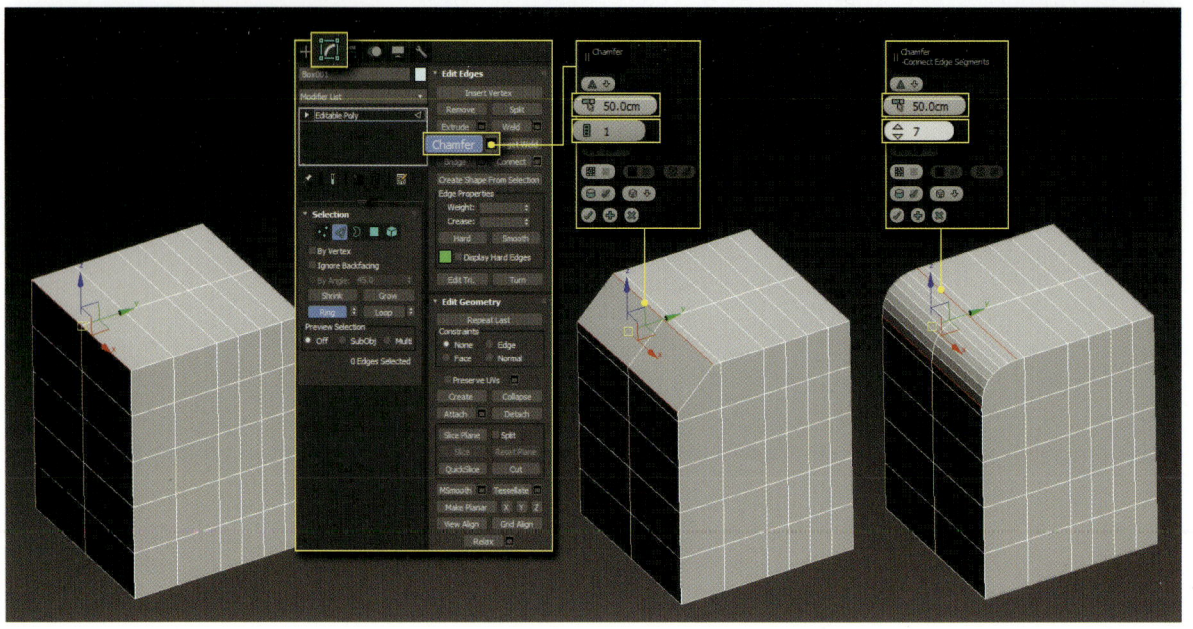

■ Extrude

Edge를 선택하고 Extrude를 실행하면 선택한 Edge를 밀어내면서 새로운 Polygon을 생성합니다. Setting을 이용해서 결과를 확인하면서 변형할 수도 있습니다.

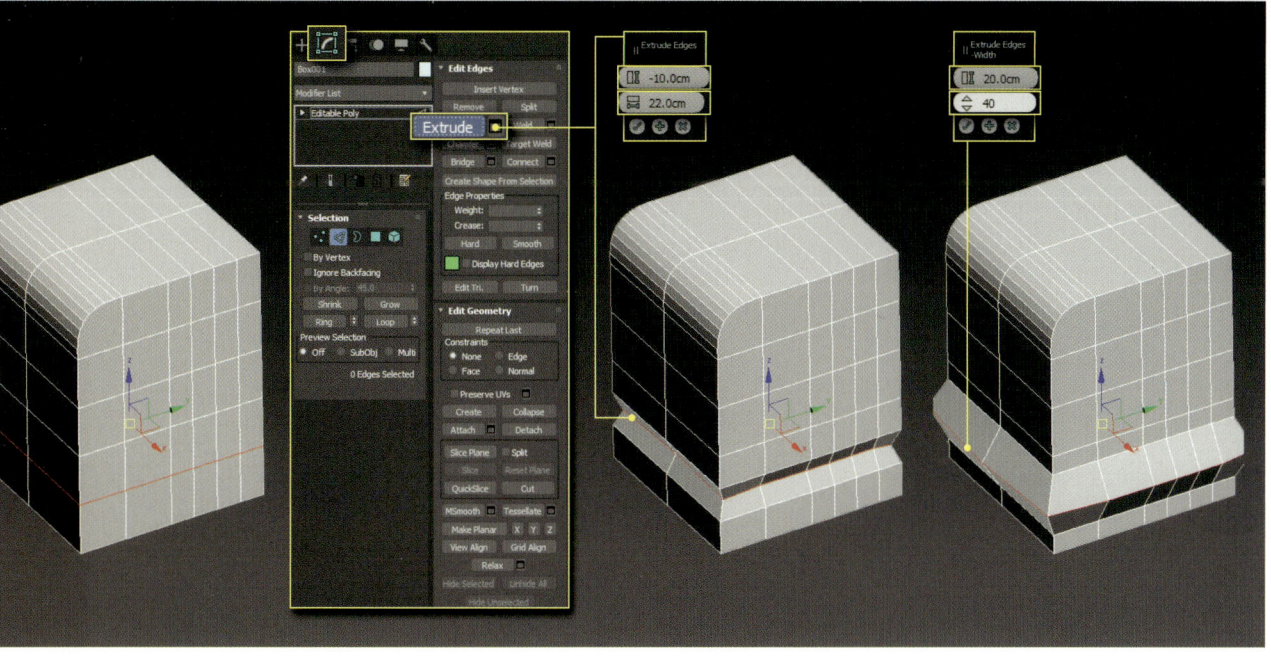

Extrude의 수치를 다르게 입력해서 변형한 모습입니다.

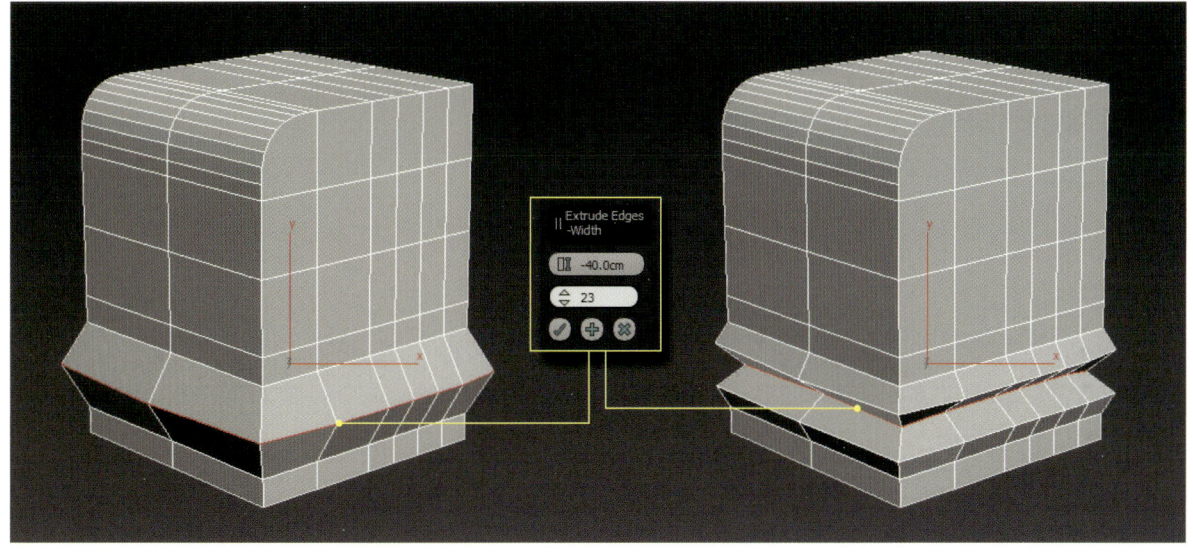

■ Bridge

Polygon이 삭제되어 비어 있는 경우 마주하는 Edge를 선택하고 Bridge를 실행하면 마주하는 Edge를 연결하여 새로운 Polygon을 생성합니다.

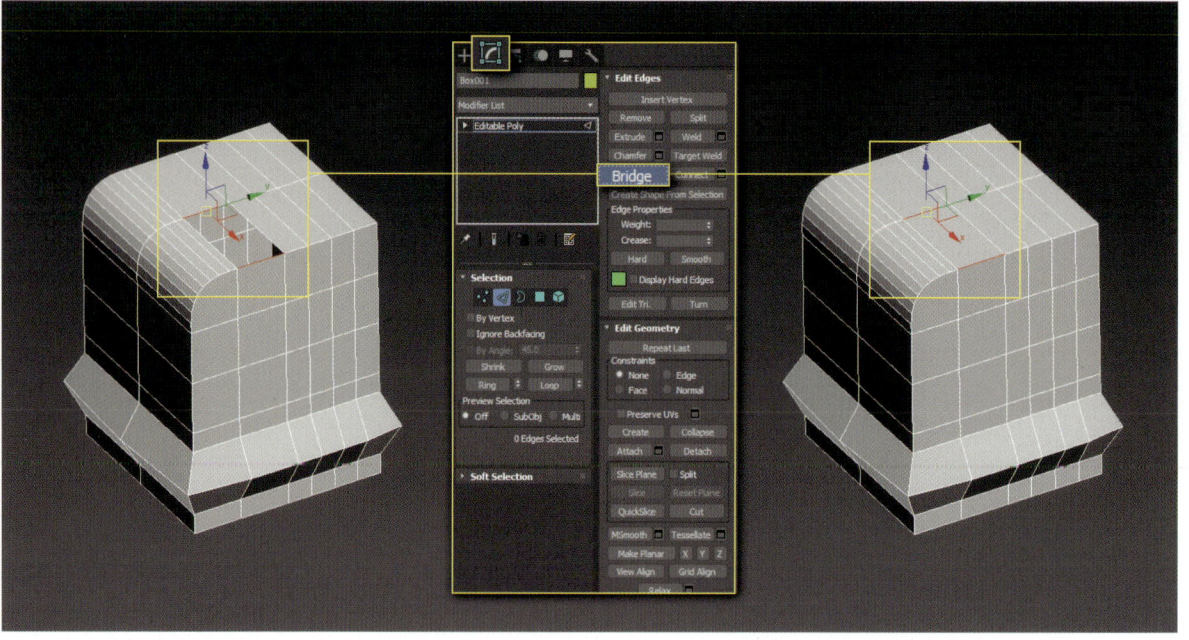

■ Remove

Remove 기능을 이용해서 선택한 Edge를 제거할 수 있습니다. 키보드의 Delete 키를 누르면 Edge를 포함한 Polygon도 함께 제거되지만 Remove를 이용하면 Edge만 제거합니다. 또 Ctrl 키를 누른 상태에서 Remove를 실행하면 Edge에 포함된 Vertex도 함께 삭제됩니다.

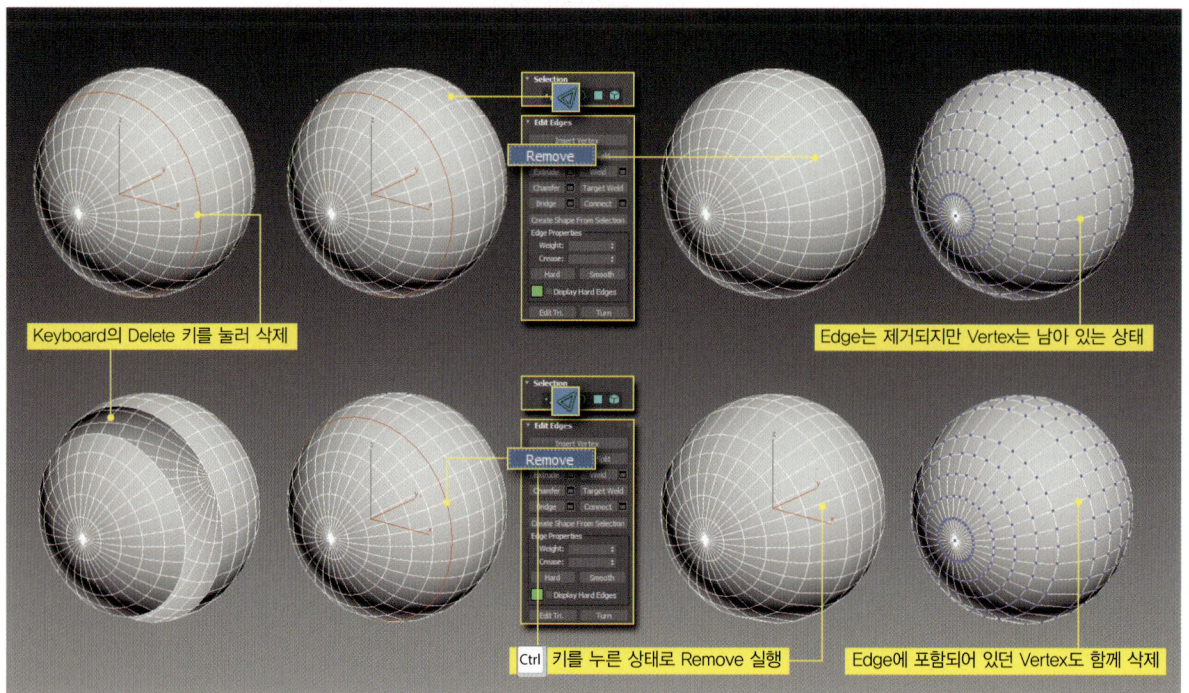

Polygon

Polygon은 세 개 이상의 Vertex가 연결되어 이루어진 면을 의미합니다.

■ Extrude

그림처럼 Box를 생성하고 Convert To Editable Poly로 변환합니다. 그리고 선택 모드를 Polygon으로 설정하고 Polygon을 선택한 후에 Extrude를 실행하면 선택한 Polygon을 밀어내면서 새로운 Polygon을 생성합니다.

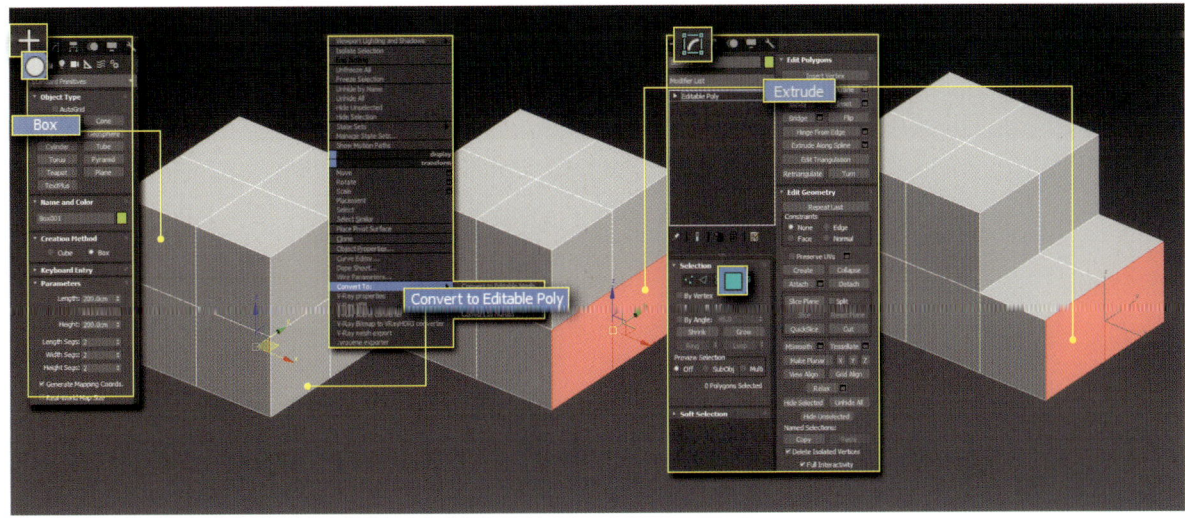

Polygon을 선택하고 Shift 키를 누른 상태로 원하는 방향으로 이동하면 Extrude가 실행됩니다. 이를 통해 새로운 Polygon이 생성되어 형태를 추가할 수 있습니다.

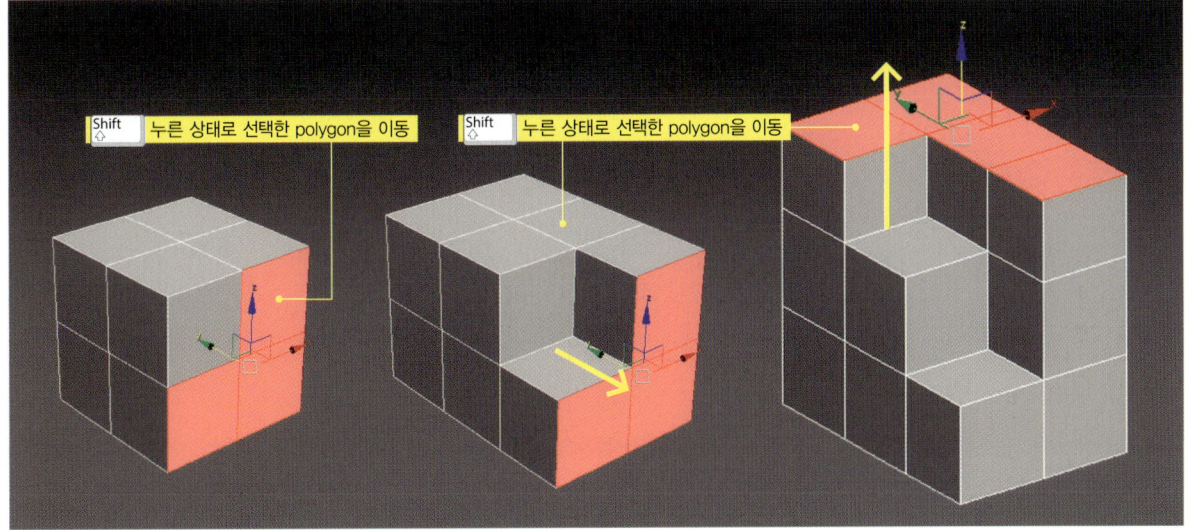

반대 방향으로 이동하여 Polygon을 삭제할 수도 있습니다.

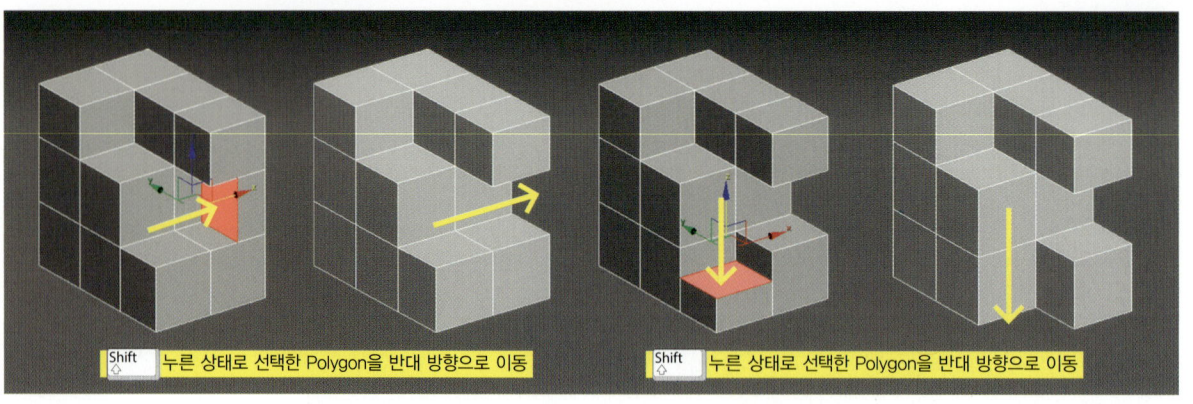

Edge와 마찬가지로 Setting을 이용해서 결과를 확인하면서 변형할 수도 있습니다. 여러 개의 Polygon을 선택하고 Extrude Setting을 실행해서 팝업 창을 오픈합니다. 하위 옵션에 따라 다른 결과를 얻을 수 있습니다. Group의 경우 선택한 Polygon을 모두 한 방향으로 밀어냅니다. Local Normal을 선택한 경우 선택한 Polygon 각 표면의 수직 방향으로 밀어내면서 Polygon을 생성합니다. By Polygon일 경우 각 Polygon을 독립적으로 밀어내면서 새로운 Polygon을 생성합니다.

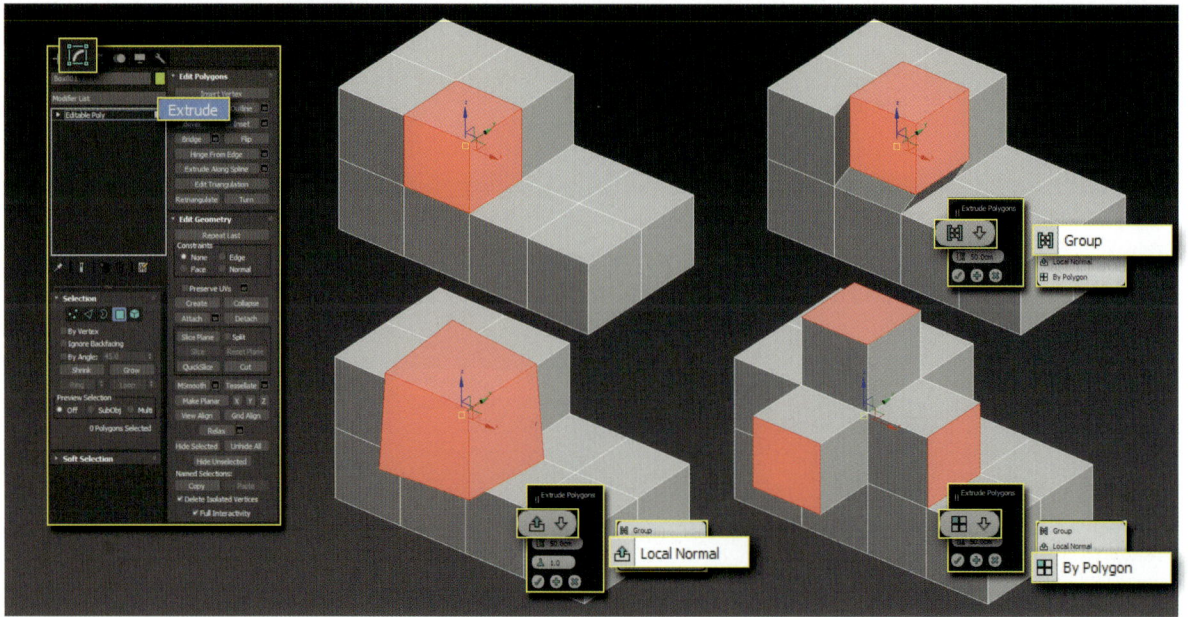

■ Bevel

Bevel은 Extrude와 같이 선택한 Polygon을 밀어내면서 새로운 Polygon을 생성하고 생성된 Polygon의 크기를 조절할 수 있는 기능입니다. Polygon을 선택하고 Bevel 버튼을 활성화한 상태에서 선택한 Polygon을 클릭 앤 드래그하면 Polygon이 생성되고 적당한 위치가 되었을 때 클릭하고 다시 드래그하면 크기가 결정됩니다.

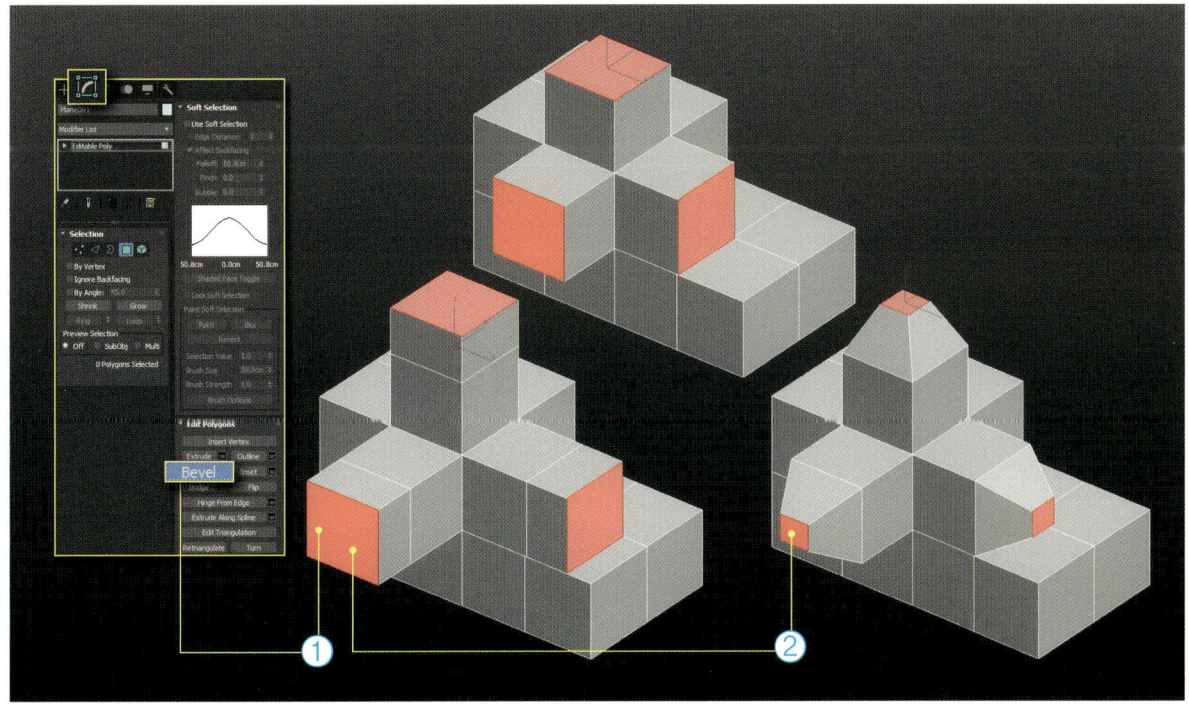

Extrude와 마찬가지로 Setting 버튼을 눌러 활성화하고 Group, Local Normal, By Polygon의 옵션에 따라 다른 결과를 얻을 수 있습니다.

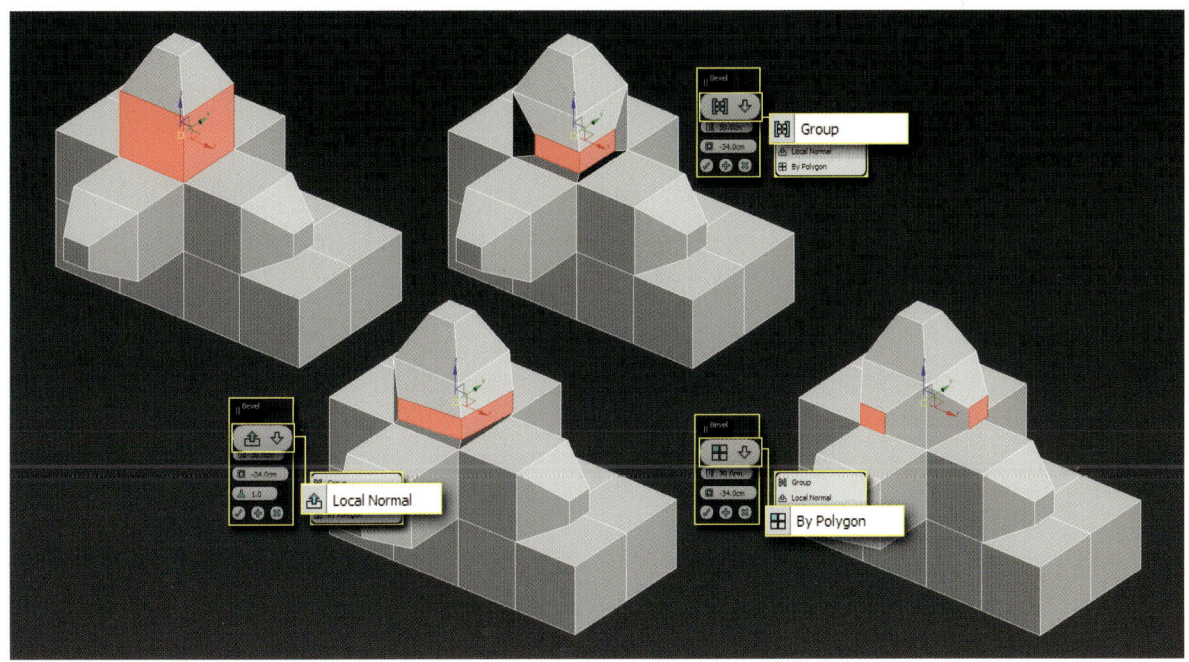

■ Inset

Inset은 선택한 Polygon은 평면 안쪽으로 새로운 Polygon을 추가하는 기능입니다. 선택한 Polygon 전체 평면 안쪽으로 새로운 Polygon을 만들거나 개별적으로 추가할 수 있습니다.

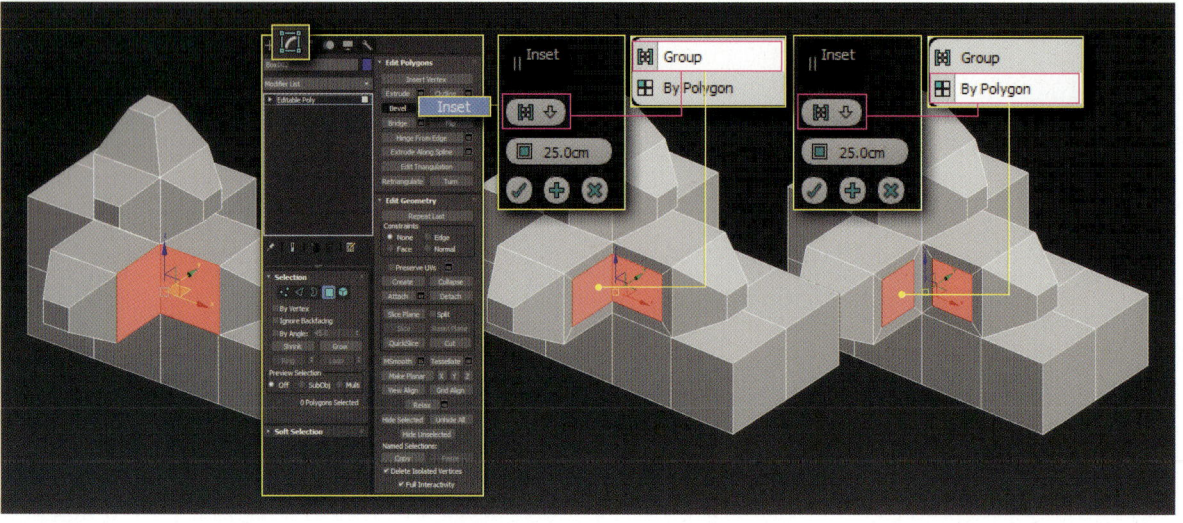

■ Bridge

Bridge는 선택한 두 Polygon 사이를 연결하여 새로운 Polygon을 생성하는 기능입니다. 연결할 두 개의 Polygon을 선택하고 Bridge를 실행하면 두 개의 Polygon을 연결하는 새로운 Polygon이 생성됩니다.

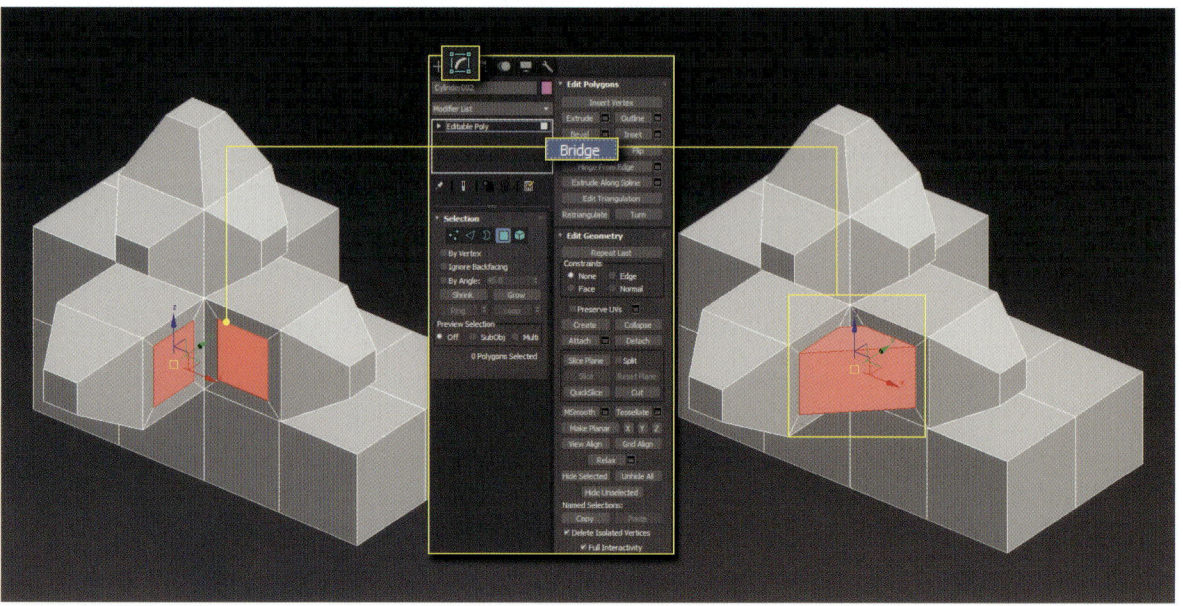

Bridge Setting의 다양한 옵션을 이용해서 변형해 보도록 하겠습니다. 먼저 Box를 만들고 Convert To Editable Poly로 변환하고 Extrude를 실행해서 Polygon을 추가합니다.

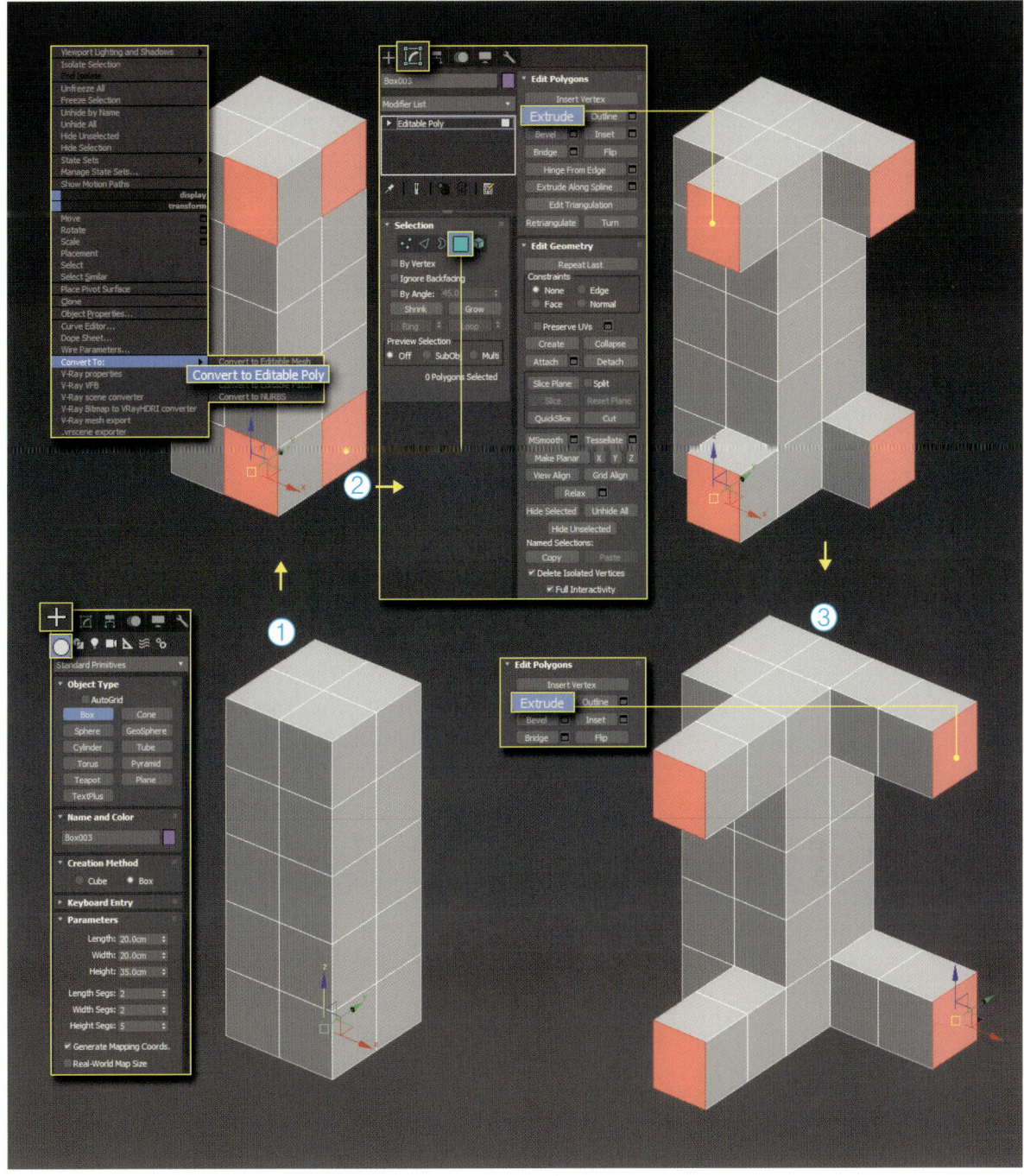

연결할 Polygon을 선택하고 Bridge Setting 버튼을 클릭해서 활성화합니다. 생성된 Polygon의 Segment 수를 변경하는 등 각 옵션의 변화에 따른 결과물의 차이를 확인합니다.

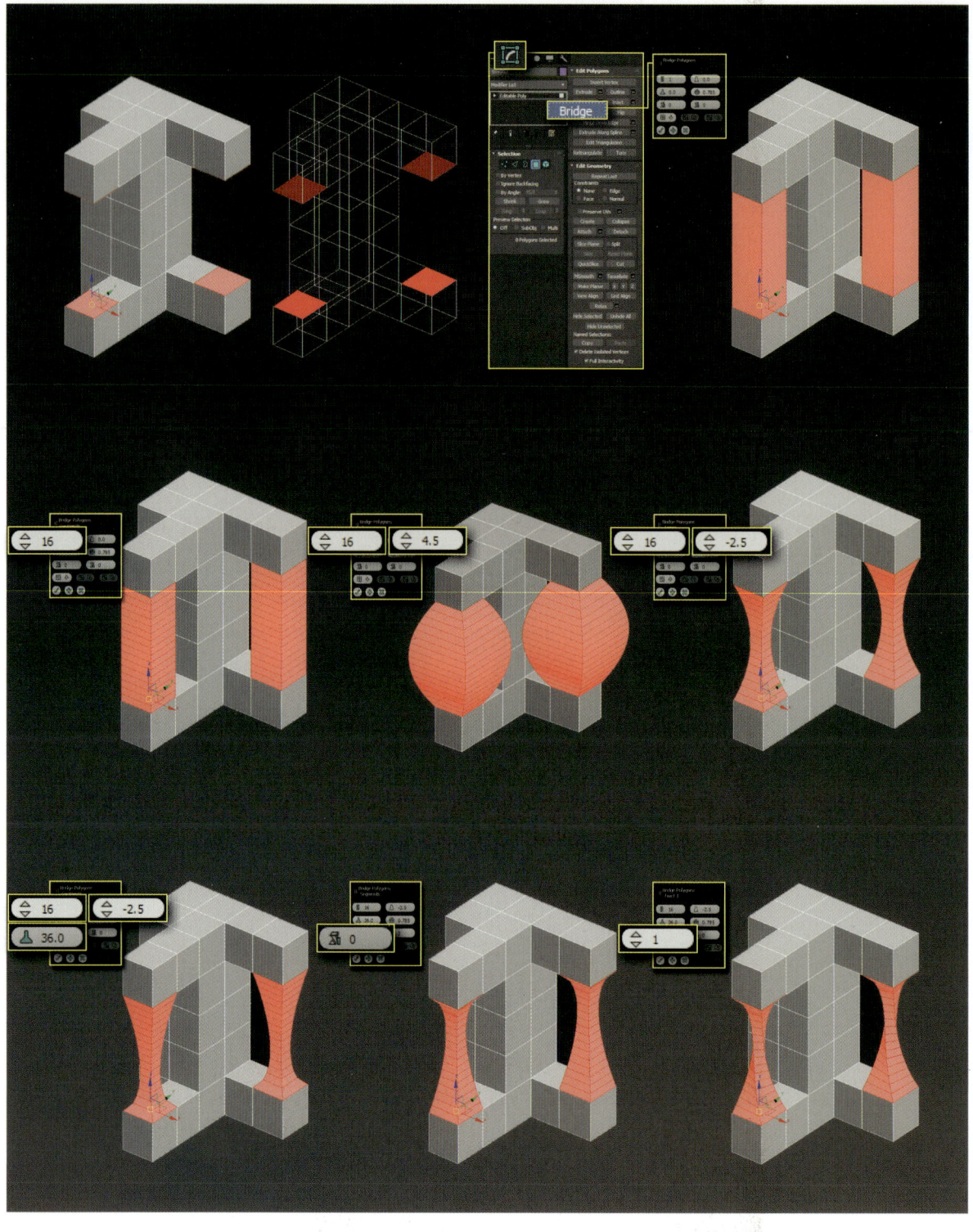

같은 방법으로 추가로 두 개의 Polygon을 Bridge로 연결하고 완성한 모습입니다.

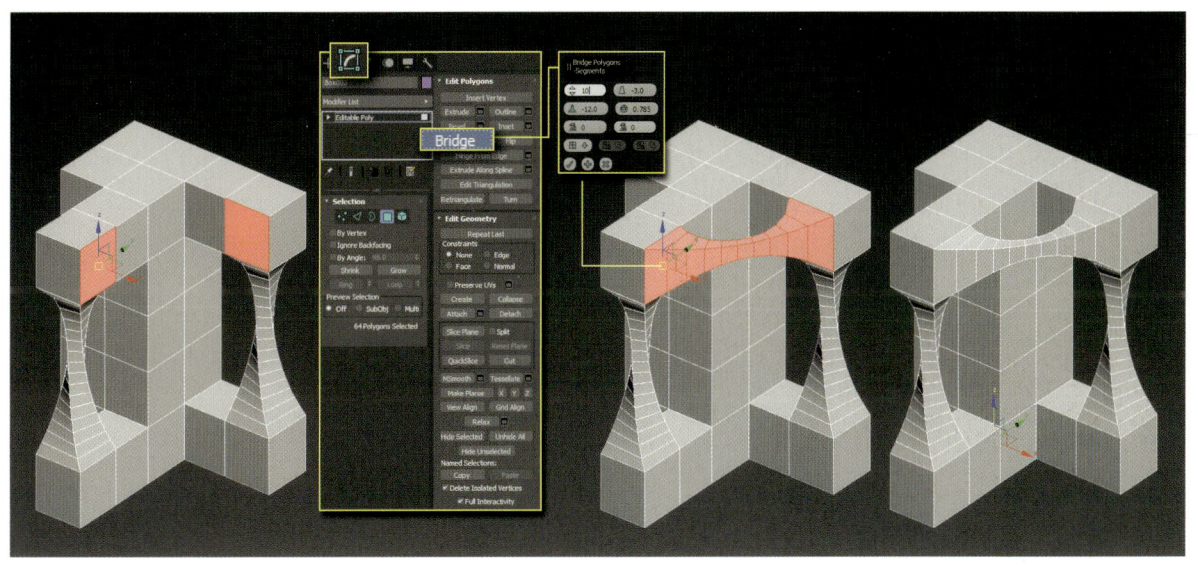

Border

선택 모드를 Border로 설정하면 Object가 뚫려 있는 경우(구멍이 나있는 경우) 구멍의 가장자리를 연결하는 모든 Edge를 한 번에 선택할 수 있습니다. 그리고 선택 모드 Edge와 같은 기능들을 사용할 수 있습니다.

Cylinder를 만들고 Convert To Editable Poly로 변경하고 위쪽 Polygon을 선택해서 삭제합니다. 선택 모드를 Border로 설정하고 뚫린 부분의 가장자리를 선택하면 뚫려있는 부분의 모든 Edge를 선택합니다.

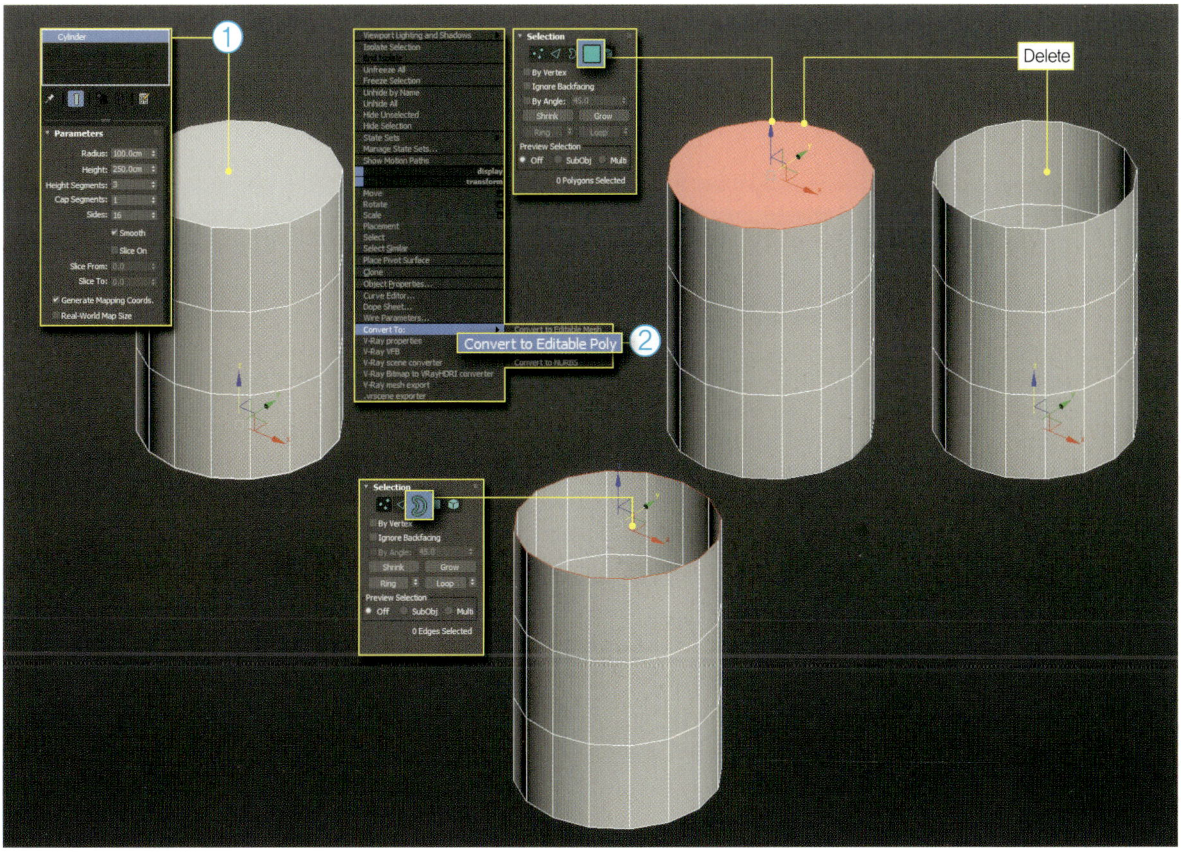

■ Extrude

Extrude Setting를 활성화해 옵션을 조절하고 결과를 확인하면서 작업합니다.

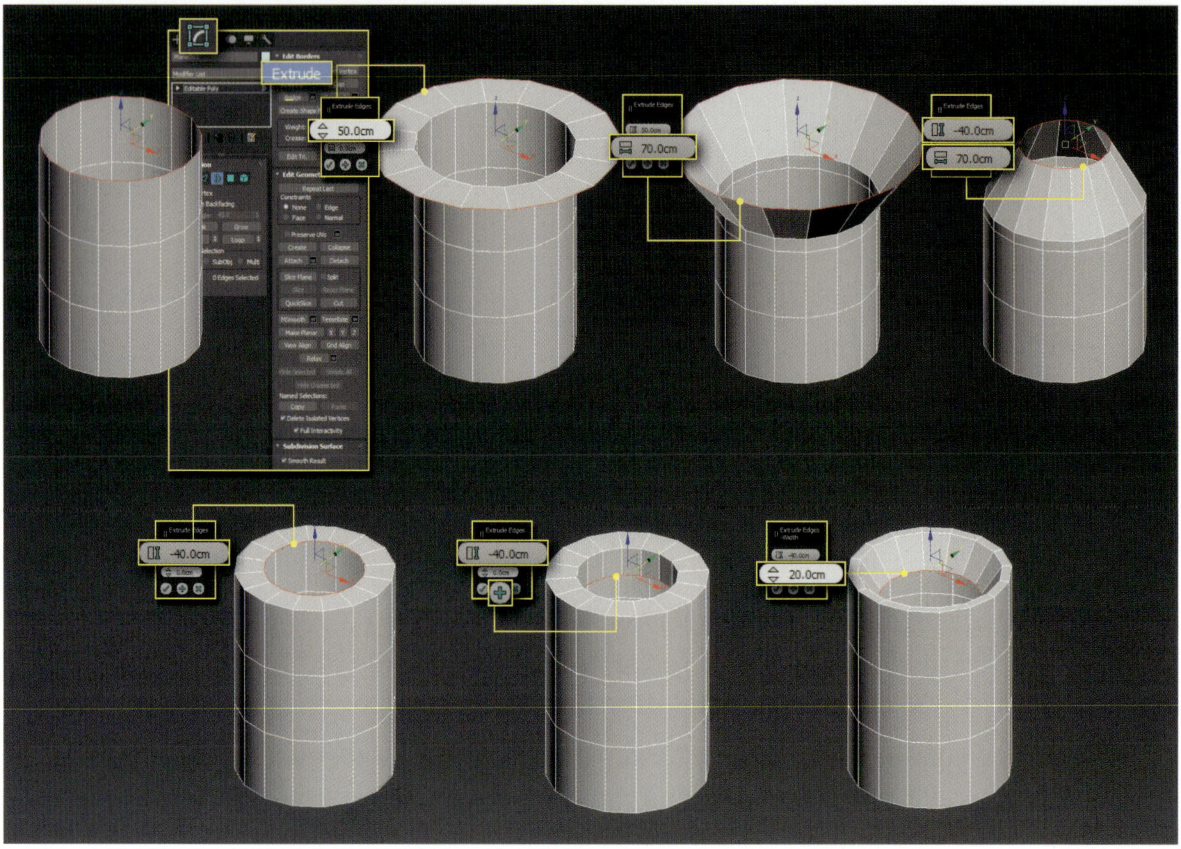

■ Cap

Border가 선택된 상태에서 Cap을 실행하면 구멍을 막아주는 Polygon이 생성됩니다.

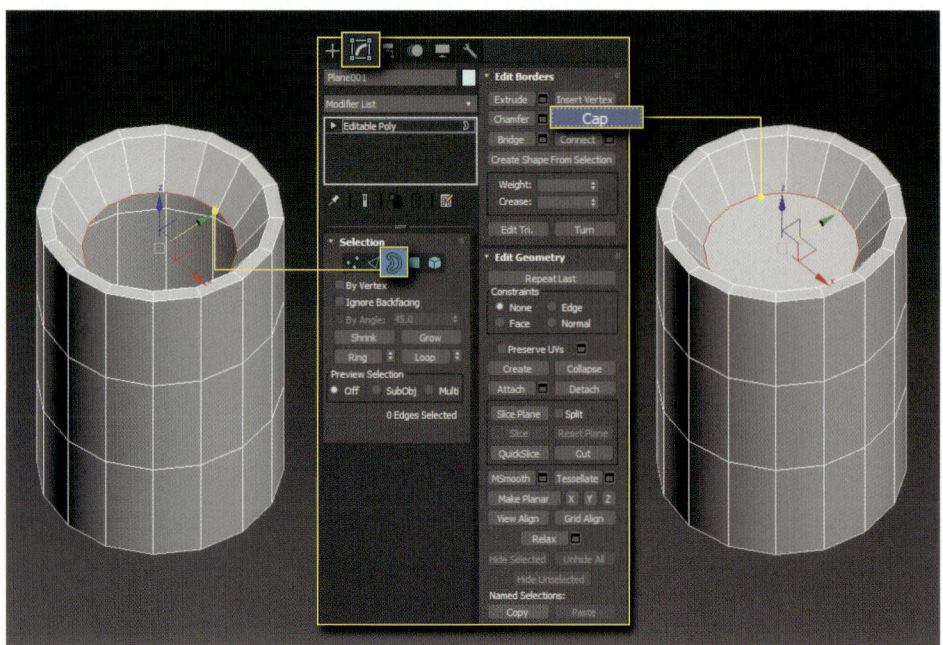

■ Detach

Object의 한 부분을 Detach를 이용해서 떼어내어 표면에 맞는 Object를 제작하거나 부품을 제작할 수 있습니다.

선택한 Vertex, Edge, Polygon을 서로 전환할 수 있습니다. 선택한 Vertex를 포함한 Edge를 Polygon으로 전환하고 반대의 경우도 가능합니다. Detach를 학습하기 전에 선택한 Vertex, Edge, Polygon을 전환하는 연습을 합니다.

Torus를 생성하고 Convert to Editable Poly로 바꾸고 Ring Select를 이용해서 Edge를 선택합니다.

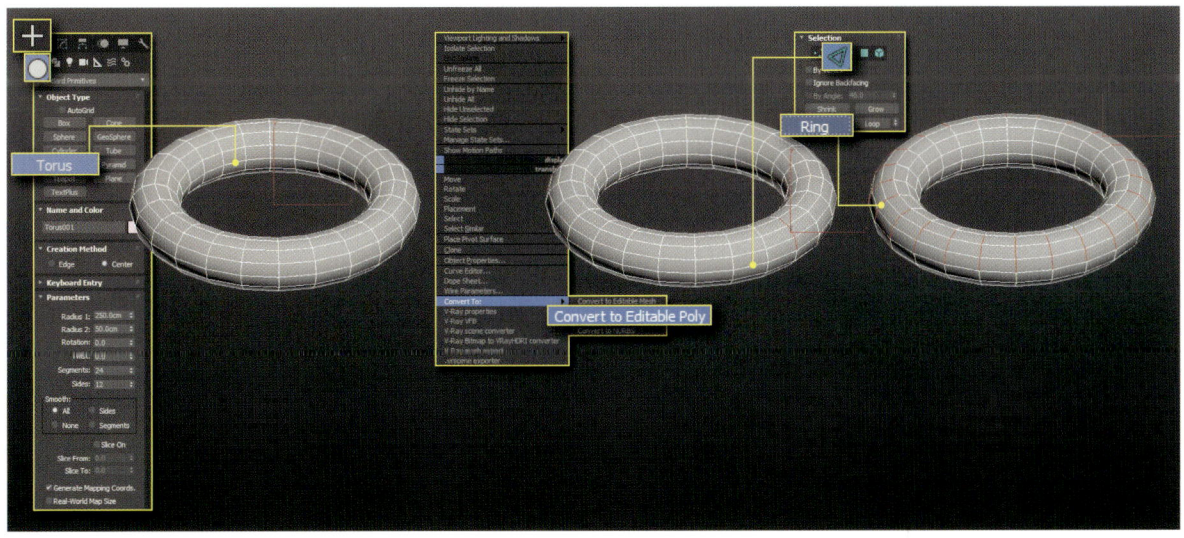

현재 선택 모드가 Edge인 상태에서 Ctrl 키를 누르고 선택 모드를 Polygon으로 변경하면, 선택한 Edge가 포함된 Polygon으로 선택이 전환됩니다. 또한, 마우스 오른쪽 버튼을 클릭하여 선택을 전환할 수도 있습니다.

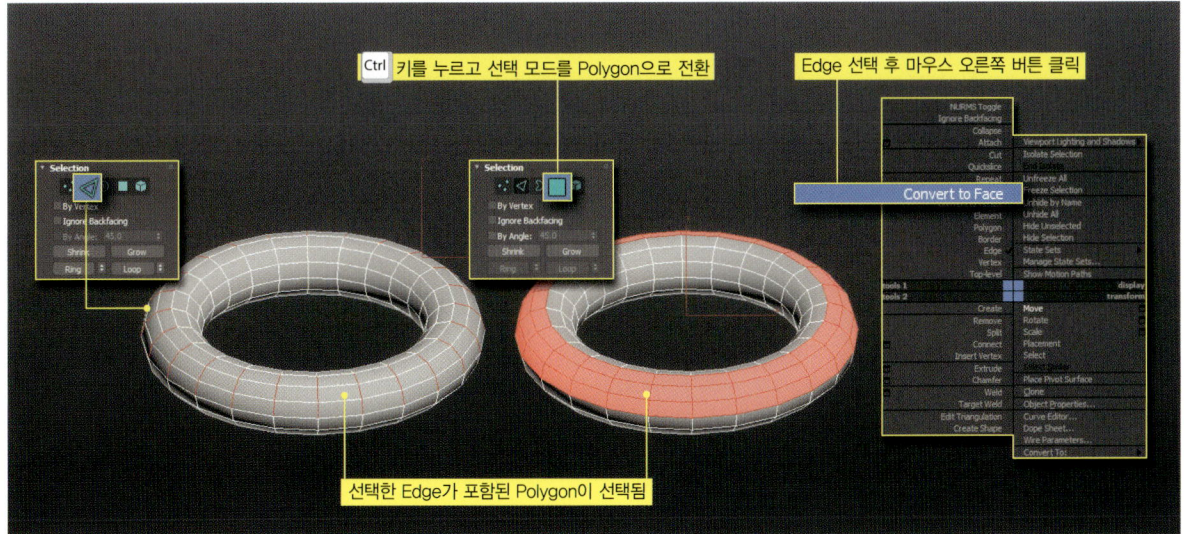

같은 방식으로, Ctrl 키를 누른 상태로 선택 모드를 Vertex로 변경하면 선택된 Polygon이 포함하고 있는 Vertex로 선택이 전환됩니다. 마우스 오른쪽 버튼을 클릭하여 선택을 전환할 수도 있습니다.

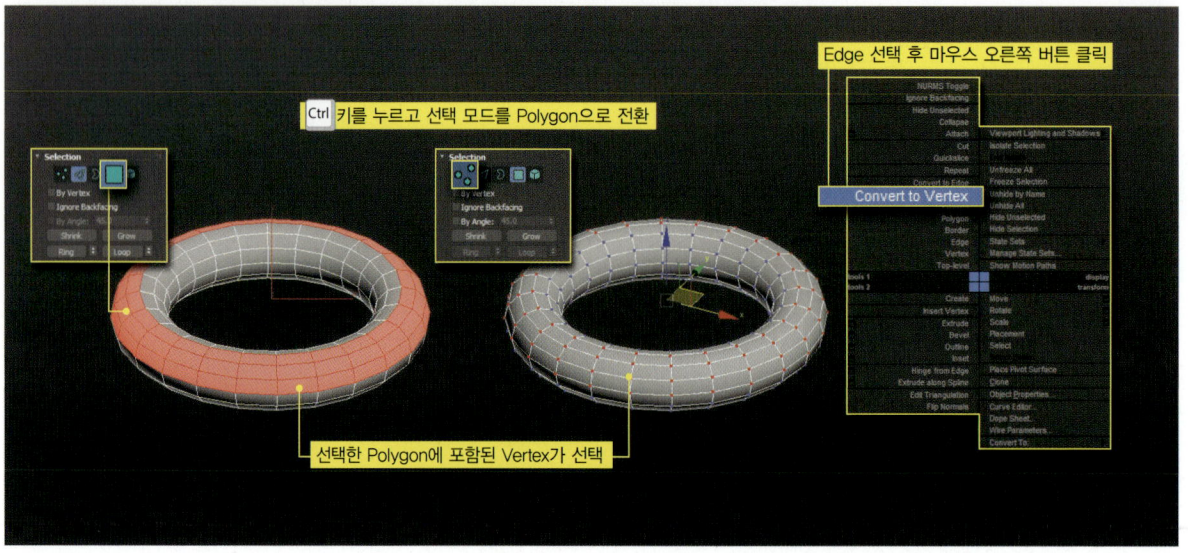

Polygon이 선택된 상태에서 Detach를 실행하면 선택한 Polygon이 분리됩니다. 선택한 옵션에 따라 Object에 포함되거나 독립되고 원본 부분을 유지하고 복사해서 떼어낼 수도 있습니다.

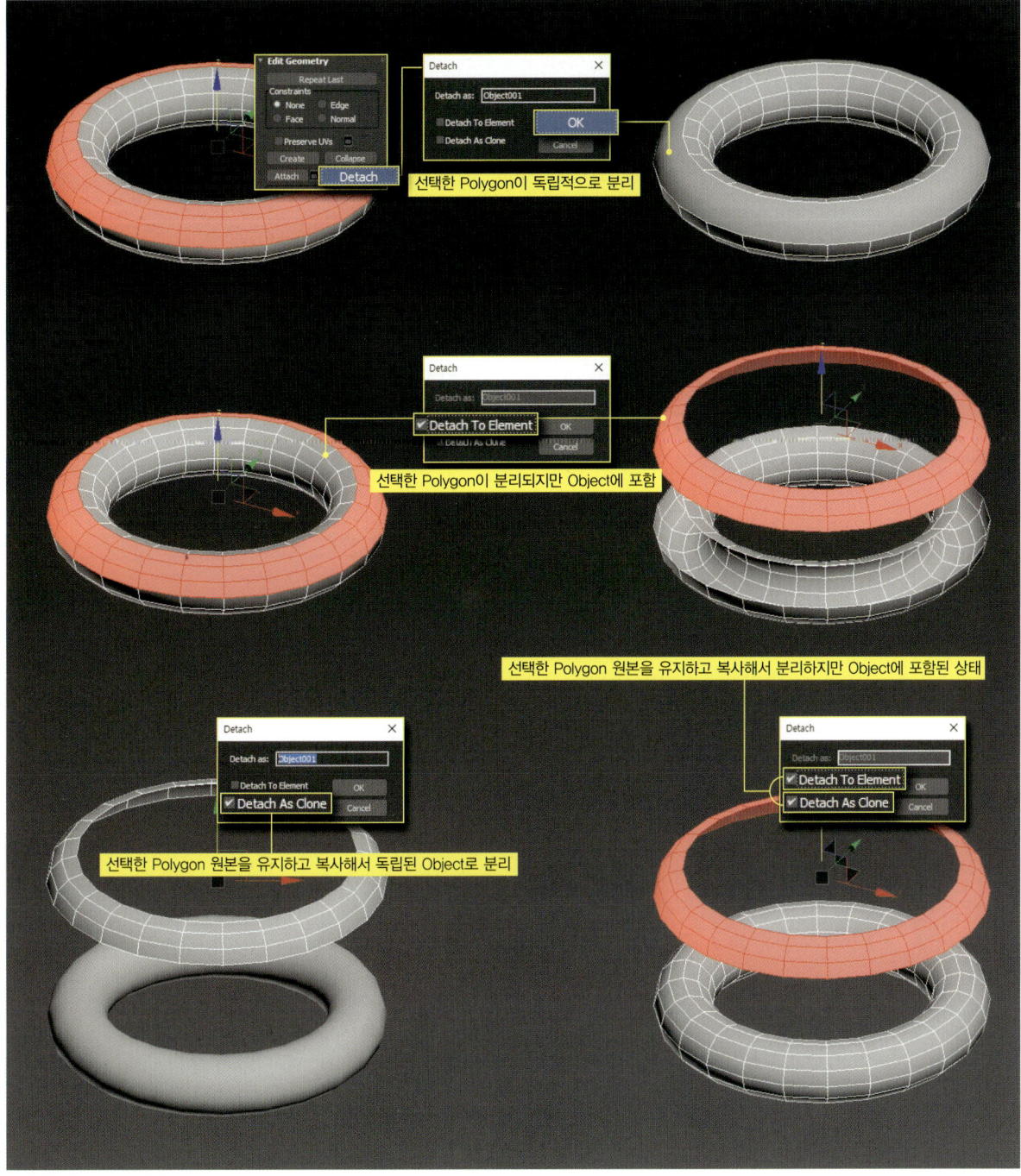

Shift + Ctrl 키를 누른 상태로 Move, Rotate, Scale을 실행해서 분리할 수도 있습니다.

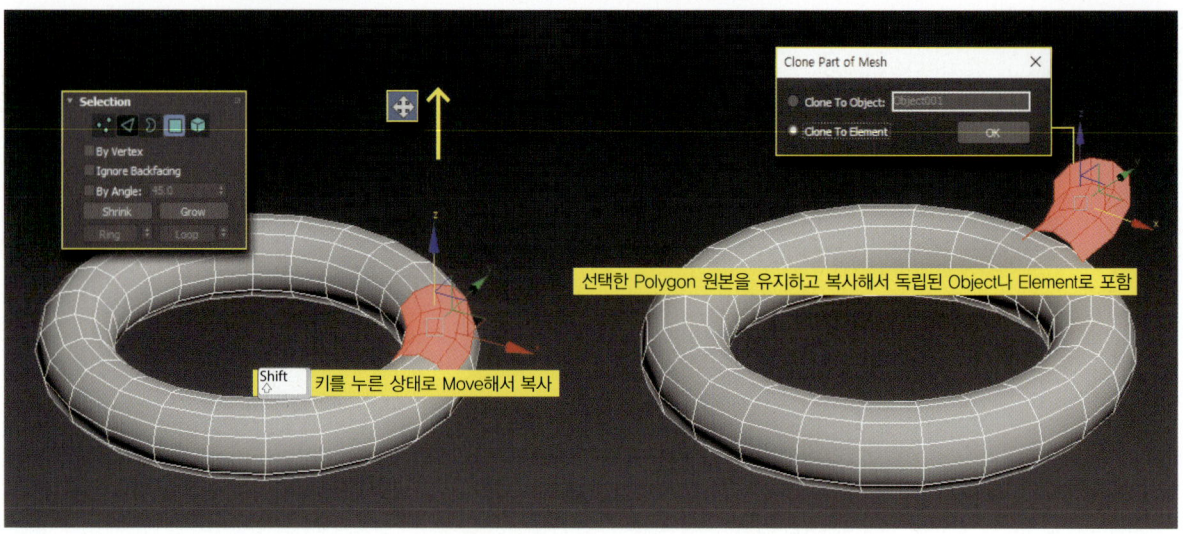

> **PINUP TIP**
>
> Detach는 object의 특정 부분을 분리해서 새로운 Object로 독립시킬 수 있는 기능입니다.
> Object의 표면에 밀착된 새로운 Object를 만들 때 매우 유용한 기능입니다.

■ Attach

독립된 Object는 Attach를 이용해서 하나로 합칠 수 있습니다. 두 개의 Sphere를 생성하고 Editable Polygon으로 전환하고 Sphere를 하나를 선택하고 Attach를 실행하고 다른 Object를 클릭해서 하나로 합칩니다.

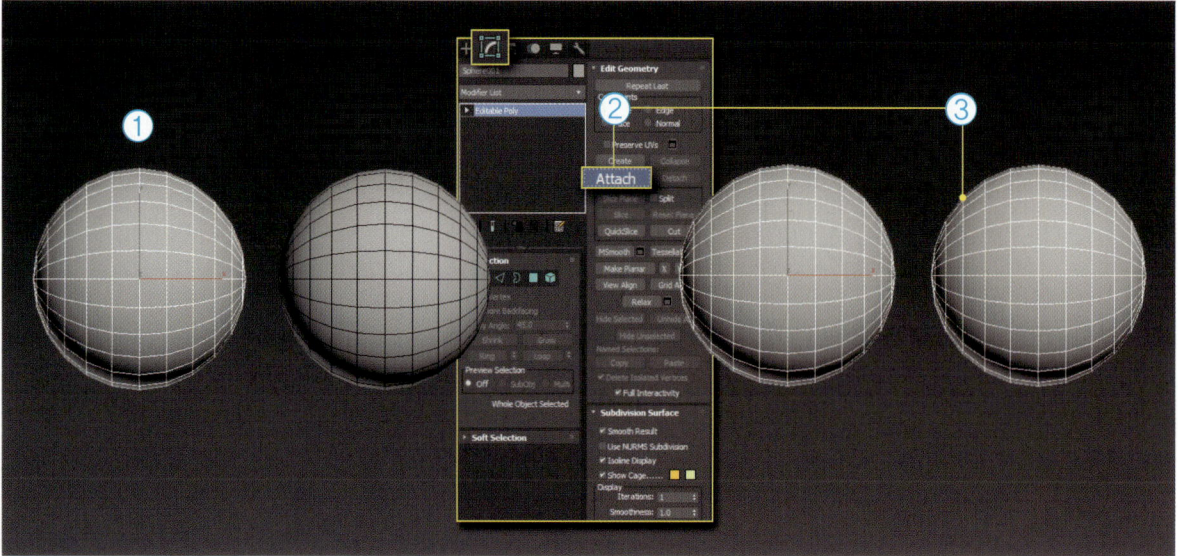

■ Bridge

Vertex를 삭제하고 구멍이 뚫려 있는 마주보는 양쪽의 Border를 선택하고 Bridge를 이용해서 변형한 모습입니다.

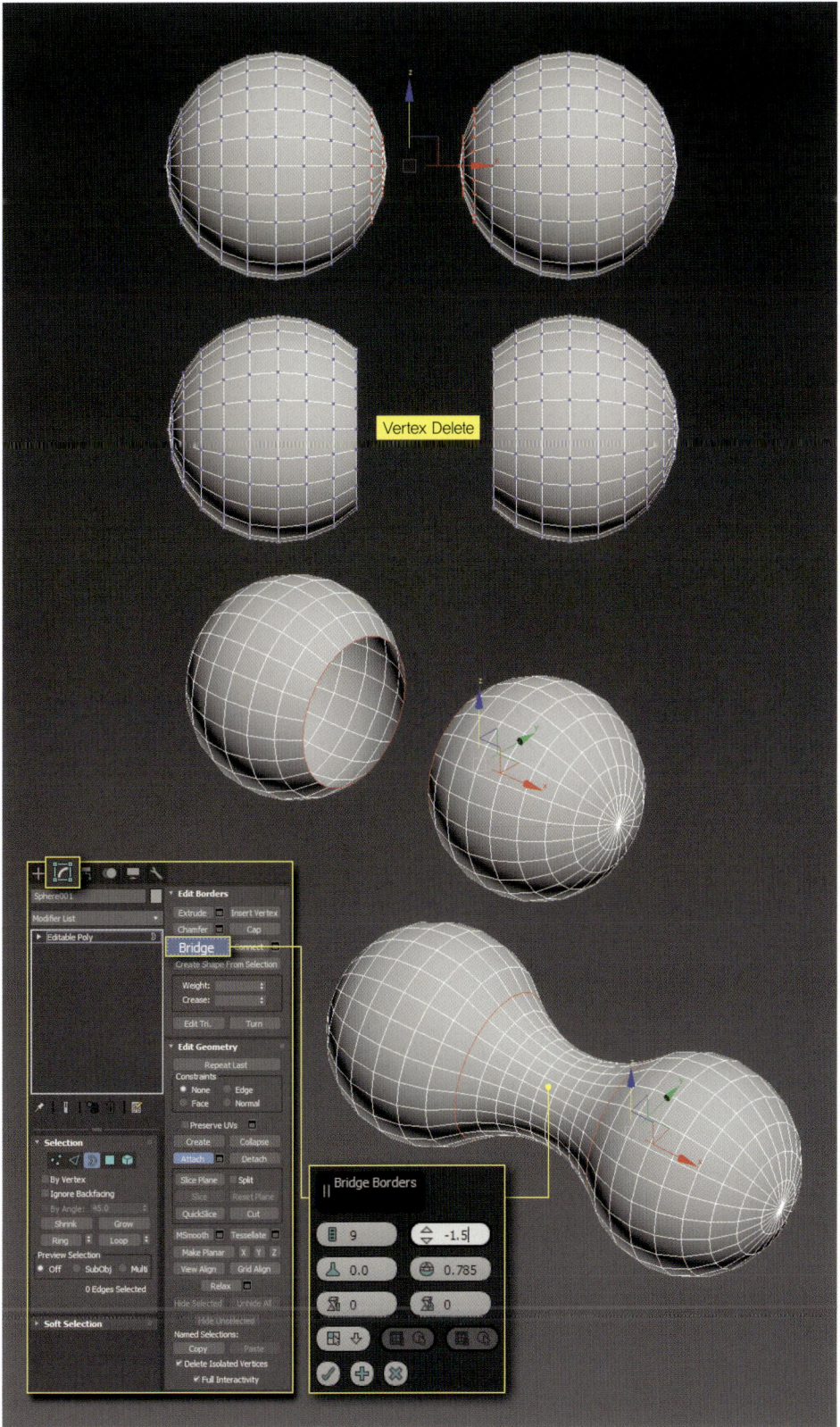

SECTION 09

Modify를 이해하고 다양한 Modifier 적용하기

Modify Tab으로 이동해야만 생성한 Object를 수정하거나 변형할 수 있습니다. 더불어 Editable Poly의 기능 외에 Object의 전체 혹은 일부분을 변형시킬수 있는 각종 기능들이 Modifier입니다.

3ds Max의 가장 큰 특징이자 장점이 바로 Modify Tap에서 다양한 Modifier를 사용할 수 있다는 것입니다.

더불어 다양하게 적용한 Modify를 언제든지 제거해서 원본을 유지하고 계속 Object를 변형할 수 있다는 점입니다. 수많은 Modifier 중 모델링 과정에서 주로 사용되는 Modifier를 알아보고 적용 순서에 따른 차이를 이해합니다.

기본 도형에 Modifier를 순차적으로 적용해서 만들어 본 이미지입니다. Modify Tap으로 이동하고 Modifier List를 클릭하면 수없이 많은 Modifier가 존재합니다. Modify 중 Edit Poly는 위에서 학습한 Editable Poly과 같은 방법으로 모델링을 할 수 있는 Modifier인데 적용한 것을 제거할 수 있기 때문에 원본을 유지해야 할 경우 사용합니다.

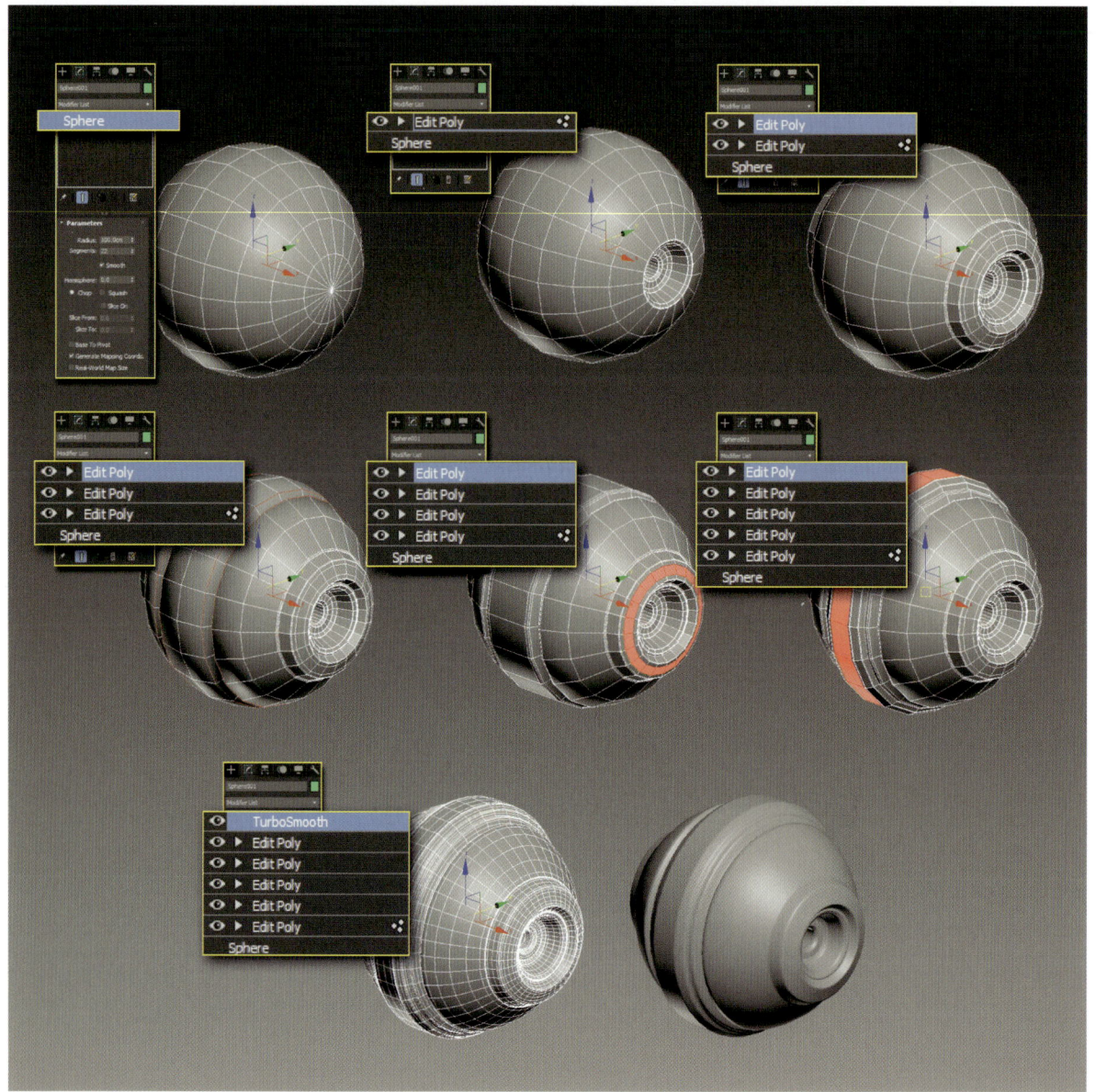

수많은 Modifier가 순서대로 적용되면서 Object가 완성된 것을 확인할 수 있습니다. 언제든 적용된 Modifier를 제거할 수 있습니다. Show end Result on off Toggle 버튼을 활성화해서 상위에 Modifier를 하위 단계에서 확인할 수 있습니다.

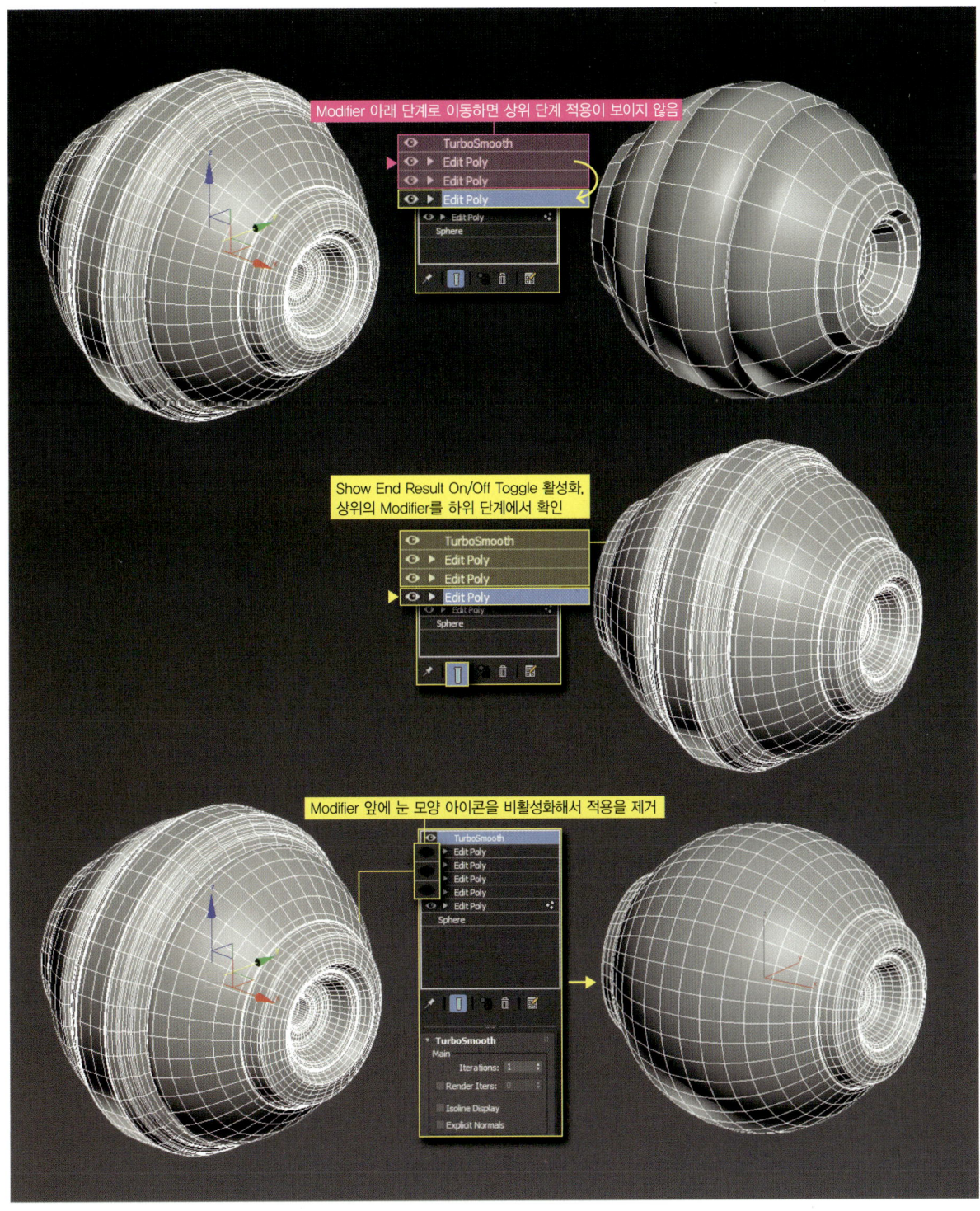

다양한 Modifier 중 모델링에 자주 사용하는 Modifier를 살펴보도록 하겠습니다.

Bend

선택한 Object 전체나 Vertex, Edge, Polygon을 부드럽게 휘게 할 수 있는 Modifier입니다. Object가 기본적으로 가진 Pivot Point를 Local 축 기준으로 변형됩니다. Cylinder를 생성하고 Modify로 이동해서 Bend를 적용합니다. Angle 값을 90, 180, 360으로 변경합니다. 설정한 값만큼 Object가 휘는 것을 알 수 있습니다. Bend의 하위 단계를 보면 Gizmo Center가 있는데 Center의 위치를 기준으로 Gizmo가 변형되는 형태로 Object를 변형시킵니다.

PINUP TIP

Modifier들을 적용해서 Object를 변형할 경우에는 Editable Poly로 변환하지 않아도 됩니다. 원본 상태를 그대로 유지하고 각 Modifier를 적용해서 변형하고 다시 제거해서 원래 상태로 돌아올 수 있다는 것이 장점입니다.

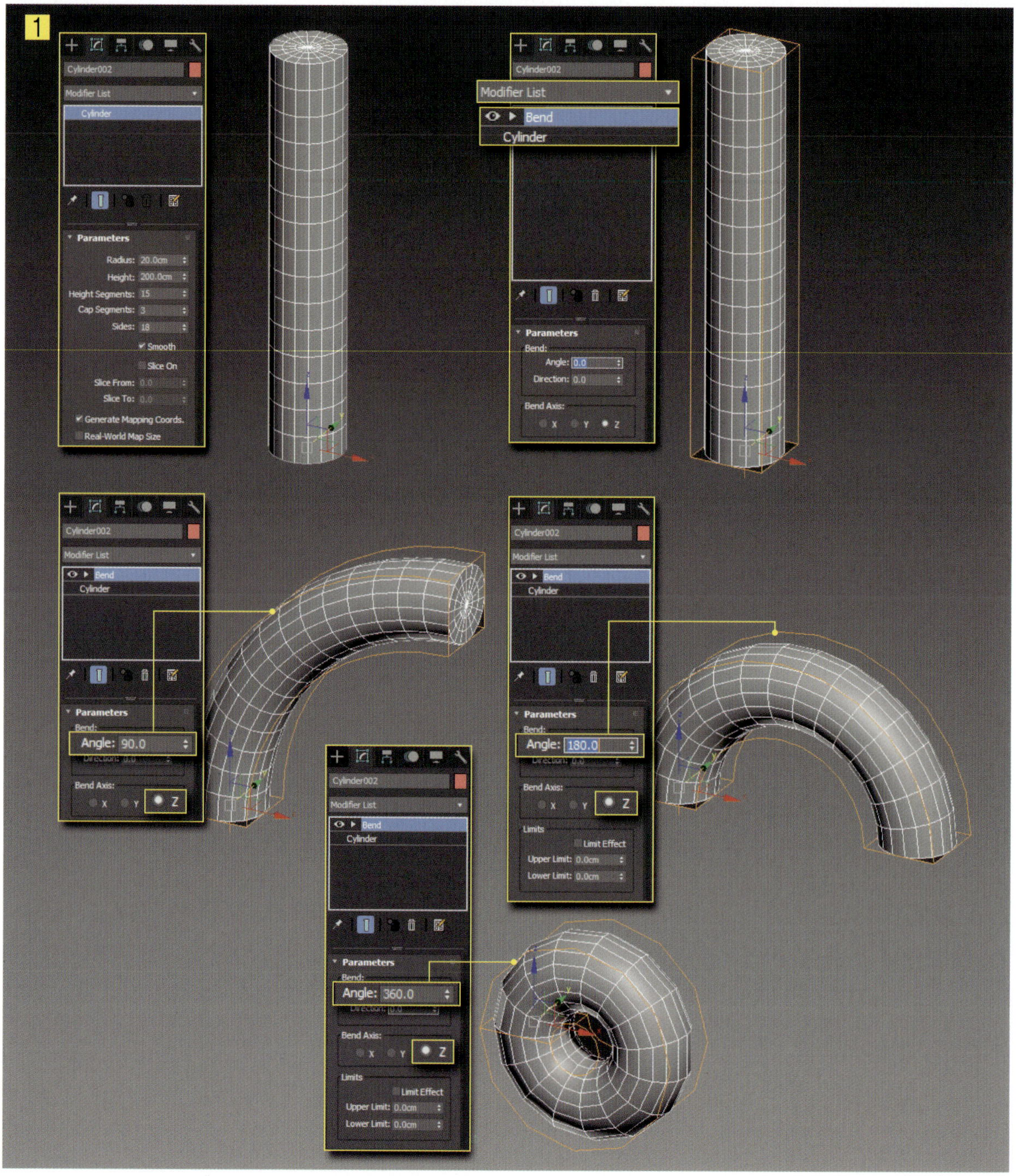

Direction을 이용해서 방향을 변경할 수 있습니다. 수치를 달리해서 비교해 본 모습입니다.

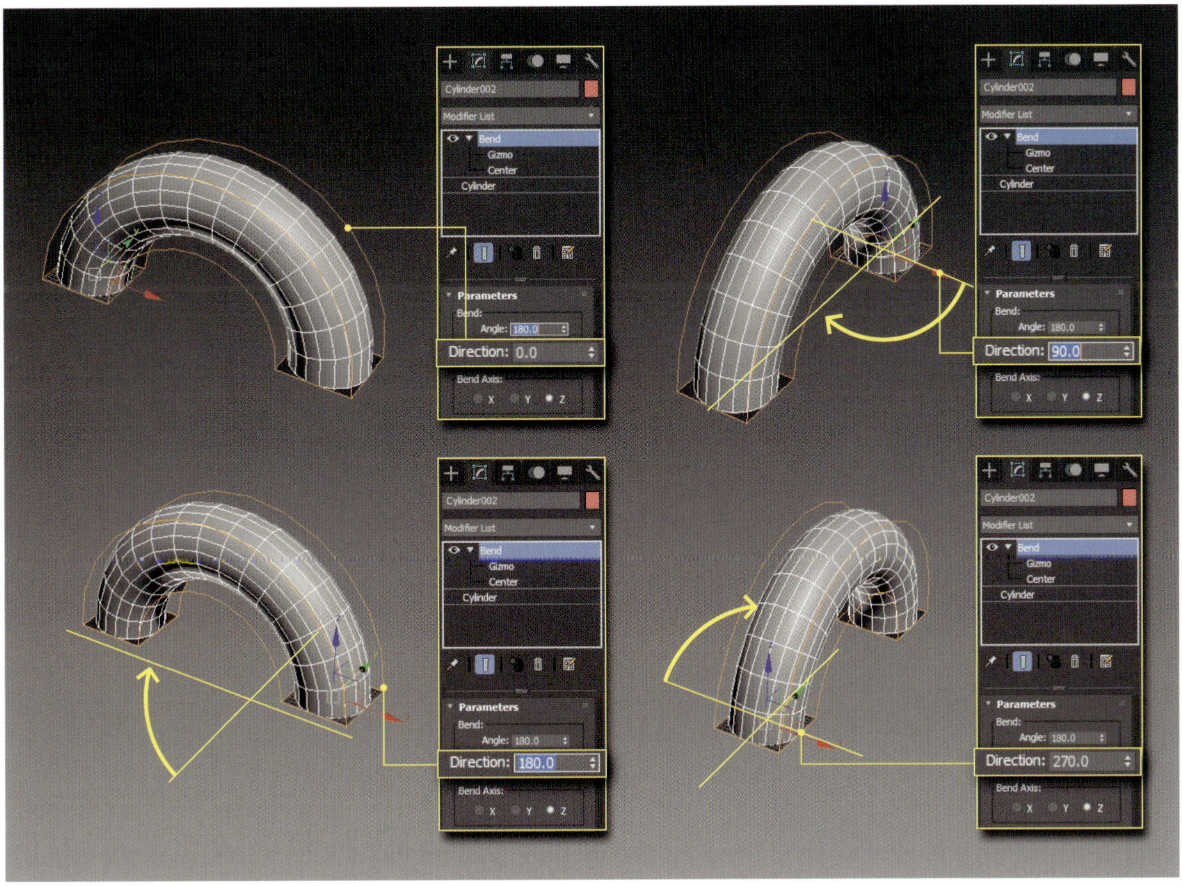

Pivot Point의 Local 축을 기준으로 변형되는데 축을 달리했을 때 결과물입니다. Object가 생성된 이후에 회전해서 Local 축이 변경될 수 있기 때문에 항상 결과를 확인하면서 적용할 축을 결정합니다.

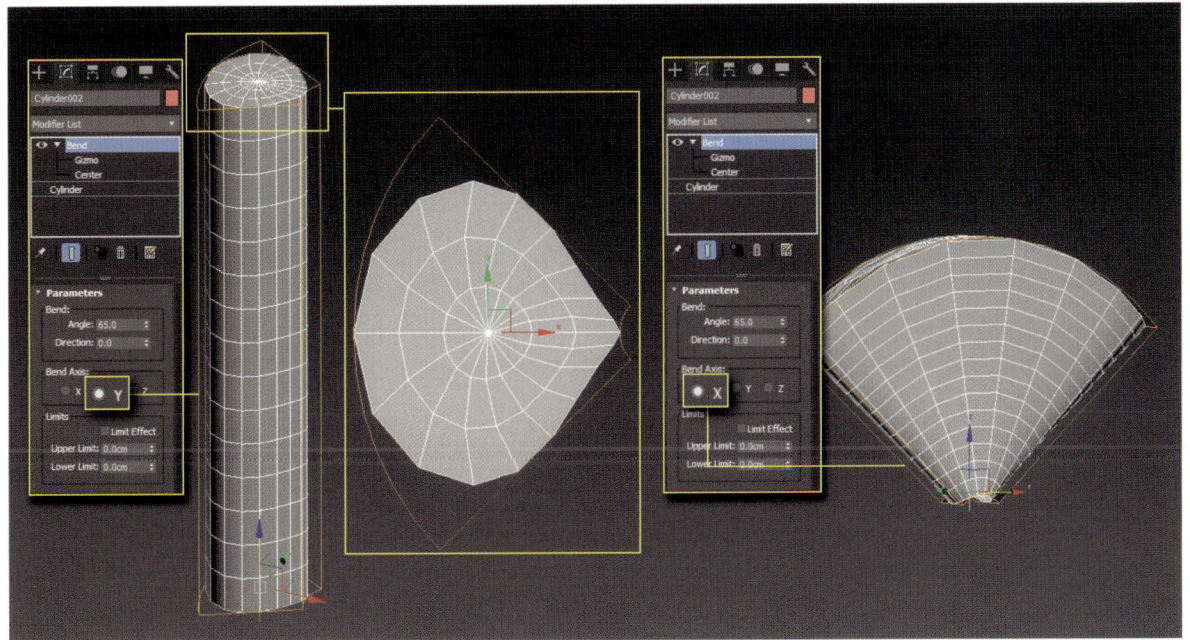

Limit를 설정해서 Bend의 적용 범위를 수정할 수 있습니다. Gizmo에 적용한 범위가 표시됩니다.

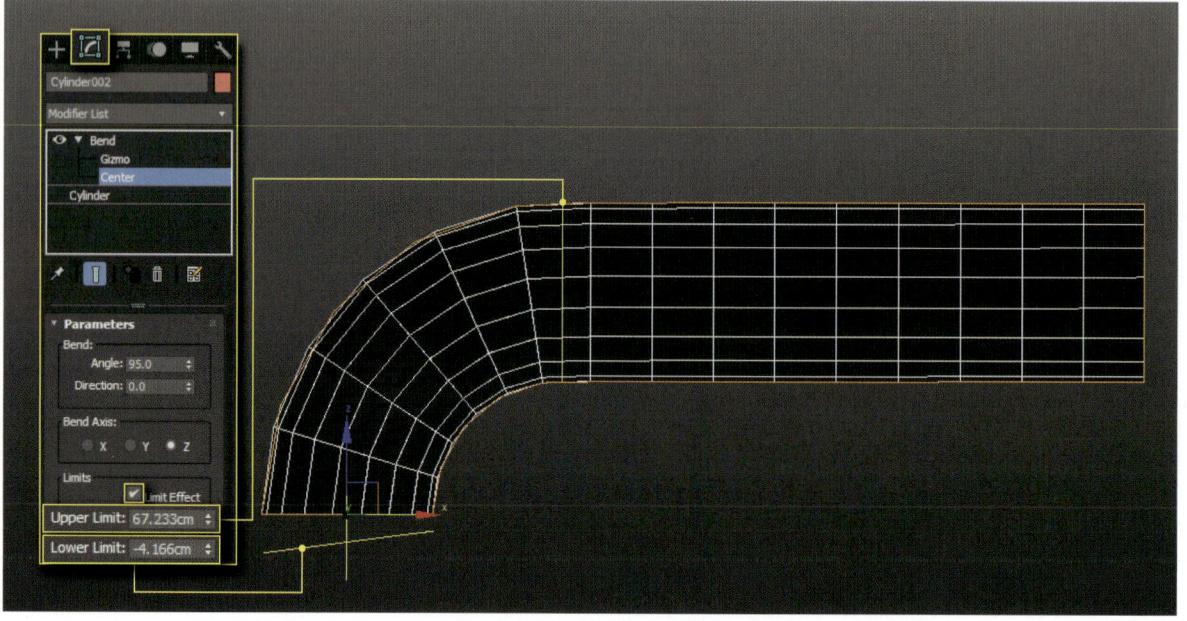

모든 Modifier는 눈 모양의 아이콘을 클릭해서 활성/비활성할 수 있고 하위 단계에서 Show end Result On/Off Toggle을 켜서 하위 단계에서 상위 단계의 Modifier를 확인할 수 있습니다.

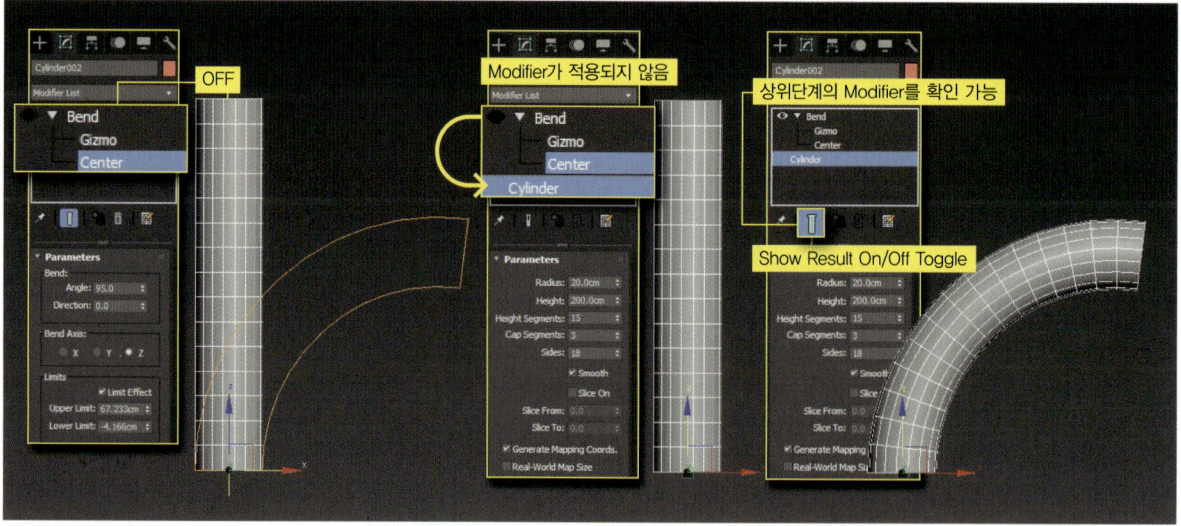

Modifier의 Poly Select와 Bend를 여러번 사용해서 변형을 계속해 보겠습니다. Cylinder를 생성하고 Modify에서 Poly Select를 적용해서 선택 모드가 Vertex인 상태에서 Cylinder의 위쪽 부분을 선택하고 다시 그 위에 Bend를 적용합니다.

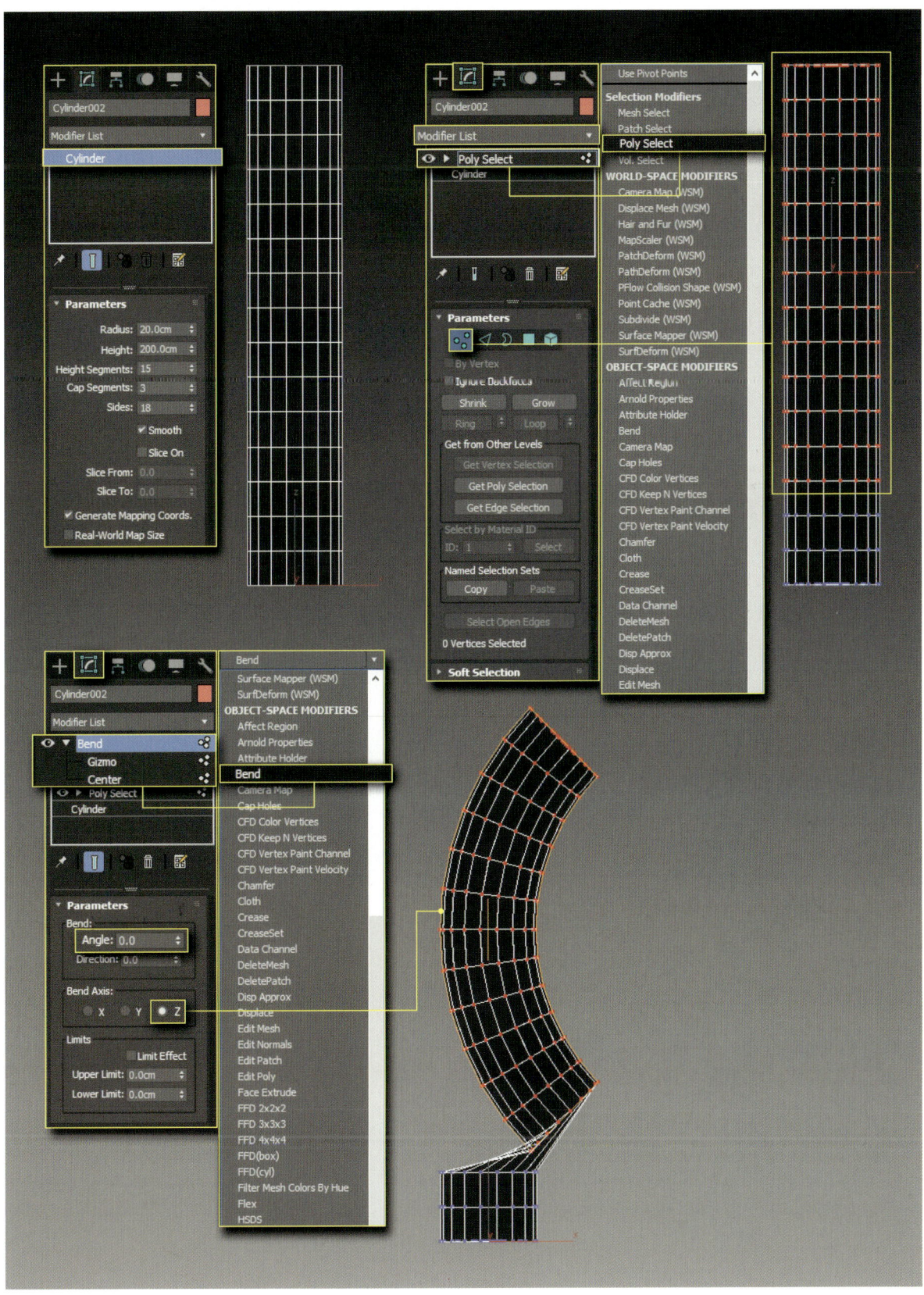

Bend의 Center를 선택한 Vertex의 바닥 부분으로 이동시켜 Bend를 적용합니다.

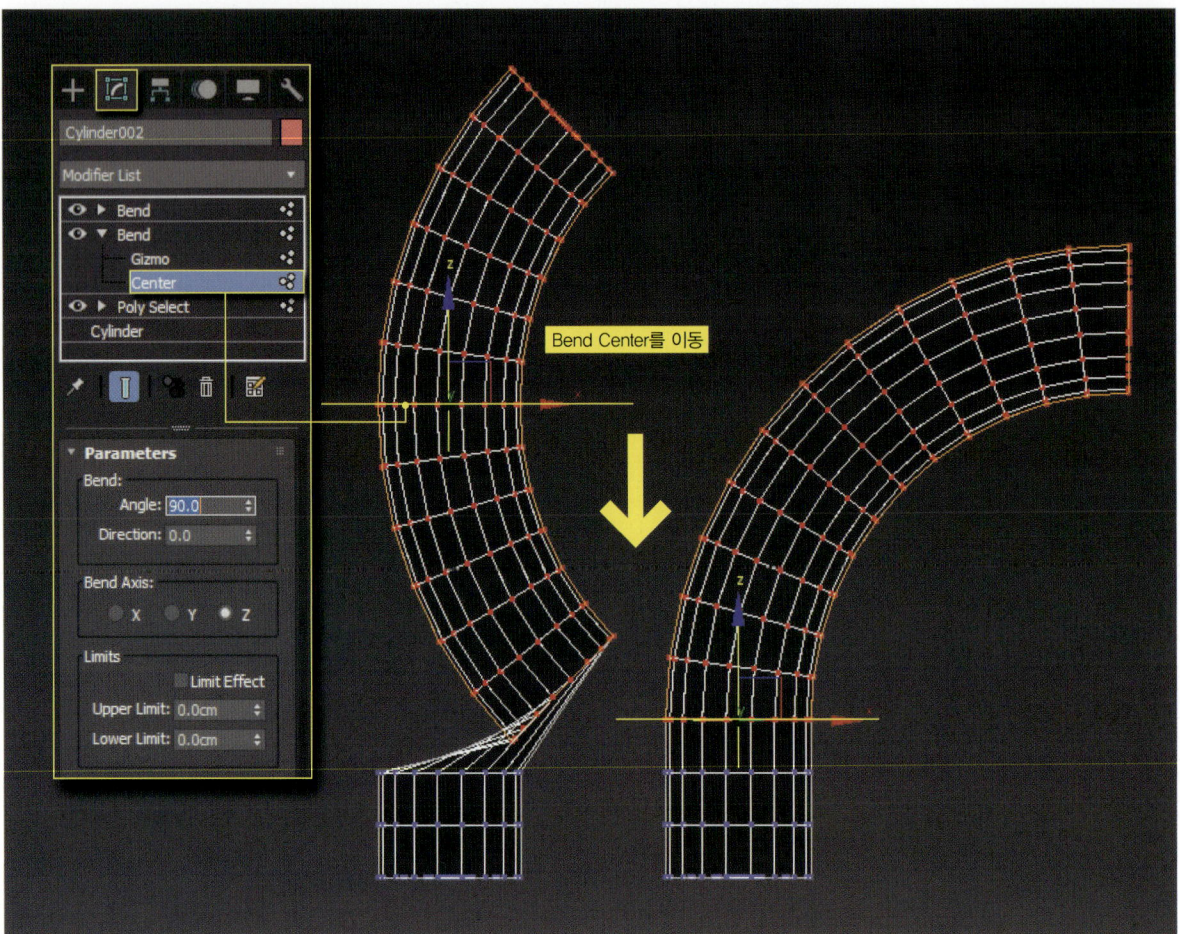

Modifier에서 Edit Poly를 추가하고 Extrude와 Connect를 이용해서 Edge를 추가하고 다시 Bend를 이용해서 변형합니다.

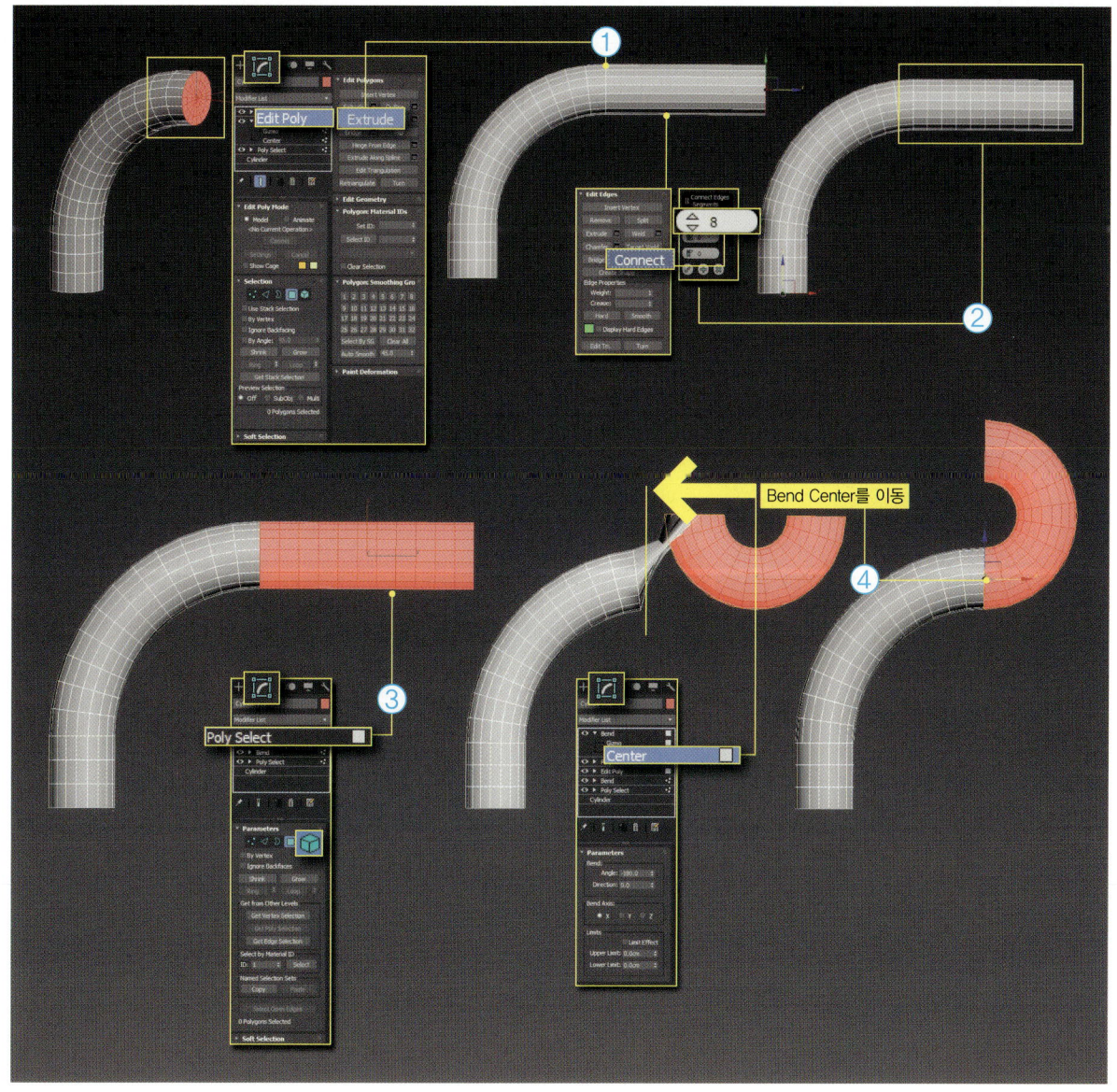

계속해서 Modifier를 적용해서 Object를 변형할 수 있습니다.

Taper

Object를 Gizmo Center 기준으로 좁히거나 넓히는 기능입니다. Box를 생성하고 Modifier 중 Taper를 적용하고 옵션을 조절해서 변형합니다.

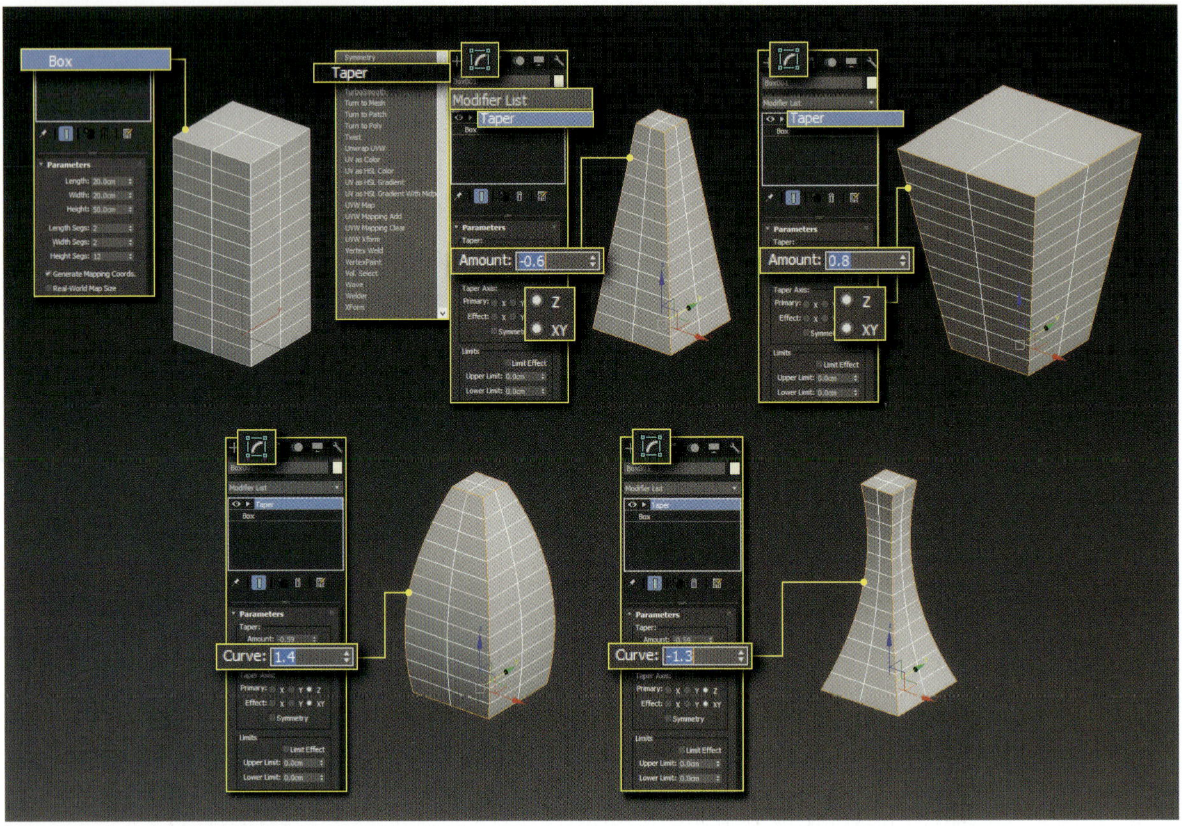

Effect의 옵션을 조절해서 Taper의 효과를 가로, 세로, 따로 혹은 모두 적용되도록 합니다.

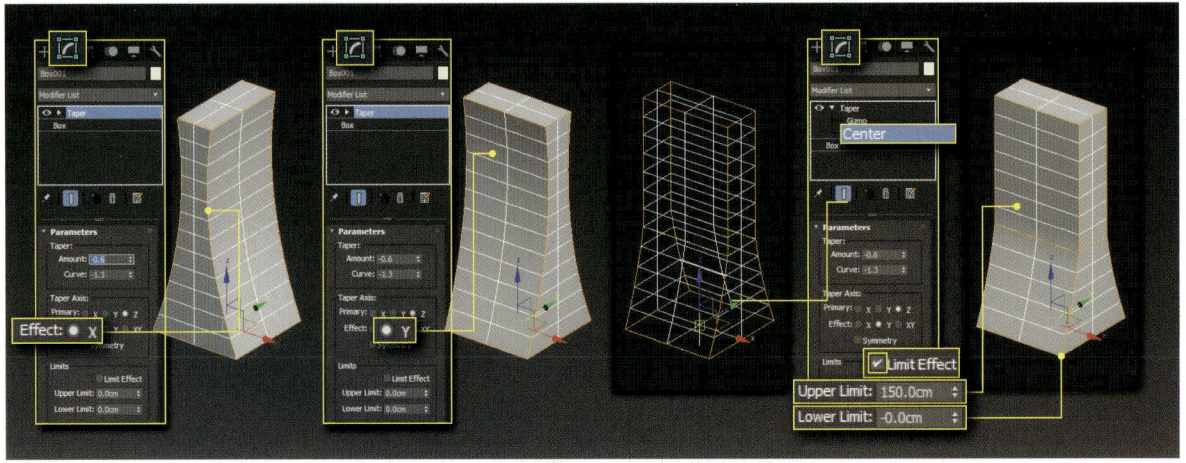

Modifier에 Edit Poly를 적용해서 추가로 변형해 본 모습입니다.

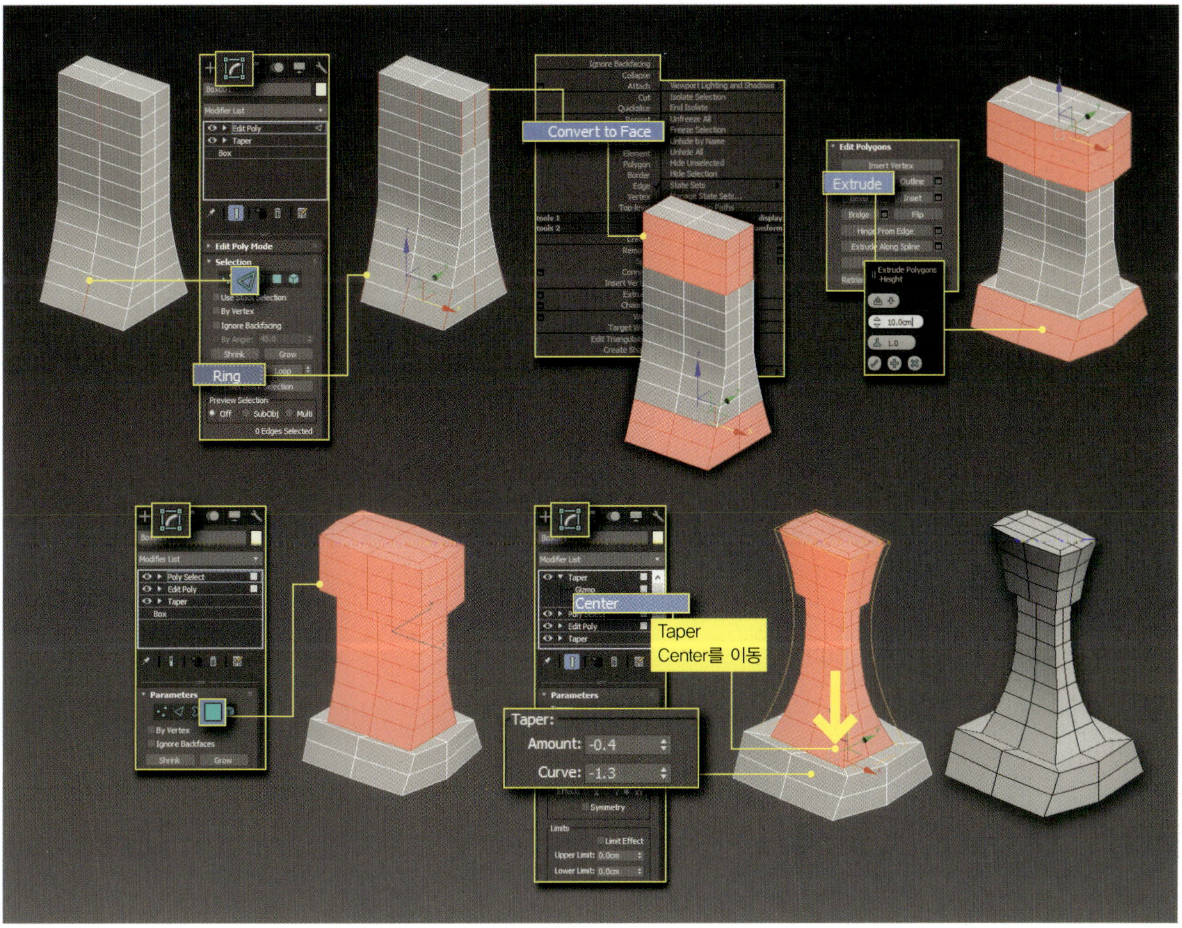

Twist

Object를 Center 기준으로 비트는 기능입니다.

Modifier는 적용된 순서에 따라 다른 결과를 보이고 이를 이해하는 것이 매우 중요합니다. 다음은 Bend, Taper, Twist 의 적용 순서에 따른 차이를 보여주는 이미지입니다. 적용한 순서에 따라 결과가 달라지는 것을 알 수 있습니다.

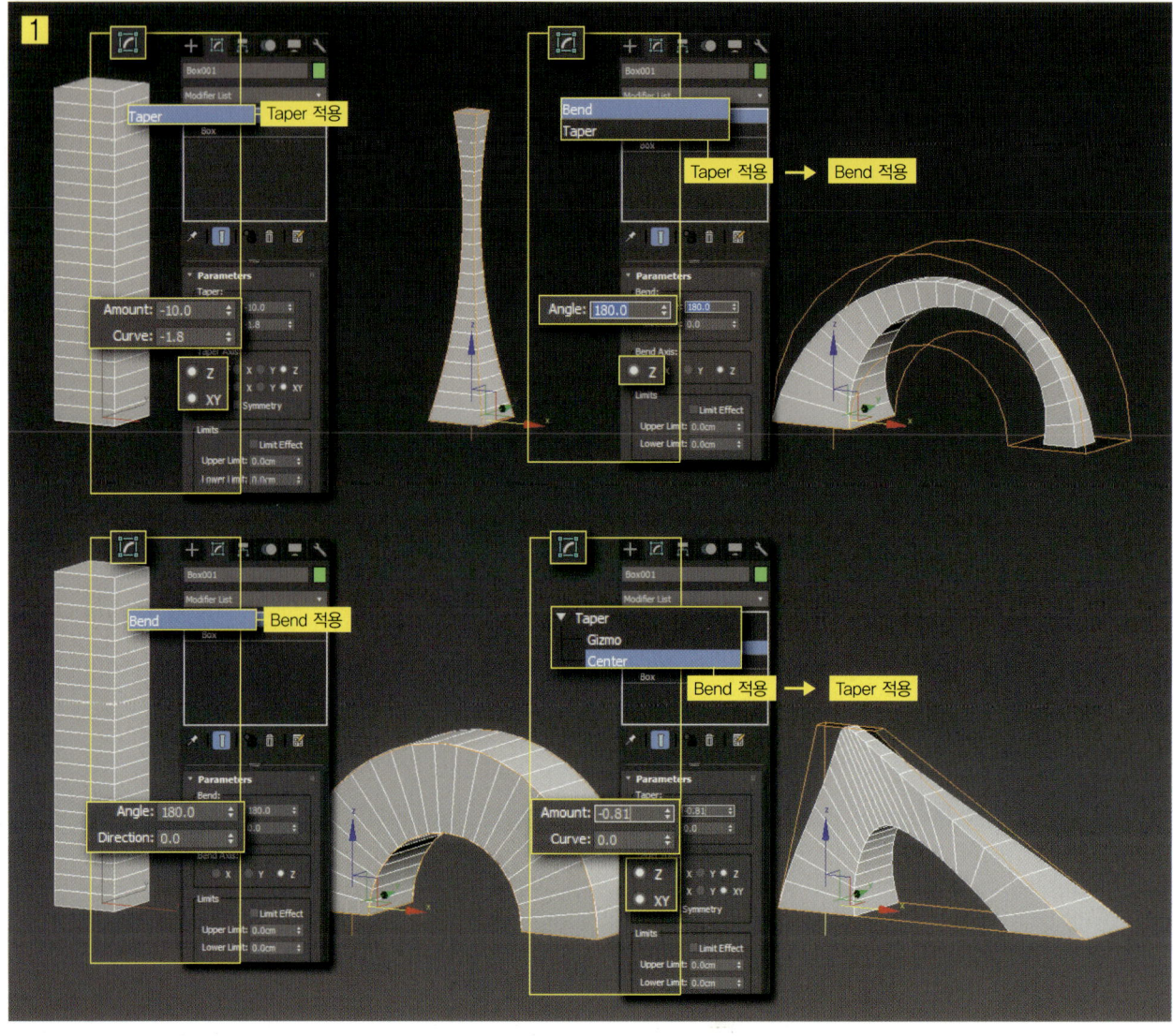

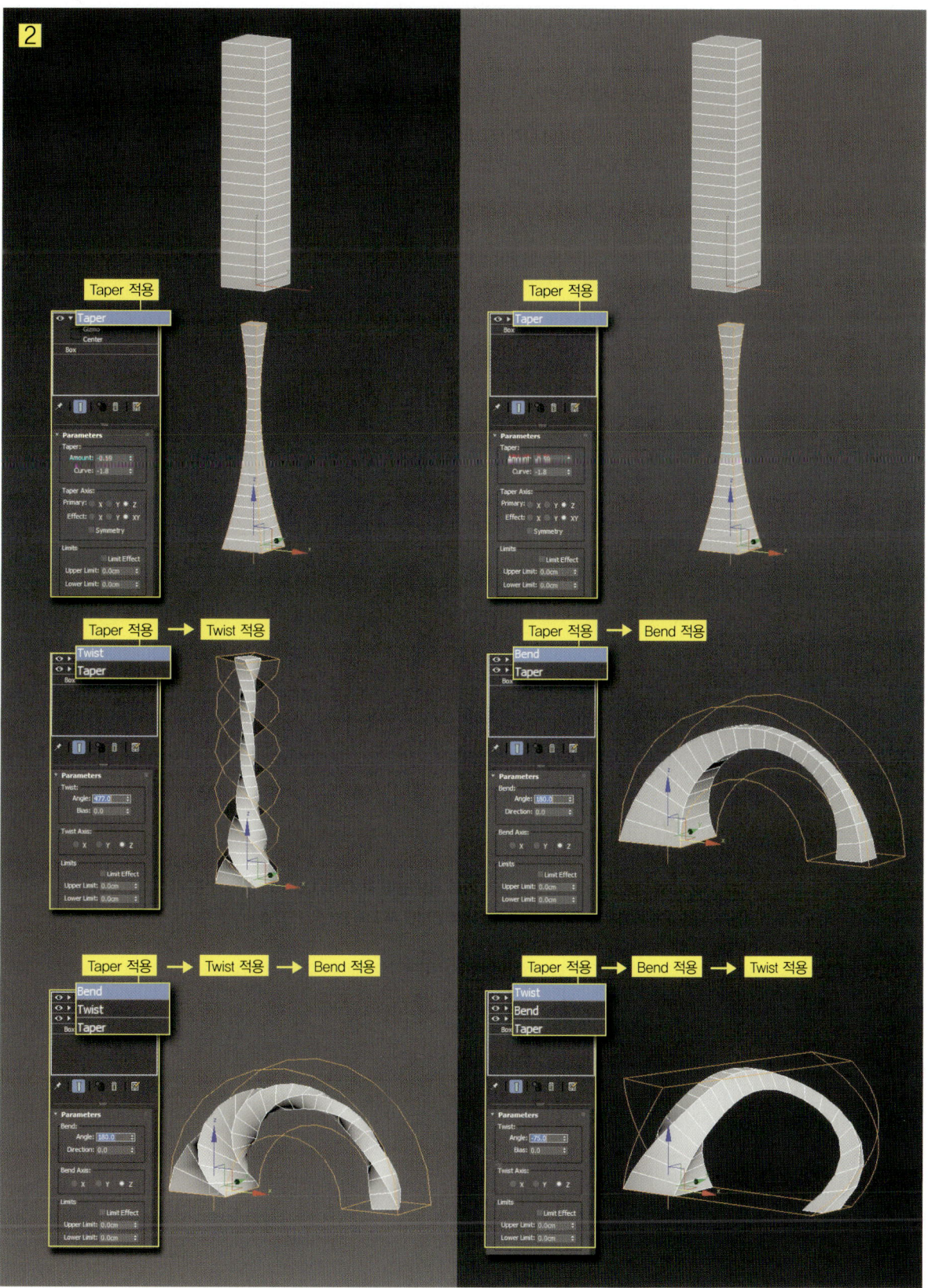

FFD(Free From Deformation)

Object에 새로운 Control Points를 이용해서 전체 혹은 선택한 Vertex, Edge, Polygon을 변형할 수 있는 Modifier 입니다. 전체적인 형태를 부드럽게 변형할 때 유용하게 사용합니다.

Control Points의 개수와 형태에 따라 FFD2x2x2, FFD3x3x3, FFD4x4x4, FFD(Box), FFD(cyl) 등이 있고 FFD(Box), FFD(cyl)의 경우 조절 점의 숫자를 변경할 수 있습니다.

Sphere를 생성하고 Modifier에서 FFD 2x2x2를 적용하고 Control Points를 선택하고 이동해서 Sphere를 전체적으로 변형합니다.

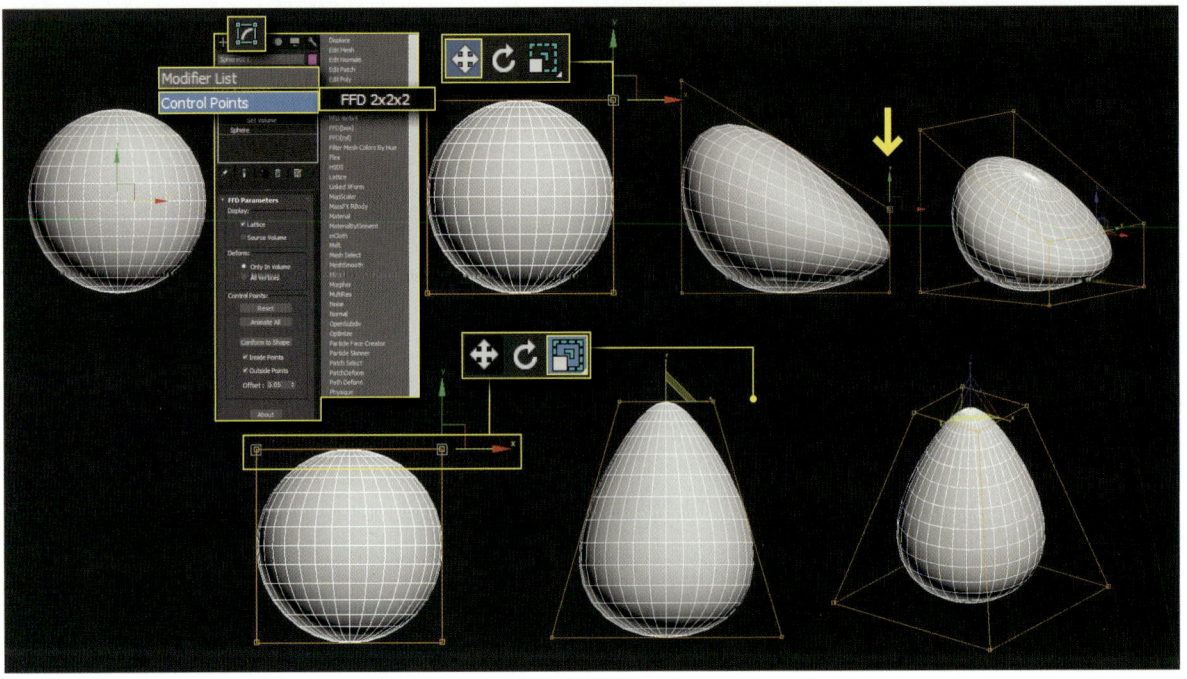

FFD 4x4x4를 적용하면 Control Points가 가로 세로 높이 각 4개의 Control Points가 존재합니다. Cylinder를 생성하고 같은 방법으로 FFD 4x4x4 적용해서 변형한 후 Edit Poly와 FFD 4x4x4를 추가로 적용해서 변형해 본 모습입니다.

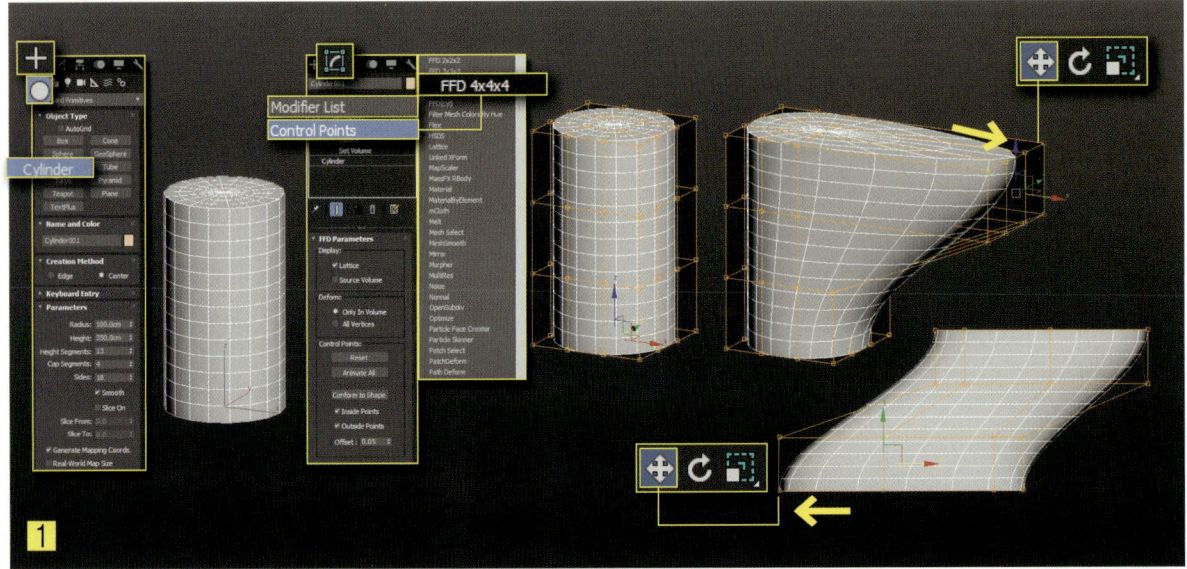

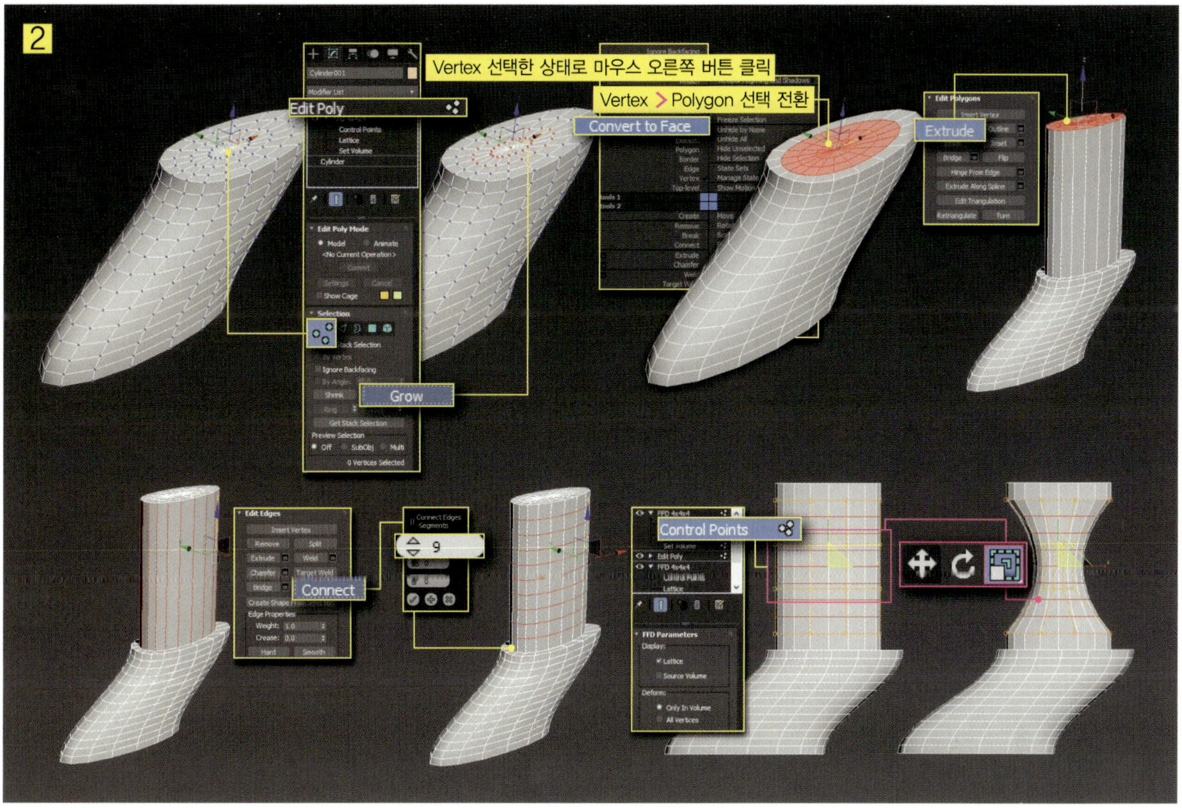

FFD(Box)를 적용하고 Control Points 수를 필요한 만큼 조절하고 Object를 변형한 모습입니다.

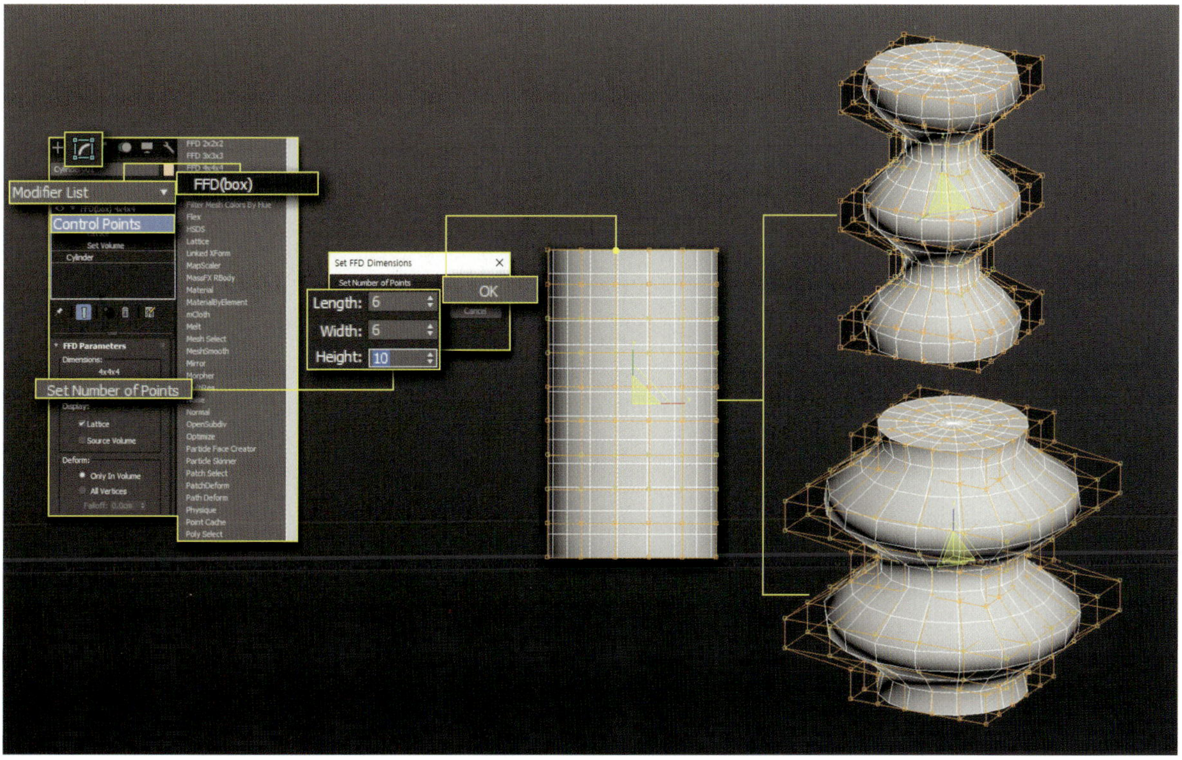

Chapter 01 | 3D 모델링 기초 I

Shell

Object에 두께를 주어 변형하는 기능입니다. Plane과 Sphere를 생성하고 Shell을 이용해서 변형한 모습입니다.

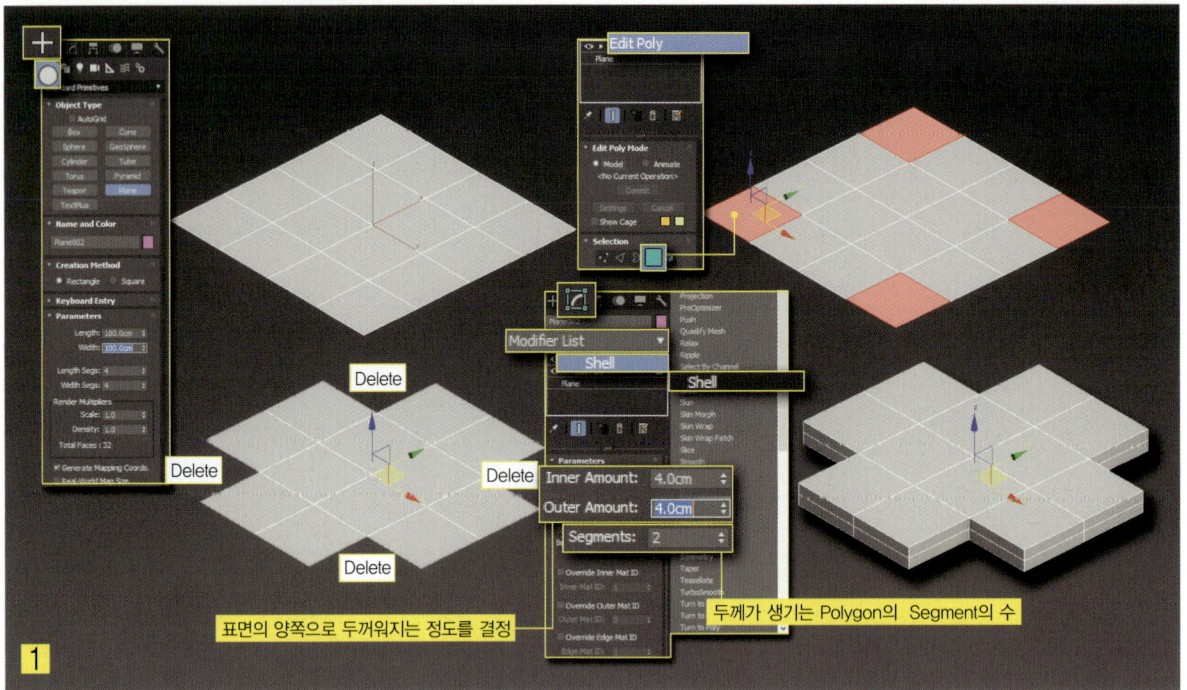

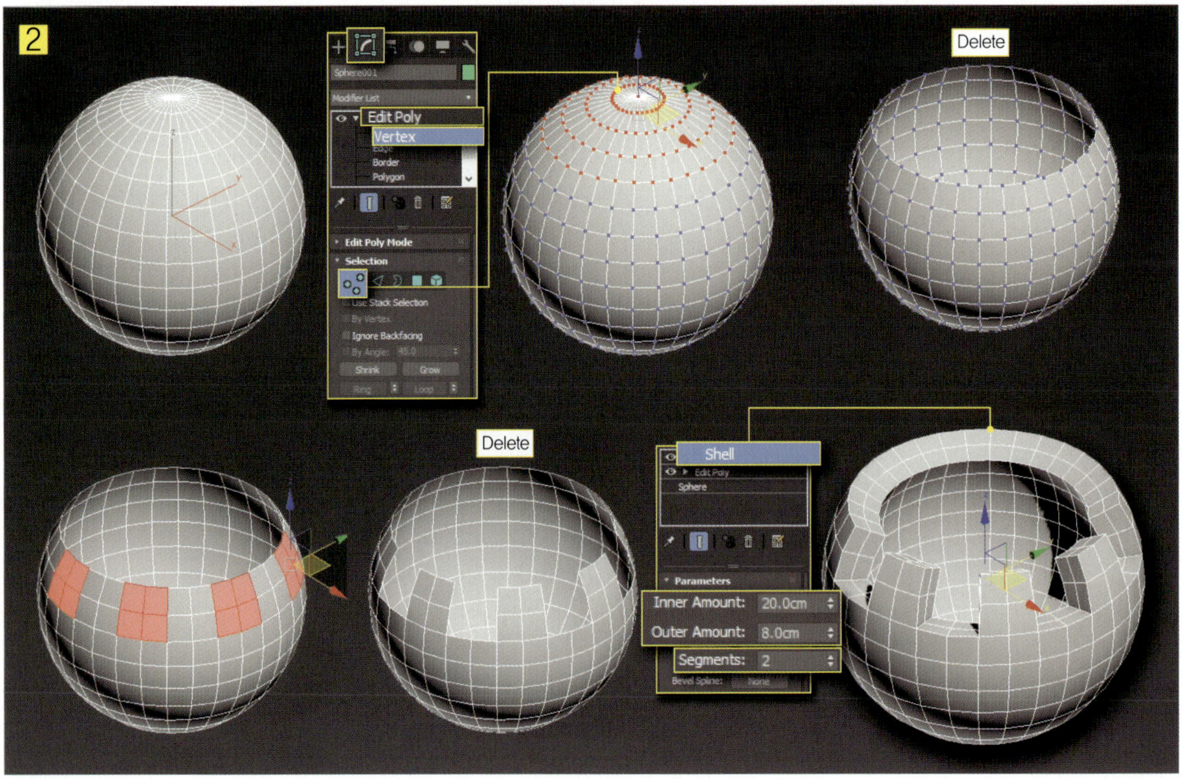

Subdivision 모델링의 이해

Object 전체 Edge를 분할하여 Edge와 Edge 사이를 곡면으로 변형하는 방식입니다.

3d 모델링 과정에서 매우 중요하며 이런 작업을 Subdivision 방식이라 합니다. Subdivision 모델링은 간단하게 설명해서 면을 나누어 가장자리를 부드럽게 표현하는 방식을 의미합니다. Polygon 상태의 모델을 3ds Max에서는 Modify의 TurboSmooth를 주로 사용해서 표현하며 단계를 높여서 면을 계속해서 나누어 줍니다.

복잡한 모델링에 들어가기에 앞서 Edge 구성에 따라서 TurboSmooth를 적용했을 때(Subdivision 방식 적용 시) 차이점과 그 차이점에 따른 Edge 구성의 방법을 알아 보고 Hard Surface Modeling(자동차, 메카닉 등 단단한 표면을 가진 Object) 시 주의할 점 등을 알아보도록 하겠습니다.

이해를 돕기 위해서 간단한 형태의 Plane을 생성하고 직각 방향으로 Polygon을 추가하고 Modify ➡ TurboSmooth 를 적용합니다. Iterations 단계 1과 2의 차이를 확인합니다.

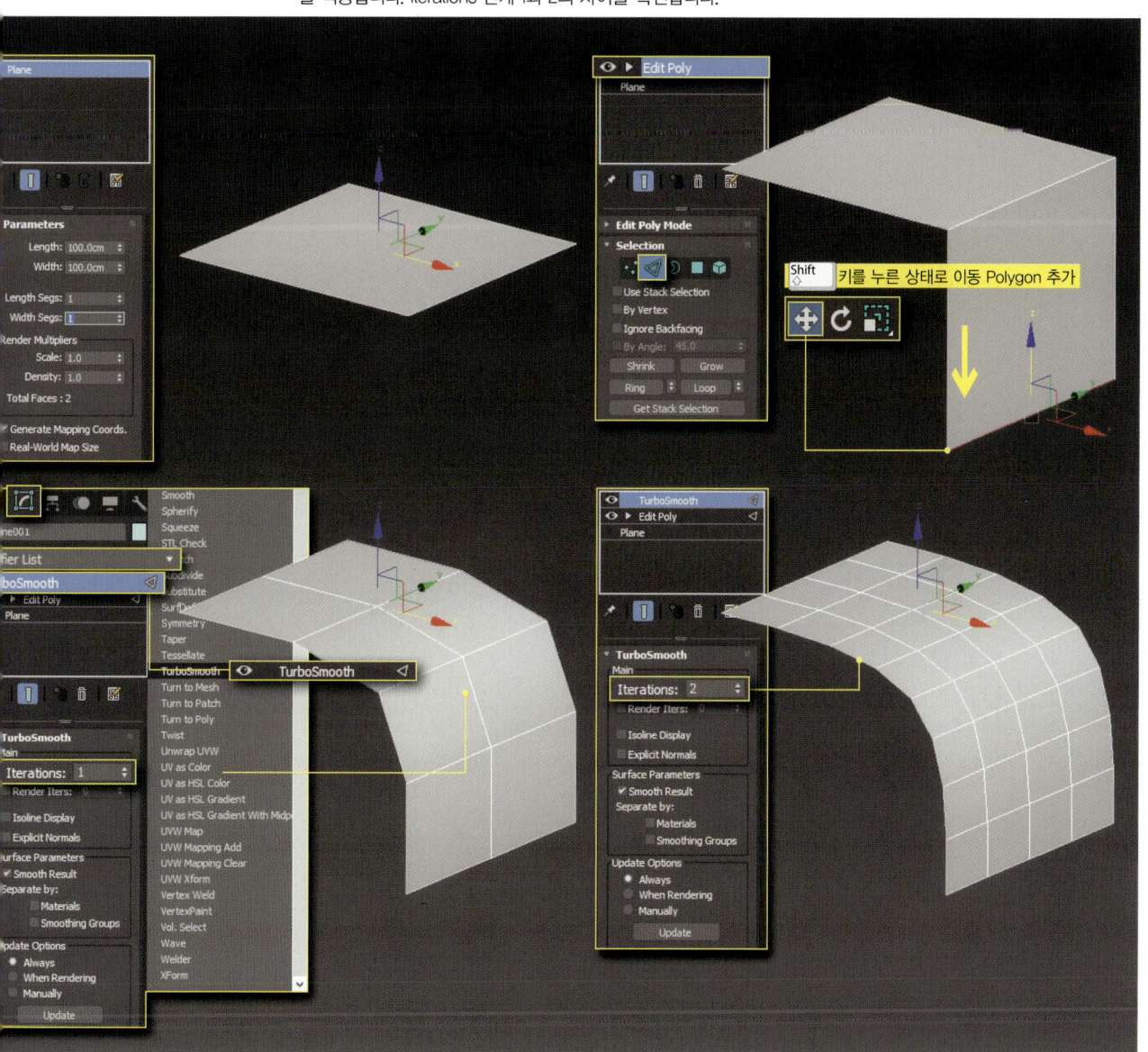

Shift 키를 누른 상태로 Move해서 Polygon을 추가하고 TurboSmooth를 적용했습니다. Edge 수의 차이에 따른 결과를 확인합니다. 각각 Polygon에 Edge를 추가해서 분할하고 직각을 이루는 부분을 부드럽게 곡면으로 변형되는 것을 볼 수 있습니다.

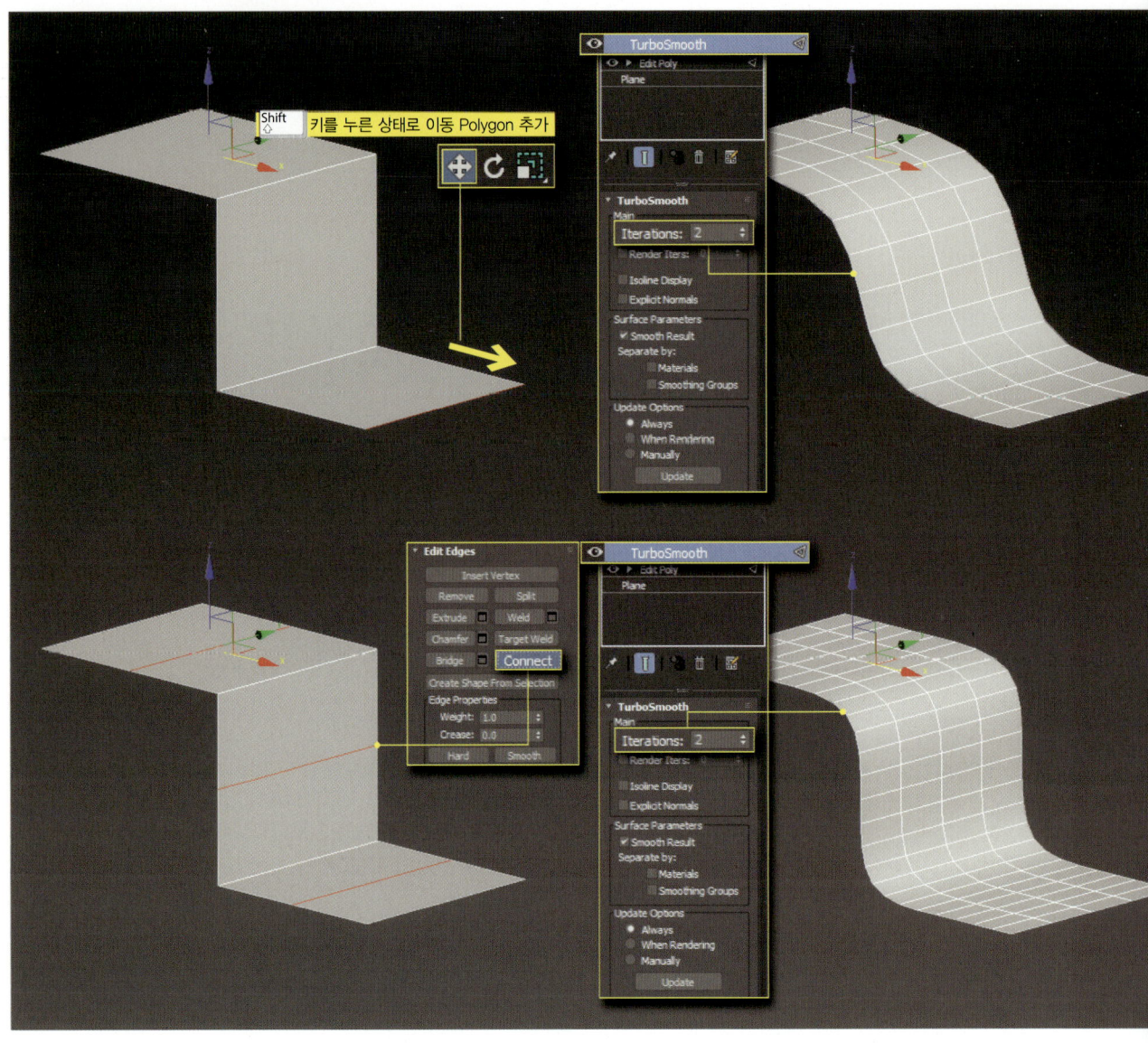

Edge의 간격에 따른 결과를 확인하면서 Object를 변형하는 과정에서 TurboSmooth를 적용하고 결과를 확인하면서 모델링한 Object입니다.

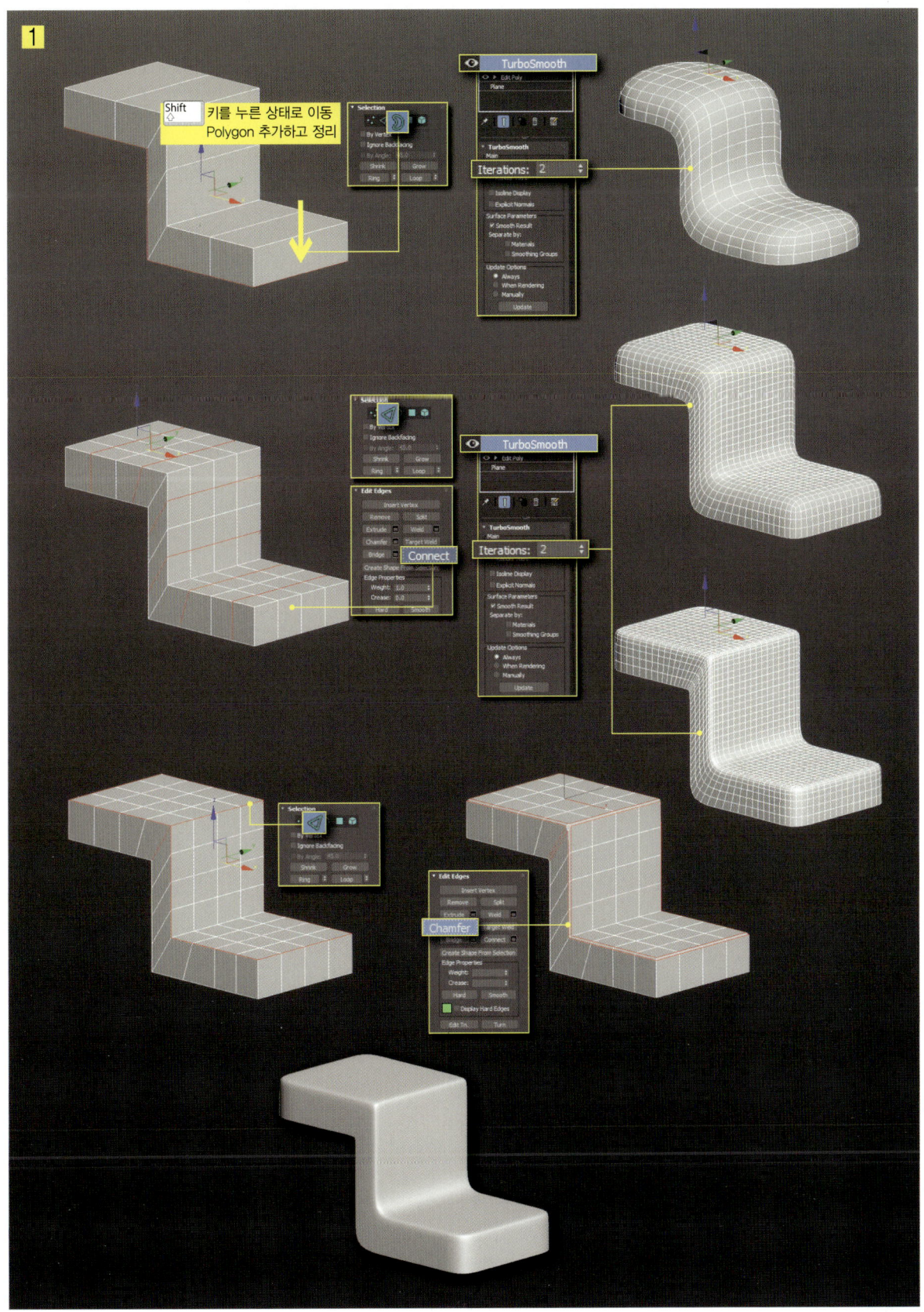

2
Selection
Edit Polygons
Inset
Bevel
Edit Edges
Chamfer
TurboSmooth
Iterations: 2

3
Selection
Edit Polygons
Inset
Bevel
Edit Edges
Chamfer
TurboSmooth
Iterations: 2

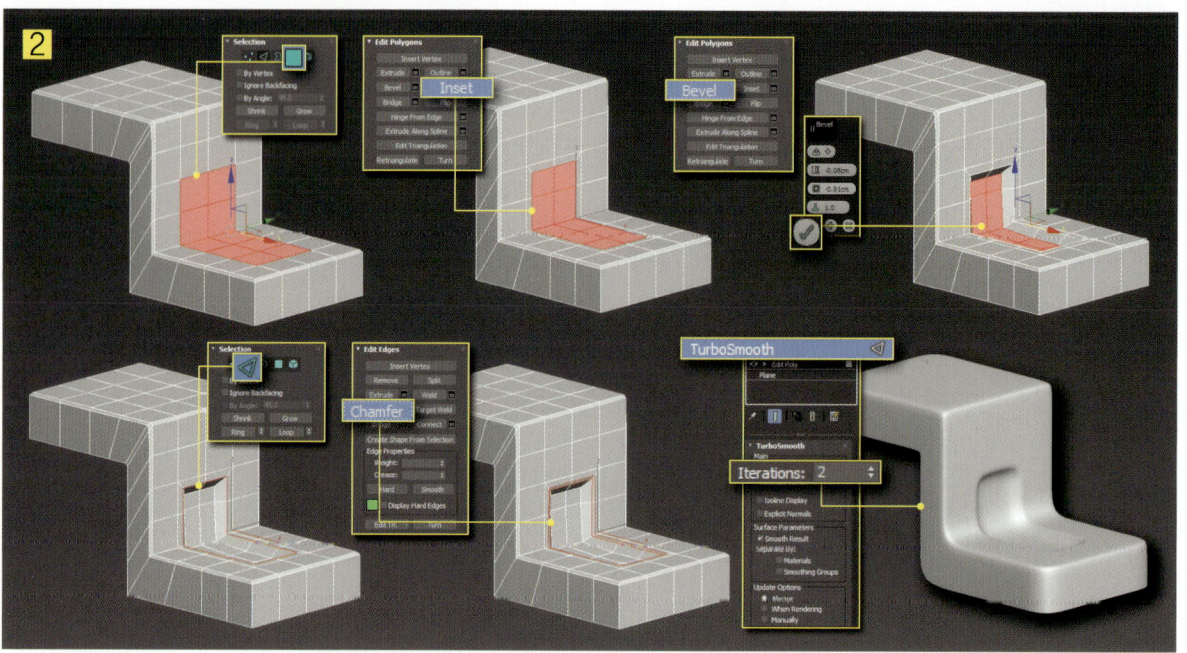

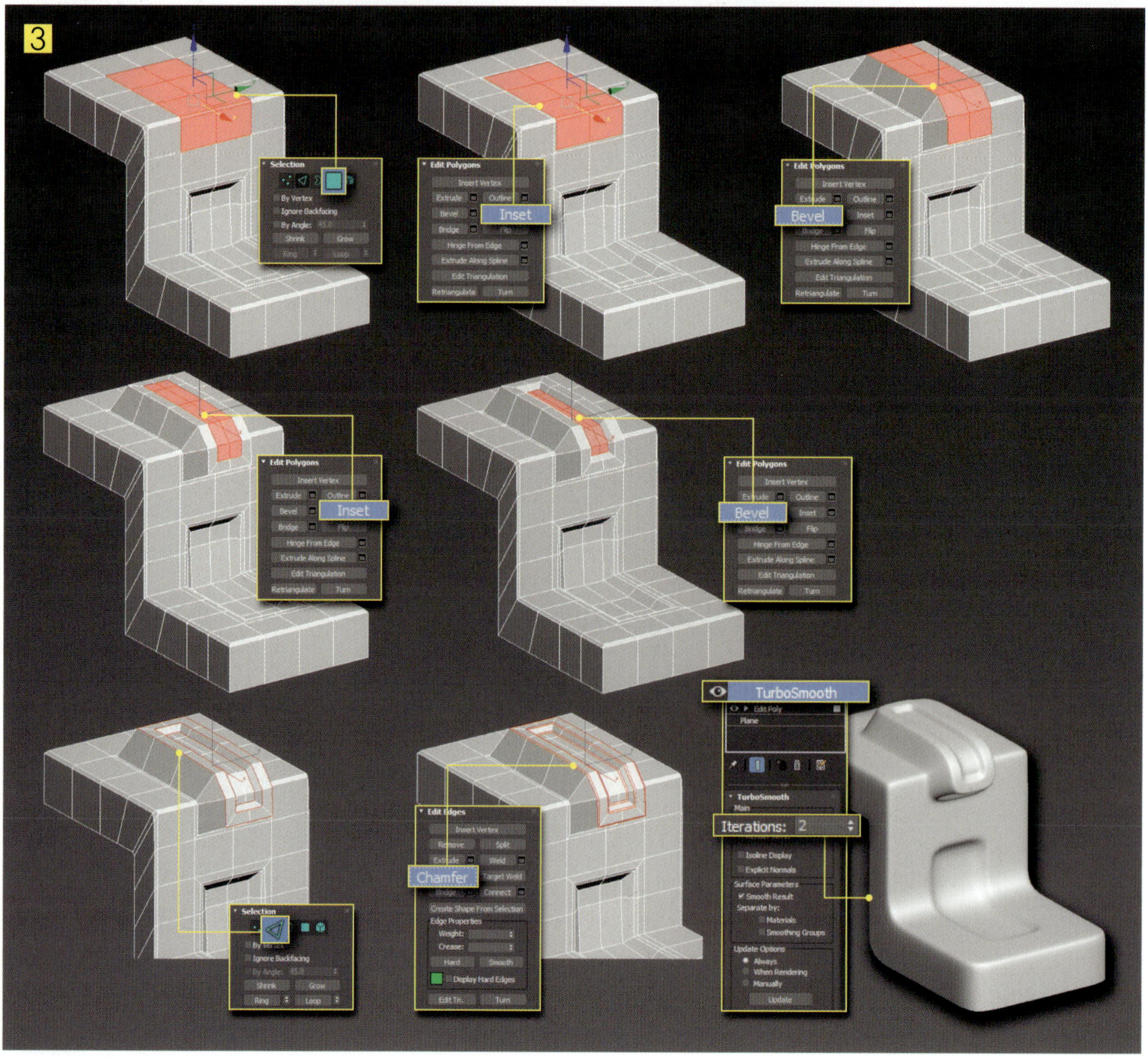

Subdivision을 이해하는 것은 모델링 과정에서 매우 중요합니다. Box를 이용해서 TurboSmooth를 적용하고 Edge 수와 간격의 차이에 따른 결과를 비교하고 차이점을 학인합니다.

Box를 생성하고 Modify ➡ TurboSmooth 적용하고 Iterations의 단계에 따른 결과를 확인합니다.

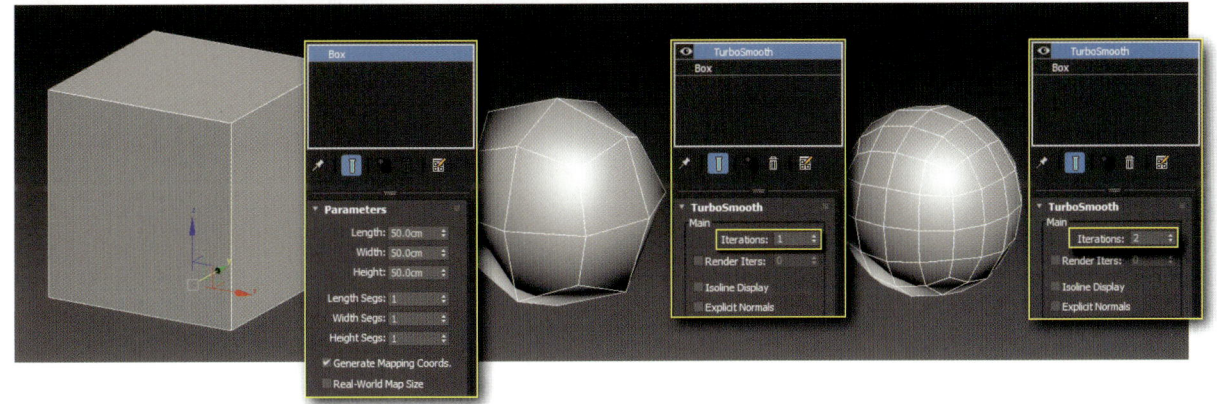

각 Polygon을 4분할하고 Polygon 사이의 단계가 높아질수록 곡면에 가깝게 변형됩니다. Subdivision은 각각의 Polygon을 분할하기 때문에 Polygon의 크기 즉 Edge와 Edge 사이의 간격에 따라 전혀 다른 결과를 보여주고 바로 이것을 이용해서 다양한 스타일의 Object를 제작할 수 있습니다. Edge 구성이 다른 Box에 Modify ➡ TurboSmooth 적용해서 결과를 확인합니다.

Edge 수와 모서리 Edge의 간격에 따른 차이를 이해하는 것이 중요합니다.

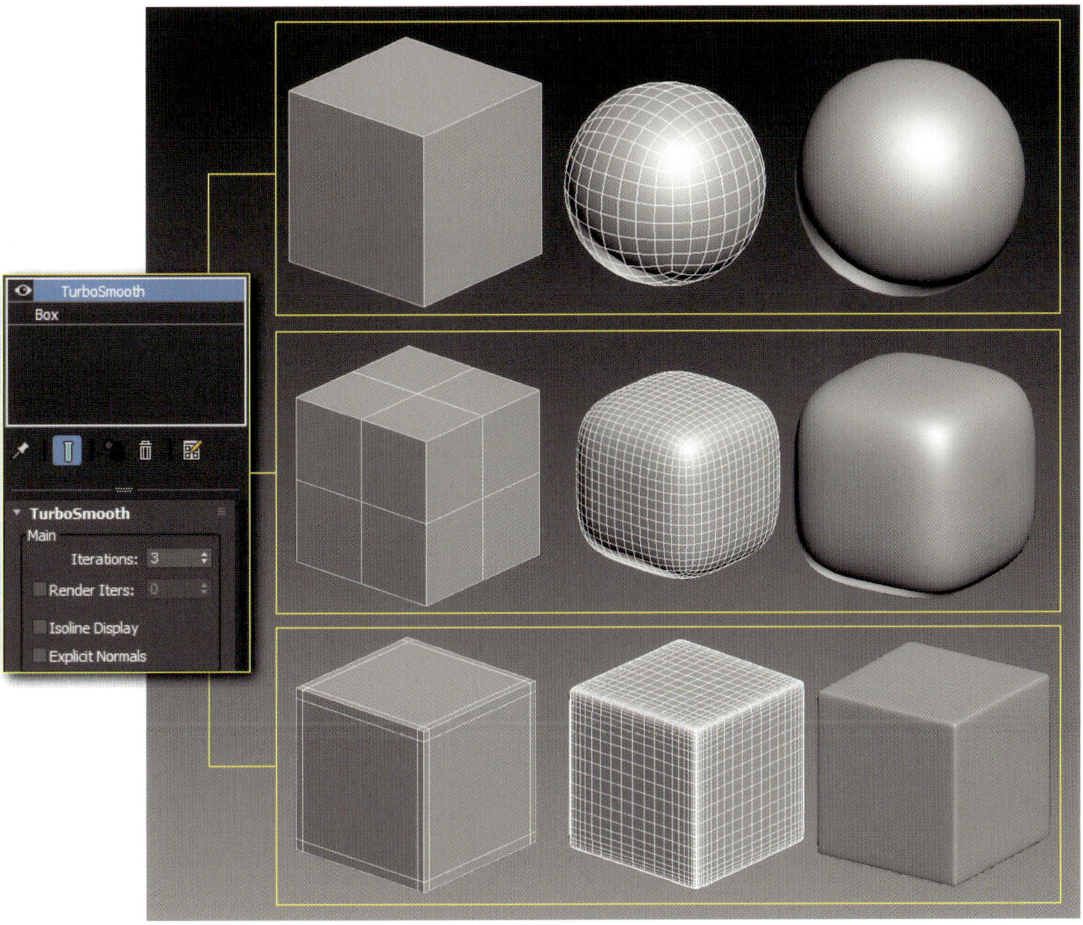

Length Segs 2, Width Segs 2, Height Segs 2인 Box를 만들고 Edge를 추가하고 Polygon을 변형합니다.

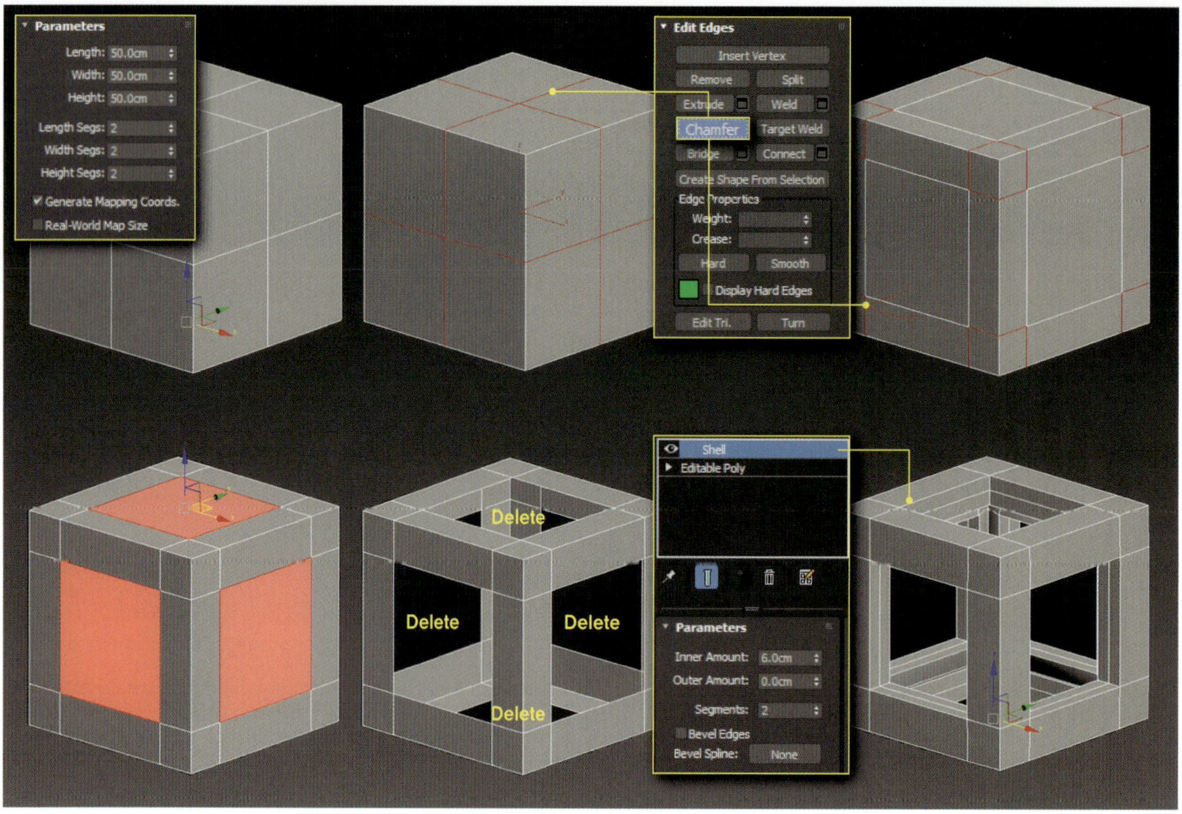

Modify ➜ TurboSmooth 적용해서 결과를 확인합니다.

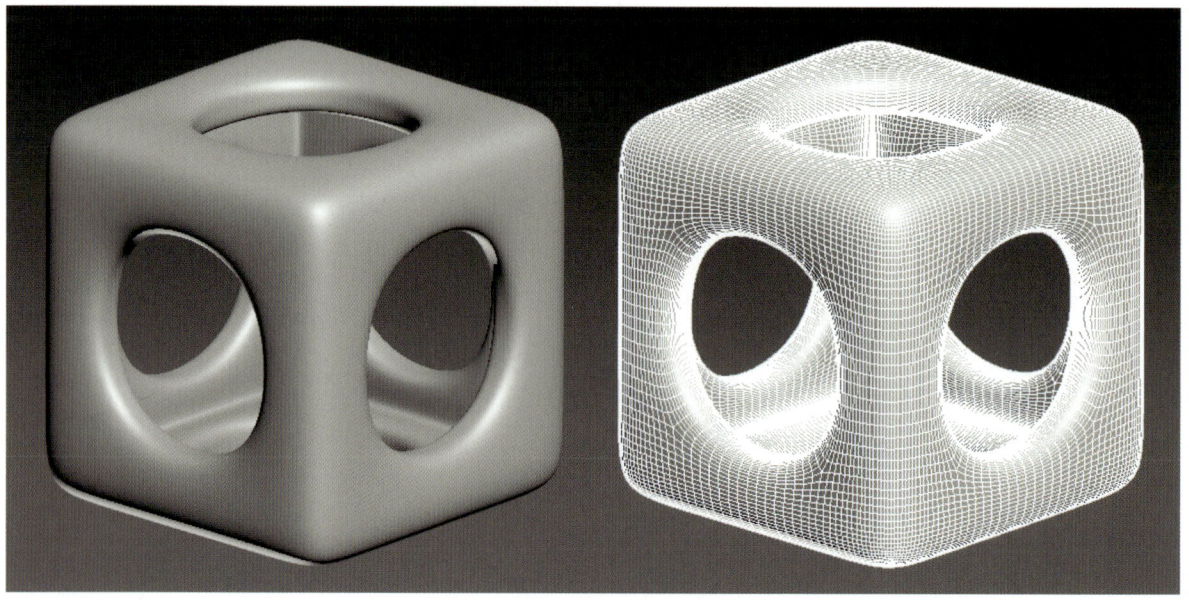

다시 Edge를 추가해서 Edge가 추가된 위치와 간격을 다르게 하고 위치와 간격에 따른 결과를 확인합니다. 바깥쪽 모서리에만 Edge를 추가하고 Modify ➡ TurboSmooth를 적용하면 Edge가 조밀한 바깥 쪽은 날카롭고 Edge를 추가하지 않은 안쪽은 원형을 이루게 됩니다.

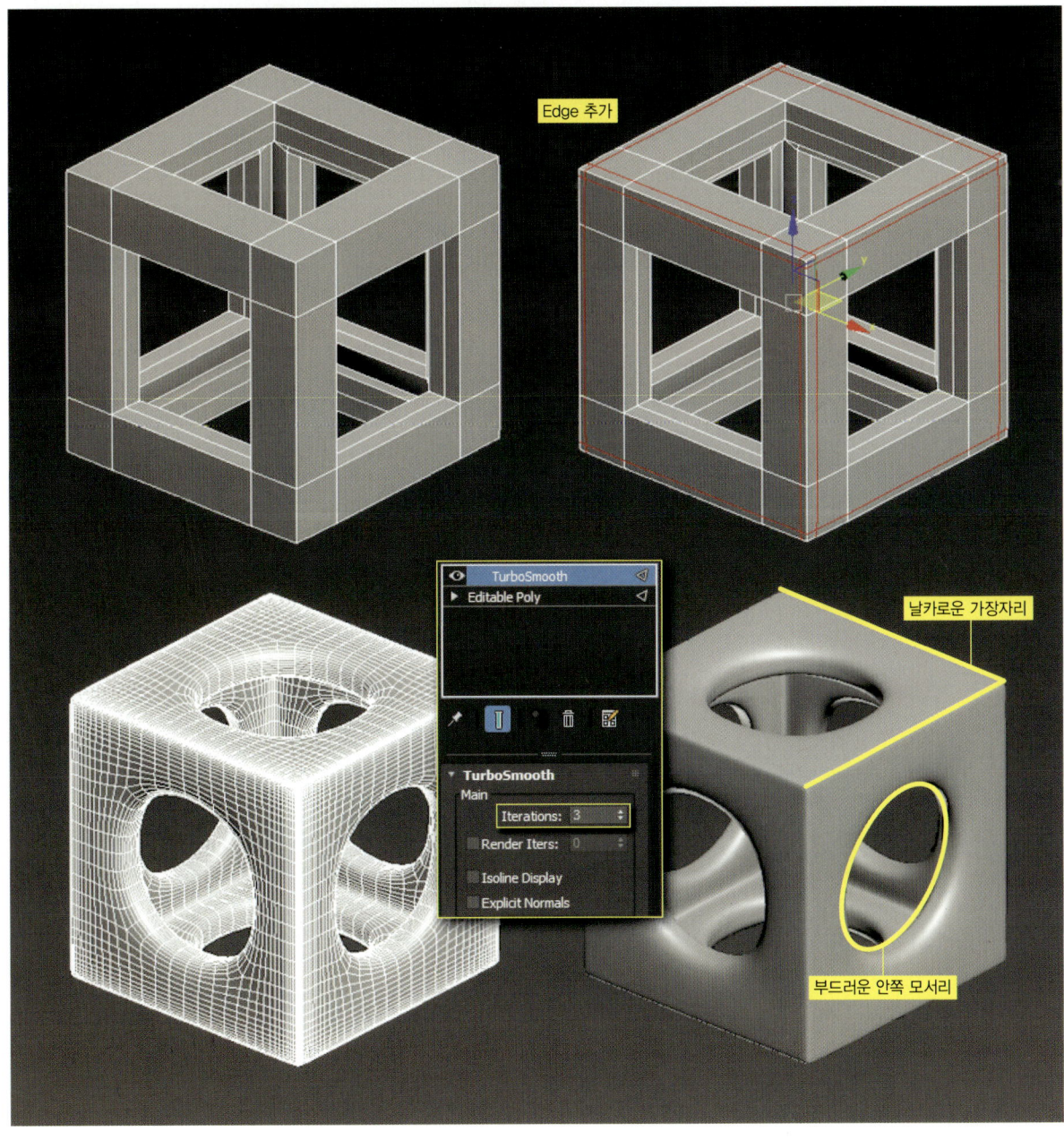

만들어진 Object의 모든 Edge를 선택하고 Chamber로 Edge를 추가한 후에 Modify ➔ TurboSmooth를 적용하면 전체적으로 날카로운 모서리를 가진 Object로 완성됩니다.

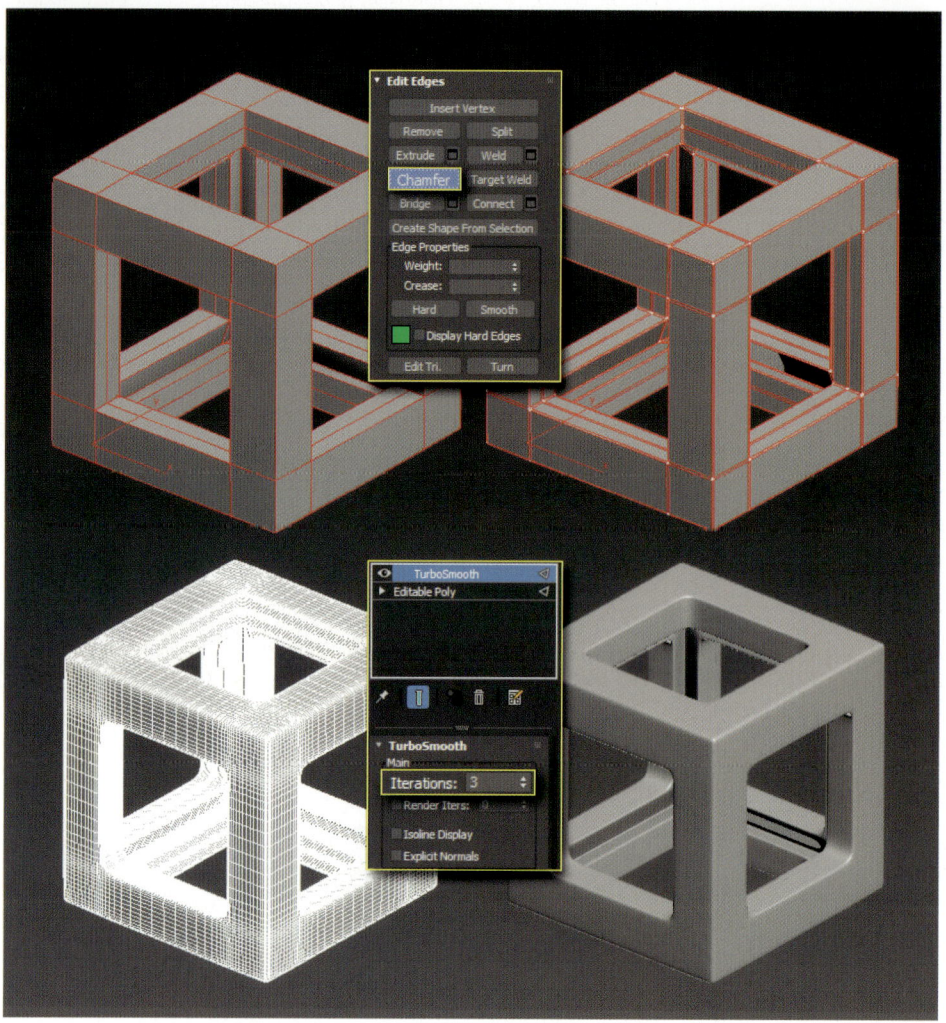

앞서 살펴본 것 같이 스타일을 결정하는 가장 중요한 요소 중 하나가 바로 Edge의 간격과 Edge의 연결 관계라고 할 수 있습니다. 다시 말해서 원하는 결과에 맞게 Edge 구성과 간격을 유의하면서 작업해야 하고 TurboSmooth를 적용했을 때 모양을 예측하고 확인하면서 작업을 진행해야 합니다.

Symmetry

좌우 대칭인 Object를 제작할 경우 좌우를 똑같이 모델링하는 것은 쉬운 일이 아닙니다.

자동차, 비행기, 동물, 사람 등과 같은 수많은 캐릭터는 Object가 좌우 대칭으로 이루어져 있습니다. 절반만 제작하면 반대편을 똑같이 복사해서 완성할 수 있어 매우 효율적이고 다양한 패턴을 가진 모델링도 가능합니다.

Teapot를 생성하고 Modify ➡ Symmetry를 적용하면 설정한 축에 대칭으로 복사되어 변형합니다. 기본 설정은 기준점의 오른쪽이 왼쪽으로 복사됩니다. Object의 가진 Local 축을 기준으로 변형됩니다.

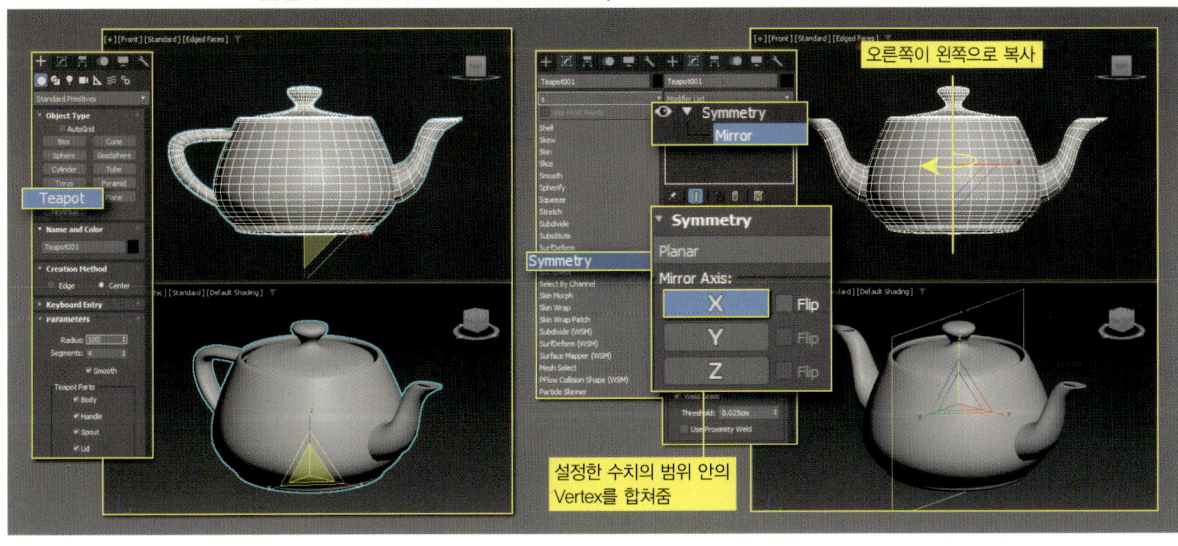

Flip을 체크하면 반전되어 복사됩니다. Weld Seam의 Threshold에 적용된 숫자만큼의 거리에 있는 Vertex를 하나로 합칩니다.

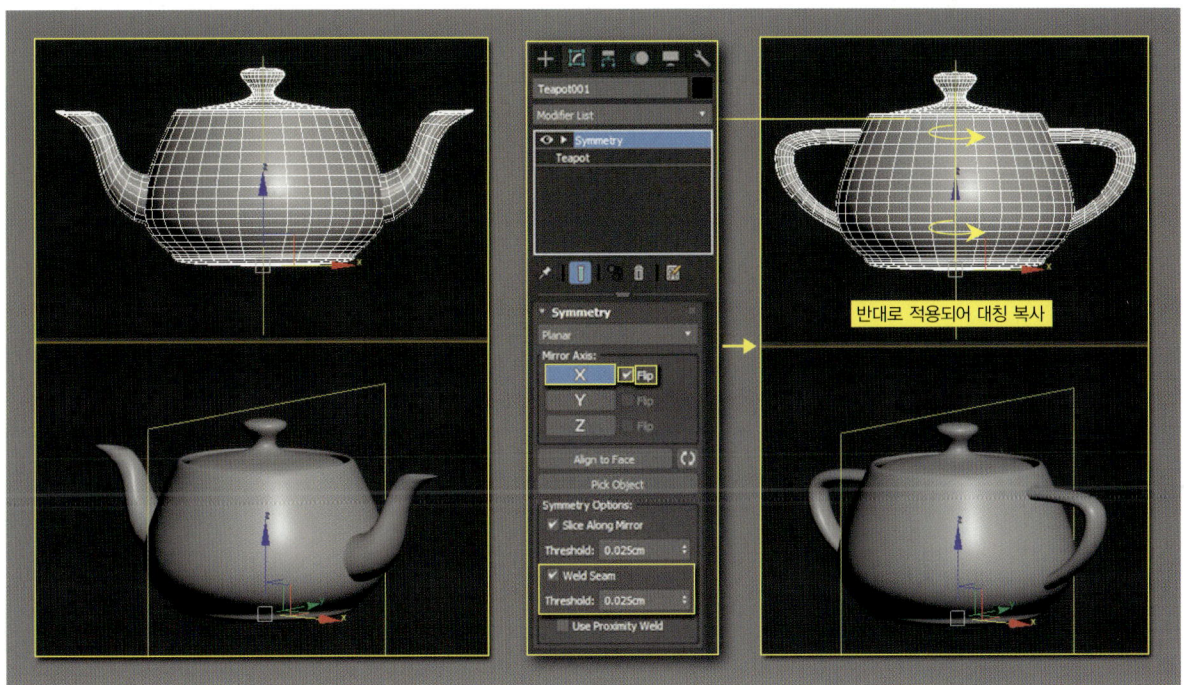

다음 이미지는 X, Y, Z축을 모두 활성화한 결과입니다.

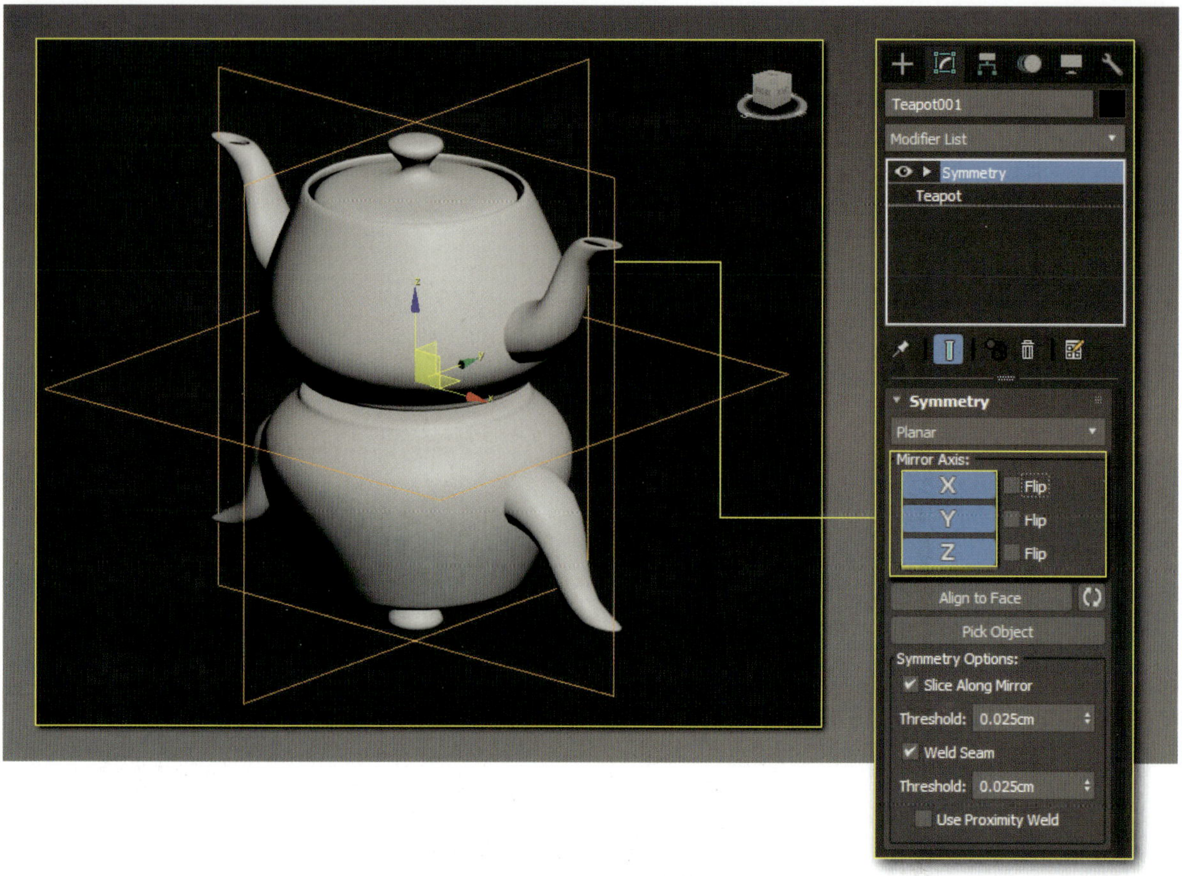

대칭 복사는 Symmetry의 하위에 있는 Mirror를 기준으로 이루어집니다. Mirror의 위치를 이동하거나 회전하면, 항상 Mirror의 정확히 반대편으로 객체가 대칭되어 복사되고 변형됩니다.

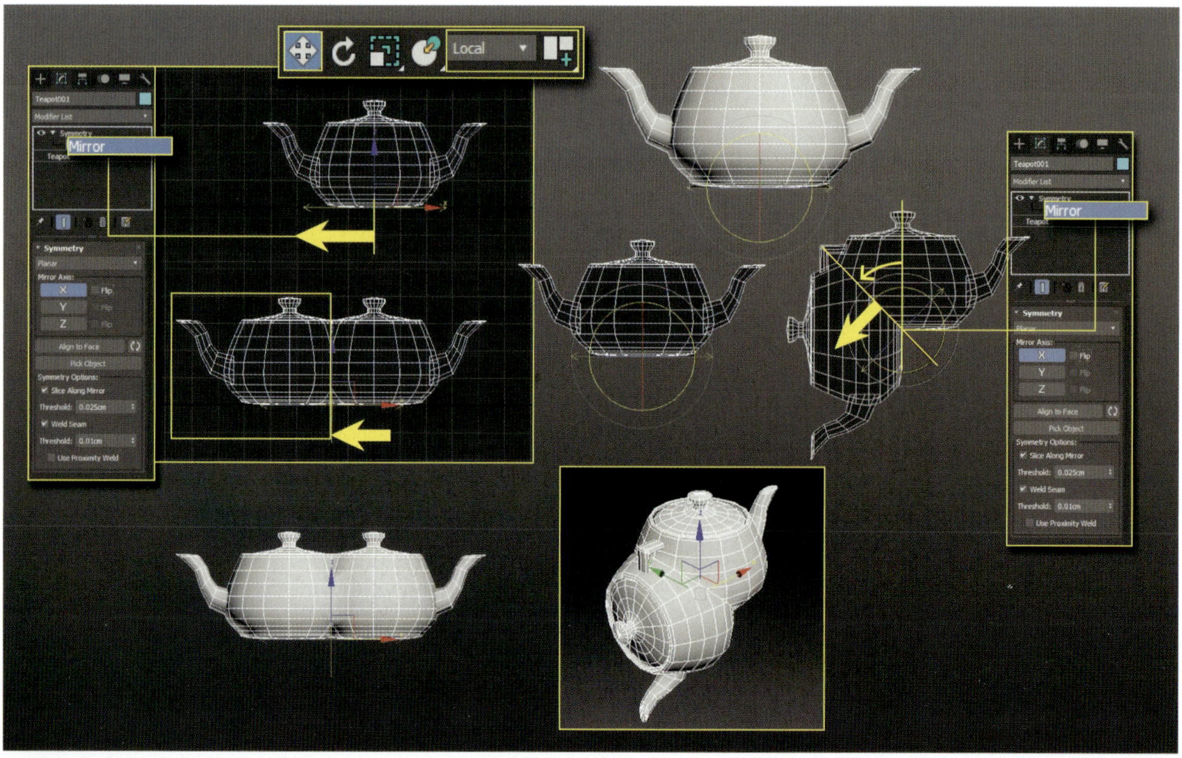

Symmetry의 Mirror Axis에서 X, Y, Z를 모두 활성화하고 Mirror를 이동하면, Mirror를 기준으로 객체가 대칭 복사됩니다.

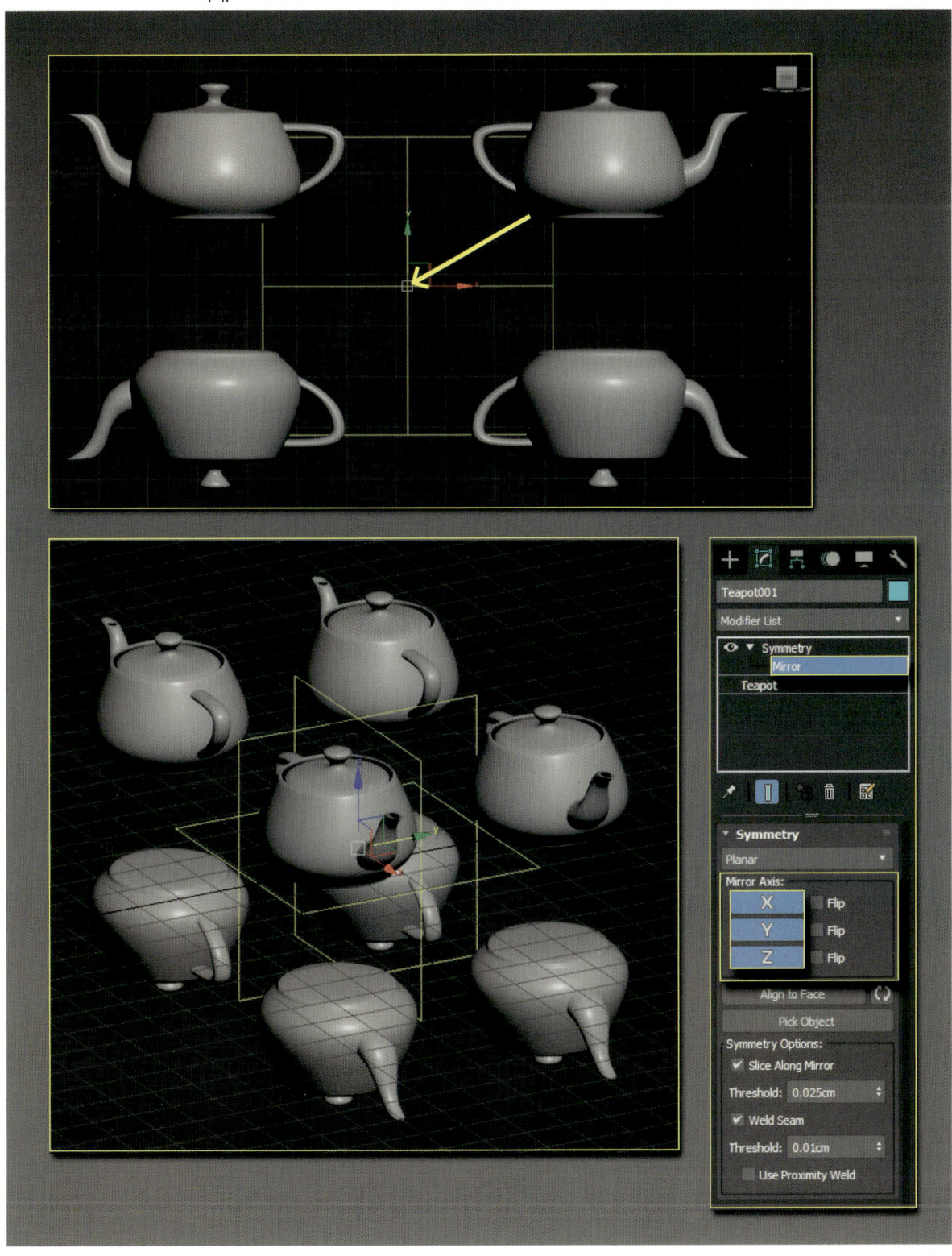

Align to Face는 선택한 Object의 표면을 기준으로 Symmetry를 적용합니다. Pick Object는 추가로 생성한 다른 Object를 기준으로 Symmetry를 적용합니다.

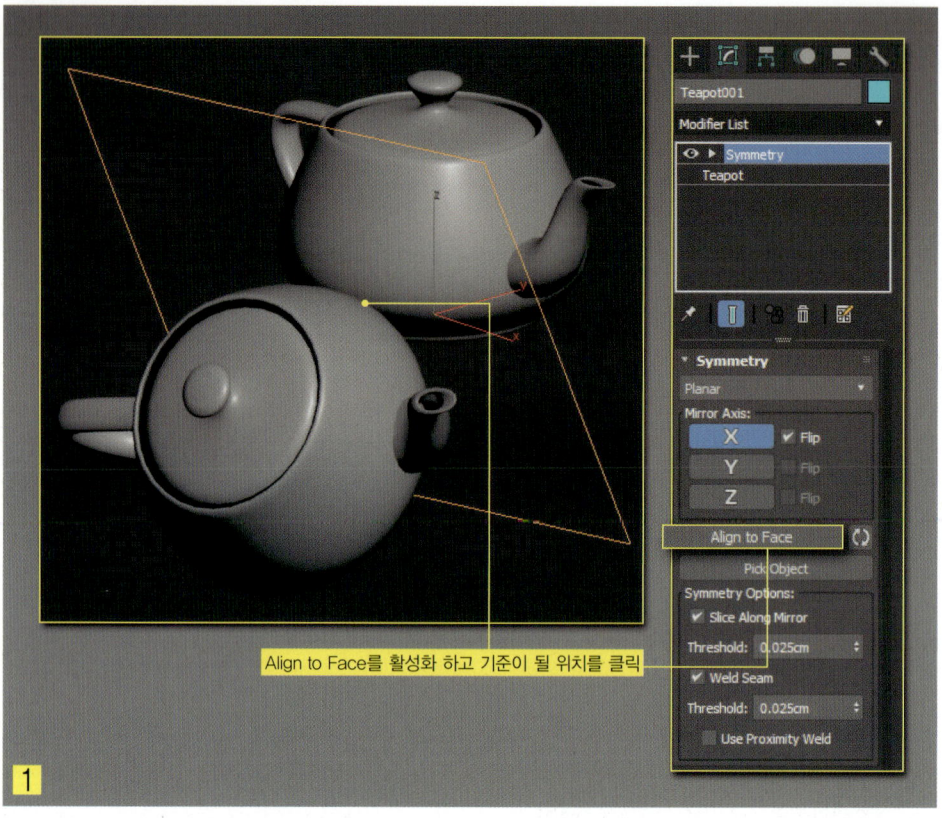

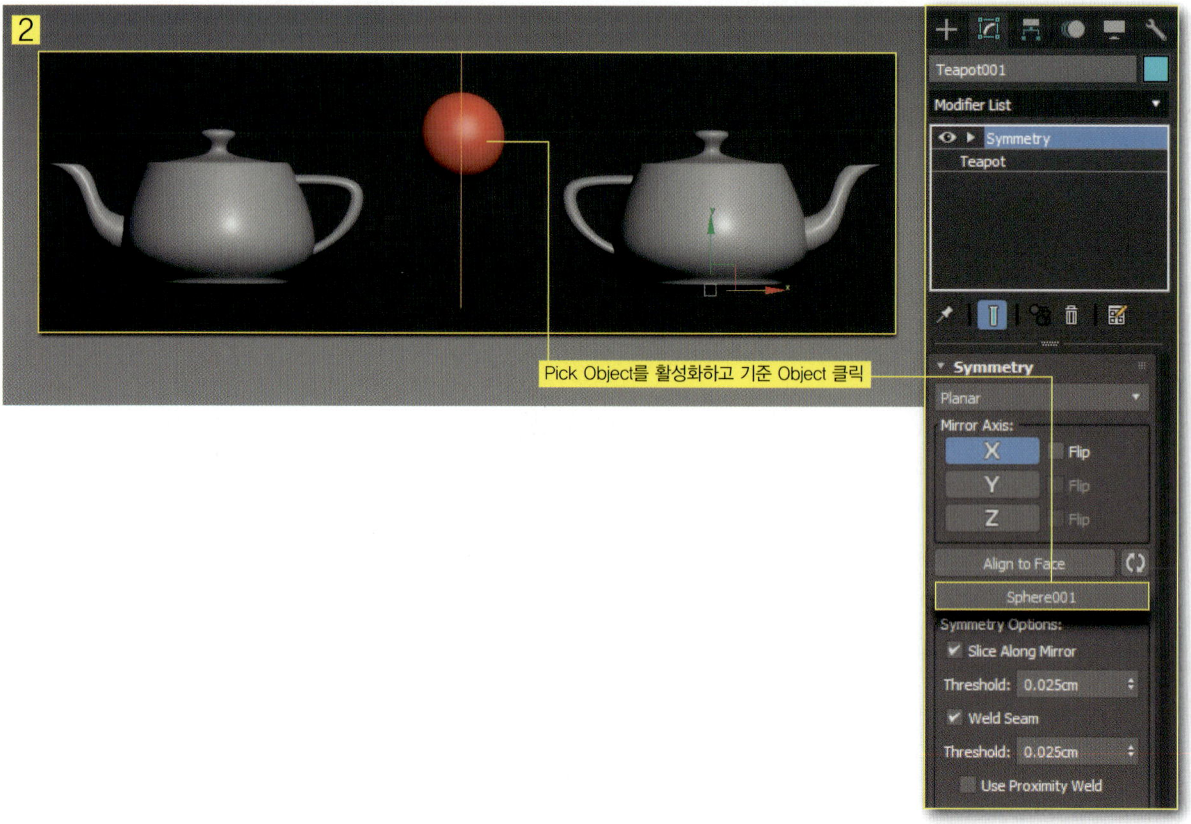

Symmetry 기능을 Planar에서 Radial로 변경하면, Mirror를 기준으로 Count에 입력한 숫자만큼 Object를 회전 복사합니다.

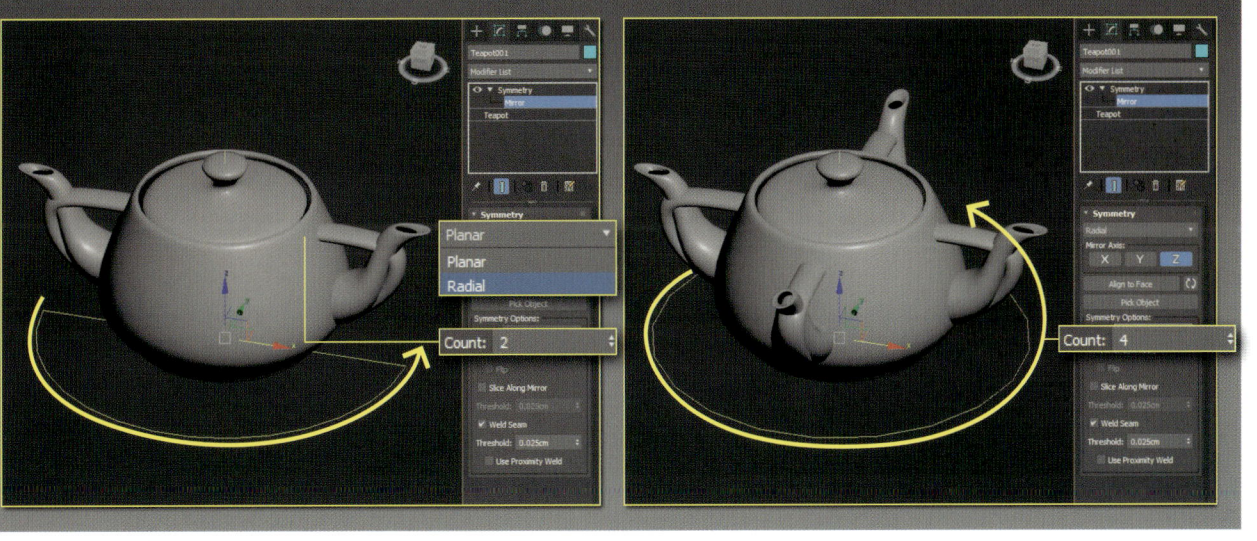

Symmetry Options → Slice Along Mirror를 활성화하면 복사된 Object를 Radial Mirror 기준으로 잘라냅니다.

Symmetry ➡ Radial Mirror를 이동하면 이동된 위치를 기준으로 Object가 회전 복사됩니다.

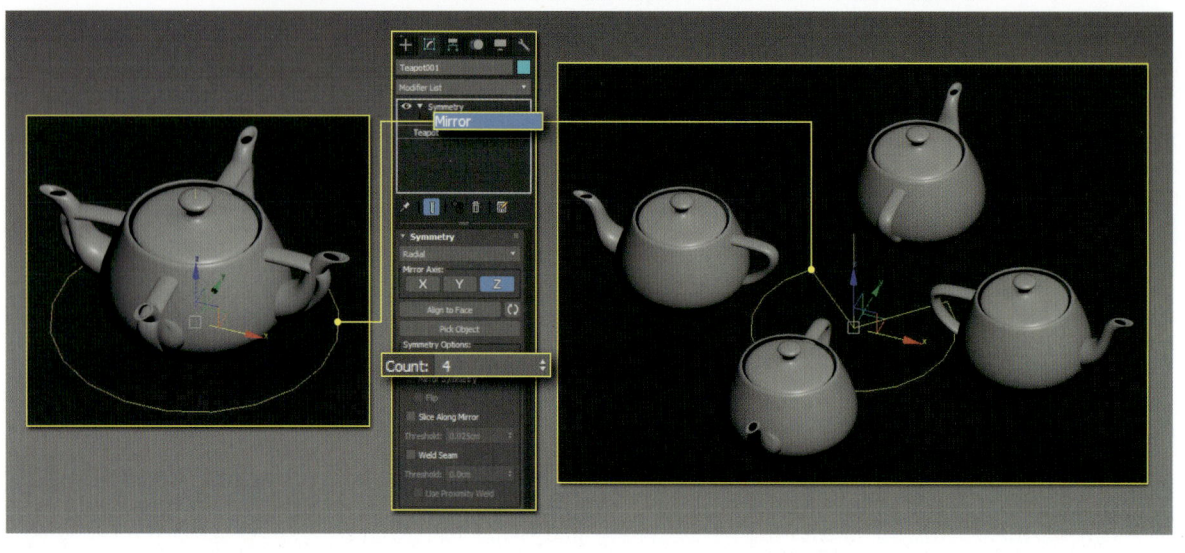

다음 그림은 Symmetry의 Count에 7을 입력하고 회전 축을 변경하여 얻은 결과입니다.

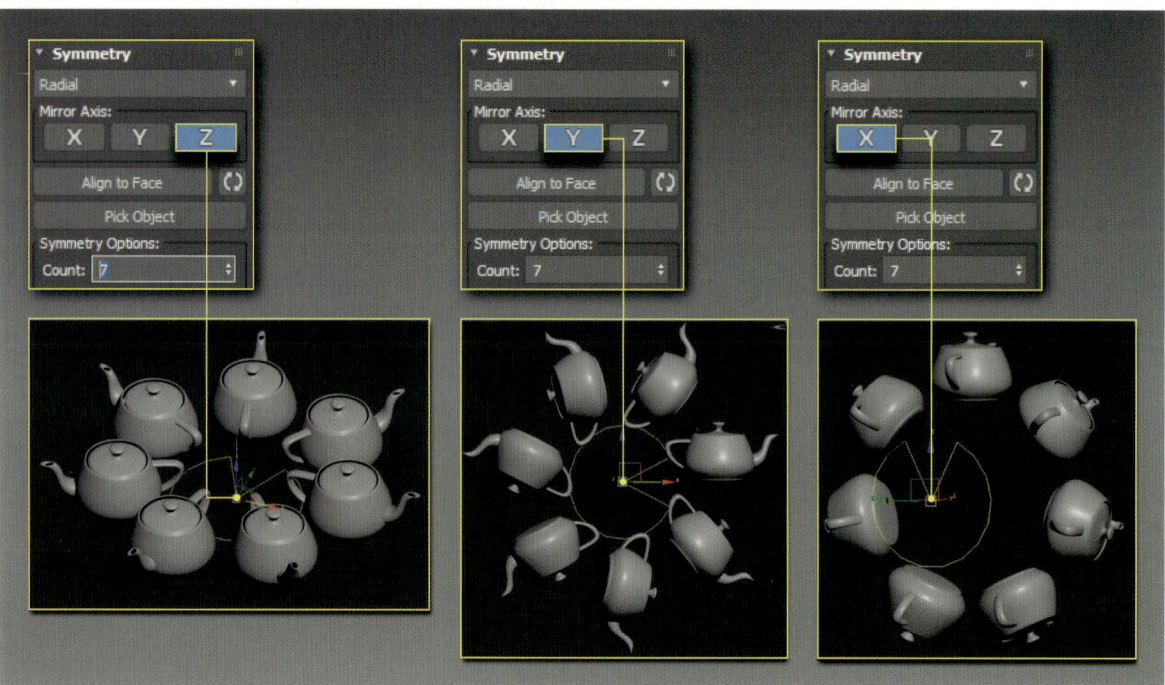

다양한 Modifier를 이용한 예제

지금까지 학습한 기능을 이용해서 간단한 기둥을 제작하는 과정입니다.

Chapter 01 | 3D 모델링 기초 I

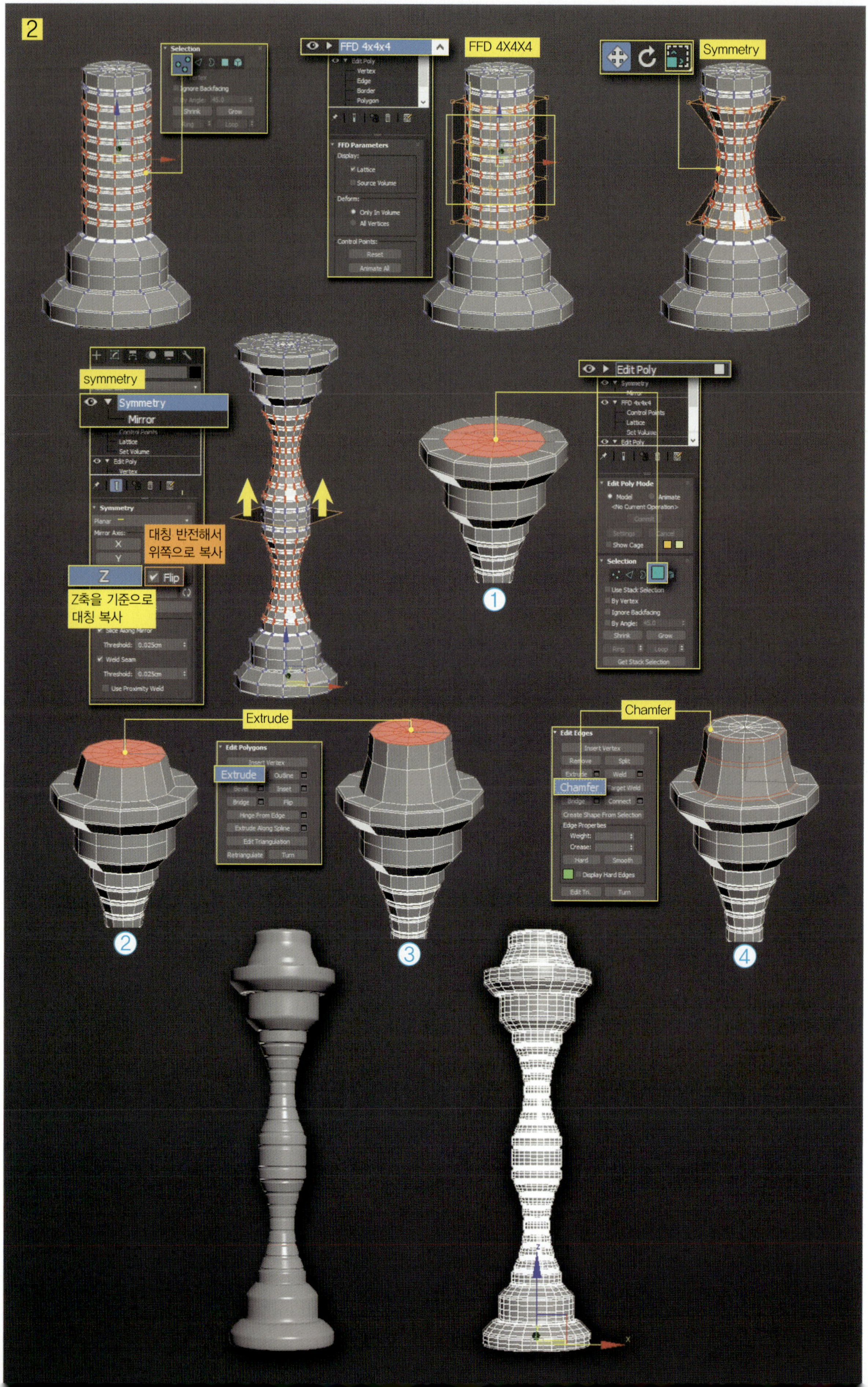
2
Selection
FFD 4x4x4
FFD 4X4X4
Symmetry
symmetry
Symmetry
Mirror
대칭 반전해서
위쪽으로 복사
Z
Flip
Z축을 기준으로
대칭 복사
Edit Poly
①
Extrude
Edit Polygons
Extrude
Chamfer
Edit Edges
Chamfer
②
③
④

Modifier의 Taper, Bend, Twist를 적용하고 Edit Poly를 이용해서 기둥을 만들었습니다.

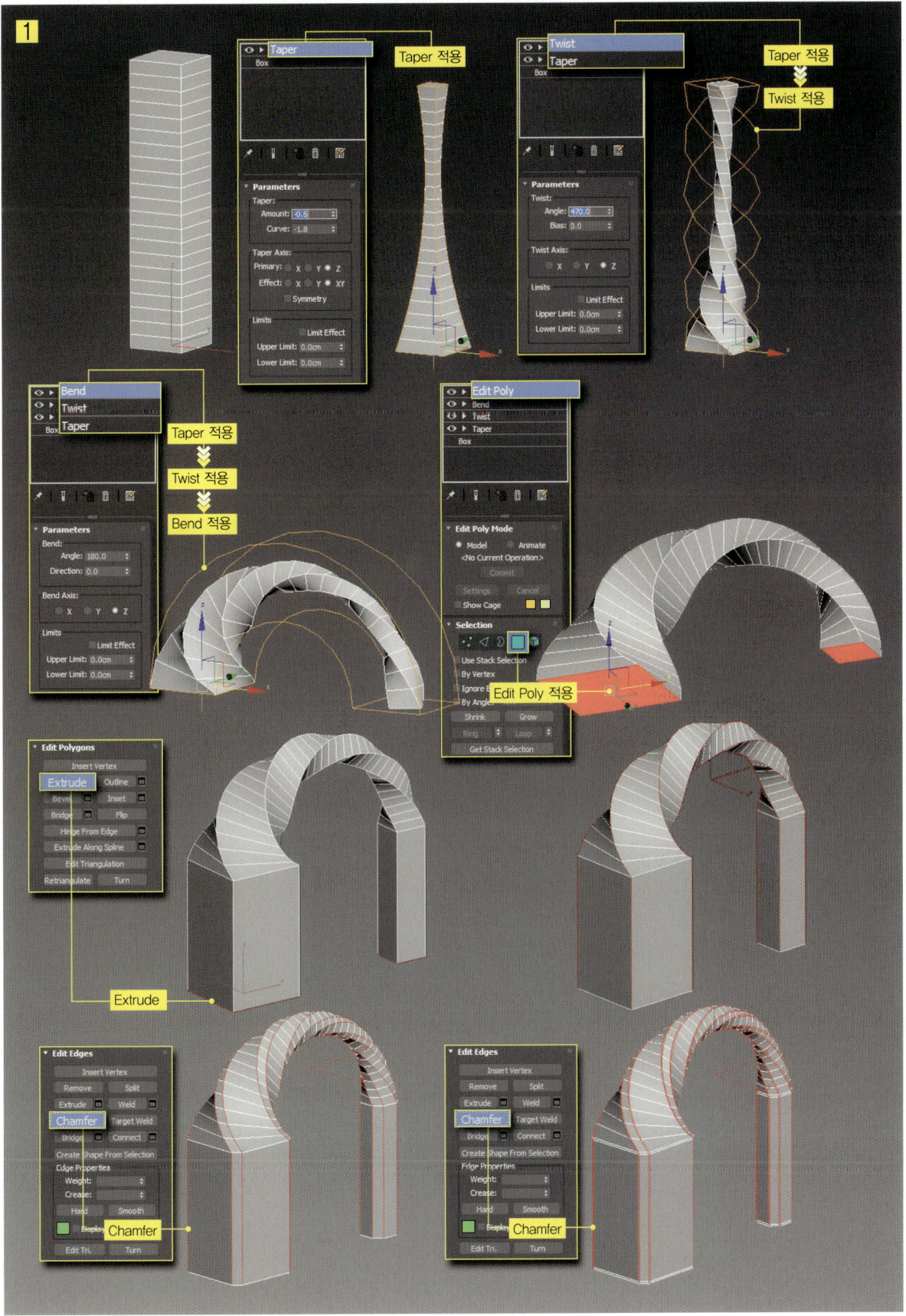

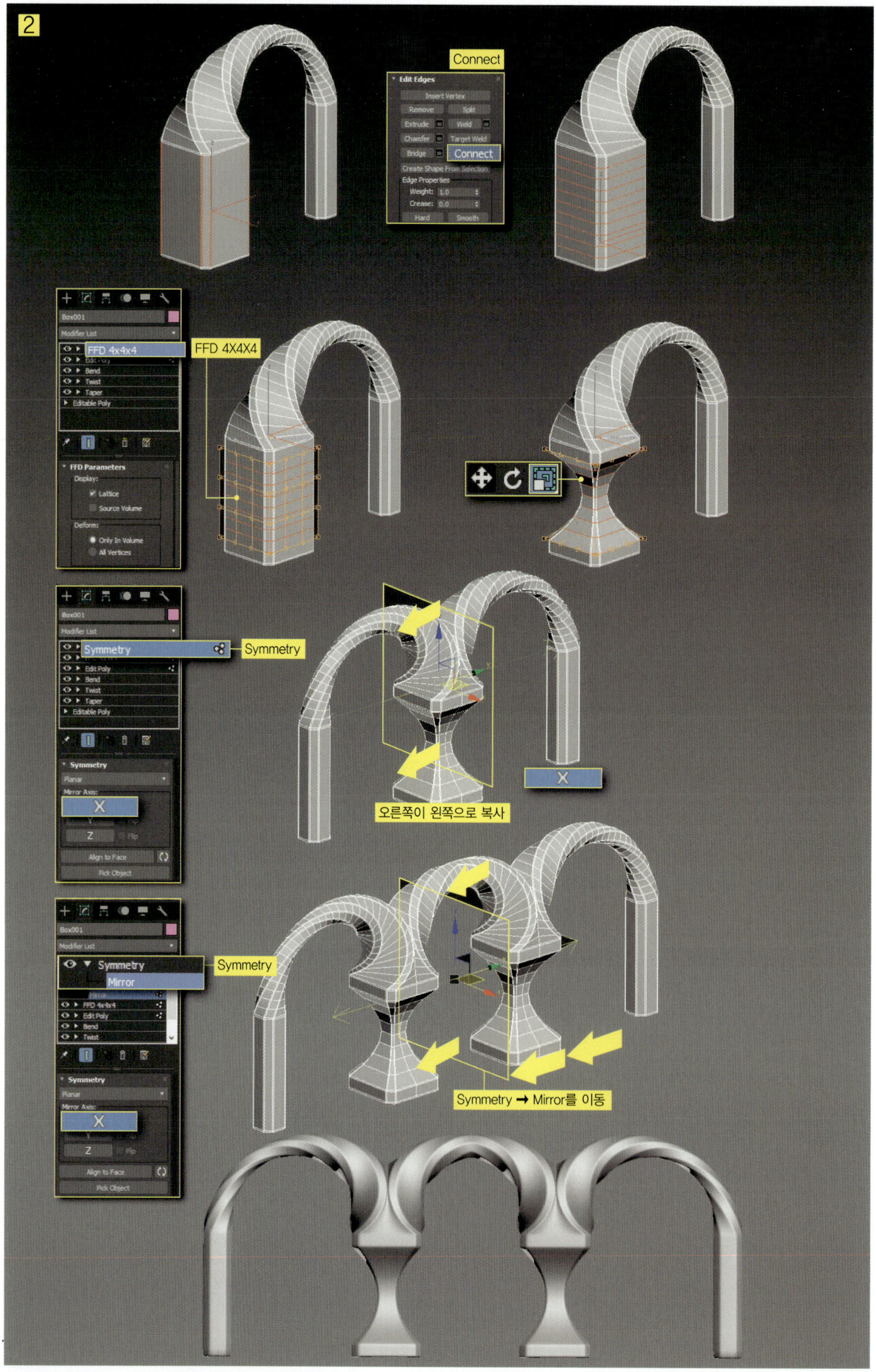
2
Connect
Edit Edges
Insert Vertex
Remove
Split
Extrude
Weld
Chamfer
Target Weld
Bridge
Connect
FFD 4x4x4
FFD 4X4X4
FFD Parameters
Symmetry
Symmetry
X
X
오른쪽이 왼쪽으로 복사
Symmetry
Mirror
Symmetry
Symmetry → Mirror를 이동

지금까지 3D 입문자가 반드시 익숙해져야 하는 UI와 화면 Navigation, 그리고 모델링의 기초가 되는 Vertex, Edge, Polygon의 변형 방법에 대해 학습했습니다.

챕터 1의 내용을 숙지했다면 이제 좀 더 복잡한 형태도 스스로 해결할 수 있는 준비가 된 것입니다.

챕터 2에서는 Spline을 이용한 모델링과 Ribbon Tool을 활용하는 방법에 대해 학습하게 됩니다. 하지만 챕터 1에서 학습한 내용만으로도 대부분의 기본적인 모델링을 수행할 수 있습니다.

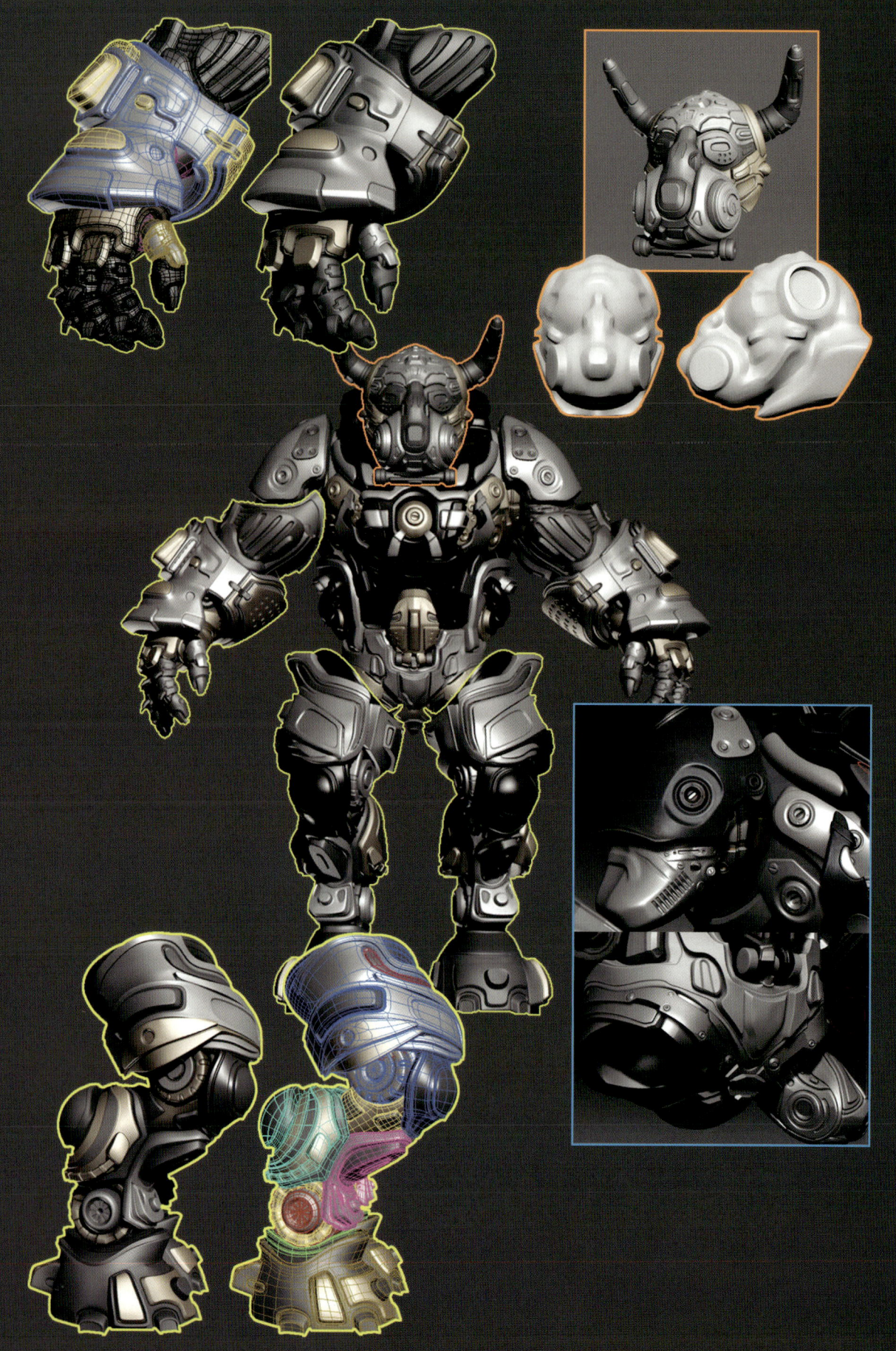

CHAPTER 02

3D 모델링 기초 II

02

CHAPTER 2

BRIEF INTRODUCTION

이번 챕터에서는 도자기나 나무 등 Editable Poly로 작업하기 어려운 형태를 Spline을 이용해 모델링하는 방법을 학습합니다.

Spline을 편집하고 다양한 Modifier를 적용해서 Polygon으로 변환하거나 Loft를 이용해서 Spline을 Object의 단면으로 활용해서 변형하는 과정을 이해합니다.

Ribbon Tool의 기능을 이용해서 Vertex, Edge, Polygon을 효과적으로 선택하고 변형하는 방법을 학습합니다.

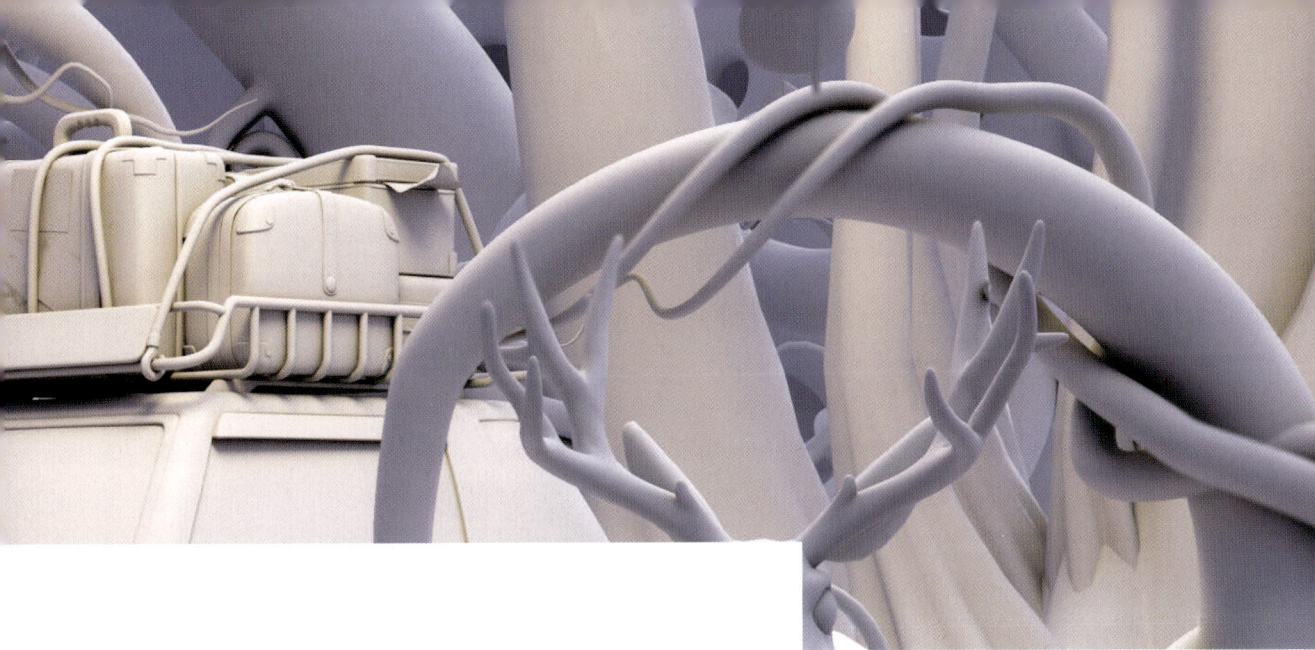

SECTION 01

Spline 생성하고 편집하기

복잡한 형태의 평면이나 항아리, 촛대 등과 같은 Object는 Line을 이용해서 먼저 단면을 만들고 이를 이용하면 빠르게 모델링할 수 있습니다. 다양한 Spline을 생성해보고 Editable Spline으로 변경하고 편집하는 방법을 학습합니다. 편집한 Editable Spline에 Modifier를 적용해서 두께를 가진 Object로 변형하는 과정을 알아봅니다.

Spline을 이용해서 물체의 단면을 만들고 그 단면에 두께를 주는 과정입니다.

Create ➡ Spline Tap에서 Line을 선택하고 Viewport를 연속해서 클릭하면 Line이 생성되고 클릭한 상태로 드래그하면 직선이 곡선으로 바뀌며 다시 클릭해서 연결해 나갑니다. 처음 클릭한 Vertex를 클릭하면 닫힌 Line으로 완성됩니다.

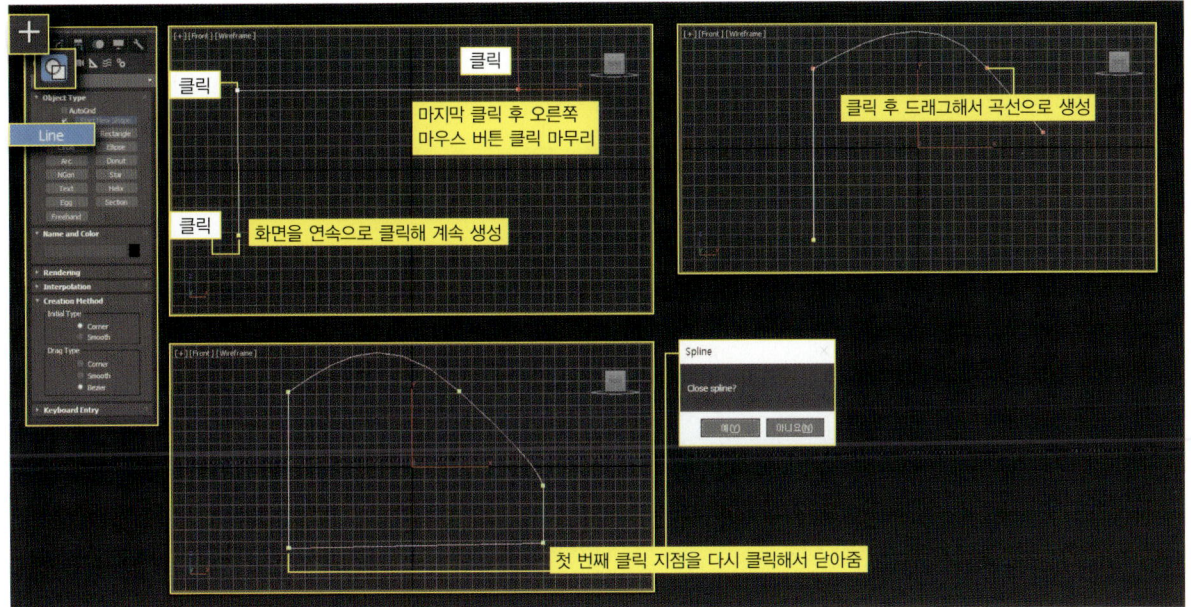

동일한 과정을 [Shift] 키를 누른 상태로 진행하면 연속해서 완전한 직선으로 된 Line을 생성할 수 있습니다. 또한 3ds Max 화면 상단 Main Toolbar에서 Snaps Toggle을 활성화하고 Grid Point를 체크하면 Grid에 정확하게 맞추어 Line을 생성할 수 있습니다(단축키 [S]).

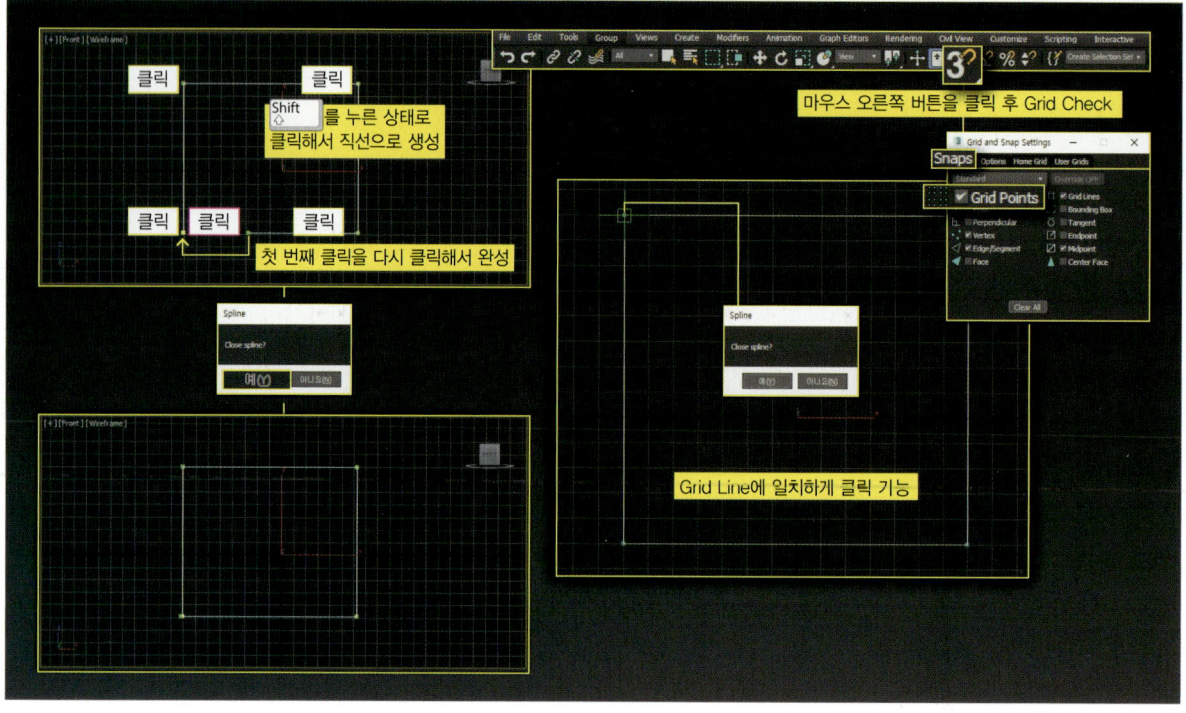

Line이 생성된 상태에서 마우스 오른쪽 버튼을 클릭하고 Convert to Editable Spline을 클릭해서 Editable Poly와 같은 편집 가능한 Spline으로 변환할 수 있습니다.

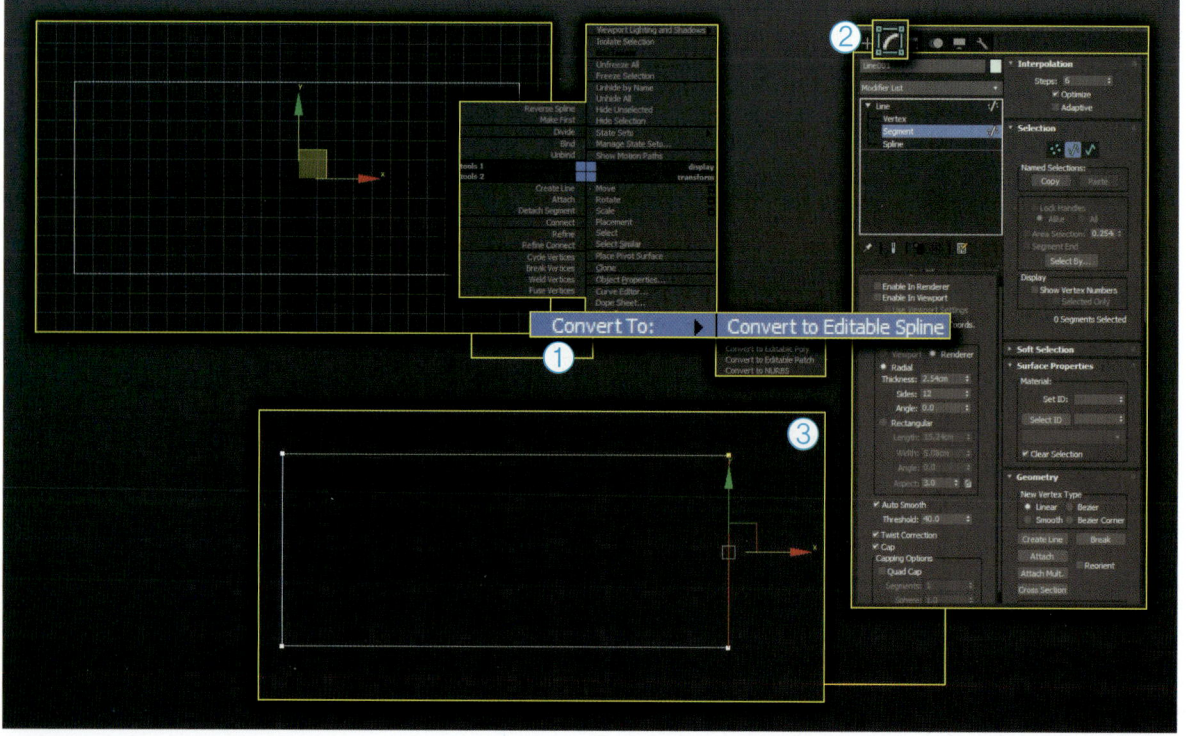

Editable Spline은 Vertex와 Segment로 이루어져 있고 독립된 Segment 전체를 하나의 Spline으로 선택할 수 있습니다. 선택한 Vertex, Segment, Spline은 선택 모드에서 선택하고 Delete 키를 눌러 삭제할 수 있습니다.

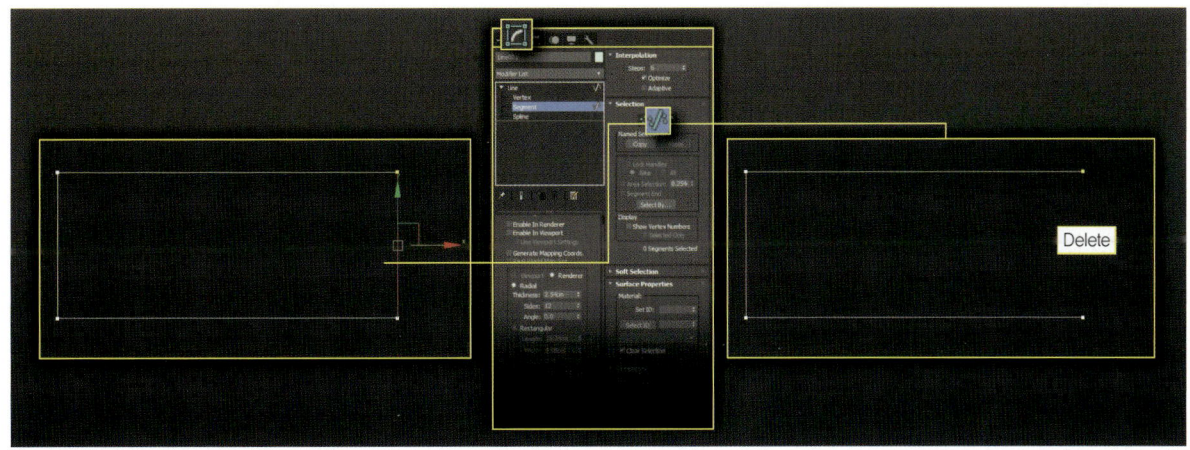

열려 있는 Spline은 Connect를 이용해서 연결할 수 있습니다. Connect 버튼을 클릭하고 연결할 두 개의 Vertex를 클릭하면 Segment를 생성합니다.

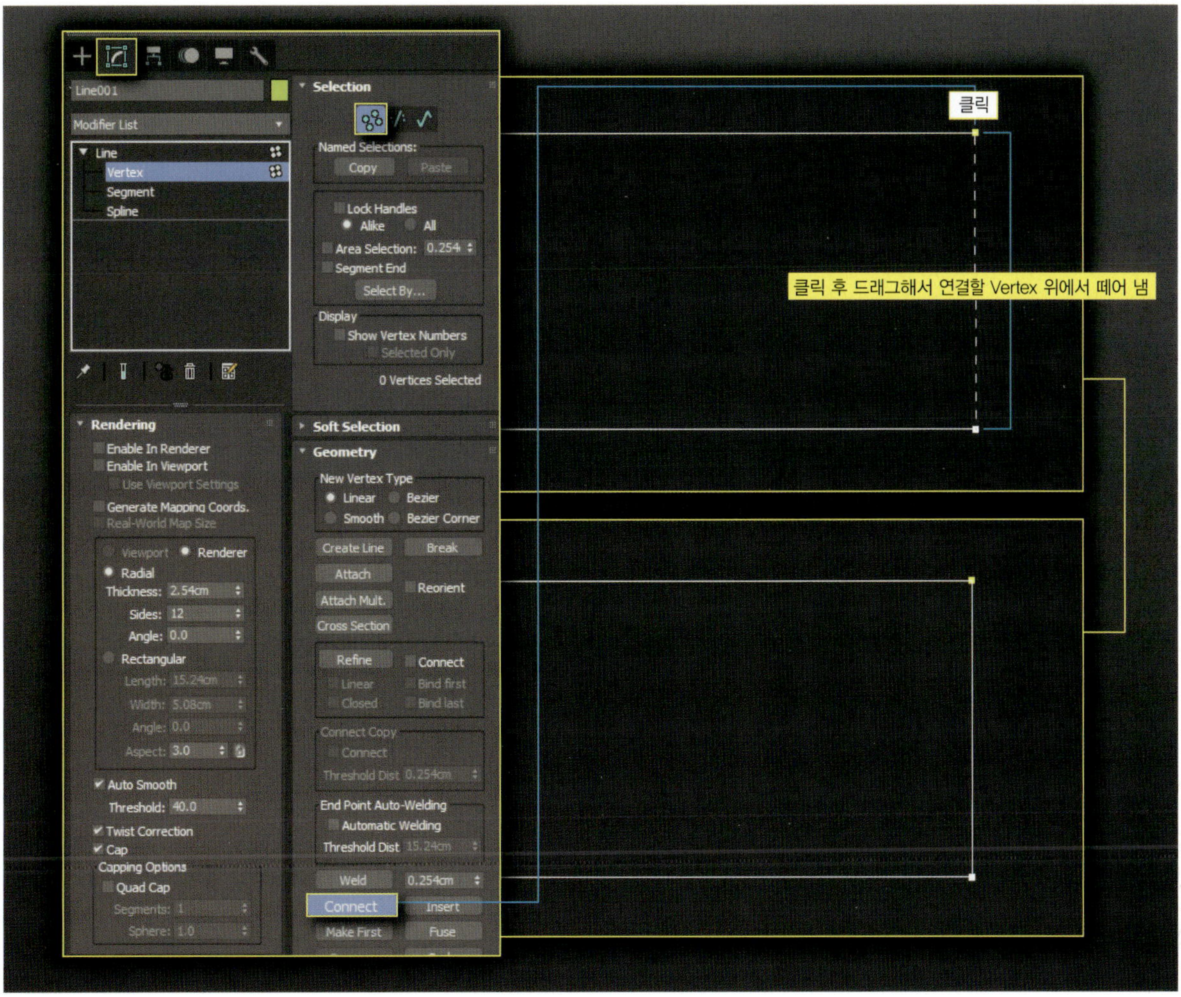

Refine을 클릭하고 Segment를 클릭하면 Vertex가 추가됩니다. Refine은 Spline 위에 클릭한 곳에 Vertex를 추가합니다. 반면, Insert는 Spline을 클릭한 곳에 Vertex를 추가하고 새로운 Segment를 만듭니다. Insert 사용 시 연속으로 새로운 Vertex와 Segment 생성이 가능합니다.

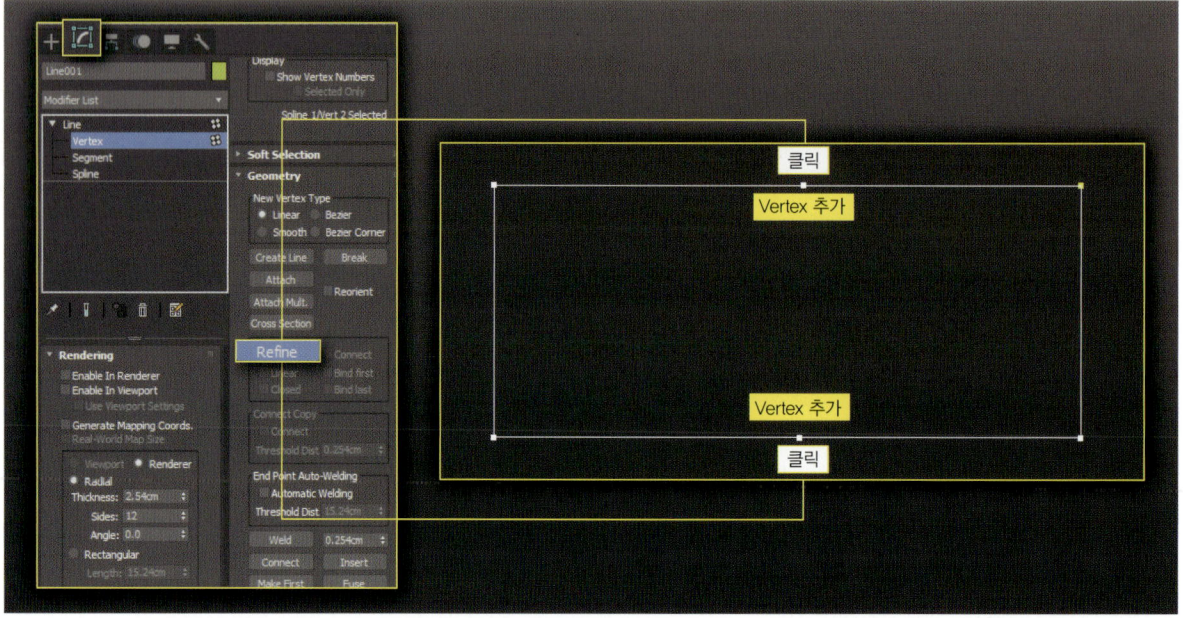

Vertex를 선택하고 Fillet 수치를 조절하거나 Fillet 버튼을 클릭하고 Vertex를 클릭 앤 드래그하면 모서리를 부드럽게 분리합니다. 또한 Vertex를 선택하고 Chamfer의 수치를 조절하거나 Chamfer 버튼을 클릭하고 Vertex를 클릭 앤 드래그하면 모서리를 부드럽게 Vertex를 분리합니다.

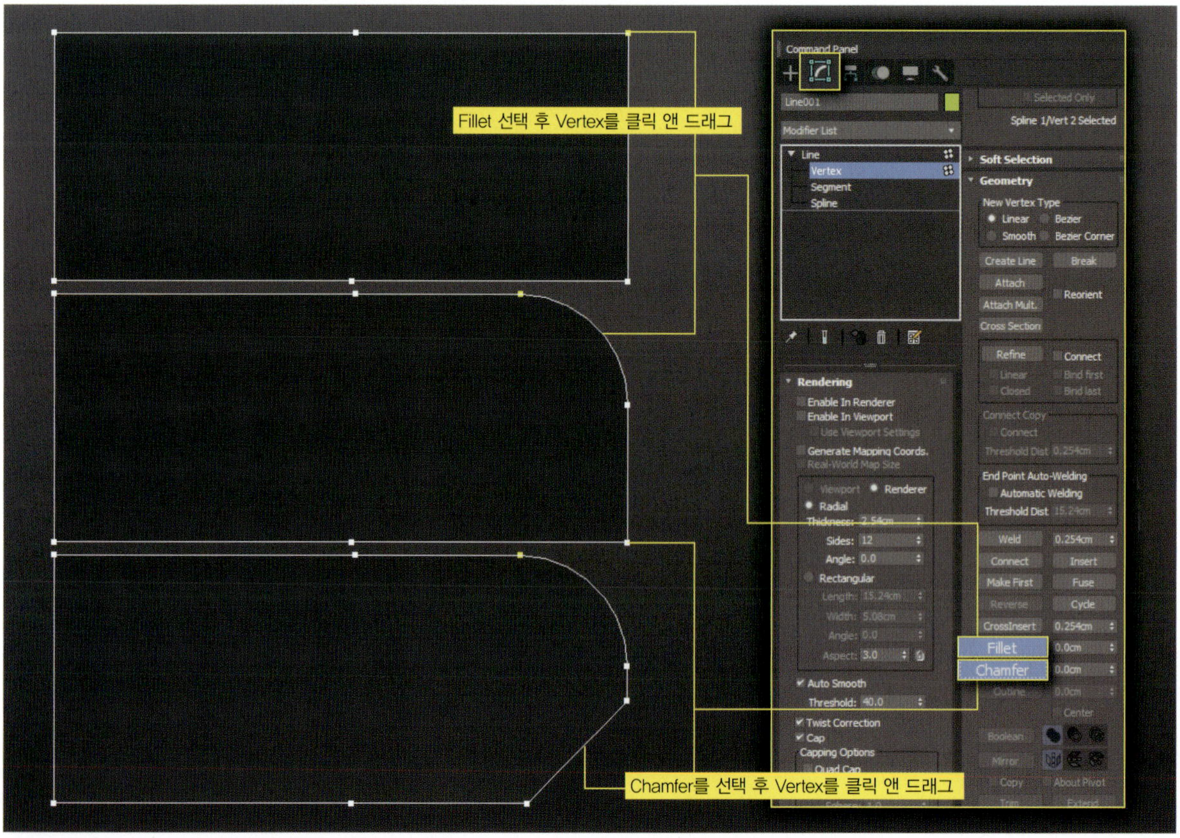

Vertex를 선택했을 때 나타나는 녹색의 Bezier Line 조절점을 이동하면 Spline이 곡선을 이루면서 변형되어 형태를 수정할 수 있습니다. Vertex를 선택하고 마우스 오른쪽 버튼을 클릭해서 Spline의 속성을 변경할 수 있습니다. 추가로 Fillet을 이용해서 완성한 모습입니다.

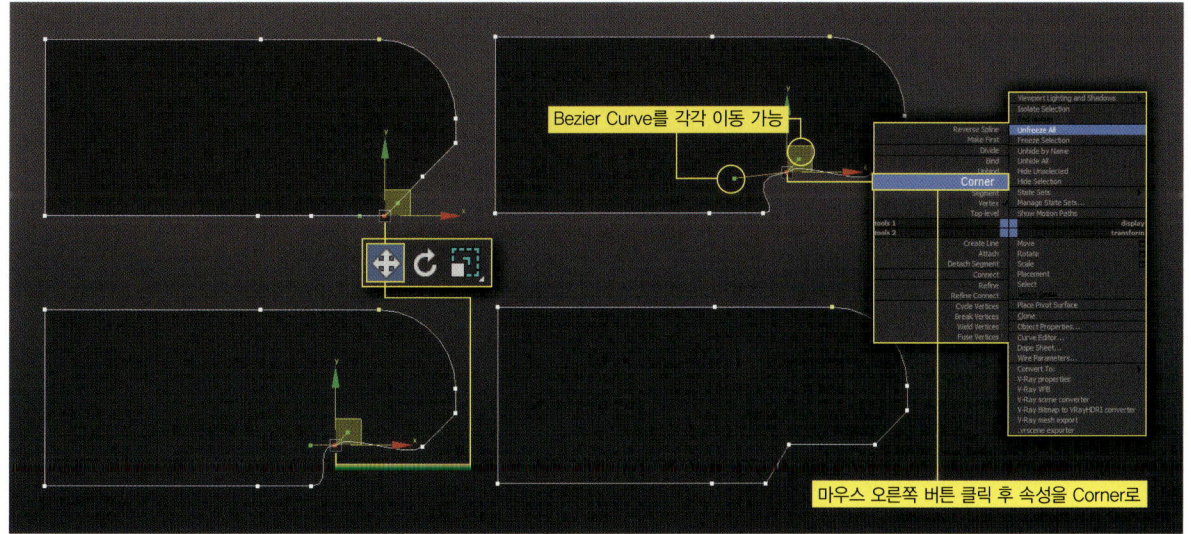

이렇게 완성된 Spline을 두께가 있는 Polygon으로 변형하는 방법으로 Convert To Editable Poly로 변환하고 Extrude, Bevel 등을 적용해서 변형할 수 있습니다.

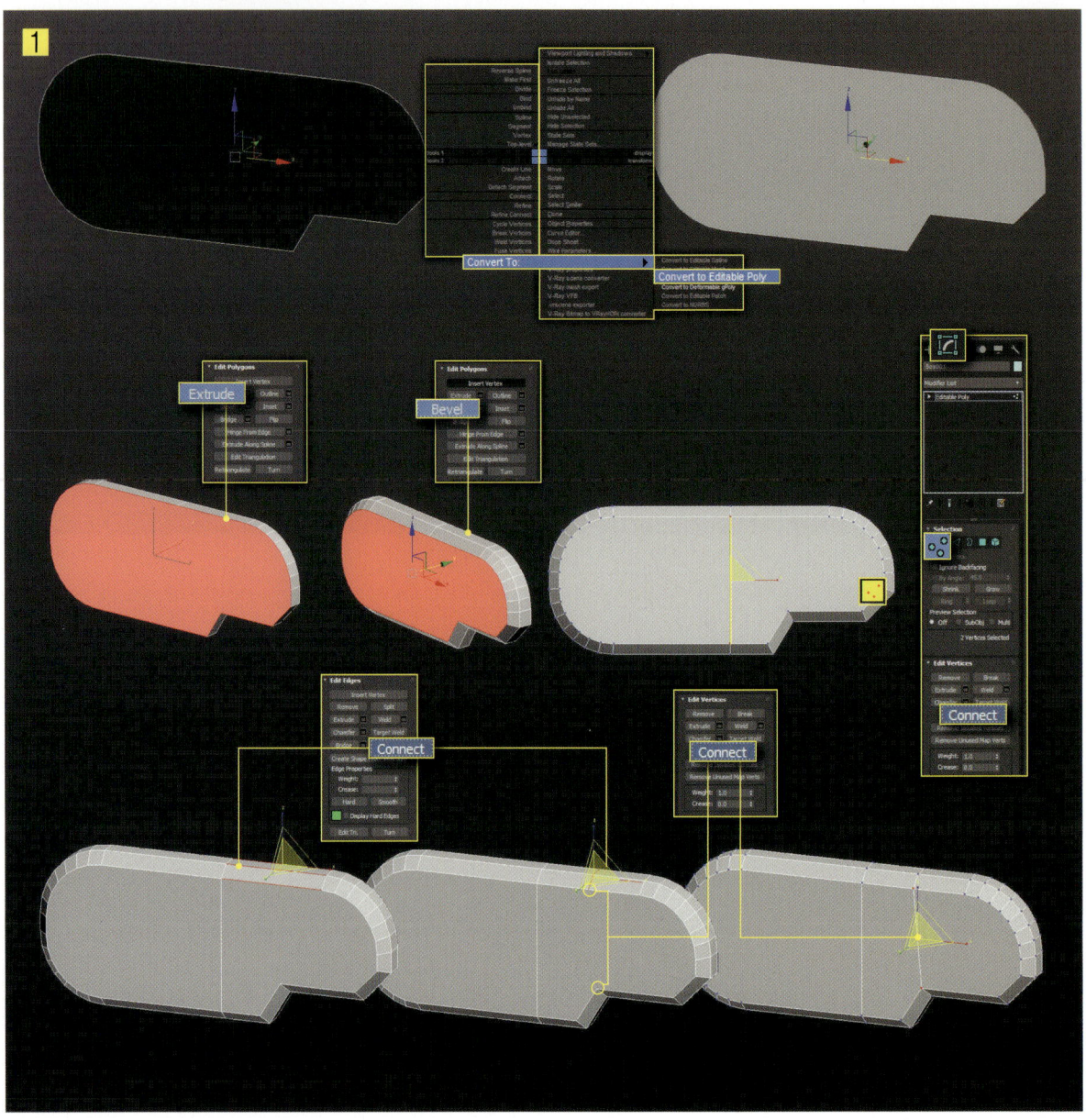

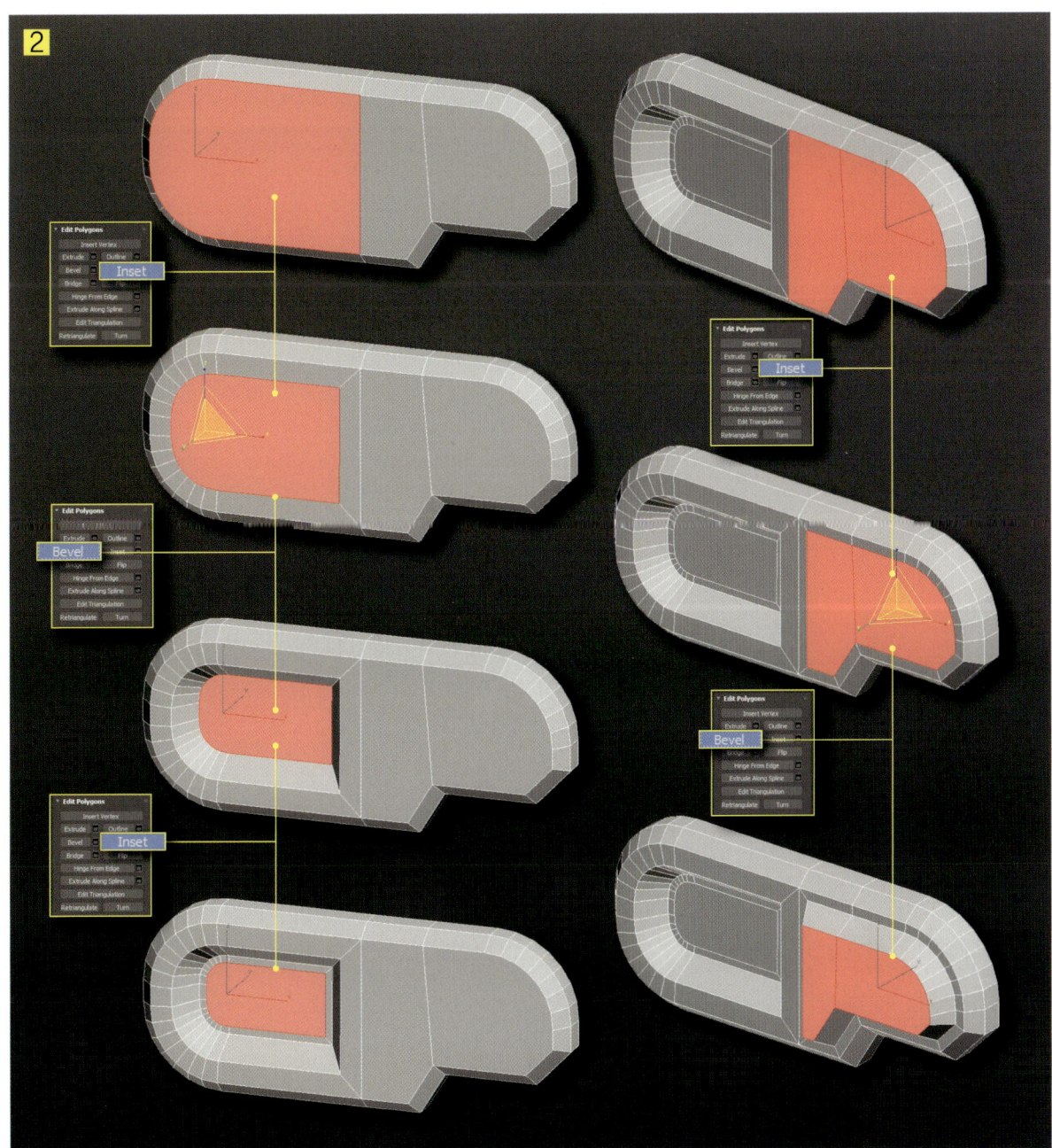

이제 Spline을 만들어서 편집하고 Modifier를 이용해서 Polygon으로 변형하는 몇 가지 방법을 알아 보겠습니다.

Create ➡ Rectangle을 생성하고 Convert to Editable Spline을 실행해서 변환하고 Vertex를 모두 선택하고 Fillet을 이용해서 모서리를 부드럽게 변형합니다. 그리고 Modifier의 Edit Poly를 적용해서 Polygon으로 변형합니다.

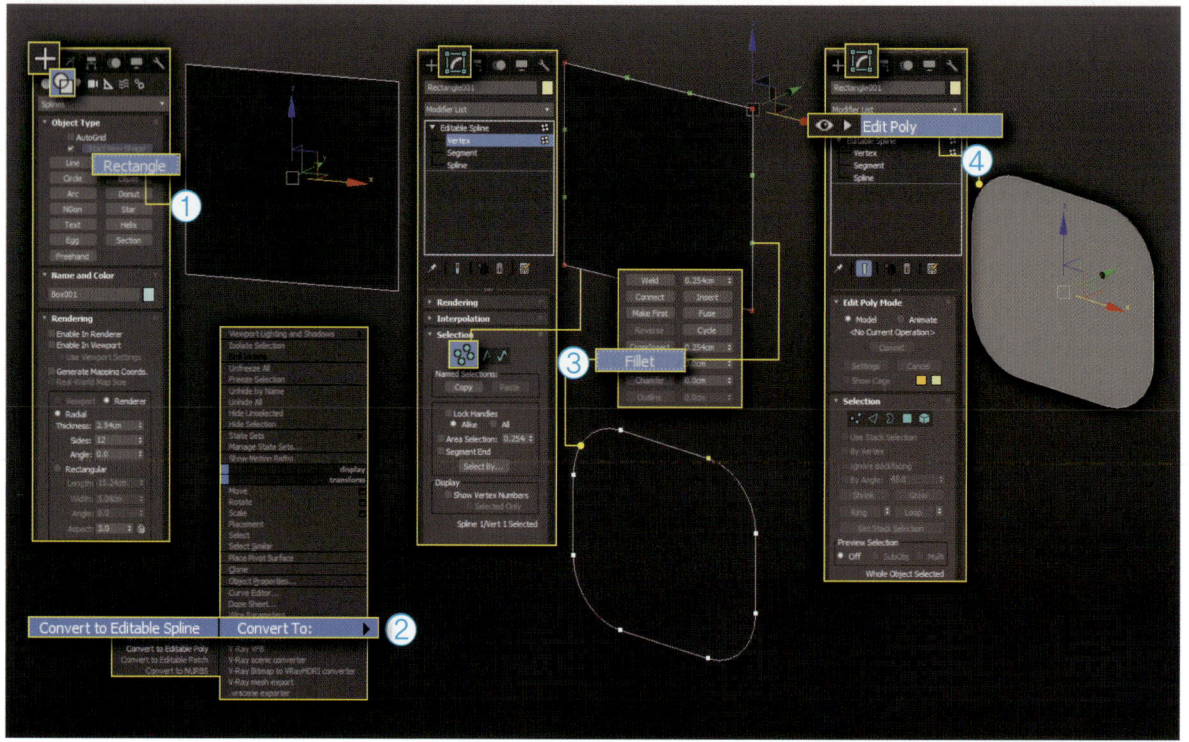

Polygon을 선택하고 Inset을 실행해서 안쪽으로 Polygon을 추가하고 Shell을 적용해서 두께를 주었습니다.

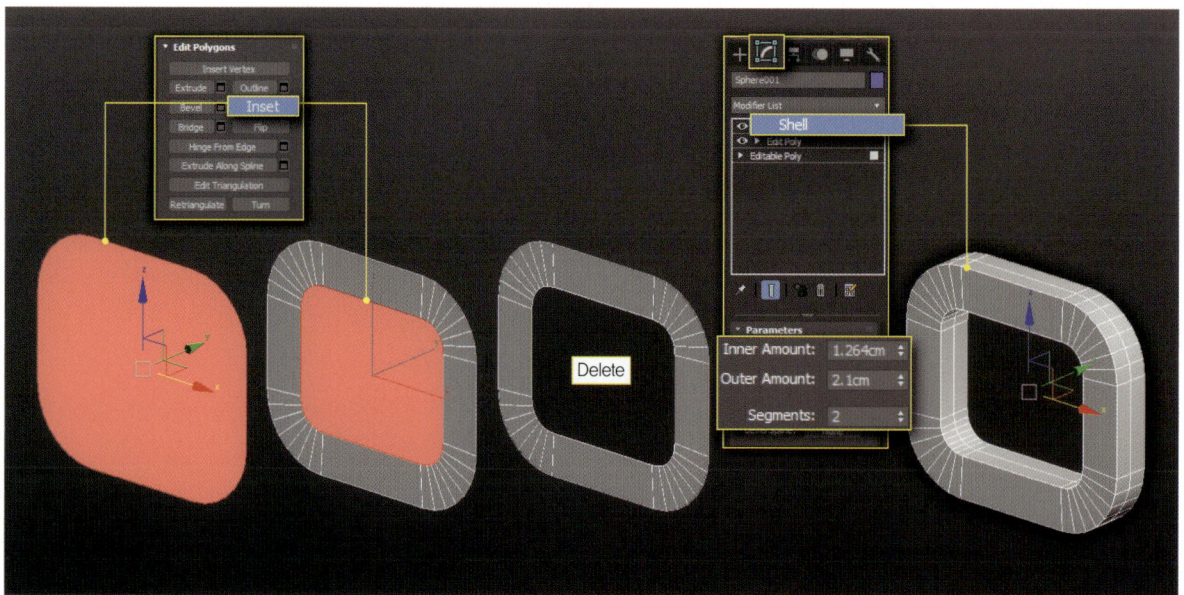

Create ➡ Line을 생성하고 Fillet을 이용해서 모서리를 둥글게 변형하고 Shell을 적용해 변형한 Object를 선택하고 Bevel Edges를 체크하고 Bevel Spline의 None을 클릭하고 방금 만들어 놓은 Spline을 클릭하면 Object의 모서리가 선택한 Spline의 모양으로 변형됩니다.

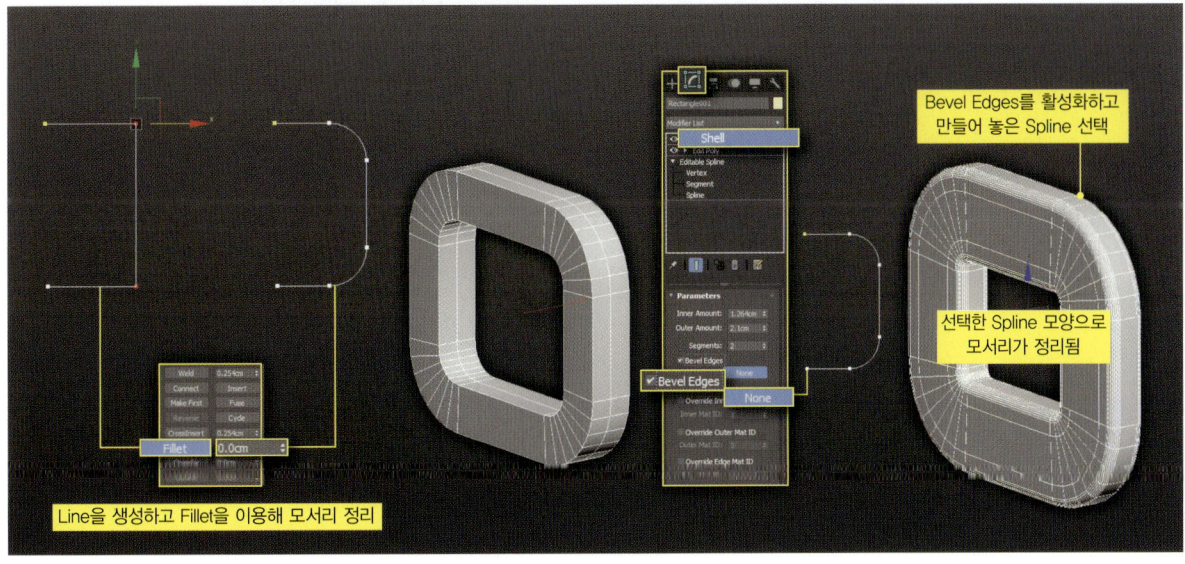

생성한 Spline에 Modify의 Sweep를 적용합니다. Spline을 따라 선택한 다양한 형태를 단면으로 하는 Object를 생성할 수 있습니다. 각각 Length, Width, Thickness 등을 이용해서 형태를 결정합니다.

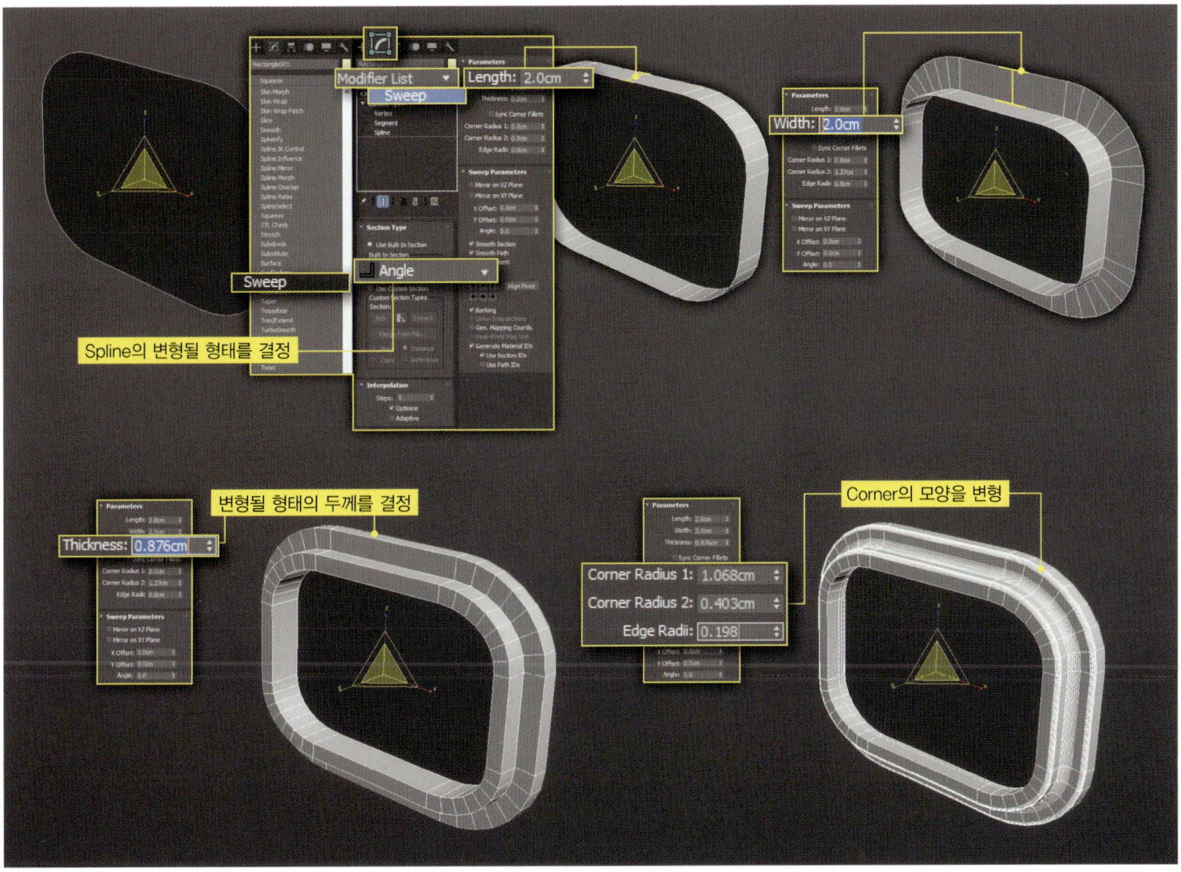

Built-In-Section Box를 클릭해서 제공하는 다양한 단면을 선택해서 변형할 수 있습니다. Wide Flange를 선택해서 변형한 결과입니다. 아이콘으로 표시된 모양을 단면으로 사용합니다.

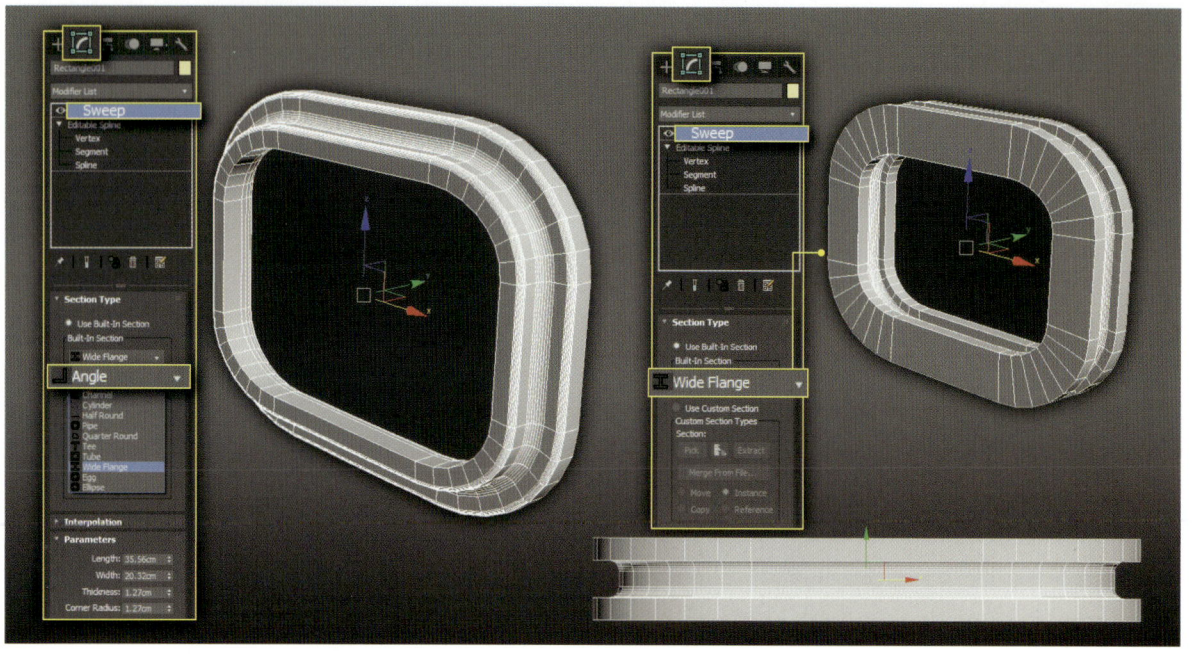

Lathe

Modify ➡ Lathe는 Spline을 이용해서 접시, 항아리 등 단면을 회전시켜 형태를 만드는 기능입니다. Spline을 단면으로 사용하고 회전시켜 Polygon을 생성할 수 있습니다. Create ➡ Egg를 생성하고 Convert to Editable Spline으로 변경하고 변형합니다.

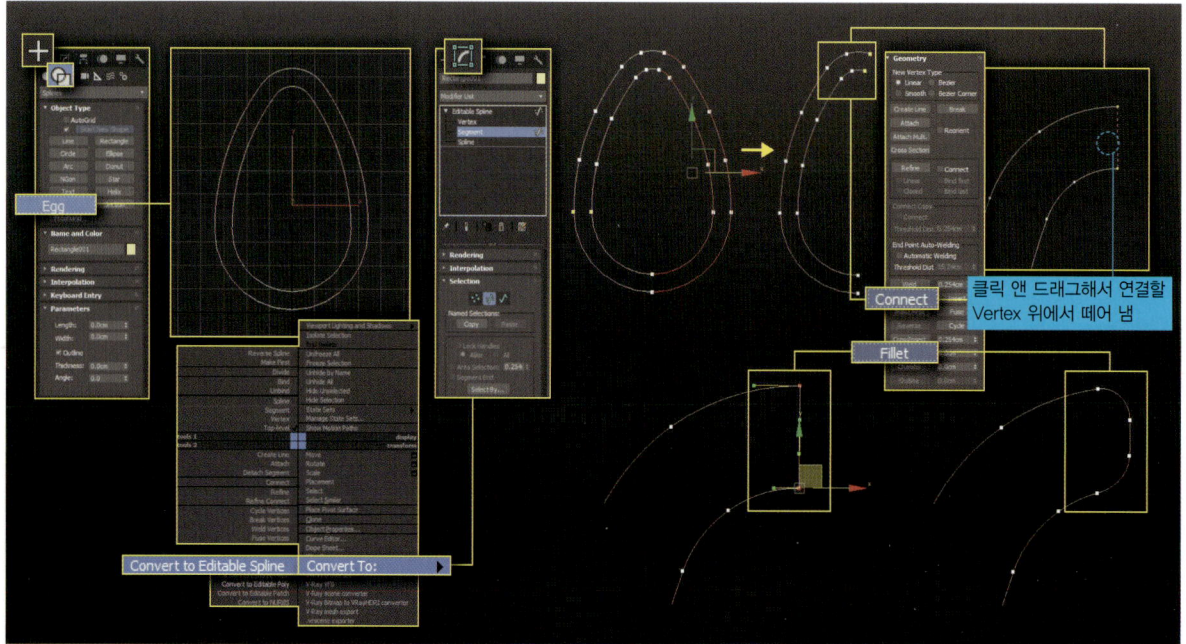

152

Modifier ➡ Lathe를 적용하면 선택한 축을 기준으로 Spline을 회전시켜 Polygon을 생성합니다.

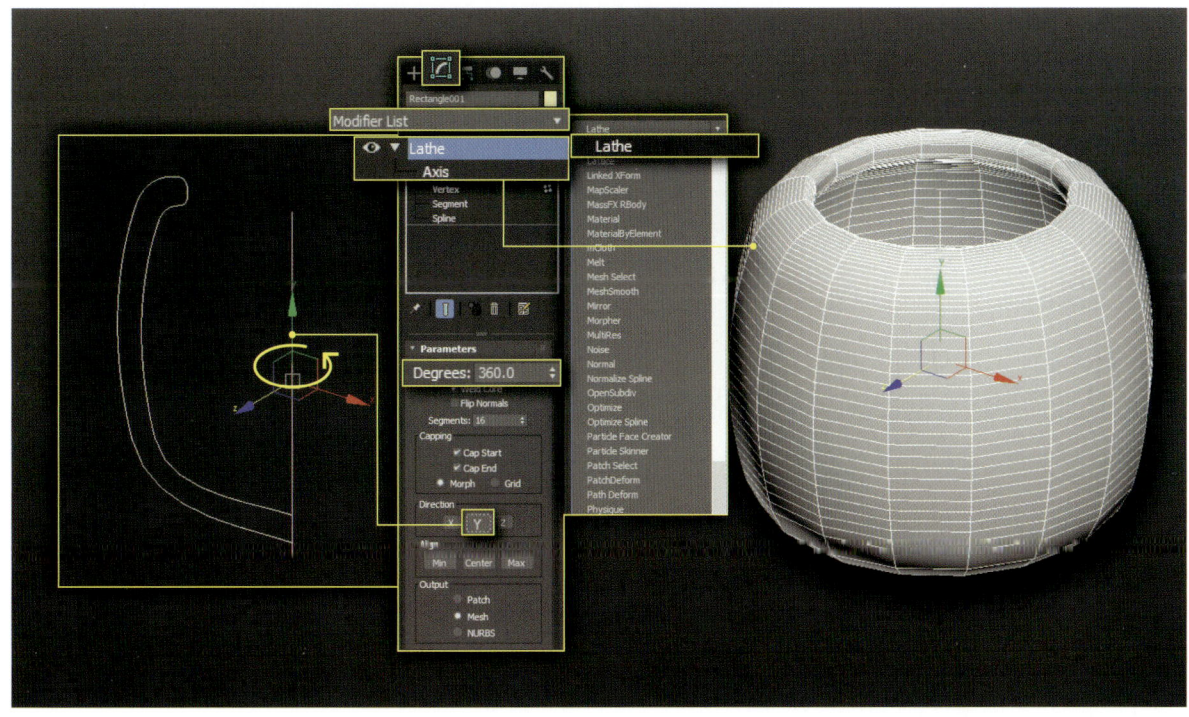

생성한 Spline의 Local 축을 기준으로 설정합니다.

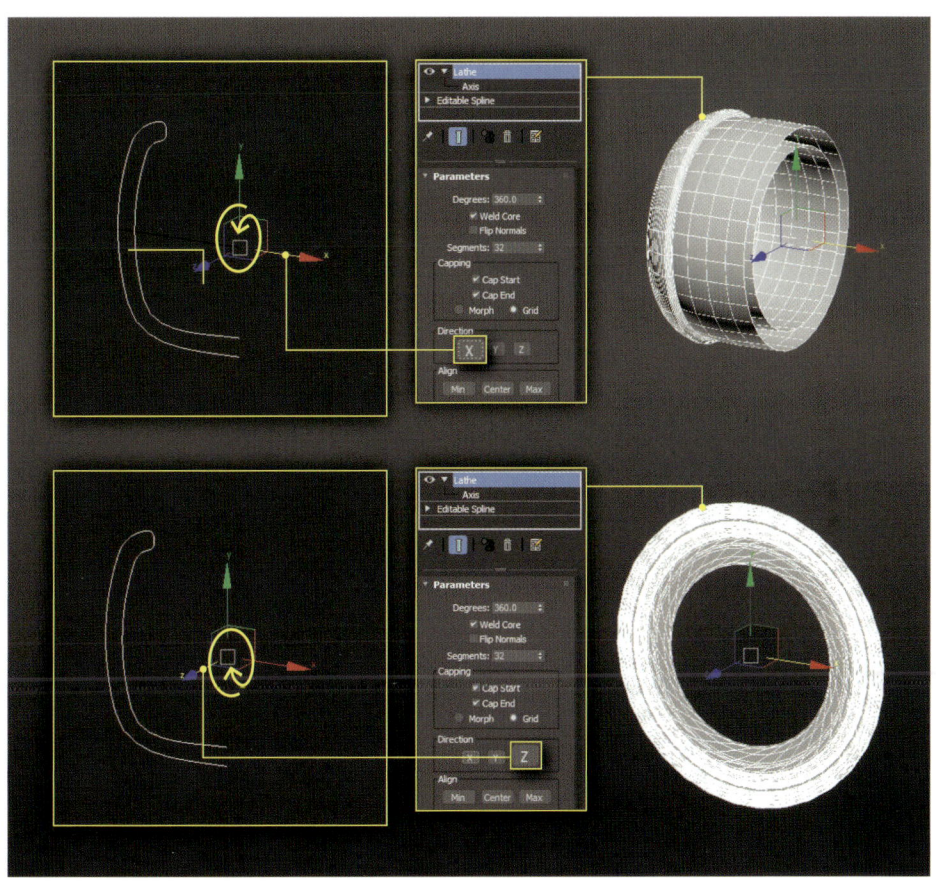

축의 위치를 이동하고 회전 범위를 바꿔 형태를 변형한 모습입니다.

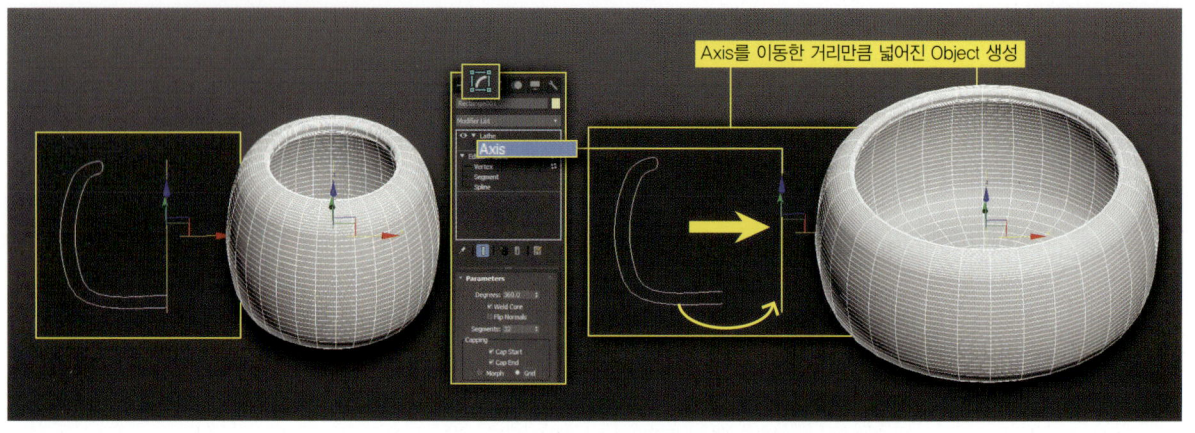

Lathe를 이용해 만든 다양한 Object입니다.

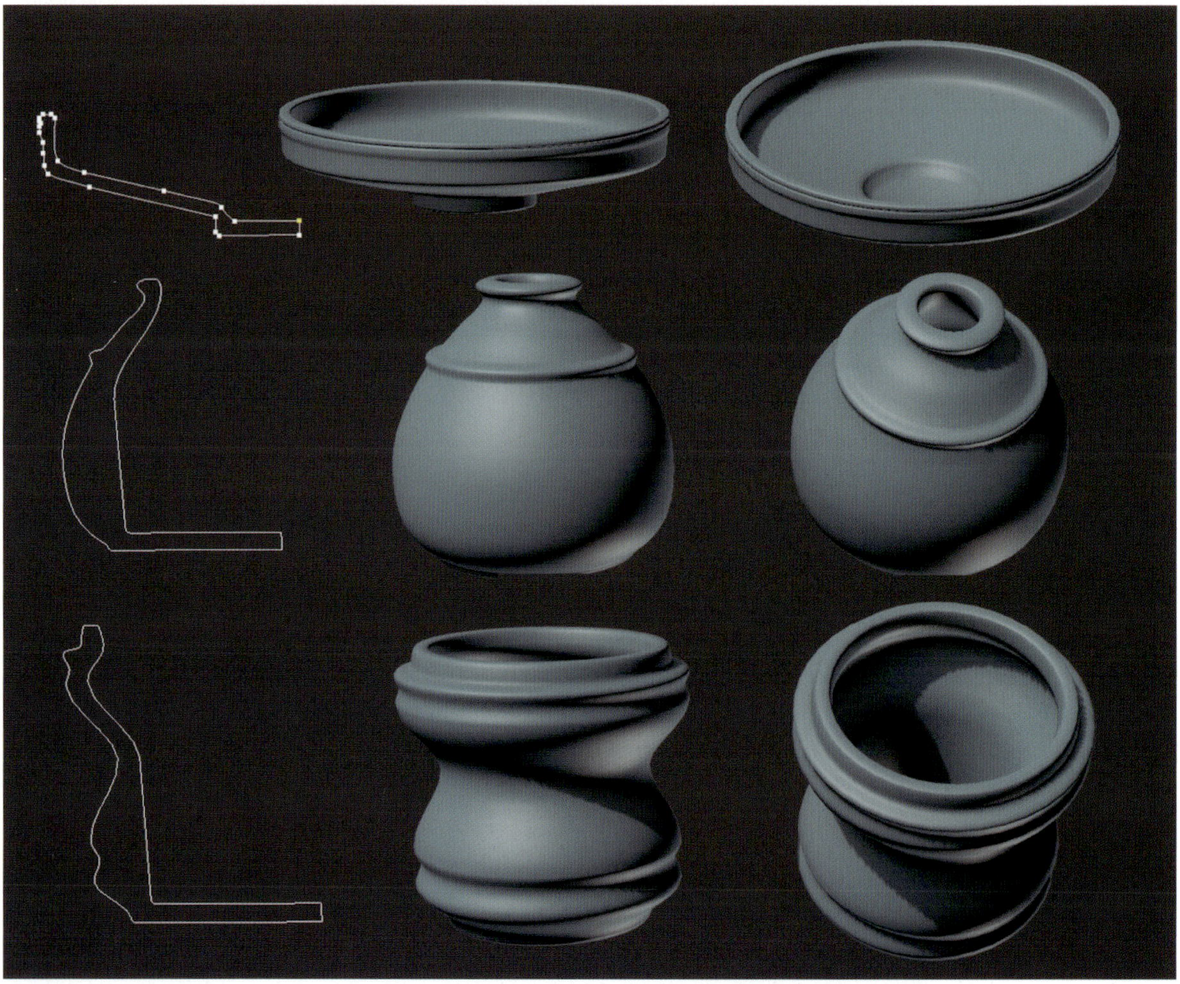

■ 두 개 이상의 Spline을 이용한 모델링

두 개 이상의 Spline을 Attach를 이용해서 새로운 형태를 만들 수 있습니다. Spline의 Circle을 그림처럼 두 개 만듭니다.

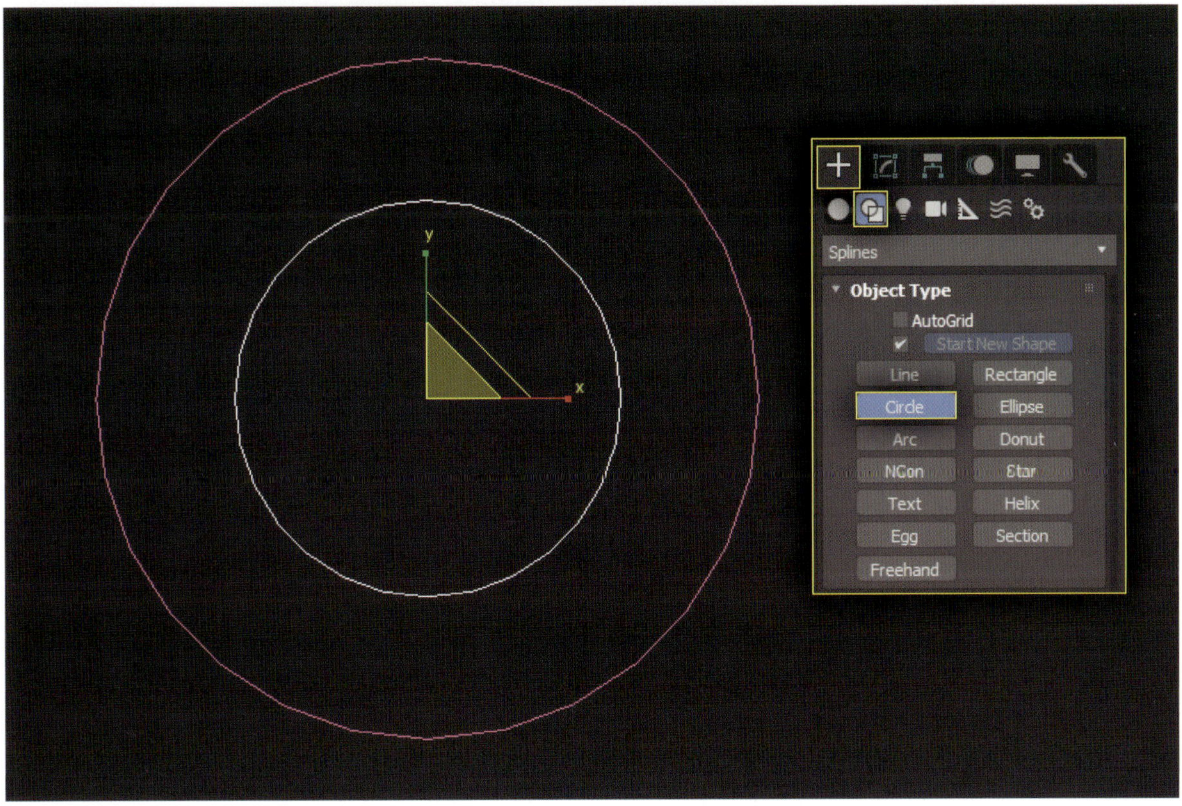

생성된 Spline을 Editable Spline으로 변환하고 Attach를 이용해 추가로 만들어 놓은 Spline과 하나로 합칩니다.

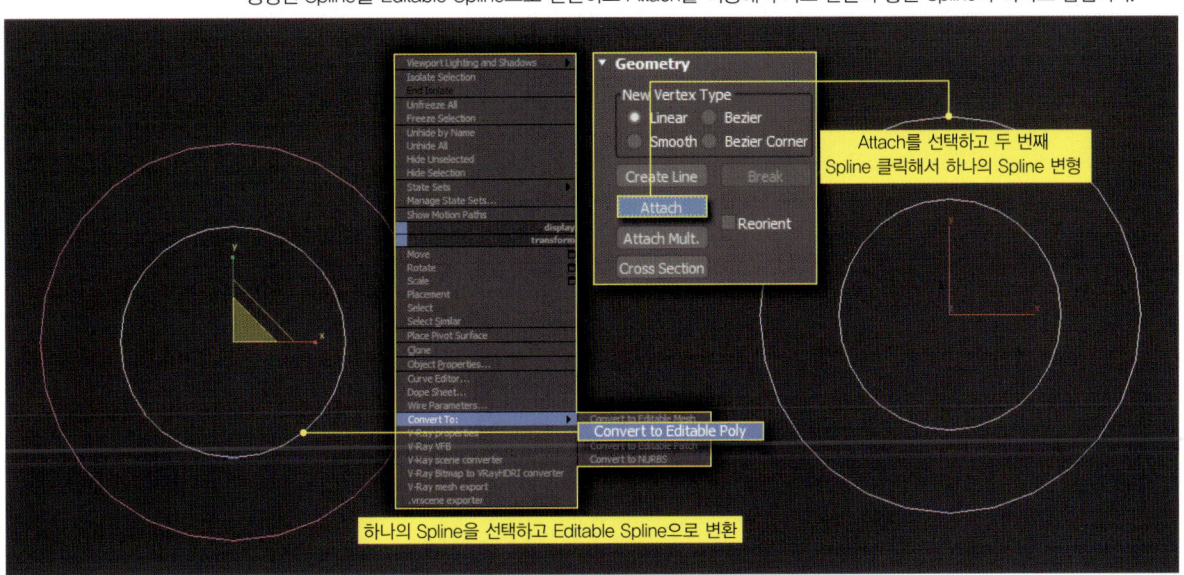

Modify의 Shell을 적용해서 두께가 있는 Object를 만들면 가운데 구멍이 있는 형태의 Object가 생성됩니다.

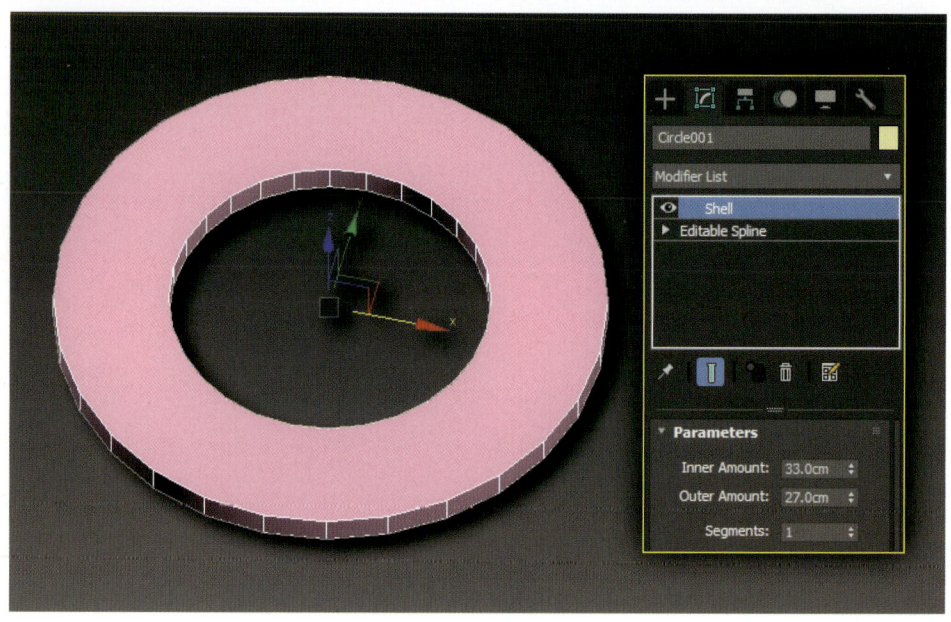

Spline이 겹친 상태에 따라서 결과가 달라지는데 다음은 Spline 형태에 따른 차이를 보여주는 이미지입니다.

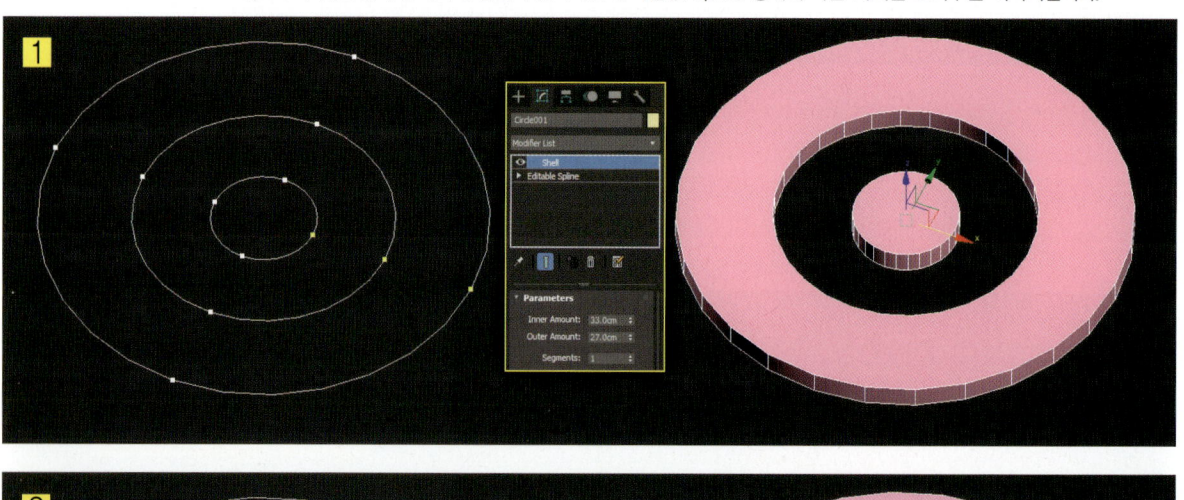

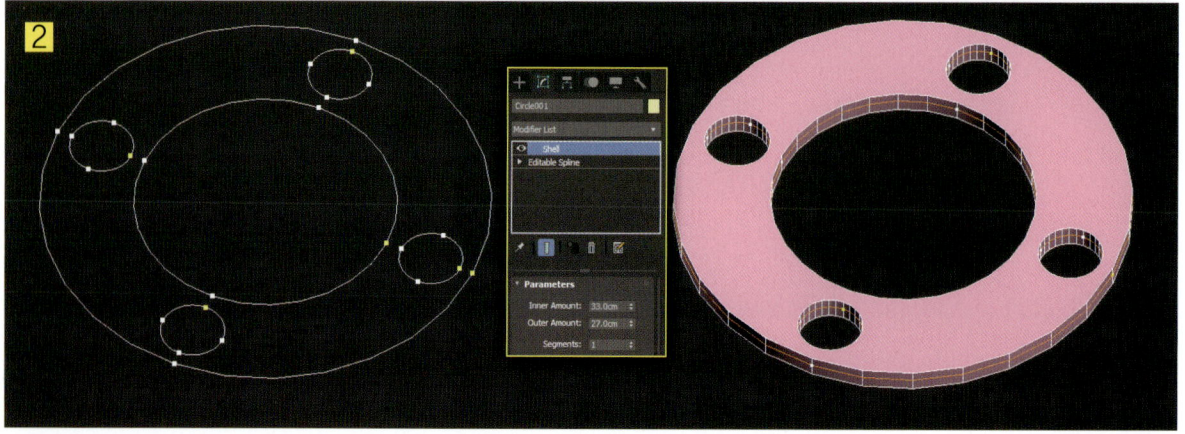

Boolean

Boolean은 두개 이상의 Spline을 이용해서 겹치는 부분을 합치거나 빼내거나 교차하는 부분을 새로운 Spline으로 변형해서 활용하는 방법입니다.

겹쳐 있는 Spline을 Boolean을 이용해서 변형해 보겠습니다. Circle을 이용해서 Boolean의 세 가지 방법을 학습합니다.

먼저 선택한 Spline과 추가로 선택한 Spline을 합치거나 처음 선택한 Spline에서 추가로 선택한 Spline의 모양을 빼주거나 처음 선택한 Spline에서 추가로 선택한 Spline의 모양이 교차된 부분만으로 이루어진 Spline을 만들 수 있습니다.

3개의 Spline을 그림처럼 겹치게 생성하고 앞서 확인한 방법처럼 Attach를 이용해 하나의 Editable Spline으로 만듭니다.

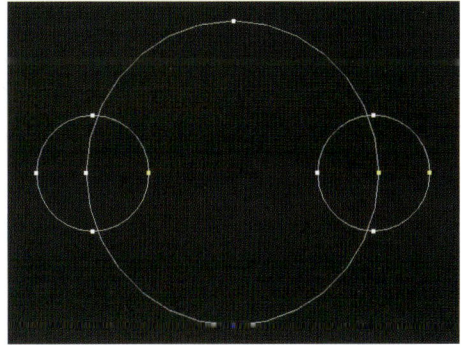

Selection을 Spline으로 설정하고 가운데 큰 Circle을 먼저 선택하고 Boolean 옆의 합집합 표시를 클릭한 후 작은 Circle을 선택합니다. 큰 Circle과 두 번째로 클릭한 Circle이 합쳐진 상태로 변형됩니다.

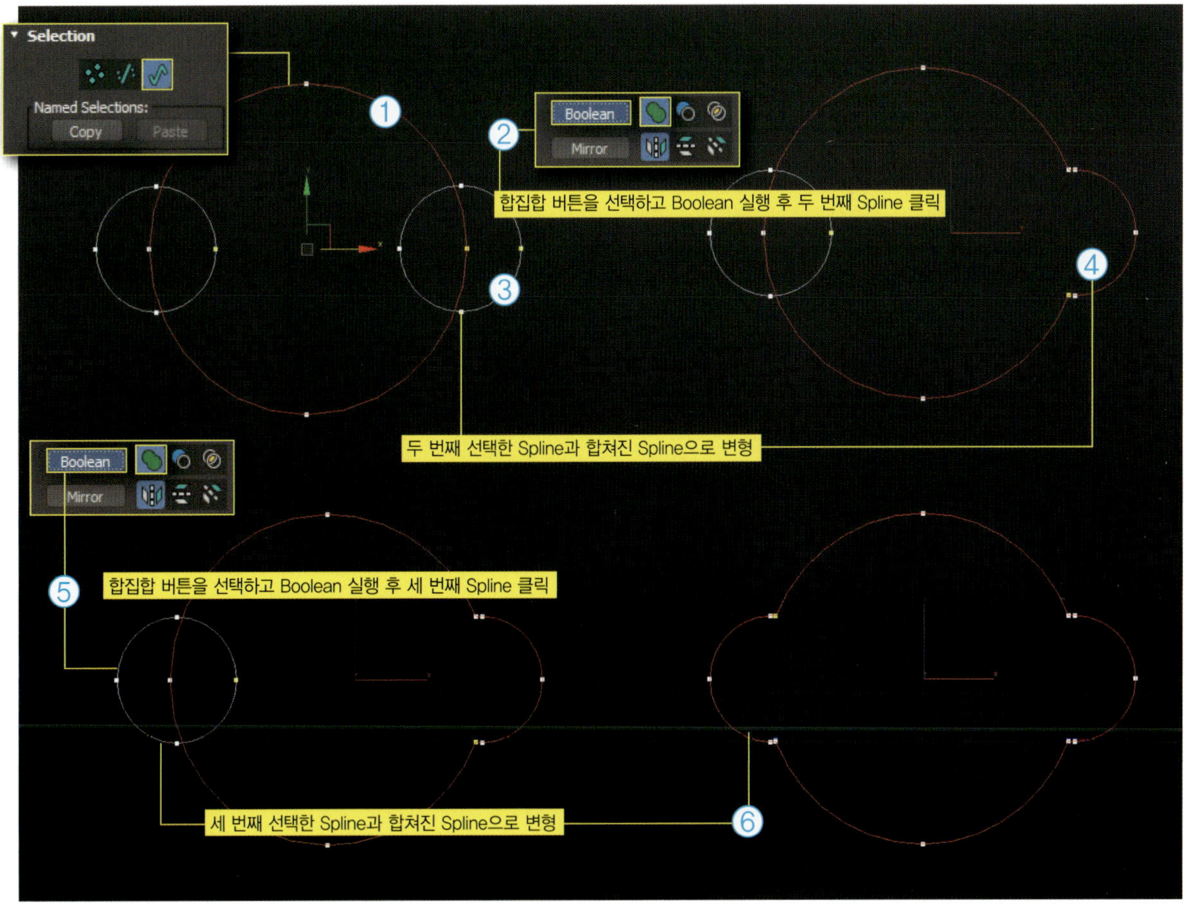

변형한 Spline에 Sweep, Shell, Lathe를 적용한 모습입니다.

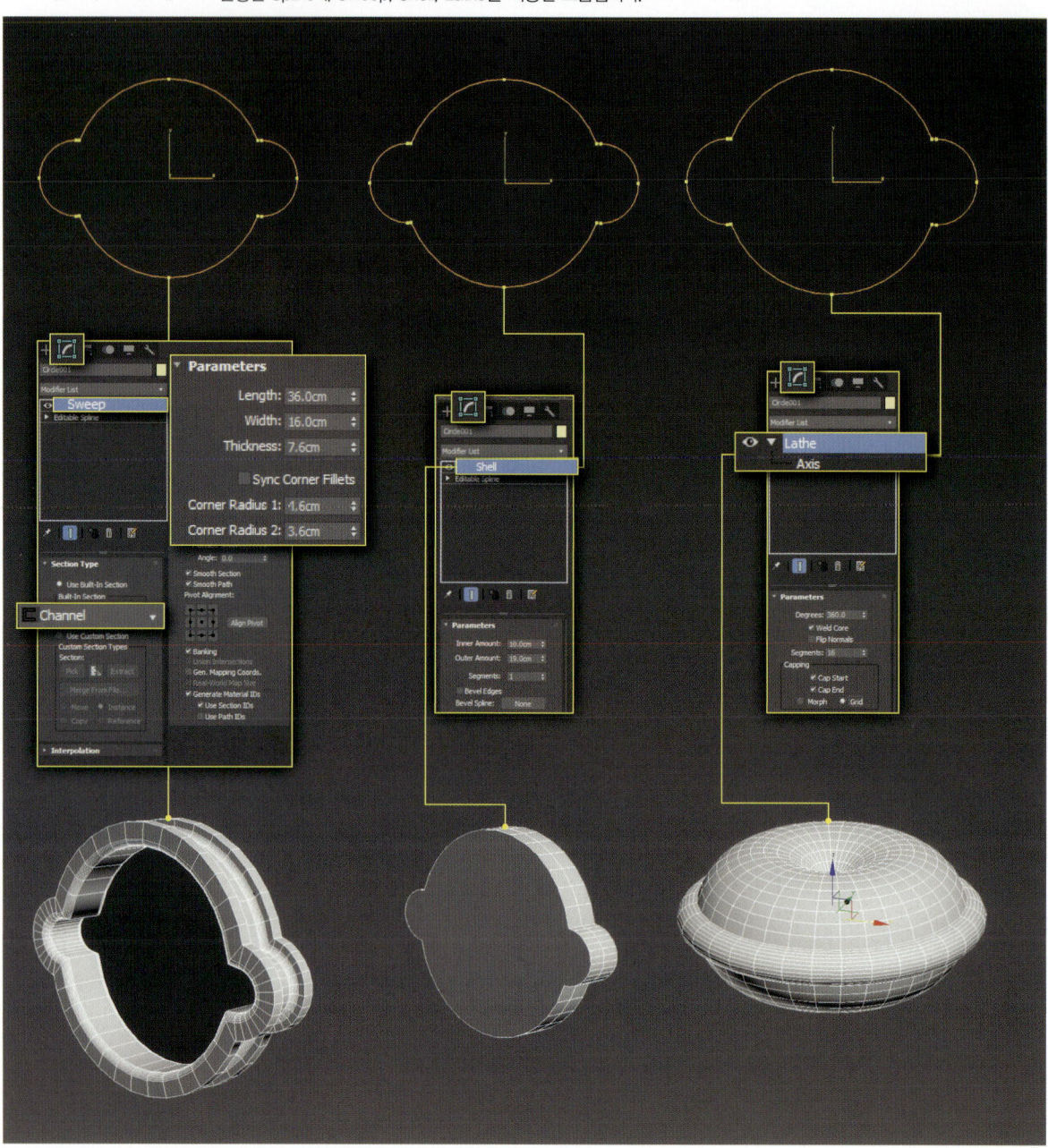

같은 순서로 큰 Circle을 먼저 선택하고 Boolean 옆에 차집합 표시를 클릭한 후 작은 Circle을 선택합니다. 큰 Circle에서 두 번째로 클릭한 Circle의 모양을 뺀 상태로 변형됩니다.

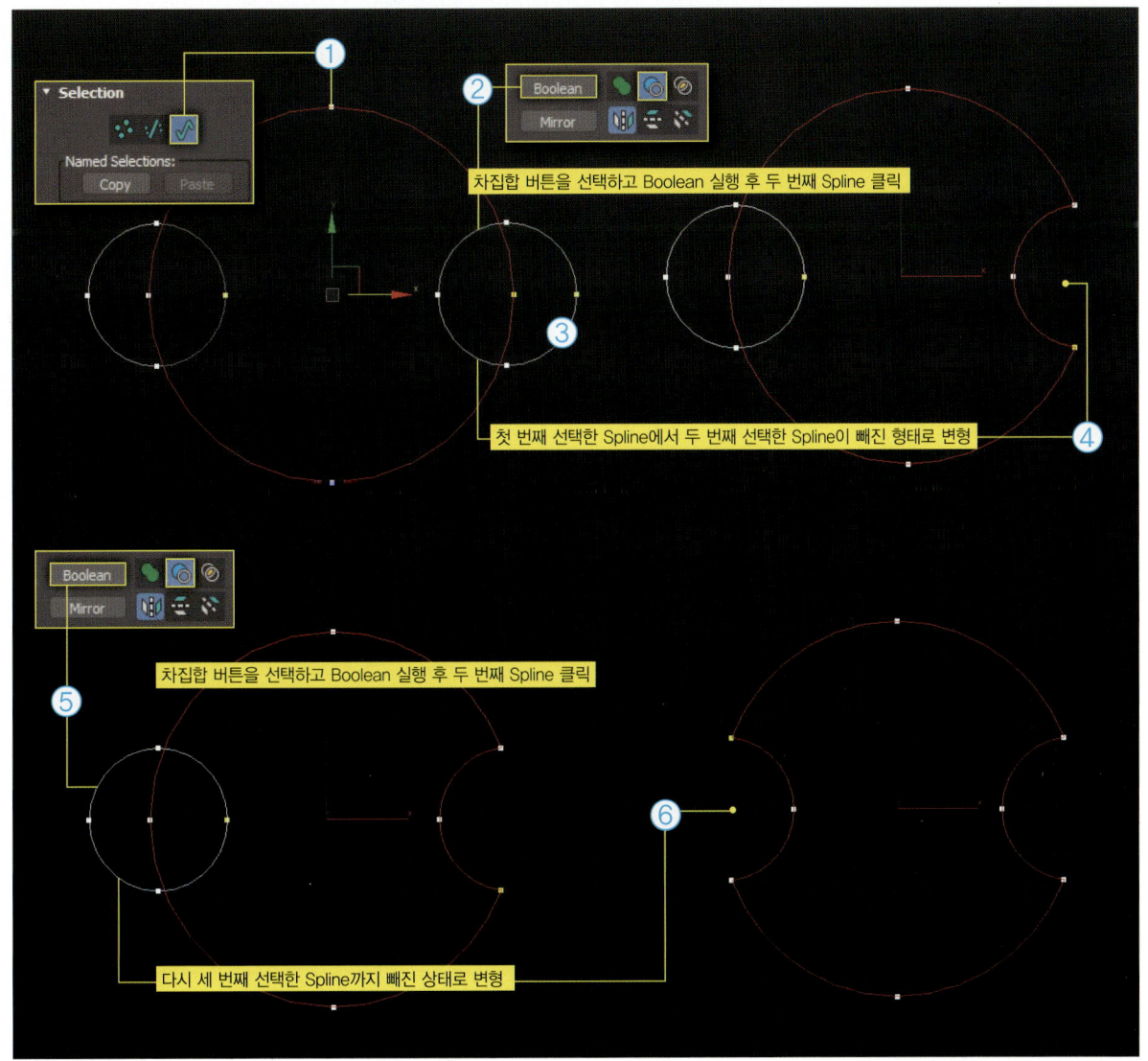

변형한 Spline에 Sweep, Shell, Lathe를 각각 적용해 본 모습입니다.

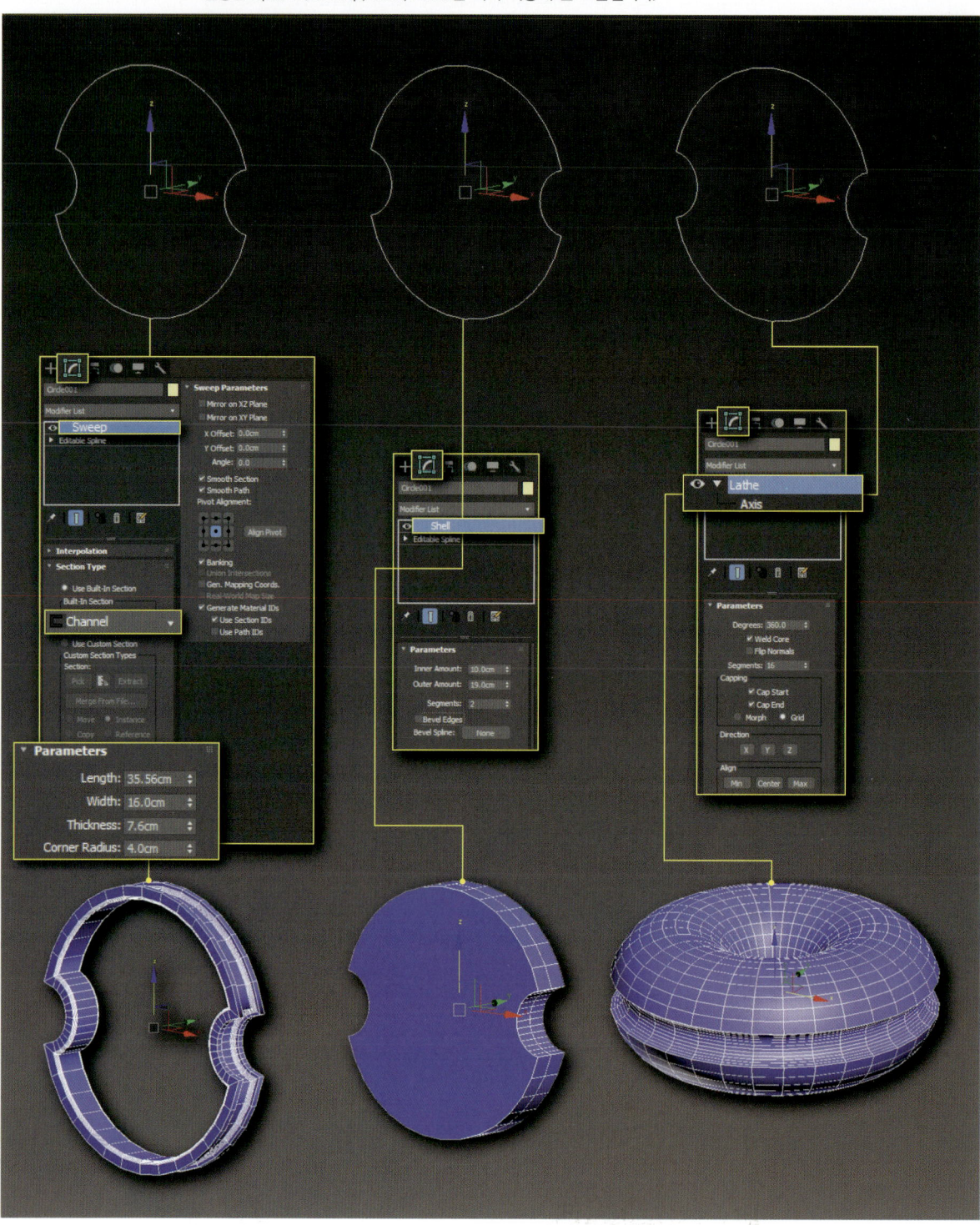

마지막으로 큰 Circle을 먼저 선택하고 Boolean 옆에 교집합 표시를 클릭한 후 작은 Circle을 선택합니다. 큰 Circle과 두 번째로 클릭한 Circle이 교차된 부분의 모양으로 변형됩니다.

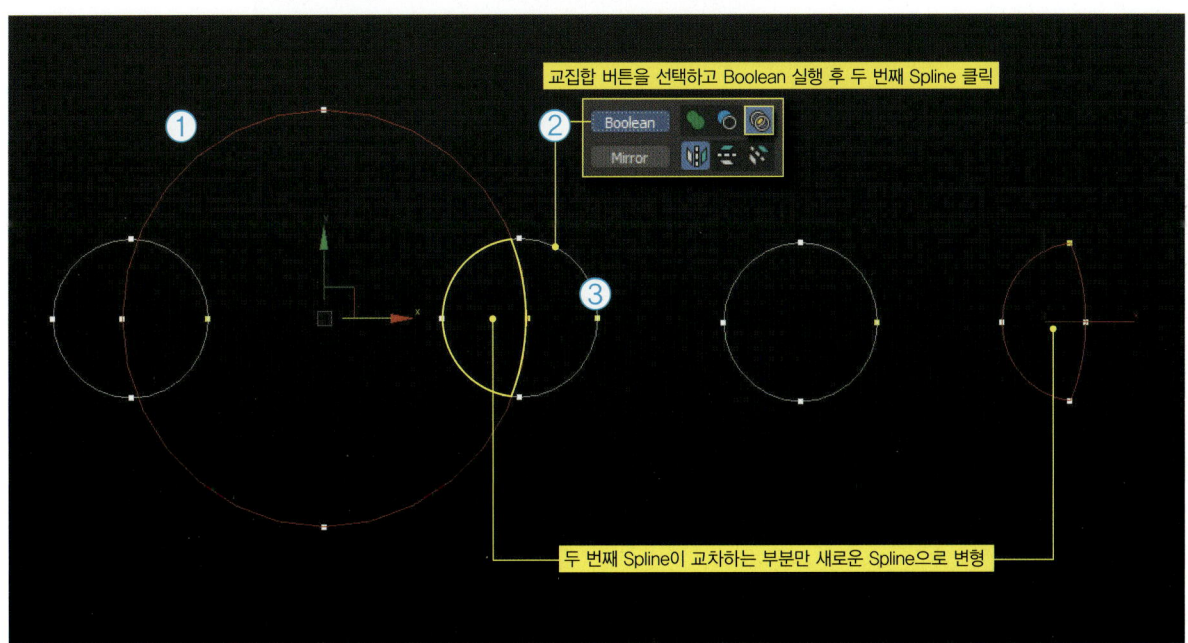

Spline에 직접 두께를 주어 Object를 만들 수도 있습니다. Enable in Renderer와 Enable in Viewport를 활성화하고 옵션을 달리했을 때 차이를 보여주는 이미지입니다.

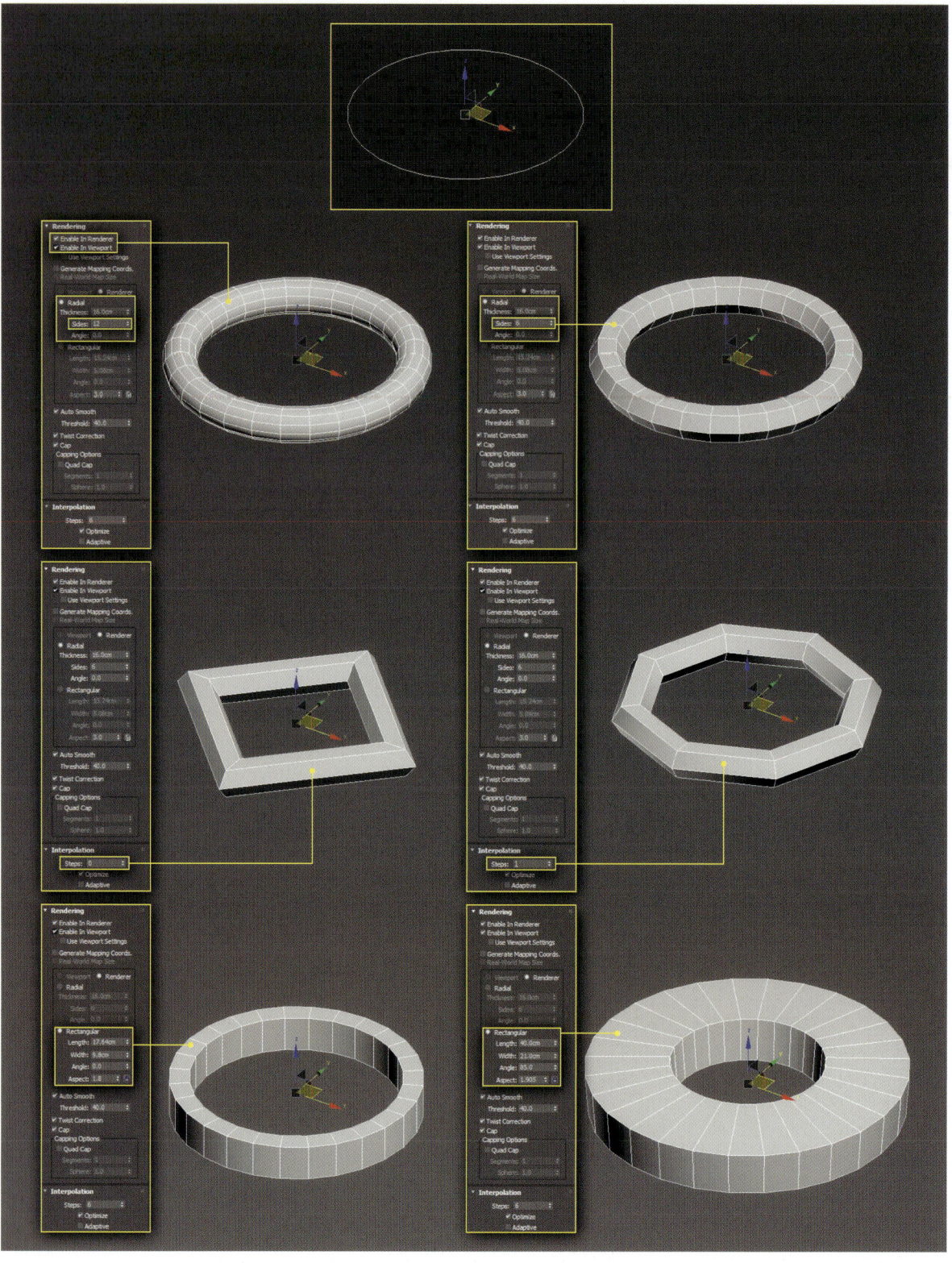

지금까지 Spline을 편집하고 Spline을 두께가 있는 Object로 직접 변형했다면 이번에는 하나의 Spline을 단면으로 사용하고 Path로 사용될 Spline을 따라 Object를 생성하는 방법을 학습하겠습니다.

Loft

Loft는 생성한 Spline이 선택한 Path를 따라 Polygon을 생성해 Object를 만드는 방법입니다.

Create ➡ Geometry 하위 단계에 있는 Compound Objects Tap으로 이동해서 사용할 수 있습니다. Circle과 Line을 생성합니다. Circle이 생성될 모양의 기준이고 Line은 Circle의 Path로 사용합니다.

Line을 선택한 상태에서 Create ➡ Compound Objects의 Loft를 선택합니다.

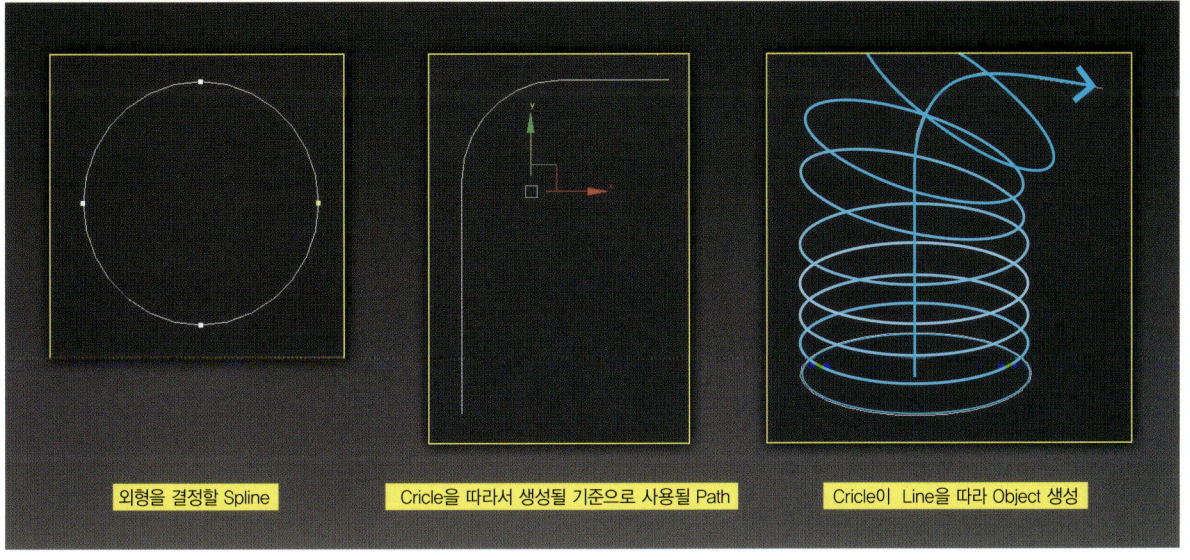

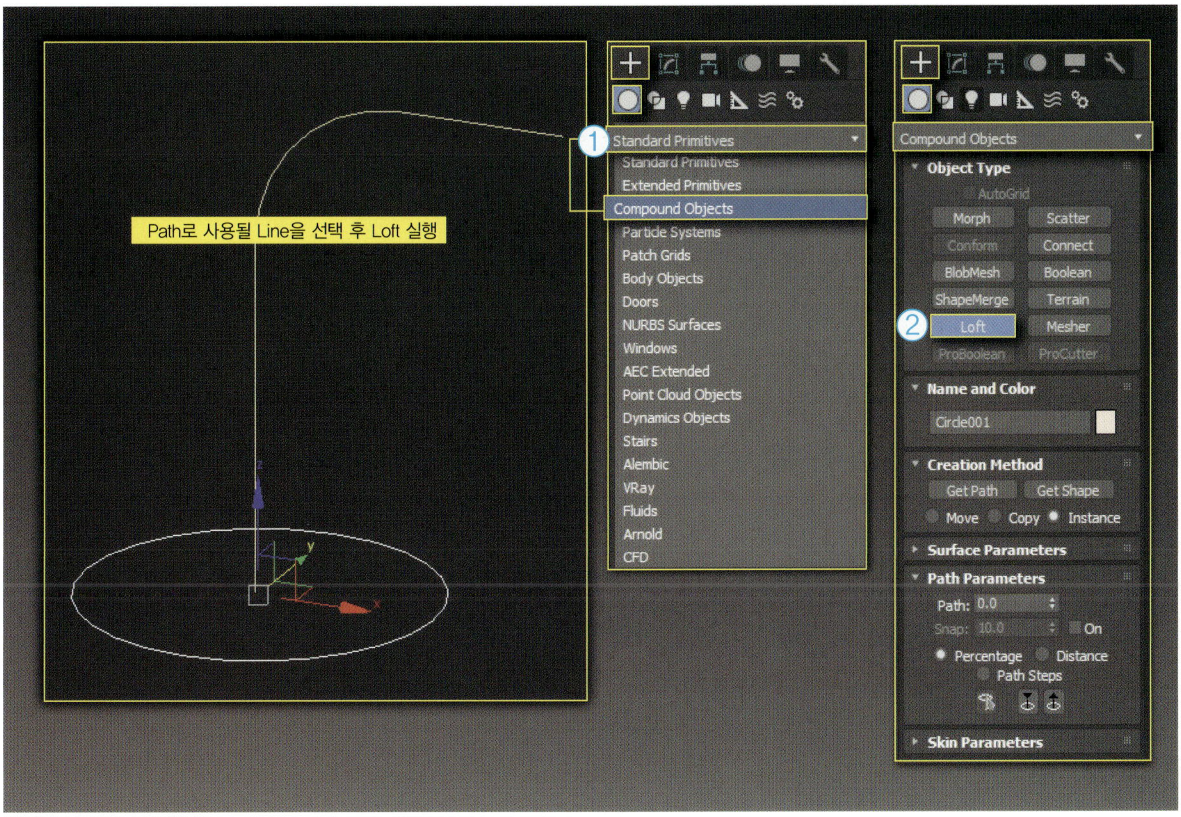

Line이 선택된 상태에서 Get Shape를 선택하고 만들어 놓은 Circle을 선택합니다. Line을 따라서 선택한 Circle 모양의 Object가 생성됩니다.

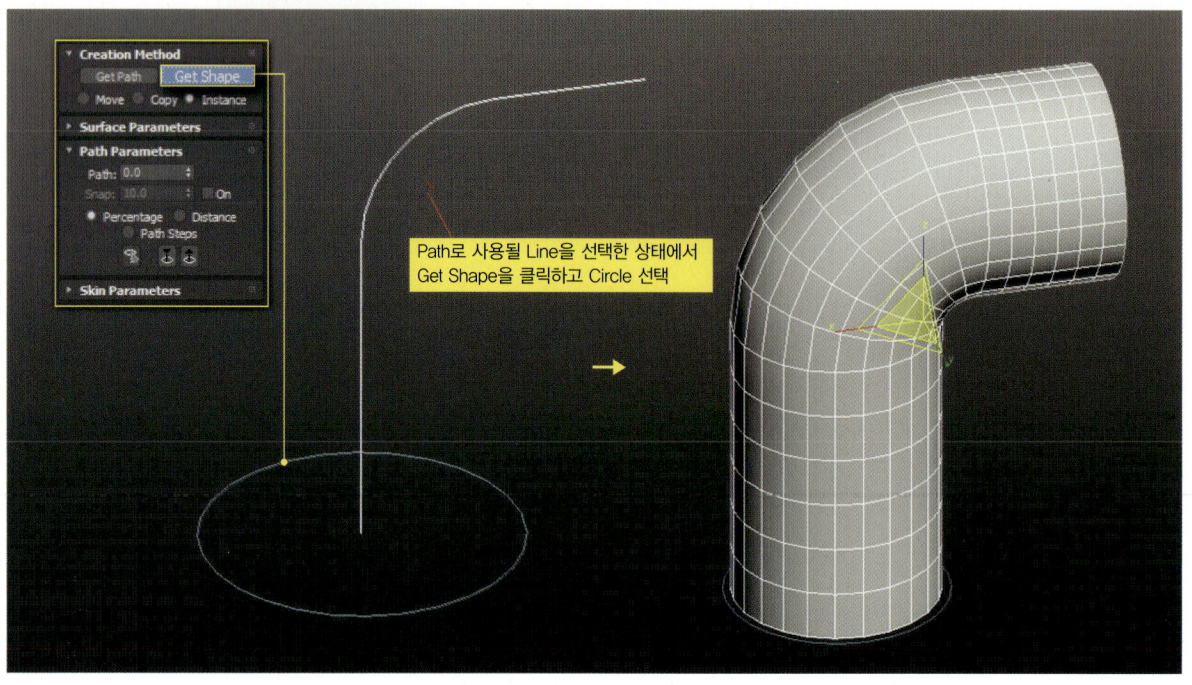

Circle 크기와 비슷한 크기로 Splines ➡ Rectangle을 생성하고 만들어 놓은 Loft Object에서 Path Parameters의 Path가 100인 상태에서 다시 Get Shape를 클릭하고 방금 만들어 놓은 Rectangle을 클릭합니다.

원형에서 사각형으로 변형되면서 Path를 따라 Object가 생성됩니다.

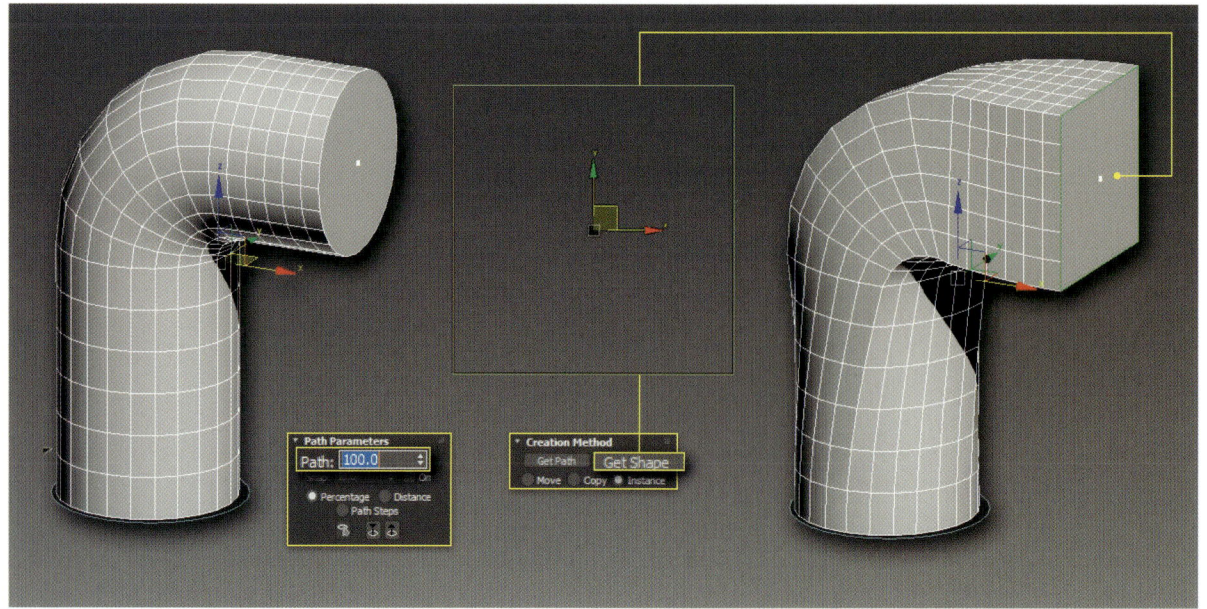

Option의 Shape Steps와 Path Steps를 조절하면서 생성된 결과를 확인하며 변형할 수 있습니다.

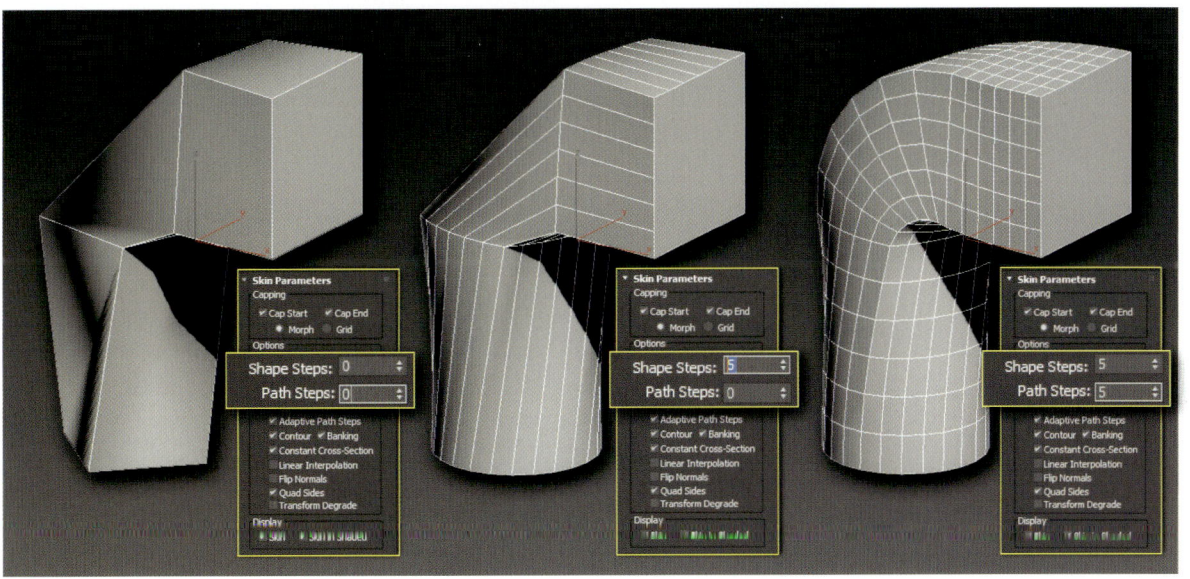

Cap Start와 Cap End를 비활성화하면 시작 부분과 끝 부분이 열려 있는 Object로 만들 수 있습니다.

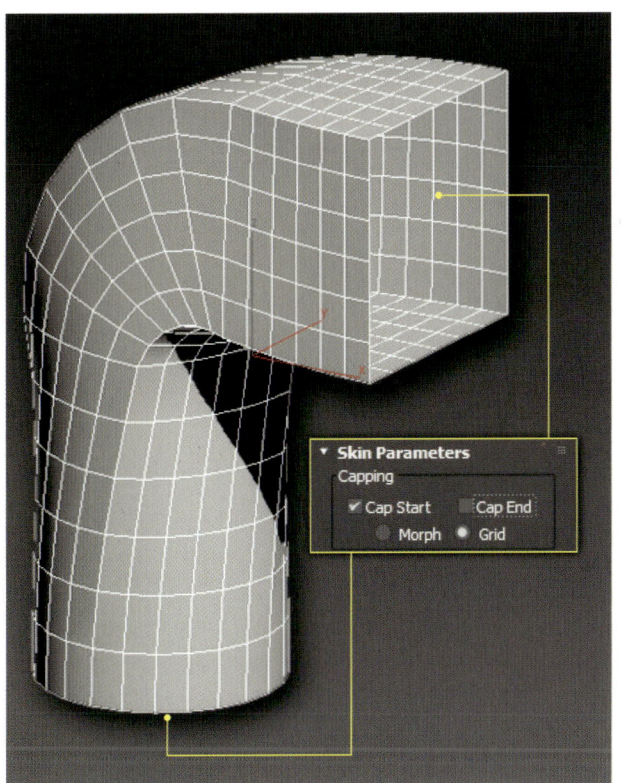

Extrude Along Spline

Editable Poly 기능 중 선택한 Polygon이 만들어 놓은 Spline을 따라 Extrude되는 기능입니다.

Box를 만들고 Create ➡ Shape에서 Arc를 생성합니다. Arc를 선택하고 첫 번째점을 클릭하고 마우스 버튼을 떼지 않을 상태로 두 번째 점의 위치에서 마우스 버튼을 뗀 후 드래그해서 두 점 사이를 지름으로 하는 반원 모양의 크기를 결정하고 클릭해서 Spline을 생성합니다.

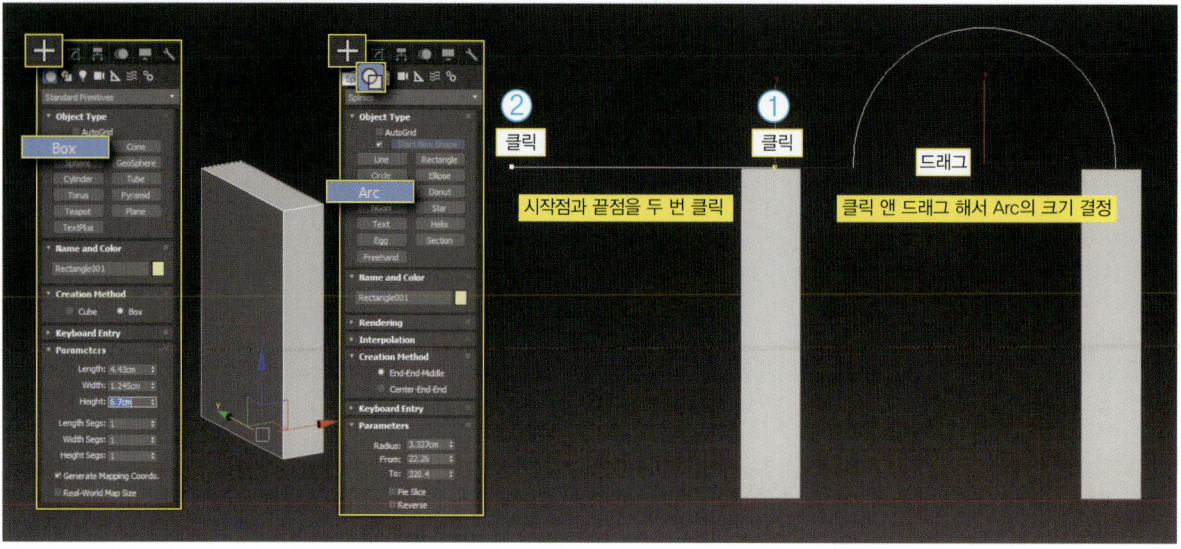

Box를 Editable Poly로 변환하고 Polygon을 선택한 후 Extrude Along Spline 옆의 Setting 버튼을 클릭하고 Pick Spline 버튼을 클릭하고 만들어 놓은 Arc를 선택합니다.

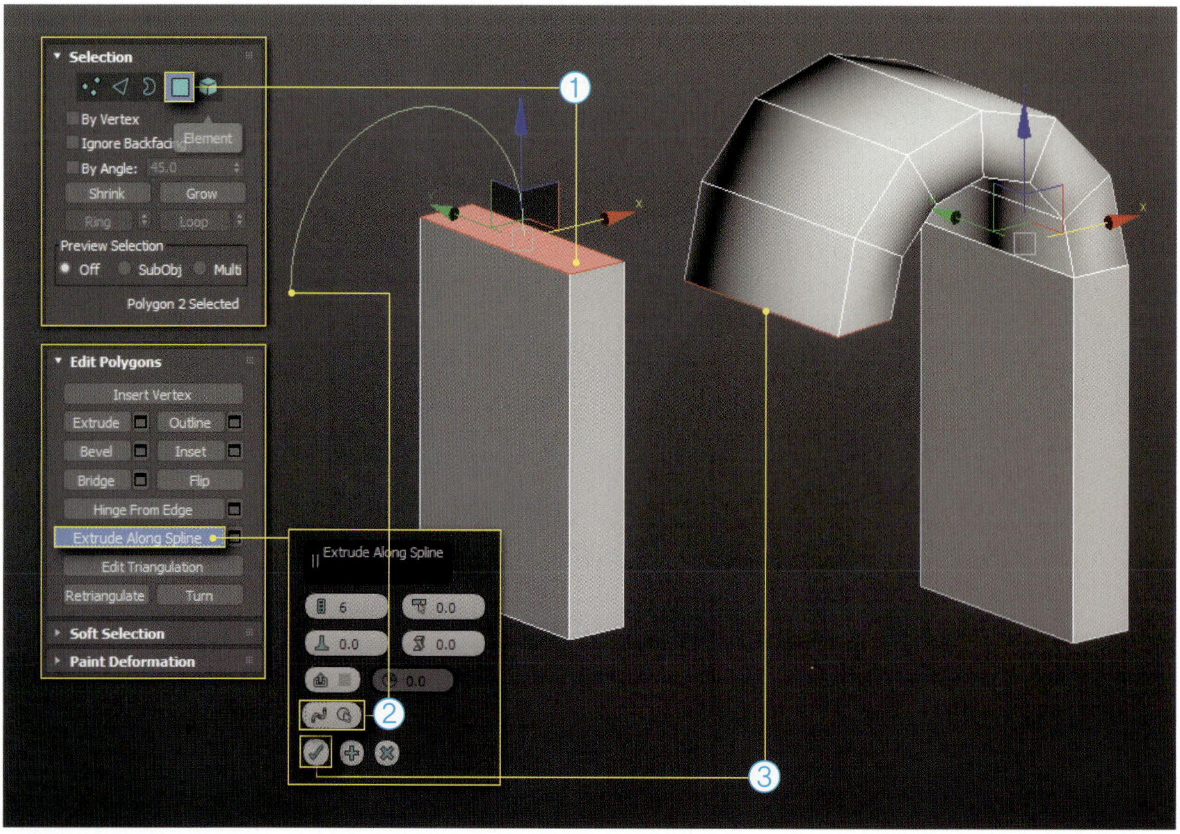

옵션을 조절해서 변형한 모습입니다.

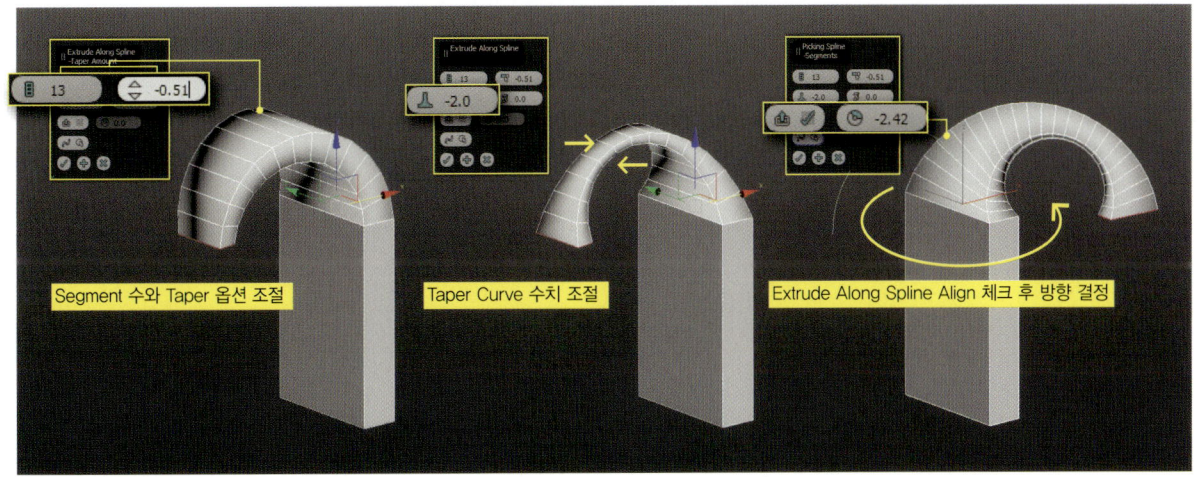

같은 방법을 여러 번 적용해 변형한 모습입니다.

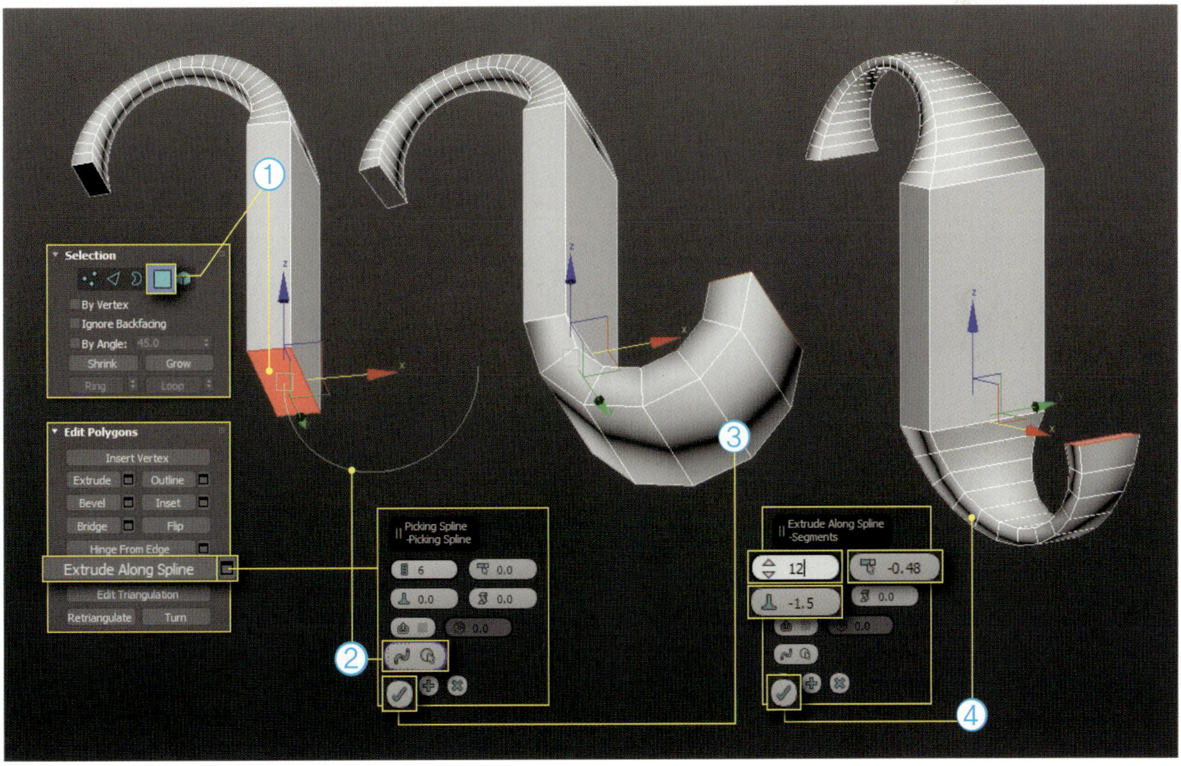

Path Deform

Path Deform 기능을 이용하면 Object를 Spline을 따라 이동하거나 Spline 모양에 맞춰 변형할 수 있습니다. Path Deform을 사용하기 위해서는 Path로 사용할 Spline과 Spline을 따라 변형할 Object가 필요합니다. Path로 사용할 Spline은 Create ➔ Shapes의 Line을 이용해 생성합니다. 그림과 같이 길게 여러 각도로 구부러진 Spline을 만듭니다.

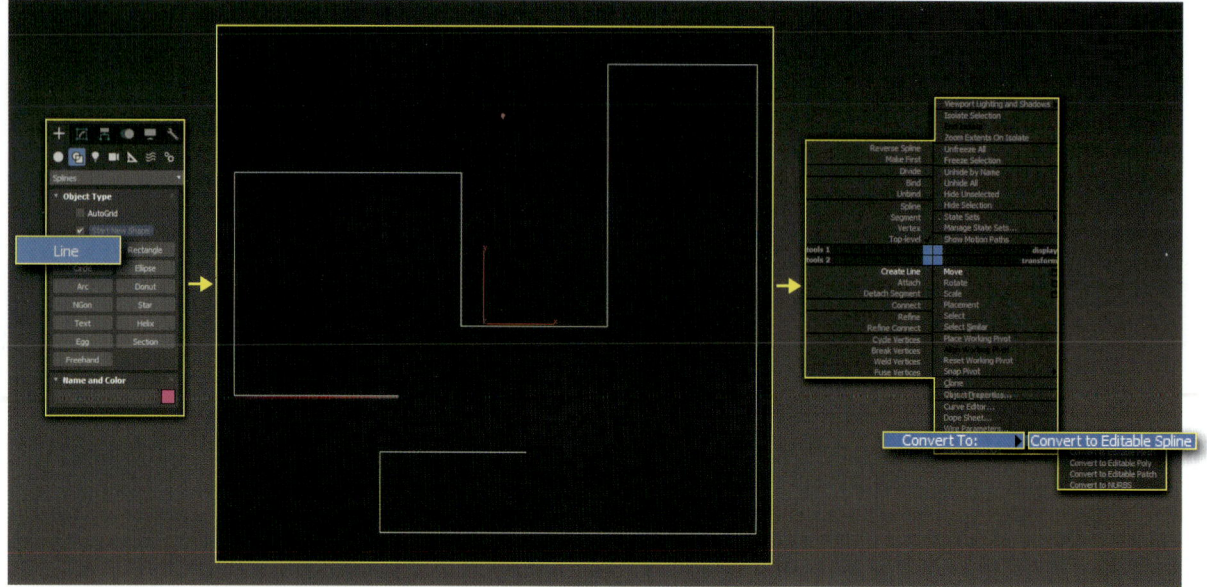

모서리의 Vertex를 선택하고 Fillet 수치를 조절하여 그림과 같이 곡선으로 만듭니다.

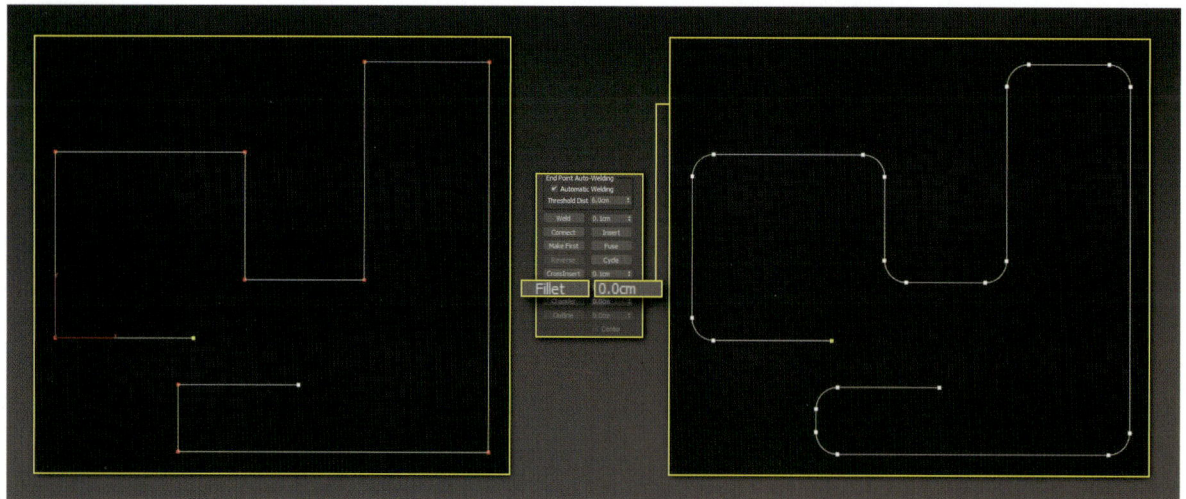

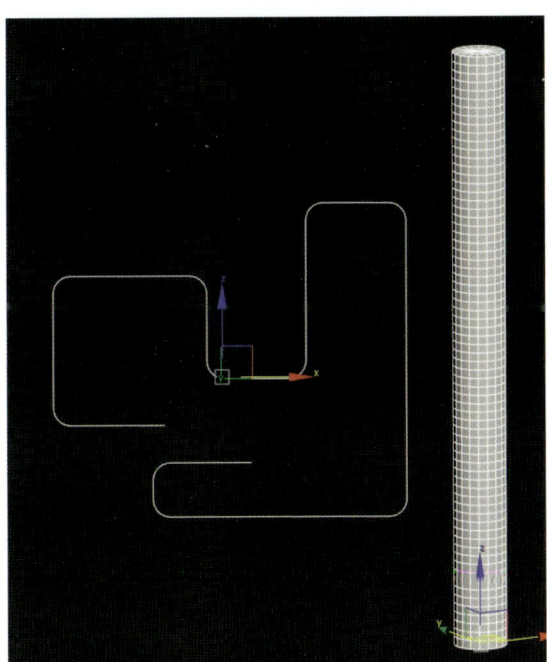

Line을 따라 변형할 Object는 Cylinder로 생성합니다. Cylinder 생성 시 Height Segment 값을 충분히 높게 설정합니다.

Cylinder를 선택한 후 Modify에서 Path Deform을 적용합니다. Path Deform ➔ Path를 클릭하고 Spline을 선택하면 Cylinder가 Spline을 따라 변형됩니다. 이 변형은 Path Deform Axis의 축을 기준으로 이루어집니다. 만약 그림과 같이 원하는 형태로 변형되지 않을 경우, 축 설정을 조정하여 원하는 결과를 얻도록 합니다.

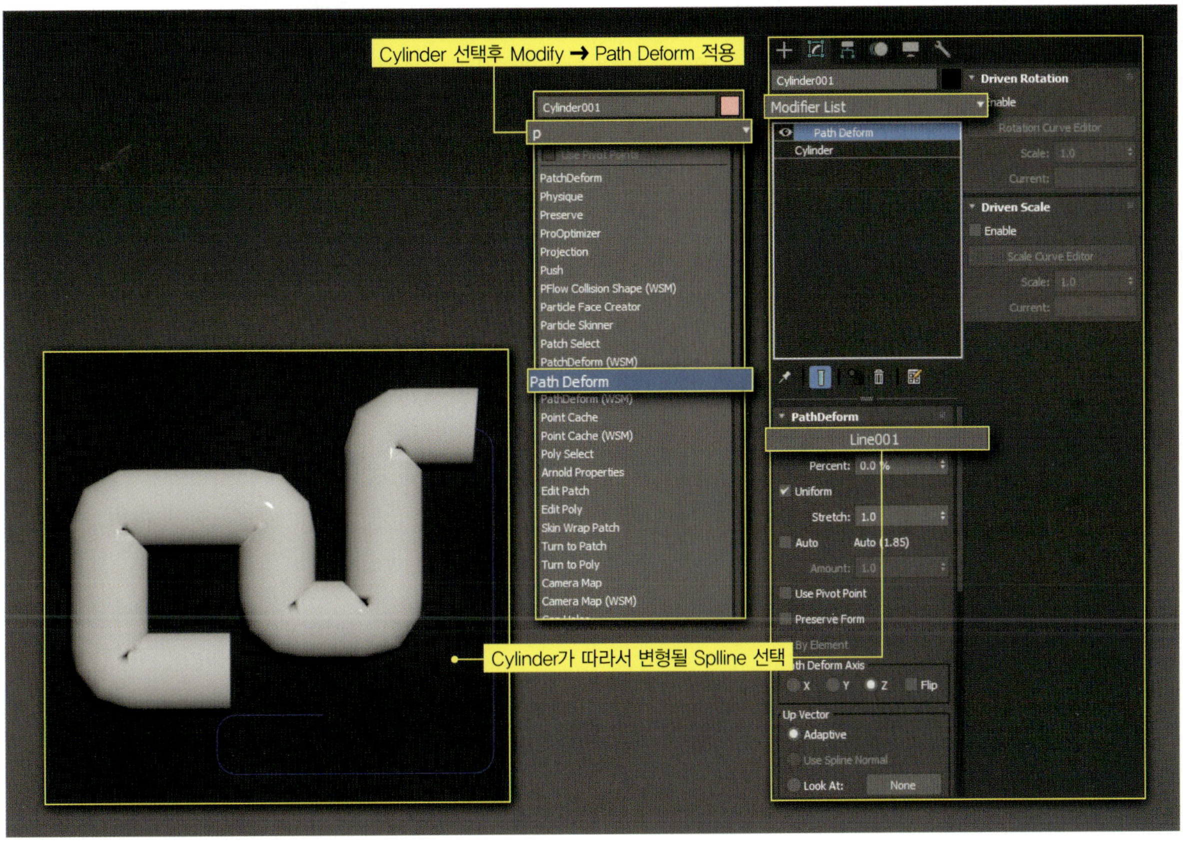

Modify 패널에서 Cylinder를 선택하고 Parameters 수치를 적절히 조절합니다. Cylinder의 형태가 수치에 따라 변하는 것을 볼 수 있습니다.

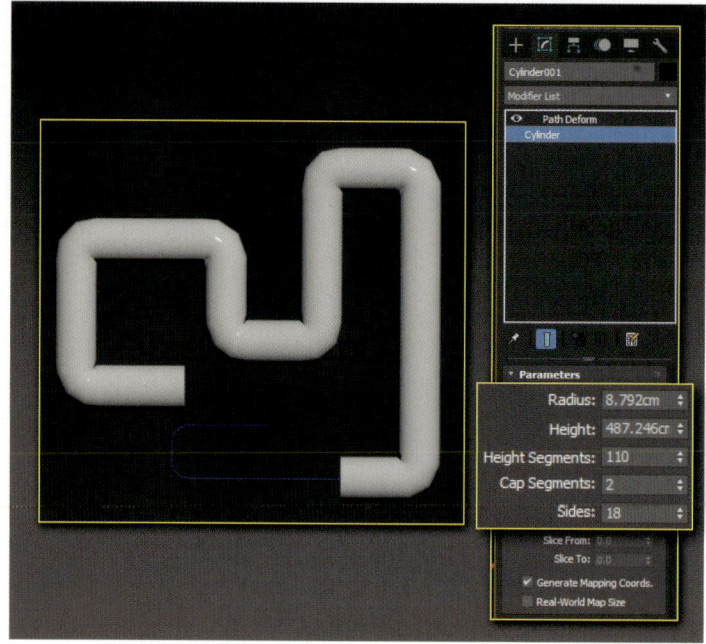

Percent 수치를 조절하면 Cylinder가 선택한 Spline의 모양을 따라 변형되면서 이동합니다.

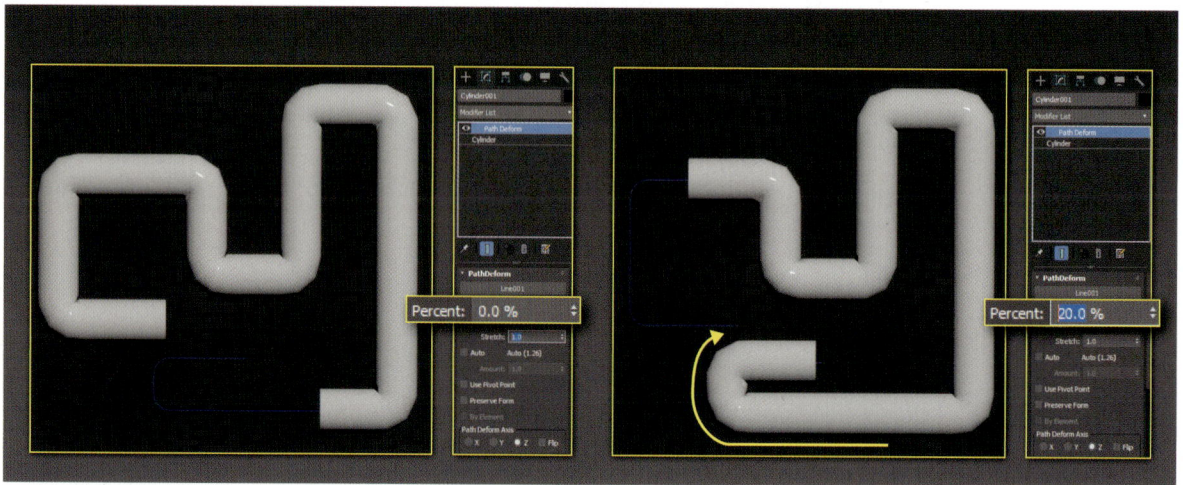

Uniform → Stretch의 수치를 조절하면 Cylinder가 선택한 Spline을 따라 늘어납니다. 이는 Cylinder 자체가 길어지는 것이 아니라, Cylinder의 형태가 변형되는 것으로, Cylinder를 직접 수정한 결과와는 다릅니다.

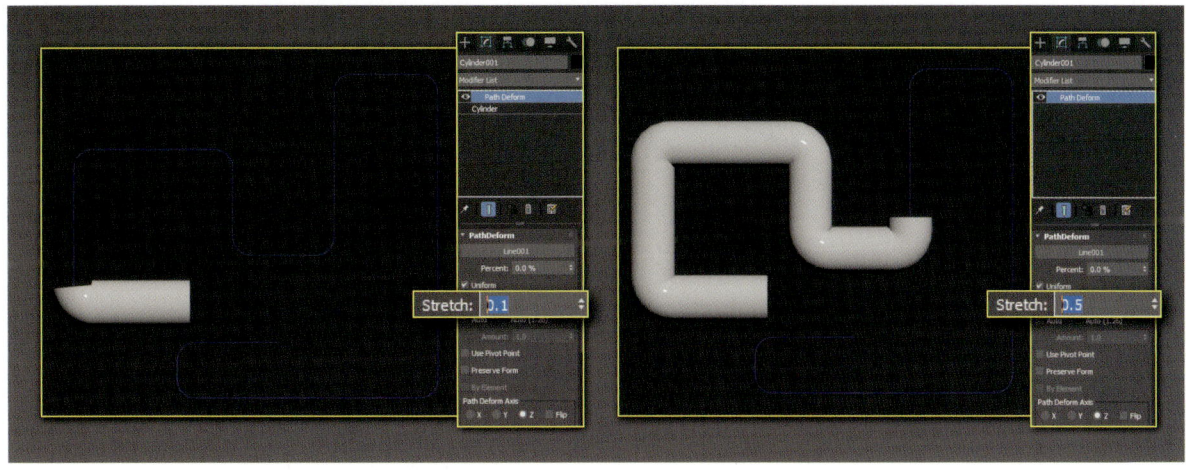

Auto를 활성화하면 Cylinder가 Spline의 길이에 정확하게 맞춰 변형됩니다.

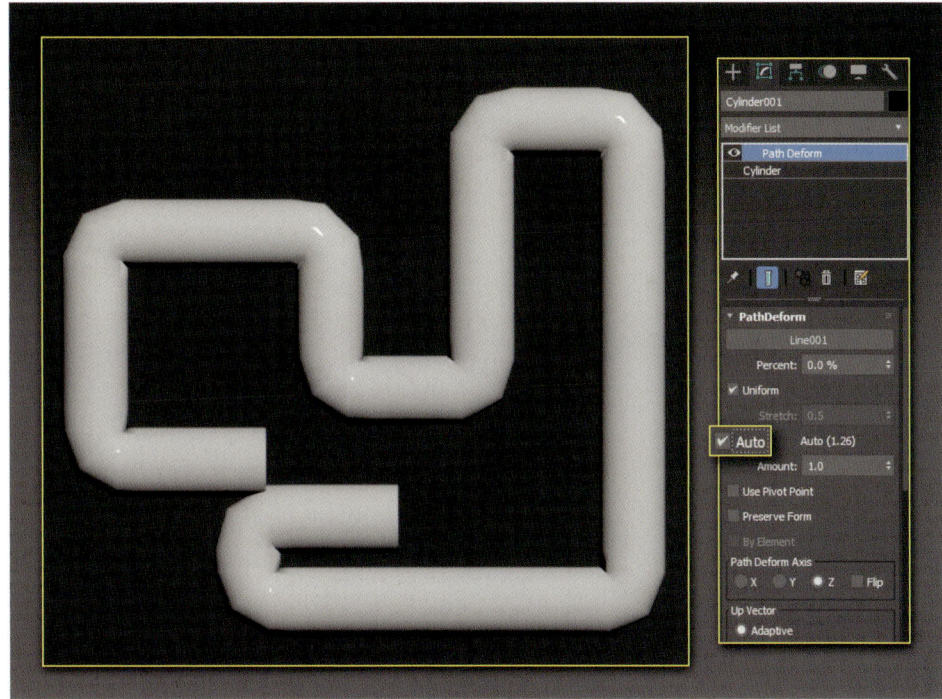

Rotation의 Amount와 Twist 수치를 조절하여 Object 전체를 회전하거나 순차적으로 비틀어 변형할 수 있습니다. 다음 이미지는 Twist 수치를 높여 변형한 결과입니다.

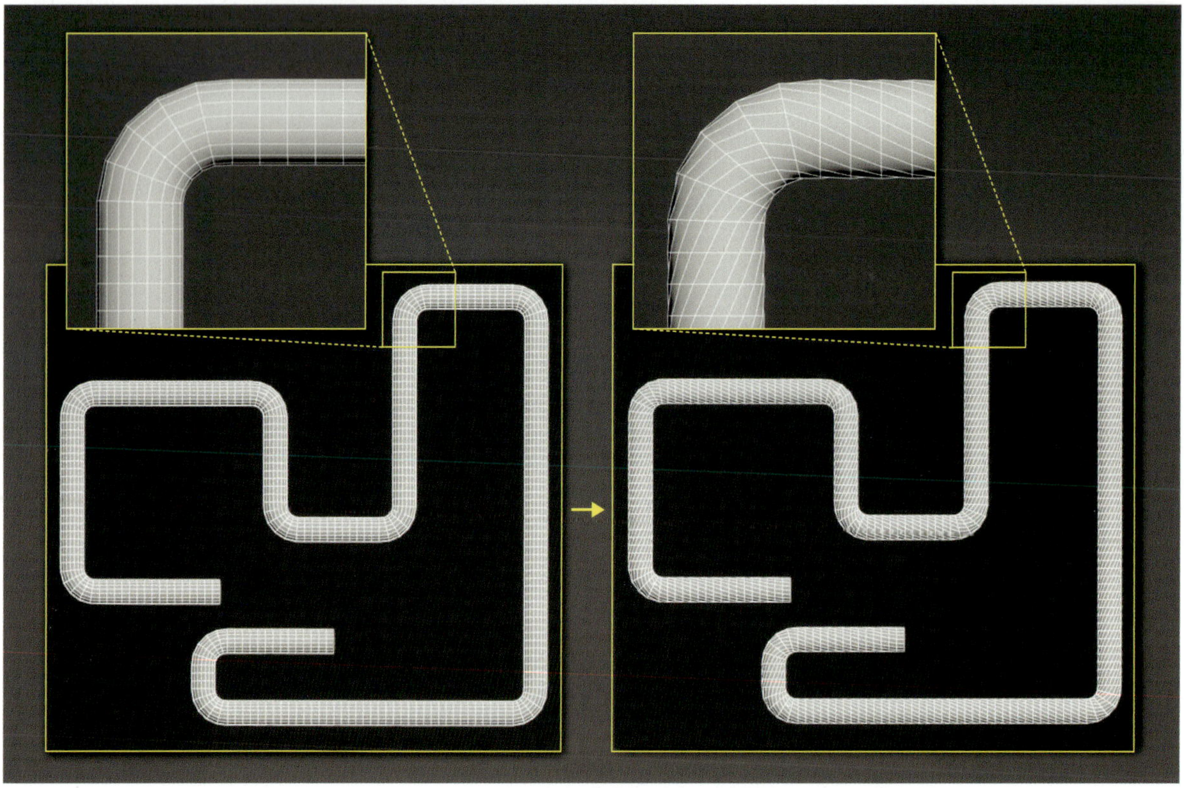

변화를 더 명확히 보기 위해 Cylinder ➡ Sides 수치를 4로 조절했습니다.

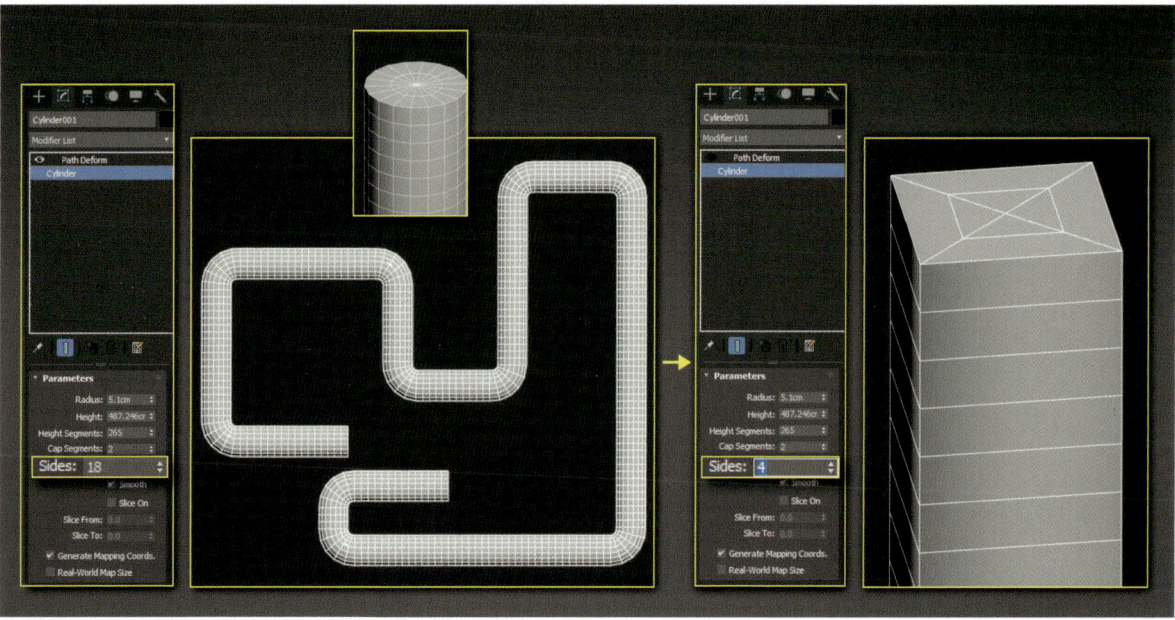

Rotation의 Amount와 Twist 수치를 높이면 변화를 쉽게 확인할 수 있습니다.

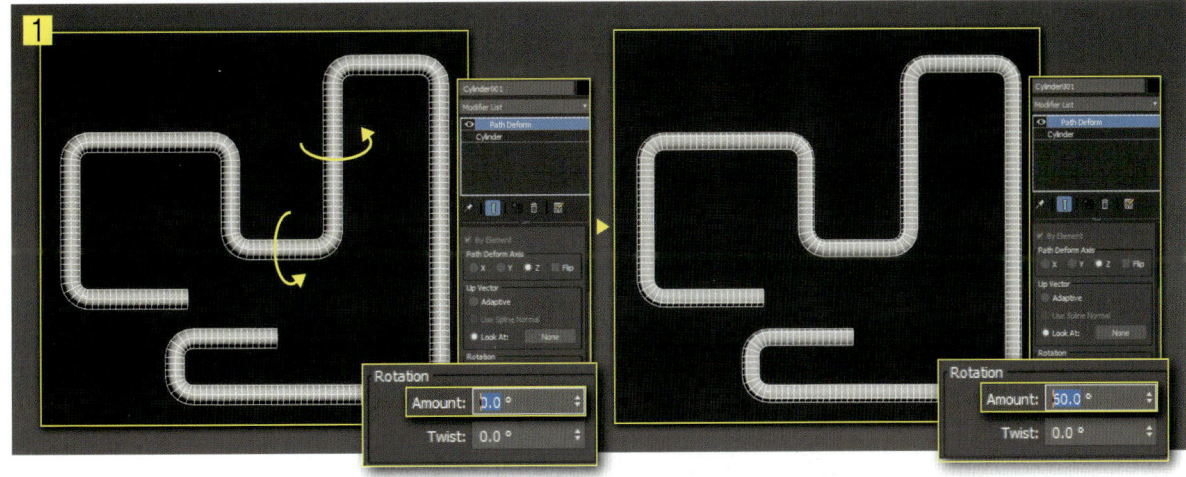

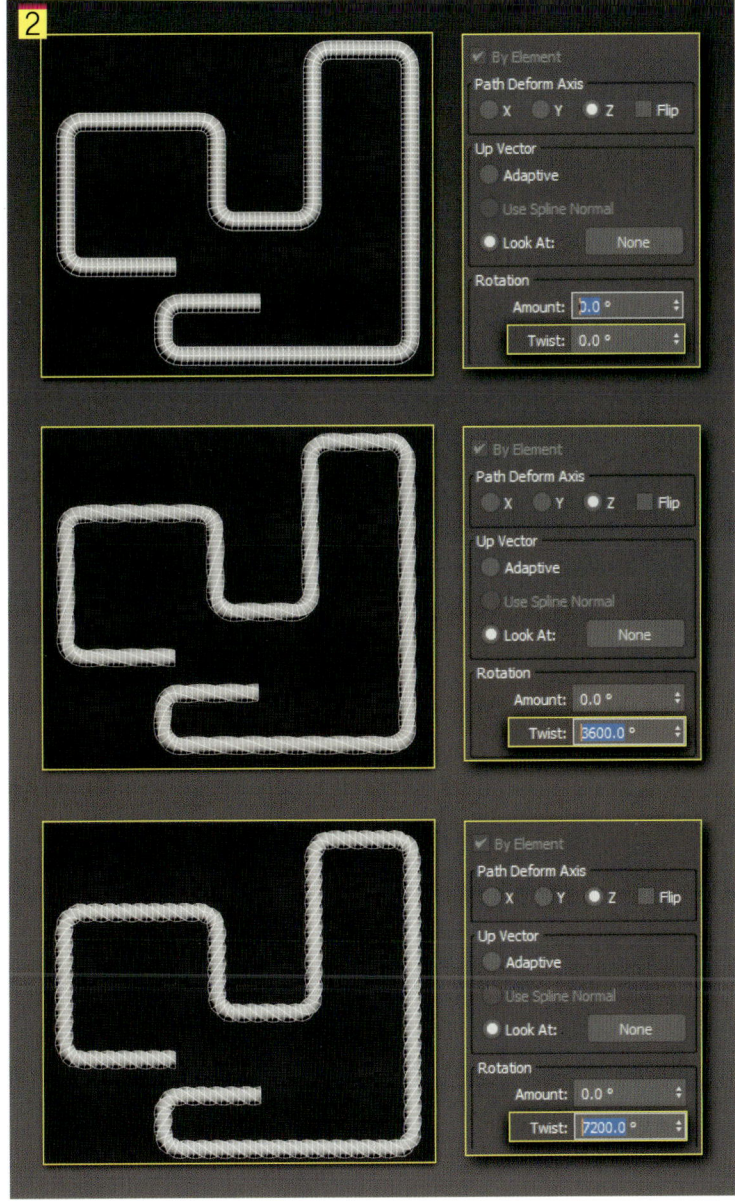

Driven Rotation을 활성화하고 Rotation Curve Editor를 사용하면 Twist를 더 세밀하게 조절할 수 있습니다.

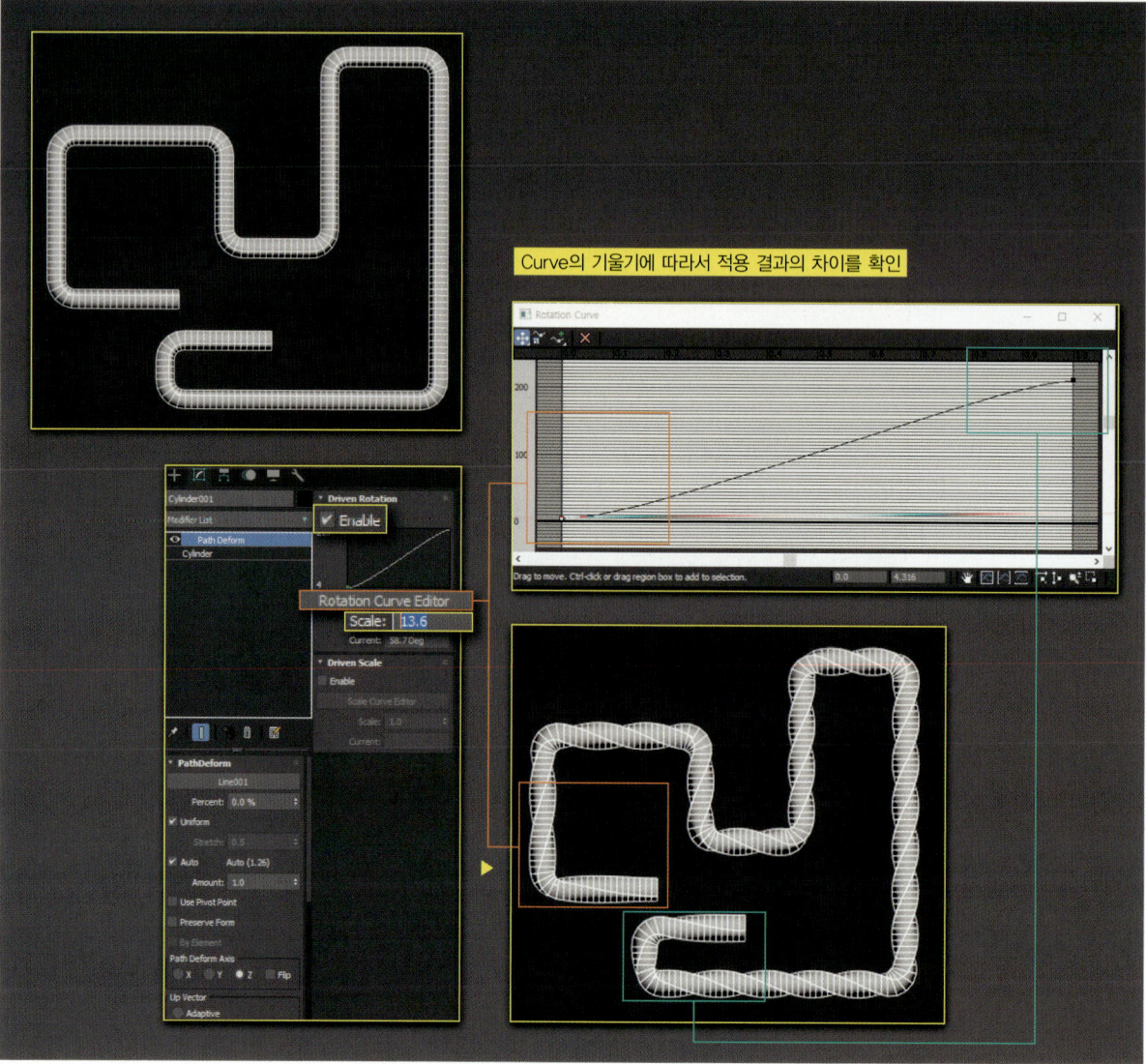

Curve에 point를 추가하거나 위치를 변경하고, Curve의 기울기를 조절하면서 직관적으로 결과를 확인하며 변형할 수 있습니다. Scale Curve Editor에서 Add Point 버튼을 누르거나 마우스 오른쪽 버튼을 클릭하고 Insert ➜ Curve 혹은 Bezier 기능을 활용하여 Curve의 속성을 결정하고 point를 추가할 수 있습니다. 추가한 point를 선택하고 마우스 오른쪽 버튼을 클릭하여 point의 속성을 변경할 수도 있습니다.

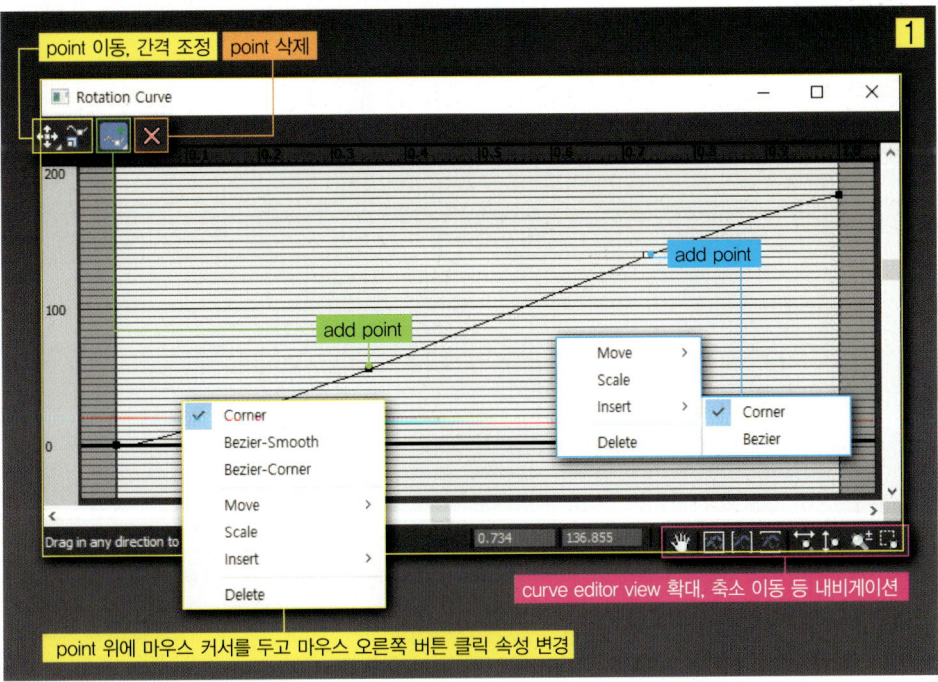

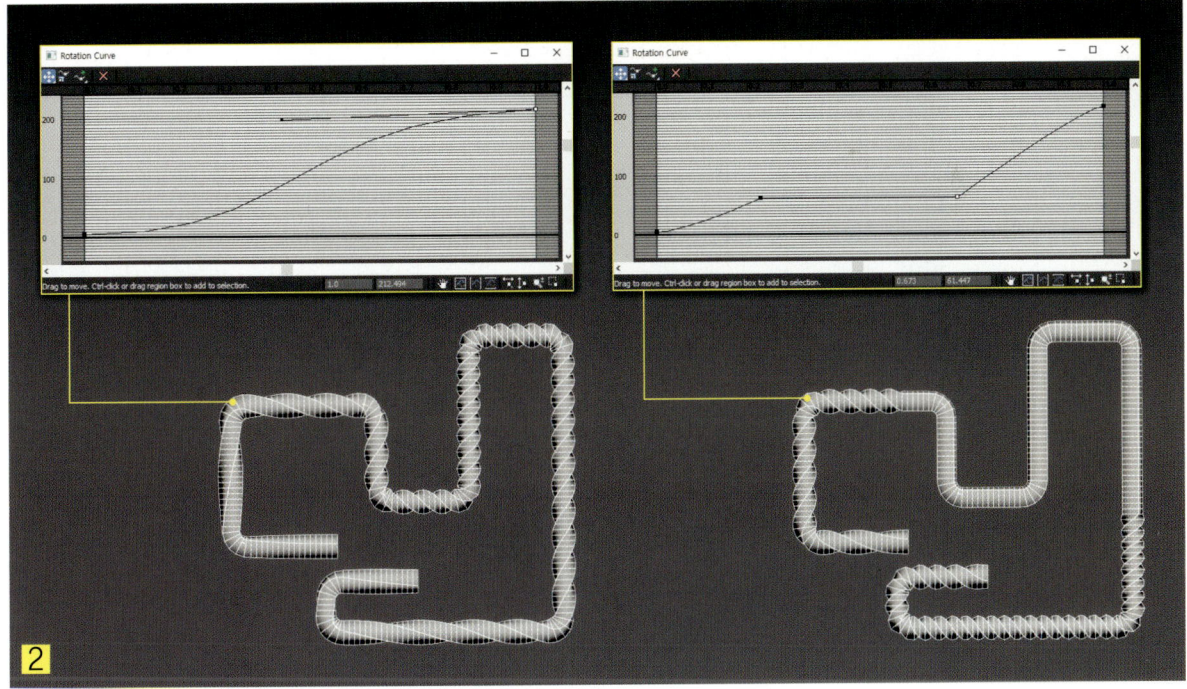

Chapter 02 | 3D 모델링 기초 II 175

같은 방식으로 Driven Scale을 활성화하고 Scale Curve Editor의 Curve를 조절하여 변형한 결과물입니다.

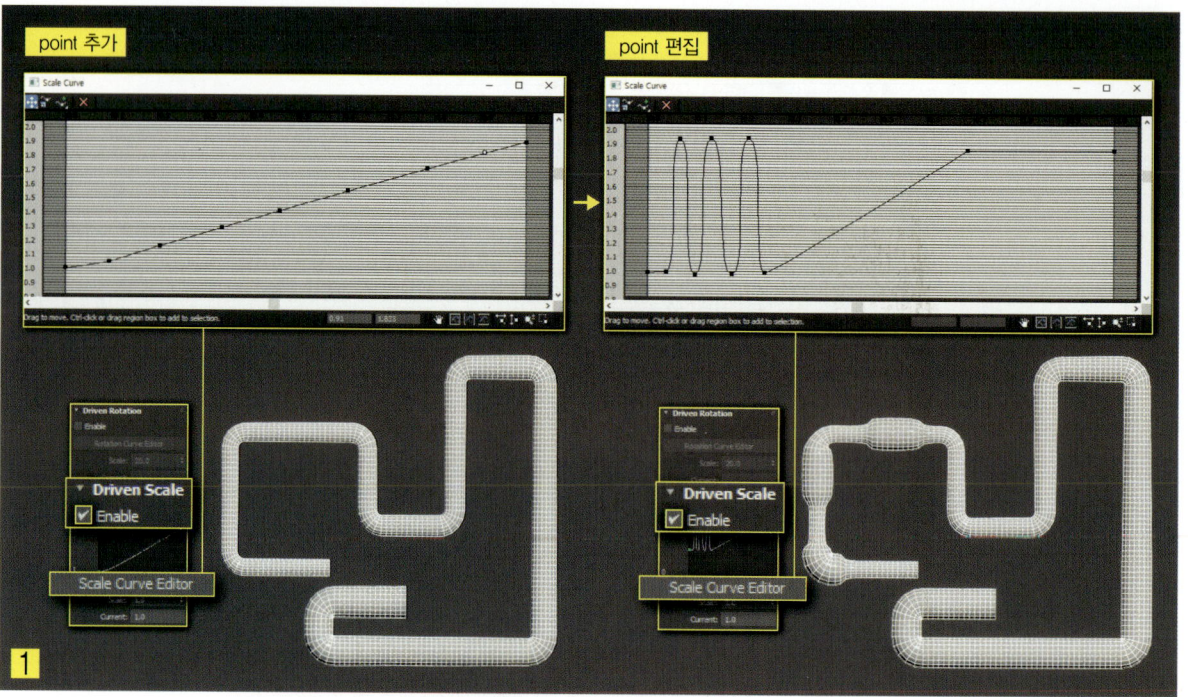

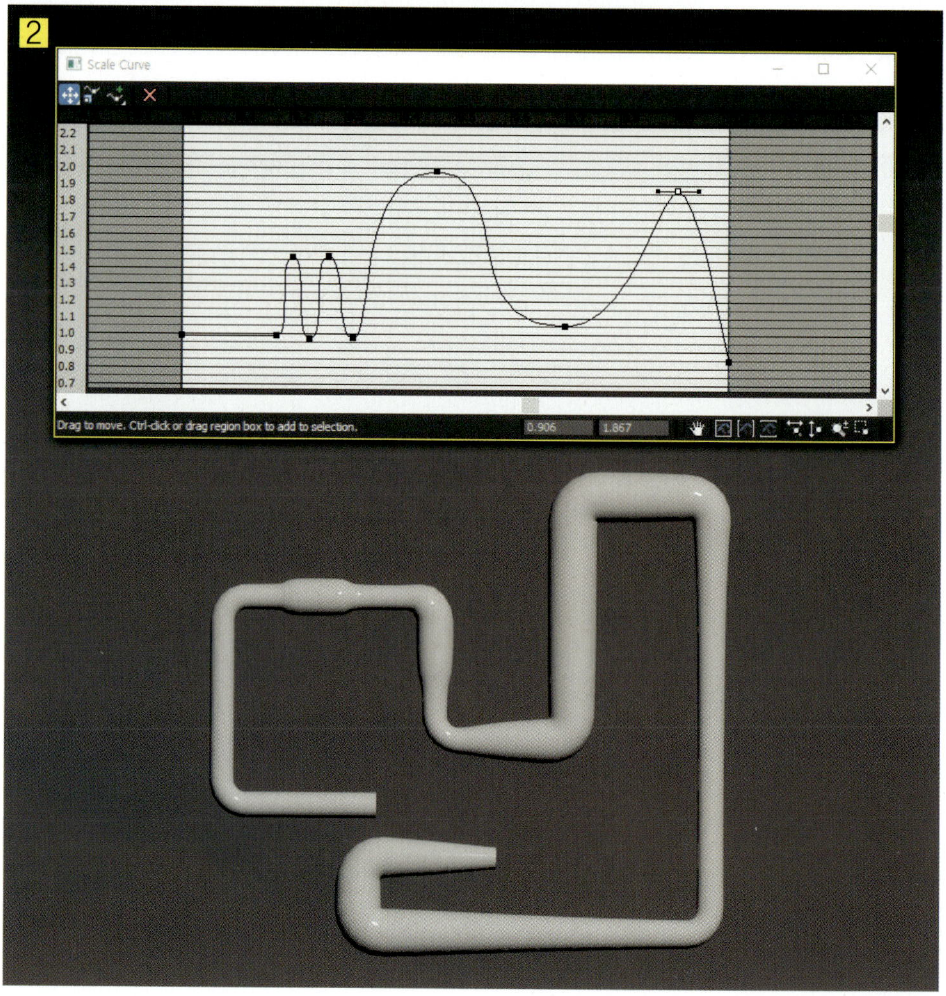

■ Modify ➜ Path Deform을 이용해 나무 만들기

기본 도형을 Modify의 Path Deform을 이용해서 생성한 Spline따라 변형한 후 Editable Poly의 Extrude Along Spline 기능을 사용해 카툰 스타일 나무를 만들어 보겠습니다.

Path Deform을 이용하기 위해서는 Path로 사용될 Spline과 Spline을 따라 변형될 Object가 필요합니다.

Path로 사용될 Spline을 Create ➜ Shape에서 Line을 이용해서 나무 기둥의 형태를 제작합니다.
▶

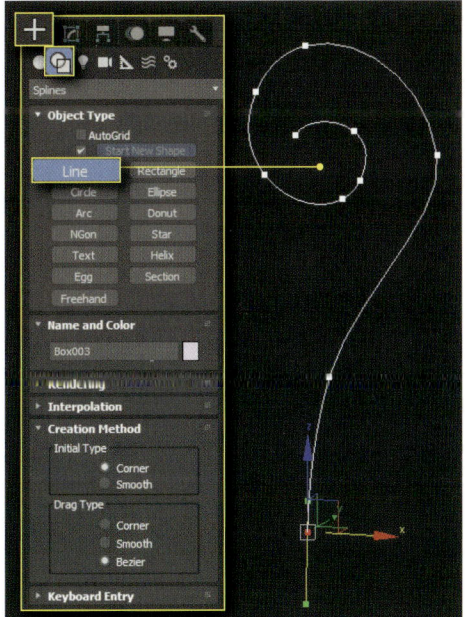

Line을 기준으로 변형할 Object는 Box를 이용해서 생성 합니다. 곡선을 따라 변형되기 때문에 Segment를 충분 히 설정합니다. ▼

만들어 놓은 Object를 선택하고 Modify ➜ Path Deform(wsm)을 적용합니다. Pick Path를 클릭하고 Spline을 선택합니다. Move to path를 실행하면 Object가 Spline과 같은 모양으로 변형됩니다.

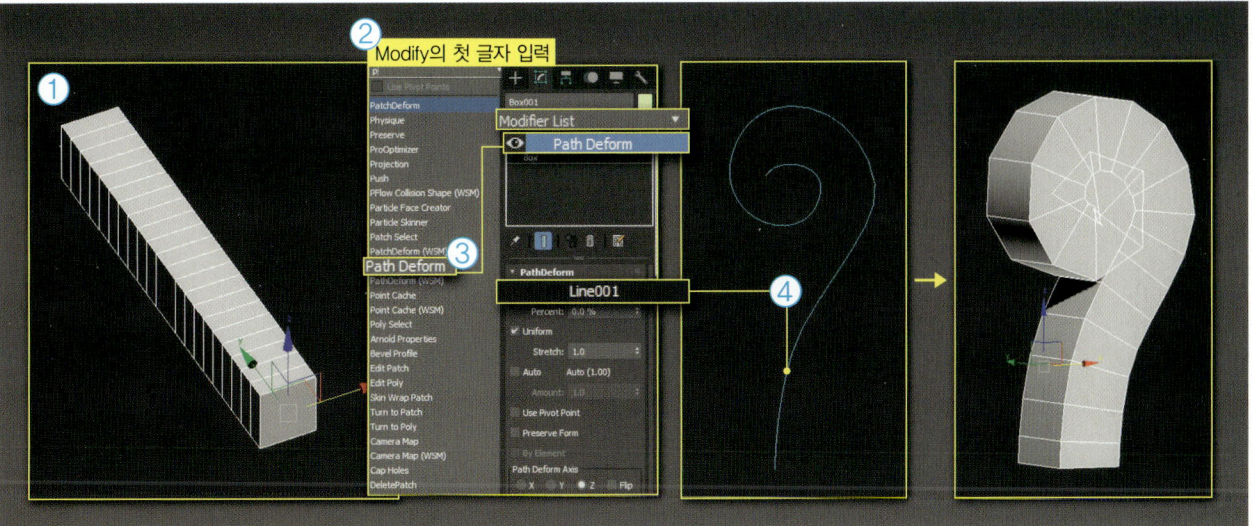

Chapter 02 | 3D 모델링 기초 II

Stretch 수치를 조절하면 Object가 Spline을 따라 늘어나거나 줄어드는 것을 확인할 수 있습니다.

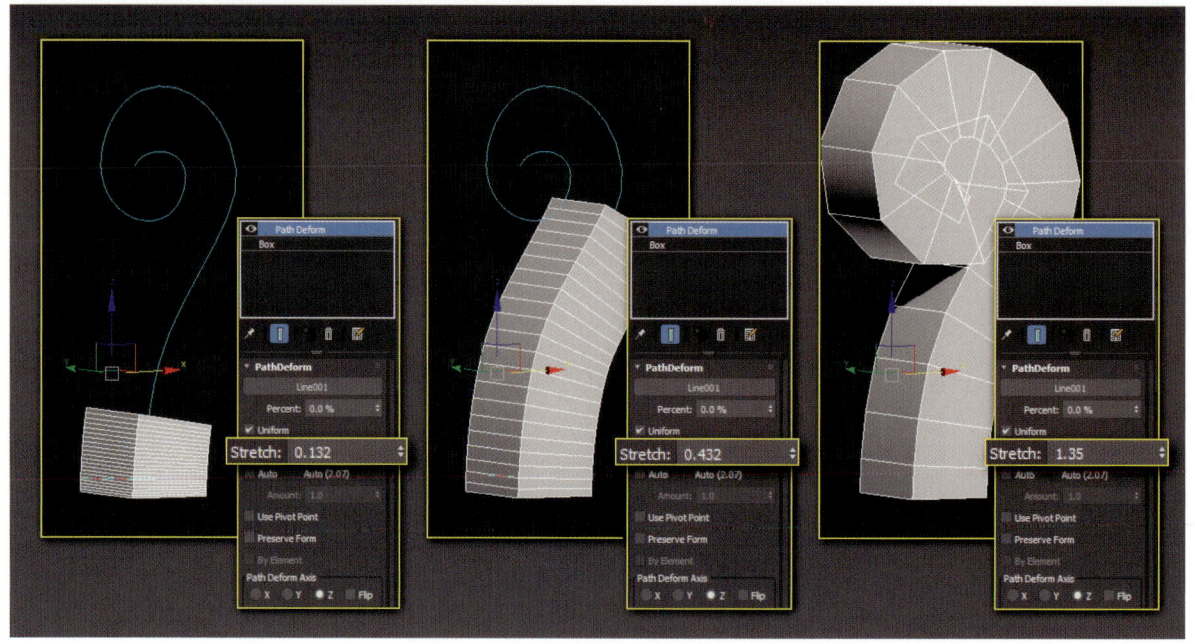

Rotation은 Object 전체가 Spline과 일치하게 회전되고 Twist는 Object 아래쪽부터 위쪽으로 꼬아주는 기능입니다.

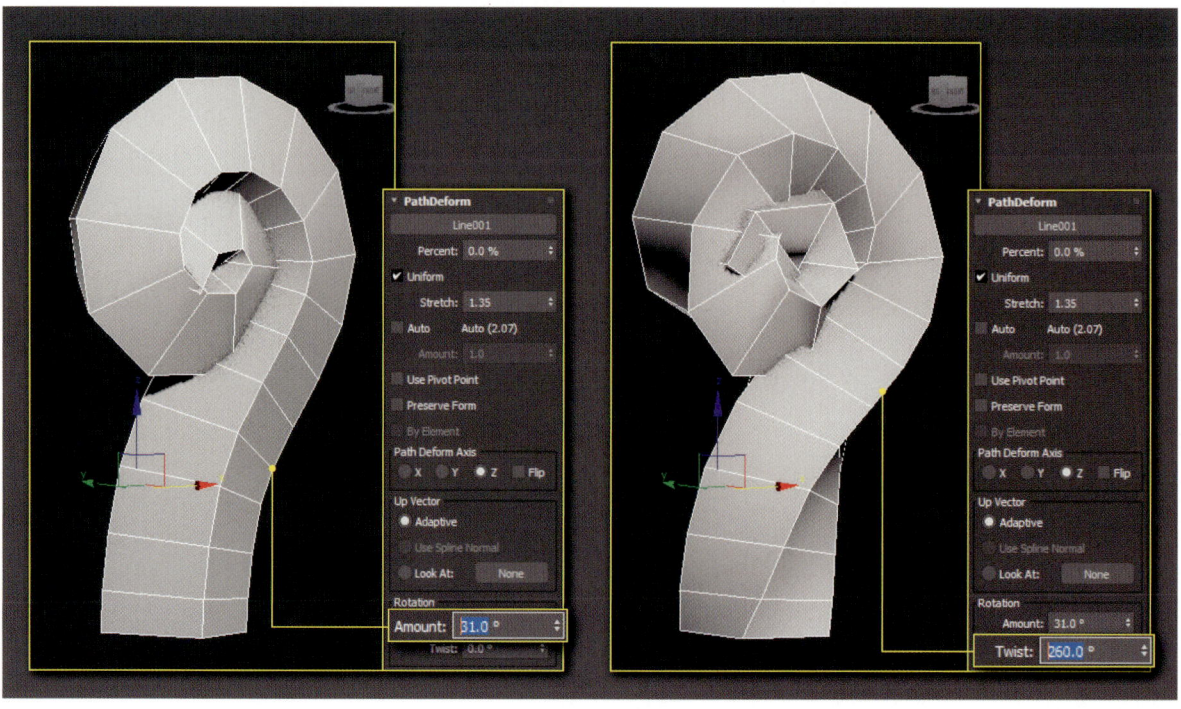

Modify ➡ Taper를 적용하고 Amount와 Curve를 조절해서 윗부분이 가늘어지게 합니다.

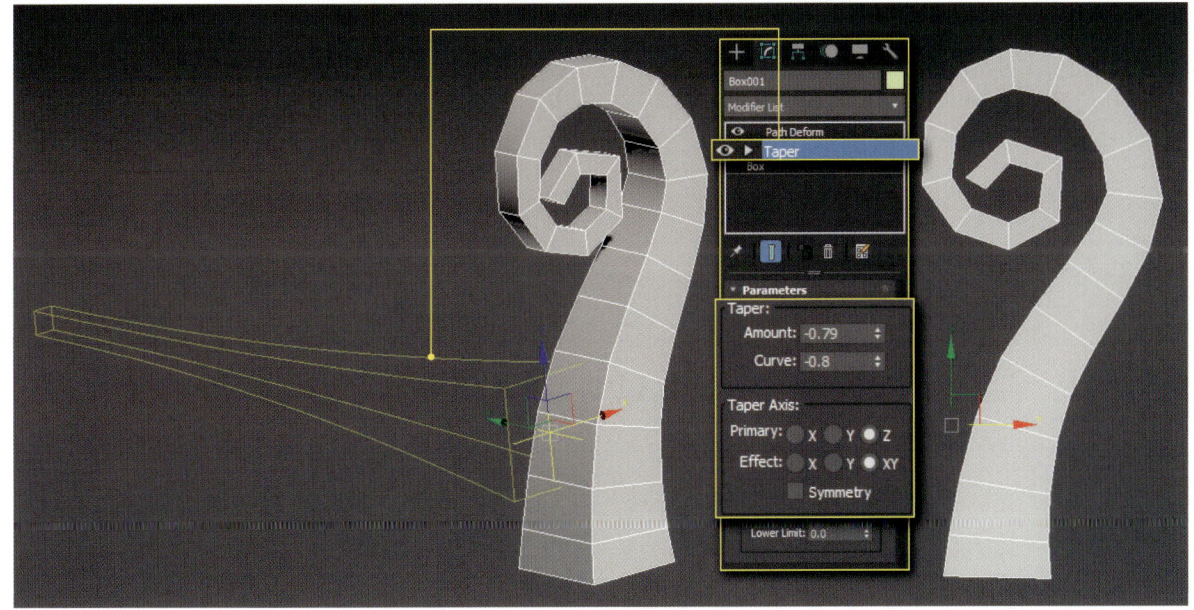

마우스 오른쪽 버튼을 클릭하고 Convert to Editable Poly를 클릭해서 Editable Poly로 변환하고 가지를 추가할 위치에 Spline을 생성합니다.

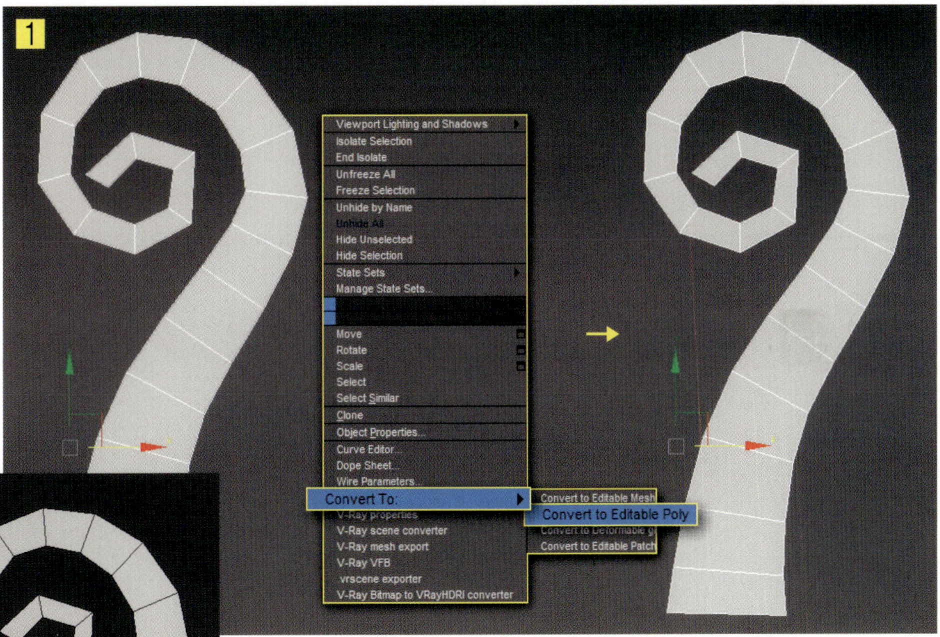

가지를 추가할 위치에 Spline을 생성합니다.

가지가 추가될 부분의 Polygon을 선택하고 Extrude Along Spline을 실행합니다. Segment와 Taper 수치를 조절하고 Pick Spline 버튼을 클릭하고 만들어 놓은 Spline을 선택하면 선택한 Polygon이 Spline을 따라서 생성됩니다.

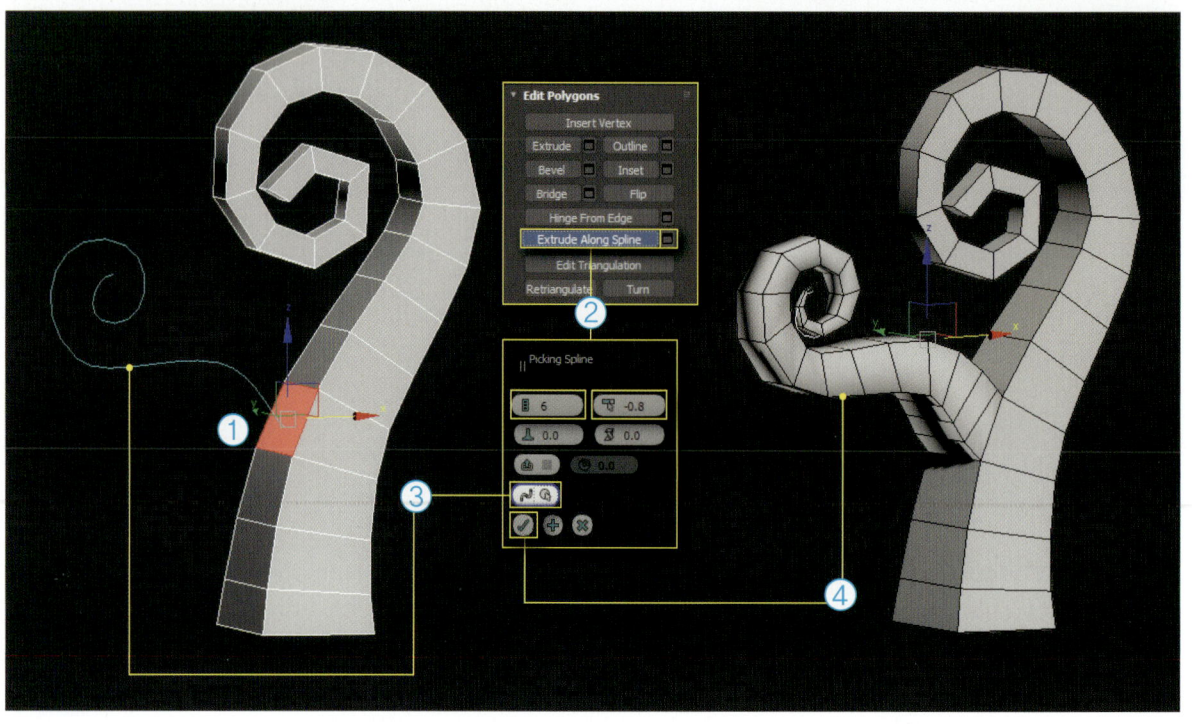

Edge를 추가하고 홈을 만들어 완성한 모습입니다.

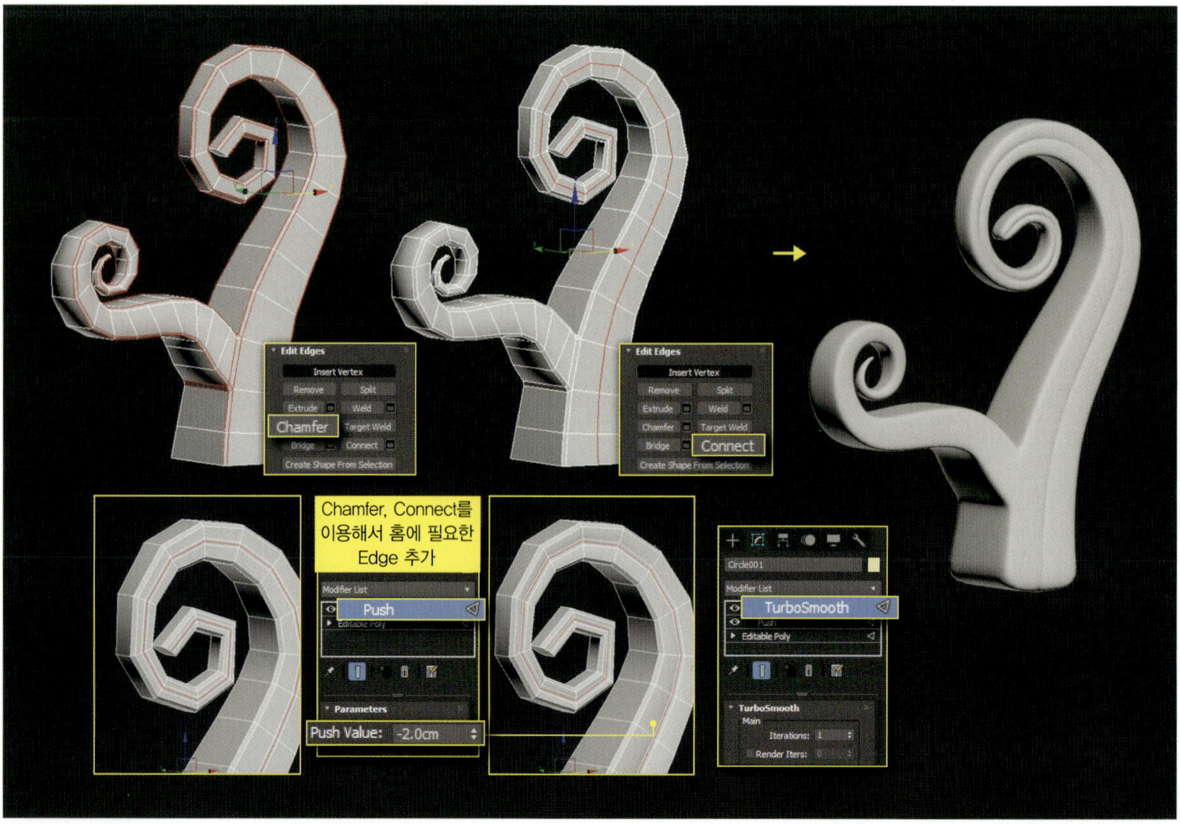

같은 방법으로 제작한 나무입니다.

입문자라면 다소 어려울 수 있는 부분이고 자주 사용하지 않는 기능이지만 응용하기에 따라서 Editable Poly 기능으로 표현하기 어려운 모양을 제작하는 데 효과적으로 사용할 수 있습니다.

Spline을 변형해서 다양한 단면을 만들고 두께를 주어 완성하는 연습을 꾸준히 하기 바랍니다.

Modify ➜ Path Deform을 이용해 복잡한 나무 만들기

Modify ➜ Path Deform 기능을 활용하여 좀 더 복잡한 나무를 만들어 보겠습니다.

PathDeform은 앞서 학습한 Loft처럼 Spline이 필요합니다.

Spline을 만들고 Cylinder를 이용하여 나무의 기둥을 만들었습니다.

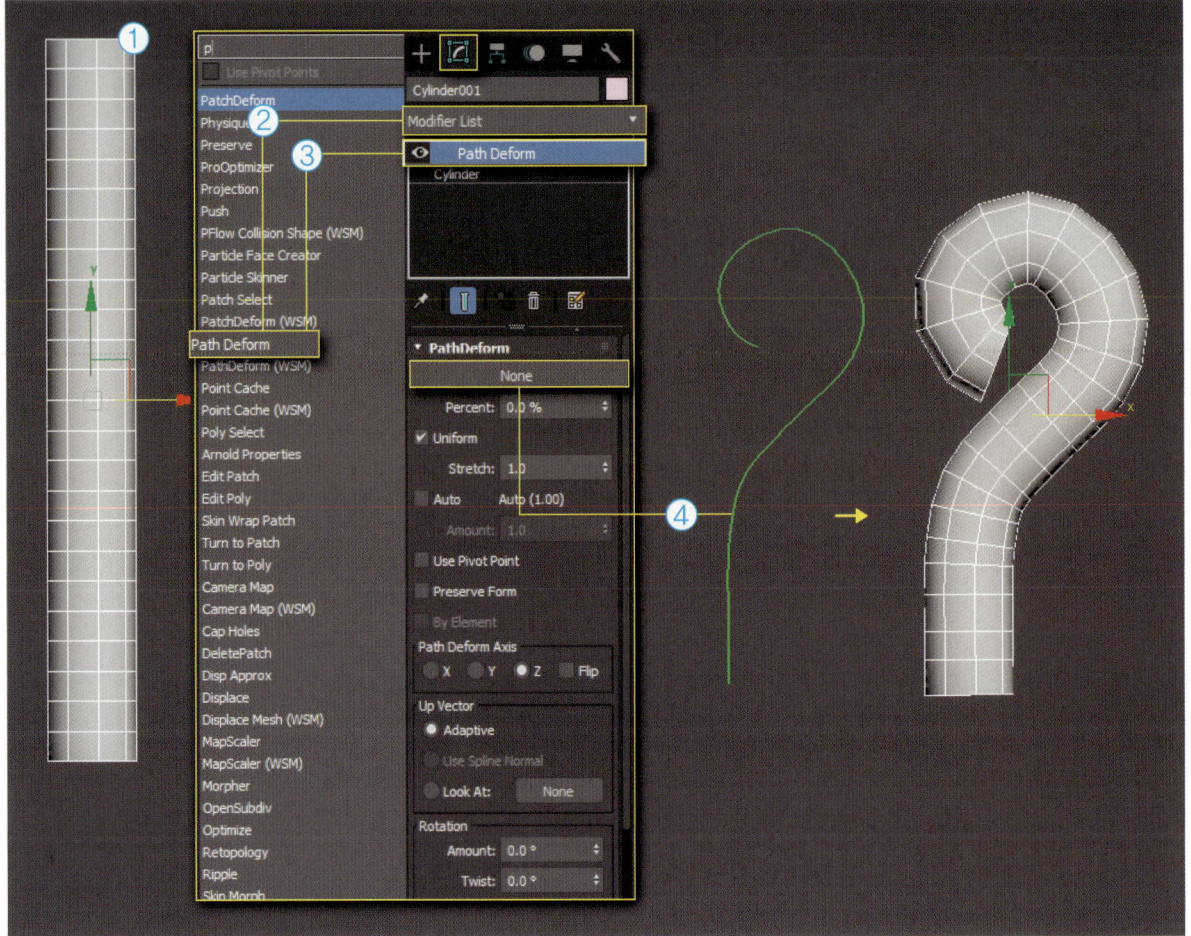

Modify → TurboSmooth를 이용하여 밀도를 높이고 Snapshot을 이용하여 새로운 Object로 복사합니다. 그 후 Convert to Editable Poly로 변환합니다.

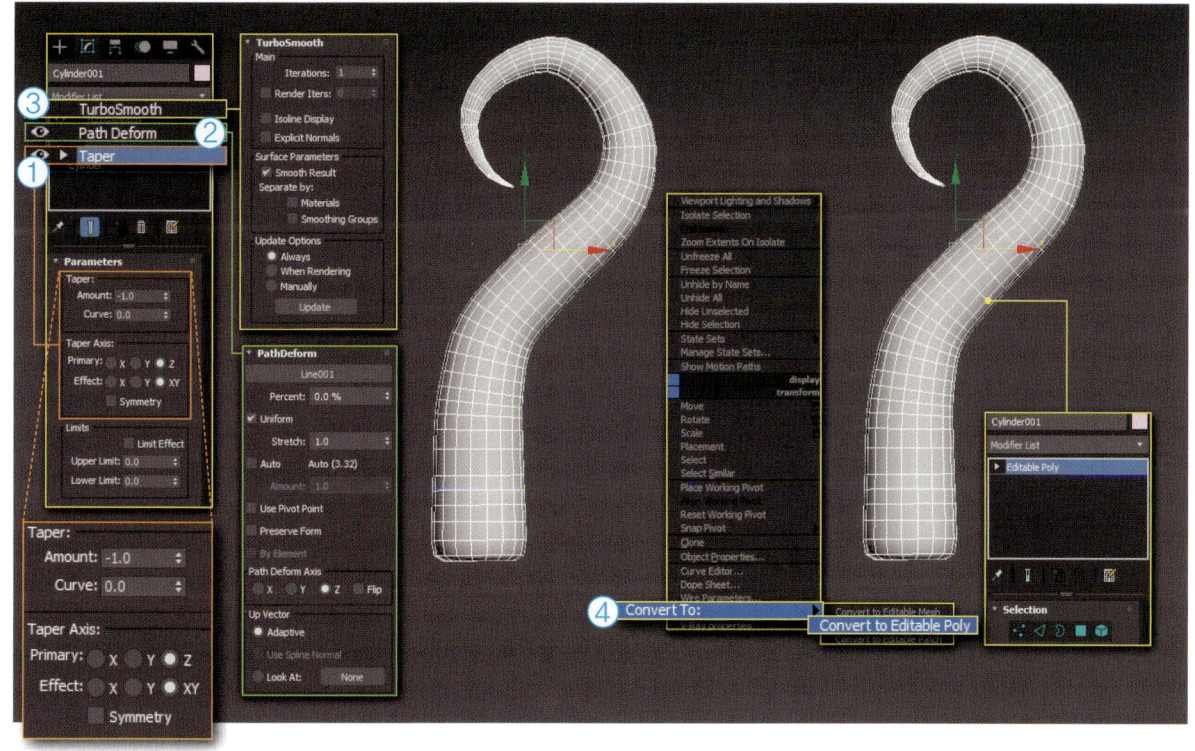

가지가 추가될 부분의 Polygon을 선택하고 Bevel을 이용해서 Polygon을 추가합니다.

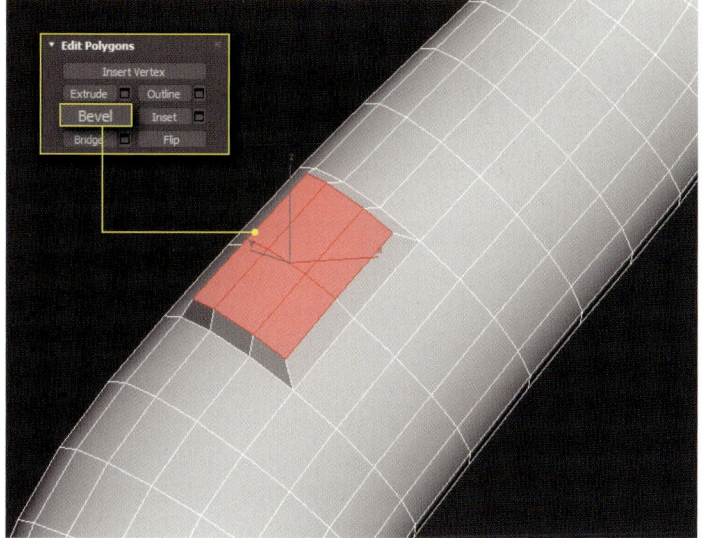

Shape → Helix를 이용해서 변형합니다. Create → Shape에서 Helix를 선택하고 화면을 클릭 앤 드래그해서 Spline 의 크기(Radius)가 결정되고 마우스 버튼에서 손을 떼고 다시 드래그하면 Height 값을 설정할 수 있습니다. Height를 결정하고 다시 클릭 앤 드래그해서 안쪽으로 크기(Radius)를 다시 설정하고 마무리합니다.

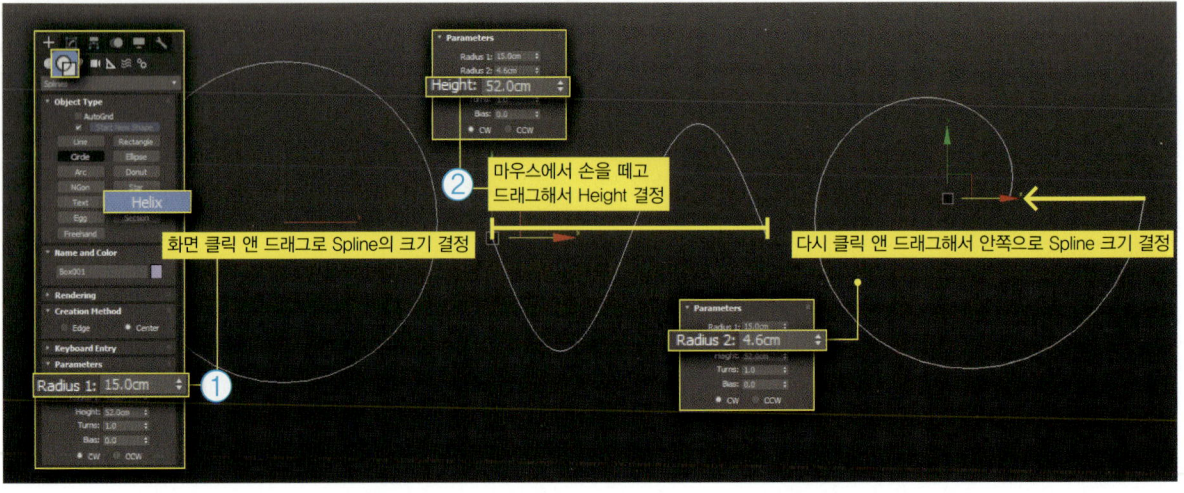

Modify로 이동해서 Spline 회전 수 등 옵션을 수정해서 원하는 형태로 완성합니다.

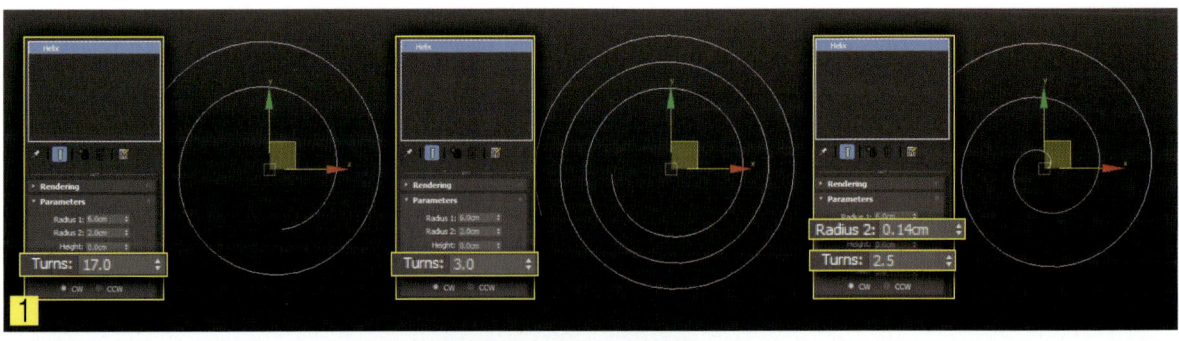

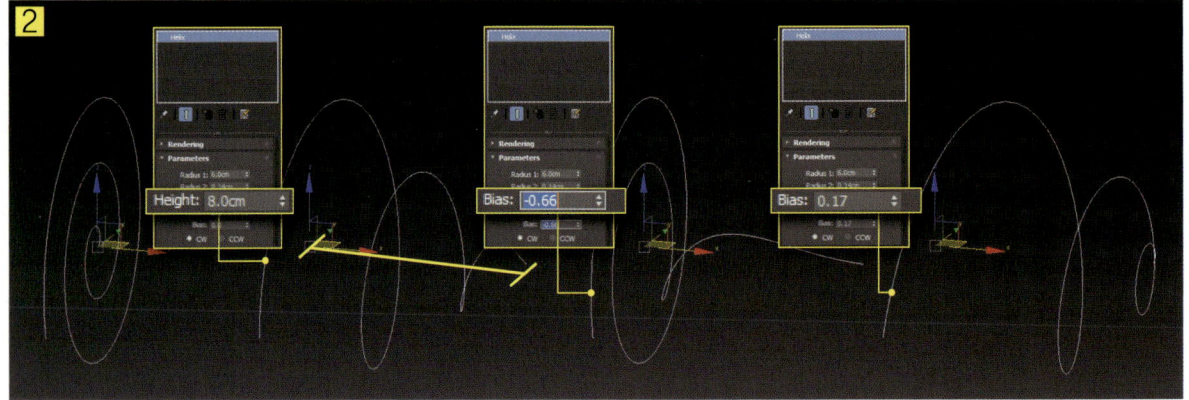

이제 위에서 만들어 놓은 나무 기둥에 줄기를 만들기 위해서 그림과 같은 Spline을 생성합니다.

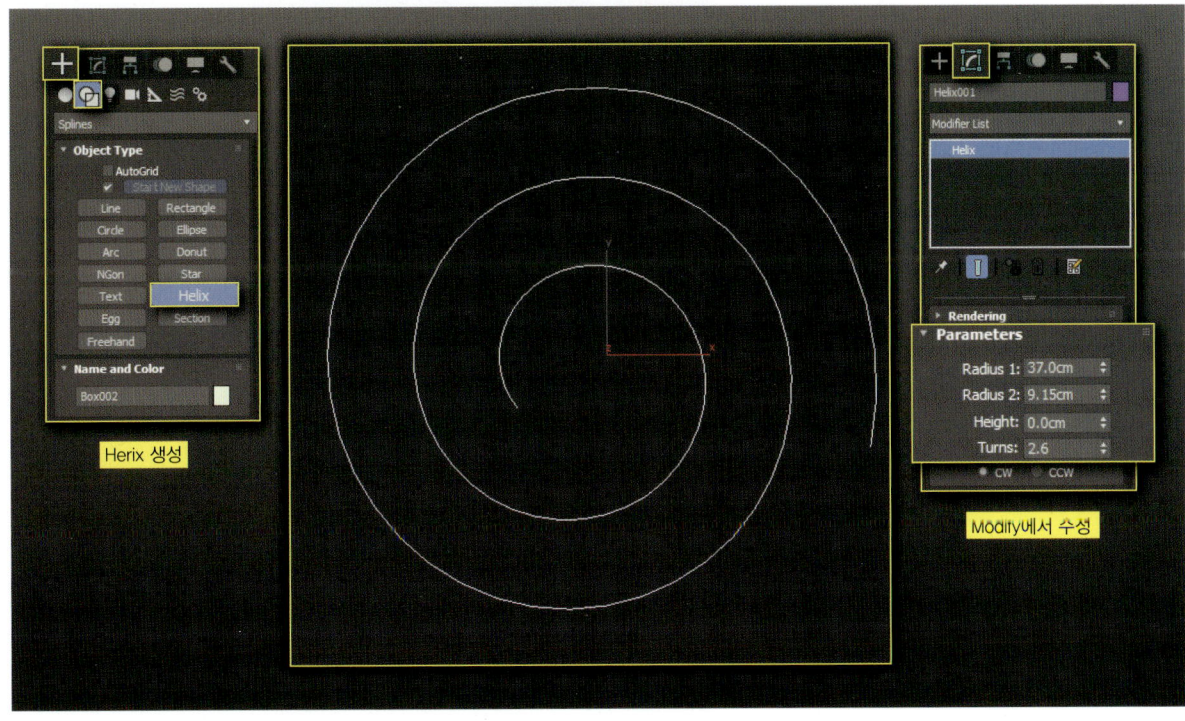

Spline을 따라 가지가 될 부분의 Polygon을 선택하고 Extrude Along Spline을 실행하고 옵션을 적절하게 조절하고 완성합니다.

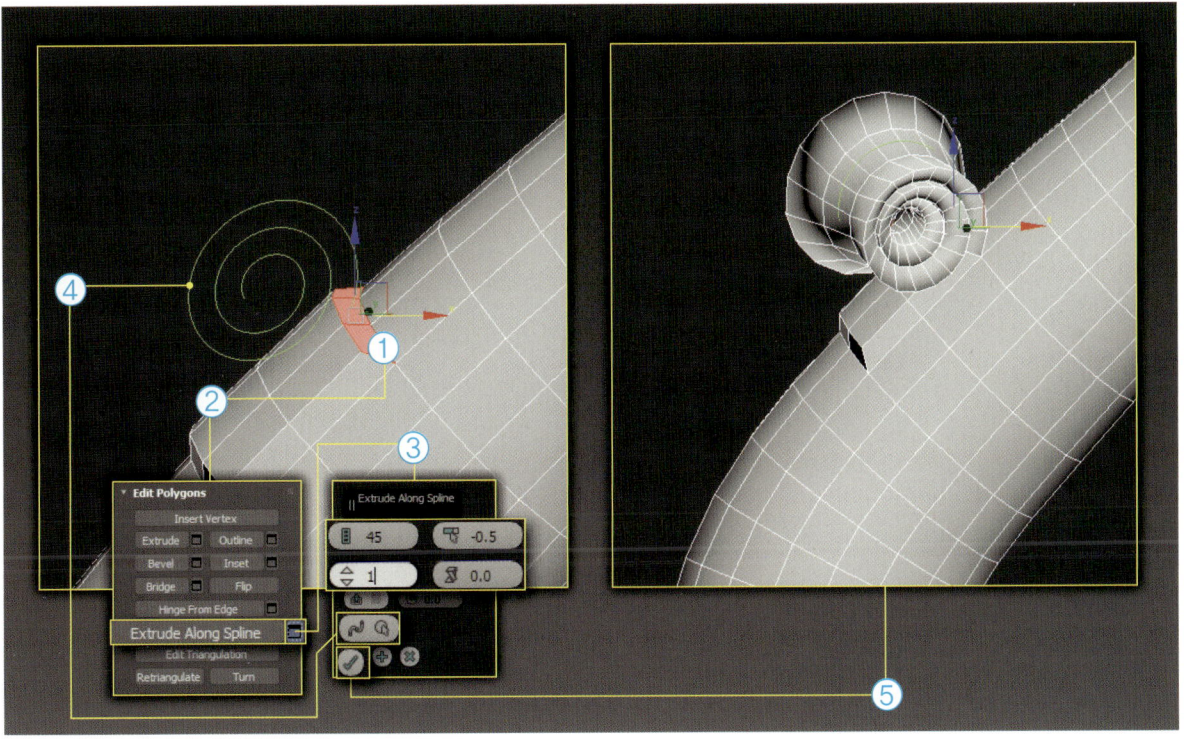

같은 방법으로 가지를 추가했습니다. 여러분도 다양하게 추가해보기 바랍니다.

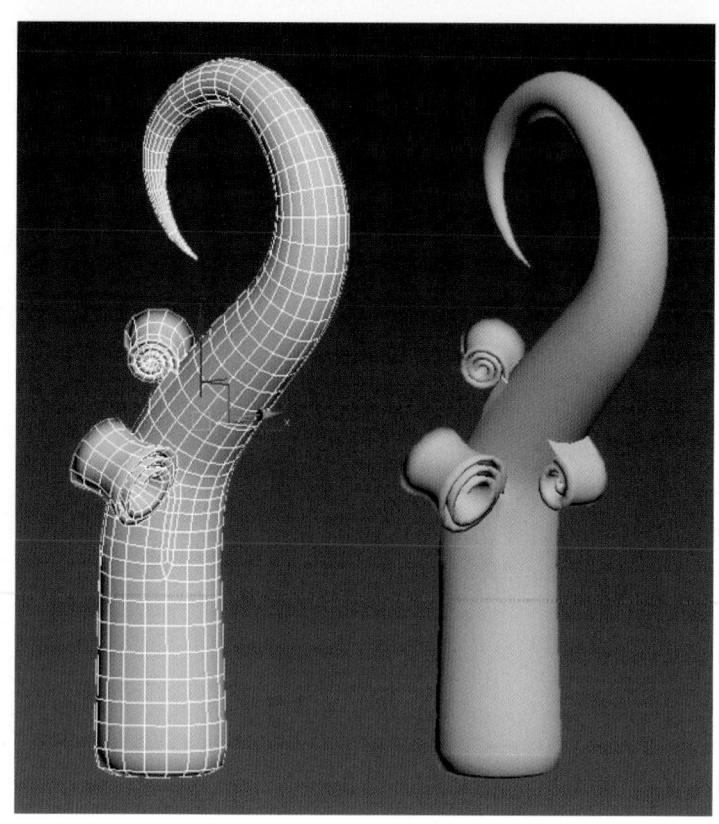

다른 형태의 가지도 추가해 보았습니다.

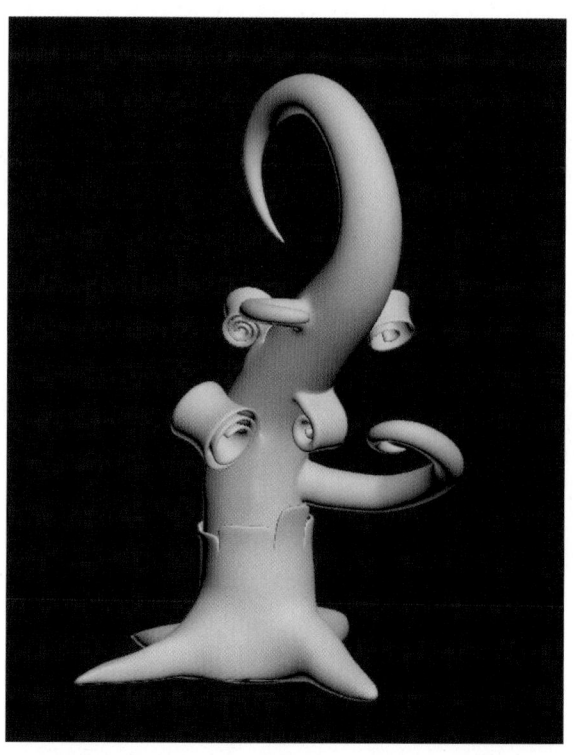

앞에서 학습한 기능을 응용해서 다양한 나무나 새로운 형태의 Object를 연습해보기 바랍니다.

SECTION 02

Ribbon Modeling

3ds Max에는 다양하고 복잡한 모델링을 위해서 여러 가지 방식의 선택 기능과 강력한 모델링 기능을 Ribbon Tool 에서 제공하고 있습니다. Ribbon Tool에는 Editable Poly 기능도 포함하고 있습니다. 수많은 기능 중 유용하게 활용되는 기능을 중심으로 학습합니다. 앞으로 예제 Object 제작 과정에서도 사용하게 됩니다.

Ribbon Tool이 보이지 않을 경우 Customize ➡ Show UI ➡ Ribbon을 체크합니다.

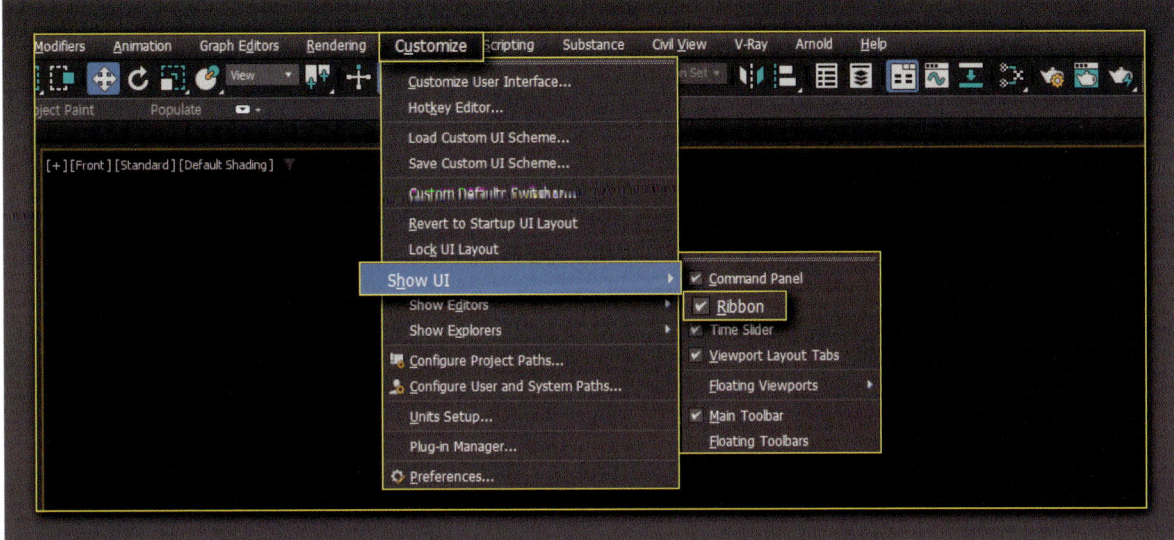

Ribbon Tool의 기능은 크게 일반적인 선택 방법으로 작업하기 힘든 선택 과정을 쉽게 할 수 있는 다양한 선택 기능과 Editable Poly를 직관적으로 변형할 수 있는 모델링 기능을 포함하고 있습니다. 이러한 기능을 통해서 선택한 Object의 표면 위에 정확하게 원하는 형태를 생성하거나 고밀도의 Object의 외형과 일치하는 새로운 Object를 Retopology할 수 있습니다. Ribbon Tool은 Editable Poly 상태나 Modify에서 Edit Poly를 적용했을 때 활성화됩니다.

> **PINUP TIP**
> Ribbon Modeling은 Edit Poly Modeling에 추가해서 좀더 복잡한 선택과 직관적인 모델링 기능을 제공하는 Tab입니다.

Dot Loop와 Dot Ring

모델링 과정에서 복잡한 Object의 경우 작업할 Vertex, Edge, Polygon을 선택하는 것이 굉장히 수고로운 일이고 경우에 따라서 많은 시간을 필요로 합니다.

간격을 두고 규칙적으로 많은 Vertex, Edge, Polygon을 선택해야 하는 경우 DOT Loop, Ring을 이용해서 쉽게 해결할 수 있습니다.

Ribbon의 Modeling Tool의 DOT Loop와 Ling을 이용해서 연결된 Edge를 원하는 방향과 간격을 두고 선택합니다.

Torus를 생성하고 Editable Poly로 변환한 다음 선택 모드에서 Edge를 선택하고 DOT Loop를 실행하면 Edge가 연결된 방향으로 간격을 두고 선택되는 것을 볼 수 있습니다. 다시 Dot Ring를 실행하면 선택된 Edge가 평행하게 간격을 두고 Ring Select됩니다.

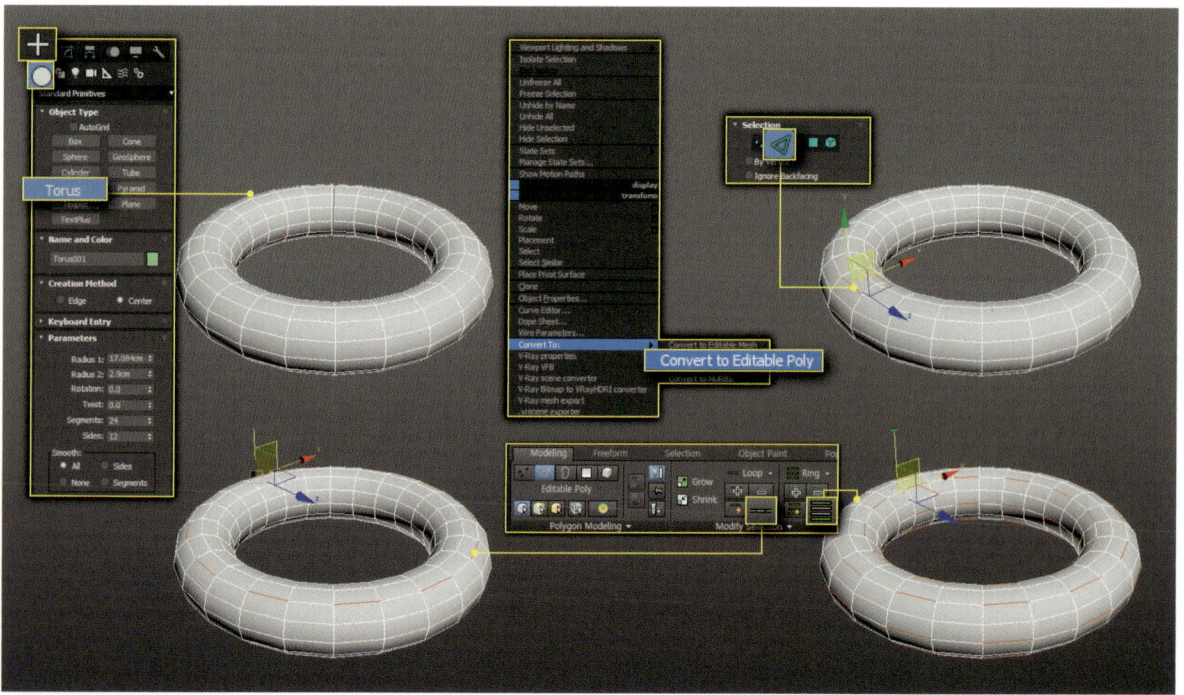

Edge가 선택된 상태에서 마우스 오른쪽 버튼을 클릭하고 Convert to Face를 실행해서 현재 선택된 Edge를 포함하고 있는 Polygon으로 선택이 전환됩니다.

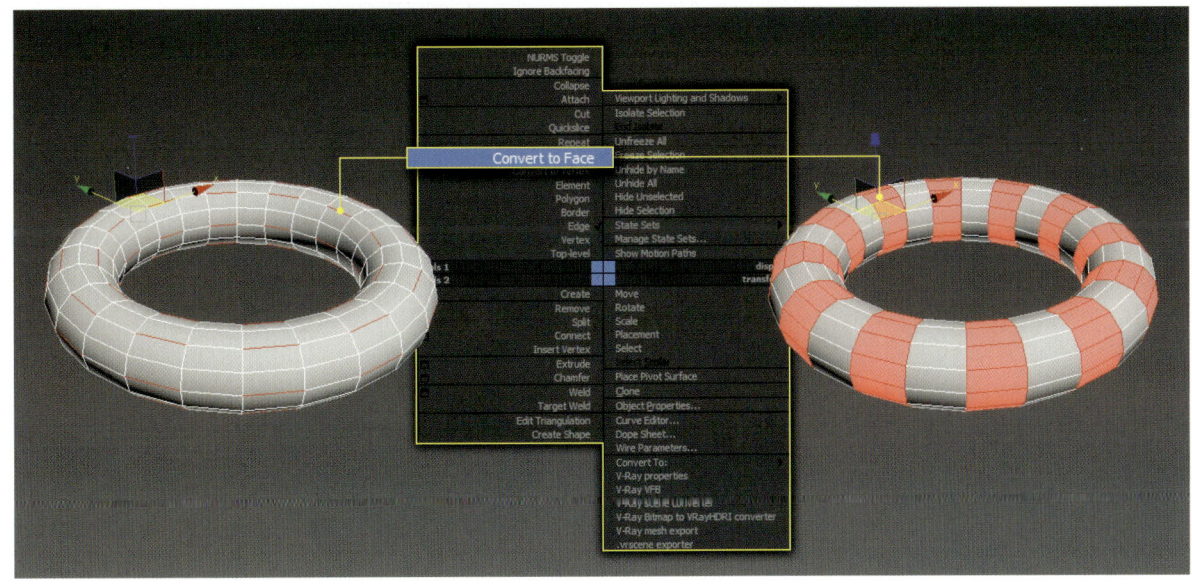

Modify Selection을 클릭해서 하위 메뉴를 활성화하고 DOT Loop, DOT Ring을 실행할 때 선택 간격을 조절할 수 있습니다.

간격을 3으로 수정하고 같은 과정을 반복한 모습입니다.

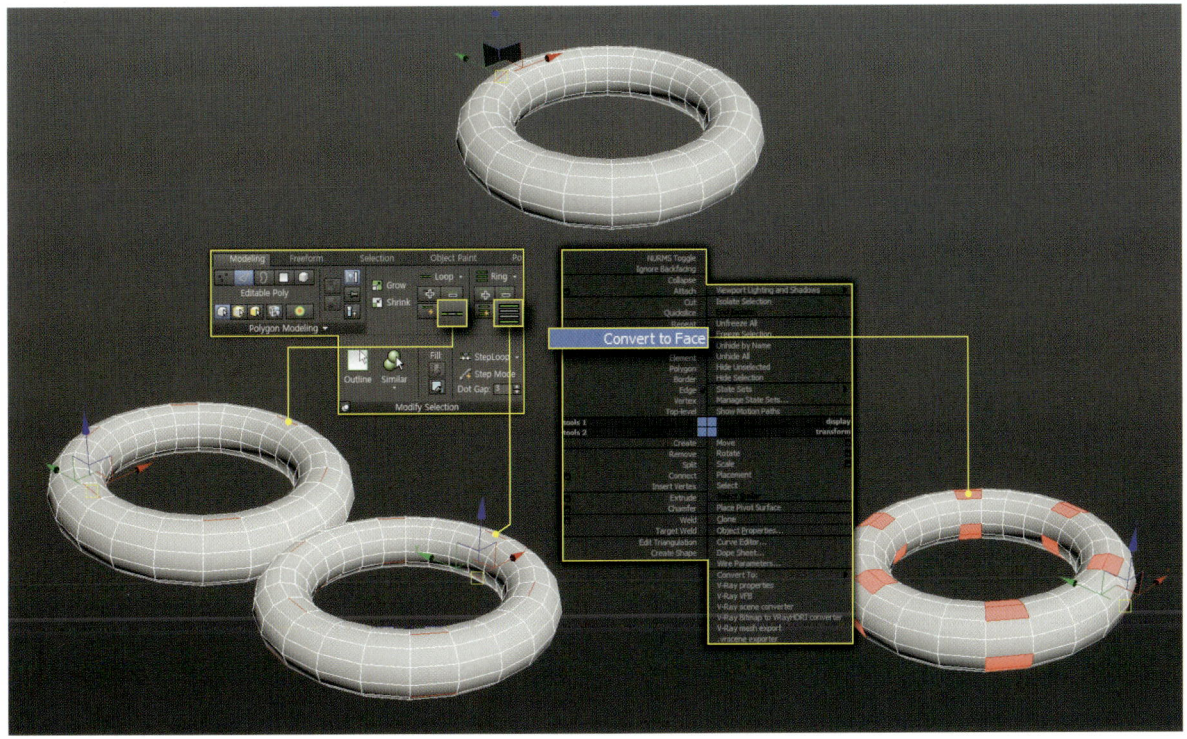

Modify ➡ Selection의 아이콘과 Shift , Ctrl 키를 활용해서 선택 전환을 쉽게 할 수 있습니다.

그림처럼 Edge를 선택한 상태에서 Ctrl 키를 누른 채로 Selection ➡ Polygon 아이콘을 클릭하면 선택한 Edge를 포함하고 있는 Polygon으로 선택이 전환됩니다.

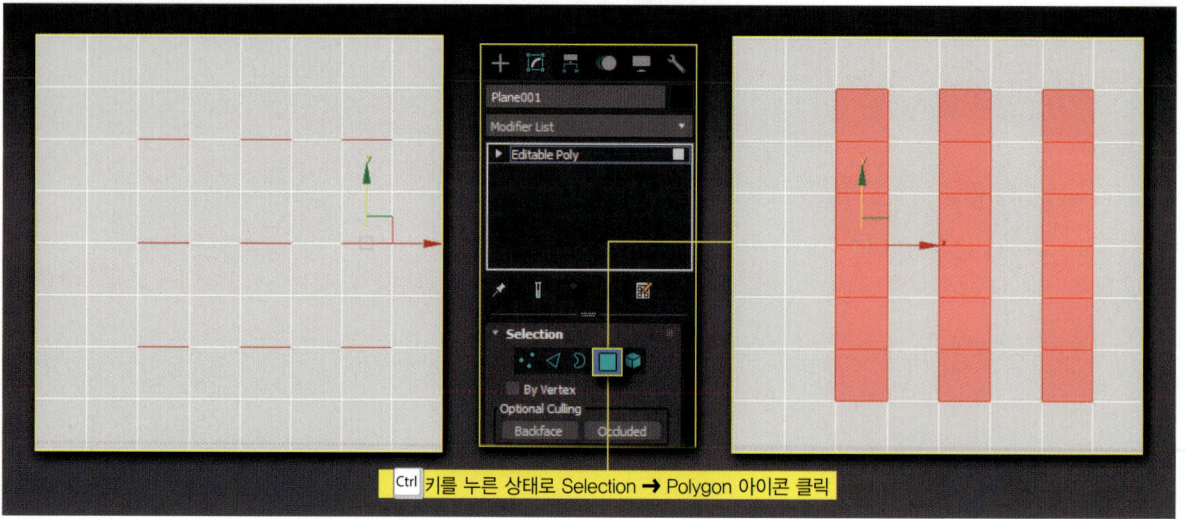

Vertex를 다음 그림과 같이 선택하고 Ctrl 키를 누른 상태로 Selection ➡ Polygon 아이콘을 클릭하면 선택한 Vertex를 포함하고 있는 Polygon으로 선택이 전환됩니다.

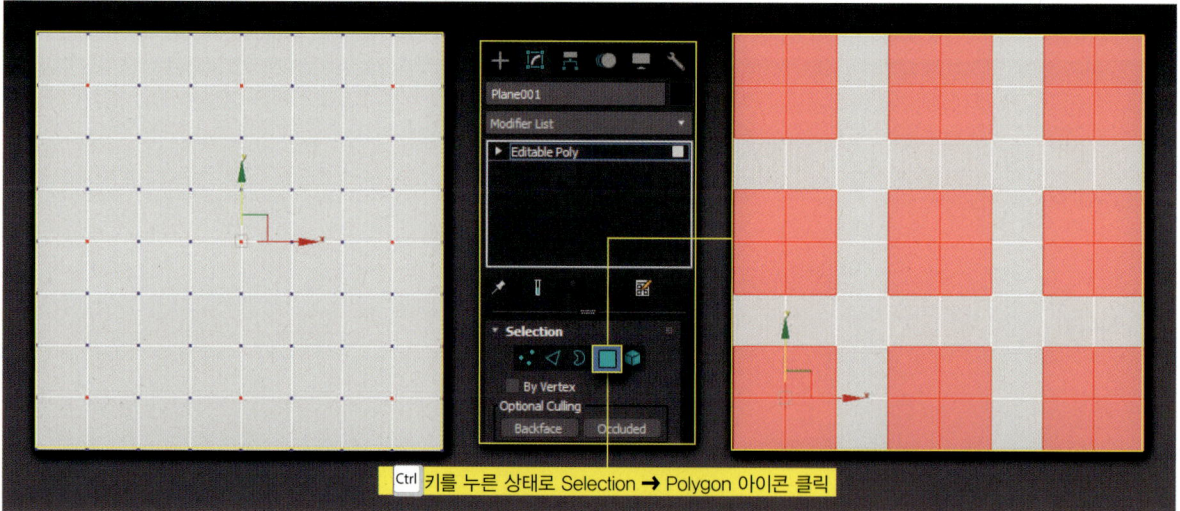

이번에는 Polygon을 선택하고 Ctrl 키를 누른 상태로 Selection ➔ Edge 아이콘을 클릭하면 선택한 Polygon에 포함되어 있는 모든 Edge로 선택이 전환됩니다.

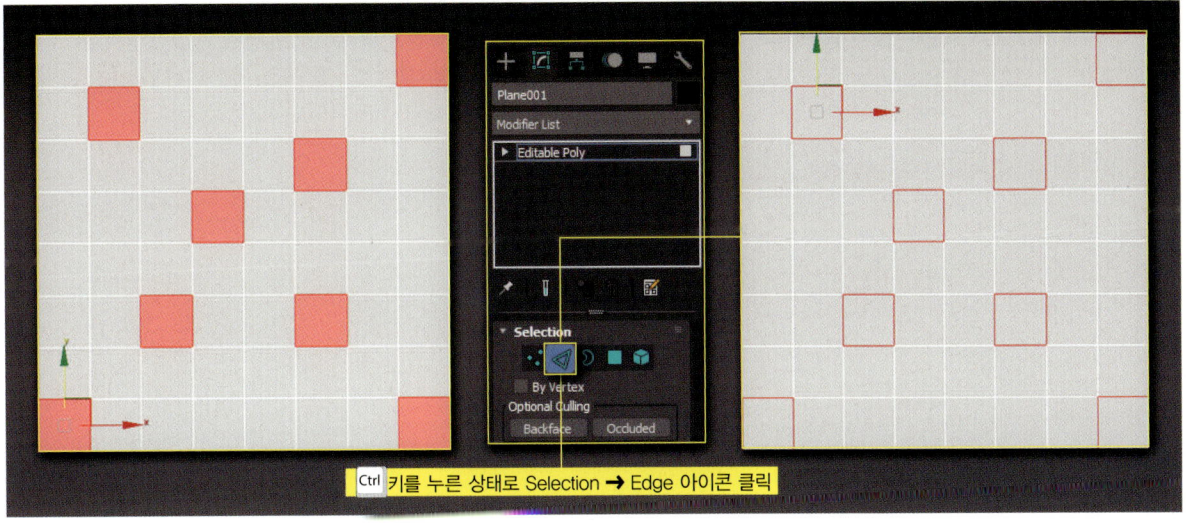

Ctrl 키를 누른 상태로 Selection ➔ Edge 아이콘 클릭

다음은 그림처럼 많은 Polygon을 선택한 상태로 Shift + Ctrl 키를 함께 누르고 Selection ➔ Edge 아이콘을 클릭하면 선택되어 있던 Polygon의 가장자리를 제외한 모든 Edge가 선택됩니다.

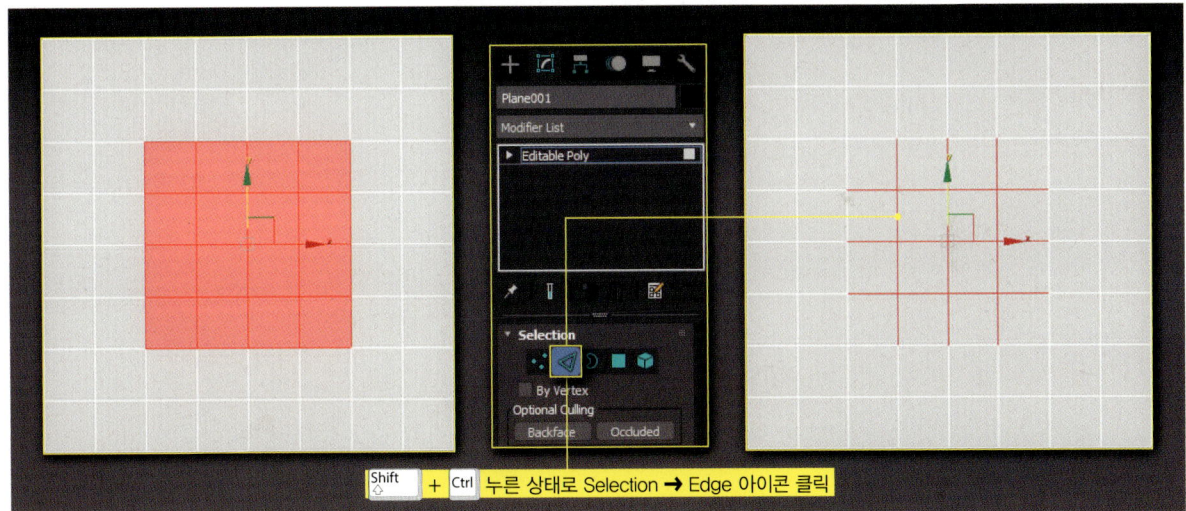

Shift + Ctrl 누른 상태로 Selection ➔ Edge 아이콘 클릭

Swift Loop

Ring Select와 Connect를 동시에 실행할 수 있고 Edge가 추가될 위치를 직관적으로 눈으로 확인하면서 한 번의 클릭으로 Edge를 추가할 수 있는 방법입니다. Swift Loop 버튼을 클릭하고 Object의 Edge 부분으로 가져가면 Ring Select 방향으로 가상의 선이 나타나고 Edge를 추가할 위치로 마우스를 원하는 위치로 이동시키고 다시 한 번 클릭하면 가상의 선이 있던 자리에 정확하게 Edge가 추가됩니다.

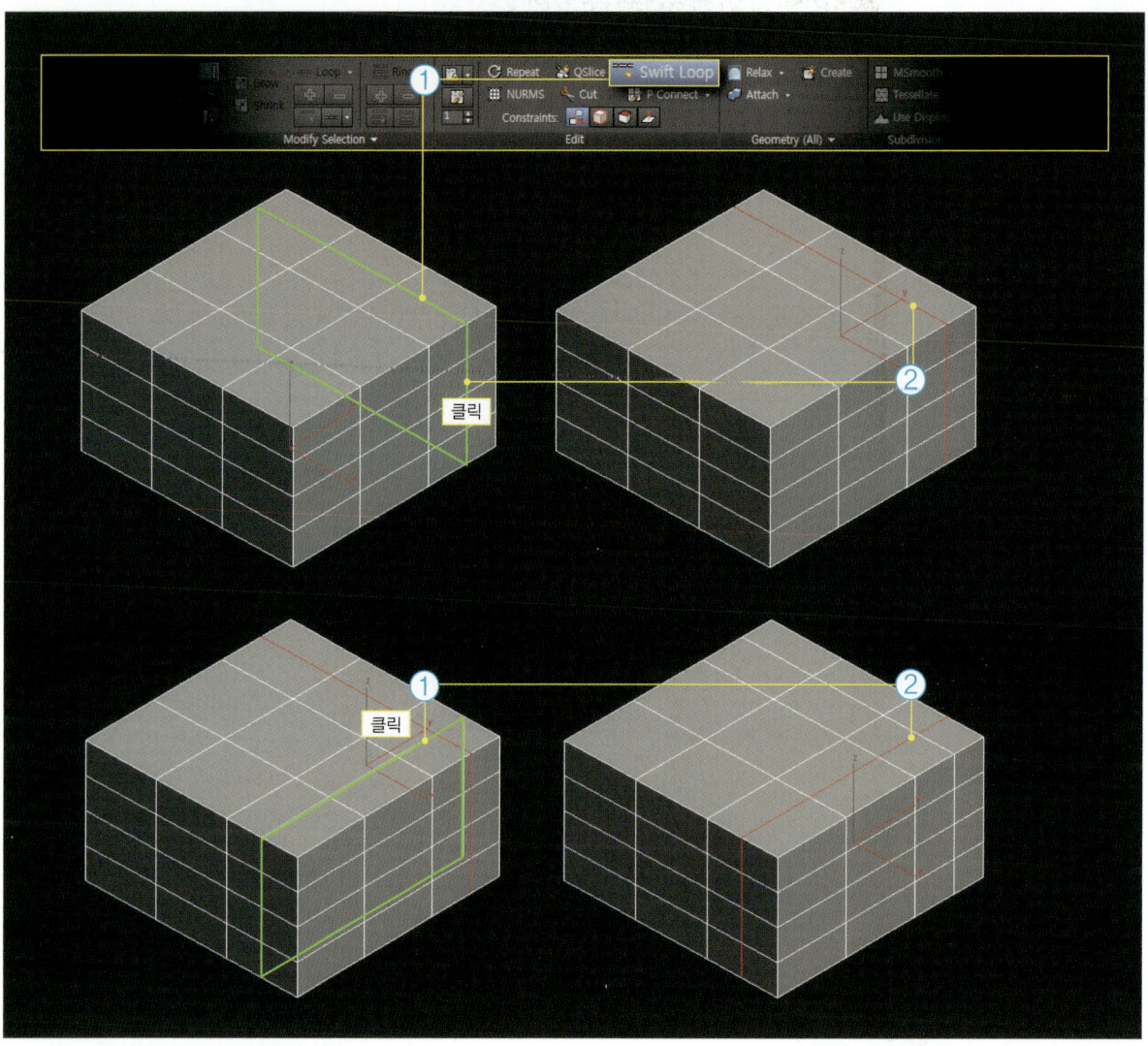

P Connect

P Connect는 원하는 곳을 클릭하고 드래그하면서 연속적으로 Vertex를 추가할 수 있는 기능입니다. Plane을 만들고 Editable Poly로 변경합니다. Shift 키를 누른 상태로 P Connect를 실행하면 Edge 한가운데 Vertex를 추가할 수 있습니다.

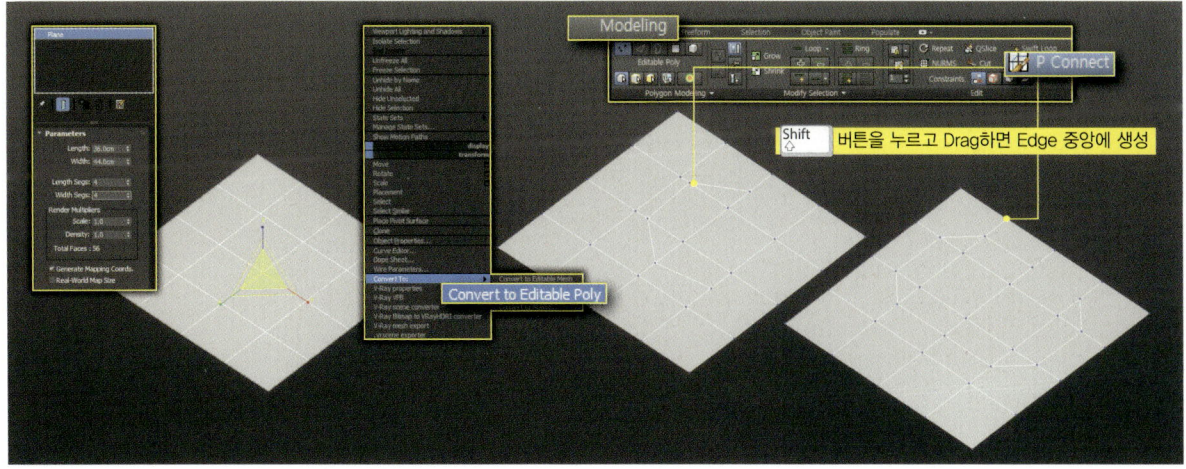

Flow Connect

Flow Connect는 기존 Edit Poly의 Connect와 마찬가지로 선택한 Edge 사이를 가로질러 Edge를 추가하는 기능입니다. 다른 점은 Edge 사이의 각도에 따라서 Edge가 추가되면서 곡면을 부드럽게 해주는 특징이 있습니다. Edge가 선택되어 있을 때만 활성화됩니다.

그림처럼 Length Segs, Width Segs, Height Segs가 1인 Box를 생성하고 Modify에서 TurboSmooth를 적용한 후 Editable Poly로 전환한 Object를 준비합니다.

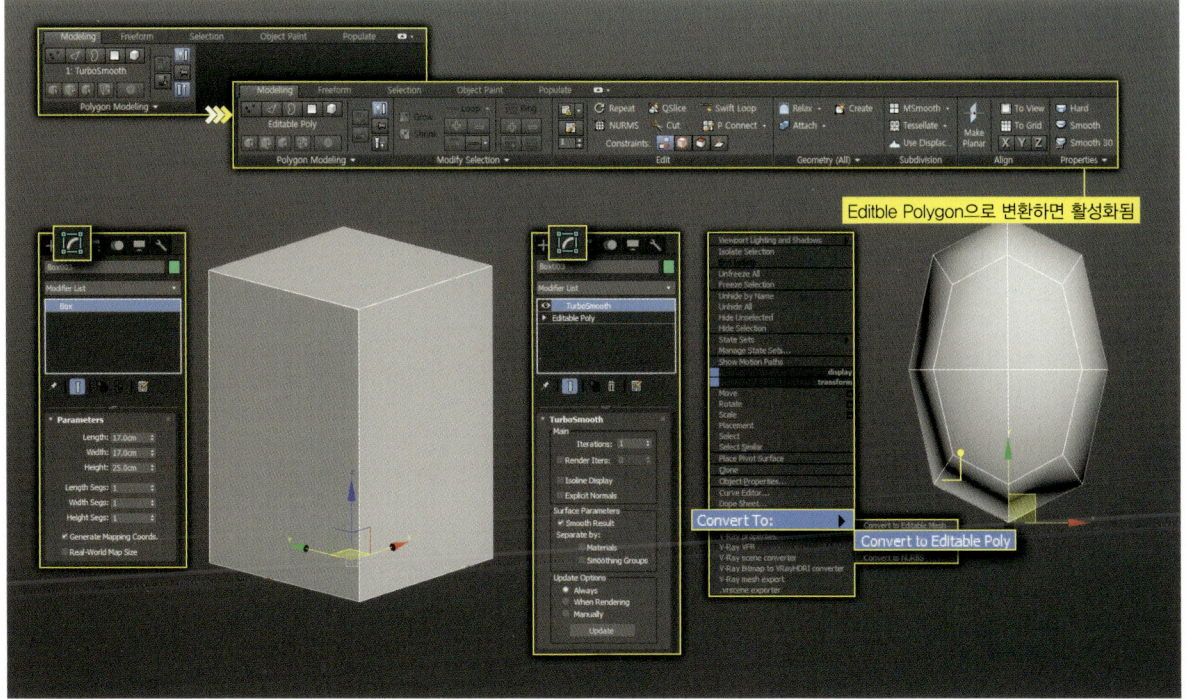

Editable Poly의 Connect 기능을 이용하면 선택한 Edge를 가로질러 곡면의 변화 없이 연결할 수 있습니다. Flow Connect를 이용하면 Edge를 연결하면서 동시에 곡면을 부드럽게 만드는 것을 확인할 수 있습니다.

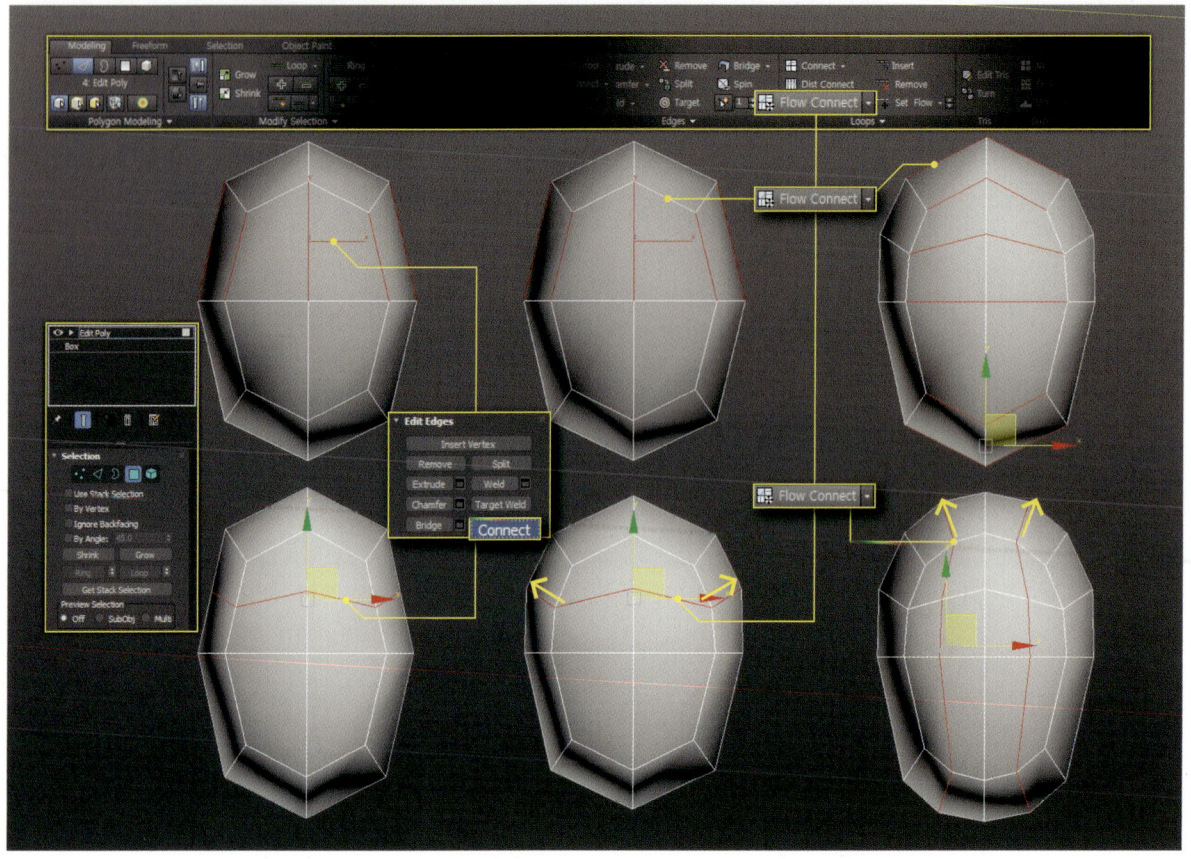

이 기능은 캐릭터 제작 과정과 같이 곡면을 유지해야 할 때 유용하게 사용됩니다.

Set Flow 기능과 Flow Connect 기능을 활용해도 같은 결과를 만들 수 있습니다.

연결할 Edge를 선택하고 Flow Connect를 적용한 결과(1)와 연결되어 있는 Edge를 선택하고 Set Flow를 적용한 결과(2)입니다.

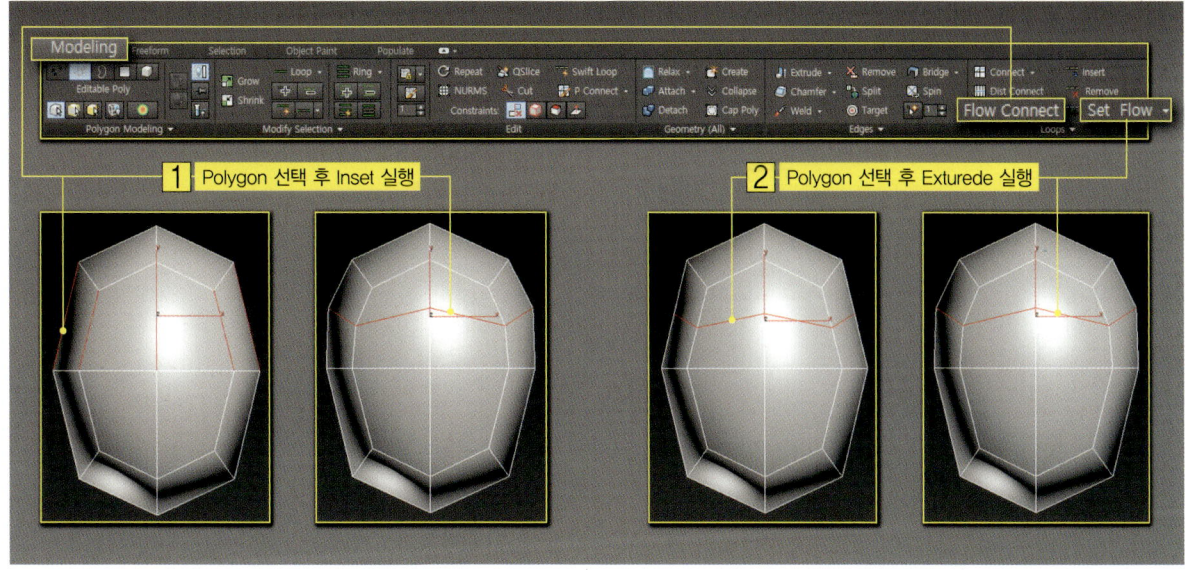

Loop Tools

Loop Tools은 선택한 Edge를 정렬하고 간격을 조절하거나 선택한 Edge를 쉽게 원형으로 변형할 수 있는 기능을 포함하는 Tool Set입니다. Edge가 선택되어 있을 때 활성화됩니다. Ribbon → Modeling Tap에서 Edge를 선택하고 Loops의 하위 메뉴로 가서 Loop Tools 아이콘을 클릭하면 활성화됩니다.

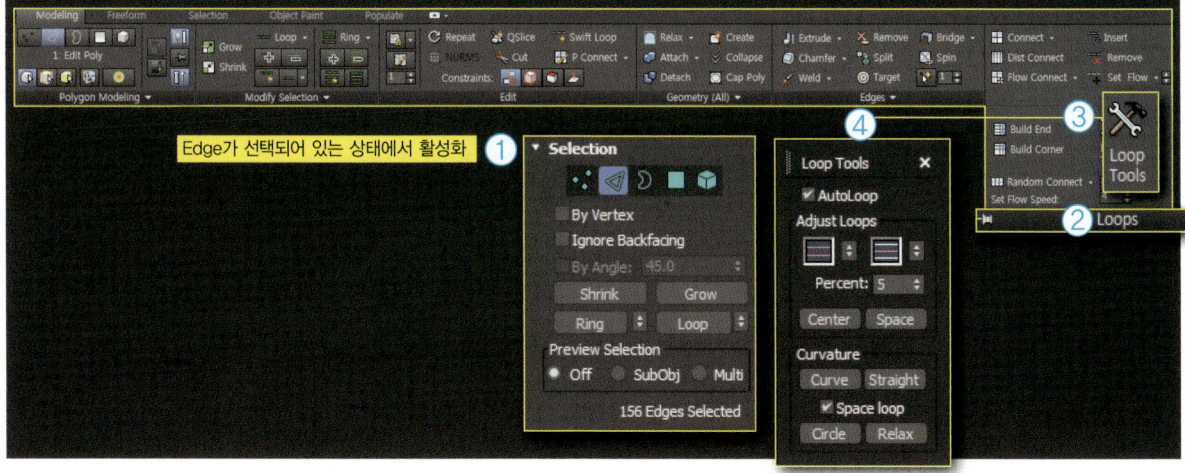

■ Center

선택한 Edge를 양 옆 Edge의 중앙으로 정렬하는 기능입니다.

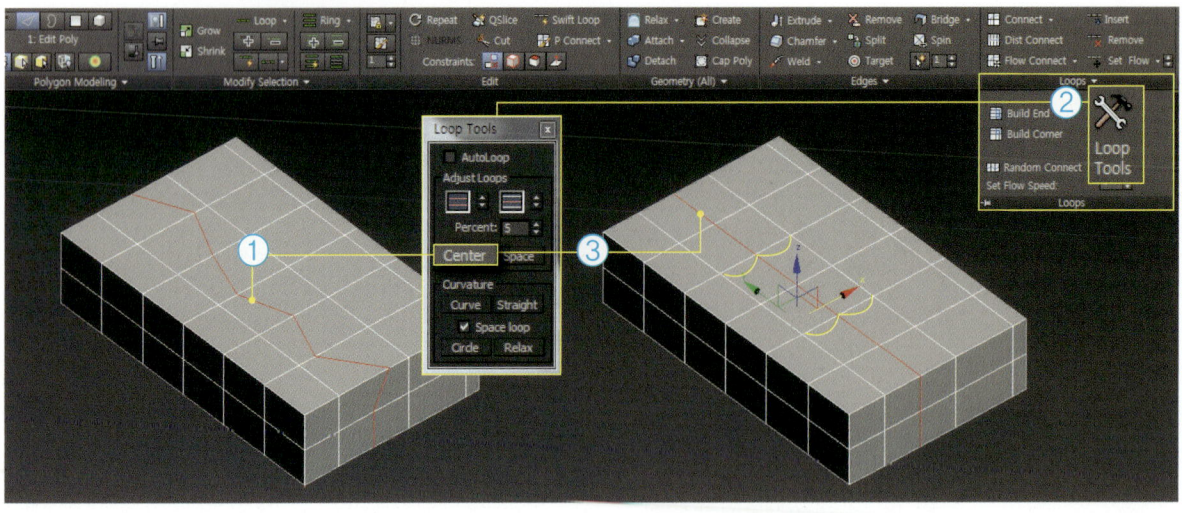

■ Space

선택한 Edge를 가로지르는 모든 Edge의 간격을 일정하게 정리하는 기능입니다. 선택한 Edge에 불규칙하게 연결되어 있는 모든 Edge의 간격을 일정하게 정리합니다.

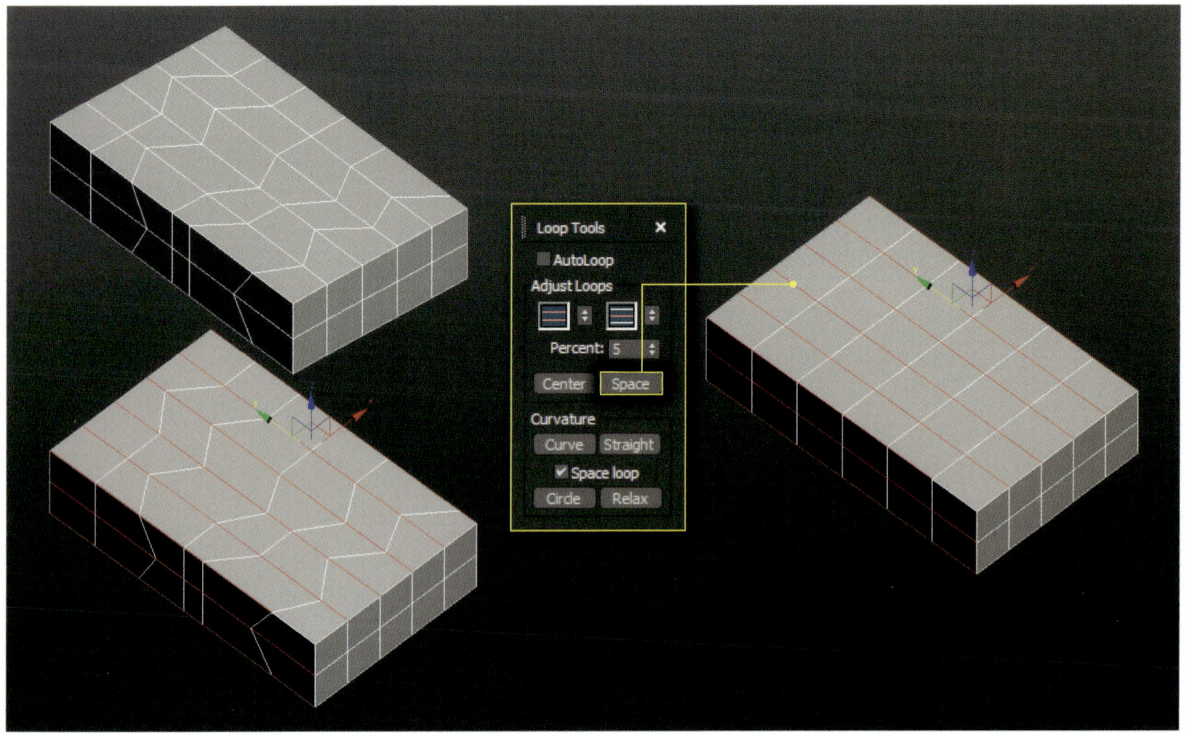

■ Adjust Loops

선택한 두 Edge의 간격을 직관적으로 조절하거나 선택한 Edge의 양 옆의 Edge를 선택한 Edge로 가까워지게 하거나 멀어지게 할 수 있습니다.

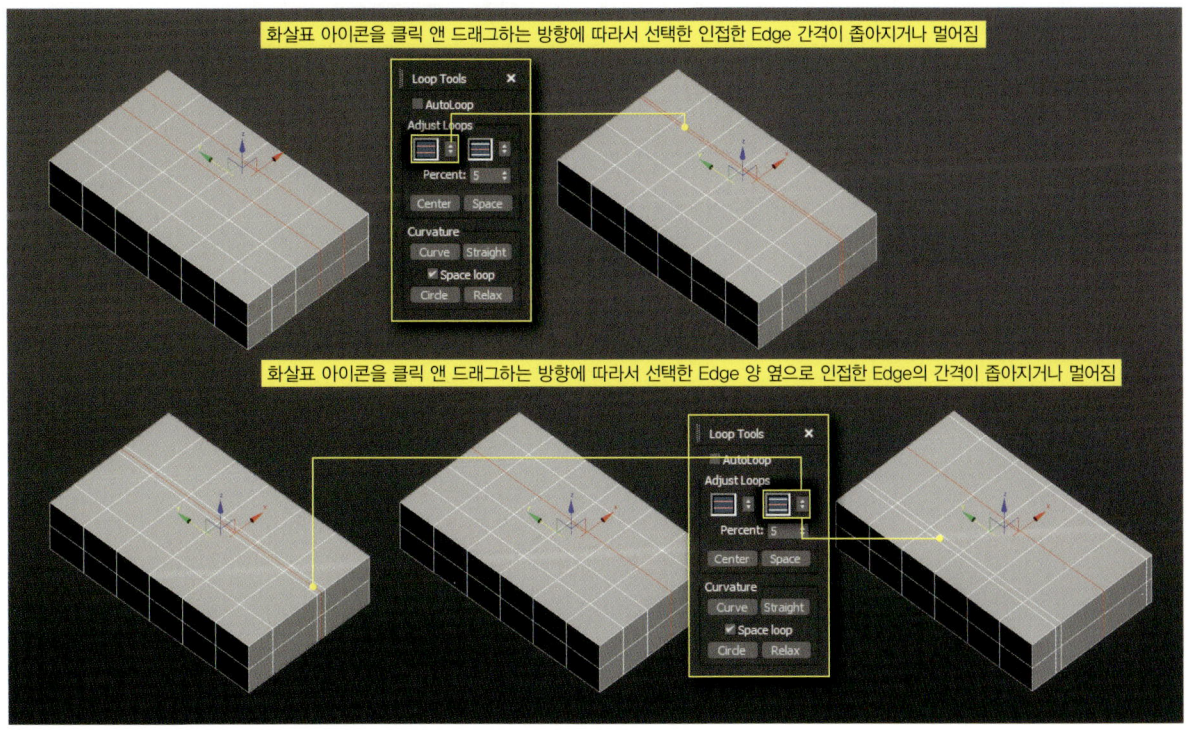

■ Curve

Box를 생성하고 Editable poly로 변환하거나 Modify ➡ Edit Poly를 적용하고 Edge를 선택하고 Loop Tools를 활성화합니다.

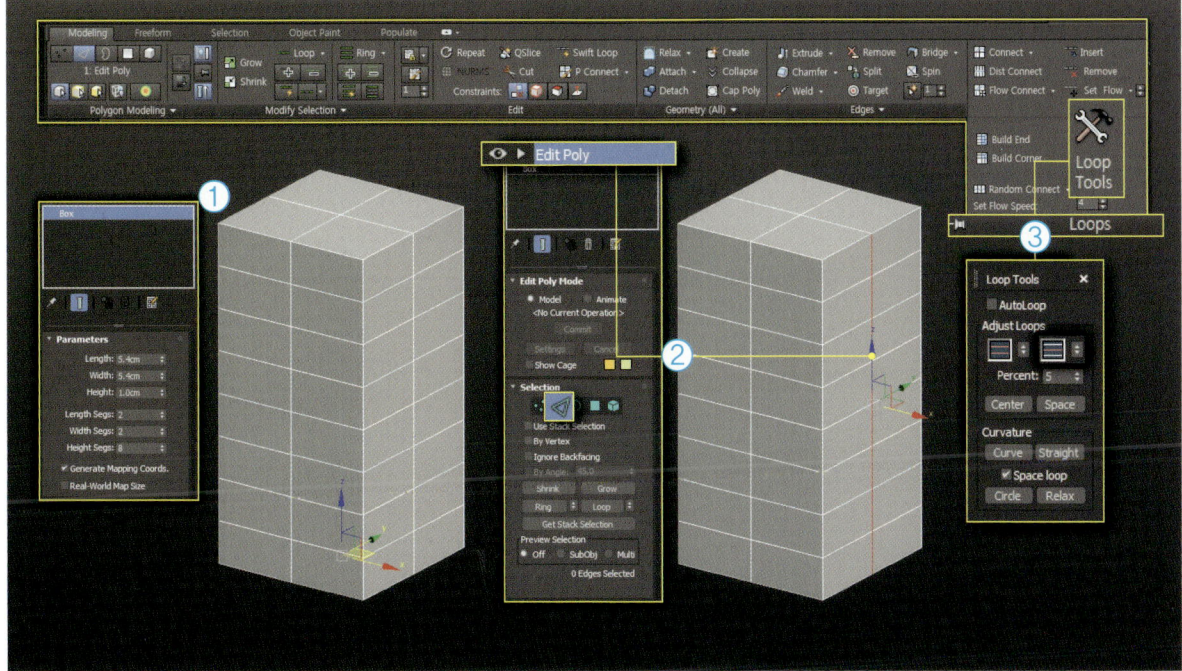

선택 모드를 Vertex으로 하고 Vertex를 이동한 후에 Curve를 실행하면 선택했던 Edge가 Vertex의 거리까지 부드럽게 변형됩니다.

이동시킨 Vertex가 미리 선택된(변형하려고 하는) Edge와 같은 선상에 있어야 하고 꼭 실행 전에 변형한 Vertex가 선택되어 있어야 합니다.

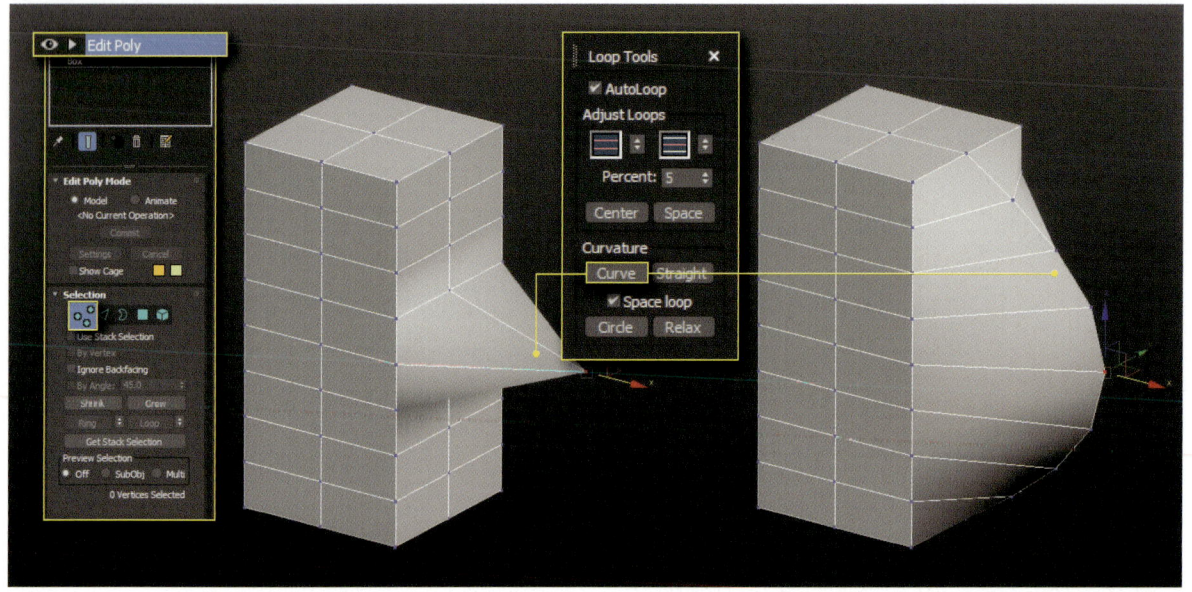

같은 방법으로 Plane을 생성하고 Editable Poly로 변환하거니 Modify ➔ Edit Poly를 적용하고 Edge를 선택하고 선택 모드를 Vertex으로 하고 Vertex를 이동한 후에 Curve를 실행해서 변형한 모습입니다.

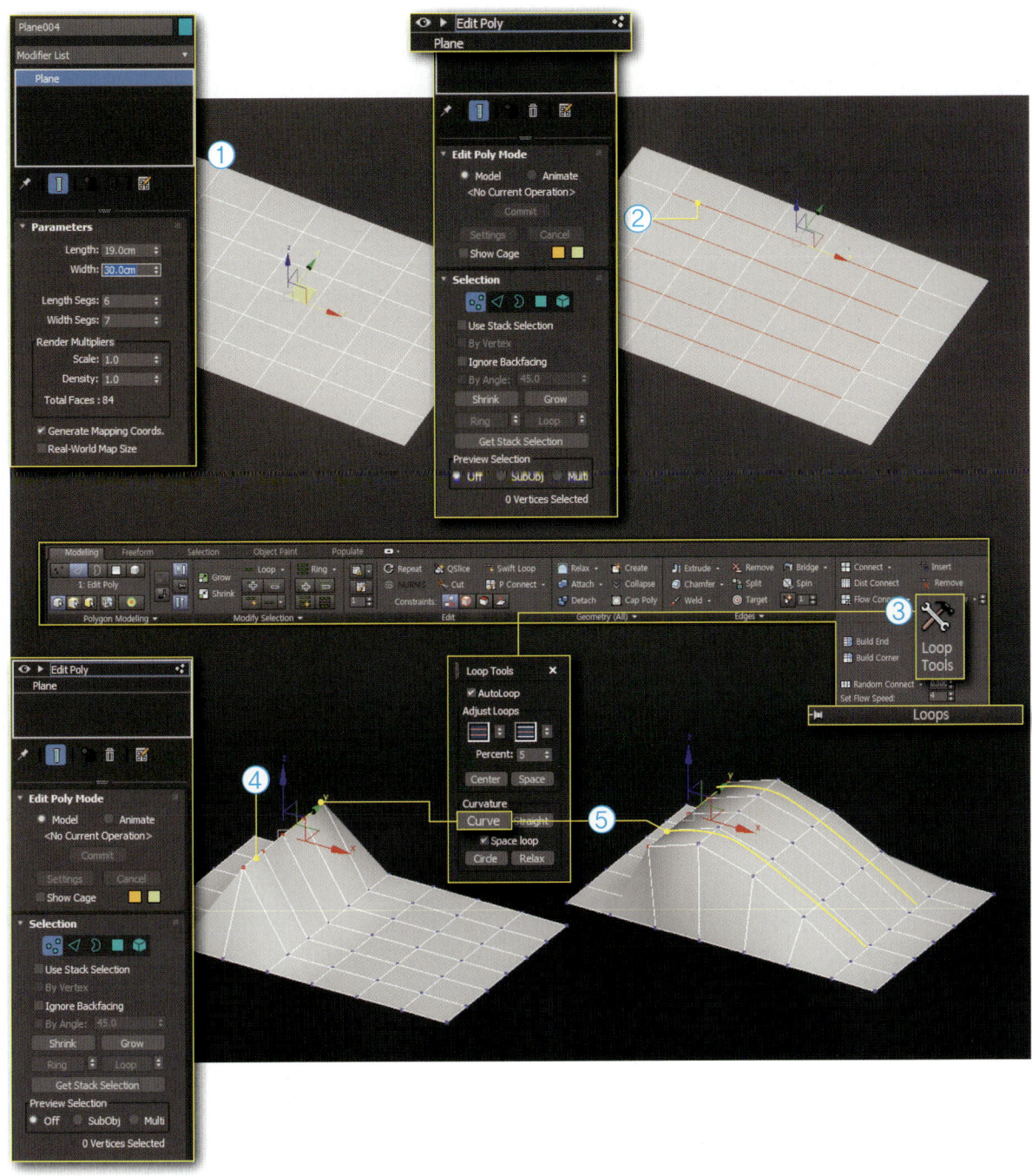

■ Straight

변형한 Object의 Edge를 선택하고 Straight를 실행하면 선택한 Edge의 끝점을 최단 거리의 직선으로 변형합니다.

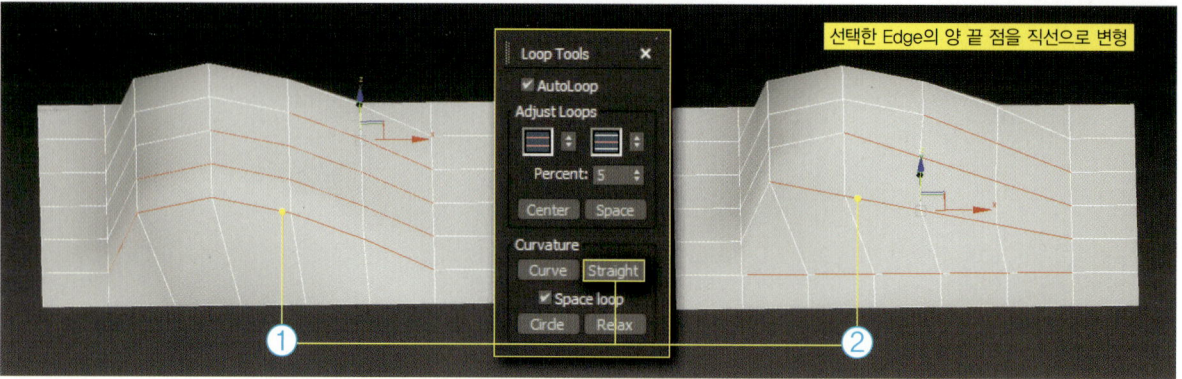

Cylinder를 생성하고 Straight를 이용해서 선택한 Edge의 시작점과 끝점을 일직선으로 연결해 보겠습니다.

생성한 Cylinder를 Editable Poly로 변환하거나 Modify ➡ Edit Poly를 적용하고 윗면과 아랫면을 제거해서 구멍을 뚫어주고 그림처럼 Vertex를 선택해서 회전시켜 줍니다.

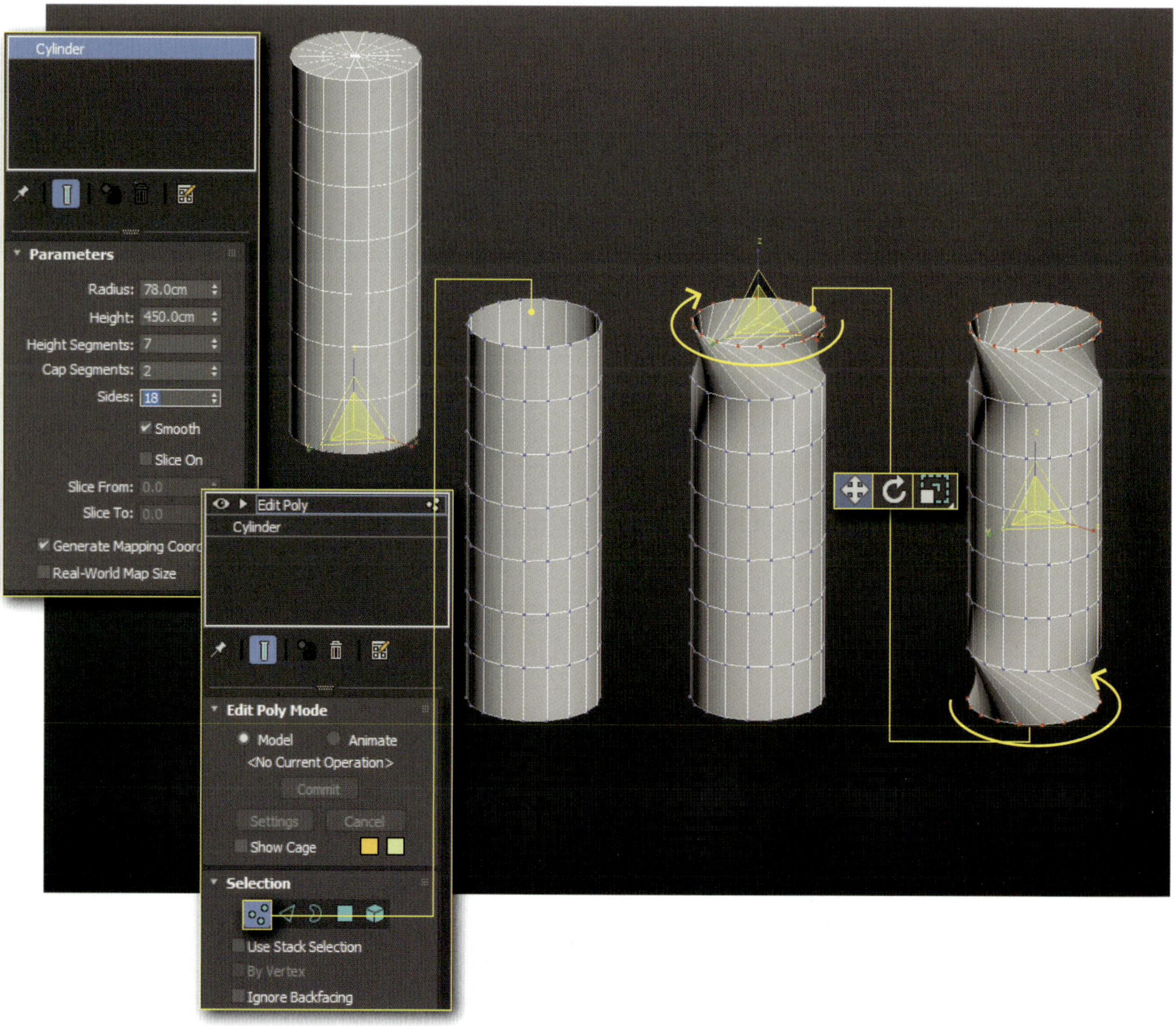

Edge를 Ring과 Loop 기능을 이용해서 선택하고 Straight 실행하면 Edge의 끝점과 끝점이 직선으로 정렬됩니다.

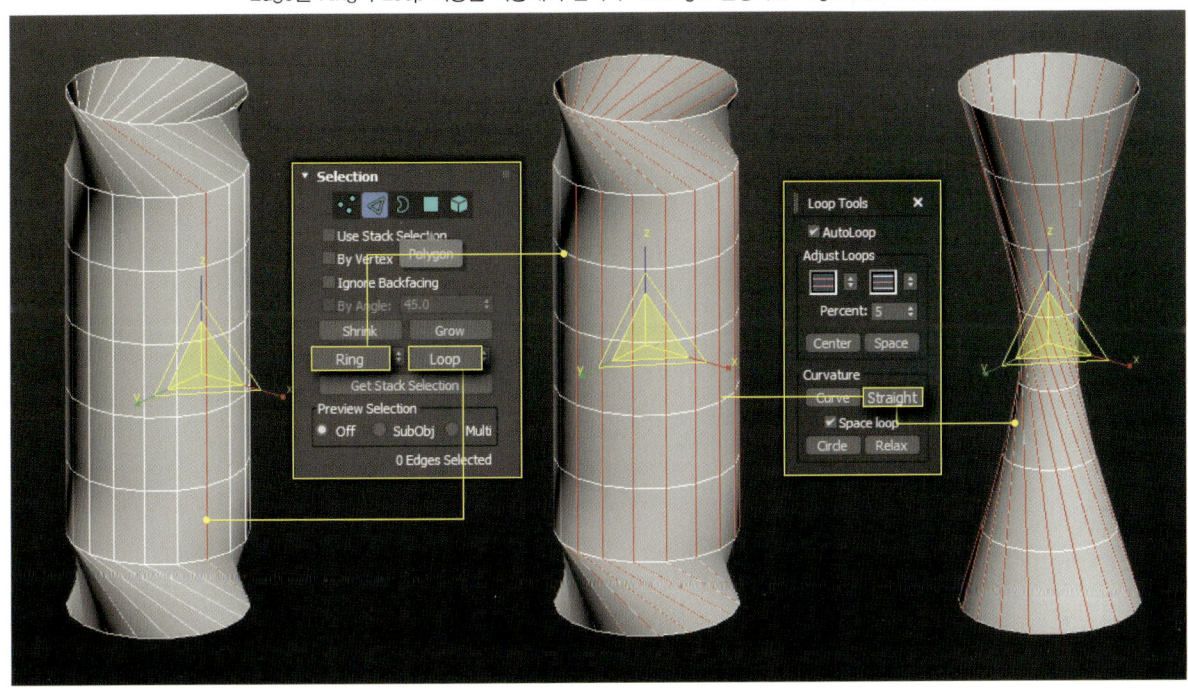

Chamfer를 이용해서 Edge를 분리하고 Open Chamfer를 체크해서 Edge 사이를 분리합니다.

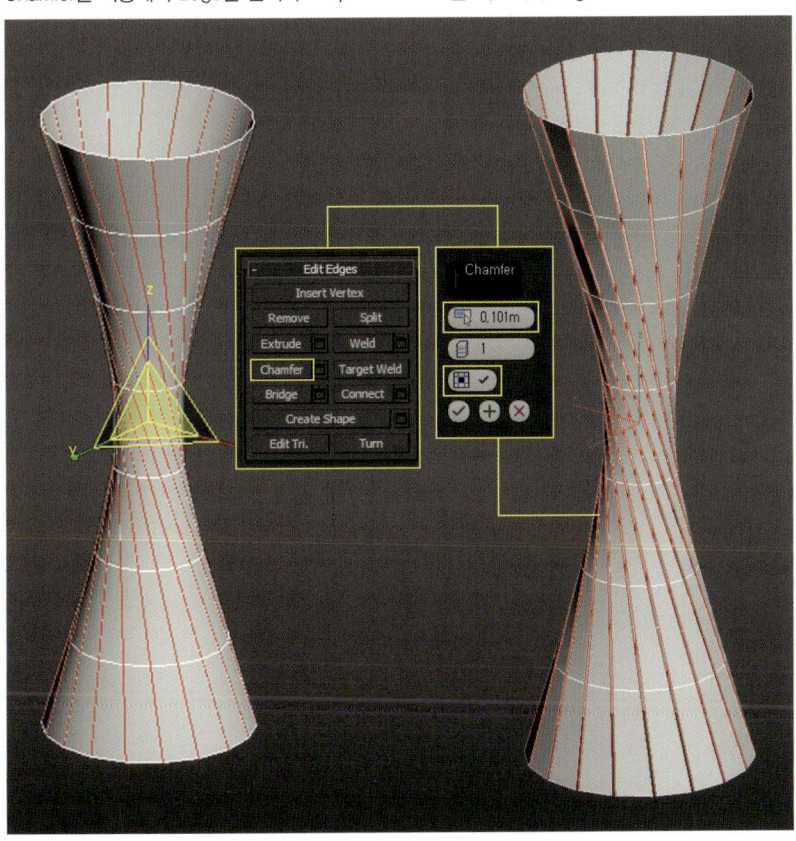

끝부분에 Edge를 선택하고 Shift 키를 누른 상태로 Scale을 이용해서 추가하고 Modify → Shell과 TurboSmooth 를 적용해서 완성한 모습입니다.

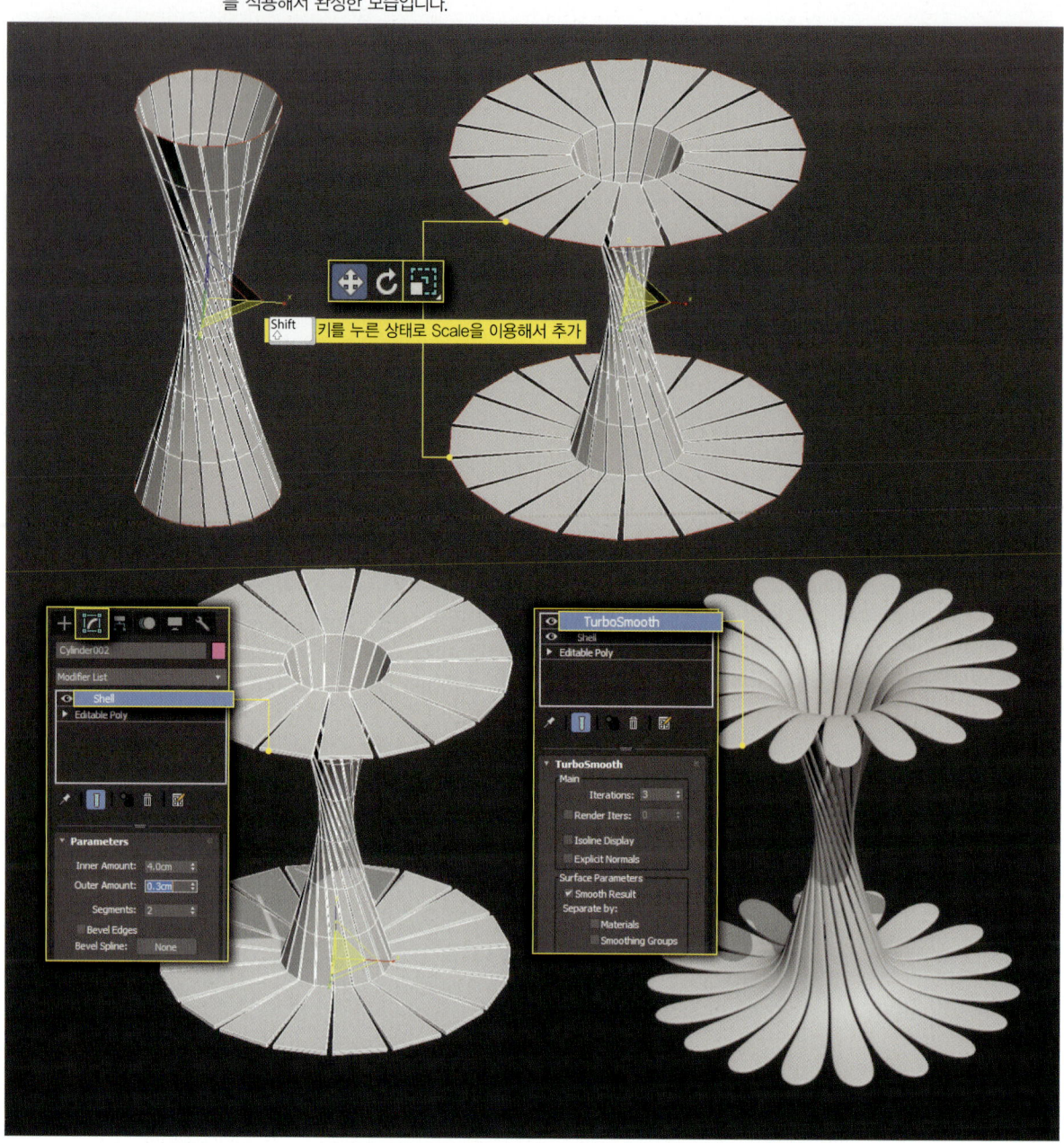

■ Relax

Box를 생성하고 Editable Poly로 변환하거나 Modify ➡ Edit Poly를 적용하고 Box를 변형한 후에 Edge를 선택하고 Relax를 실행하면 선택한 부분이 부드럽게 변형됩니다.

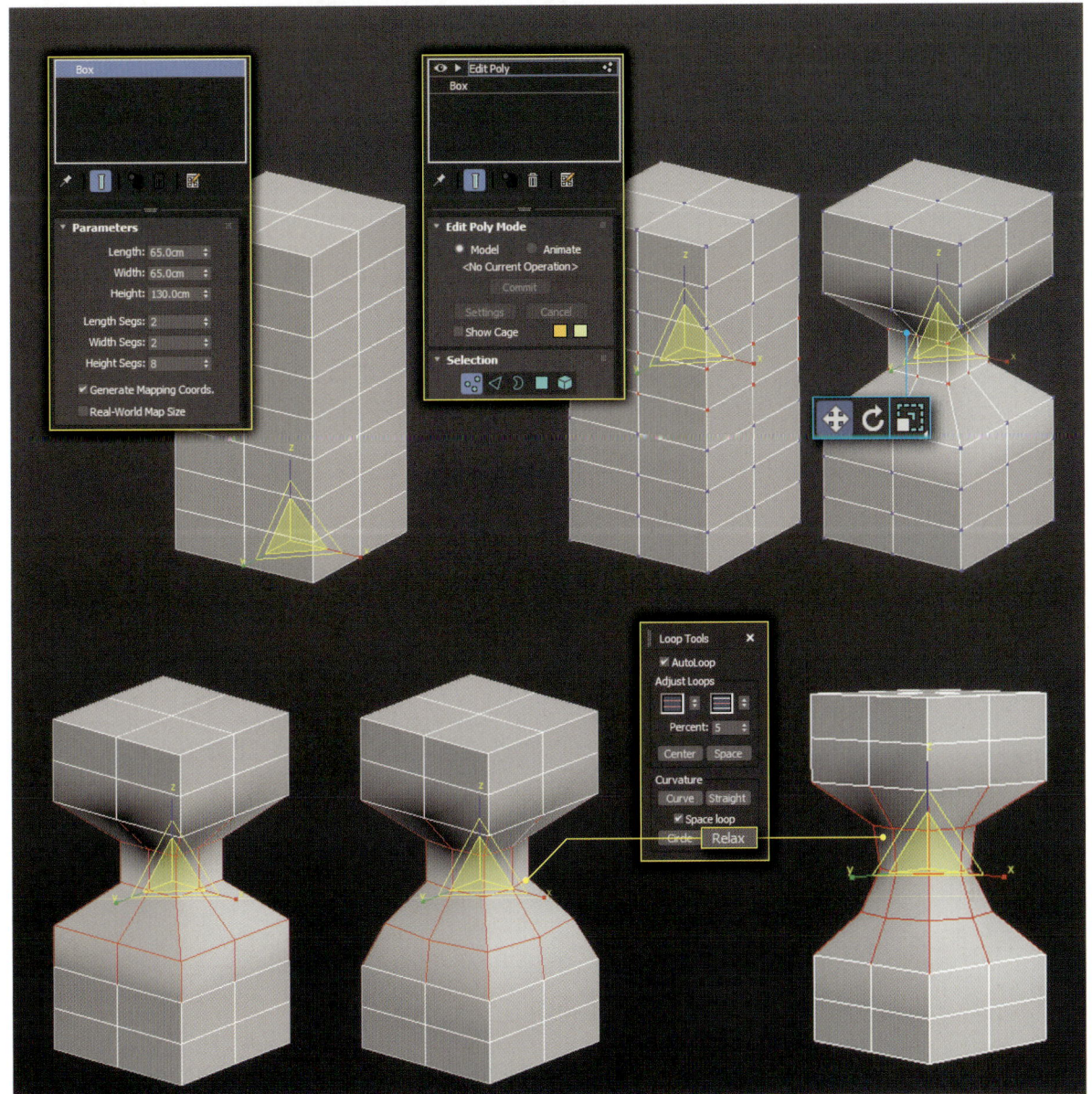

■ Circle

연결된 Edge를 쉽게 원형으로 변형하는 기능입니다. Plane를 만들고 Editable Poly로 변환한 후 선택 모드 Polygon으로 설정하고 Inset 기능으로 안쪽으로 추가하고 Polygon을 삭제해서 뚫린 Object를 만듭니다.

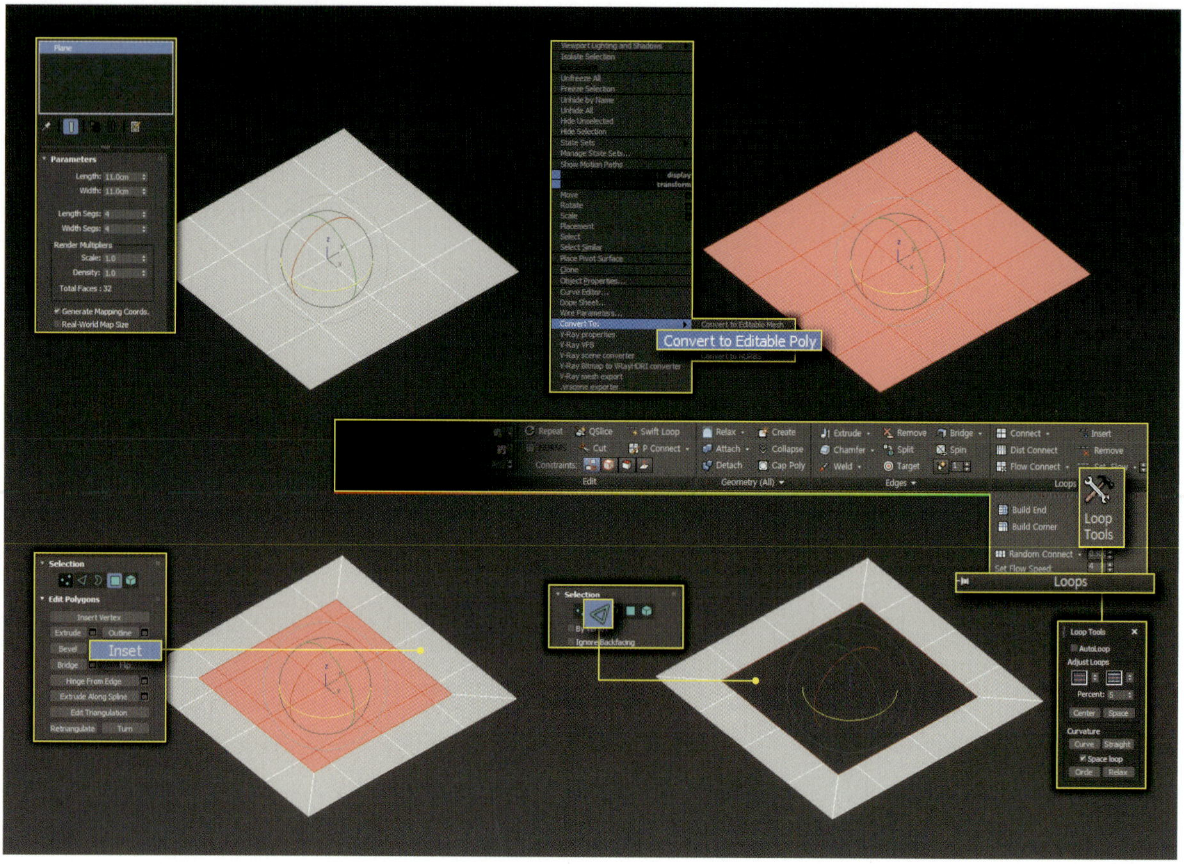

구멍이 뚫려 있는 안쪽의 Edge를 모두 선택하고 Circle을 실행하면 선택한 Edge가 원형으로 변형됩니다.

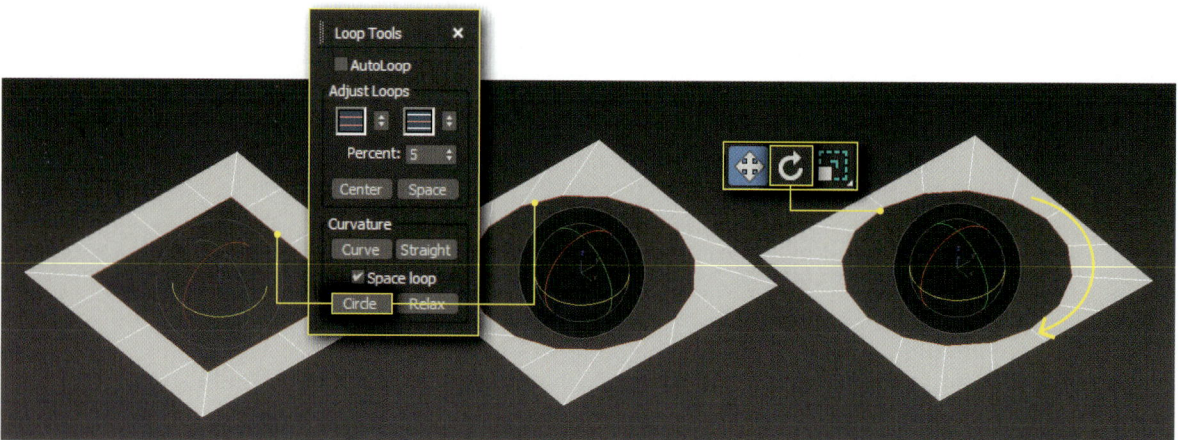

학습한 기능을 이용해서 간단하게 사각 Polygon을 원형으로 변형해서 Object를 제작해 보겠습니다.

Length Segs 2, Width Segs 2, Height Segs 2인 Box를 생성하고 Modify → Edit Poly를 적용한 다음 Polygon을 선택하고 Inset으로 안쪽으로 추가한 후에 Polygon을 삭제합니다. 삭제된 Polygon 안쪽으로 구멍에 닿아 있는 모든 Edge를 선택하고 Loop Tools의 Curve를 실행해서 원형으로 변형하고 Scale을 조정해 정리합니다.

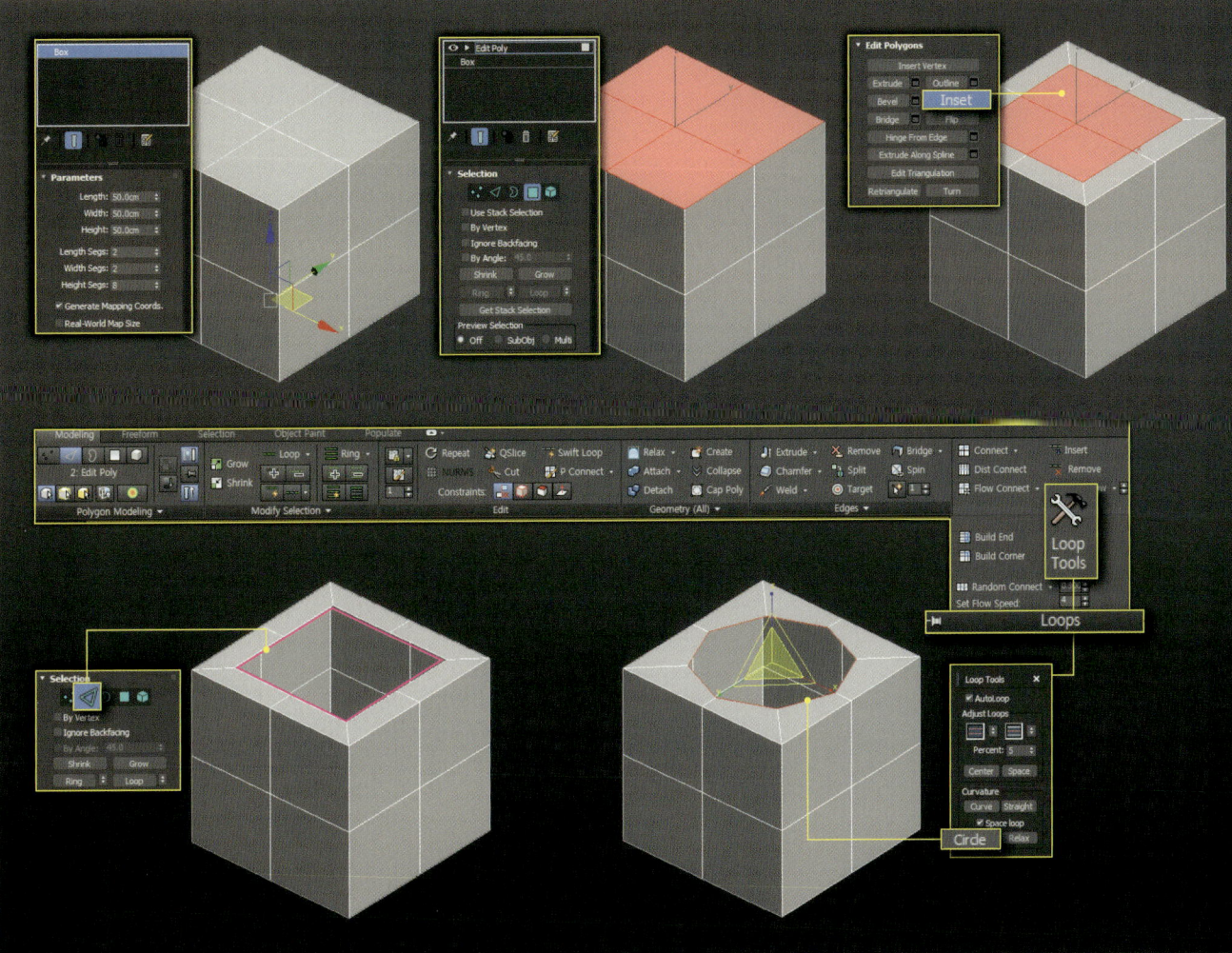

선택 모드를 Border로 설정하고 Cap을 이용해 구멍을 메우고 Extrude, Bevel, Inset을 이용해서 변형합니다.

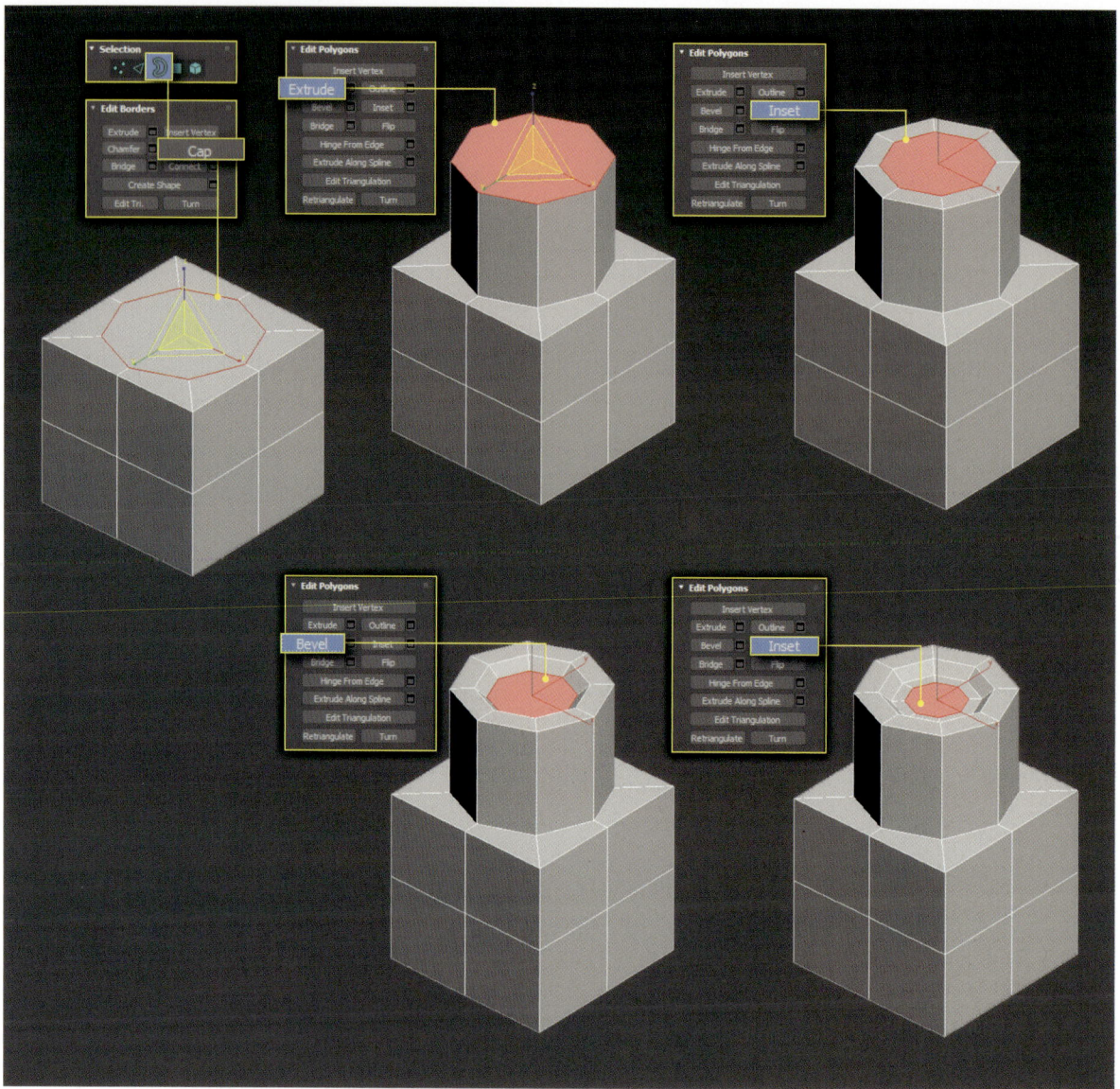

Ribbon의 Swift Loop 기능을 이용해 모서리 부분에 Edge를 추가하고 Modify → Turbo Smooth를 적용해서 완성합니다.

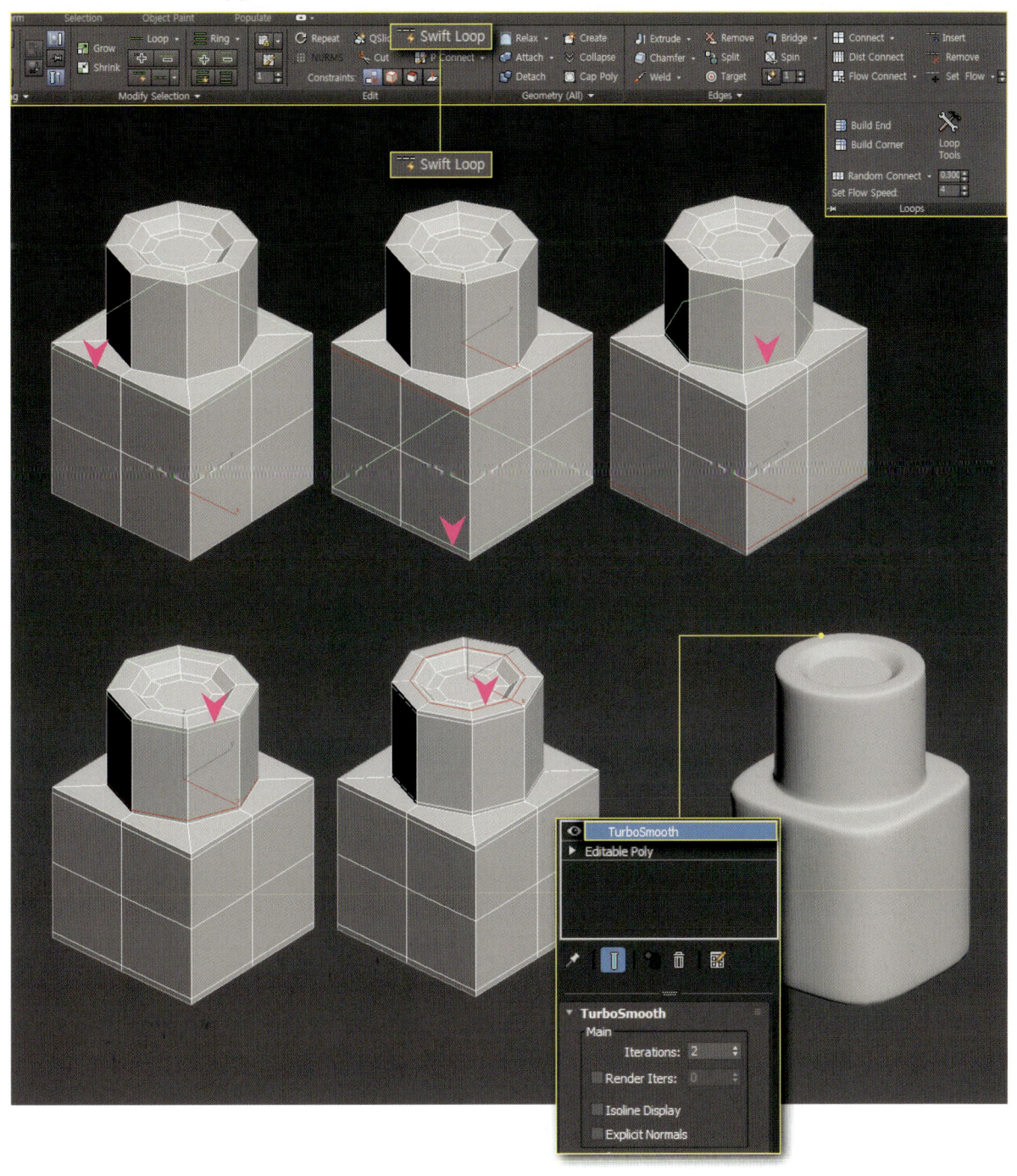

Chapter 02 | 3D 모델링 기초 II

다음은 같은 방식으로 다른 형태를 만들어 본 예입니다.

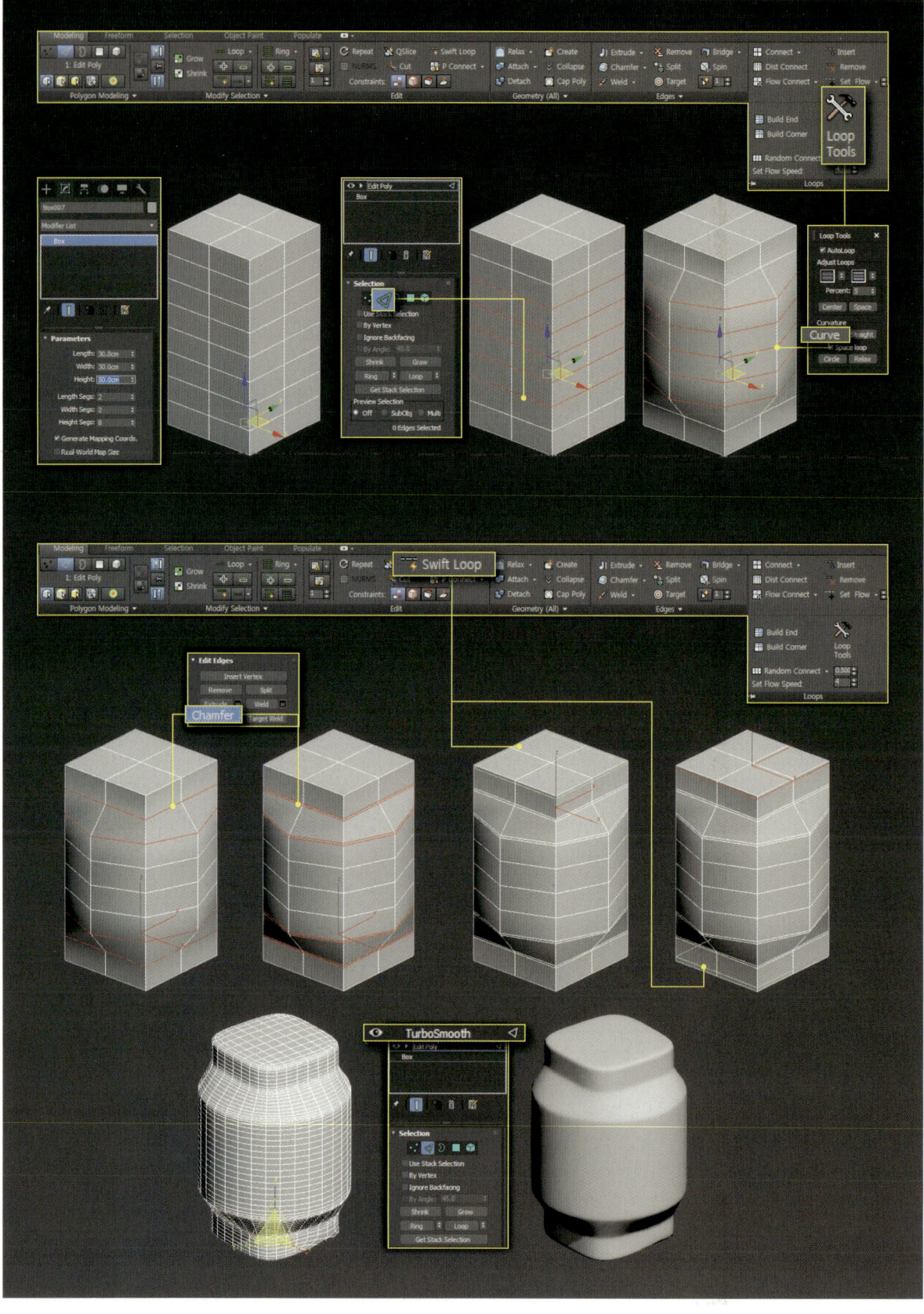

표면의 특정 부분을 원형으로 변형해야 하는 경우가 많이 있습니다. 이럴 때 LoopTools ➜ Circle 기능을 활용하여 쉽게 동그라미 형태로 변형할 수 있습니다. 원형으로 변형하고자 하는 곳의 Polygon을 선택하고 GeoPoly 기능을 활용하면 쉽게 같은 형태를 만들 수 있습니다. 이 기능의 활용도는 매우 높습니다.

Plane을 생성하고 Editable Poly로 전환하여 준비합니다. 전체 Polygon을 선택하고 Inset을 사용하여 그림처럼 변형합니다. Inset으로 생성한 Polygon을 선택하고 [Ctrl] + [Shift] 키를 누른 상태로 Edge로 선택 전환합니다. 이렇게 하면 선택한 Polygon의 가장자리 Edge를 제외한 안쪽 Edge가 모두 선택됩니다.

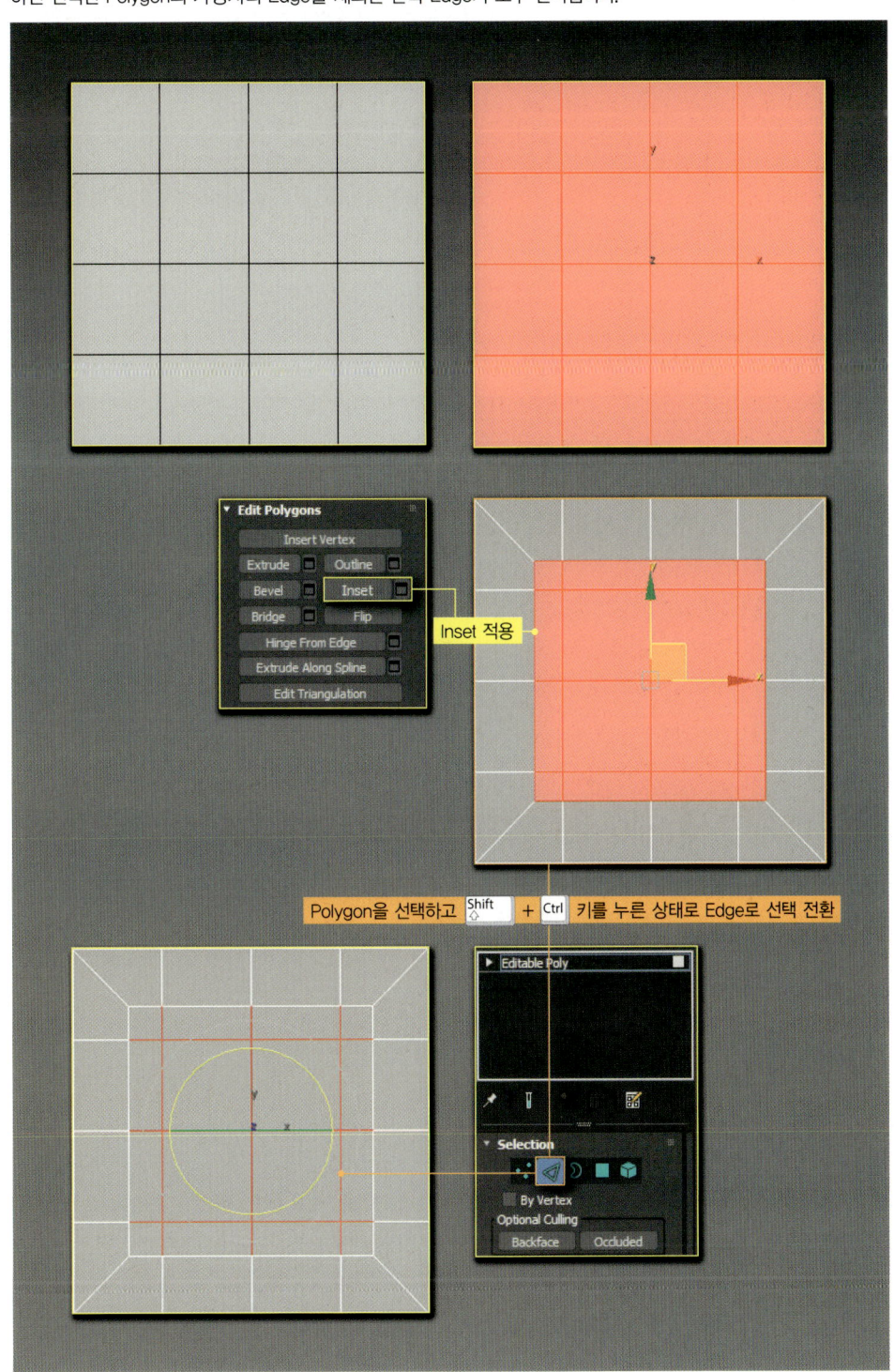

선택한 Edge를 Remove 기능으로 삭제합니다. 그 후 Edge를 삭제한 부분의 Polygon을 선택하고 GeoPoly를 실행하면 원형으로 변형됩니다. 내부 Edge를 삭제해야만 원하는 결과를 얻을 수 있습니다. 이는 활용도가 매우 높은 기능이니 꼭 익숙해지도록 연습하기 바랍니다

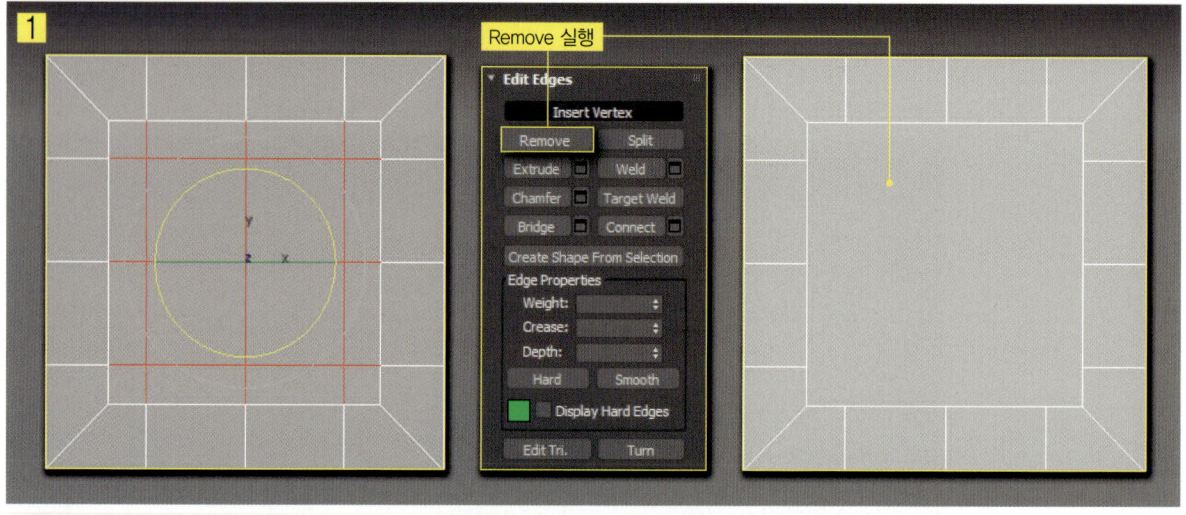

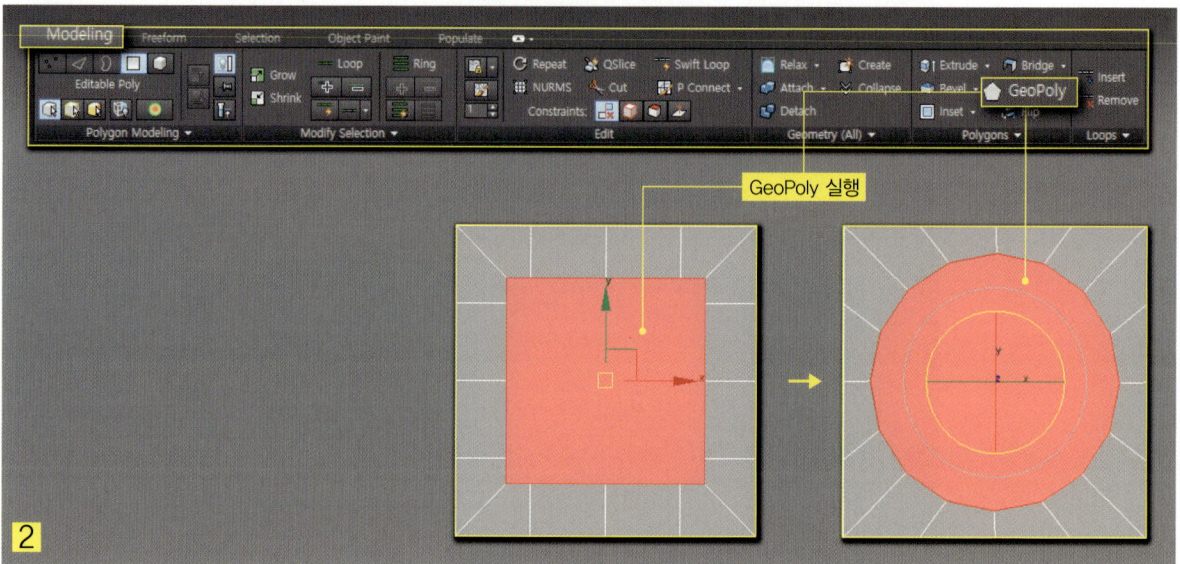

Editable Poly의 기본 기능과 Ribbon의 기능을 활용해서 Object를 제작해 보겠습니다.

Box 변형하기

정육면체 Box를 생성하고 Editable Poly 상태로 바꾸거나 Modify ➡ Edit Poly를 적용하고 Inset을 이용해 Polygon을 추가합니다.

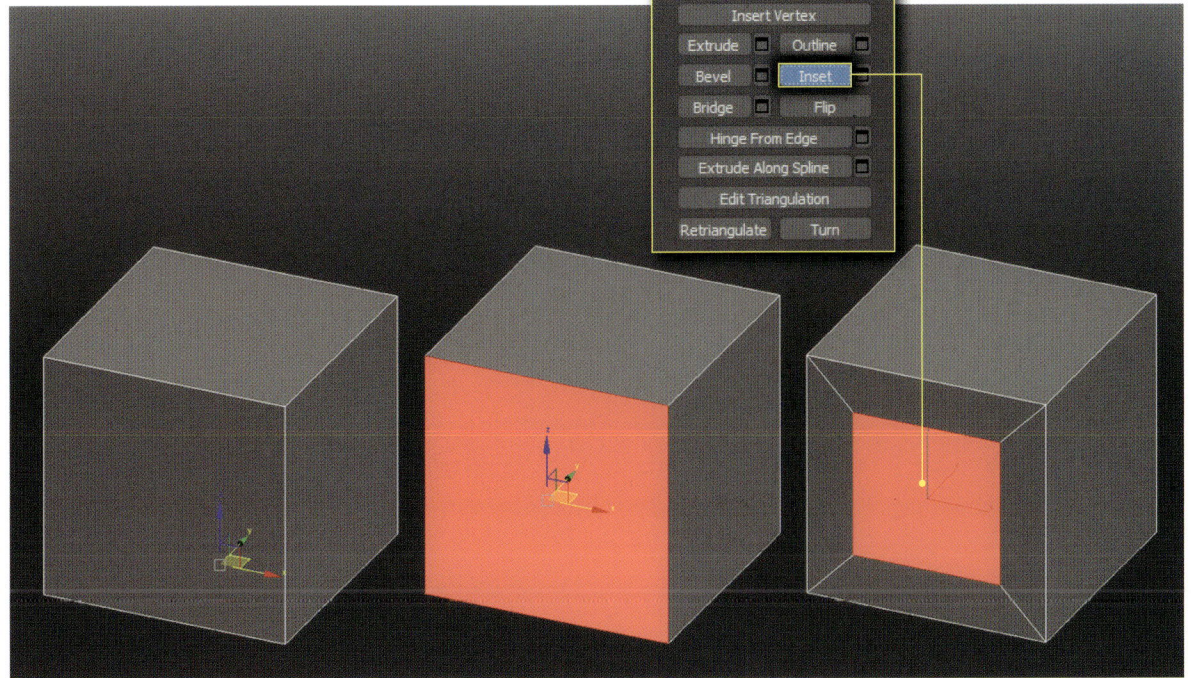

Chapter 02 | 3D 모델링 기초 II

생성된 Polygon을 선택하고 MSmooth를 실행하면 선택한 Polygon을 분할하고 추가된 Vertex를 연결하는 Edge가 자동으로 추가됩니다.

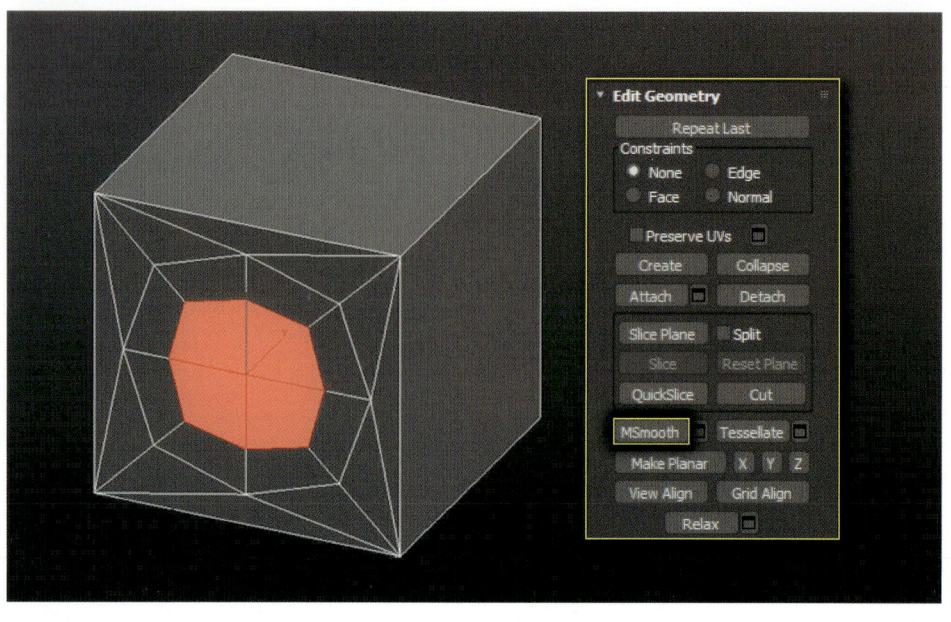

모서리에 몰려 있는 Edge를 선택하고 Remove로 삭제합니다.

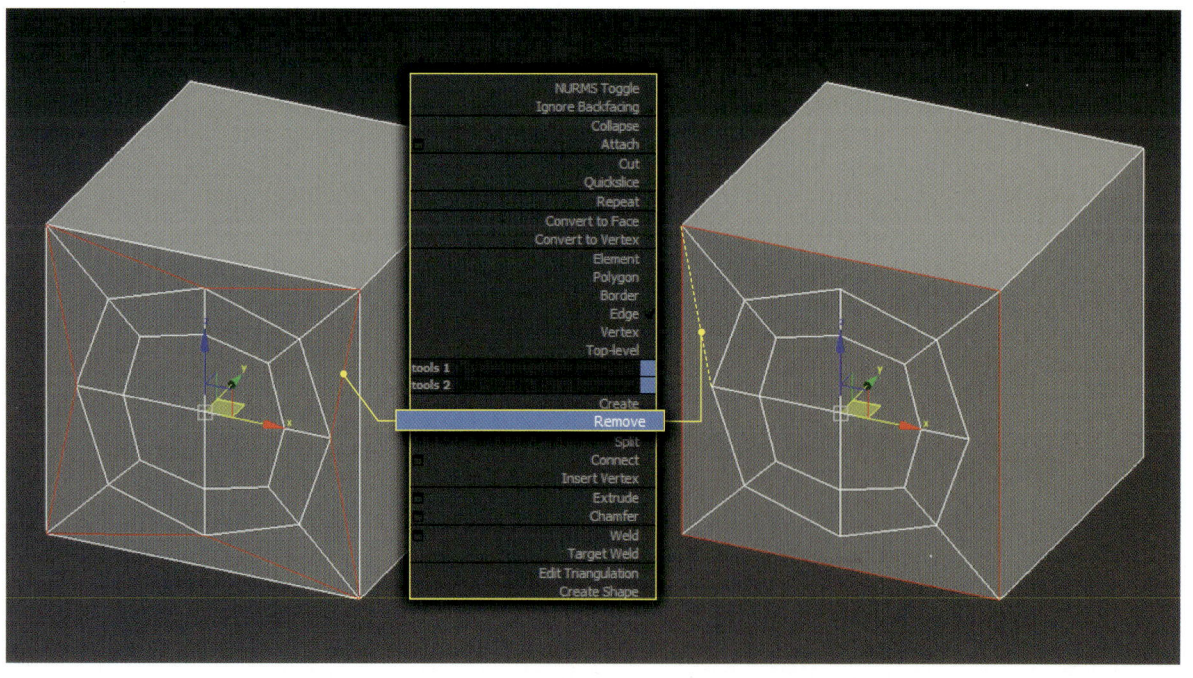

길게 연결된 Edge를 제거할 경우 Ctrl 키를 누른 상태로 Remove를 실행해야 Vertex까지 함께 제거됩니다. 연결되지 않은 Vertex를 연결하기 위해 Edge를 Connect를 이용해서 추가하고 두 Vertex 사이를 다시 Connect로 연결합니다.

Bevel, Inset, Chamfer 등을 이용해서 변형하고 Modify → TurboSmooth를 적용해서 확인합니다.

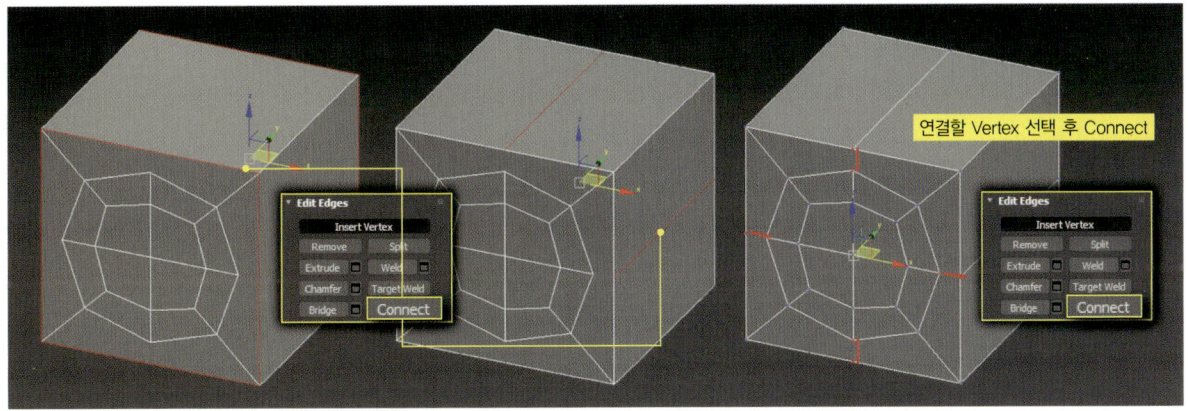

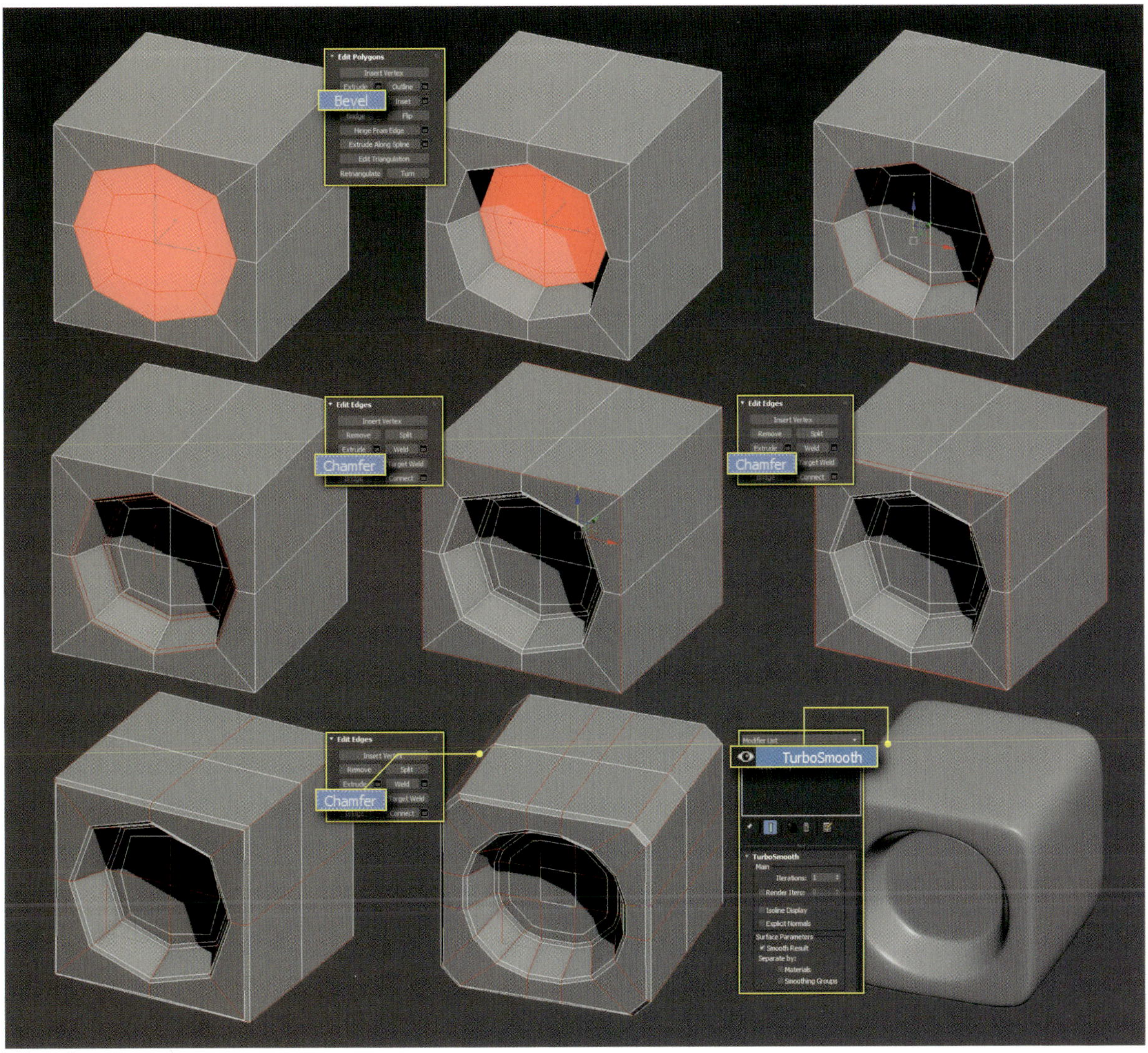

Chapter 02 | 3D 모델링 기초 II

TurboSmooth를 적용한 상태에서 다시 Convert to Editable Poly를 실행해서 변환하고 모서리 부분의 Polygon을 선택하고 Inset 적용 후 생성된 Polygon을 삭제합니다.

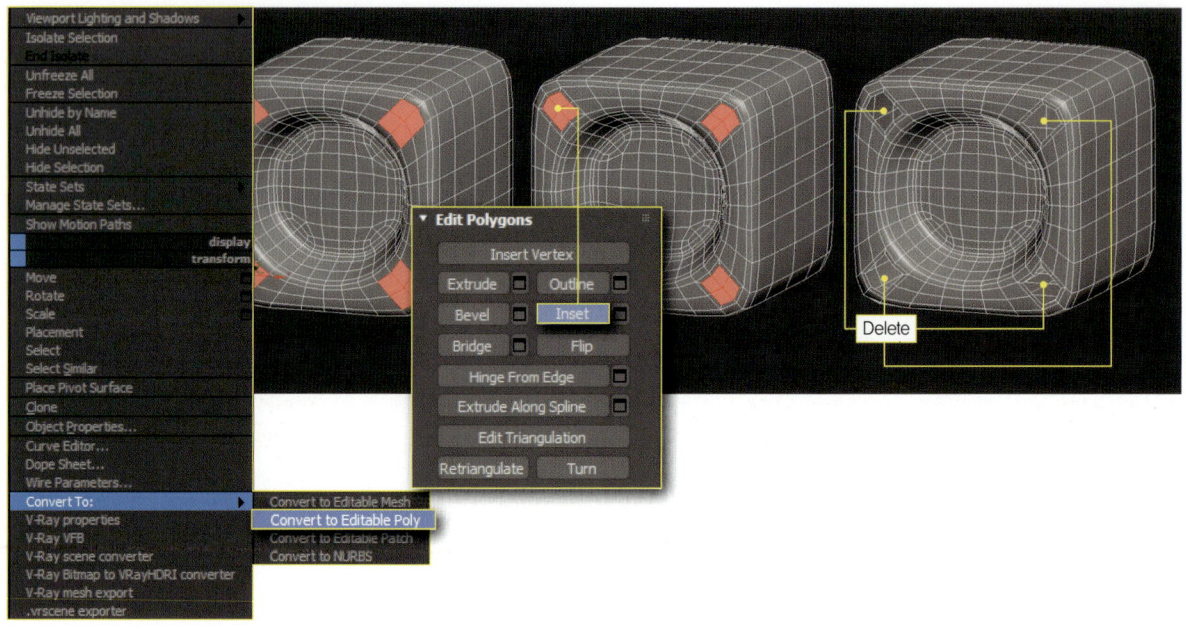

구멍이 난 부분의 Edge를 모두 선택하고 Ribbon Tool의 Loops를 클릭하고 다시 Loop Tools를 클릭해서 활성화합니다.

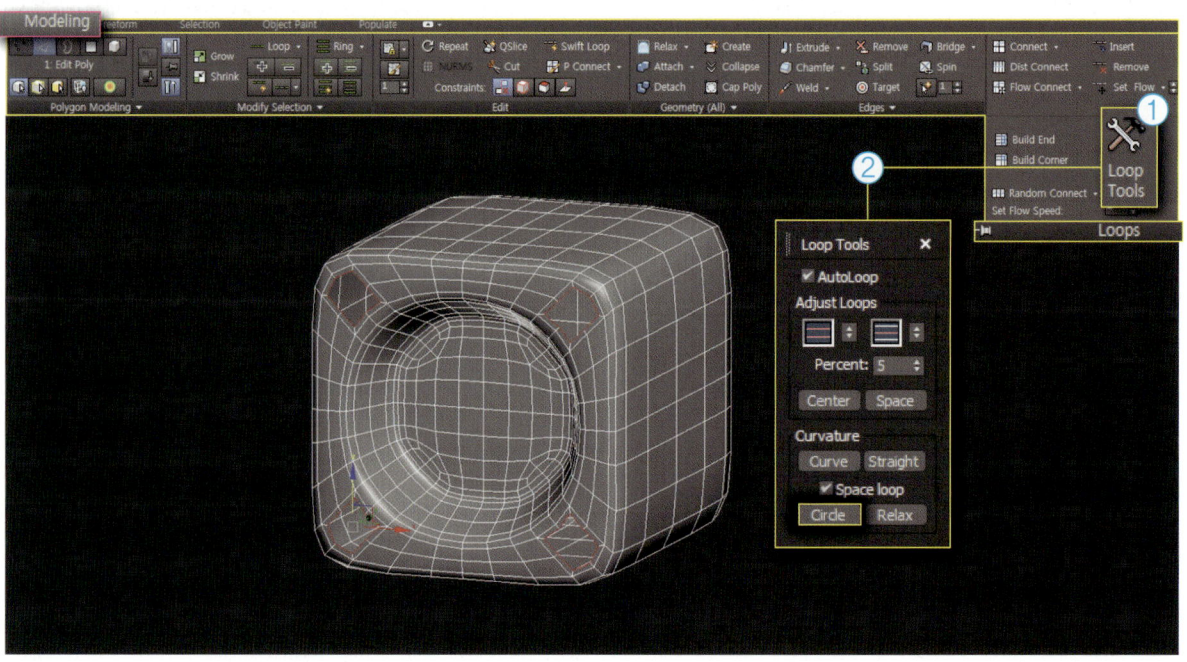

PINUP TIP

Loop Tools를 활성화하려면 선택 모드가 Edge여야 합니다.

214

Loop Tools의 Circle을 실행하면 선택한 Edge가 원형으로 변형되고 Scale을 이용해서 크기를 조절하고 선택 모드를 Border로 바꾸고 마우스 오른쪽 버튼을 클릭해서 Cap을 실행하면 구멍이 메워집니다.

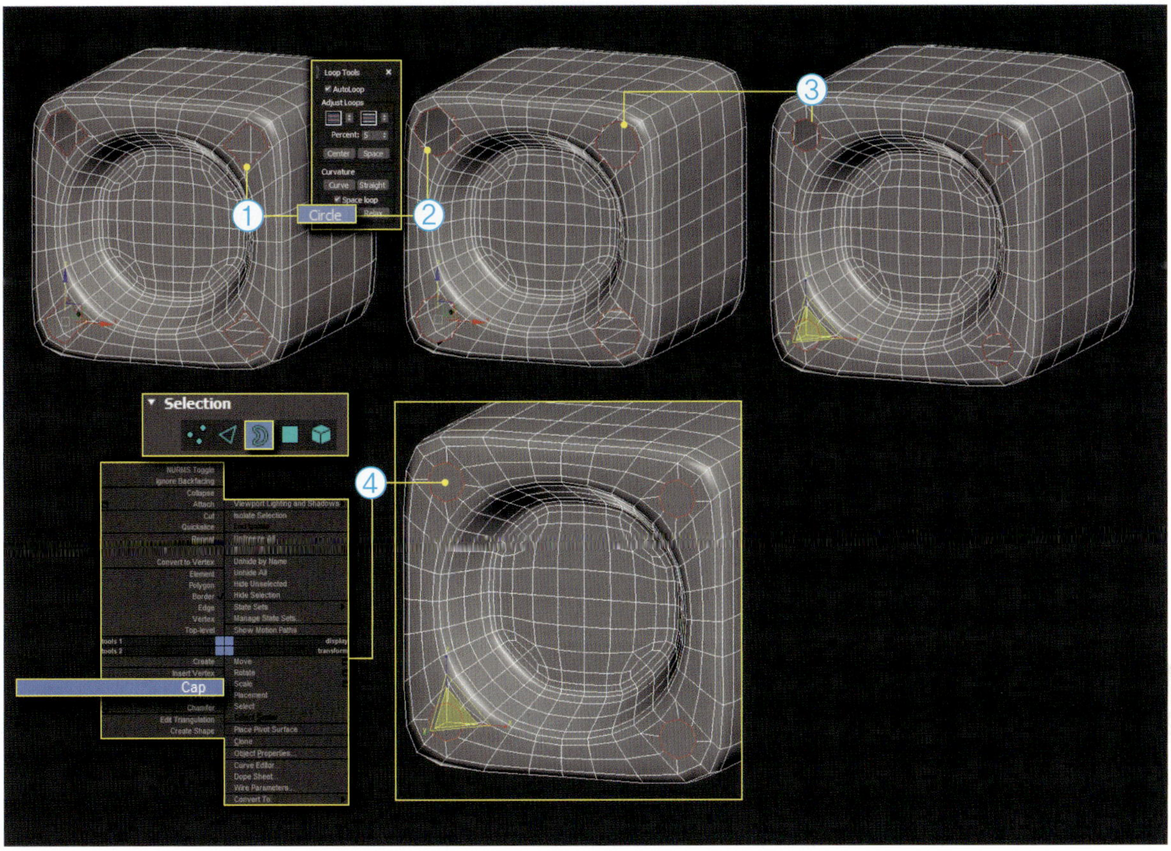

Bevel, Inset, Chamfer 등을 이용해서 생성된 Polygon을 변형합니다.

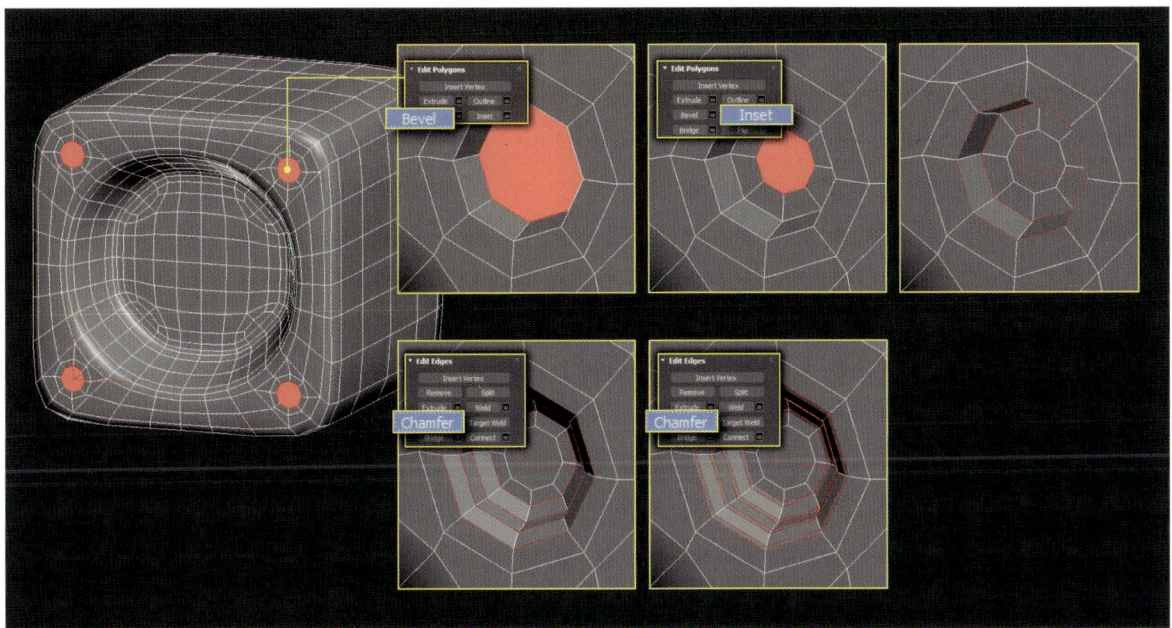

홈이 될 부분에 Edge를 Chamfer를 이용해서 분리하고 Ring Select합니다.

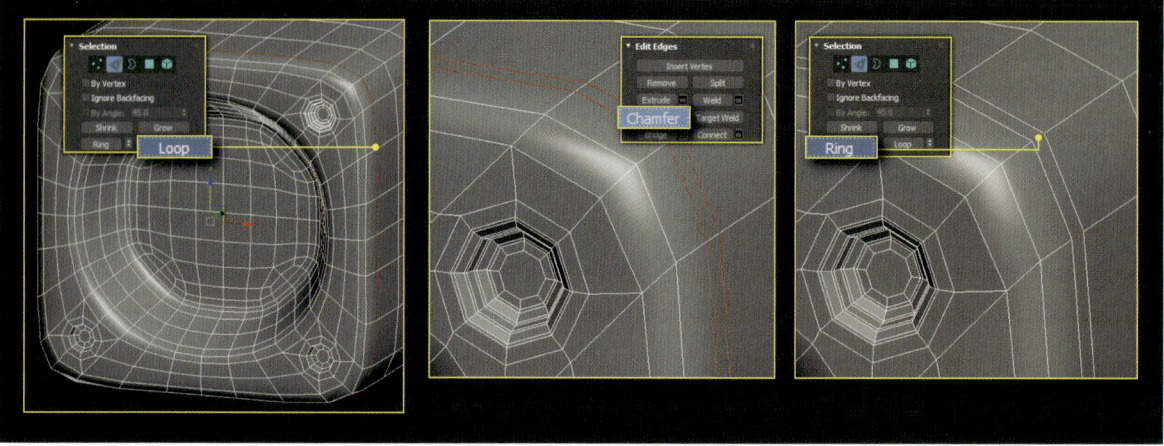

Connect를 이용해서 Edge를 추가하고 Modify → Push를 이용해서 Edge를 안쪽으로 밀어 넣어 홈을 만들었습니다.

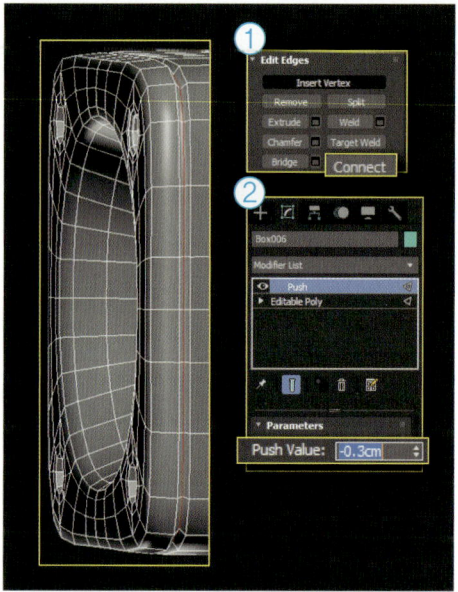

Chamfer를 이용해 Edge를 추가한 후 가장자리를 날카롭게 만들고 Modify → TurboSmooth를 적용해 완성합니다.

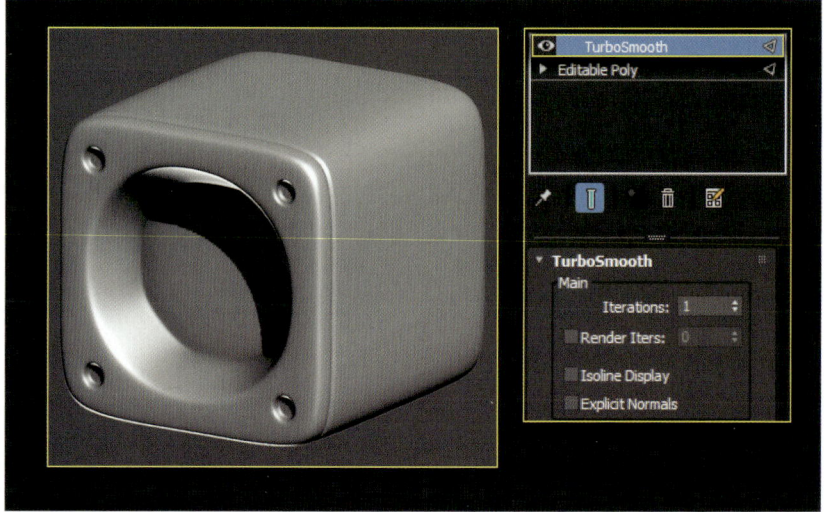

Cylinder 변형하기

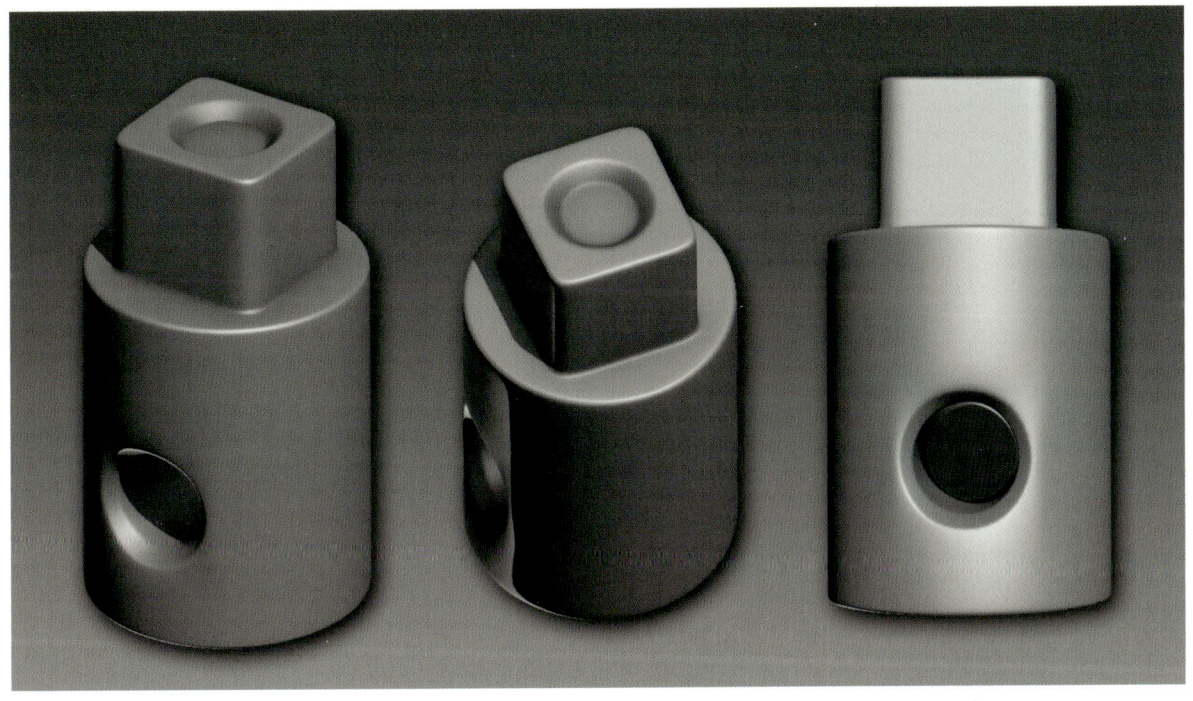

Cylinder를 생성하고 Editable Poly로 변환하고 정렬할 Vertex를 선택하고 Make Planar 기능을 정렬될 축을 확인하면서 실행합니다.

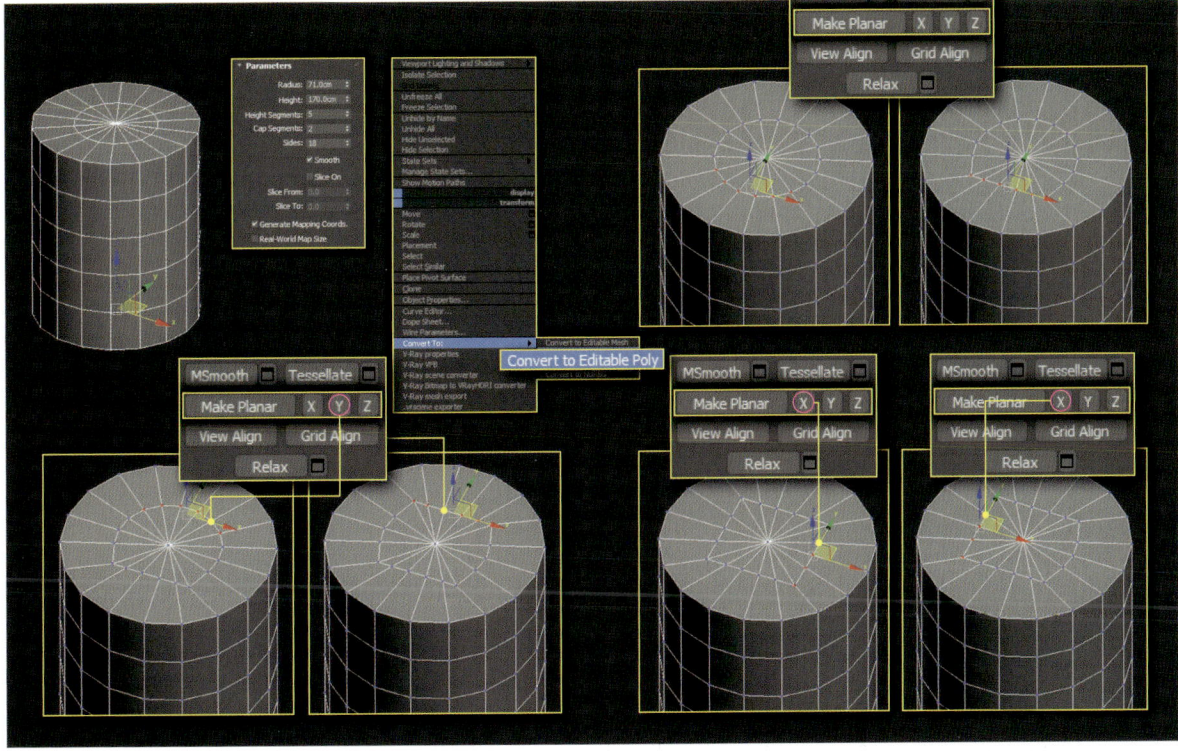

사각으로 정렬된 Vertex를 모두 선택하고 Scale을 조절해서 크기를 정하고 사각으로 정렬된 부분의 Polygon을 선택하고 Extrude해서 변형합니다.

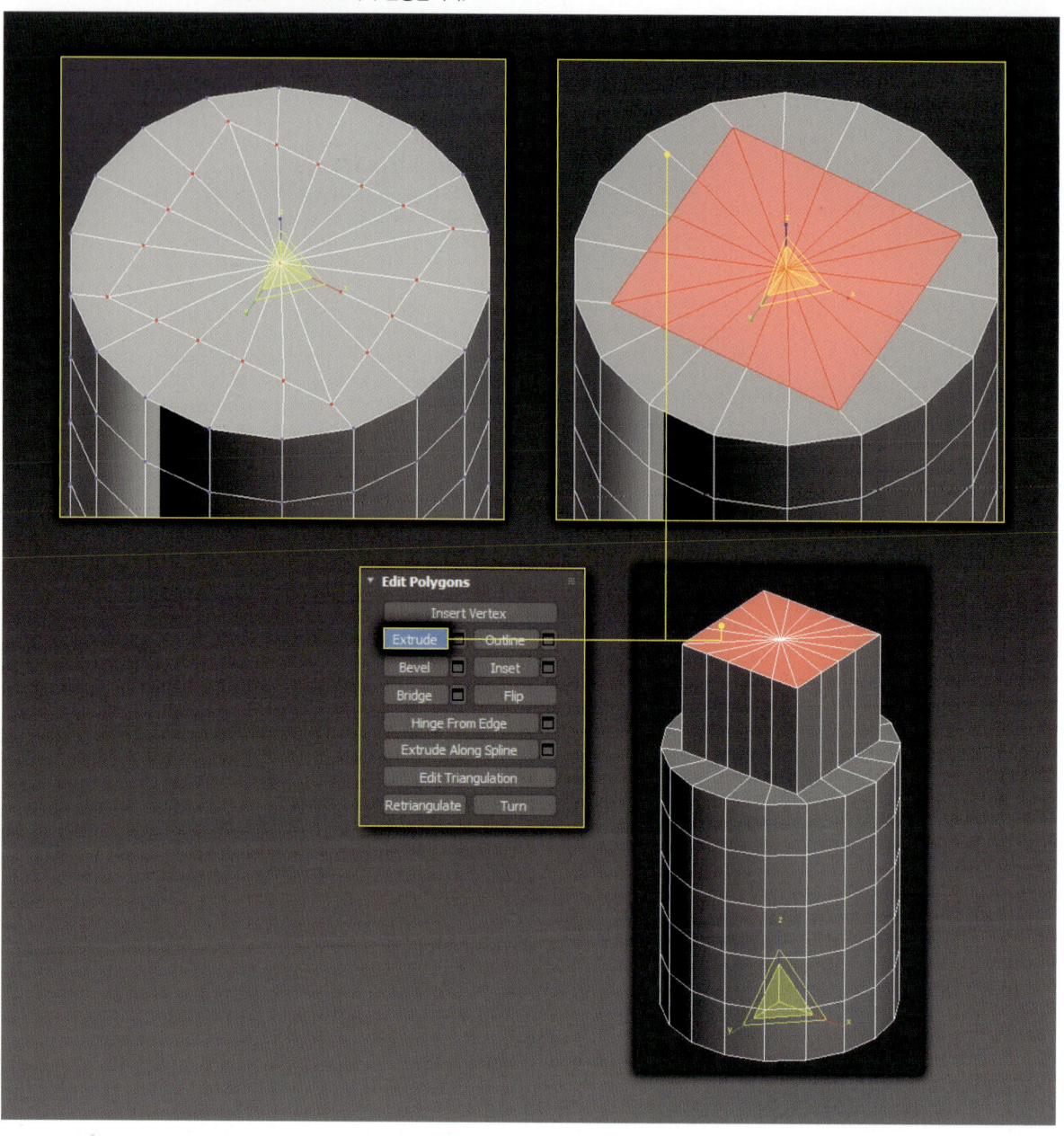

중앙의 Vertex를 선택하고 Chamfer해서 Polygon을 추가하고 Inset, Bevel, Chamfer, Collapse를 이용해서 변형합니다.

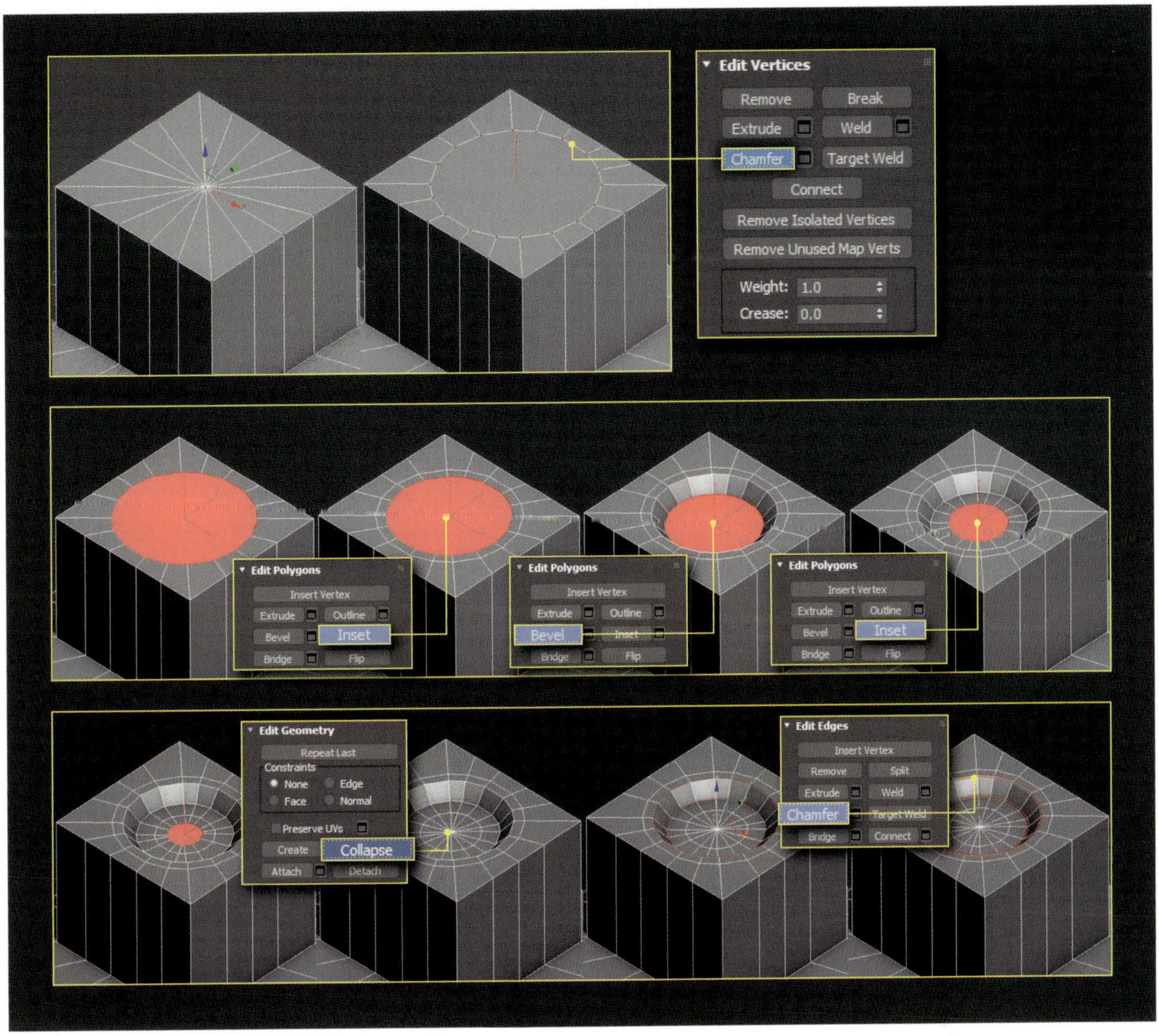

Object 모서리 전체의 Edge를 선택하고 Chamfer를 이용해서 Edge를 추가하고 Modify ➡ TurboSmooth를 적용하고 결과를 확인합니다.

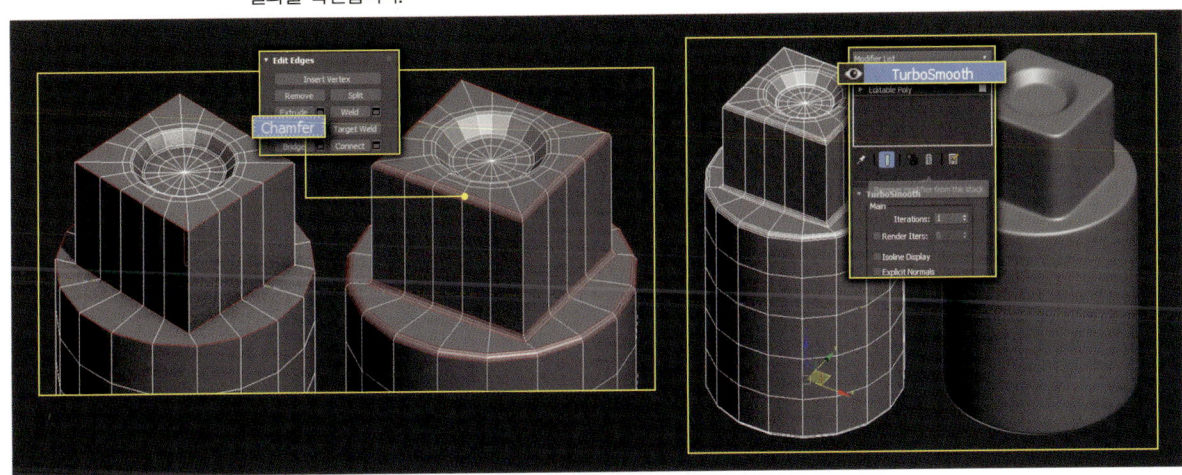

Chapter 02 | 3D 모델링 기초 II

다시 Modify ➡ TurboSmooth 적용을 제거하고 마주보는 Polygon을 선택한 후 Delete 키를 눌러 삭제합니다.

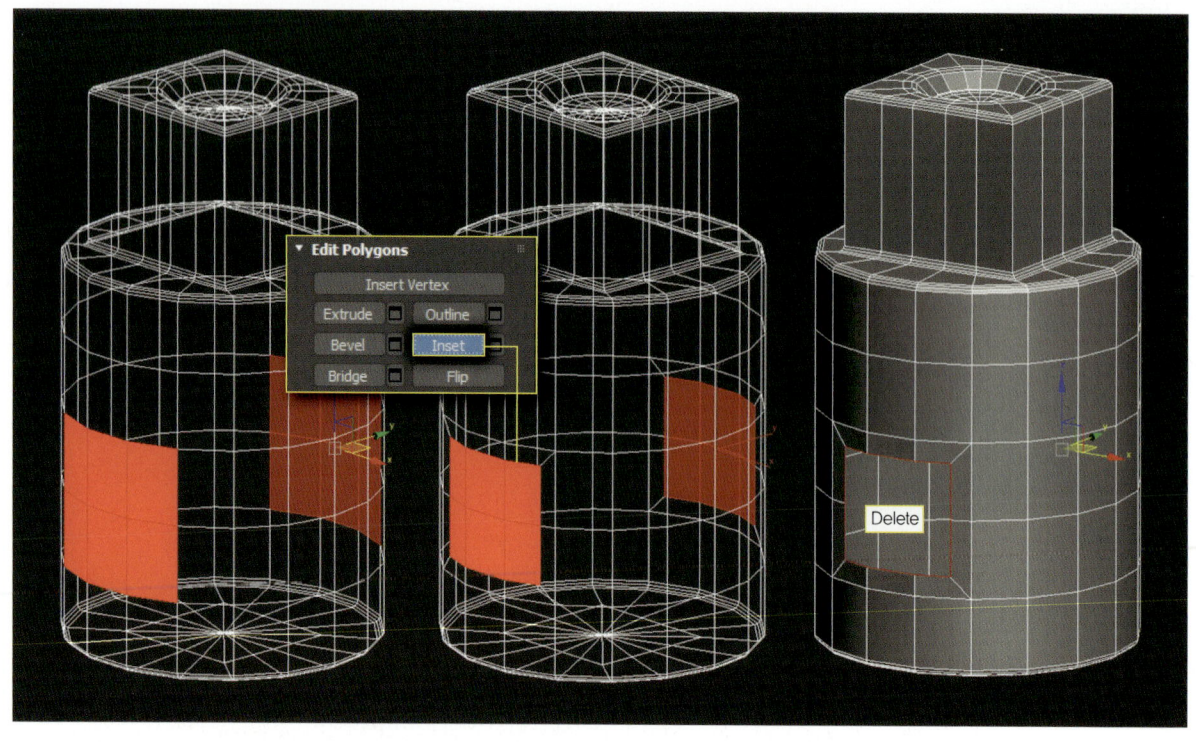

Polygon을 삭제한 후 양 안쪽 Edge를 모두 선택하고 Loop Tools의 Circle을 실행해서 원형으로 변형하고 Scale과 Rotate를 이용해서 정리한 후 Bridge를 실행해서 마주보는 Edge를 연결합니다.

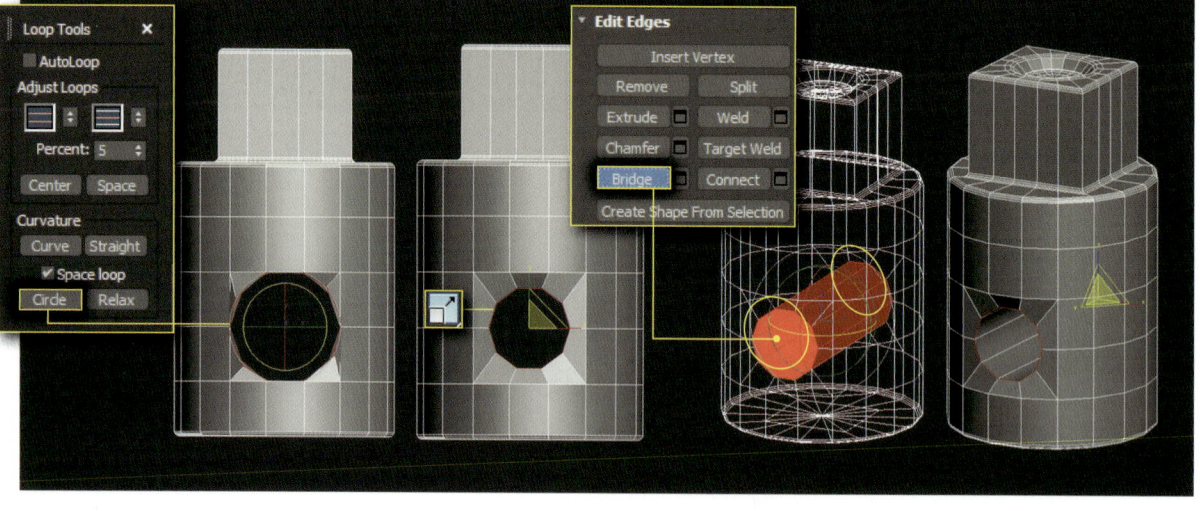

Chamfer를 이용해서 Edge를 추가하고 Modify ➡ TurboSmooth를 적용해서 완성합니다.

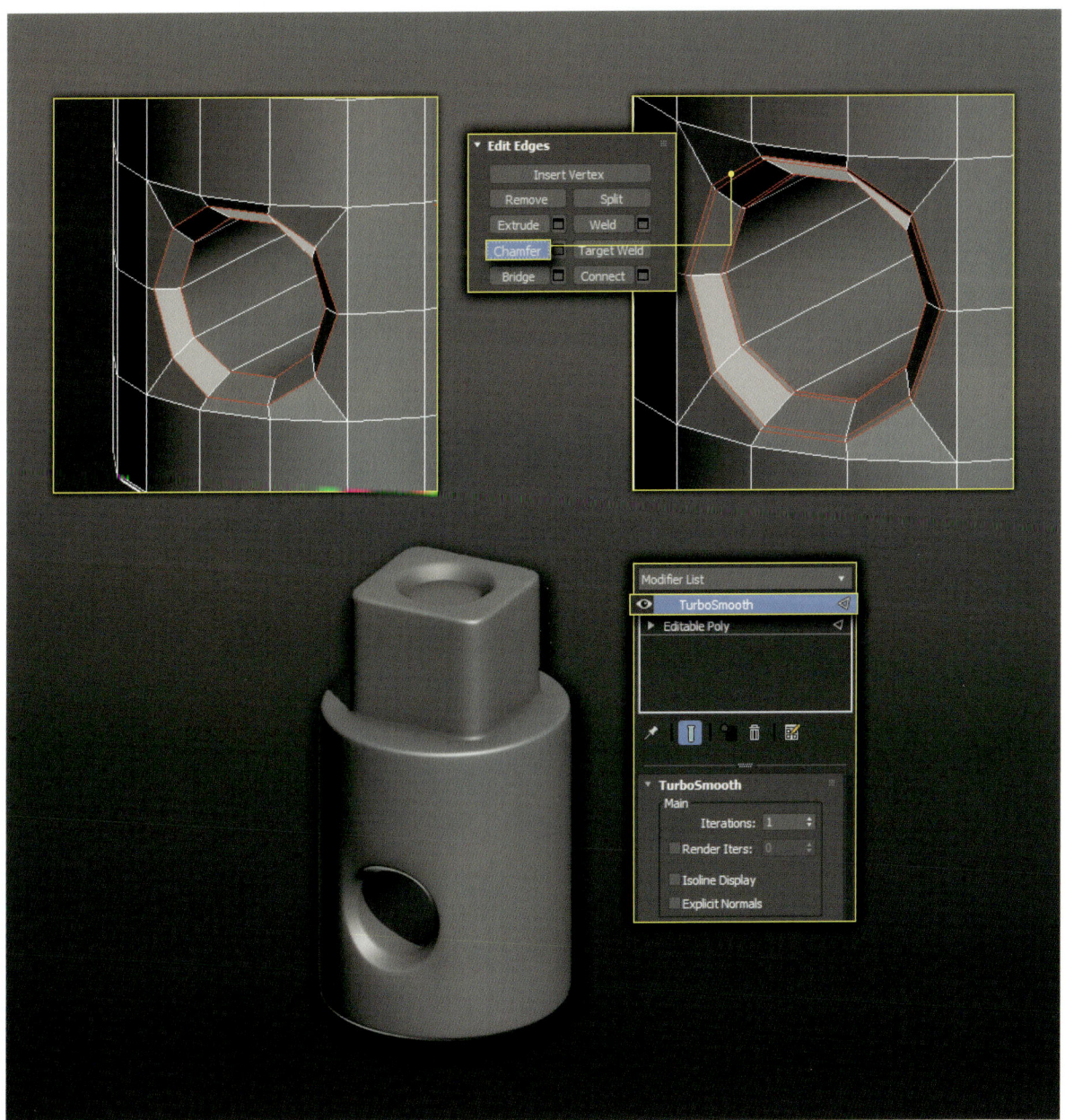

SECTION 03

Ribbon Freeform

Ribbon Freeform ➡ Polydraw Tab의 기능을 이용해서 선택한 Object의 표면에 밀착해서 새로운 Object를 생성합니다. 더불어 Object 표면에 밀착한 상태를 유지하면서 변형할 수 있고 Paint Deform Tab의 기능을 활용해서 Object의 전체적인 형태를 직관적으로 변형할 수 있습니다.

Conform

생성된 Object 표면에 새롭게 생성한 Object를 부착하고 부착된 상태로 형태를 변형하는 기능입니다.

Sphere 앞에 Plane을 만들어 밀착시키고 변형합니다.

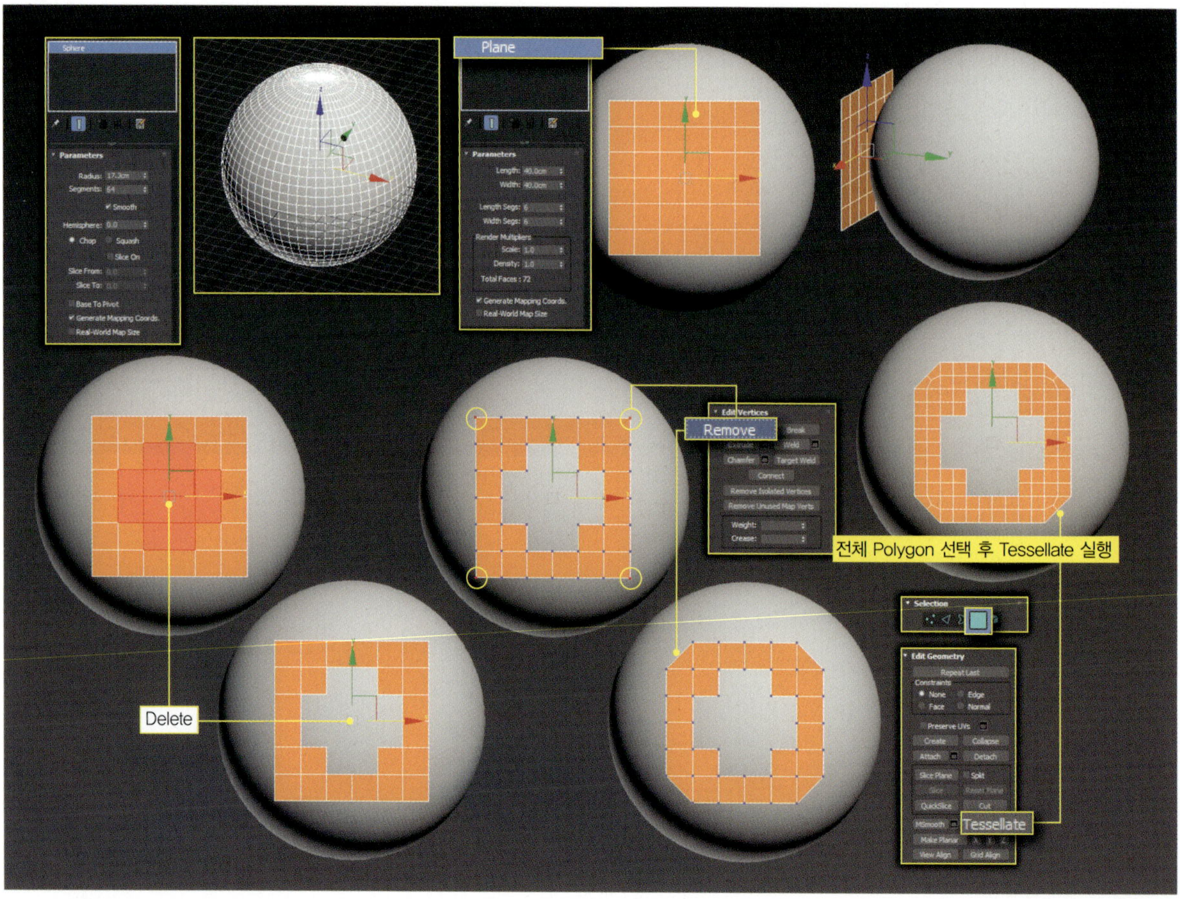

Tessellate 또한 Polygon을 나누어 주는 기능이지만 Modify → TurboSmooth나 Editable Poly의 MSmooth와 같이 외형을 곡면으로 변형시키지 않고 형태를 그대로 유지한 상태로 나누어 줍니다.
실행 방법에 따라 결과가 달라지고 이를 이용한 모델링은 챕터9에서 추가로 다룹니다.

부착할 Object를 선택하고 Draw On: Surface를 클릭하고 Sphere를 클릭합니다.

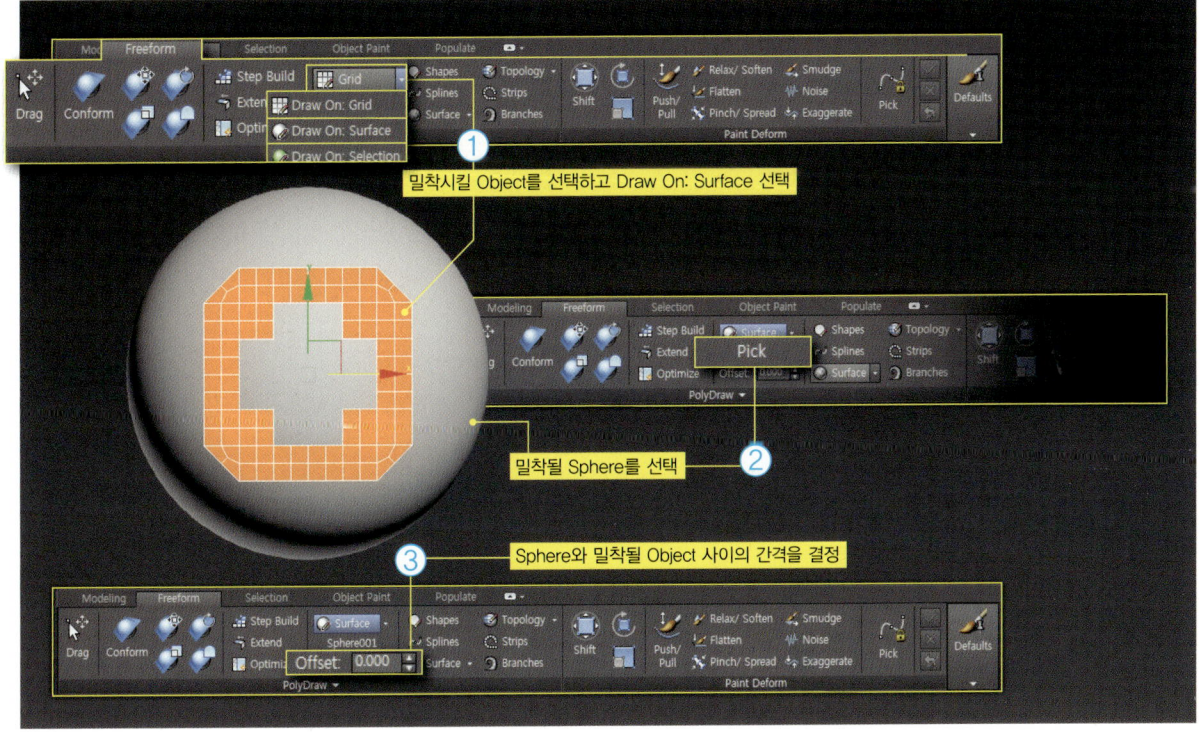

Conform Brush를 선택하고 부착하려는 Object를 클릭하고 문지르면 Sphere에 부착됩니다. Offset에 적용한 숫자는 Sphere와 밀착하기 위한 Object 사이의 거리입니다.

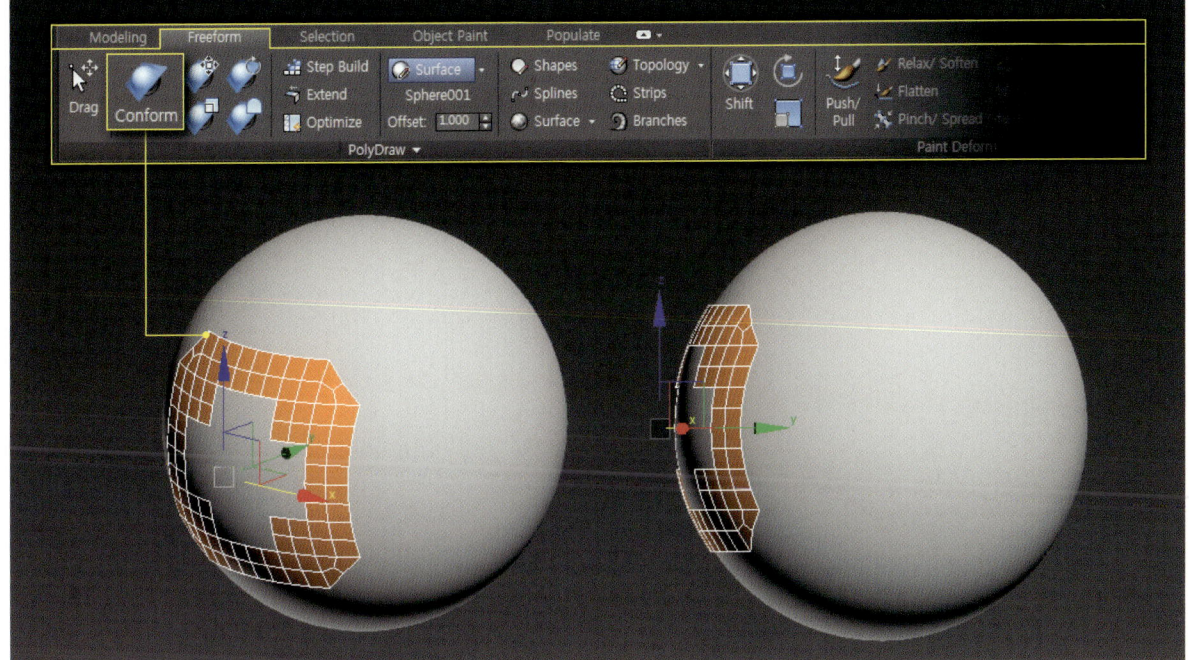

Edit Poly 기능을 이용해서 변형하고 완성합니다.

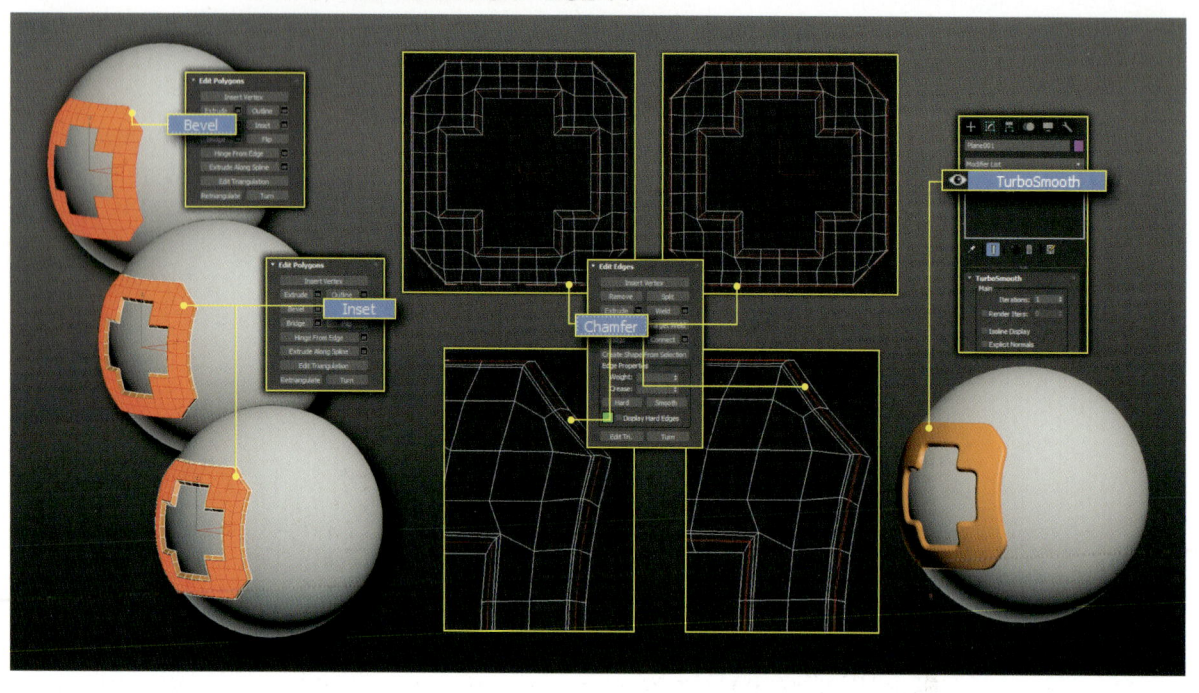

추가로 Shape ➡ Helix를 이용해서 Object를 생성하고 Sphere에 부착해 완성하는 과정입니다.

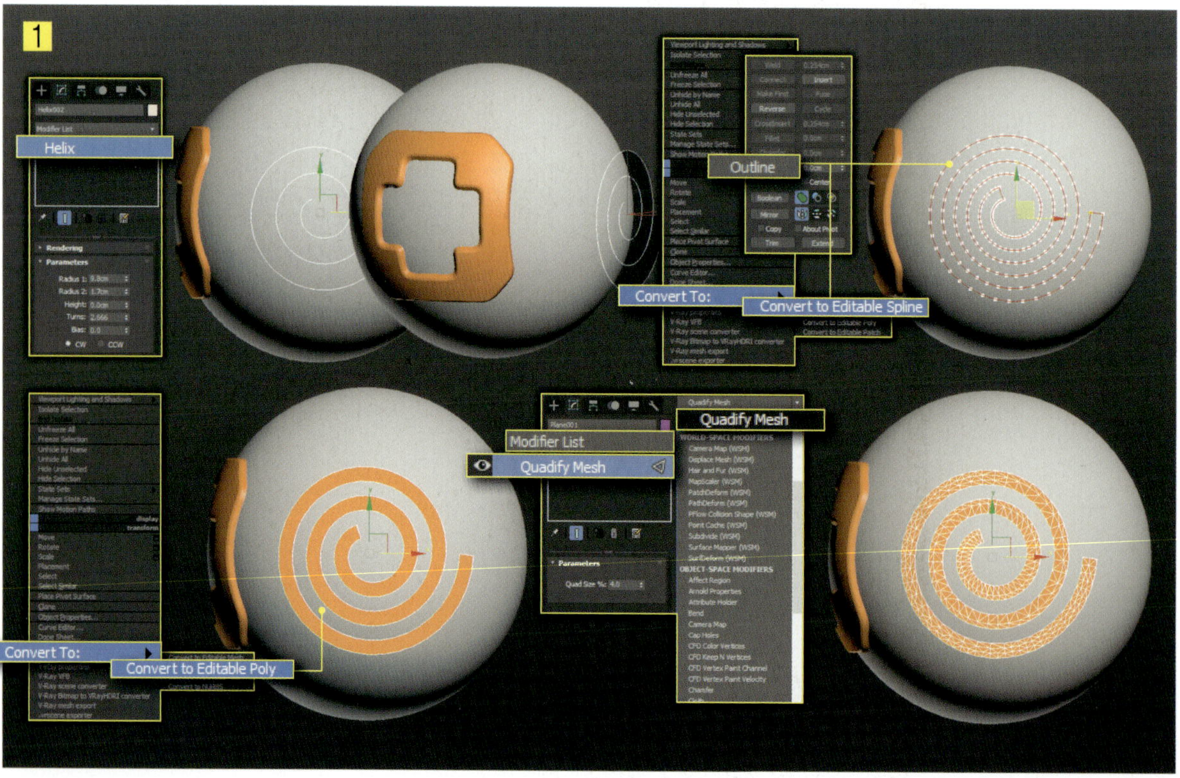

2
Grid
Draw On: Grid
Draw On: Surface
Draw On: Selection
1
밀착시킬 Object를 선택하고 Draw On: Surface 선택
Pick
2
Object가 밀착될 Sphere를 선택
Convert To:
Convert to Editable Poly
3
Sphere와 Object 간의 간격 결정
Offset: 0.000
Conform

3
Chamfer
Convert To:
Convert to Editable Poly
TurboSmooth

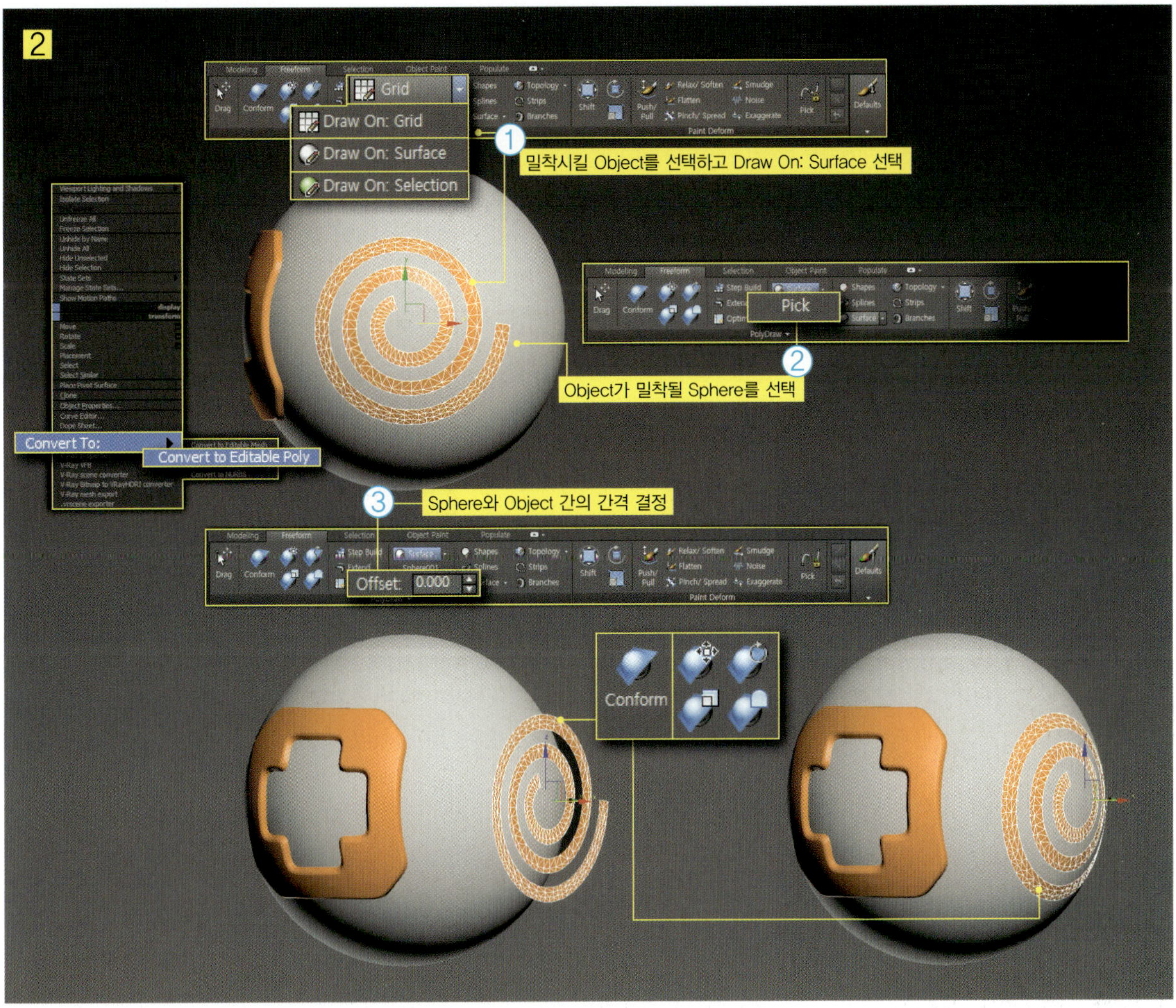

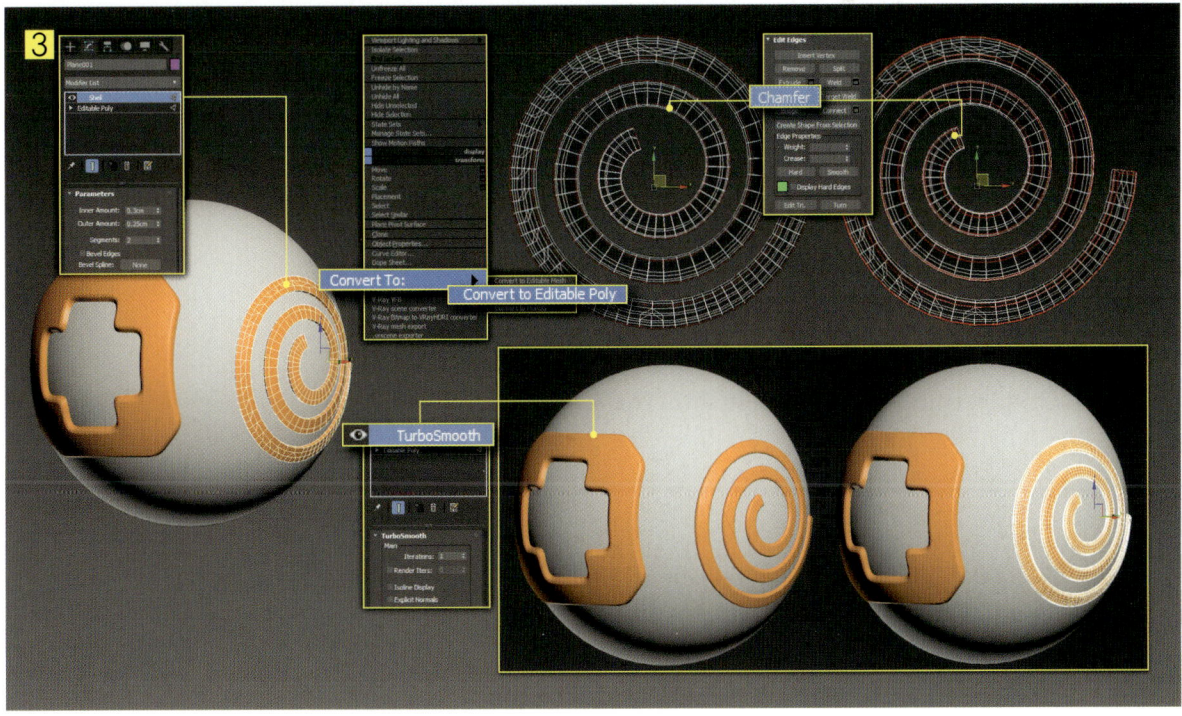

New Object

선택한 Object의 표면에 새로운 Object를 직접 생성할 수도 있습니다. 다음은 Freefrom의 Step Build와 Extend 기능을 이용해서 완성한 이미지입니다.

앞서 학습한 과정처럼 표면으로 사용될 Object를 선택하고 Poly Draw의 하위 메뉴를 열어 New Object를 클릭합니다.

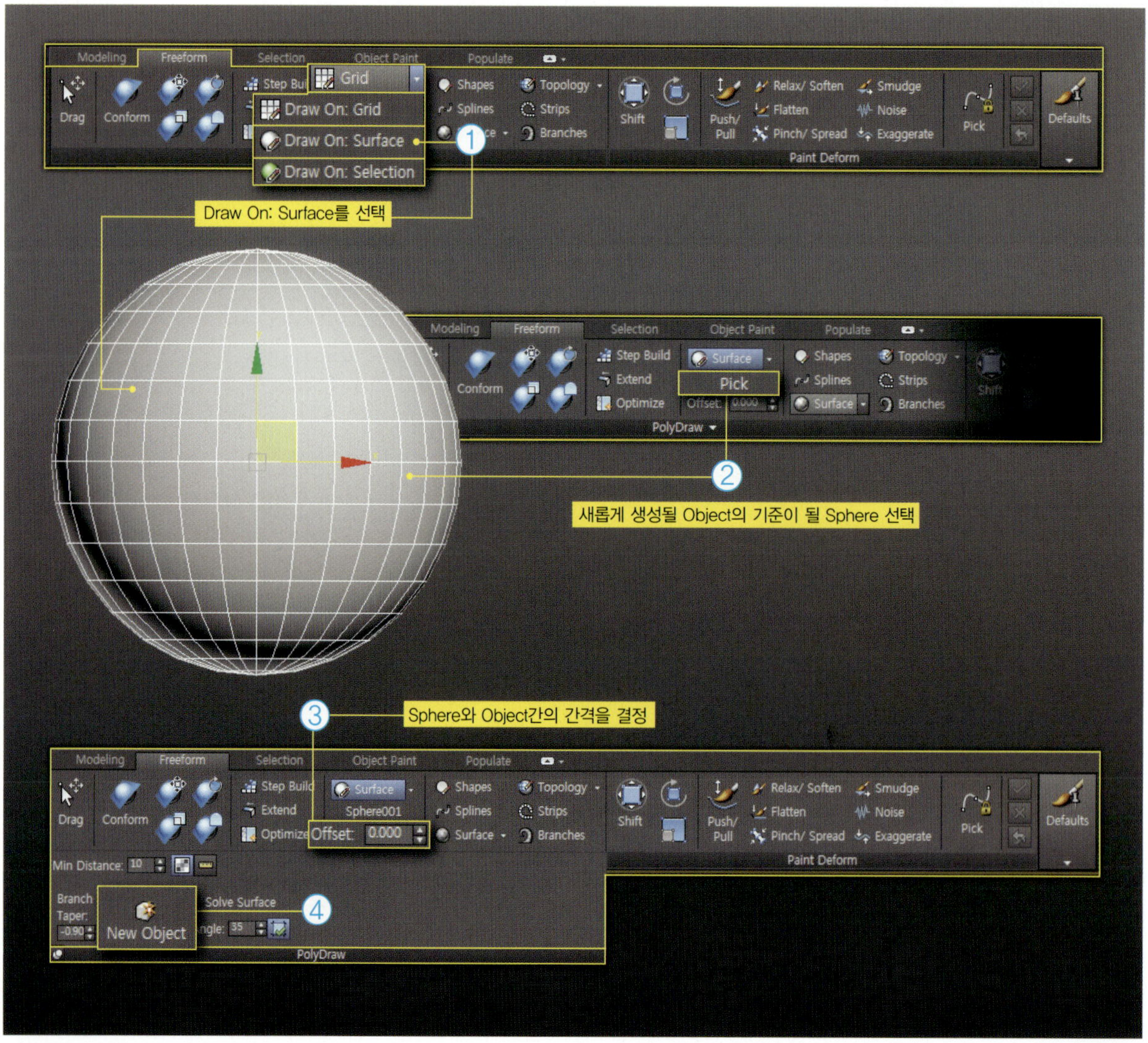

Step Build

Object 표면 중 원하는 곳에 Vertex를 생성하고 4개의 Vertex를 기준으로 Polygon을 생성하는 기능입니다.

Step Build 버튼을 활성화하고 Object 위를 클릭해서 4개의 Vertex를 먼저 만들고  키를 누른 상태로 대각선으로 클릭 앤 드래그하면 Polygon이 생성됩니다.

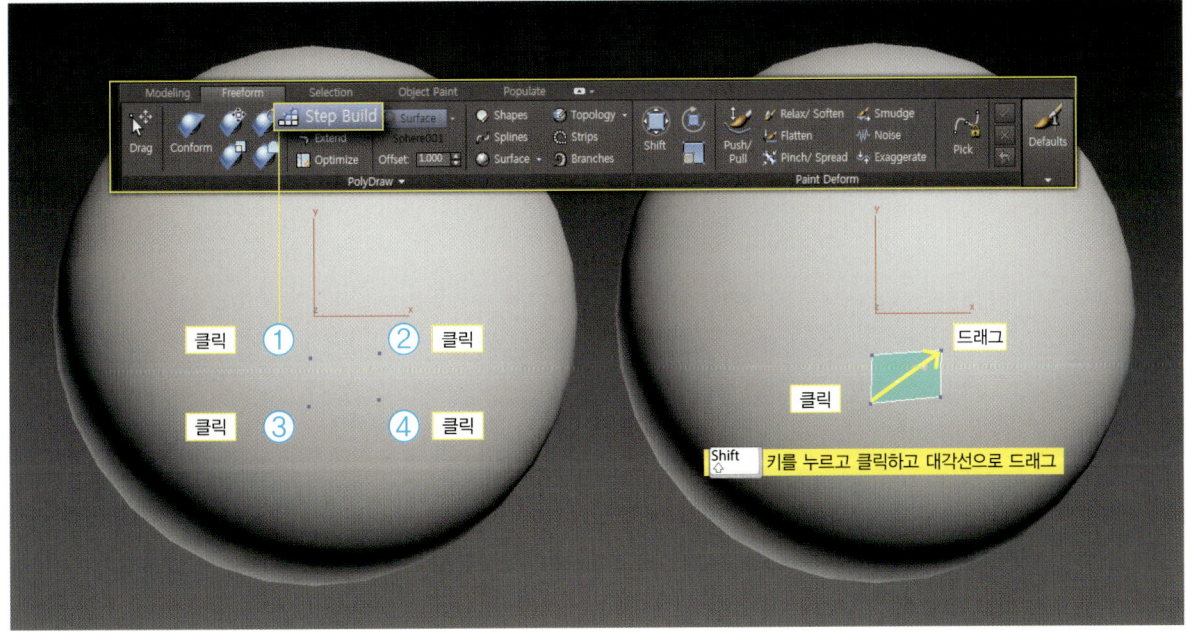

편리하게 작업하려면 기준이 되는 Object의 Edge는 감추고 새롭게 만들어지는 Object의 Edge만 표시하는 것이 좋습니다. 작업 중인 Viewport의 왼쪽 상단에서 Viewport Preferences를 엽니다. 여기서 Edged Faces를 비활성화하고 Display Selected with Edged Faces를 활성화합니다.

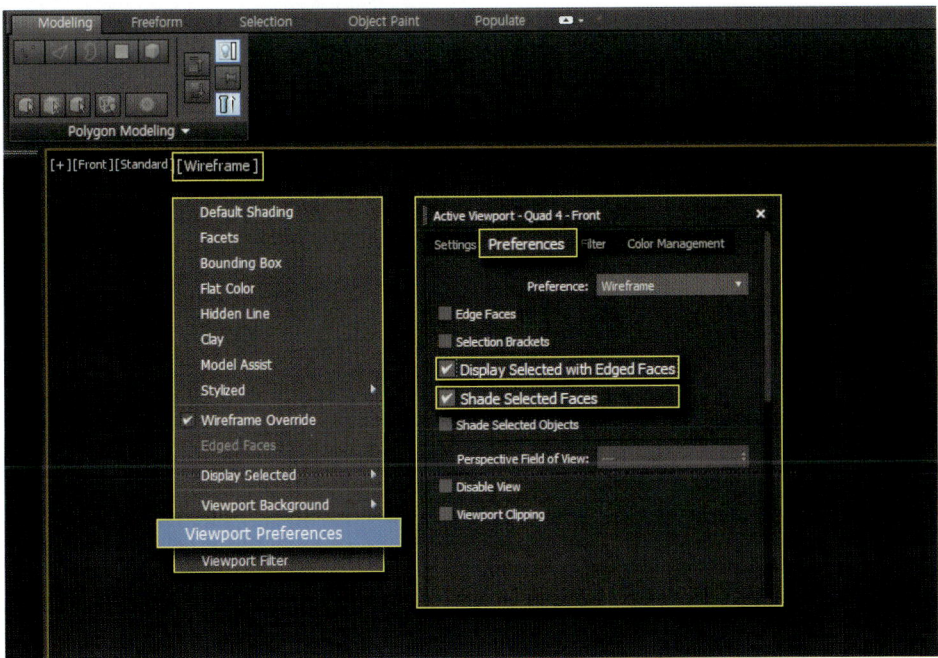

다시 Step Build를 실행하고 원하는 곳에 Vertex를 생성하고 Shift 키를 누른 상태로 클릭 앤 드래그해서 Polygon을 생성합니다. 생성한 Vertex 모양대로 Polygon이 만들어집니다.

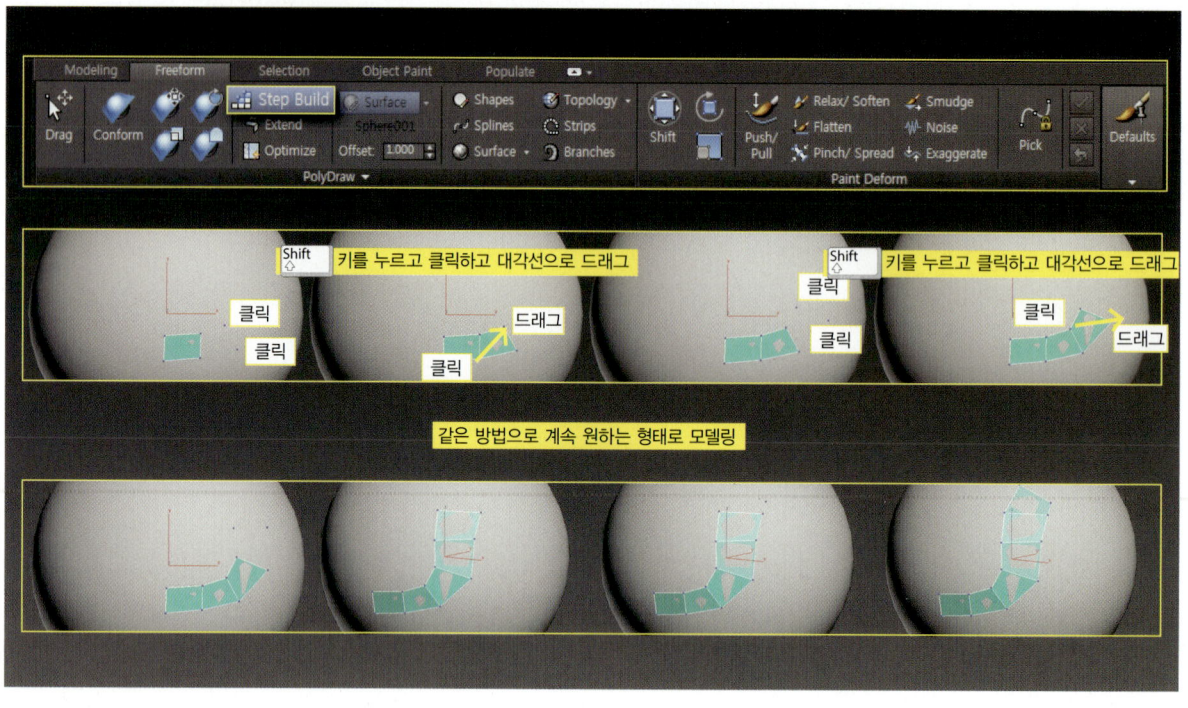

Alt 키를 누른 상태로 Vertex를 클릭하면 Vertex가 삭제됩니다.

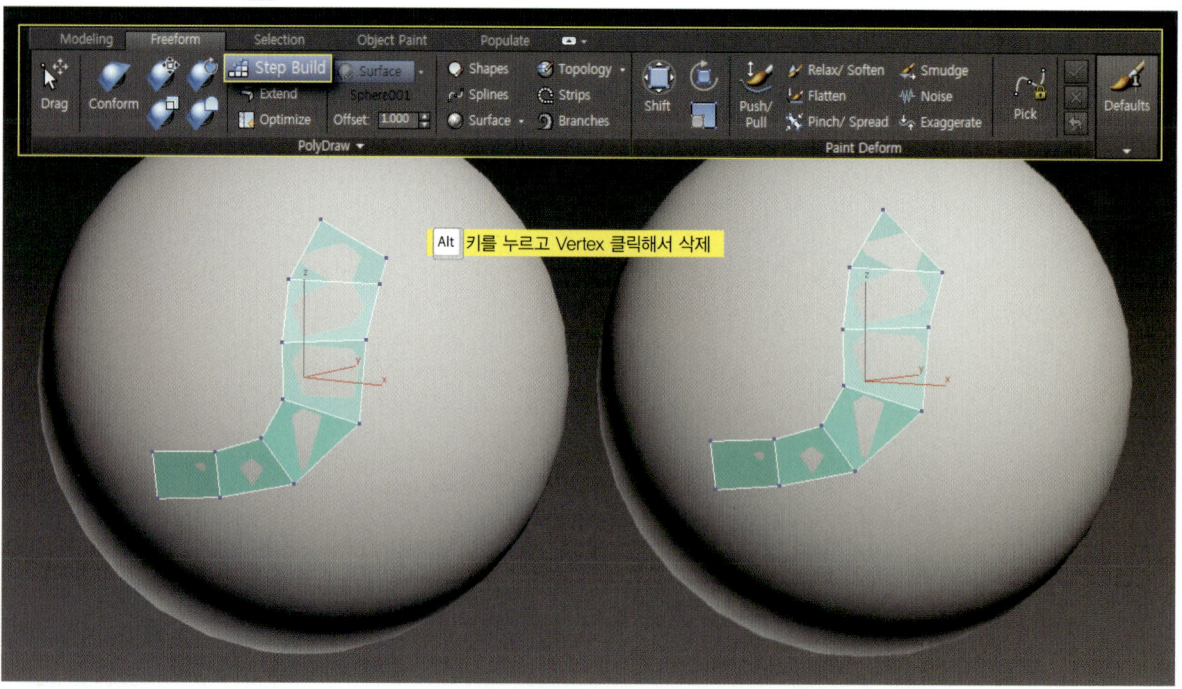

작업하는 과정에서 언제든 Shift + Ctrl + Alt 키를 누른 상태로 Vertex를 클릭 앤 드래그하면 기준이 되는 Object의 표면을 따라 원하는 곳으로 이동할 수 있습니다. Alt 키를 누른 상태에서 Vertex 근처를 클릭하면 가장 가까이 있는 Vertex를 삭제할 수 있습니다. Ctrl 키를 누른 상태로 Polygon을 클릭해서 삭제할 수도 있습니다.

Extend

Edge를 클릭 앤 드래그해서 직관적으로 추가할 수 있는 기능입니다. Extend를 활성화하고 Shift 키를 누른 상태로 Edge를 클릭 앤 드래그하면 새로운 Polygon이 표면에 밀착되어 생성됩니다.

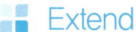

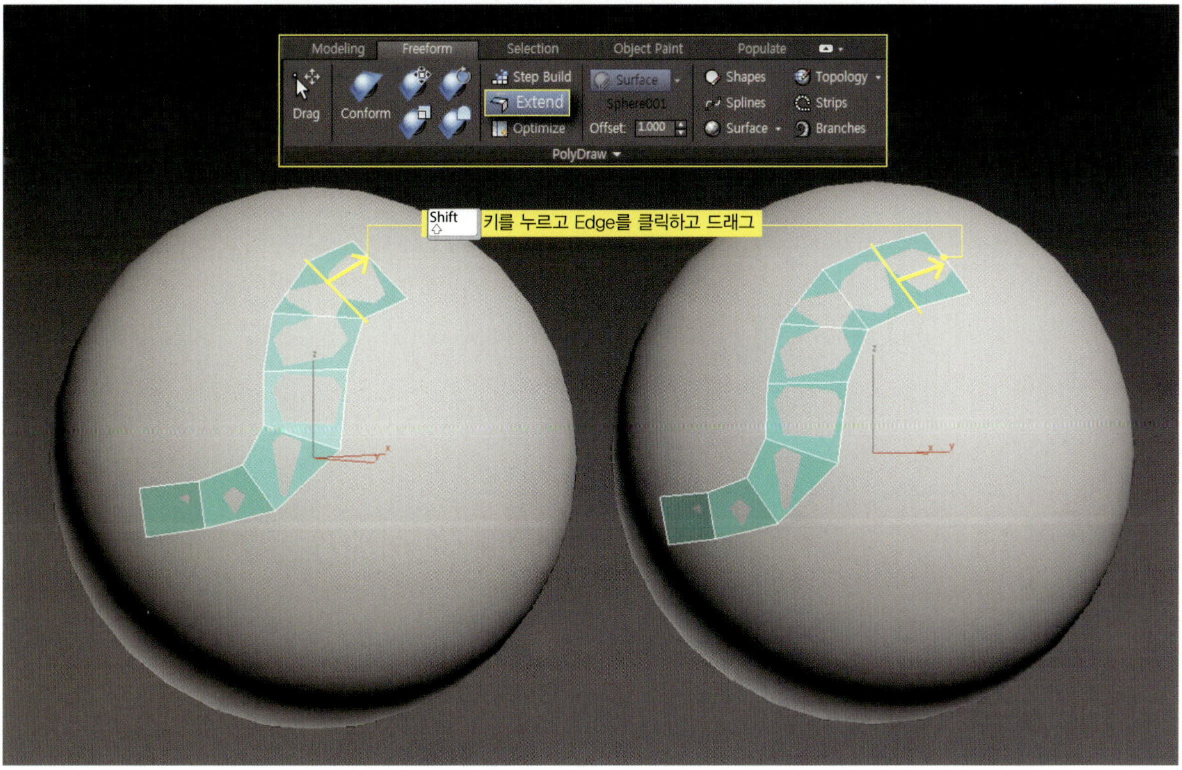

3개의 Vertex의 사이를 클릭 앤 드래그하면 4번째 Vertex를 생성하면서 Polygon이 추가됩니다.

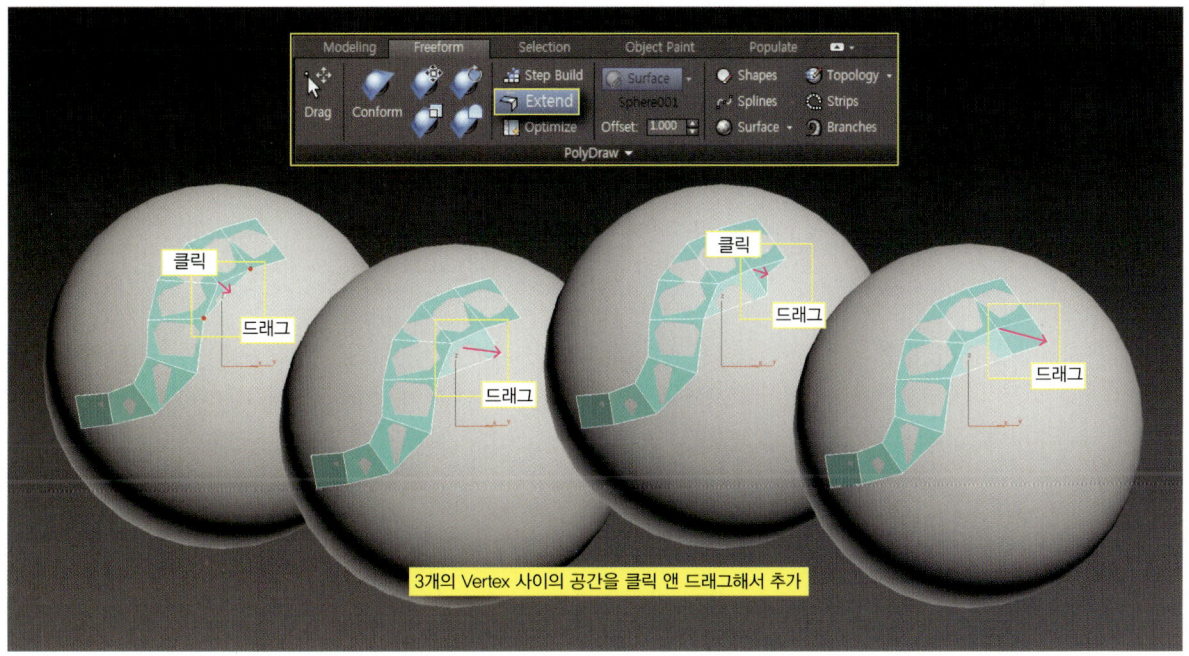

계속해서 Polygon을 생성하고 Modify → Symmetry를 적용하여 Sphere에 대칭으로 일치하도록 조절했습니다. Extend 작업 시에는 Ctrl 키를 누른 상태로 지우고 싶은 Polygon을 클릭하여 즉시 삭제할 수 있습니다.

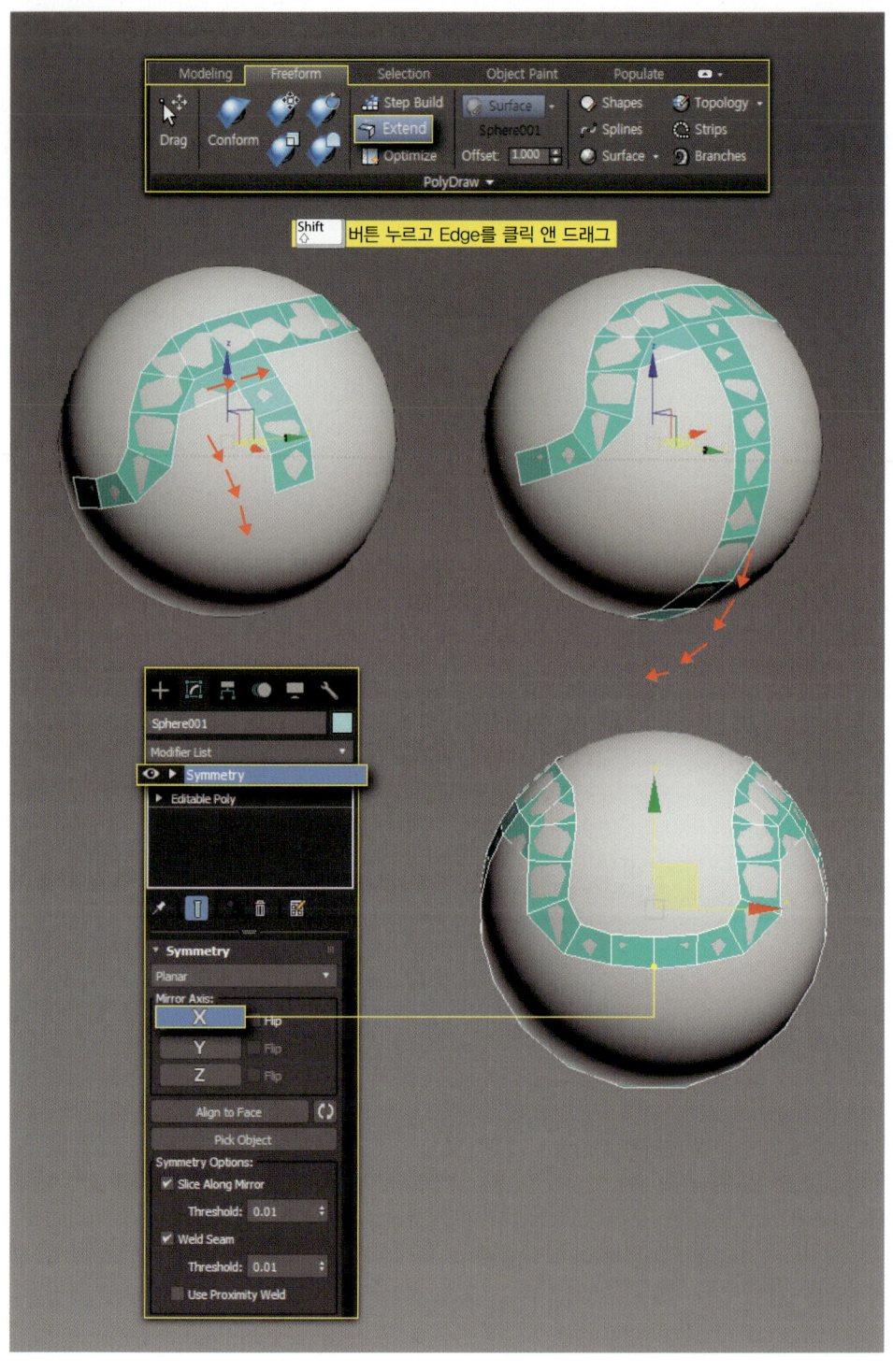

Symmetry의 하위 단계로 이동하고 Show End Result On/Off Toggle 버튼을 활성화해 결과를 확인하면서 Step Build 와 Extend를 이용해서 변형합니다.

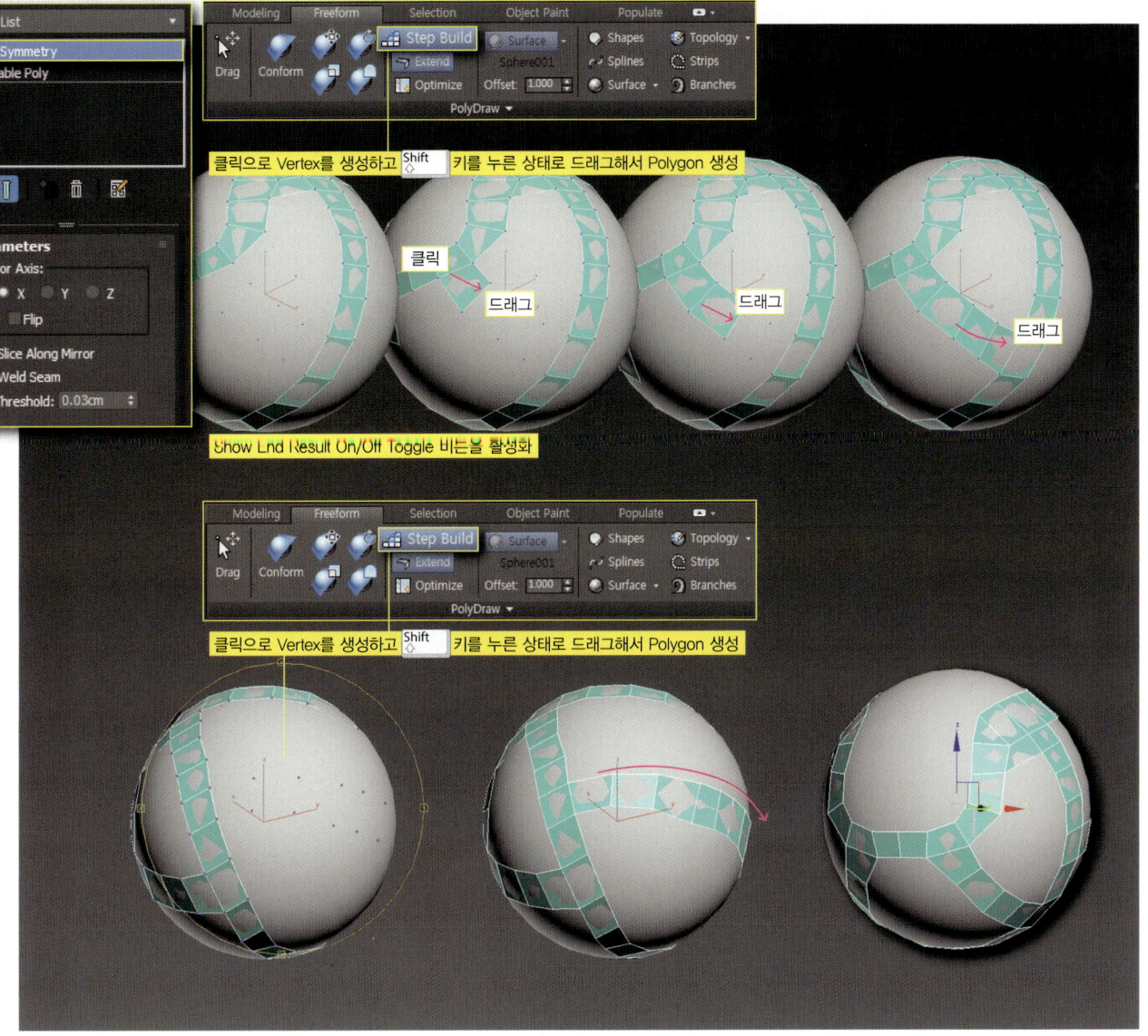

Modify에서 Shell과 TurboSmooth를 적용해 완성한 모습입니다.

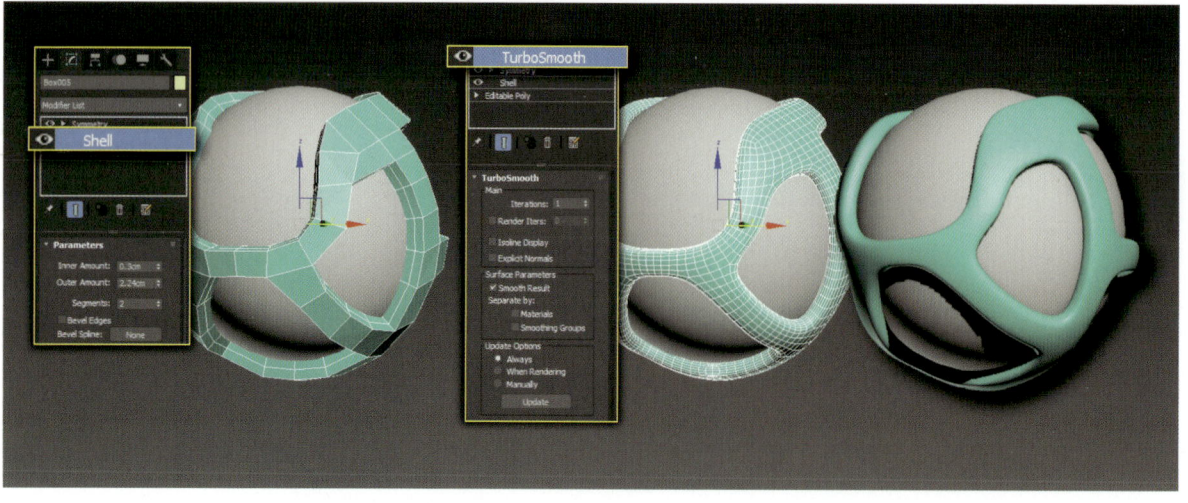

같은 방법을 이용해서 다음과 같이 복잡한 형태의 오브젝트를 쉽게 만들 수 있습니다.

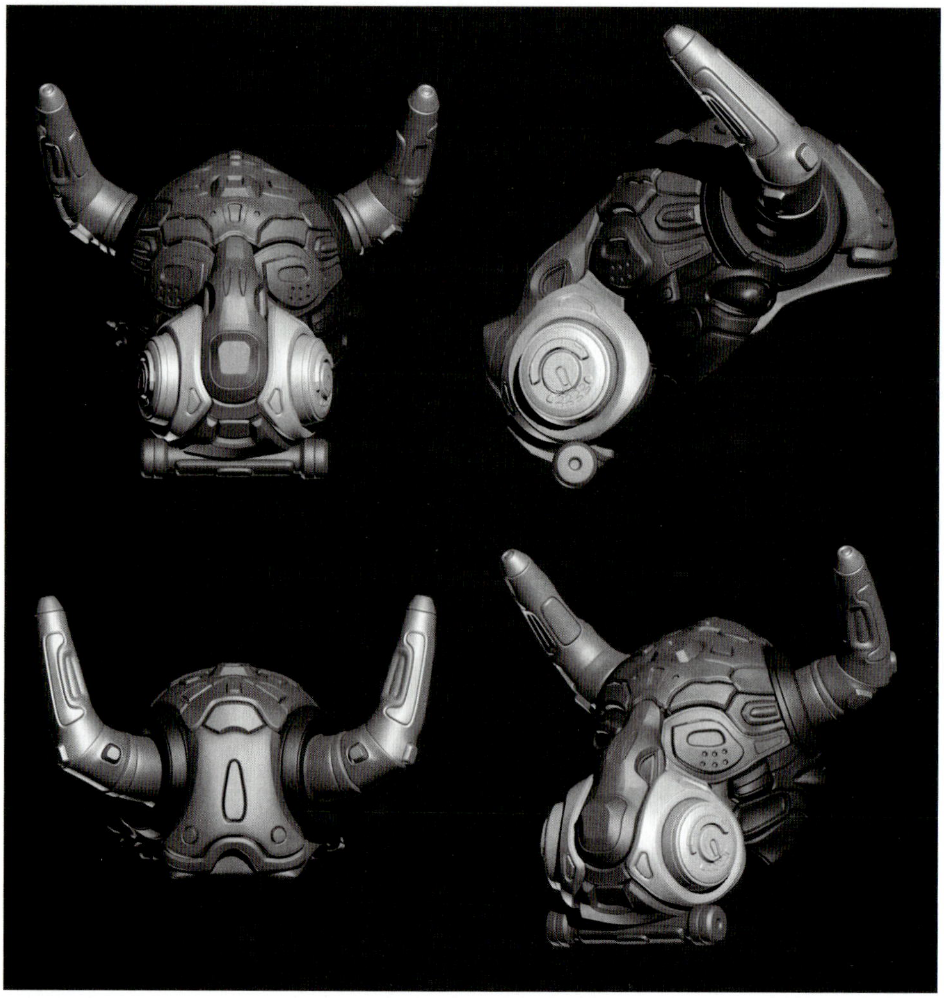

File ➡ Import에서 베이스 모델로 사용할 오브젝트를 가져옵니다.

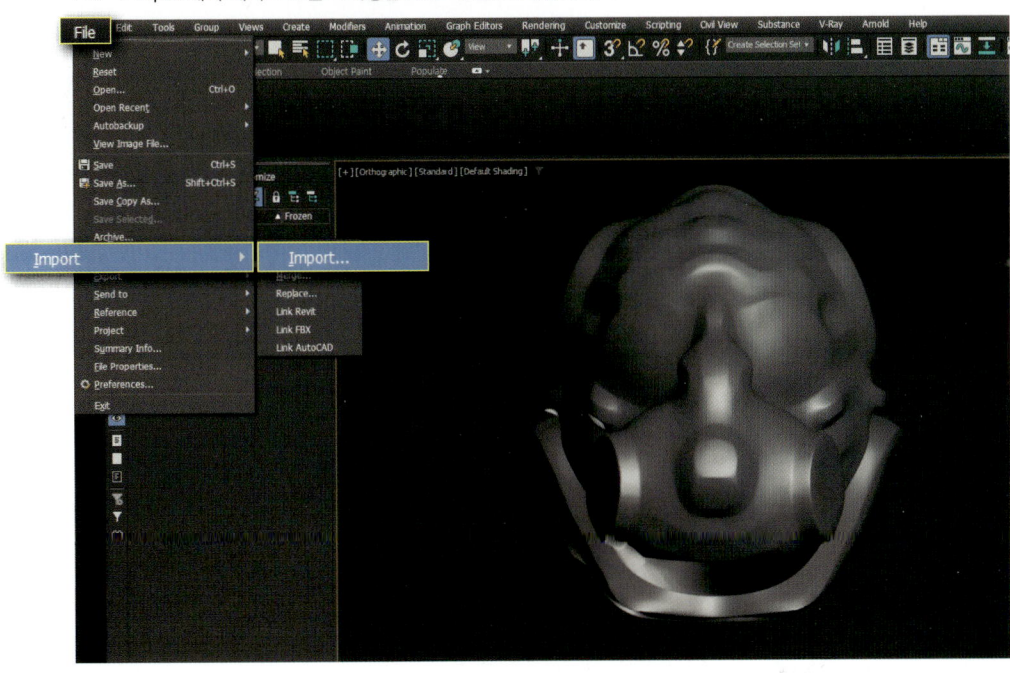

앞서 학습한 방법으로 Freeform 기능을 이용해서 표면에 새로운 오브젝트를 생성할 수 있도록 제공하는 샘플 파일을 Import해서 준비합니다.

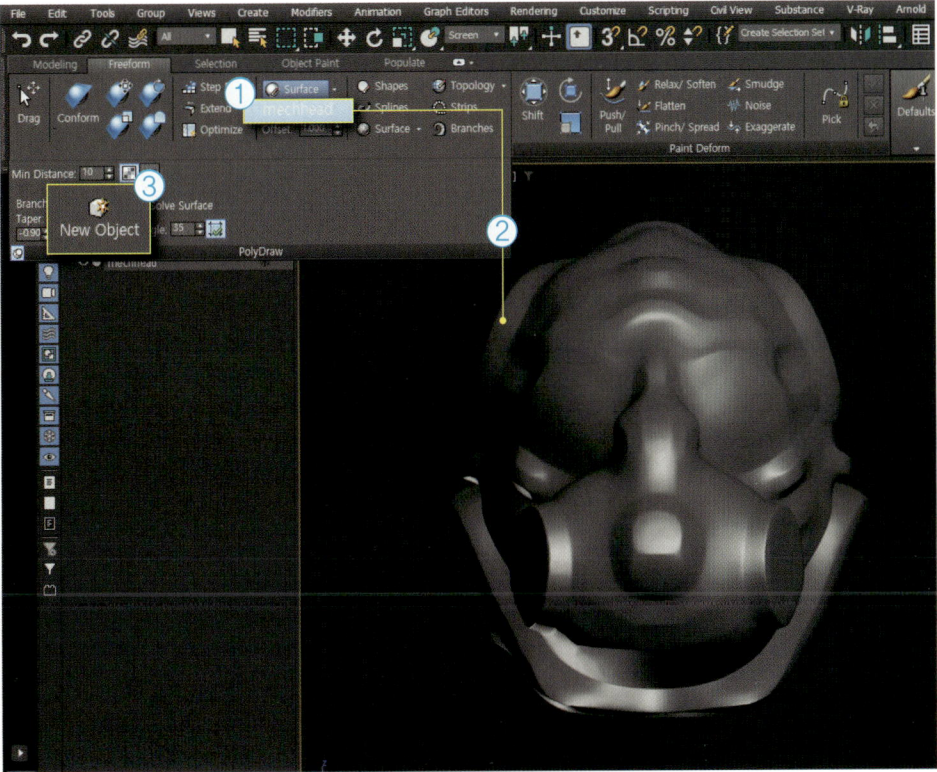

Step Build 기능을 활용해서 표면에 새로운 Polygon을 생성합니다.

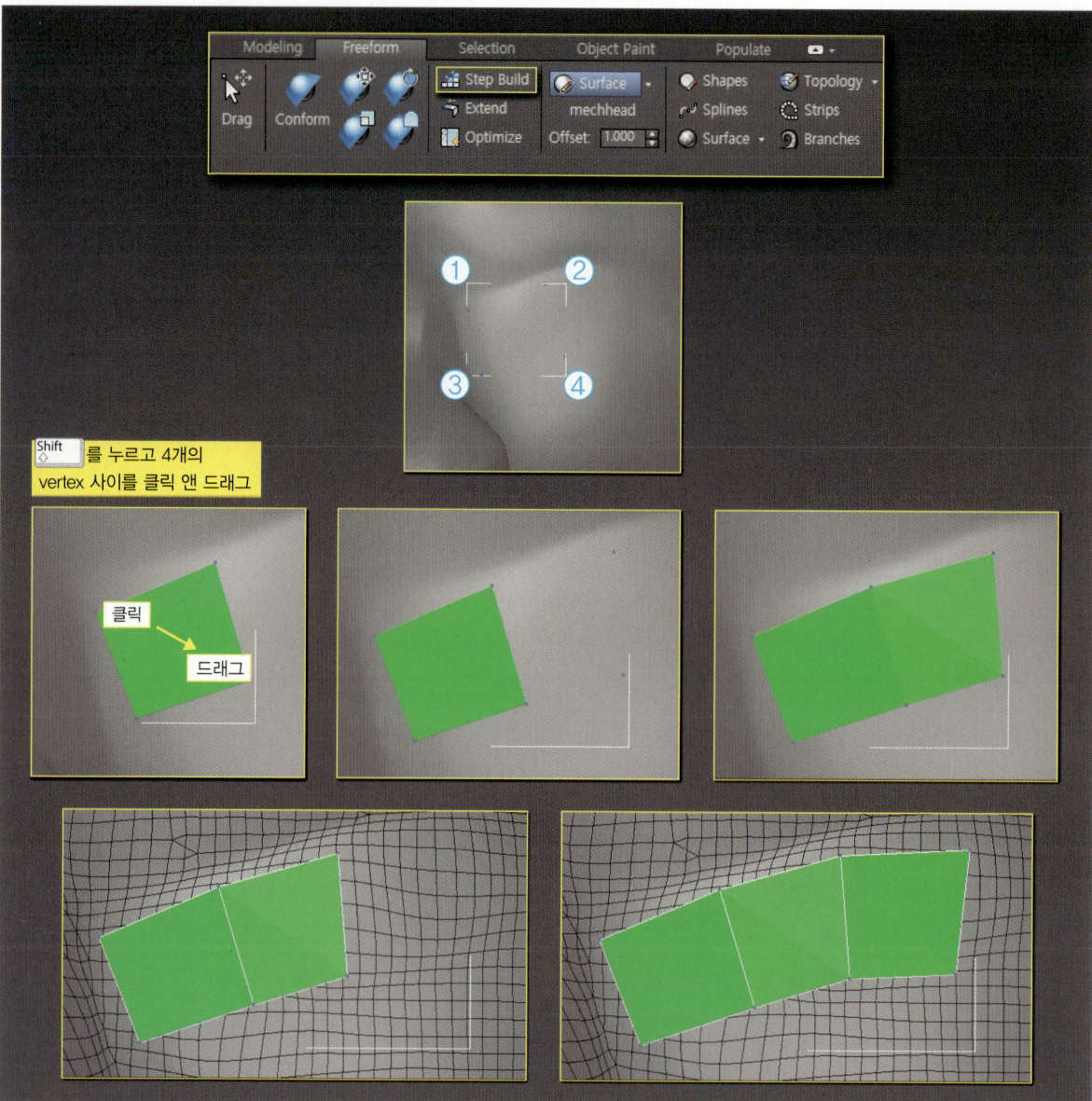

Extend 기능을 활용해서 표면에 새로운 Polygon을 생성합니다.

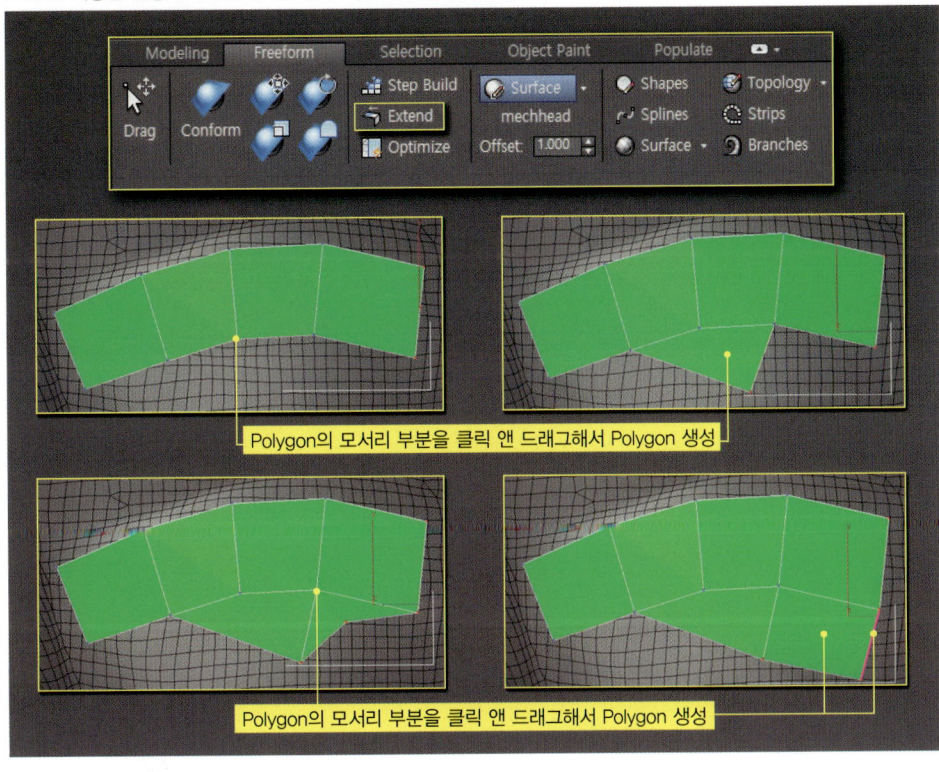

위 기능을 반복해서 사용해서 눈 부위에 새로운 오브젝트를 완성한 모습입니다.

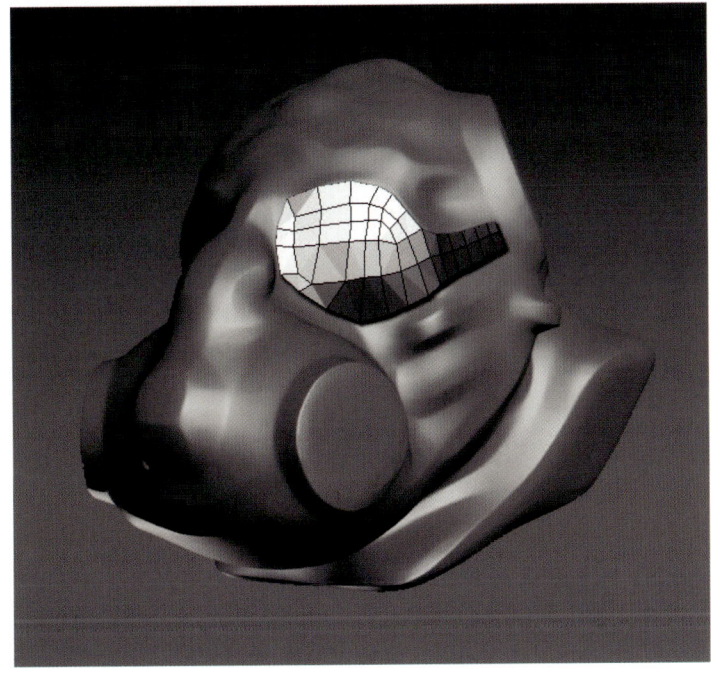

제작 과정을 설명하기 위한 예시로 위와 같은 형태를 똑같이 따라서 만들 필요는 없습니다. 각자 원하는 형태를 다양하게 만들며 연습해 보기 바랍니다.

오브젝트 표면에 오브젝트를 여러 개 계속 추가로 생성한 모습입니다.

새롭게 추가한 오브젝트에 Modify ➡ Shell을 적용한 결과물입니다.

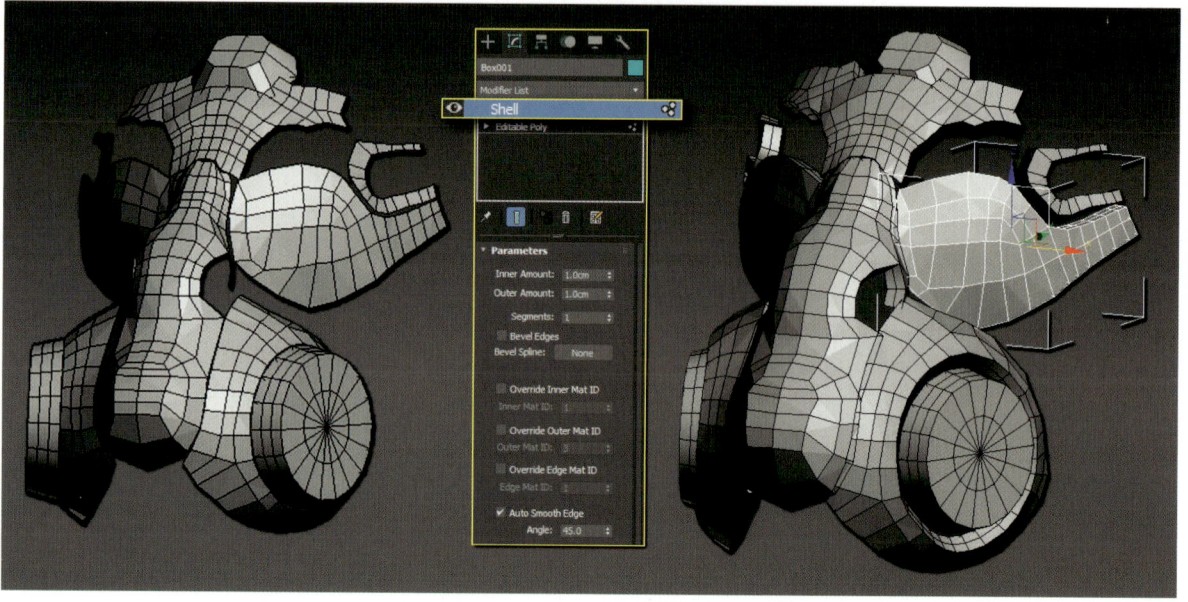

새롭게 추가한 오브젝트 중 눈 커버 부분을 앞서 학습한 Polygon 모델링의 다양한 기능을 활용해서 완성합니다. Chamfer와 Inset 기능을 사용해 추가로 변형한 결과입니다.

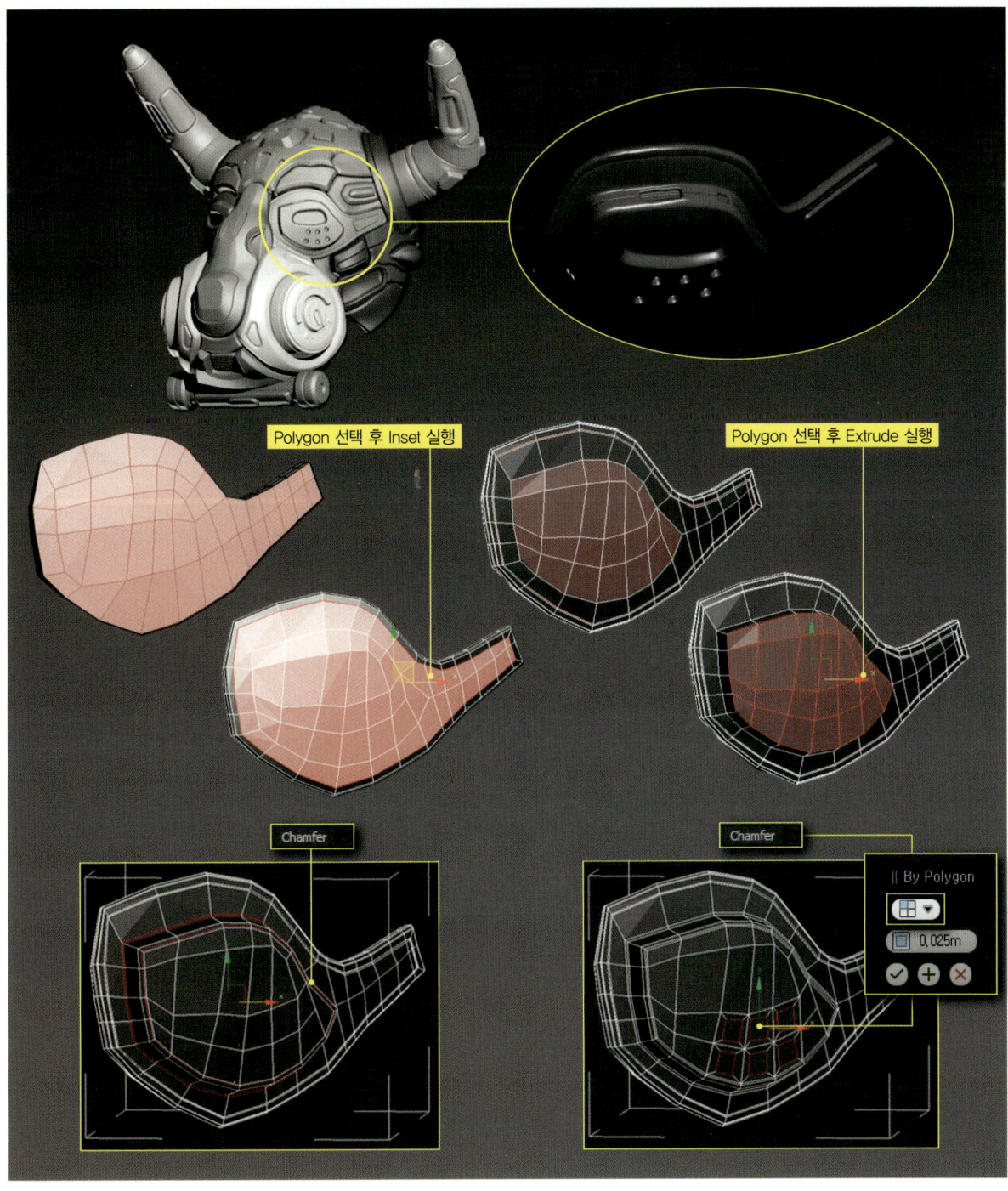

Chapter 02 | 3D 모델링 기초 II

Inset, Bevel, Chamfer 등을 적용해서 추가로 형태를 변형하고 Modify ➜ Turbo smooth를 적용해서 완성한 모습입니다.

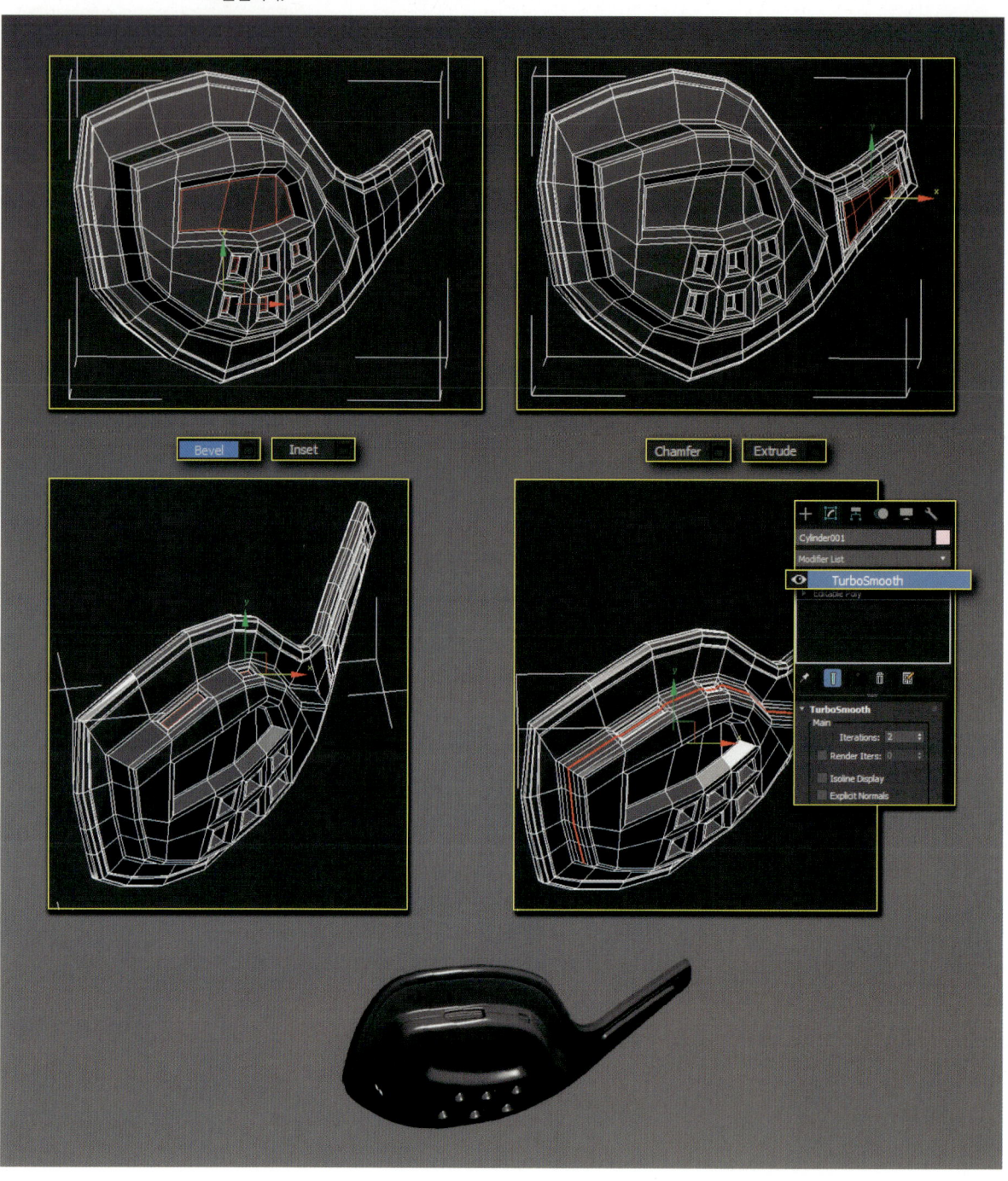

이마 부분도 같은 방식으로 형태를 추가합니다.

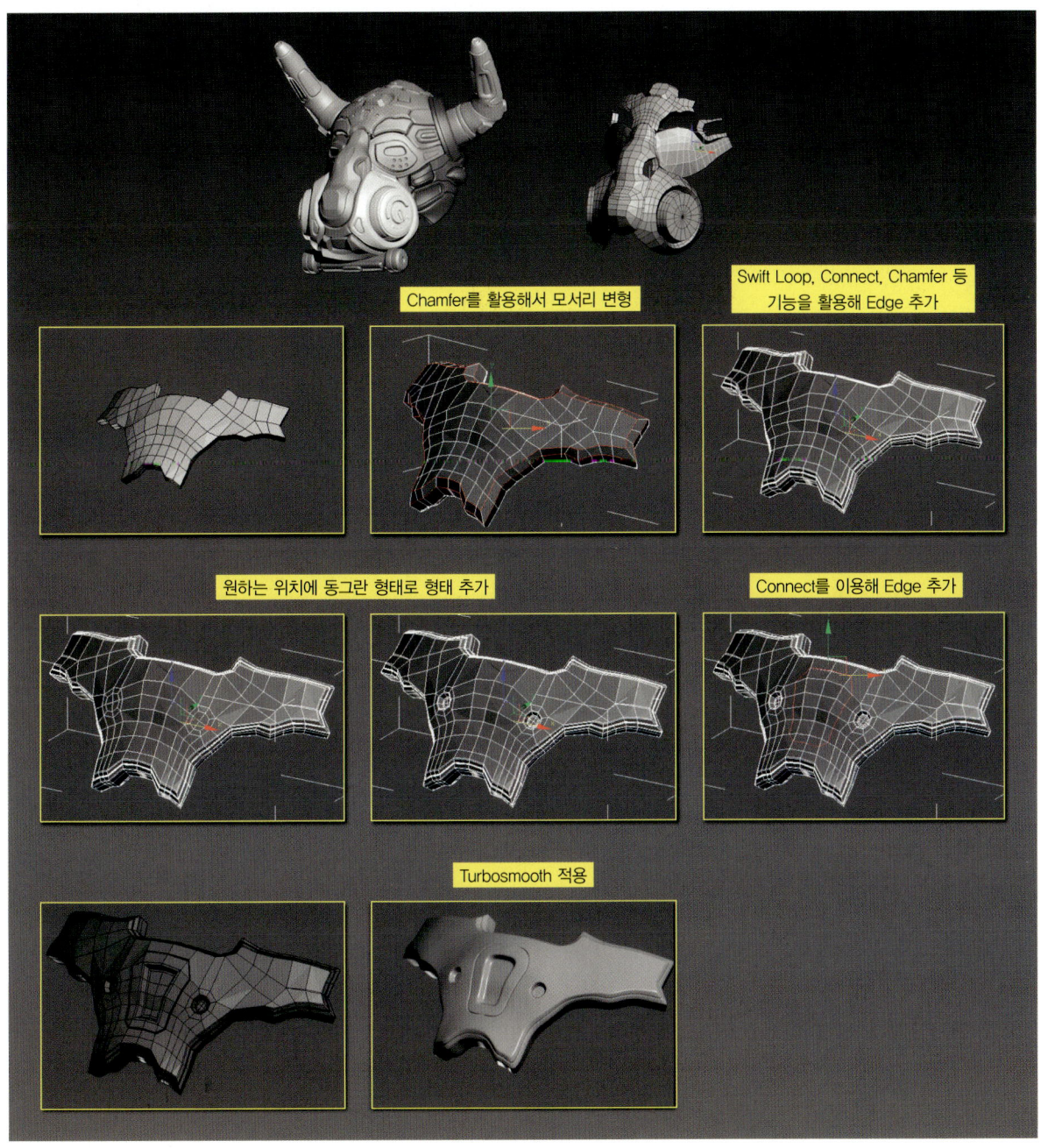

학습한 기능을 활용해서 형태를 변형하는 방법은 다양합니다.

Topology

Object 표면에 직접 Spline을 그리고 Spline을 교차시켜 4각으로 교차되는 부분에 Polygon을 생성하는 기능입니다.

Spline을 그릴 때 기준이 될 Object를 지정하고 New Object를 실행하고 Topology를 실행해서 Object 위에 Spline을 그립니다. 4개의 Spline이 교차되는 곳에 Polygon이 생성됩니다.

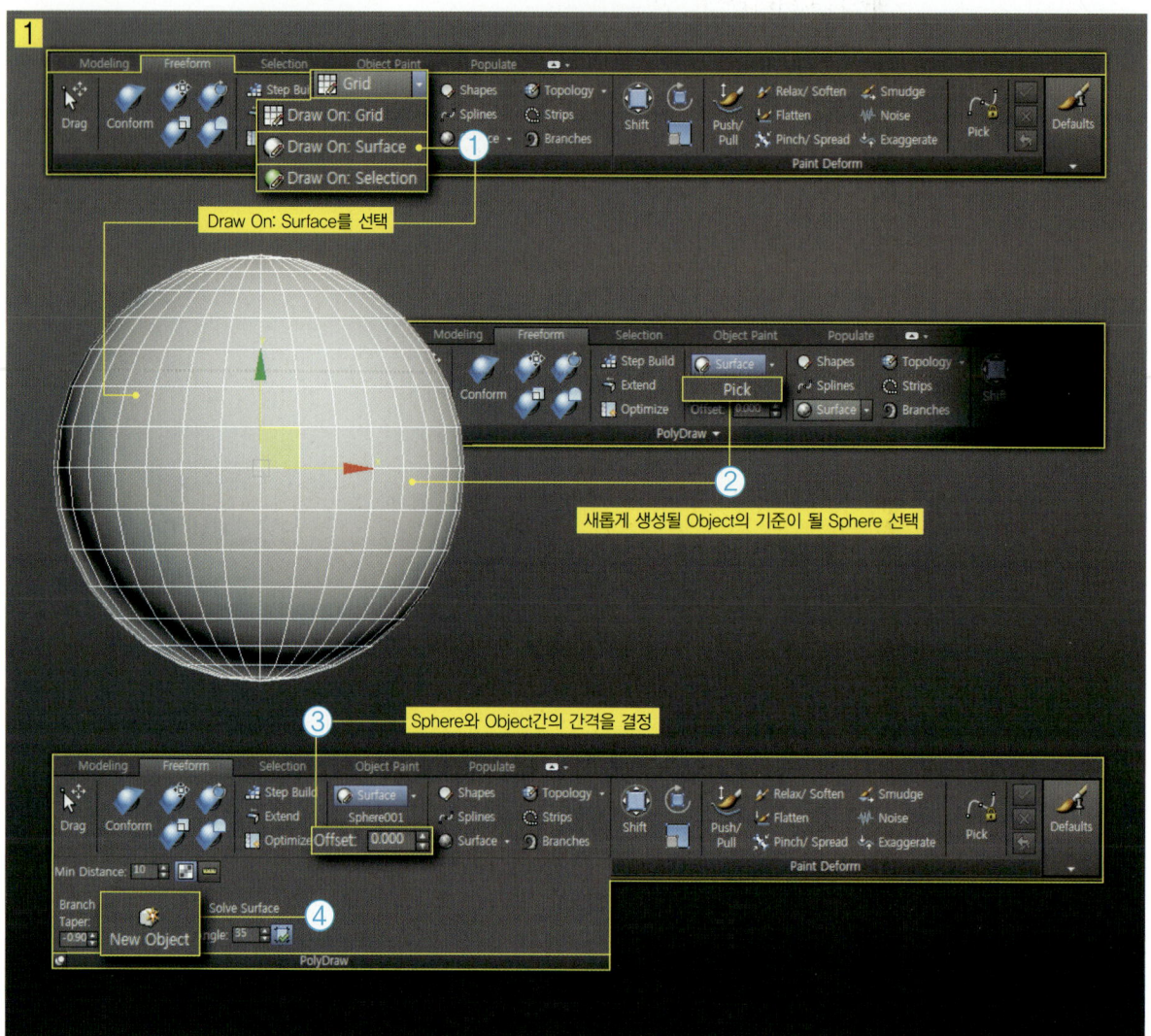

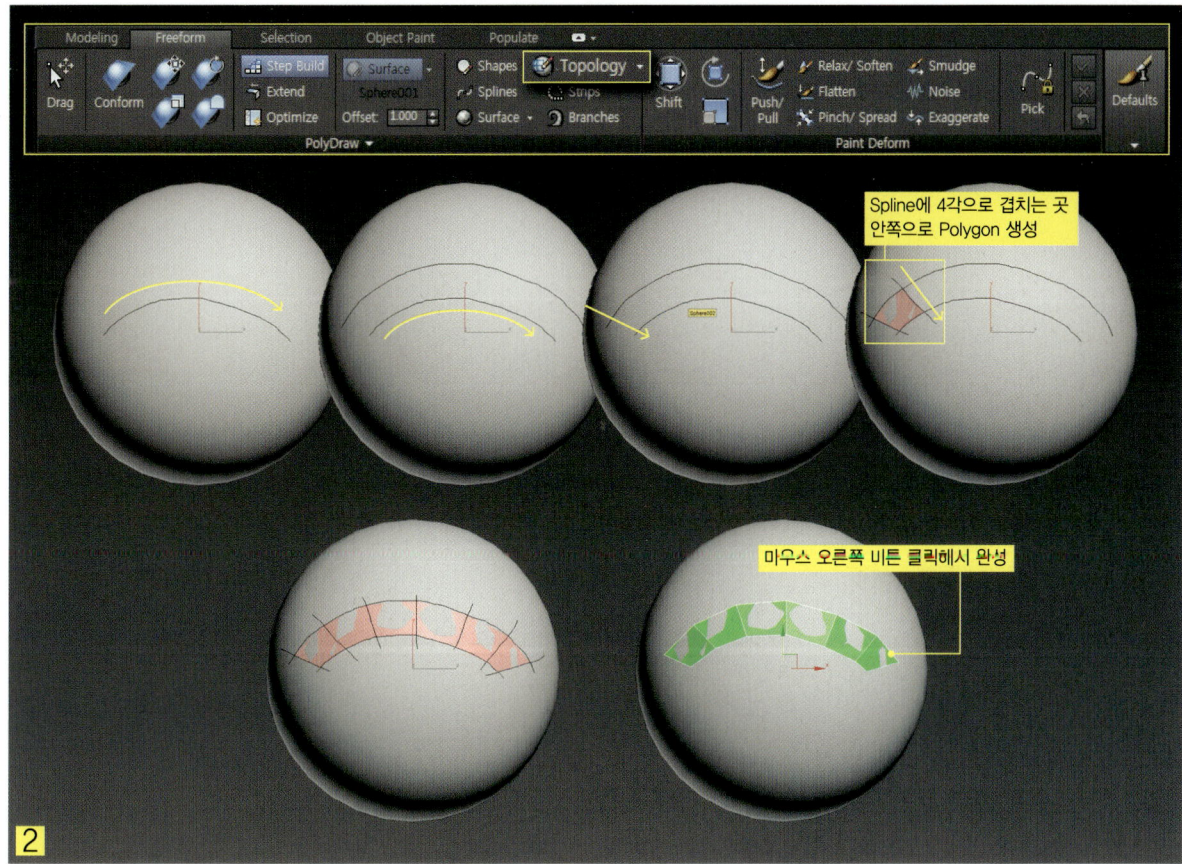

다시 Spline을 그리고 Polygon을 생성하고 Vertex를 합쳐 완성한 모습입니다.

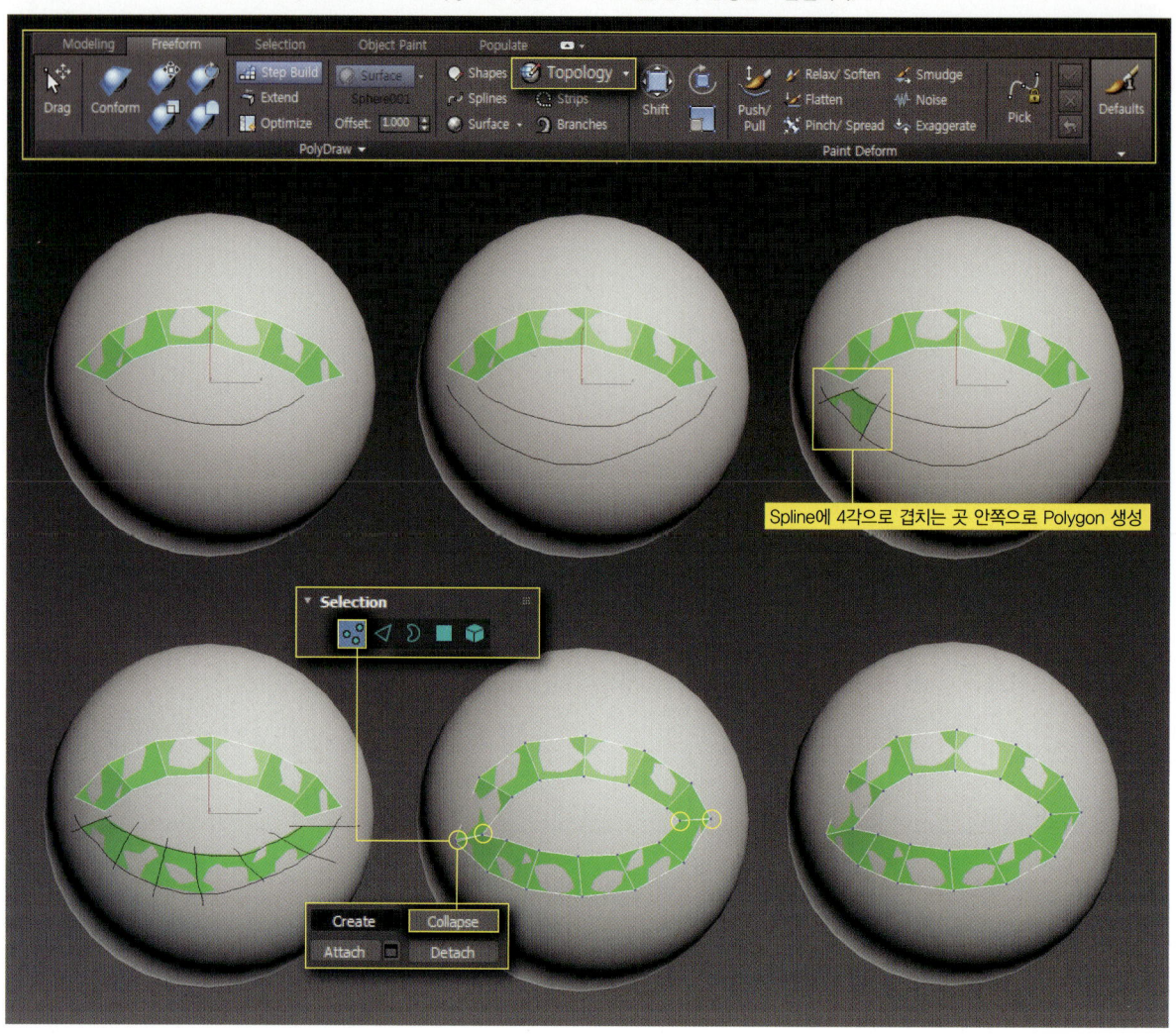

Shift 키를 누른 상태로 Spline의 끝 부분에서 클릭 앤 드래그해서 연결할 수 있고, Ctrl 키를 누른 상태로 클릭 앤 드래그해서 삭제할 수 있습니다.

같은 방법으로 형태를 추가해 본 결과입니다. 기준이 될 Object를 생성 후 설정합니다.

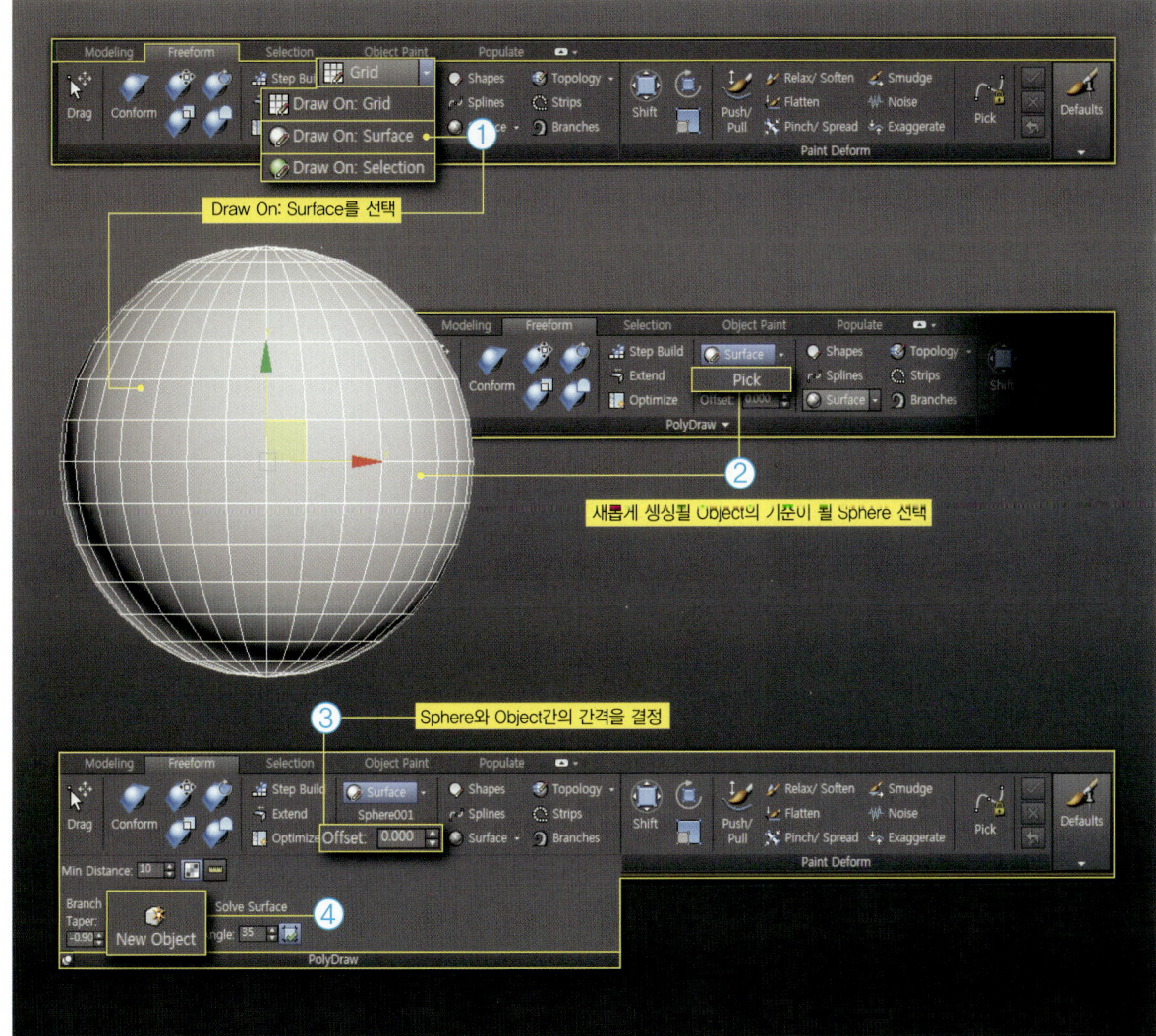

Topology를 선택하고 그림처럼 선을 교차시키며 그려 표면 위에 새로운 Object를 생성합니다.

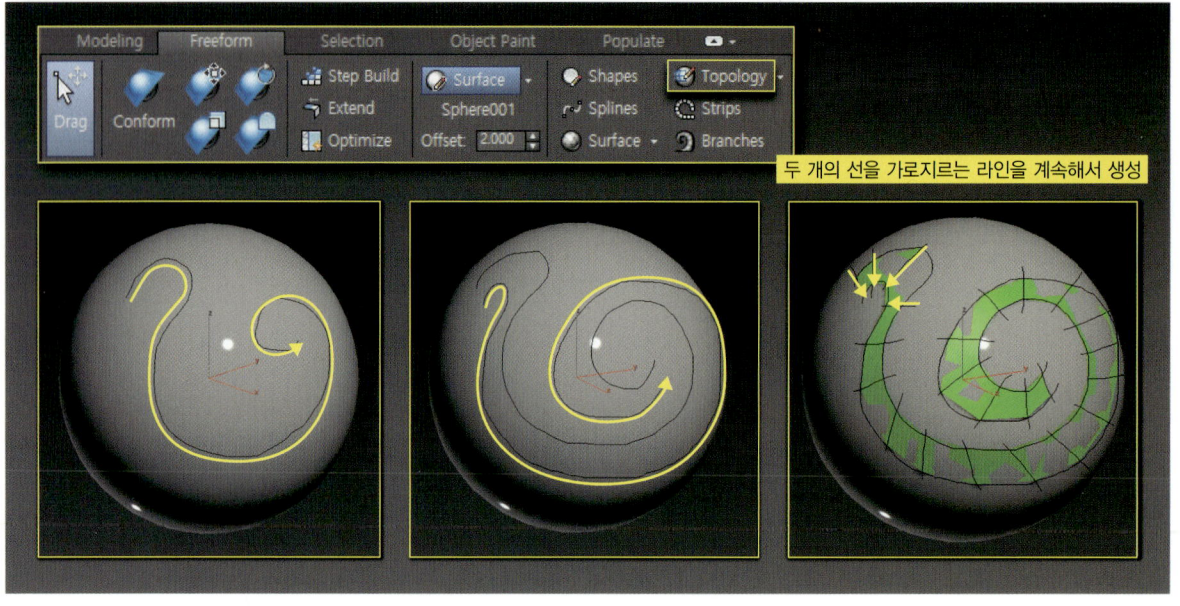

두 개의 선을 가로지르는 라인을 계속해서 생성

마우스 오른쪽 버튼을 클릭하여 완료합니다. Offset 수치를 조절하고 Conform, Move를 활용하여 Sphere의 표면을 따라 수정합니다. 다시 Modify → TurboSmooth를 적용했습니다.

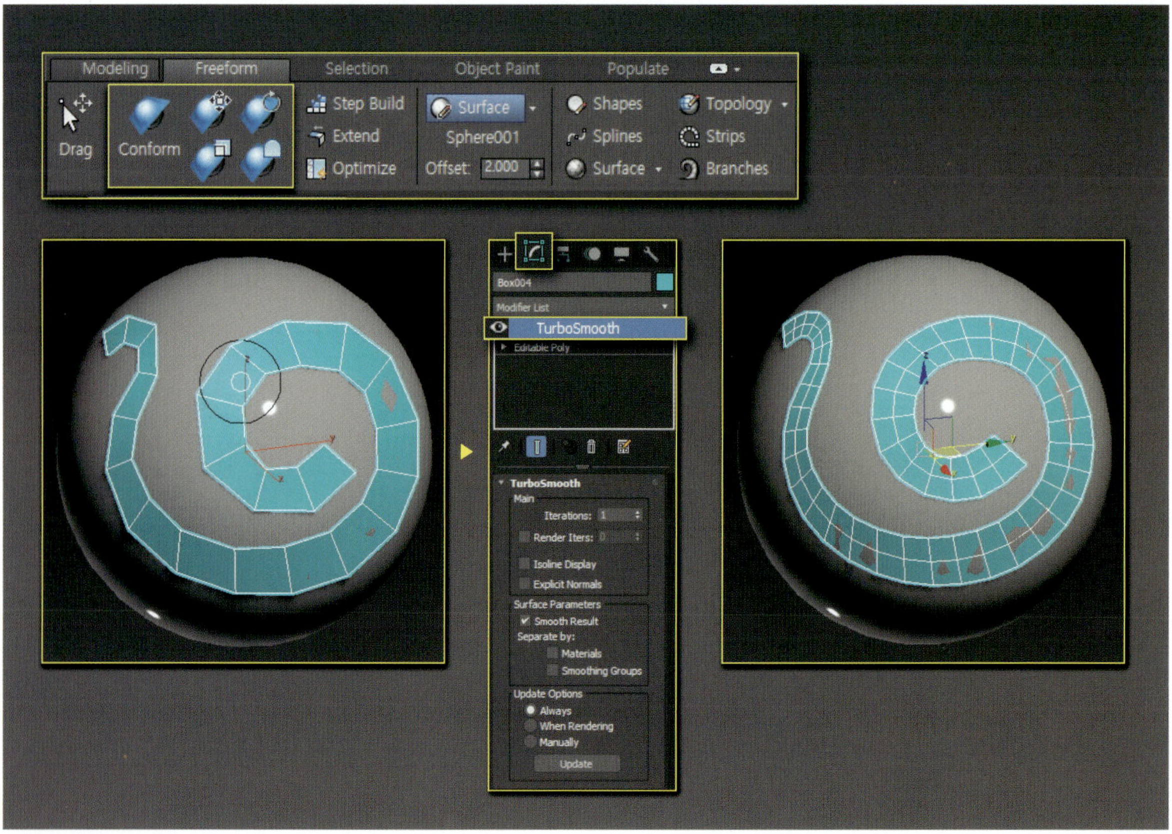

Object의 가운데 Edge를 모두 선택하고 Modify ➜ Push를 적용하여 변형한 모습입니다.

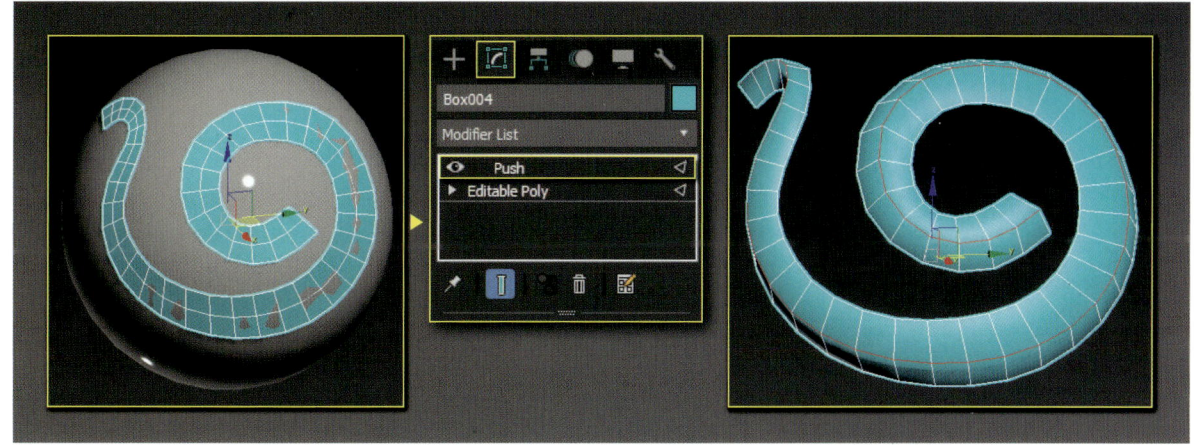

Chamfer, Connect, Swift Loop를 이용하여 Edge를 추가하고 Modify ➜ TurboSmooth를 적용하여 완성한 모습입니다.

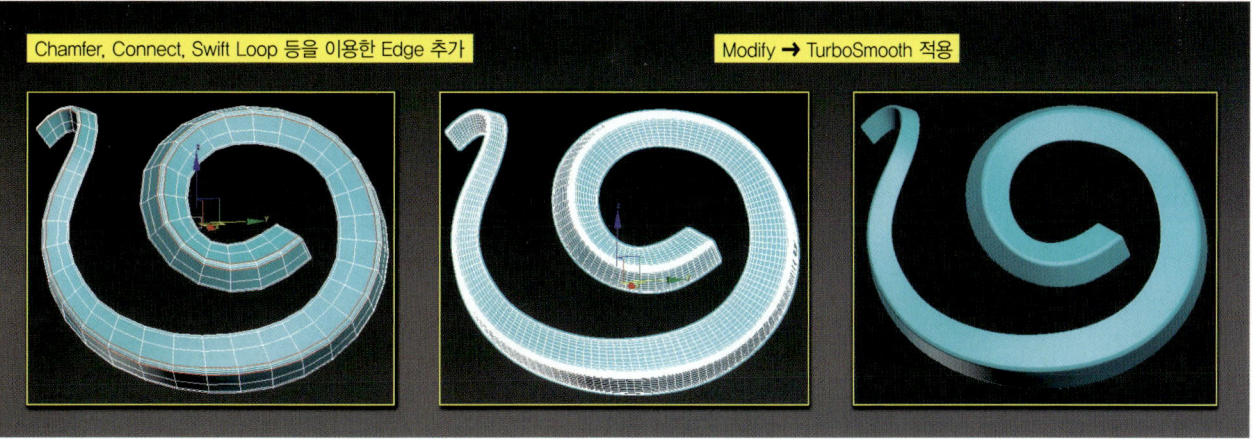

Paint Deform

Brush를 이용해서 직접 Object에 Move, Scale, Rotate하고 표면을 밀어내거나 넣어주는 등 간단한 스컬프팅을 하는 기능입니다. 전체적인 비율을 조정하거나 원하는 부분을 부드럽게 조정할 때와 캐릭터, 나무, 돌 등의 유기체 모델링에 유용하게 사용할 수 있습니다.

Box를 생성하고 Modify ➡ TurboSmooth를 적용해서 밀도를 높이고 Editable Poly로 변환하거니 Modify ➡ Edit Poly 를 적용하고 Move를 이용해서 이동합니다.

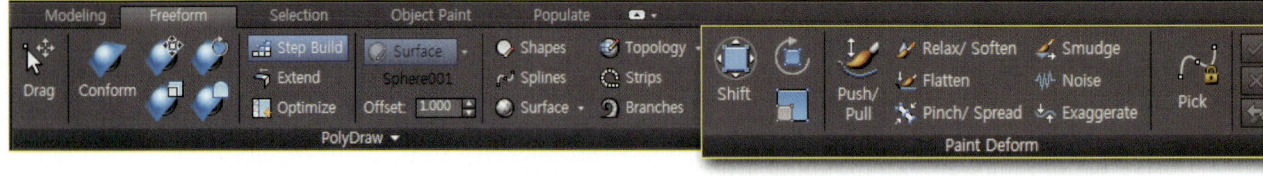

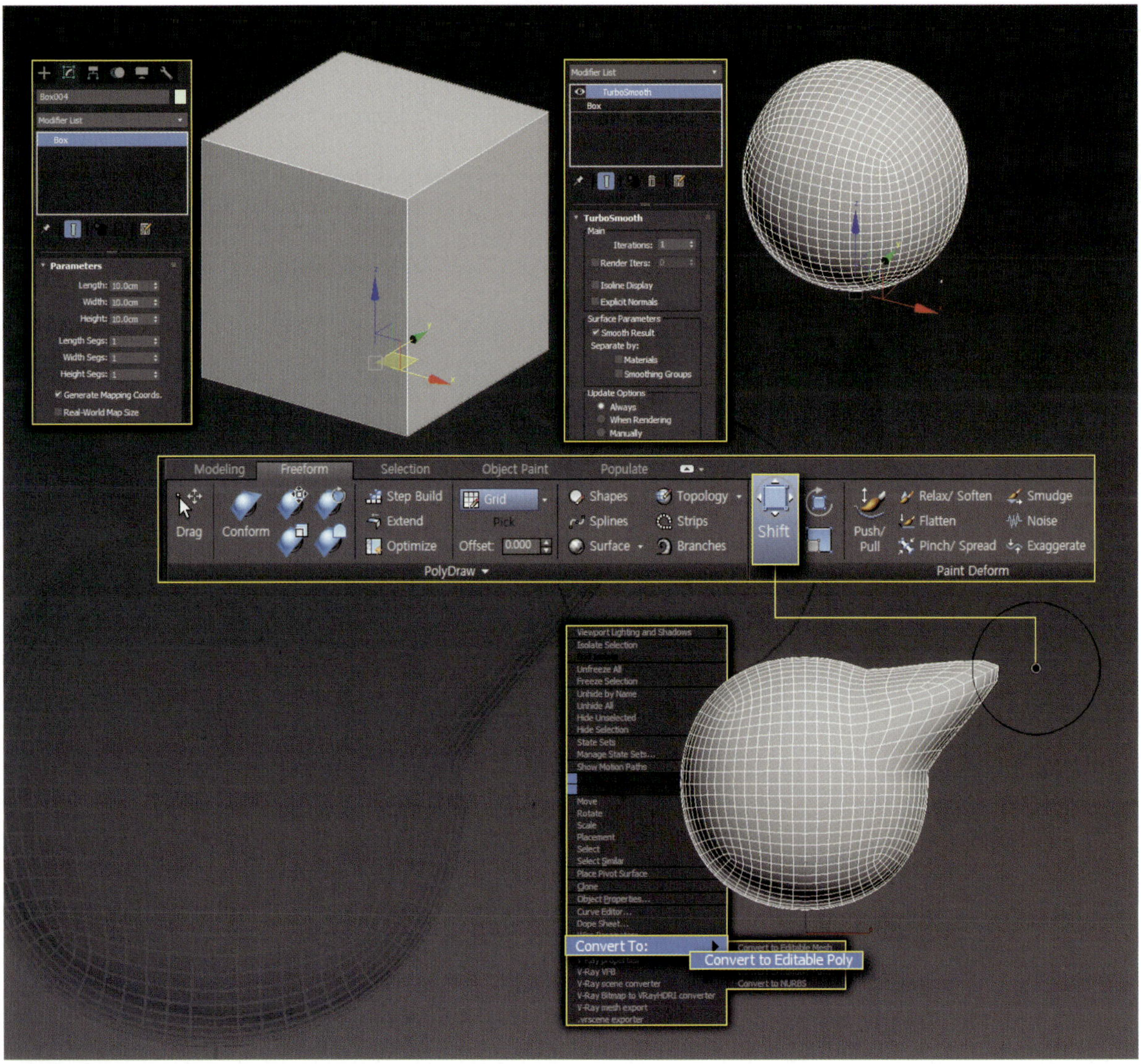

Symmetry 버튼을 활성화하고 Object의 Local 축을 기준으로 대칭으로 변형할 수 있습니다.

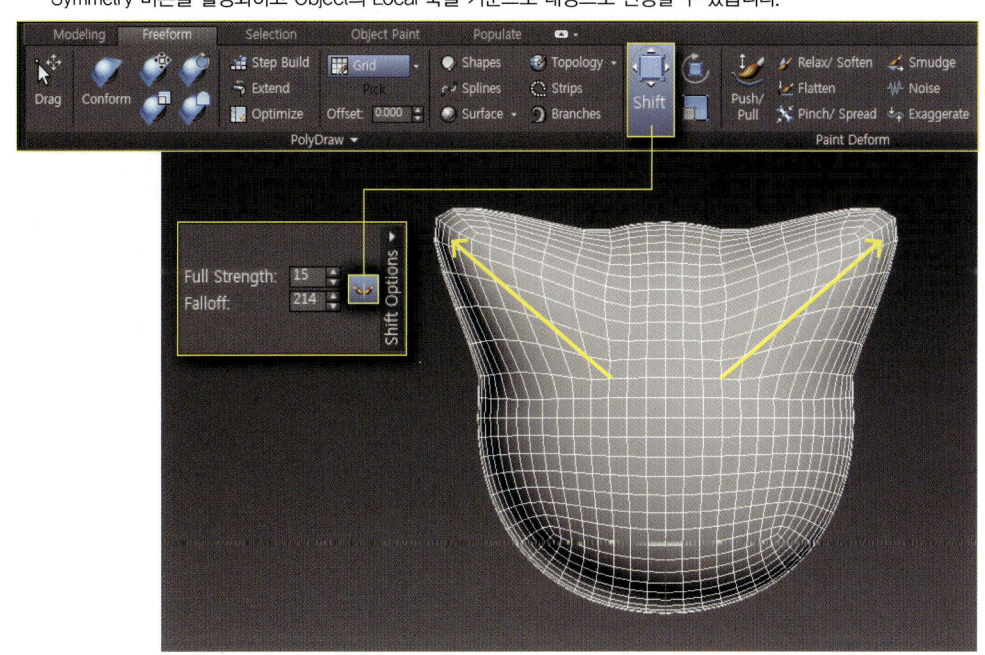

🔷 다시 강조하지만 Ribbon Tool은 Editable Poly나 Modify ➡ Edit Poly가 적용된 상태에서만 활성화됩니다.

Ctrl 키를 누른 상태로 화면을 클릭하고 위 아래로 드래그하면 Brush의 크기가 조절되고 Shift 키를 누른 상태로 화면을 클릭하고 위 아래로 드래그하면 Brush 가운데 부분의 크기를 조절할 수 있습니다. 가운데 원으로부터 바깥 원까지 세기가 감소됩니다. Shift 키와 Alt 키를 누른 상태로 화면을 클릭하고 위 아래로 드래그해서 Brush의 세기를 조절합니다.

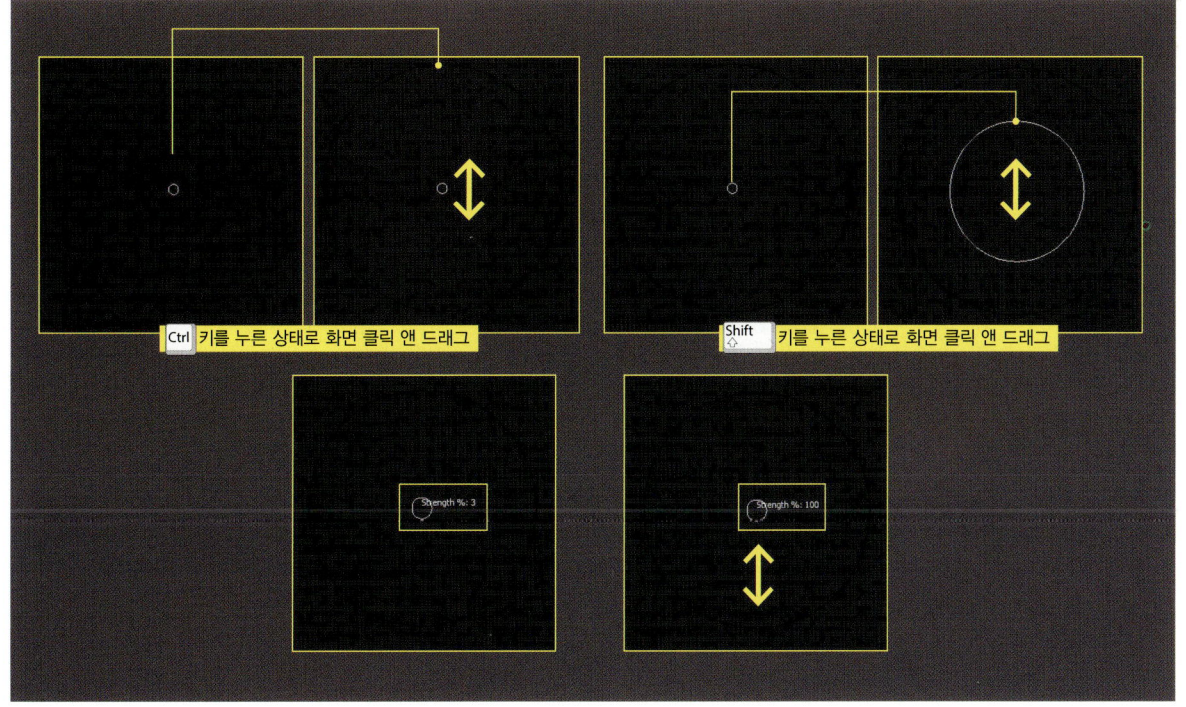

Symmetry 버튼을 활성화하고 Rotate와 Scale을 이용해서 변형한 모습입니다.

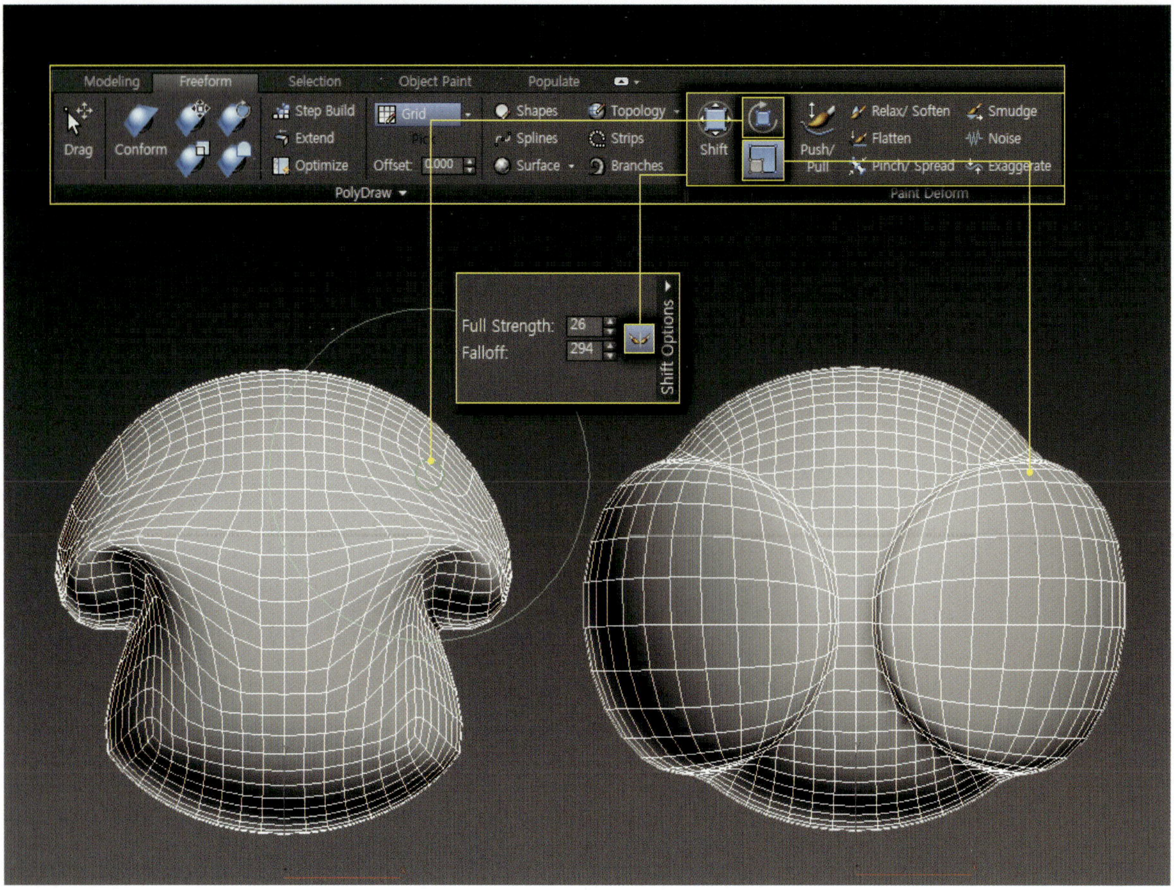

Pull/Push 버튼을 활성화하면 Size와 Strength, Offset을 조절할 수 있는 팝업 창이 나타나고 Object를 직접 드로잉하면 드로잉한 부분이 부풀어 오르고 Alt 키를 누른 상태로 드로잉하면 밀려들어 갑니다. Shift 키를 누른 상태로 드로잉하면 표면을 부드럽게 만들어 줍니다.

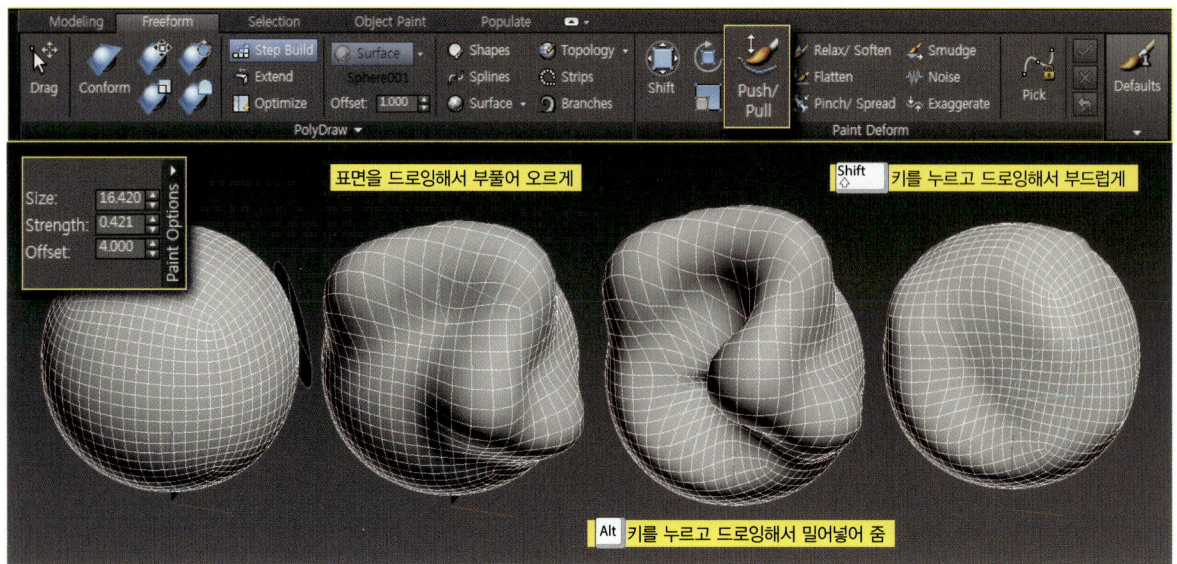

Plane을 생성하고 Pull/Push를 이용해서 변형한 모습입니다.

Noise를 활성화하고 드로잉한 모습입니다. Ctrl 키를 누른 상태로 드로잉하면 원래 상태로 돌아갑니다.

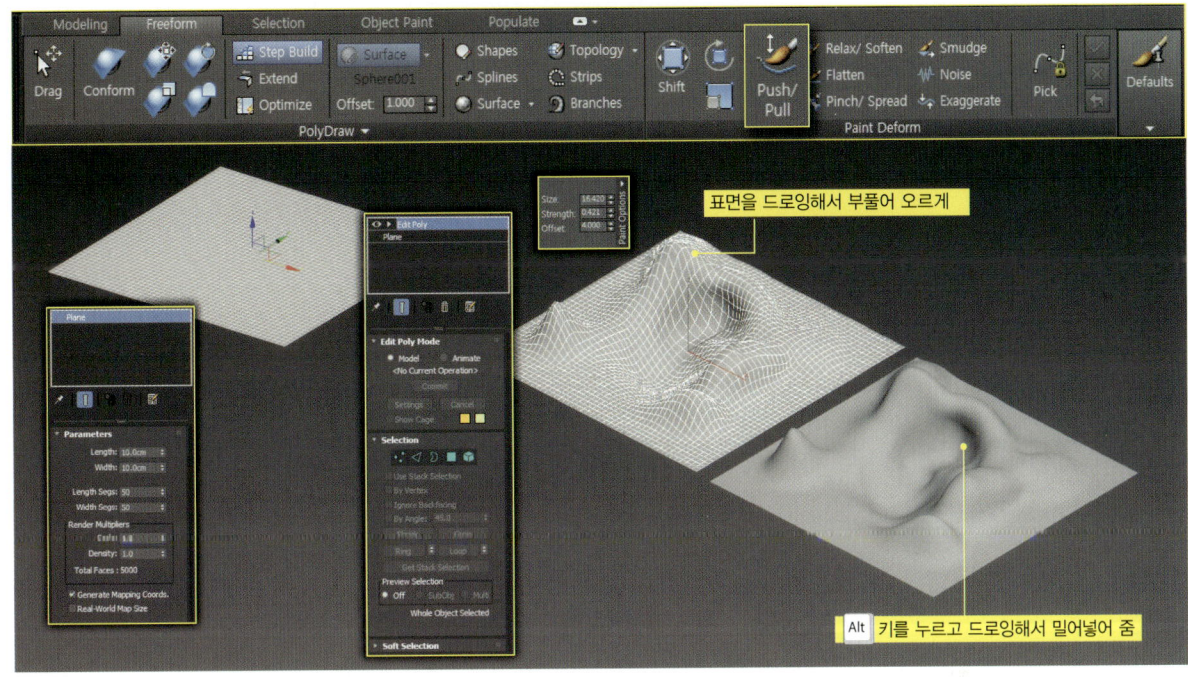

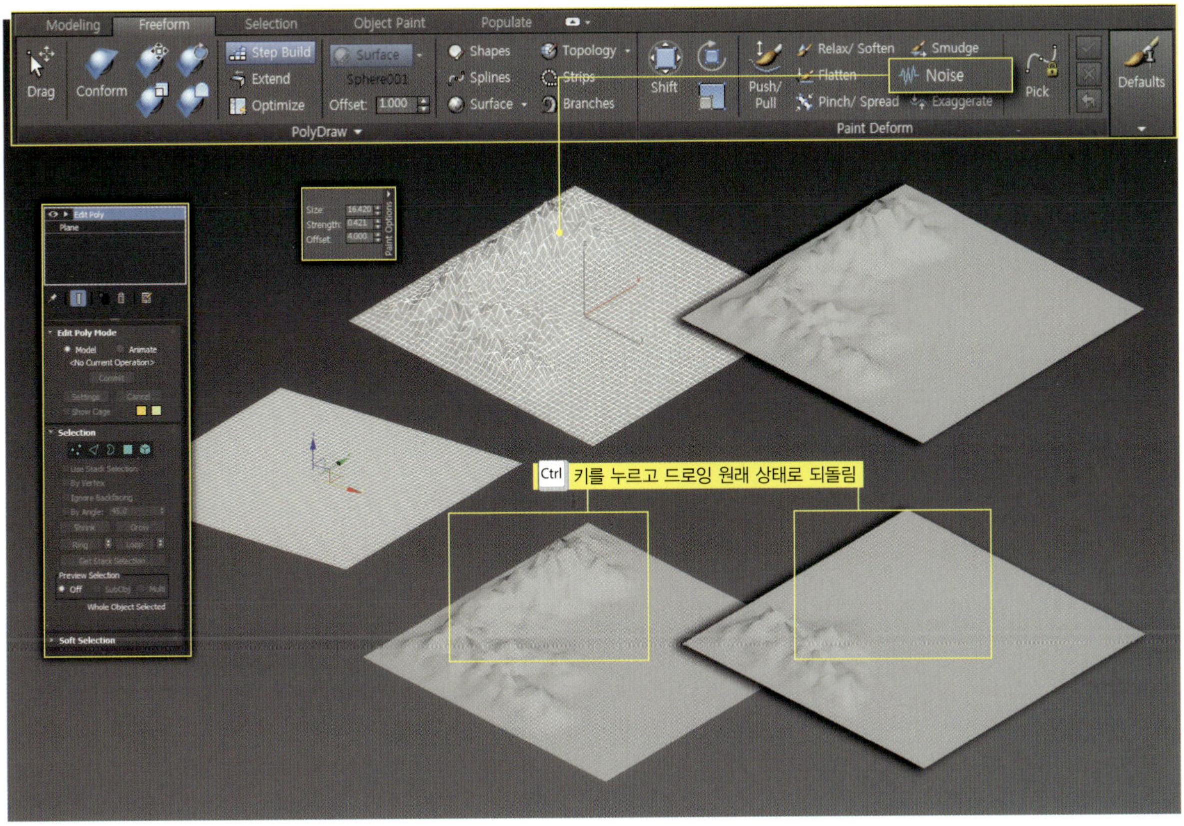

Paint Deform 기능을 이용해서 간단한 돌기둥을 만들어 보도록 하겠습니다.

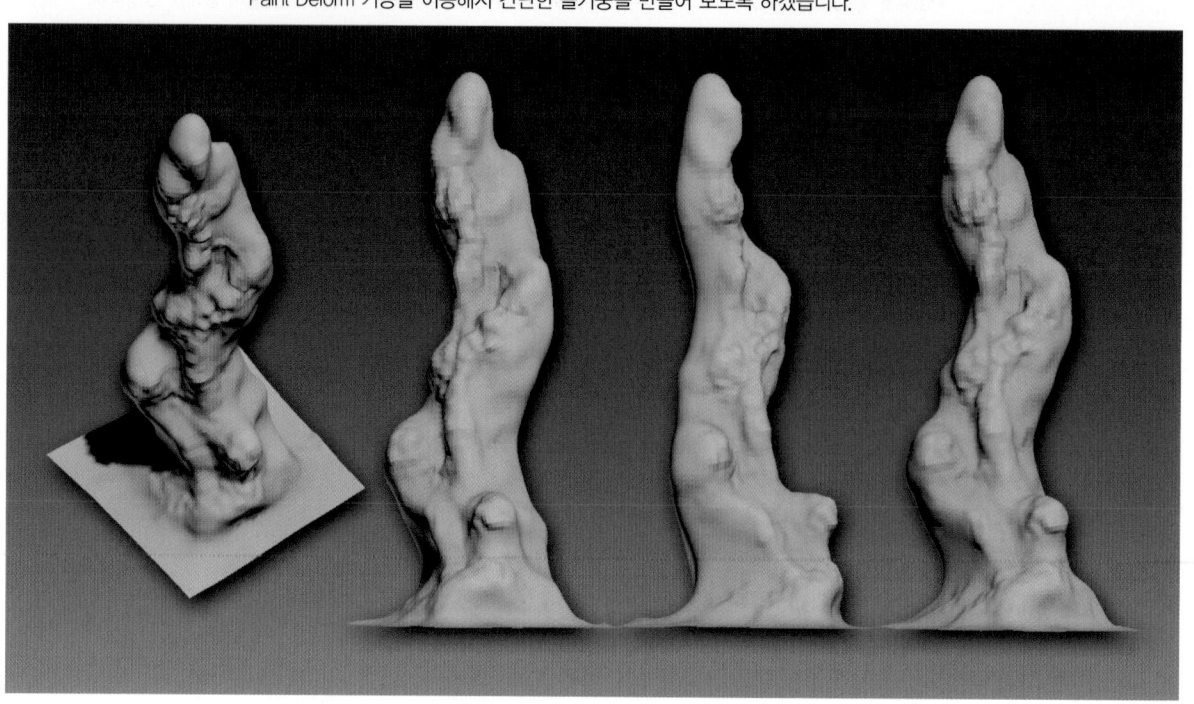

Plane을 생성하고 Editable Poly로 변환하고 Extrude를 여러번 사용해서 기본적인 돌덩이 형태를 만듭니다.

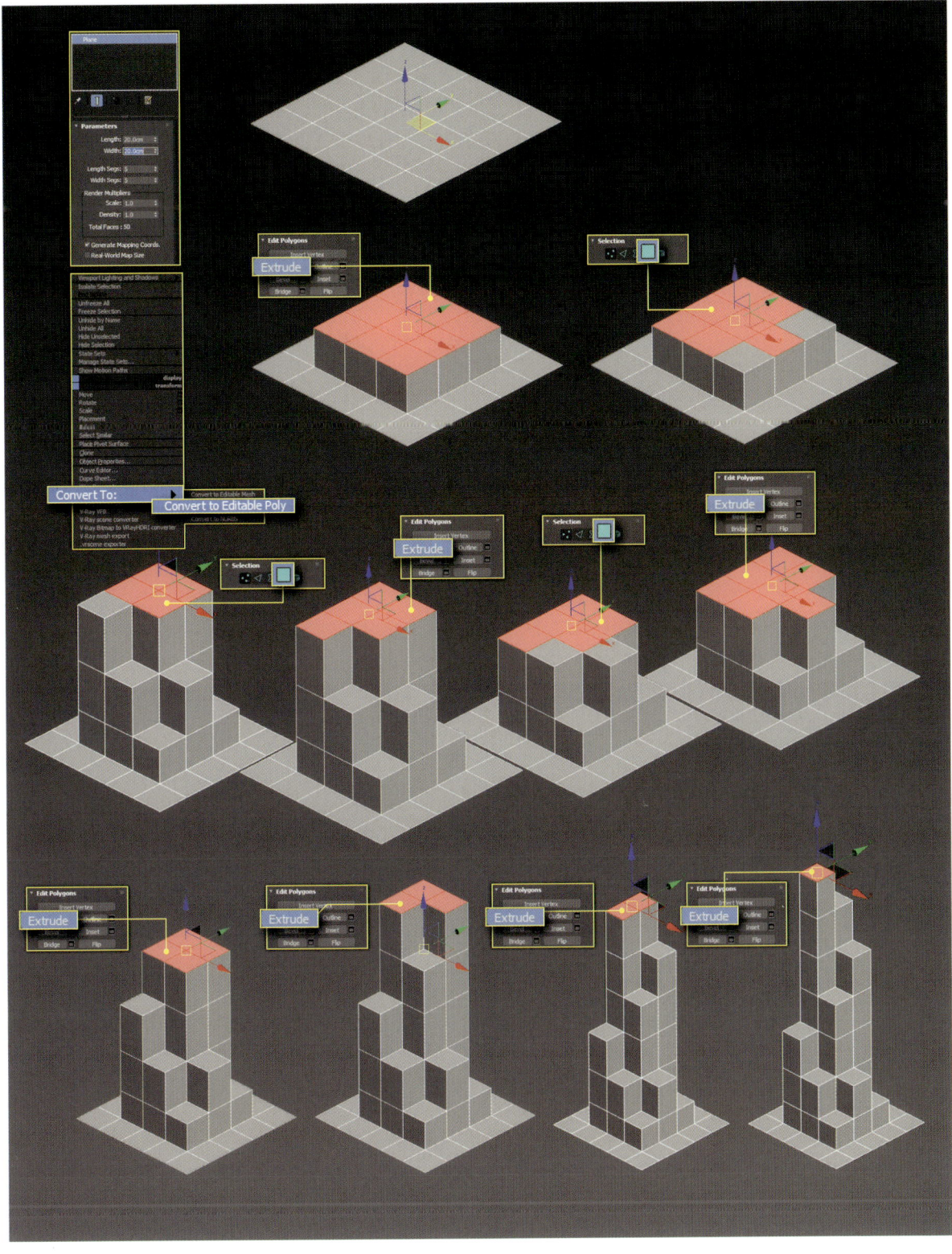

전체 Polygon을 선택하고 MSmooth를 3번 적용해서 밀도를 높이면서 부드럽게 변형합니다.

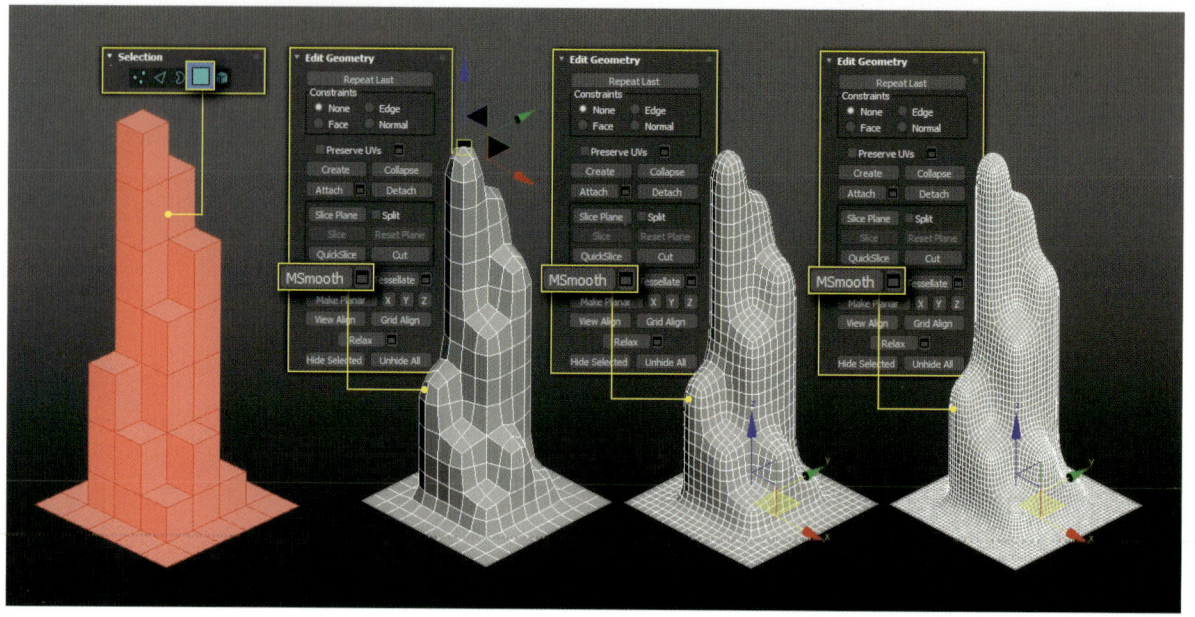

Pull/Push 버튼을 활성화해서 전체적인 형태를 직접 변형하고 Noise Brush를 선택해서 표면을 거칠게 만들어 완성합니다.

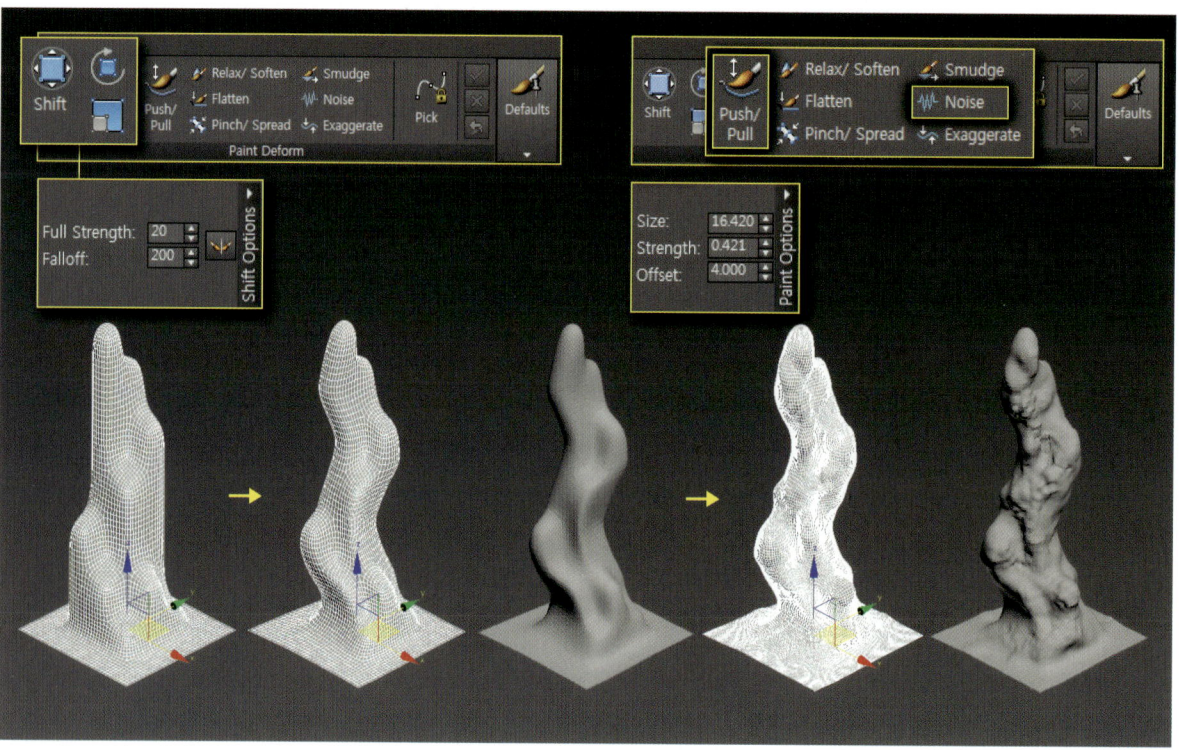

챕터 2까지 학습했다면 이제 어떤 형태라도 모델링할 준비가 된 것입니다.

다음 3가지를 염두에 두고 계속 학습하기 바랍니다.

1. 기능 자체의 활용법도 중요하지만, 각 형태를 어떤 기능을 이용해서 모델링할지 판단하고 적용하는 연습이 필요합니다.
2. 학습한 기능이 손에 익도록 계속해서 반복하고, 형태에 맞는 Edge의 위치와 간격을 이해하도록 합니다.
3. 제작하려는 모든 형태는 기억에 의존하지 말고 꼭 많은 자료를 참고해 정확하게 파악한 후 모델링하는 습관을 들이도록 합니다.

반복한 횟수와 고민한 시간에 비례해서 실력은 향상됩니다! 무작정 따라 하기보다는 학습한 기능에 상상력을 발휘해서 응용하고, 같은 형태라 할지라도 다양한 방식으로 모델링해 보기 바랍니다..

CHAPTER 03

다양한 Object
제작하기 Ⅰ

03

CHAPTER

3

BRIEF INTRODUCTION

챕터3에서는 1~2챕터에서 학습한 기능을 이용해서 하나의 장면을 구성하는 여러 가지 Object를 직접 만들어 봅니다. 접시, 컵, 의자, 쥬크 박스 등 펍 실내를 구성하는 Object를 제작하면서 기본 기능을 익숙하게 사용할 수 있도록 연습합니다.

제시한 Object를 완벽하게 재현하기 어려울 수 있습니다. 특정 부분에 집착하기보다 학습한 기능을 적용해서 조금 다르더라도 나만의 스타일로 꼭 완성해보기 바랍니다.

www.rubypaper.co.kr에 접속해 자료실에서 다음 파일을 내려받습니다.
Beer Pump.max
Chair.max
Cup.max
Hamburger.max
Jukebox.max

SECTION 01

접시 만들기

단순한 형태인 접시를 3가지 방법으로 만들어 봅니다. 하나의 Object를 다양한 접근 방식으로 제작할 수 있다는 것을 배우고 응용력을 기르도록 합니다.

기본 도형을 이용해 접시 만들기

납작하고 둥근 접시를 만들기 위해 가장 비슷한 기본 도형인 Cylinder를 선택해서 다음과 같이 화면 중앙에 생성합니다.

Chapter 03 | 다양한 Object 제작하기 | 259

화면 아래 Transpose Type In 창에 직접 입력해서 Top Viewport를 기준으로 중앙에 놓았습니다.

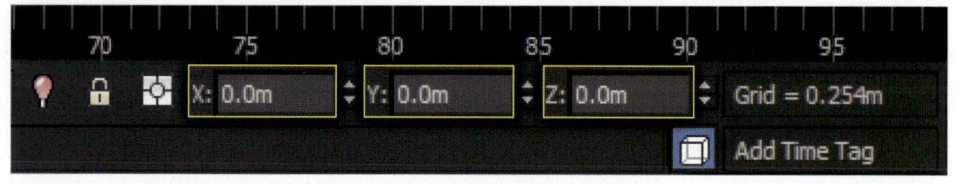

마우스 오른쪽을 클릭해서 Convert To Editable Poly로 변환하고 선택 모드를 Edge로 설정하고 그림처럼 Edge를 선택합니다.

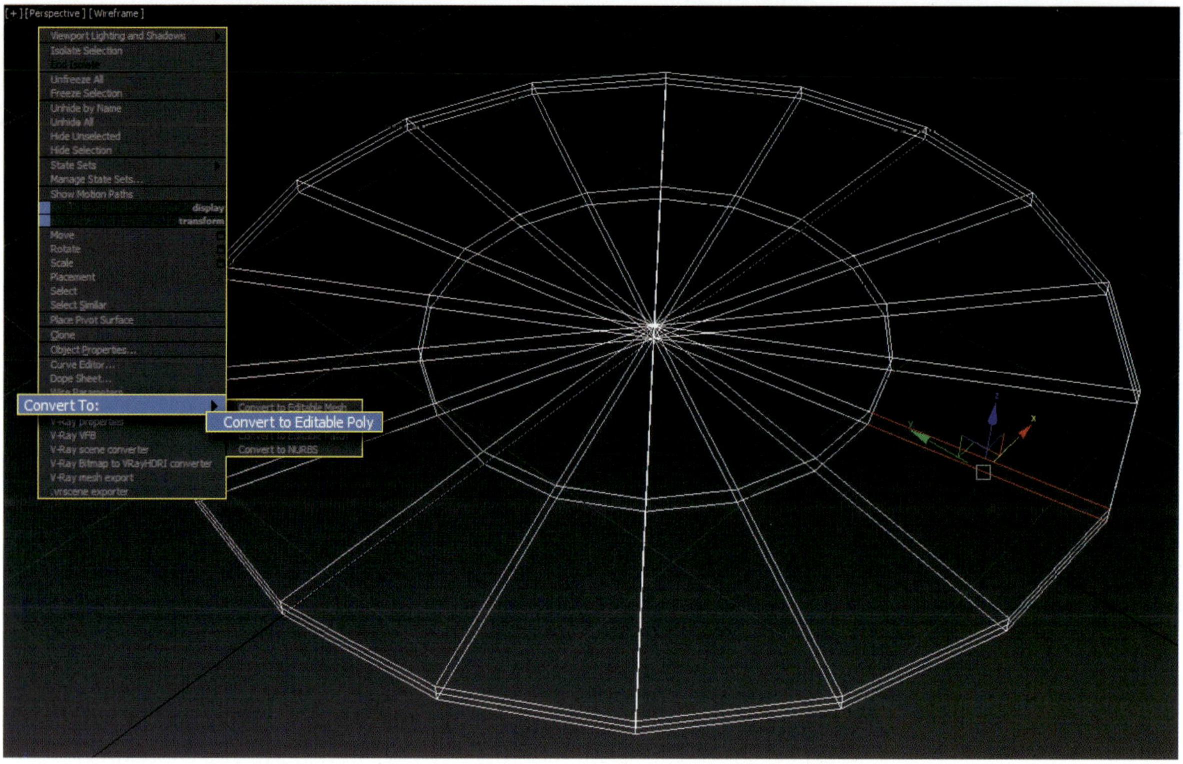

Ring Selection을 실행하면 선택한 Edge를 기준으로 평행하게 연결된 모든 Edge를 선택합니다.

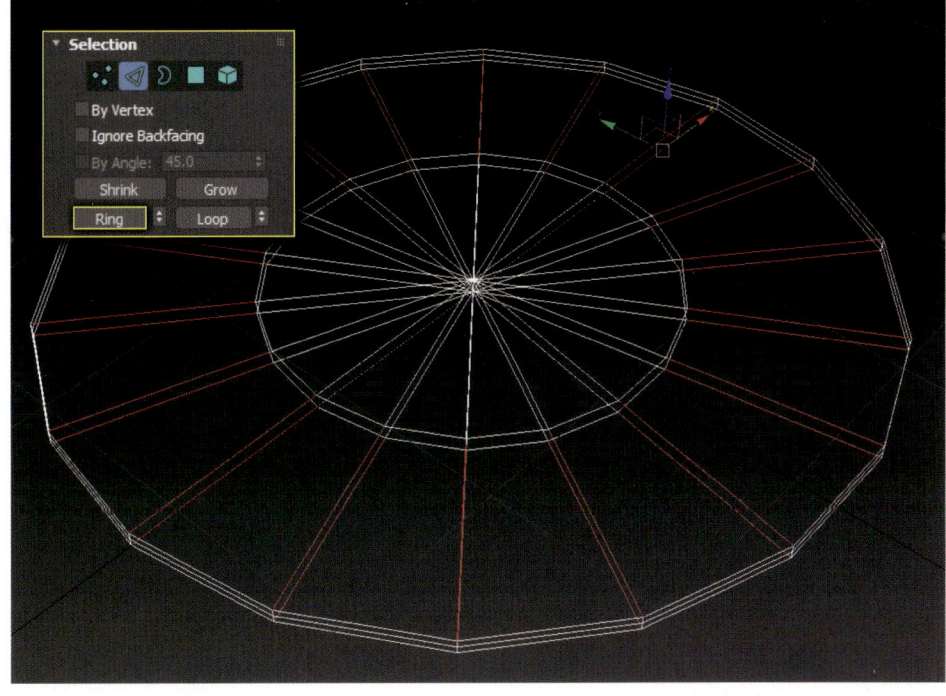

Connect를 실행하면 선택한 Edge의 중앙을 연결하는 Edge가 추가됩니다.

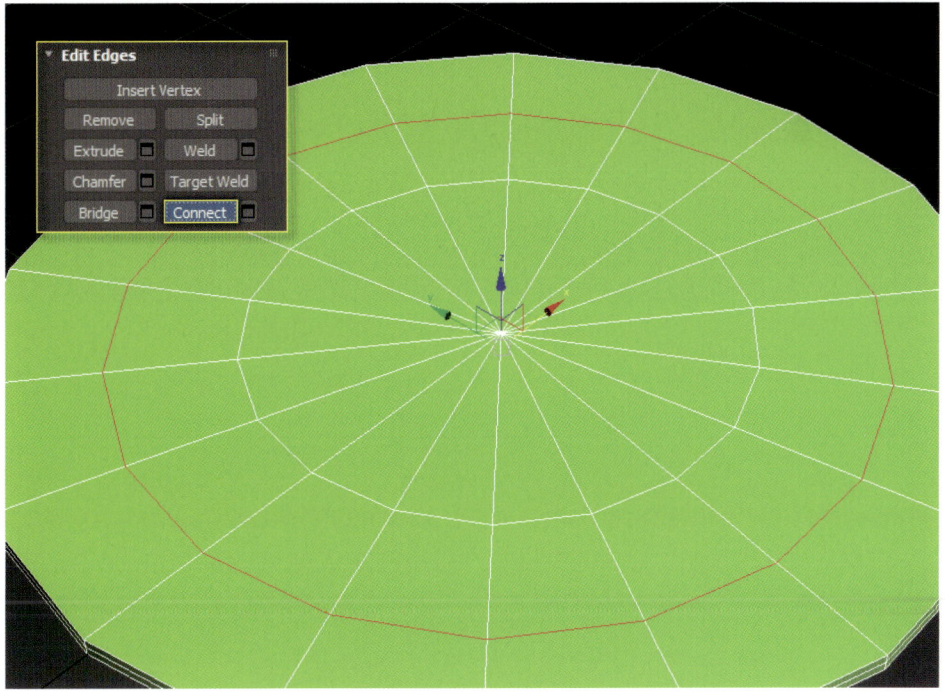

선택 모드를 Vertex로 바꾸고 이동할 Vertex를 선택하고 접시 모양이 되도록 선택한 Vertex를 이동합니다.

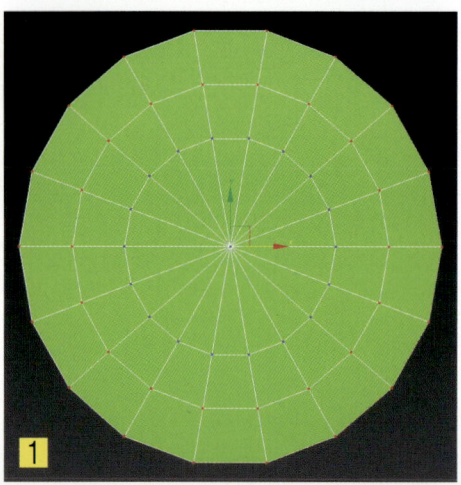

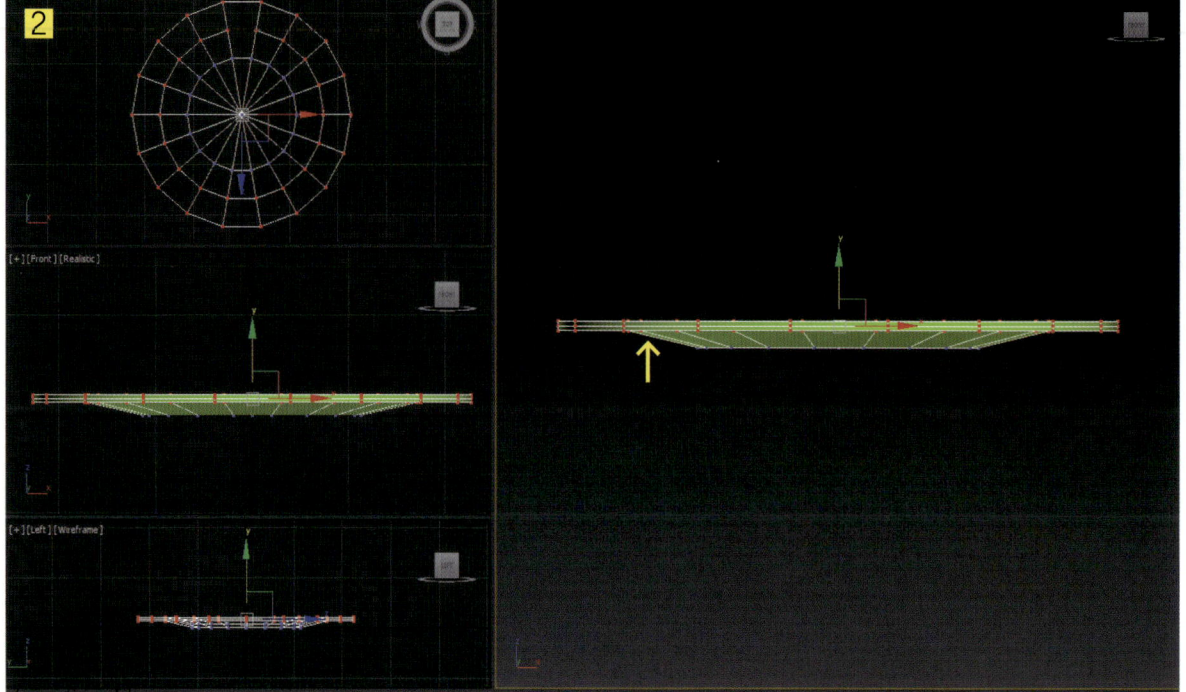

다시 같은 방법으로 그림처럼 Edge를 선택하고 Loop Selection을 실행하면 선택한 Edge와 평행하게 연결된 모든 Edge가 선택됩니다.

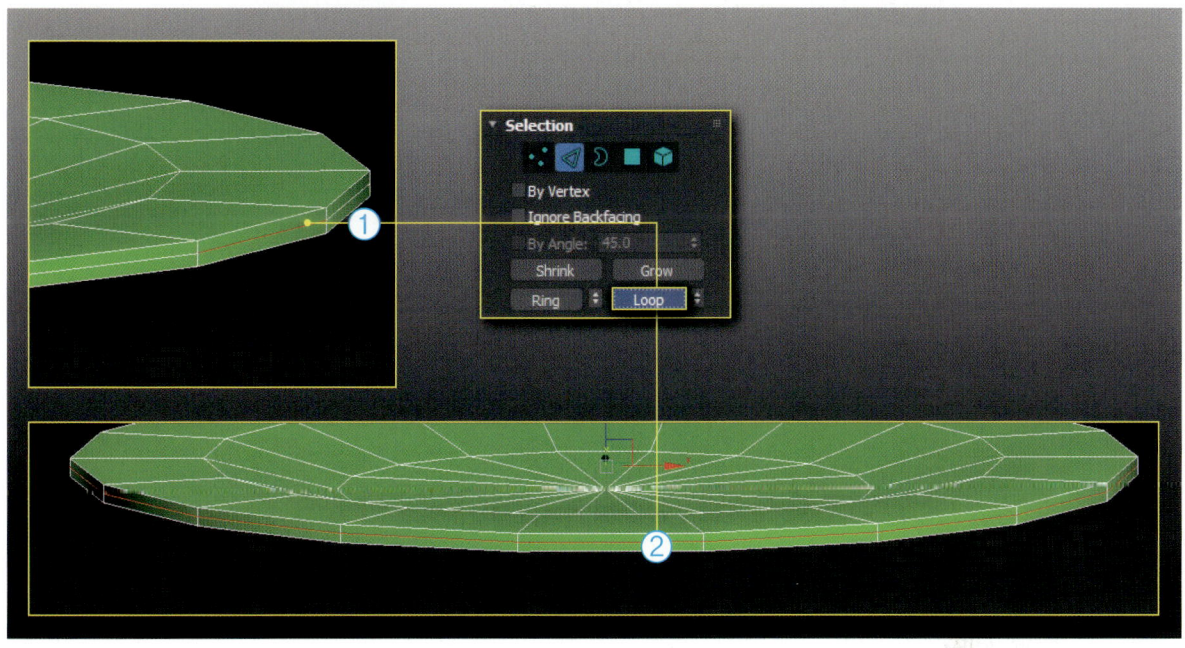

Modify → Push를 적용해서 Push Value 수치를 올려서 선택한 Edge를 밀어냅니다.

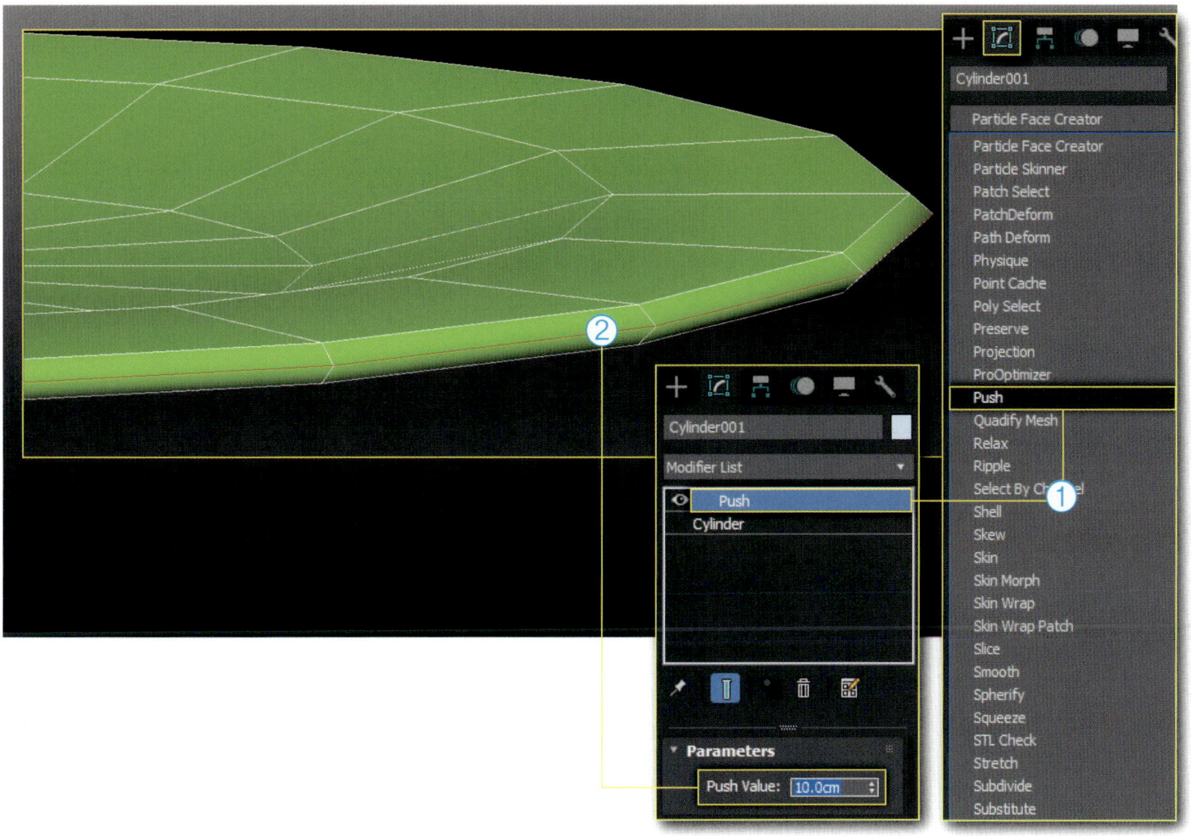

이제 같은 방법으로 그림처럼 Edge를 선택하고 Chamfer 기능을 이용해서 Edge를 분리합니다.

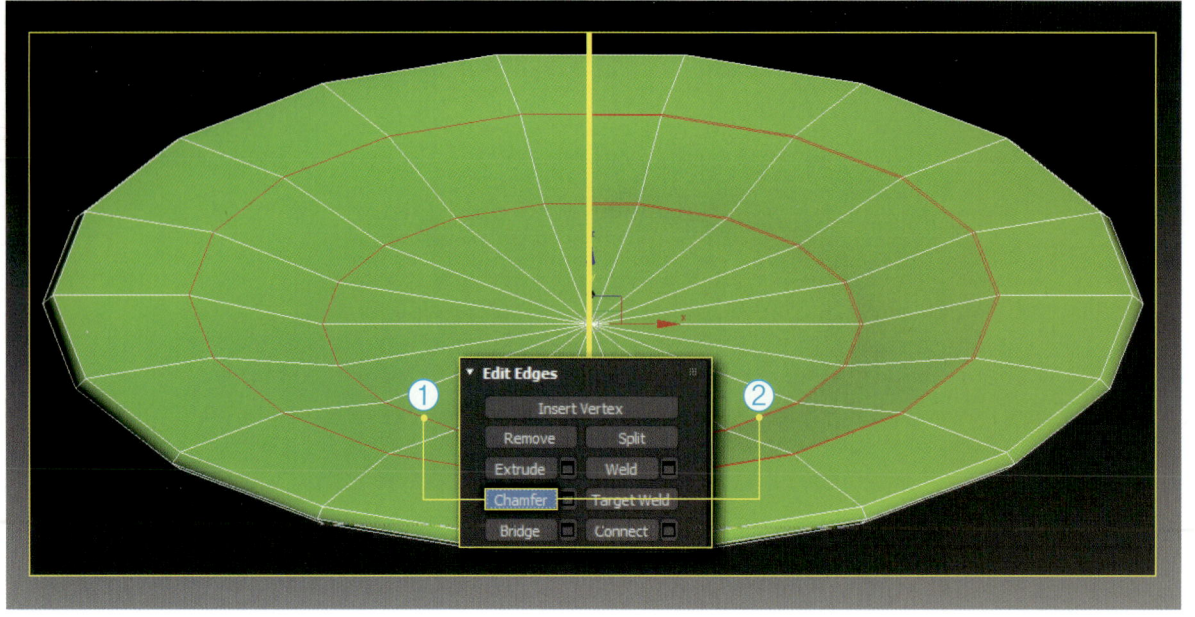

TurboSmooth를 적용해서 완성합니다.

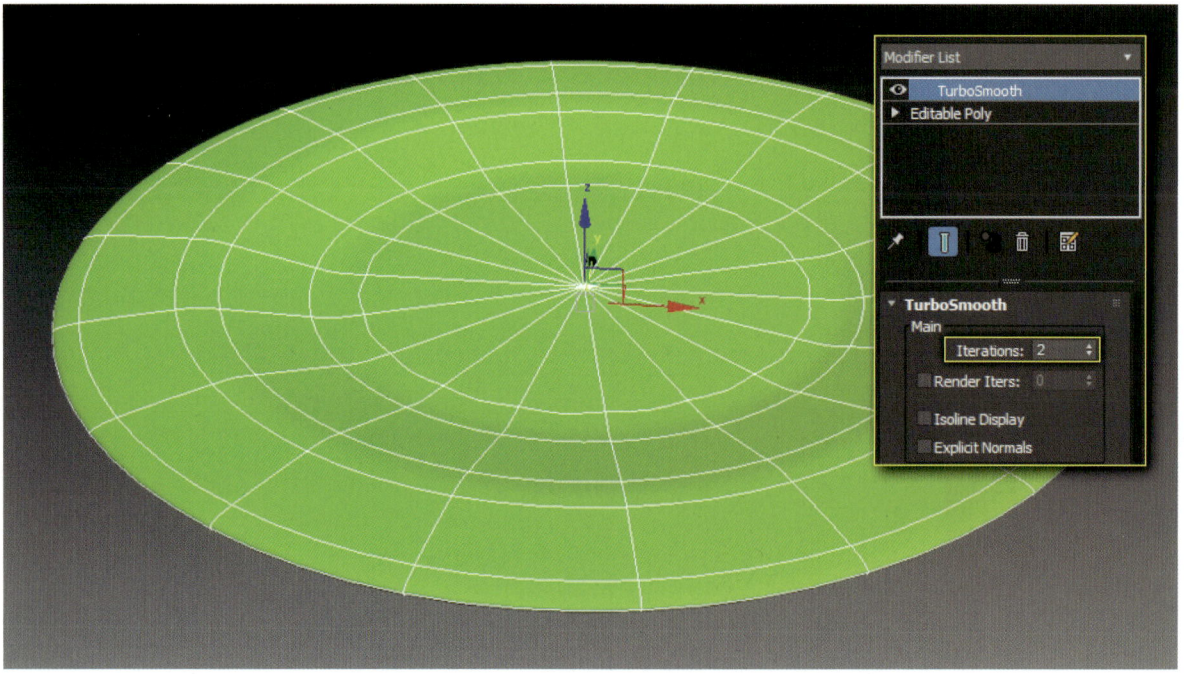

Turbosmooth를 적용해서 Subdivide했을 때의 결과를 예상하면서 간격을 조정합니다

> TurboSmooth를 적용해서 Subdivide했을 때의 결과를 예상하면서 간격을 조정합니다. 챕터1의 Subdivide 참고

Plane을 이용해 접시 만들기

Length Segs 4, Width Segs 4인 Plane을 화면 중앙에 생성합니다.

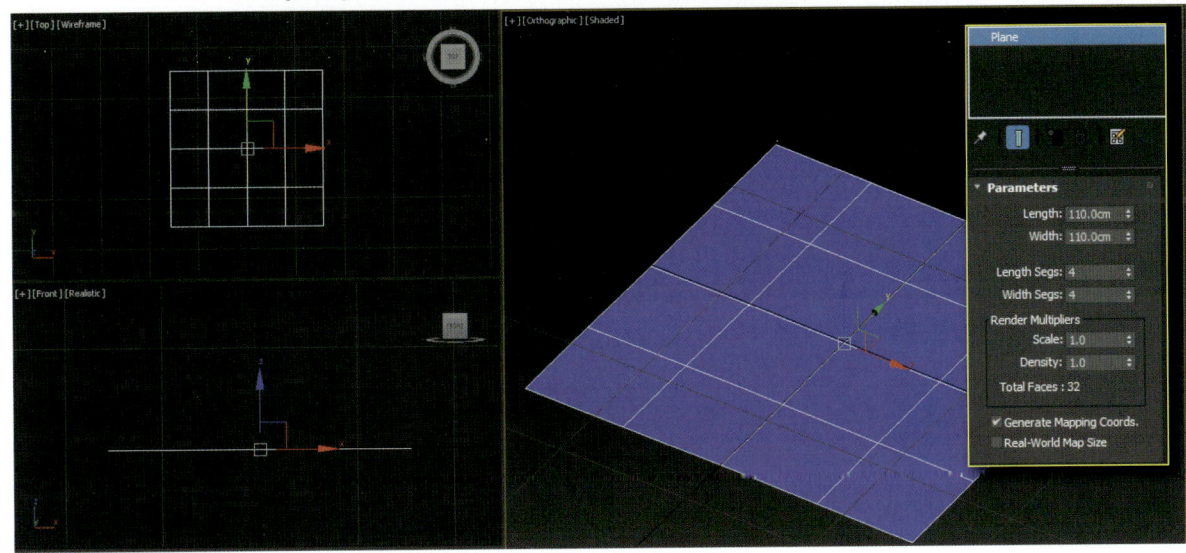

선택 모드를 Edge로 설정하고 Edge를 그림처럼 선택하고 Collapse를 실행해서 선택된 Edge를 합칩니다.

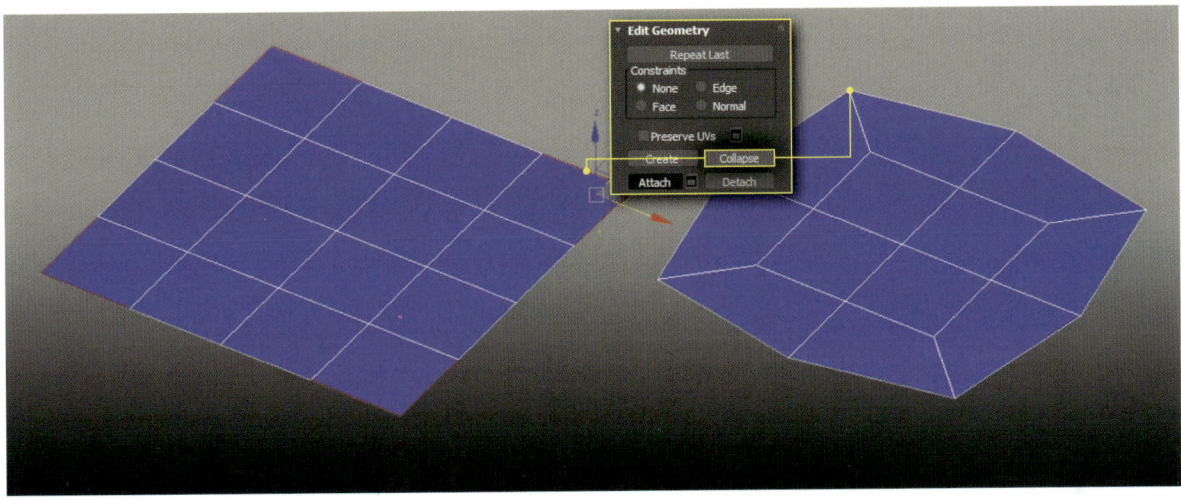

Modify ➔ TurboSmooth를 적용하고 Editable Poly로 변환하고 Vertex를 선택하고 Scale을 이용해서 수정합니다.

 축은 World 축의 중앙으로 설정되어야 합니다(챕터1 참고)

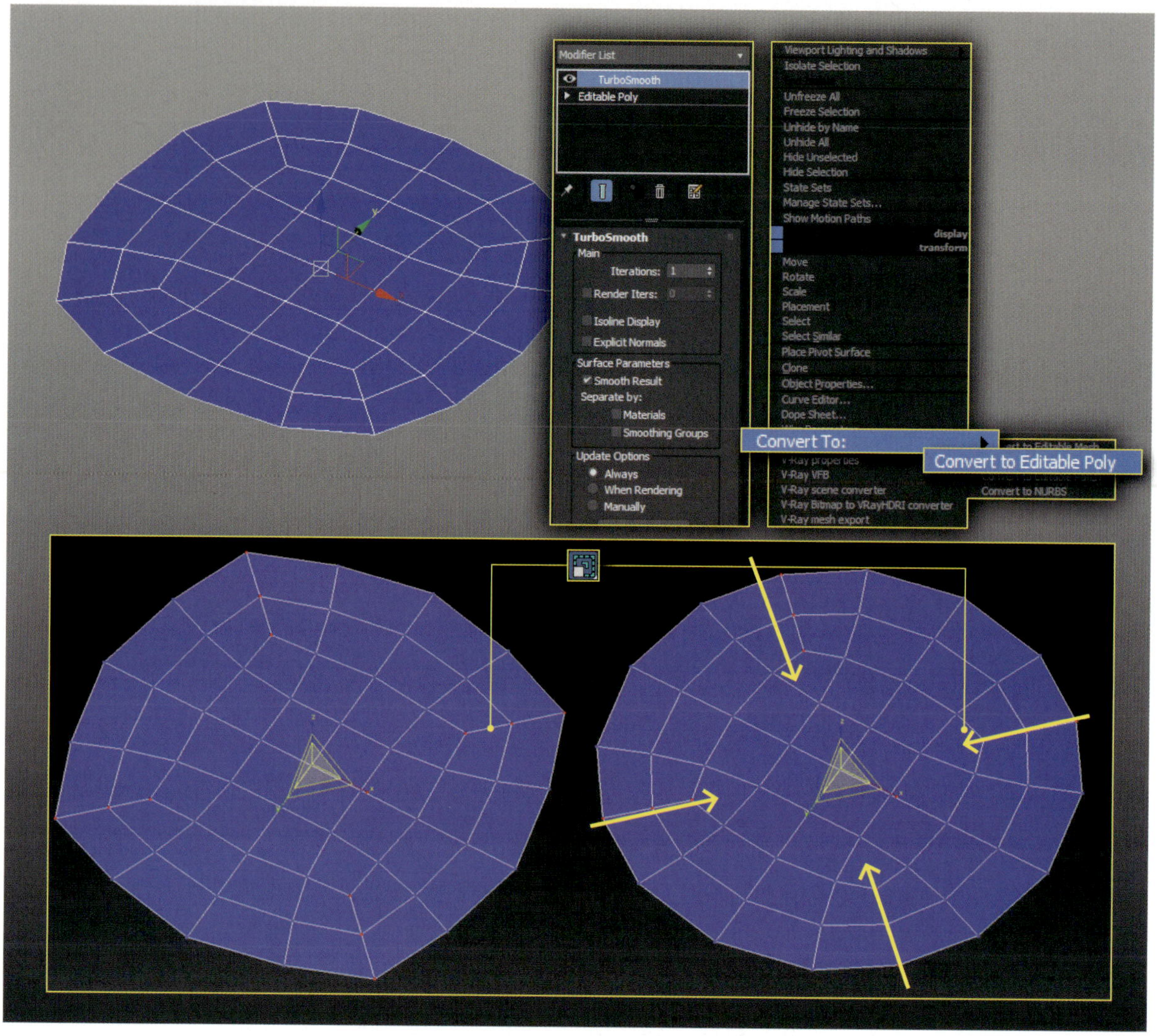

선택 모드를 Border로 바꾸고 가장자리를 선택하면 가장 자리의 모든 Edge가 선택됩니다. Shift 키를 누르고 Scale을 하면 Edge가 추가되면서 확장됩니다.

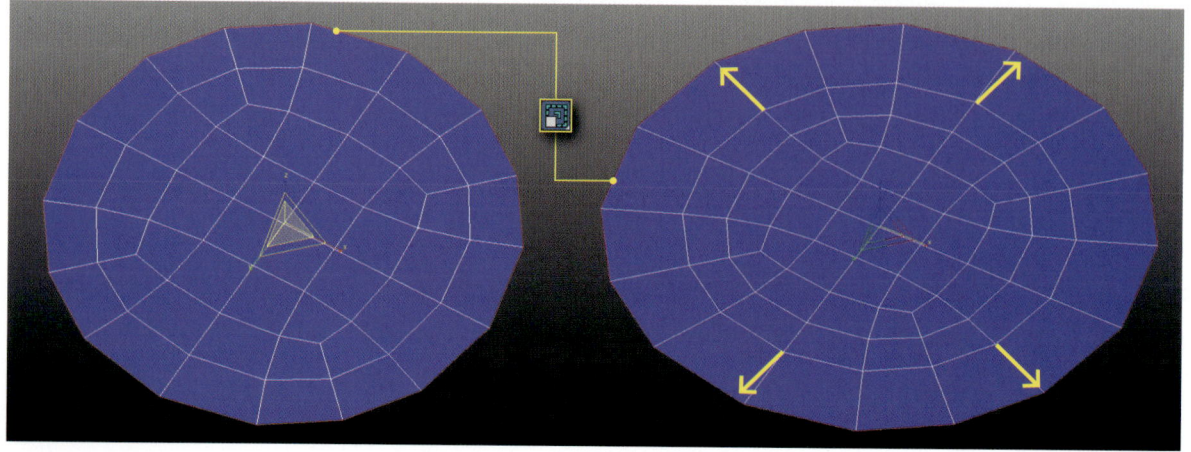

다음은 Vertex를 이동해서 접시 모양을 만들고 Edge를 Chamfer해서 완성해 나갑니다.

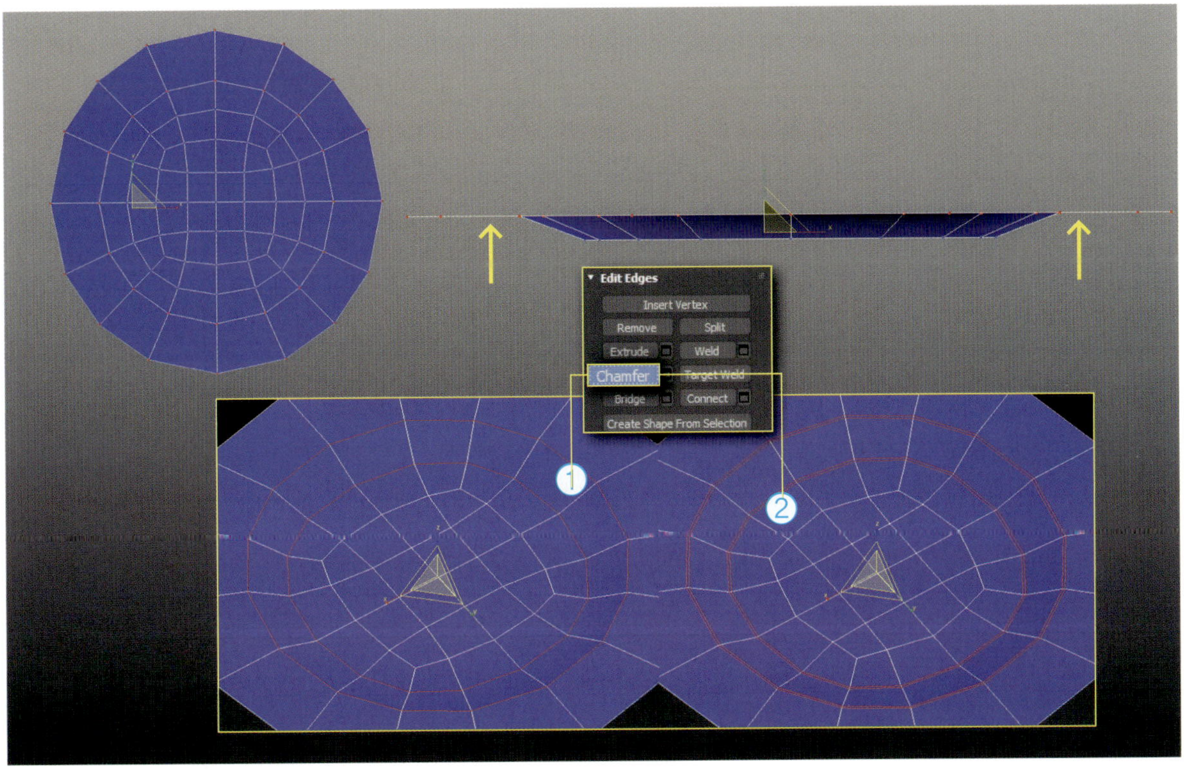

Modify ➡ Shell을 이용해서 원하는 만큼 두께를 주고 TurboSmooth로 완성합니다.

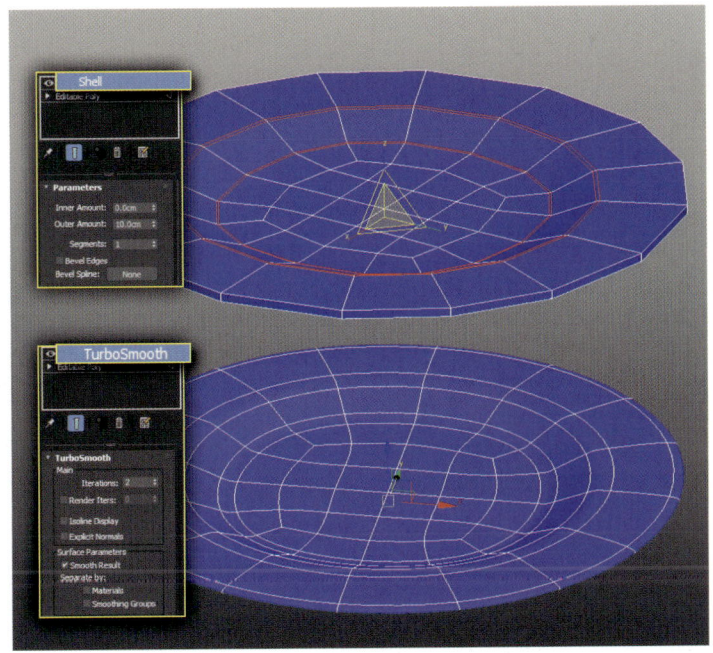

첫 번째 접시에서는 두께가 있는 기본 도형을 수정했다면 이번에는 두께가 없는 Object를 수정한 후에 두께를 주어 완성했습니다.

Spline을 이용해 접시 만들기

Spline를 이용해서 접시 단면을 만들고 그 단면을 회전해 완성합니다. 진흙을 물레에 올려놓고 회전하면서 도자기를 만드는 과정과 비슷합니다.

Create ➜ Shapes의 Spline 중 Rectangle을 Front Viewport 생성합니다.

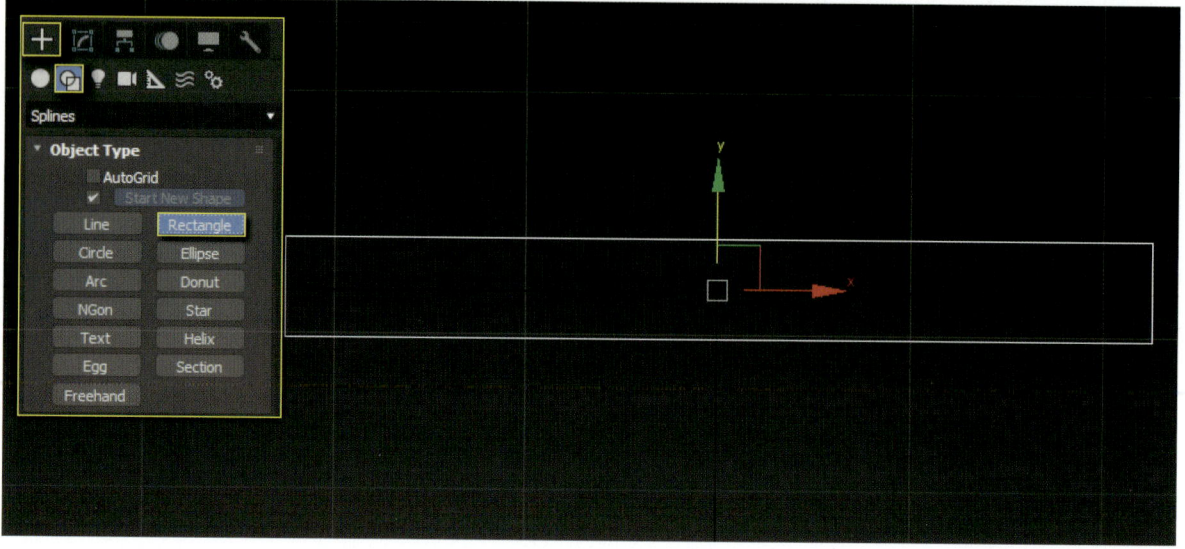

오른쪽 마우스 버튼을 클릭하고 Convert to Editable Spline을 실행해서 Editable Spline으로 변환하고 Vertex를 선택하면 이동할 수 있습니다.

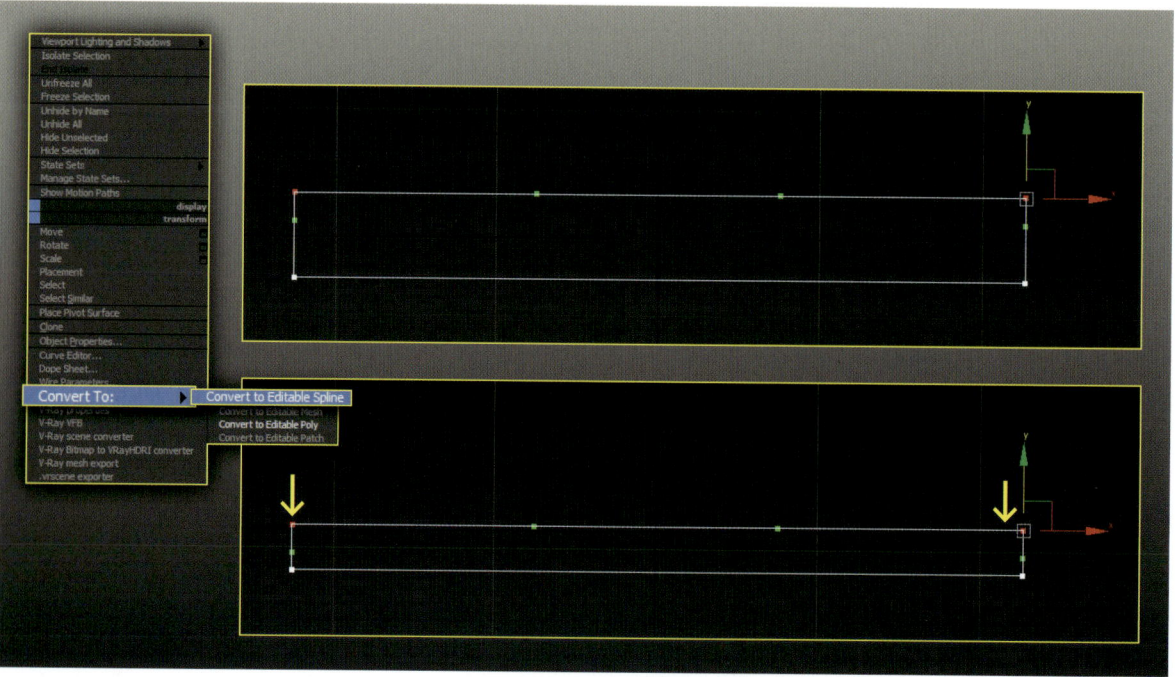

하위 메뉴나 오른쪽 마우스 버튼을 클릭해서 Refine 기능을 실행해 원하는 곳에 Vertex를 추가할 수 있습니다.
Vertex를 이동하고 중앙에 Vertex를 추가합니다.

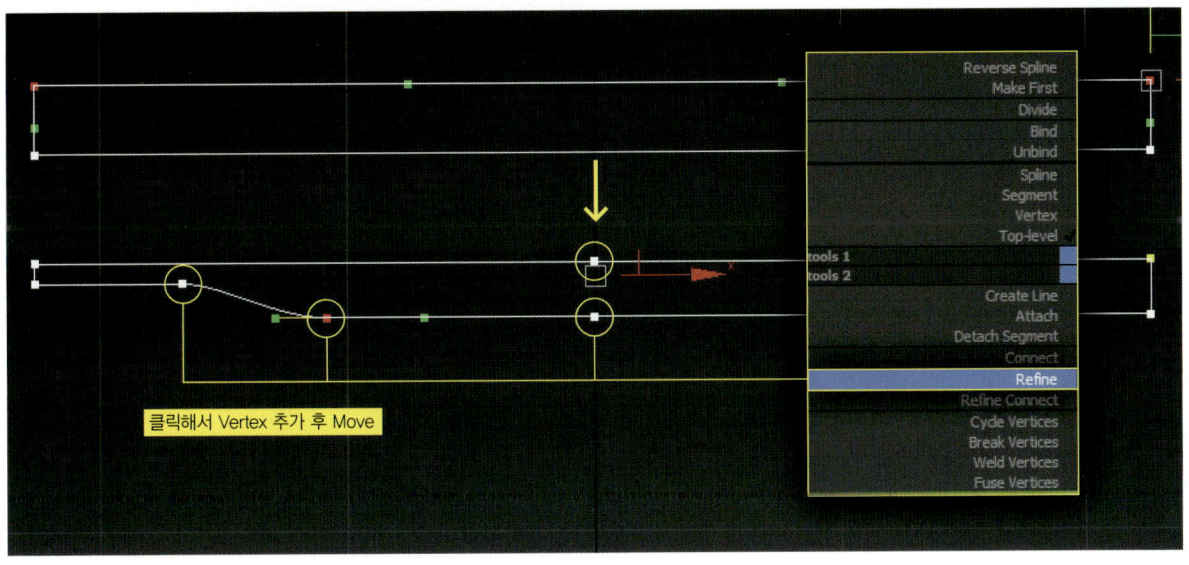

Vertex를 선택하고 오른쪽 마우스 버튼을 클릭해서 Vertex와 Vertex 사이 Spline의 속성을 바꿀 수 있습니다.
(Bezier Corner, Bezier, Corner, Smooth)

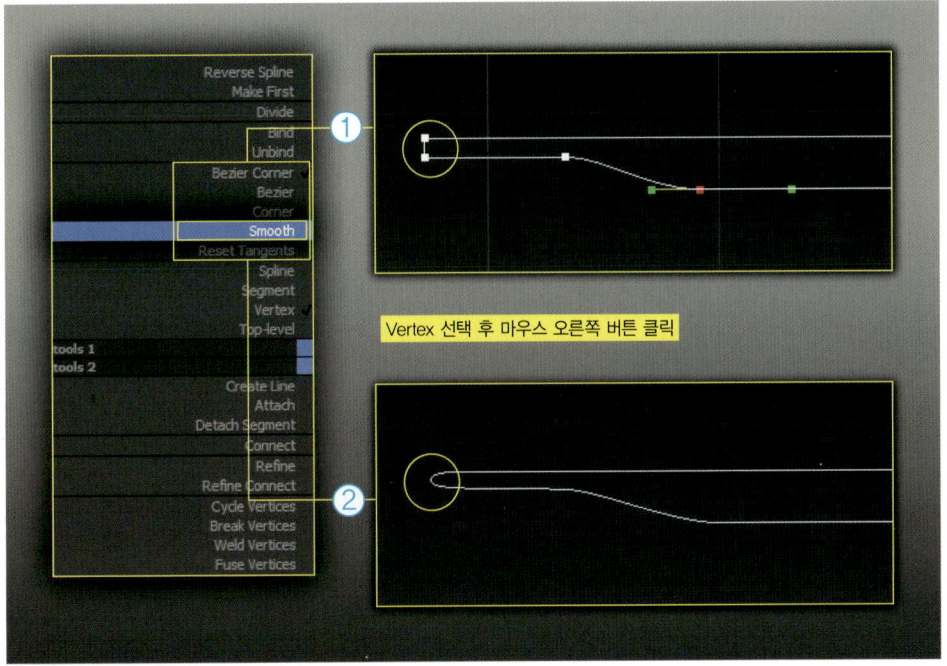

Chapter 03 | 다양한 Object 제작하기 | 269

변형하지 않은 반대편 Edge를 삭제하고 Vertex를 추가해서 그림처럼 정리합니다. 접시를 단면으로 잘랐을 때 절단 면입니다.

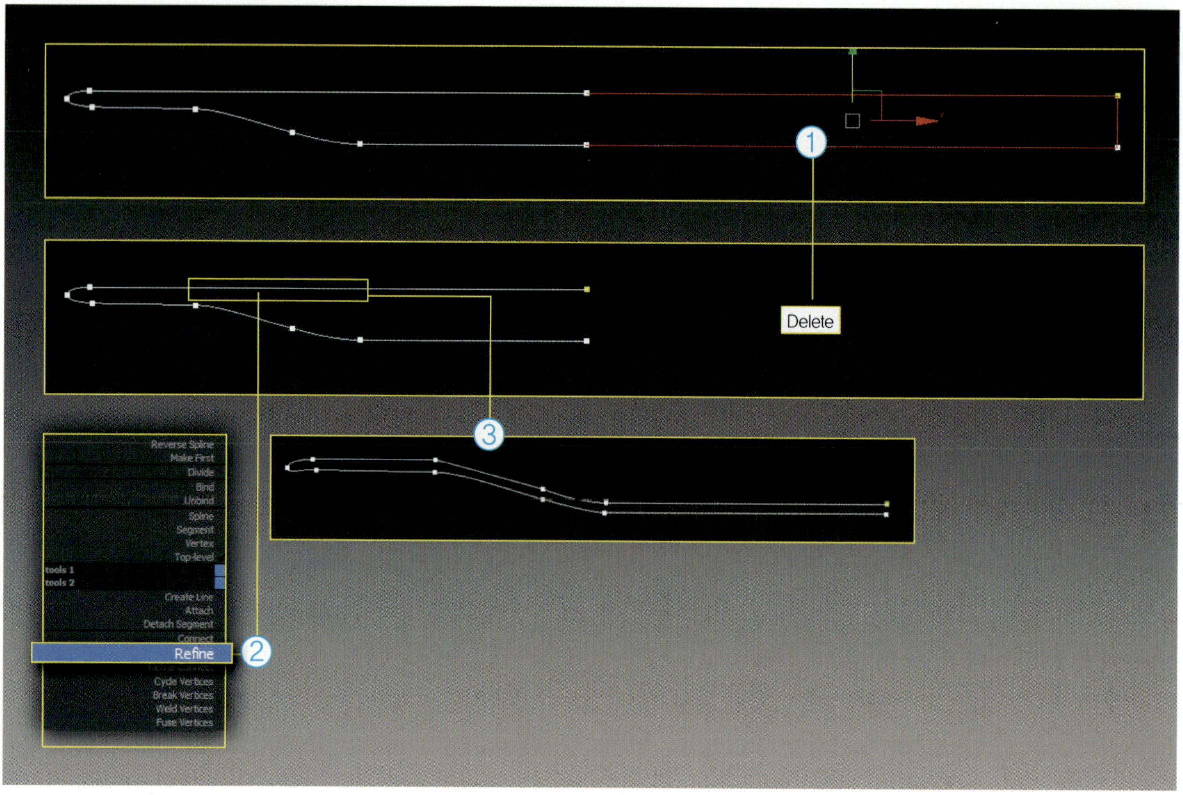

단면을 회전시켜 Object를 생성하는 방법으로 Modify → Lathe를 적용합니다. 회전 축을 설정할 때 Local 축이 기준이어야 합니다.

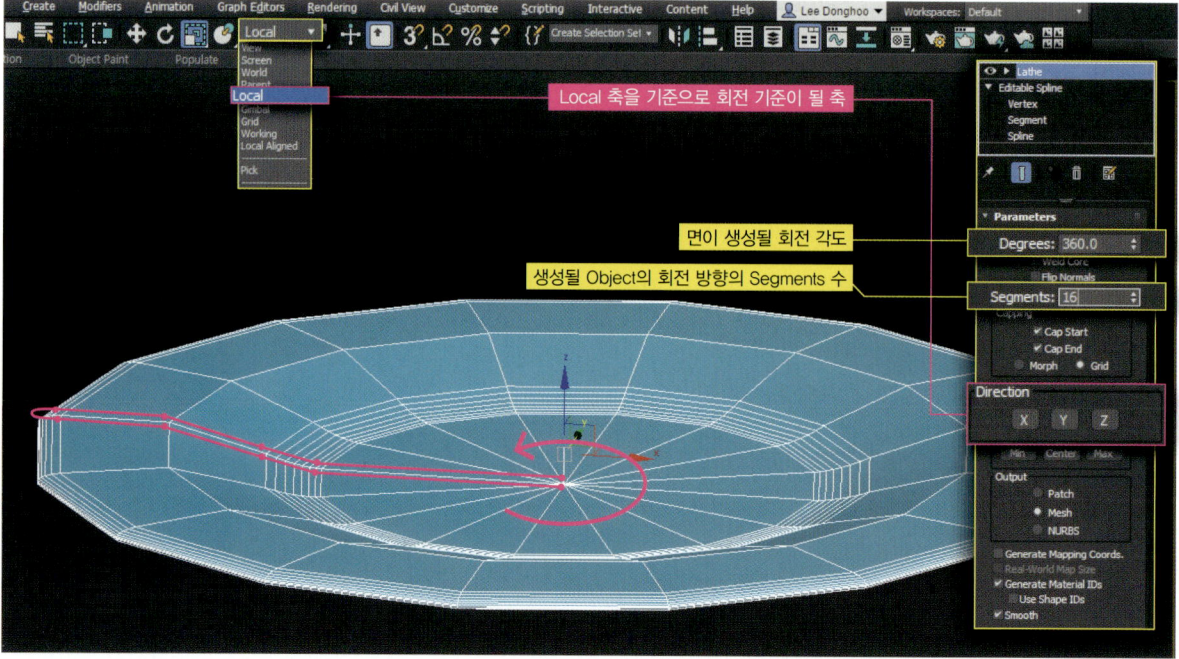

Editable Poly로 변환하고 원하는 부분의 Edge를 Chamfer를 이용해서 변형하고 TurboSmooth로 마무리합니다.

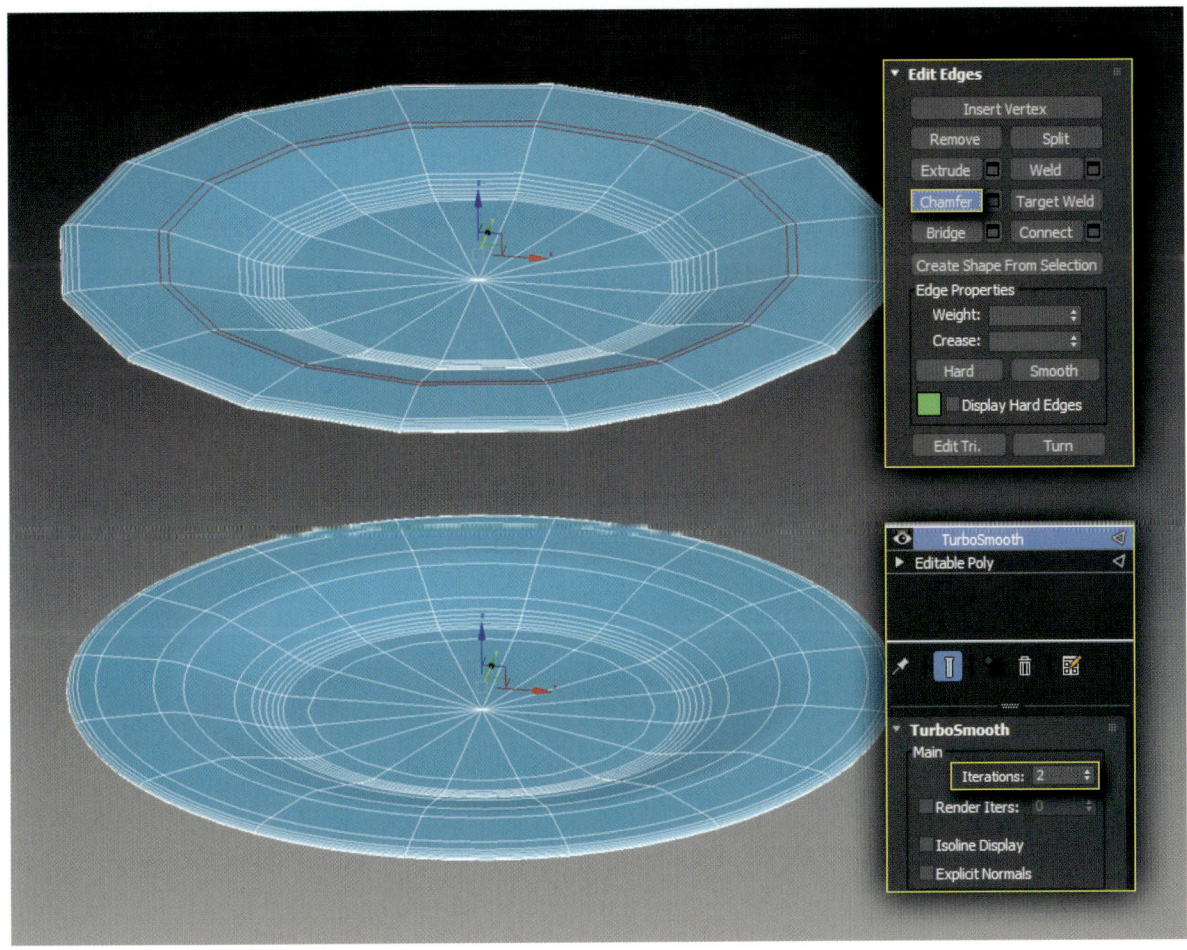

같은 형태를 모델링하는 방법은 수없이 많습니다. 스스로 어떤 방법을 적용할지 고민하면서 응용력을 키워나가도록 합니다. 더불어 자주 사용하는 기능은 많은 연습을 통해 손에 익히는 것이 중요합니다.

SECTION 02

햄버거 만들기

 Hamburger.max

햄버거는 크게 빵, 패티, 야채, 치즈 등으로 구성되어 있습니다. 빵은 앞서 학습한 기능만으로 제작하고 고기와 야채는 Modify ➡ Noise를 이용합니다. 빵 위에 뿌려진 깨 모양은 Object Paint 기능을 이용해서 드로잉하듯 만들어 봅니다.

Object Paint 기능은 나무나 돌과 같은 Object를 원하는 곳에 무작위로 드로잉하듯 생성할 때 매우 유용한 기능입니다.

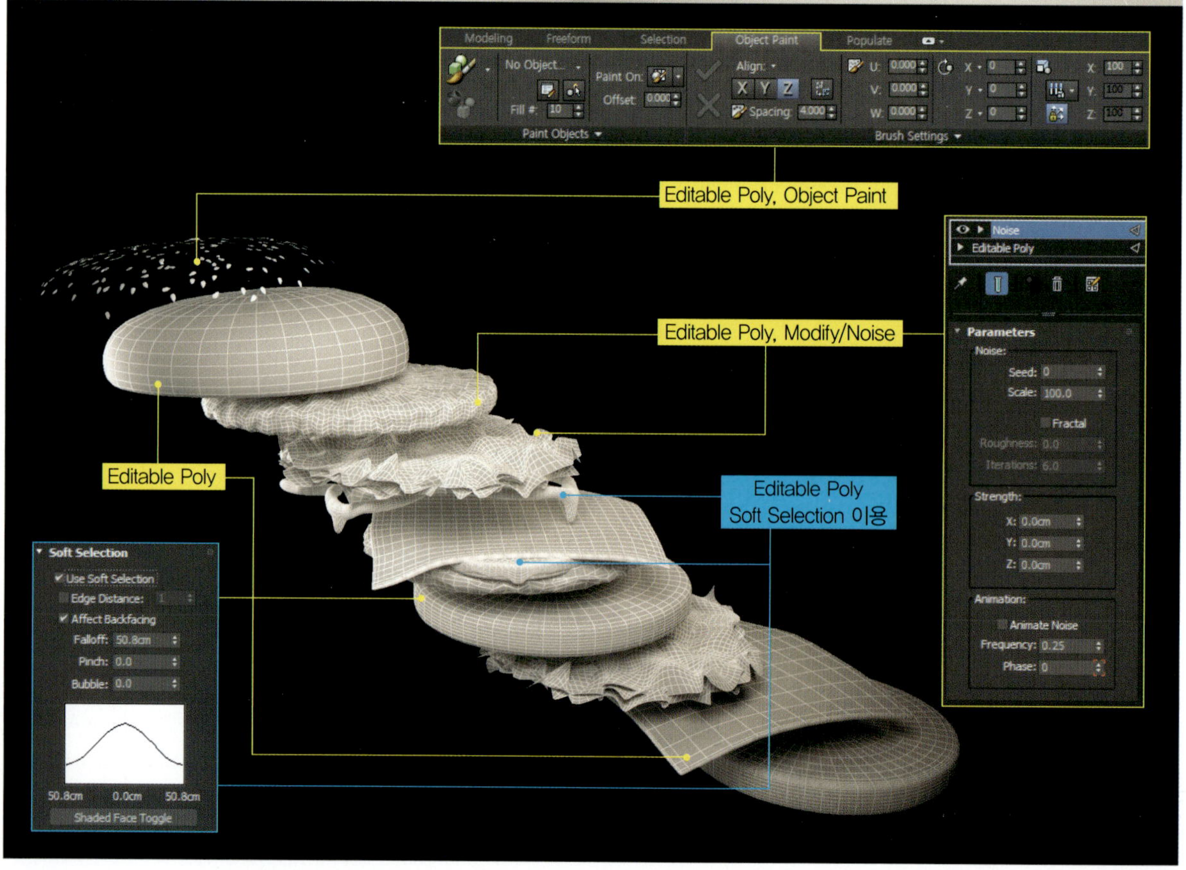

272

빵 만들기

빵의 기본 형태는 Cylinder와 흡사하기 때문에 빵 아랫부분은 Cylinder를 이용해서 제작합니다. Cylinder를 생성하고 마우스 오른쪽 버튼을 클릭 후 Convert to Editable Poly를 실행해서 Editable Poly로 변환합니다.

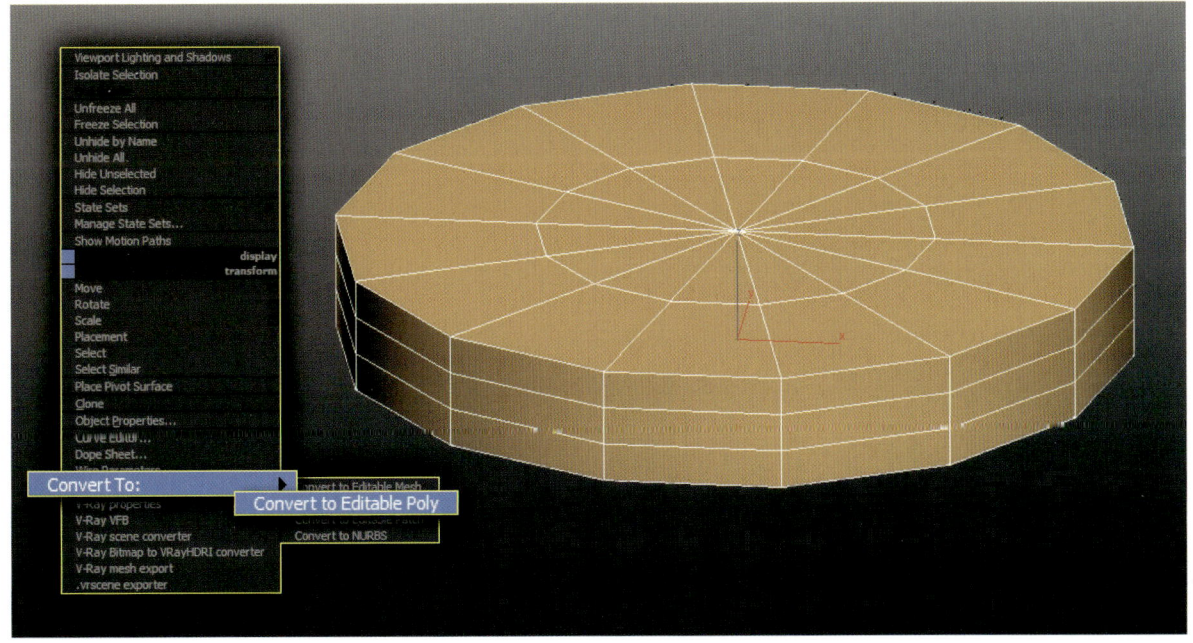

Modify ➡ TurboSmooth를 이용해서 면을 분할하고 나서 마우스 오른쪽 버튼을 클릭해서 Convert to Editable Poly를 이용해서 Editable Poly로 변환한 후 Polygon을 선택하고 Modify ➡ Push를 적용해서 선택된 Polygon을 밀어냅니다. Vertex를 Scale해서 변형할 수도 있지만 Modify ➡ Push의 역할을 이해하기 위해서입니다.

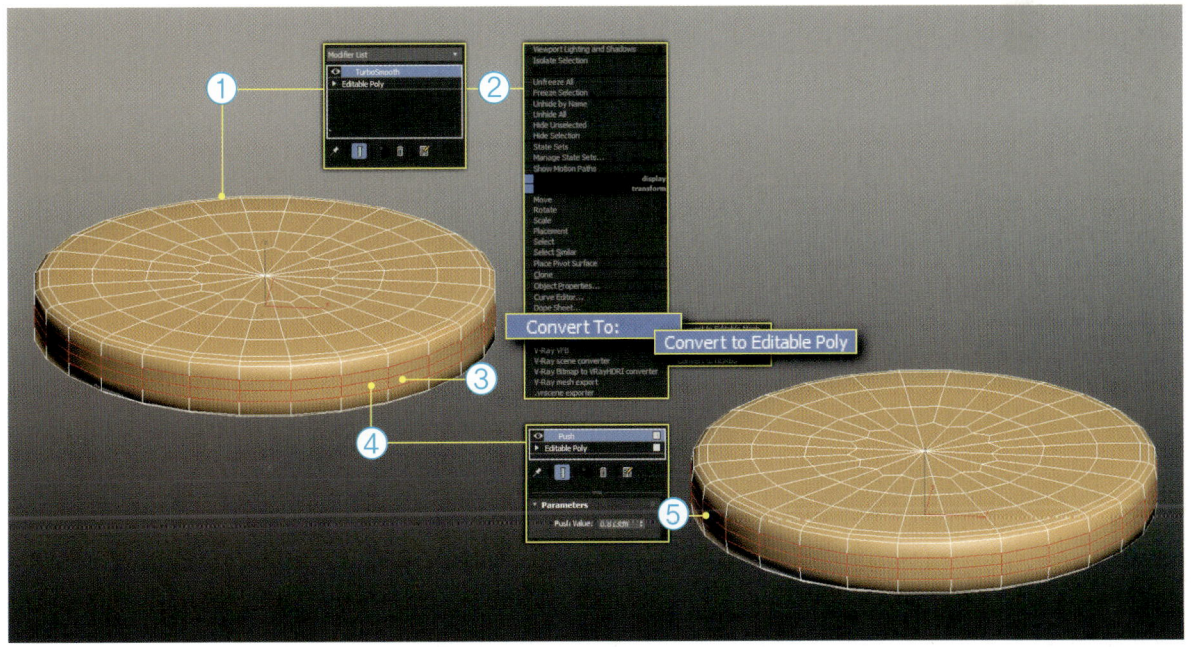

각자 원하는 형태로 간단하게 다듬고 TurboSmooth로 완성합니다.

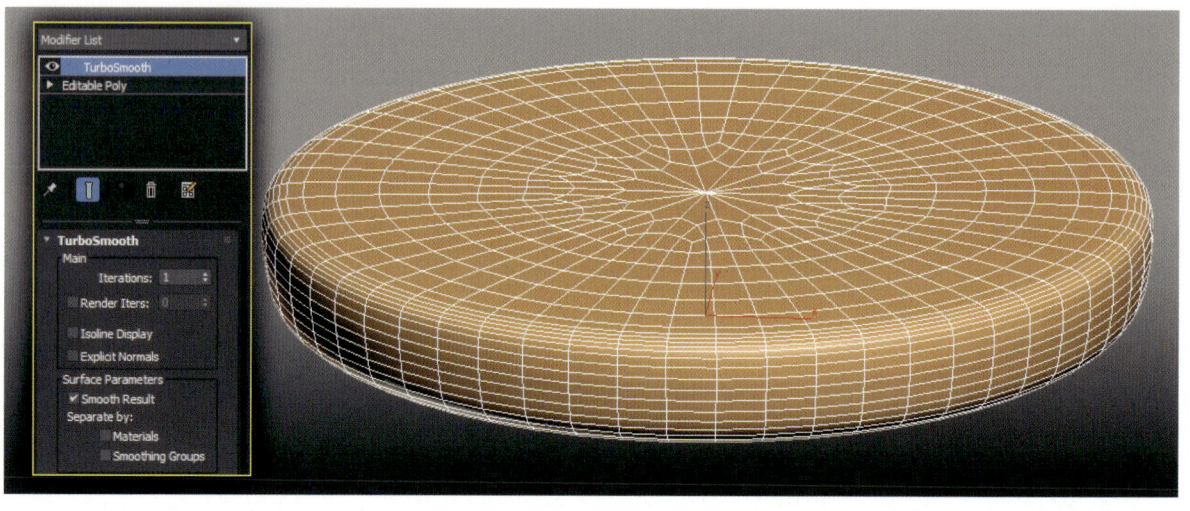

위쪽 빵은 Sphere를 이용해서 만듭니다. Sphere를 생성하고 Hemisphere 수치를 조절해서 반구를 만듭니다.

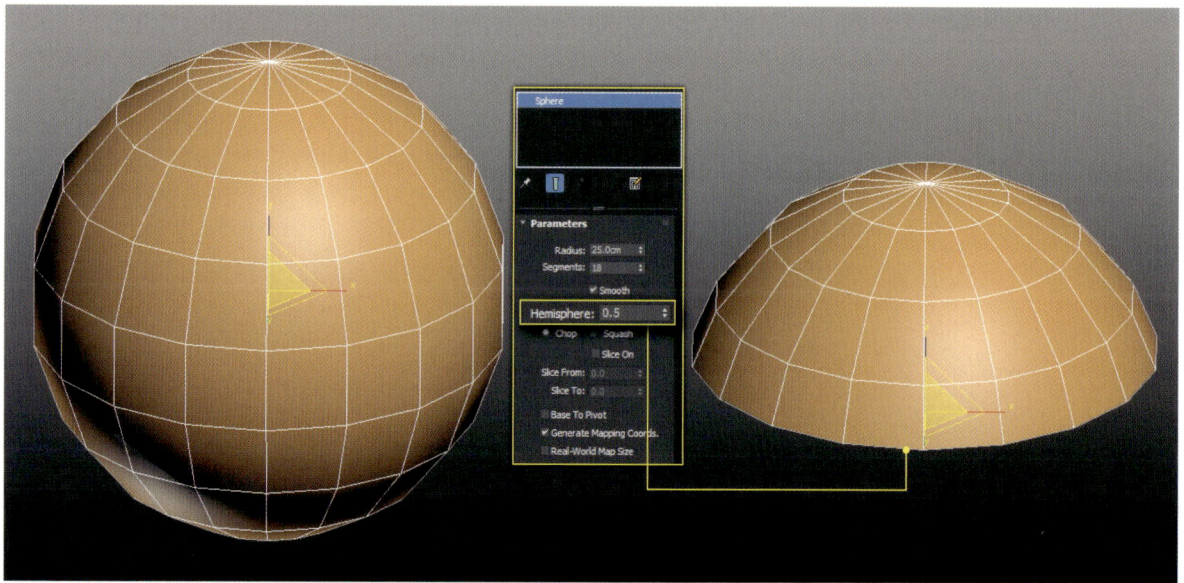

Editable Poly로 변환하고 Edge를 추가할 부분을 Ring Select를 이용해서 선택합니다. 그리고 Flow Connect를 실행해서 Edge를 추가합니다. Edge 사이의 곡면을 부드럽게 유지하면서 Edge가 추가됩니다.

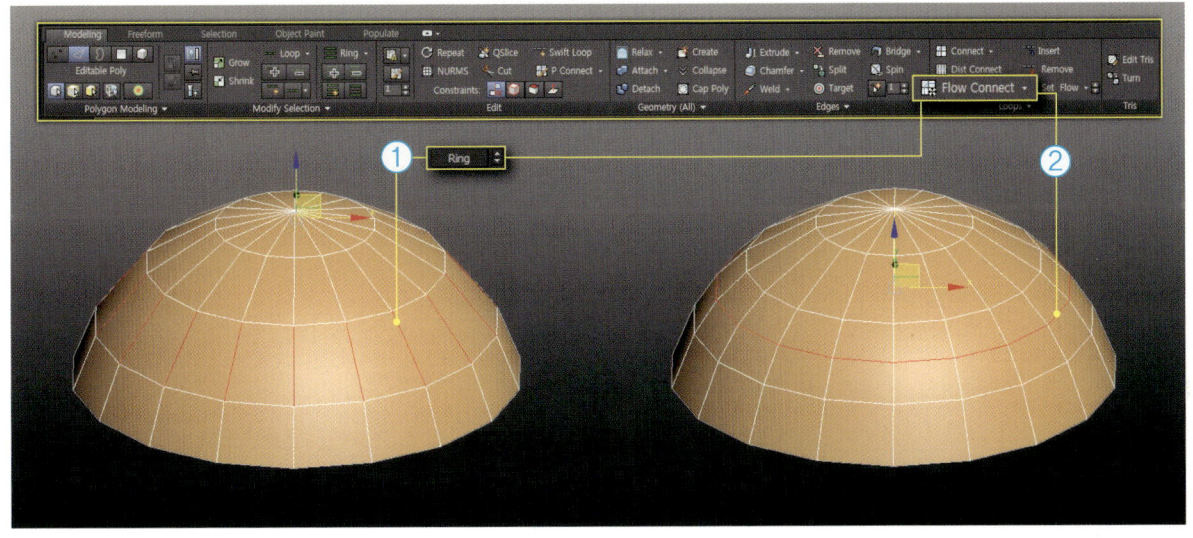

Vertex를 선택해 Scale을 조절하고 Editable Poly의 Chamfer를 이용해서 Edge를 추가하고 TurboSmoth를 추가해서 마무리합니다.

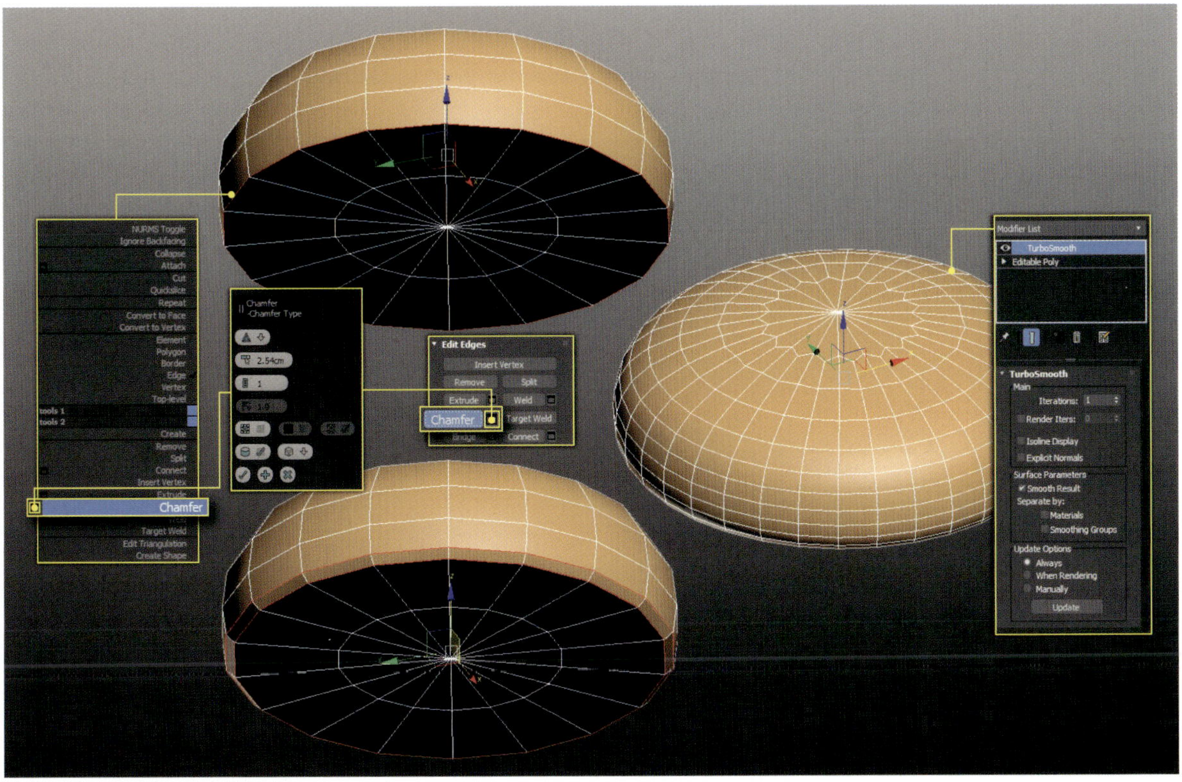

패티와 야채 만들기

패티는 접시를 제작할 때 배웠던 방법을 이용해서 기본형을 만들고 TurboSmooth를 이용해서 면을 나눕니다.

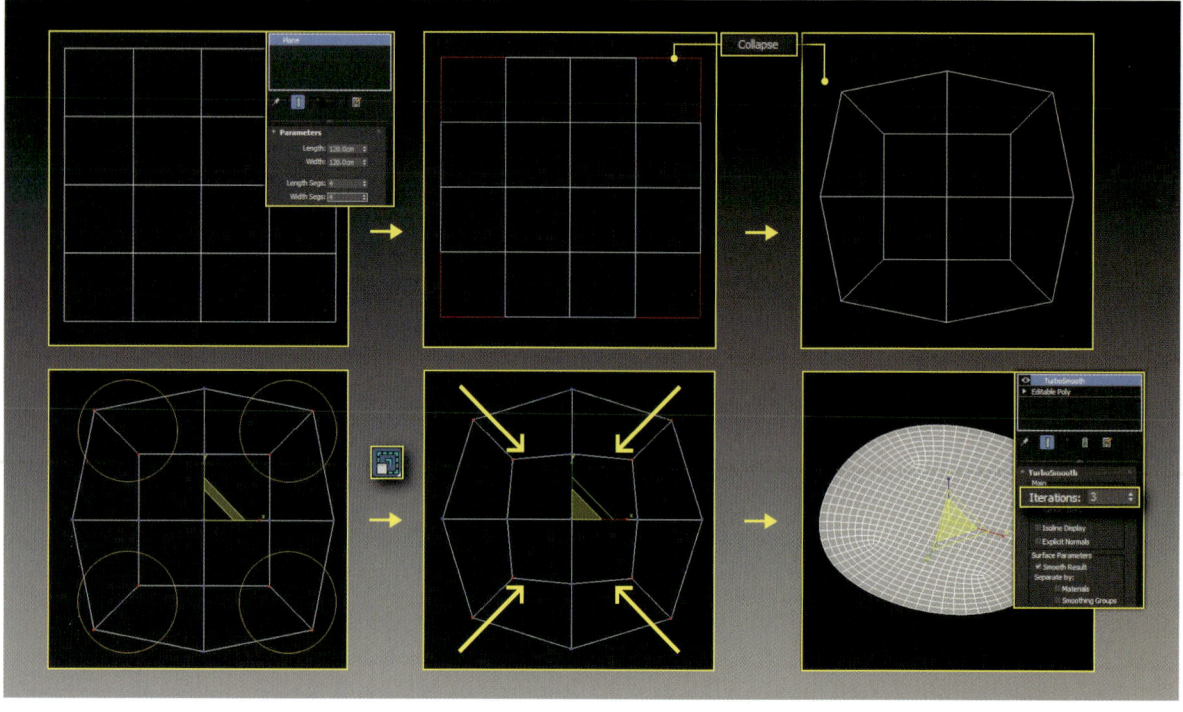

마우스 오른쪽 버튼을 클릭해서 Convert to Editable Poly를 실행해서 Editable Poly로 변환하고 Modify ➜ Shell을 적용해서 두께를 주고 Noise를 적용하기 위해서 다시 한번 TurboSmooth를 적용해서 Polygon을 충분히 나눠줍니다.

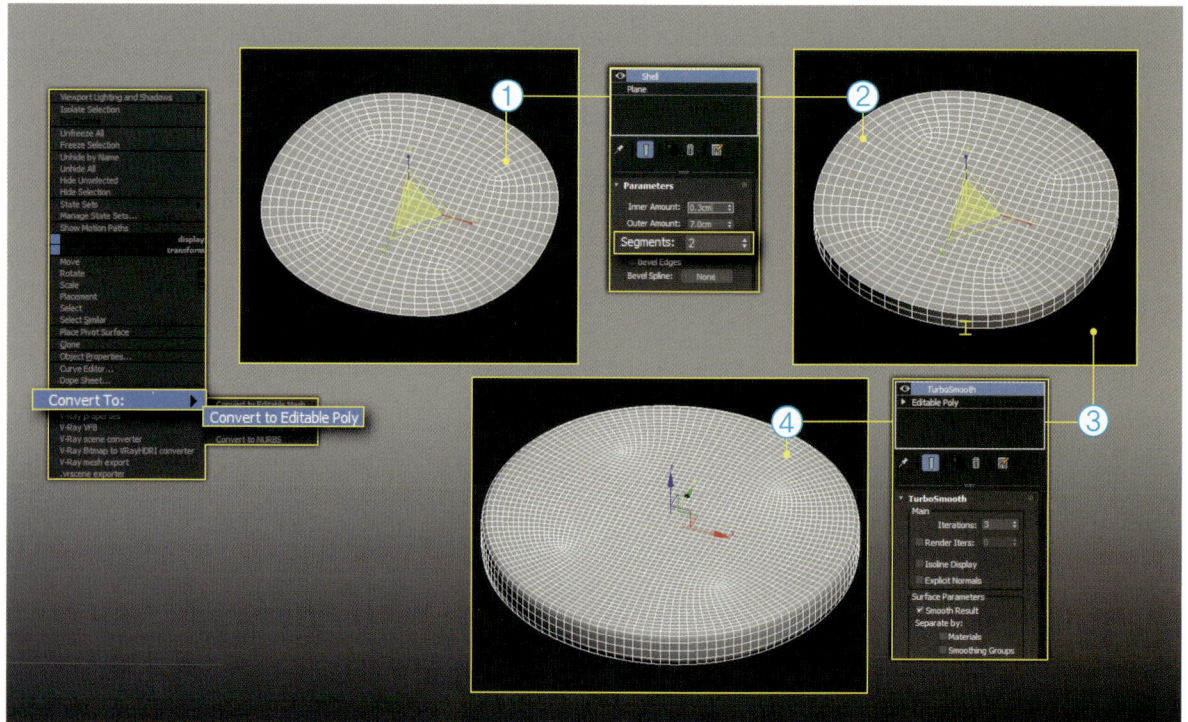

Noise를 적용해서 표면을 변형하기 전에 Noise 기능에 대해 살펴보겠습니다. 충분한 Polygon 수를 가지고 있는 Box를 생성합니다.

Modify ➡ Noise를 적용하고 Scale 값을 조절하고 Strength X의 값을 높여줍니다. Scale에 적용한 크기의 Noise가 Strength에 적용된 수치만큼 X축 방향으로 적용됩니다.

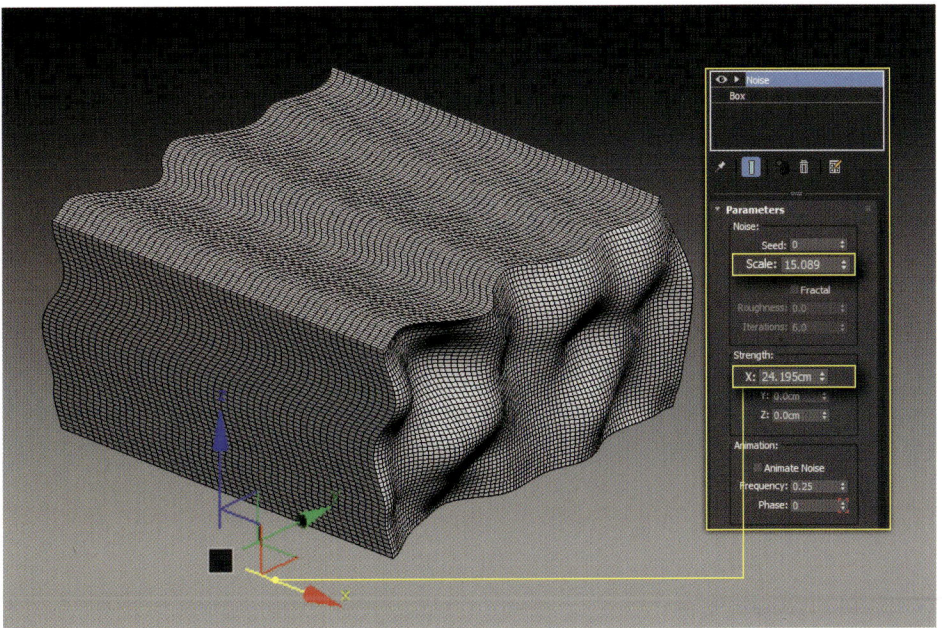

Scale의 수치를 낮추면 Noise가 세밀하게 적용됩니다.

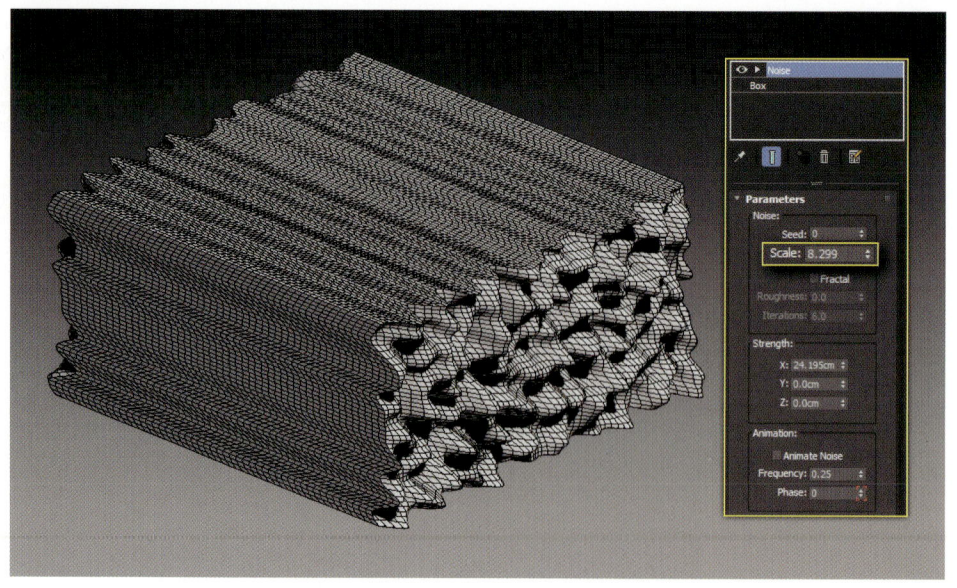

Strength Z축의 수치를 높여줍니다.

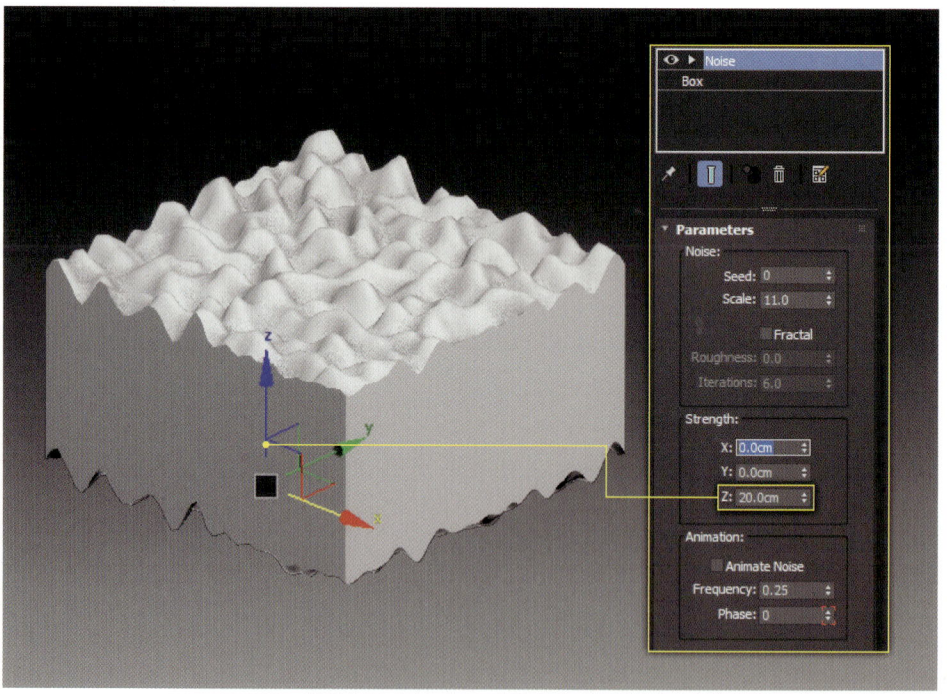

Fractal을 체크하고 Roughness와 Iteration을 조절해서 좀더 거친 Noise를 표현할 수 있습니다.

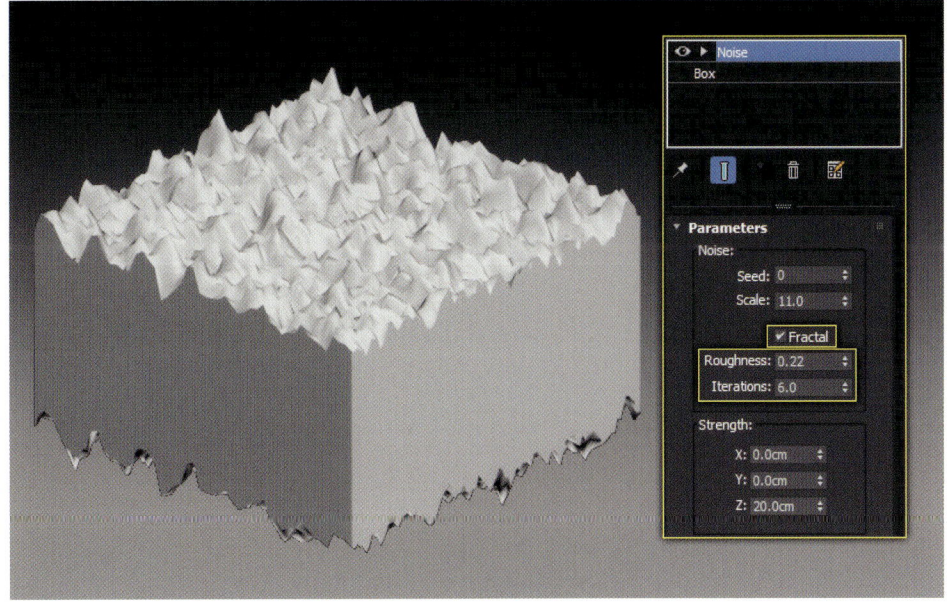

이제 만들어 놓았던 햄버거 패티에 Scale과 Strength 수치를 조절해 표면의 거칠기를 조절합니다.

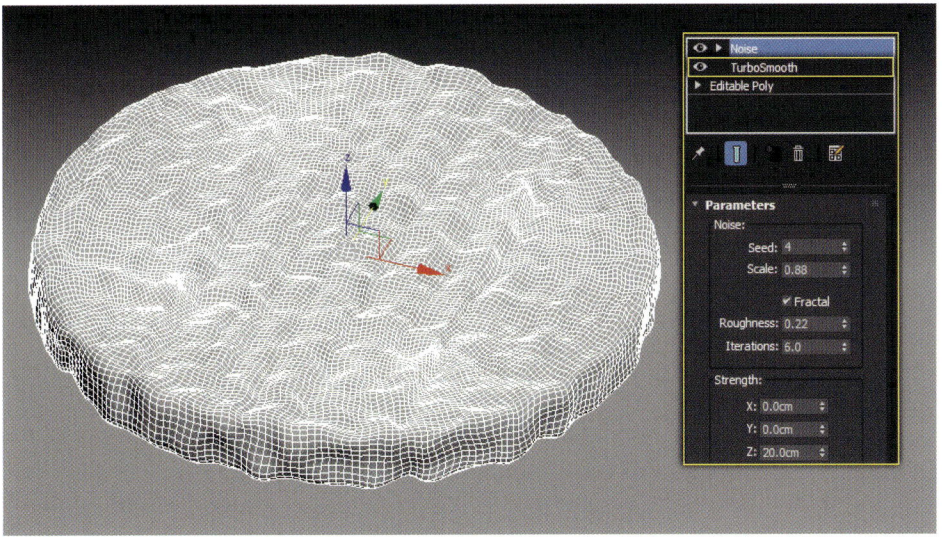

같은 방법을 이용해서 야채 모델링을 진행합니다.

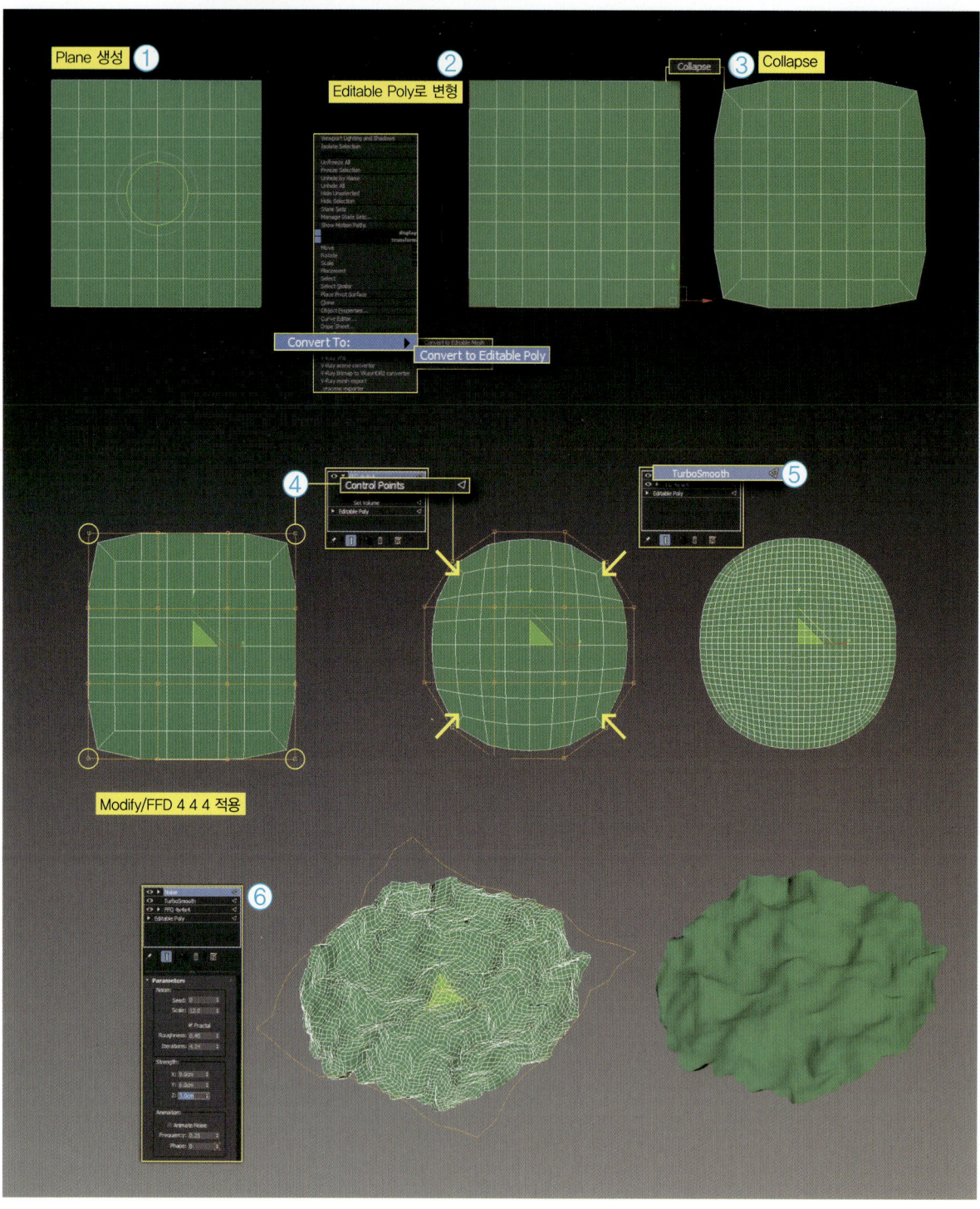

깨 만들기

빵 위에 뿌려질 깨를 만들어 등록하고 Object Paint를 이용해서 드로잉하듯 생성합니다.

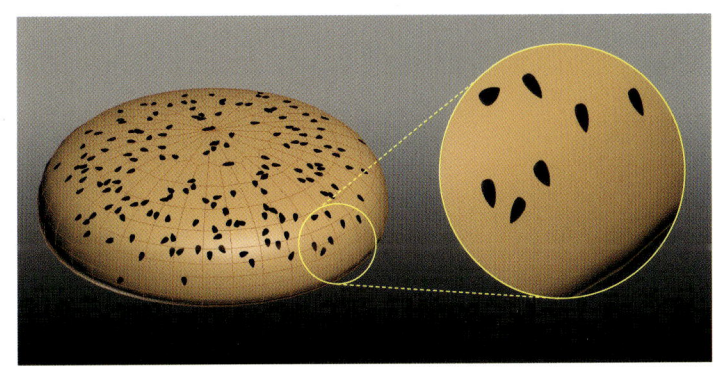

먼저 빵 위에 뿌려질 깨를 만듭니다.

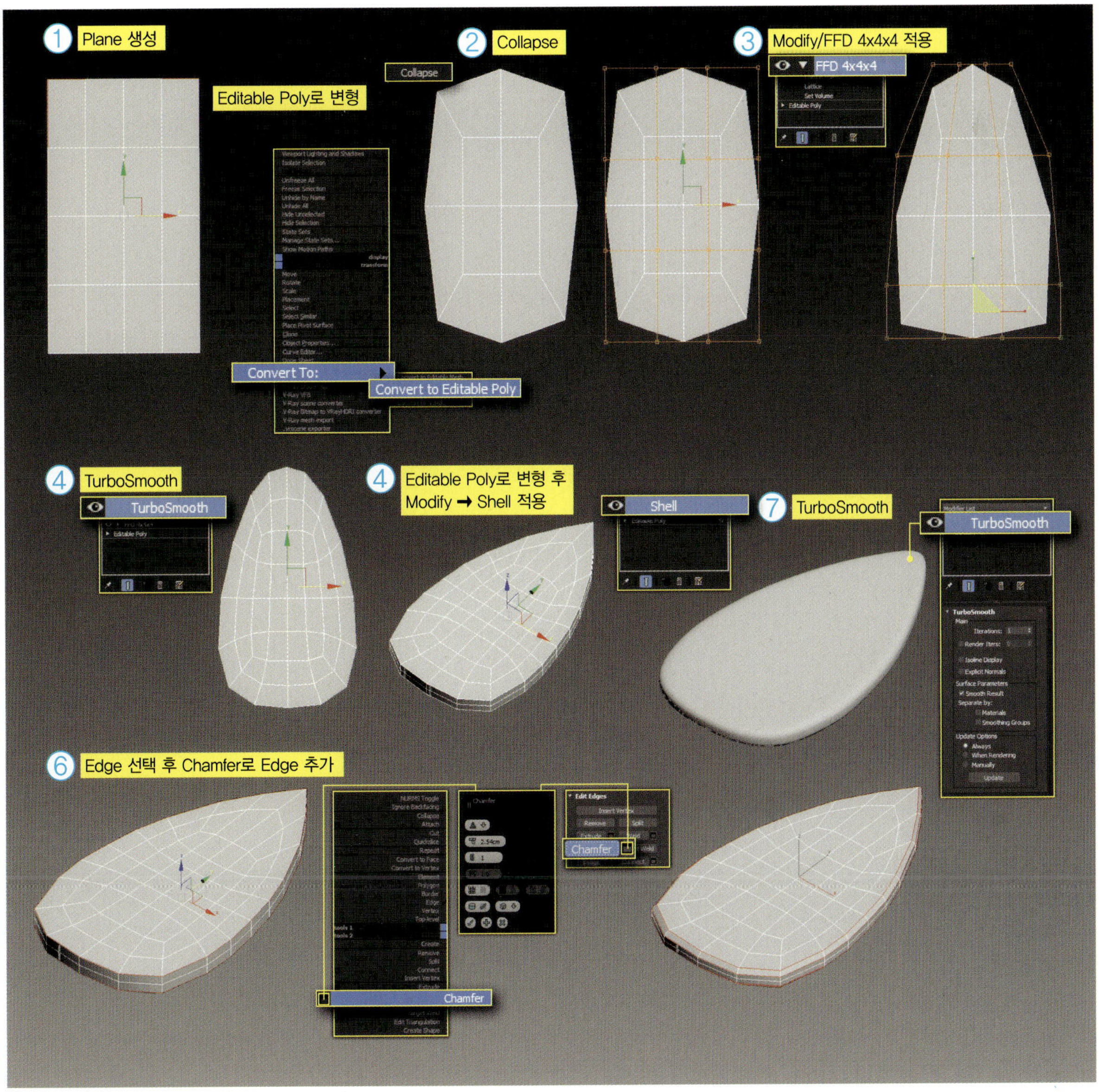

1 Plane 생성
Editable Poly로 변형
Convert To:
Convert to Editable Poly
2 Collapse
Collapse
3 Modify/FFD 4x4x4 적용
FFD 4x4x4
4 TurboSmooth
TurboSmooth
4 Editable Poly로 변형 후 Modify ➔ Shell 적용
Shell
7 TurboSmooth
TurboSmooth
6 Edge 선택 후 Chamfer로 Edge 추가
Chamfer
Chamfer

이렇게 만들어진 깨를 빵 위에 드로잉하듯 뿌려보겠습니다. 이 작업을 위해서 Main Toolbar의 Ribbon Tool의 Object Paint 기능을 이용합니다.

먼저 선택한 빵 Object 위에 만들어질 깨 Object를 등록해야 합니다. Edit Paint Object 버튼을 클릭하면 Object를 등록할 수 있는 Paint Object 창이 오픈됩니다. Pick 버튼을 클릭하고 만들어 놓은 깨 Object를 클릭하면 등록됩니다. 여러 가지 Object를 등록할 수도 있습니다.

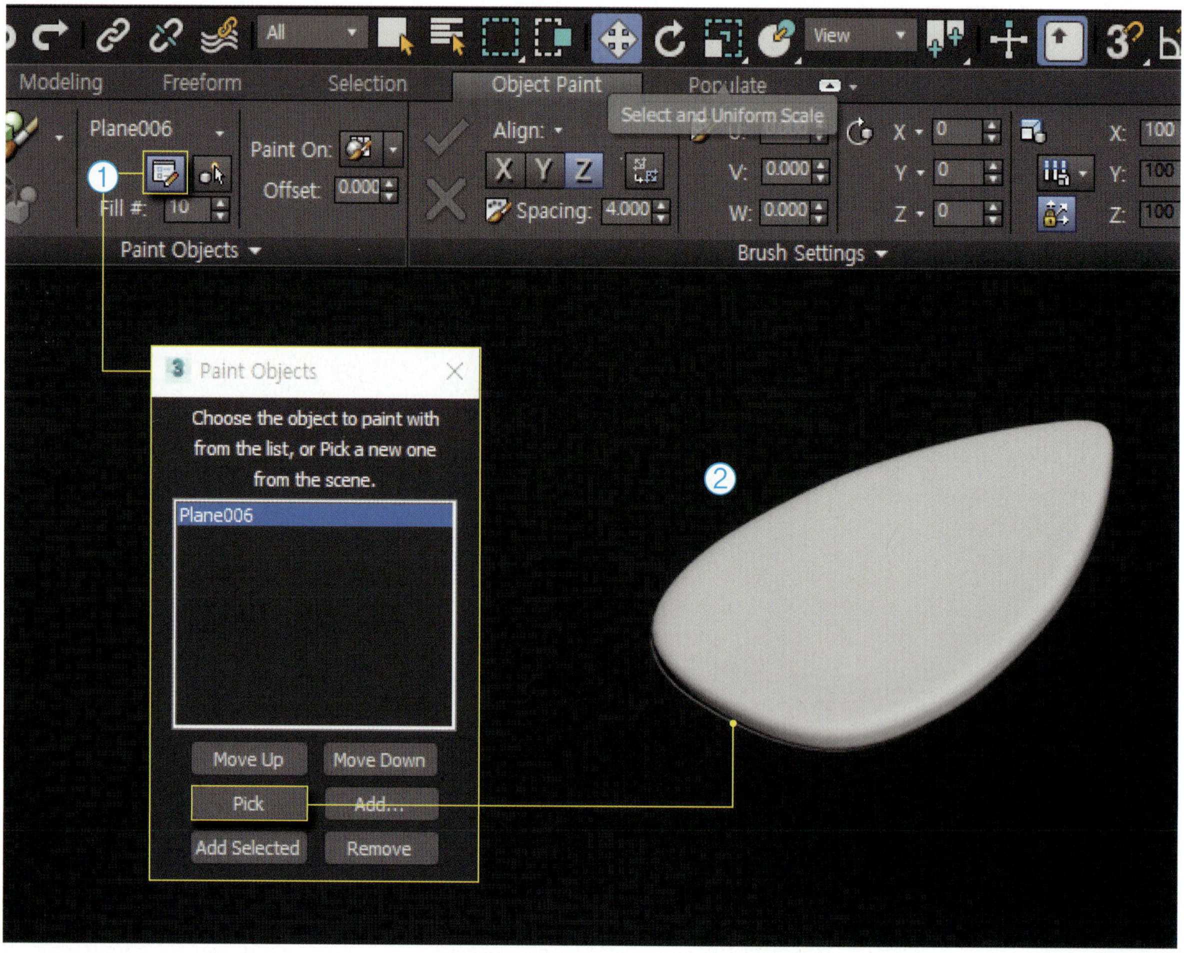

Paint On 버튼을 클릭하고 깨를 뿌릴 빵 Object를 선택합니다.

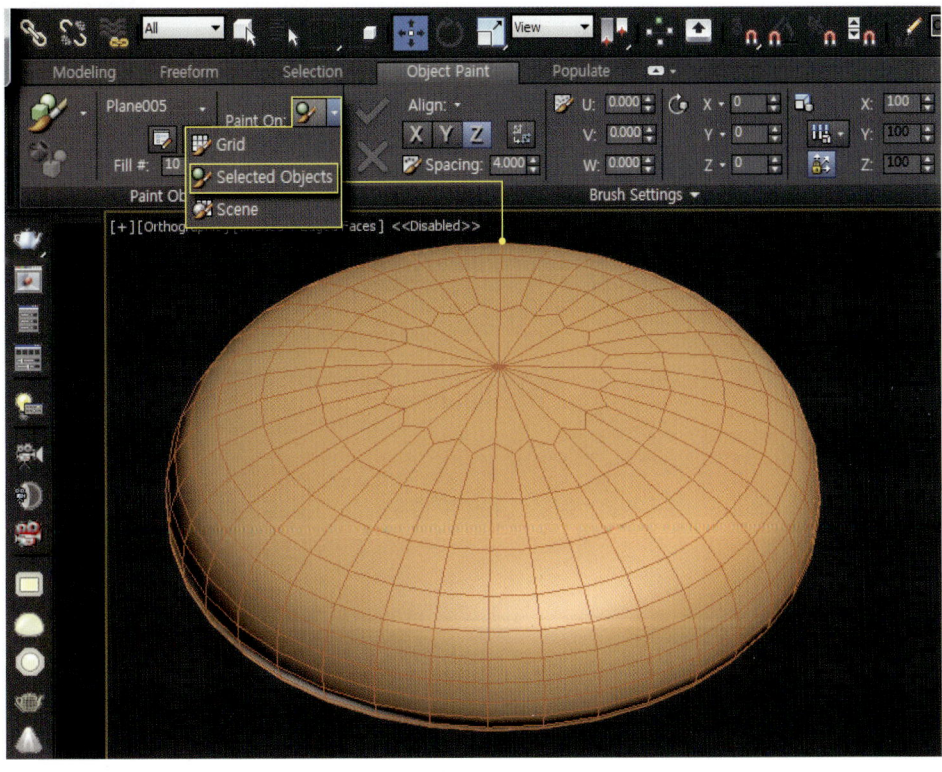

Object Paint 버튼을 클릭하고 방금 선택한 Object 위에 드로잉하면 등록해놓은 깨 Object가 표면에 생성됩니다.

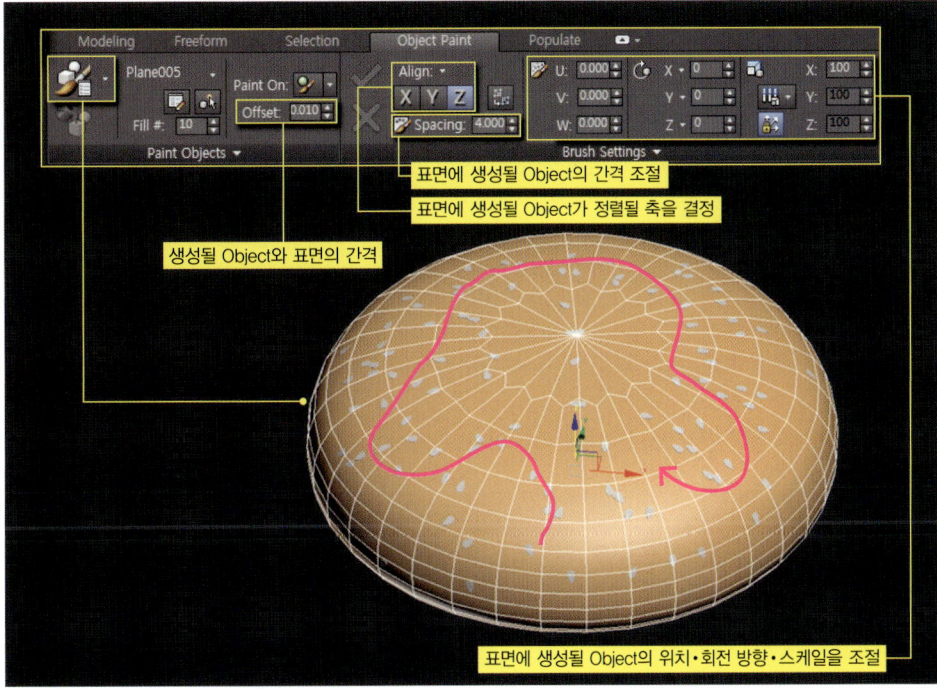

표면과의 간격, 정렬 방법 Object의 위치, 회전, 크기를 조절해서 변화를 줄 수도 있습니다.

SECTION 03
엔틱 컵 만들기

화면 중앙에 Height Segments 5, Cap Segments 1인 Cylinder를 생성합니다.

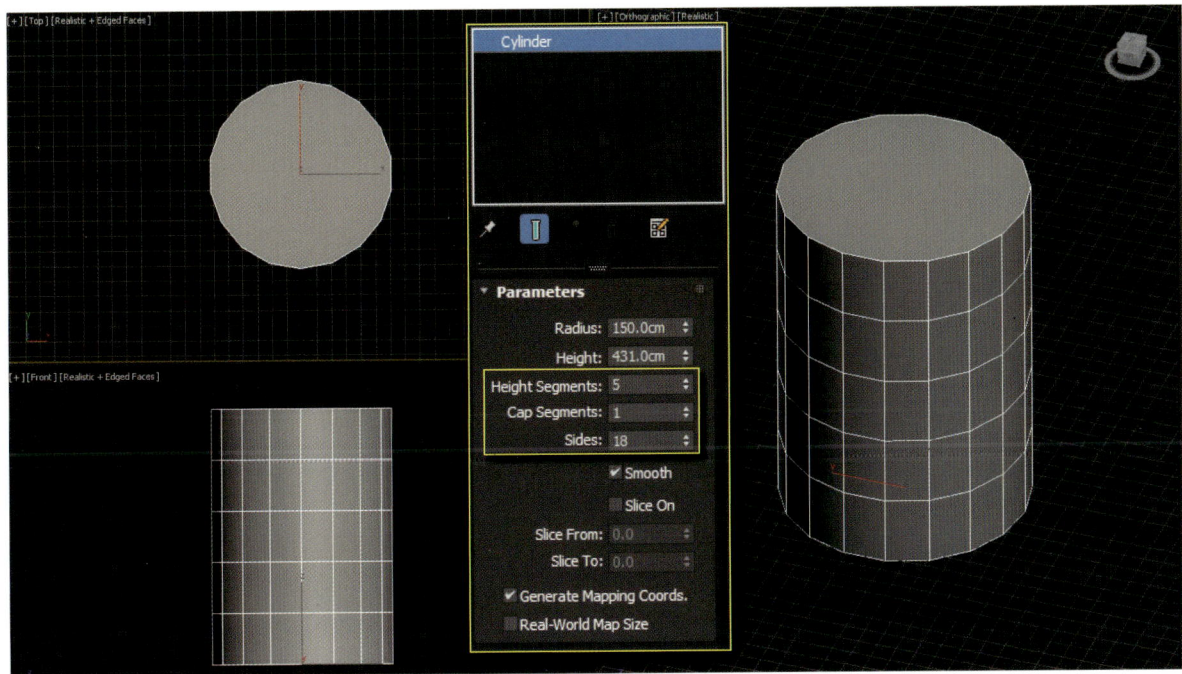

다음 그림과 Segments 수가 반드시 일치하지 않아도 상관없습니다. Convert to Editable Poly로 변환하고 윗면을 선택하고 Inset을 이용해 안쪽으로 Polygon을 추가합니다.

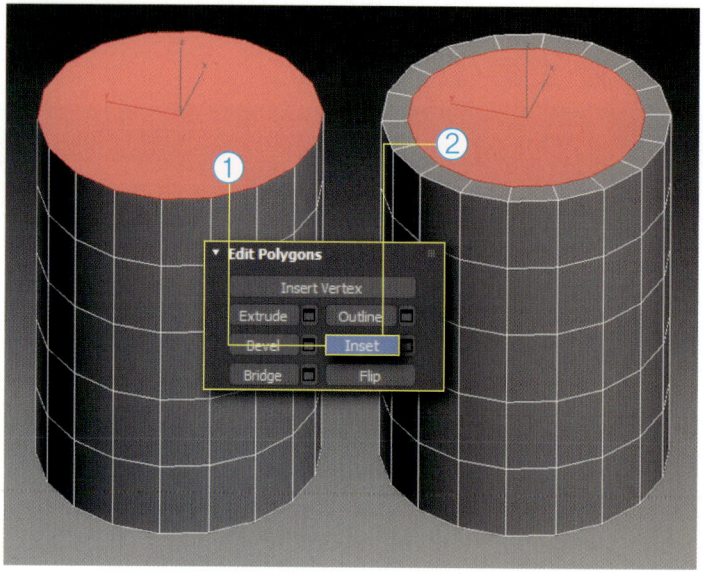

생성된 Polygon이 선택된 상태에서 Extrude를 실행해서 안쪽으로 Polygon을 생성합니다.

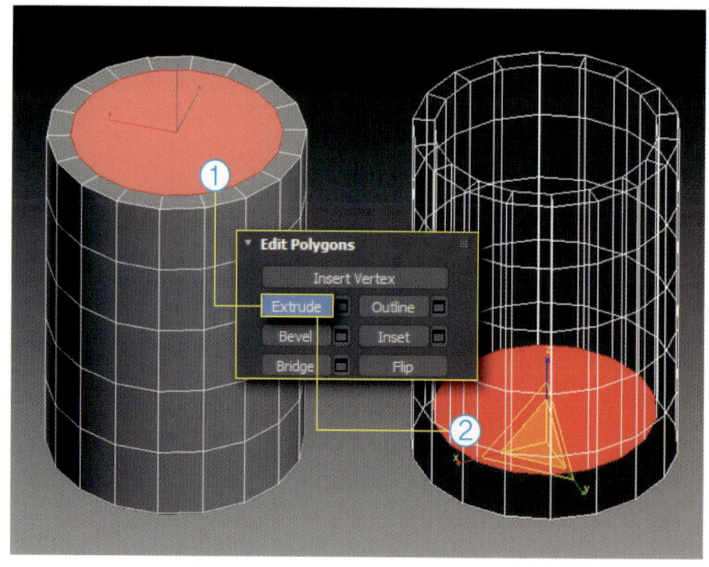

앞서 학습한 것처럼 Edge를 선택하고 Loop Select를 실행해서 선택한 Edge에 평행하게 연결된 모든 Edge를 선택하고 Chamfer를 실행해서 Edge를 분리해서 추가합니다.

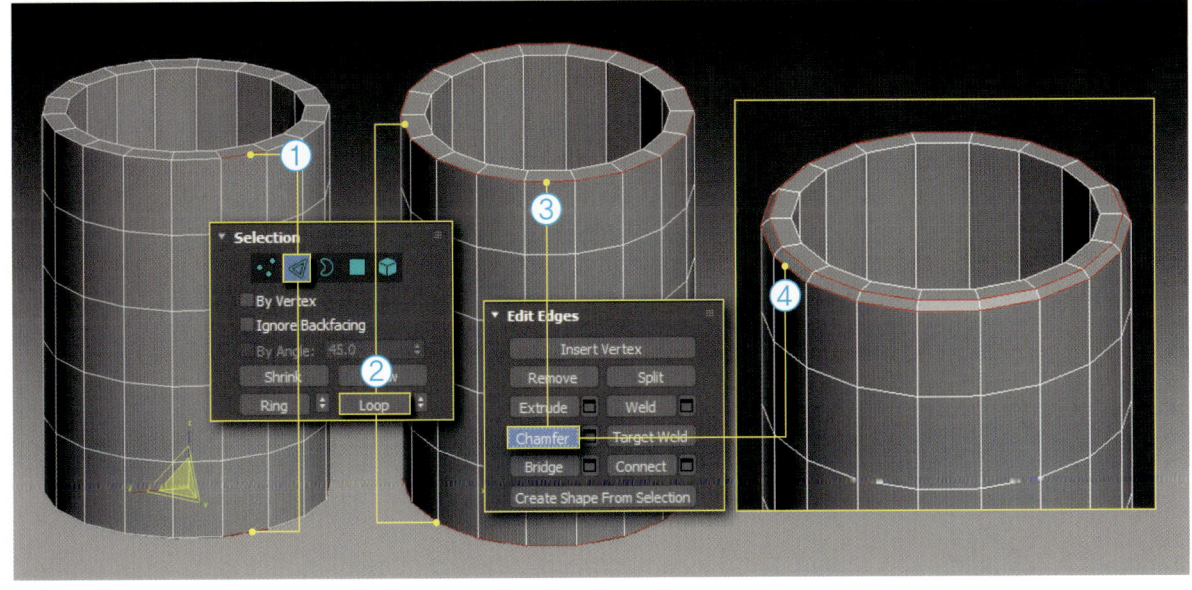

Vertex를 이동하고 손잡이를 만들 부분의 Polygon을 선택합니다.

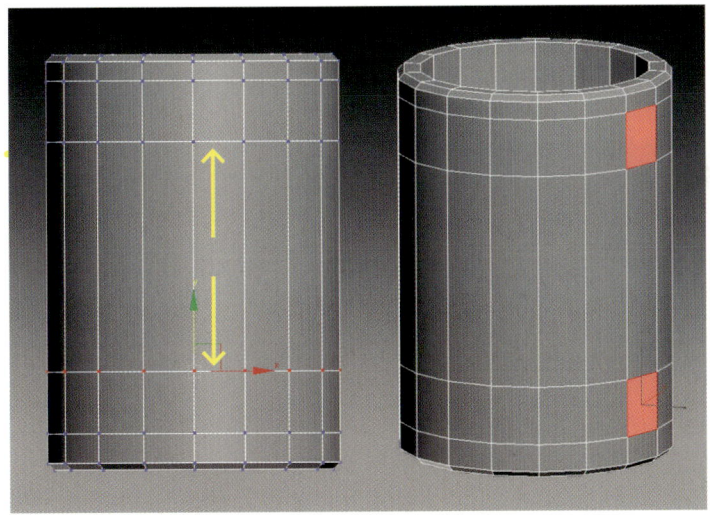

선택한 Polygon에 Extrude 기능을 이용해서 Polygon을 추가하면서 변형합니다.

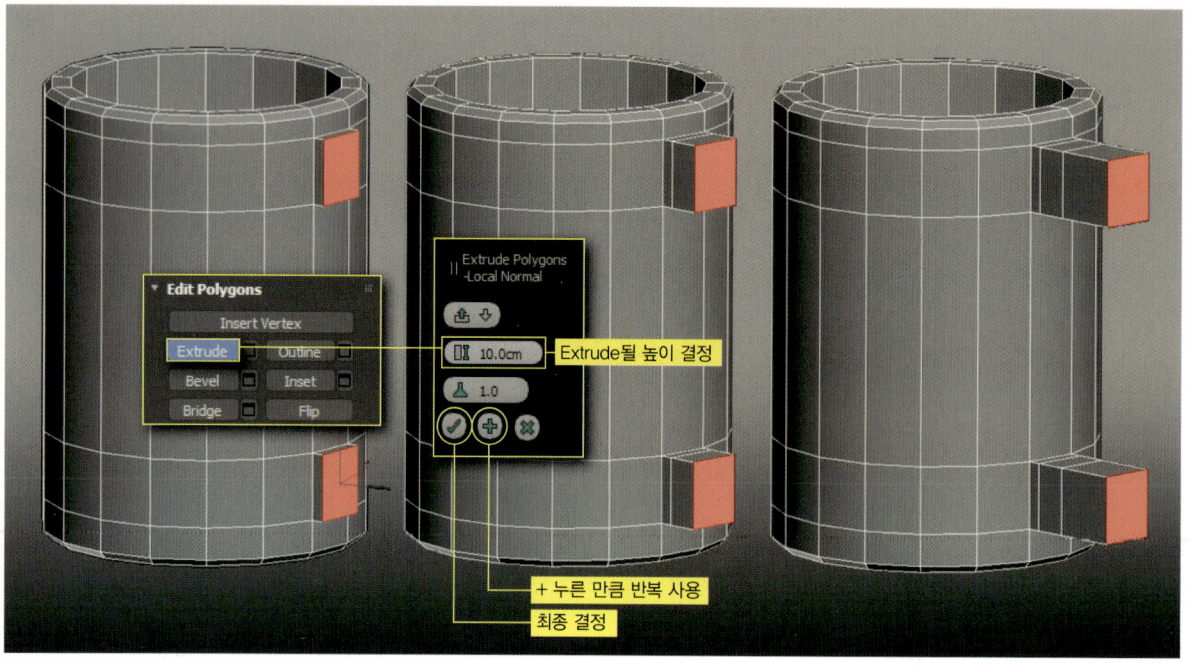

이번에는 마주보는 Polygon을 Bridge 기능으로 연결해서 손잡이를 만듭니다. 마주보는 면을 선택하고 Bridge 옆의 Setting 버튼을 클릭해서 활성화합니다. 연결될 Polygon 사이에 들어갈 Edge 수를 결정하고 생성된 면을 회전시키거나 각도를 조절해서 모양을 변형할수 있습니다.

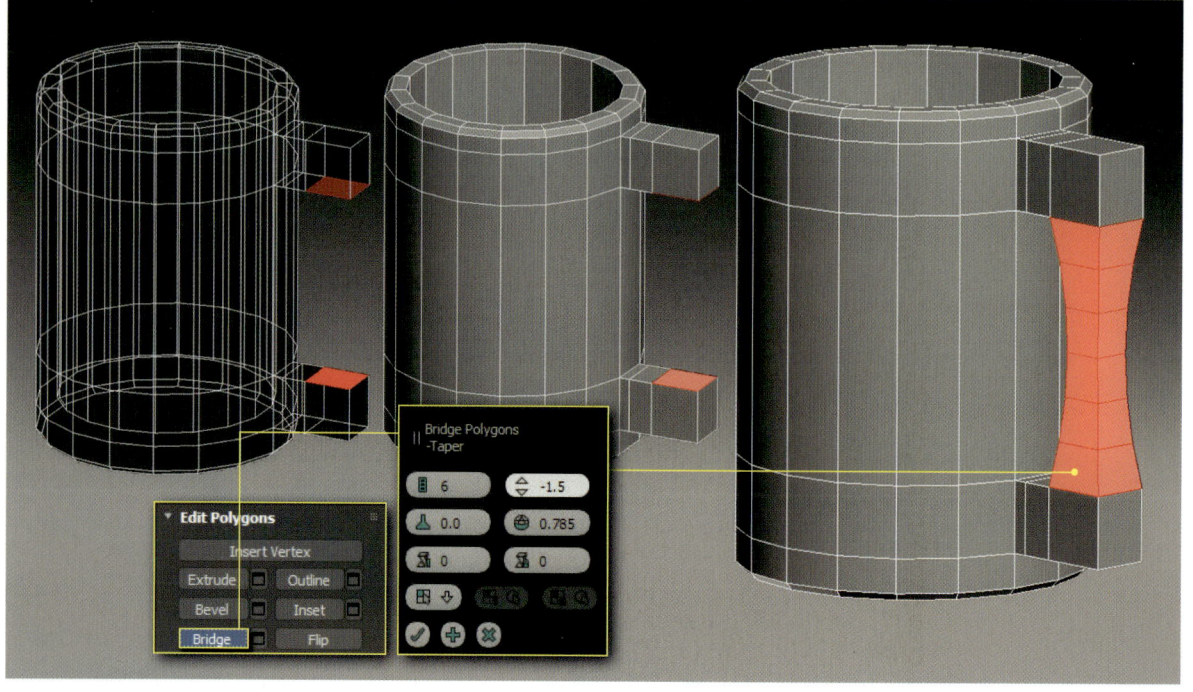

연결한 손잡이 부분의 Edge를 다음과 같이 선택하고 Collapse를 이용해 합칩니다.

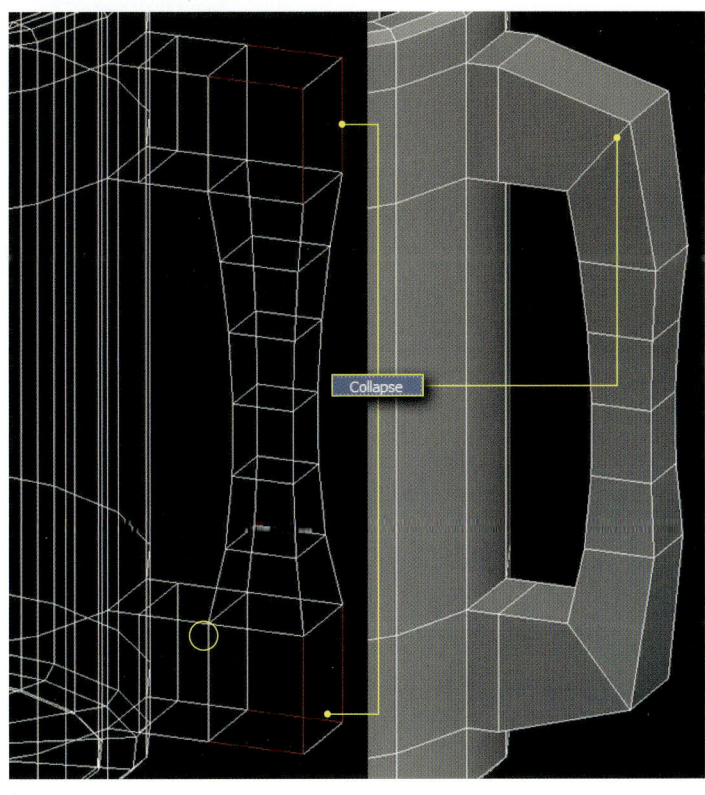

앞서 살펴본 기능을 이용해서 Edge를 추가하고 입구쪽 Polygon을 선택해 Modify → Push를 이용해 밀어내고 TurboSmooth를 적용한 모습입니다.

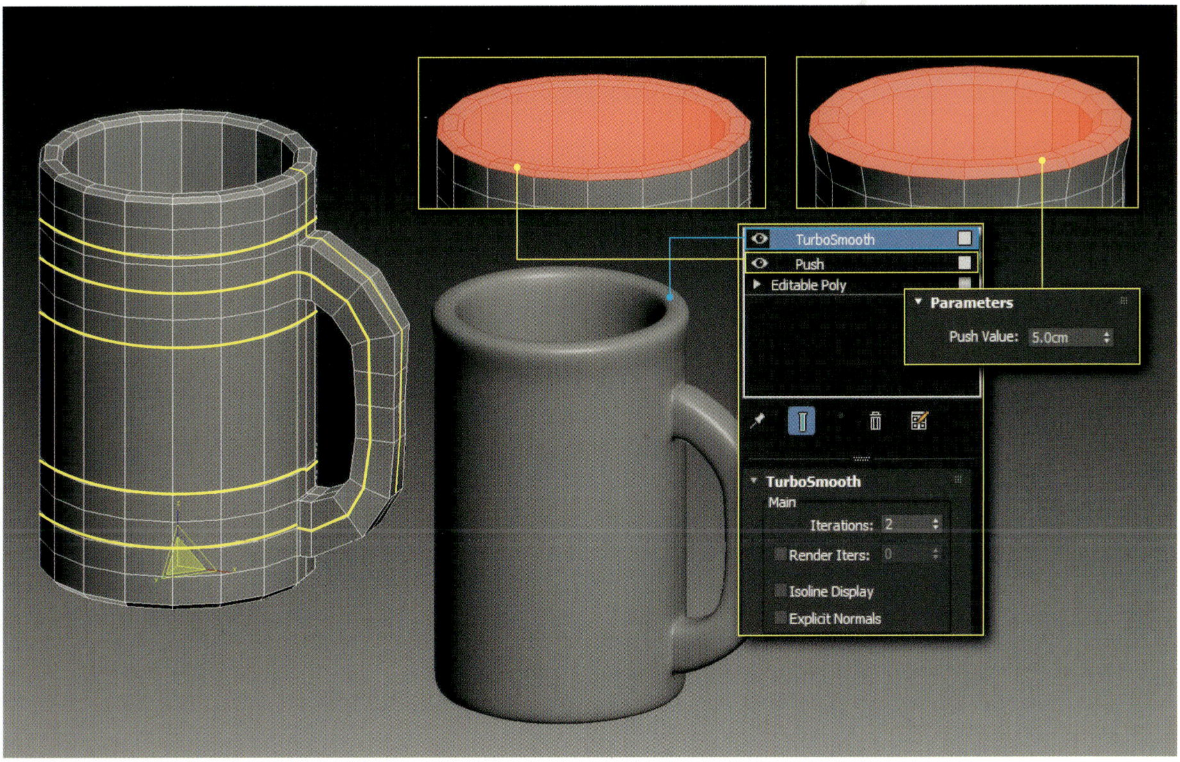

같은 기능을 여러 번 사용해 Object를 추가로 변형합니다. Polygon을 추가할 부분을 선택합니다.

[Ctrl] 키를 누른 상태로 필요한 부분의 Polygon을 모두 선택합니다.

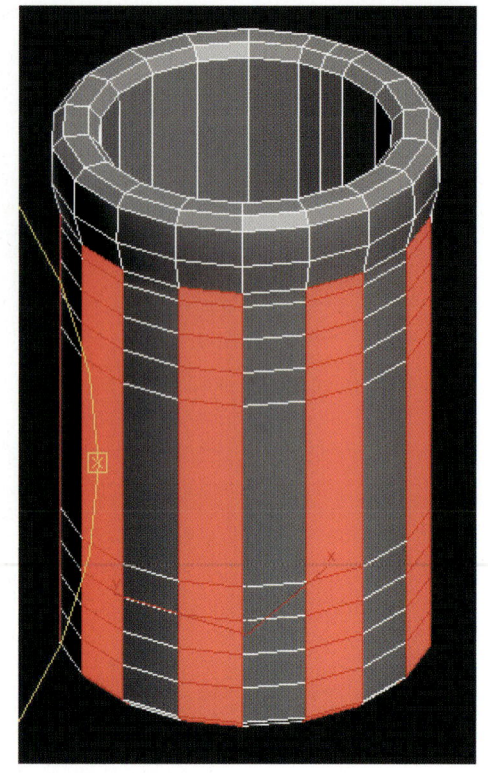

Inset, Bevel, Inset을 반복 적용해서 Polygon을 추가하고 Object를 완성합니다.

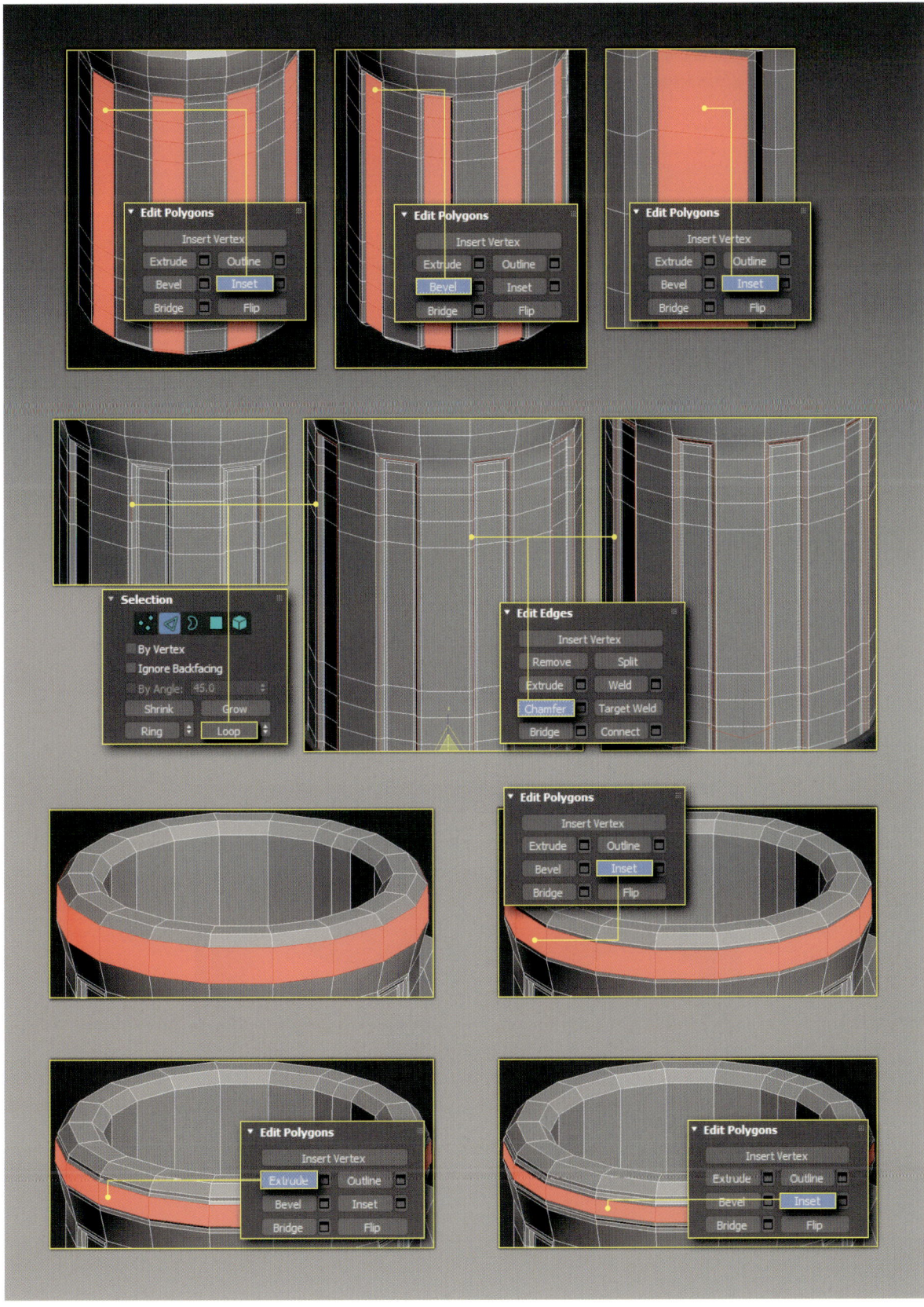

Chapter 03 | 다양한 Object 제작하기 |

엔틱 컵 하단 만들기

제작된 Object의 한 부분을 떼어내서 새로운 Object를 만들면 같은 모양을 만들기 위해 반복되는 작업을 피할 수 있고 빠르게 기존 Object와 일치하는 새로운 Object를 만들 수 있습니다.

이번 작업은 Ribbon의 Modeling Tool을 이용해 작업합니다. Edge나 Polygon을 추가하기 위해서 규칙을 가지고 선택해야 할 경우 RIbbon ➡ Modeling Tool의 DOT Loop, Ling을 이용해서 반복되는 선택 작업을 빠르게 해결할 수 있습니다.

챕터2의 Ribbon Modeling 참고

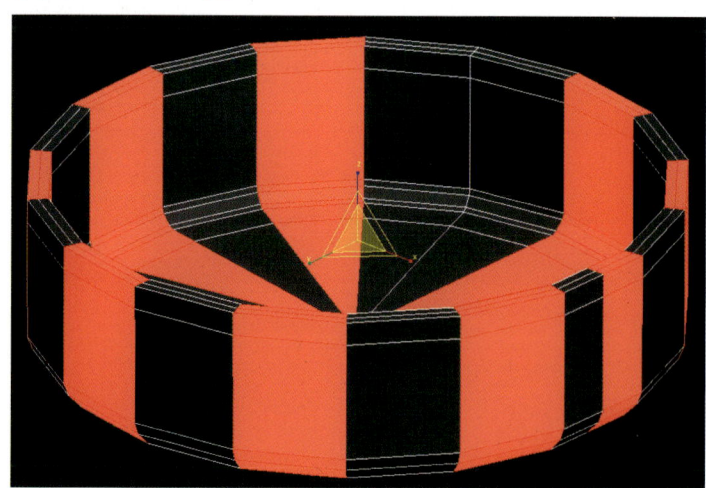

만들어 놓은 컵의 아래 부분을 선택하고 Editable Poly의 Detach를 실행합니다.

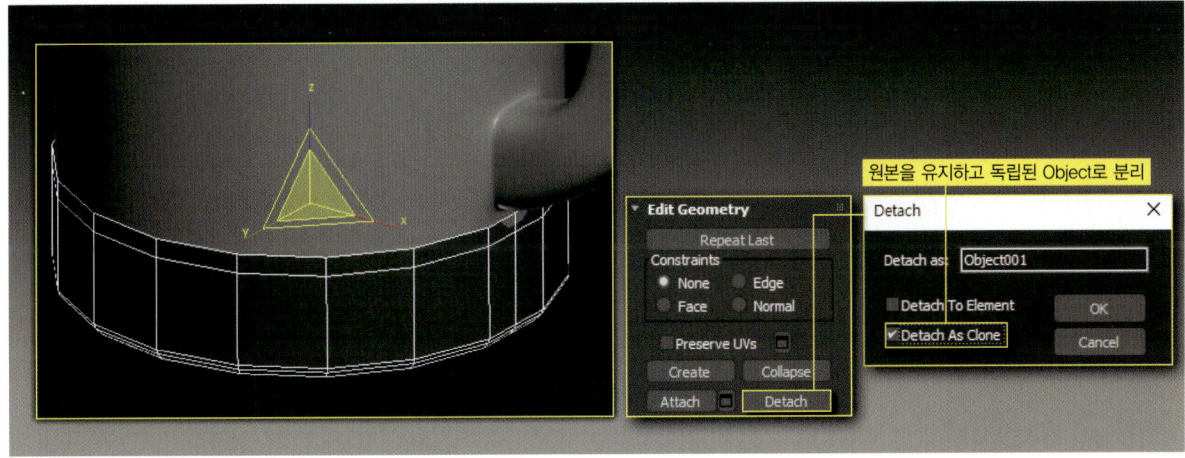

RIbbon ➡ Modeling Tool의 DOT Loop, Ling을 이용해서 연결된 Edge를 원하는 방향으로 설정한 만큼의 간격을 두고 선택합니다.

간격을 두고 선택할 Edge를 먼저 하나를 선택하고 Ribbon ➡ Modeling Tab의 Modify Selection을 클릭하면 Dot Gap이 1로 되어 있습니다. 이 부분의 숫자만큼 간격을 두고 선택됩니다. Dot Gap이 1인 상태 그대로 두고 Dot Ling 버튼을 클릭하면 1씩 간격을 두고 Ling Select됩니다.

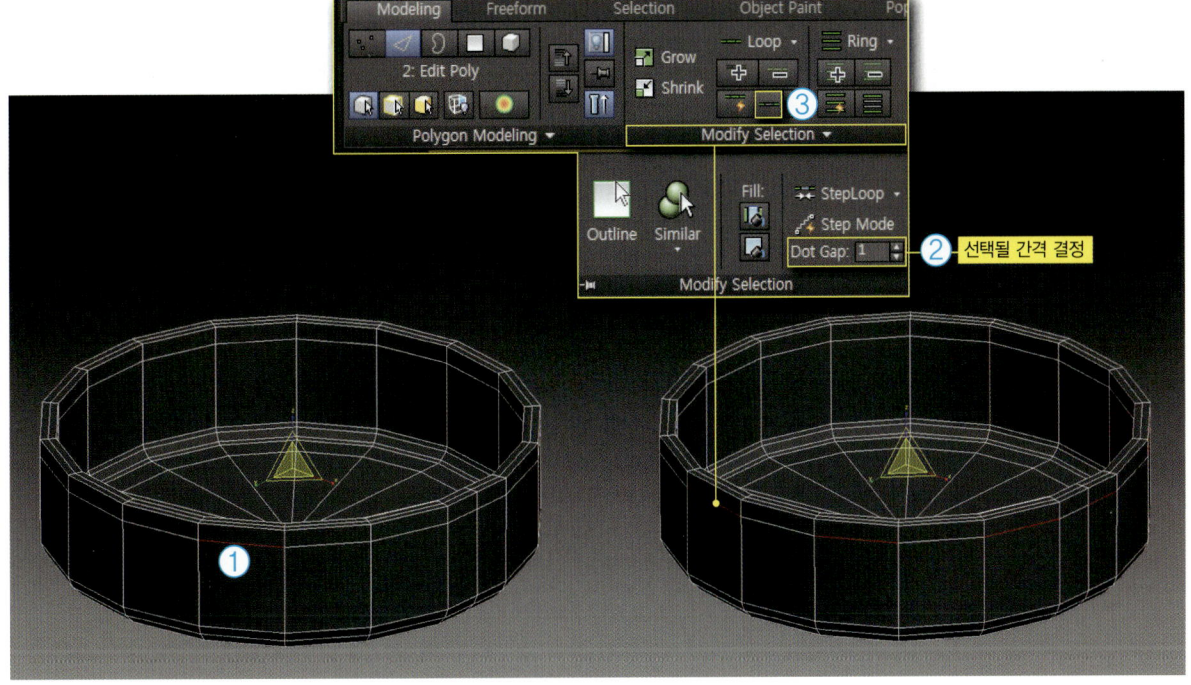

선택된 Edge를 마우스 오른쪽 버튼을 클릭해서 Convert to Face로 Polygon으로 선택 전환합니다.

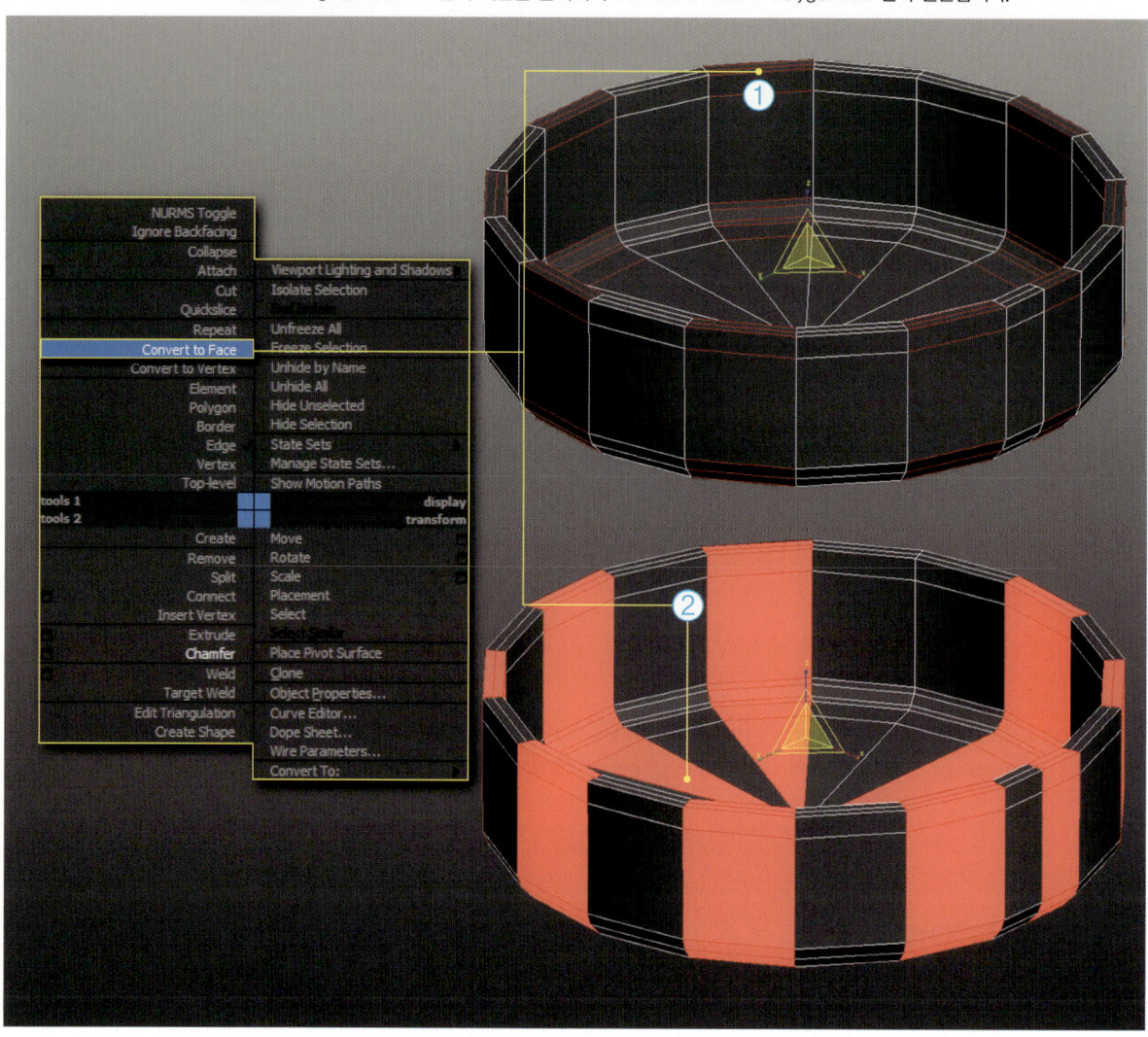

Dot Select를 이용해서 선택하고 Inset, Extrude, Chamfer, Connect를 적용해서 완성해 나갑니다.

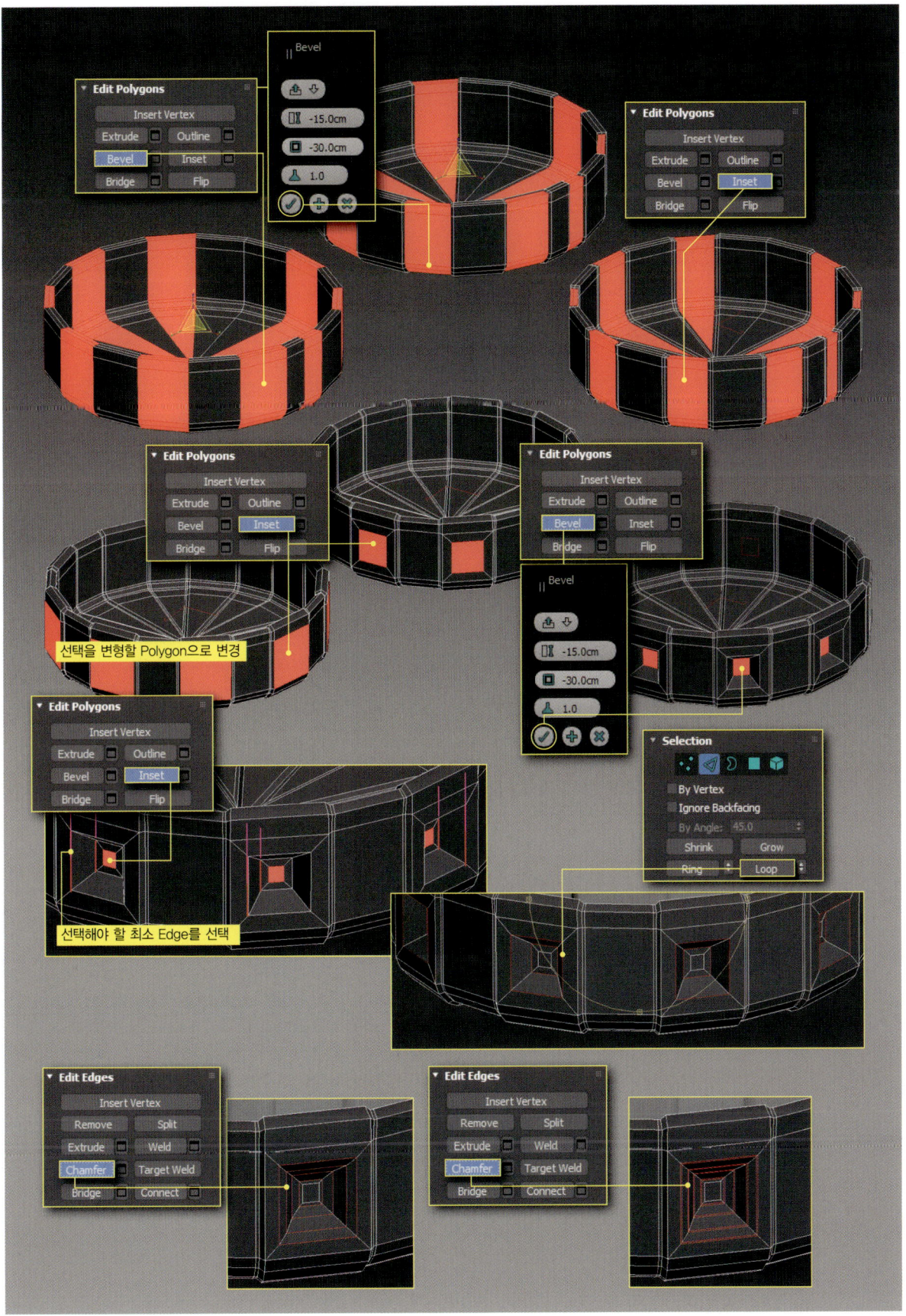

TurboSmooth로 마무리한 모습입니다.

SECTION 04

엔틱 의자 만들기

Chair.max

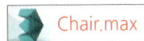

의자는 등받이와 다리, 방석 부분으로 이루어져 있습니다. 의자 다리처럼 같은 형태가 반복되는 경우 하나의 Object를 만들고 이를 복사해서 완성합니다.

방석을 둘러 싸고 있는 재봉선 장식은 Edge를 Create Shape From Selection을 이용해서 Spline으로 분리해 새로운 Object로 제작합니다.

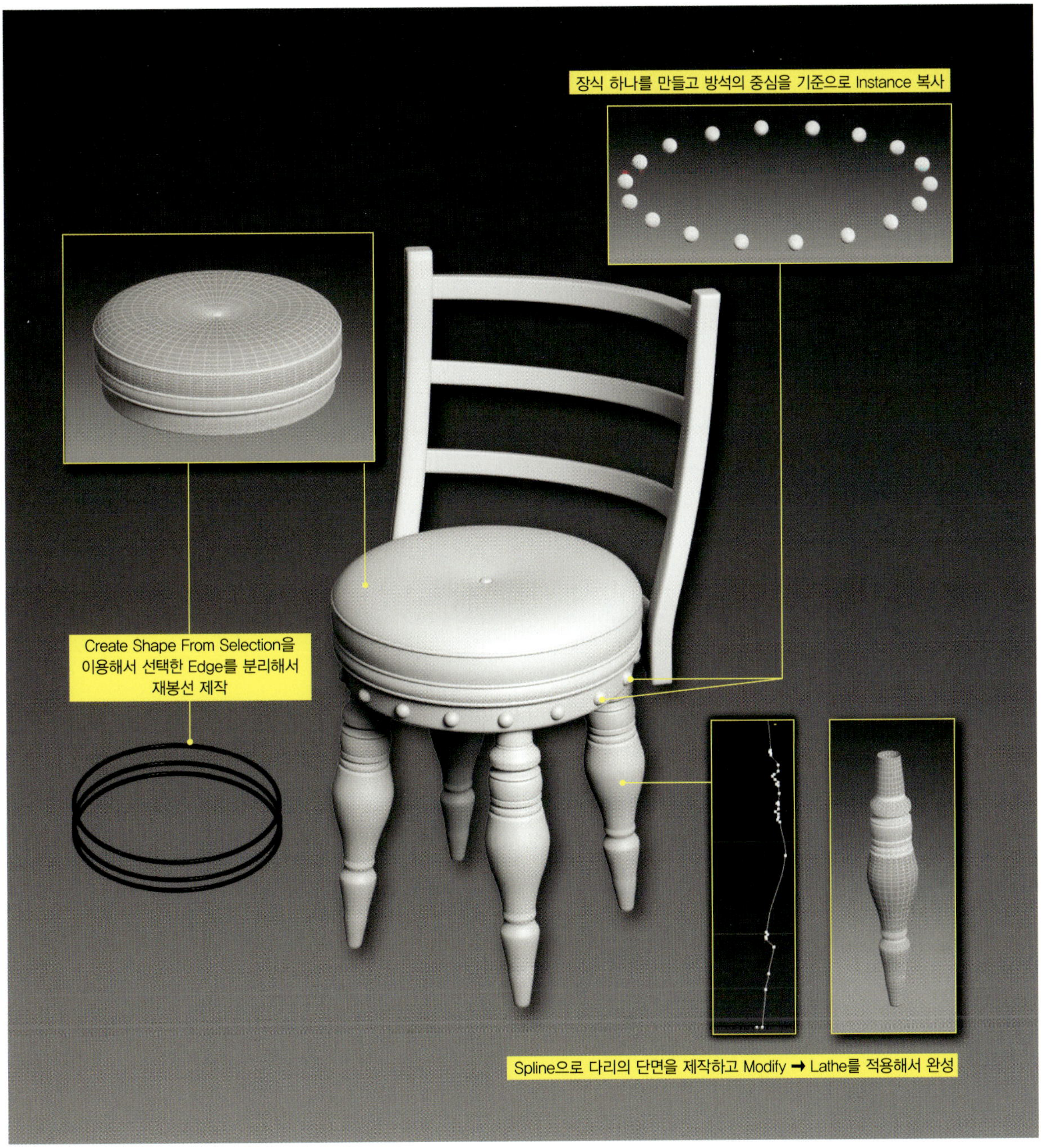

장식 하나를 만들고 방석의 중심을 기준으로 Instance 복사
Create Shape From Selection을 이용해서 선택한 Edge를 분리해서 재봉선 제작
Spline으로 다리의 단면을 제작하고 Modify → Lathe를 적용해서 완성

의자 방석 만들기

의자 방석 부분은 접시를 만드는 과정과 흡사합니다. 기본형인 Cylinder를 이용해서 제작합니다.

Object를 만들기 위해서 먼저 기본 도형인 Cylinder를 Height Segments 3, Cap Segments 2, Sides 15로 입력하고 생성합니다.

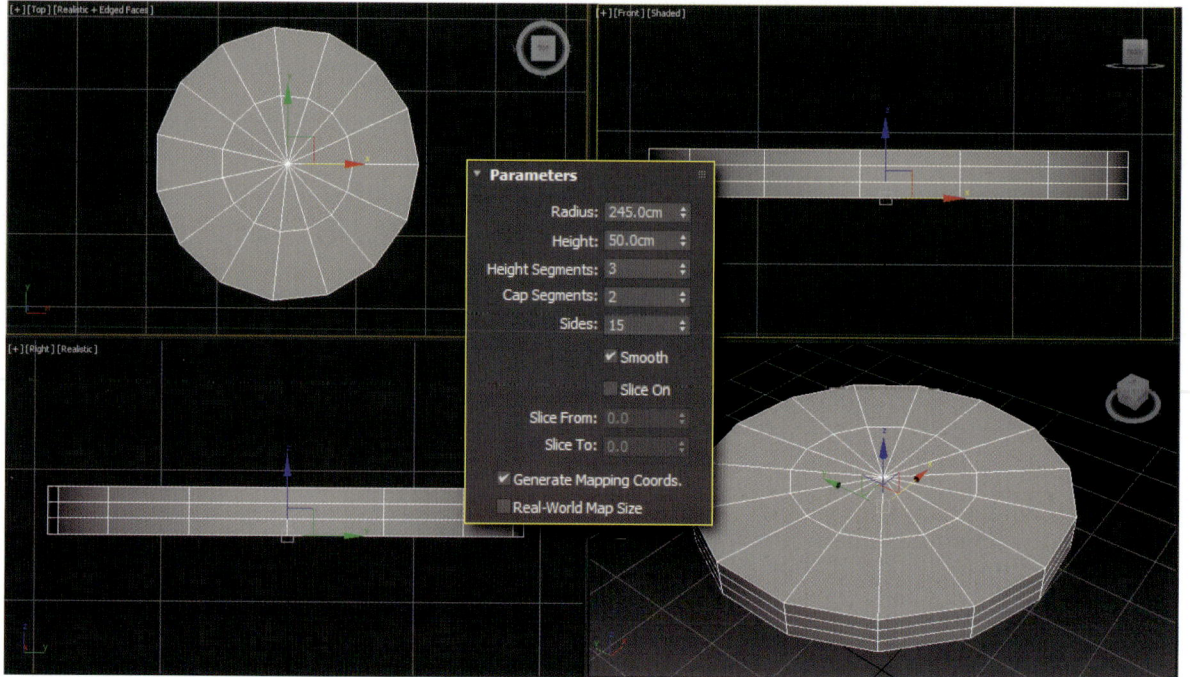

의자 방석 부분은 Editable Poly 기능을 이용해서 완성합니다.

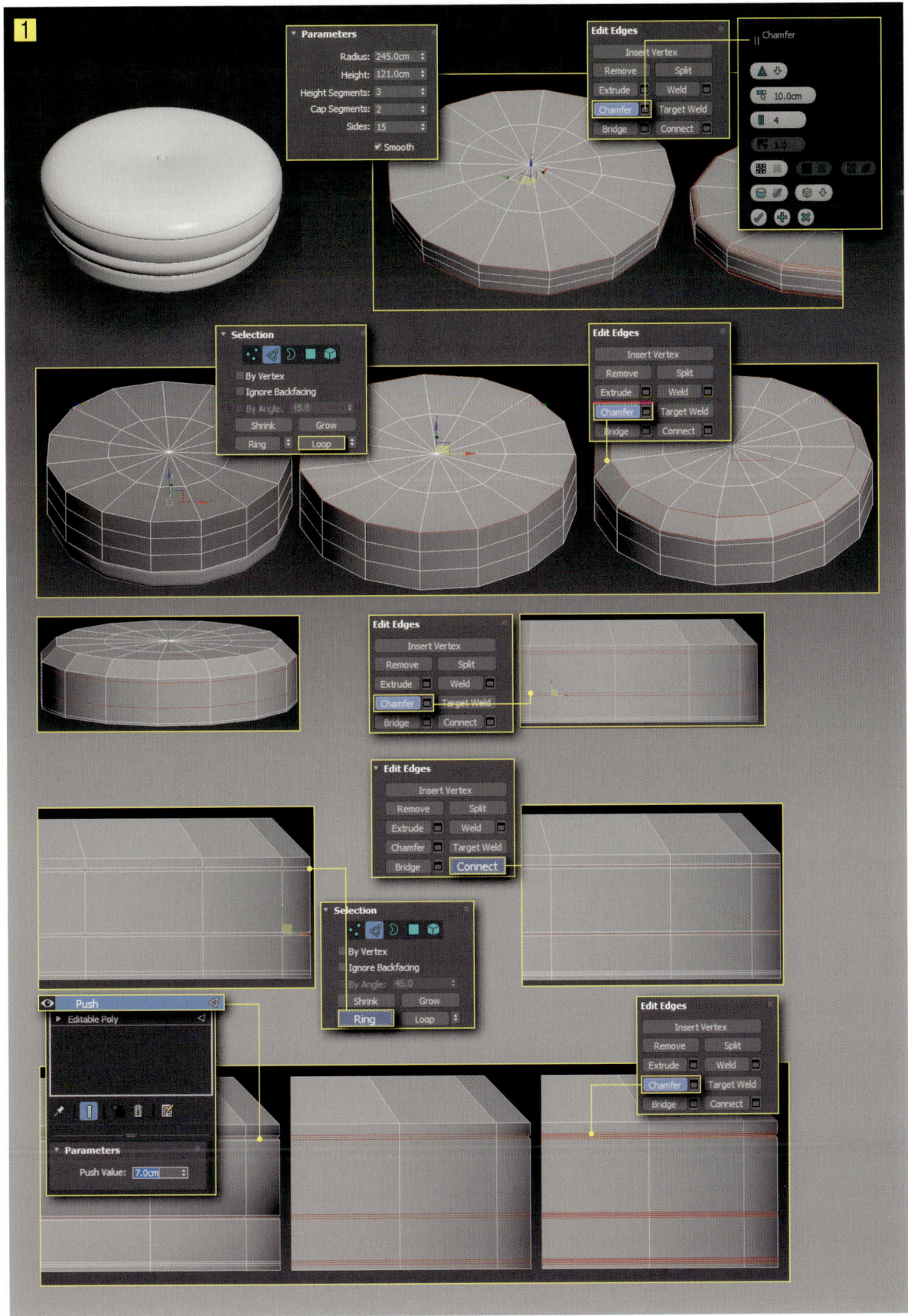

Chapter 03 | 다양한 Object 제작하기 |

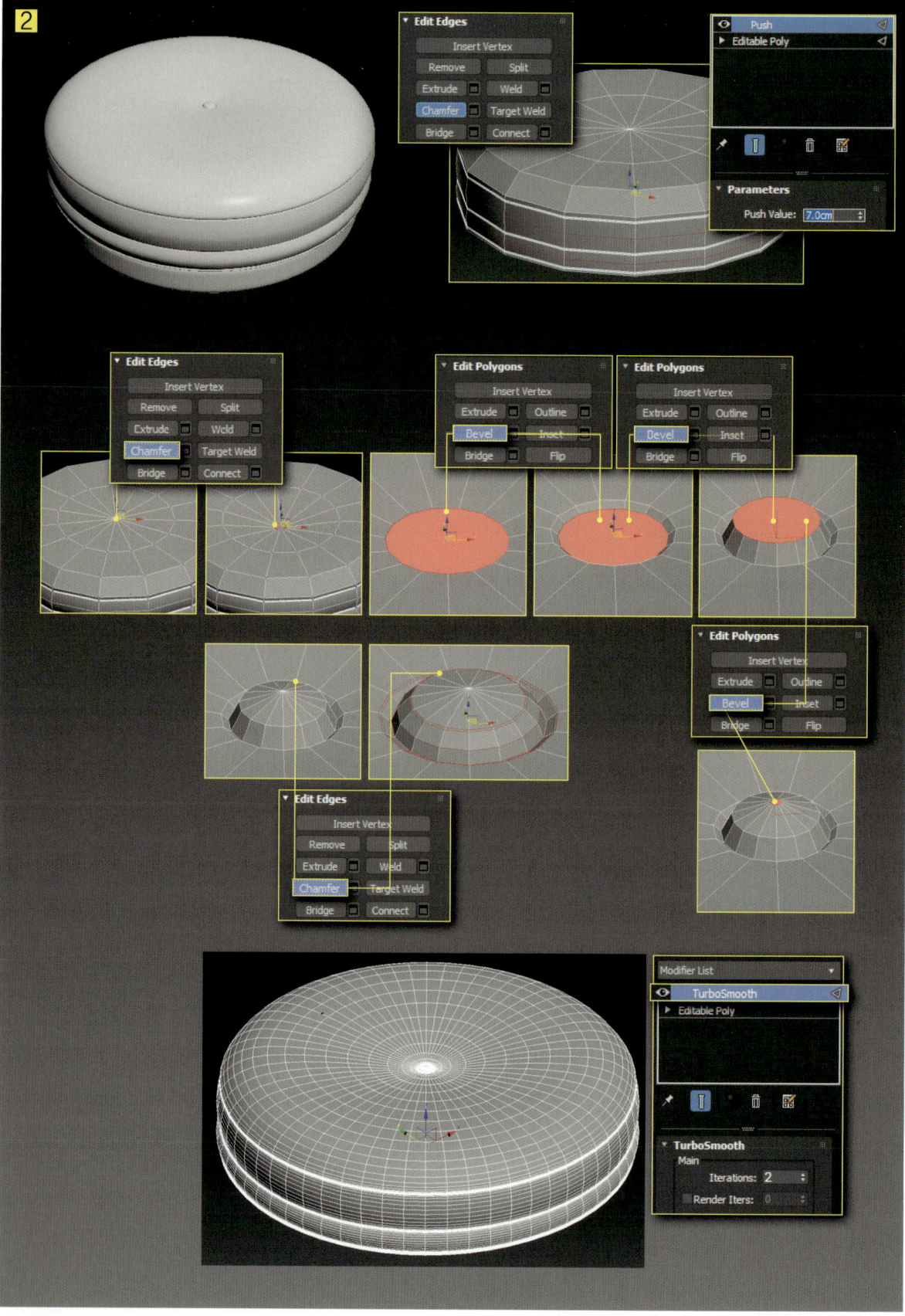

방석 재봉선 장식은 장식할 Object의 Edge를 이용해서 제작합니다. Object로부터 추출할 부분의 Edge를 선택하고 Create Shape from Selection 실행하고 Shape Type을 Smooth로 선택하고 OK합니다.

 Create Shape from Selection 기능은 Object에서 선택한 Edge를 Spline으로 복사해서 분리하는 기능입니다

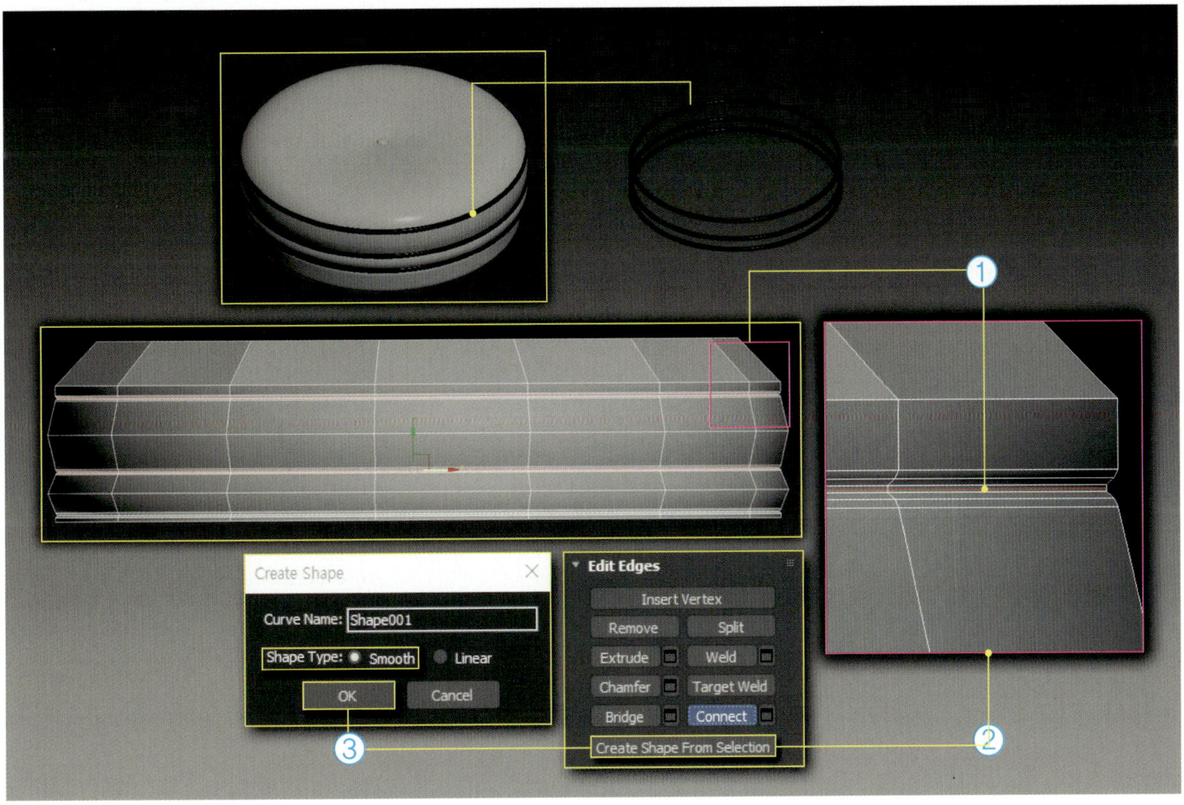

선택한 Edge가 Spline으로 생성되고 생성된 Spline 선택하고 Enable In Renderer와 Enable In Viewport를 체크한 후 Thickness에 원하는 값을 입력합니다. Side에 입력한 숫자만큼 Segment를 가진 Object로 변환됩니다.

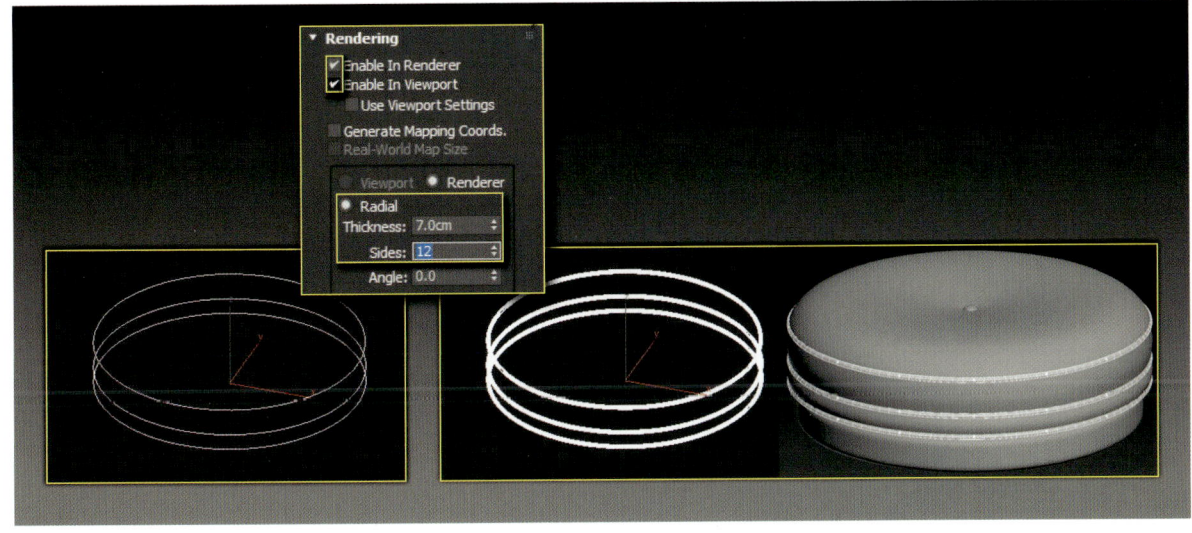

의자 다리 만들기

의자 다리는 Spline을 편집하고 Modify ➔ Lathe를 이용해 제작합니다. Spline Rectangle을 생성하고 마우스 오른쪽 버튼을 클릭해서 Convert to Editable Spline을 실행하고 필요없는 Edge는 삭제합니다.

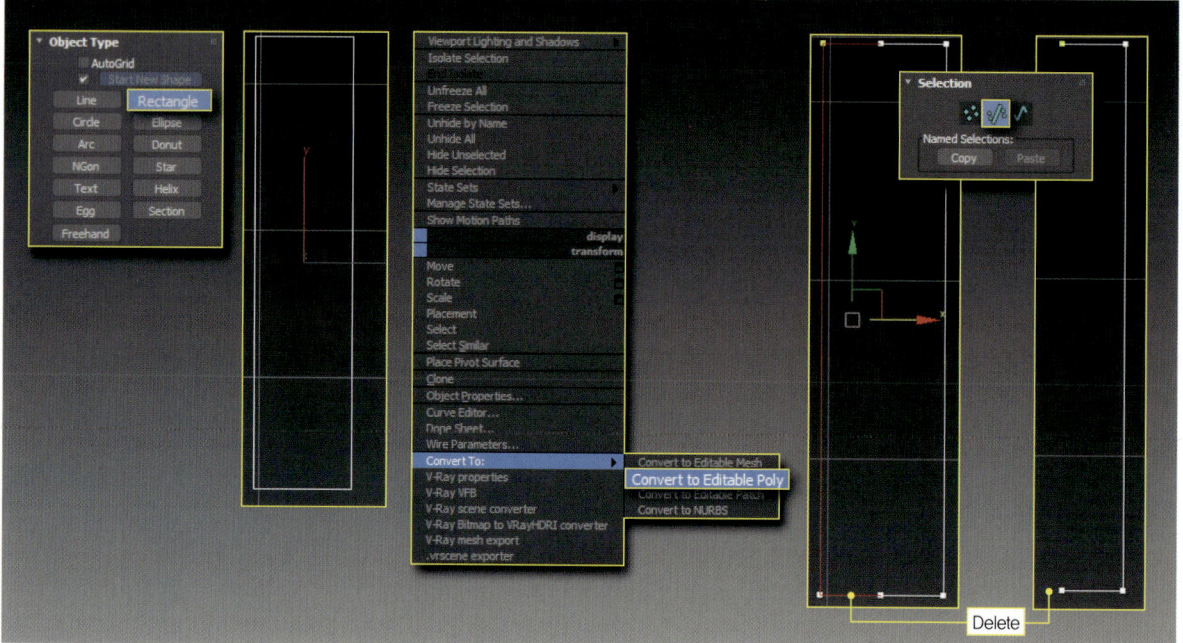

Insert를 이용해서 필요한 만큼의 Vertex를 추가하고 Vertex를 이동해서 원하는 단면으로 수정하고 Modify ➔ Lathe를 적용해서 완성합니다.

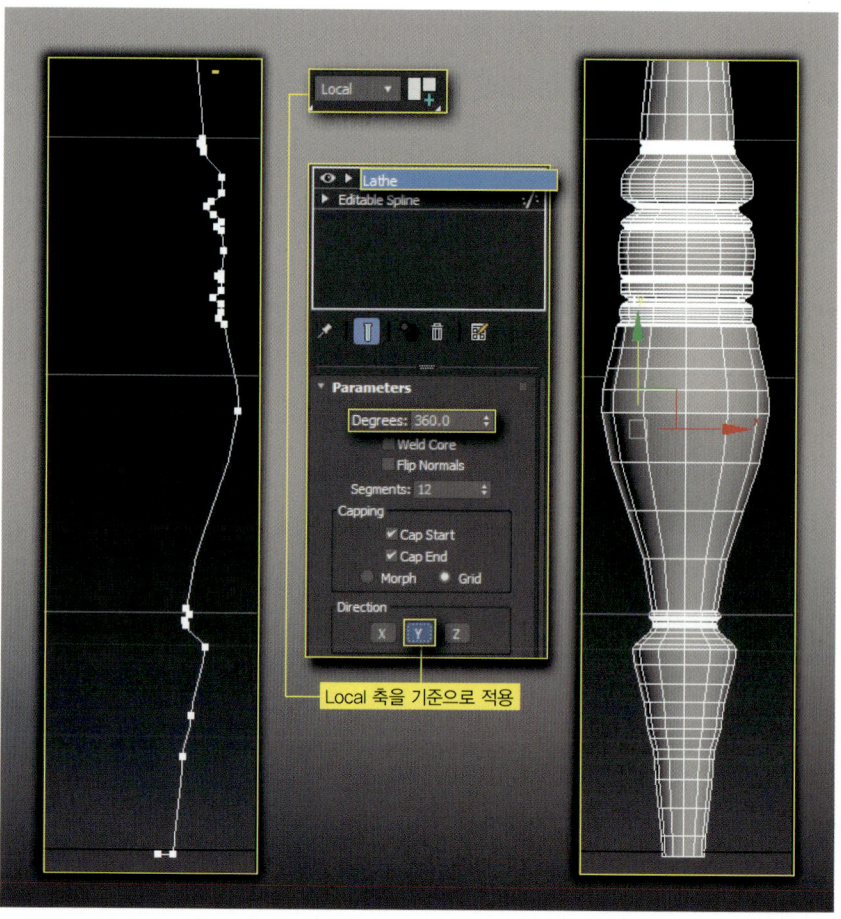

하나의 다리를 만들고 이를 Rotate 복사해서 완성합니다. 축을 World 축의 중심으로 바꾸고(중심이 되는 의자 방석 부분이 World 축의 중심으로 설정되어 있어야 합니다) 만들어진 다리를 생성될 위치로 이동합니다.

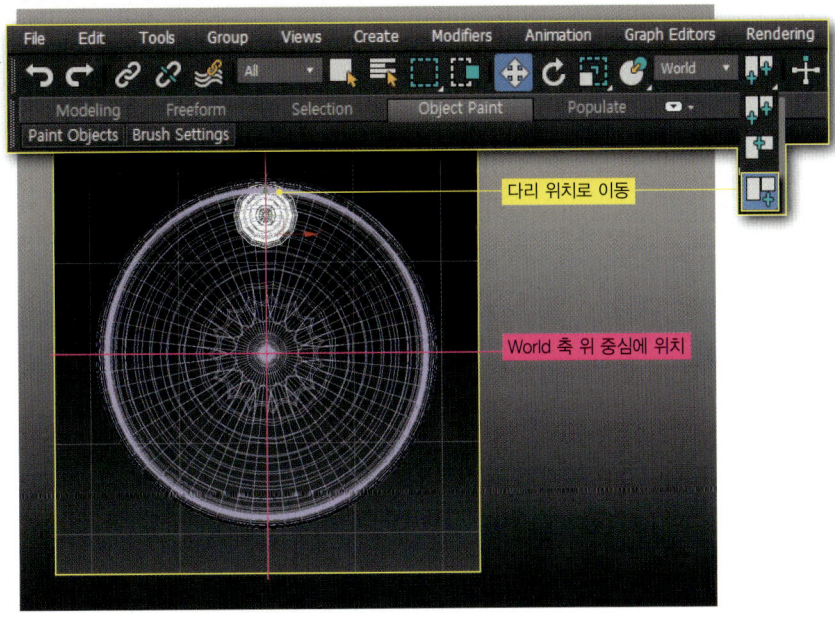

이렇게 World 축이 중심이 된 상태에서 다리를 선택하고 Rotate 기능을 활성화합니다. Shift 키를 누른 상태에서 Rotate하면 원본을 그대로 두고 새로운 Object로 복사할 수 있습니다.

Snap을 이용하면 정확하게 원하는 각도로 회전할 수 있습니다. S 키를 누르거나 Snap Toggle 버튼을 누르면 Snap이 실행되고, A 키를 누르거나 Angle Snap Toggle 버튼을 누르면 Angle Snap이 실행됩니다.

Snap 버튼 위에서 마우스 오른쪽 버튼을 클릭하면 Grid and Snap Settings 창이 활성화되고, Options에서 Angle 값을 조절합니다. Angle에 20을 입력하면 20도씩 회전합니다.

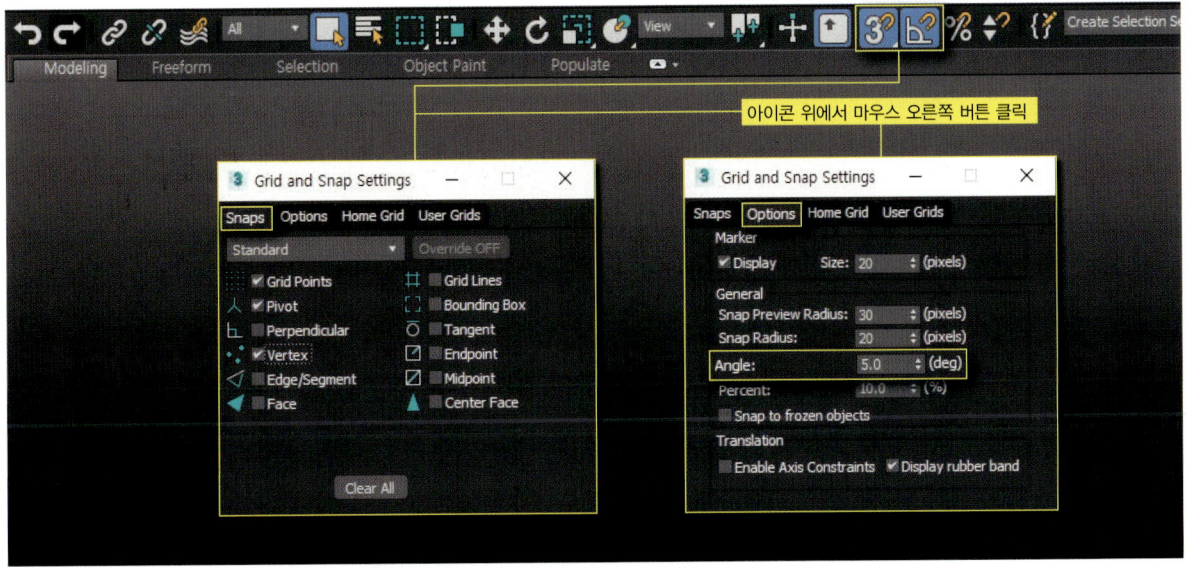

Rotate하고 90도까지 회전한 상태에서 마우스를 떼면 Clone Option 창이 새롭게 열리고 복사할 개수와 복사될 Object의 속성을 결정할 수 있습니다.

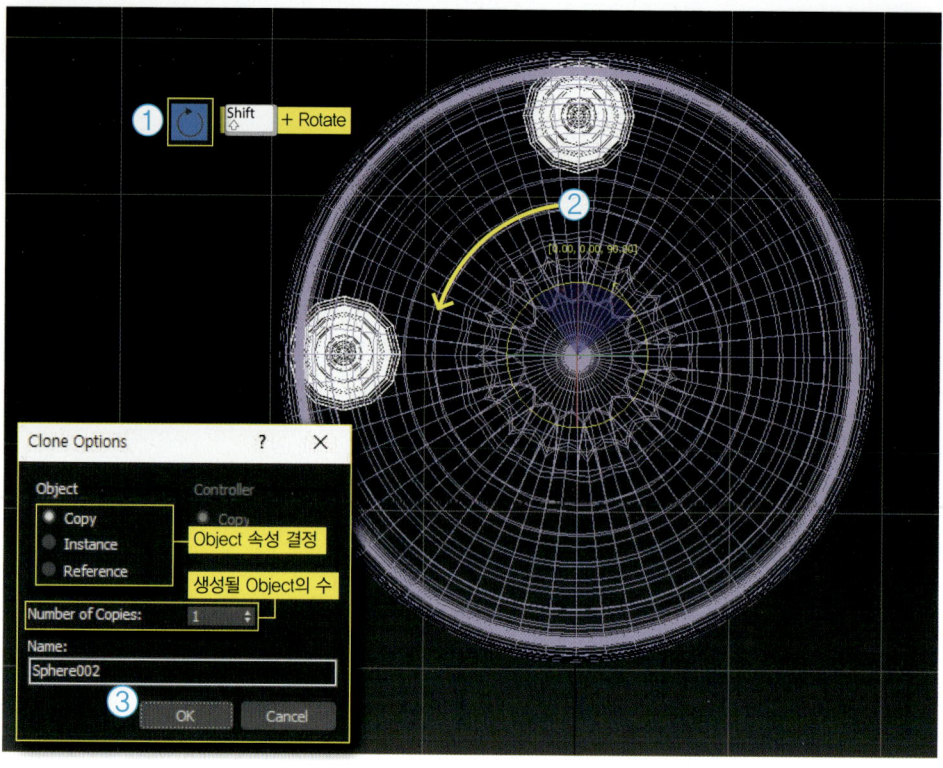

Copy는 완전히 독립된 Object를 생성하고 Instance는 생성된 Object와 원본 Object가 상호작용을 합니다. 어느 한 쪽이 변형되면 다른 한 쪽도 변형됩니다. Reference는 Instance와 비슷하지만 복사된 Object에 추가로 Modify를 적용해 수정했을 경우 원본에 적용되지 않는 방식입니다. Reference 방식을 크게 신경 쓰지 않아도 됩니다.

이렇게 다리를 완성하고 방석 부분의 구슬 장식 Object도 같은 방법으로 제작합니다.

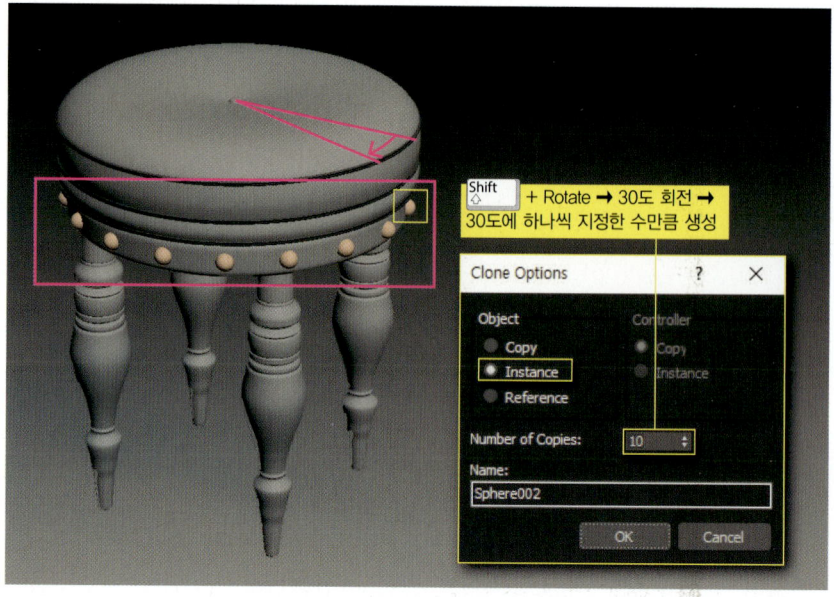

의자 등받이 만들기

등받이는 방석과 같은 크기의 Cylinder를 이용해서 제작합니다. Cylinder를 생성하고 필요 없는 부분은 삭제한 후 Modify ➜ Shell을 적용하고 Modify ➜ TurboSmooth를 적용해서 완성합니다.

Object를 선택하고 Shift 키를 누른 상태에서 Move, Rotate, Scale을 이용해서 복사하거나 Ctrl + C 키를 눌러 복사하고 Ctrl + V 키를 눌러 같은 자리에 붙여넣을 수 있습니다.

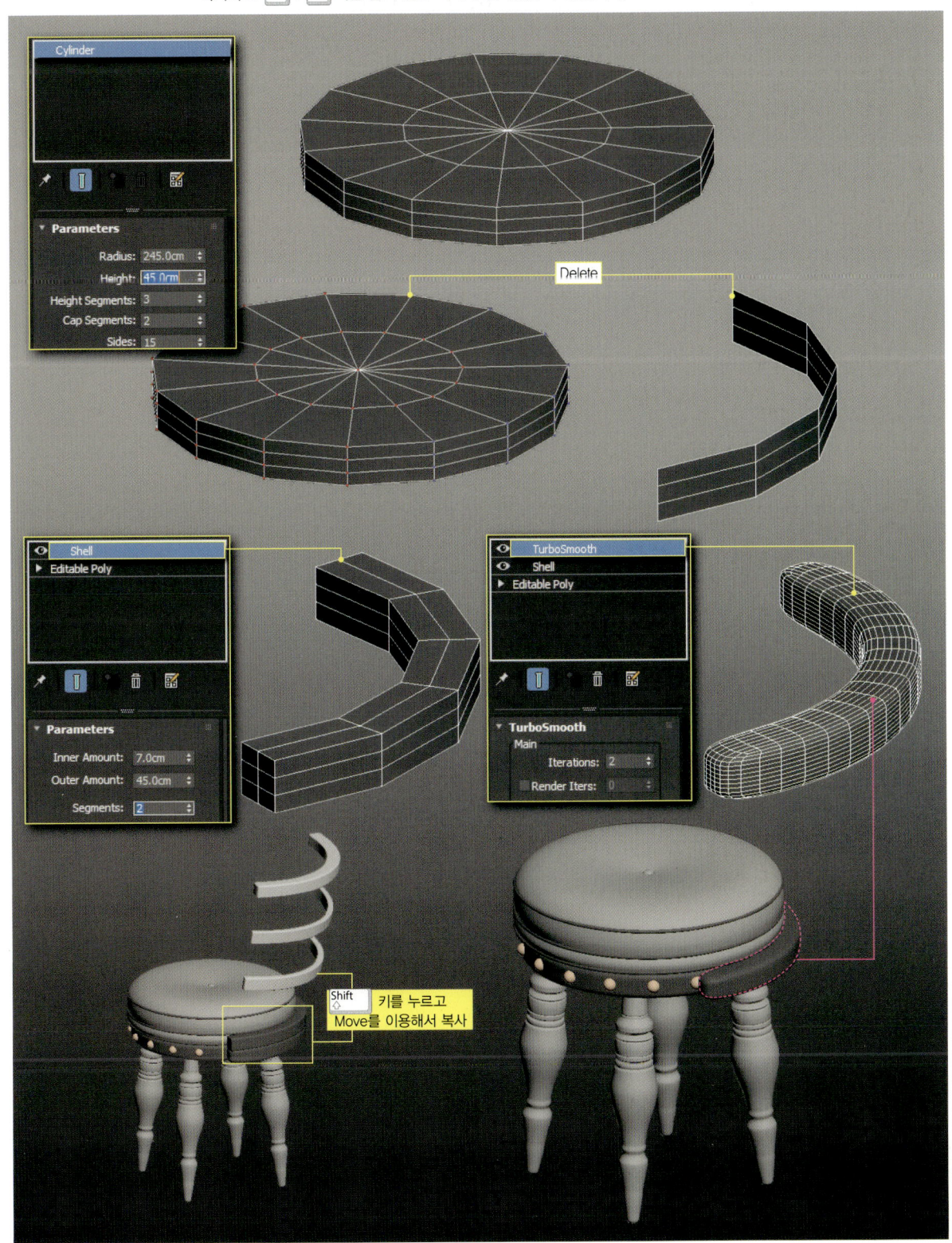

등받이의 기둥 부분은 Plane을 생성하고 Modify ➡ FFD 4x4x4를 이용하고 Editable Poly로 변경한 후 Modify ➡ Shell을 적용하고 Modify ➡ TurboSmooth를 적용해 완성합니다.

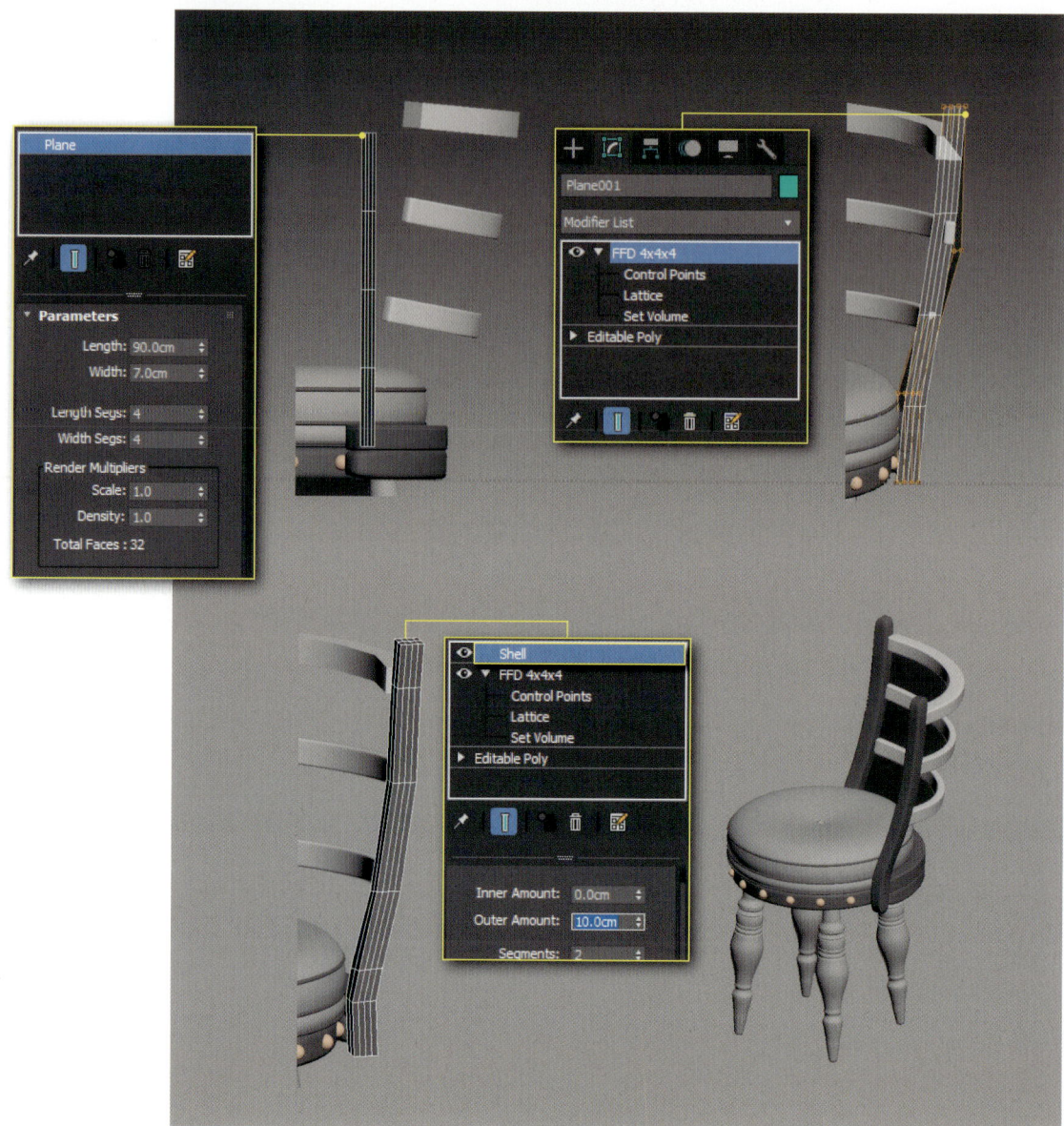

SECTION 05

주크 박스 만들기

Jukebox.max

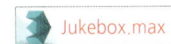

Editable Poly 모델링과 Spline을 이용한 모델링을 반복 학습하고 Spline의 Boolean을 이용해서 Spline을 변형해서 두께가 있는 Object를 생성하는 방법을 학습합니다. 더불어 Compound의 Loft를 이용한 모델링 방식을 학습합니다.

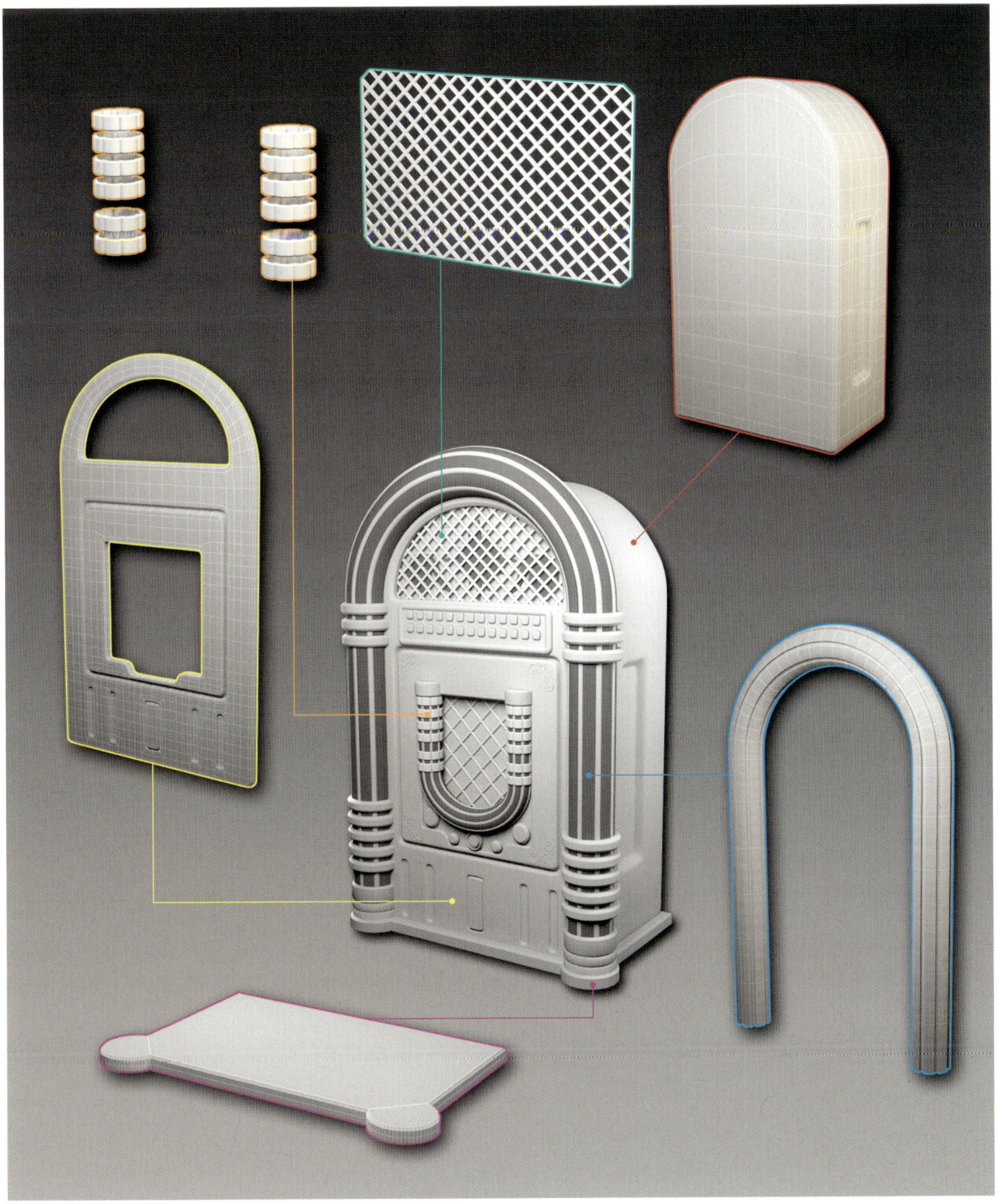

주크 박스 몸체 만들기

먼저 전체 형태의 기준이 되는 주크 박스의 몸체를 만듭니다. 앞서 학습한 방법 중 본인이 편한 방법이라면 어떤 것도 좋습니다.

같은 형태의 몸체를 다양한 방식으로 만들어본 예입니다.

Create ➜ Shapes ➜ Rectangle을 선택하고 화면에 몸체 크기로 생성하고 마우스 오른쪽 버튼을 클릭하고 Convert to Editable Spline을 클릭해서 Editable Spline으로 변경합니다.

선택 모드를 Vertex로 설정하고 모서리의 Vertex를 선택한 후 Fillet과 Weld, Insert를 이용해서 수정합니다.

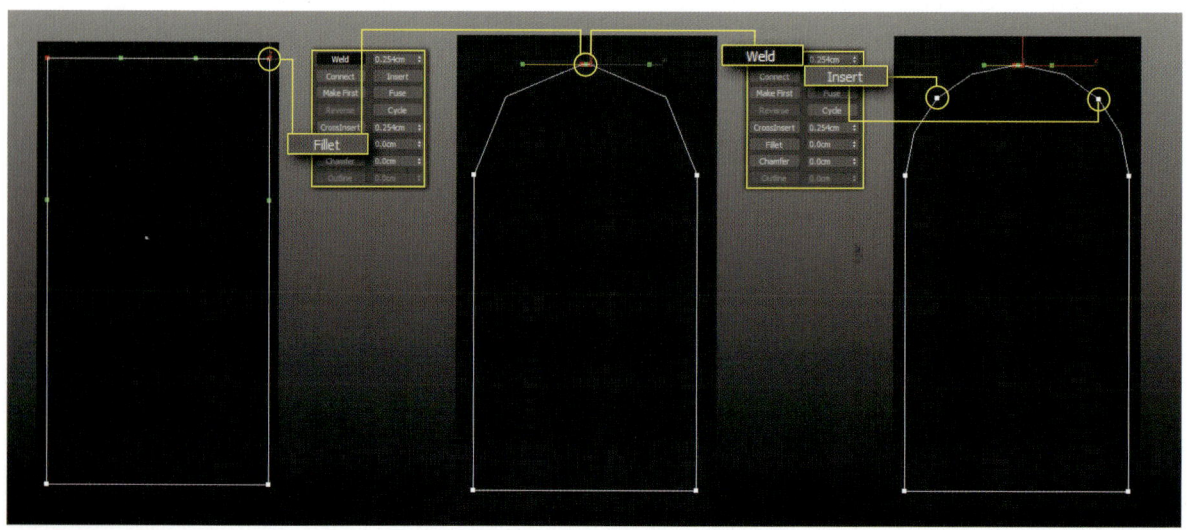

Modify ➜ Shell을 이용해 두께를 주어 완성합니다.

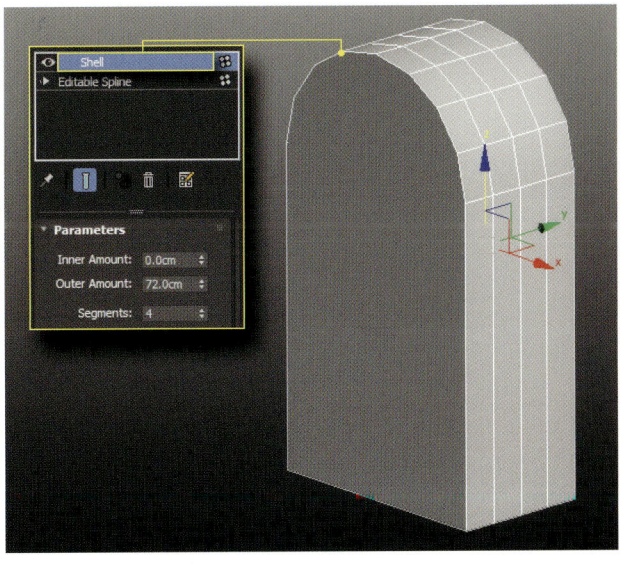

다음은 Plane과 Box를 이용해서 주크 박스 몸체를 만듭니다.

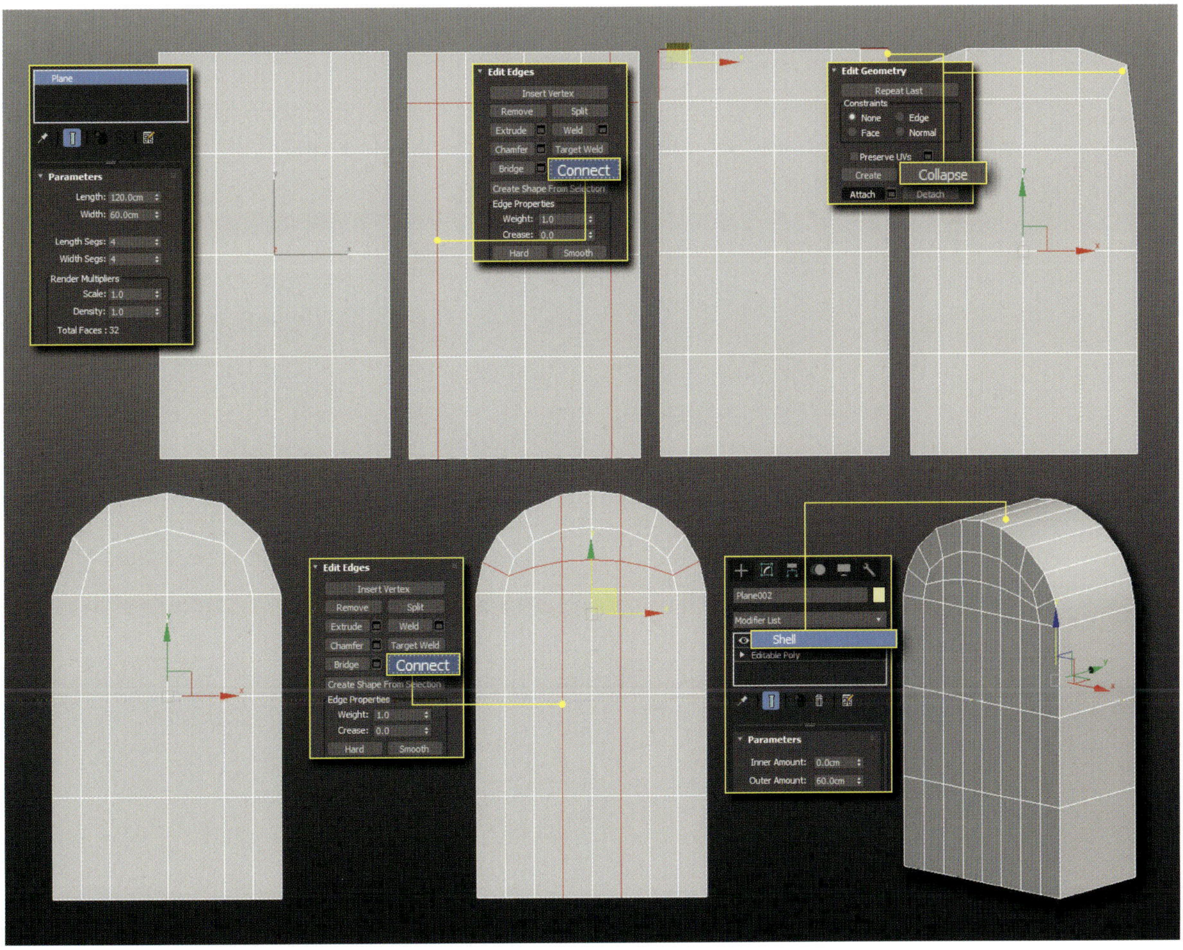

다음은 Box를 이용해서 만들어 가는 과정입니다.

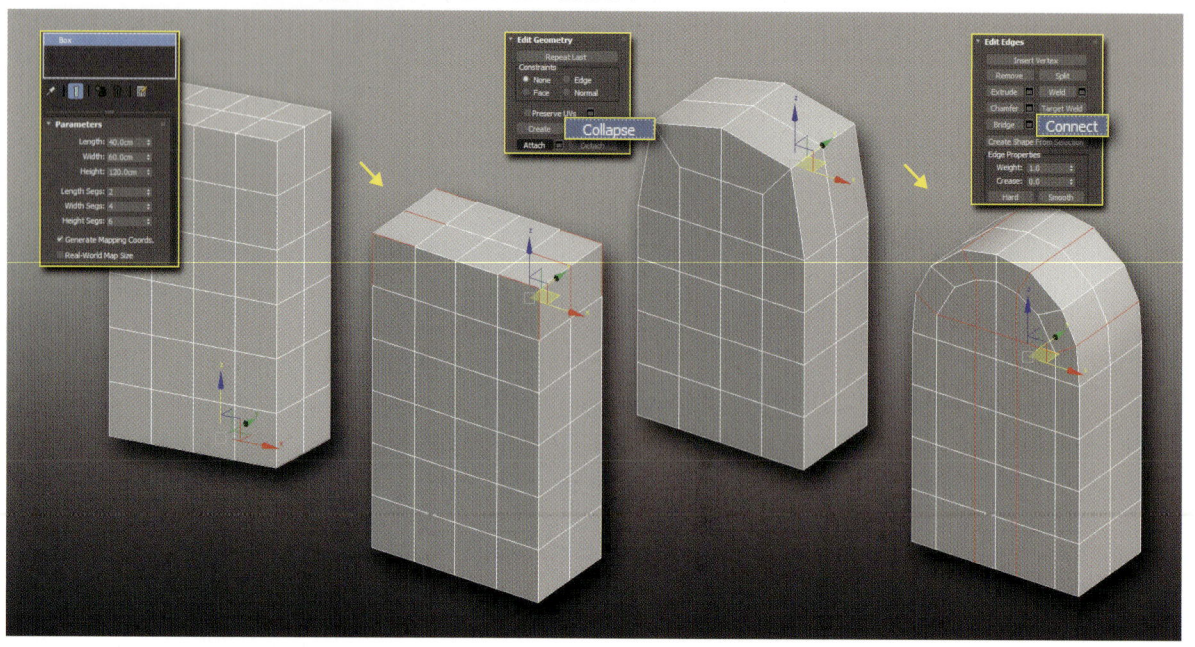

> 똑같은 형태라도 다양한 방법으로 모델링할 수 있으므로, 여러 가지 방식으로 모델링을 해보는 것이 실력 향상의 지름길입니다.

주크 박스 덮개 만들기

주크 박스 몸체와 같은 크기로 주크 박스 덮개를 만듭니다. 선택 모드를 Polygon으로 설정하고 주크 박스 몸체의 앞 부분을 선택하고 Detach 버튼을 클릭합니다. Detach as Clone를 체크하고 OK하면 선택한 부분을 복사해 새로운 Object를 생성합니다.

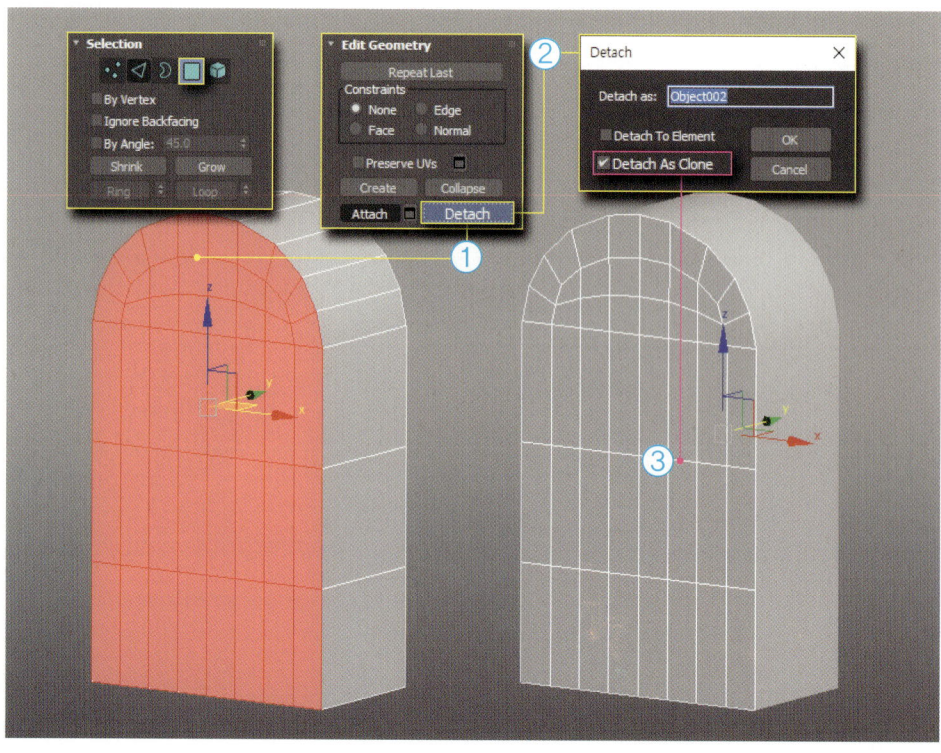

선택한 부분을 삭제하고 필요한 만큼 Edge를 추가해서 원하는 모양으로 만듭니다.

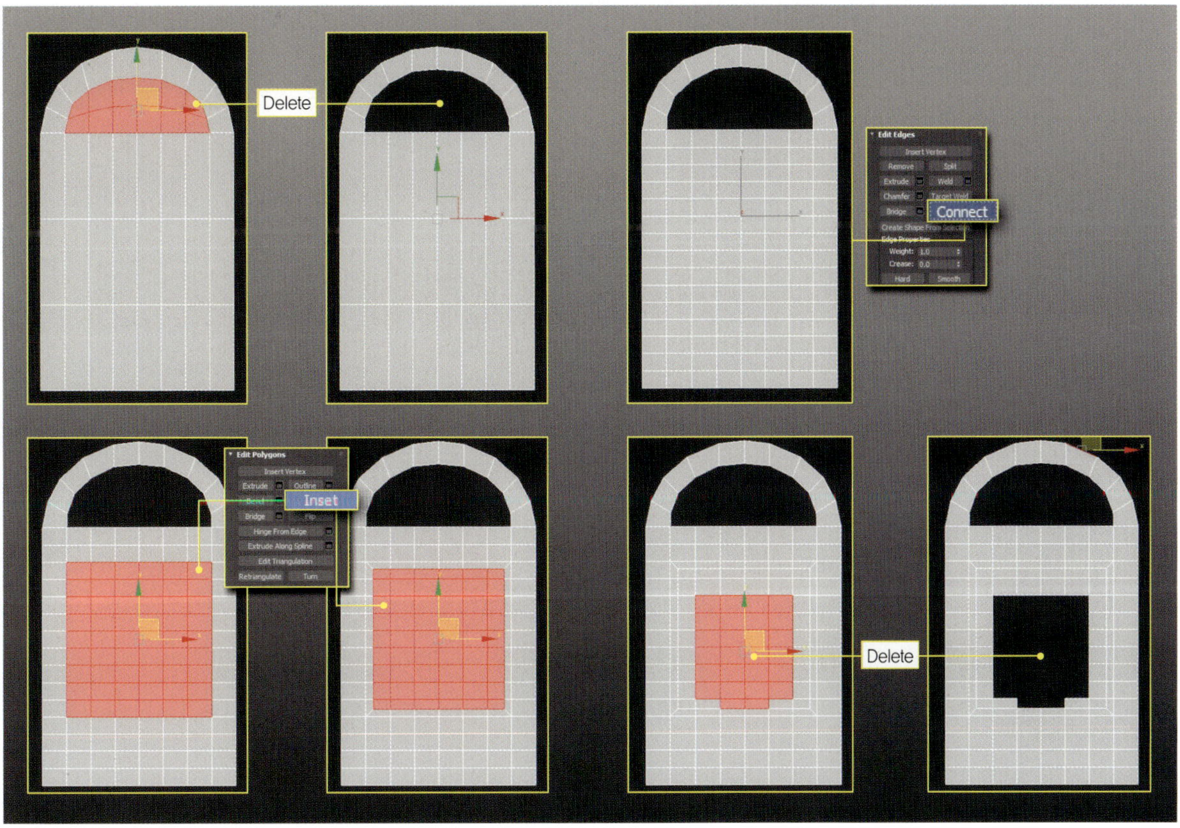

필요한 만큼 Edge를 다시 추가하고 Modify ➡ Shell을 적용해 두께가 있는 Object로 변경합니다.

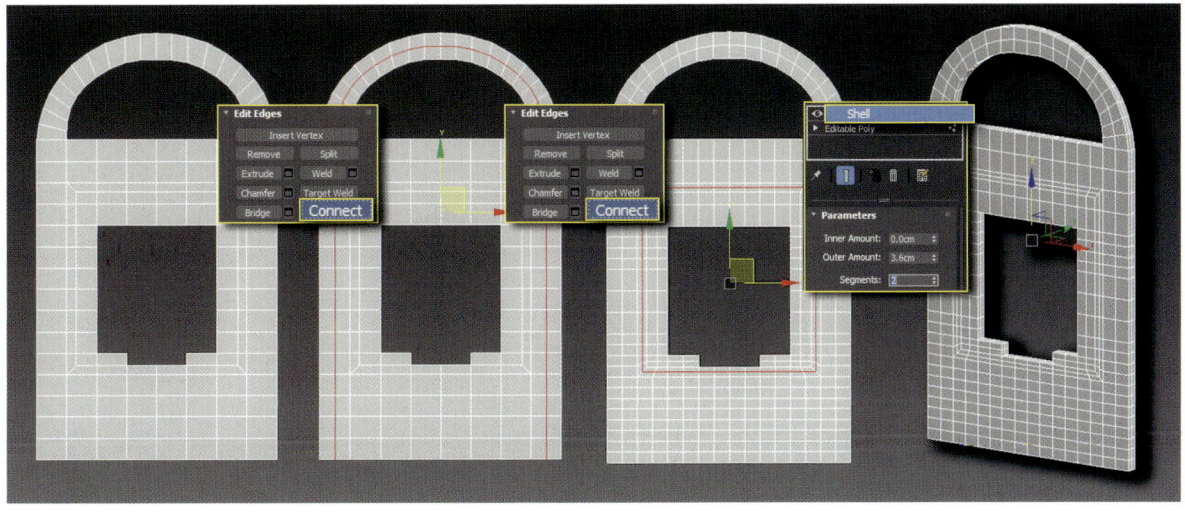

Chapter 03 | 다양한 Object 제작하기 |

두께를 주어 완성된 Object에 Edge를 추가해서 홈을 만들고 장식을 추가합니다.

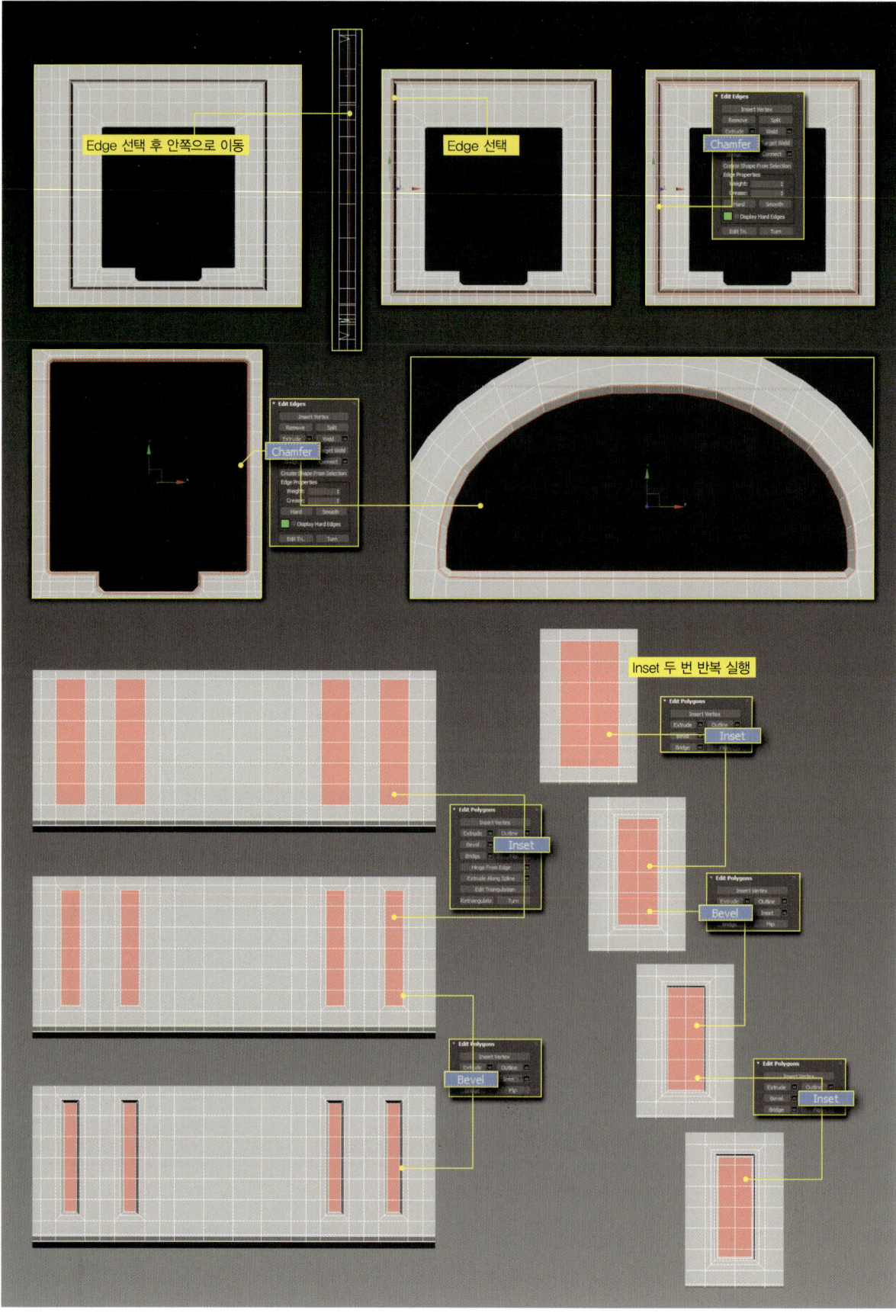

Modify ➡ TurboSmooth를 적용해 완성합니다.

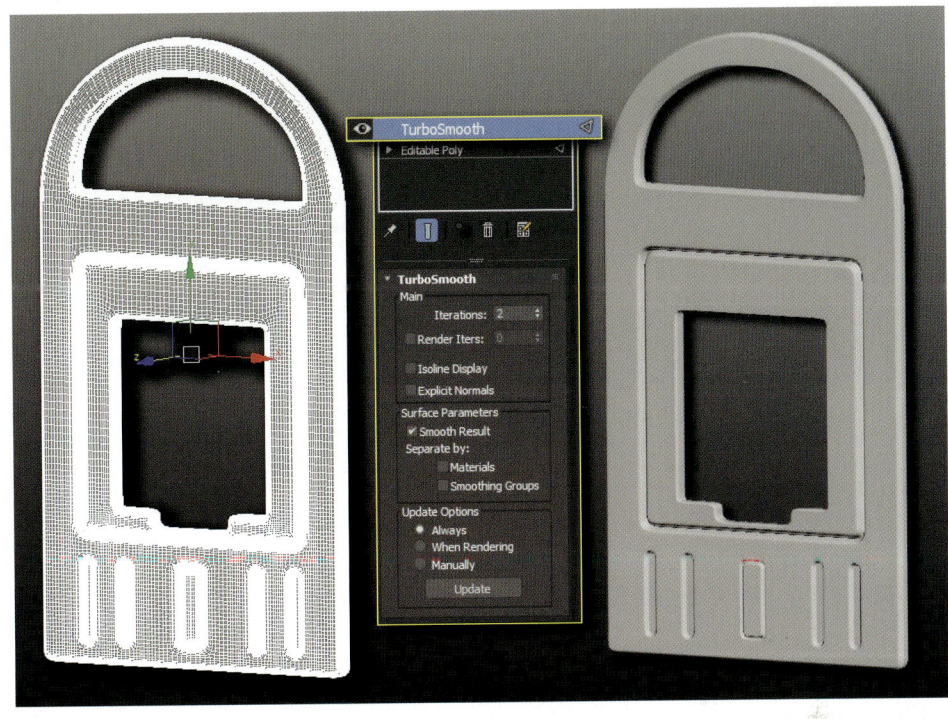

주크 박스의 바닥 부분은 Spline ➡ Boolean을 이용해서 만들고 두께를 주어 완성합니다. 이제 주크 박스의 바닥 받침을 만들기 위해 Spline의 Rectangle을 바닥의 크기에 맞게 만듭니다. 수정을 통해 크기를 조절할 수 있기 때문에 몸체와 완전히 일치하지 않아도 상관없습니다.

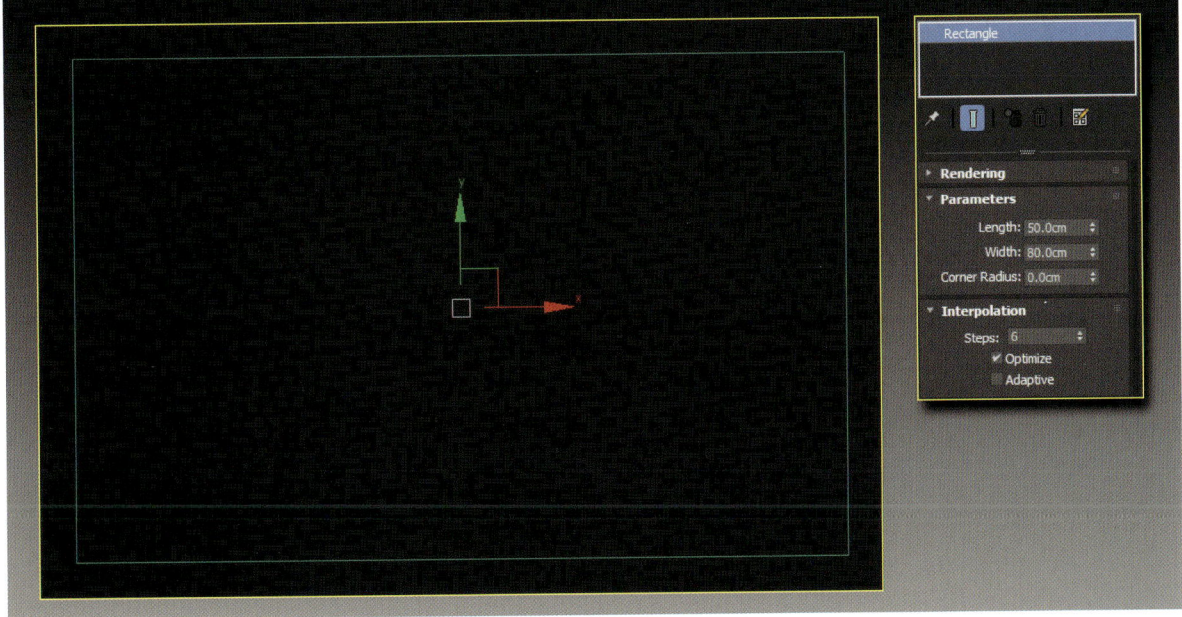

기둥이 들어갈 곳에 Spline ➡ Circle을 만들어 줍니다.

만들어 놓은 Spline 중 하나를 선택해서 Editable Spline로 변환하고 Attach해서 하나로 합칩니다.

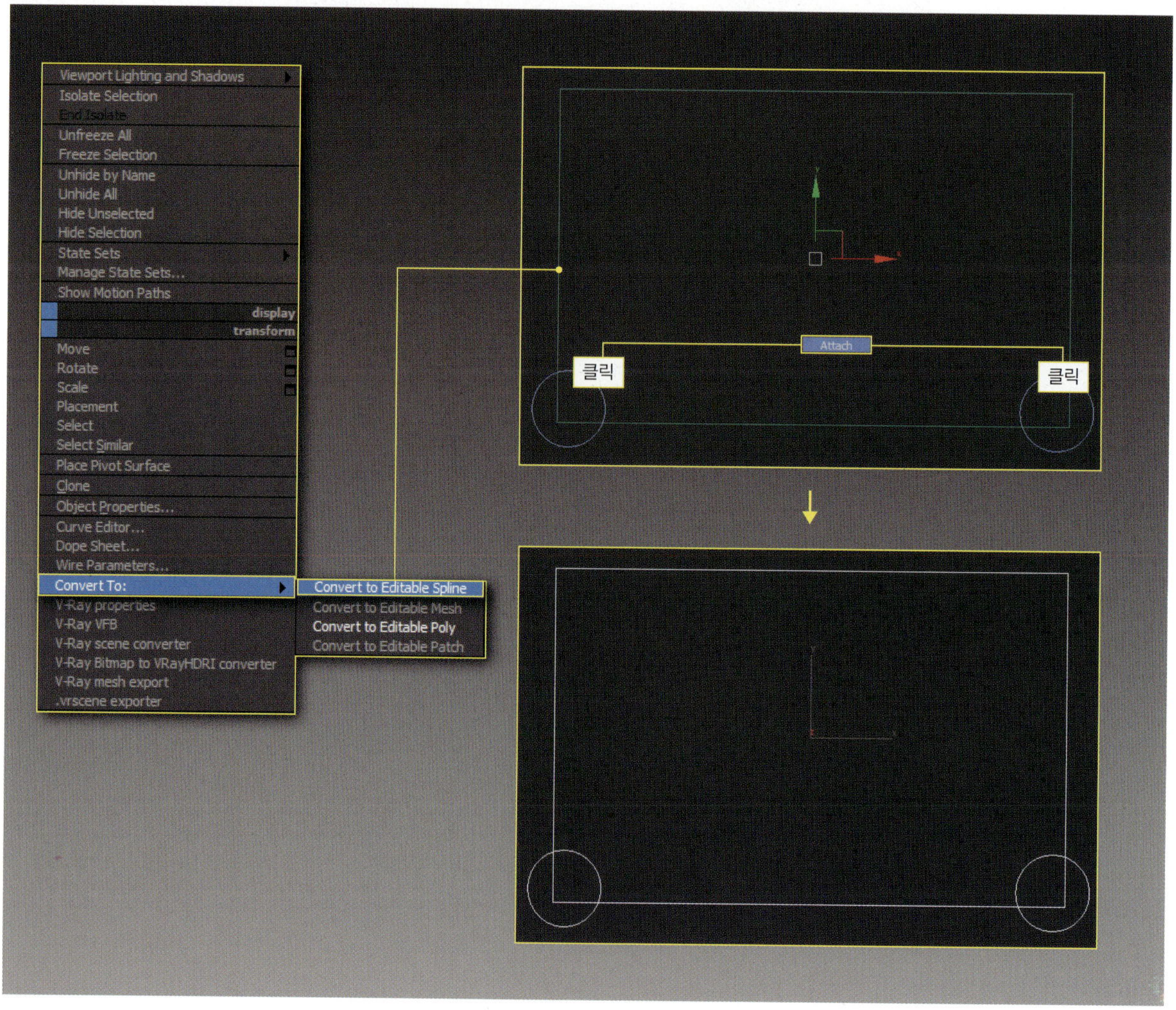

이제 Boolean을 이용해서 하나의 연결된 Spline으로 만듭니다.

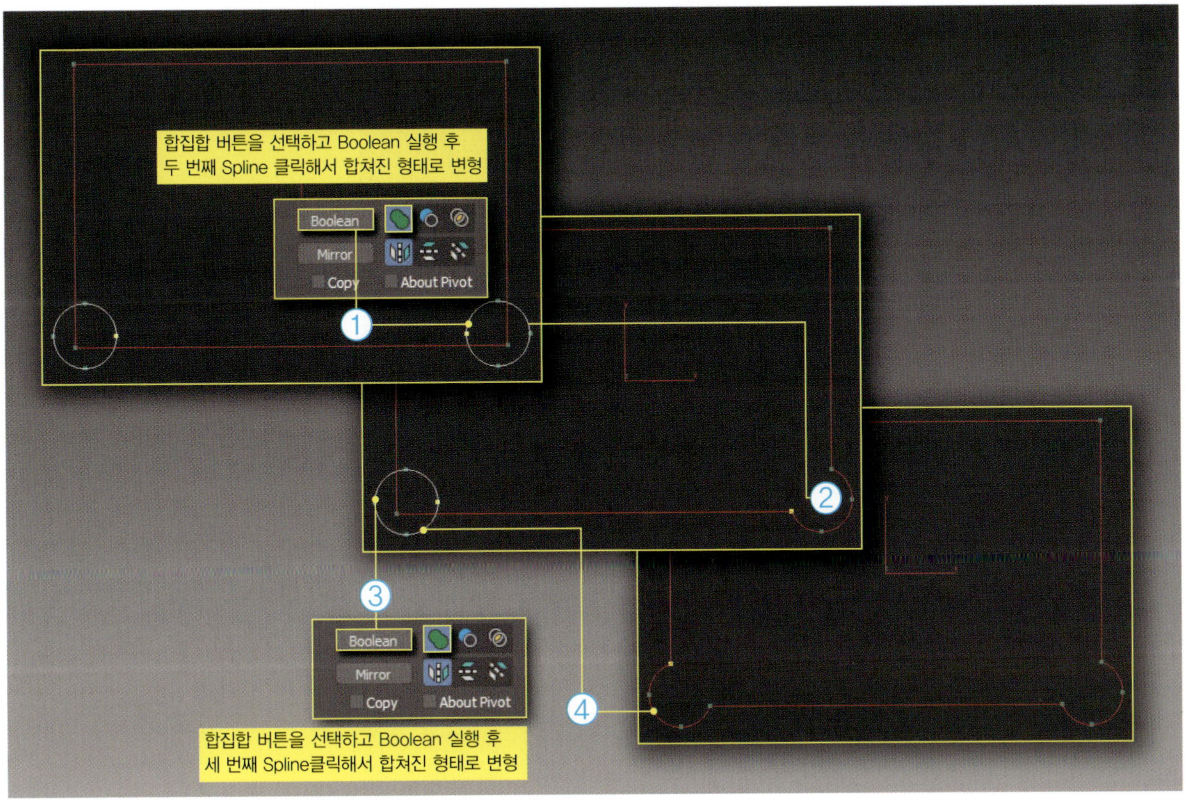

합집합 버튼을 선택하고 Boolean 실행 후
두 번째 Spline 클릭해서 합쳐진 형태로 변형

합집합 버튼을 선택하고 Boolean 실행 후
세 번째 Spline클릭해서 합쳐진 형태로 변형

챕터2에서 자세히 설명했으니 참고합니다.

Modify ➔ Shell을 이용해서 두께를 주고 Editable Poly로 변환한 후 Bevel을 적용해서 수정합니다.

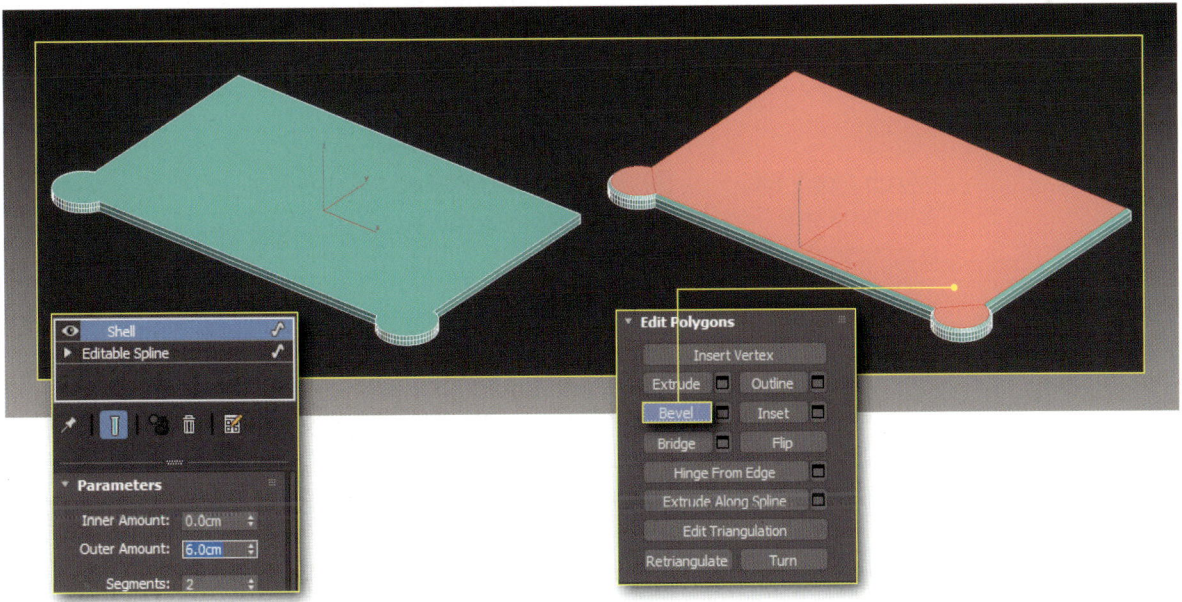

■ 주크 박스 기둥과 원형 장식 만들기

이번에는 Spline을 변형하고 Compound Objects의 Loft를 이용해서 주크 박스의 원형 장식을 만듭니다.

챕터 2에서 배운 Spline의 Boolean을 이용해서 수정하고 Loft를 이용해서 주크 박스의 장식 부분을 만듭니다.

Spline ➡ Circle을 만들고 여기에 Rectangle을 Circle과 겹치게 합니다.

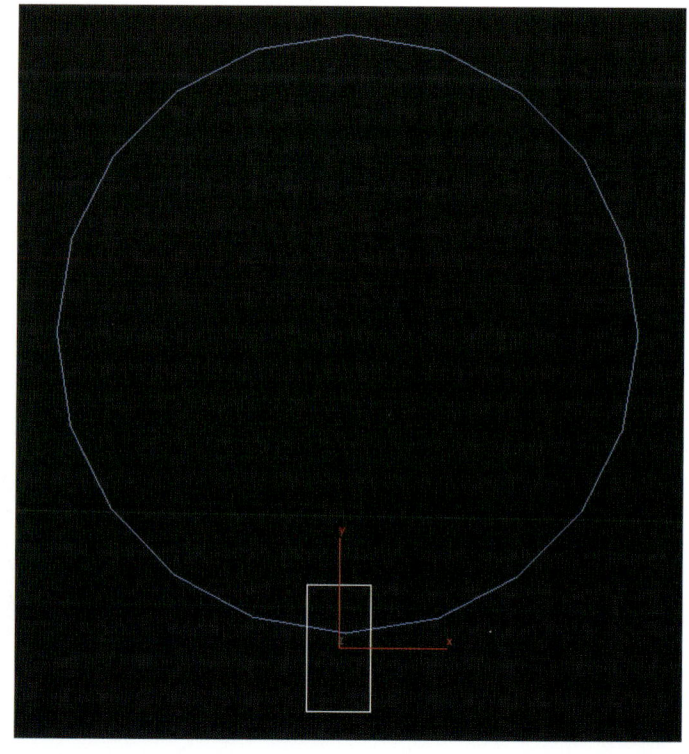

Angle Snap Toggle을 활성화합니다(단축키 A). Angle Snap Toggle 버튼 위에서 마우스 오른쪽 버튼을 클릭하고 Angle 값을 5로 입력합니다.

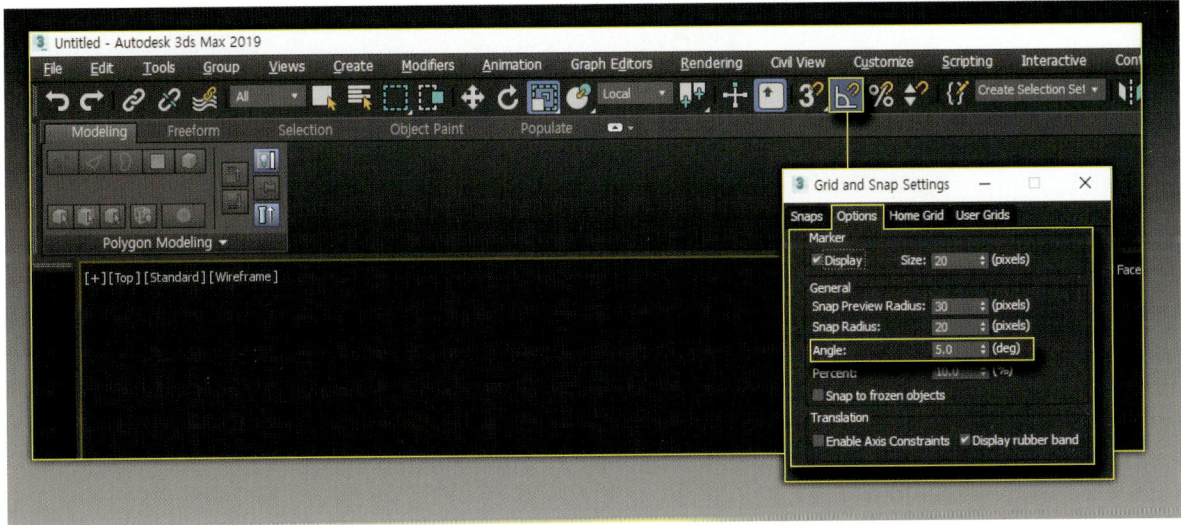

PINUP TIP

Angle Snap Toggle 버튼을 켠 상태에서 Rotate하면 입력한 Angle 값 단위로 Rotate합니다.

Rectangle을 선택하고 축을 Pick 기능을 이용해서 Circle의 중심으로 바꾸고 Shift 키를 누른 상태에서 45도만큼 Rotate하고 Clone Option 창에서 Number Of Copies에 7을 입력하고 OK합니다. 45도로 7개 복사한다는 의미입니다. 이때 회전의 중심은 Circle 중심으로 설정해야 합니다.

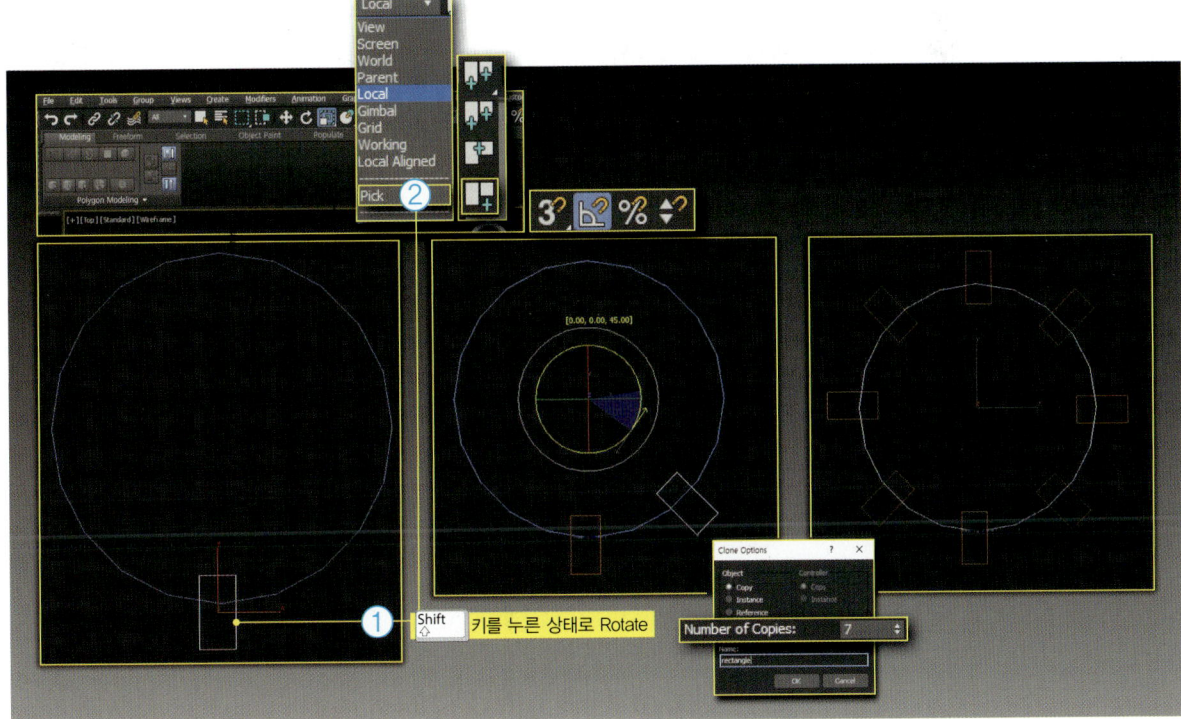

Chapter 03 | 다양한 Object 제작하기 | 317

Circle을 선택하고 Attach Mult. 버튼을 클릭한 후 복사한 모든 Rectangle을 선택하고 하나의 Spline으로 Attach 합니다.

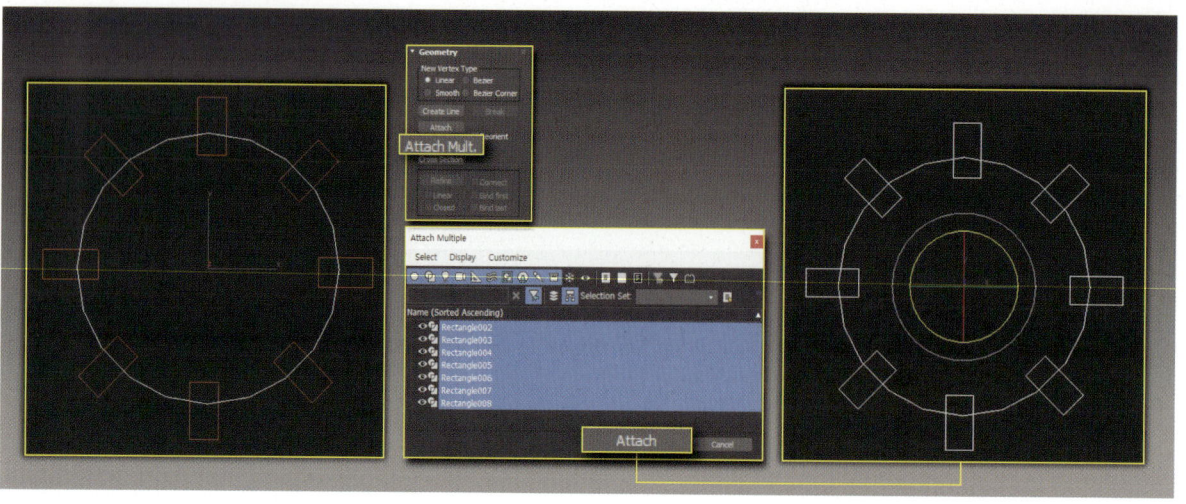

이제 Spline의 Boolean을 이용해서 Circle에서 Rectangle을 뺀 형태로 변형합니다.

Selection을 Spline으로 활성화하고 중앙의 Circle을 선택하고 Boolean의 차집합 버튼을 활성화하고 Boolean 버튼을 클릭하고 Rectangle을 반복 선택해서 Circle에서 Rectangle 부분을 차감하면서 수정합니다.

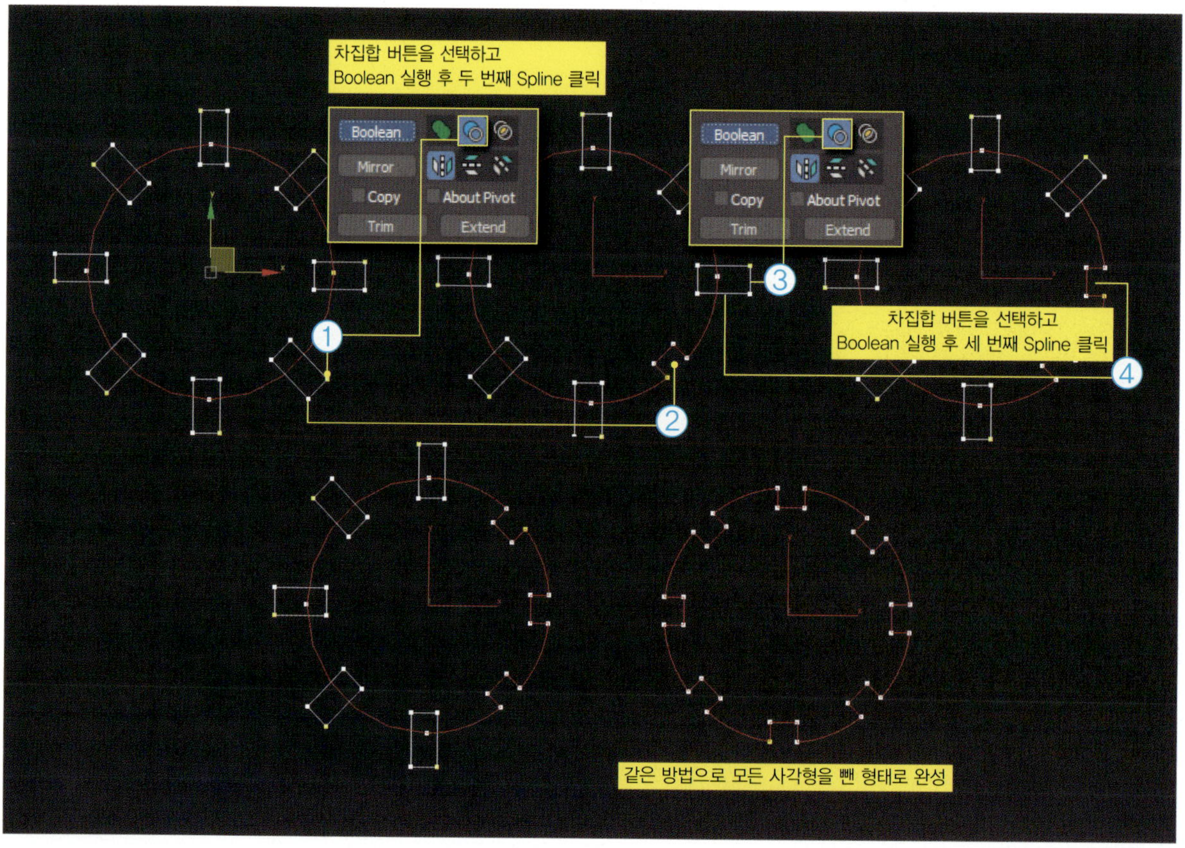

이제 만들어 놓은 Spline의 Path로 사용될 Line을 주크 박스의 크기에 맞게 생성합니다.

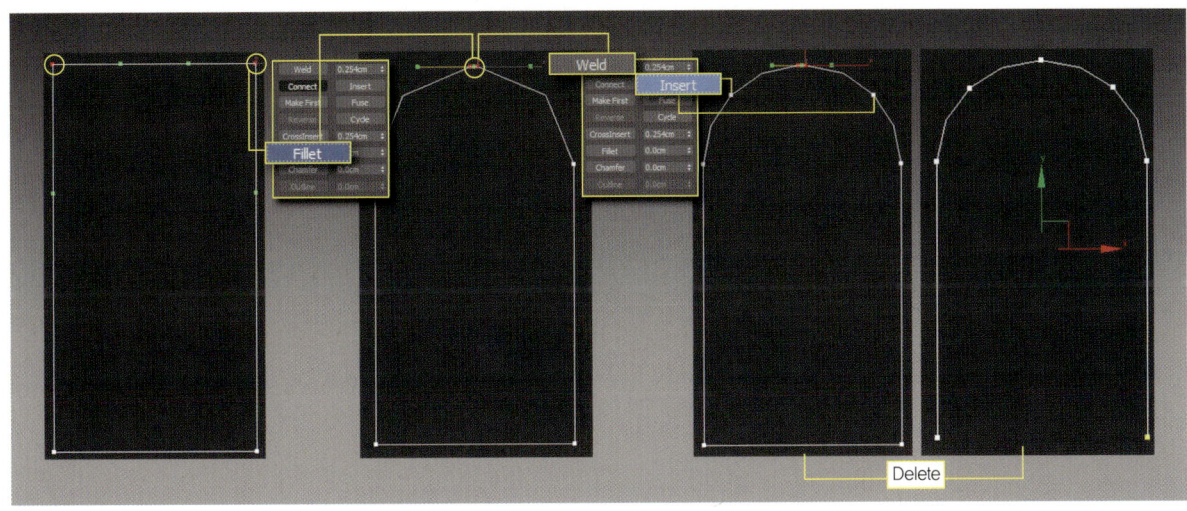

Path로 사용될 Line을 선택하고 Compound Objects의 Loft를 선택하고 Get Shape 버튼을 클릭하고 수정한 Circle을 선택하여 완성합니다.

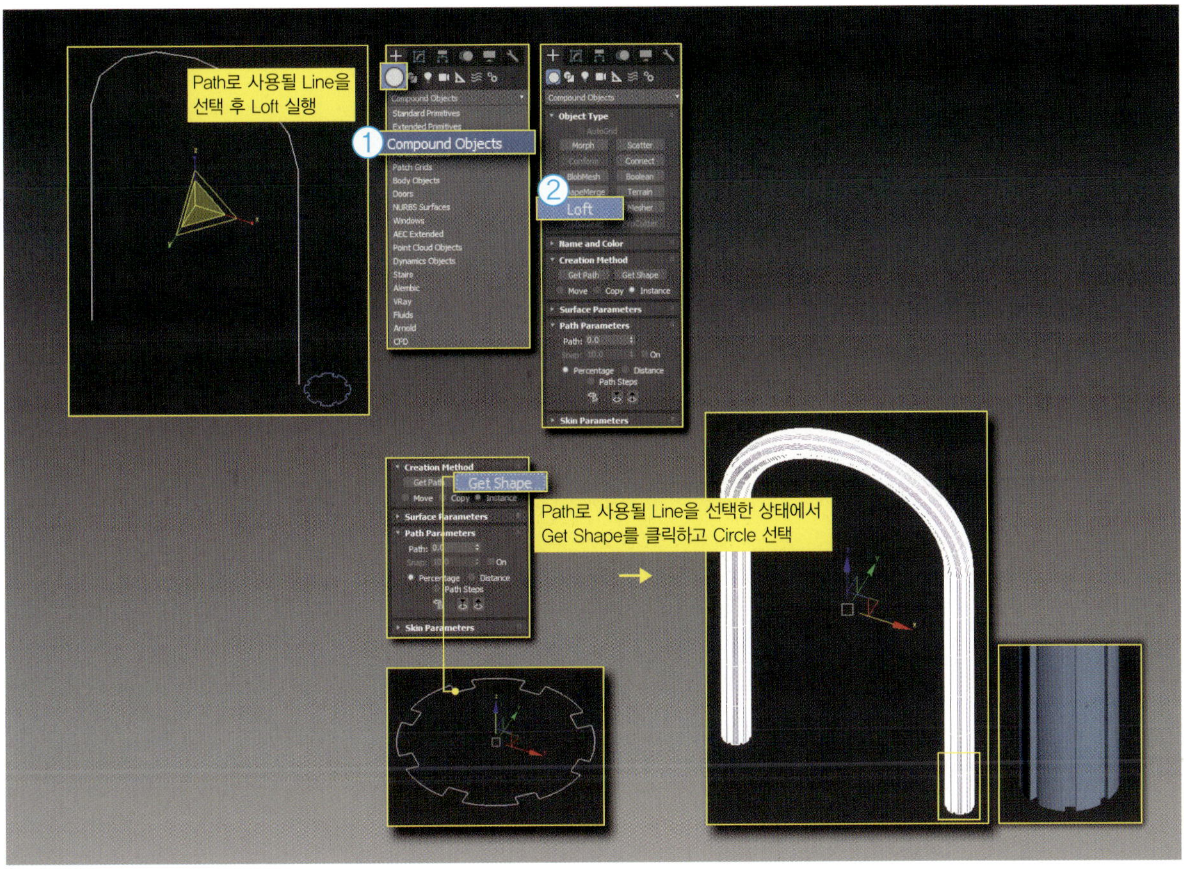

수정한 Circle에 Modify → Extrude를 적용해서 높이를 가진 Object로 변형하고 Modify → Shell을 이용해서 두께를 주고 다시 Edge를 수정해서 장식을 완성했습니다.

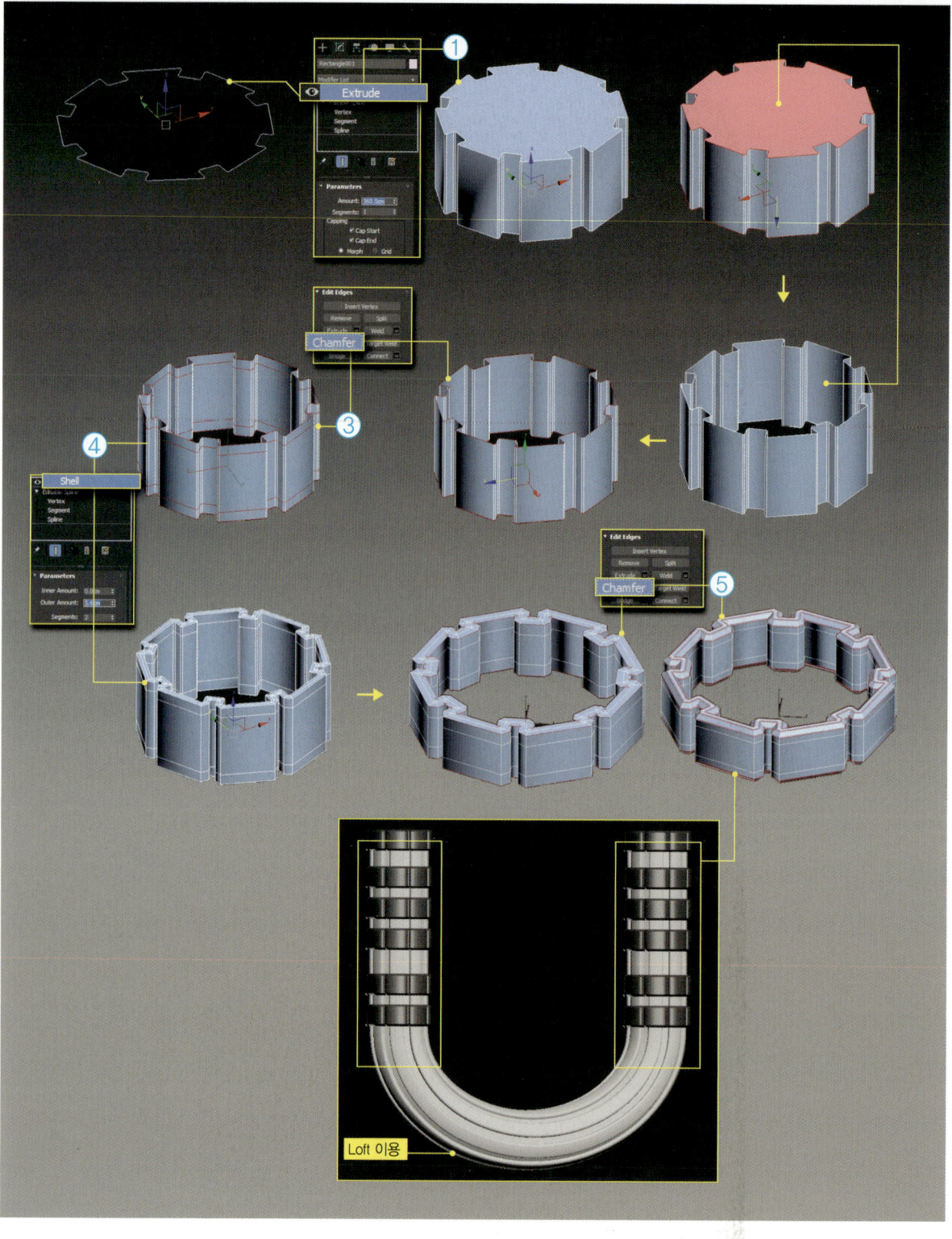

주크 박스 장식 커버 만들기

창살 형태는 간단하게 Plane을 회전해서 만들 수 있겠지만 여기서는 Chamfer를 이용해서 만듭니다.

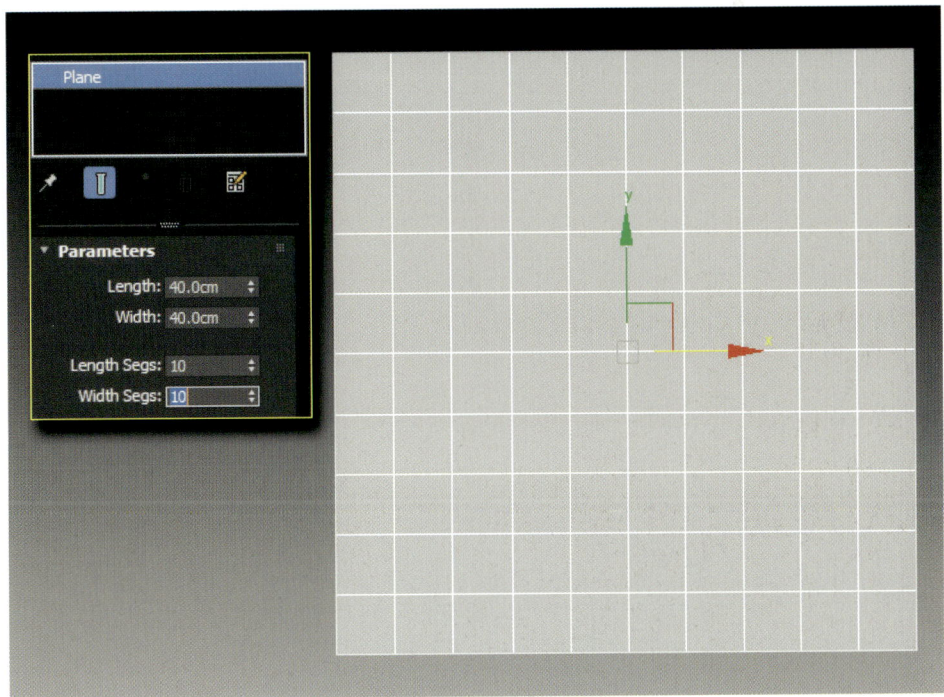

Editable Poly로 변환하고 선택 모드를 Vertex으로 설정하고 모든 Vertex를 선택하고 Chamfer를 실행합니다. 현재 상태는 Vertex가 Chamfer를 통해 분리되면서 Edge 모양이 사선으로 변경되었지만 Vertex들이 겹쳐 있는 상태입니다. 전체 Vertex를 모두 선택하고 Weld를 실행해서 모여 있는 Vertex를 하나로 합쳐줍니다.

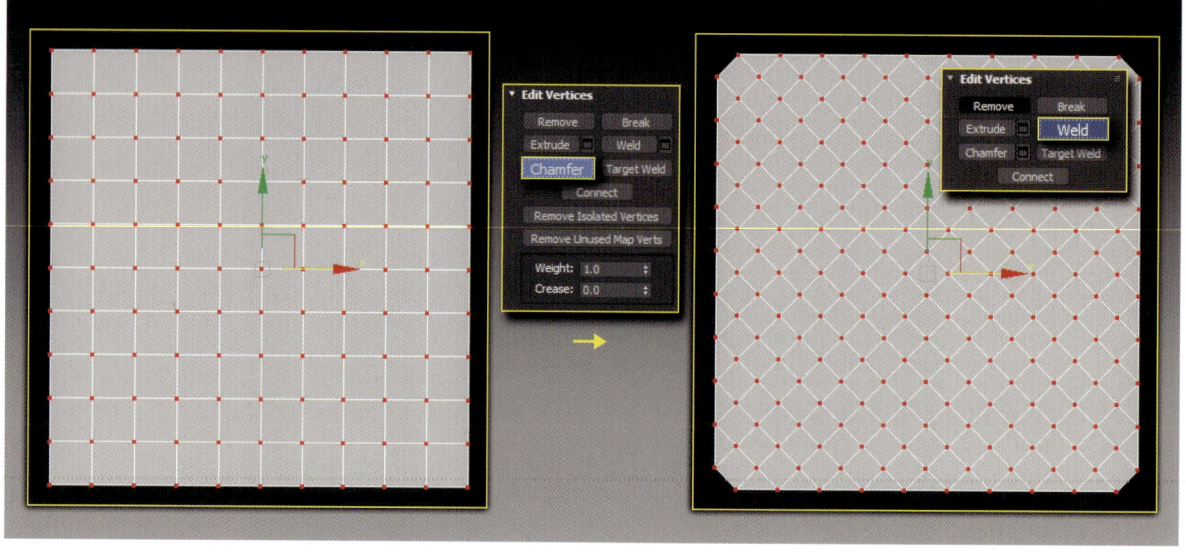

선택 모드를 Edge로 바꾸고 모든 Edge를 선택한 후에 Chamfer를 실행해서 Edge를 분리합니다.

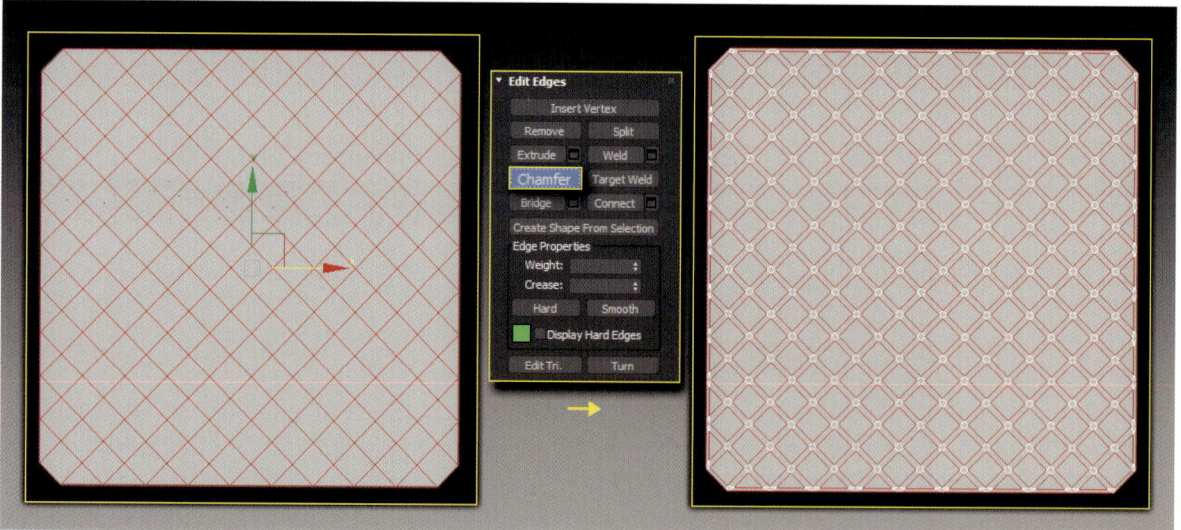

Edge가 Chamfer로 분리되어 선택된 상태에서 Edge의 안쪽 Polygon으로 선택을 전환하는 것이 중요합니다. Shift + Ctrl 키를 동시에 누른 상태에서 선택 모드를 Polygon으로 전환하면 안쪽 Polygon만 선택됩니다.

선택된 Polygon을 삭제하고 Modify ➡ Shell을 적용해 완성합니다.

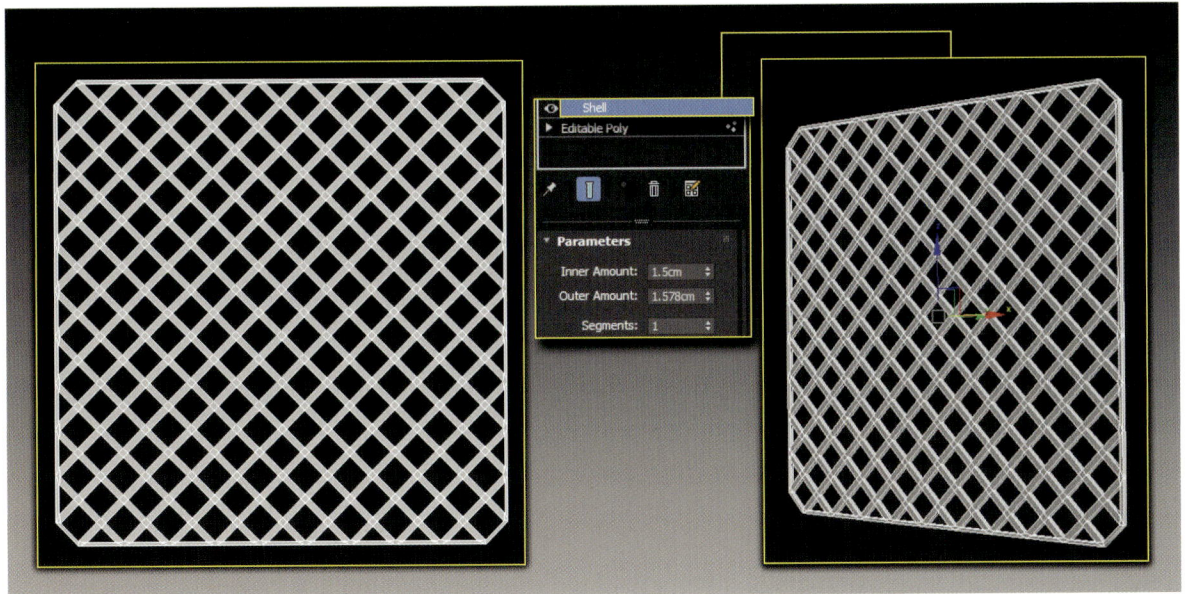

SECTION 06

맥주 펌프 만들기

Beer Pump.max

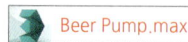

맥주 펌프는 맥주가 나오는 노즐, 보디, 볼트 등 크게 세 부분으로 나눠져 있습니다. 앞서 학습한 기능을 이용해 제작합니다.

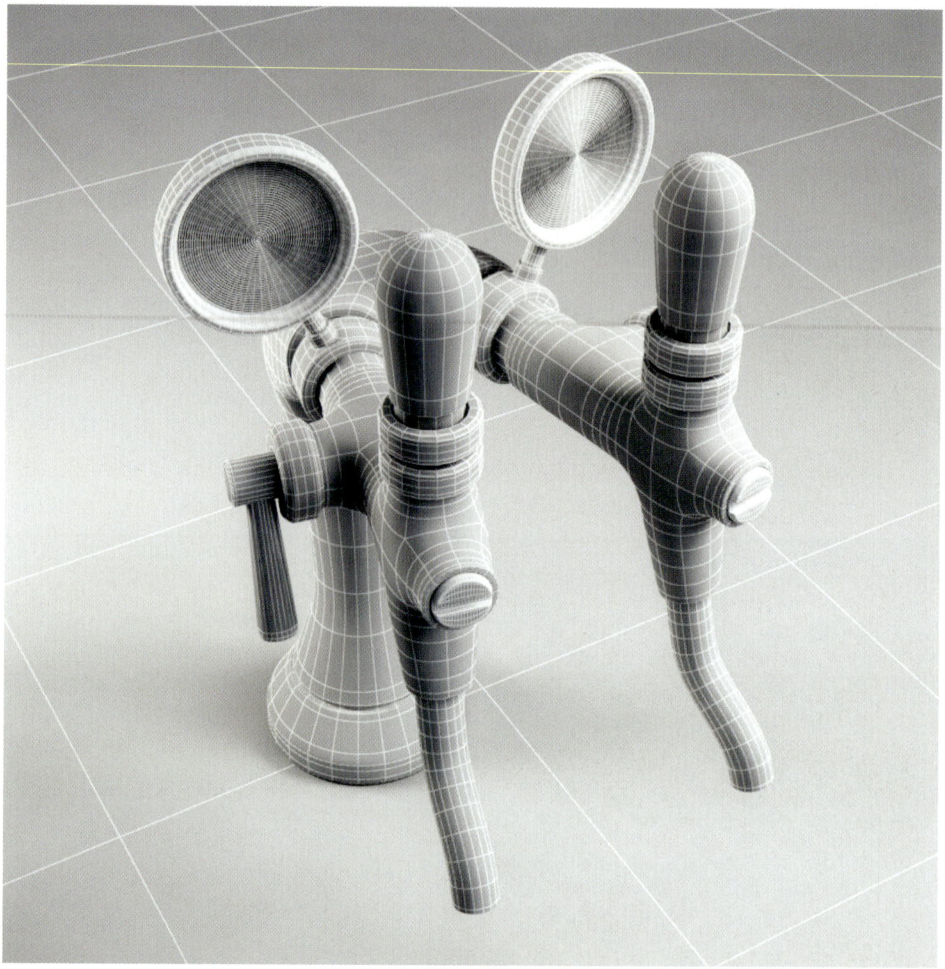

펌프 노즐 만들기

펌프 노즐은 Box를 변형하고 Edge의 간격과 TurboSmooth를 적용해서 작업합니다.

 챕터1의 TurboSmooth 부분을 확인하고 진행합니다.

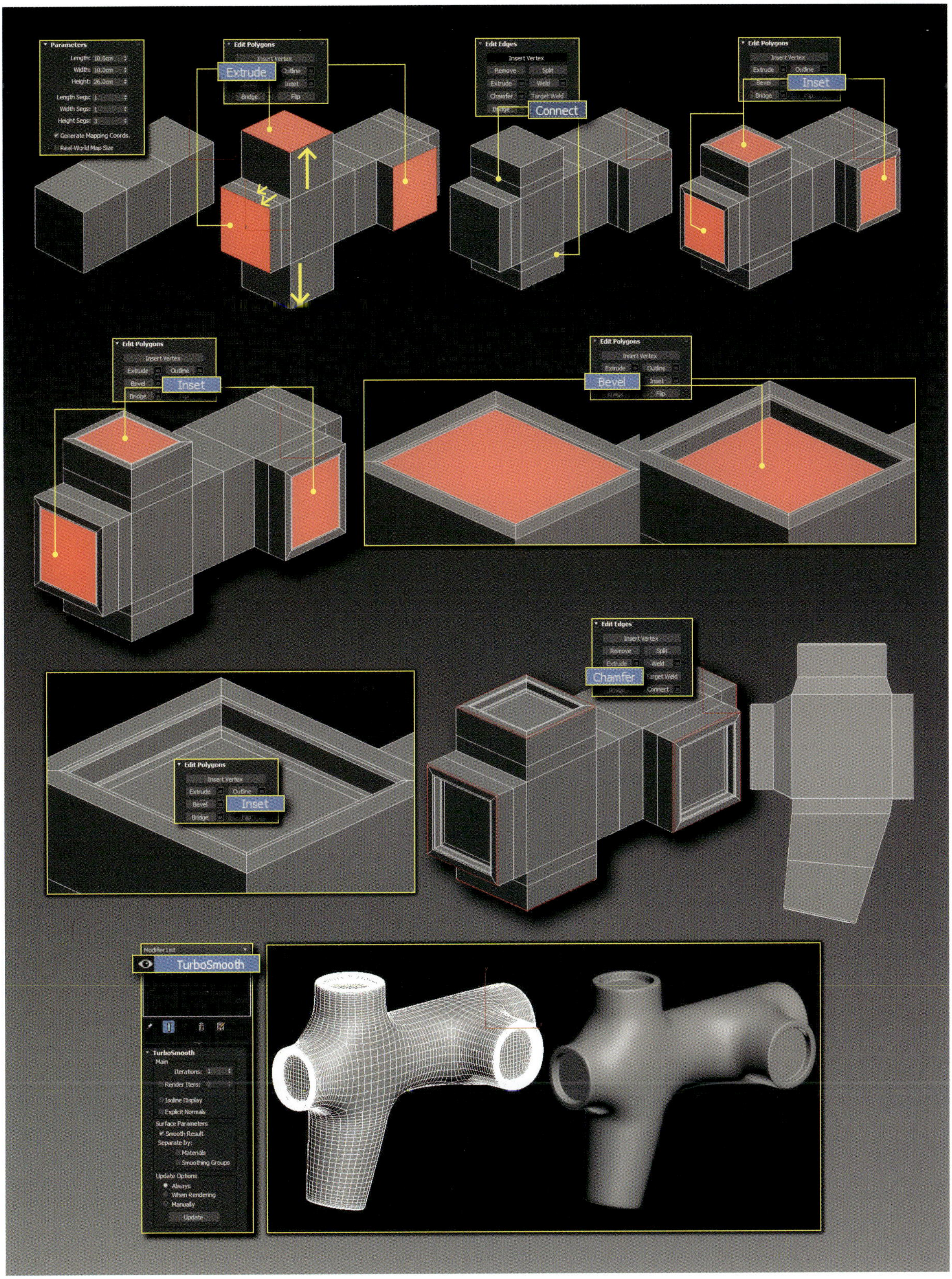

펌프 보디 만들기

보디 부분은 Box를 생성해 Edge를 추가하고, Collapse 등을 이용해서 작업합니다.

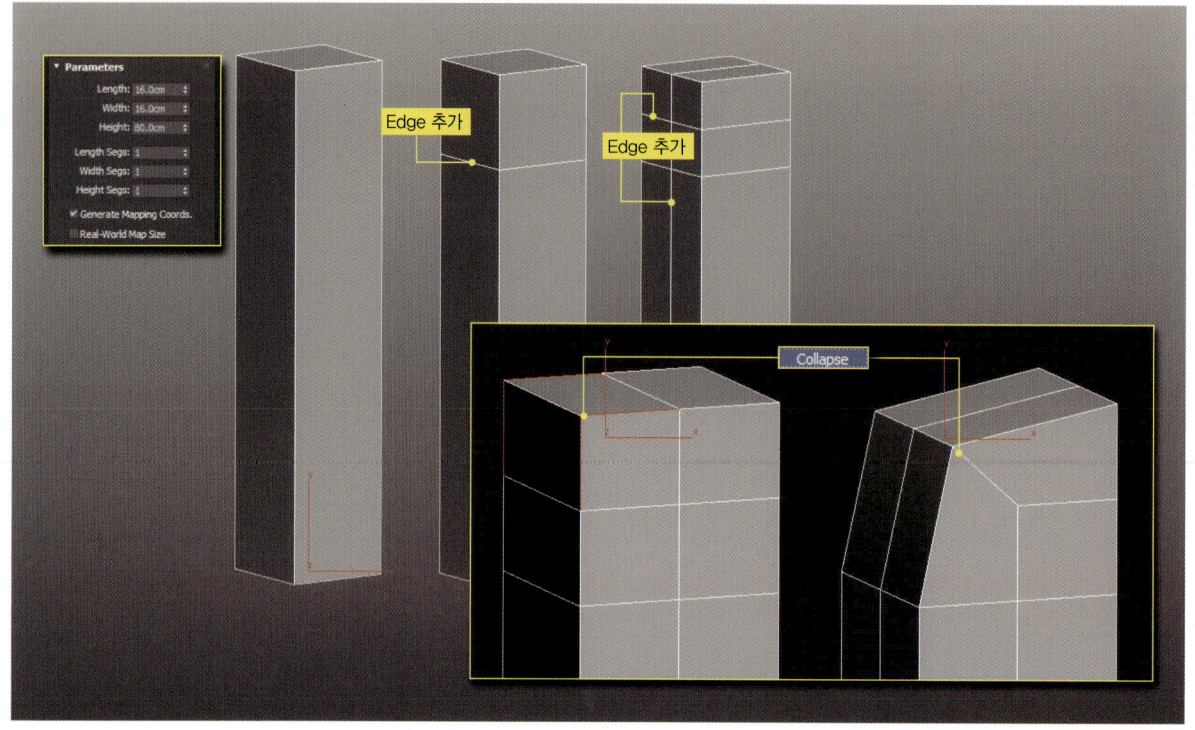

Extrude를 이용해서 Polygon을 추가하고 Scale을 이용해서 입구 부분을 수정합니다.

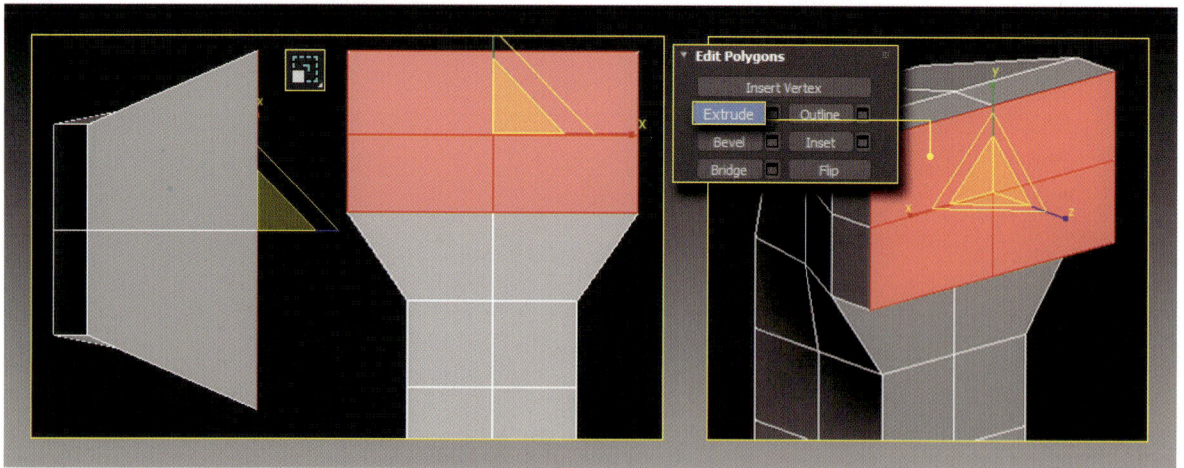

Edge를 선택하고 Collapse를 적용해서 정리합니다.

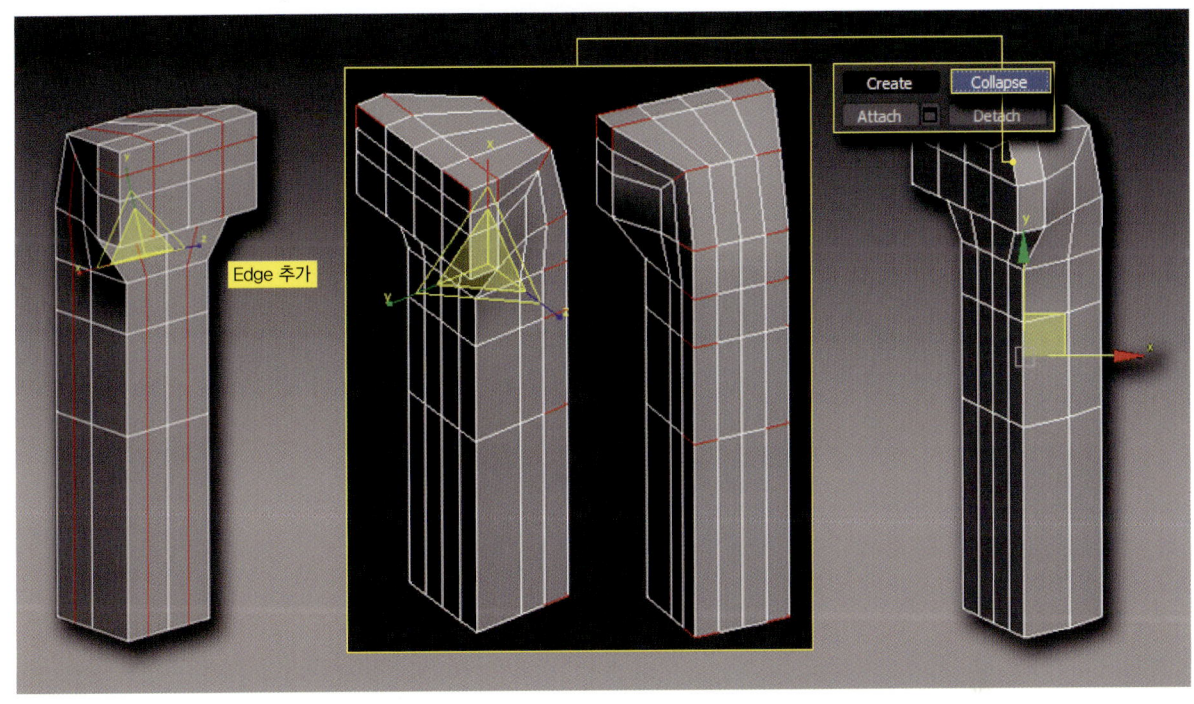

앞서 살펴본 Loop Tools의 Relax를 적용하면 Edge 부분이 부드럽게 연결되고 다시 Circle를 이용해서 기둥 부분을 원형으로 수정합니다.

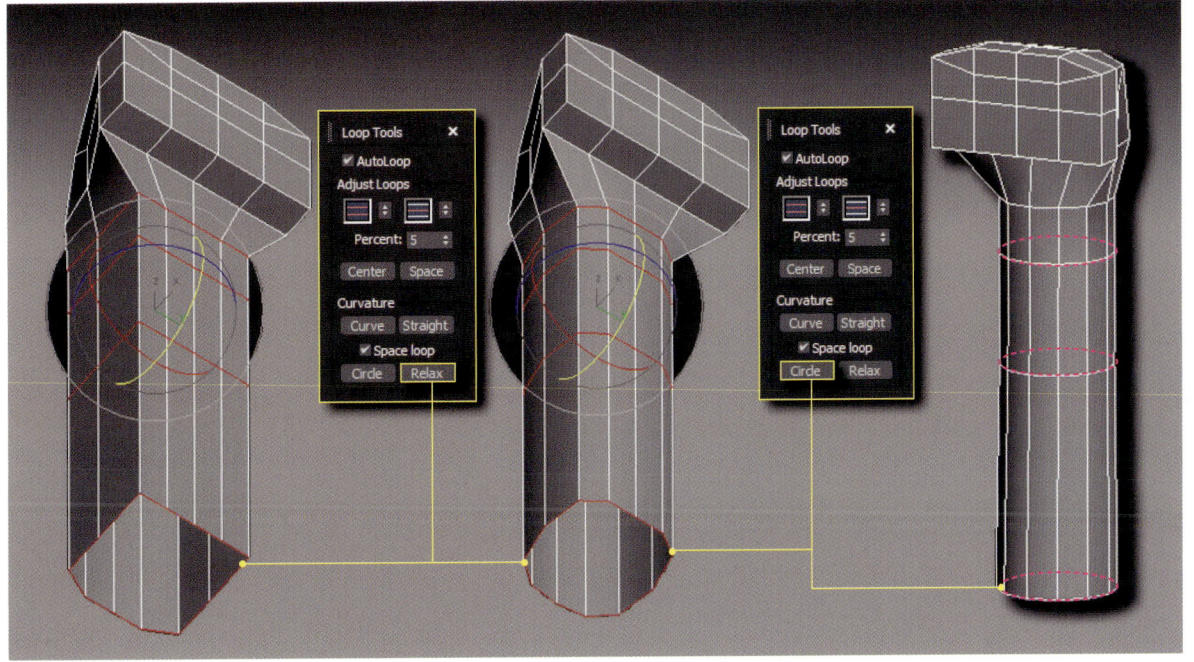

Modify → TurboSmooth를 적용하고 적용된 상태에서 Editable Poly로 변환하고 입구가 될 부분의 Vertex를 이동하고 Polygon을 선택해서 Move를 이용해서 변형하고 삭제합니다.

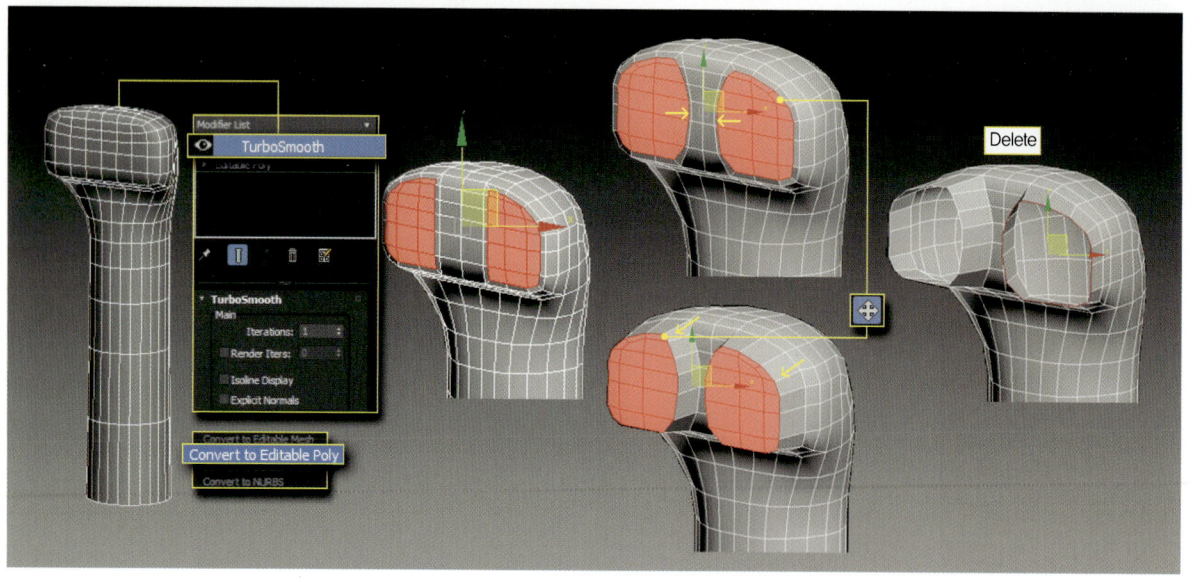

Loop Tools의 Circle을 이용해서 입구 쪽 Edge를 원형으로 수정하고 Shift 키를 누른 상태로 Scale해서 안쪽으로 Edge를 추가합니다.

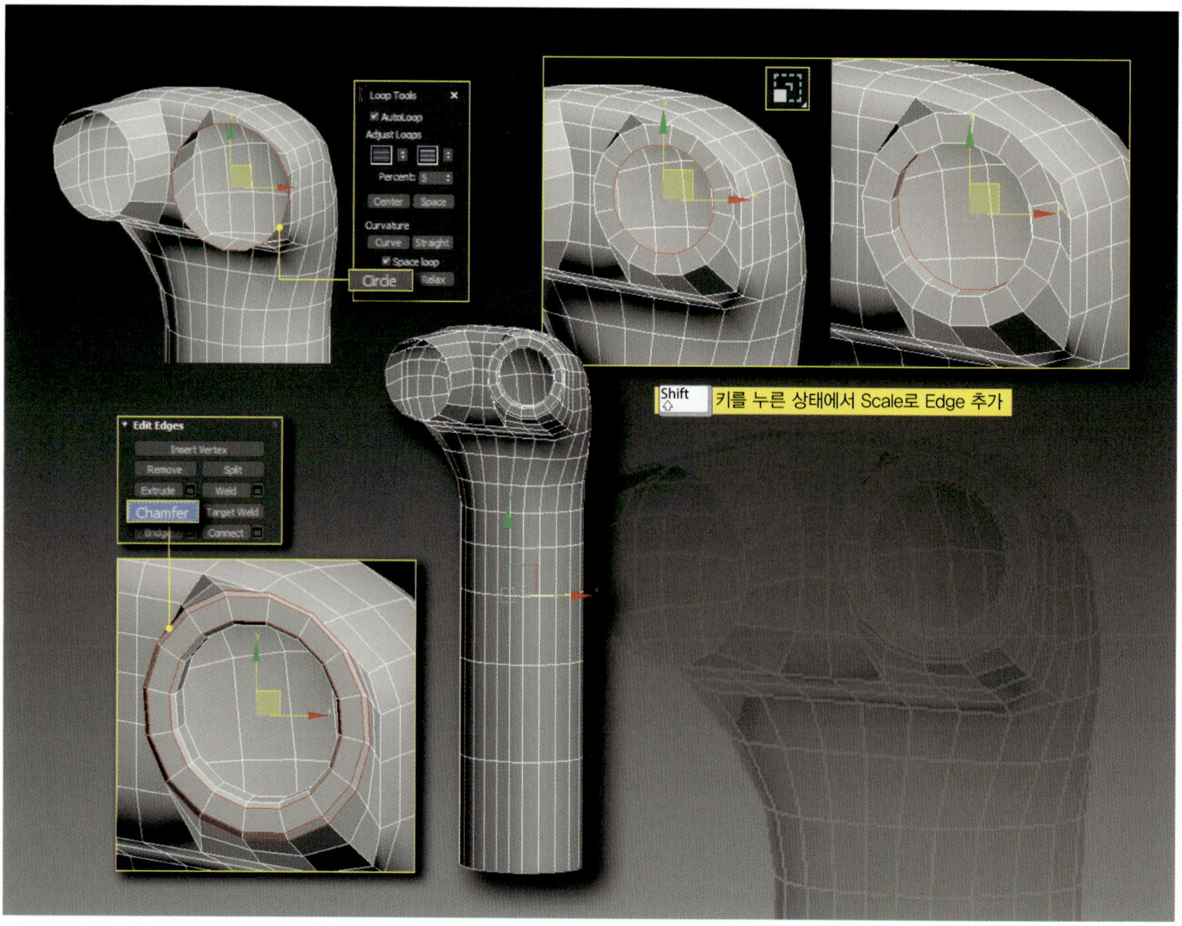

좌우, 앞뒤, 위아래가 대칭인 Object의 경우 Symmetry를 이용해서 Object를 대칭이 되게 변형합니다. 축을 Local로 설정하고 축의 방향을 확인하고 대칭 기준이 될 축을 결정합니다. 선택한 축에 따라 Symmetry 안의 Mirror 방향이 결정되고 반대편으로 복사됩니다. Weld Seam를 체크하면 Threshold의 수치에 포함되는 Vertex를 Weld시킵니다.

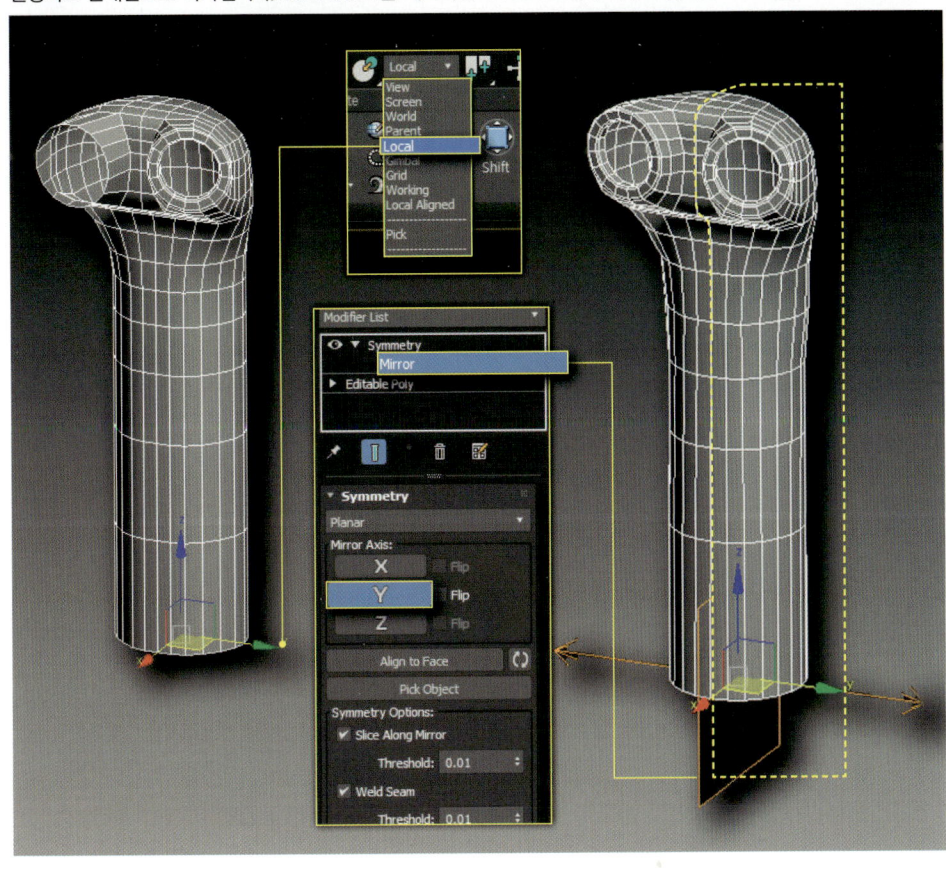

축을 다르게 설정했을 경우도 확인해봅니다.

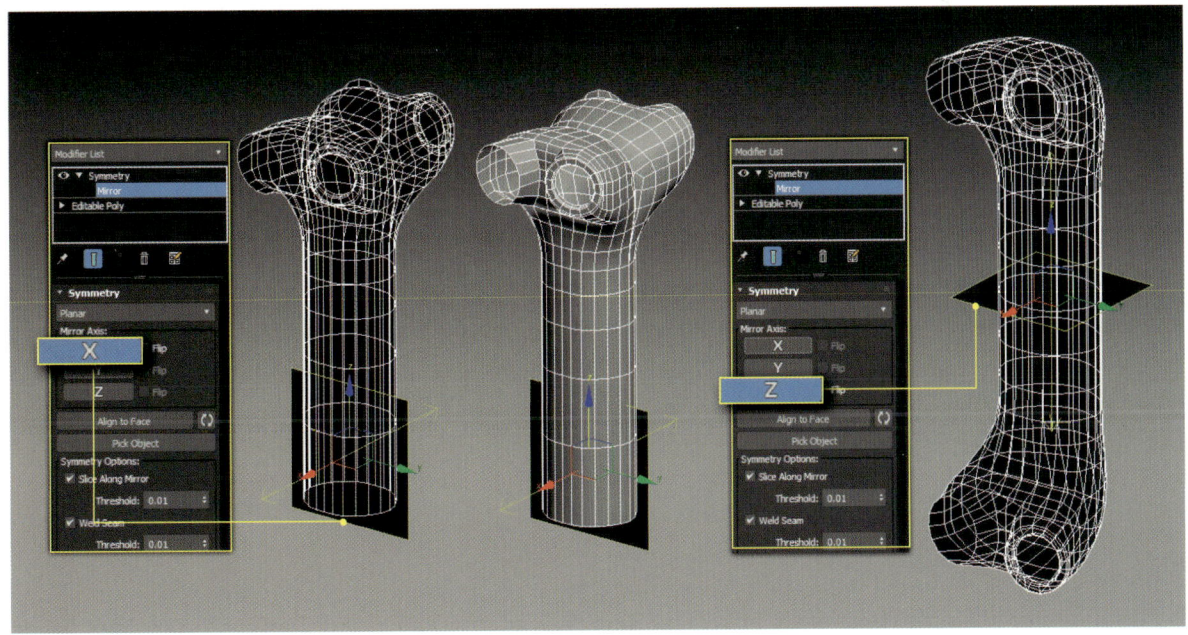

Mirror를 기준으로 대칭 복사되기 때문에 Mirror를 이동하거나 회전해도 영향을 받아 형태가 대칭으로 변형됩니다.

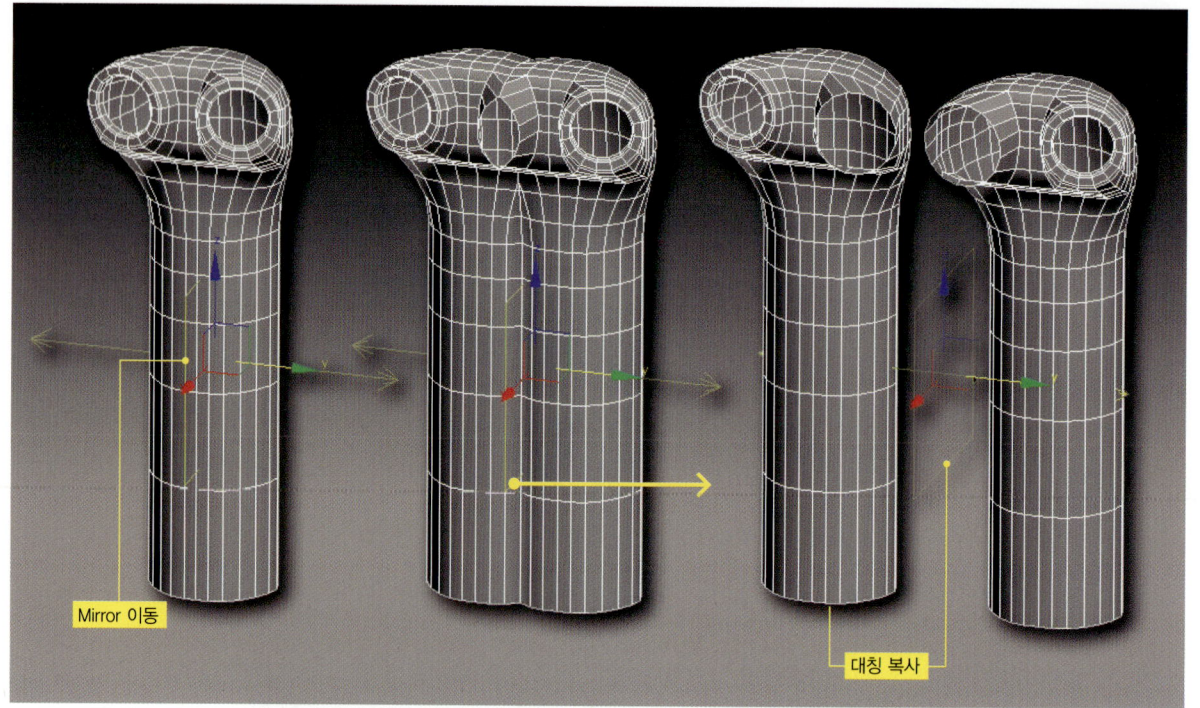

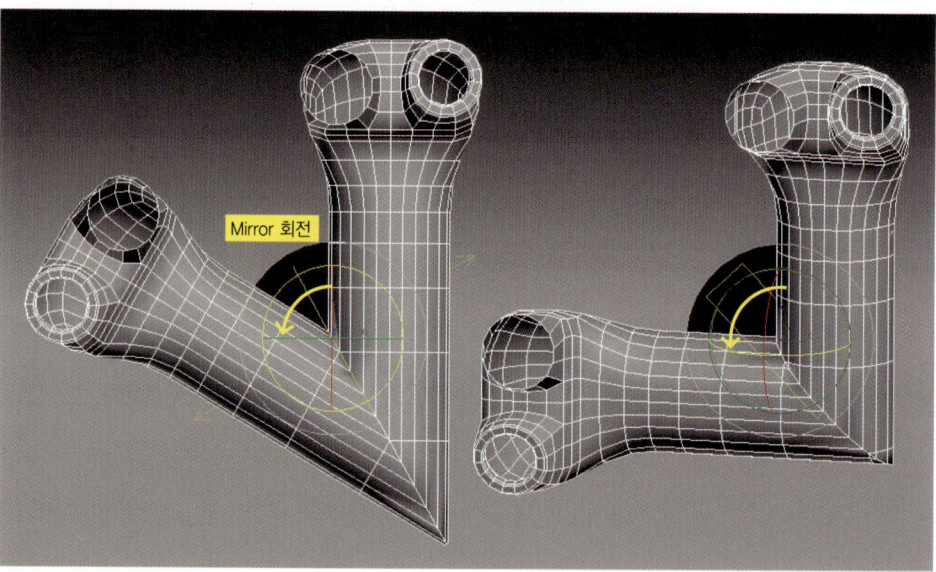

Modify ➜ FFD 4x4x4를 적용해서 기둥 부분을 수정합니다.

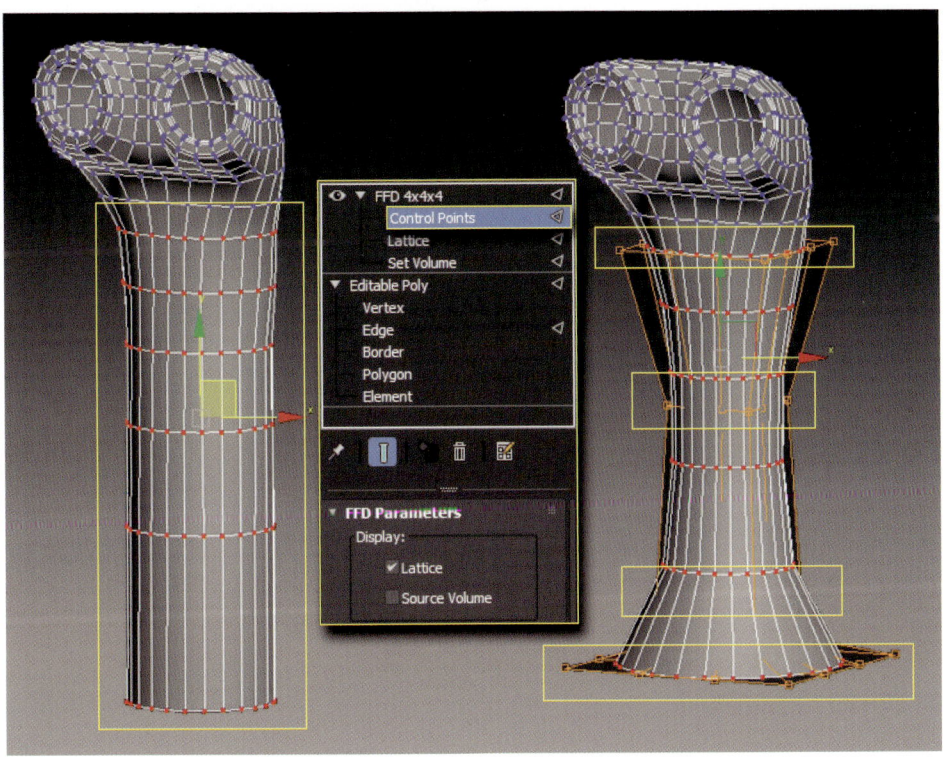

Shift 키를 누른 상태로 Move를 이용해서 Edge를 추가하고 Chamfer, Modify ➜ Push 등을 이용해서 홈을 만들고 Modify ➜ TurboSmooth를 적용해서 마무리합니다.

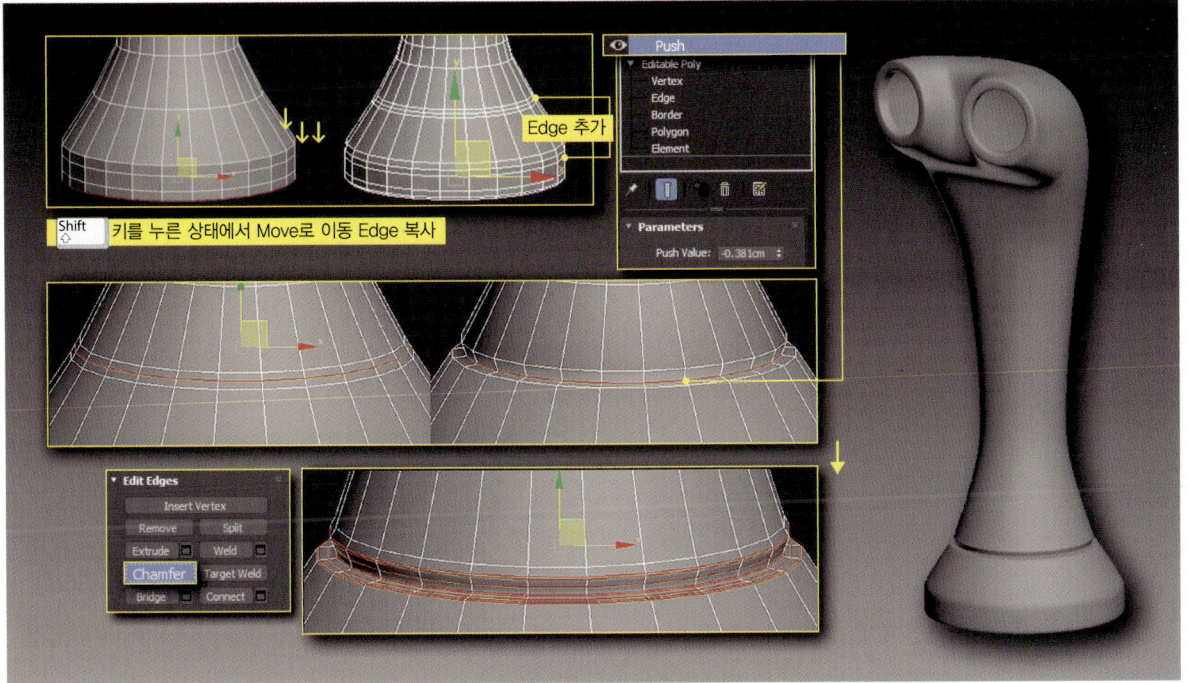

펌프 볼트 만들기

볼트 부분은 Cylinder를 이용해서 만듭니다. Cylinder를 만들고 Bevel을 이용해서 Polygon을 추가합니다.

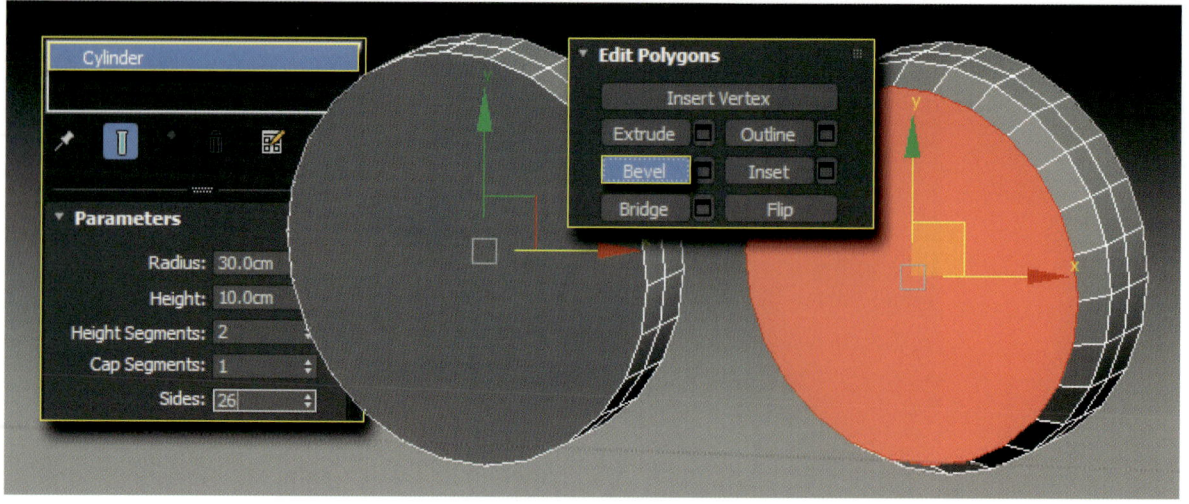

Connect를 이용해서 Vertex 사이를 연결하는 Edge를 추가하고 홈이 될 부분의 Polygon을 삭제하고 다시 Edge를 추가하고 정리합니다.

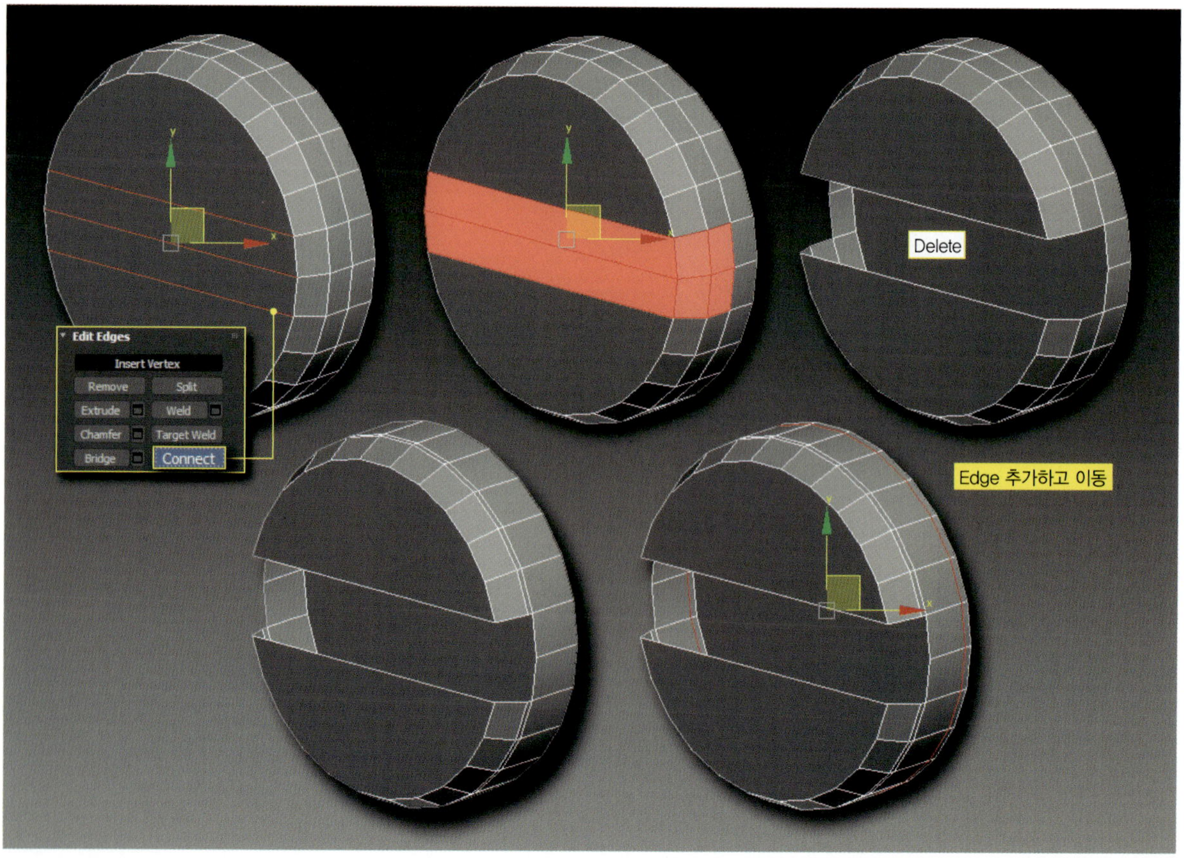

Bridge를 이용해서 Edge를 연결하는 Polygon을 생성합니다.

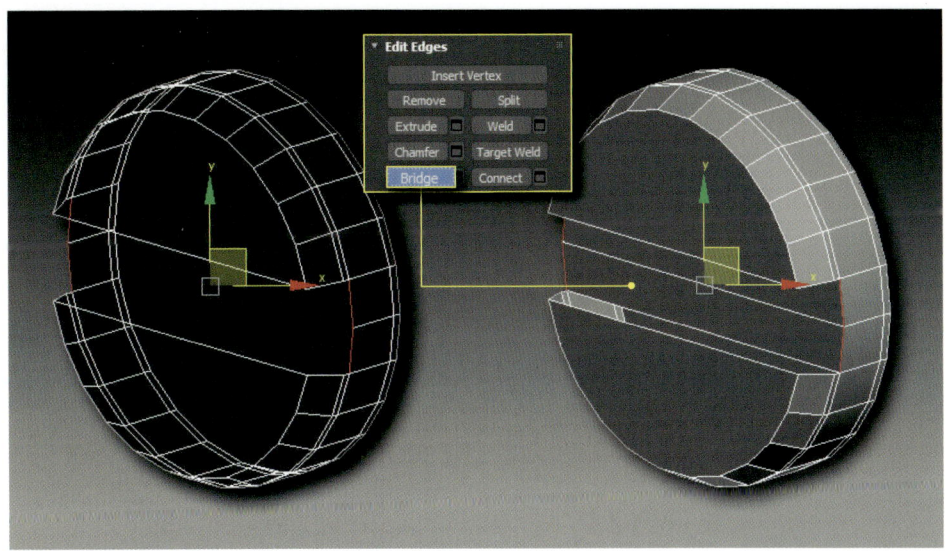

Border를 이용해서 구멍이 나있는 부분의 Edge를 모두 선택하고 Cap을 실행해서 메웁니다.

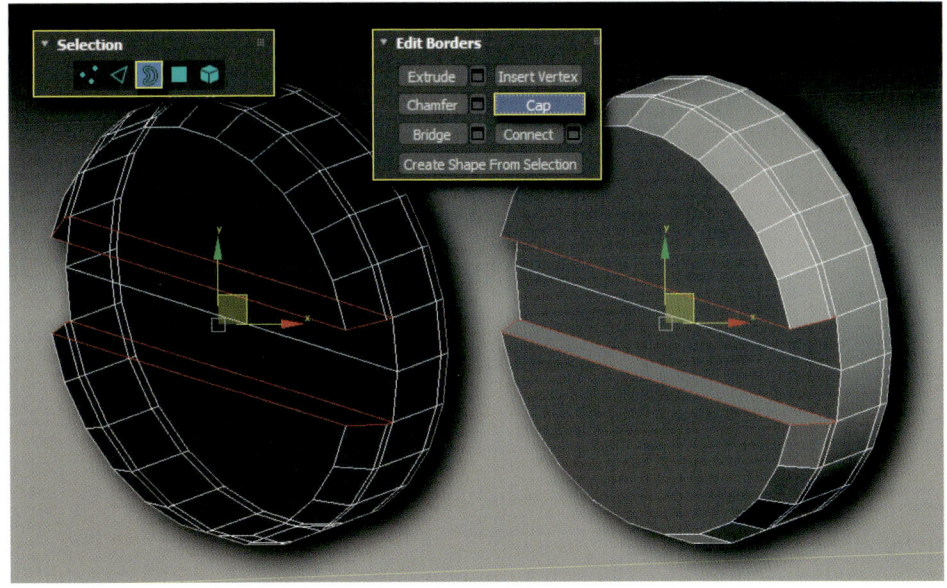

Connect를 이용해서 Edge를 추가하고 Vertex 사이를 연결하는 Edge를 다시 Connect로 연결합니다.

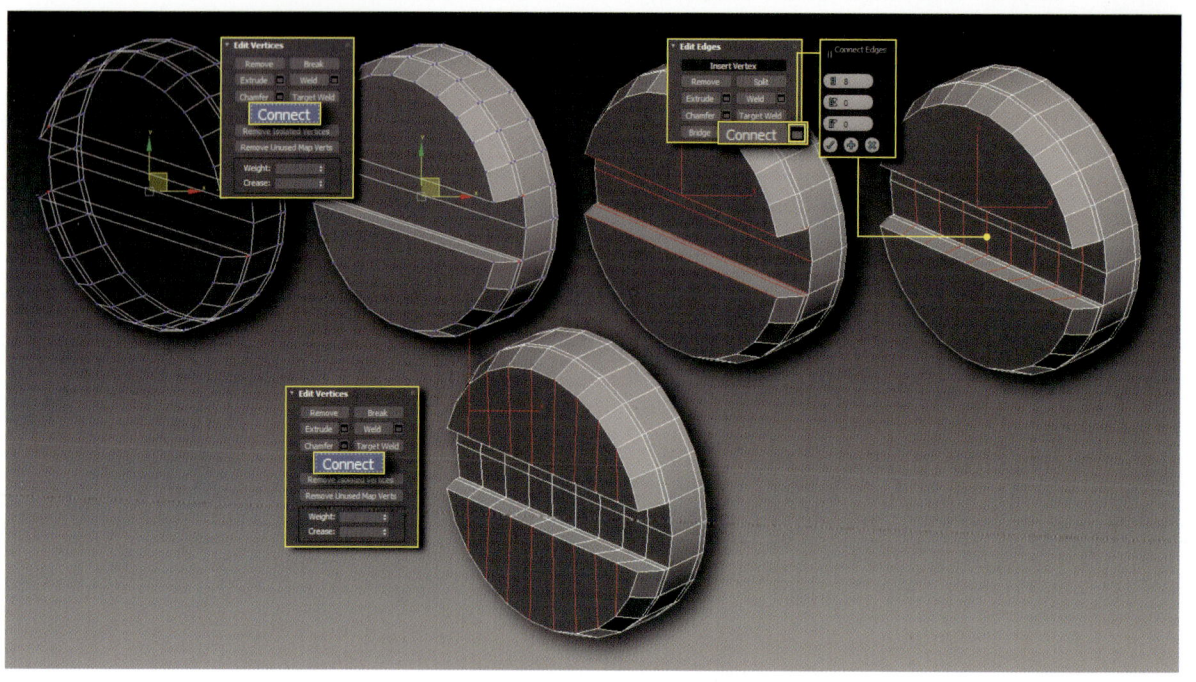

Chamfer를 이용해서 모서리 부분의 Edge를 추가하고 TurboSmooth를 적용해서 완성합니다.

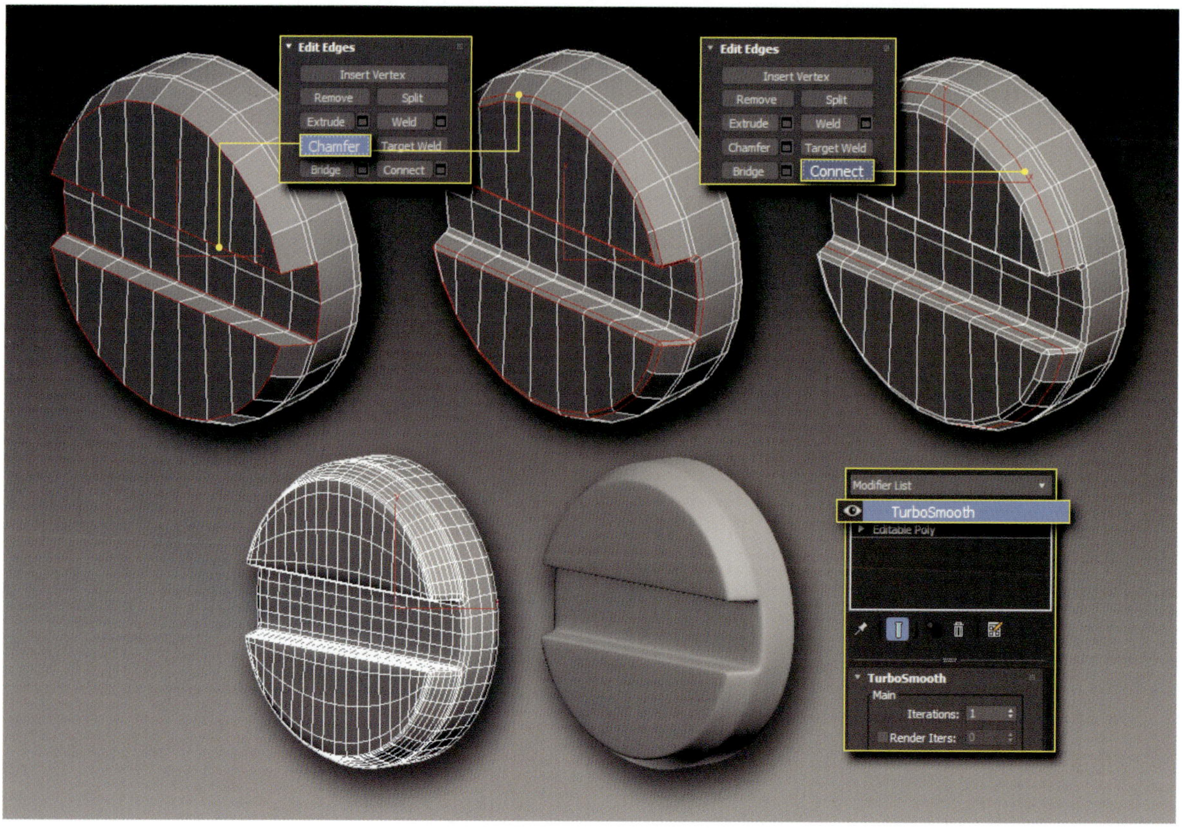

다음은 앞서 만들었던 Object가 포함된 장면입니다. 장면 안에 수많은 Object가 존재하지만 거의 모든 Object가 앞서 학습한 기능만으로 제작되었습니다.

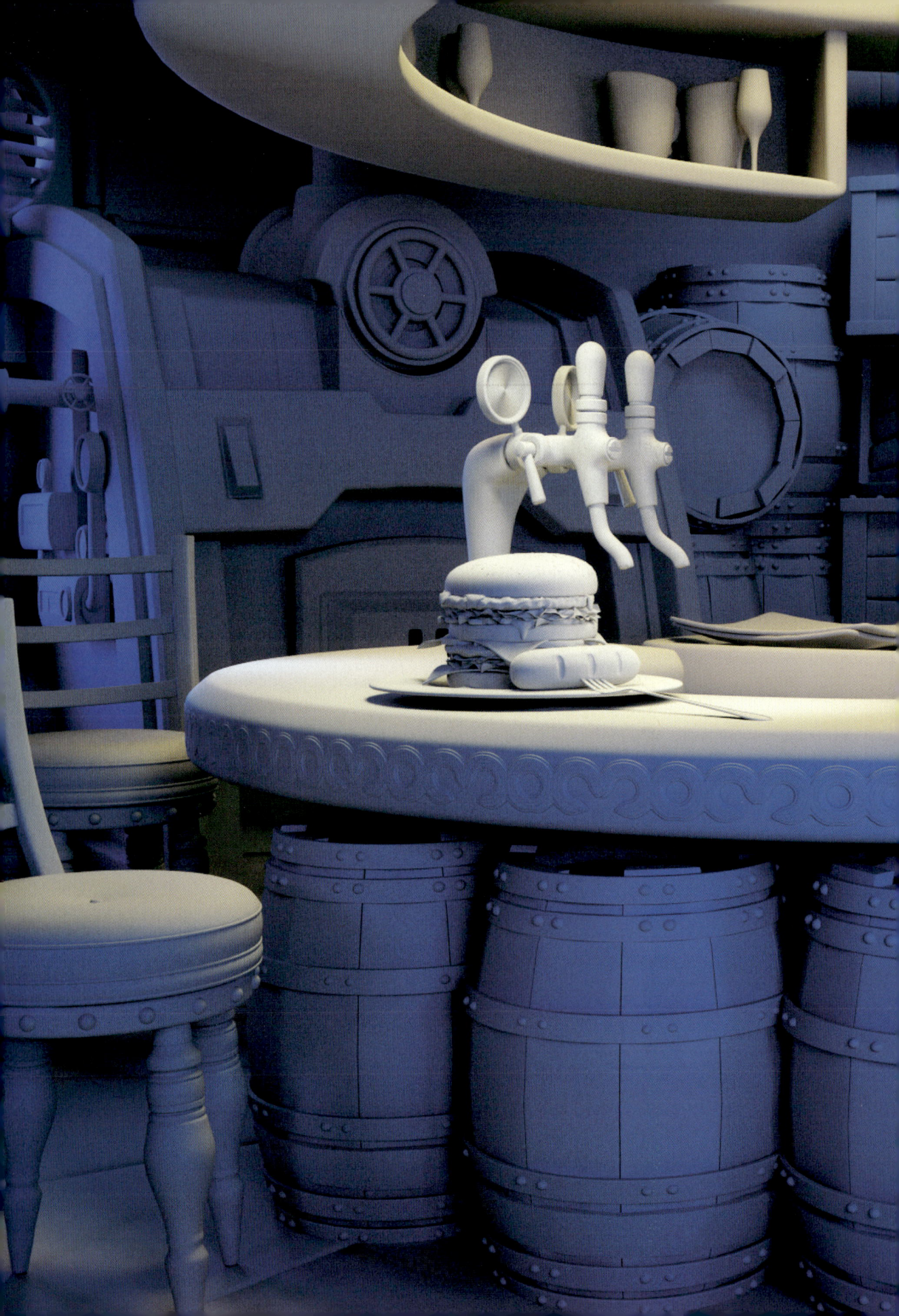

CHAPTER 04

다양한 Object
제작하기 II

04

CHAPTER 4

BRIEF INTRODUCTION

이번 챕터에서는 자동차와 스쿠터처럼 여러 가지 Object를 포함하고 있는 복잡한 형태를 제작합니다.

전체 형태를 분석하고 간단한 도형으로 기본형을 만들고 각 부분을 분리하고 세부적으로 완성해가는 과정입니다. 처음부터 Edge 수나 Vertex 위치 등 세부적인 것에 집착하지 말고, 전체 형태를 구성하고 필요한 부분을 분리해서 디테일을 추가하는 방식으로 작업합니다.

www.rubypaper.co.kr에 접속해 자료실에서 다음 파일을 내려받습니다.
Scooter.max
Wheel.max

SECTION 01

자동차 만들기

전체 모양은 기본 Object를 변형해서 비례와 형태에 맞게 Low Poly Object로 만들고 각 부분을 Detach해서 세부적으로 모델링합니다.

Chapter 04 | 다양한 Object 제작하기 II

자동차의 전체적인 형태는 Box를 변형해서 만듭니다. Box를 생성하고 Editable Poly로 변환합니다.

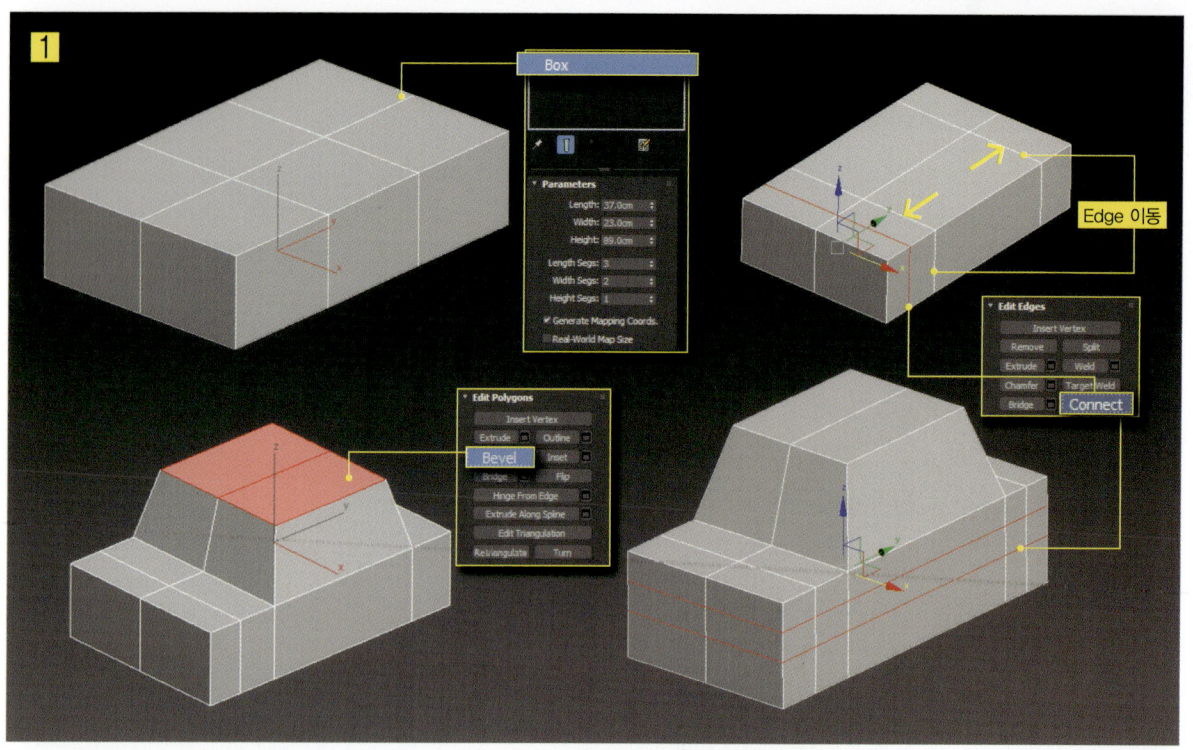

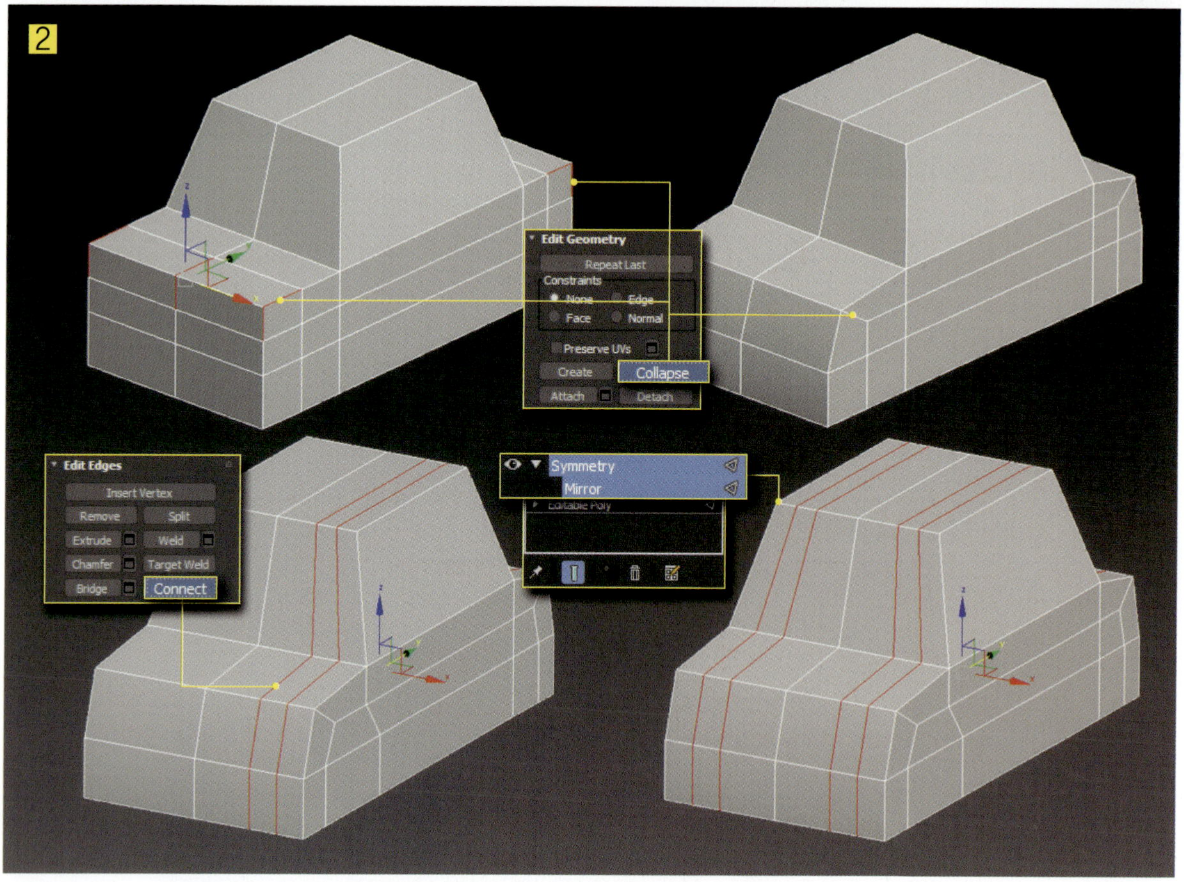

Symmetry는 외형이 대칭인 Object를 제작할 때 필수적인 기능입니다. 대칭의 형태를 제작할 때는 절반을 만들고 Symmetry를 이용해서 나머지 대칭부분을 완성합니다. 잘 모르겠으면 챕터1을 참고합니다.

차체 부분과 지붕 부분을 Detach를 이용해서 분리합니다.

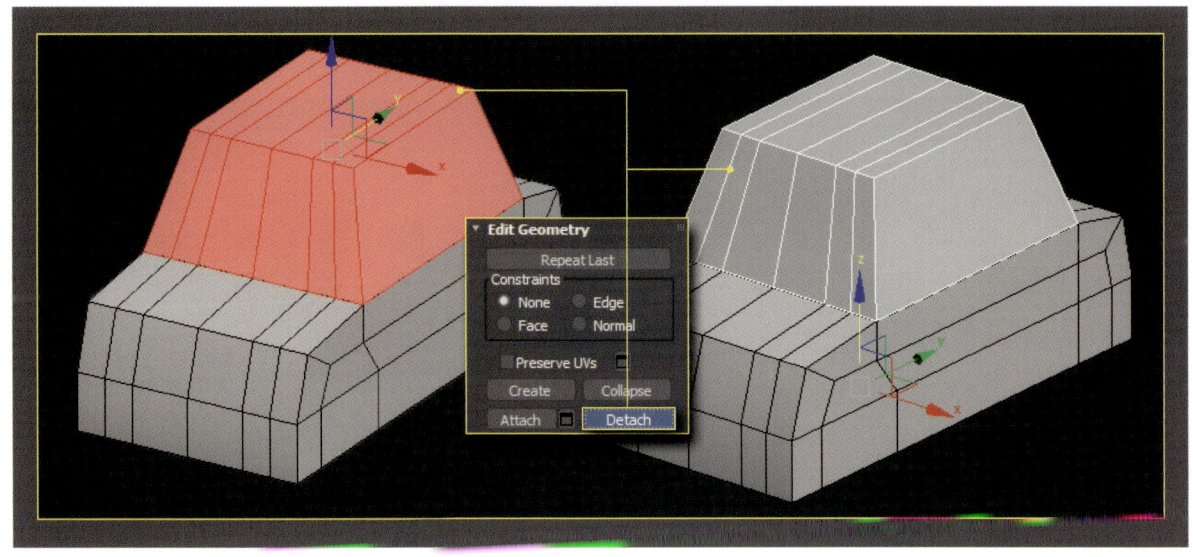

Object가 여러 개가 있을 때 선택한 Object만 보면서 작업하는 것이 효율적입니다. 화면에 보고 싶은 Object를 선택하고 마우스 오른쪽 버튼을 클릭하고 Isolate Selection을 클릭하면 선택한 Object만 화면에 나타납니다. 다시 마우스 오른쪽 버튼을 클릭하고 End Isolate를 클릭하면 원상태로 돌아옵니다.

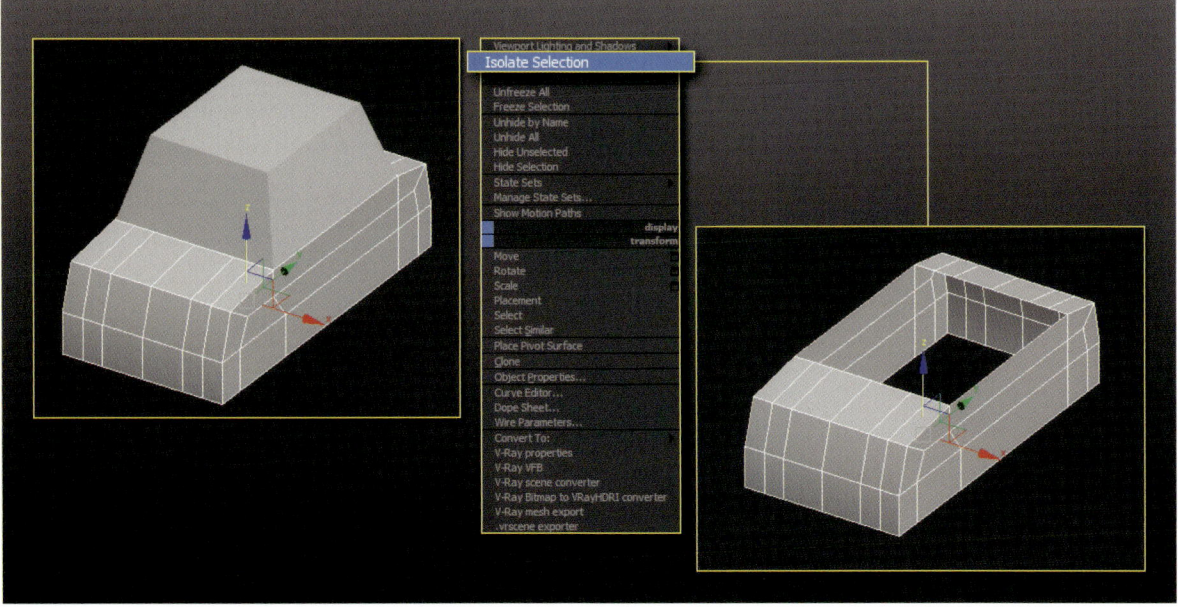

자동차는 기본적으로 대칭이기 때문에 Modify → Symmetry를 적용하고 Show and Result On/Off Toggle을 활성화해서 결과를 확인하며 작업합니다.

Edge를 추가한 후 바퀴가 들어갈 곳의 Polygon을 삭제하면서 형태를 변형합니다.

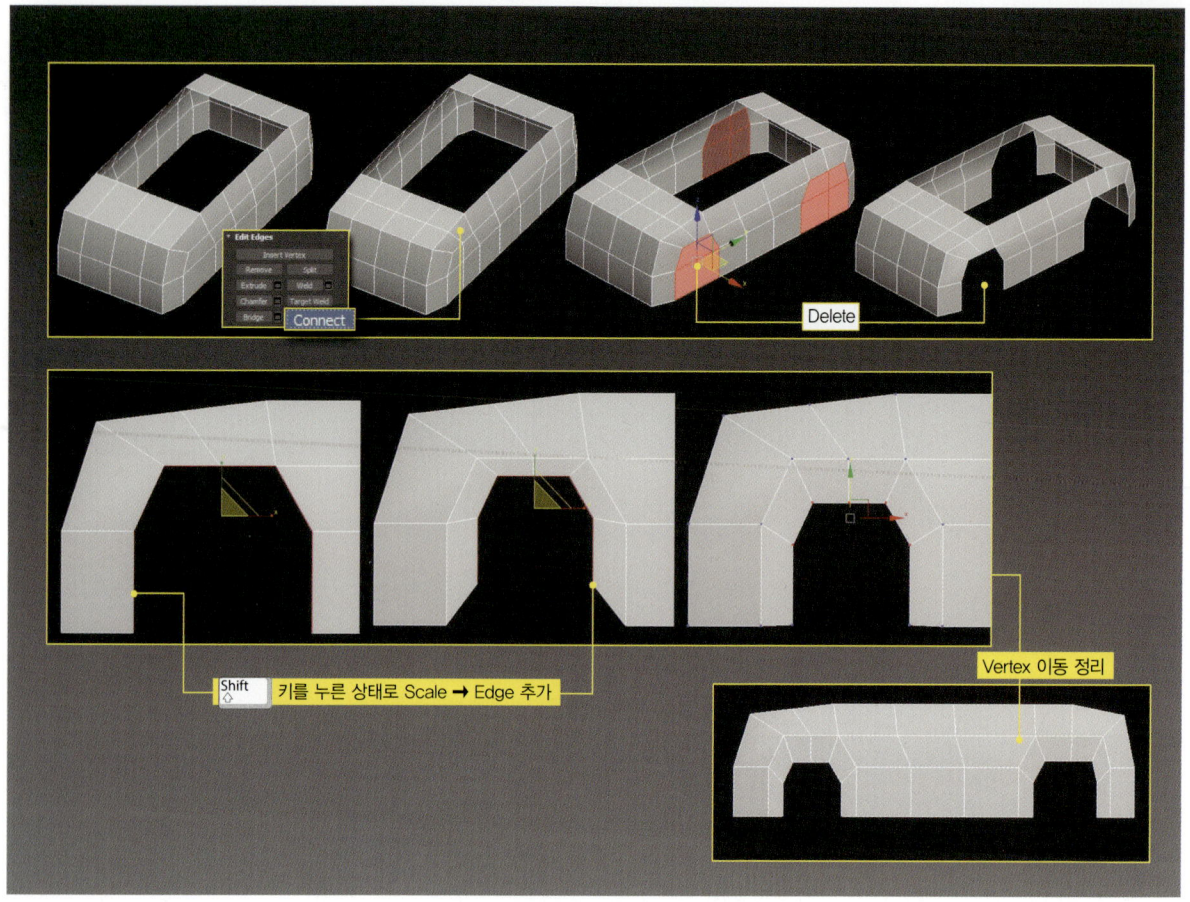

Swift Loop 기능과 Connect 등을 이용해서 원하는 위치에 Edge를 추가하고 자동차의 형태에 맞도록 변형했습니다.

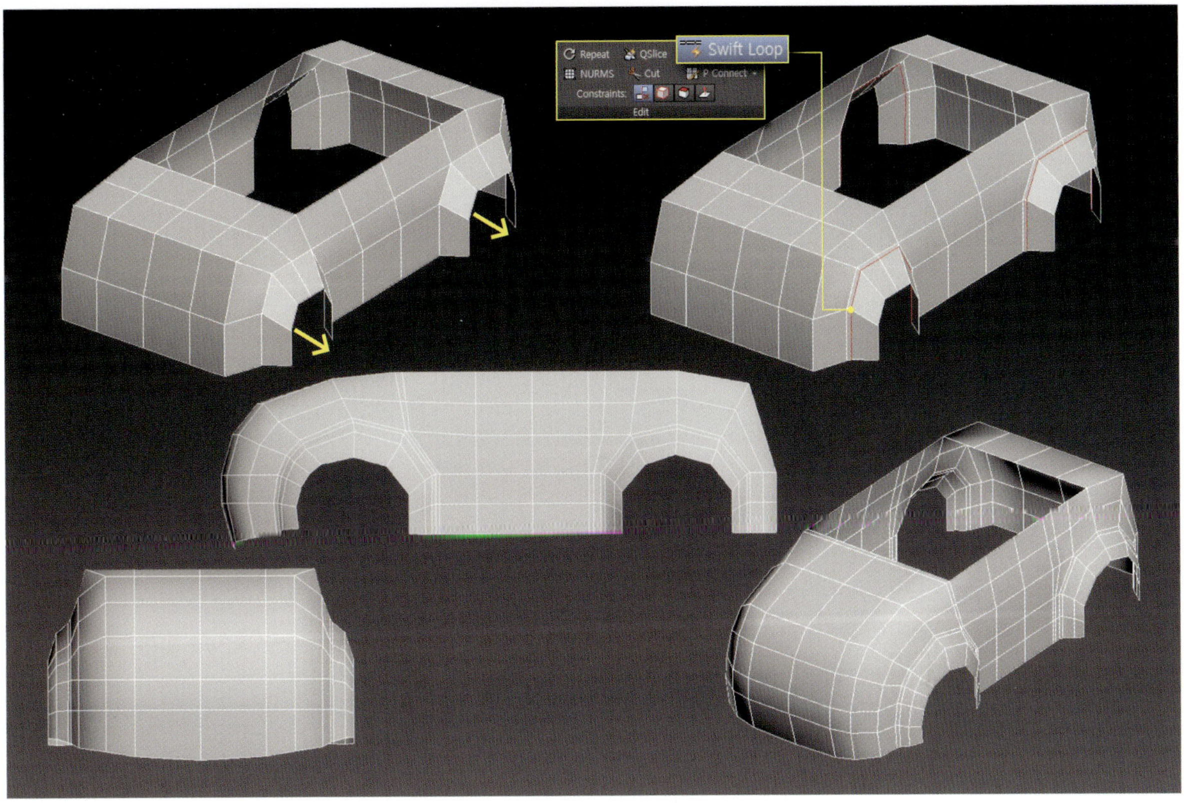

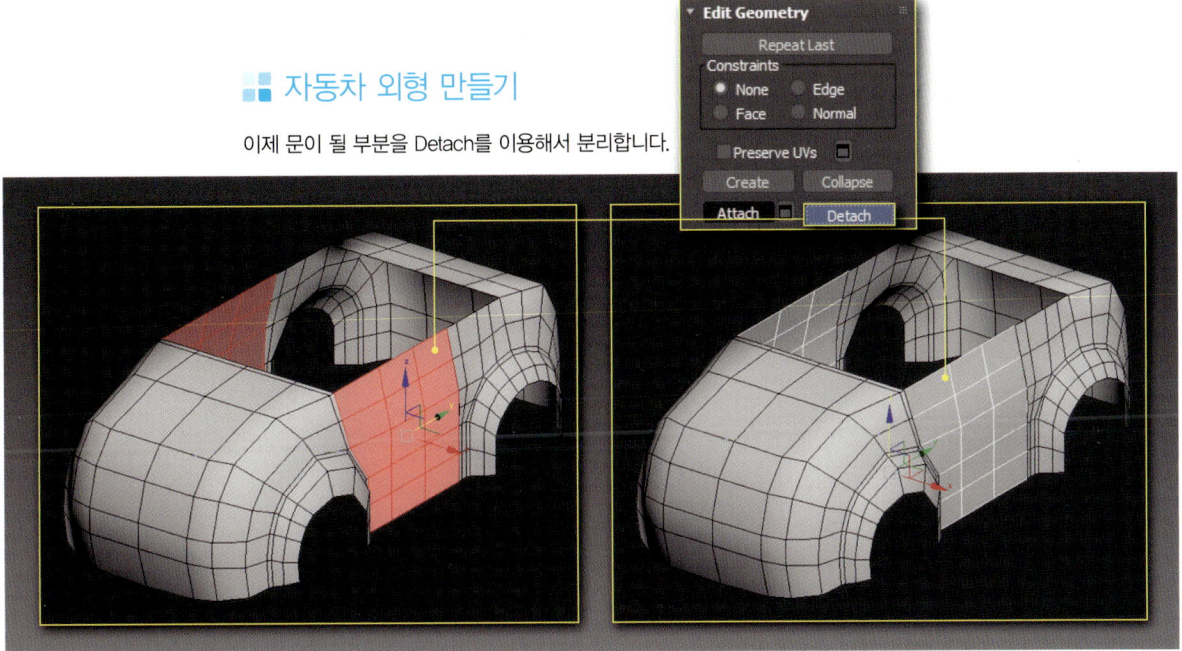

PINUP TIP

지금부터 Edge의 수와 형태는 책과 정확히 일치시키기보다 각각 원하는 형태로 변형하고 무작정 따라하기보다 Edge의 흐름을 생각하면서 각자 필요한 부분에 Edge를 추가하면서 학습하기 바랍니다. 반복적인 기능을 사용하기 때문에 기능이 익숙해진 이후에는 Edge의 구성과 덩어리 감 그리고 곡면을 이루는 곳의 Edge 흐름을 이해하는 것이 중요합니다.

자동차 외형 만들기

이제 문이 될 부분을 Detach를 이용해서 분리합니다.

분리된 앞 부분도 범퍼, 헤드 라이트, 본닛 부분으로 Detach를 이용해 분리하고 Edge를 필요한 만큼 추가하고 정리합니다.

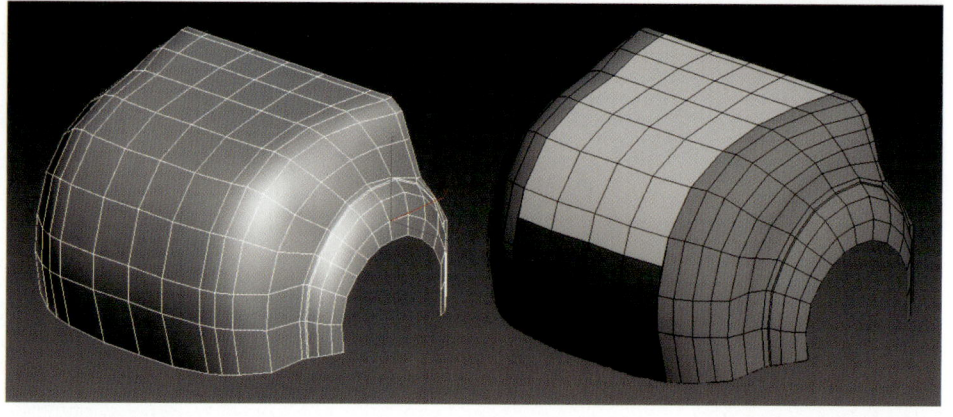

이렇게 분리한 각 부분을 변형합니다. 라이트가 들어갈 부분의 Polygon을 Inset과 Loops Tool의 Circle 기능을 이용해서 원형으로 변형하고 완성해 나갑니다.

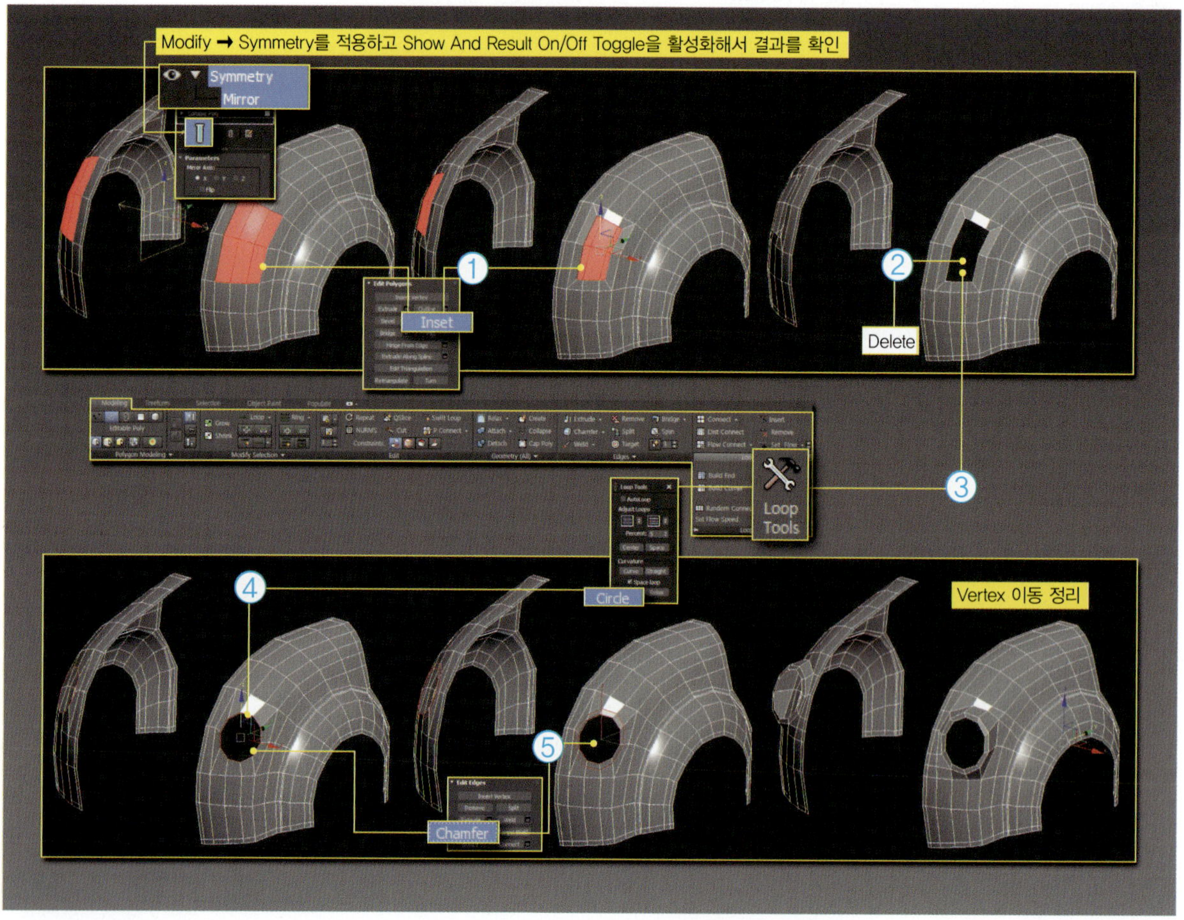

Modify ➡ Shell을 적용해서 두께를 주고 완성합니다.

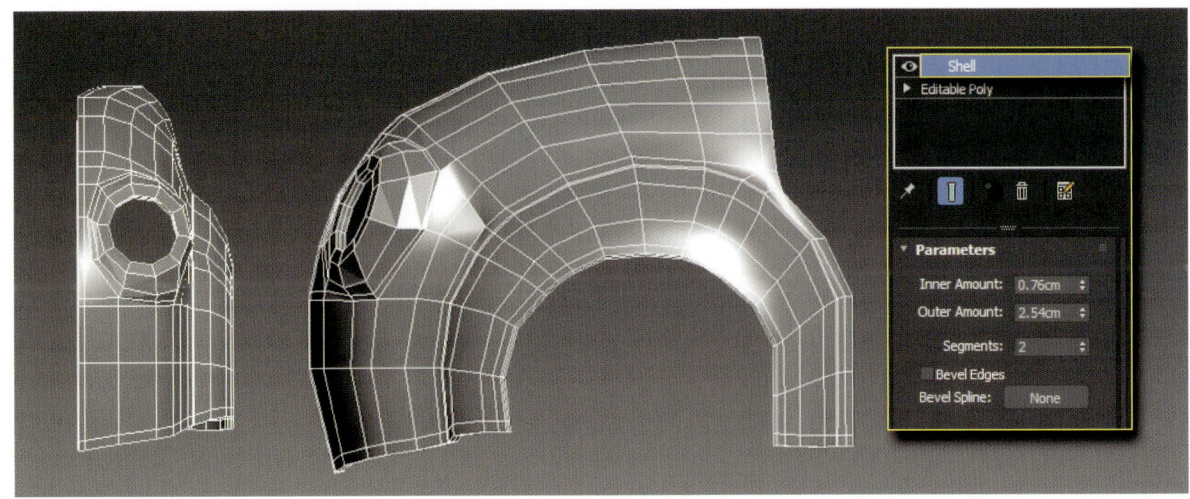

계속해서 Symmetry를 적용한 상태로 작업합니다. 문이 될 부분의 Object를 선택하고 문 손잡이가 될 부분도 변형하고 Modify ➡ Shell을 적용해서 두께를 주어 완성합니다.

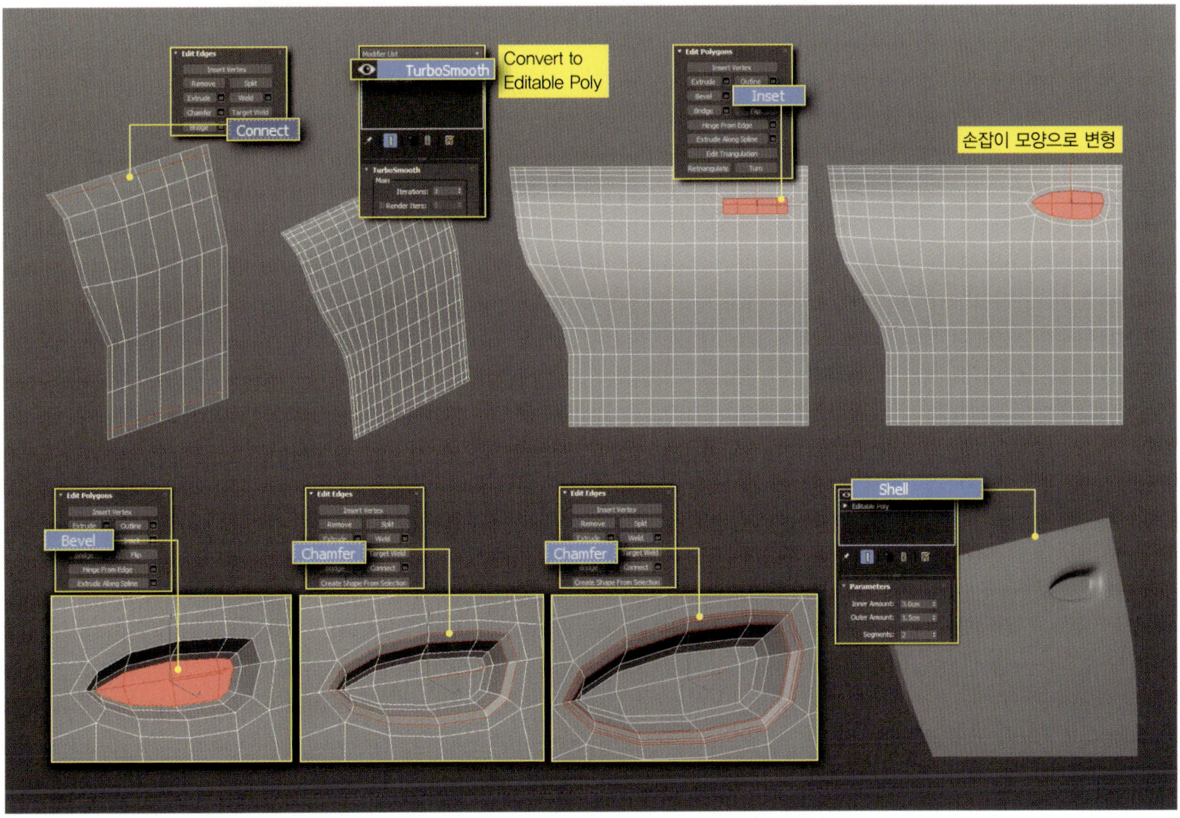

손잡이가 들어갈 부분의 Polygon을 Detach해서 분리하면 정확한 위치에 손잡이를 모델링할 수 있습니다.

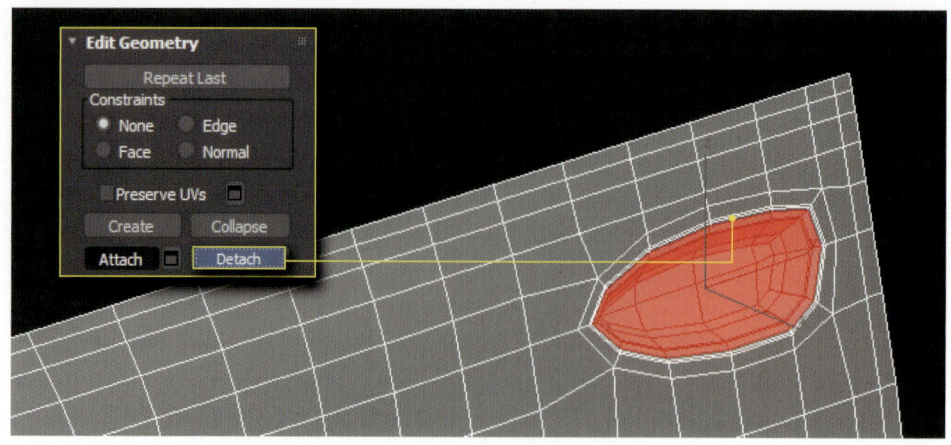

완성된 손잡이 모습

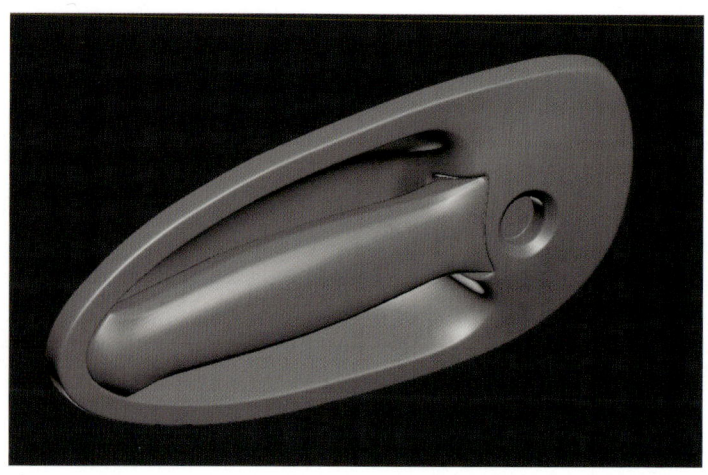

모델링에 필요한 만큼 Edge를 추가합니다.

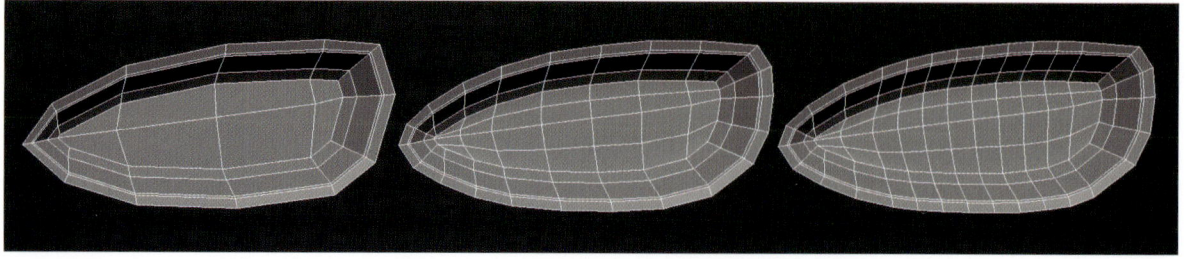

열쇠 구멍을 만들기 위해 Vertex 사이를 연결하는 Edge를 추가 후 Chamfer로 Edge를 나누고 정리합니다.

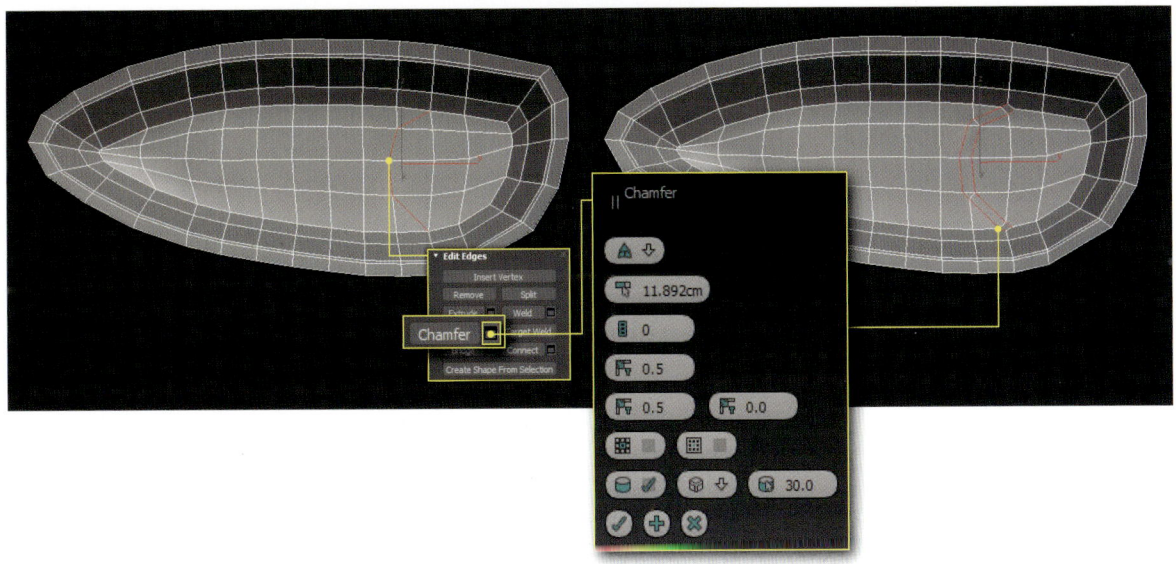

중간에 Edge를 Collapse를 이용해서 합쳐주고 열쇠 구멍이 될 부분을 뚫어 줍니다.

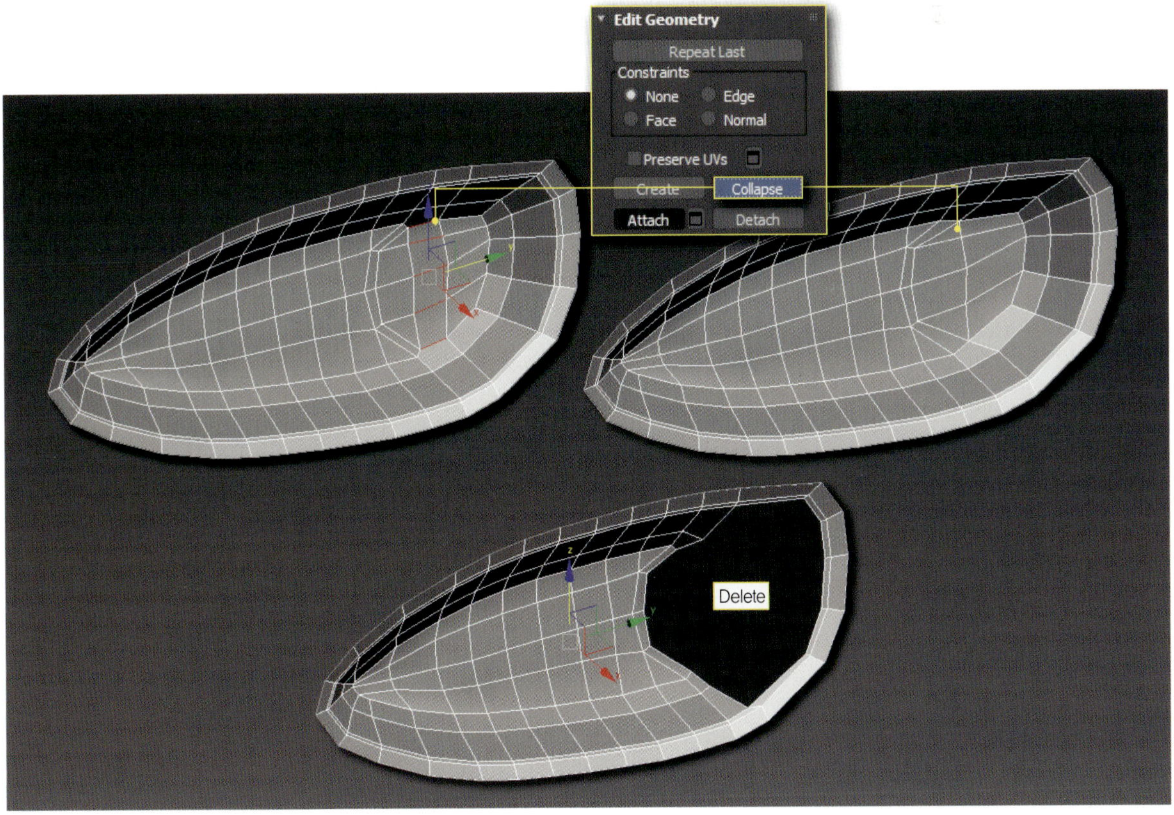

Shift 키를 누른 상태로 Move해서 Polygon을 생성하고 Vertex를 합치면서 모양을 잡아 갑니다.

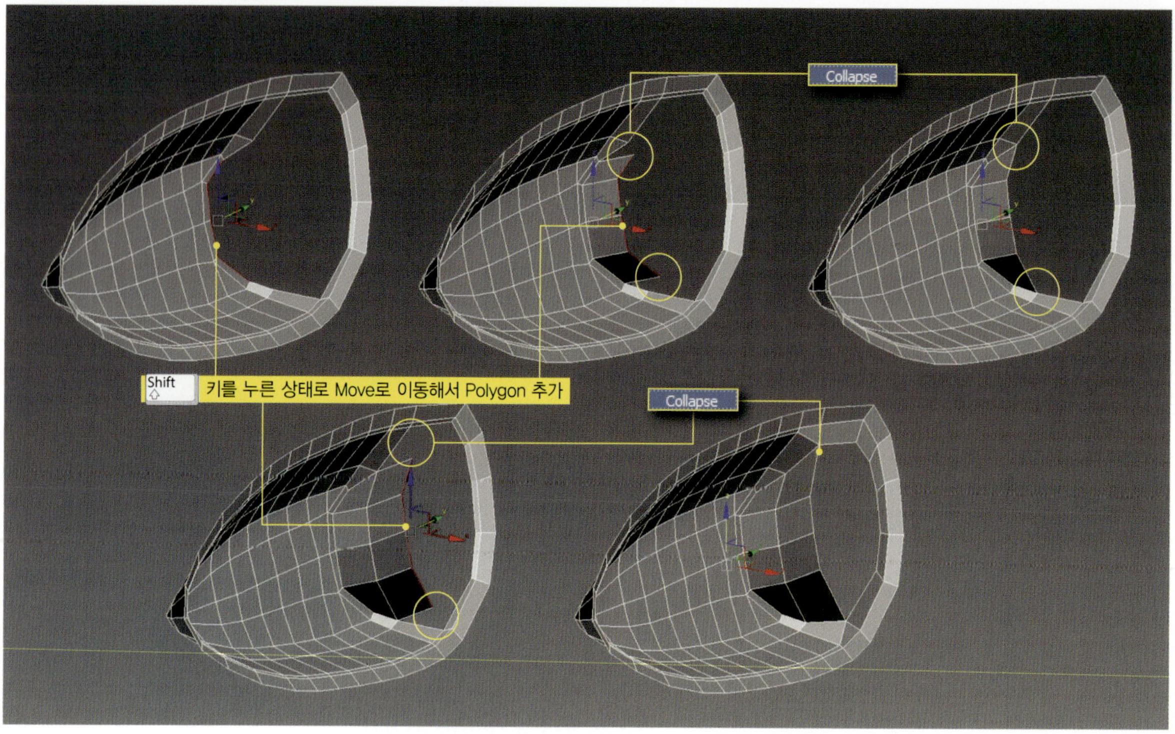

선택 모드를 Border로 바꾸고 구멍이 있는 부분의 Edge 중 하나를 선택하면 구멍의 경계에 연결된 모든 Edge를 선택할 수 있습니다. 선택 후 Cap을 실행해 구멍을 메워 줍니다.

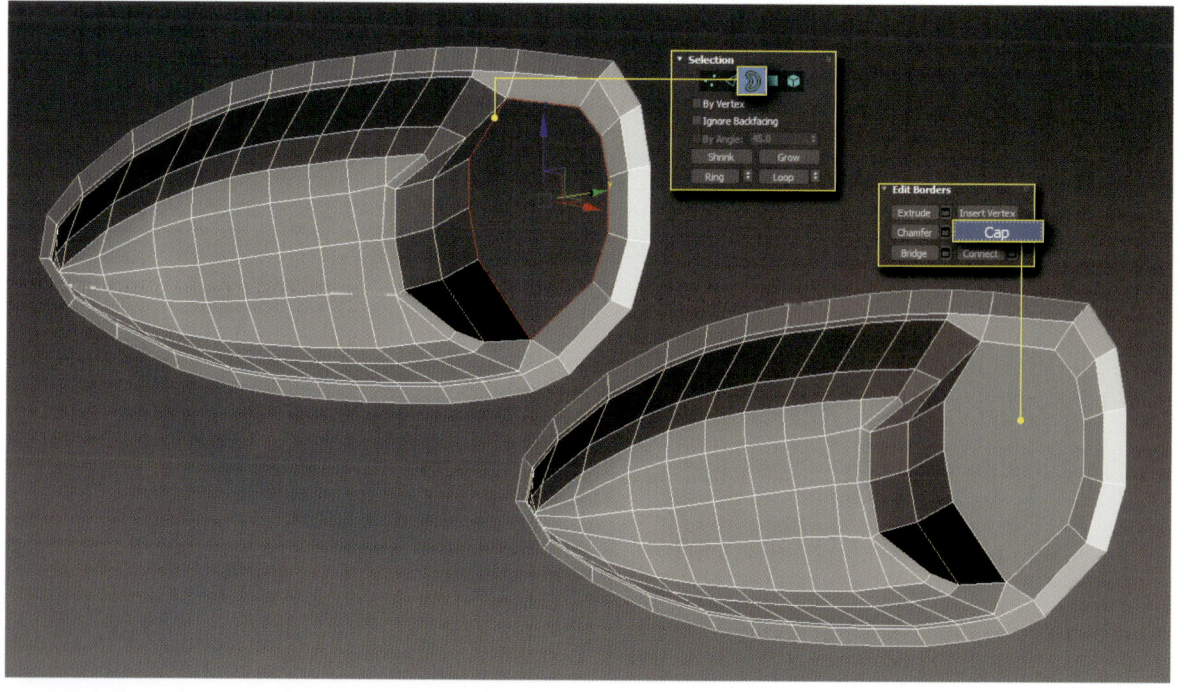

연결되지 않은 Vertex 사이를 Connect를 이용해서 연결하고 정리한 후 Edge를 추가해서 정리합니다.

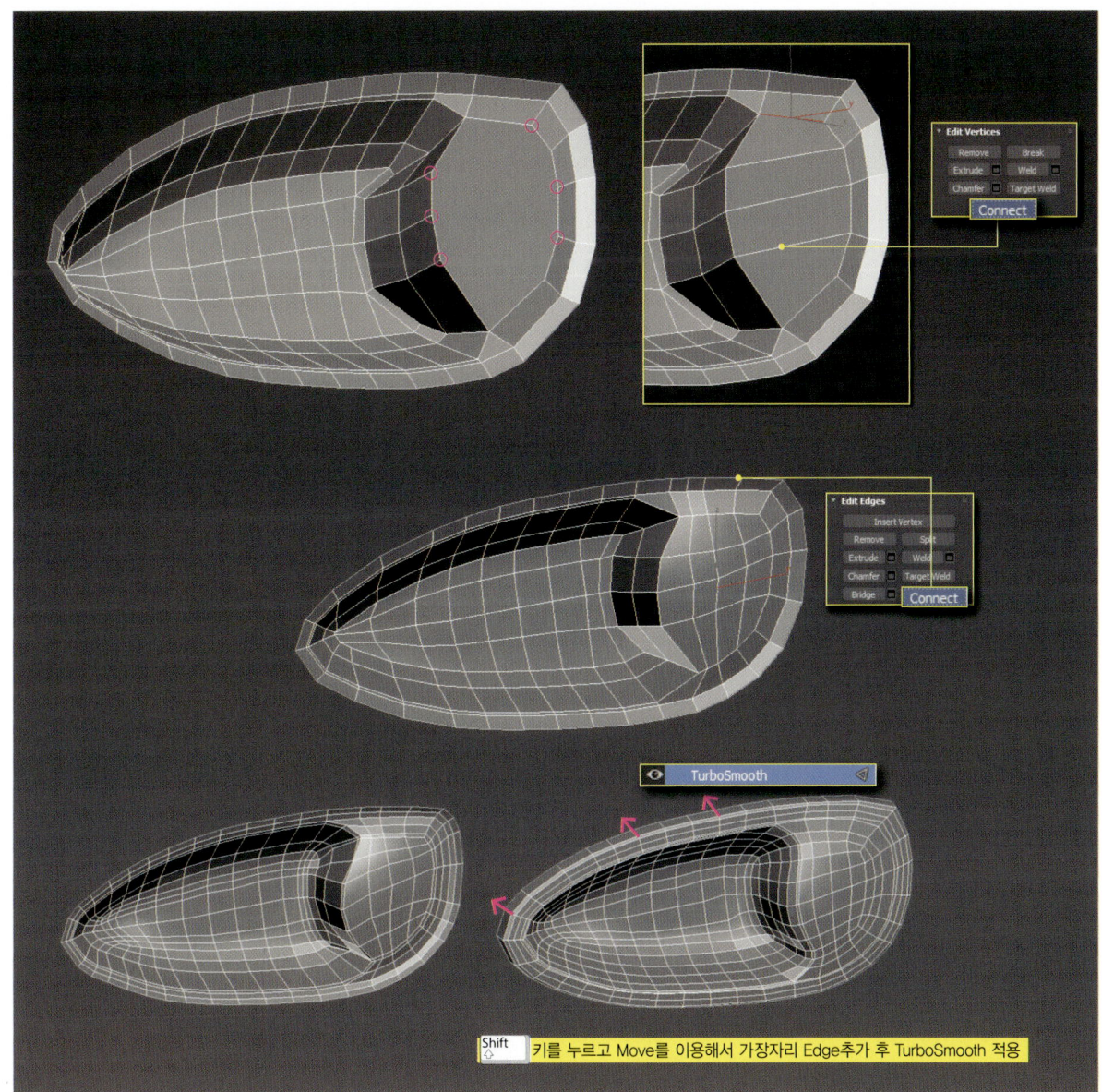

열쇠 구멍이 될 부분의 Polygon을 선택하고 Loop Tools의 Circle을 이용해서 원형을 만들고 완성합니다.

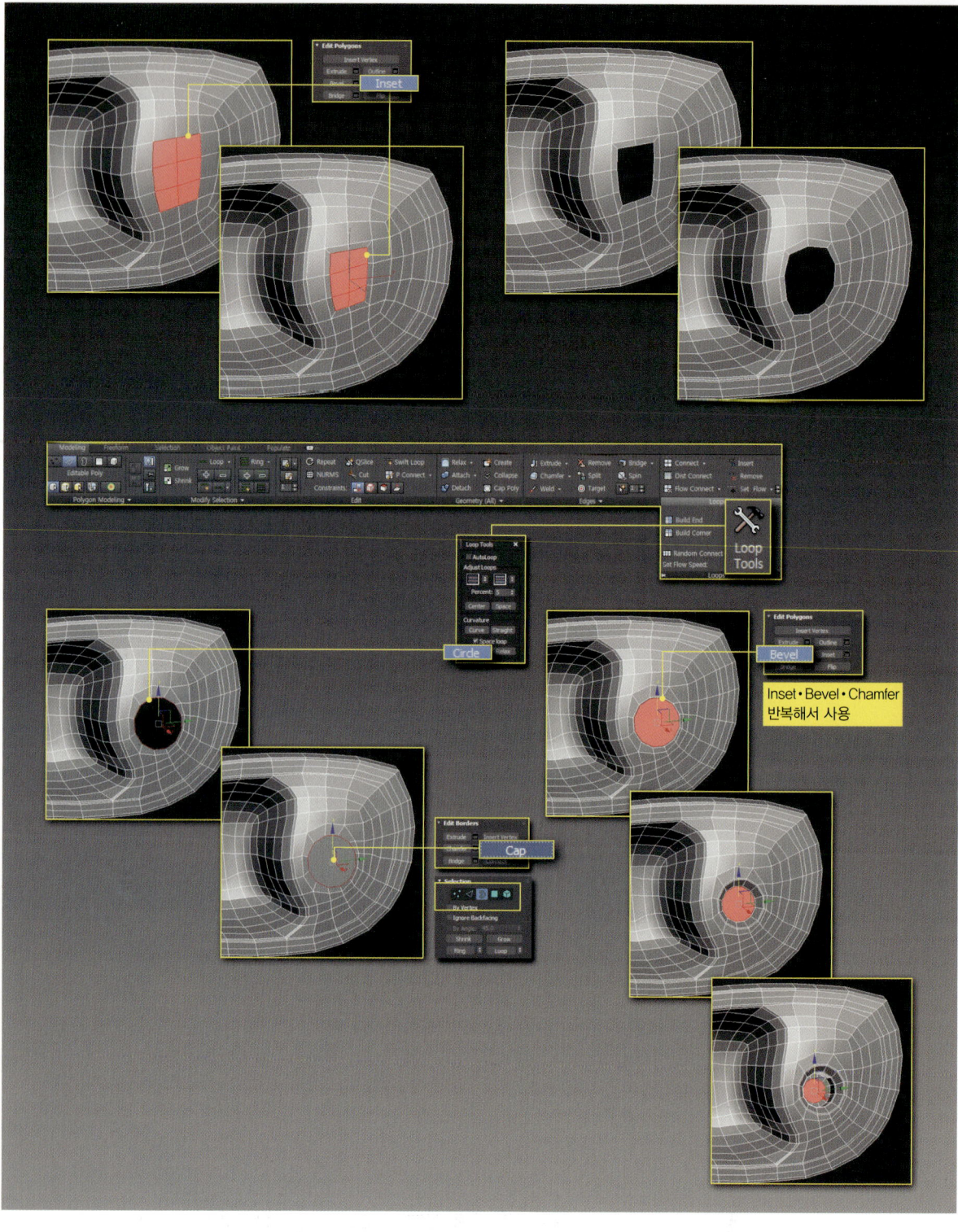

선택한 면 안쪽 Edge를 제거하고(Polygon은 유지하고 Edge만 삭제) GeoPoly 기능을 활용해서 원형을 만들 수도 있습니다.

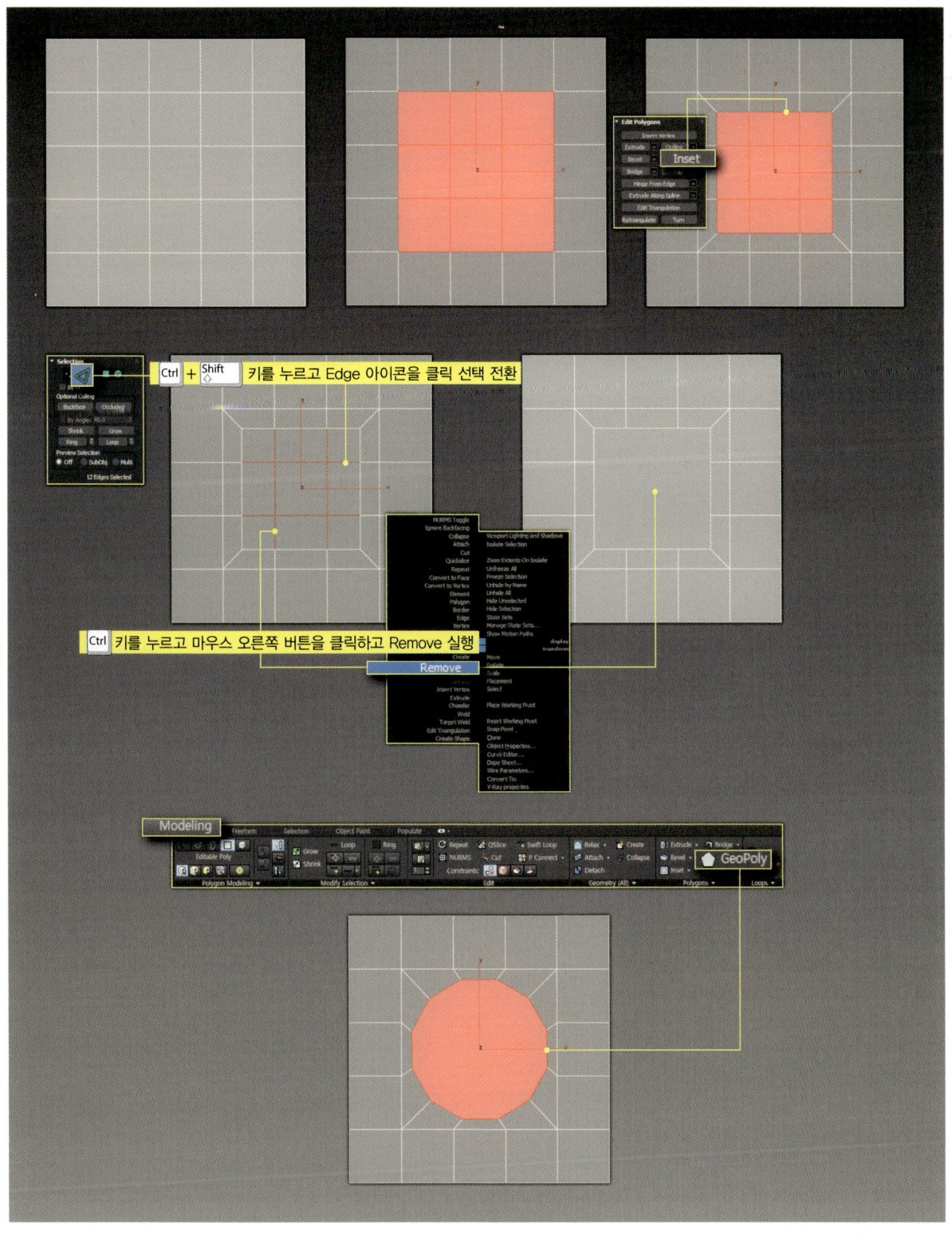

손잡이가 들어갈 홈도 만들어 줍니다.

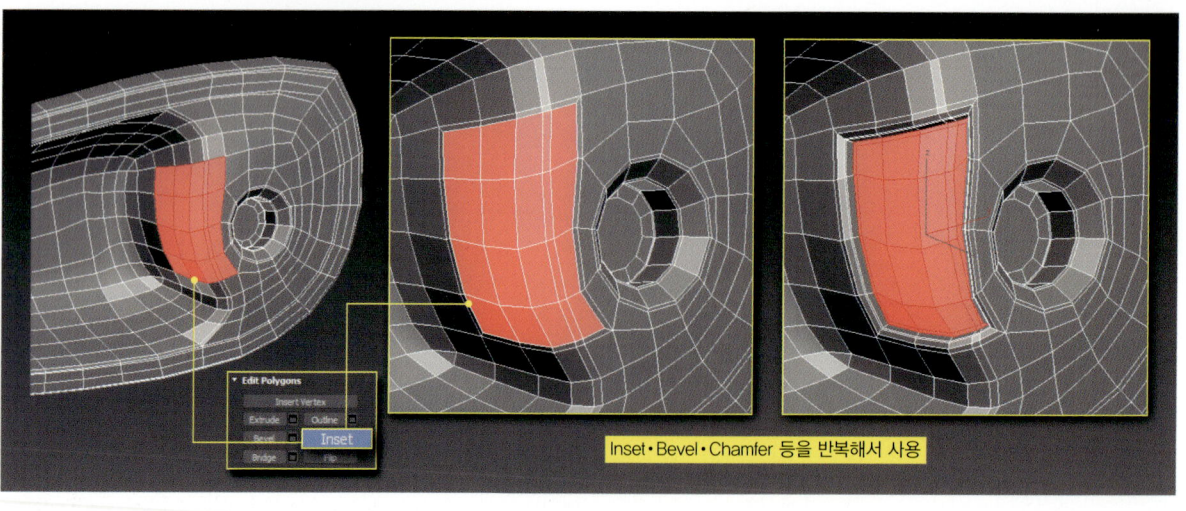

Inset · Bevel · Chamfer 등을 반복해서 사용

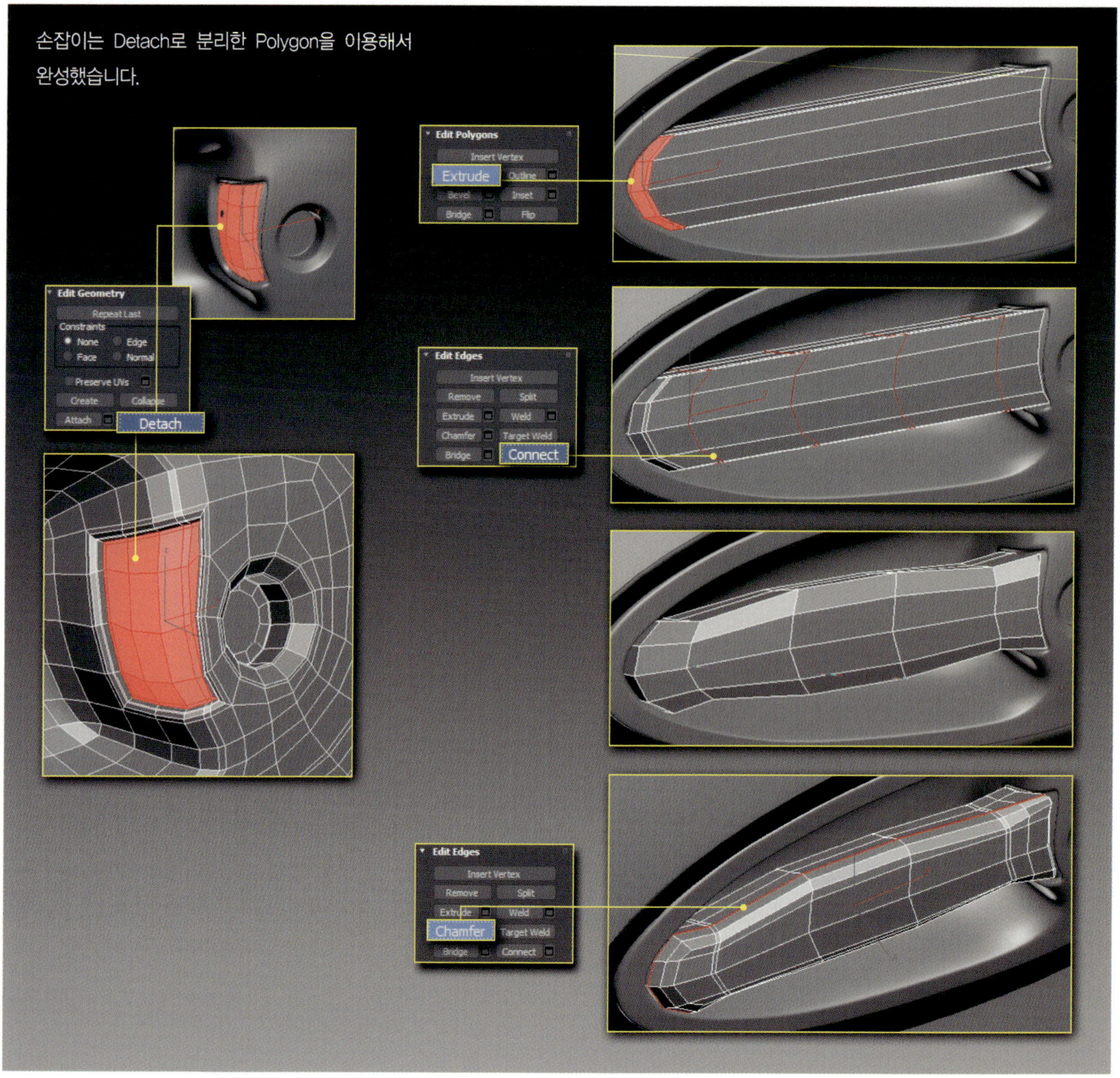

손잡이는 Detach로 분리한 Polygon을 이용해서 완성했습니다.

Detach로 분리한 지붕 부분도 같은 방법으로 작업합니다. 대칭인 경우는 계속해서 Modify ➔ Symmetry 기능을 활용합니다. 분리한 Object에 지붕 형태에 필요한 Edge를 추가하고 변형합니다.

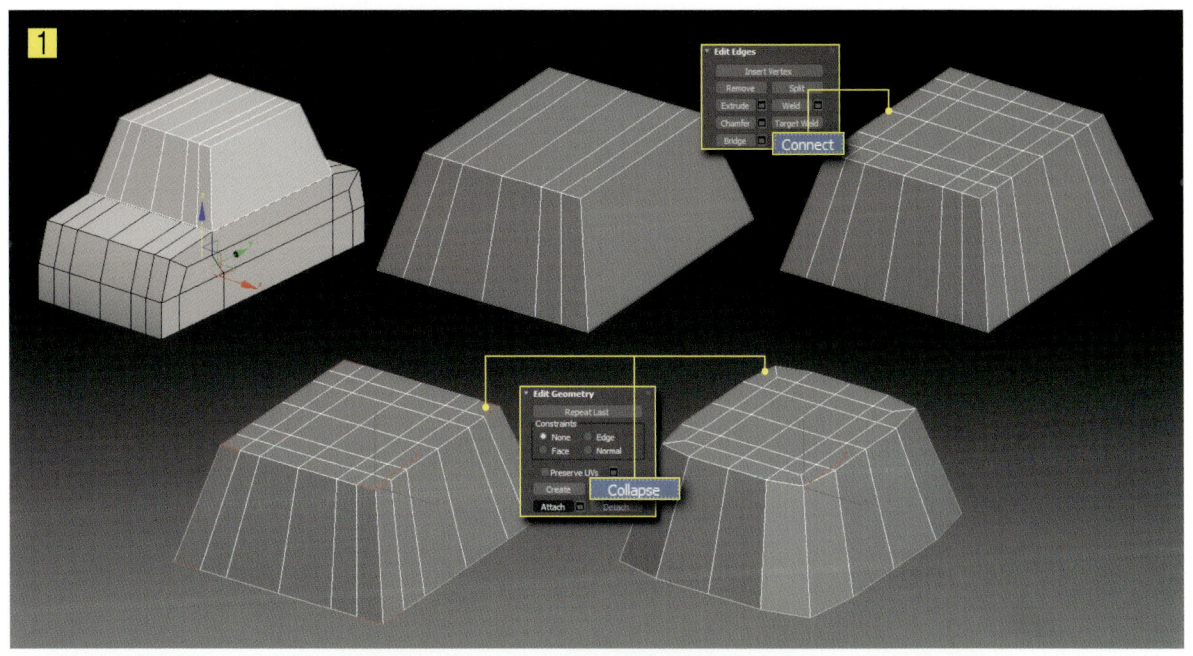

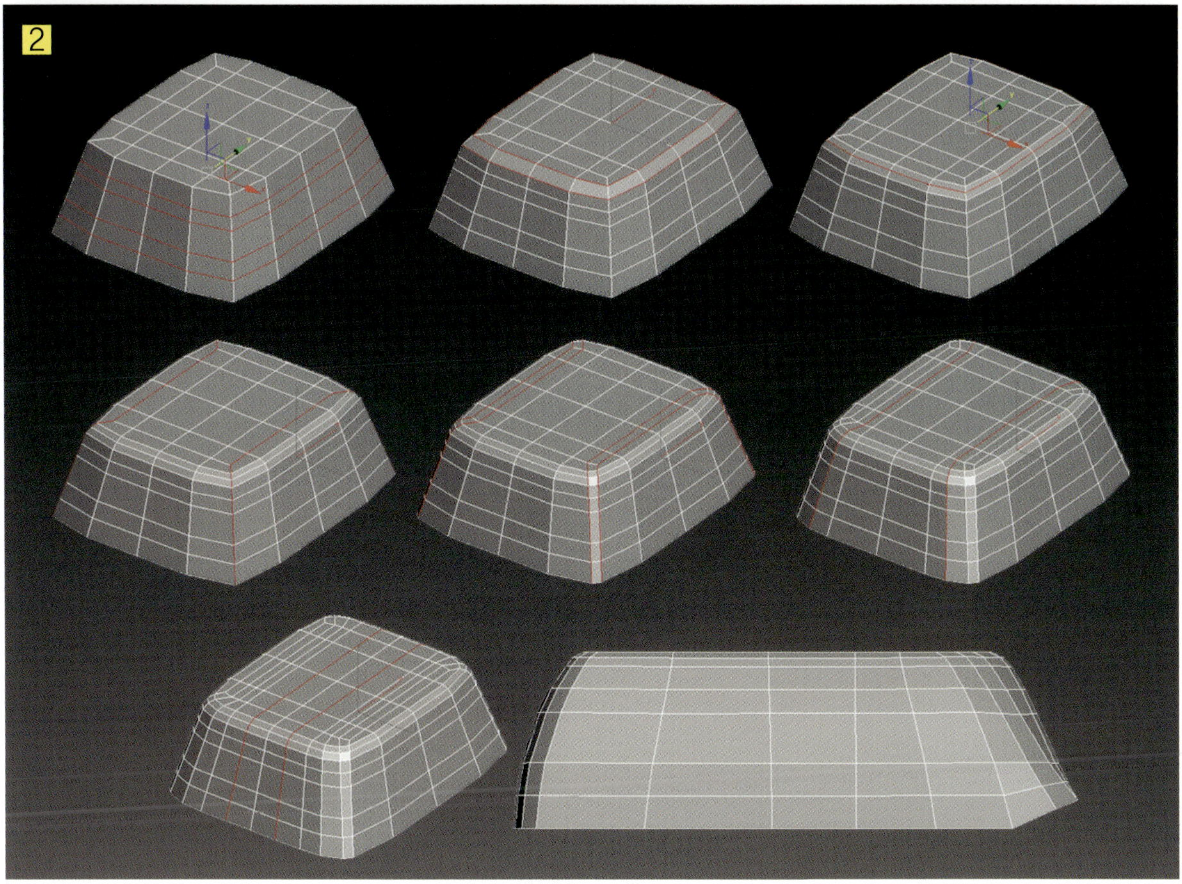

창문 부분을 분리할 수 있도록 Edge 추가로 나누고 창문이 될 부분의 Polygon을 선택해서 Detach로 분리합니다. 두께를 주어 완성합니다.

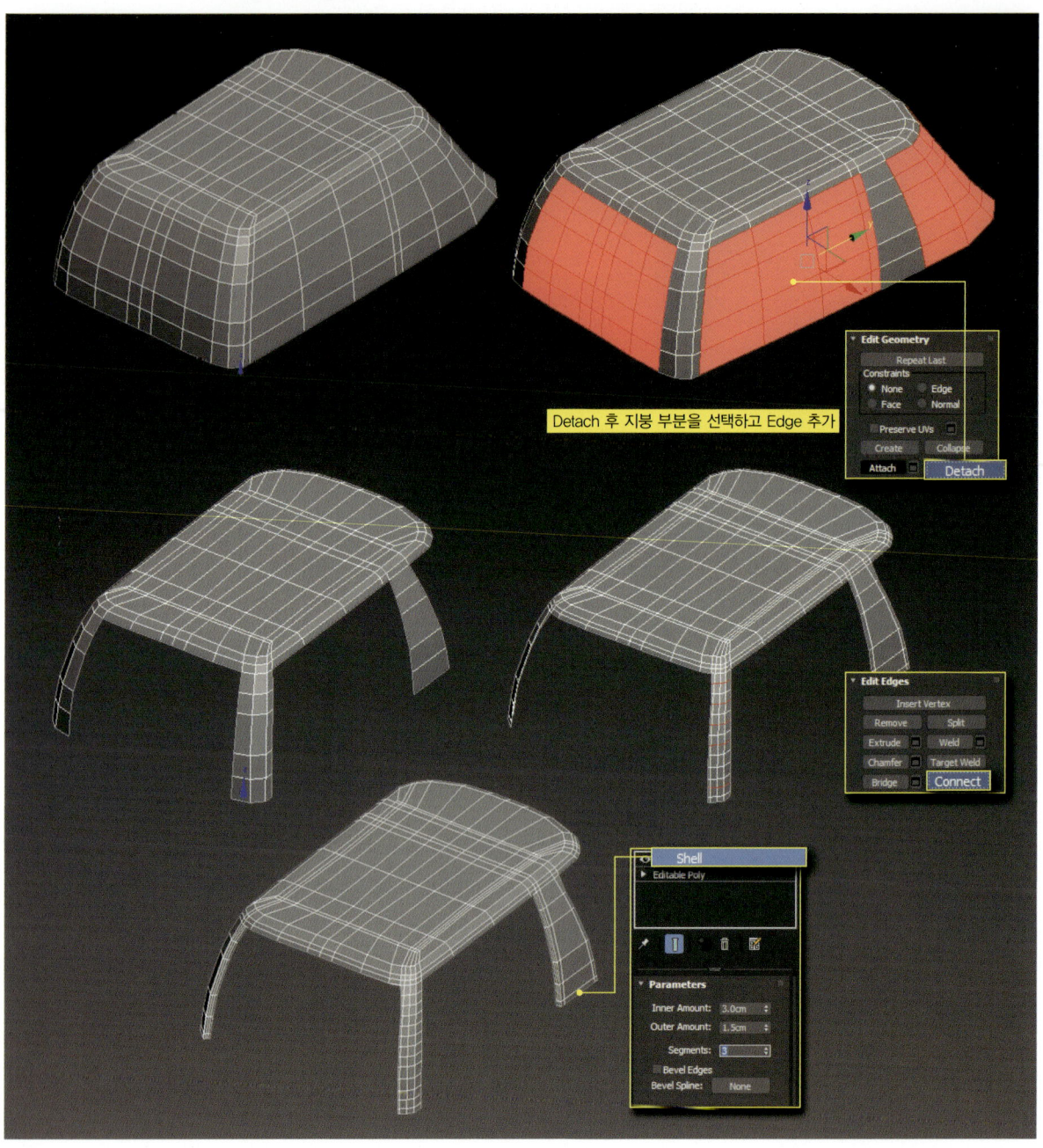

나머지 부분도 같은 방법을 이용해서 기본형을 만들고 필요한 부분을 Detach를 이용해서 분리하고 변형해서 완성합니다.

자동차 바퀴 만들기

자동차 바퀴를 제작합니다. 바퀴는 크게 휠과 타이어로 이루어져 있습니다.

휠은 Plane을 변형하고 Symmetry를 사용해서 같은 형태를 반복해서 적용하는 방법으로 작업합니다. 먼저 휠의 일부분을 Plane을 변형해서 제작합니다.

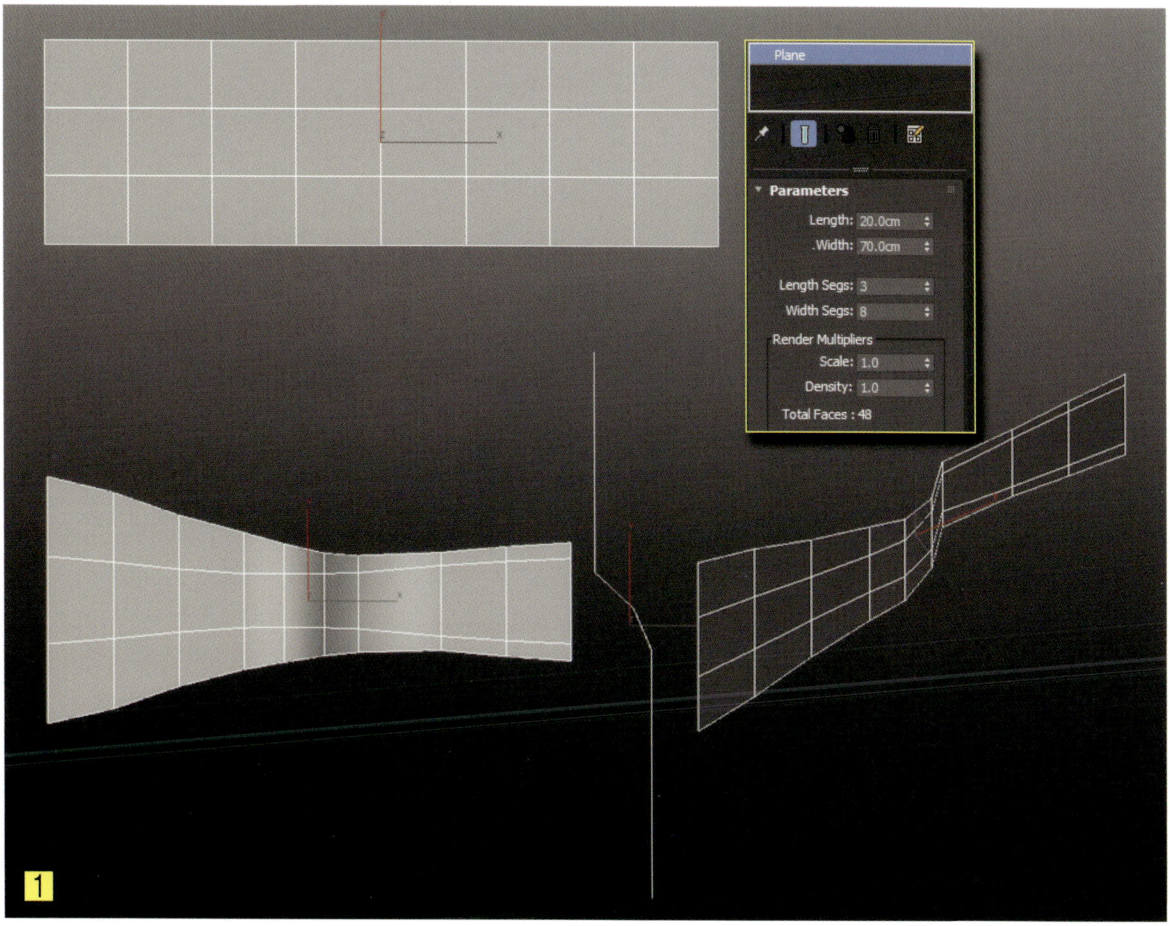

1

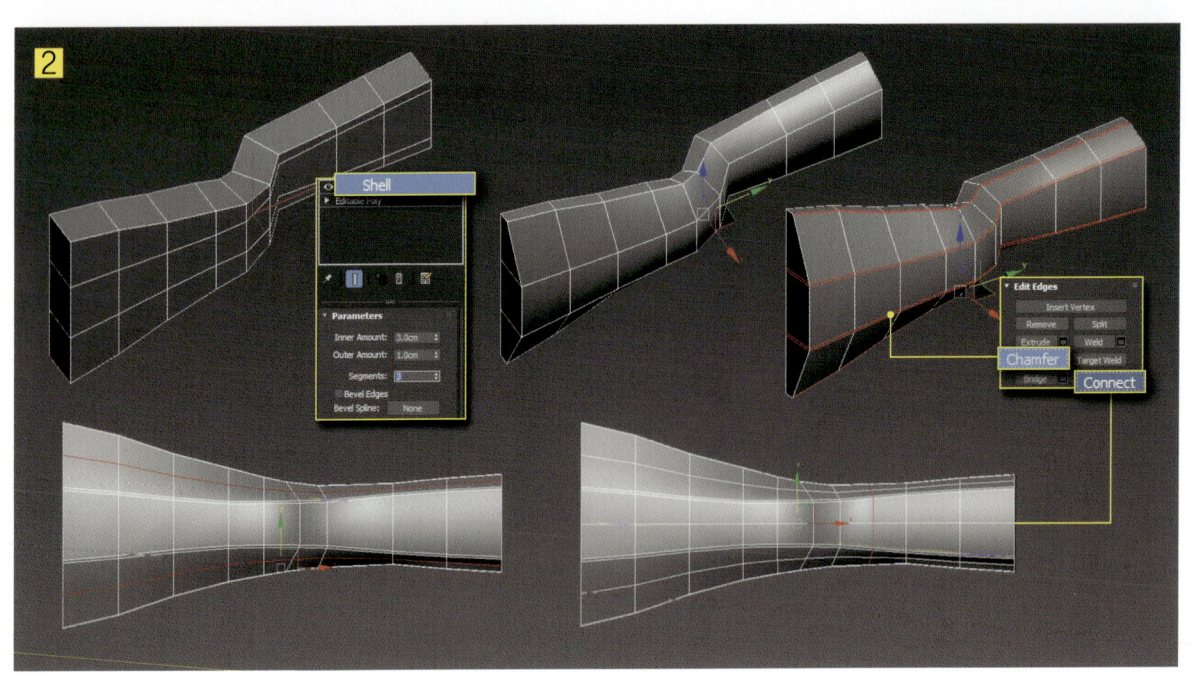

GeoPoly 기능을 활용해서 원형의 홈을 만들고자 하는 부분을 원형으로 변형하고 안쪽으로 홈을 만들었습니다.

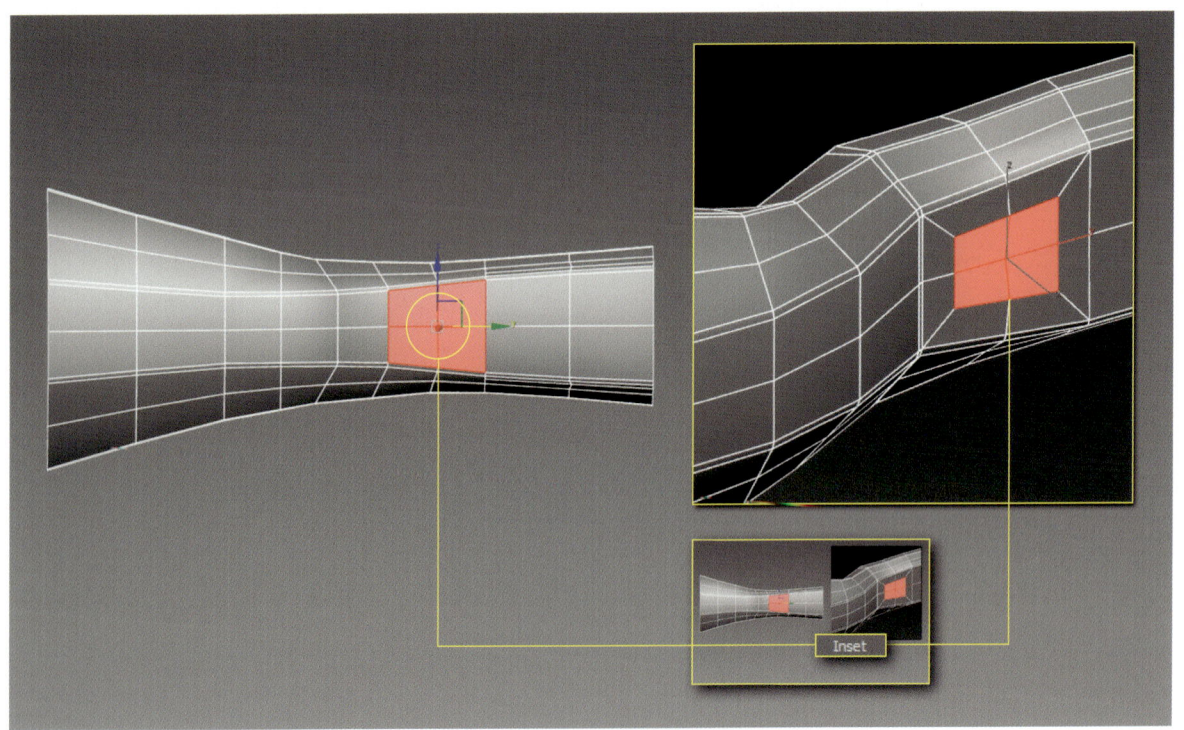

[Shift] + [Ctrl] 키를 누른 상태로 Edge 아이콘을 클릭하면 선택한 Polygon 안쪽에 포함되어 있는 Edge로 선택이 전환됩니다.

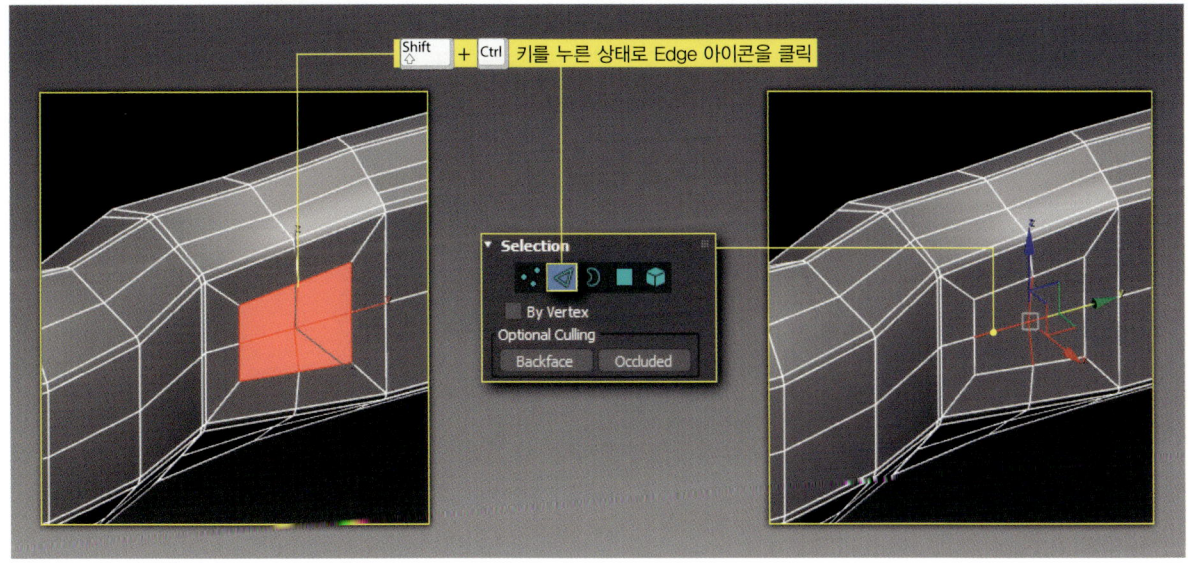

[Ctrl] 키를 누른 상태로 Remove를 실행해서 Edge와 Vertex를 동시에 삭제합니다.

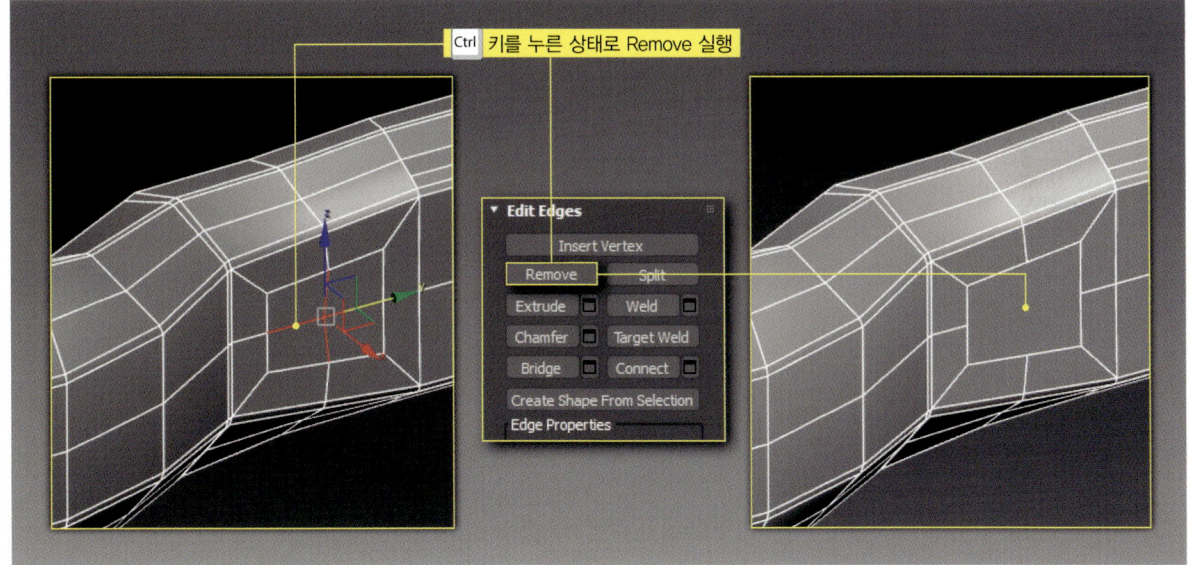

Edge를 삭제한 부분의 Polygon을 선택하고 GeoPoly를 실행한 결과입니다.

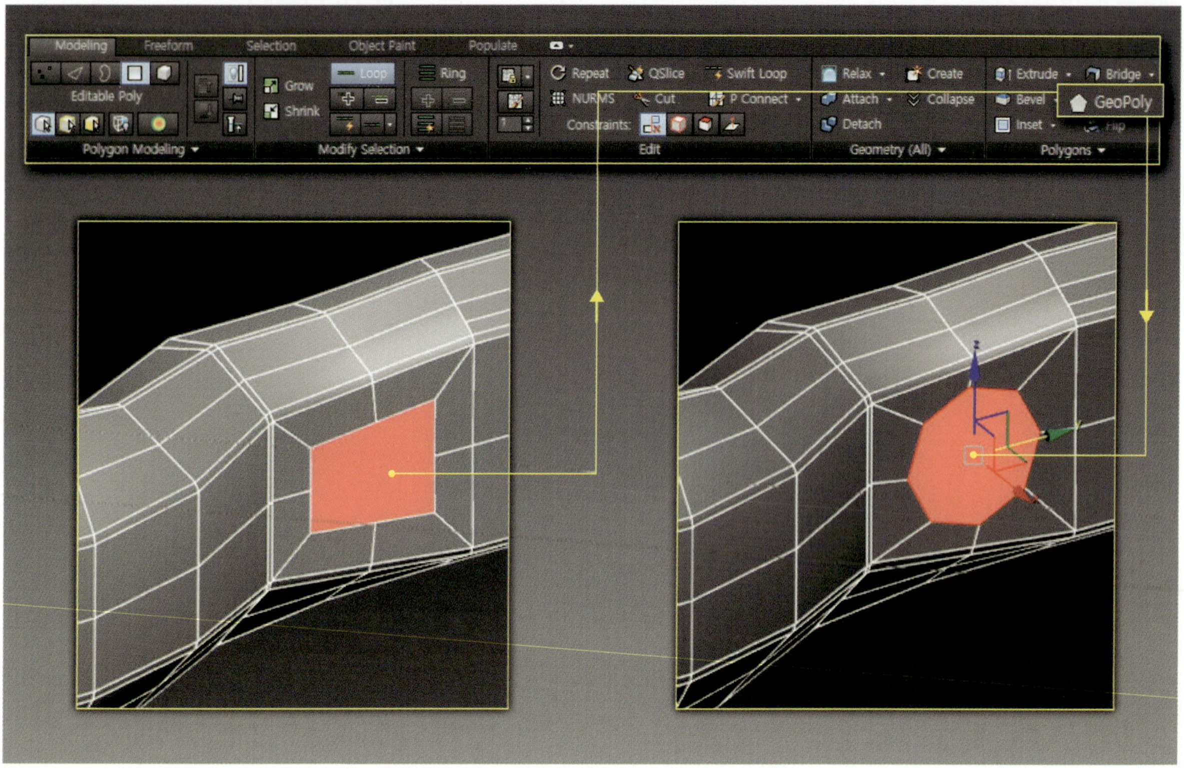

Inset · Bevel · Chamfer 등을 이용해서 원형으로 수정된 곳에 홈을 만듭니다.

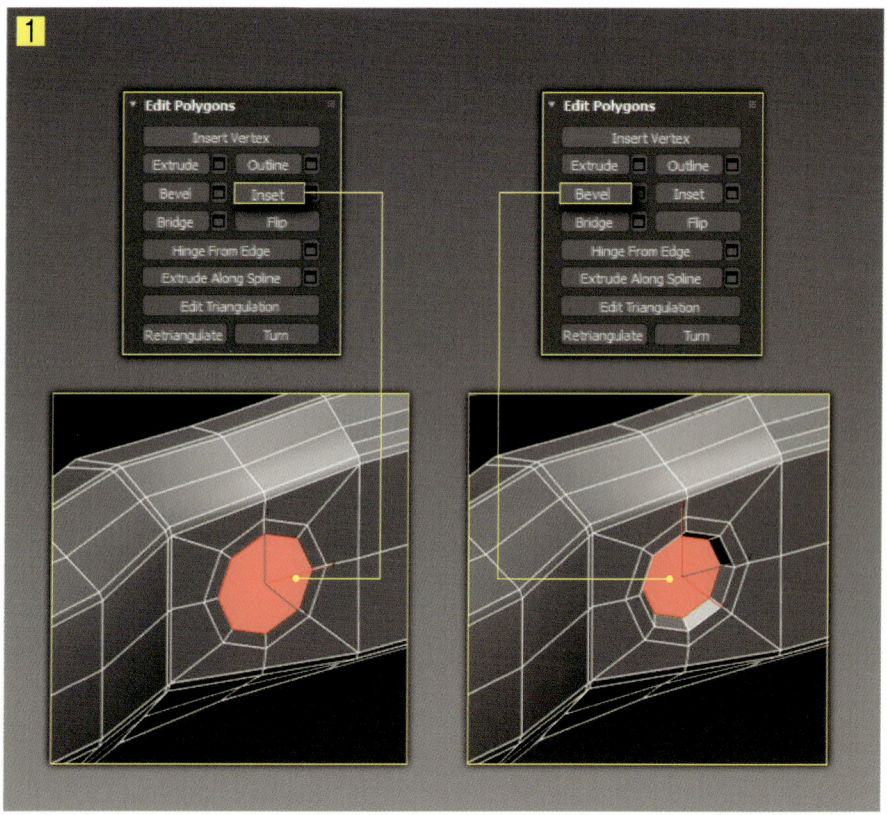

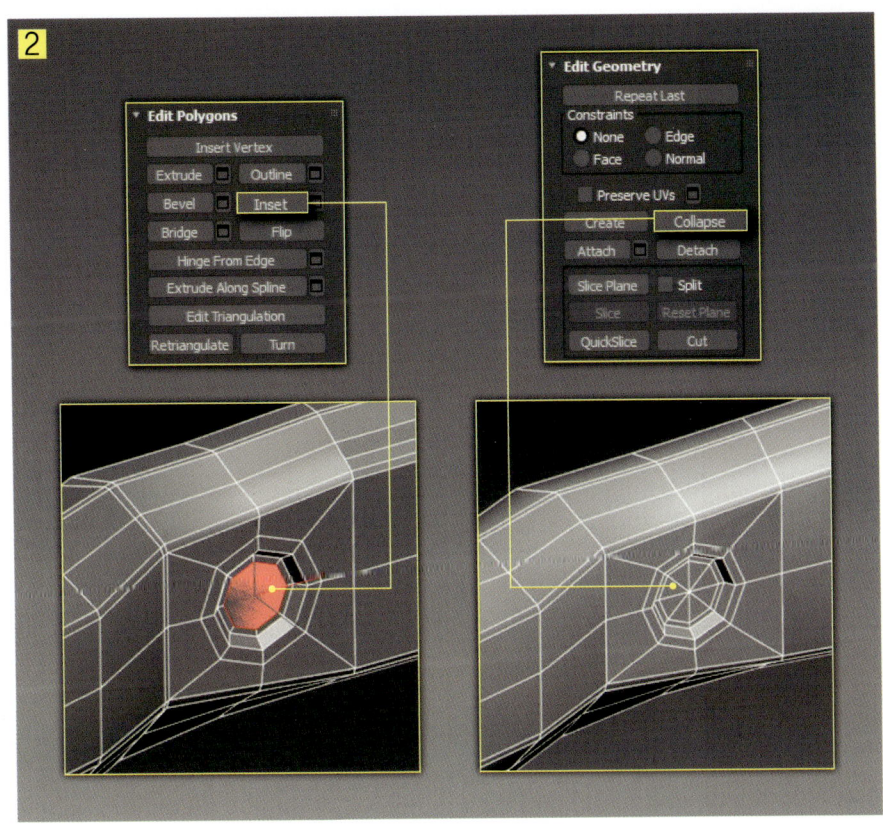

휠의 외곽 부분을 만들기 위해 Tube를 그림과 같이 생성한 후 Slice On을 활성하고 그림처럼 수치를 조절해서 변형하고 Editable Poly로 변환합니다.

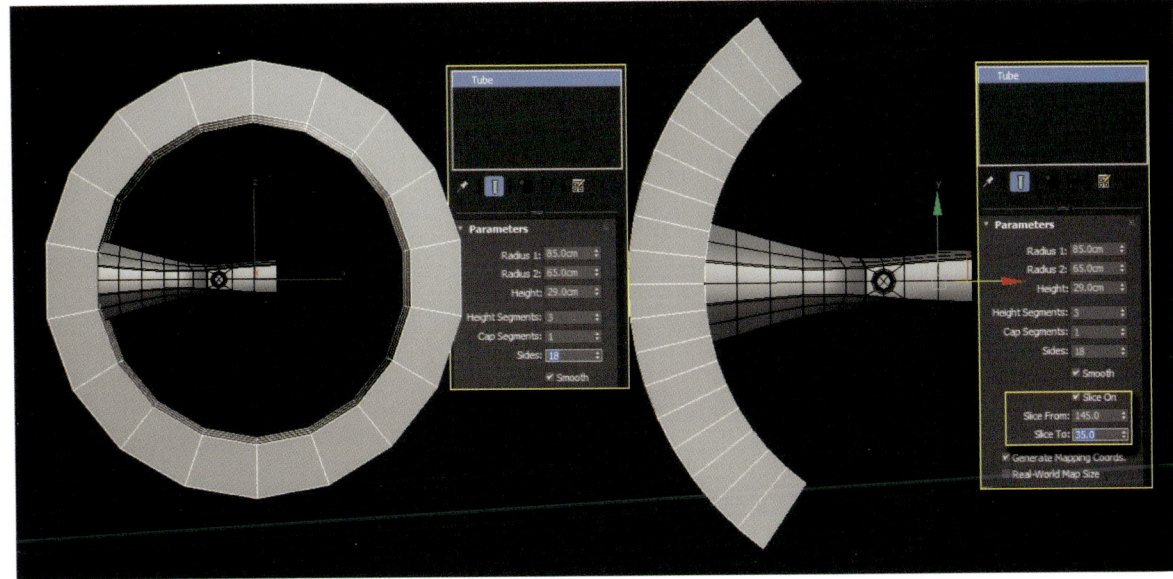

이렇게 먼저 만들어둔 휠과 Tube를 Attach하고 맞닿은 부분의 Vertex를 합쳐서 하나의 Object로 만듭니다. 중요한 것은 연결 부위에 맞도록 Vertex의 위치와 개수를 맞춰야 합니다.

연결한 부위에 맞도록 Edge를 이동해서 정렬하고 Connect 기능을 이용해서 연결할 Object에 맞게 Edge를 추가합니다. 다시 Cut 기능을 이용해서 두 Object가 연결될 부분의 모양에 일치하게 Edge를 추가합니다. Cut은 클릭한 두 지점 사이를 연결해서 Edge를 추가하는 기능입니다.

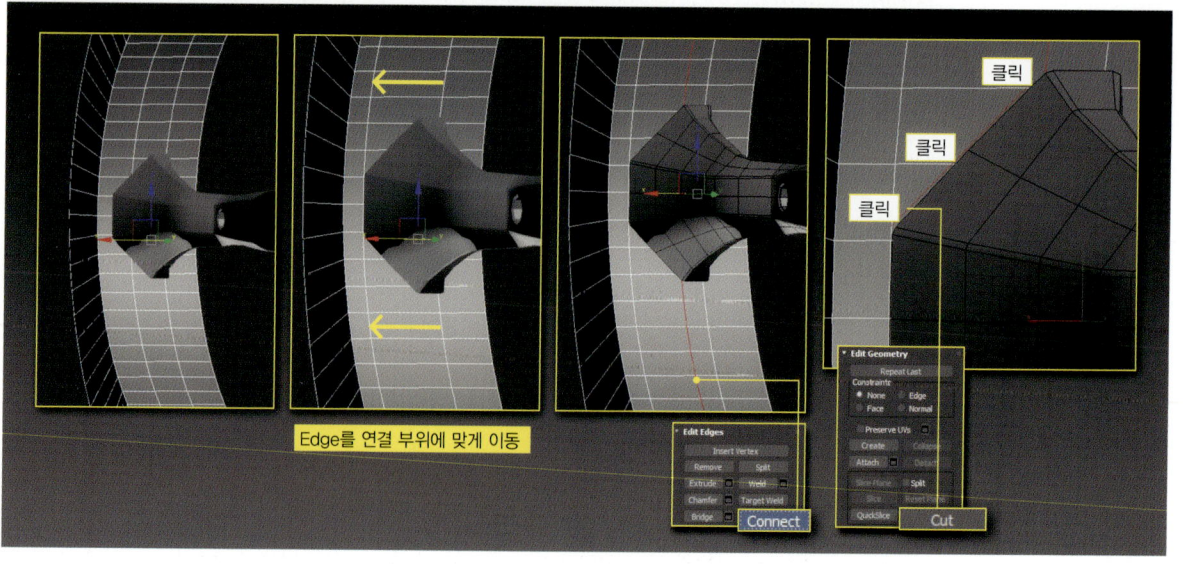

연결을 위해서 안쪽에 필요 없는 Polygon을 선택하고 Delete 키를 눌러 삭제합니다.

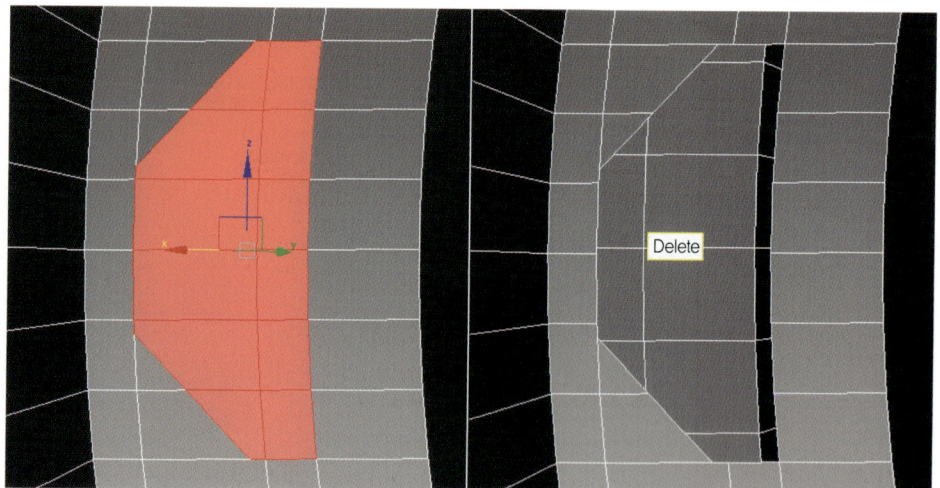

연결되지 않은 Vertex가 있는 부분을 Edge를 연결해서 정리합니다.

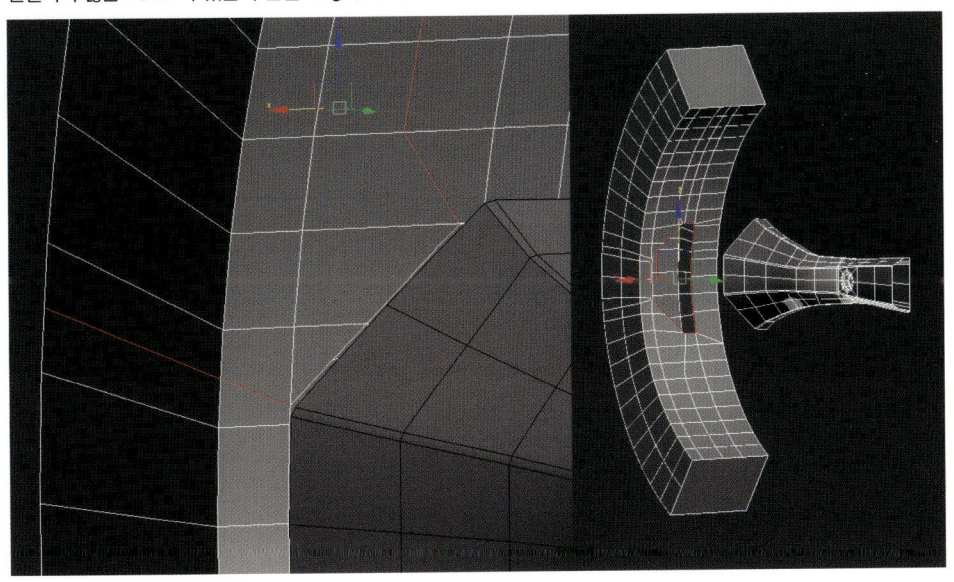

가능한 한 Polygon이 사각형이 되도록 정리합니다. 합칠 Object의 접합점을 일치시키고 Vertex를 연결했을 때 변형되지 않도록 하는 것이 좋습니다. Snap 버튼을 켜고 옵션에서 Vertex를 체크하면 Vertex를 이동할 때 다른 Vertex에 달라붙게 하여 위치를 정확히 선정할 수 있습니다.

Snap Toggle 버튼을 클릭하고, 그 버튼 위에서 마우스 오른쪽 버튼을 클릭한 후 Vertex가 체크되어 있는 것을 확인합니다. 그 다음 이동할 Vertex를 선택해서 합치고 싶은 Vertex 위치로 이동합니다.

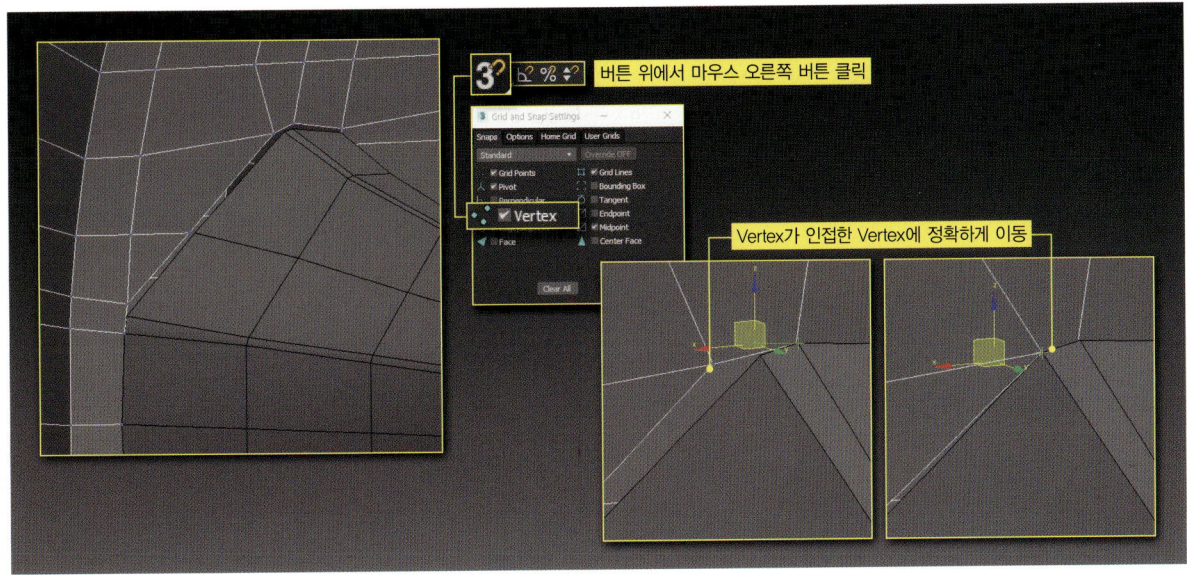

정확하게 합쳐질 Vertex의 위치로 이동한 것을 볼 수 있습니다.

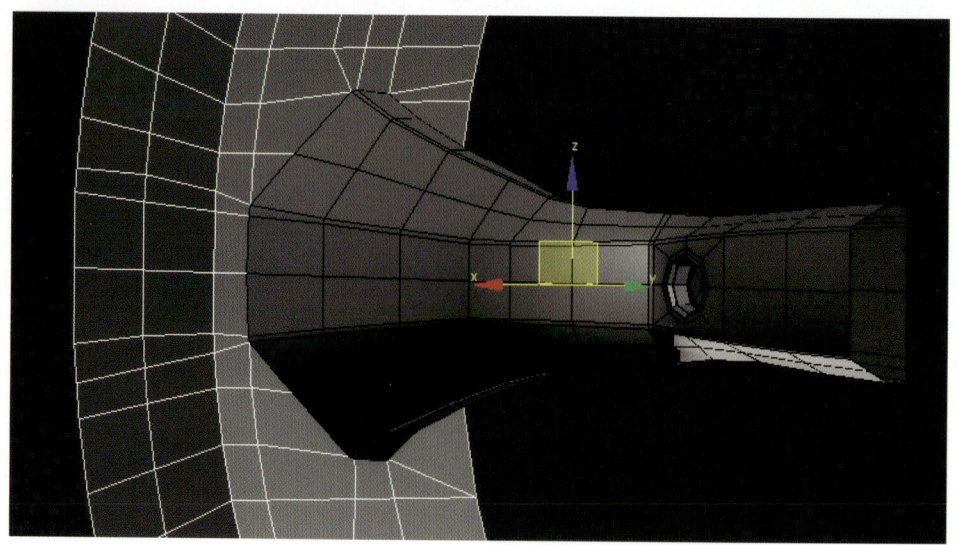

Attach를 이용해서 두 개의 Object를 하나로 합쳤습니다.

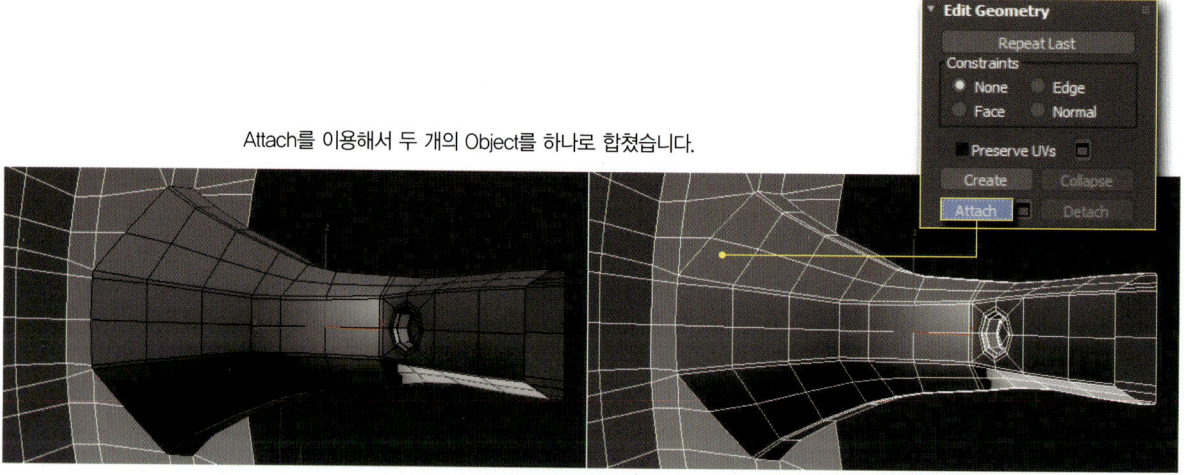

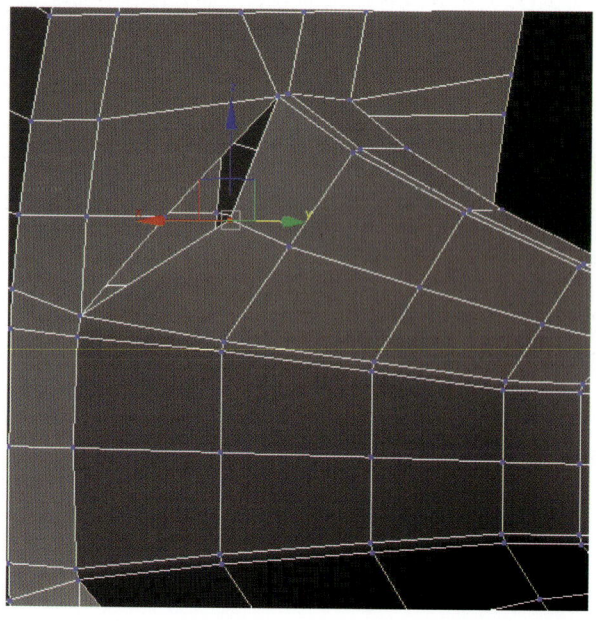

맞닿은 Vertex를 선택해서 이동하면 두 개의 Vertex가 같은 자리에 떨어진 상태로 존재하는 것을 알 수 있습니다.

맞닿은 Vertex를 선택해서 Collapse 기능으로 합칠 수도 있지만 맞닿은 Vertex가 예제처럼 많은 경우 일일이 선택해서 Collapse로 작업하는 것은 능률적이지 못합니다.

선택한 모든 Vertex의 일정 거리 안에 있는 Vertex를 하나로 합칠 수 있는 Weld 기능으로 쉽게 해결할 수 있습니다.

맞닿은 Vertex를 포함해서 전체적으로 Vertex를 선택하고 Weld의 수치를 낮게 수정합니다. 현재 선택된 Vertex 중 정해준 범위 안에 있는 Vertex를 하나로 합치는 기능입니다.

실행하면 맞닿은 Vertex가 하나로 합쳐진 것을 알 수 있습니다.

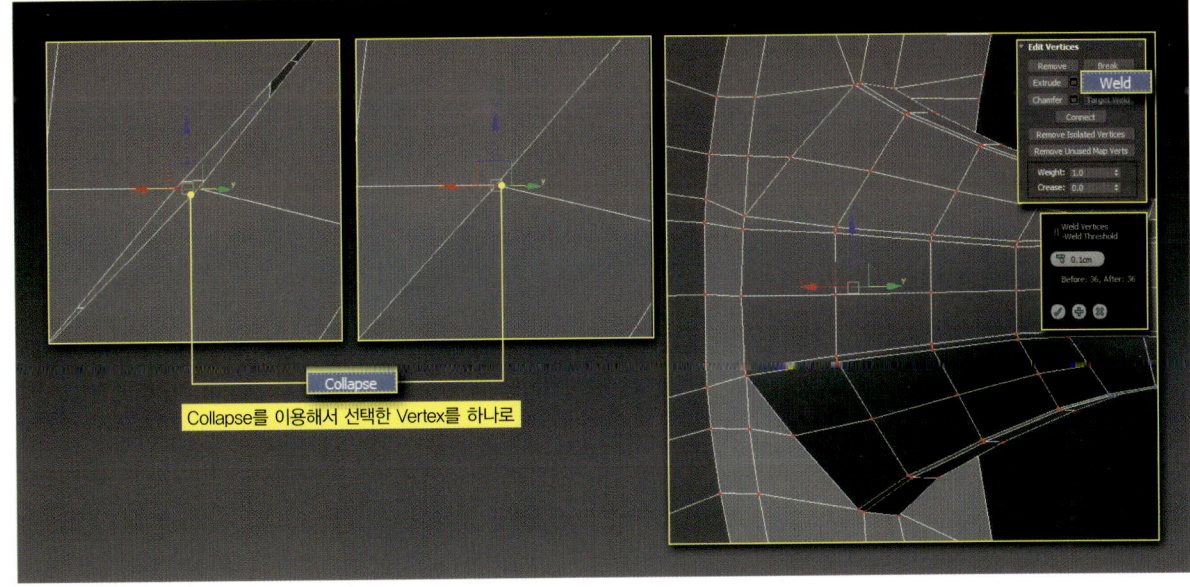

이렇게 만들어진 휠에 Edge를 추가하고 정리해서 완성합니다.

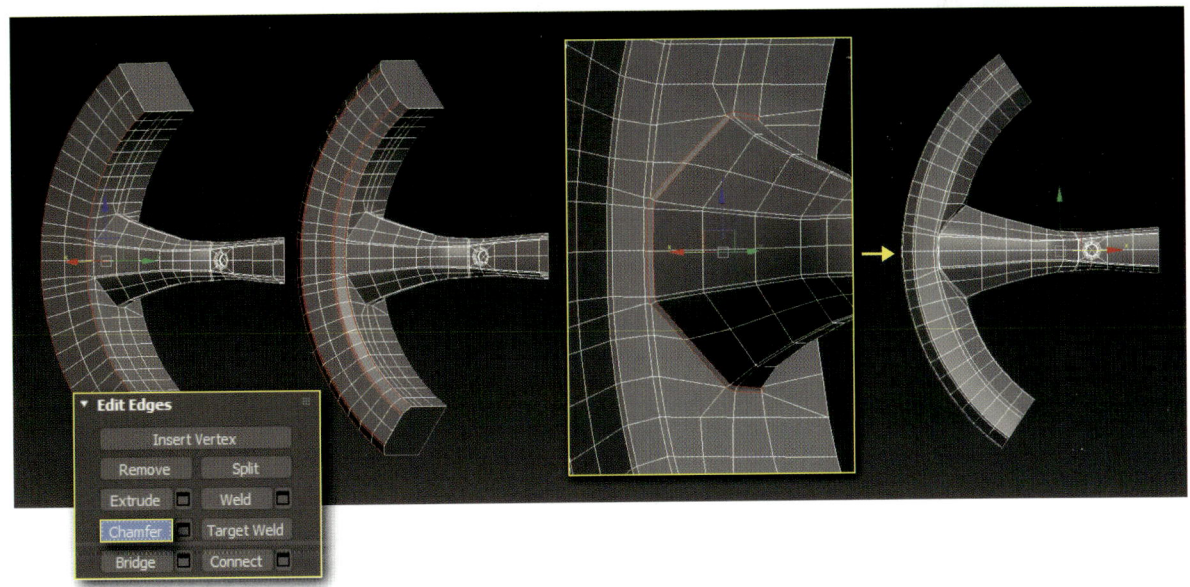

추가로 홈을 만들어 넣었습니다.

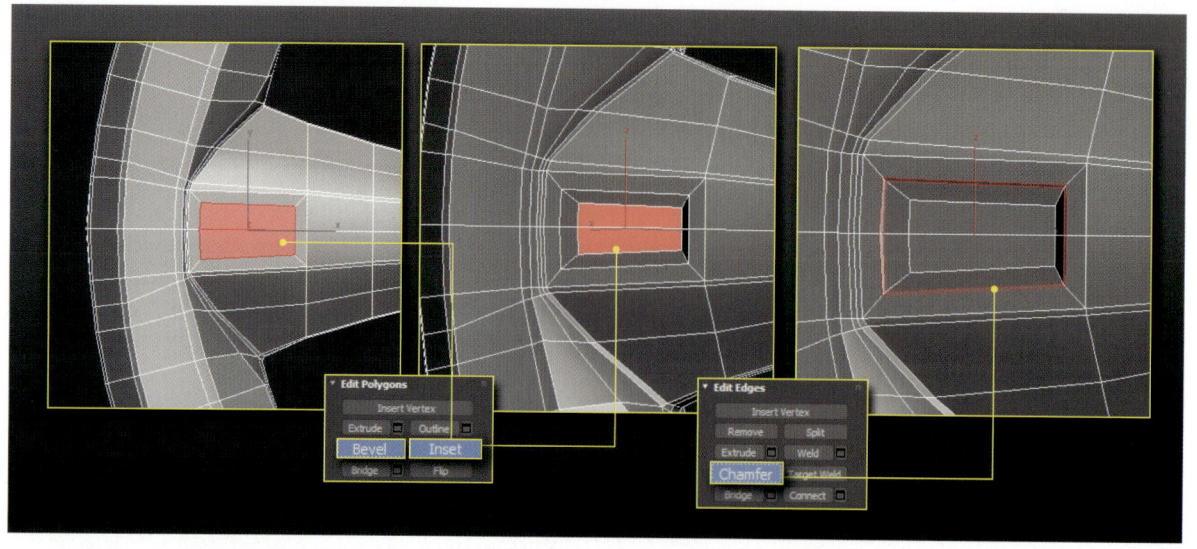

이제 만들어진 휠의 일부를 Symmetry 기능을 반복 사용해서 완성합니다. Modify → Symmetry를 적용합니다. 대칭이 되도록 축을 설정합니다.

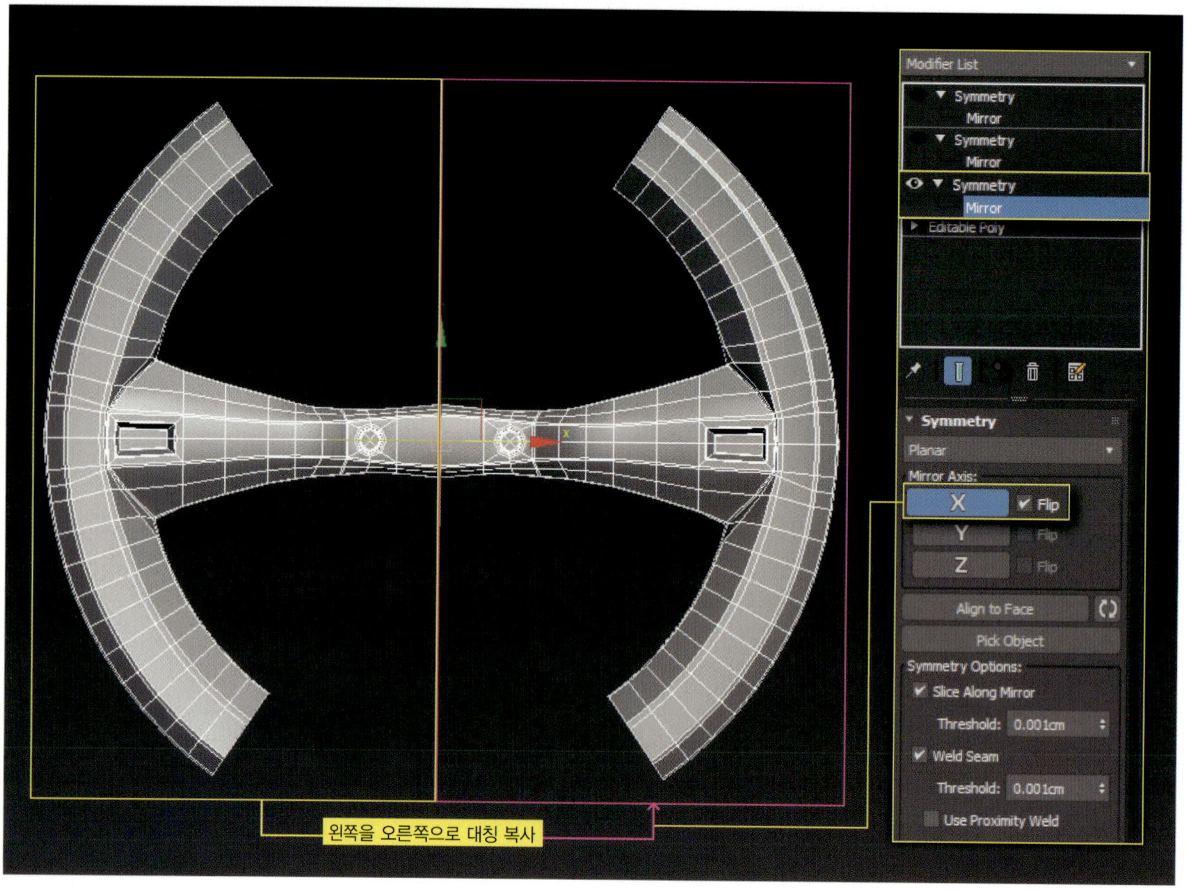

Symmetry의 기준이 되는 Mirror를 선택해서 회전합니다. 이때 Angle Snap을 켜서 정확하게 원하는 각도로 회전시킵니다.

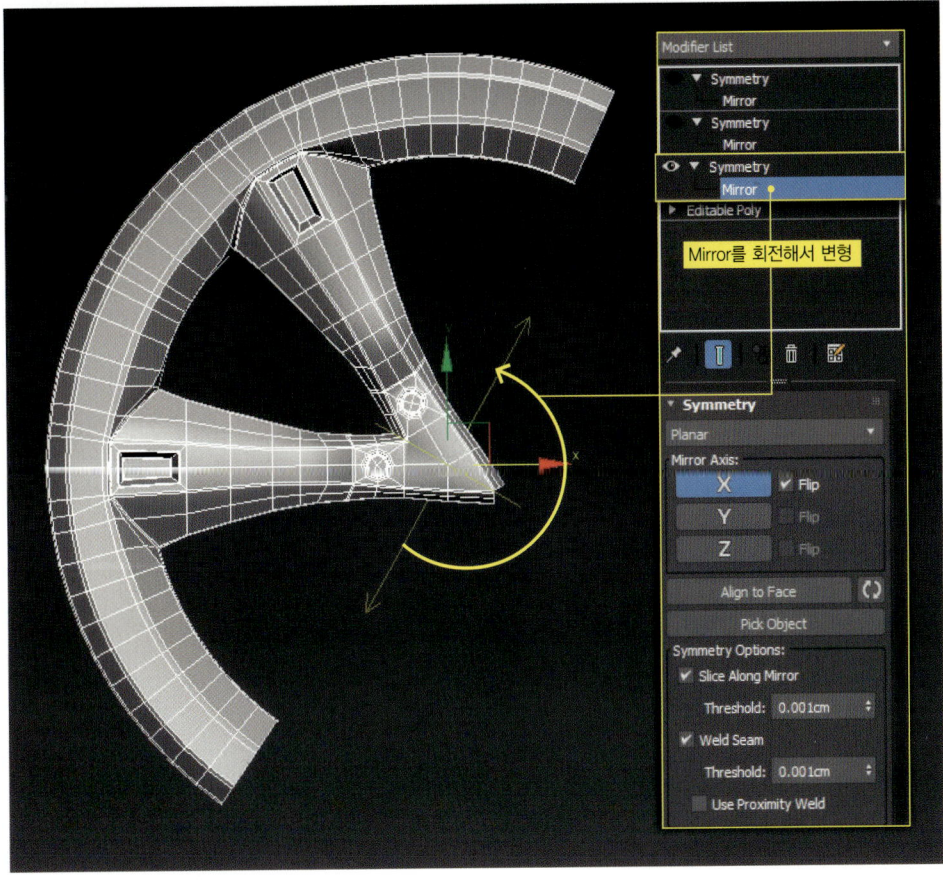

다시 Symmetry를 반복 적용해서 완성합니다. 축 설정은 각자 만들 때 설정된 상황에 따라 달라질 수 있으니 대칭 방향을 확인하면서 작업해야 합니다.

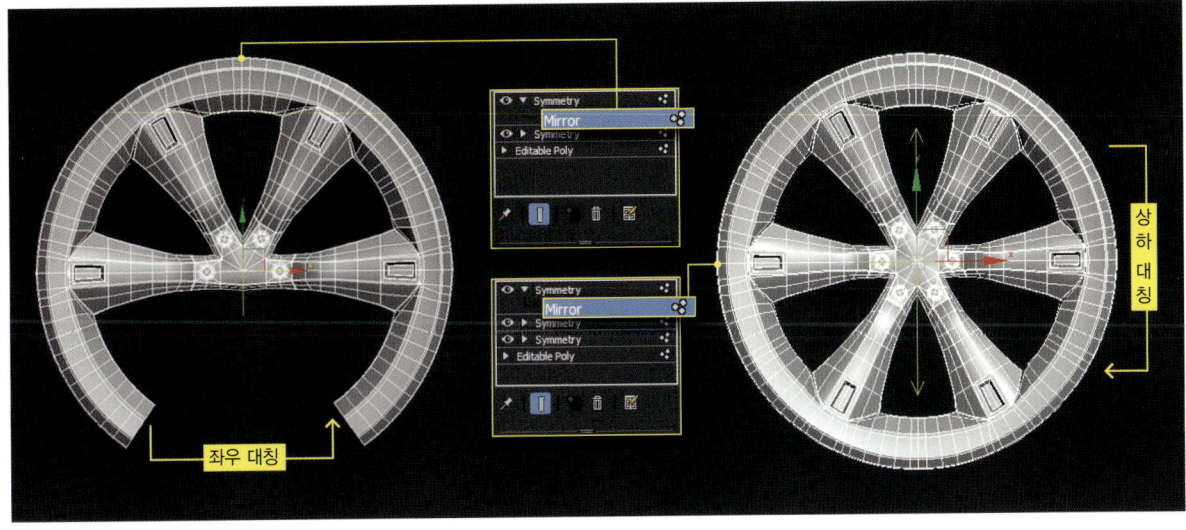

Symmetry를 적용할 때 Threshold 값을 적절하게 조절해서 설정한 범위 안에 있는 Vertex를 하나로 합쳐야 합니다.

만들어진 휠을 Editable Poly로 변환하고 중앙 부분의 Vertex를 Weld 혹은 Collapse를 이용해서 합치고 Chamfer와 Bevel을 이용해서 추가로 변형합니다.

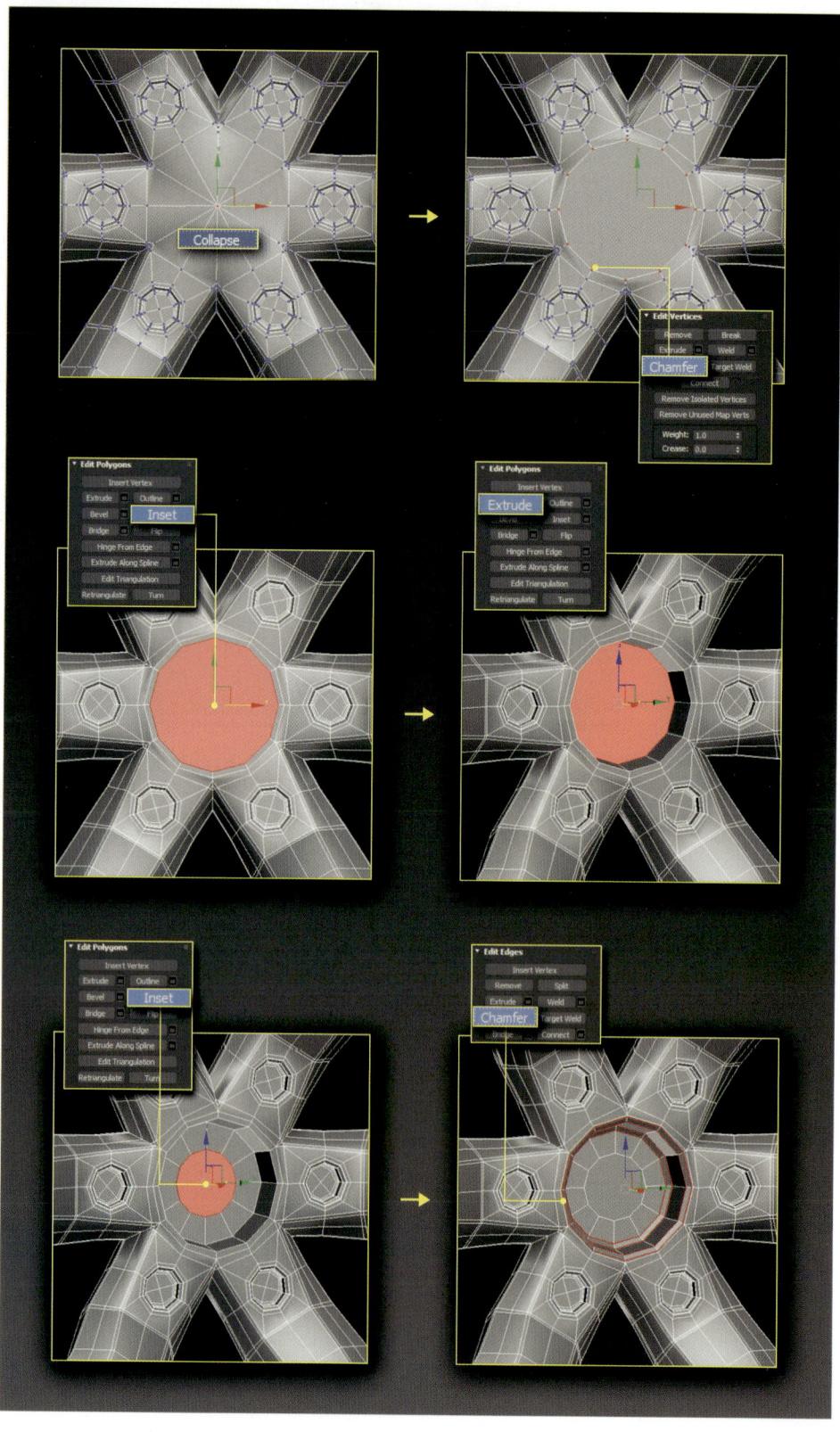

휠 뒷면의 Polygon을 추가하고 변형해서 완성합니다.

Chapter 04 | 다양한 Object 제작하기 II

이제 휠에 맞는 타이어를 작업합니다. 타이어 표면의 모양은 다양합니다. 자료를 많이 확보하고 활용하는 것이 도움이 됩니다.

이 책에서는 자동차 외형에 어울릴 만한 단순한 무늬의 타이어를 제작합니다. 타이어를 안쪽과 표면에 닿는 부분으로 분리해서 모델링하고 안쪽 부분은 간단하게 Tube를 이용해서 제작합니다.

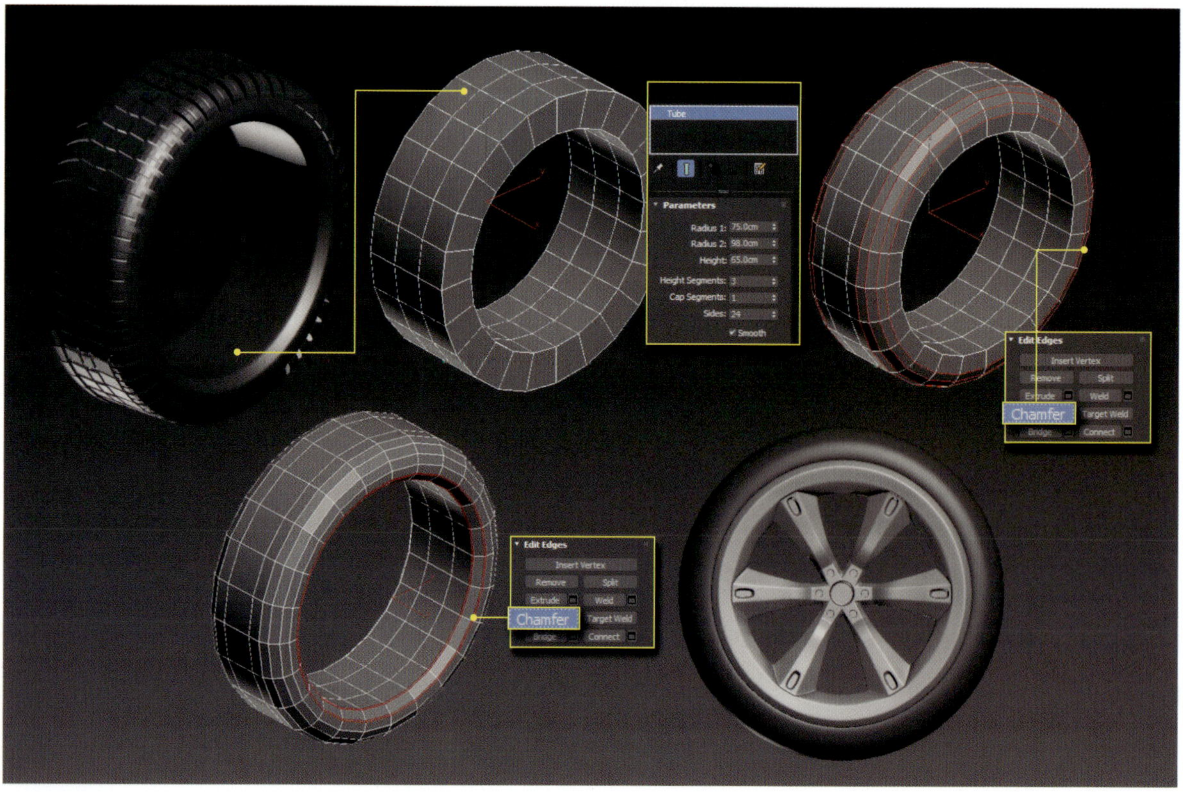

표면에 닿는 부분은 일부를 제작하고 복사한 후 Modify ➡ Bend를 이용해서 제작합니다. 각각 만들어서 하나로 Attach 해서 완성합니다.

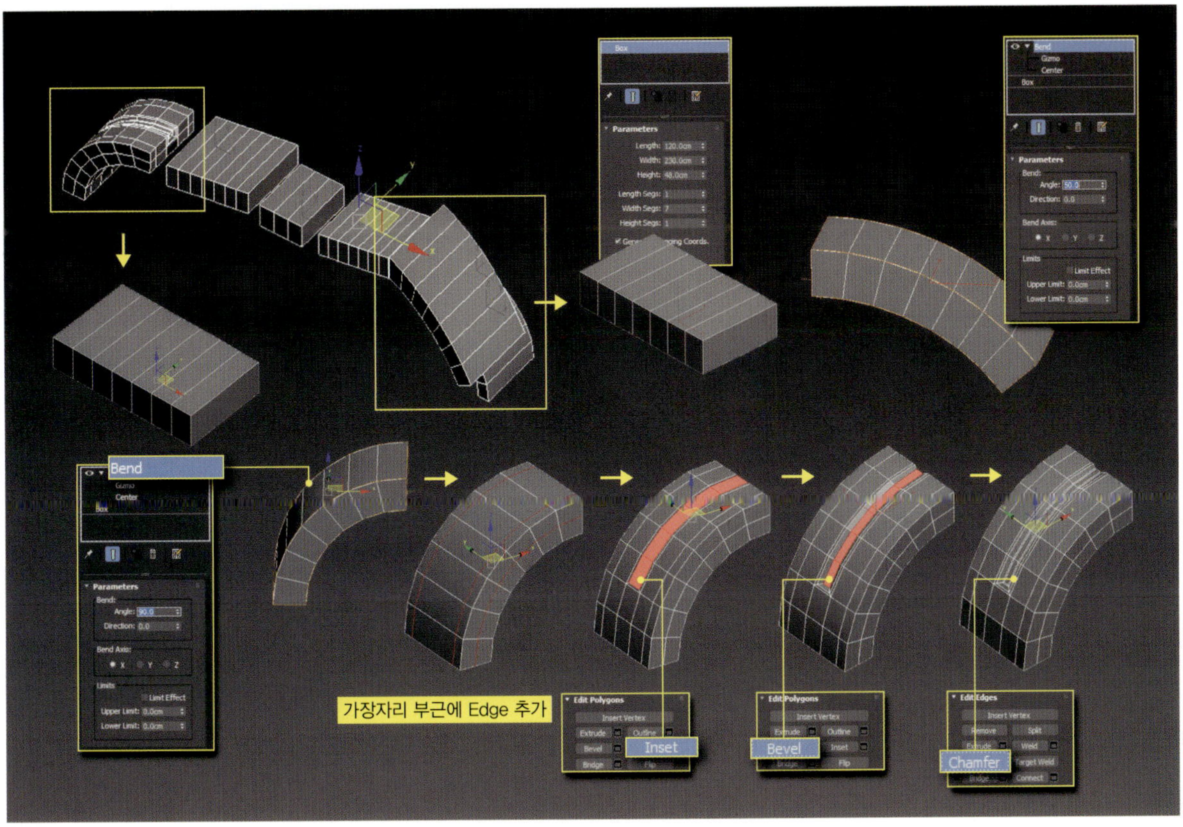

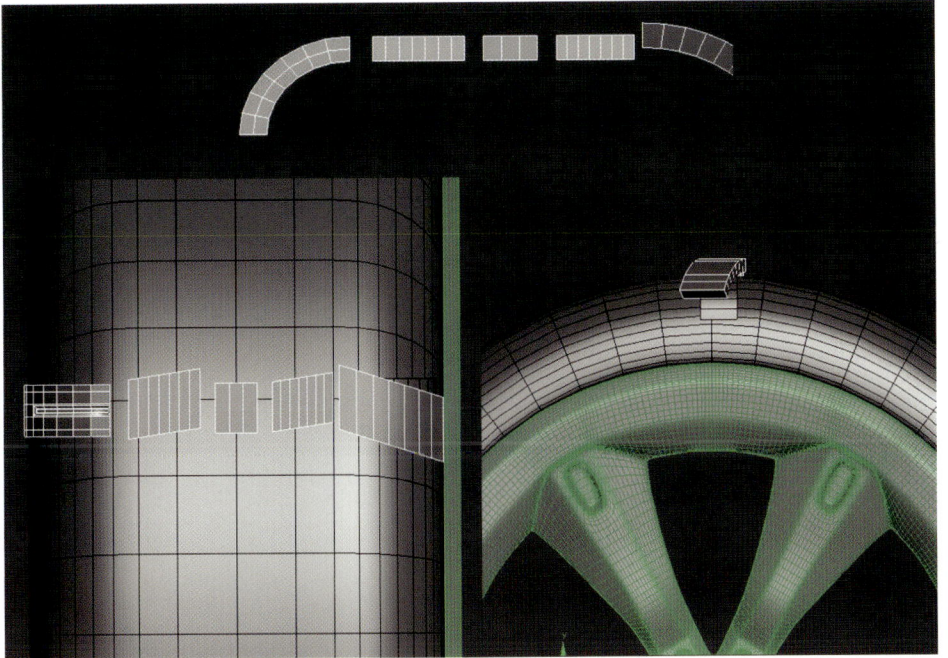

비율을 맞춰 위치한 모습입니다.

만들어 놓은 Object를 Shift 키를 누른 상태로 Move툴을 이용해서 적당한 간격으로 이동하고 Clone Options에서 Instance를 체크하고 Number of Copies에 적당한 숫자를 입력하고 OK합니다.

만들어진 타이어 표면을 모두 선택하고 Group 기능을 이용해서 묶어줍니다. 전체를 감쌀 수 있도록 충분한 크기가 되도록 복사하는 것이 중요합니다.

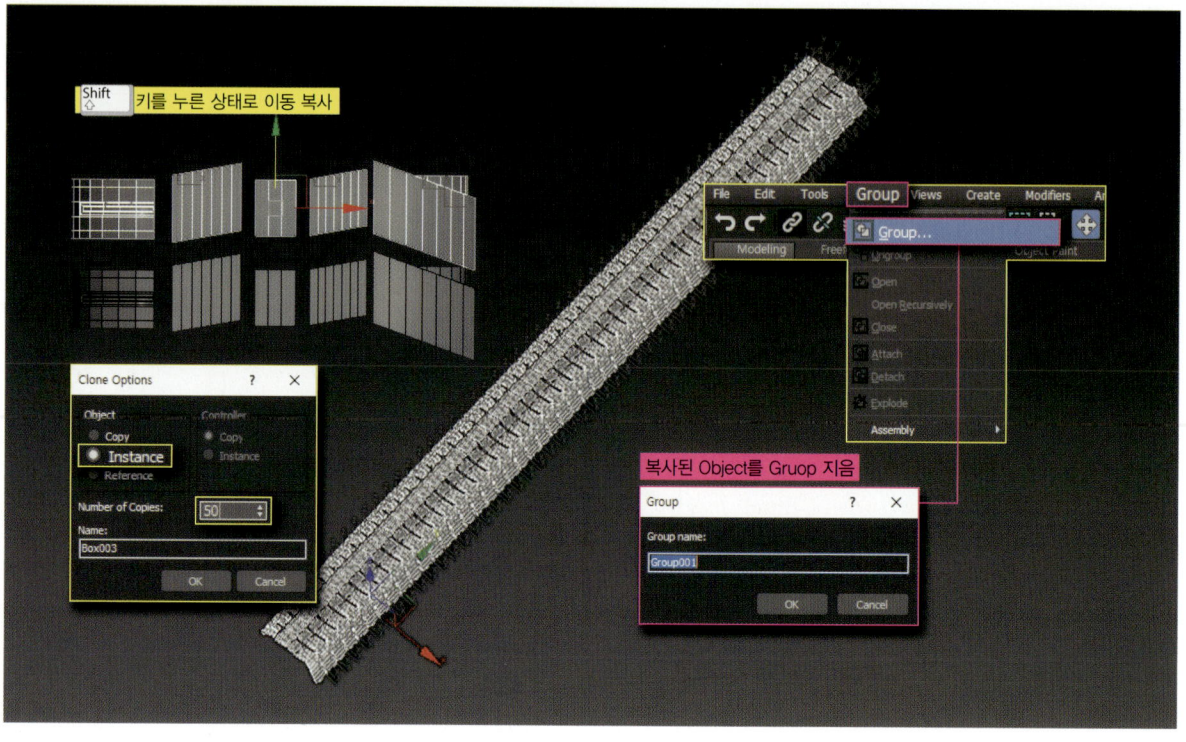

여러 가지 Object를 관리할 때 Group 기능을 사용하면 작업 효율성을 높일 수 있습니다.

이제 Modify → Bend를 선택하고 축과 Direction을 휠을 감싸는 방향으로 설정하고 Angle 값도 조절해서 전체를 감싸 완성합니다.

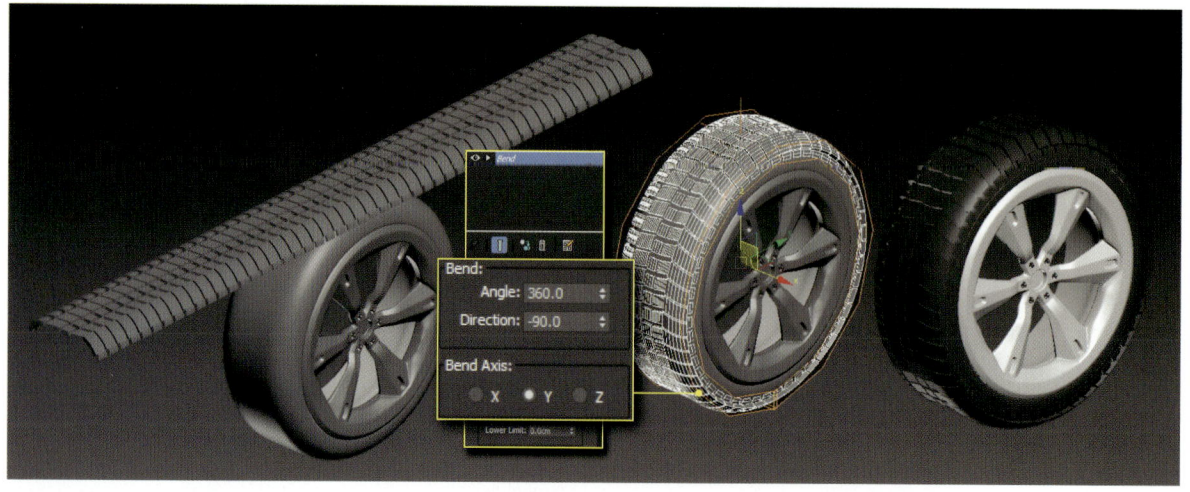

절댓값이 아니고 Object를 생성한 축과 모델링 과정에 따른 변형 등에 영향을 받으므로 직접 설정을 바꾸어 가면서 방향을 확인하는 것이 좋습니다

자동차 지붕의 캐리어는 Spline을 이용해서 제작했습니다. Create ➜ Shapes ➜ Rectangle을 선택·생성·변형하기 위해서 Editable Spline으로 변환 합니다.

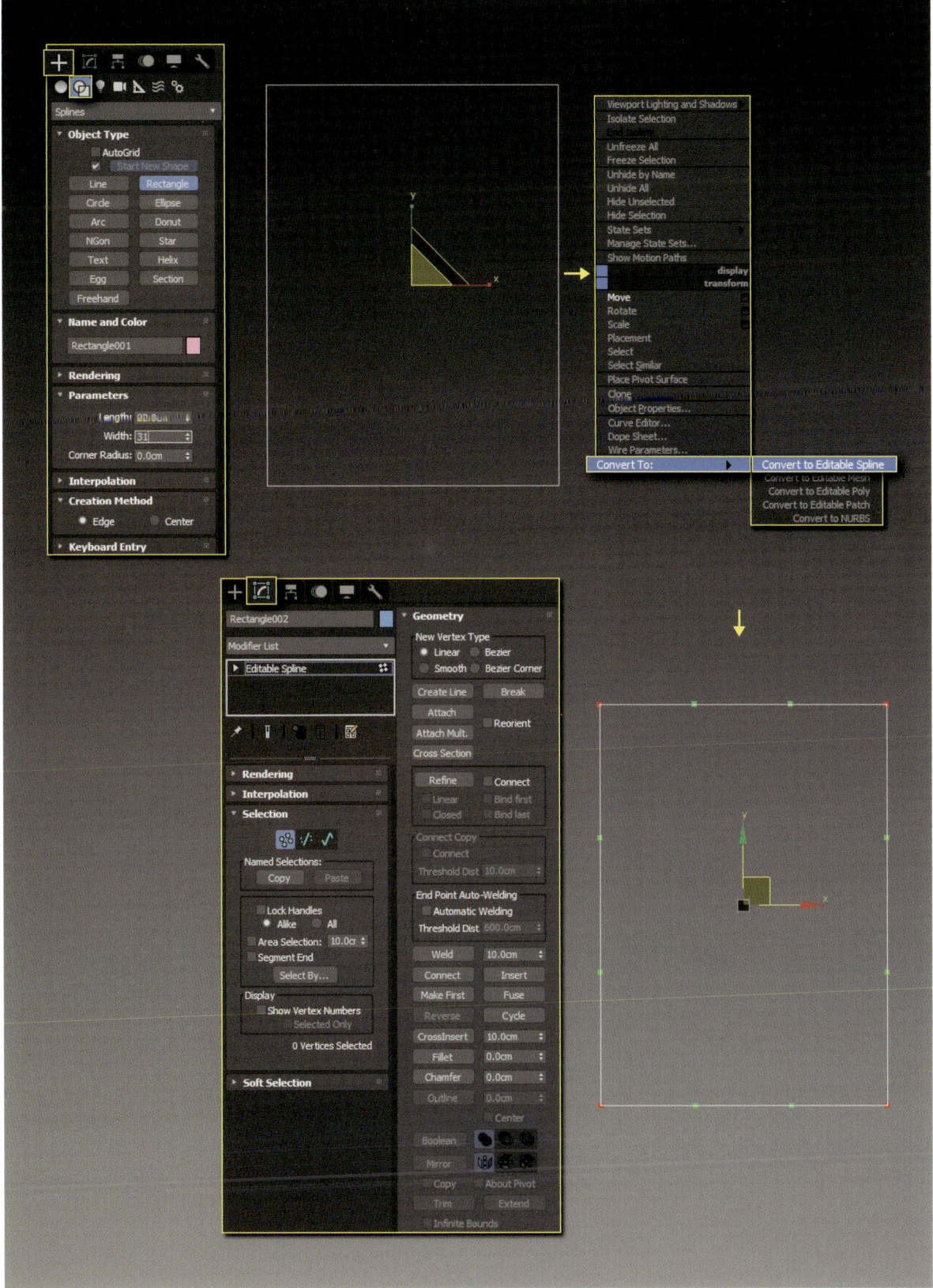

Chapter 04 | 다양한 Object 제작하기 II

선택 모드를 Vertex로 하고 모서리의 Vertex를 Fillet을 적용해서 둥글게 변형했습니다.

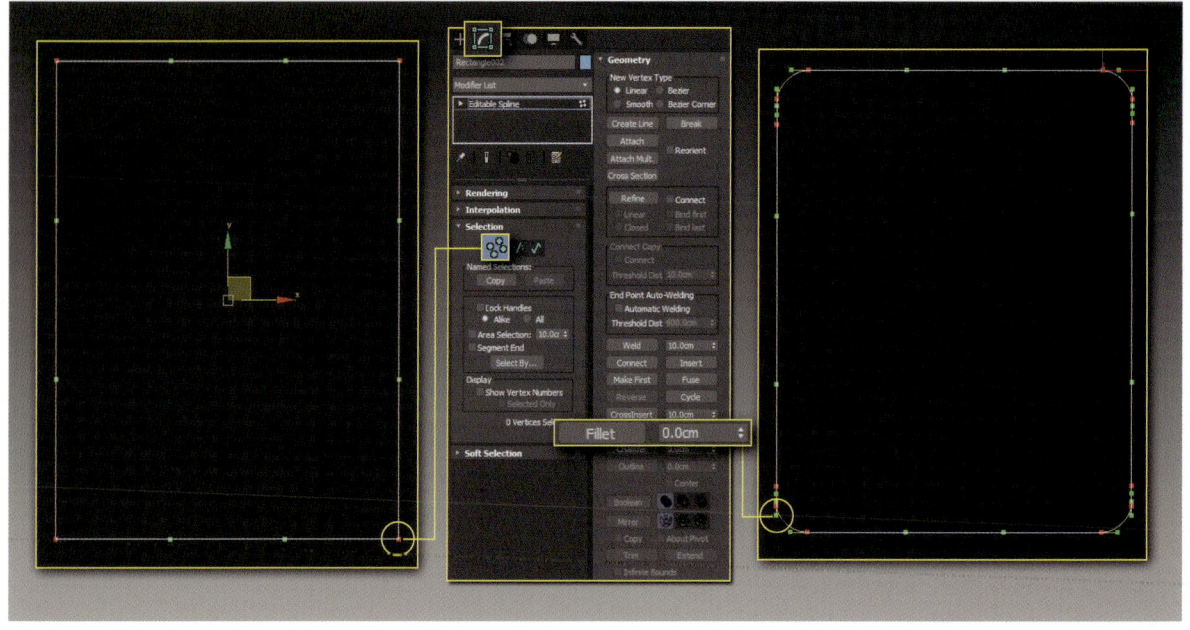

선택한 Vertex를 이동해서 그림처럼 변형하고 Enable In Renderer와 Enable In Viewport를 체크하고 Radial ➔ Thickness에 적당한 수치를 입력해서 Spline이 두께가 있는 Object가 되도록 하고 최종적으로 Editable Poly로 변환합니다.

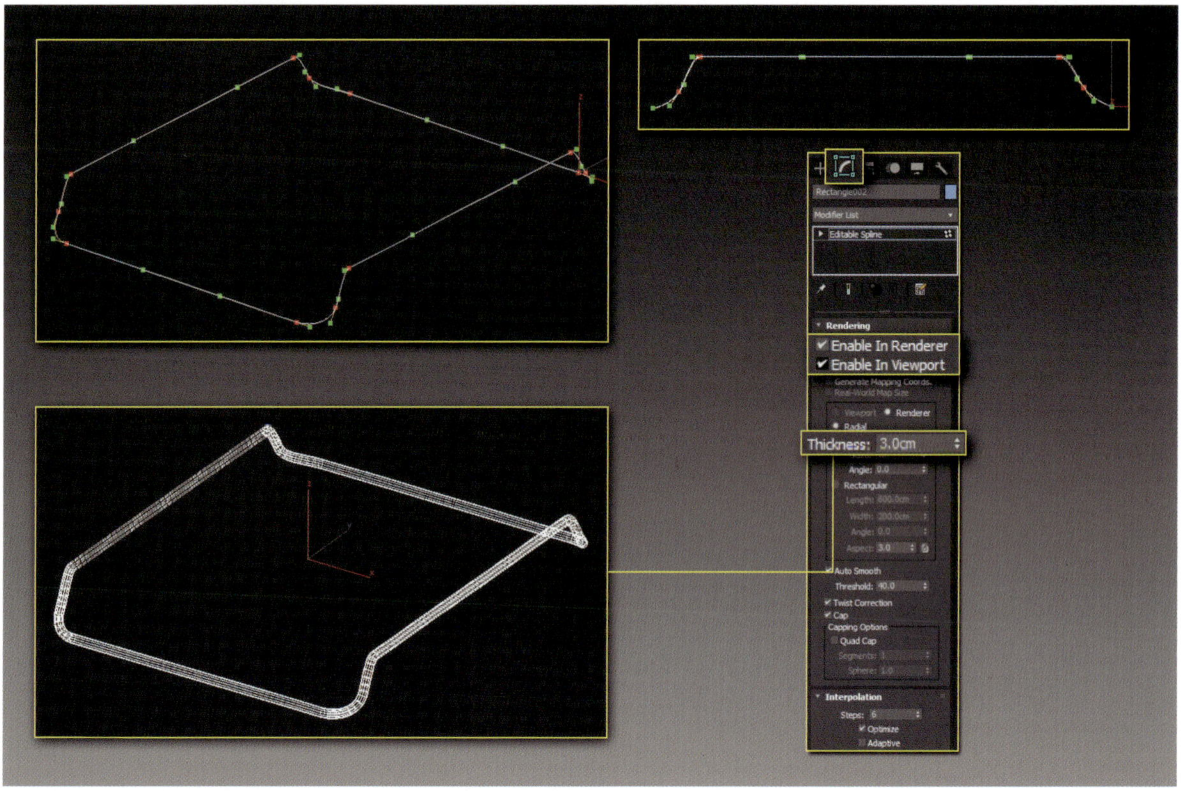

바닥 부분도 같은 방식을 이용해서 제작하고 여러 개로 복사해서 완성했습니다.

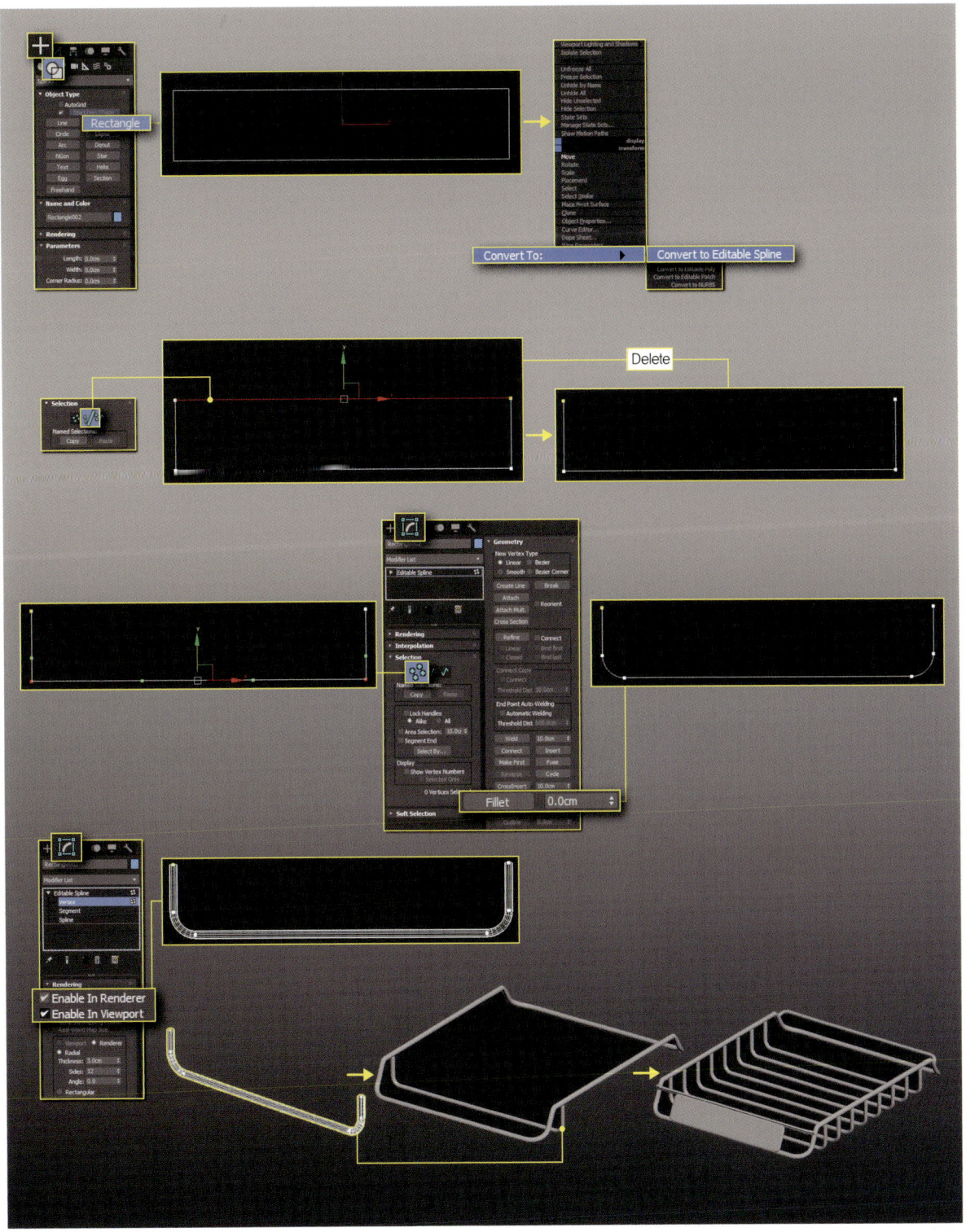

같은 방법을 이용해서 만들어진 자동차의 모습입니다. 각자 다양한 스타일로 완성해 보기 바랍니다.

SECTION 02

스쿠터 만들기

Scooter.max

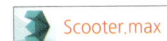

자동차 만들기와 마찬가지로 기본 Object를 변형해서 전체 형태를 Low Poly Object로 만들고 각 부분은 Detach해서 세부적으로 모델링합니다.

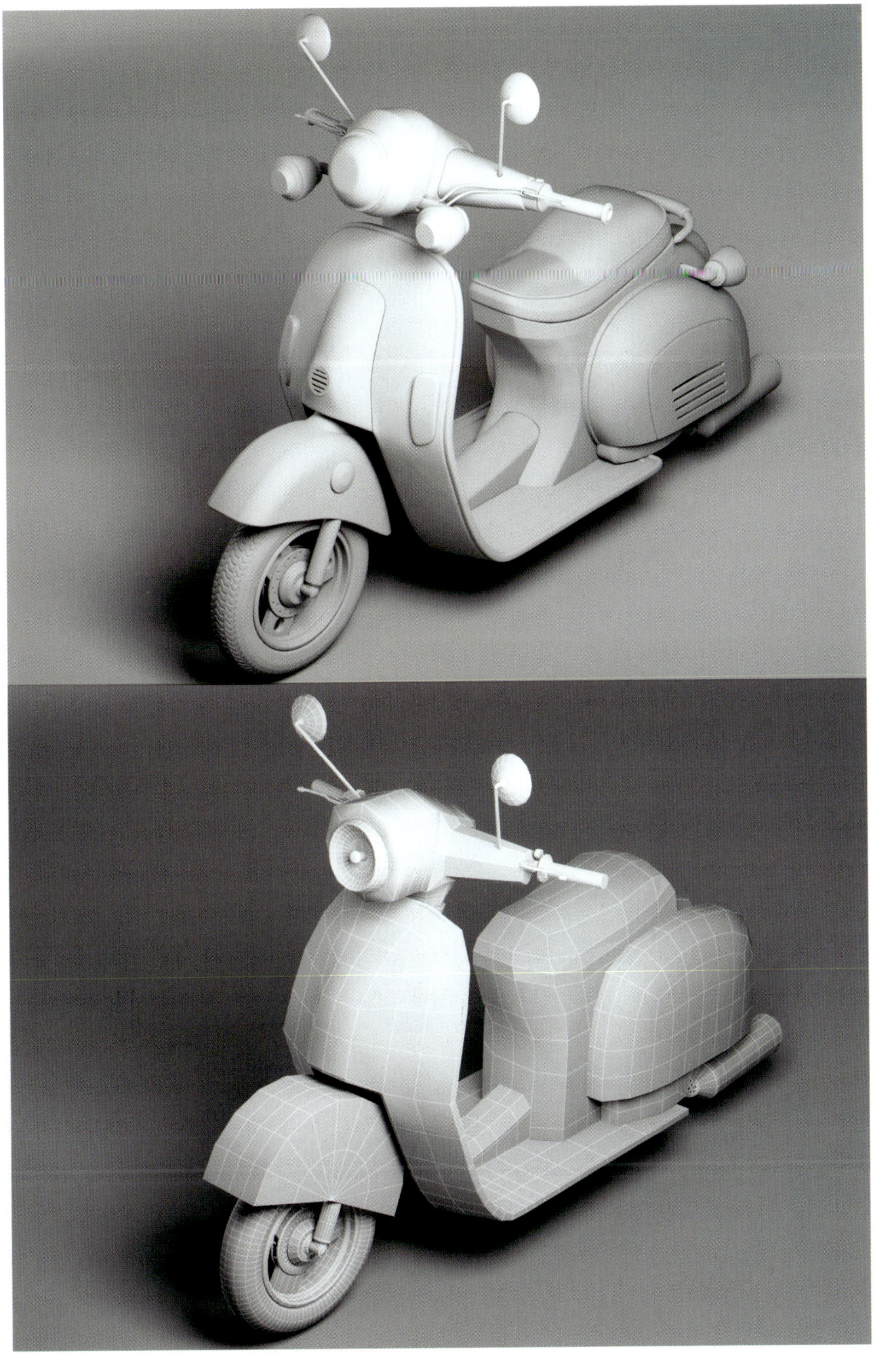

스쿠터 외형 만들기

스쿠터 보디는 Plane을 이용해서 작업합니다. Plane을 생성하고 Editable Poly로 변환한 후 스쿠터 보디 모양으로 변형하고 Symmetry를 이용해서 대칭으로 작업합니다.

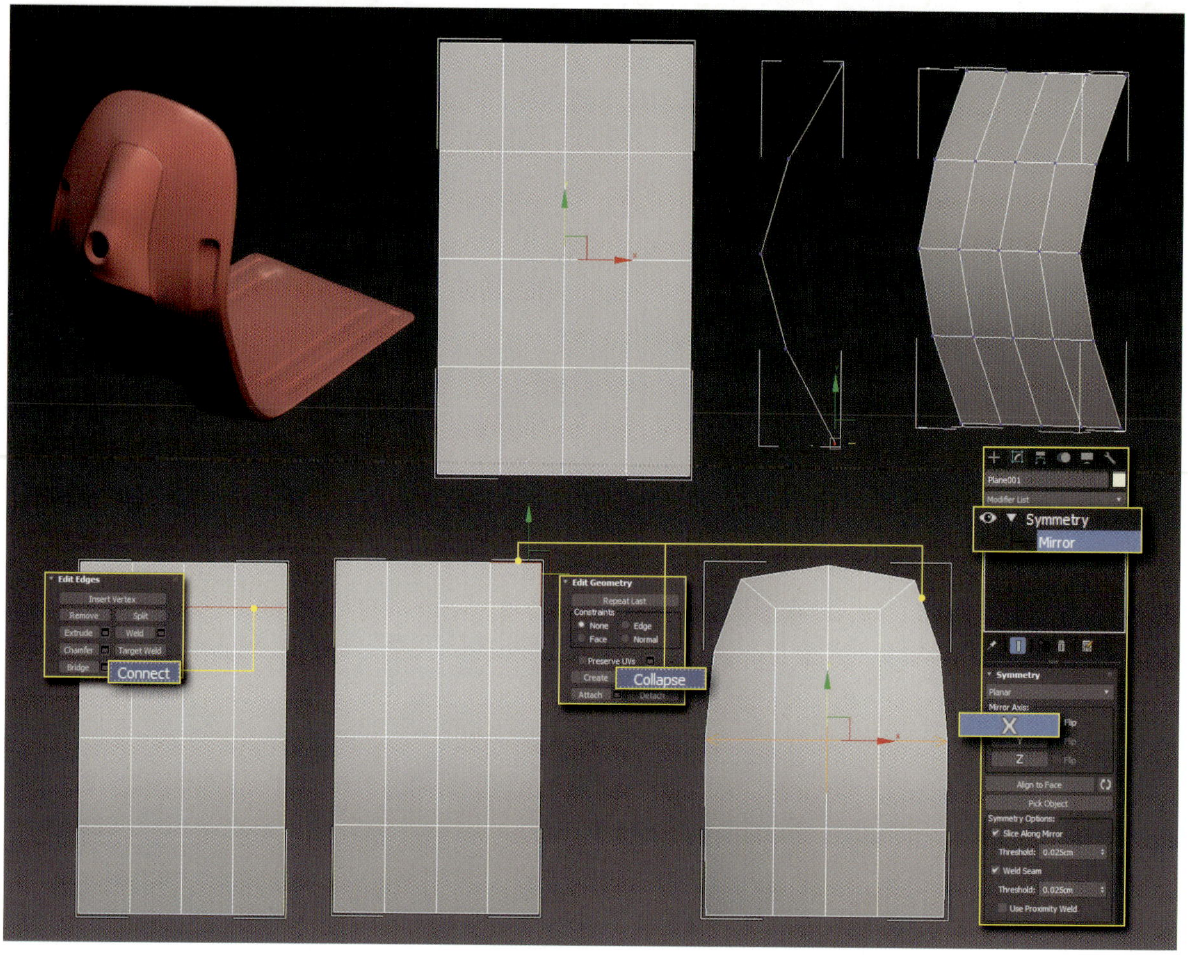

아래쪽 Edge를 선택하고 Shift 키를 누른 상태로 Move를 이용해서 바닥 부분을 만들고 Edge를 추가합니다.

Modify ➜ TurboSmooth를 적용해서 밀도를 높이고 형태를 잡아 나갑니다.

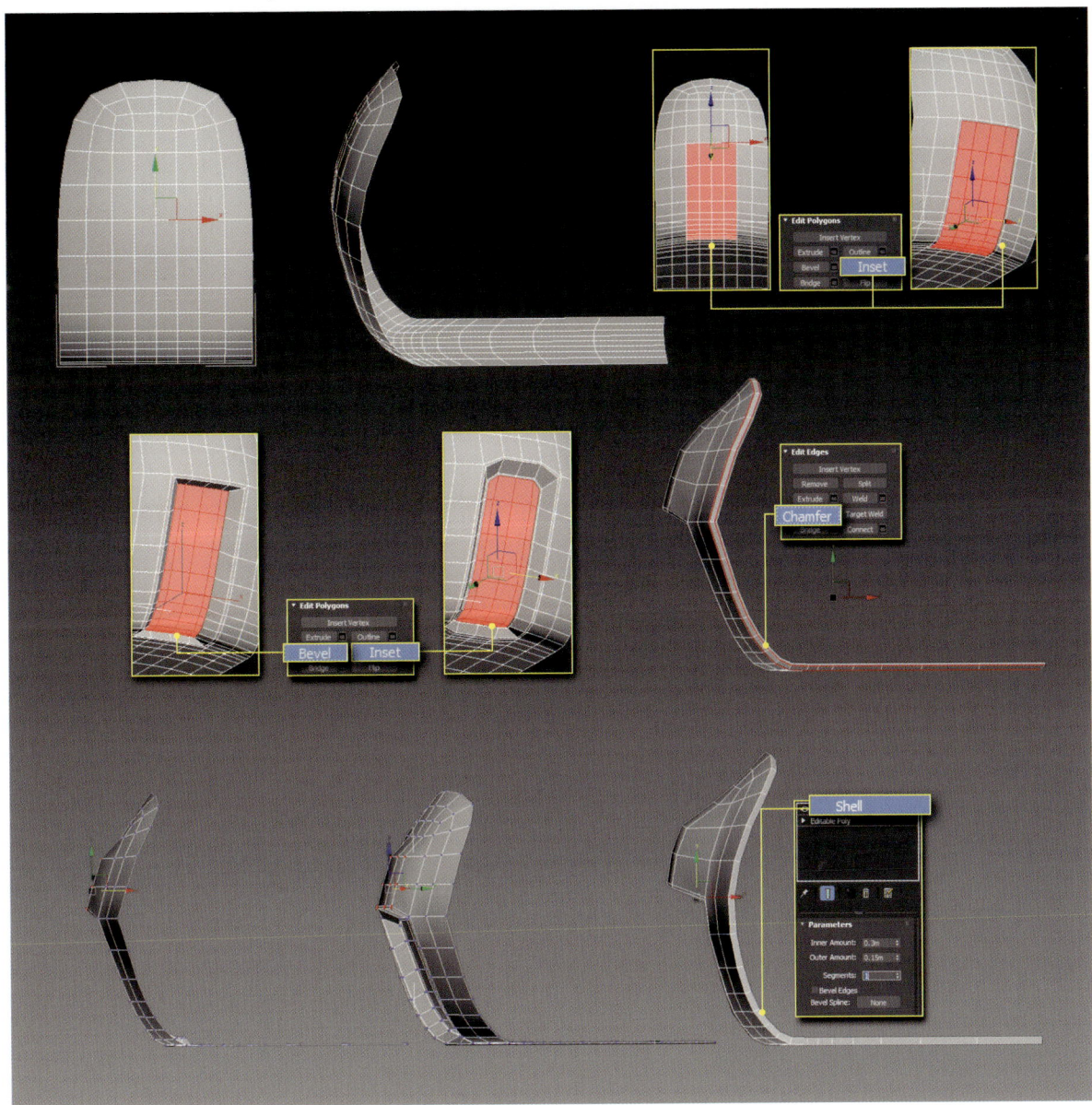

앞부분의 Polygon을 선택하고 Detach를 이용해서 분리한 후 분리된 안쪽을 정리합니다.

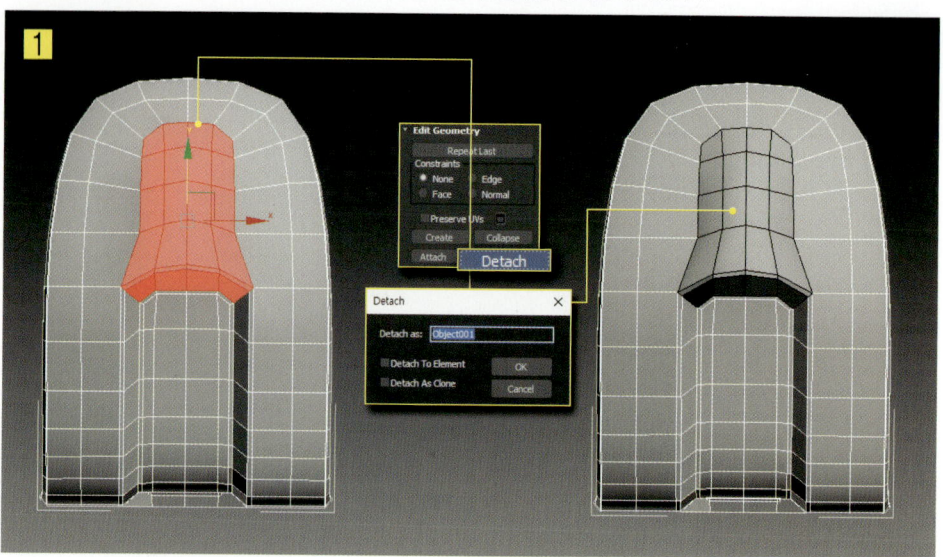

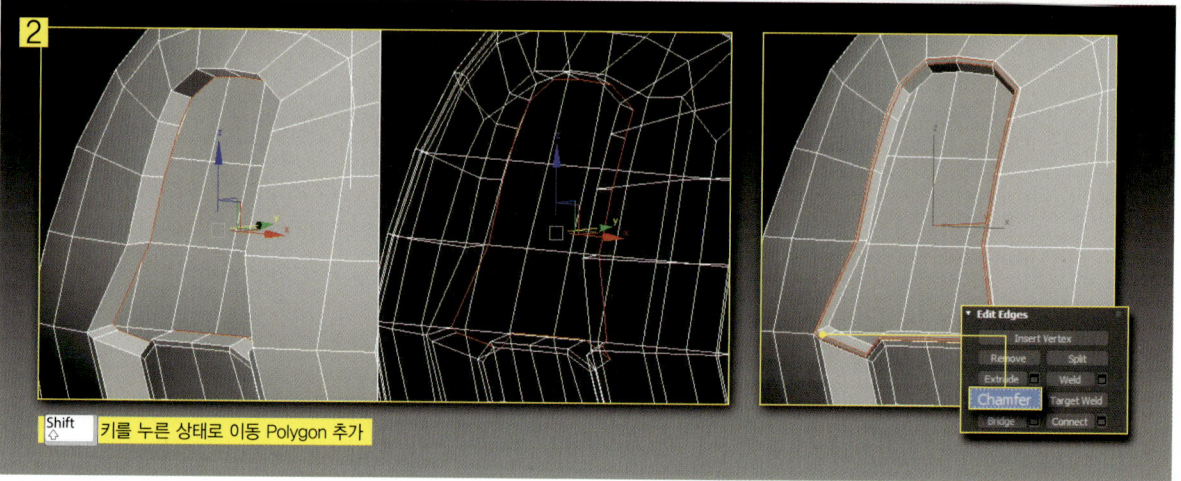

Shift 키를 누른 상태로 이동 Polygon 추가

분리해 놓은 앞부분도 Edge를 추가하고 앞 바퀴 커버가 연결될 부분을 작업합니다.

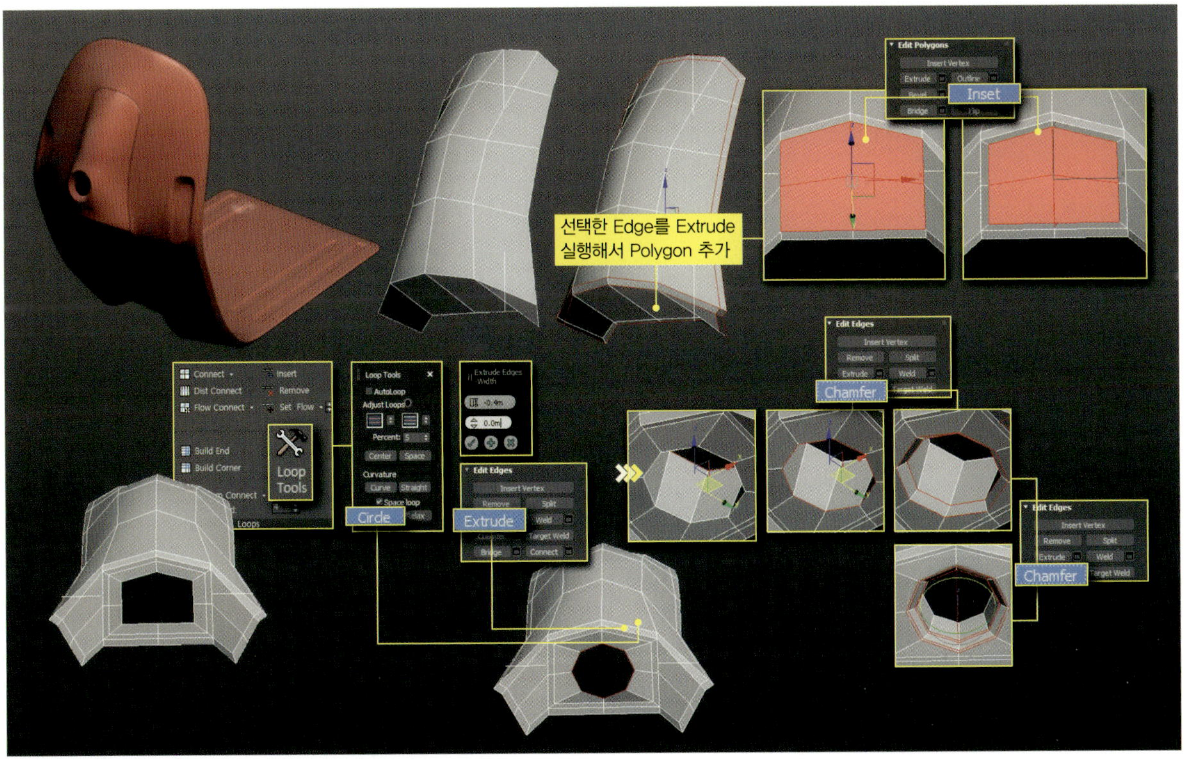

Modify ➡ Shell을 적용해서 두께를 주고 완성합니다.

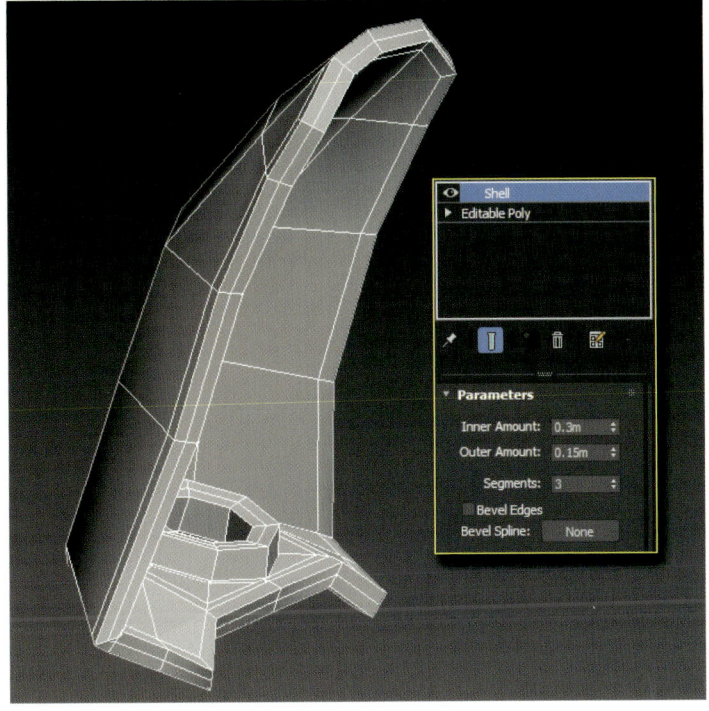

만들어 놓은 보디의 Polygon을 Detach하고 변형해서 Object를 추가합니다.

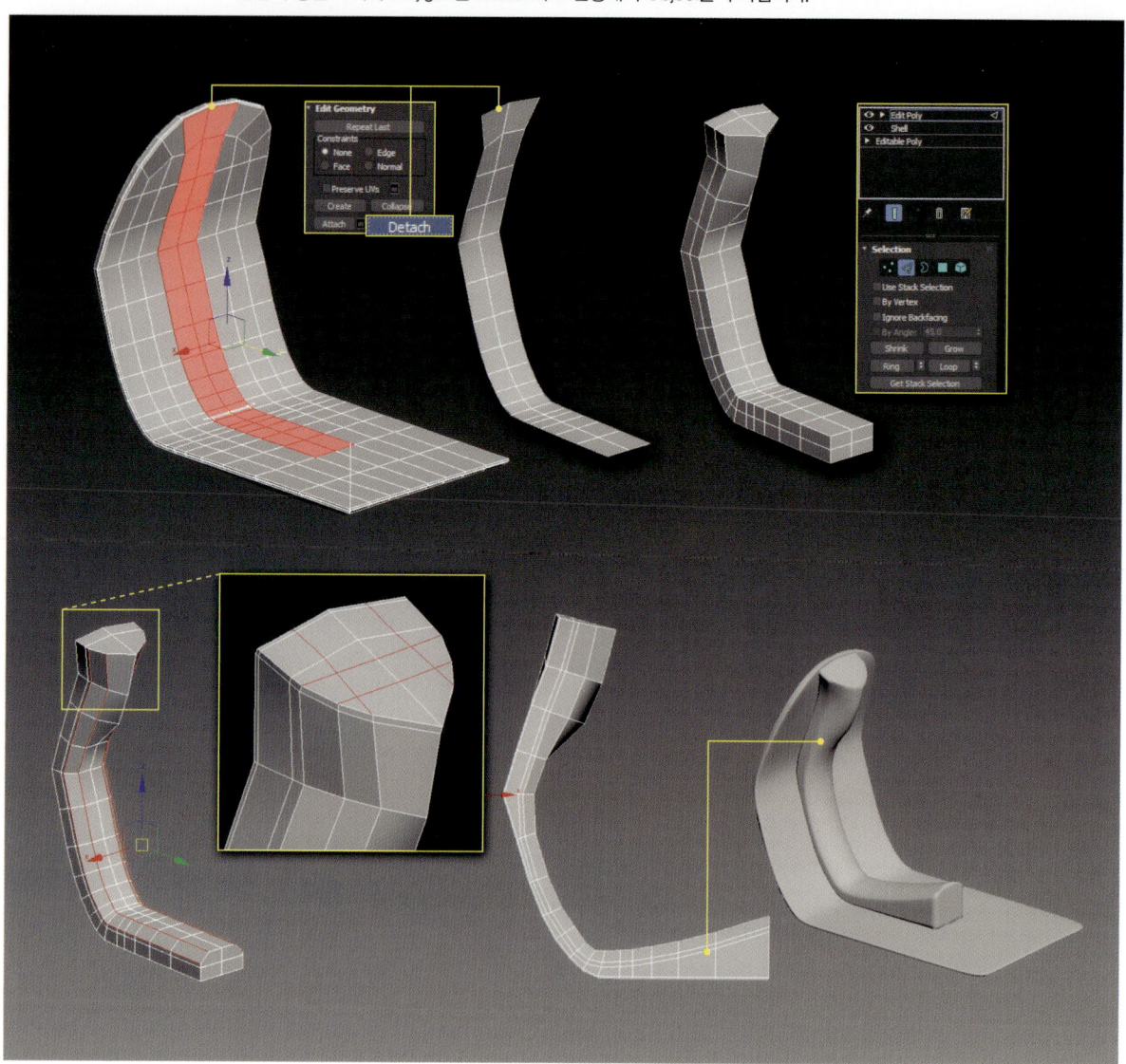

스쿠터 안장은 Box를 변형해서 제작합니다. 적절한 수의 Segment를 가진 Box를 생성하고 Vertex를 이동해서 변형합니다. 안장 윗부분을 선택하고 Extrude를 이용해서 Polygon을 추가하고 Flow Connect를 이용해 Edge를 추가하면서 형태를 잡아가고 Modify ➜ Symmetry를 적용해서 완성합니다.

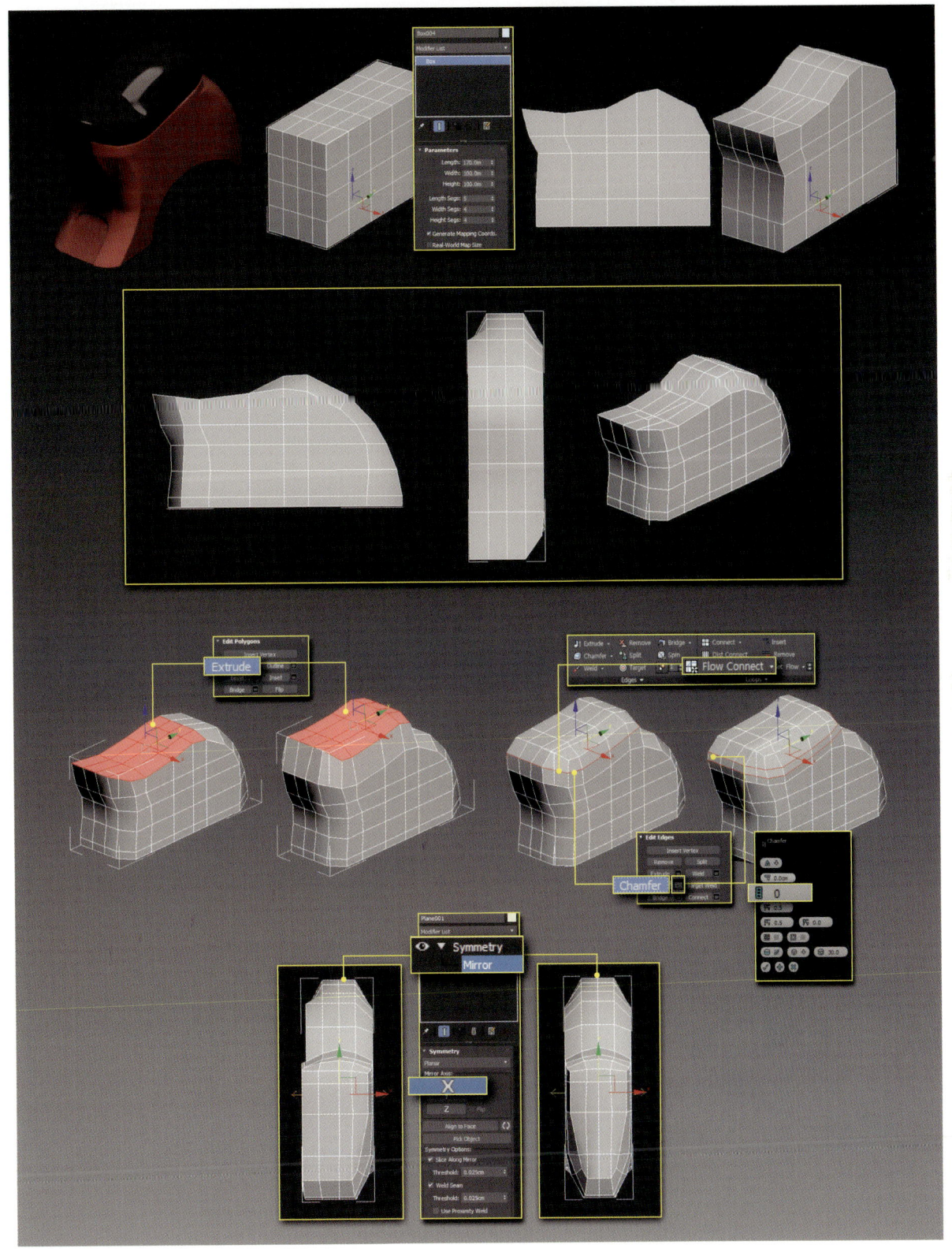

세밀한 작업을 위해 Edge를 추가해 다듬고 Detach를 이용해서 두 부분으로 분리합니다.

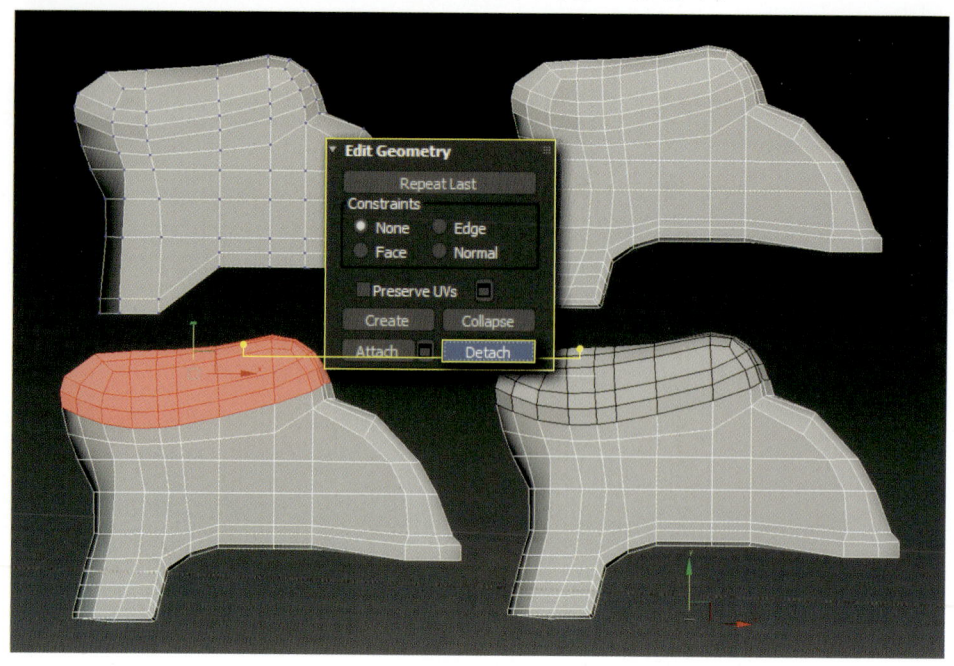

안장의 아랫부분은 선택 모드를 Border로 하고 뚫려있는 가장자리의 모든 Edge를 선택하고 Cap 기능으로 구멍을 메우고 Inset·Bevel·Chamfer 등을 이용해 완성합니다.

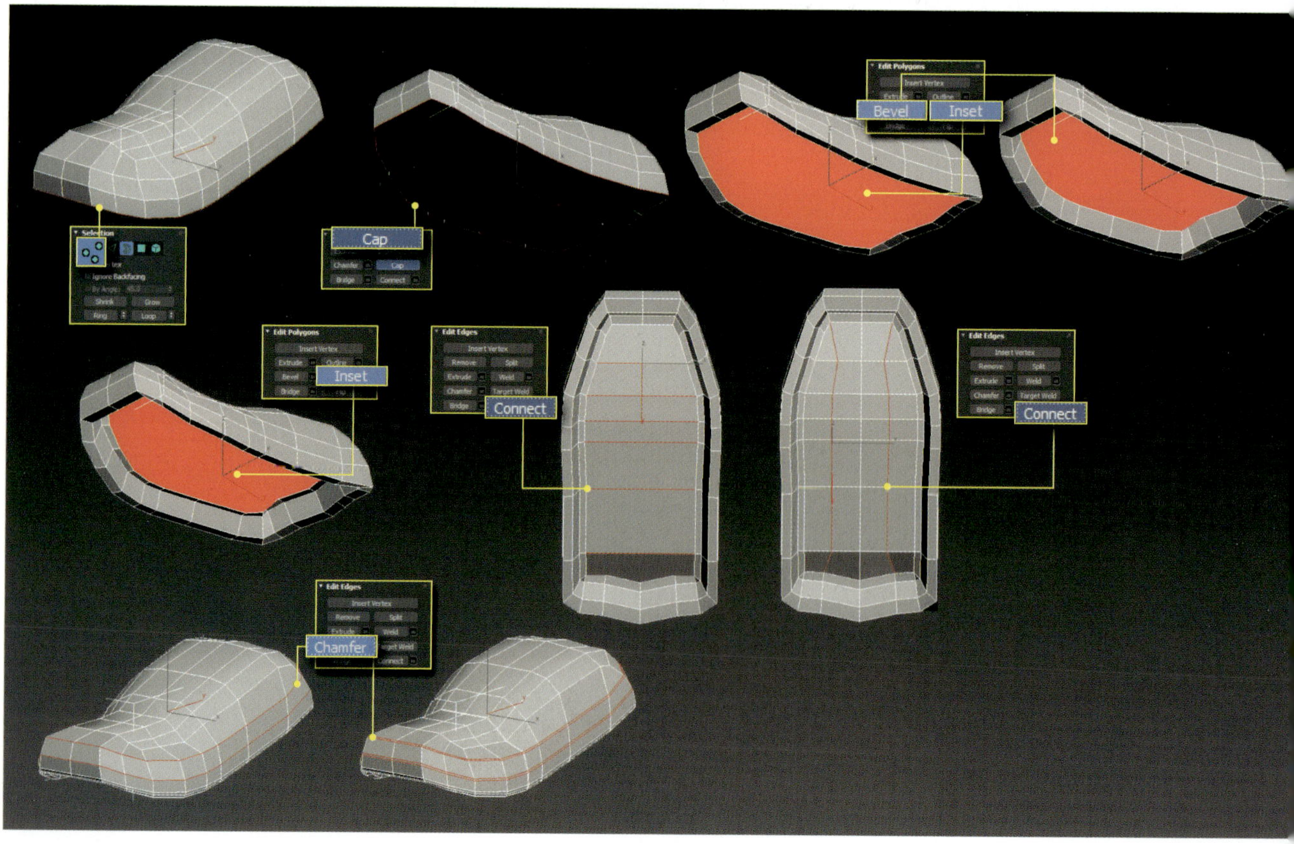

안장 몸통 부분도 같은 방법으로 완성합니다.

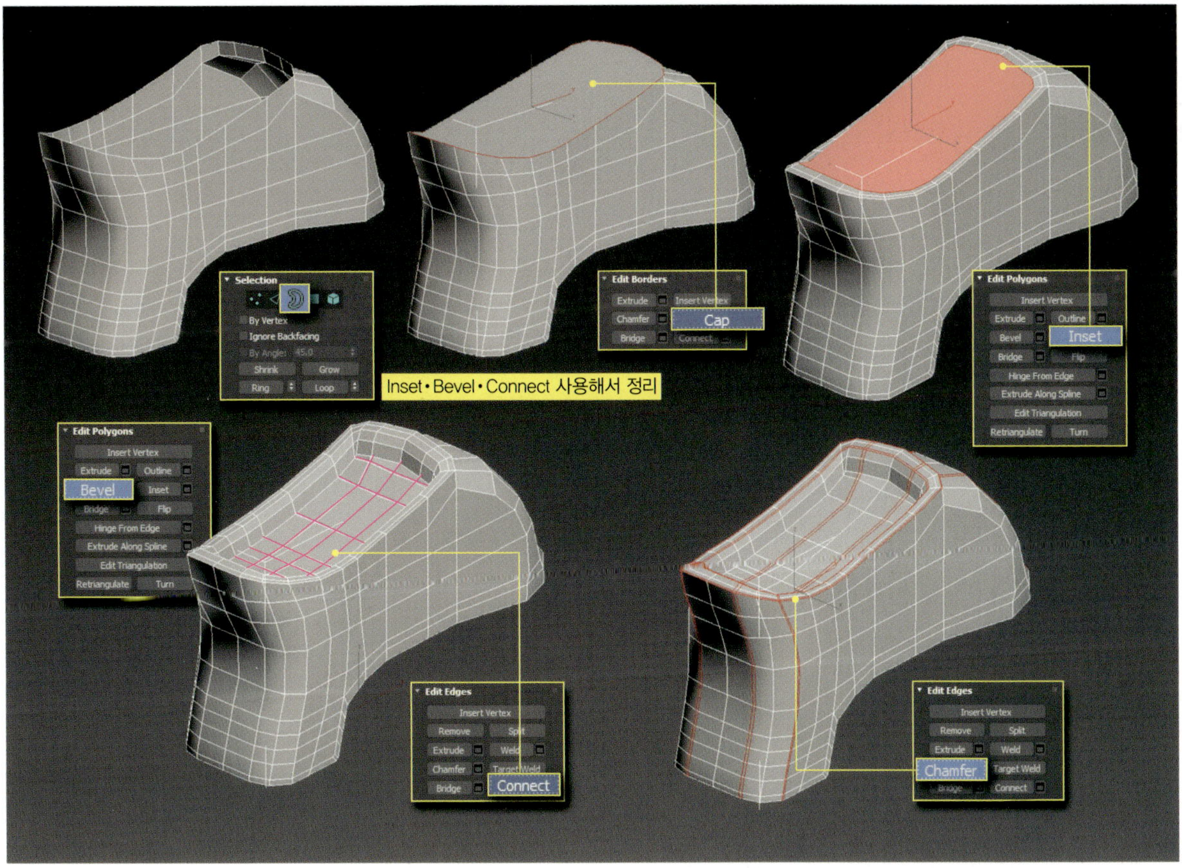

앞 바퀴 커버는 Cylinder를 이용해서 작업합니다. Cylinder를 생성하고 Cap Segments를 2로 하고 Slice On을 체크한 후 그림과 같은 모양이 되도록 조절합니다. Convert to Editable Poly로 변환하고 안쪽 면을 삭제합니다.

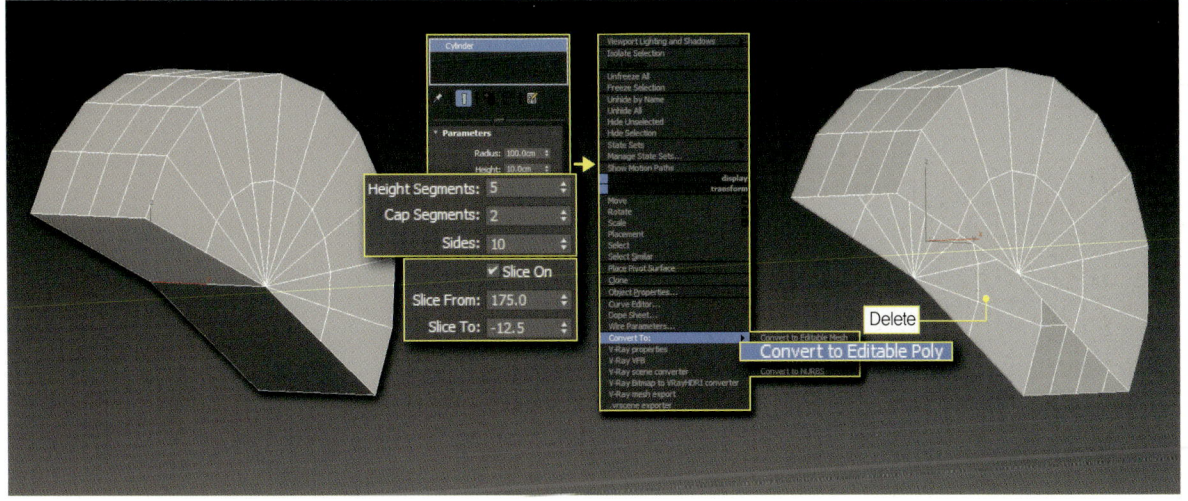

Chapter 04 | 다양한 Object 제작하기 II

이어서 Chamfer・Connect 등의 기능을 이용해서 모델링합니다.

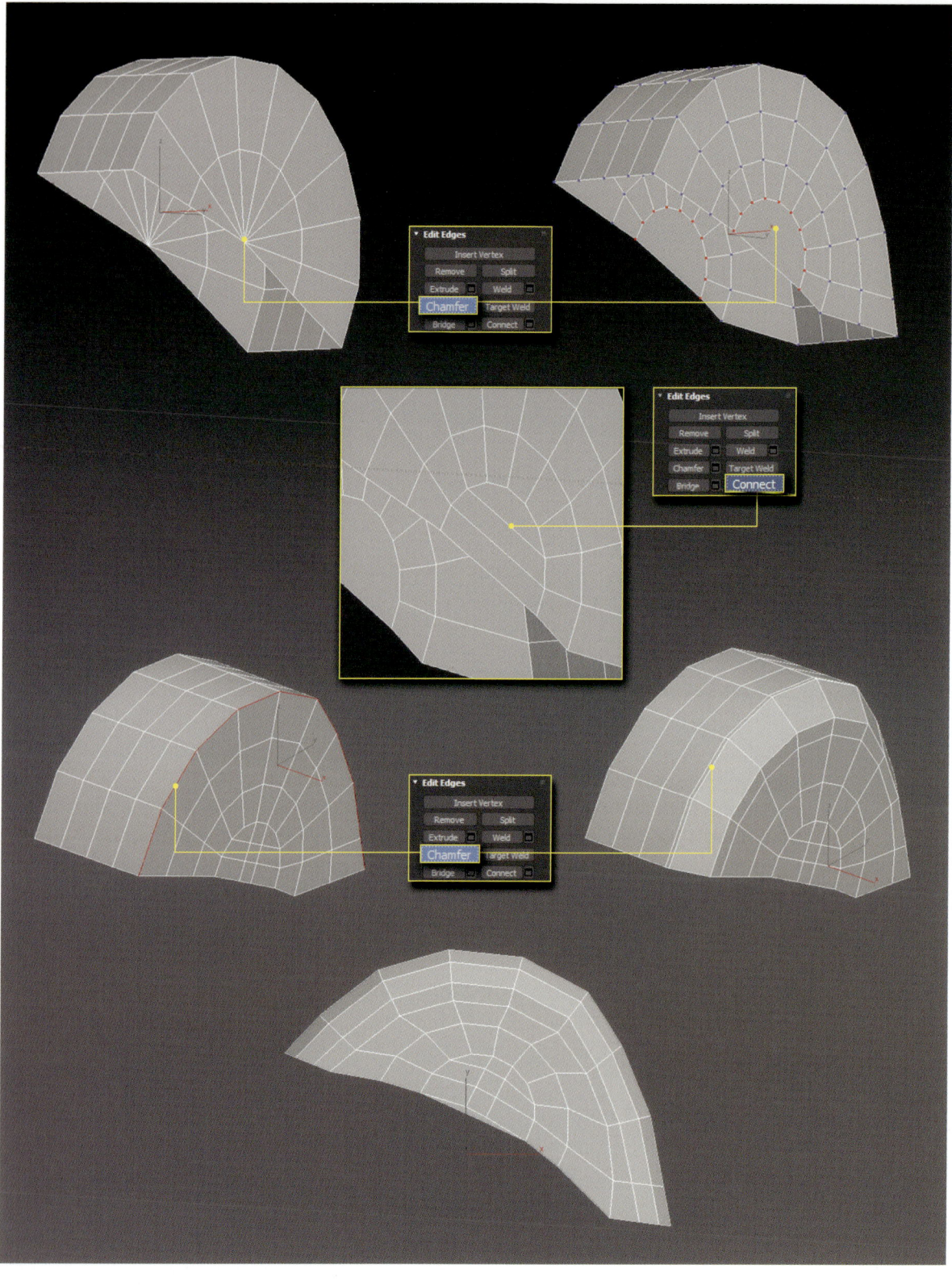

Symmetry를 적용해서 대칭되도록 하고 Convert to Editable Poly를 적용해서 변환하고 축이 될 부분을 추가해서 완성합니다.

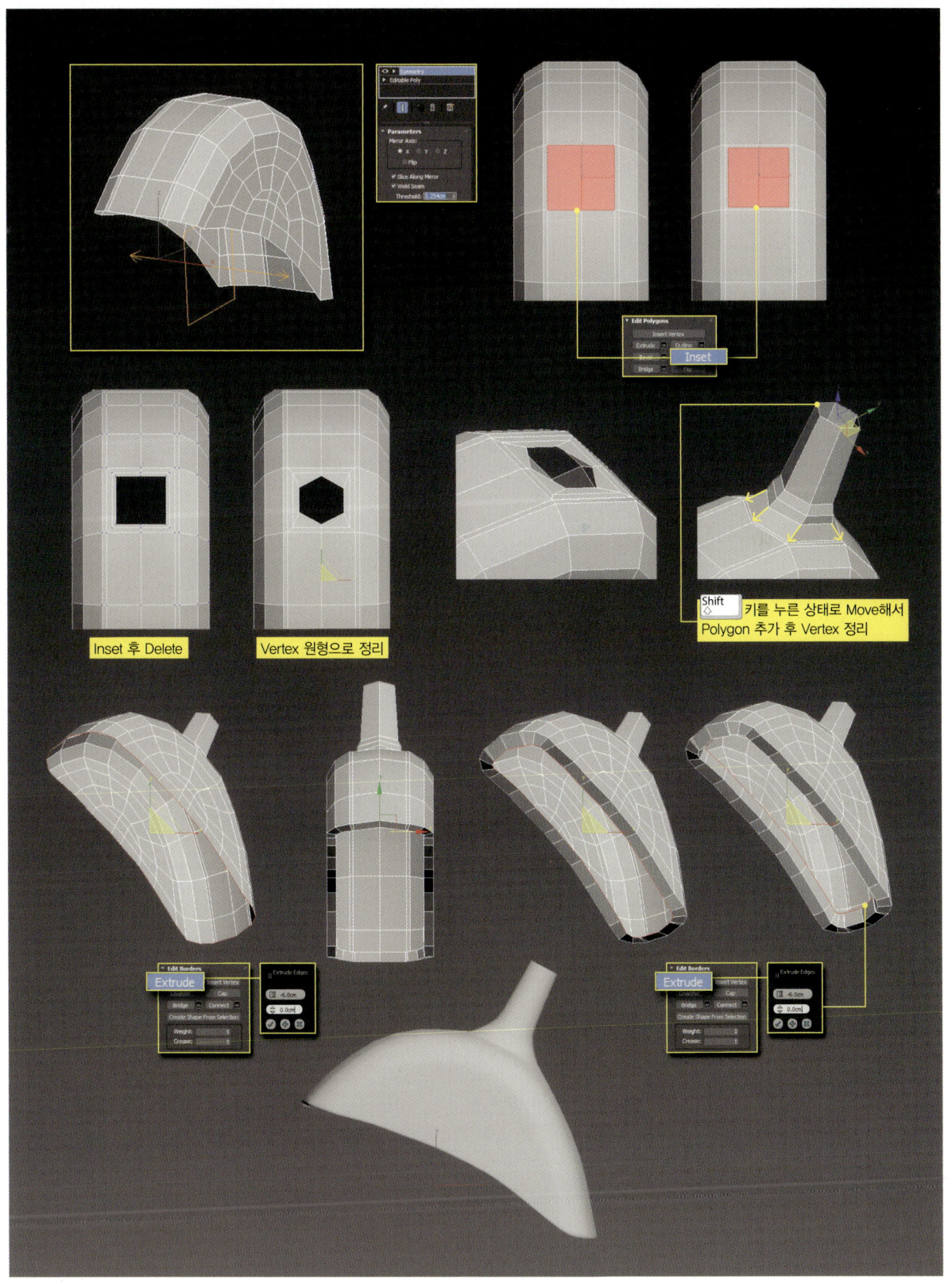

스쿠터 핸들은 Box를 이용해서 작업합니다.

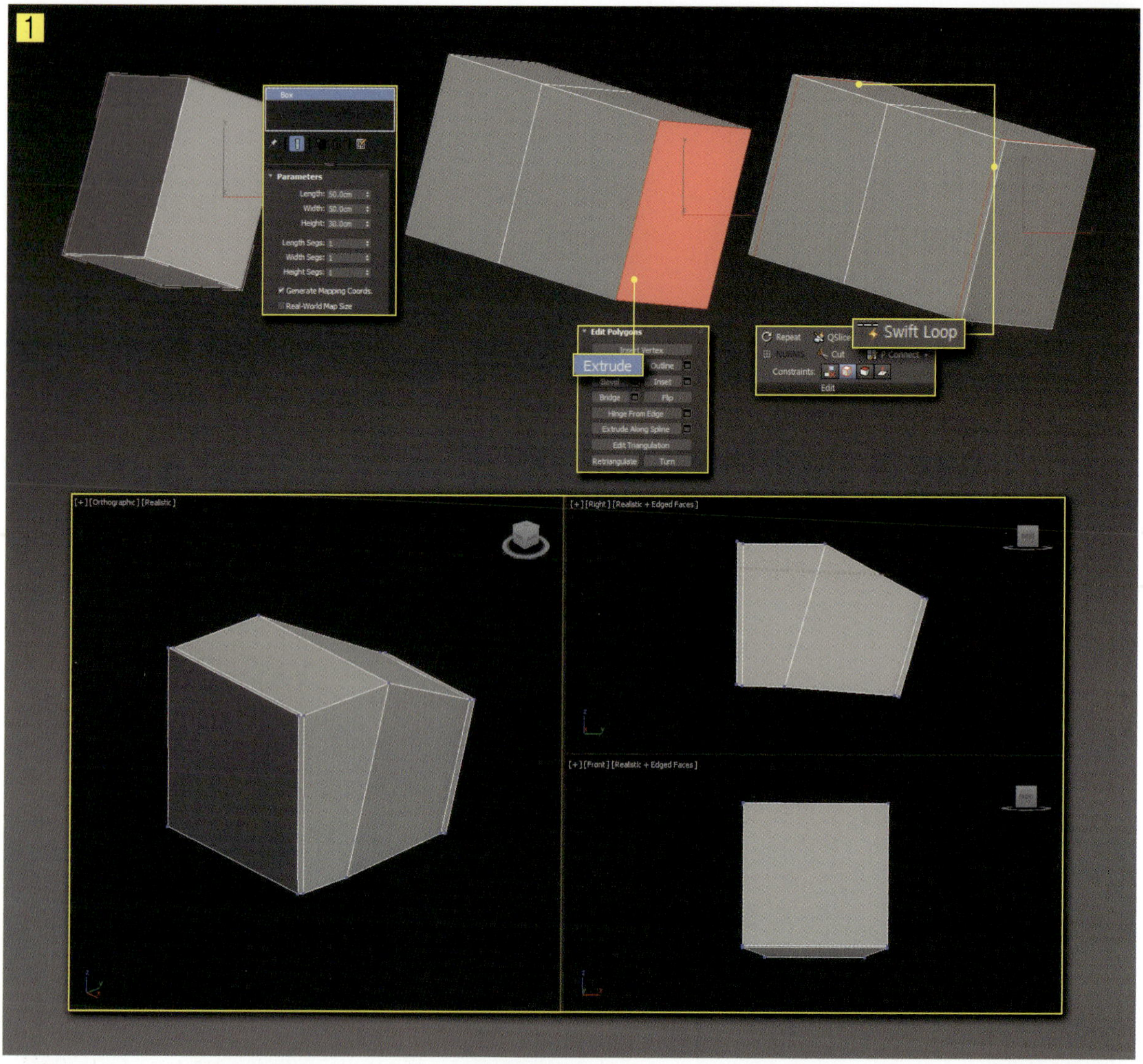

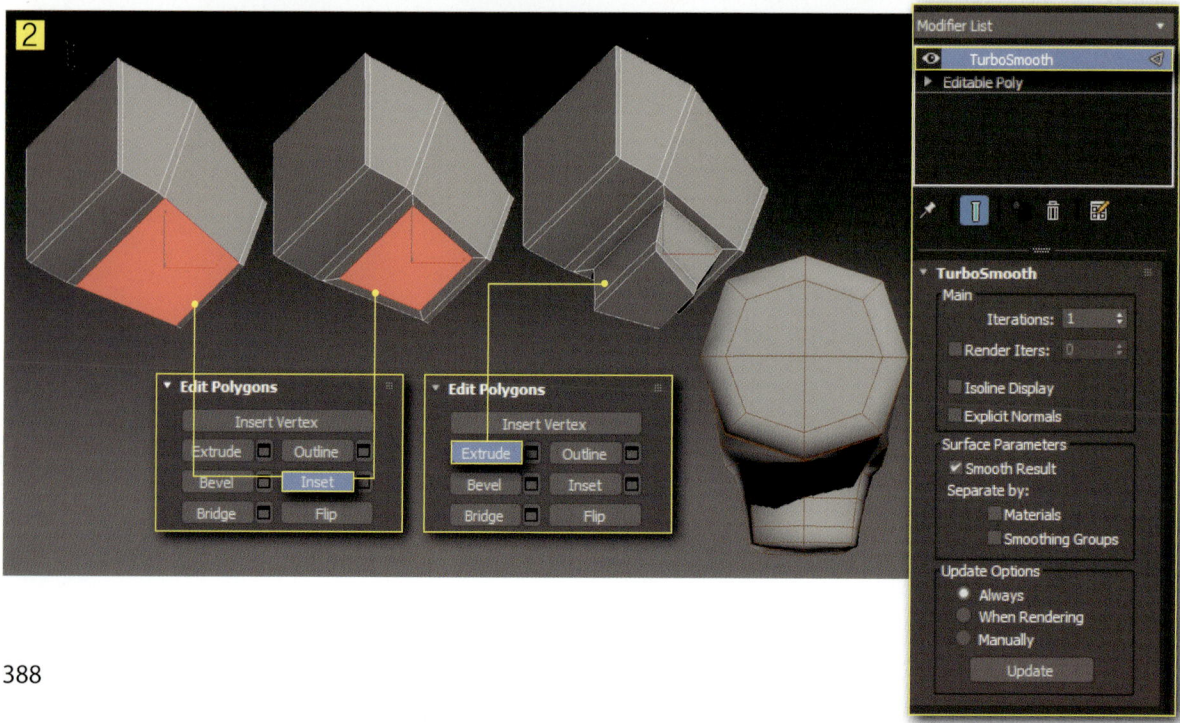

Symmetry를 적용해서 대칭되도록 하고 Convert to Editable Poly를 적용해서 변환하고 축이 될 부분을 추가해서 완성합니다.

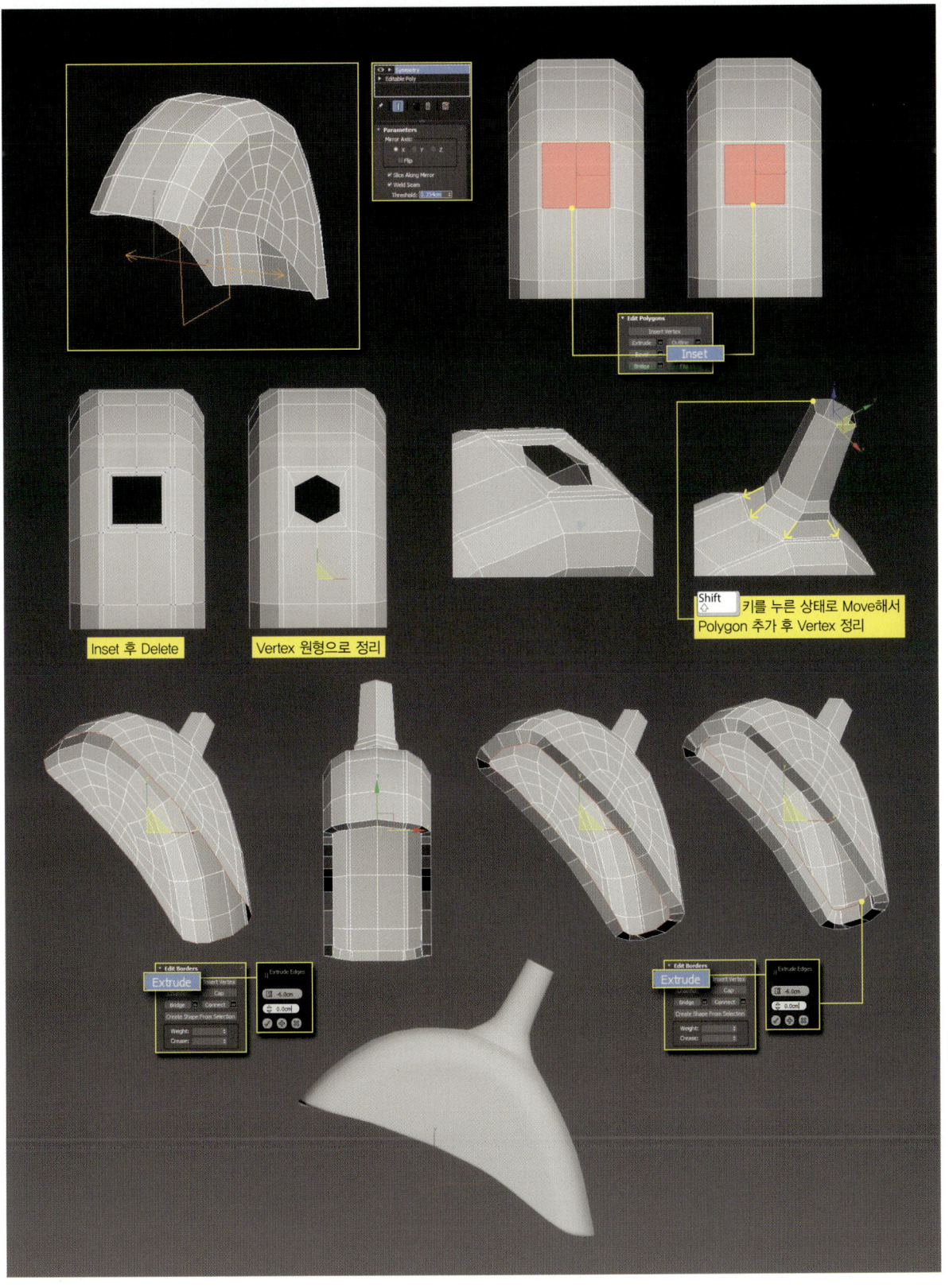

스쿠터 핸들은 Box를 이용해서 작업합니다.

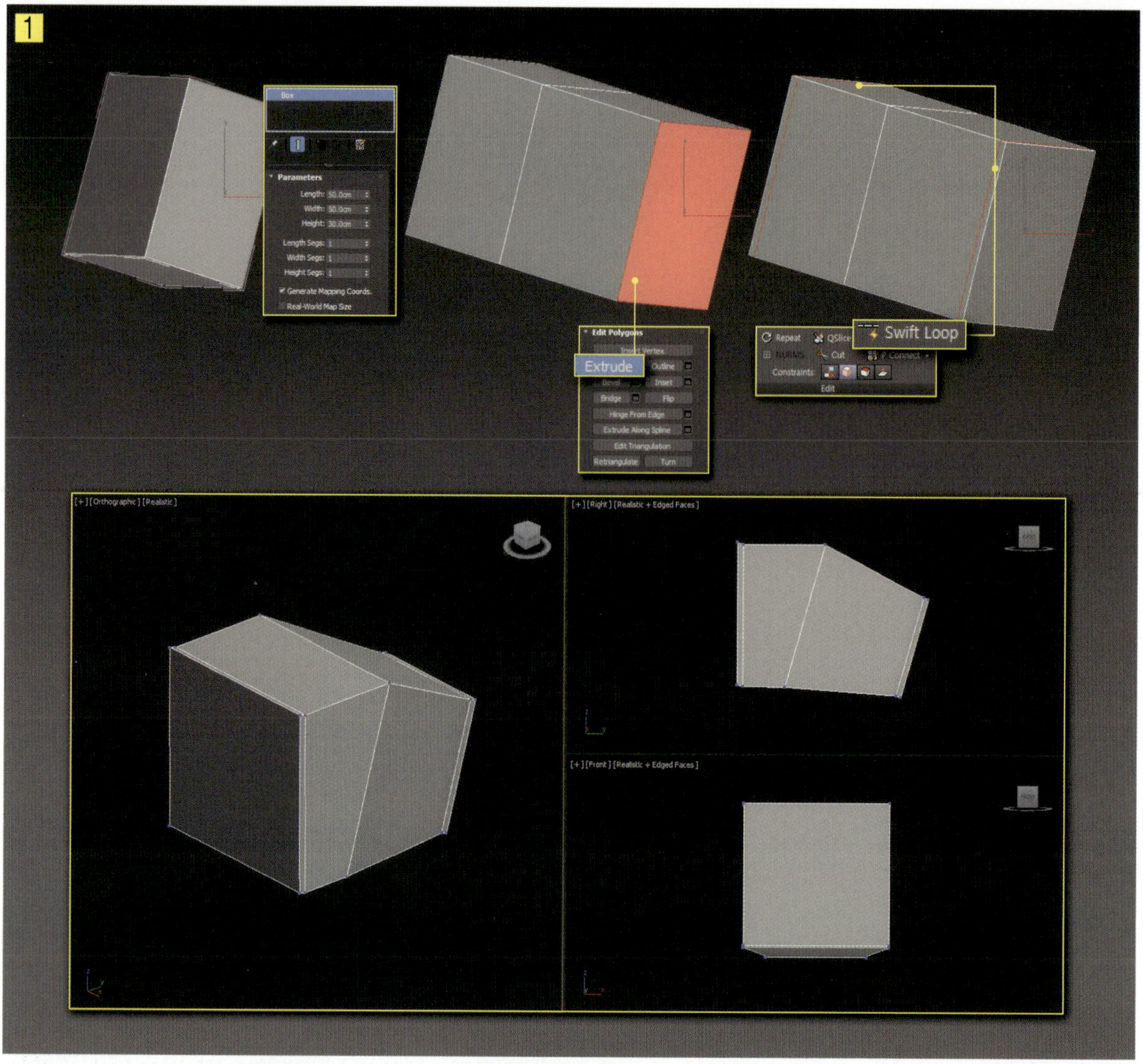

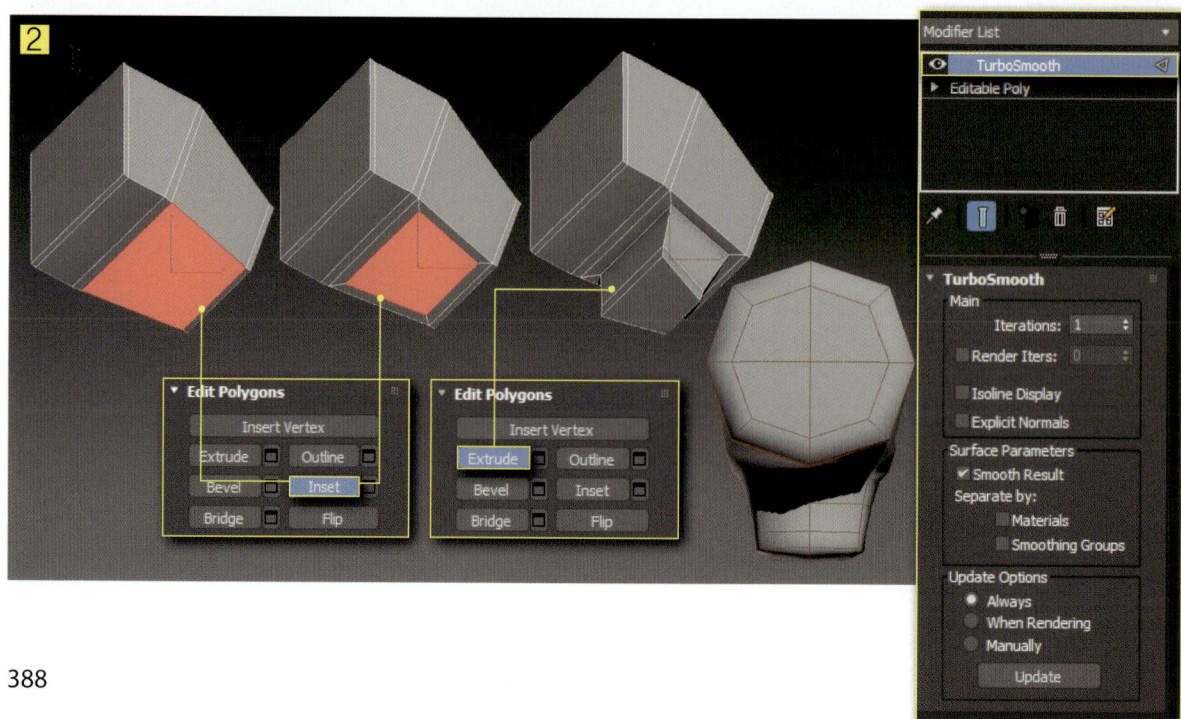

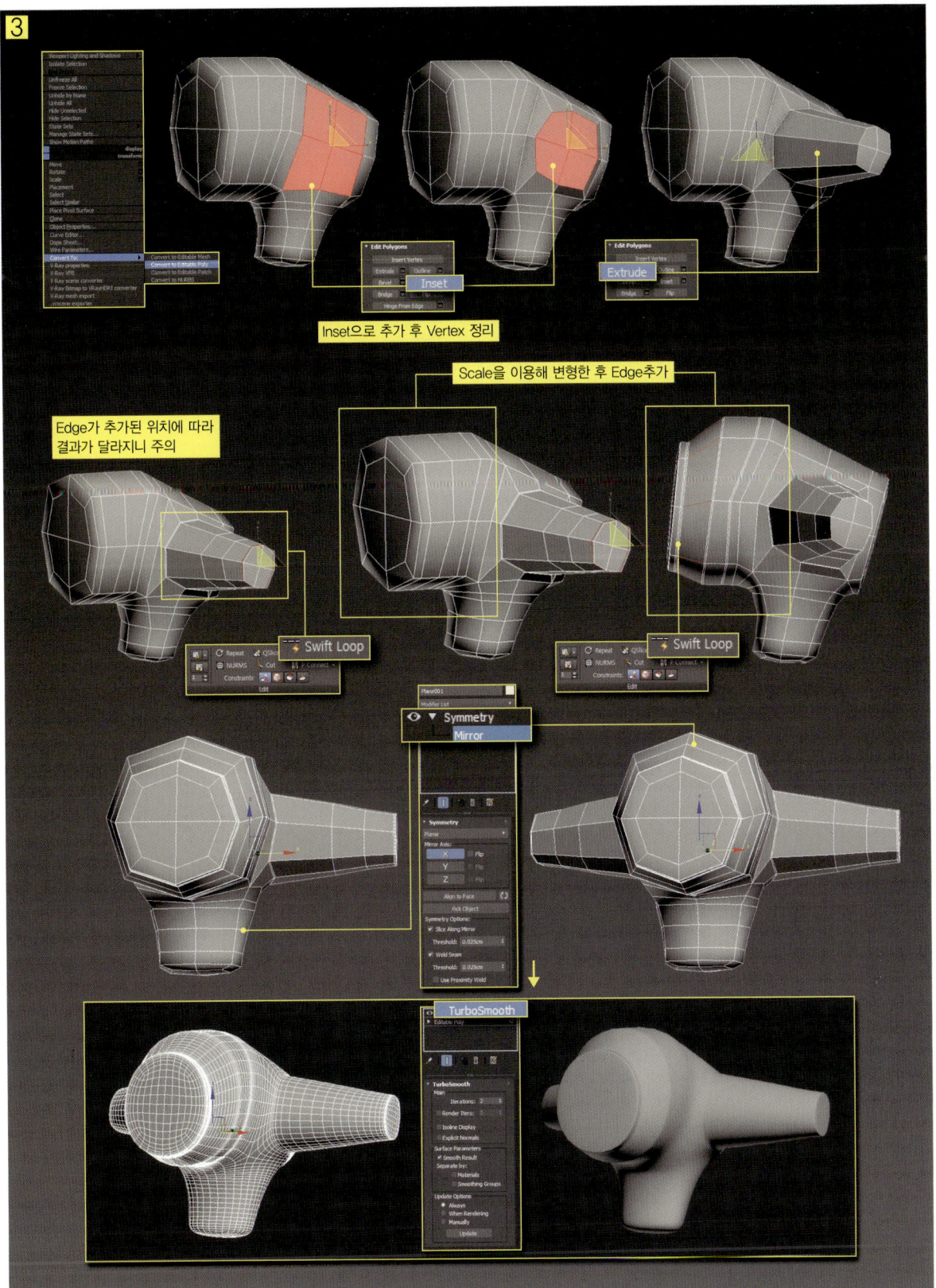

스쿠터 엔진 덮개도 Box를 이용해서 제작합니다. Box를 이용해서 기본 형태를 만듭니다.

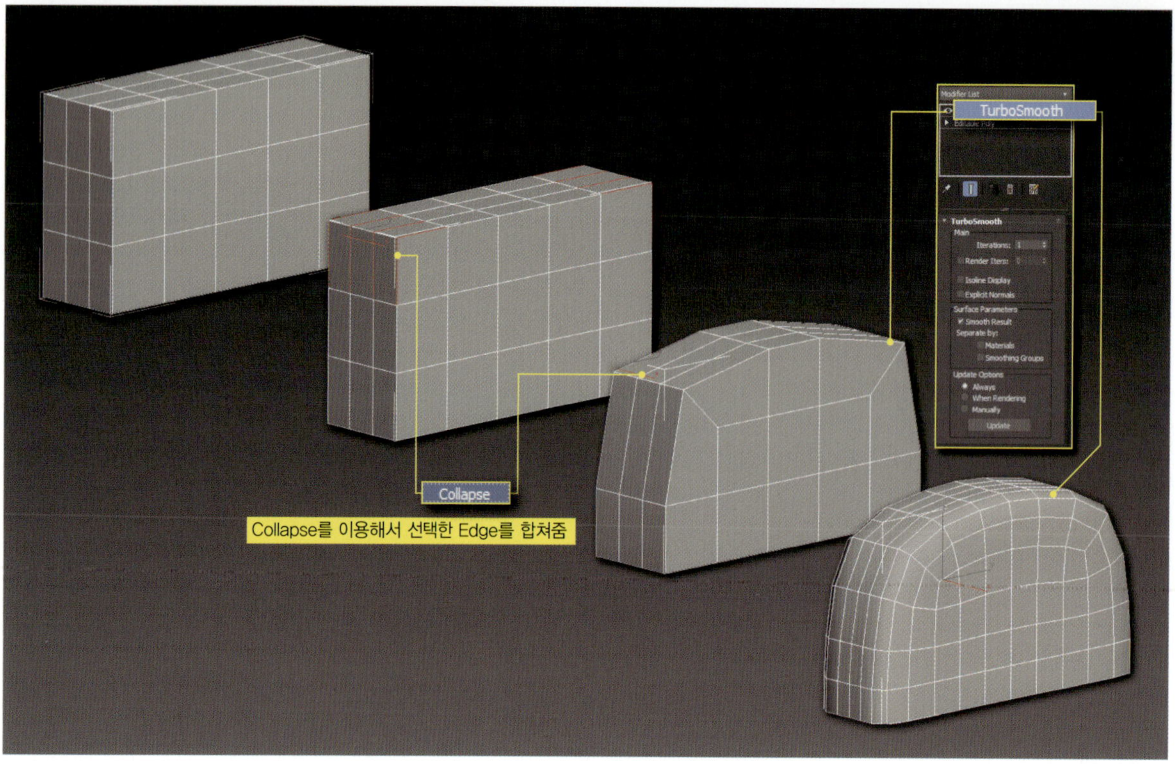

Modify ➡ FFD 4x4x4 기능을 이용해서 전체적인 형태를 변형합니다.

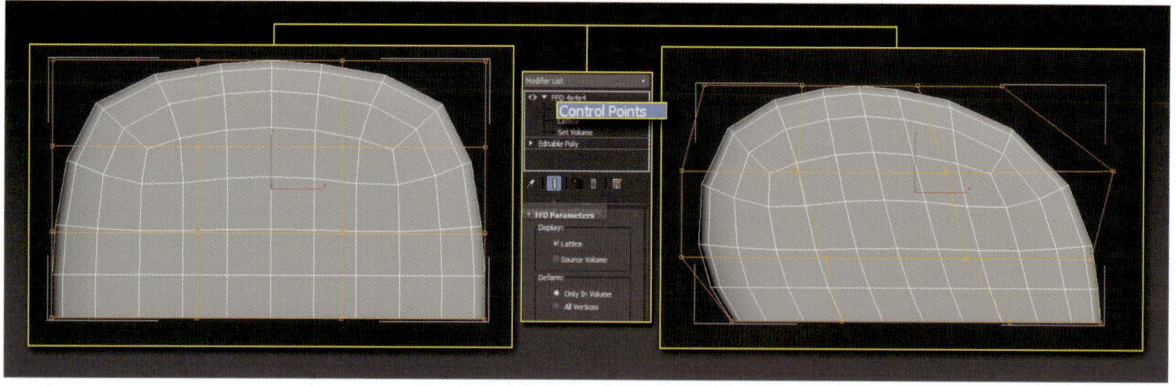

Convert To Editable Poly로 변환하고 다시 형태를 잡아 나갑니다.

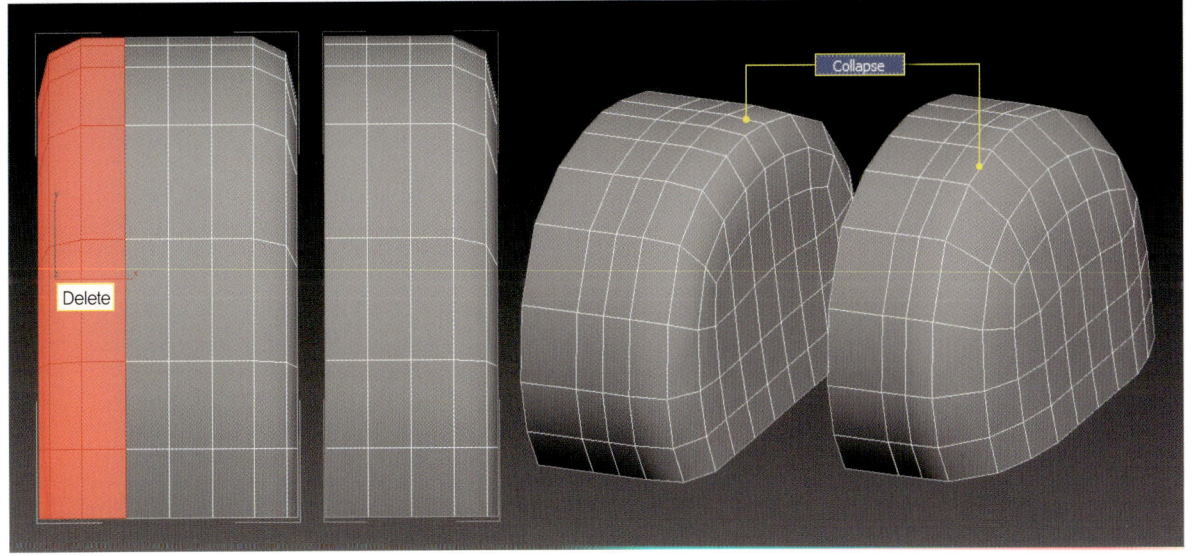

Detach를 이용해서 두 부분으로 분리하고 세부적인 모델링을 진행해서 완성합니다.

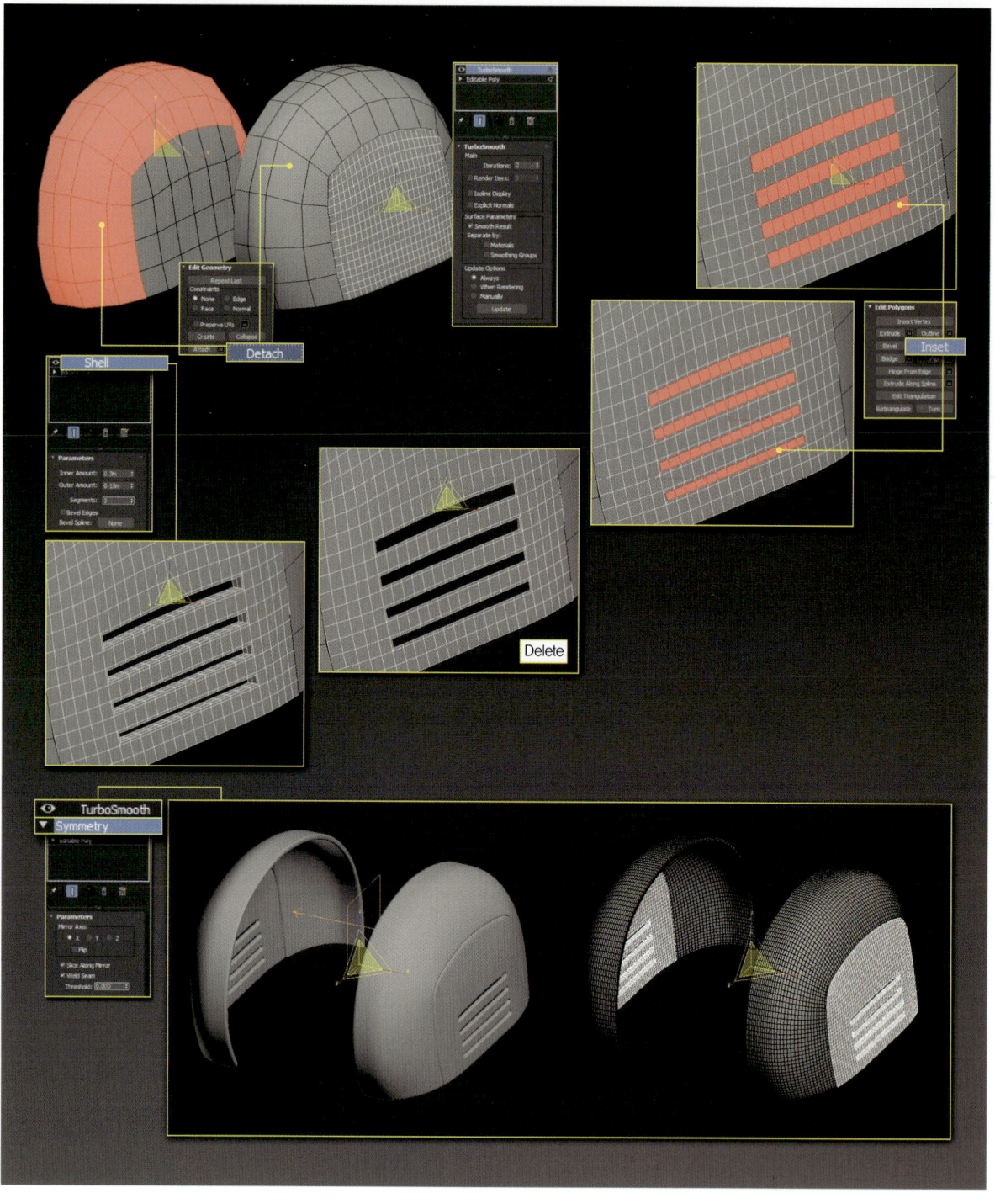

계속 같은 기능만 반복 사용하고 있습니다. 만드는 과정은 정답이란 없습니다.
원하는 형태에 따라서 적절한 Edge 간격과 필요한 Edge 수 등을 고려하여 다양한 모양을
제작해보기 바랍니다.

스쿠터 바퀴 만들기

이제 바퀴를 작업합니다. 바퀴는 휠과 타이어로 구성됩니다. 휠은 다음 그림처럼 몇 개의 부품으로 이루어져 있습니다.

휠의 안쪽 부분은 Cylinder를 이용해서 작업합니다. Cylinder를 생성하고 Polygon을 추가할 부분을 선택하고 Extrude를 이용해서 추가하고 Edge를 필요한 만큼 추가합니다.

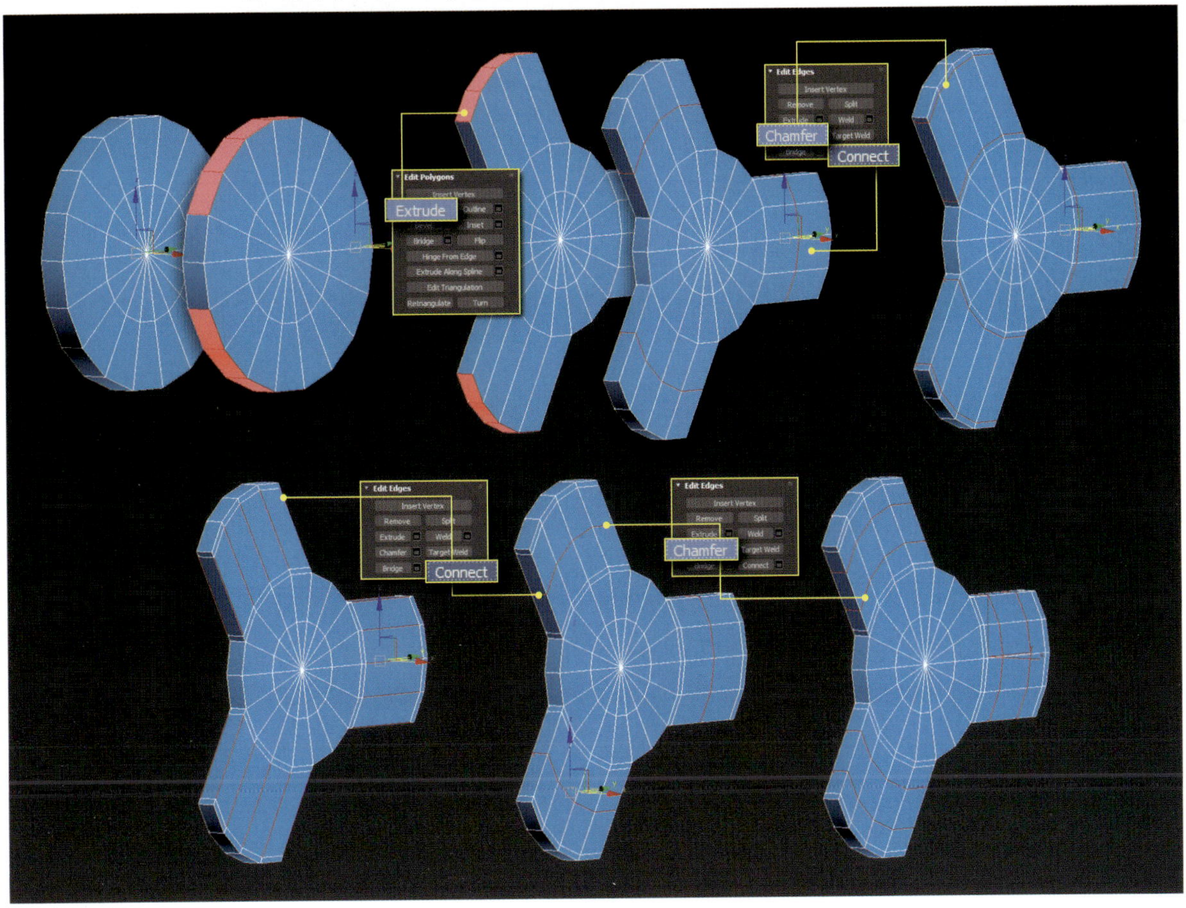

마주 보는 양쪽의 Polygon을 선택하고 Inset을 실행해서 안쪽으로 Polygon을 추가한 후 Bridge를 이용해 연결해서 구멍을 만들고 Chamfer를 이용해서 Edge를 추가하고 모서리를 정리합니다.

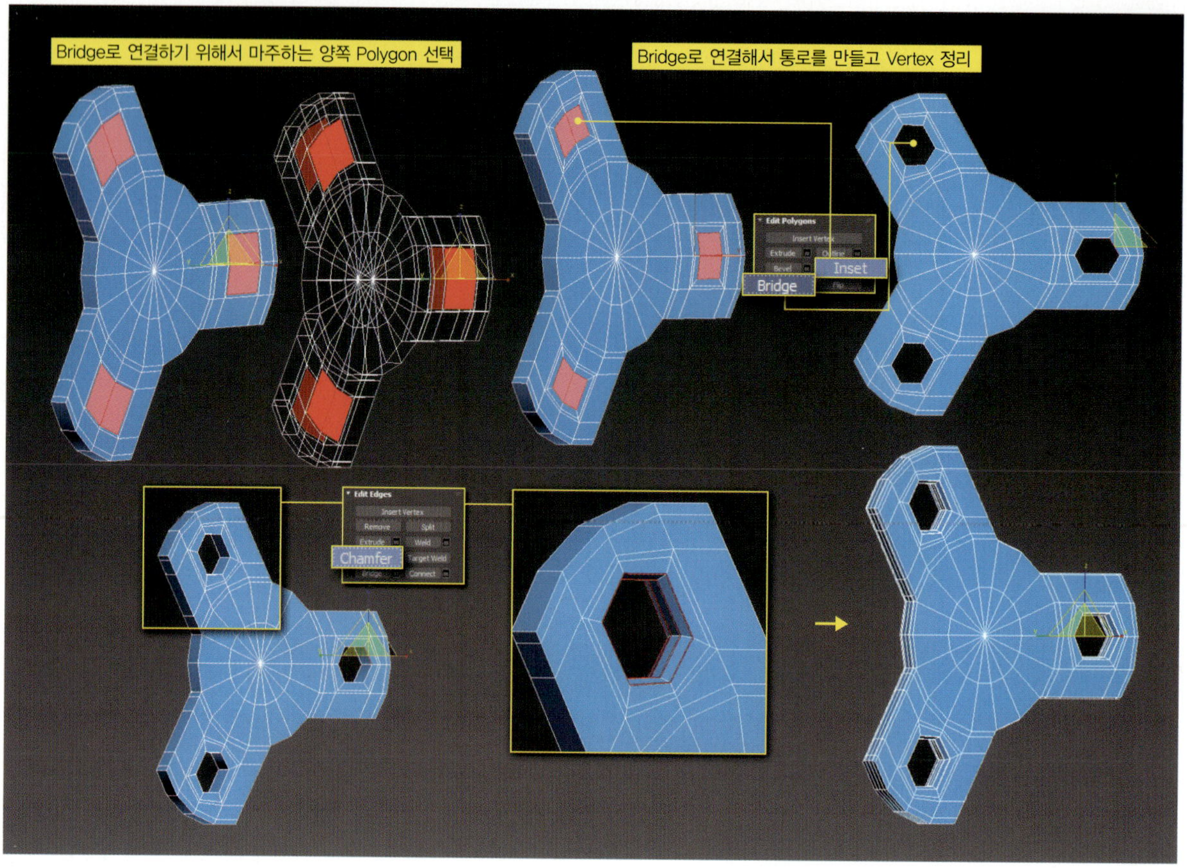

TurboSmooth를 적용해서 결과를 확인합니다.

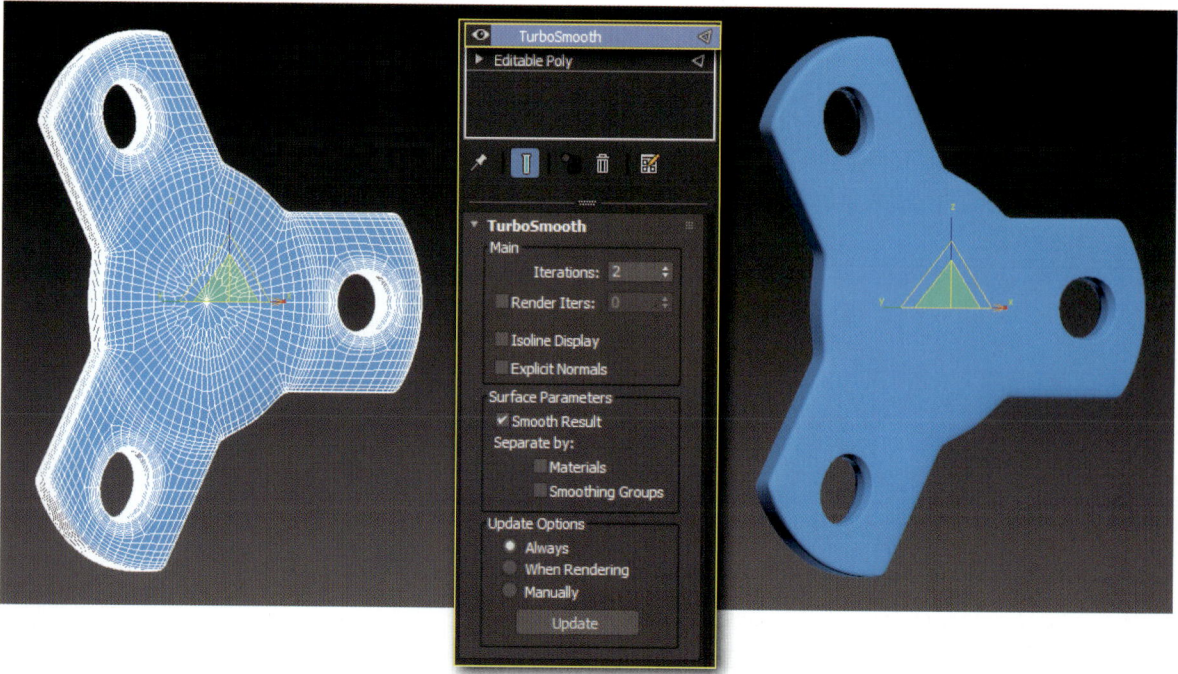

두 번째 부품은 Cylinder를 이용해서 작업합니다.

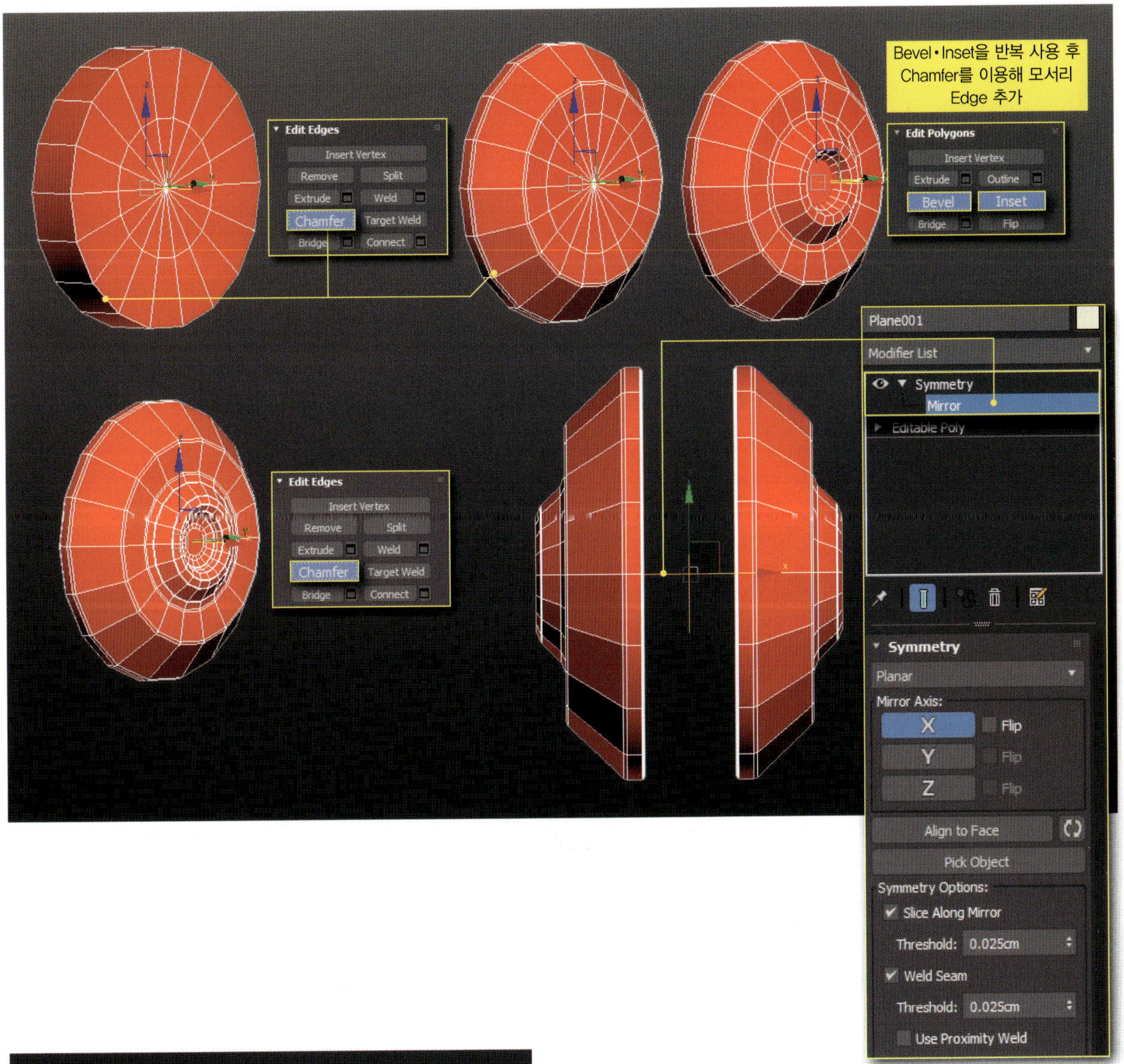

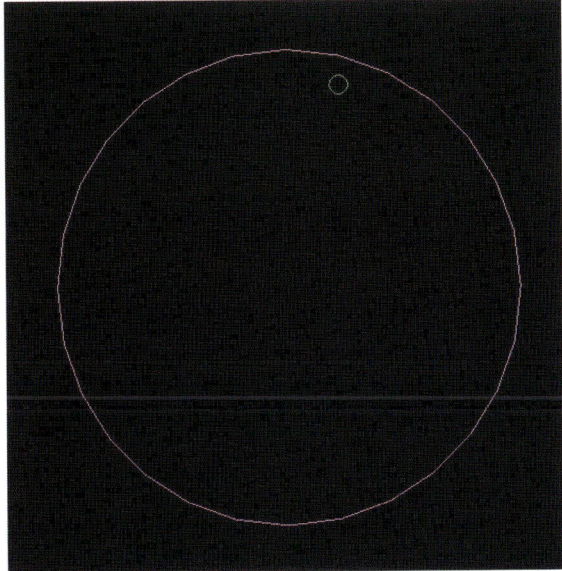

중앙 연결 부위는 Circle을 만들고 Modify ➔ Shell을 이용해 작업합니다. 먼저 바깥 부분의 큰 Circle을 만들고 구멍이 될 작은 Circle을 생성합니다.

큰 Circle 중심을 기준으로 Rotate를 이용해서 복사해야 하기 때문에 작은 Circle을 선택하고 축에서 Pick을 클릭하고 큰 Circle을 선택합니다. 축의 기준을 Use Transform Coordinate Center로 설정해서 선택한 작은 Circle이 큰 Circle 중심을 기준으로 Rotate되도록 합니다.

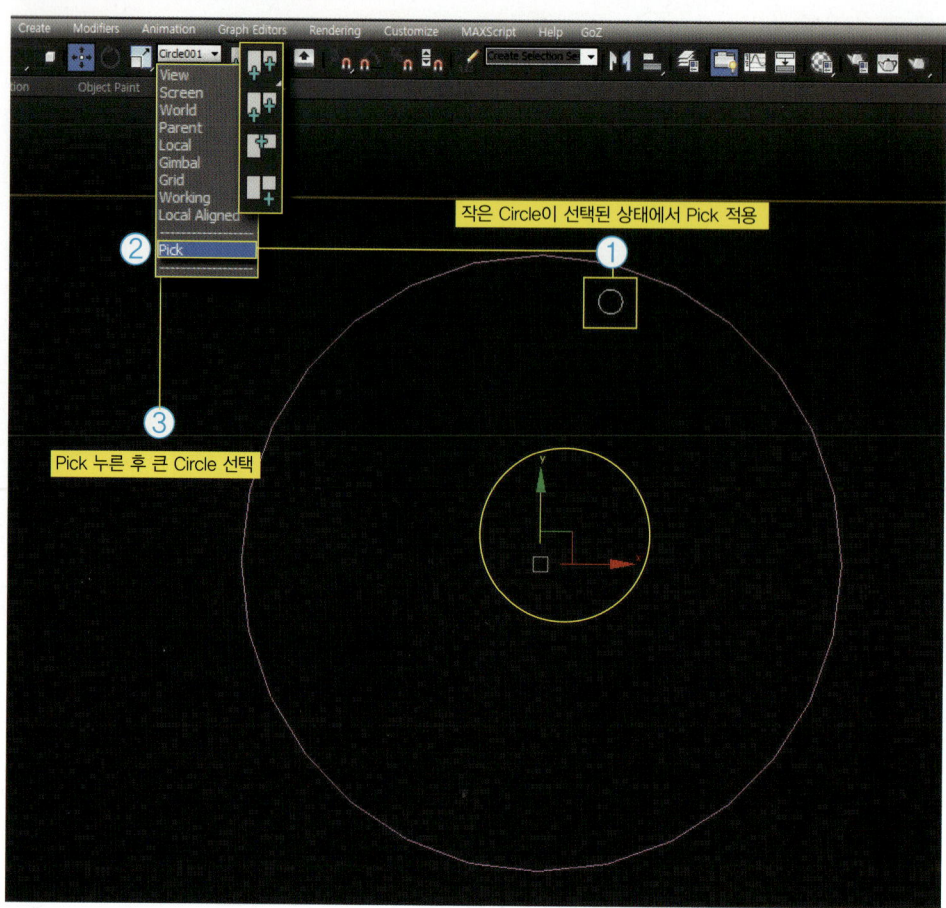

Angle Snap 버튼을 활성화하고 Shift 키를 누른 상태로 Rotate해서 정확하게 30도가 되는 지점까지 회전합니다. Number of Copies에 11을 입력해 30도마다 하나씩 11개를 복사합니다. 각자 원하는 개수에 따라 각도를 달리해서 결과를 확인해보기 바랍니다. 같은 방법으로 안쪽으로 다시 한 번 Circle을 생성합니다.

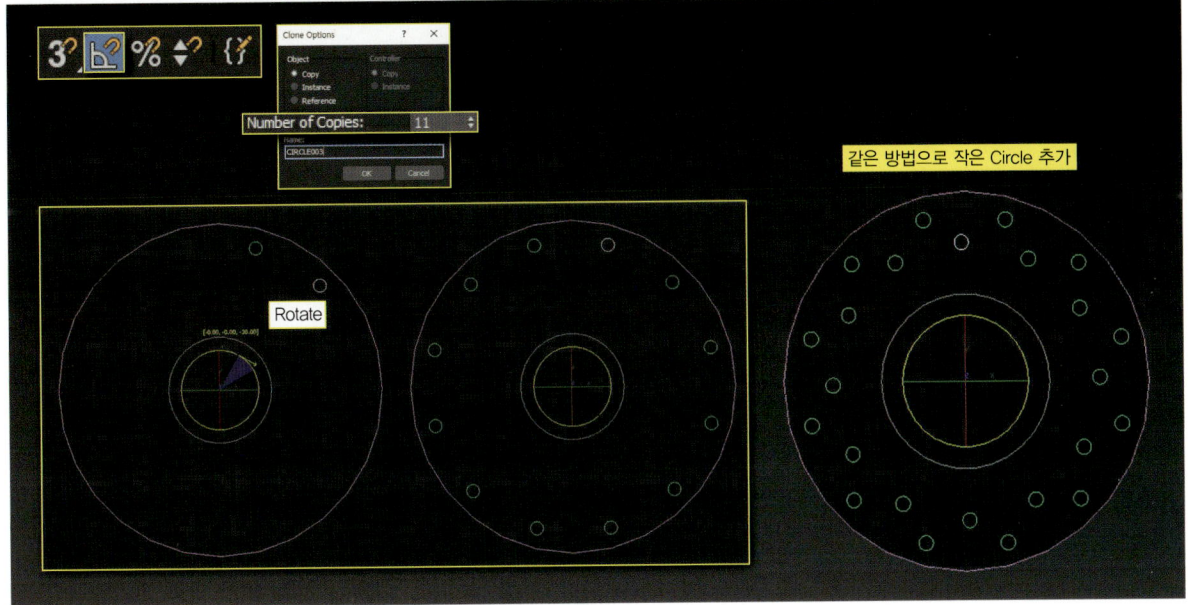

챕터 2를 참고하세요.

Circle 중 하나를 선택하고 마우스 오른쪽 버튼을 클릭해서 Convert to Editable Spline로 변환한 후 Attach Mult. 기능으로 모든 Circle을 하나로 합칩니다.

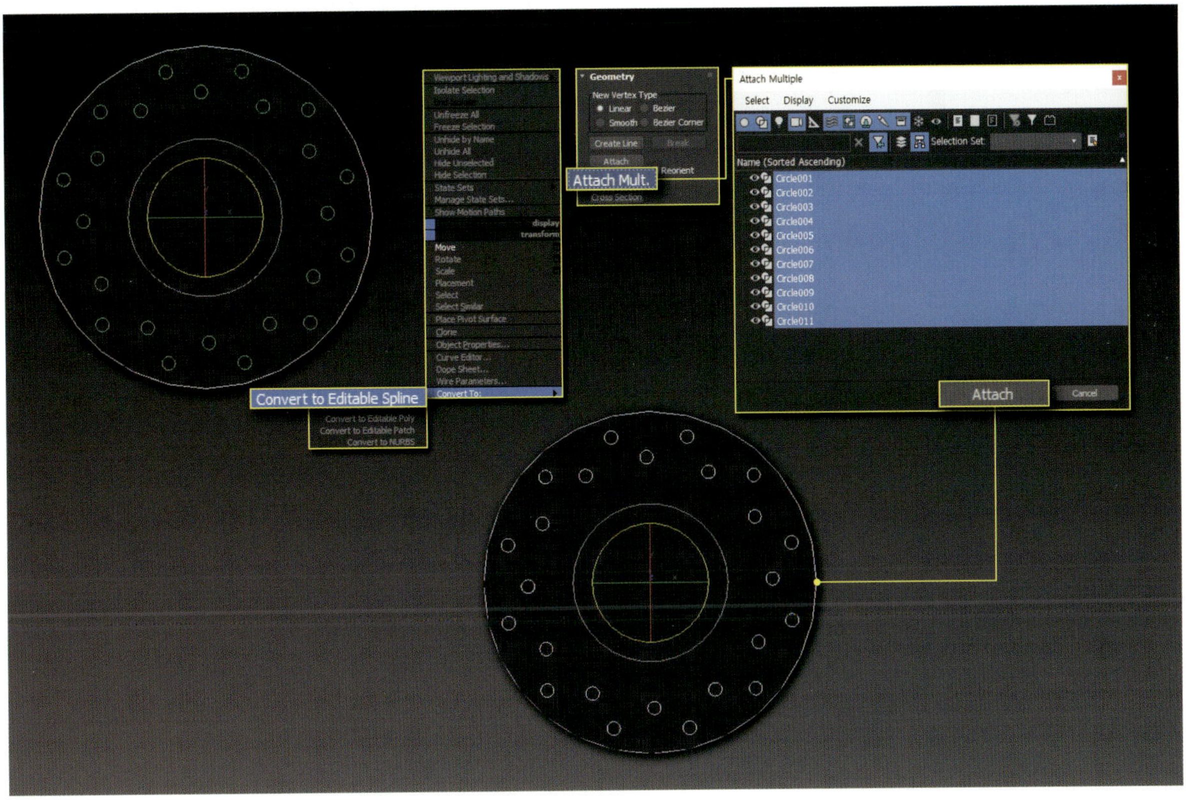

Modify → Shell을 적용해 두께를 주고 Editable Poly로 변환한 다음 Bevel과 Symmetry 기능으로 완성합니다.

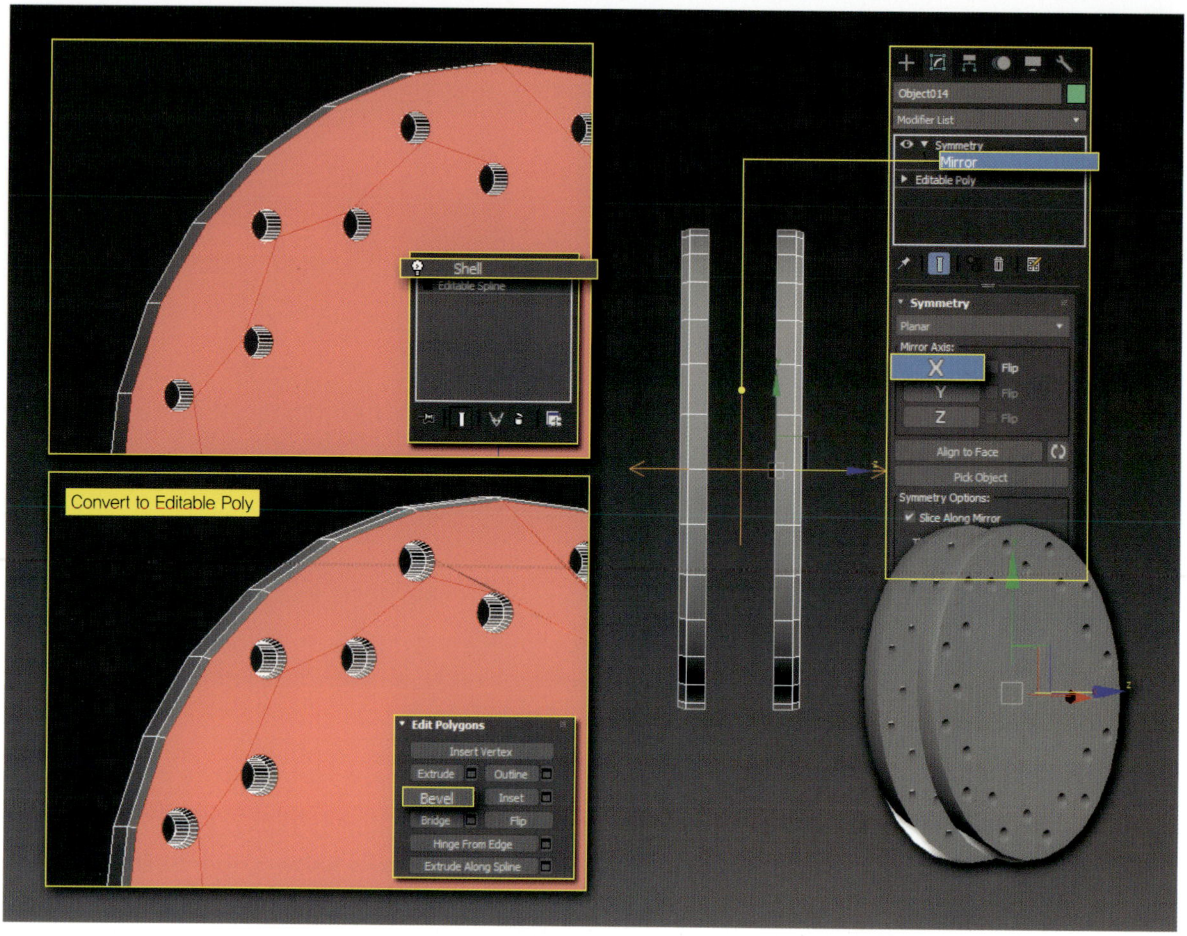

타이어는 Torus를 생성하고 앞서 학습했던 Graphite Modeling Tool의 Select 기능인 Dot Loop을 활용해서 작업합니다.

타이어를 만들기 위해서 충분한 수의 Segment를 가진 Torus를 생성하고 Editable Poly로 변환한 후 안쪽 Polygon을 삭제합니다.

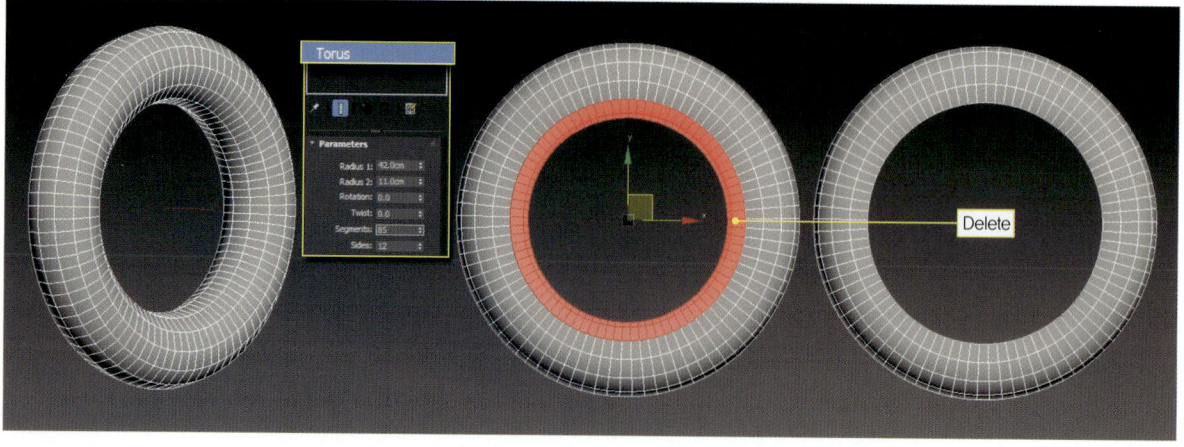

Modify ➡ TurboSmooth를 적용하고 다시 Editable poly로 변환합니다. 변형할 Edge를 Ring Select 기능을 이용해서 선택합니다.

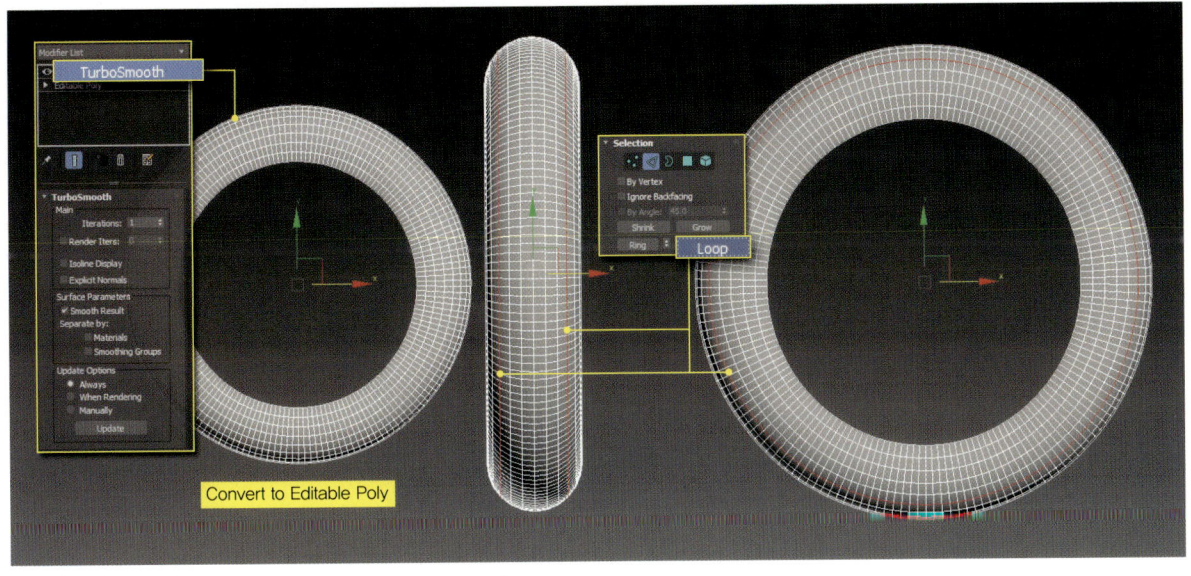

Rotate를 이용해 한쪽 방향으로 회전합니다.

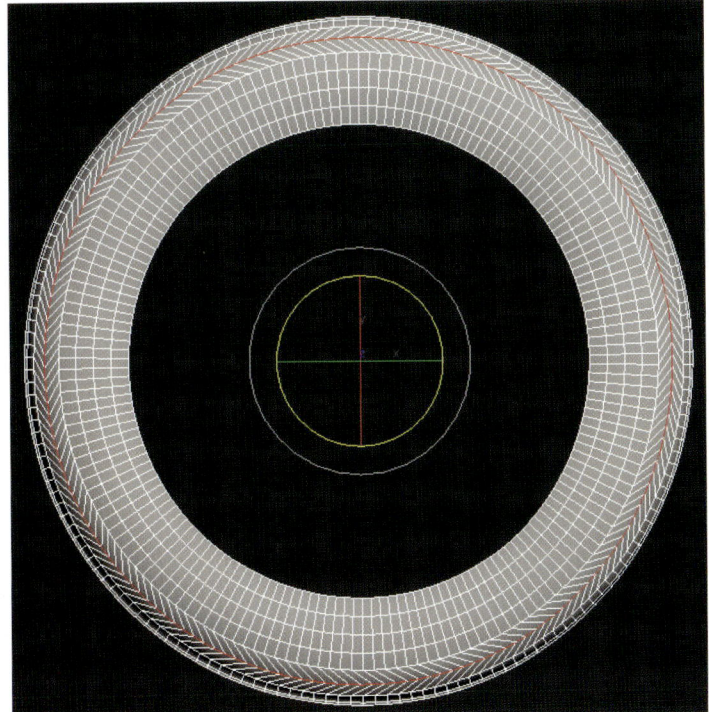

회전시킨 Edge 중 하나를 선택하고 Dot Gap을 1로 설정하고 Dot Loop를 실행합니다. 설정한 만큼의 간격을 두고 선택됩니다.

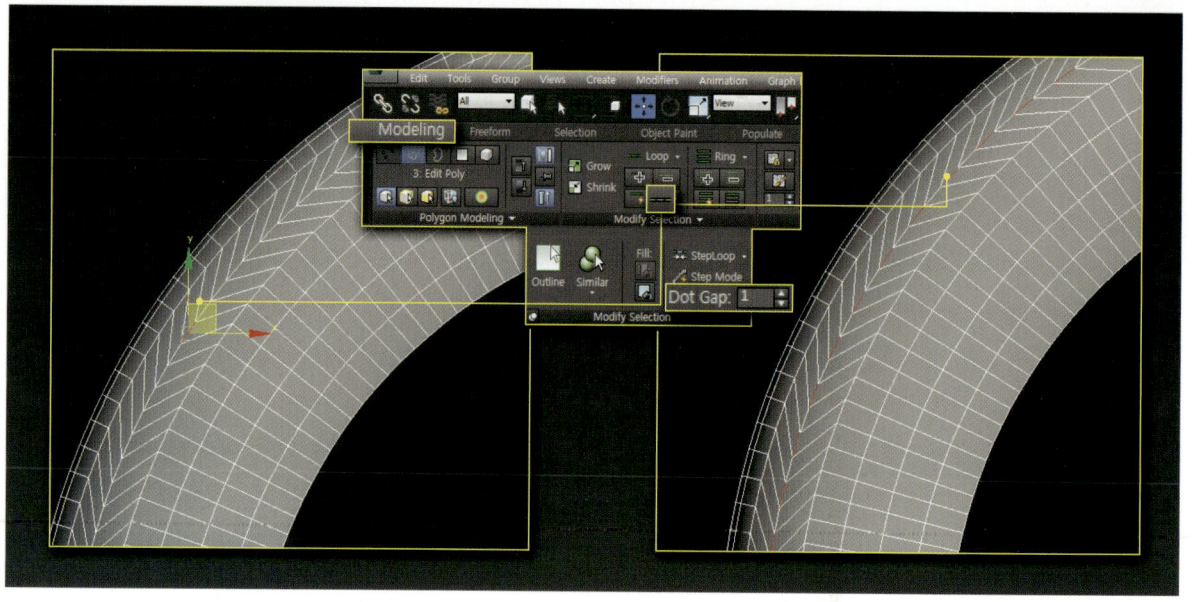

이렇게 Edge가 간격을 두고 선택된 상태에서 마우스 오른쪽 버튼을 클릭하고 Convert To Face를 실행하면 선택한 Edge가 Polygon으로 선택됩니다.

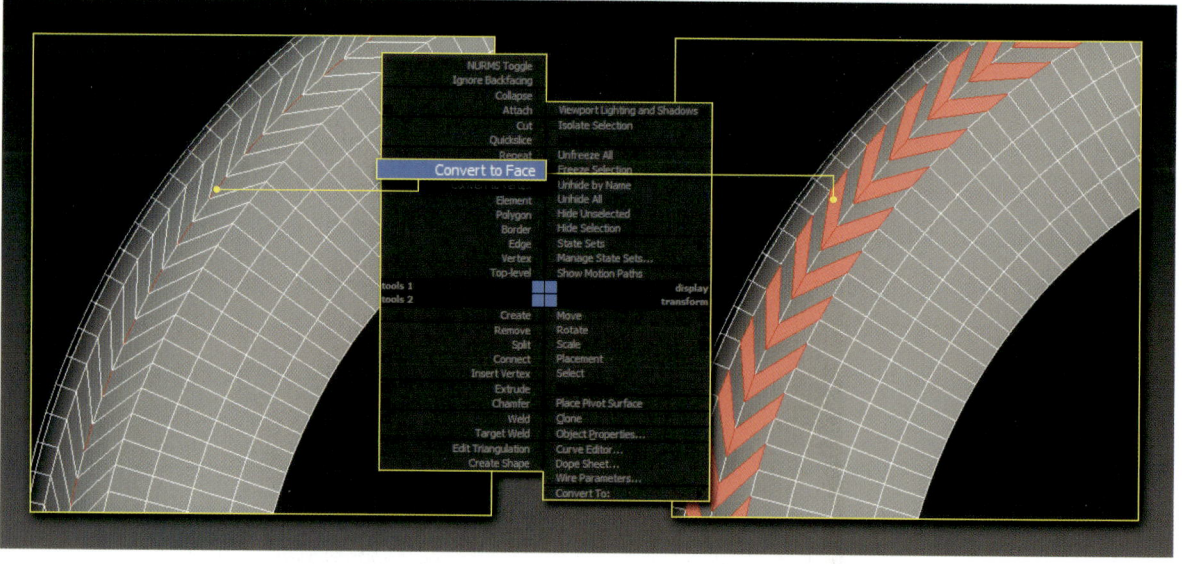

선택된 Polygon을 Inset과 Bevel을 이용해서 추가로 변형합니다.

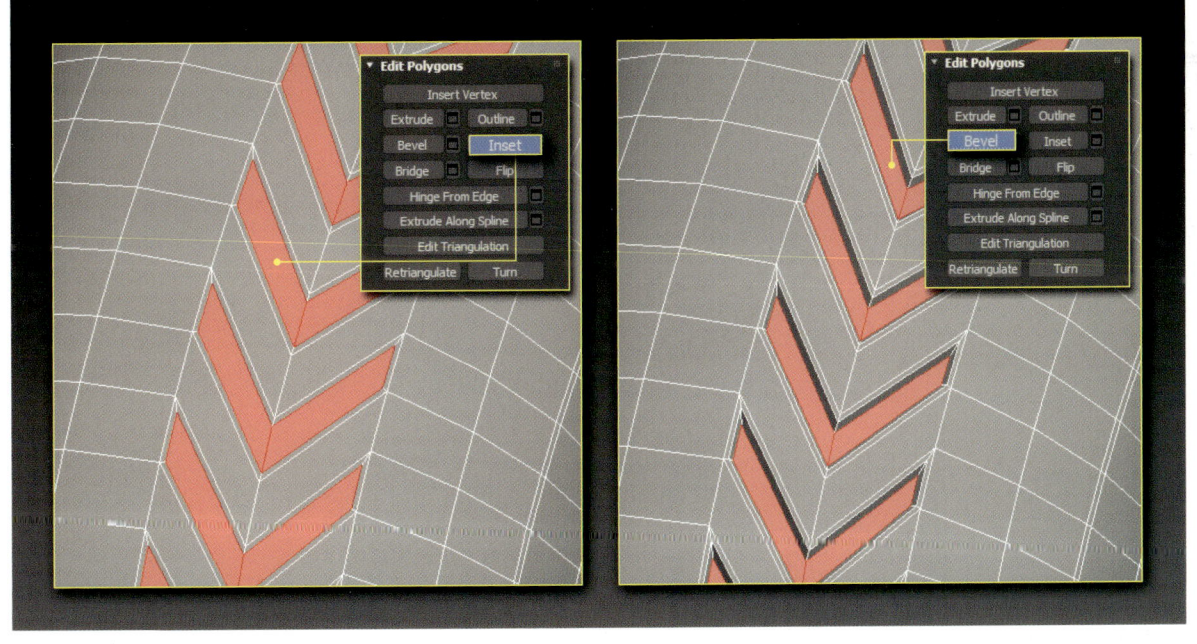

같은 방법으로 중앙 Edge를 선택하고 변형합니다.

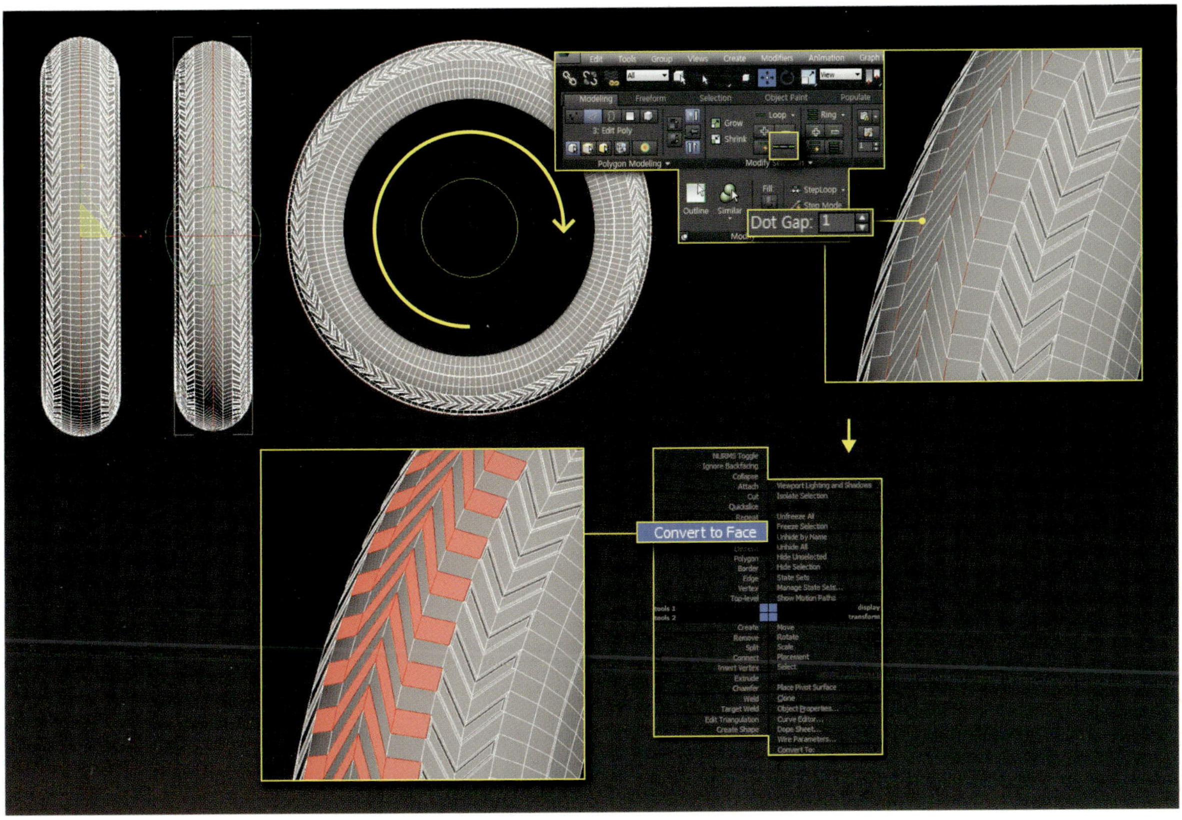

뚫려 있는 중앙 부분의 Edge를 선택하고 Bridge를 이용해서 연결하고 필요한 만큼 Edge를 추가하고 Modify → Turbo Smooth를 적용해서 결과를 확인합니다.

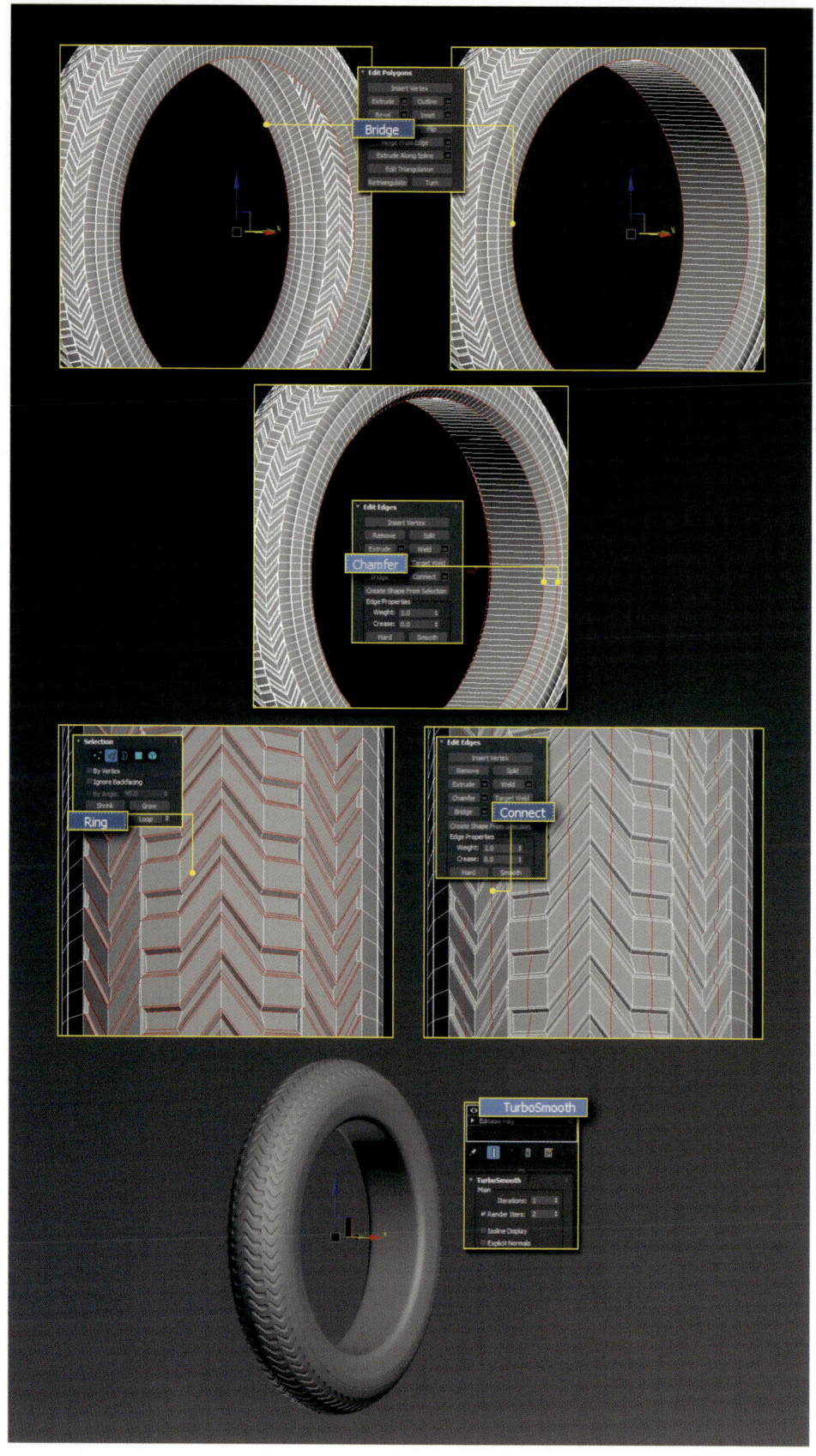

위와 같은 작업을 반복해 완성한 스쿠터입니다.

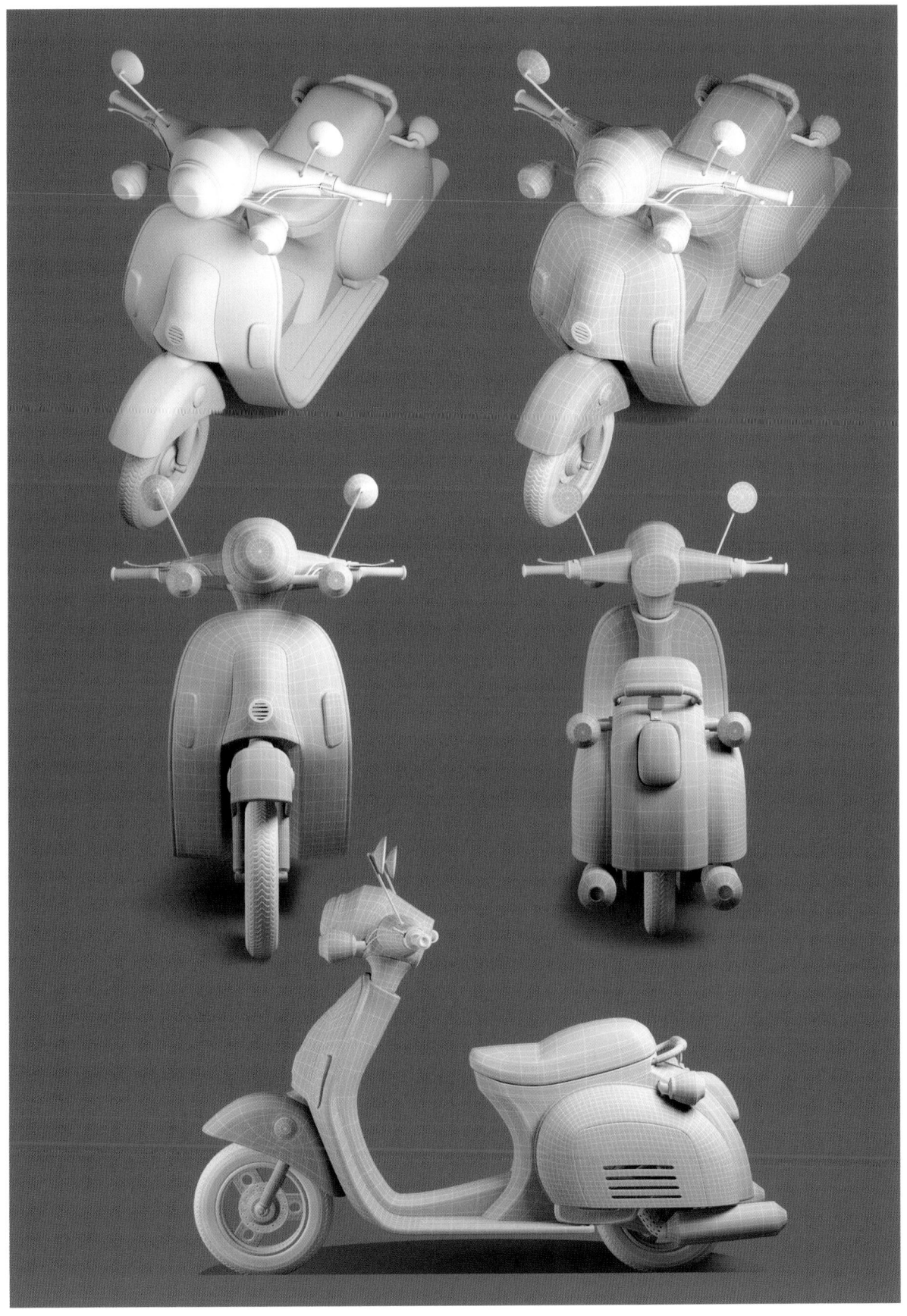

CHAPTER 05

캐릭터 모델링

05

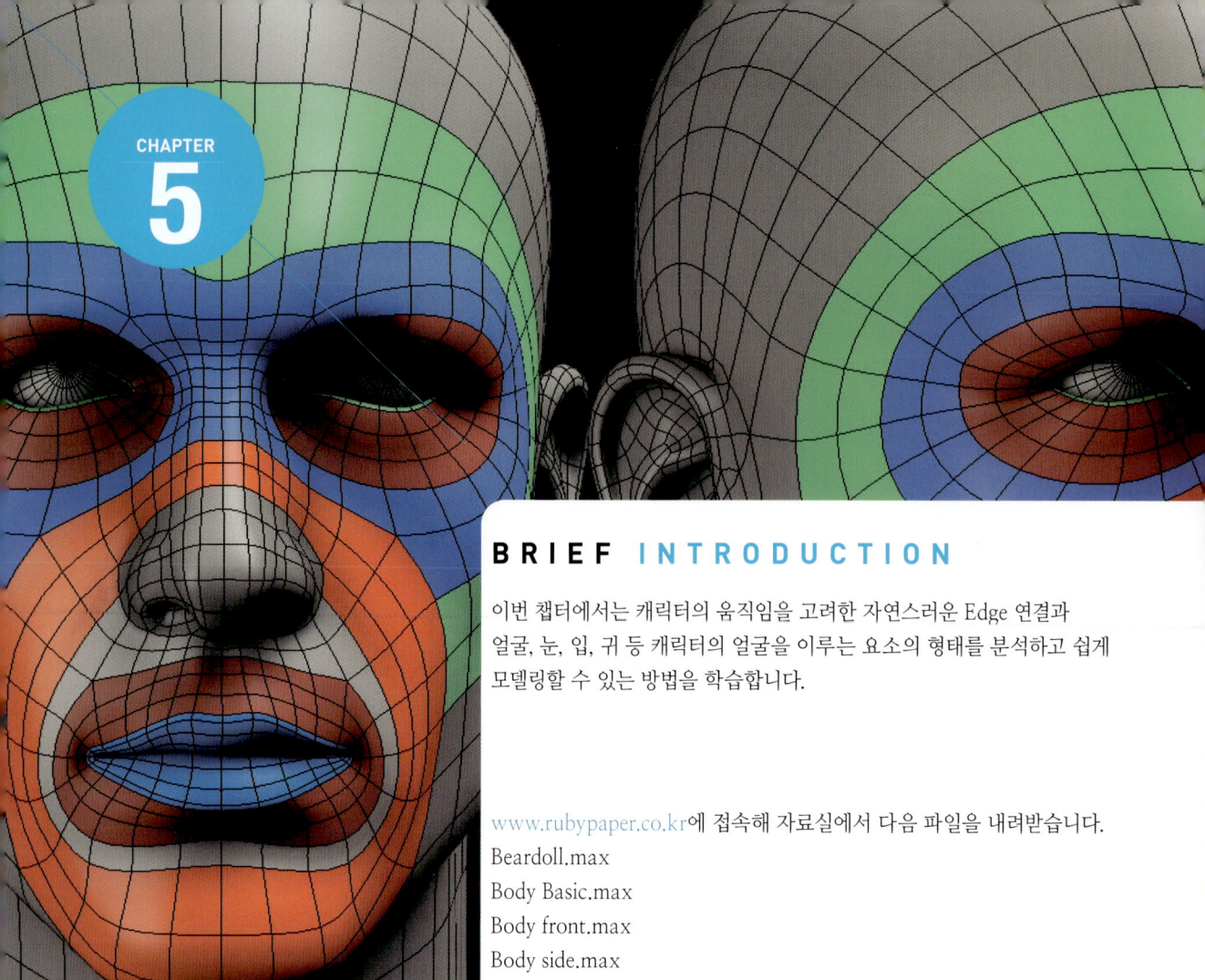

CHAPTER 5

BRIEF INTRODUCTION

이번 챕터에서는 캐릭터의 움직임을 고려한 자연스러운 Edge 연결과 얼굴, 눈, 입, 귀 등 캐릭터의 얼굴을 이루는 요소의 형태를 분석하고 쉽게 모델링할 수 있는 방법을 학습합니다.

www.rubypaper.co.kr에 접속해 자료실에서 다음 파일을 내려받습니다.
Beardoll.max
Body Basic.max
Body front.max
Body side.max
Horse.max
Man Head.max

캐릭터 모델링을 위해 3ds Max 기능을 이해하는 것보다 동물이나 인체의 골격과 근육의 형태와 차이를 이해하고 움직임을 고려한 자연스러운 Edge 연결이 매우 중요한 요소입니다.

캐릭터를 모델링하기 위해서는 새로운 기능을 필요로 하지 않습니다. 그렇기 때문에 인체의 형태, 비율, 캐릭터의 포즈 등을 이해하고 학습하는 것이 매우 중요합니다.

이 책에서는 기본 도형을 이용한 간단한 형태의 캐릭터 제작 과정에 대해 알아본 후 인체의 구조, 골격을 이해한 뒤 캐릭터 제작 과정에 적용하는 방법을 학습합니다.

SECTION 01

곰 인형 만들기

Beardoll.max

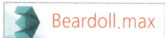

곰 인형은 기본 도형인 Box를 이용해서 제작했습니다.

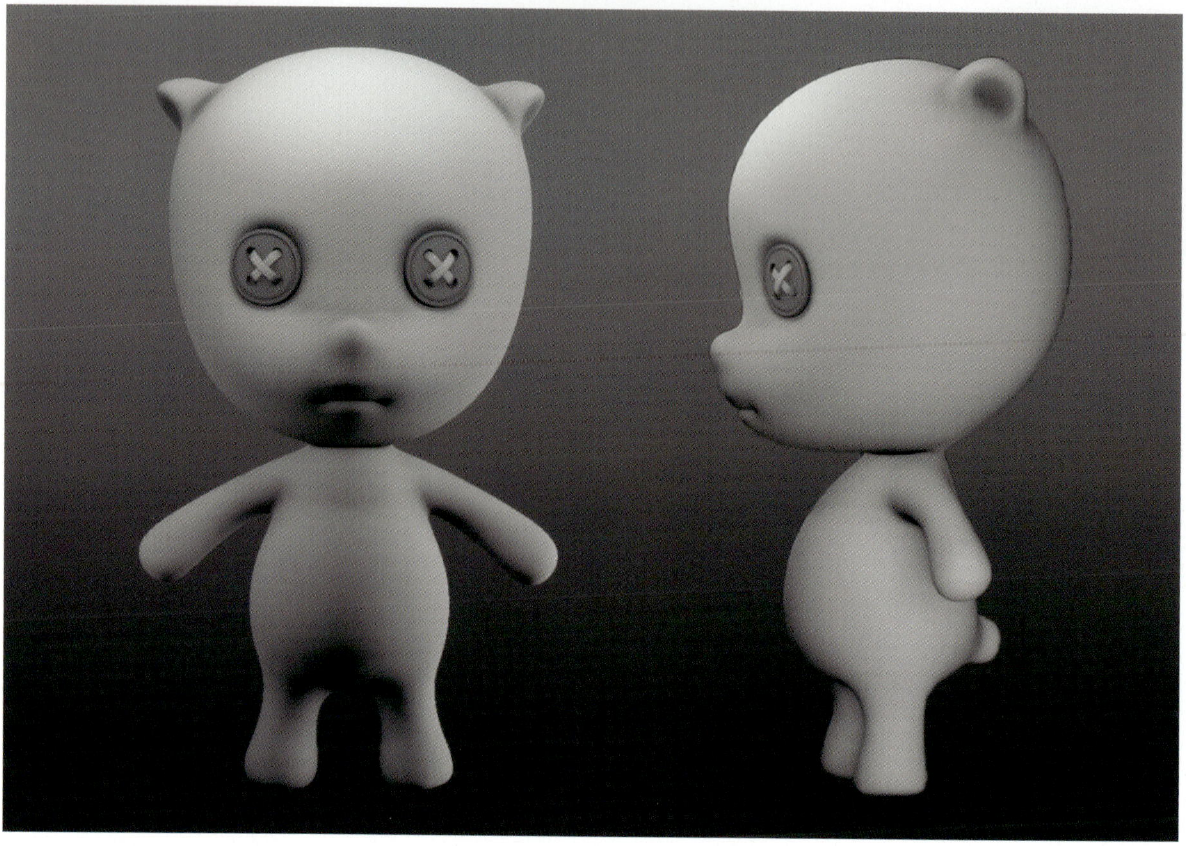

좌우 대칭의 형태인 경우 절반을 만들고 Symmetry를 적용해서 완성합니다.

Box를 생성하고 Editable Poly로 변환하고 모든 Polygon을 선택하고 MSmooth를 두 번 실행해서 Edge를 추가하고서 원형으로 변형합니다. Modify ➡ TurboSmooth를 적용한 것과 유사한 결과를 얻을 수 있는데 원본을 가지고 있을 필요가 없기 때문에 MSmooth를 이용했습니다.

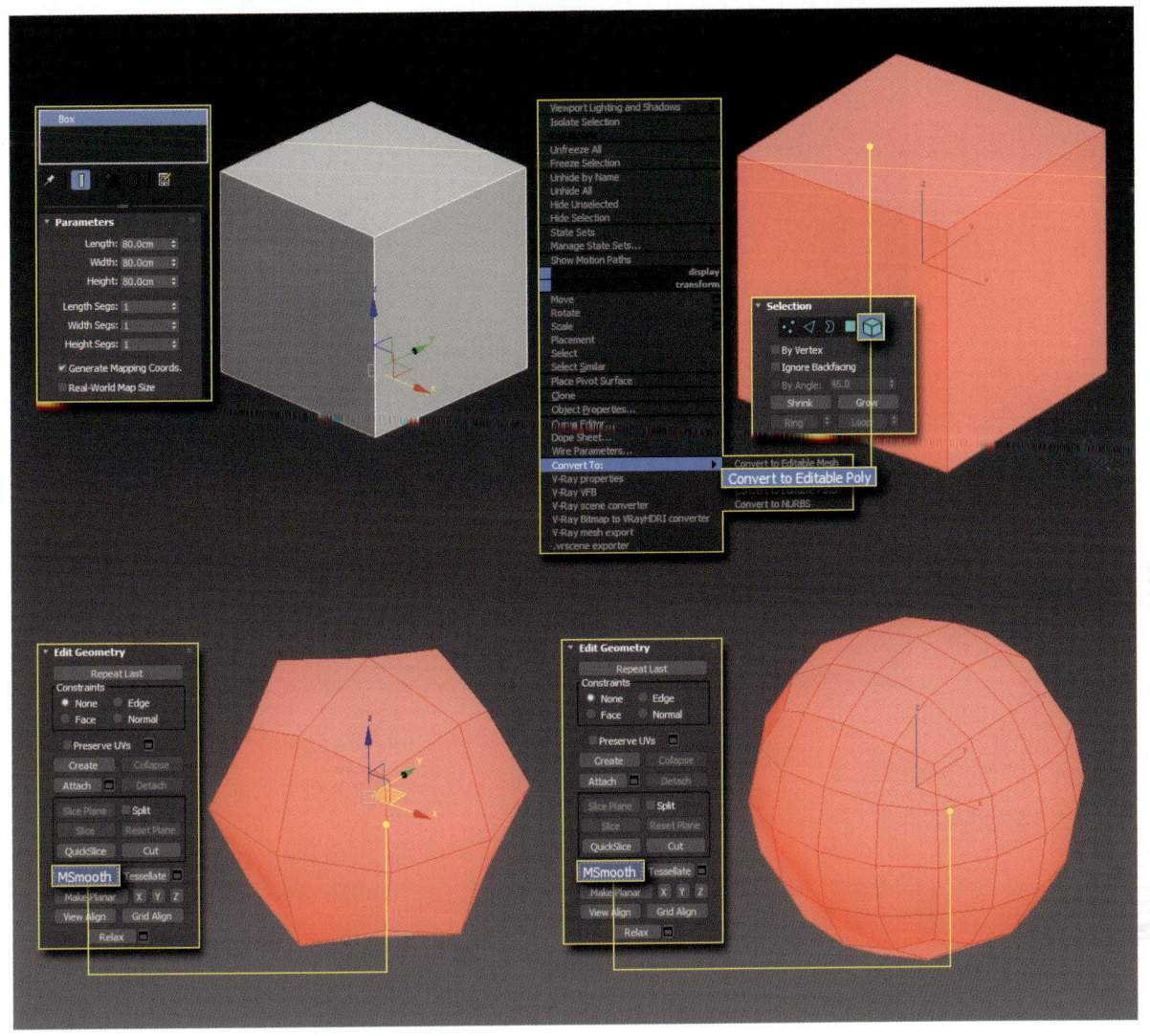

PINUP TIP

Editable Poly에서 MSmooth를 이용해서 Polygon을 나누는 것과 Modify ➡ TurboSmooth를 적용하는 것과 결과는 같습니다. Modify ➡ Turbosmooth를 적용하면 제거가 가능하고 Editable Poly에서 MSmooth를 제거하는 것이 불가능하다는 차이가 있습니다. 결과를 되돌릴 필요가 없기 때문에 Editable Poly에서 MSmooth를 이용했습니다.

Modify → Symmetry를 적용하고 Show End Result On/Off Toggle 버튼을 활성화하고 얼굴 형태를 잡아 나갑니다.

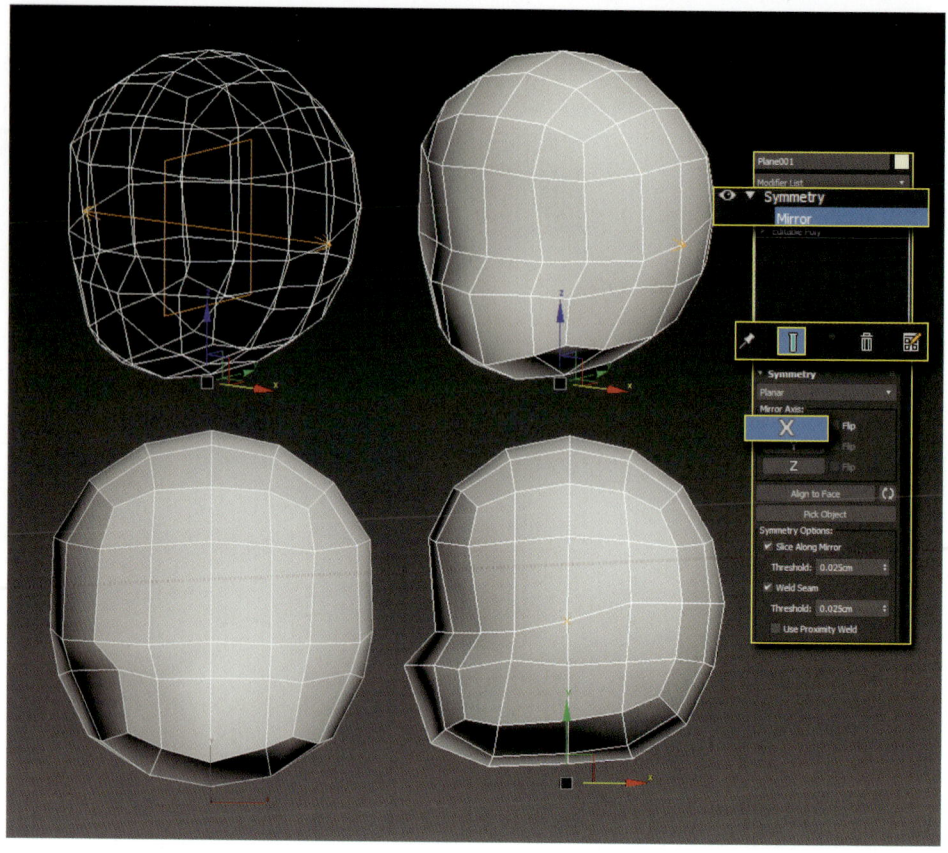

Edge가 필요한 곳에 Connect 기능을 이용해서 Edge를 추가하고 눈 위치를 정하고 계속 다듬어 줍니다. 얼굴 전체의 Edge를 추가하는 경우 Symmetry를 Editable Poly로 변환해서 합쳐주고 Edge를 추가하고 나서 다시 Symmetry를 적용하면서 작업하는 것도 좋은 방법입니다.

적용된 Modifier 위에서 마우스 오른쪽 버튼을 클릭하고 Collapse To나 Collapse All을 이용해서 합칠 수도 있습니다.

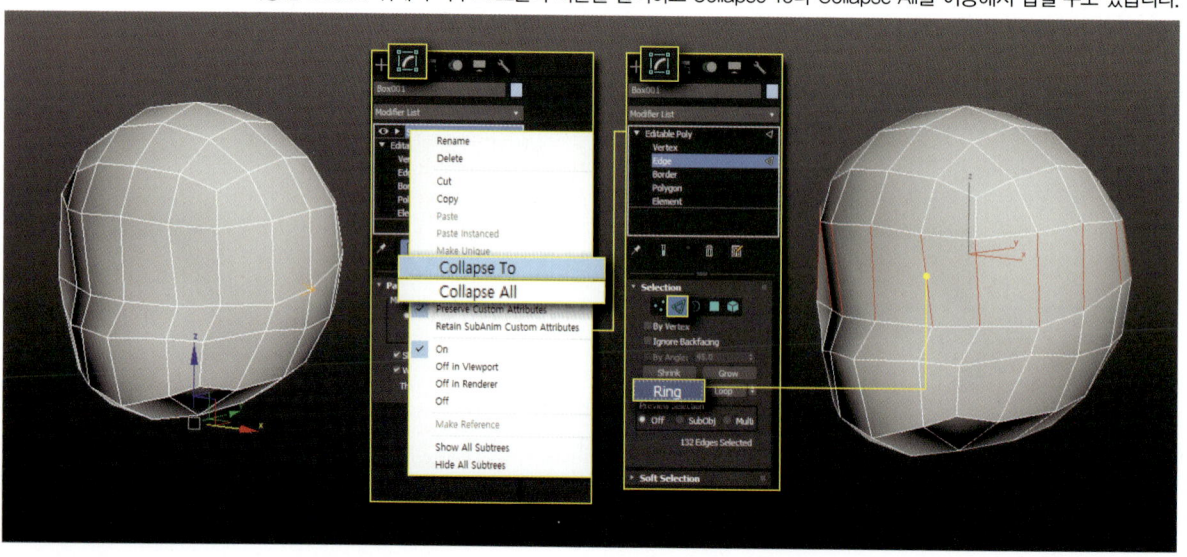

얼굴에 곡면을 유지하기 위해서 Ribbon ➜ Modeling ➜ Flow Connect를 이용하면 편리합니다.
챕터 2의 Ribbon Modeling 참고

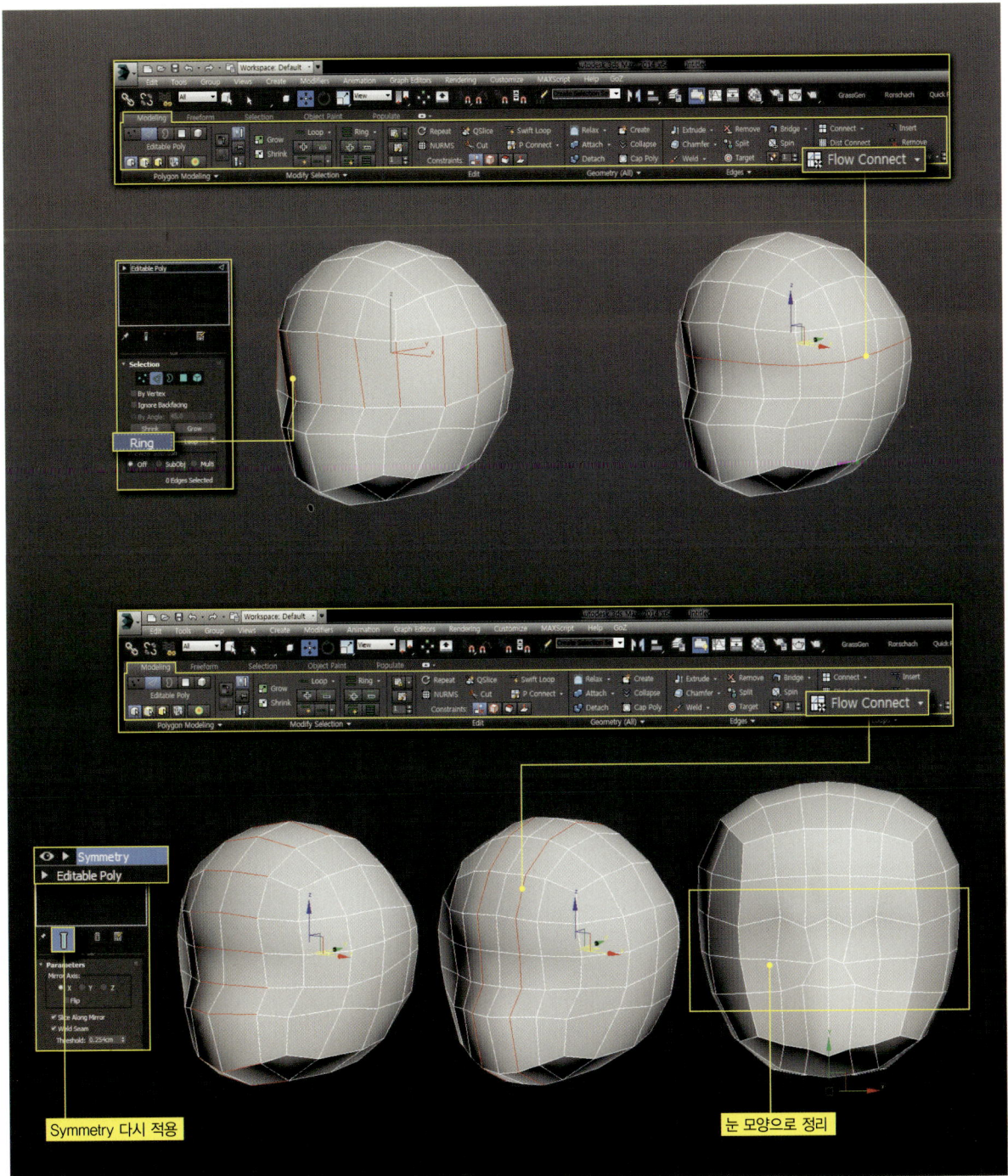

눈 부위 가운데 Vertex를 선택하고 Chamfer를 이용해서 분리하고 새롭게 생성된 Polygon을 선택하고 MSmooth를 실행합니다.

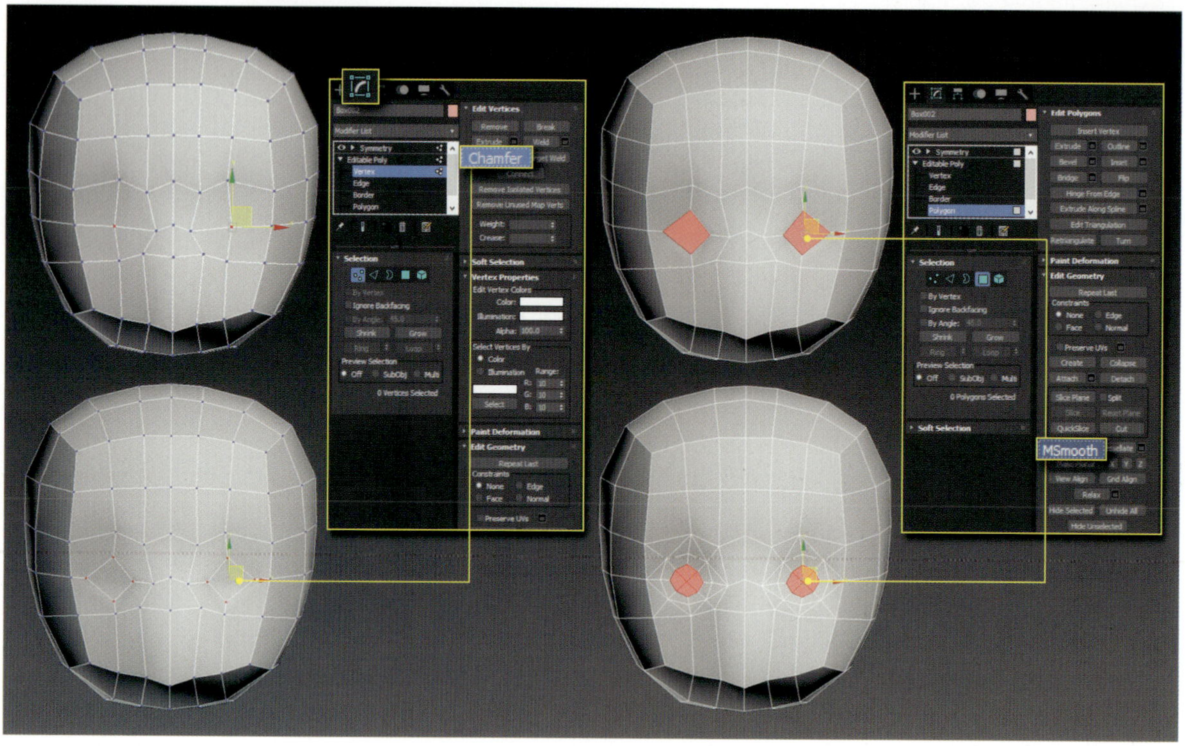

Polygon을 추가하면서 원형으로 변형합니다. 눈 주변 Edge 중 Polygon 안에 대각선으로 연결된 Edge를 선택하고 Remove를 실행해서 제거합니다.

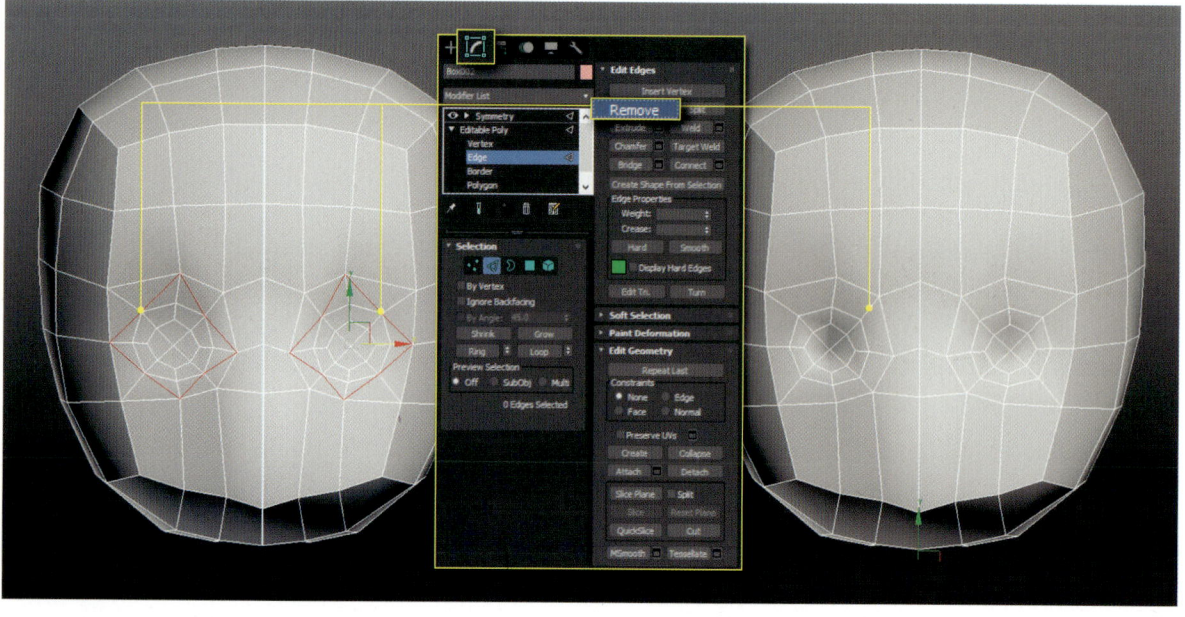

입이 될 부분의 Edge를 Connect를 이용해서 연결하고 Chamfer나 Connect를 이용해서 연결하고 형태를 잡습니다.

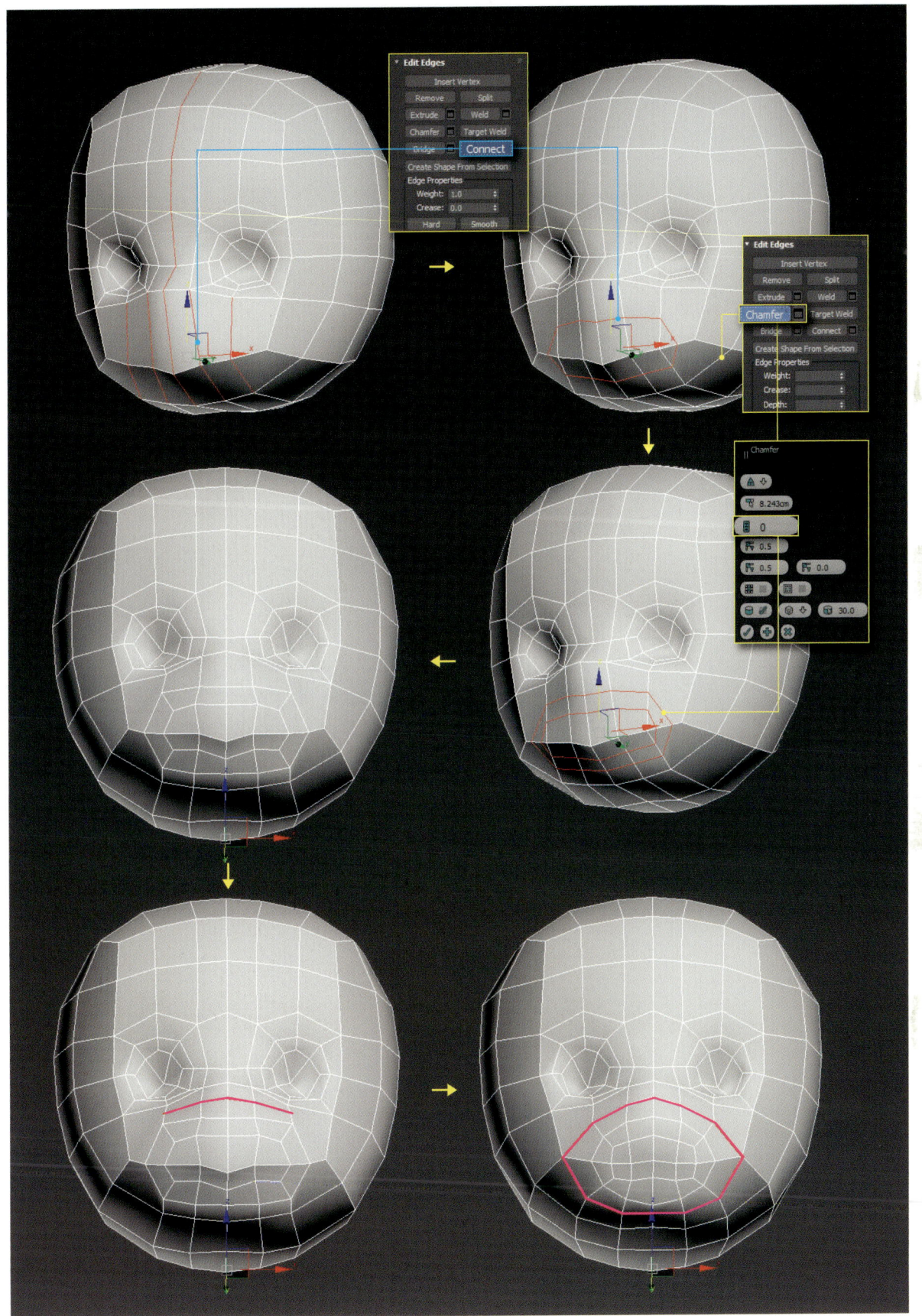

모델링 과정에서 Edge를 추가하거나 나누는 것은 각자 원하는 형태에 따라서 달라질 수 있습니다. 각자 어떤 곳에 추가하거나 삭제하는 것이 좋을지 판단하면서 진행하기 바랍니다.

코가 될 부분은 Extrude나 Bevel을 이용해서 추가하고 입 주위의 Edge도 Connect로 추가했습니다.

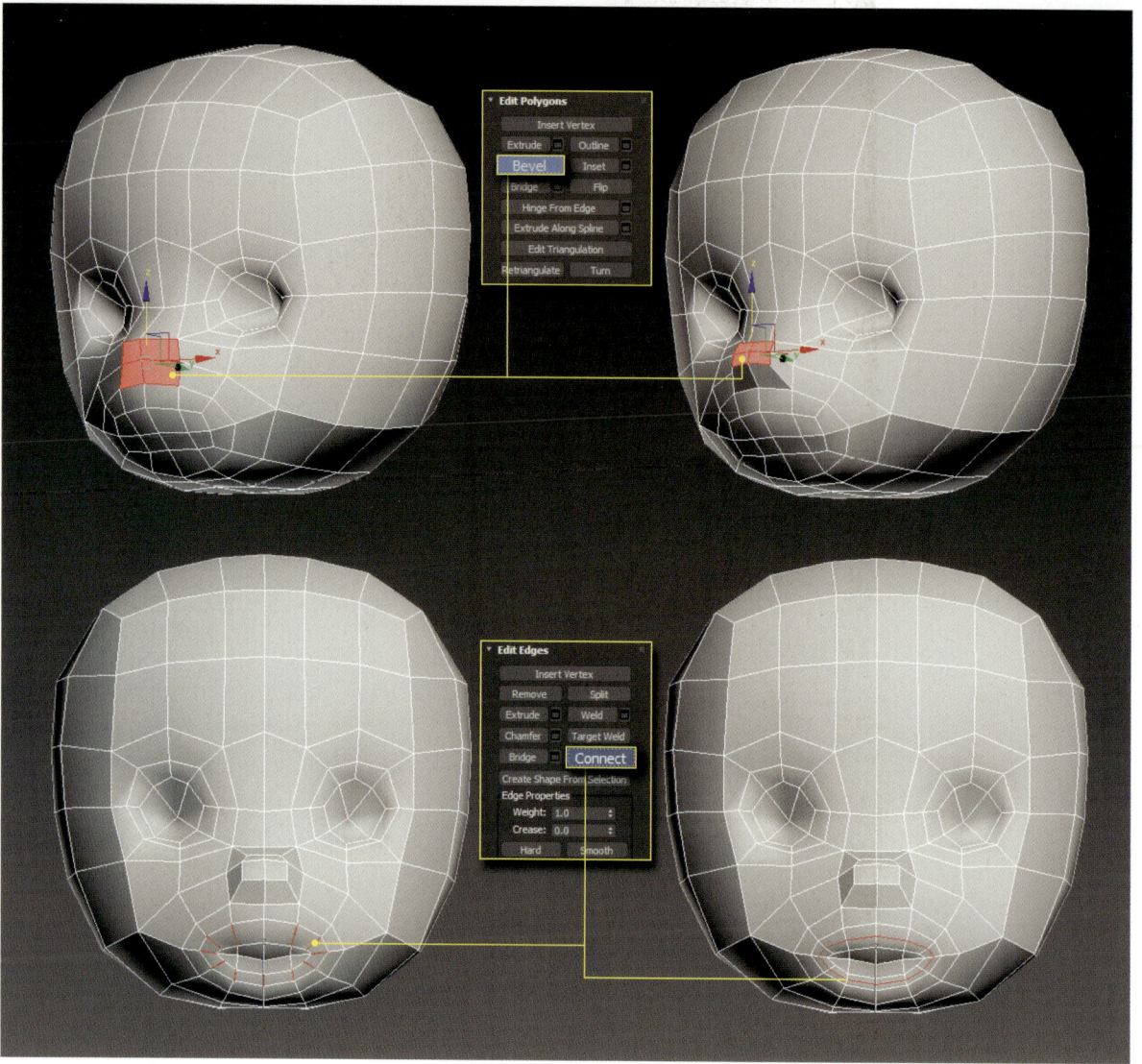

Symmetry를 적용해서 한쪽만 작업하여 형태를 잡아가는 과정에서 적당한 단계에서 Editable Poly로 합쳐주고 다시 Symmetry를 적용하면서 작업하는 것이 좋습니다.

Cut을 이용해서 원하는 곳을 클릭해서 Edge를 추가하고 Collapse를 이용해서 정리하거나 Edge를 추가하면서 작업을 진행합니다.

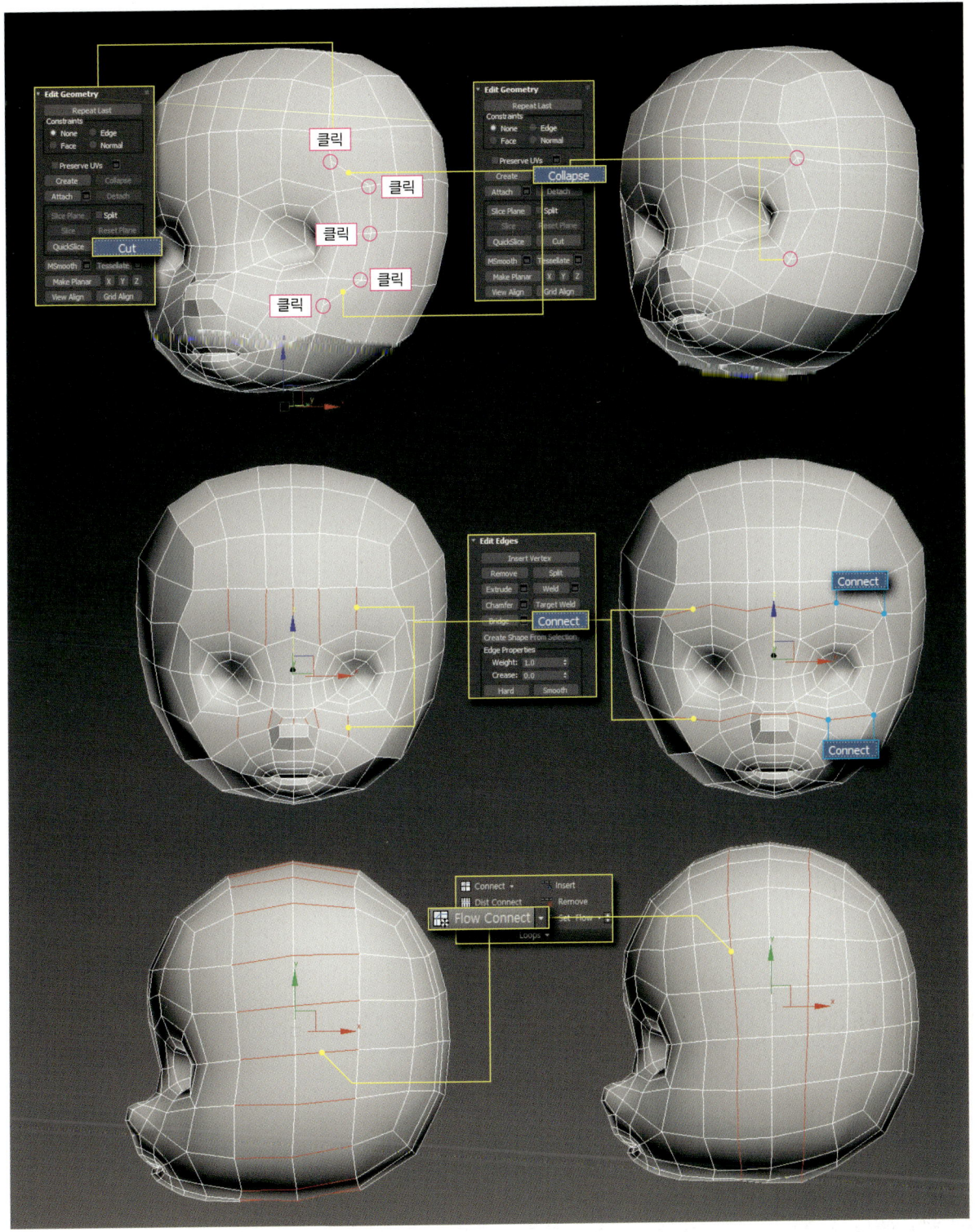

귀가 될 부분의 Vertex도 Chamfer와 MSmooth를 이용해서 Polygon을 추가하고 필요 없는 Edge는 Remove를 이용해서 제거합니다.

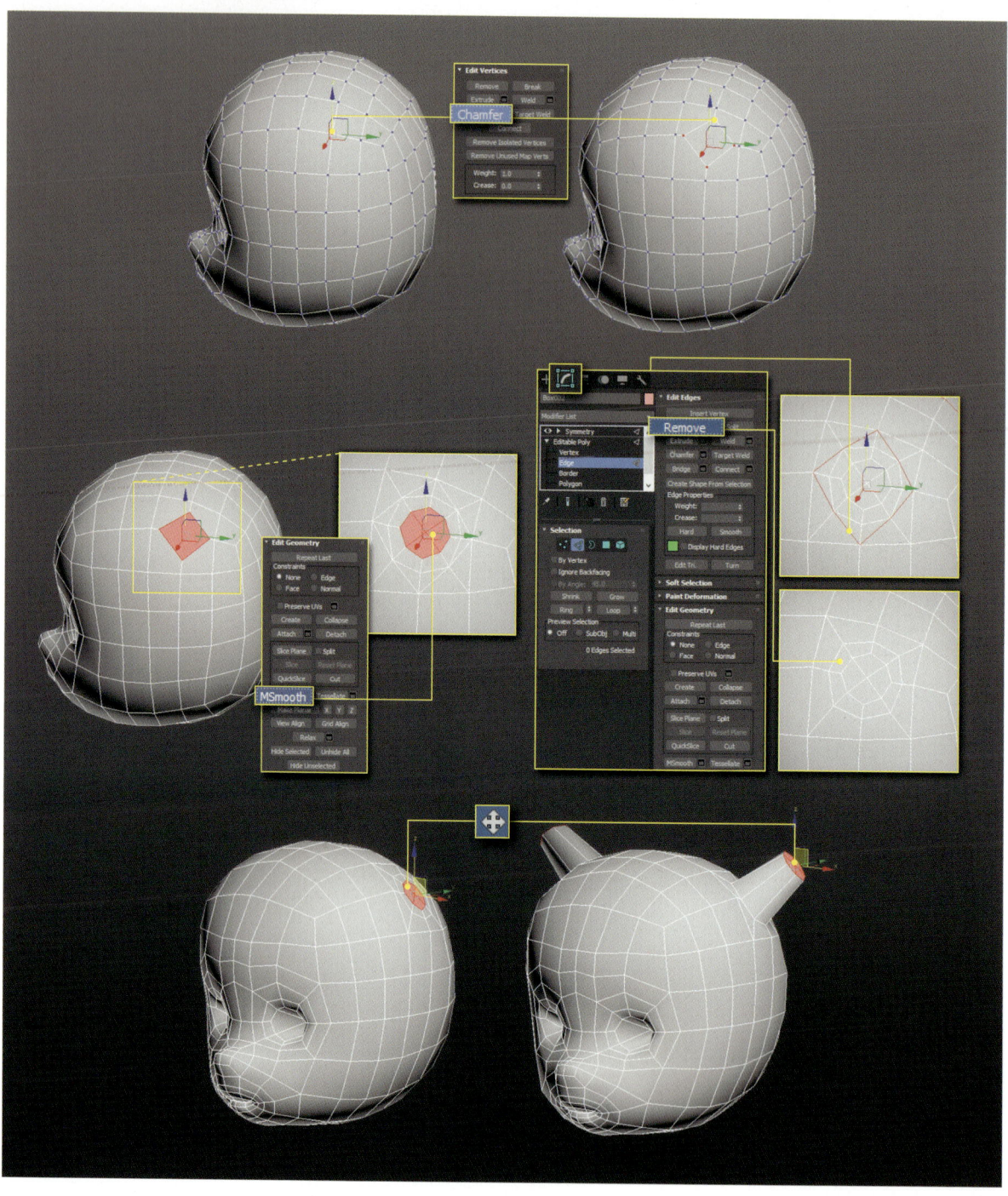

귀 부분의 Edge를 추가하고 얼굴 전체를 완성했습니다.

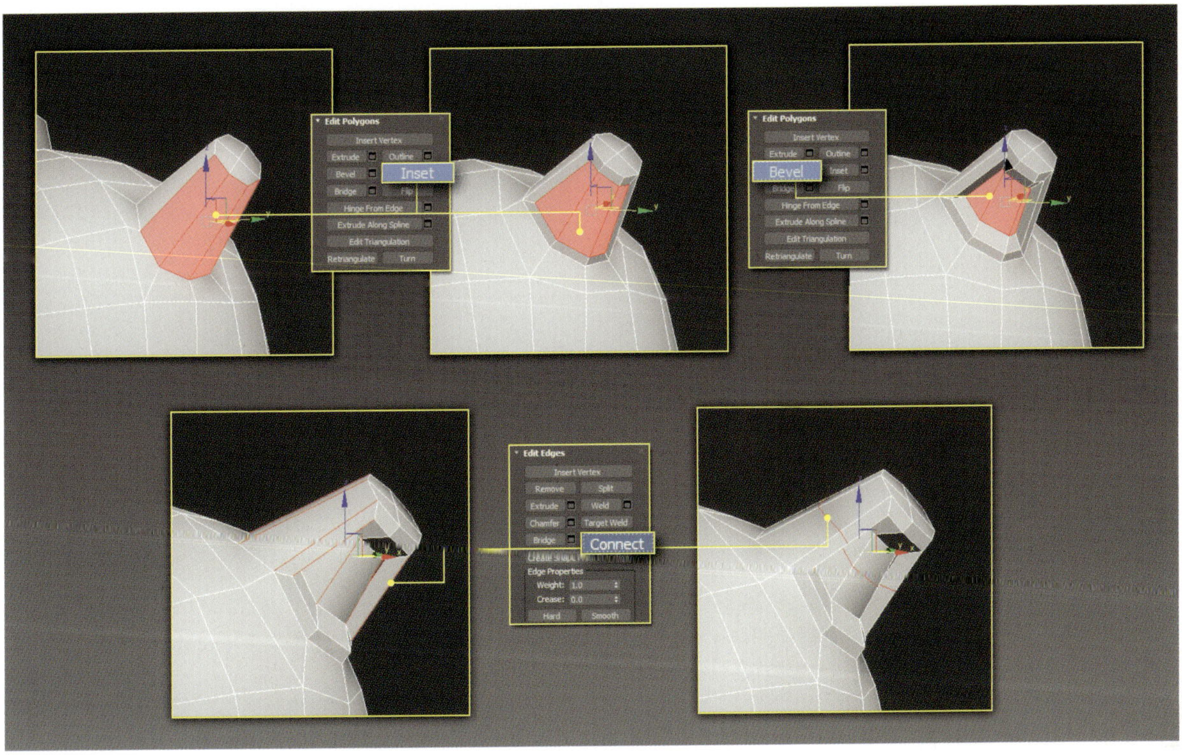

완성된 얼굴의 모습입니다.

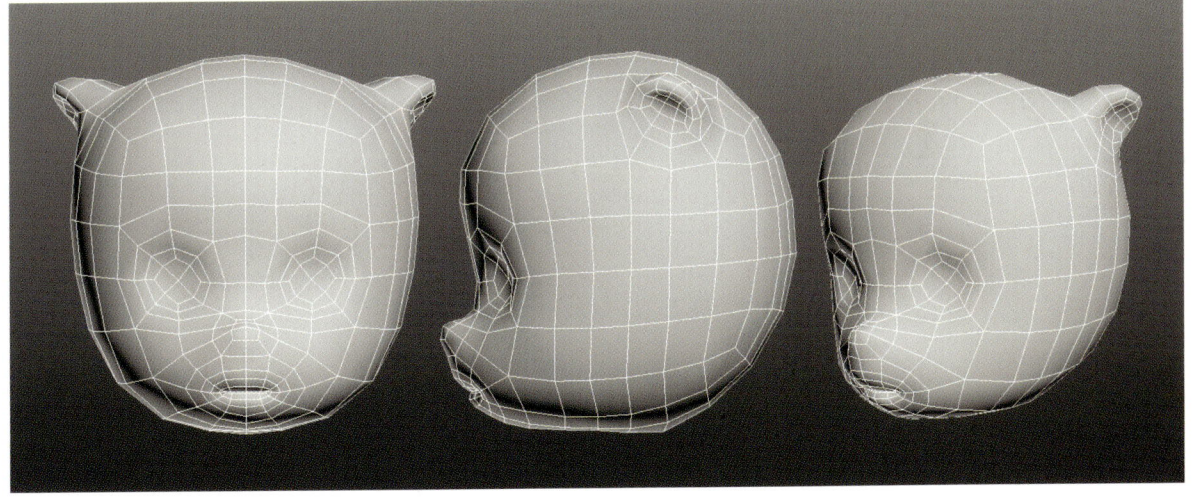

다시 Editable Poly로 변환해서 Symmetry를 제거하고 몸과 연결될 부분을 제작합니다.

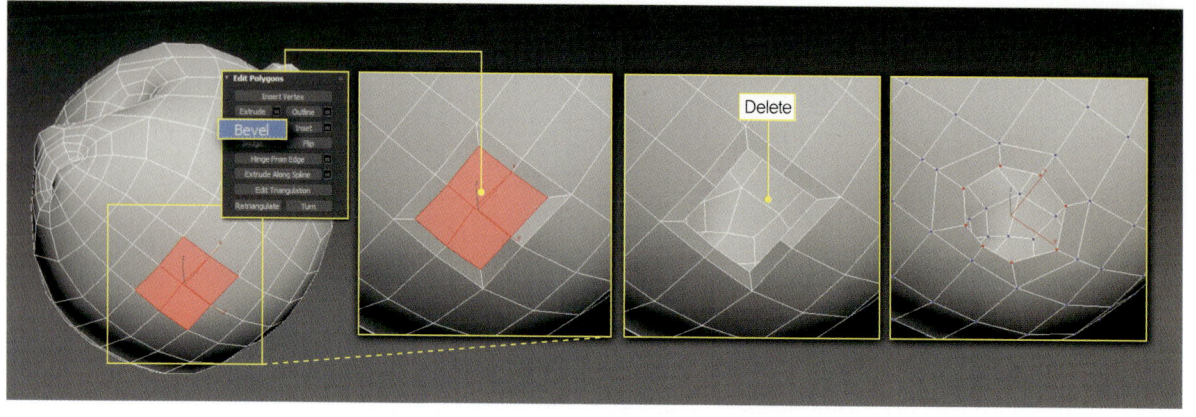

몸통도 같은 방법을 이용해서 제작합니다. Box를 생성하고 Editable Poly로 변환한 후 전체 Polygon을 선택하고 MSmooth를 실행해서 Polygon을 추가하고 Modify → Symmetry를 적용한 후 Show End Result On/Off Toggle 버튼을 활성화하고 형태를 다듬어 나갑니다.

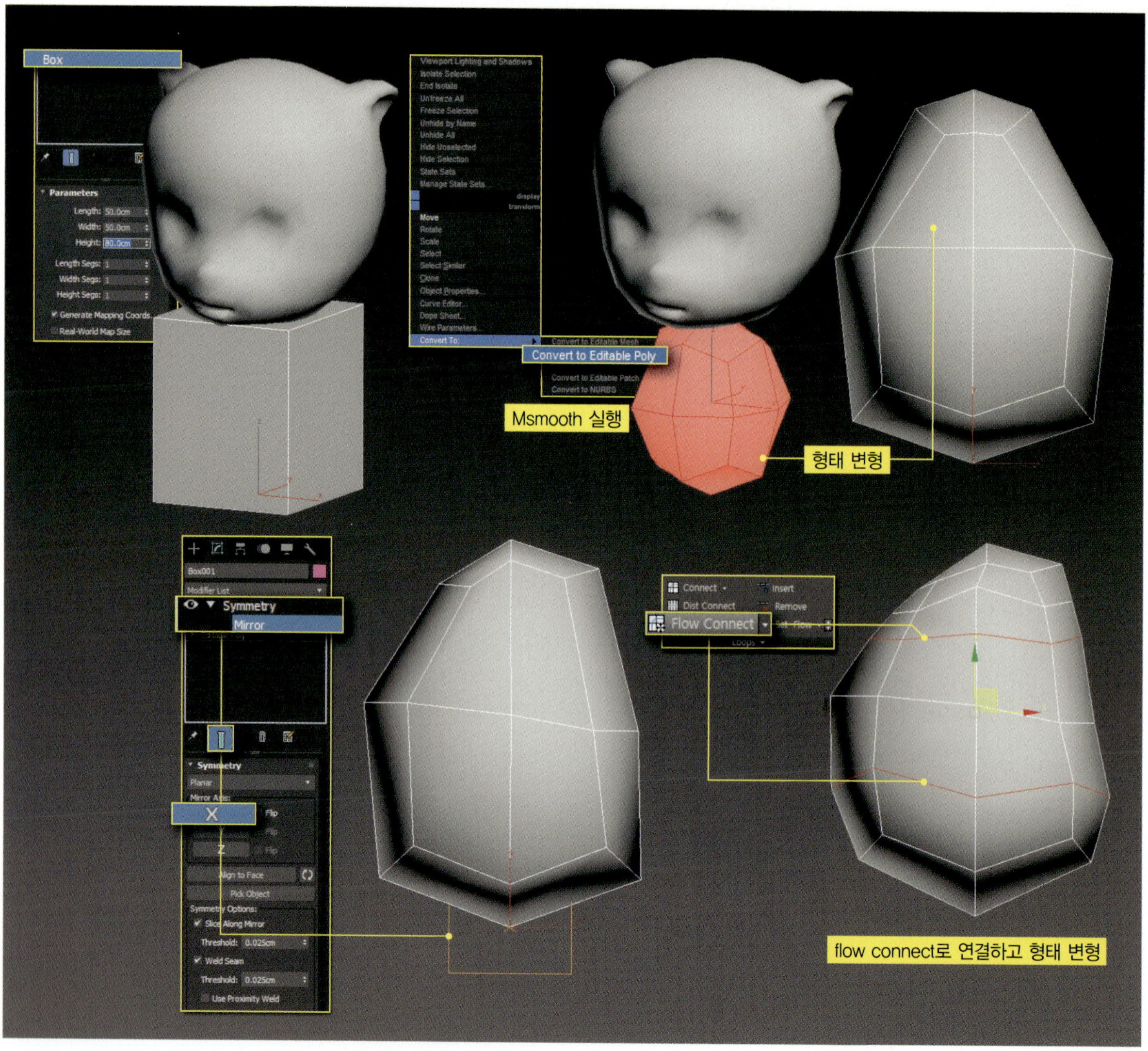

얼굴과 연결될 부분을 만들기 위해서 Editable Poly로 다시 변환하고 Inset을 이용해서 Polygon을 추가하고 필요 없는 Polygon을 삭제합니다. Symmetry를 유지하고 작업해도 되지만 개인적으로는 반복적으로 Symmetry를 합쳐주면서 작업하는 것을 선호합니다.

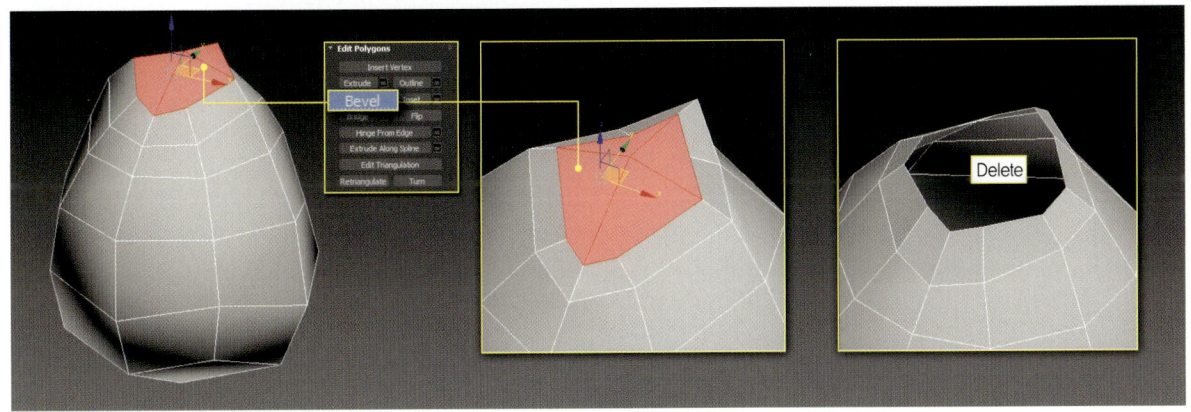

손과 발이 될 부분의 Polygon을 Inset과 Extrude를 이용해서 추가하고 다시 필요한 만큼의 Edge를 연결하고 다듬어 나갑니다. 전체적인 Edge의 간격과 흐름이 깨지지 않게 다듬어 주는 것이 중요합니다.

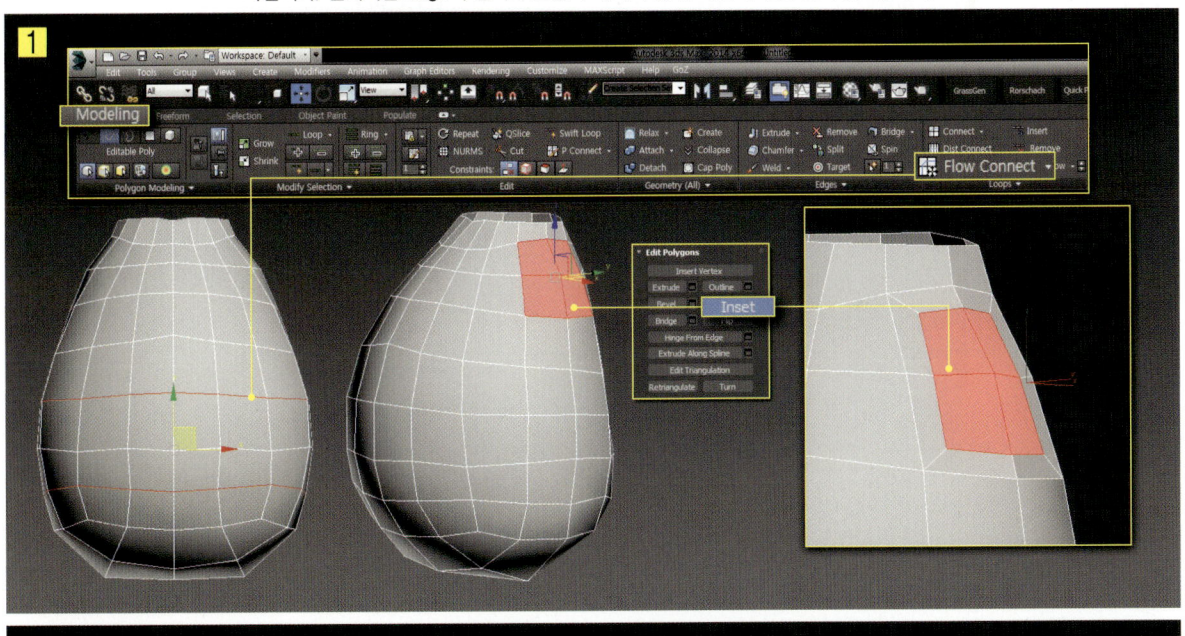

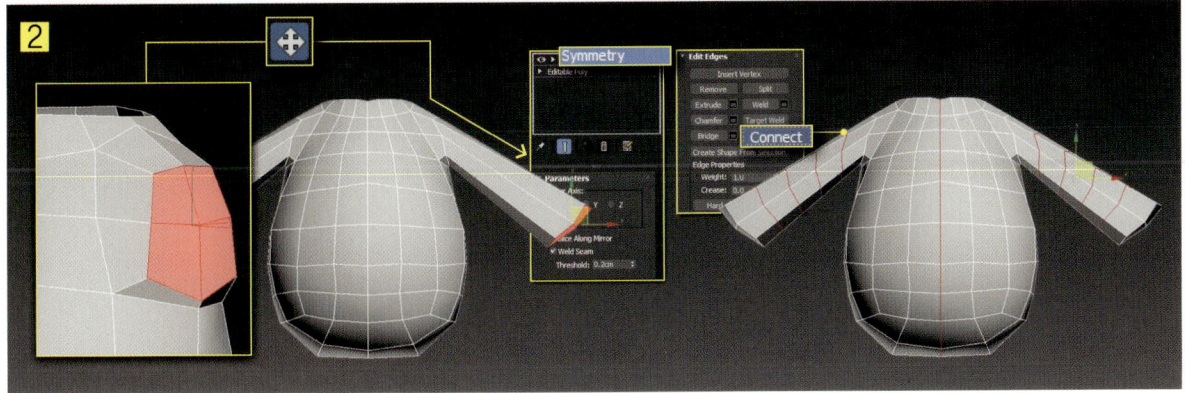

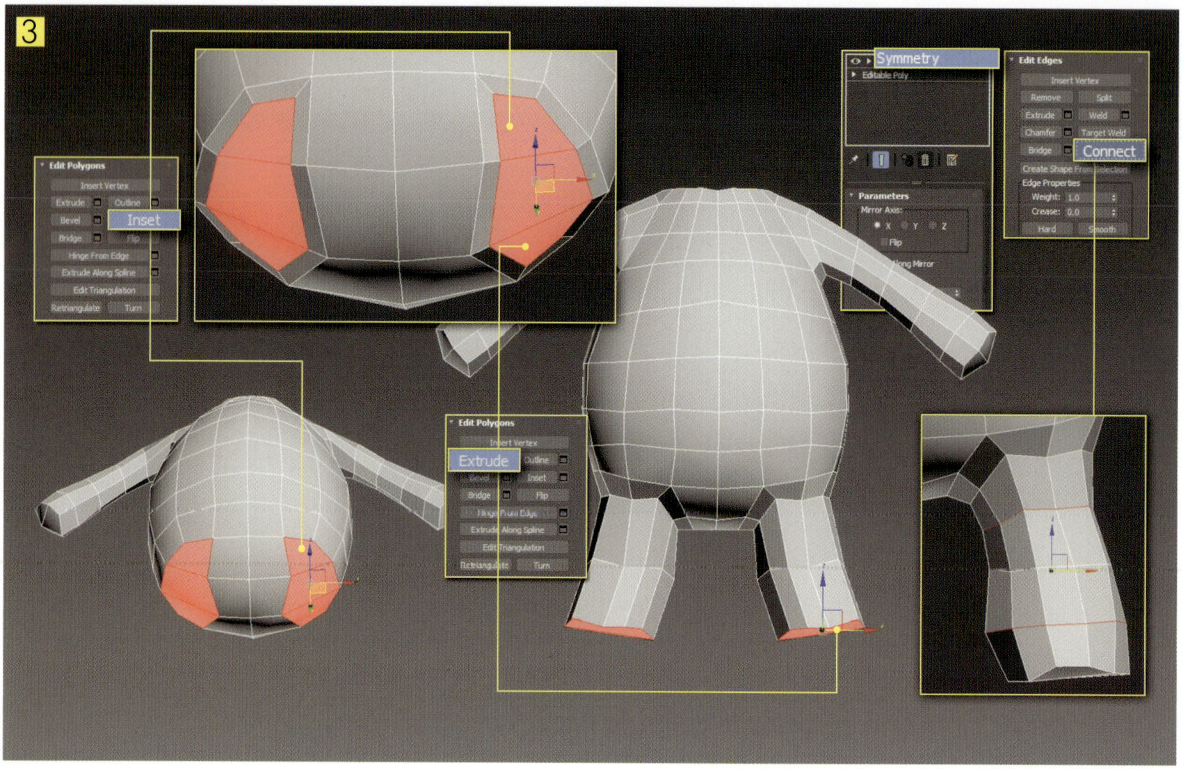

이렇게 완성한 얼굴과 몸통입니다.

422

Attach를 이용해서 얼굴과 몸통을 합치고 Vertex를 연결해서 완성합니다.

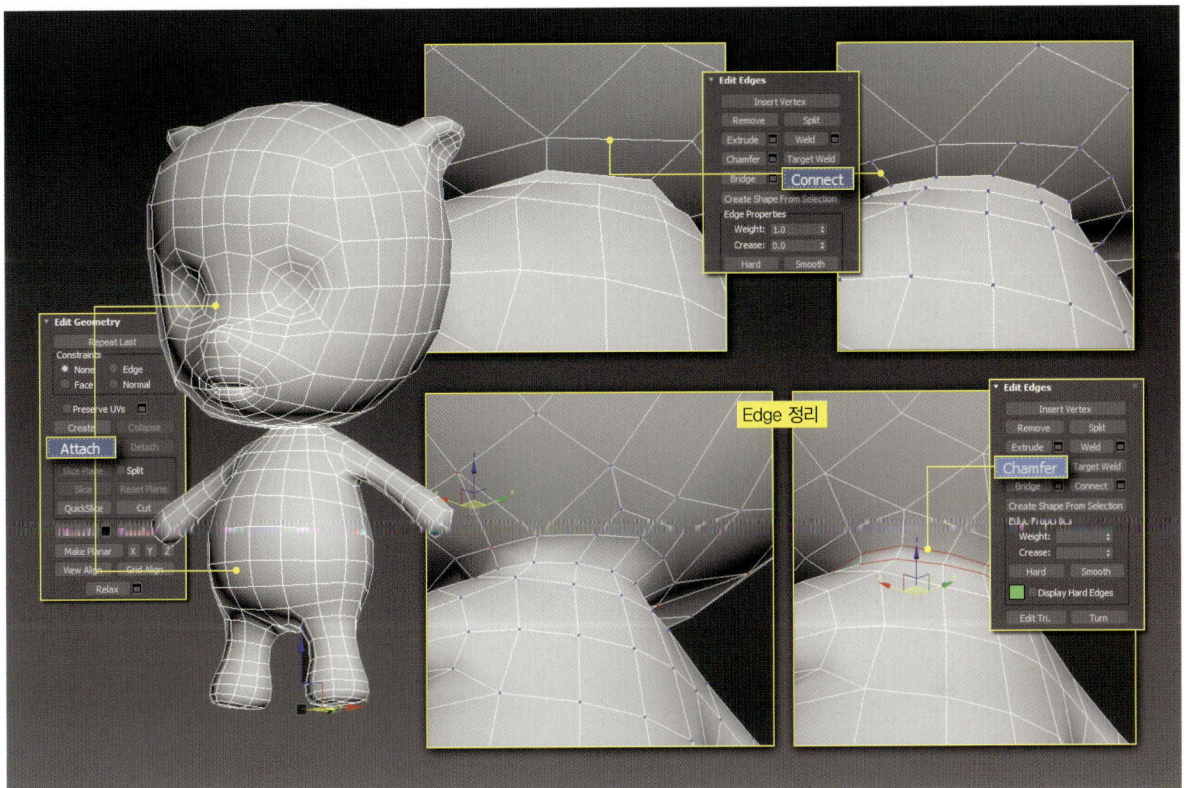

PINUP TIP

얼굴과 몸통의 연결 부위의 Vertex 수를 확인하고 필요하다면 전체 형태를 최대한 유지하면서 Edge를 추가하여 자연스럽게 연결합니다. 각자의 판단에 따라 다를 수 있습니다.

눈 부분은 단추 형태로 만들었습니다. Plane을 생성하고 변형해 완성합니다. Plane을 만들고 Editable Polygon으로 변환하고 단춧구멍이 될 부분을 작업합니다.

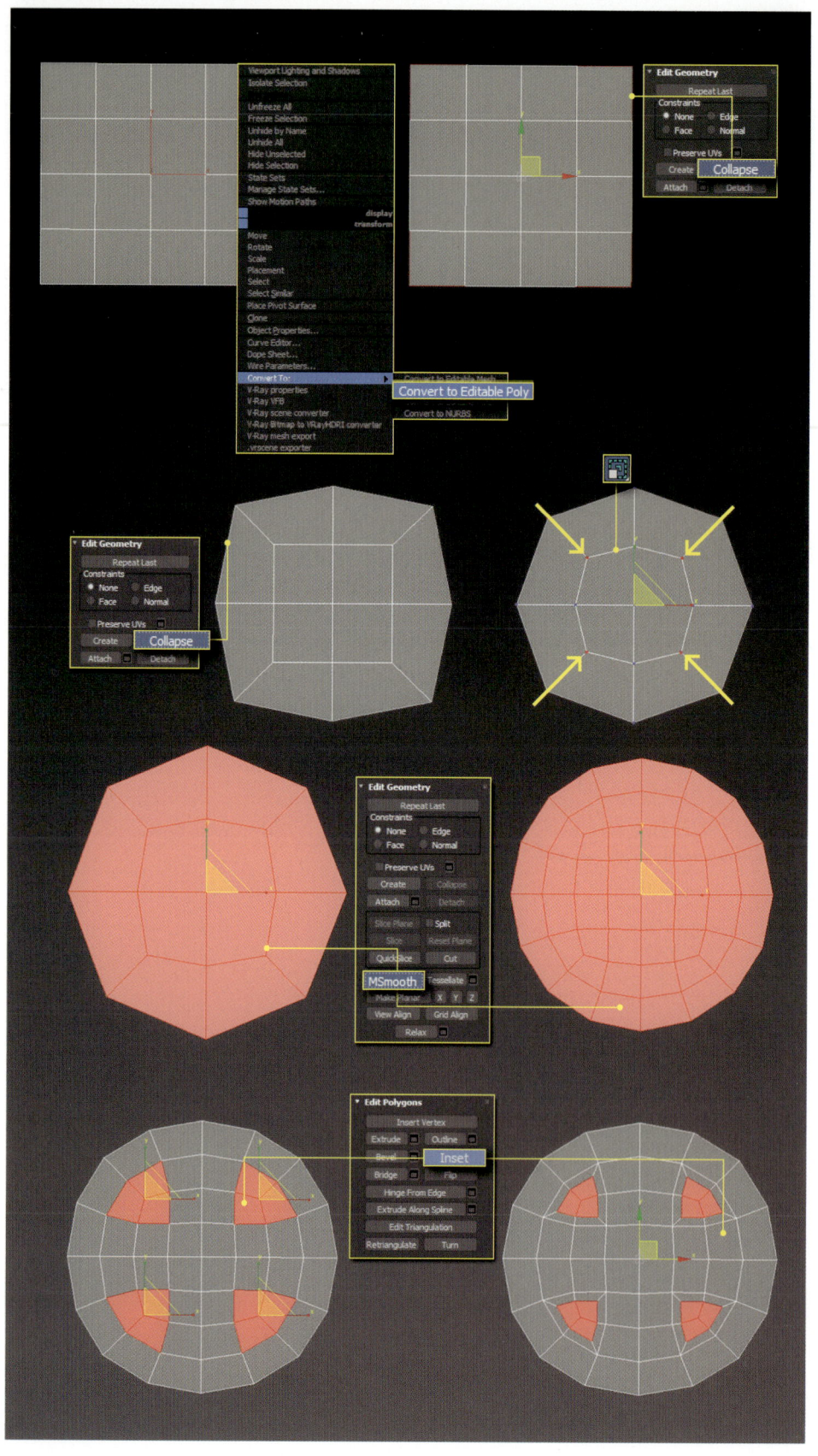

Loop Tool의 Circle 기능을 이용해 구멍을 원형으로 변형합니다.

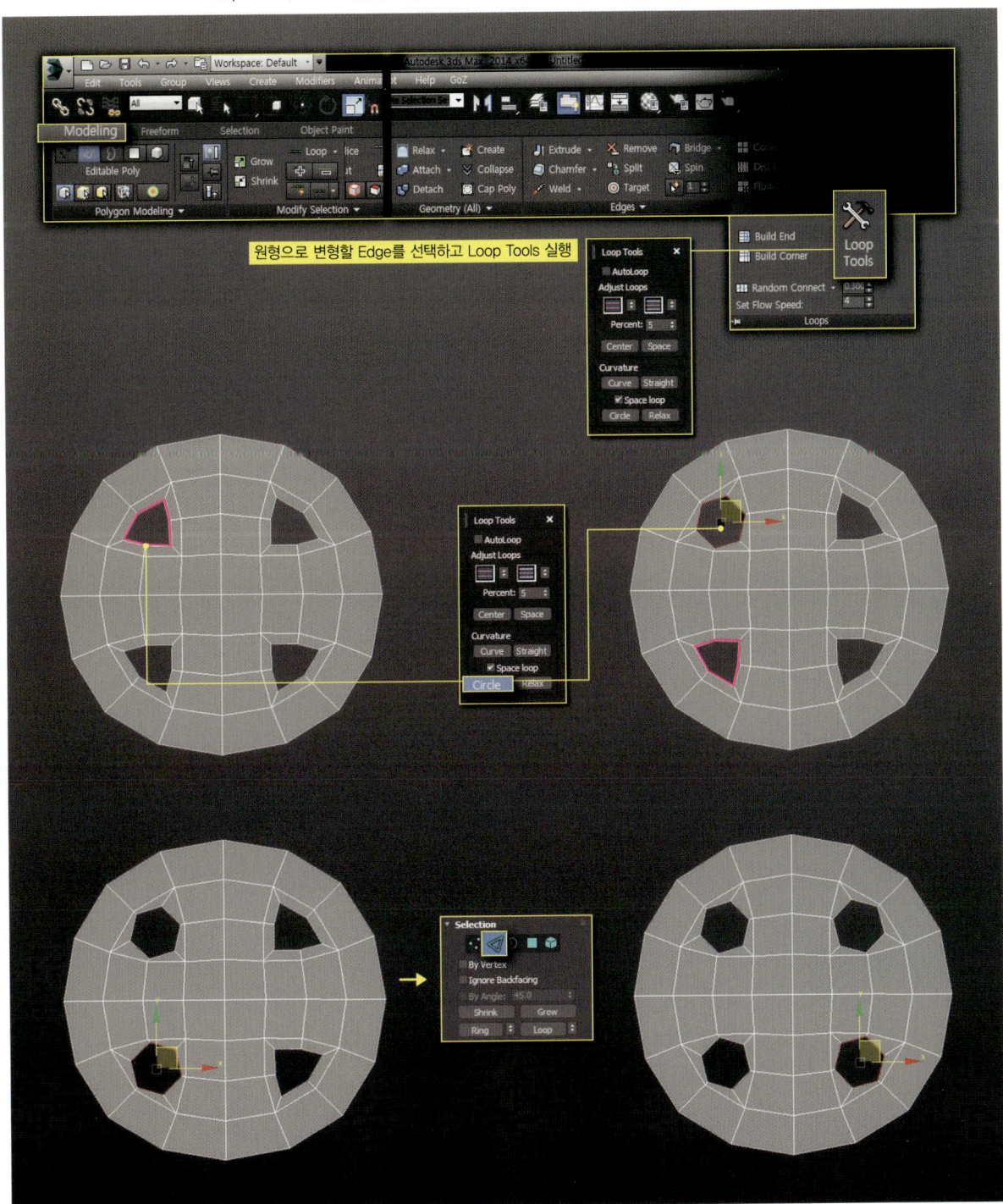

Modify → Shell을 적용해서 두께를 주고 다시 Editable Polygon으로 변환하고 Edge를 추가해 완성합니다.

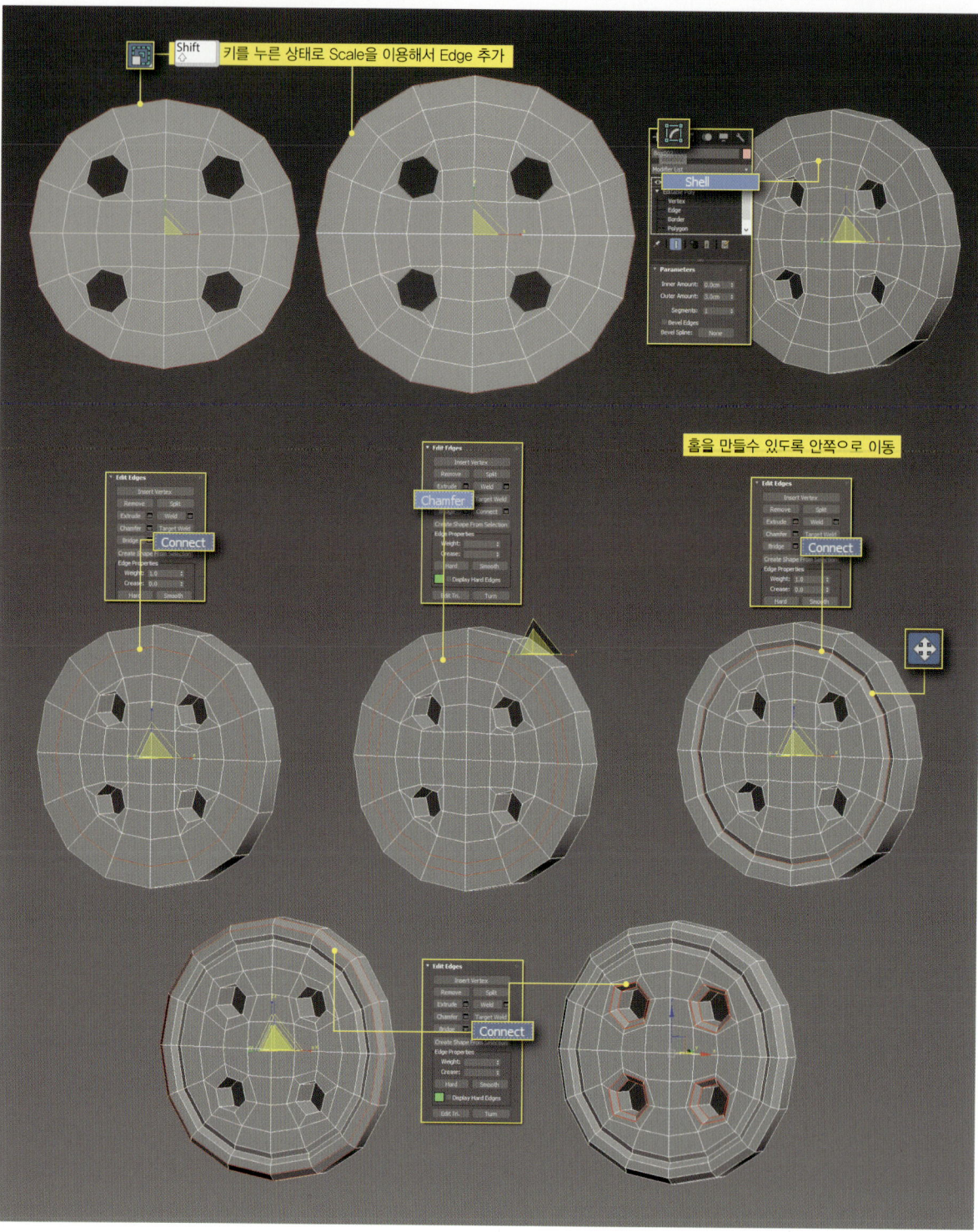

단추의 실도 Plane을 이용해서 작업합니다.

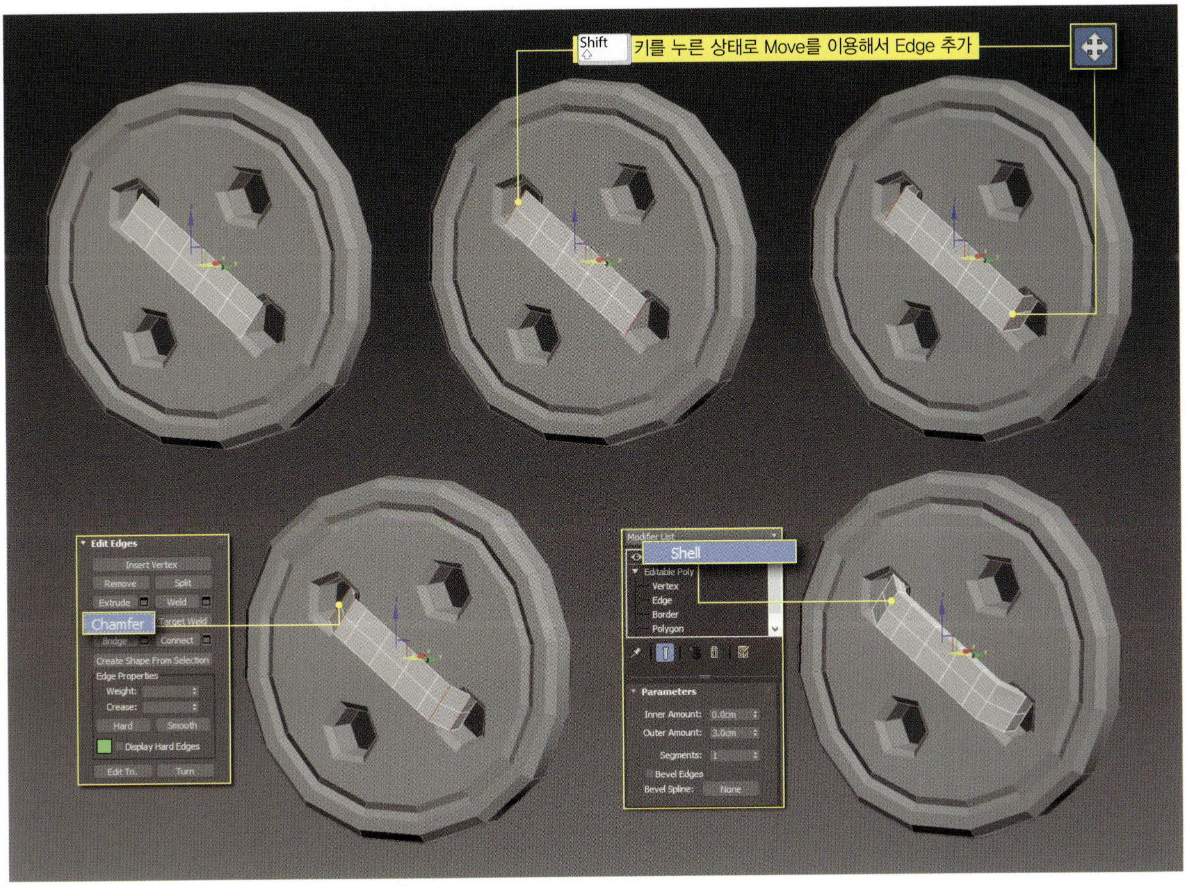

Shift 키를 누른 상태로 Move를 이용해서 Edge 추가

Modify ➡ TurboSmooth를 적용해서 완성한 모습입니다.

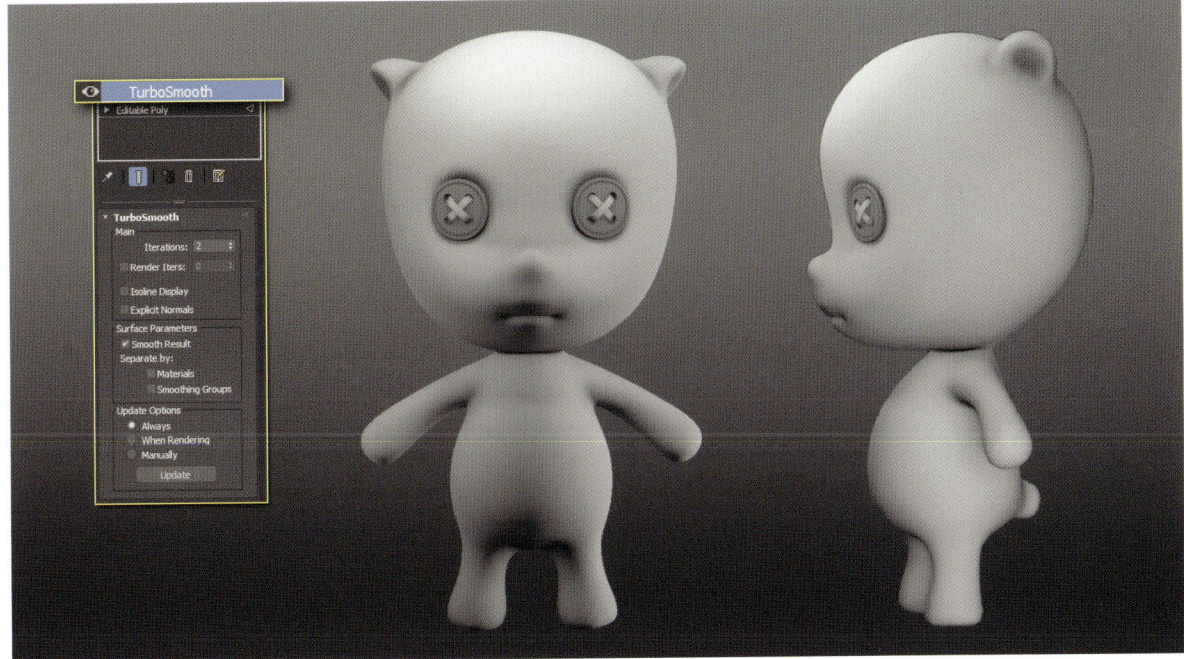

Chapter 05 | 캐릭터 모델링   427

SECTION 02

말 만들기

이번에는 4족 보행 동물 중 말을 기본 도형을 이용해서 만들어 봅니다. 전체적인 비례와 형태를 Low Poly로 간단하게 만들고 Edge를 추가하면서 세부적인 형태를 잡고 각 부분을 Attach를 이용해 하나로 합쳐서 제작합니다.

Low Poly로 제작된 형태가 최종 결과물과 크게 차이가 나지 않도록 처음 단계에서 특징을 잘 잡아 내는 것이 중요합니다.

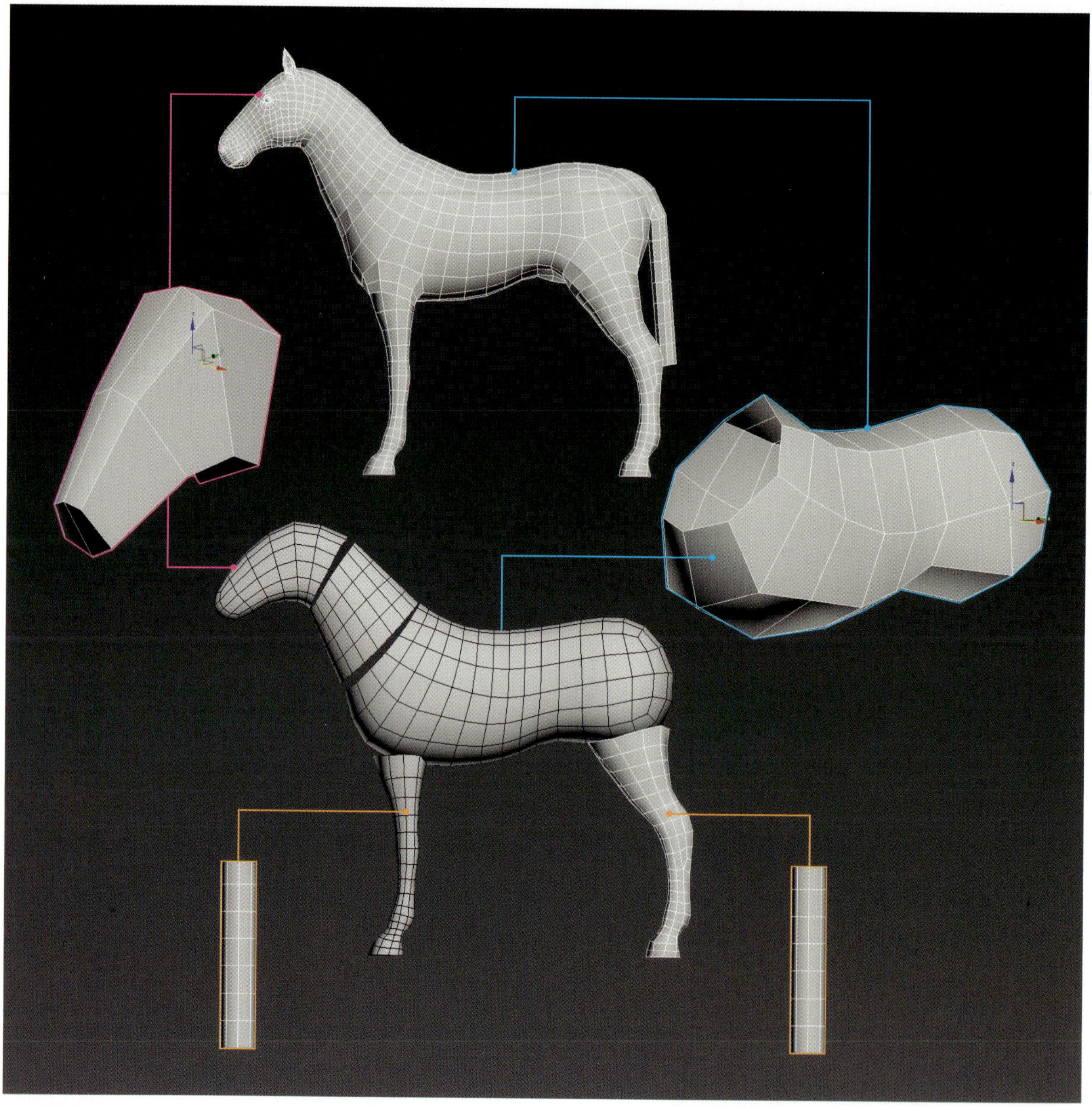

머리와 목, 몸통 부분은 Box를 생성하고 Editable Poly로 변환한 후 Modify → Symmetry를 적용해서 변형합니다. Show End Result On/Off Toggle 버튼을 활성화하고 작업합니다.

머리 부분의 기본적인 작업은 다음과 같습니다.

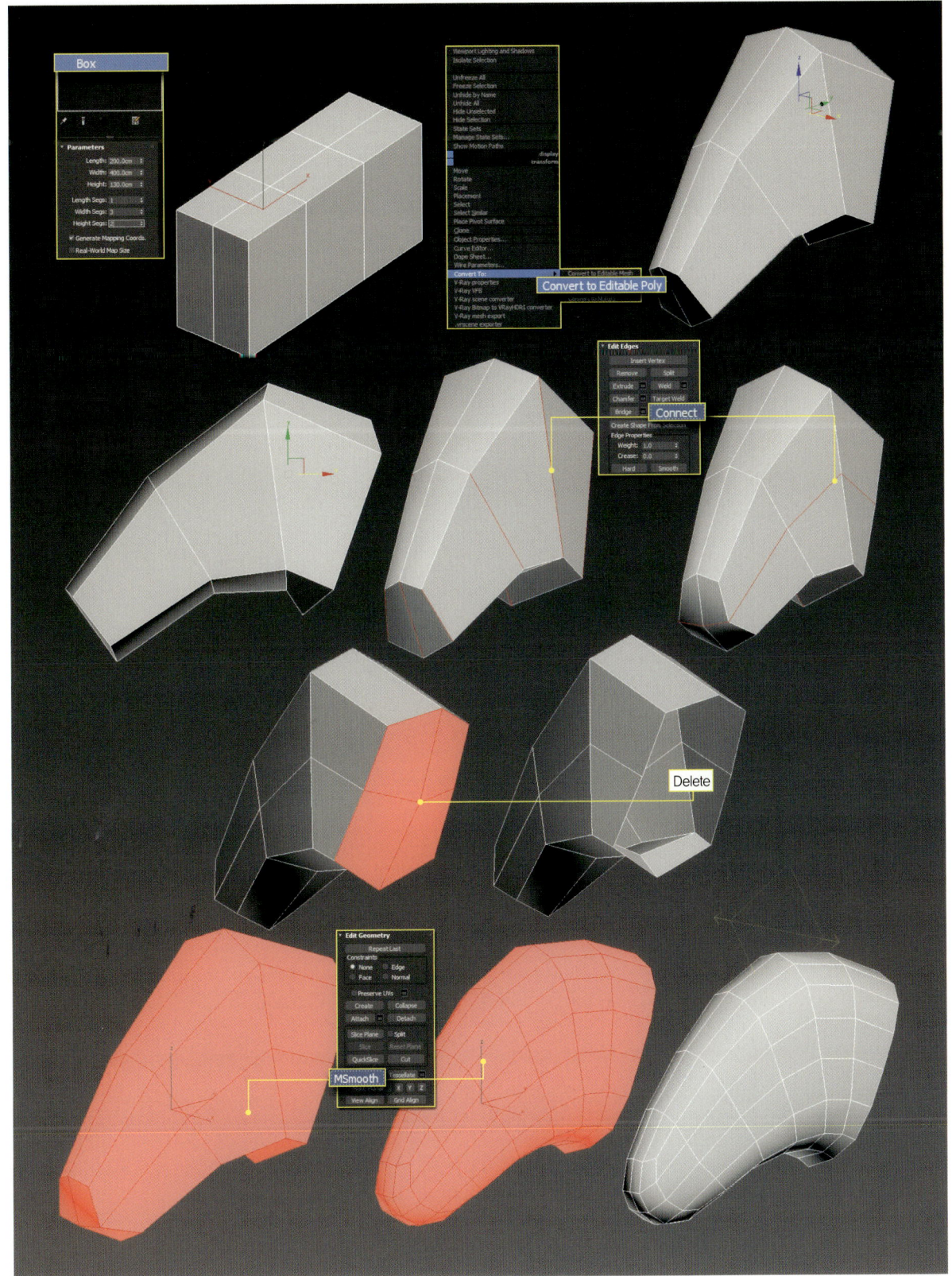

목 부분의 기본적인 작업은 다음과 같습니다.

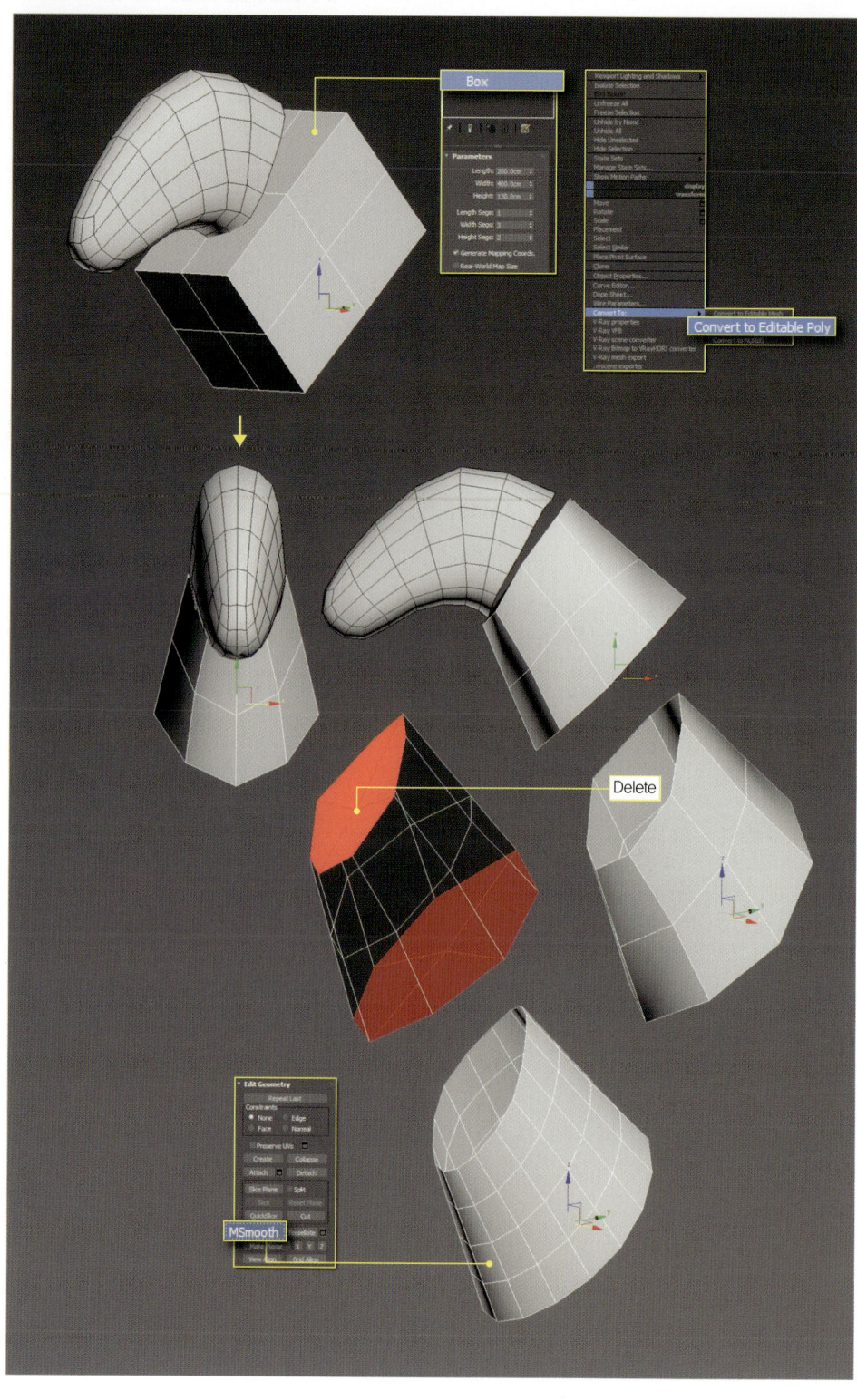

몸통 부분의 기본적인 작업은 다음과 같습니다.

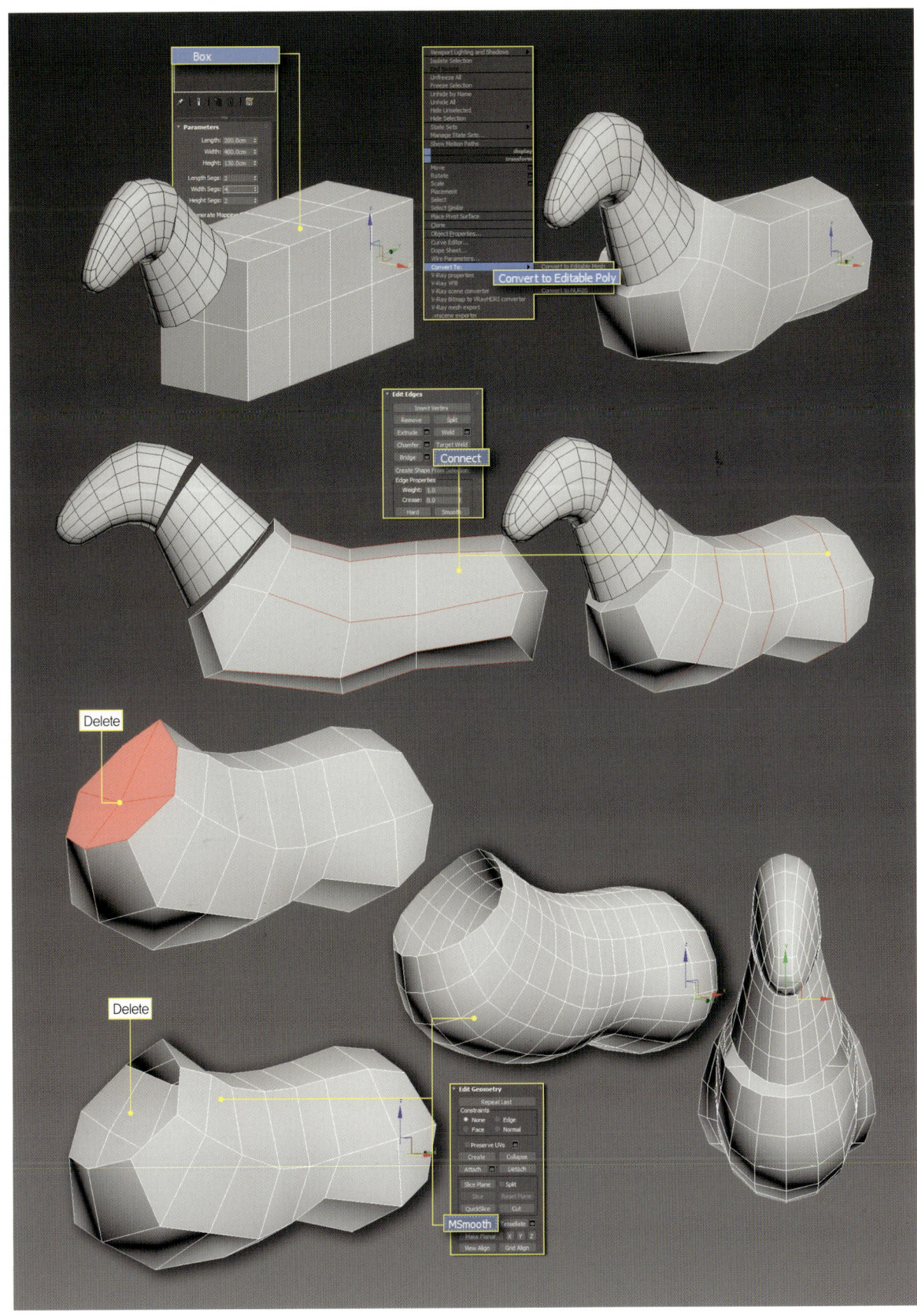

다리 부분은 Cylinder를 Editable Poly로 변환 후 변형해서 적당한 크기와 위치를 잡아 나갑니다.

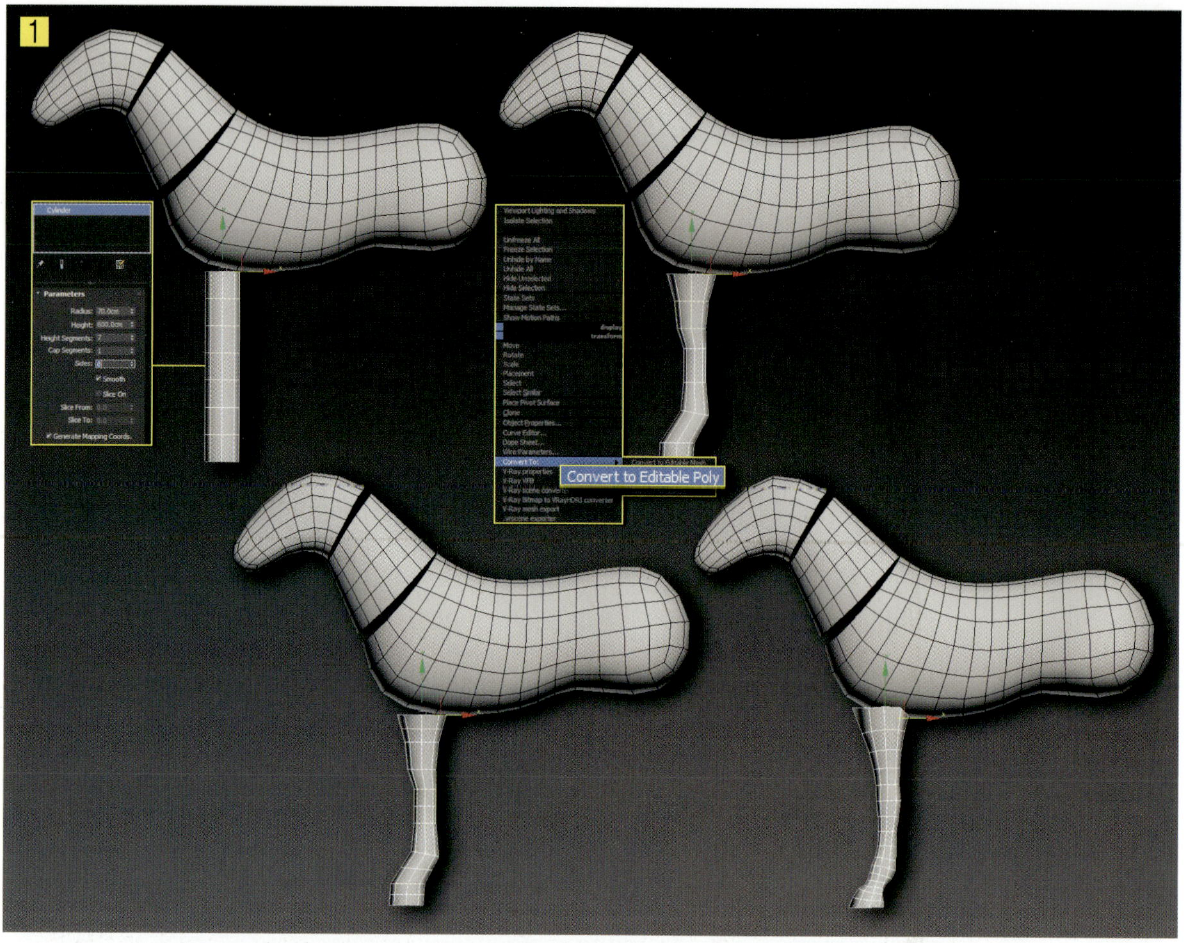

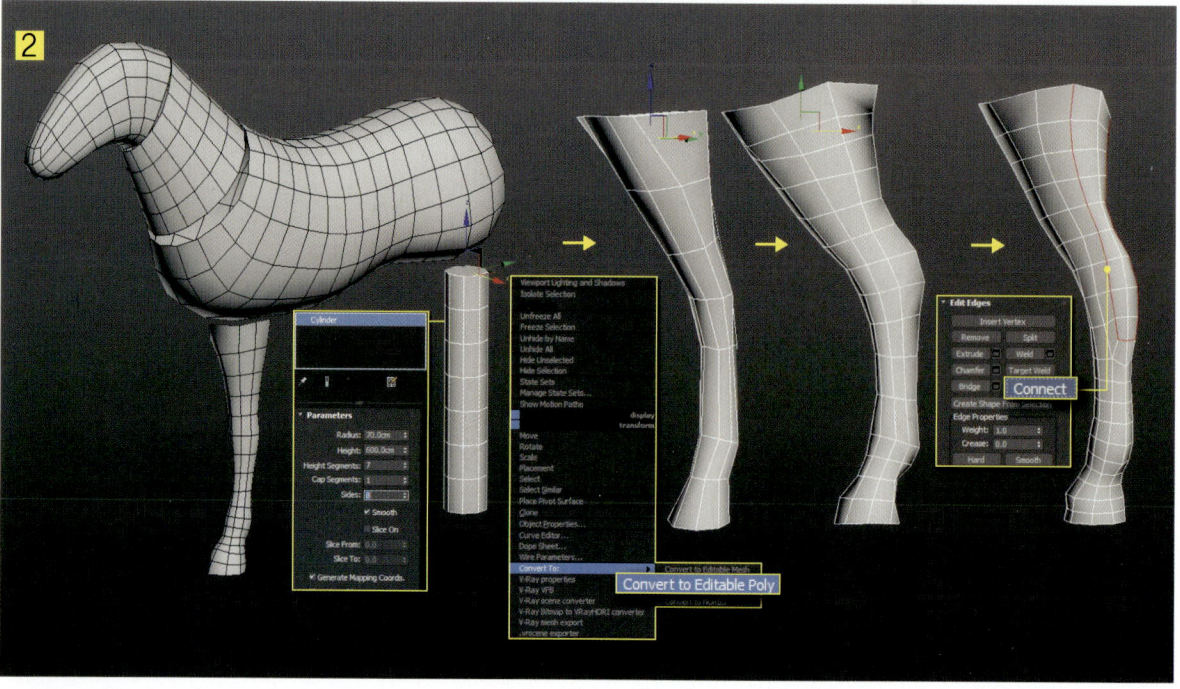

이렇게 기본 도형을 간단하게 변형해서 전체적인 비율과 크기를 잡아 내는 것이 중요합니다.

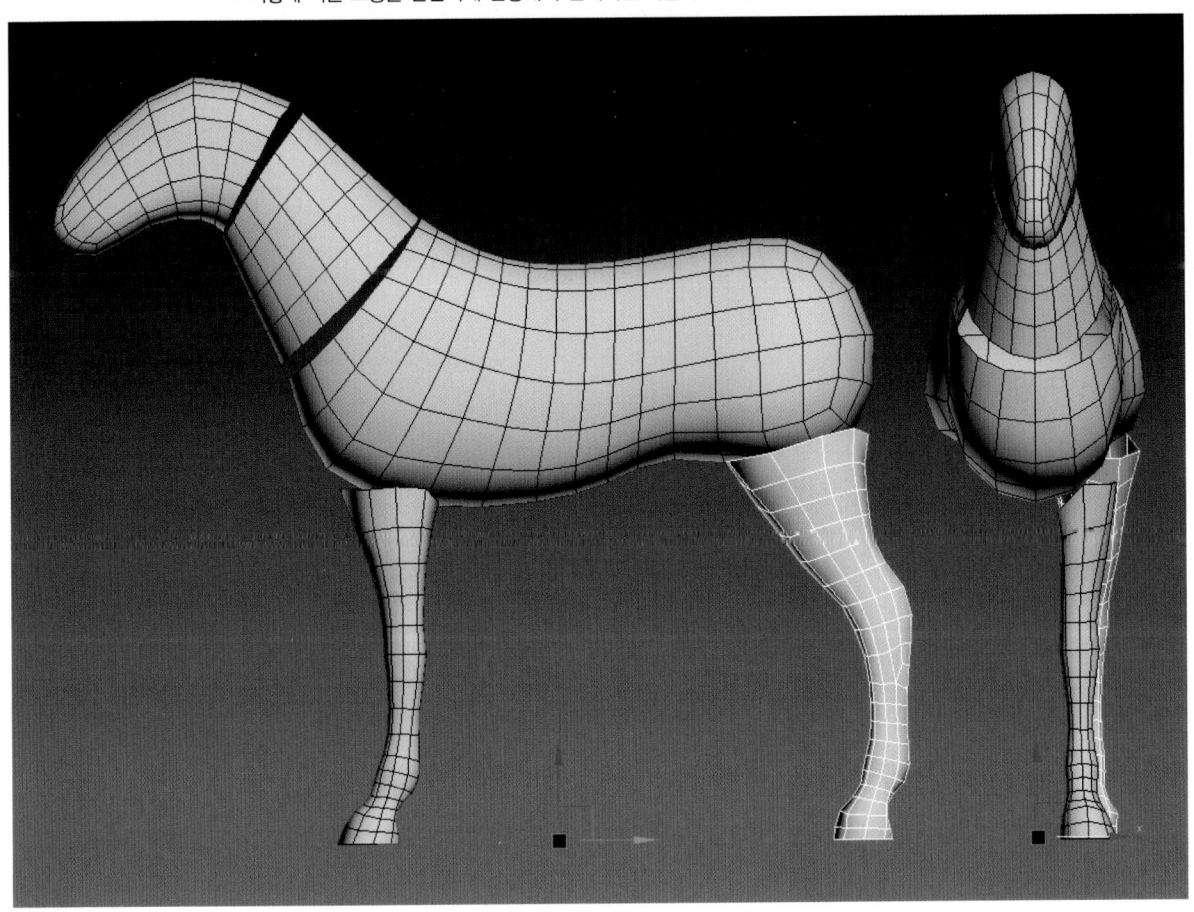

이제 말 머리에 디테일을 추가합니다. 눈이 될 부분에 Polygon을 추가하고 MSmooth를 이용해서 Polygon을 나눠준 후 Edge를 정리하고 추가합니다.

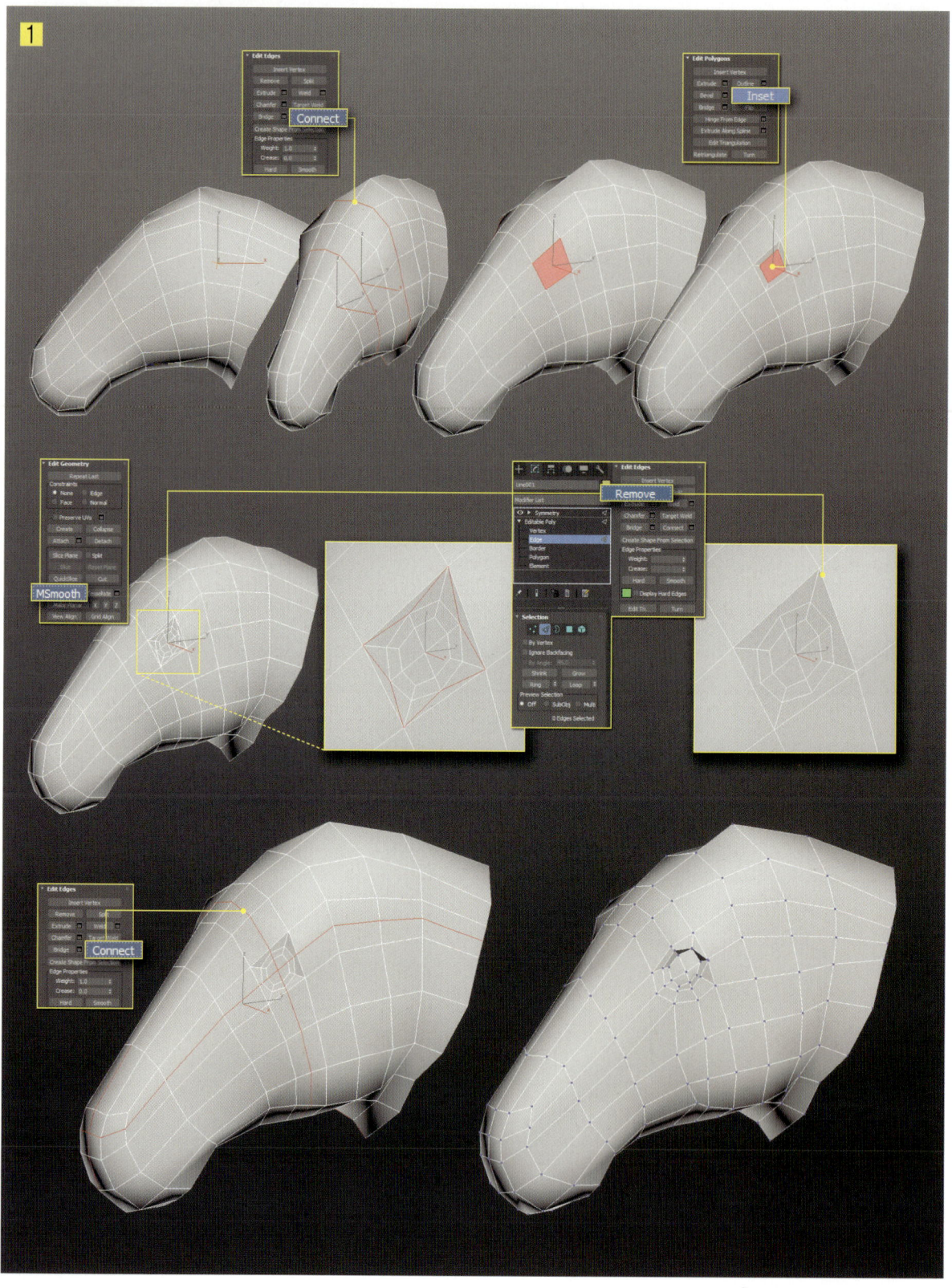

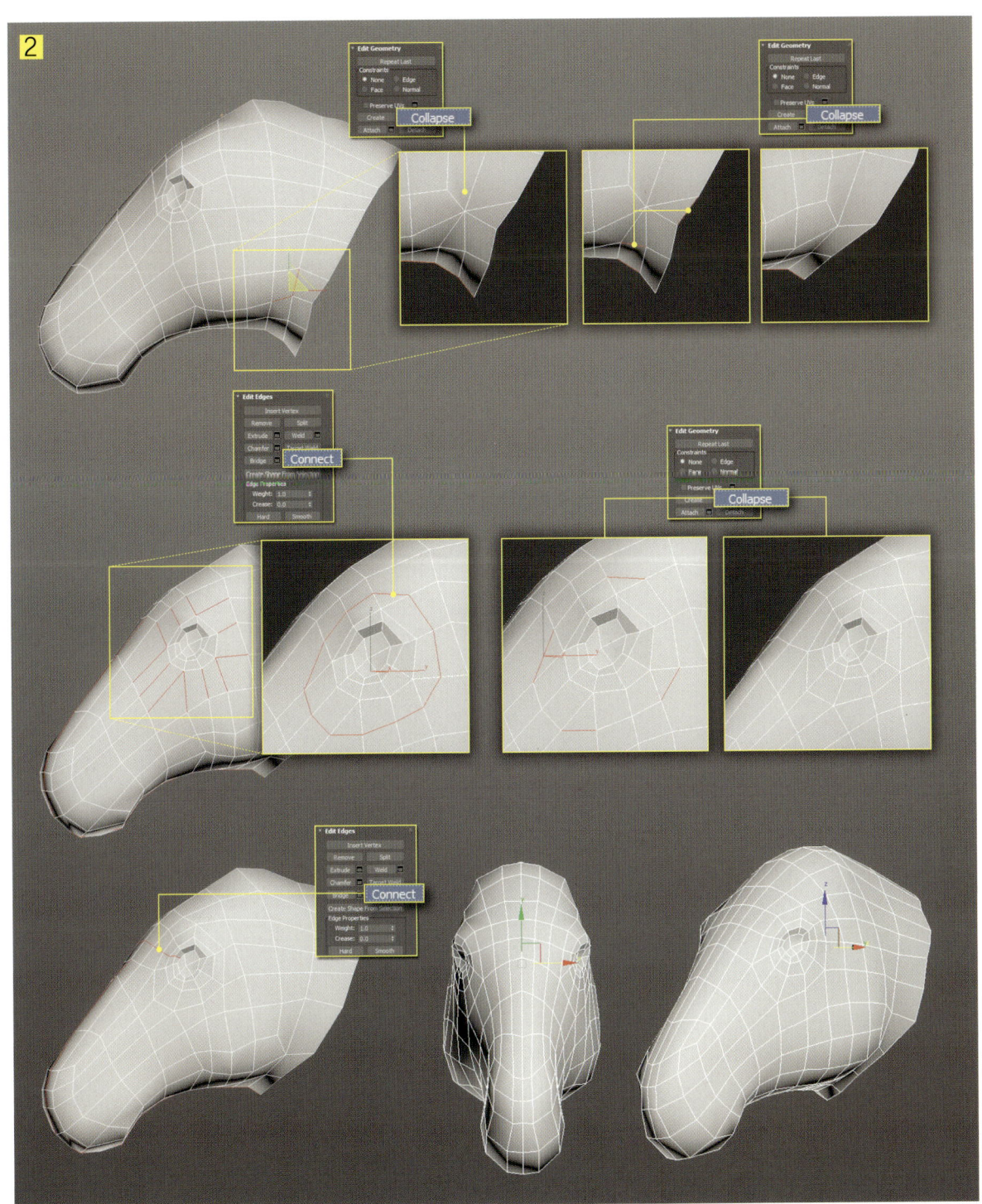

코가 될 부분의 Vertex를 Chamfer로 분리하고 MSmooth를 이용해서 Polygon을 나눠주고 Edge를 정리해 완성합니다.

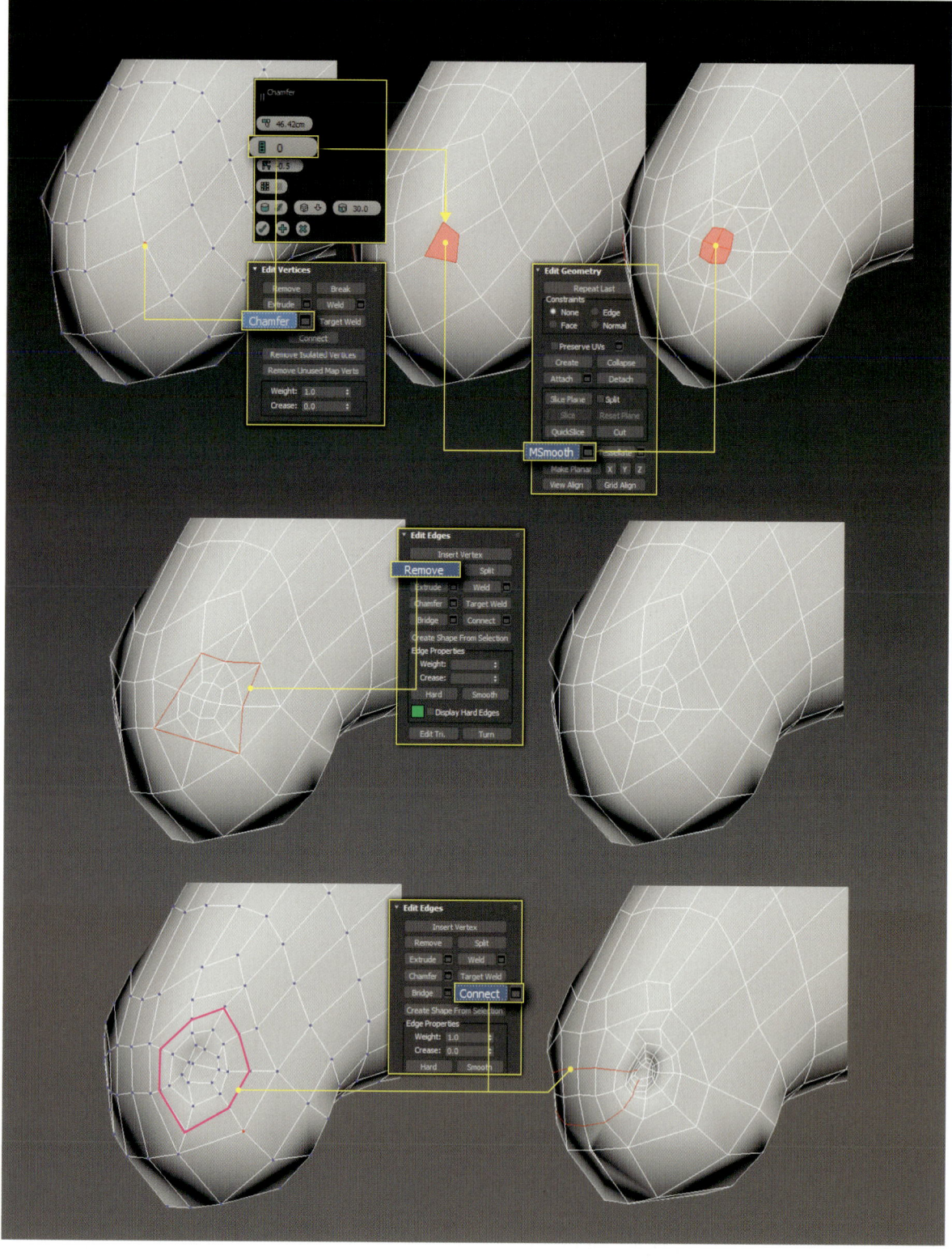

입이 될 부분은 Connect를 이용해서 Edge를 추가하고 형태를 잡아 나갑니다.

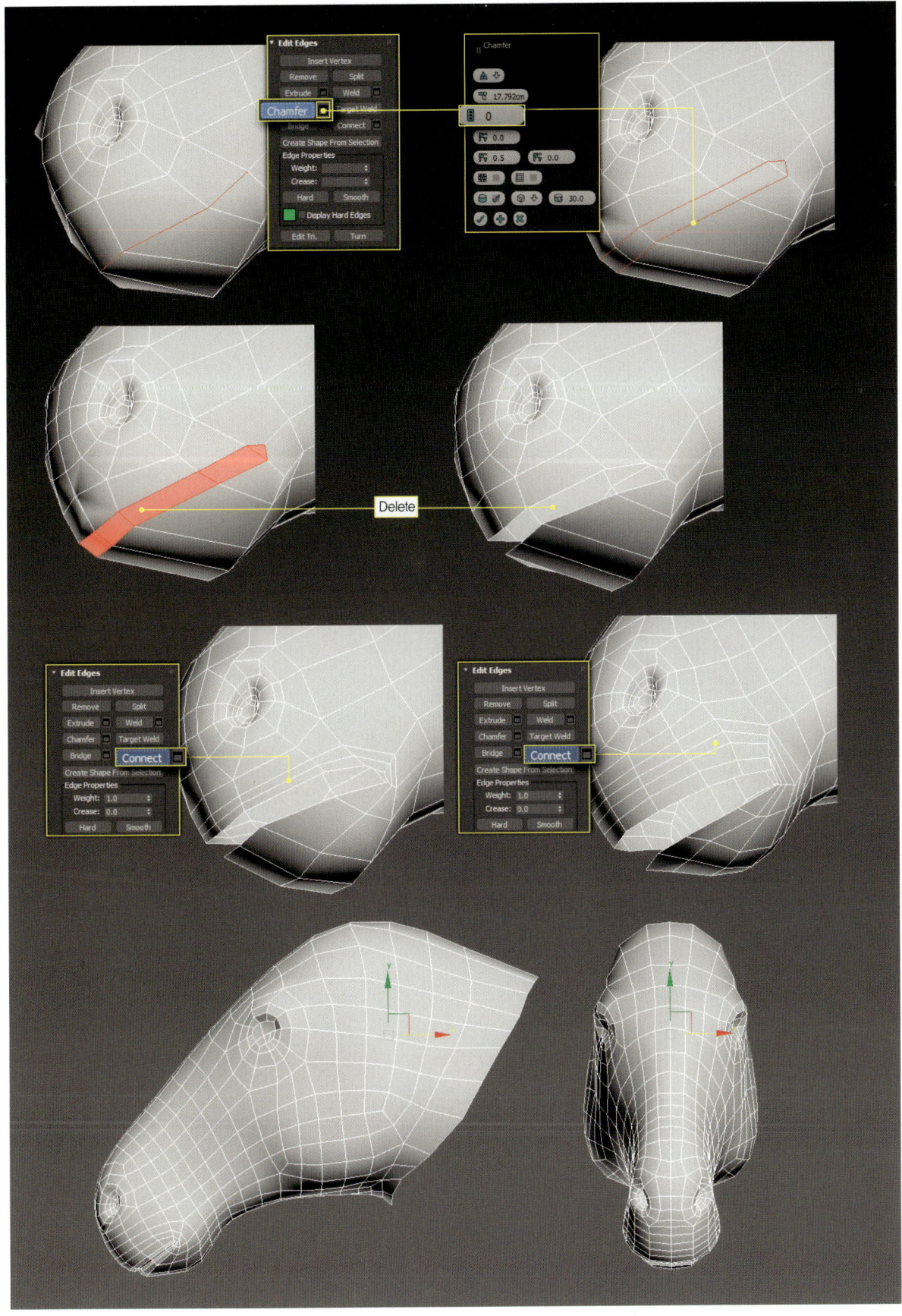

같은 방법으로 귀가 될 부분의 Vertex를 Chamfer를 이용해서 분리하고 MSmooth와 Extrude 등을 이용해서 완성해 나갑니다.

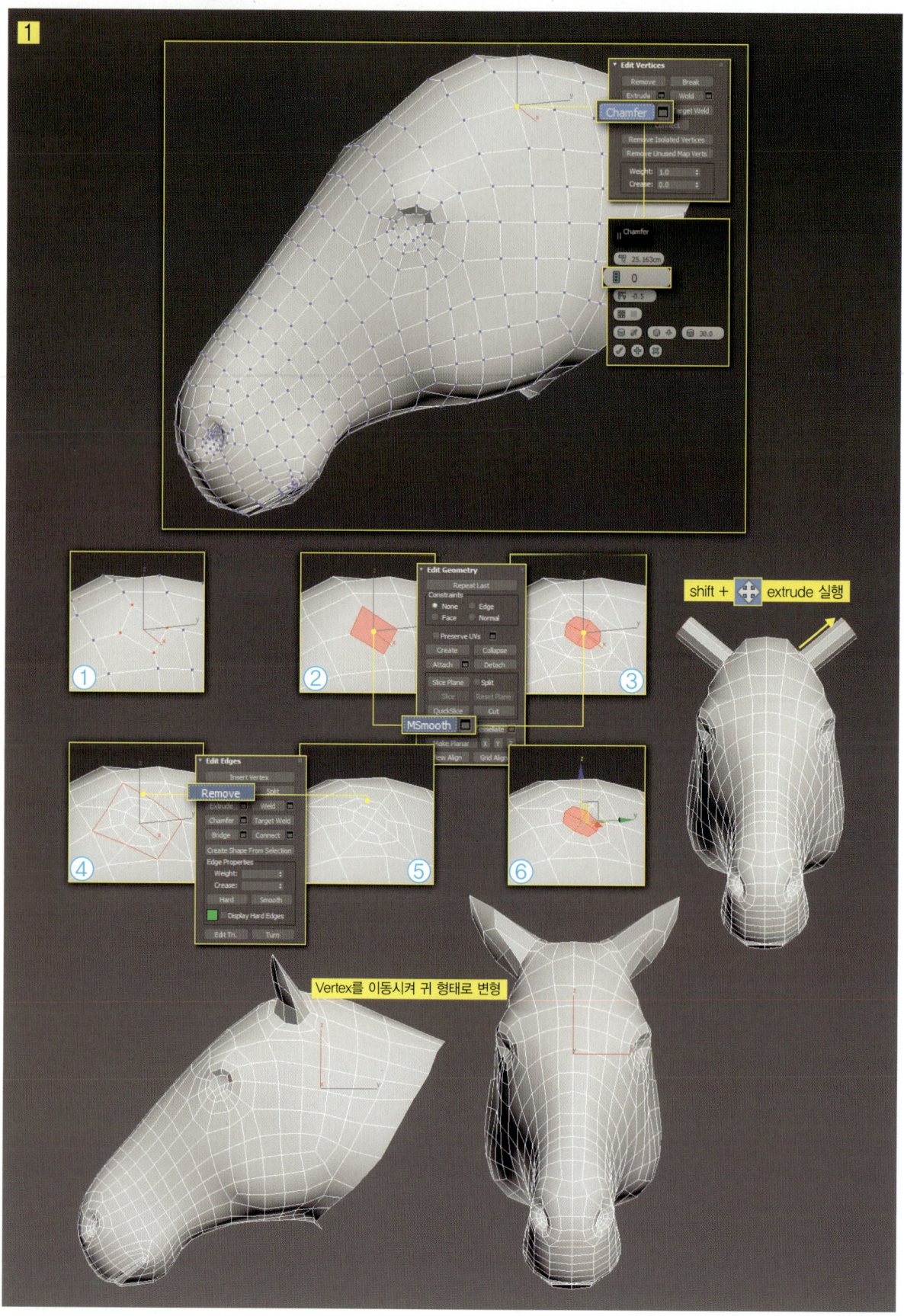

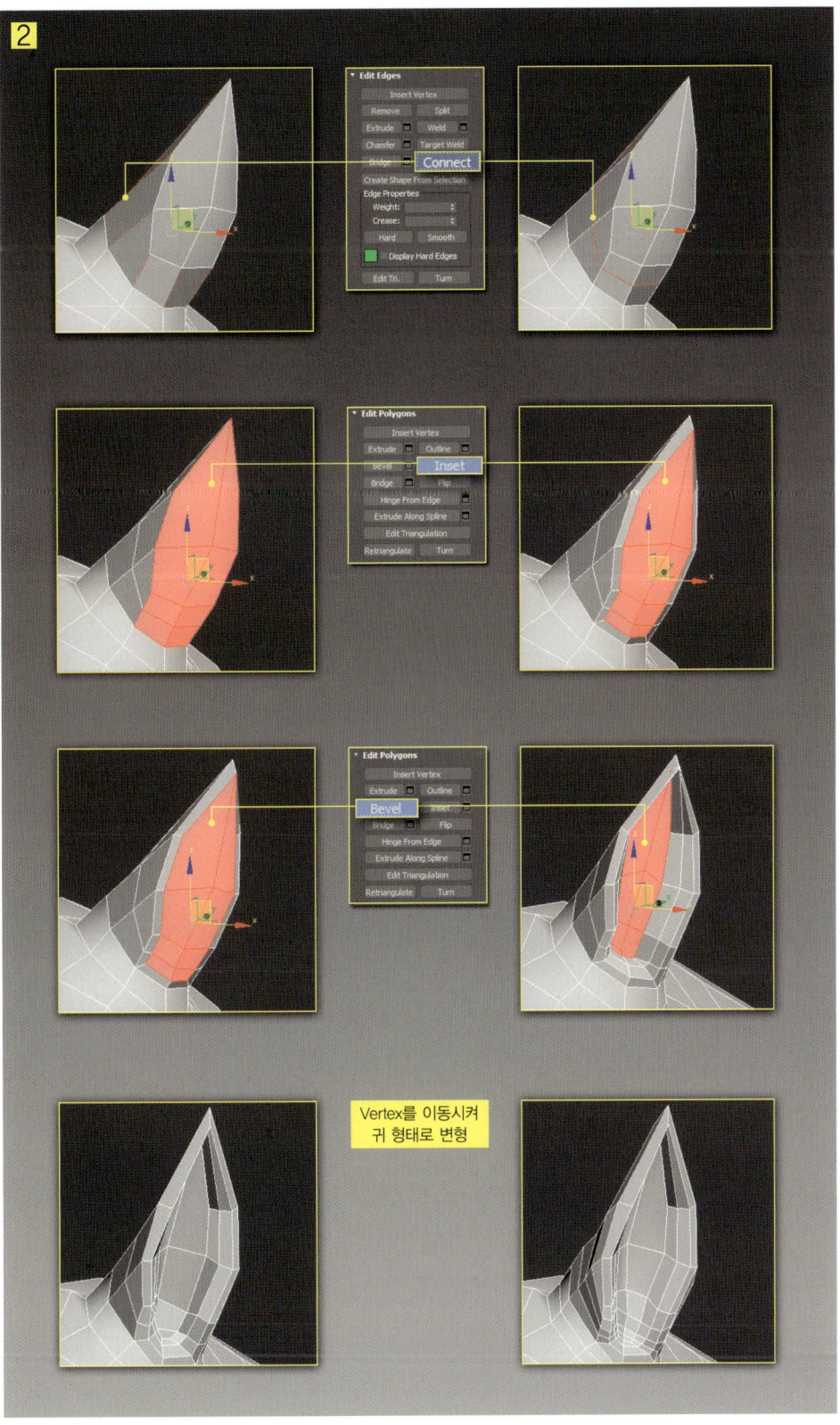

눈 부분의 디테일을 추가해서 완성한 얼굴입니다.

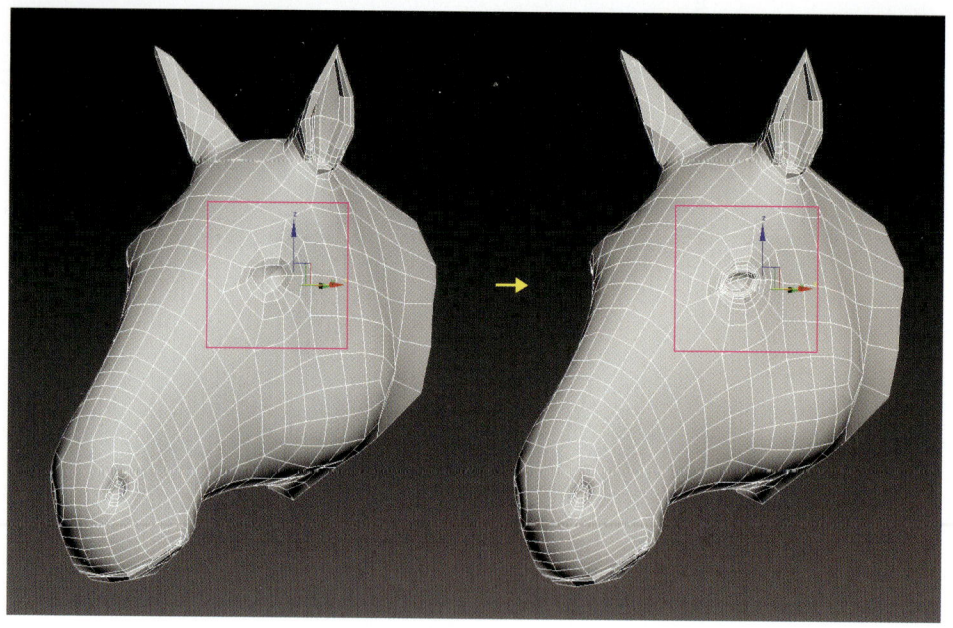

어느 정도 디테일을 추가할지는 각자의 판단에 맞깁니다. 같은 기능을 계속 반복해서 사용하고 있지만 반드시 같은 방법을 사용해야 하는 것은 아닙니다. 각자 Edge의 흐름을 고려해 Edge를 추가하거나 제거하면서 연습하는 것이 실력 향상에 도움이 됩니다. 더불어 전체적인 형태를 유지하면서 Edge가 자연스럽게 연결되는 것을 목표로 합니다.

다음은 Attach를 이용해서 목 부분을 합쳐주고 연결 부위에 맞도록 Vertex를 합쳐주고 Edge를 정리하는 과정입니다.

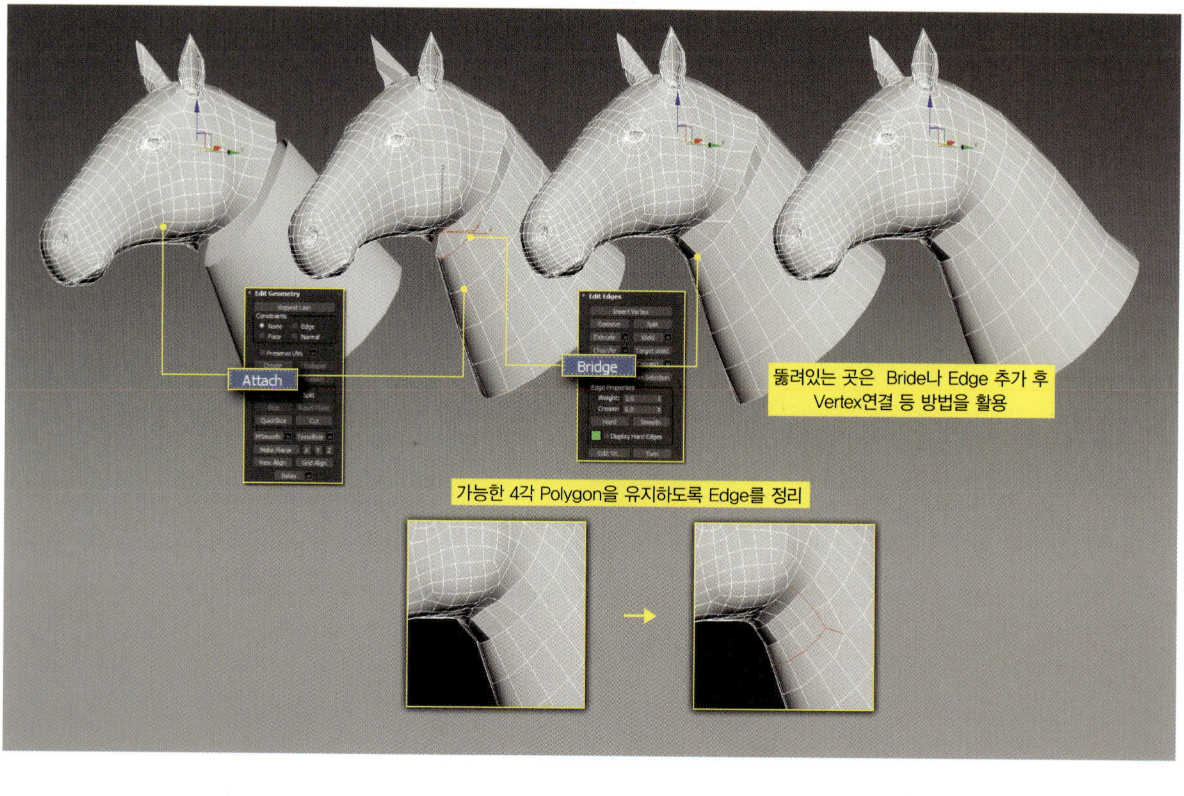

Attach를 이용해서 몸통 부분을 합치고 앞다리가 들어갈 부분에 Polygon을 추가하고 연결 부위를 만들어 주었습니다.

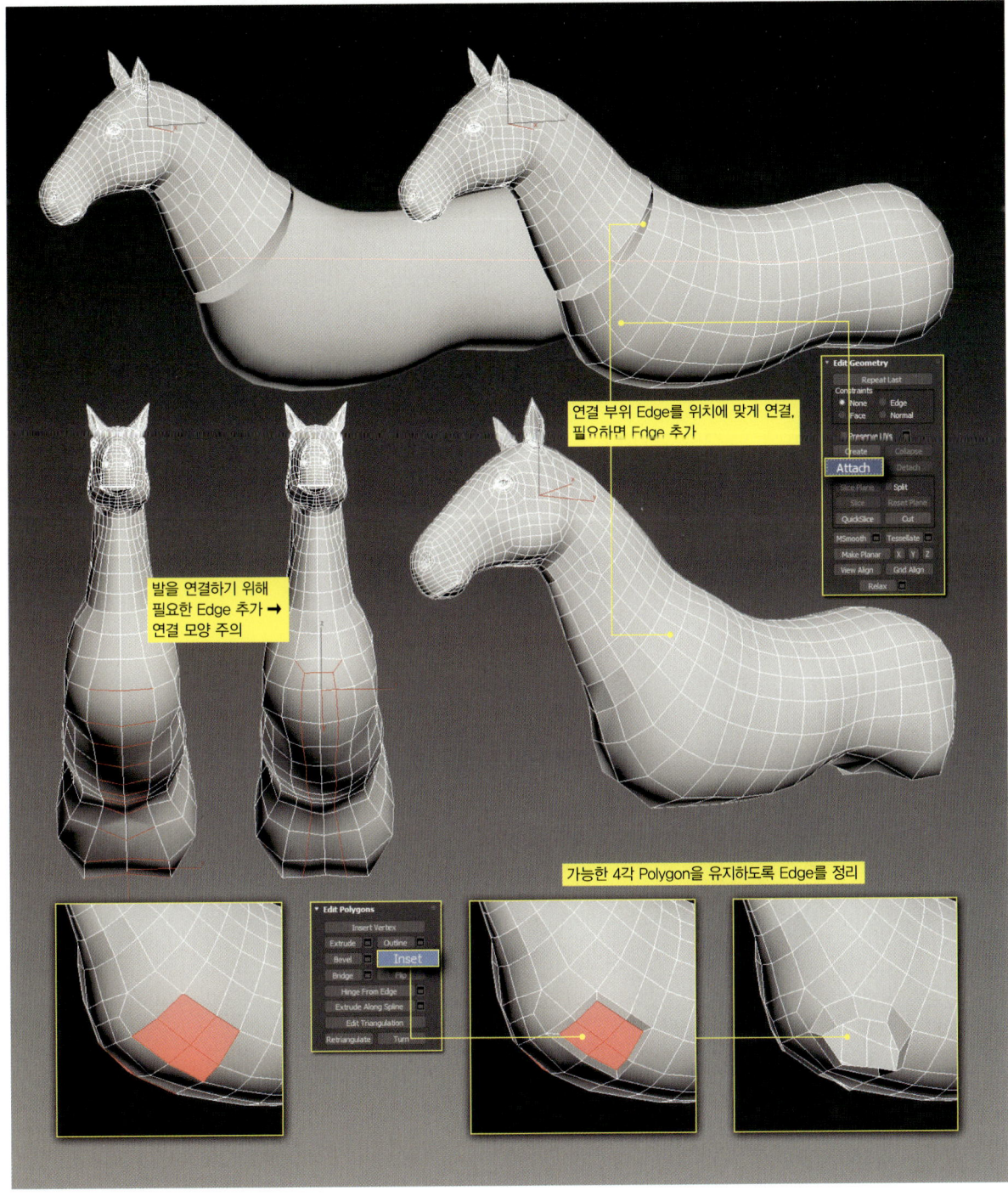

앞다리도 합치고 연결 부위의 Vertex를 다듬었습니다.

뒷다리도 합치고 Vertex를 연결해서 완성하고 Symmetry를 적용해서 대칭으로 작업합니다.

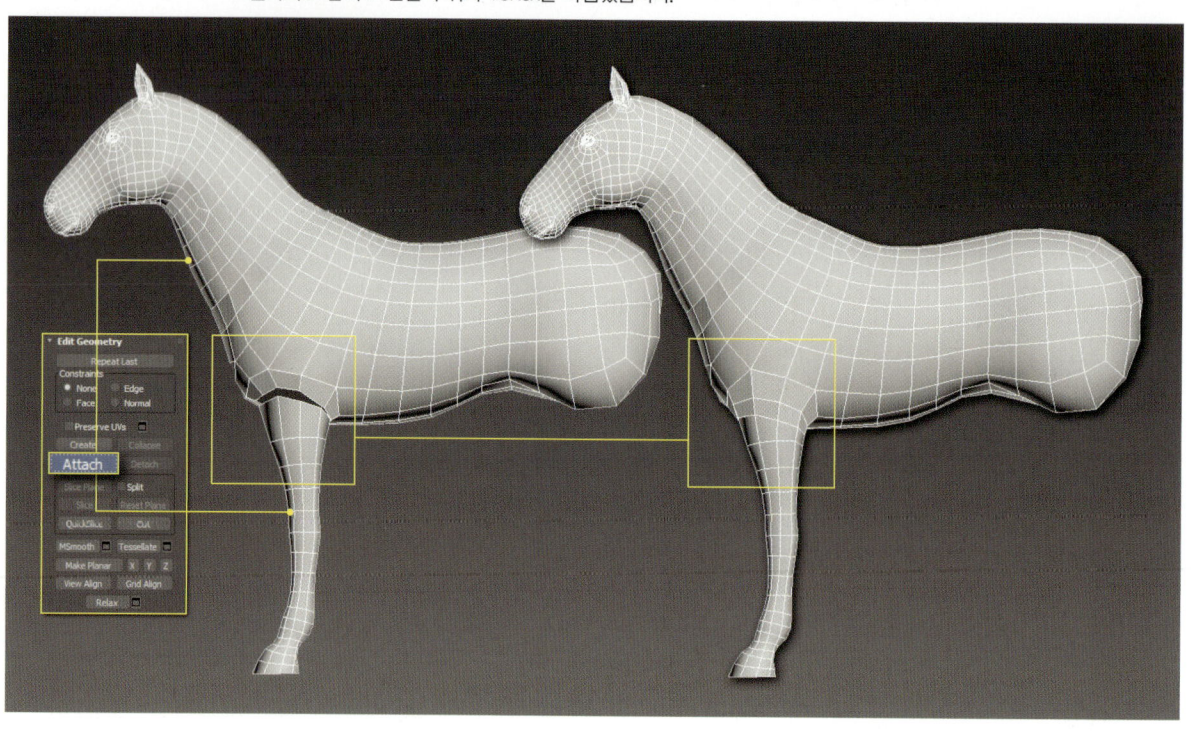

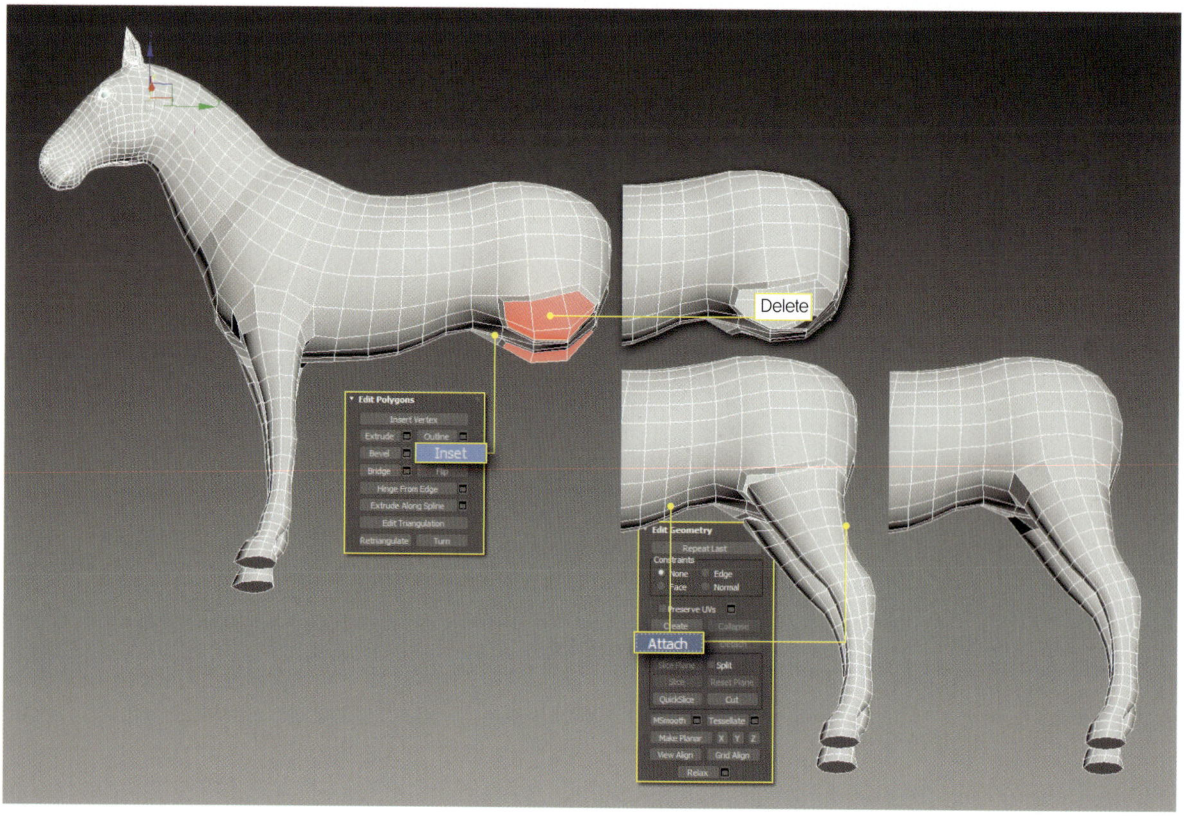

꼬리는 꼬리 부분 Polygon을 Bevel을 이용해서 추가하고 다시 Vertex와 Polygon을 변형하면서 긴 꼬리의 형태로 만들어 나갑니다.

이때도 Symmetry를 Editable Poly로 합치고 작업합니다.

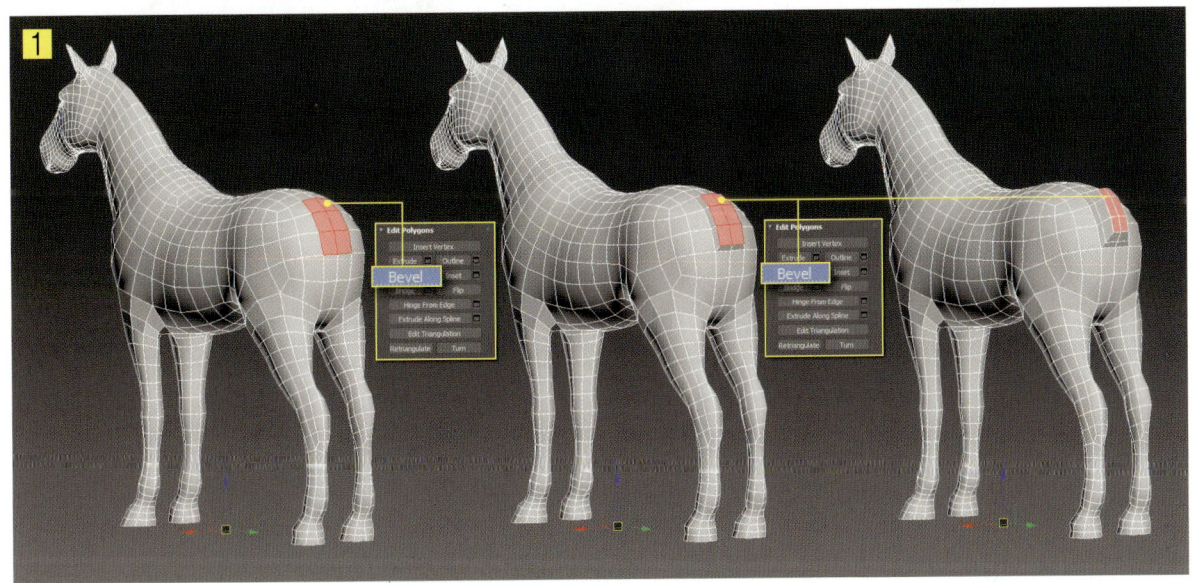

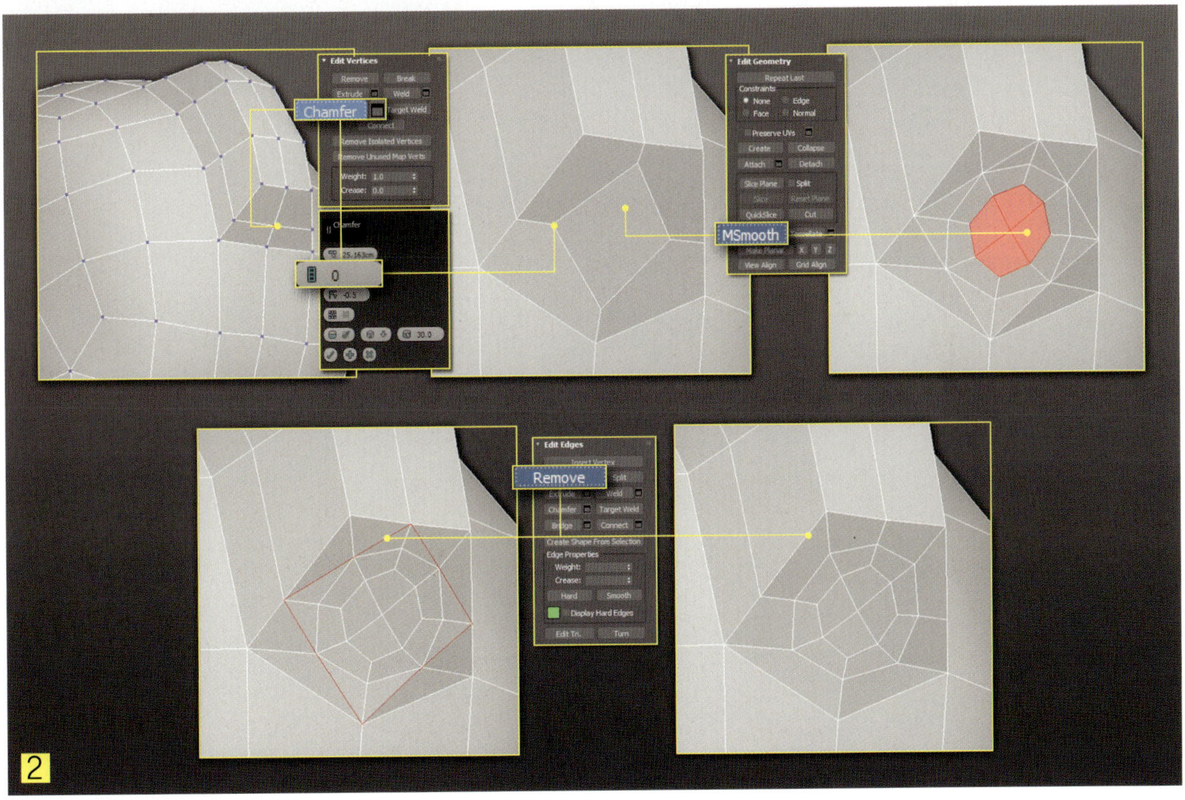

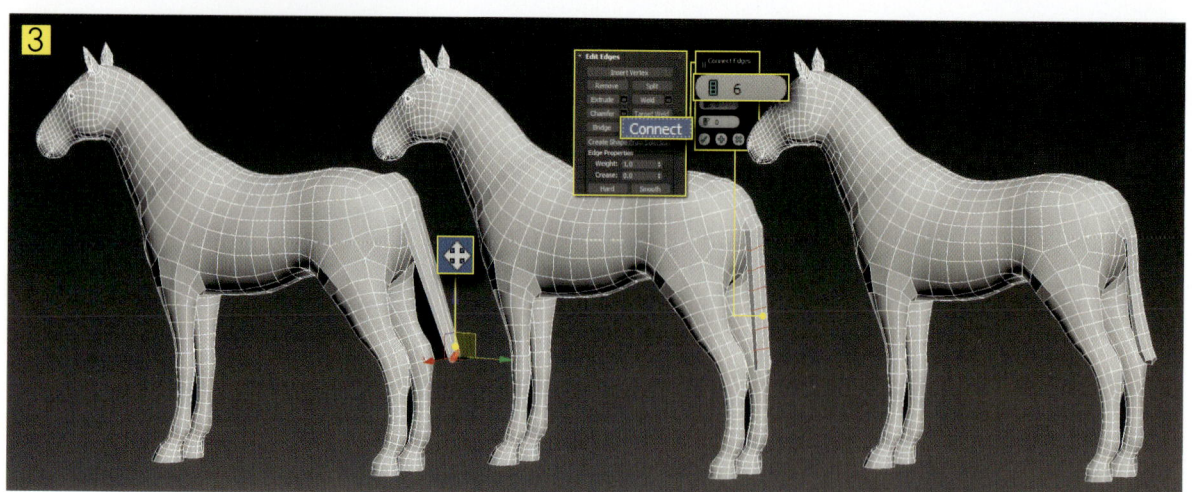

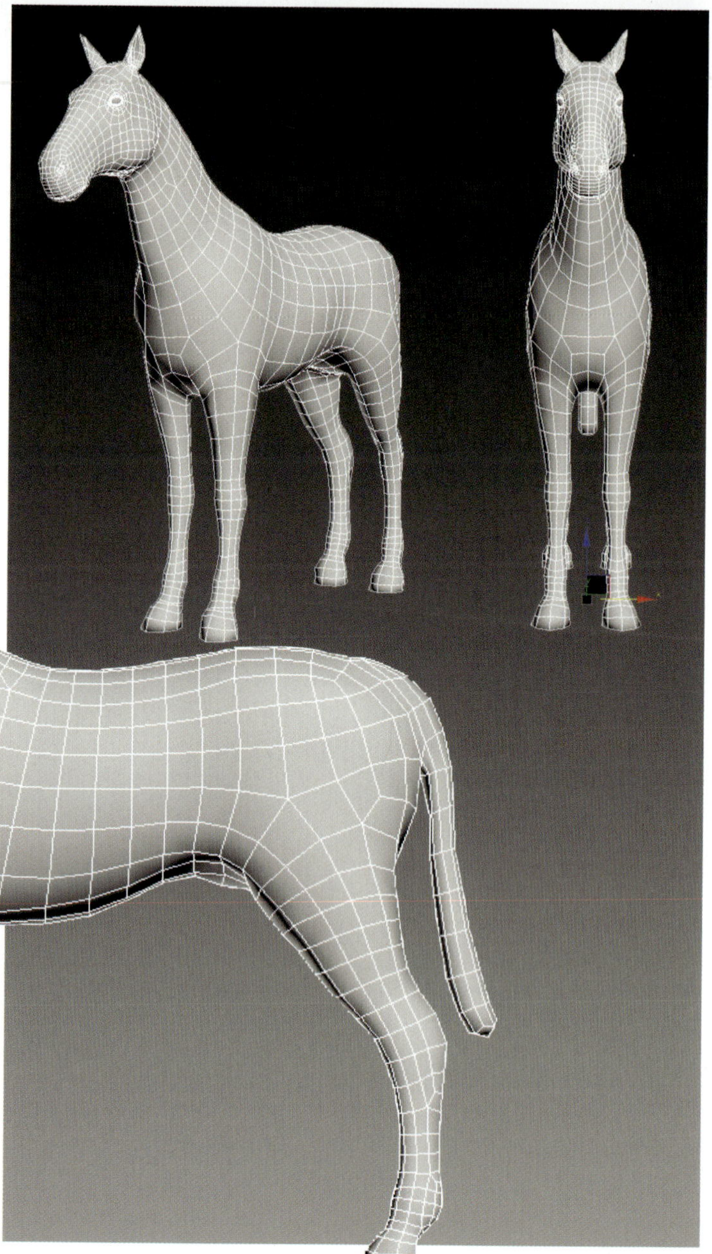

완성된 말의 전체 모습입니다.

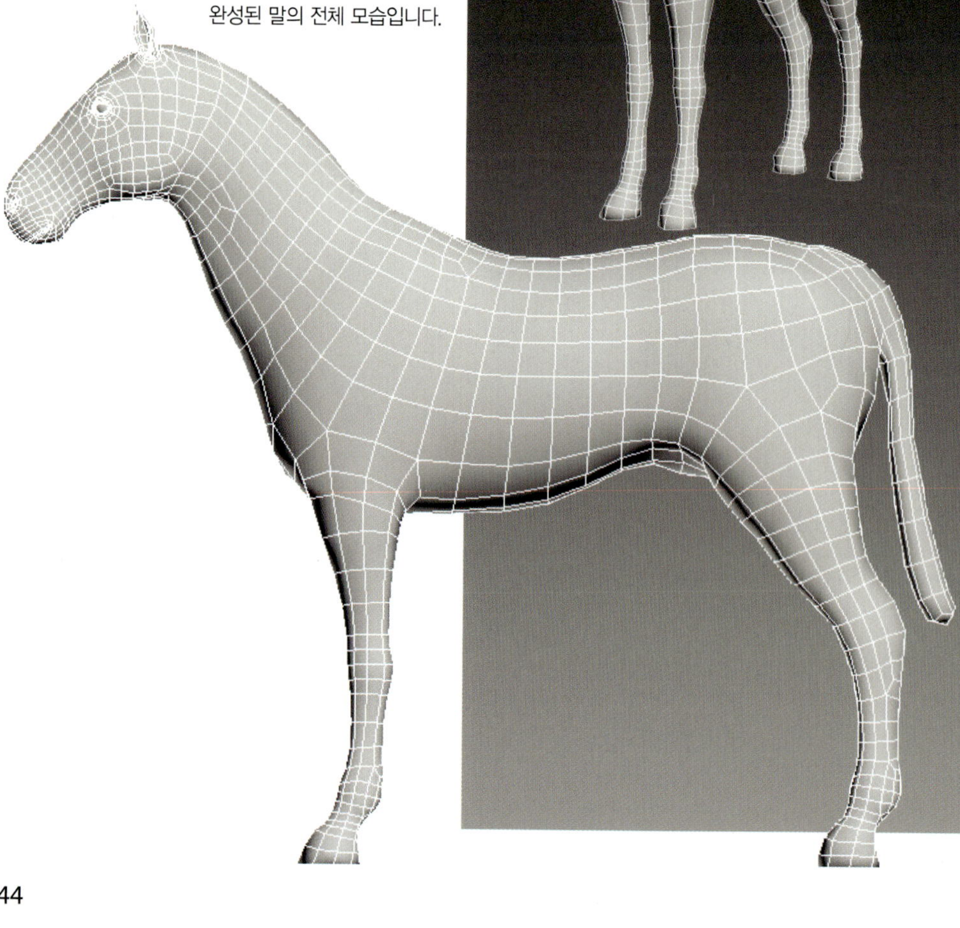

SECTION 03

Box를 이용해 인체 기본형 만들기

이번에는 Viewport에 캐릭터 이미지를 불러오고 이를 기준으로 캐릭터 기본 형태를 모델링합니다.

이번에는 Viewport에 캐릭터 기본 체형 정면 측면 이미지를 Plane 오브젝트에 적용하고 그것을 참조해서 캐릭터 기본형태를 Modeling하는 방법을 살펴보겠습니다.

Body Basic.max　Body front.max　Body side.max

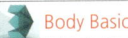

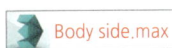

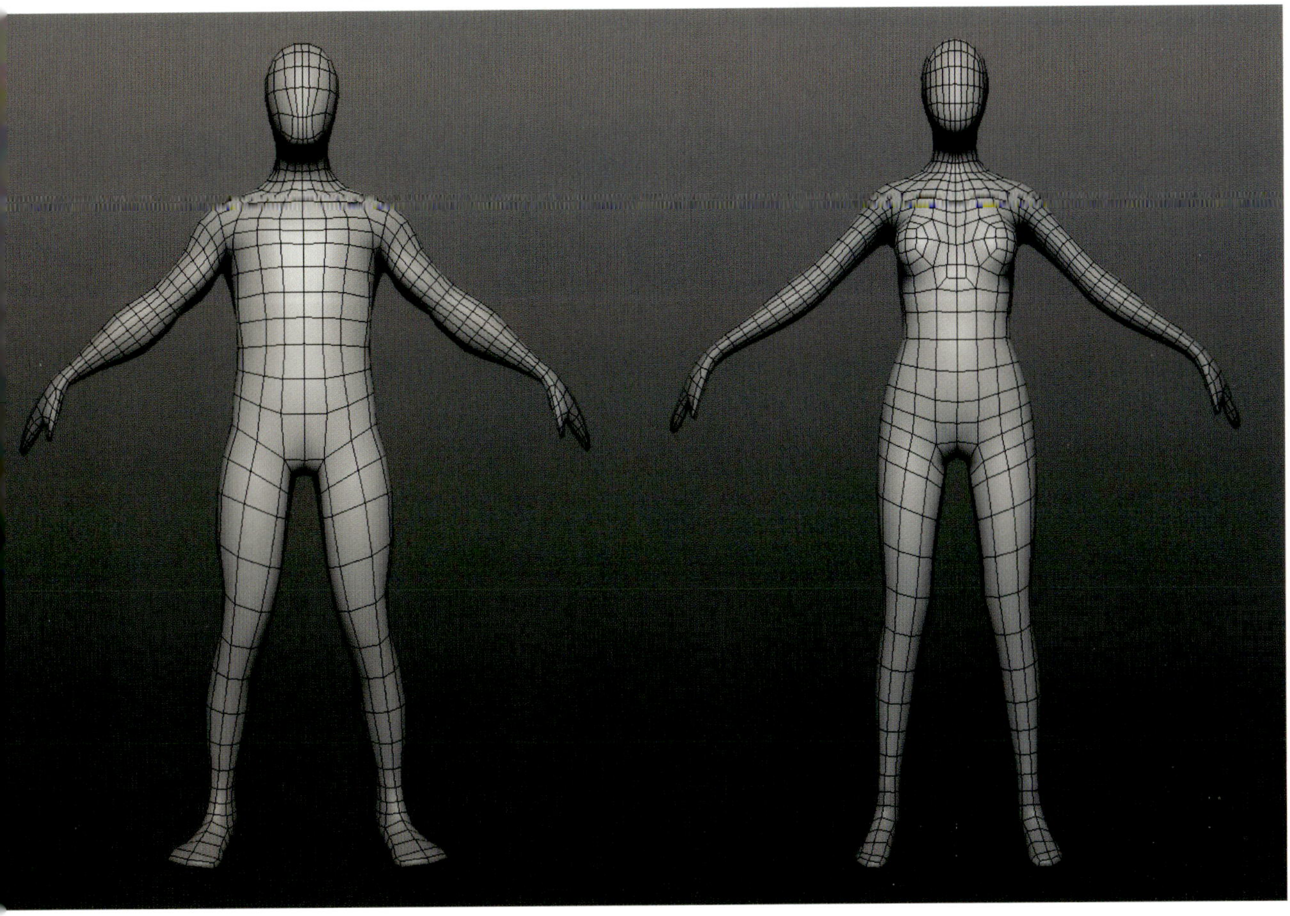

생성한 Plane Object에 적용할 이미지를 폴더에서 클릭 앤 드래그하면 즉시 적용됩니다. Material(재질)에 관해서는 다음 챕터에서 자세히 다루도록 하겠습니다. World 축의 중앙에 그림처럼 두 개의 Plane을 생성합니다. Plane은 적용할 이미지와 같은 비율로 생성합니다.

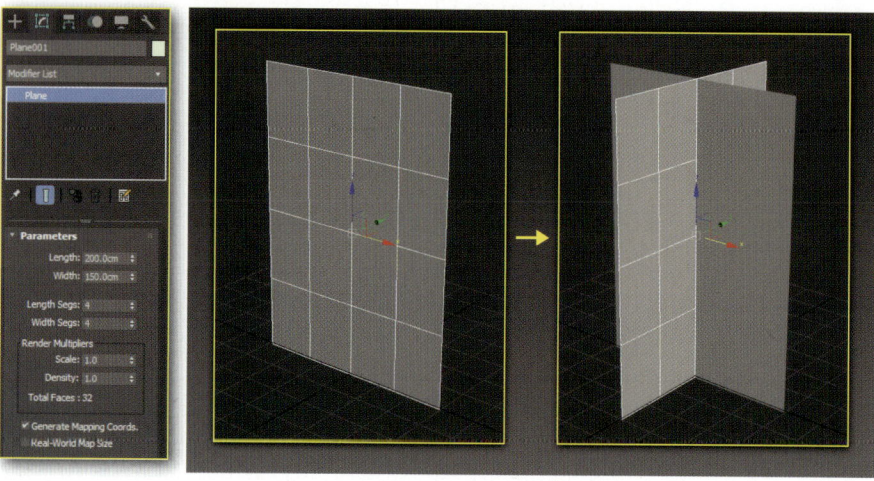

> **PINUP TIP**
>
> 이미지를 불러오는 것은 Material Editor에서 이미지를 Load한 후 이를 평면에 적용합니다. Material(재질)에 관해서는 다음 챕터에서 자세히 다룹니다.

생성한 두 개의 Plane에 정면과 측면 이미지를 Mapping하여 화면에 보이도록 할 것입니다.

생성한 Plane에 적용할 이미지를 클릭 앤 드래그합니다. 이미지가 즉시 적용되는 것을 확인할 수 있습니다.

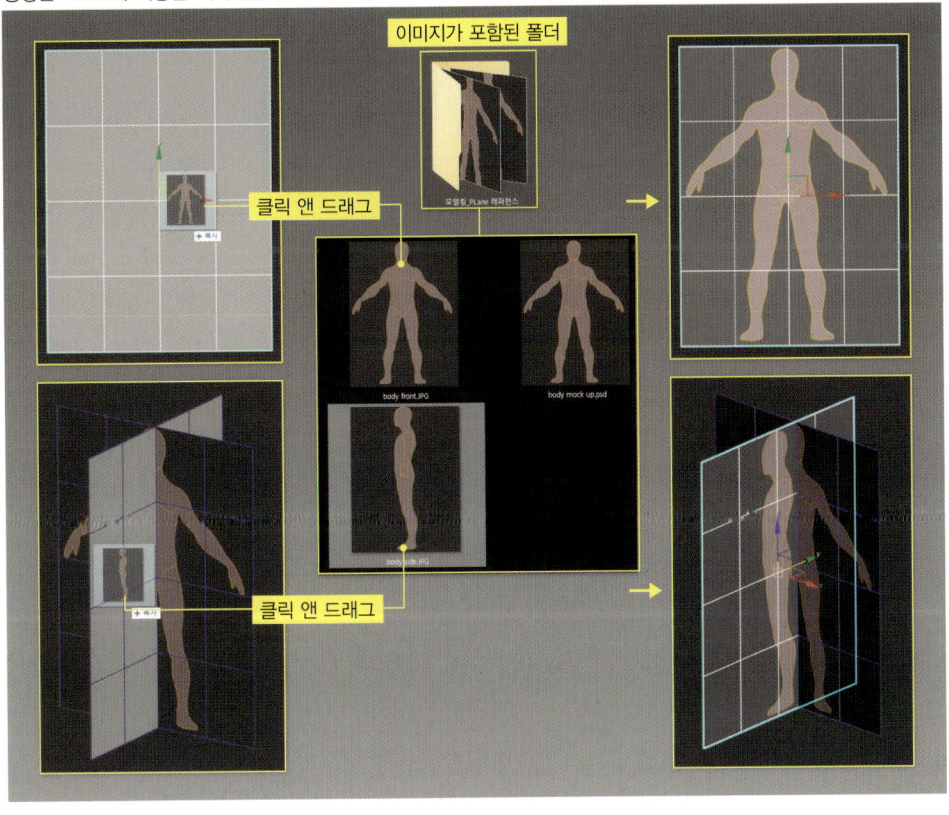

Box를 얼굴 부분에 생성하고 Editable Poly로 변환한 후 전체 Polygon을 선택하고 MSmooth를 한 번 실행합니다. Vertex를 이동해서 얼굴의 형태에 맞게 변형합니다.

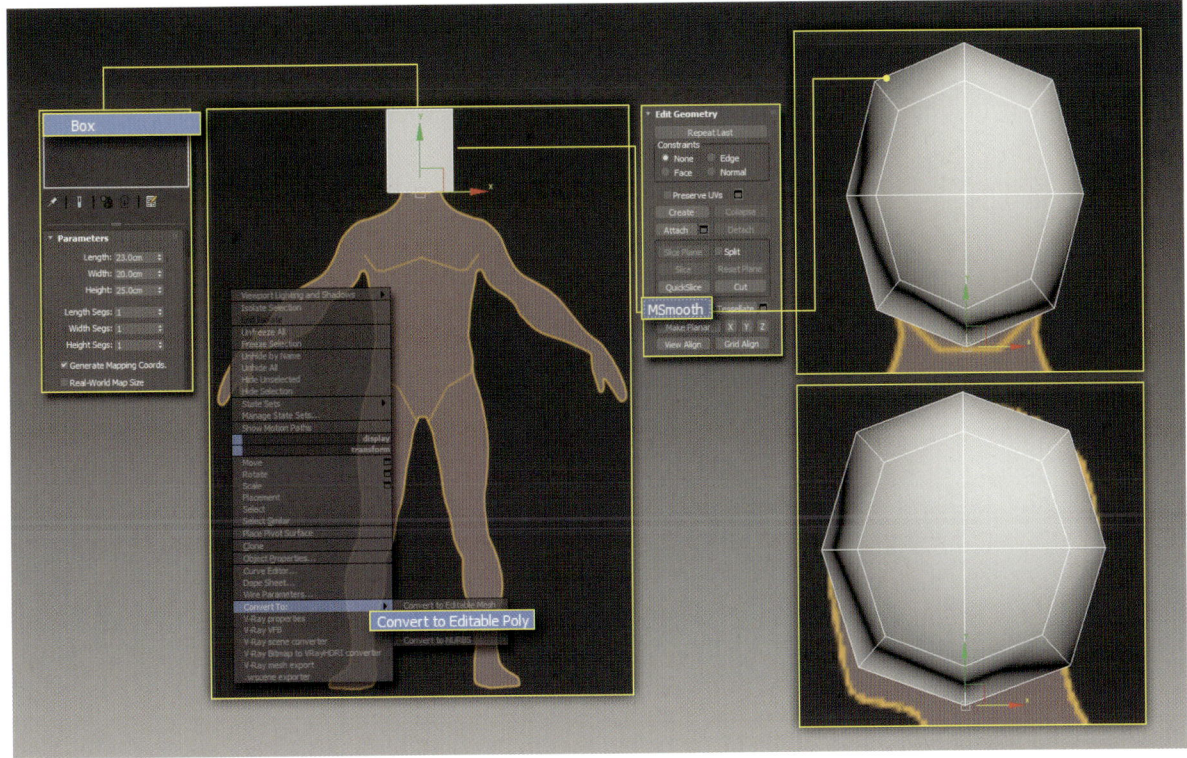

Chapter 05 | 캐릭터 모델링

Plane에 적용된 이미지를 활용하기 위해서 Object를 투명하게 보이게 해서 더욱 정확하게 모델링할 수 있습니다. Object를 선택하고 마우스 오른쪽 버튼을 클릭하고 See-Through를 체크하고 OK합니다. Object가 투명해지고 Object를 투과해서 이미지가 보입니다.

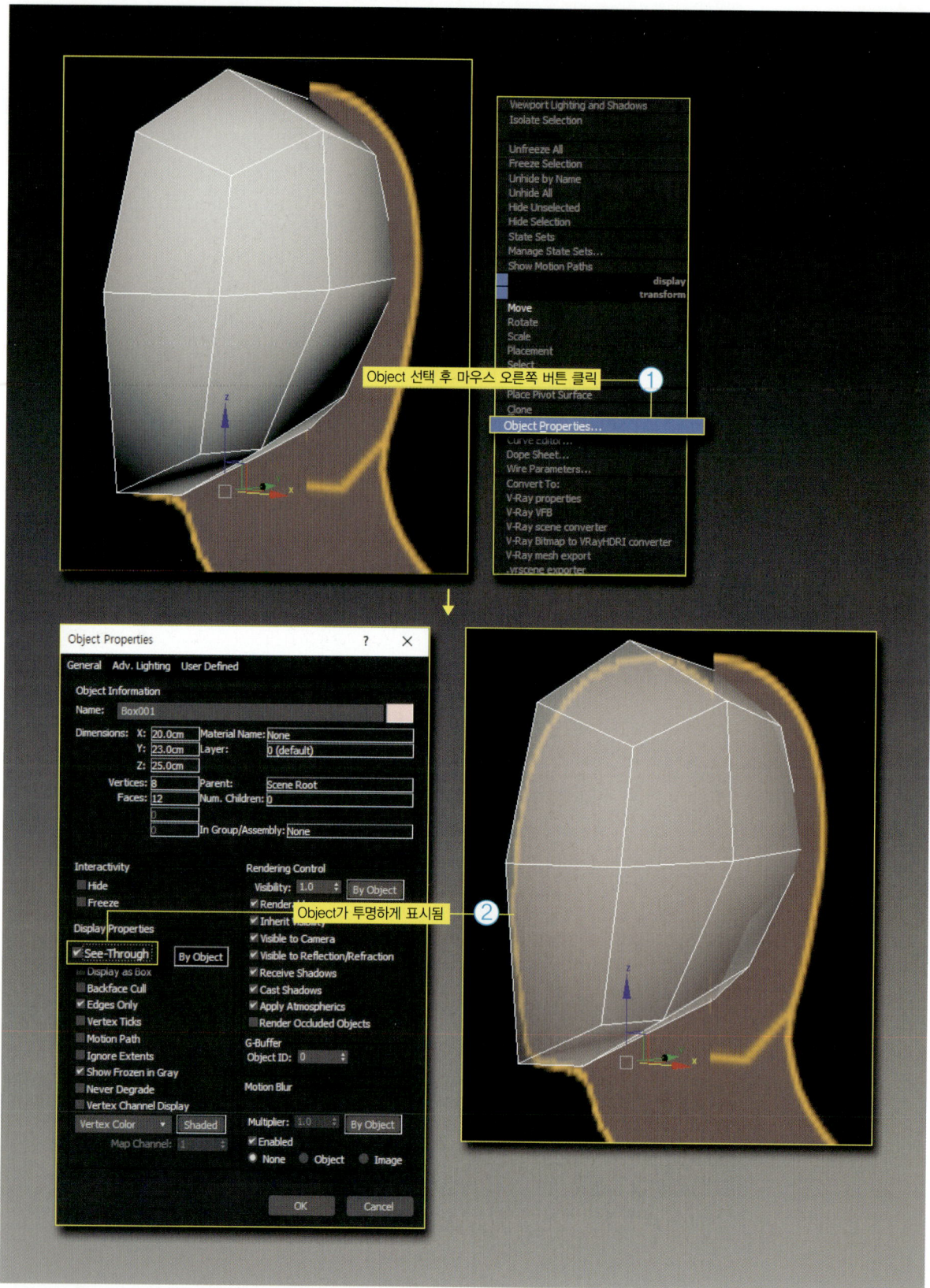

얼굴 아래 부분에서 몸통까지 Extrude를 이용해서 Polygon을 추가하고 적용된 이미지에 맞추어 모델링합니다.

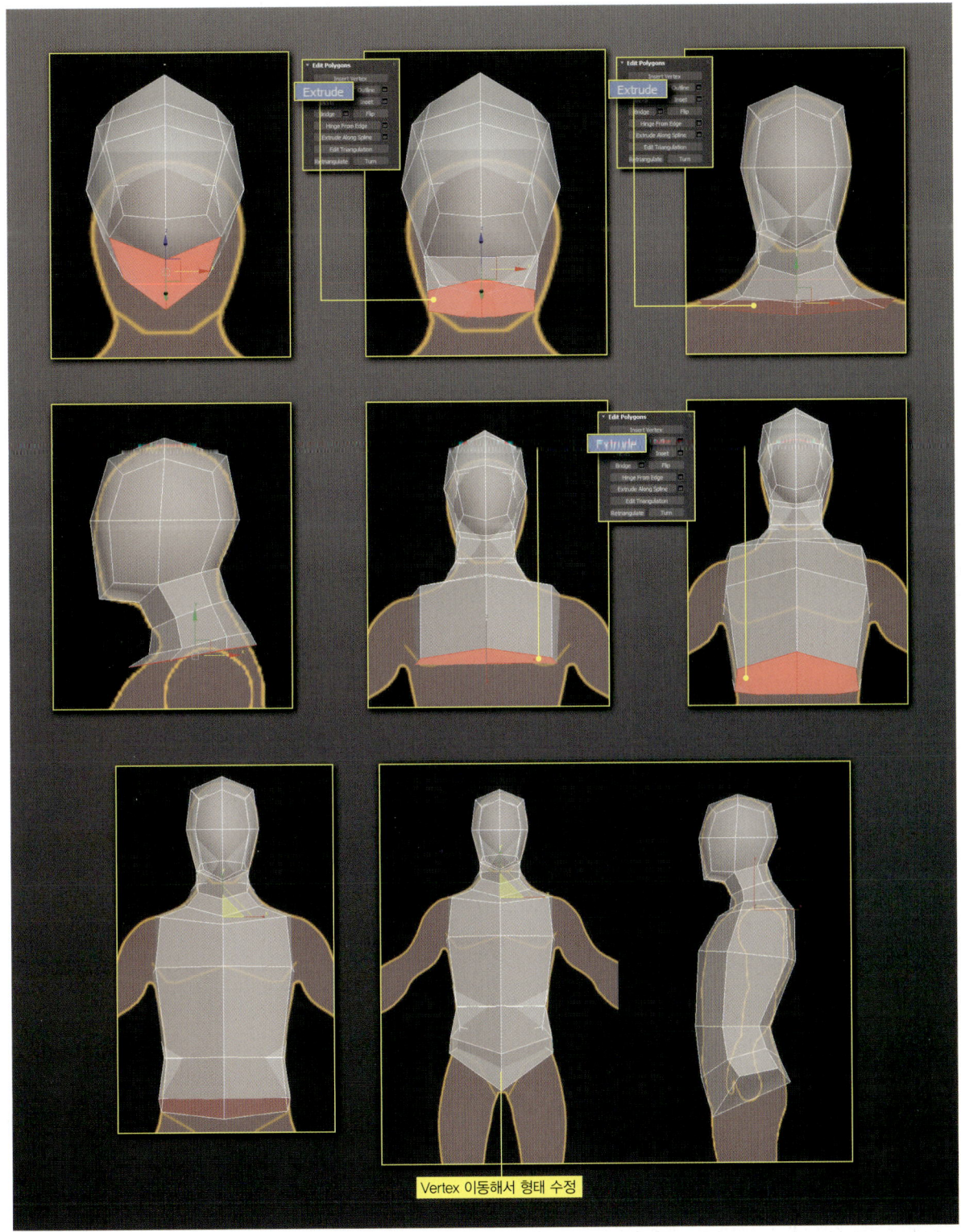

Modify → Symmetry를 적용하고 Show End Result On/Off Toggle 버튼을 활성화한 후 계속해서 허벅지부터 발까지 Polygon을 추가해 나갑니다.

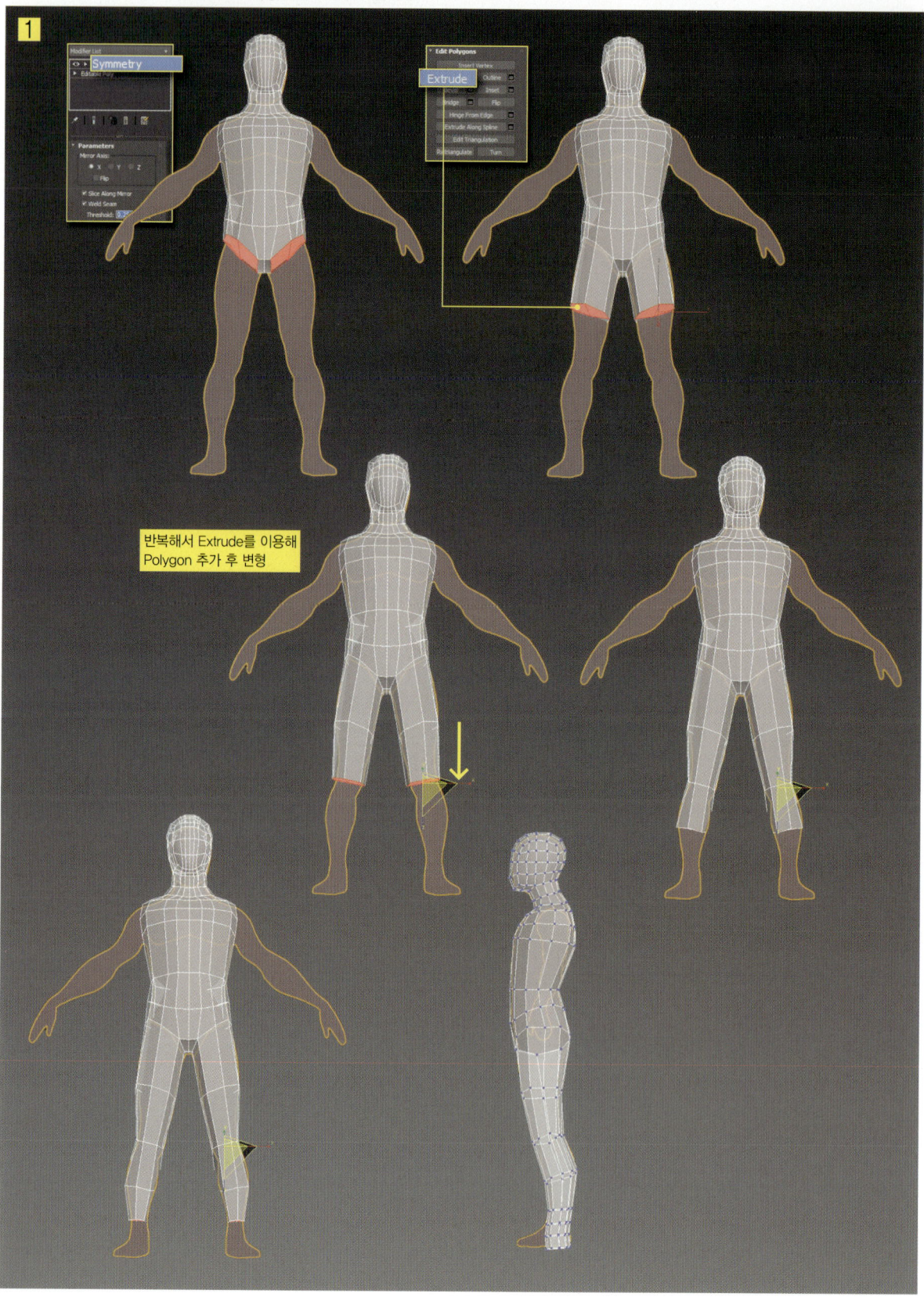

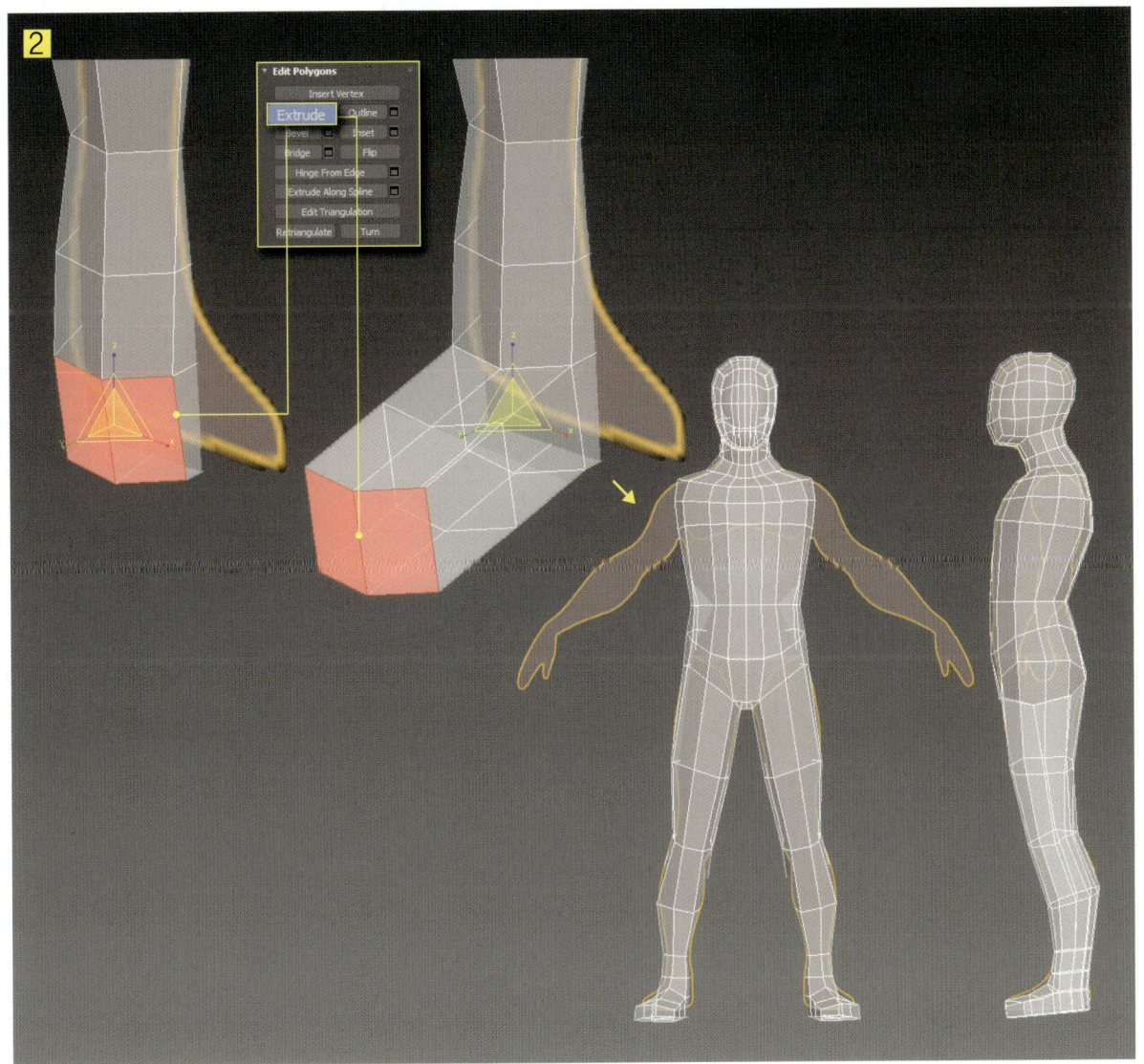

Chapter 05 | 캐릭터 모델링

계속해서 팔도 Extrude해서 Polygon을 생성하고 Edge가 필요한 부분에 Connect를 이용해서 추가하고 완성합니다.

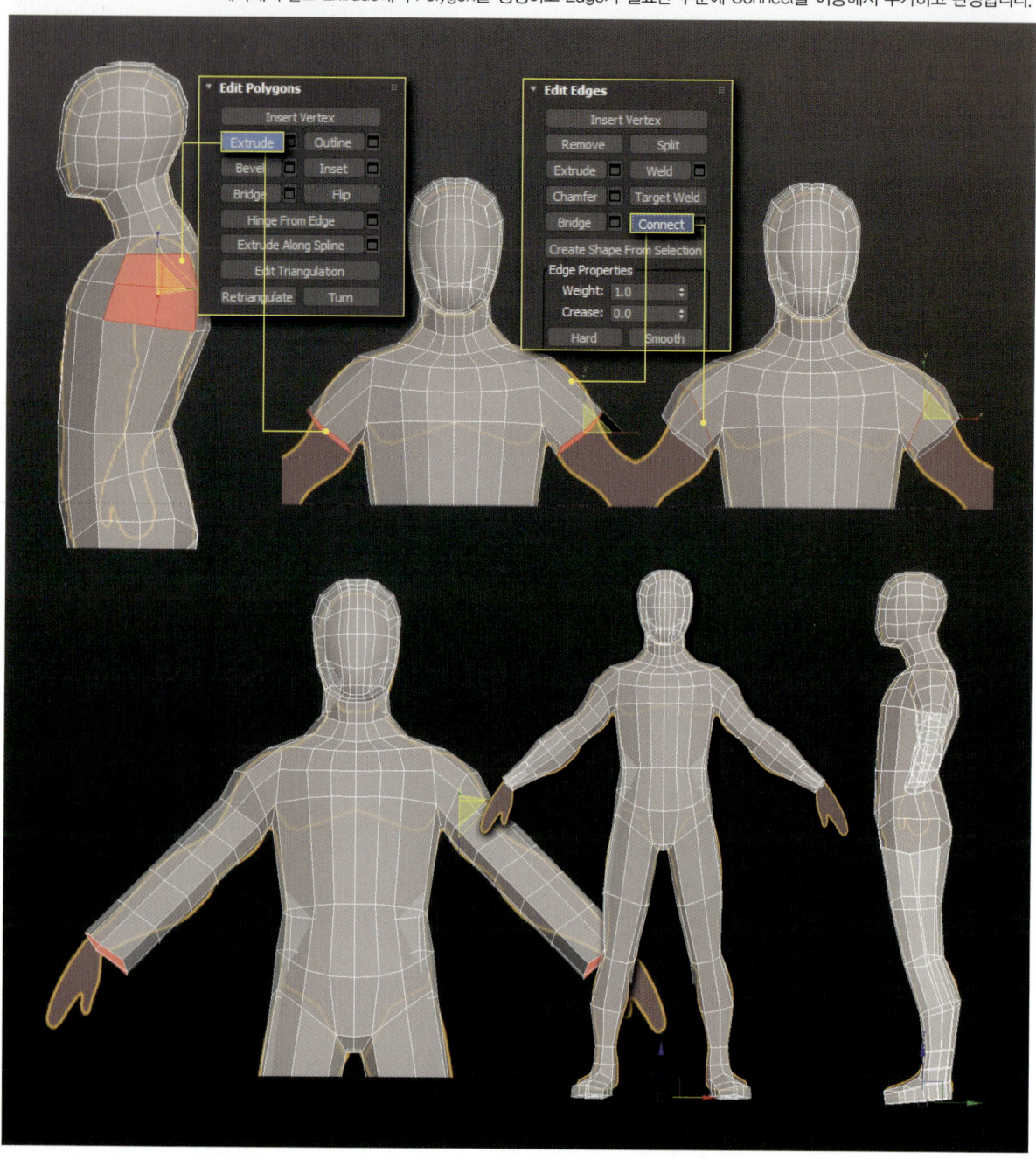

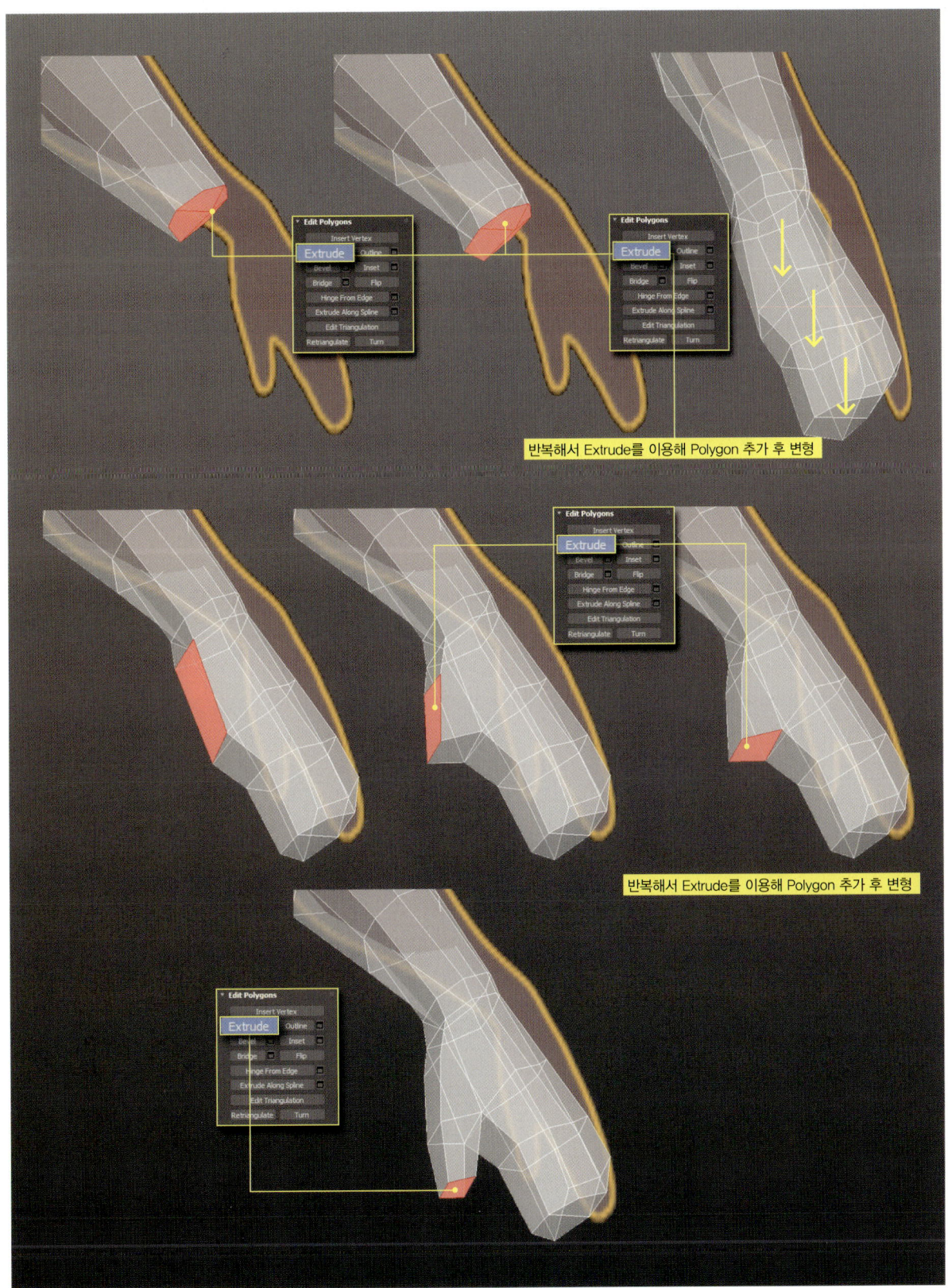

전체적인 형태를 다듬기 위해서 Edge를 추가하고 완성한 모습입니다.

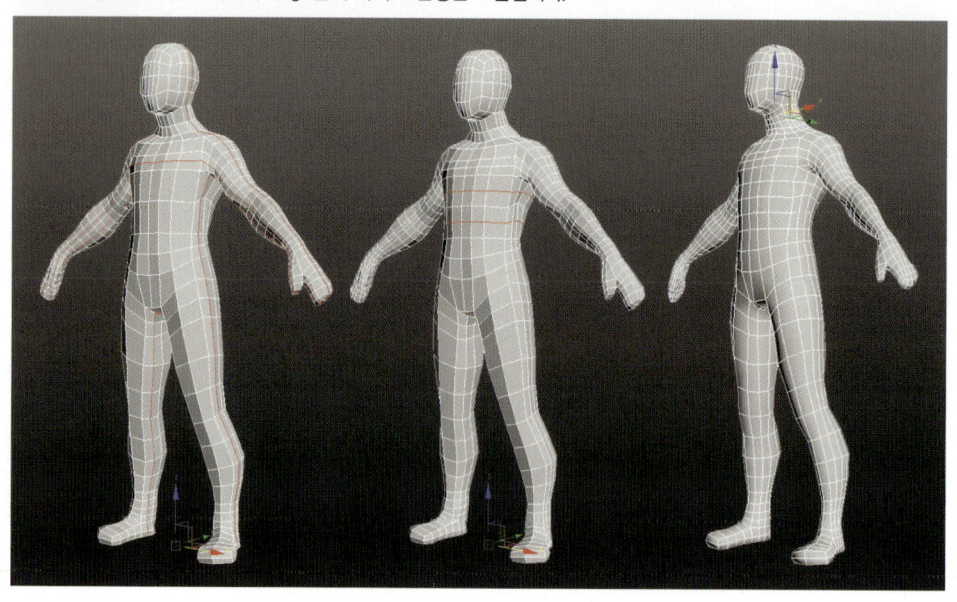

다음은 같은 방식으로 제작한 남녀 기본적인 체형을 비교해본 모습입니다.

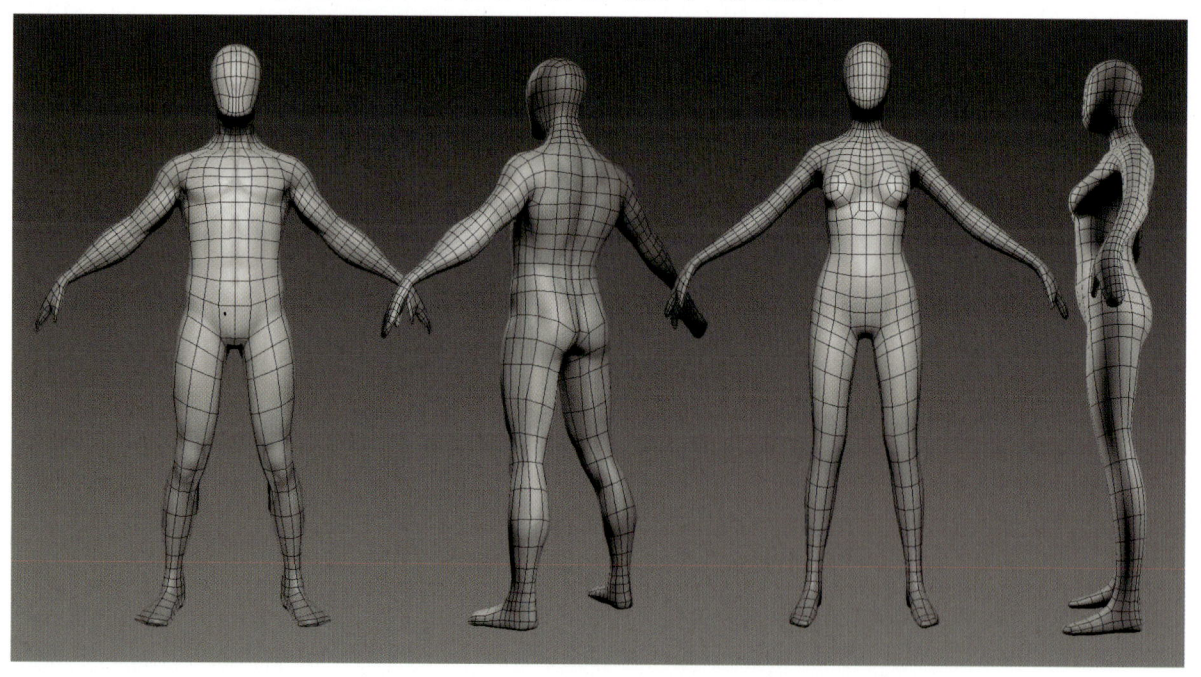

> 세부적인 모델링을 하기 전에 전체적인 체형과 비례를 이해하는 것이 매우 중요하고 작은 차이가 현실감 있는 캐릭터를 만들어 내는 데 큰 영향을 미칩니다.
>
> 세부적인 인체 모델링에 앞서 남녀 인체의 골격과 근육의 흐름, 차이를 확인합니다.

SECTION 04

인체 구조 이해하기

인체 골격과 근육의 형태를 이해하는 것은 캐릭터를 제작할 때 가장 중요합니다. 앞서 학습했듯이 캐릭터를 제작하는 과정에 필요한 기능은 기본적인 몇 가지뿐입니다.

실제 눈 코 입의 형태와 골격과 근육의 움직임에 따른 포즈의 변화를 이해하는 것이 캐릭터를 제작할 때 가장 중요합니다.

관절의 움직임을 고려해야 하는 팔, 다리, 목 등과 표정의 변화를 고려해야 하는 얼굴 Edge의 구성을 학습하고 이를 고려해서 모델링해야 합니다.

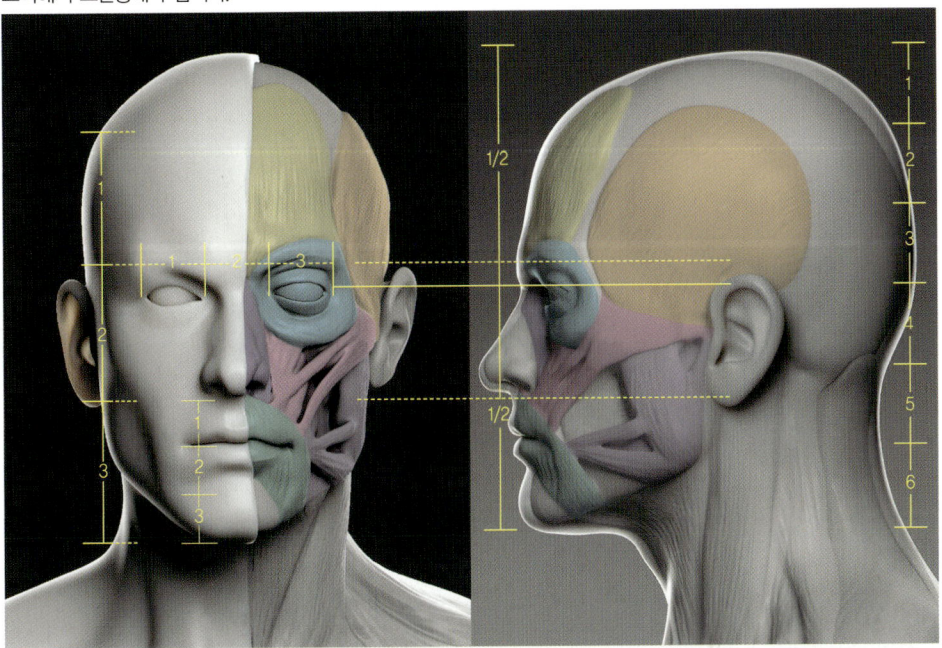

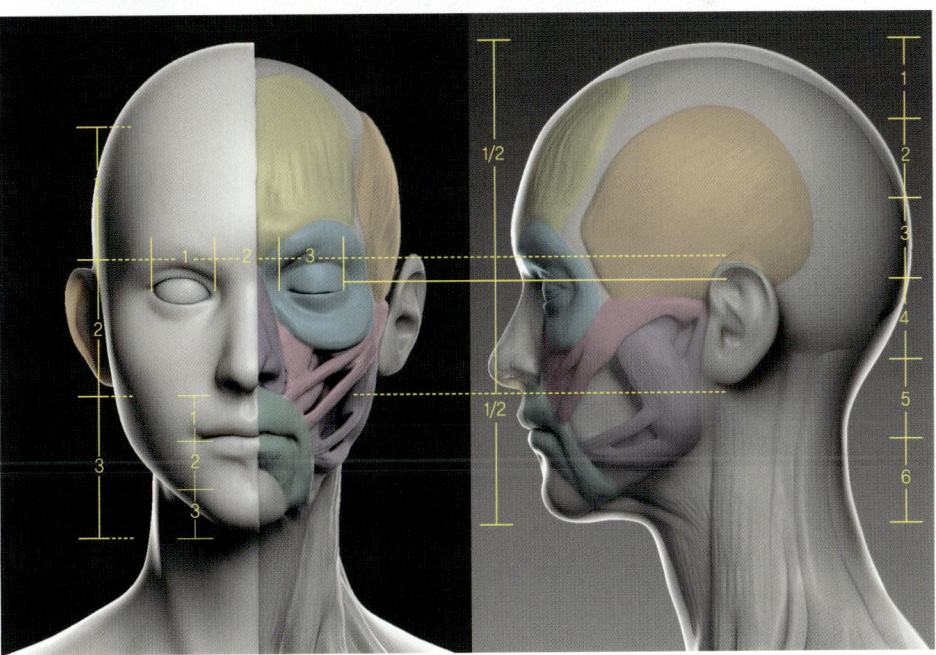

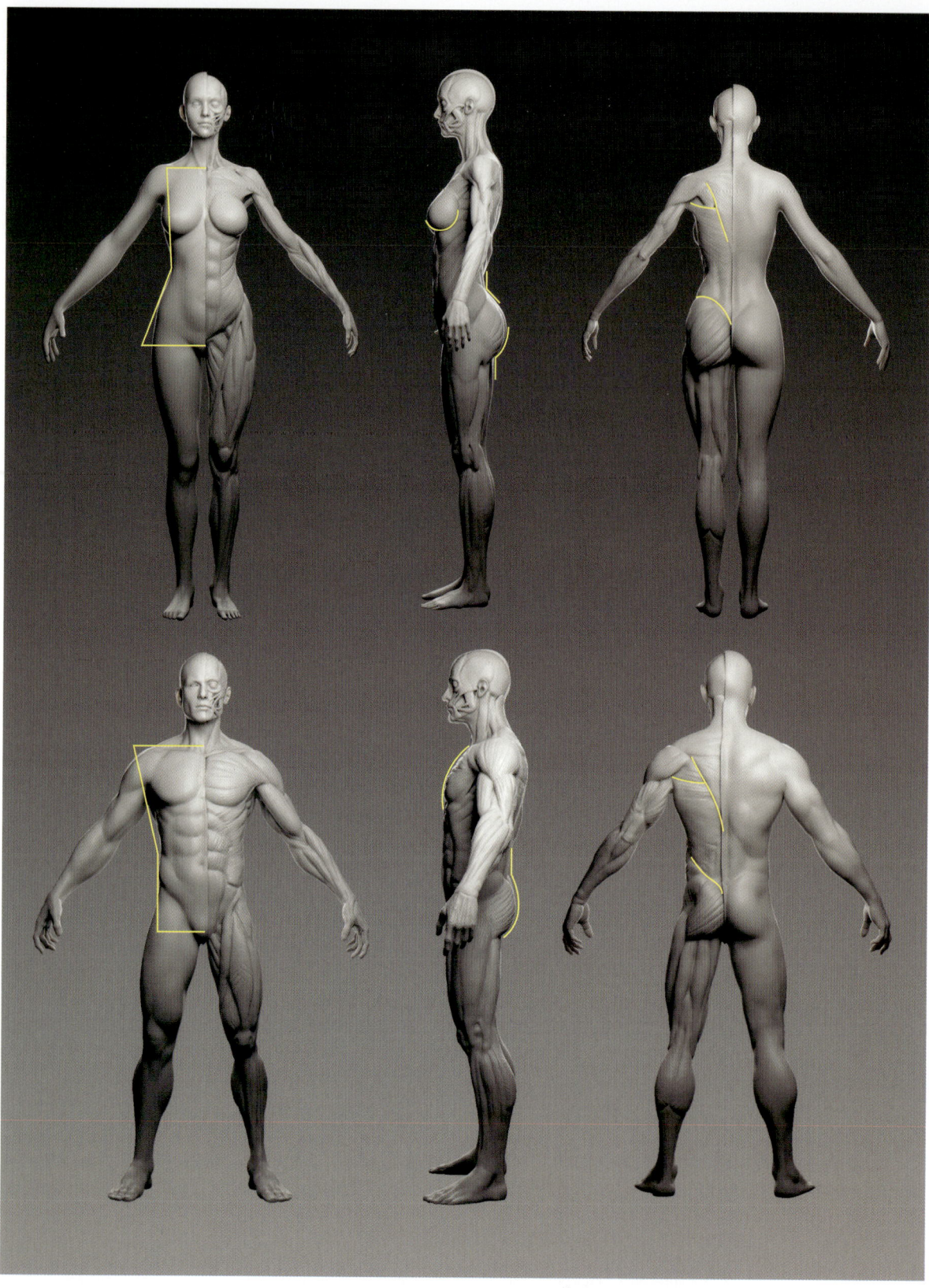

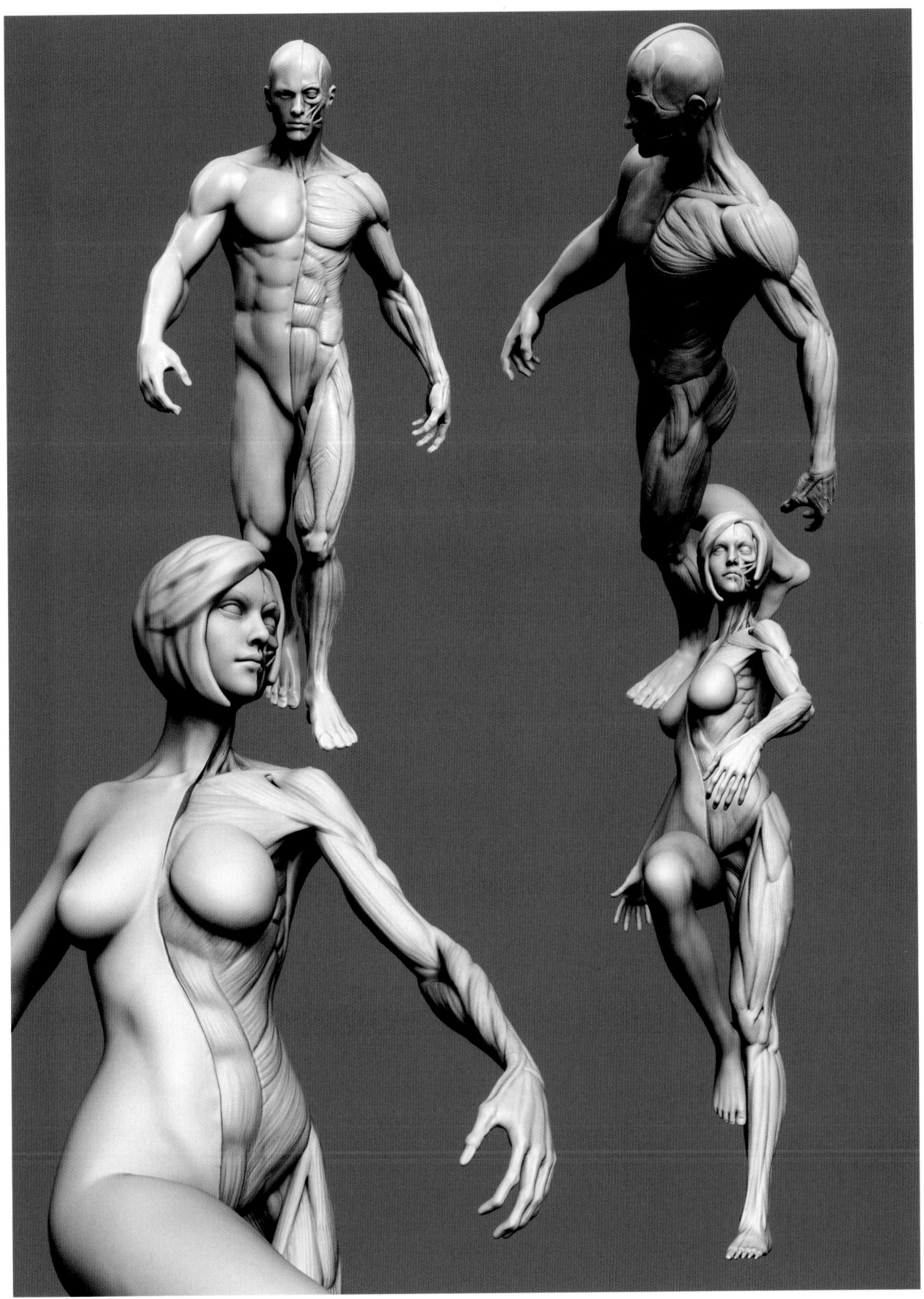

SECTION 05

사람 머리(얼굴) 만들기

눈을 먼저 만들고 전체를 만들어 가는 방법으로 진행합니다. 눈과 입은 표정을 만드는 데 크게 영향을 미치는 부분이기 때문에 Edge가 눈과 입의 형태에 맞추어 방사형을 이루며 연결되는 것이 매우 중요합니다. 기본형 중에 Tube을 이용해서 눈을 제작합니다. Tube를 생성하고 Editable Poly로 변환한 후 앞면만 남기고 삭제합니다.

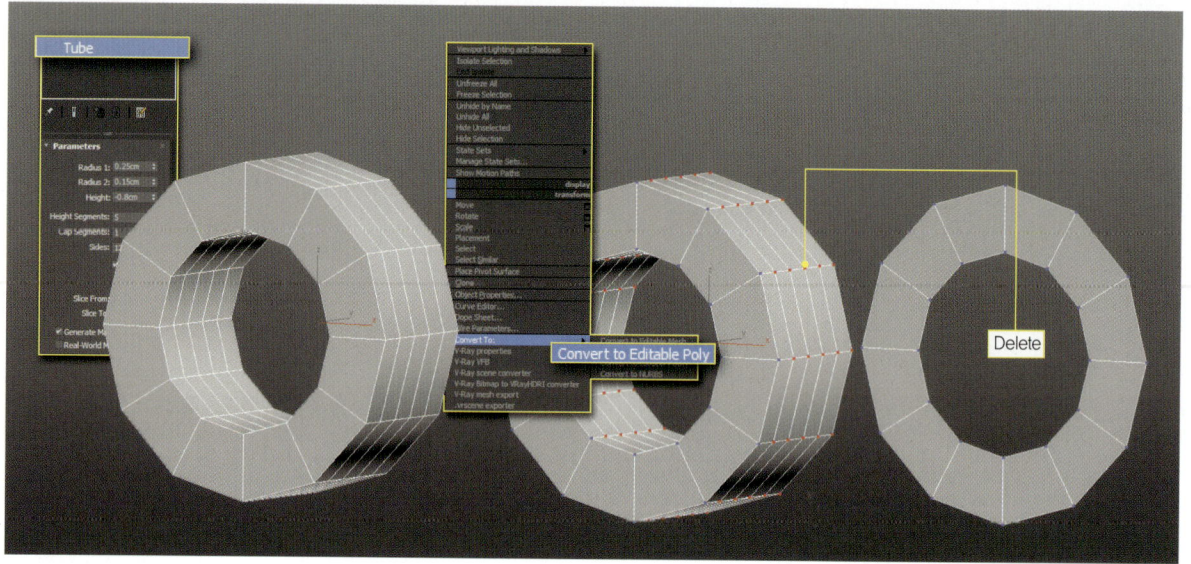

Vertex를 이동해서 눈 형태로 변형합니다. 앞서 학습한 눈의 형태를 참고합니다.

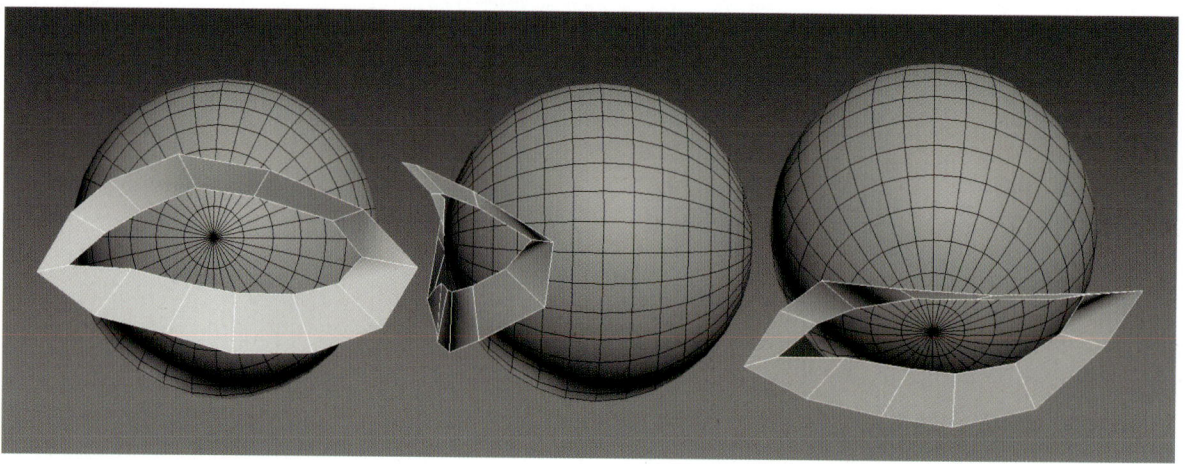

Shift 키를 누른 상태로 Scale 기능을 이용해서 Edge를 추가하면서 작업합니다.

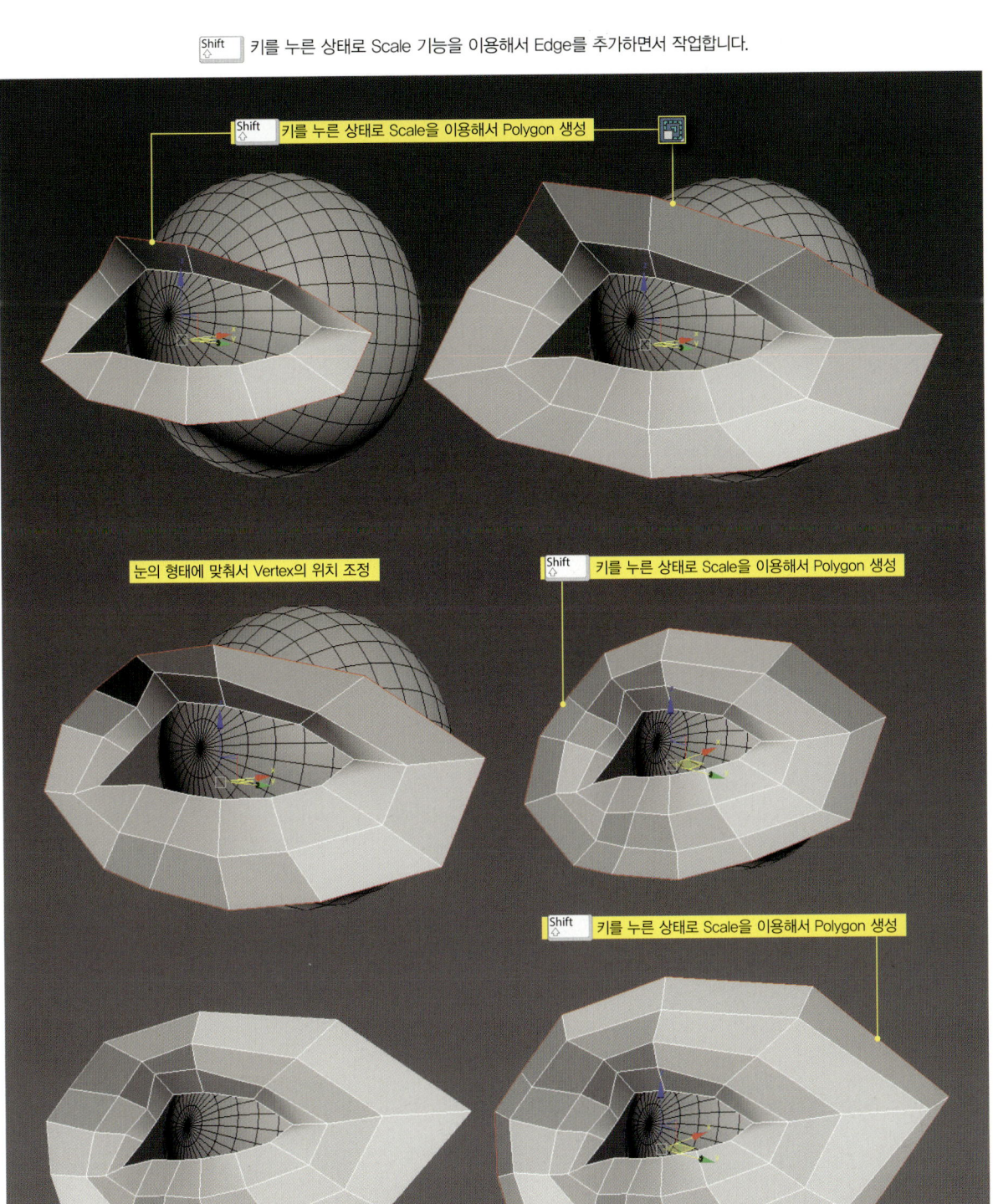

Chapter 05 | 캐릭터 모델링

Shift 키를 누른 상태로 Move 기능을 이용해서 Edge를 추가하면서 코 위치를 잡아주고 계속해서 코 형태를 완성해 나갑니다.

1

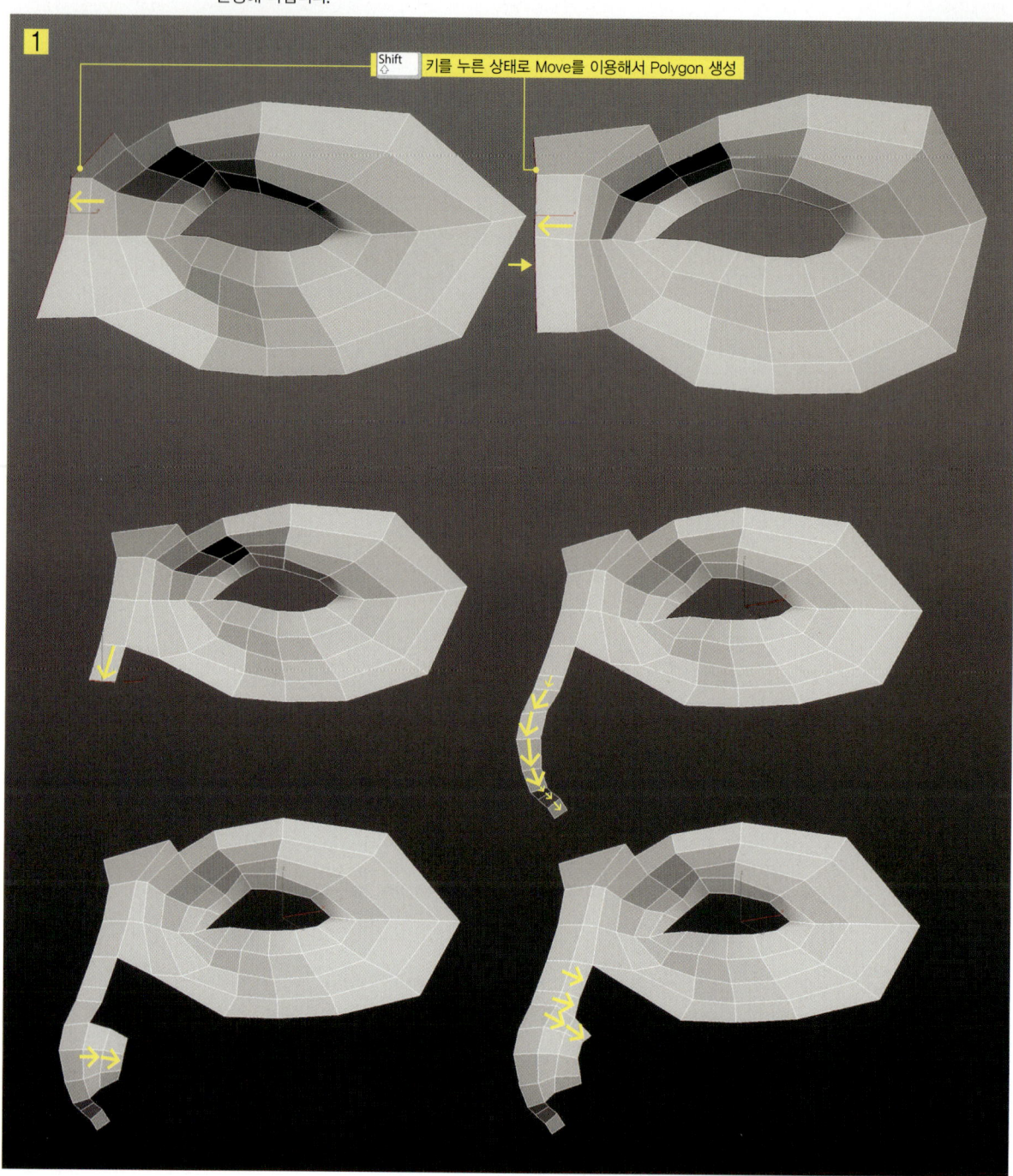

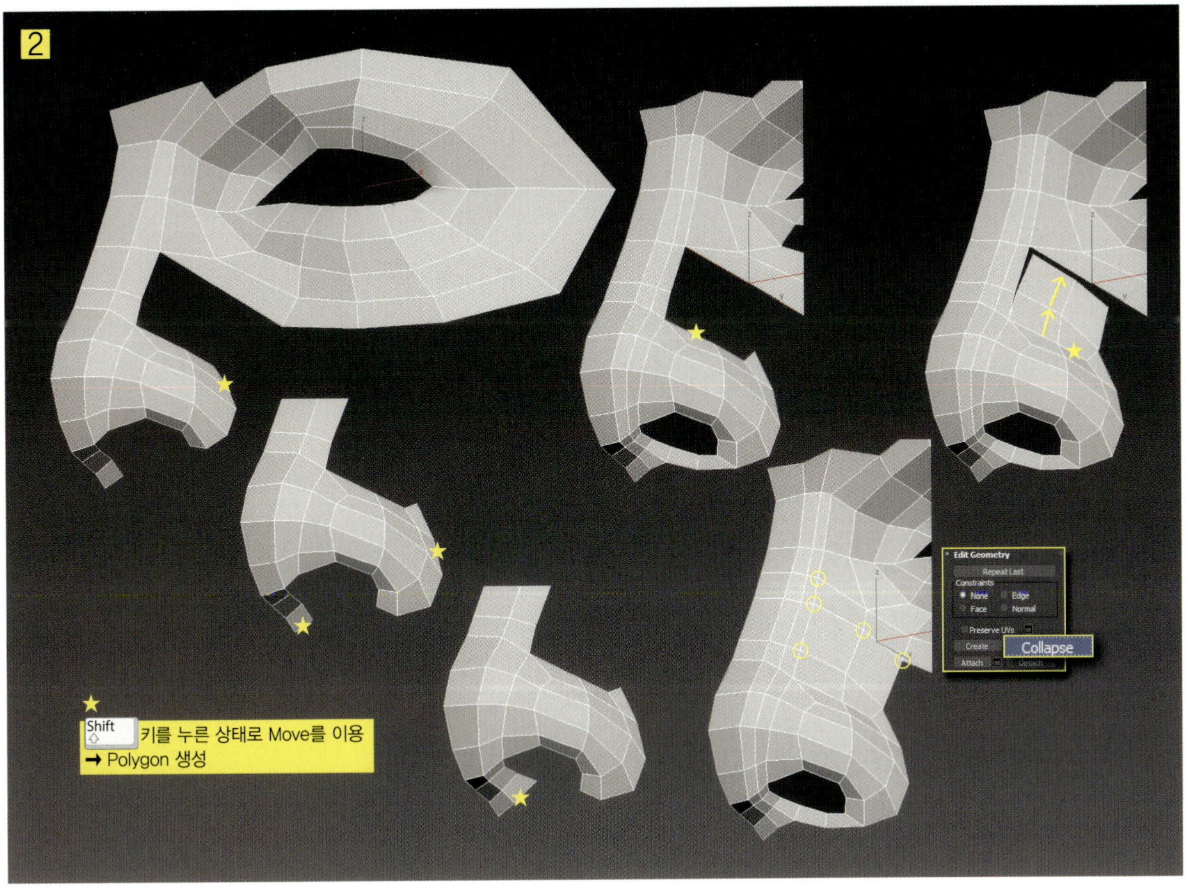

Modify ➜ Symmetry를 적용하고 확인합니다. Symmetry를 먼저 적용하고 모델링해도 좋습니다.

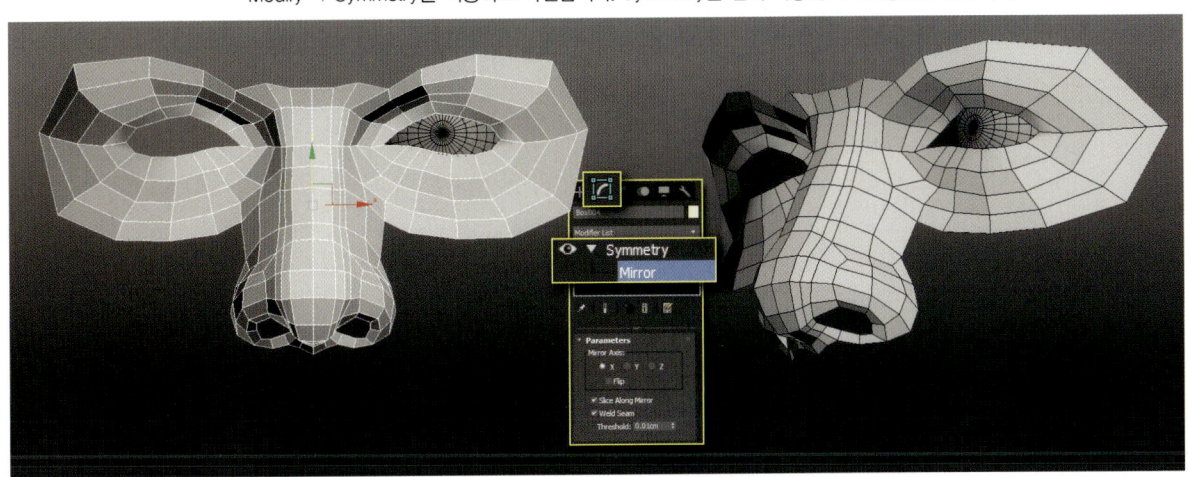

입이 될 부분은 Sphere를 이용해서 위치를 잡아주고 형태를 완성해 나갑니다.

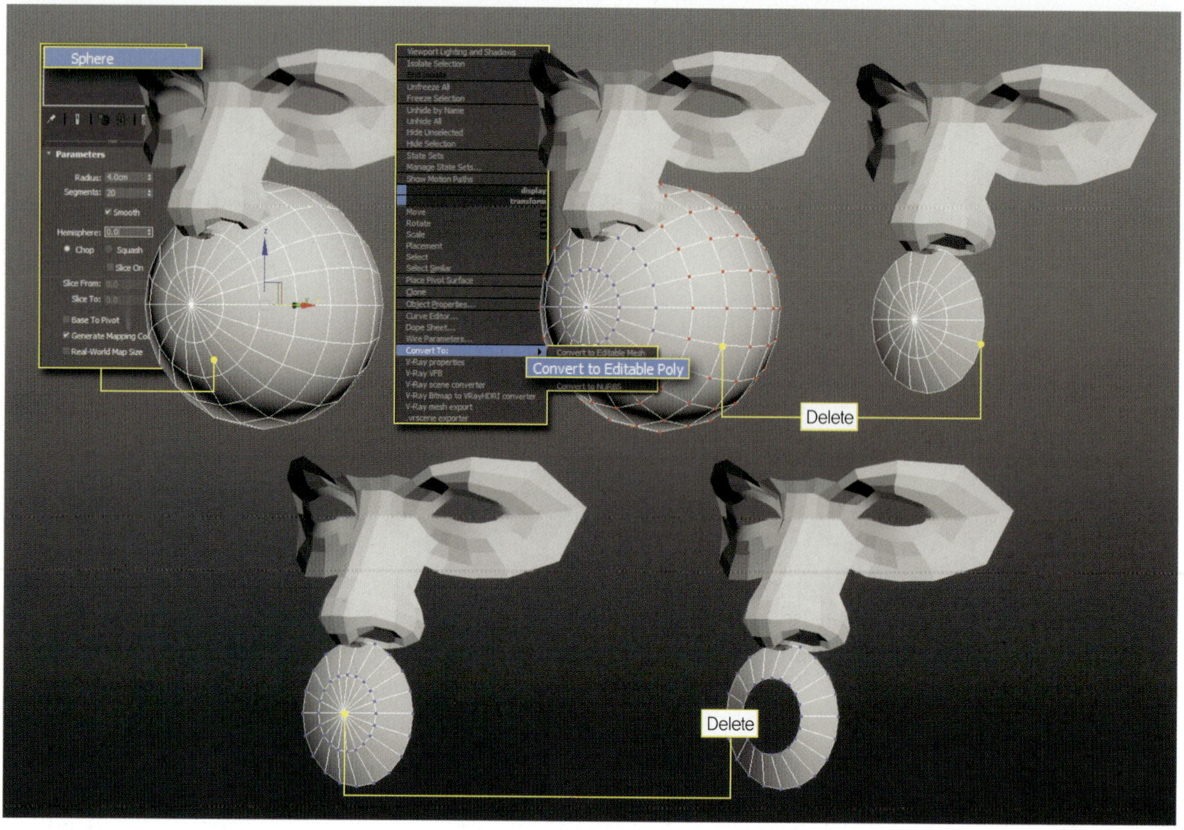

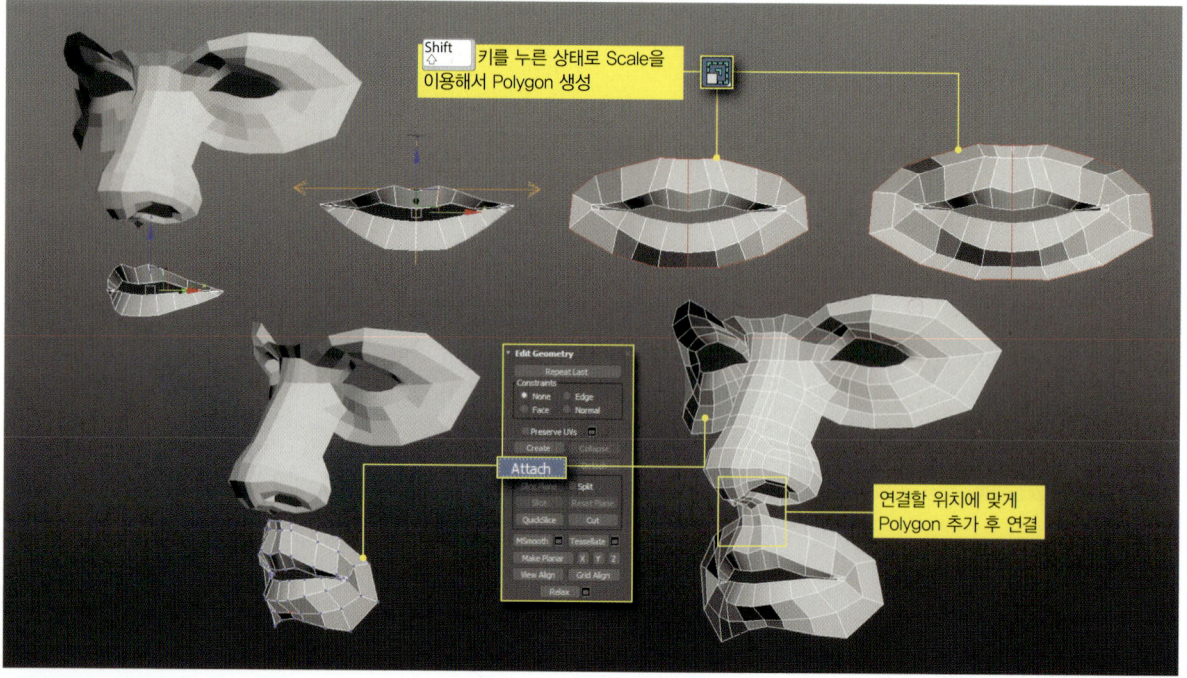

Shift 키를 누른 상태로 Scale 기능을 이용해서 Edge를 추가하면서 형태를 잡아주고 Attach를 이용해서 하나로 합치고 Vertex를 연결해서 정리합니다.

계속해서 Polygon을 생성하면서 완성해 나갑니다. 눈, 코, 입의 Edge 흐름을 방사형으로 유지하면서 연결하는 것이 매우 중요합니다. 캐릭터의 얼굴은 많은 움직임이 필요합니다. 표정을 통해 감정을 전달하고 말을 하고 눈을 깜빡이는 등 가장 많은 움직임이 일어나는 부분입니다. 방사형의 흐름을 유지해야만 표정 변화가 일어나도 자연스럽게 얼굴 형태를 유지할 수 있습니다. 또한 전체적인 볼륨감도 손쉽게 수정할 수 있습니다.

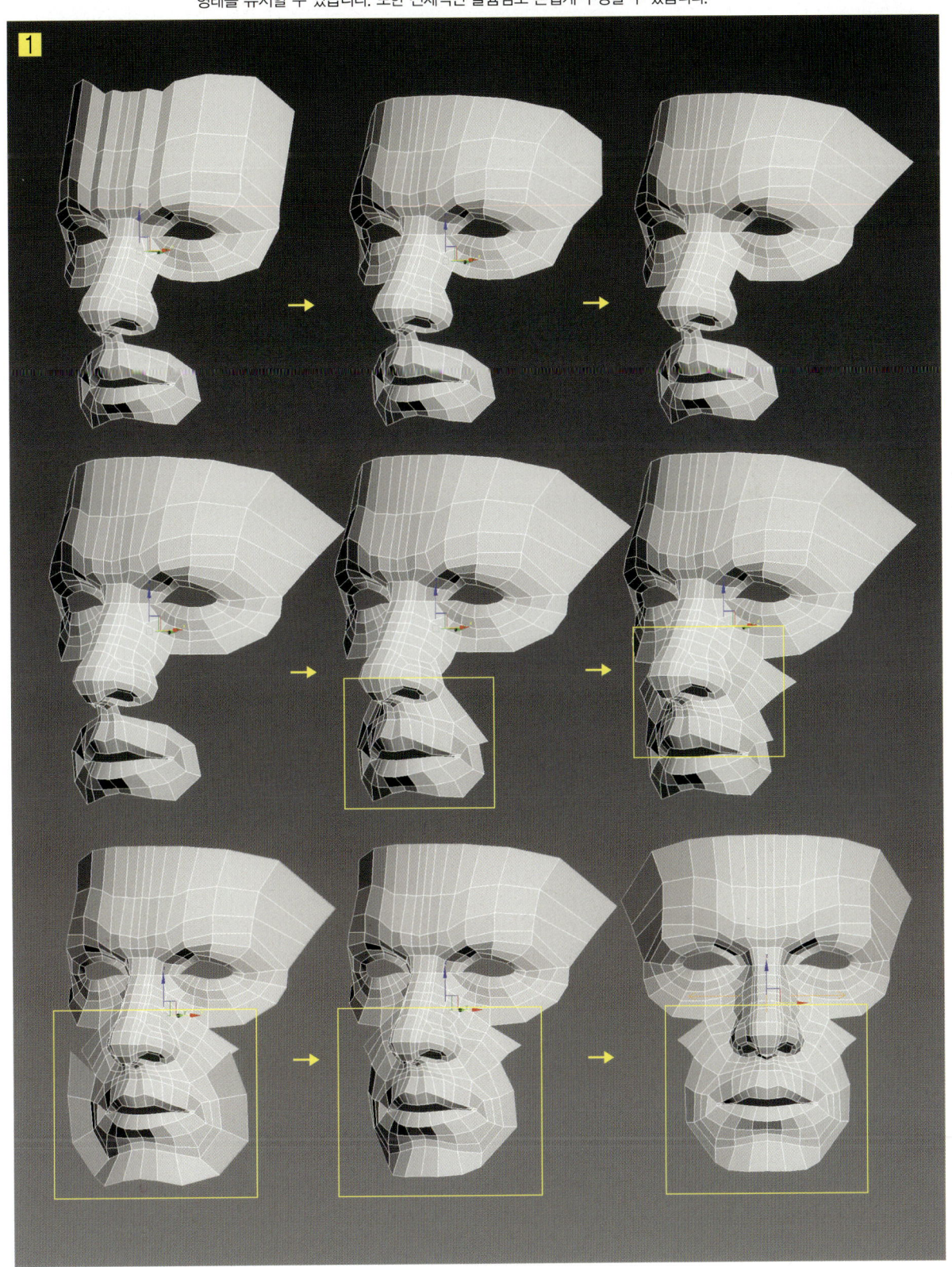

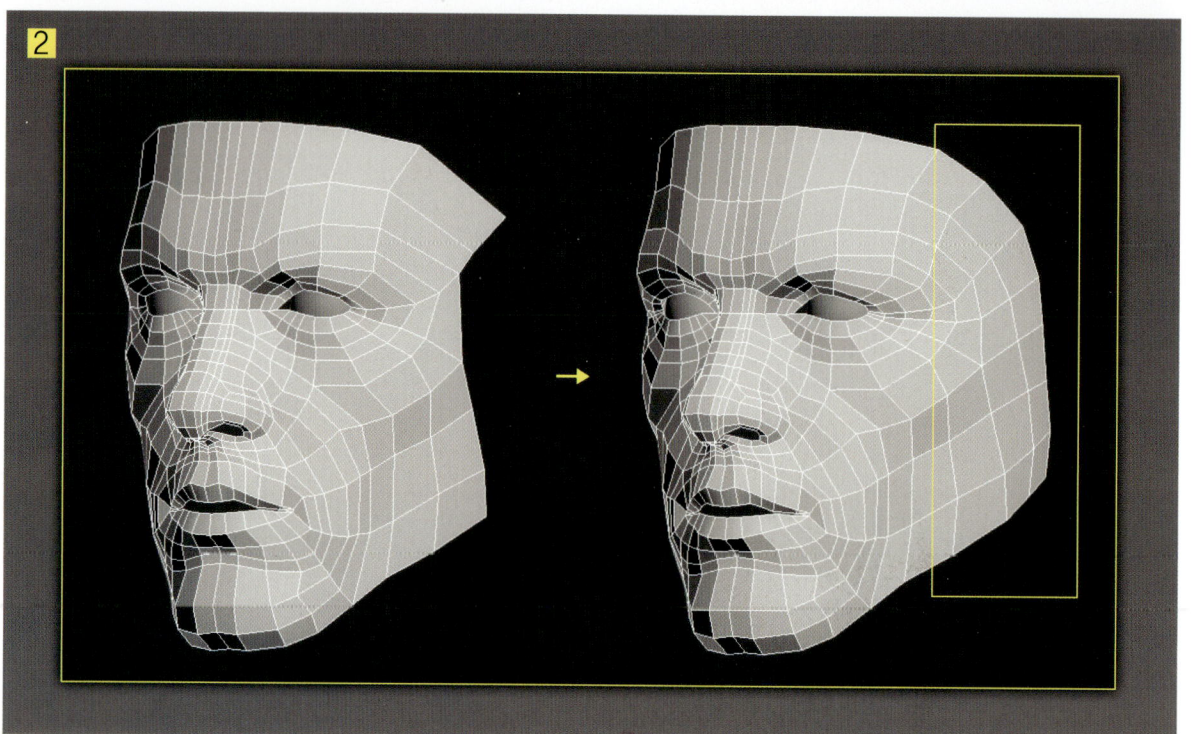

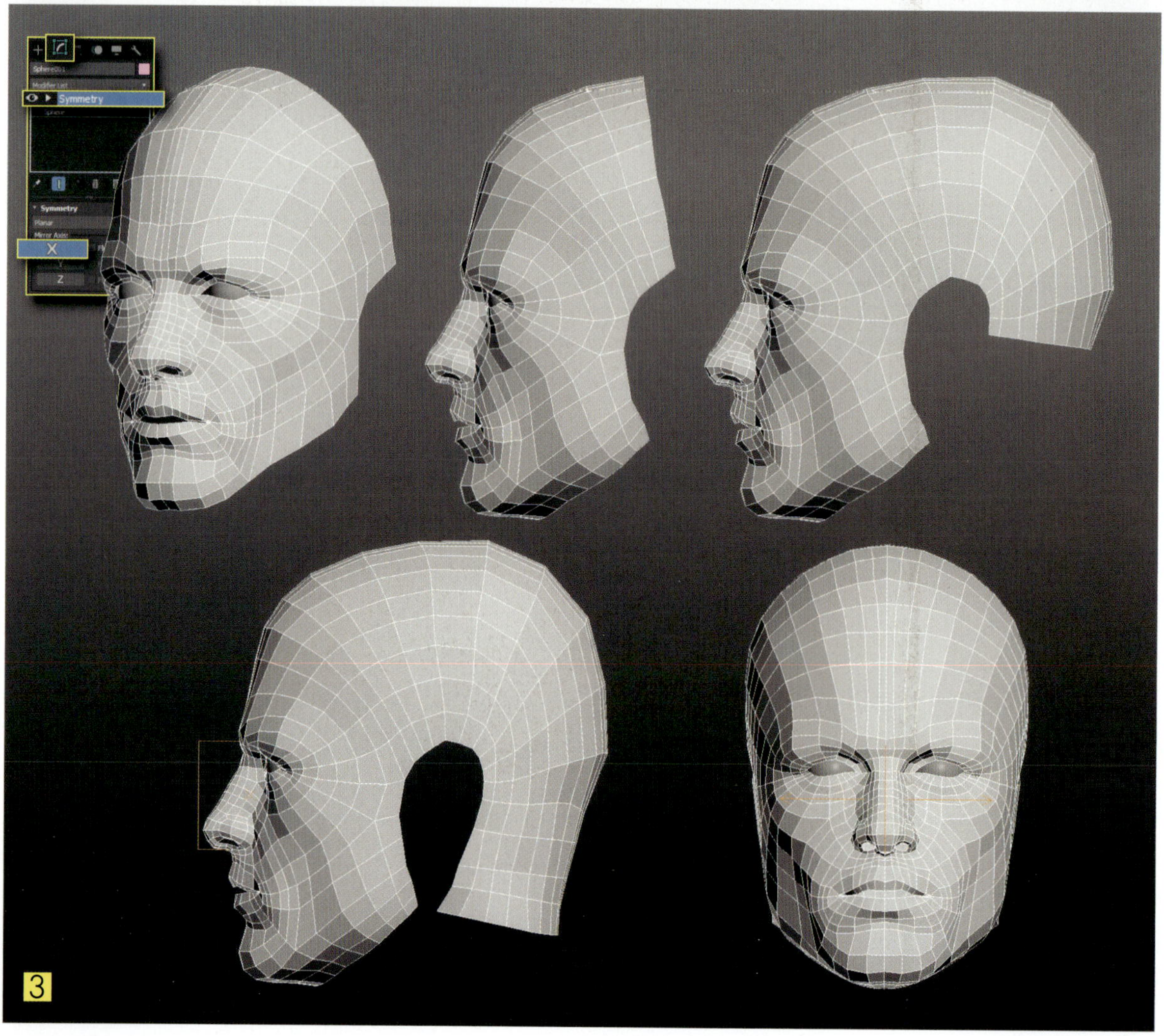

사람을 얼굴 중 귀는 복잡하고 모델링하기 까다롭습니다.
초급자의 경우 얼굴 전체의 형태와 비례, 눈, 코, 입의 자연스러운 연결 등을 이해하는 것에 중점을 두도록 합니다.
디테일보다 전체적인 형태를 익히는 것이 장기적으로 훨씬 더 중요합니다.
기본적인 비례와 형태를 이해하지 않은 상태에서 디테일만 추가하면 설득력 있는 캐릭터를 만들 수 없습니다.

귀는 매우 복잡한 모양을 하고 있지만 크게 두 가지 곡면이 연결된 형태를 하고 있습니다.

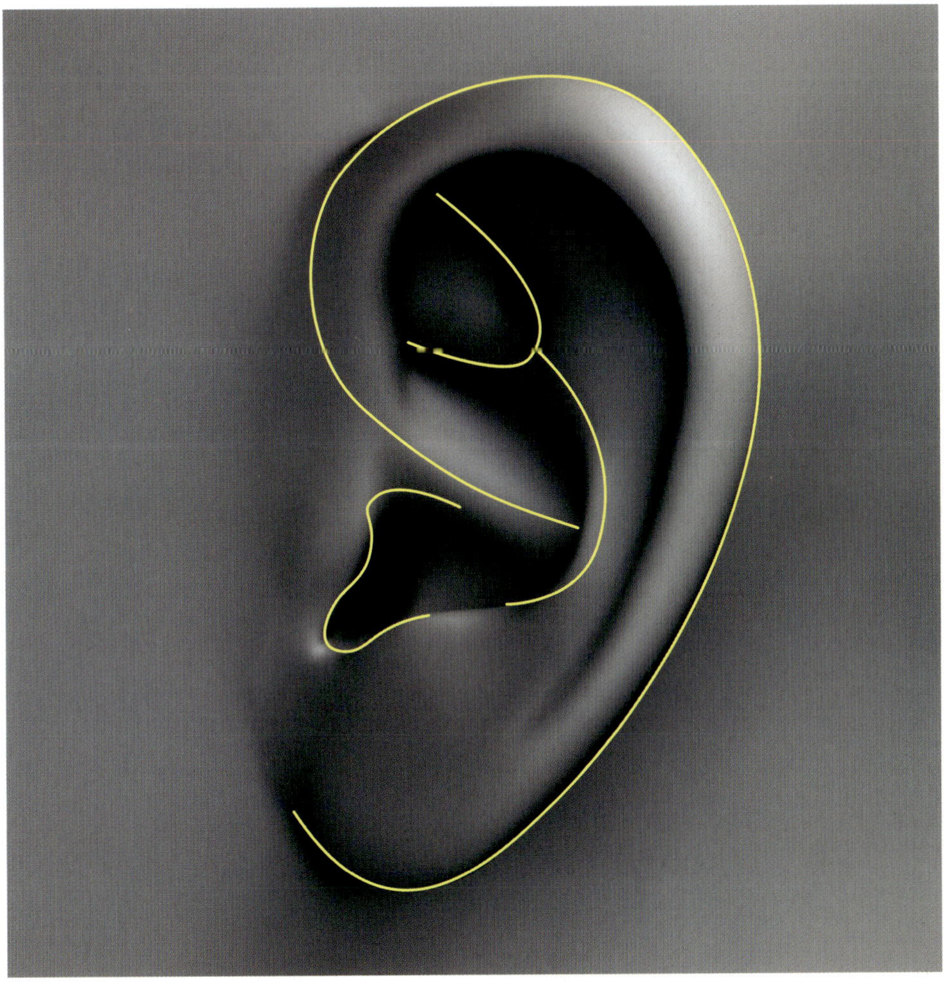

먼저 귀의 바깥쪽 큰 곡면을 만듭니다.(같은 형태를 만드는 방법은 각자의 판단에 따라 어떤 것이어도 좋습니다).
Plane을 생성하고 가장자리를 정리하고 가운데 부분을 삭제해서 원형을 만들고 이것을 변형하는 것으로 시작합니다.
Cylinder나 Tube 등 어떤 것을 활용해도 무관합니다.

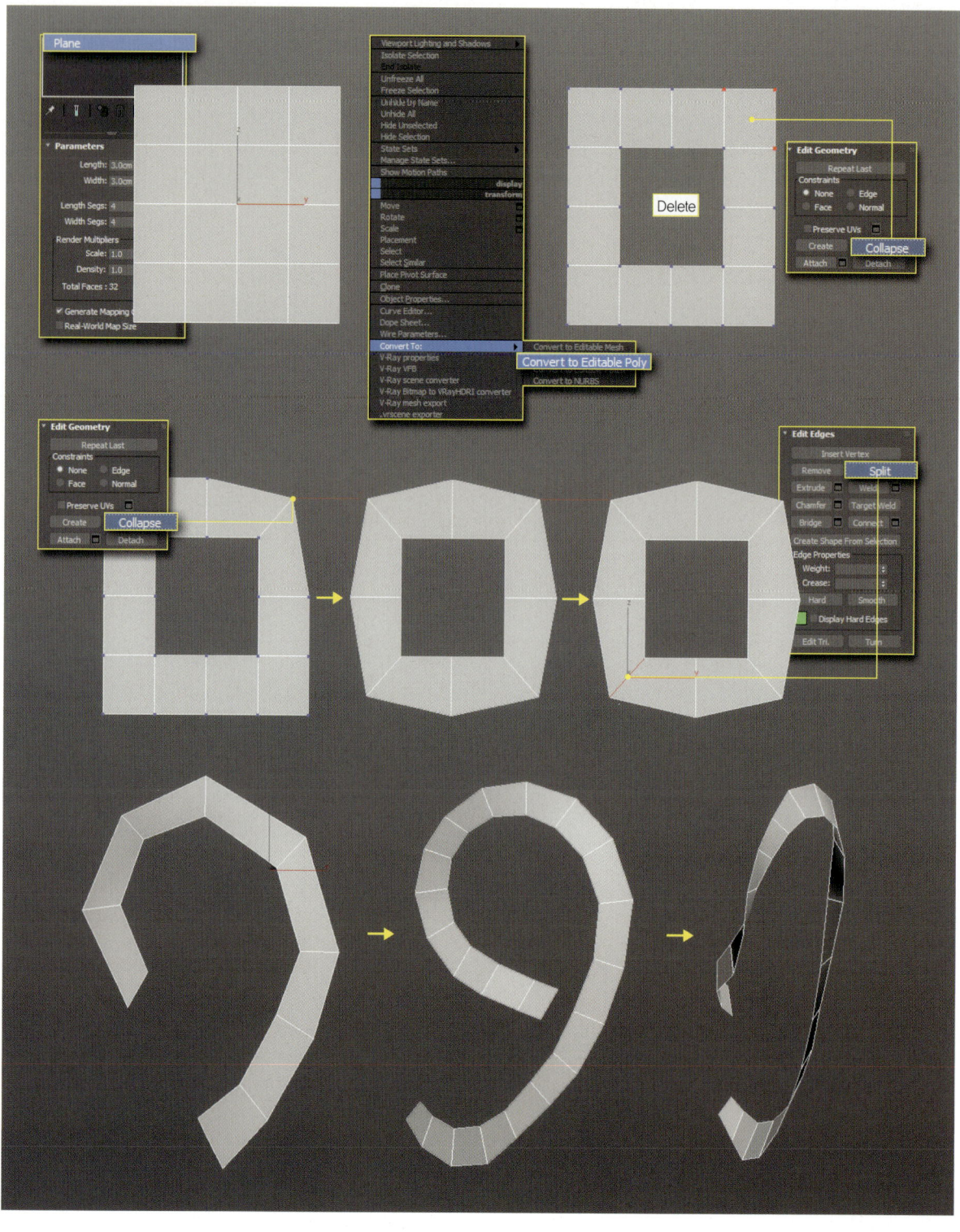

안쪽의 돌기 부분의 큰 곡면을 만들어 줍니다.

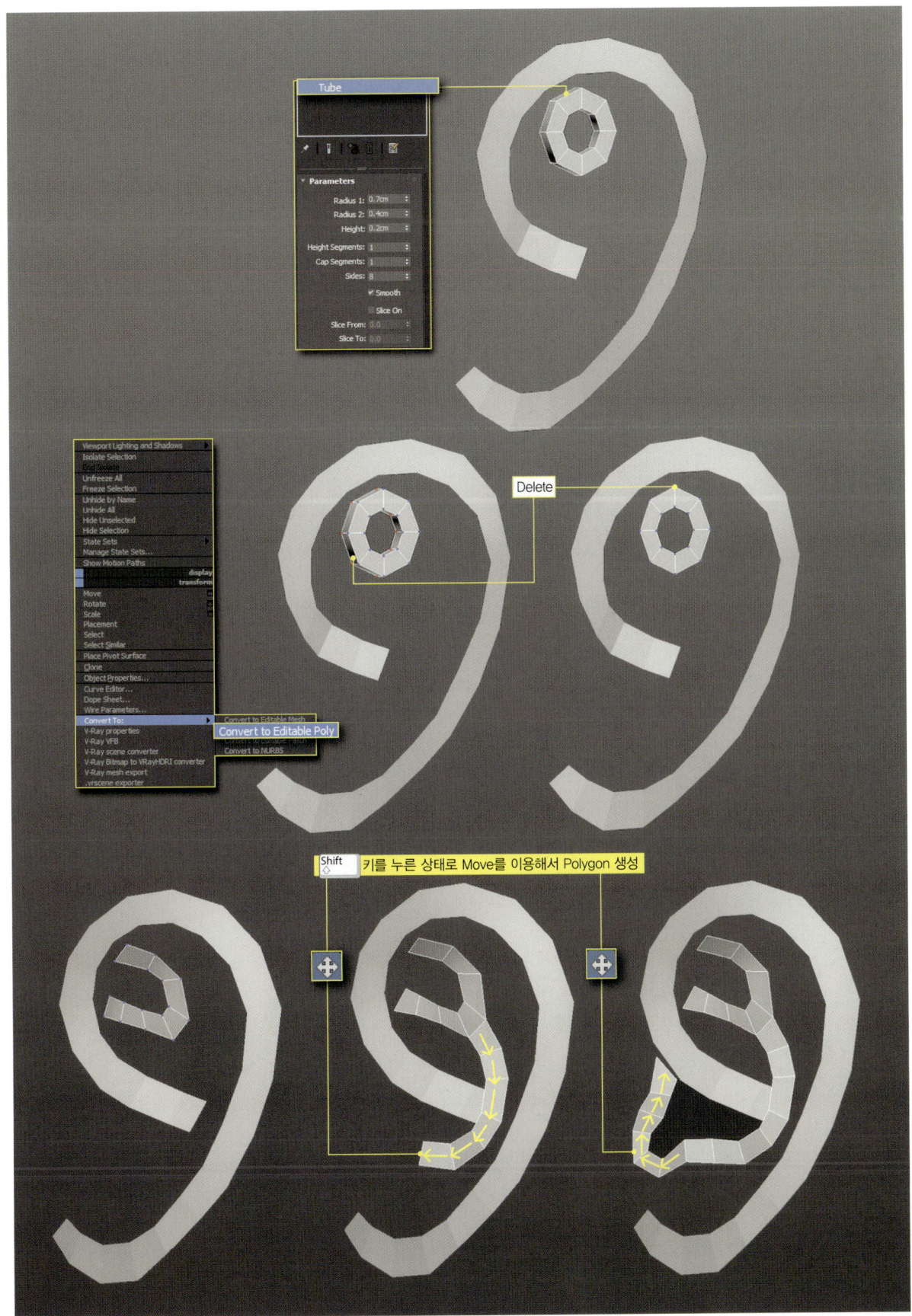

만들어진 두 부분을 Attach하고 연결 부위를 귀의 형태를 고려해 완성한 모습입니다.

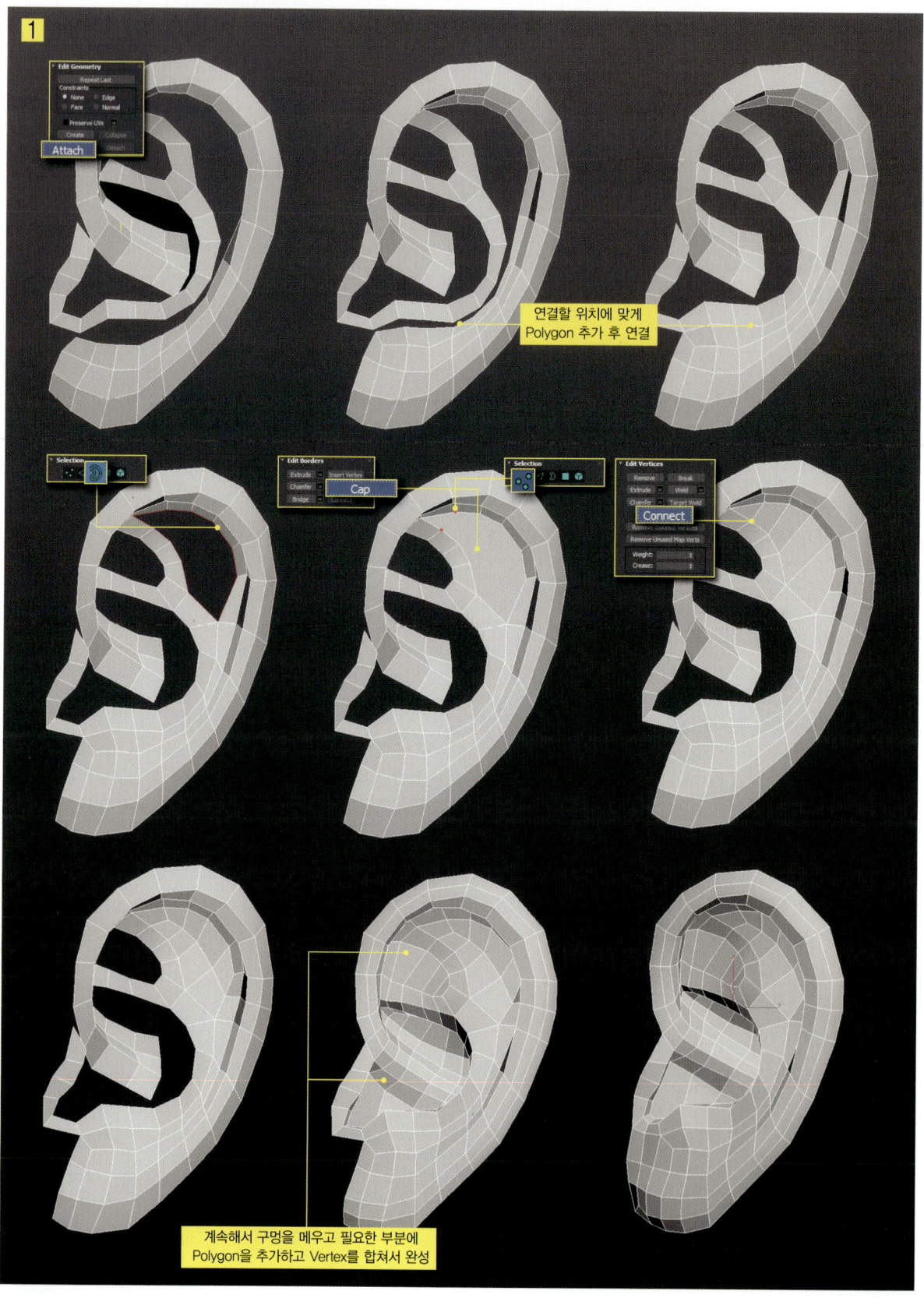

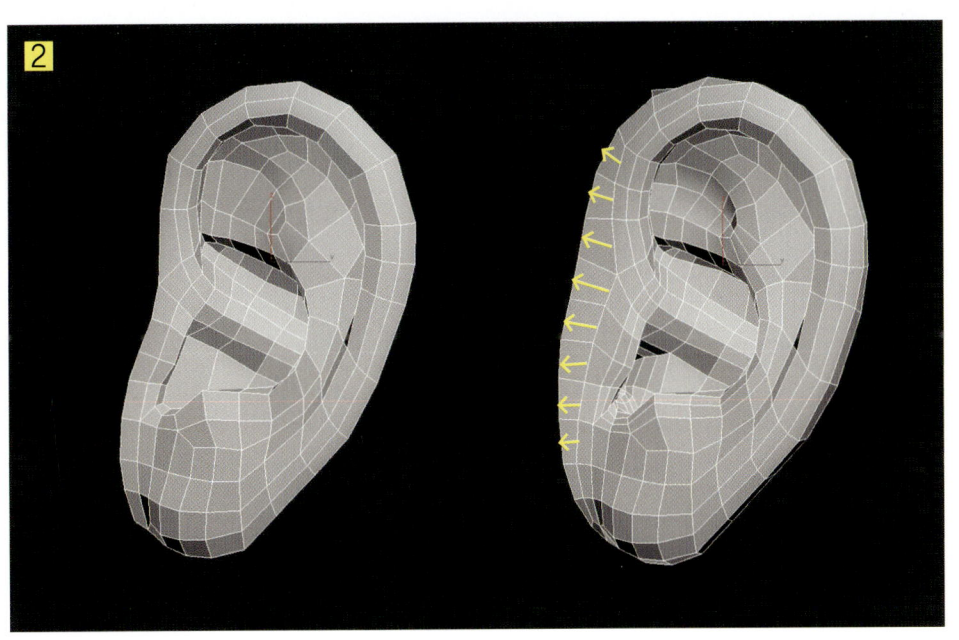

만들어 놓은 머리 부분과 Attach하고 Vertex를 연결해서 완성합니다.

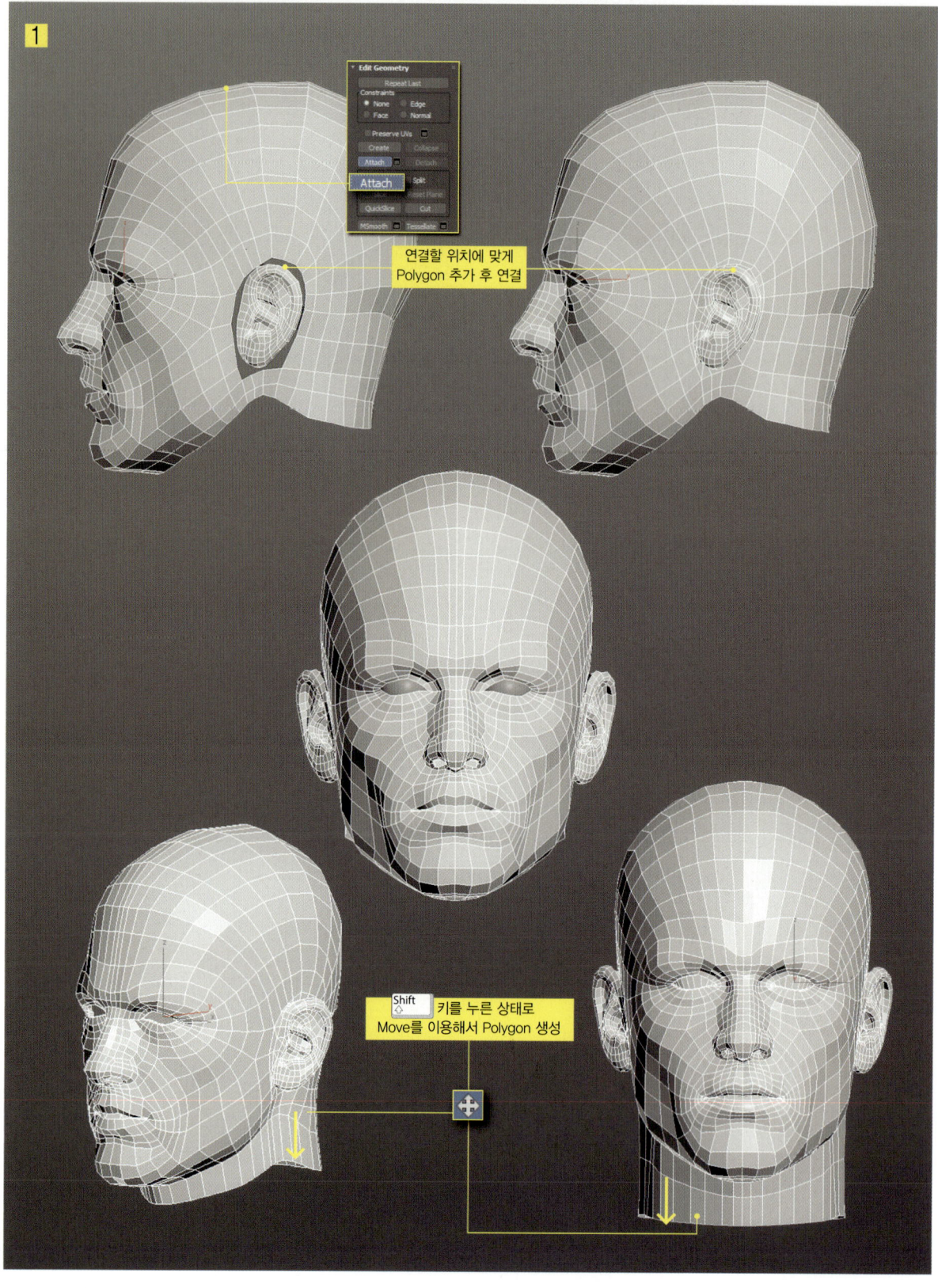

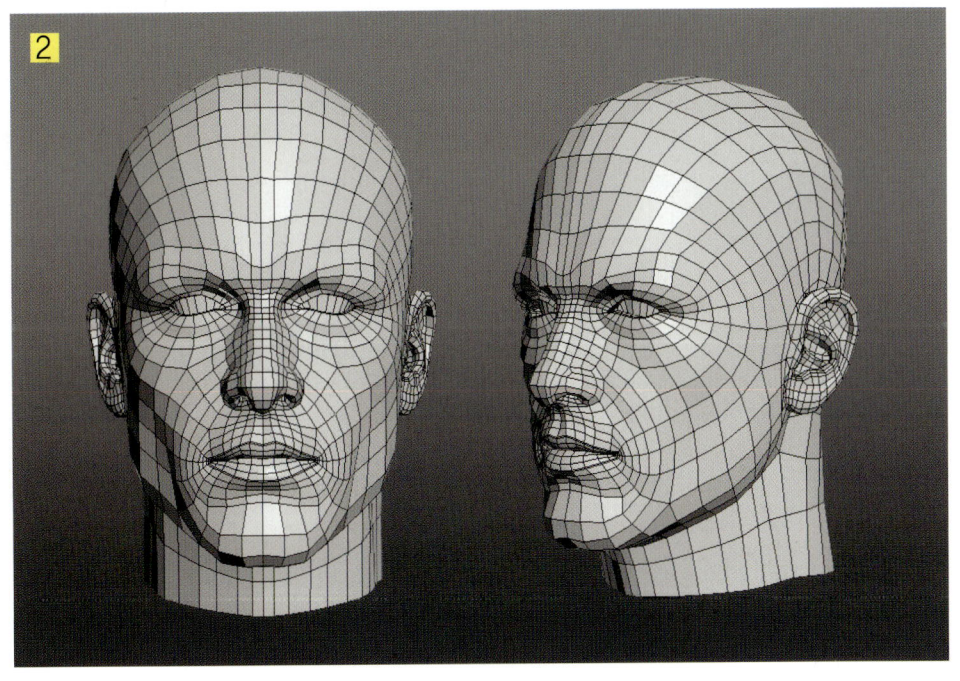

눈, 코, 입 부분의 Edge 흐름이 방사형으로 자연스럽게 연결되어 있는 것을 알 수 있습니다.

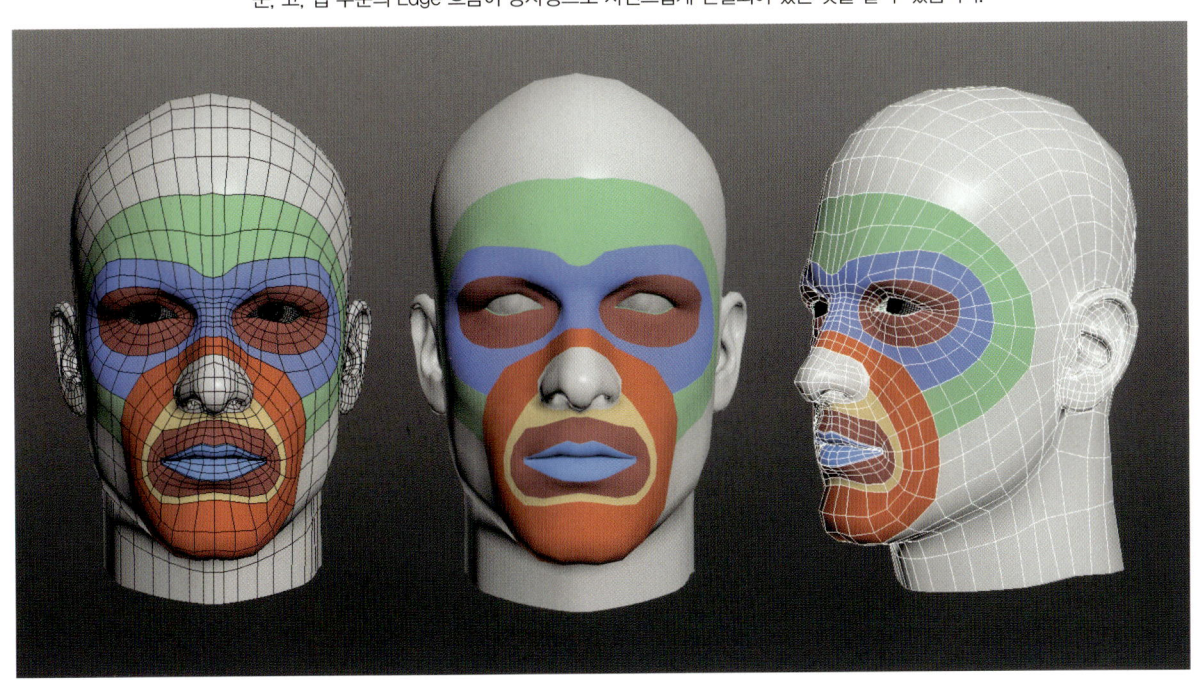

전체적인 형태나 비율을 Ribbon의 Freeform을 이용하거나 Soft Selection을 활용하면 좋습니다.

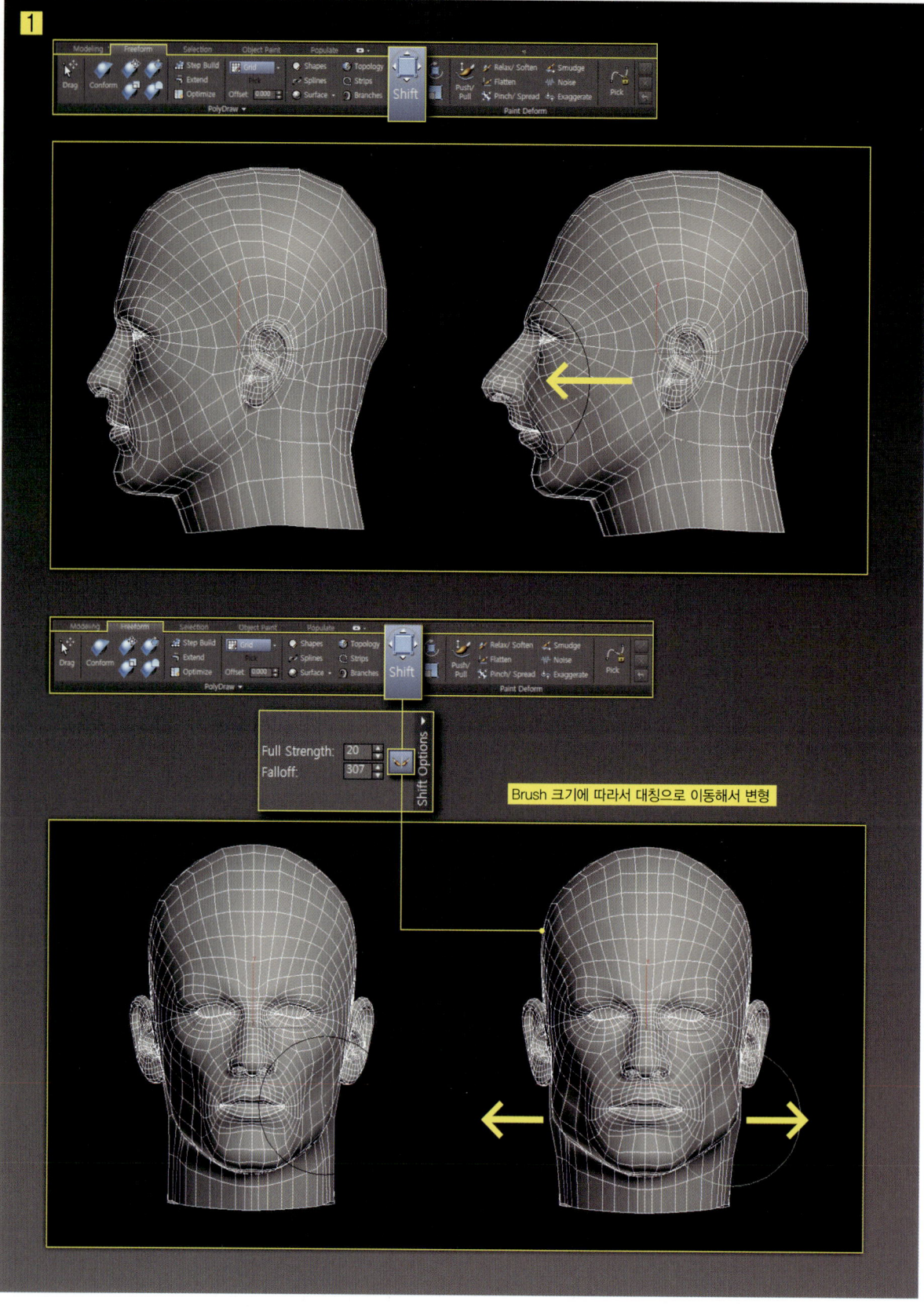

Brush 크기에 따라서 대칭으로 이동해서 변형

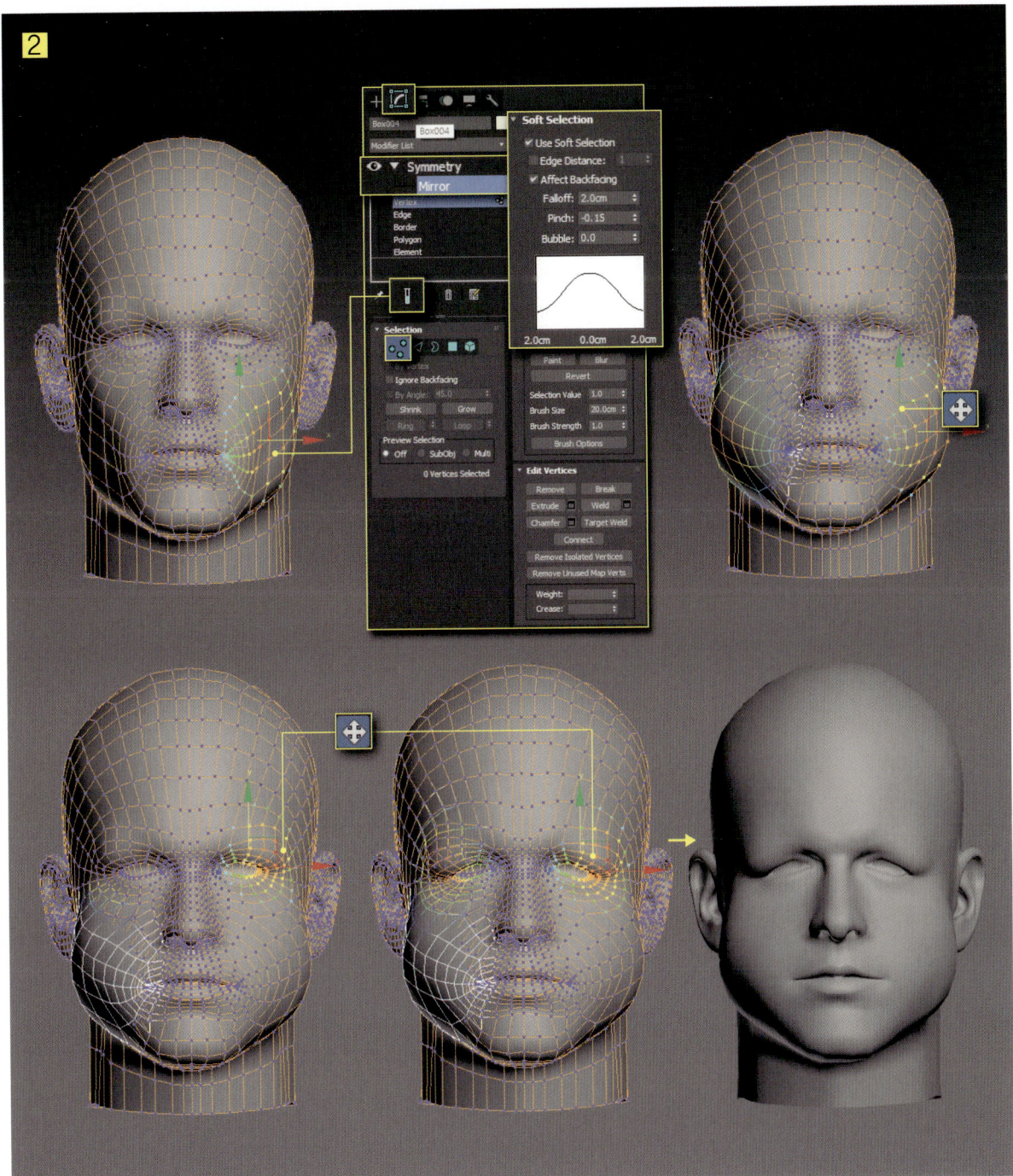

Polygon의 간격과 Edge의 방향이나 흐름이 자연스럽게 연결되어 있는 경우 같은 얼굴을 다양한 모습으로 변형할 수 있고 완전히 다른 골격을 가진 캐릭터가 아니라면 기본형을 이용해서 변형해서 사용하는 것도 좋은 방법입니다. 다음은 기본형 얼굴 Object를 여러가지 모습으로 변형한 것입니다.

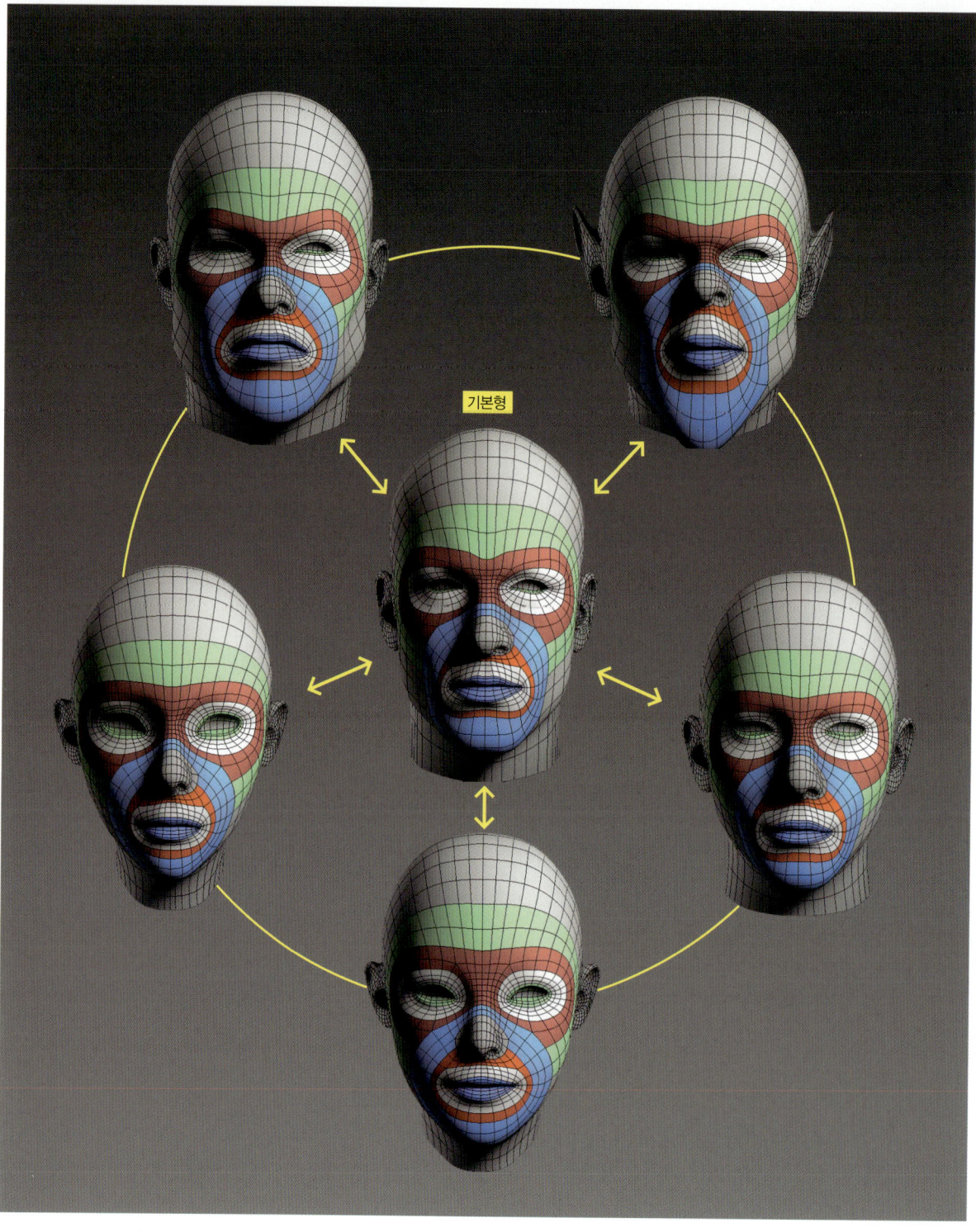

SECTION 06

사람 몸 완성하기

기본 도형을 이용해서 비율과 체형을 결정하고 세부적인 디테일을 추가하는 순서로 제작합니다. 각 부분을 비례에 맞게 Low Poly로 작업하고 대략적인 형태를 잡은 모습입니다.

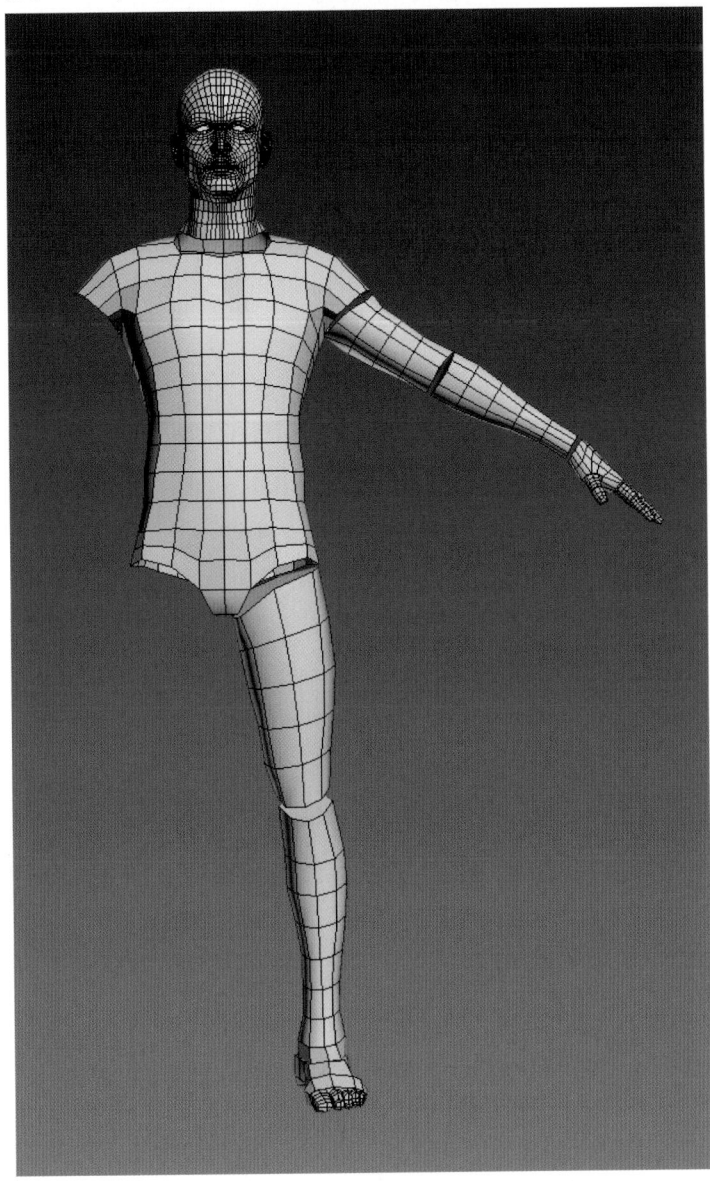

몸은 Box를 이용해서 작업합니다.

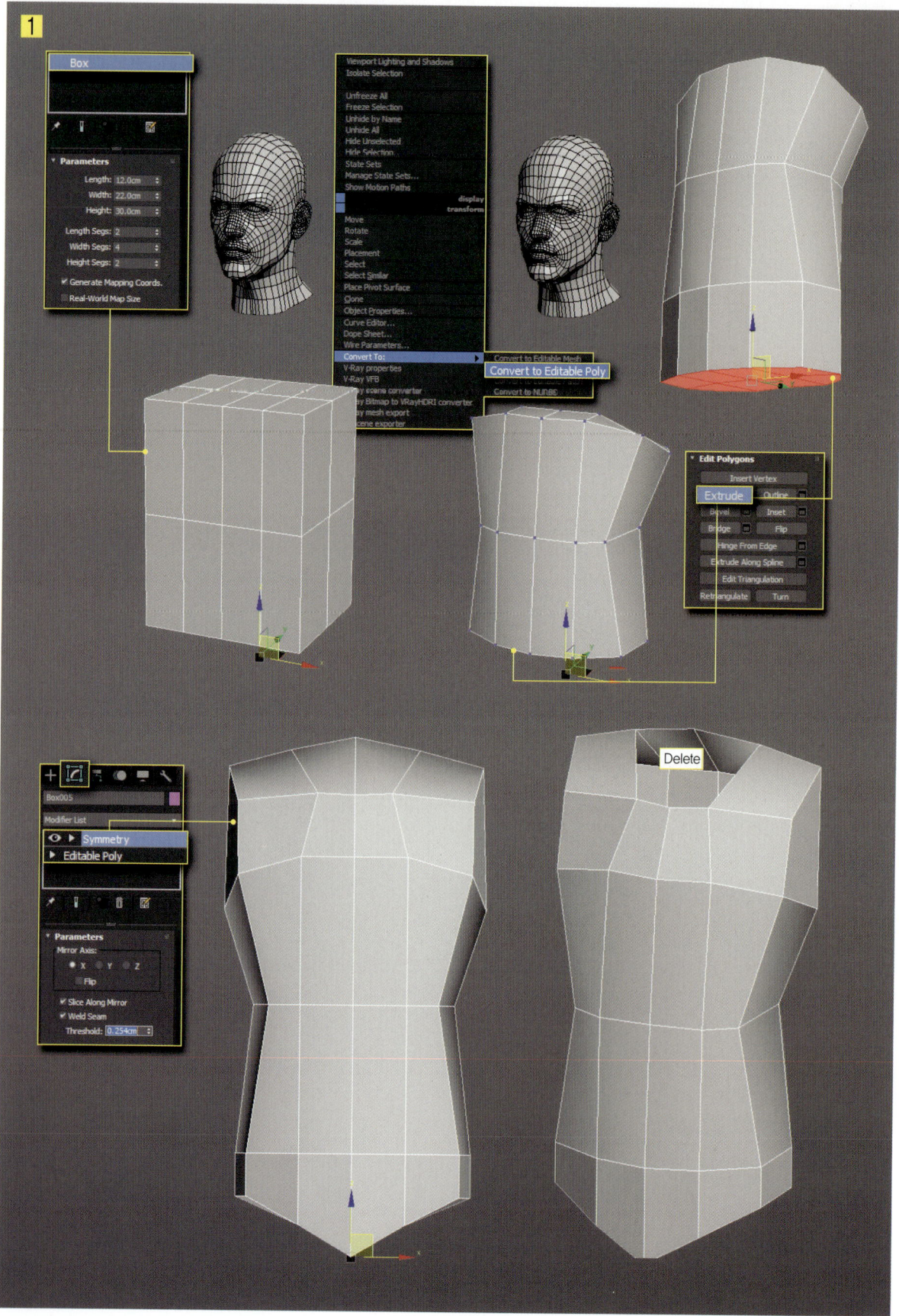

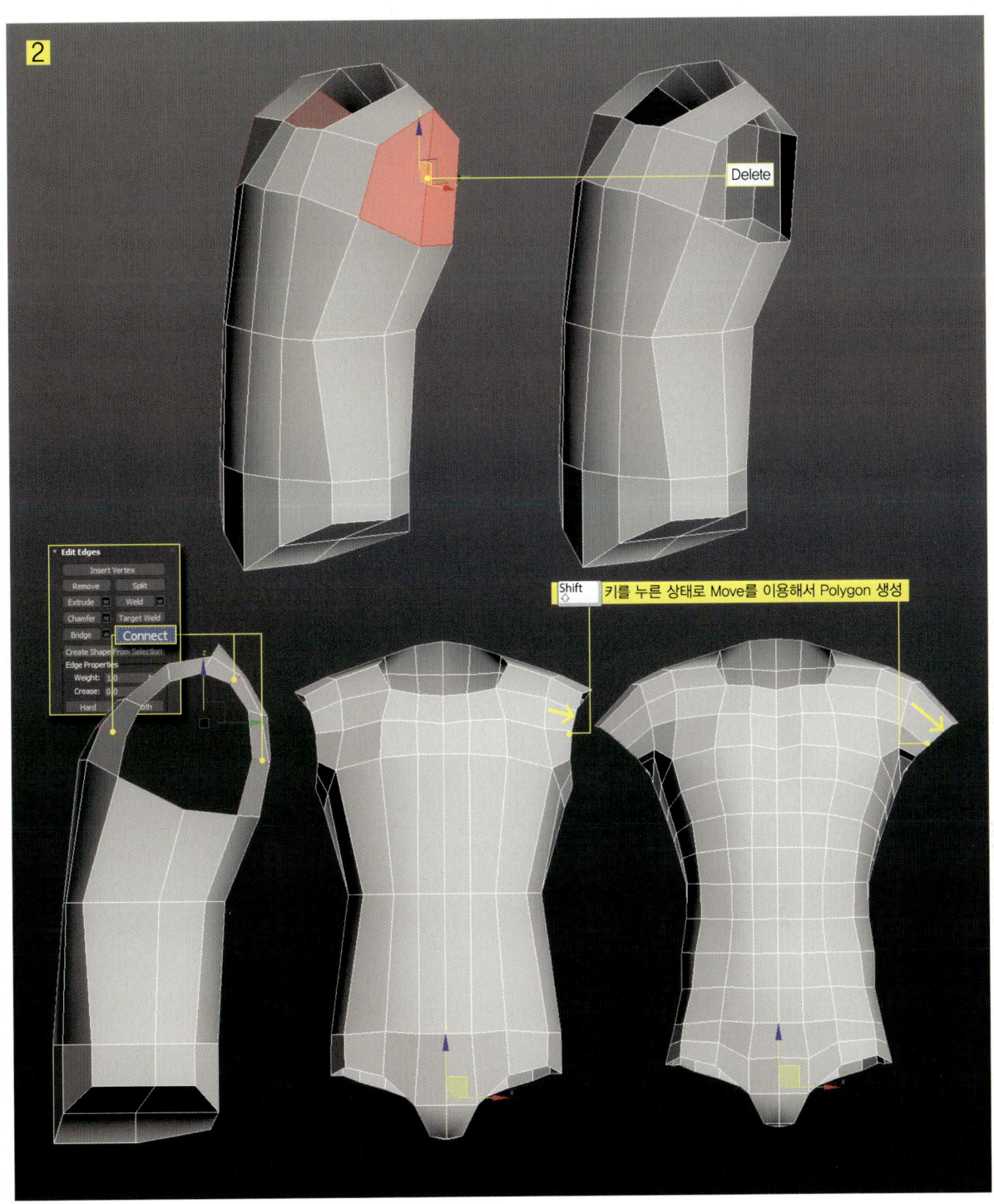

팔은 Cylinder를 이용하고 손은 Box와 Cylinder를 이용해서 형태를 잡아 줍니다.

Cylinder를 생성하고 Modify → Taper를 적용해서 아래 부분을 모아주고 다시 Modify → FFD를 적용해서 전체적으로 형태를 조절하거나 Editable Polygon으로 변환하고 변형합니다.

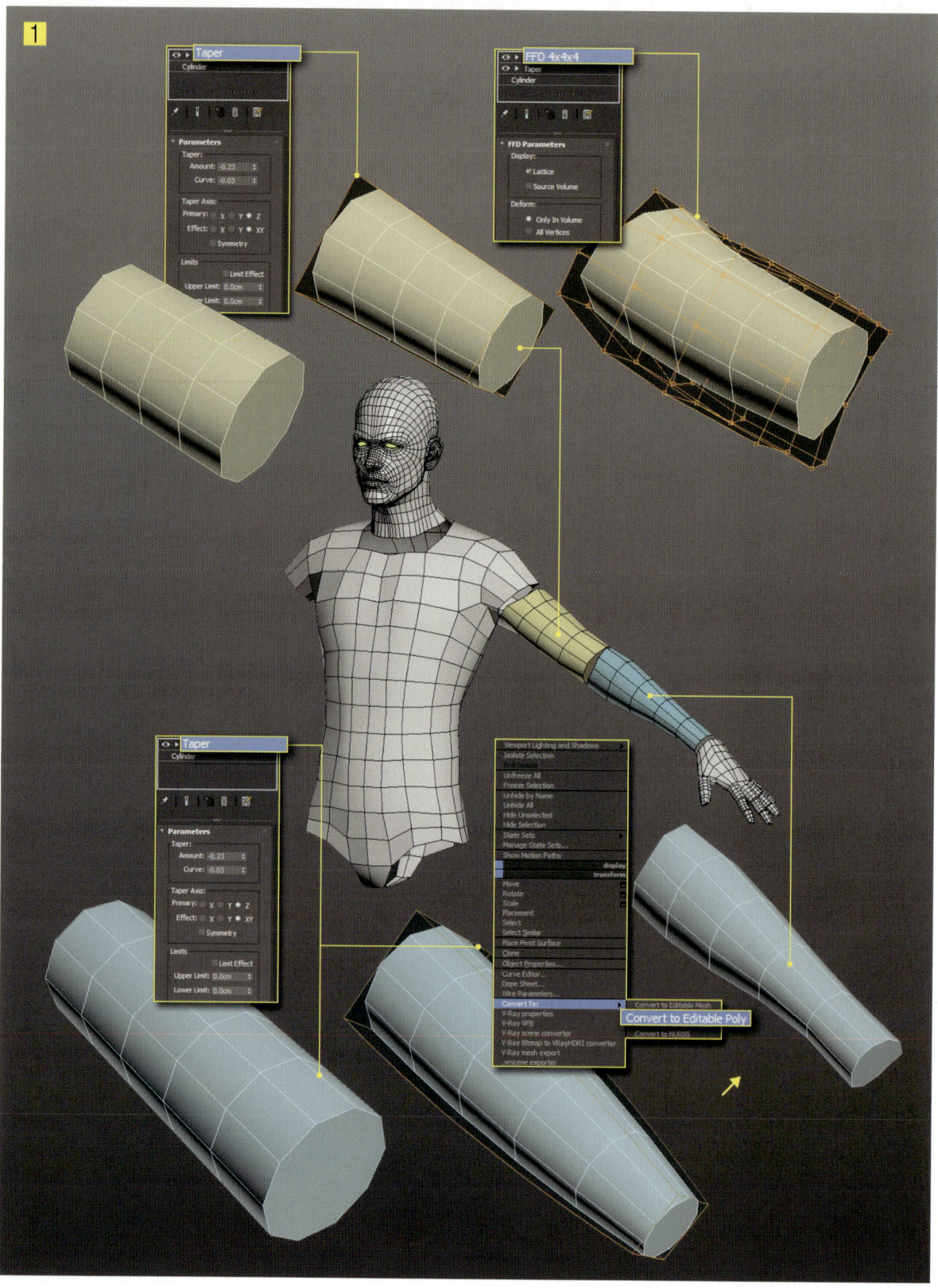

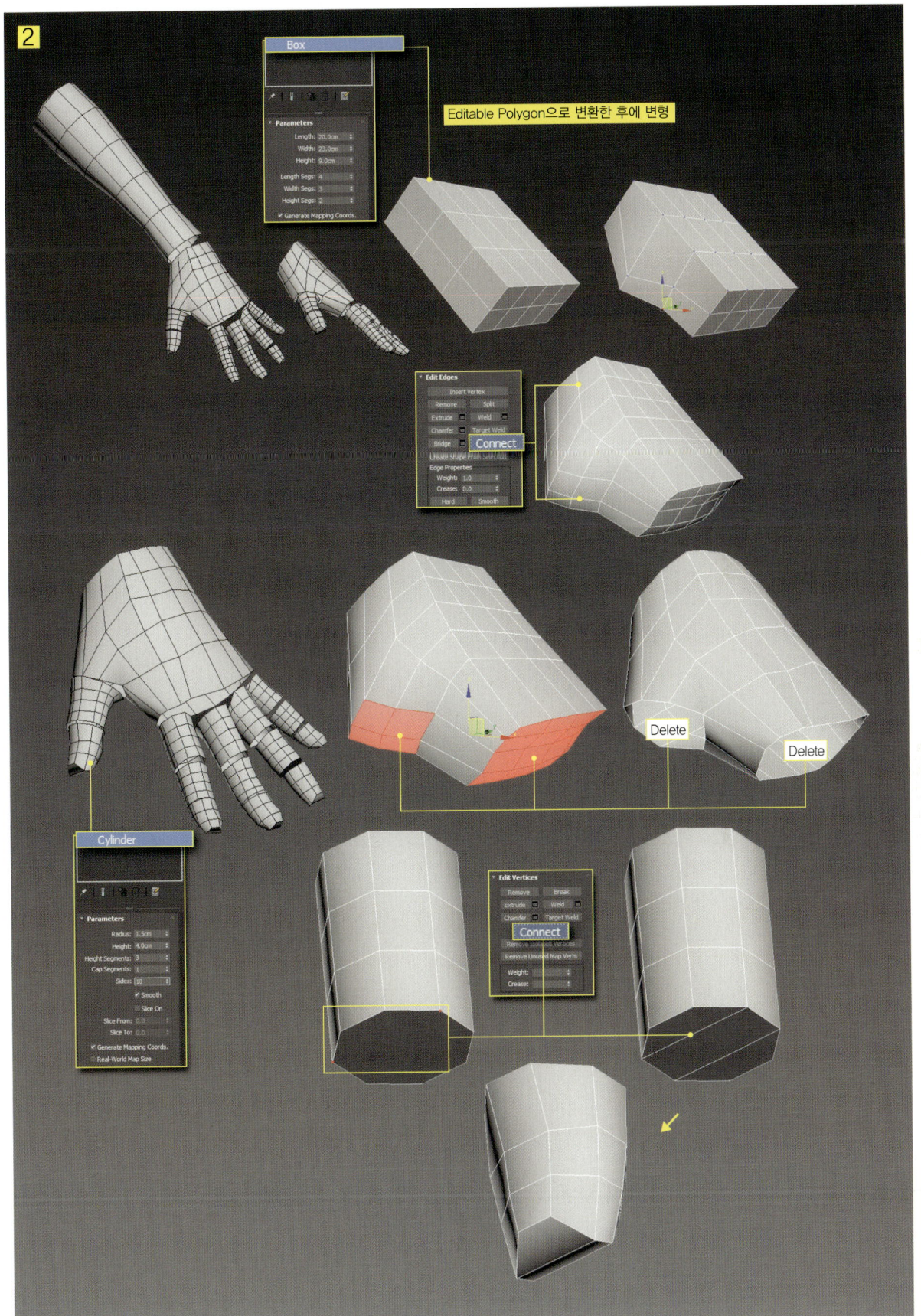

허벅지와 종아리는 Cylinder를 생성하고 Modify → Taper를 적용해서 아래부분을 모아 주고 Editable Polygon으로 변환하고 형태를 잡아 줍니다.

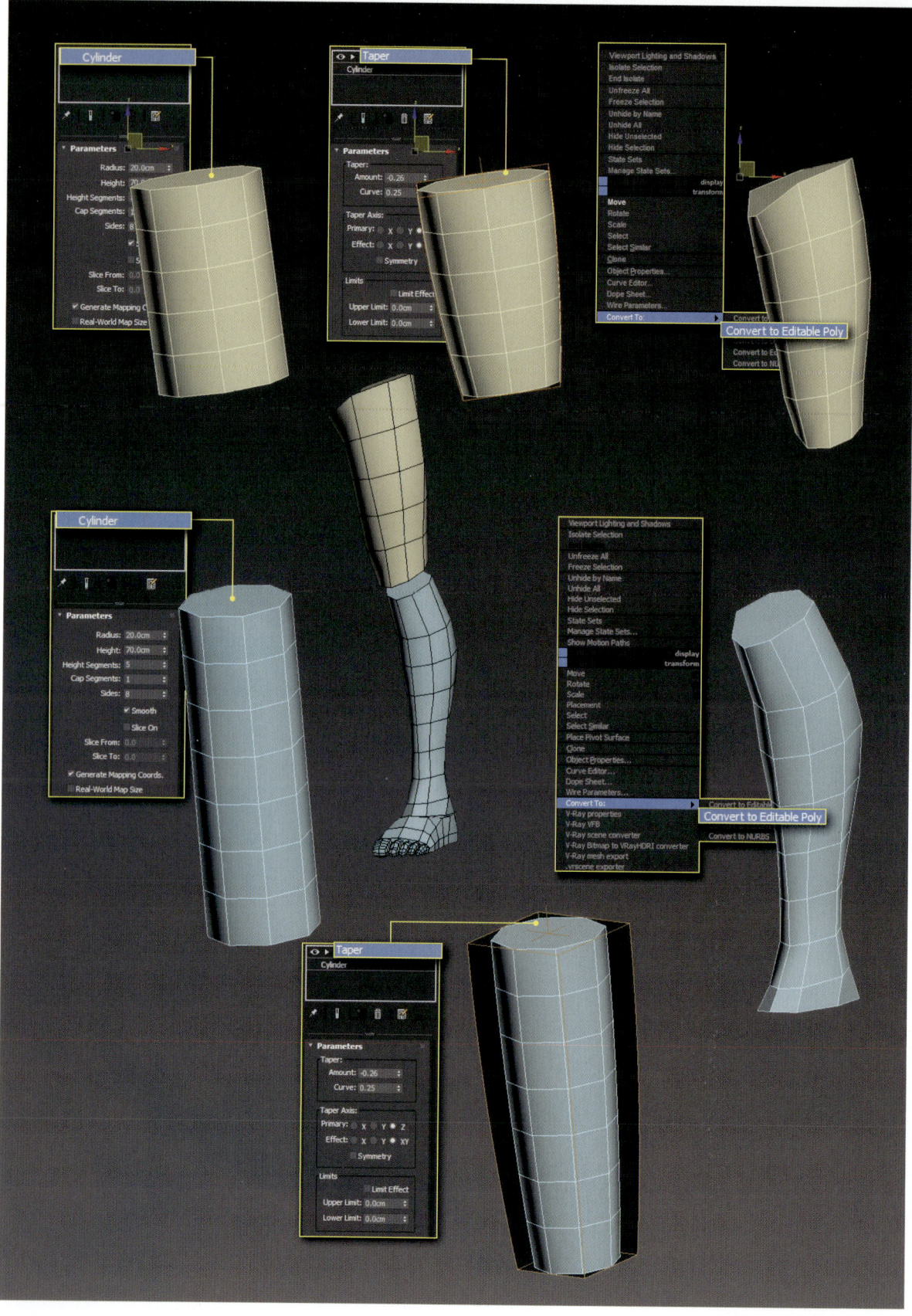

발은 Box를 생성하고 변형해서 작업합니다.

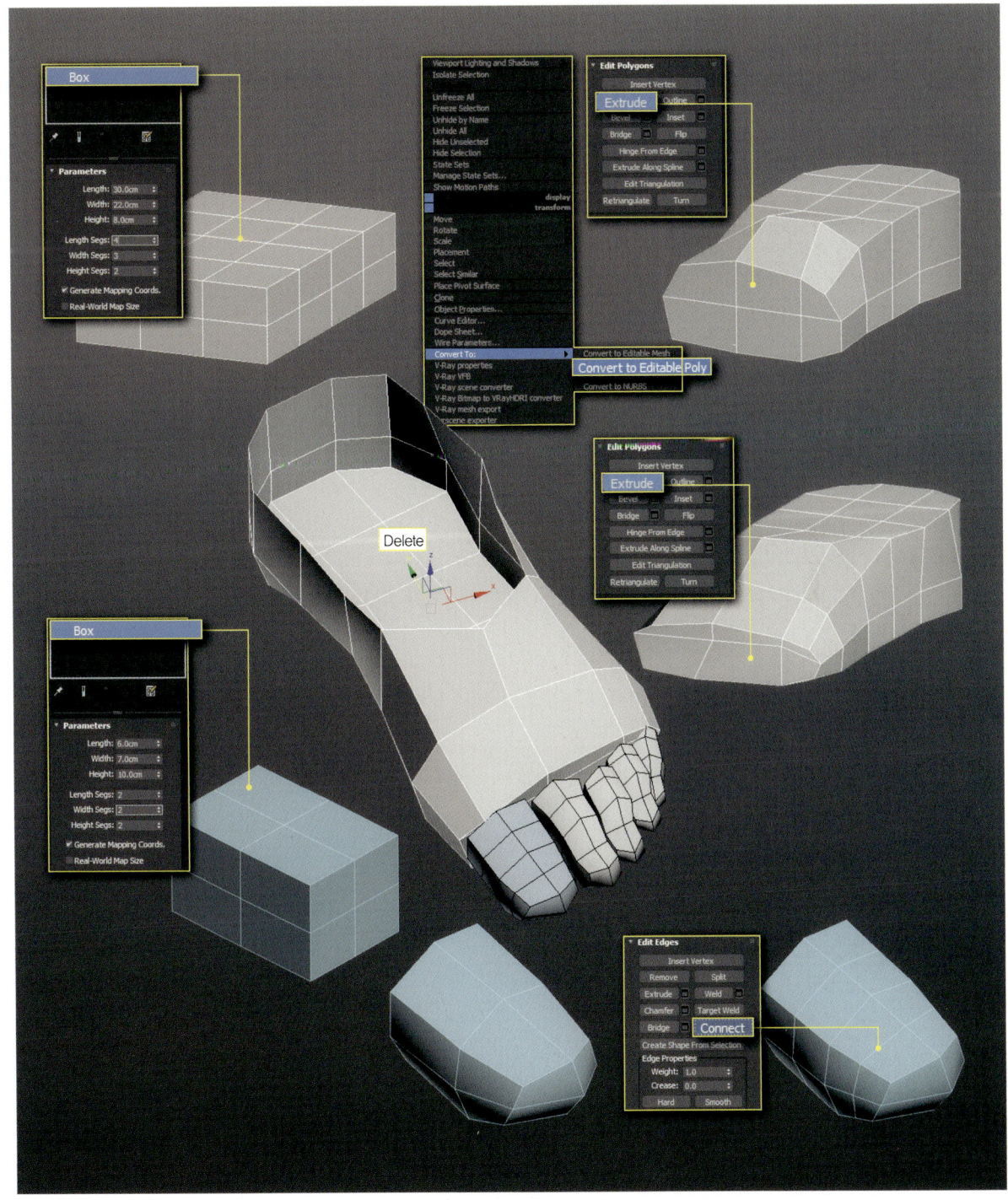

Attach를 이용해서 팔을 합치고 Vertex를 연결합니다.

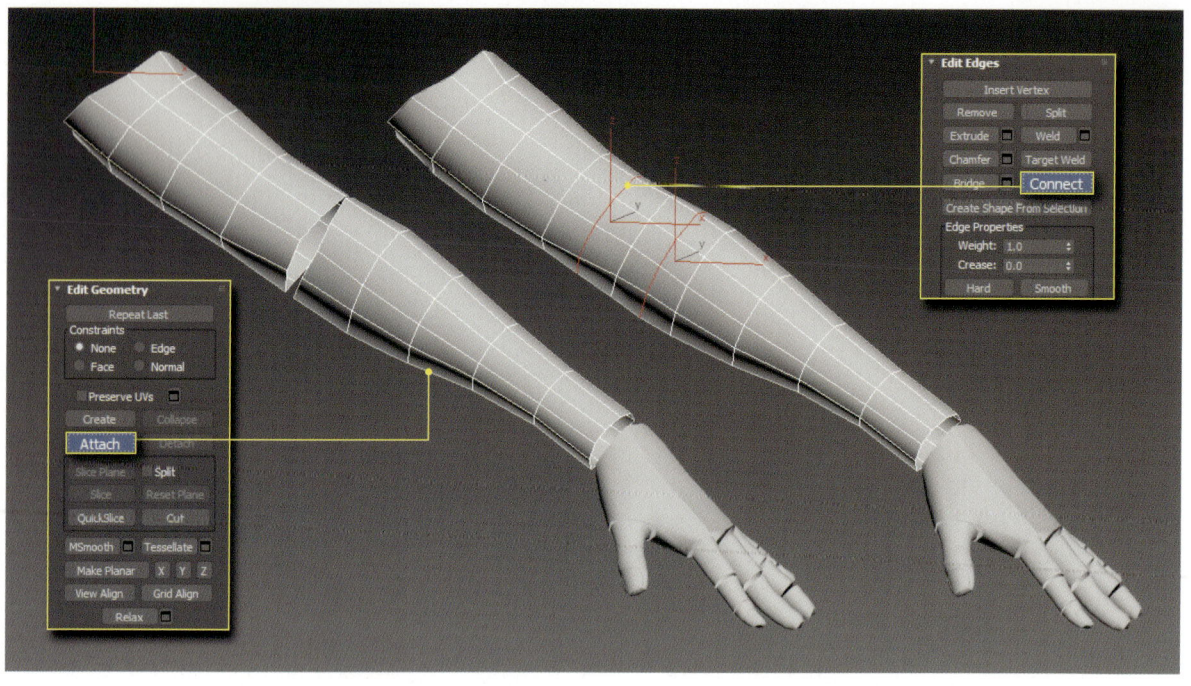

손톱 부분은 Inset과 Bevel을 이용해서 추가하고 변형한 후 손가락 전체를 완성합니다.

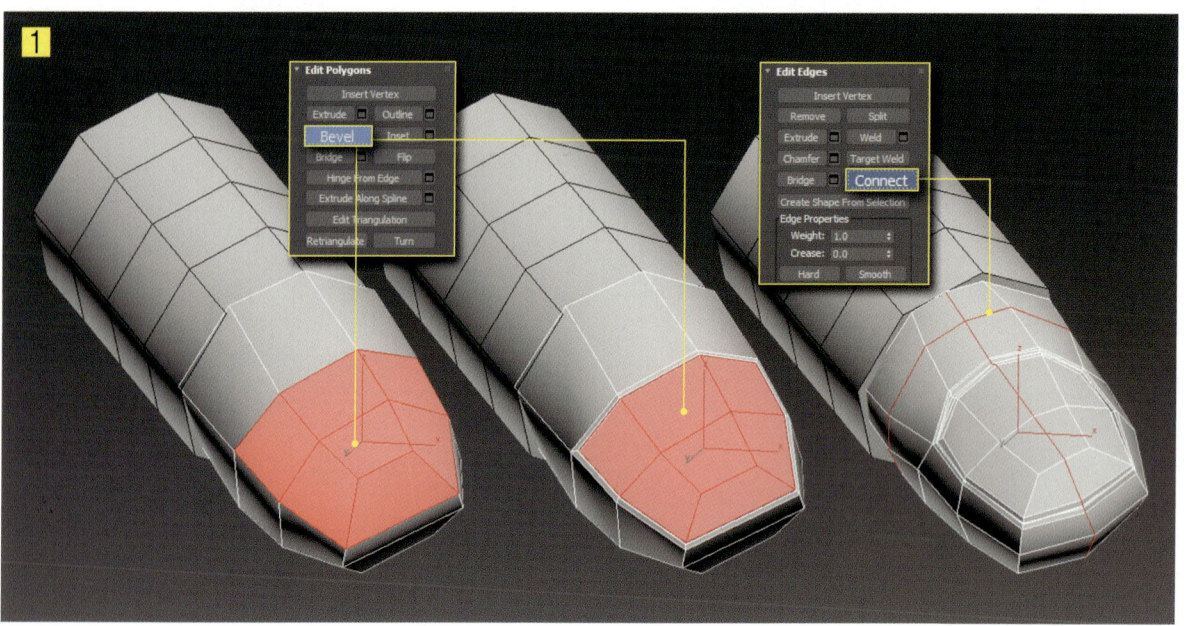

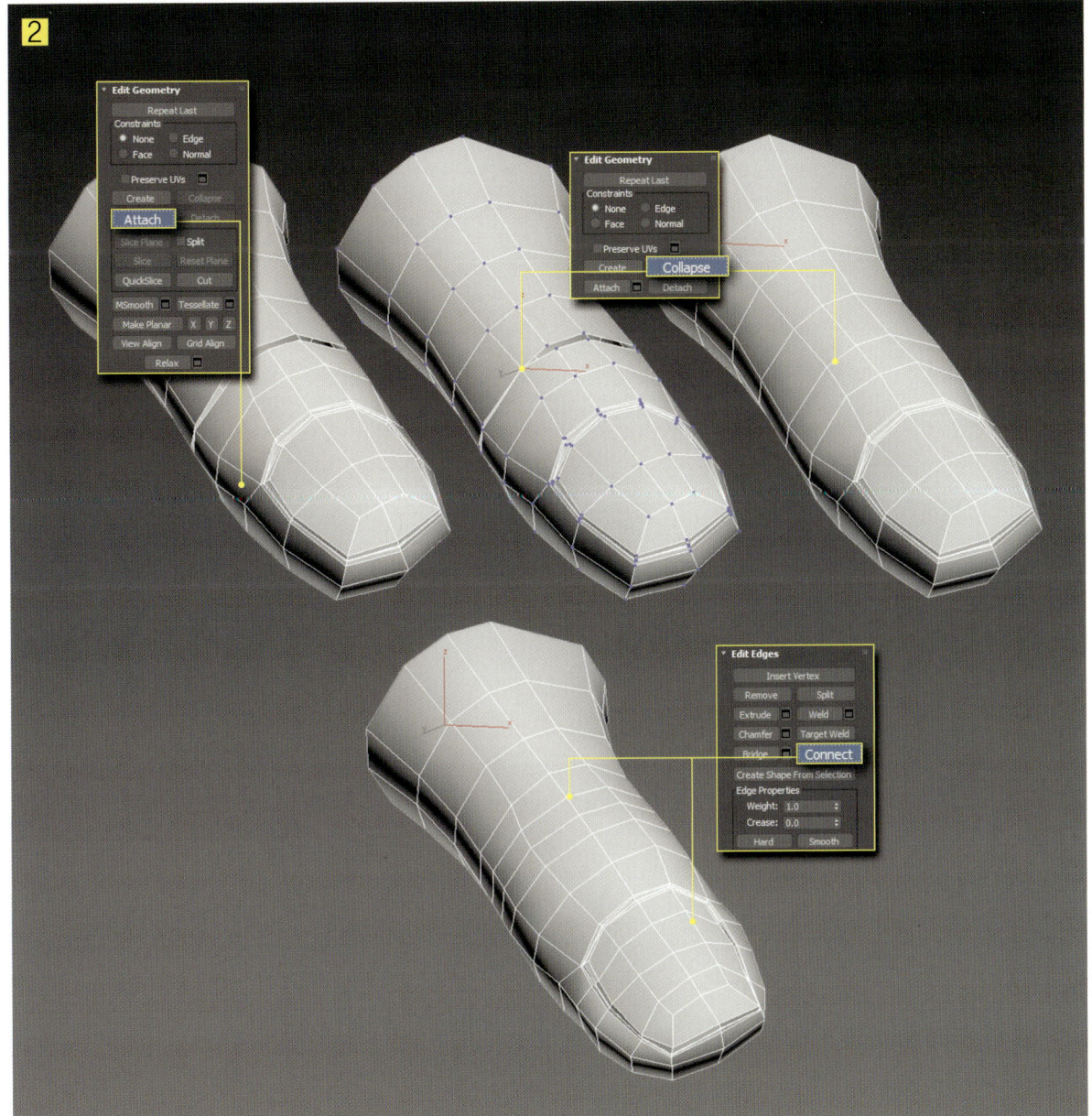

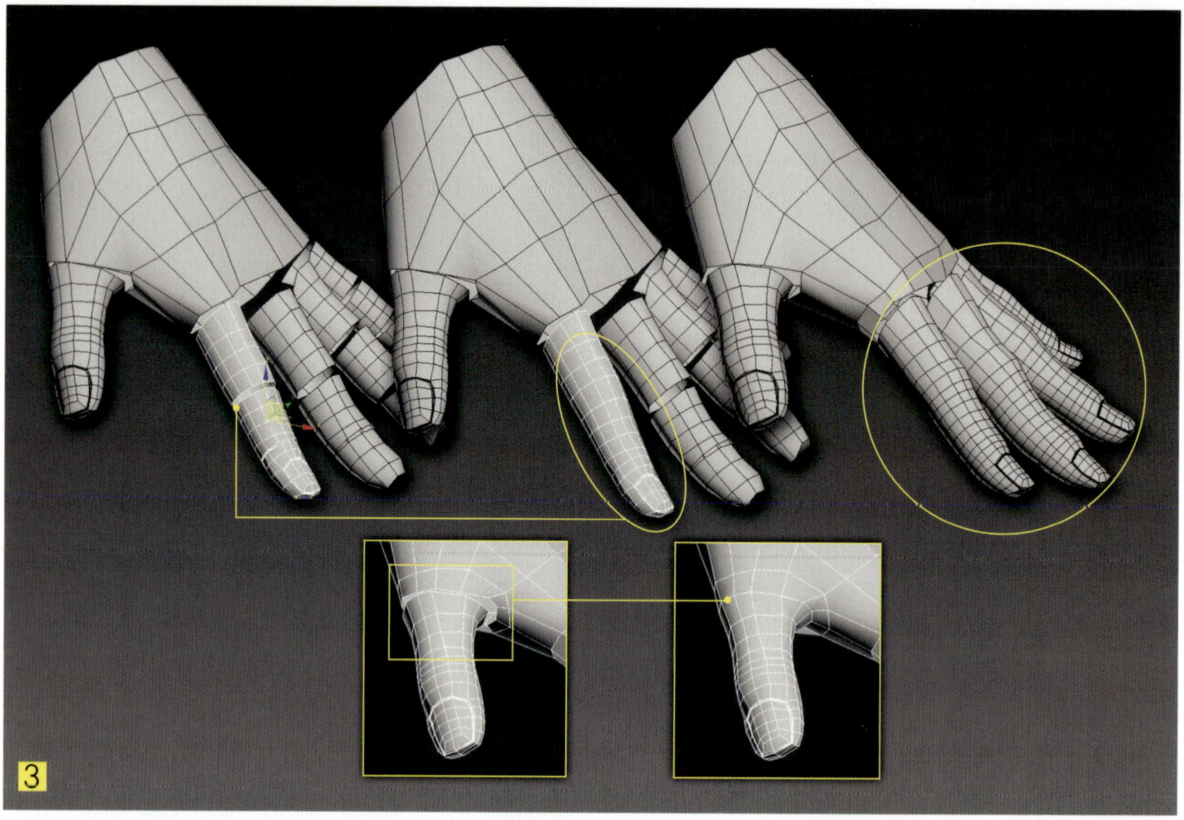

3

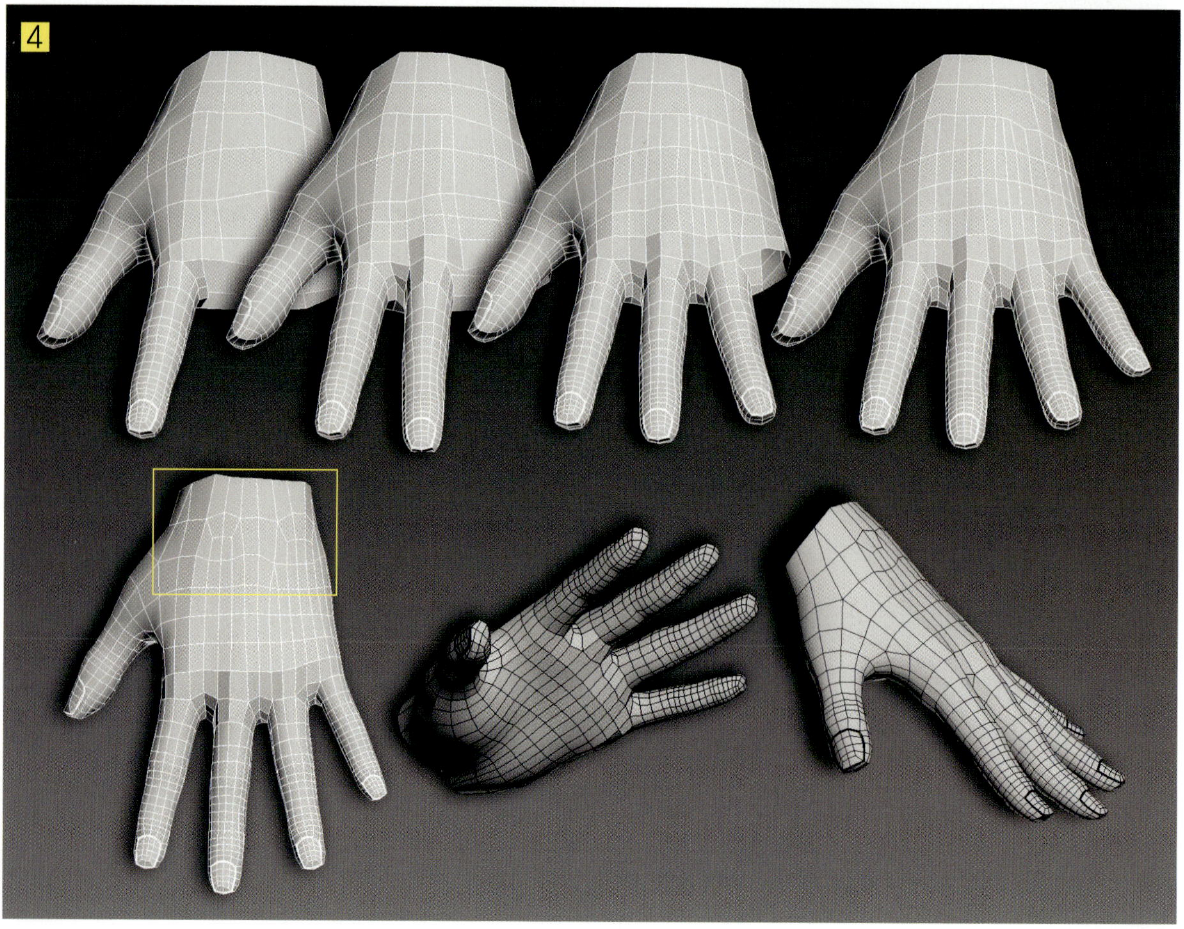

4

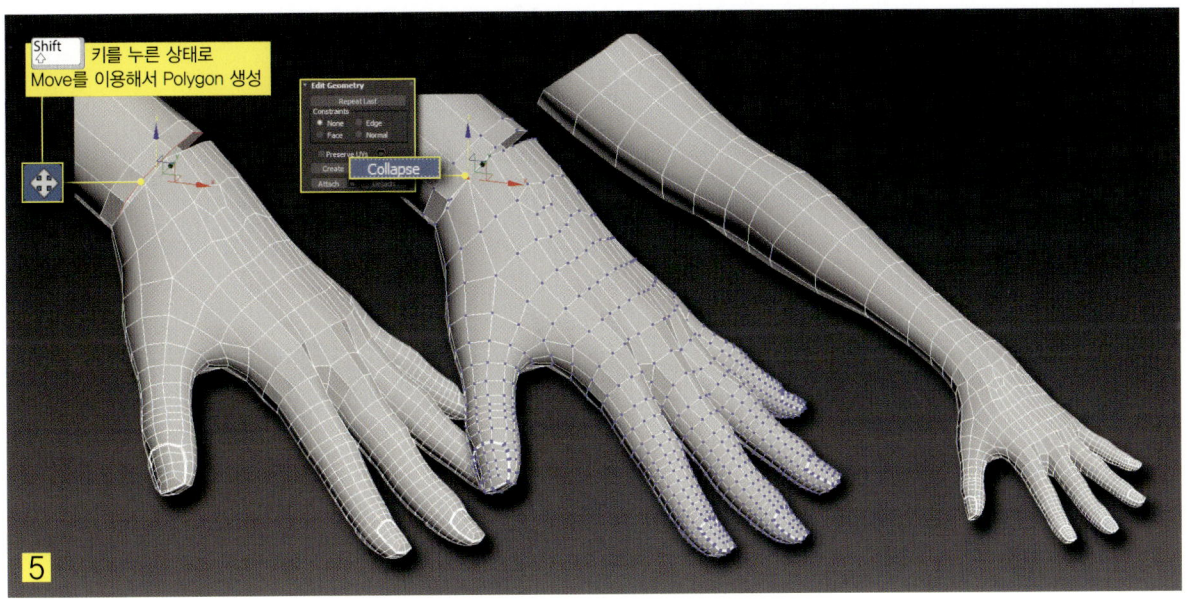

다리와 발가락도 Attach하고 완성합니다.

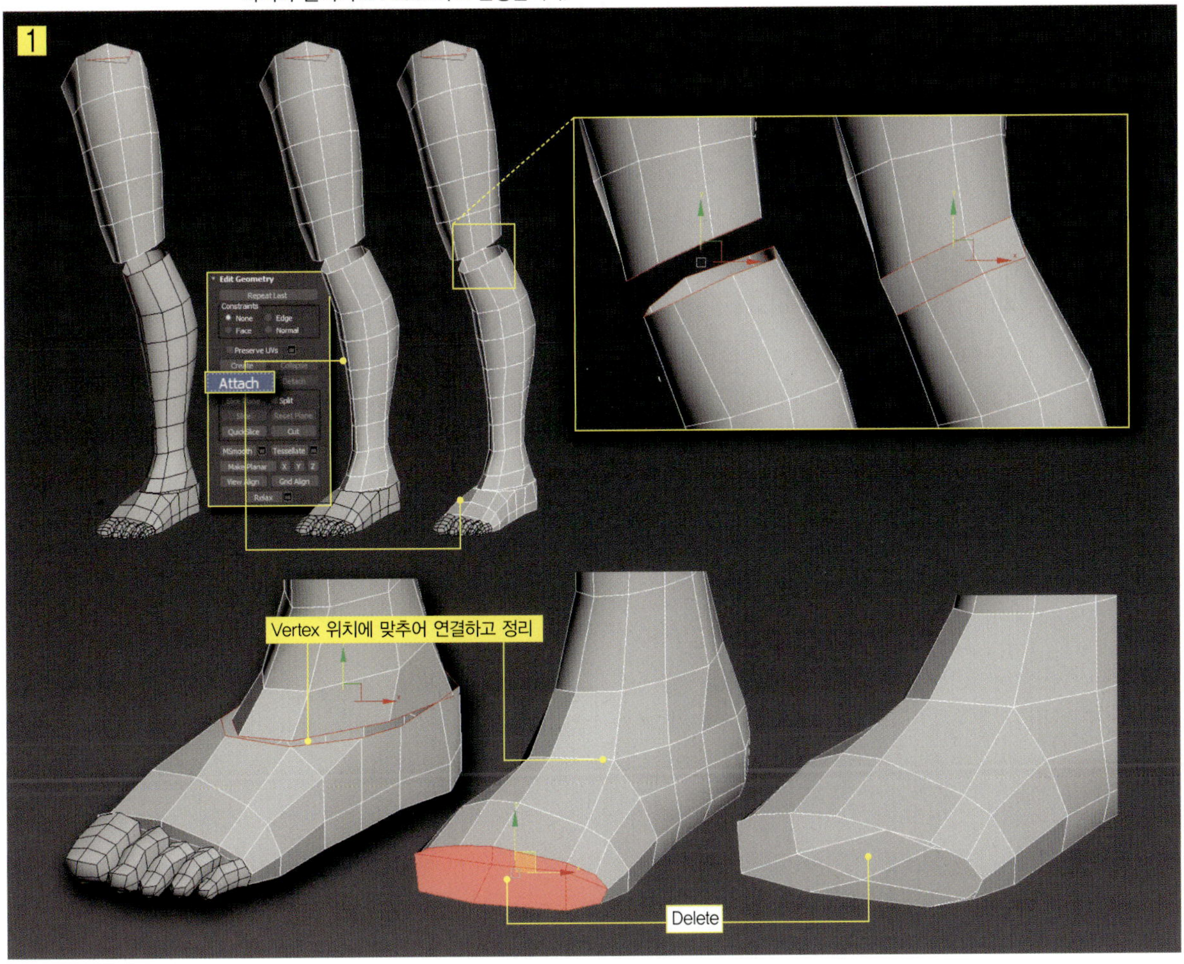

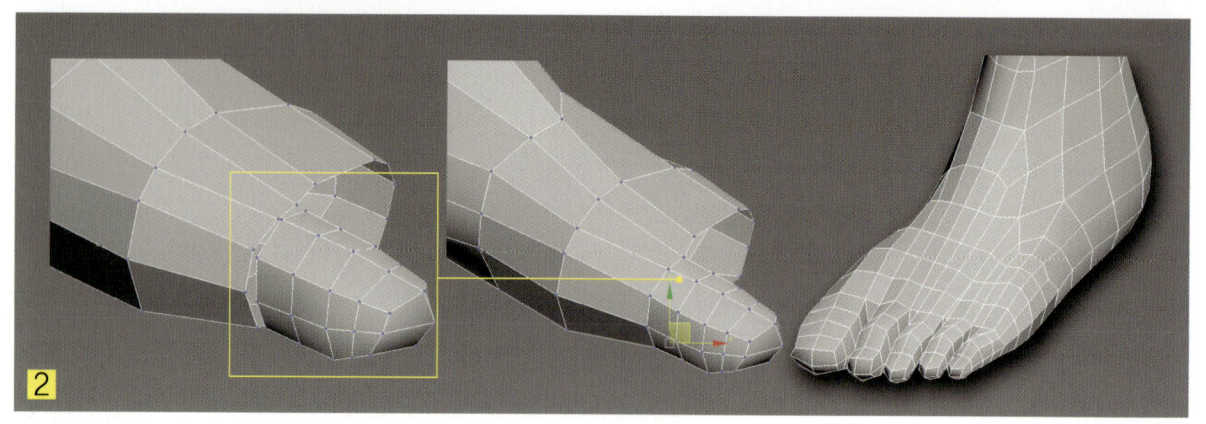

각 부위를 완성하고 위치시킨 후 Attach한 모습입니다.

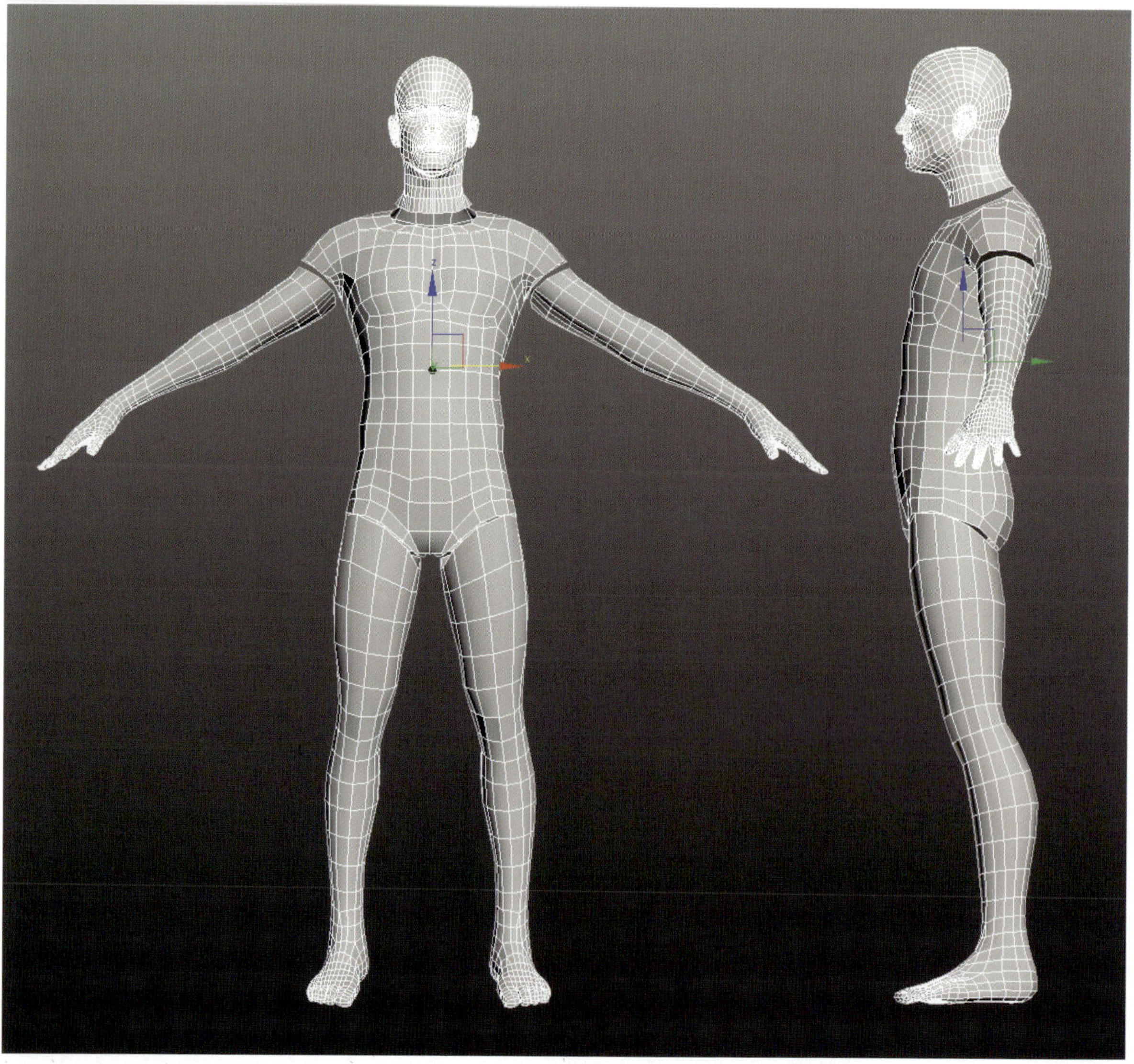

각 연결 부위의 Vertex를 연결하고 필요한 부분에 Edge를 추가하고 정리해서 완성합니다.

각 부위를 모두 연결하고 완성한 모습입니다.

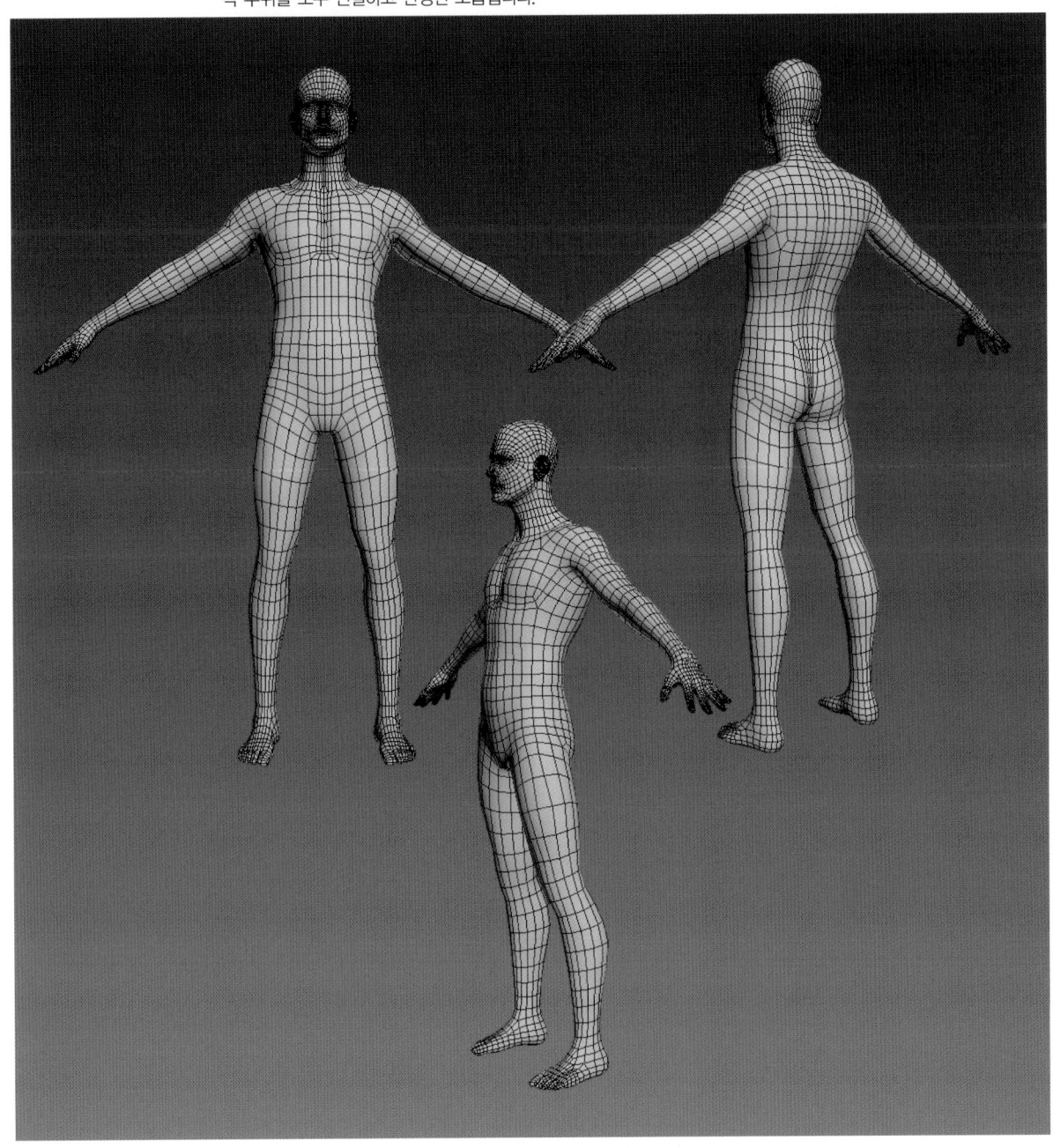

SECTION 07

카툰 스타일 캐릭터 만들기

캐릭터가 가진 성격과 상황에 따라 각종 의복과 액세서리 등을 캐릭터 몸에 맞게 제작합니다. 이번에는 카툰 스타일 캐릭터를 만들고 이에 어울리는 의상과 신발까지 전체를 만들어 봅니다.

얼굴 만들기

Sphere를 생성해서 기본 형태를 만들고 Polygon을 추가하는 방식으로 작업합니다. 먼저 Sphere를 생성하고 Editable Poly로 변환하고 간단하게 얼굴 형태를 잡아 줍니다.

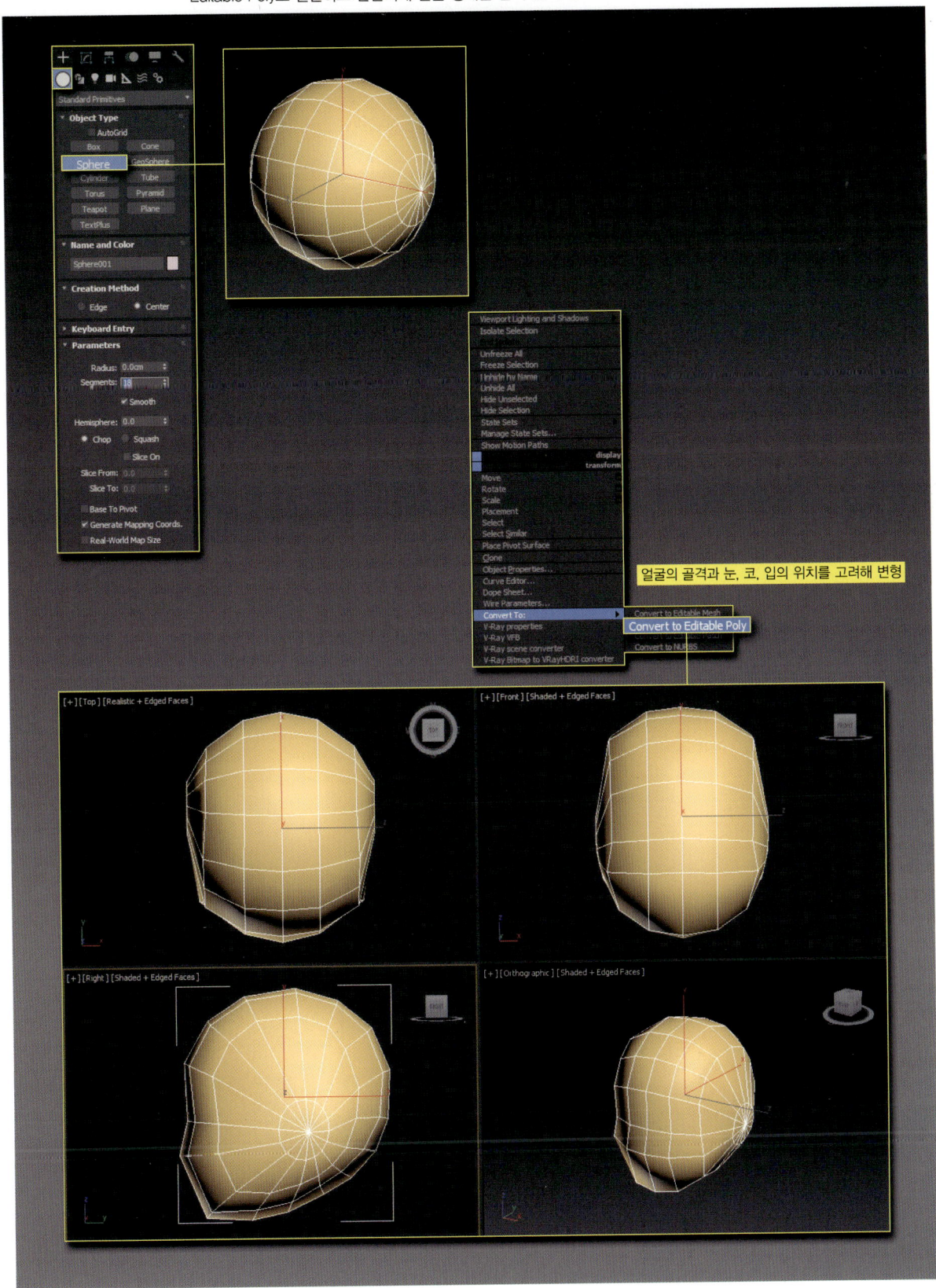

얼굴의 골격과 눈, 코, 입의 위치를 고려해 변형

Edge를 적절하게 추가하고 눈, 코, 입 위치에 주의하면서 얼굴 형태를 잡아 줍니다. 얼굴의 곡면을 유지하기 위해서 Ribbon ➡ Modeling ➡ Flow Connect를 이용해서 Edge를 추가해도 좋습니다.

곰 인형 만들기 참고

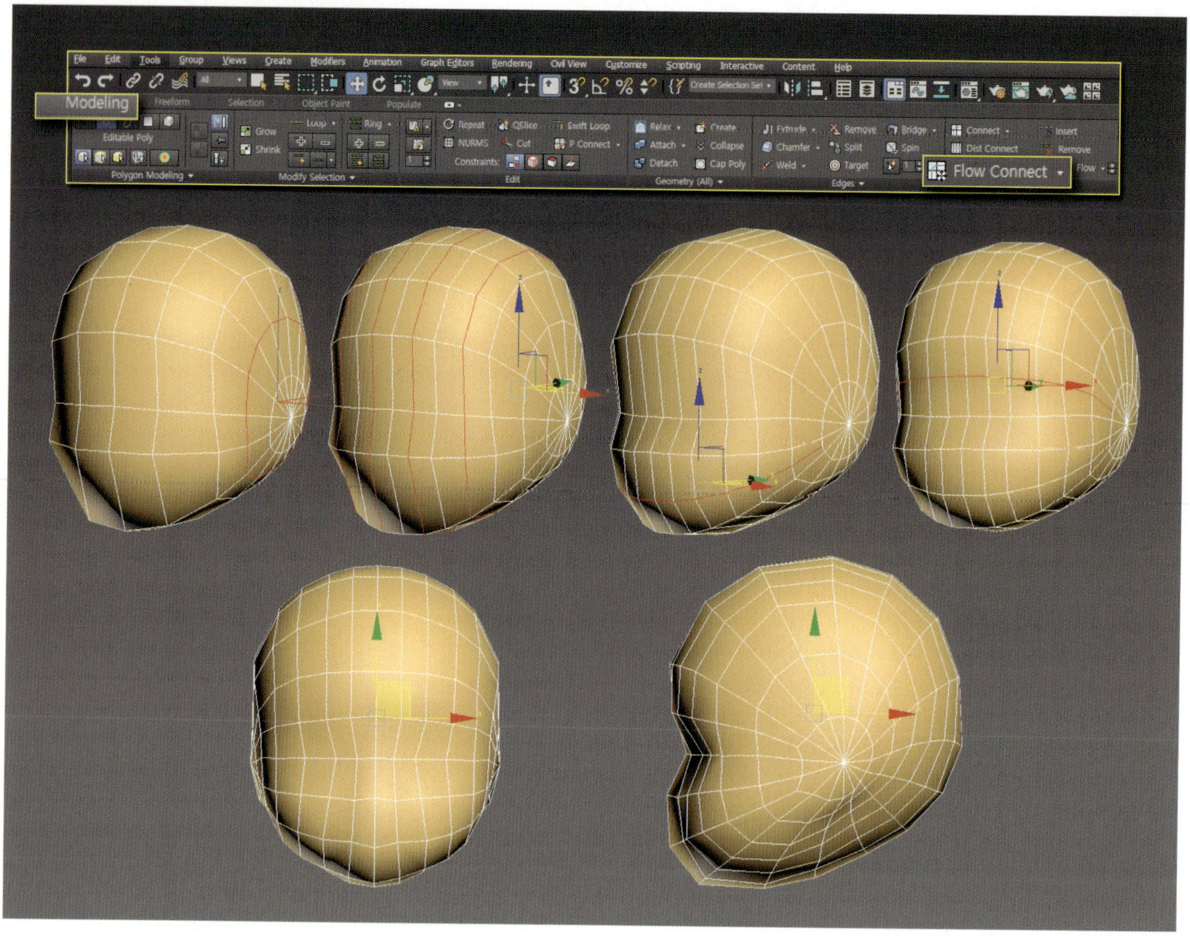

눈을 만들 부분의 Polygon을 Inset과 Bevel을 이용해서 추가하고 정리합니다.

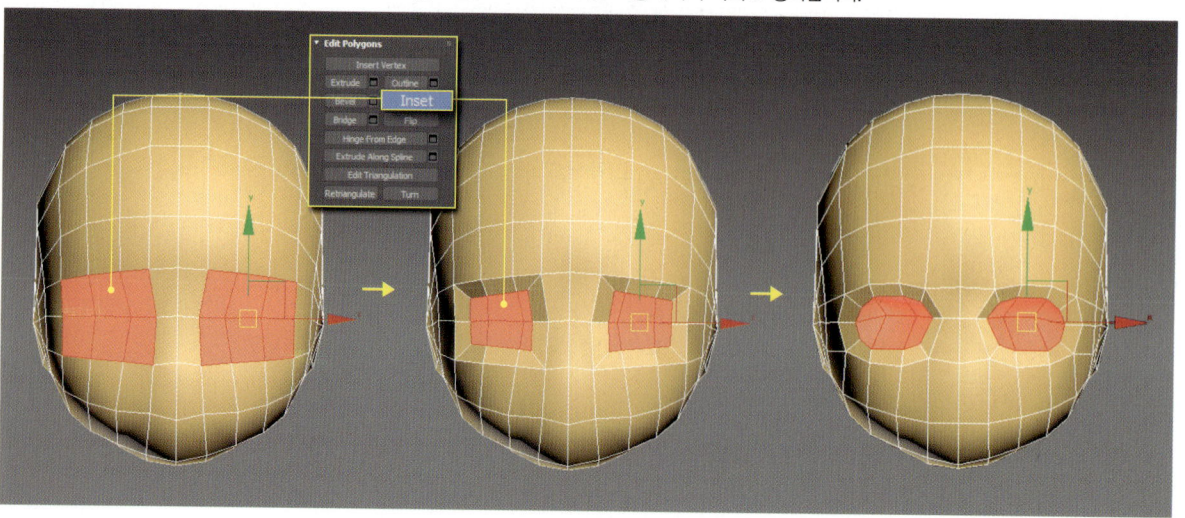

입을 만들 부분의 Edge를 추가하고 방사형을 유지하도록 정리하면서 입 모양을 만들어 줍니다.

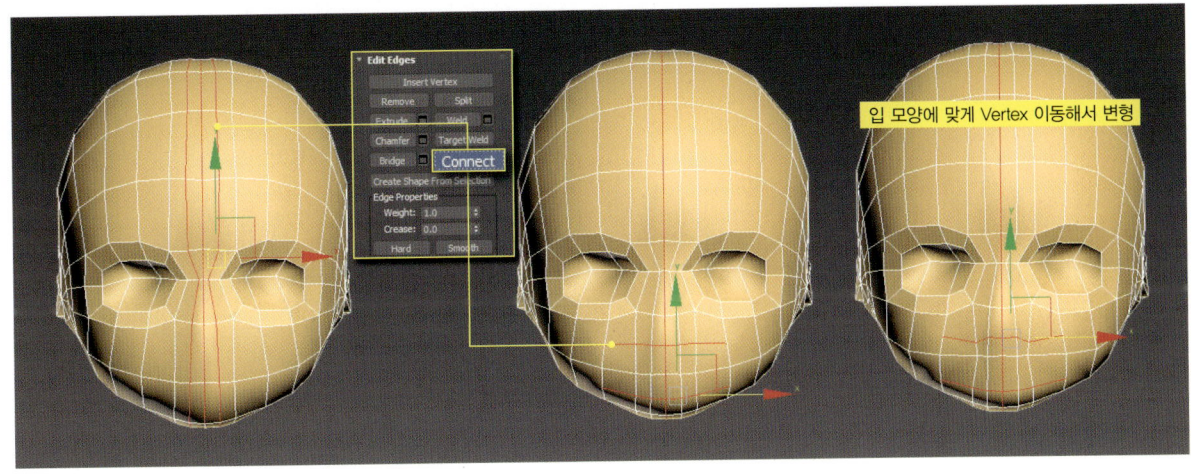

Chamfer를 이용해서 입술 부분을 분리하고 Edge를 연결합니다.

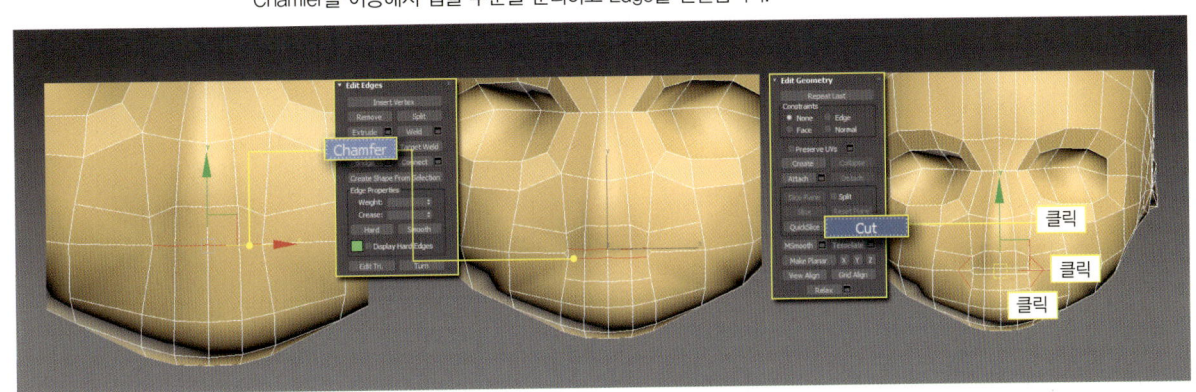

입을 만들기 위해 필요 없는 Polygon을 삭제하고 방사형으로 입 주변의 Edge를 정리합니다.

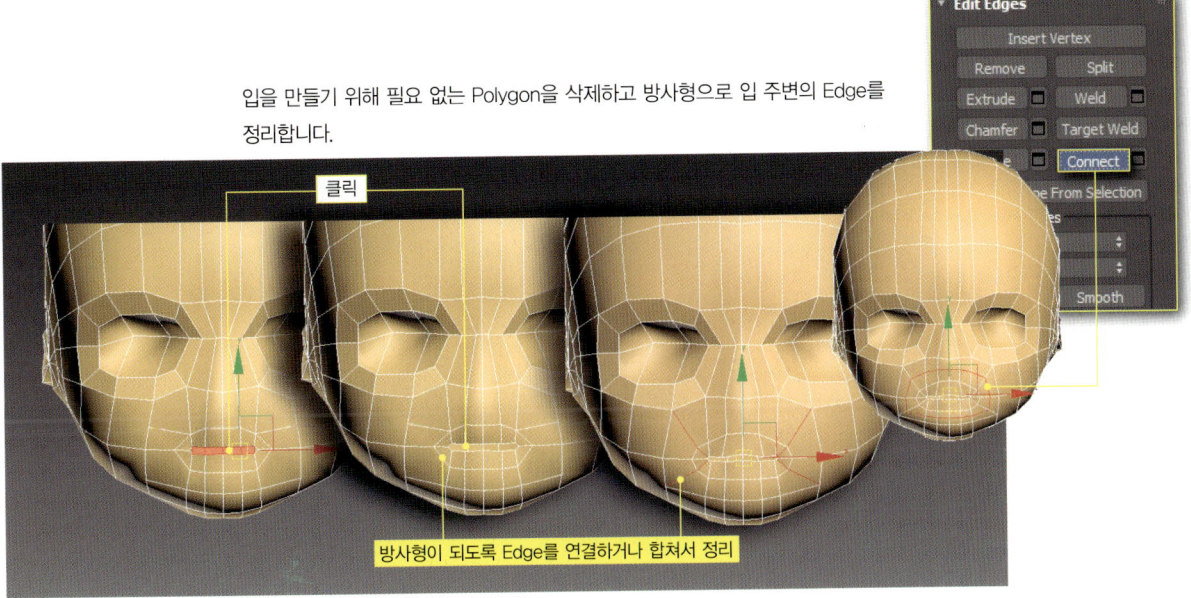

계속 해서 Edge를 추가하고 정리하면서 형태를 완성해 나갑니다.

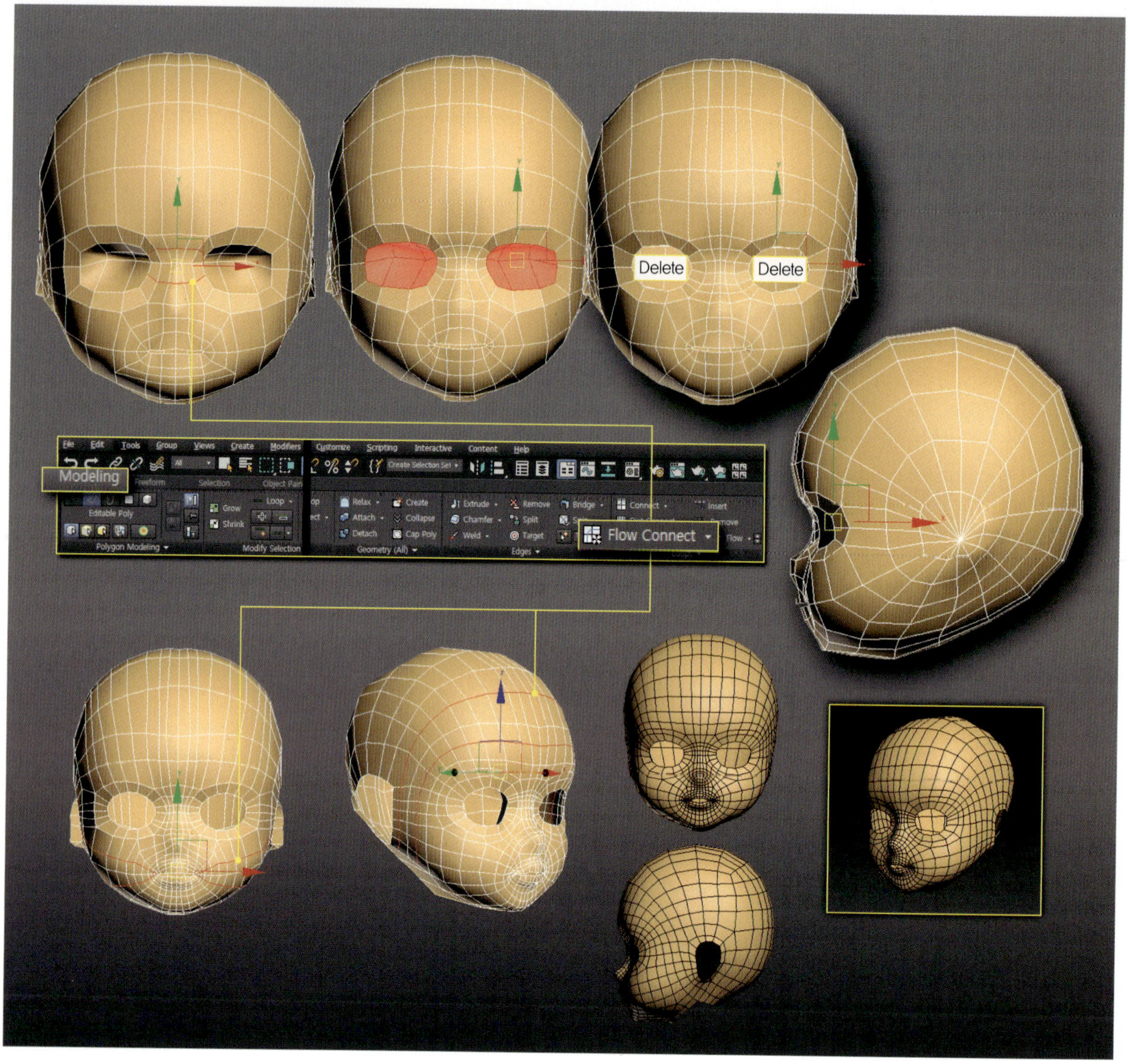

귀도 카툰 스타일에 맞게 간결하게 표현해서 완성합니다.

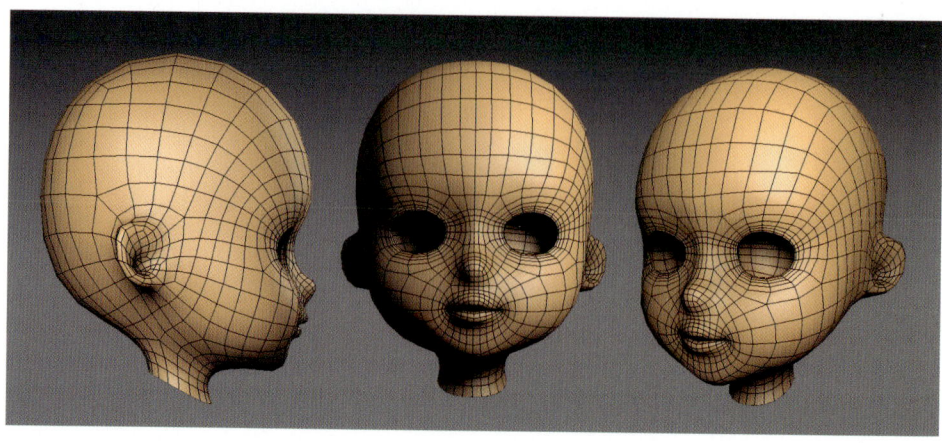

몸 만들기

몸통은 Editable Polygon으로 변환하고 얼굴에서 목과 몸통으로 Edge를 Shift 키를 누른 상태로 Move를 이용해서 추가하고 변형합니다.

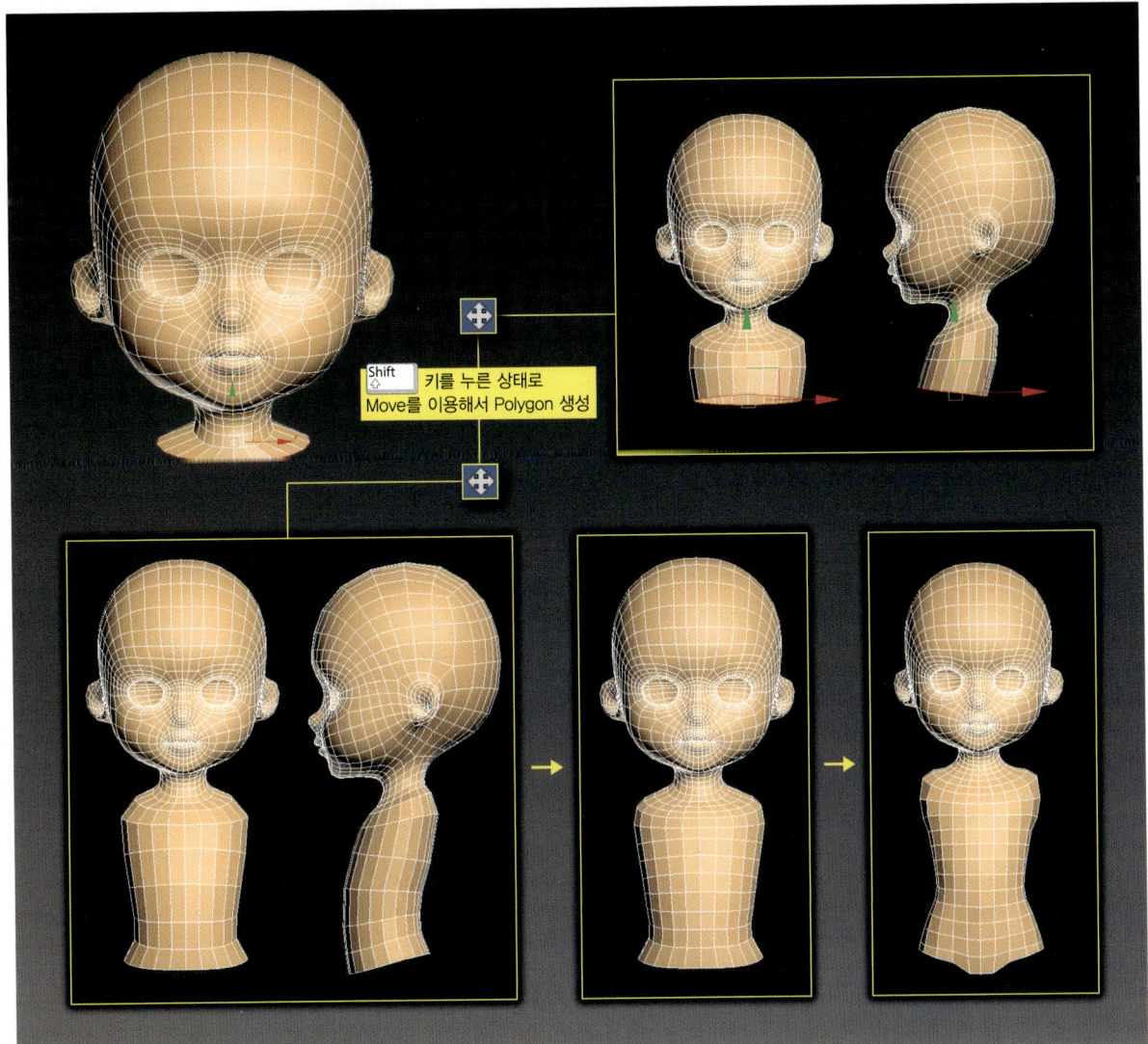

팔 만들기

팔을 만들 부분의 Polygon을 선택하고 Bevel과 Extrude를 이용해서 추가하고 어깨에서 팔로 연결되는 Edge를 추가하고 정리해서 팔을 만들어 나갑니다. 다시 Modify ➡ Symmetry를 적용하고 대칭으로 작업합니다.

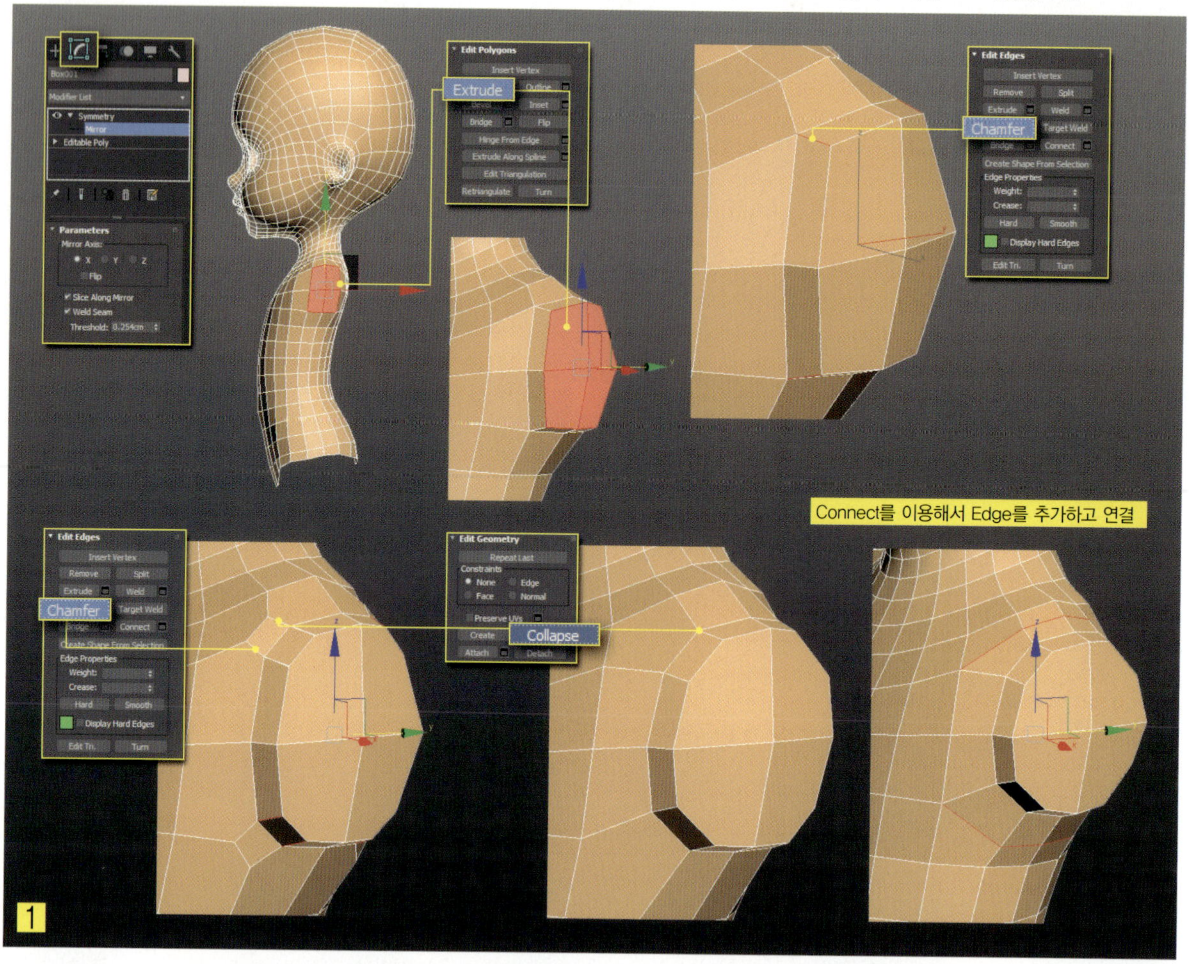

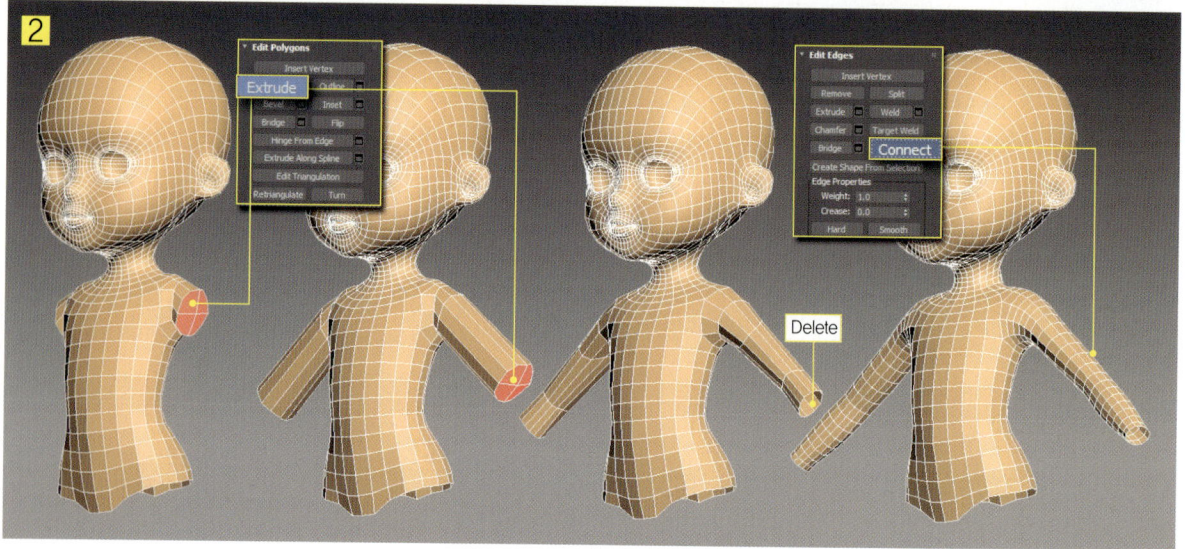

Edge의 수와 연결 방향은 원하는 결과에 따라 달라질 수 있습니다.
스스로 필요한 만큼 추가하고 작업하기를 바랍니다.

다리 만들기

다리는 몸통 아래 연결 부위의 Edge를 추가해서 작업합니다.

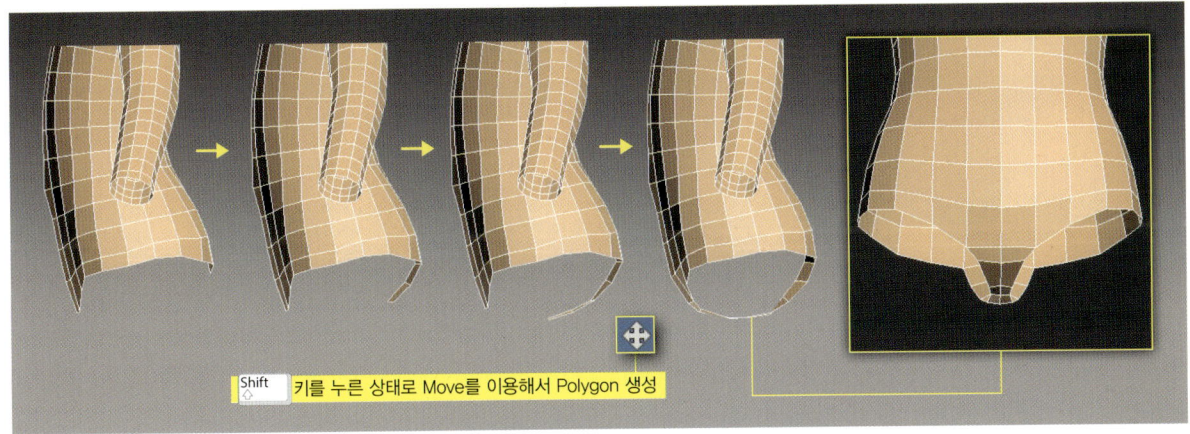

Shift 키를 누른 상태로 Move를 이용해서 Polygon 생성

팔과 마찬가지로 다리도 Shift 키를 누른 상태로 Move를 이용해 Edge를 추가해서 완성합니다.

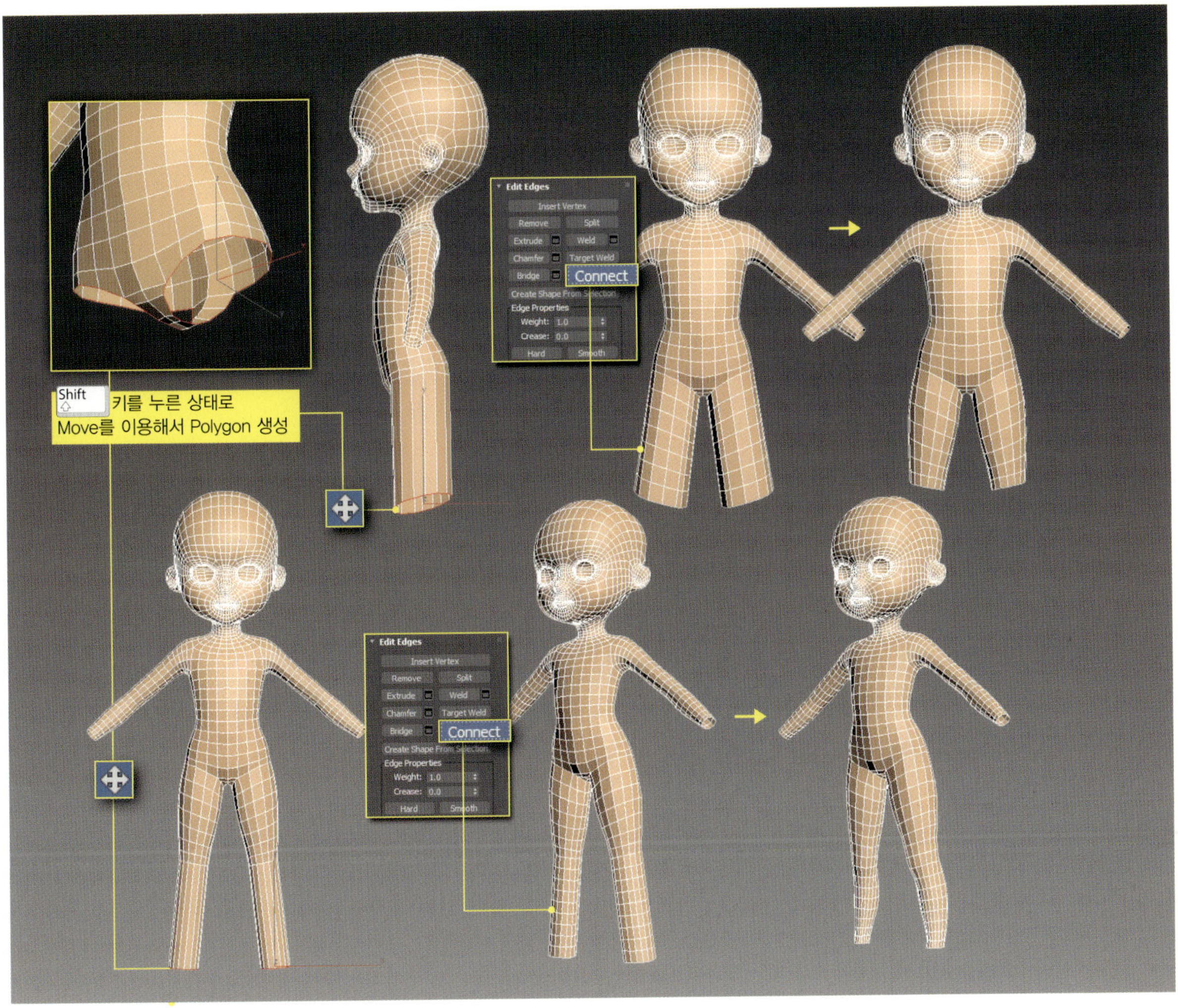

Shift 키를 누른 상태로 Move를 이용해서 Polygon 생성

손 만들기

이제 손을 만들어 봅니다. 손도 지금까지와 같은 방법을 이용하지만 10개의 손가락을 붙여야 하는 만큼 손가락이 연결될 부위의 Edge 수와 Vertex의 수를 주의해서 작업합니다. Shift 키를 누른 상태로 Move를 이용해서 Edge를 추가하고 Connect를 이용해서 다시 필요한 만큼 Edge를 추가한 후 형태를 잡아 줍니다.

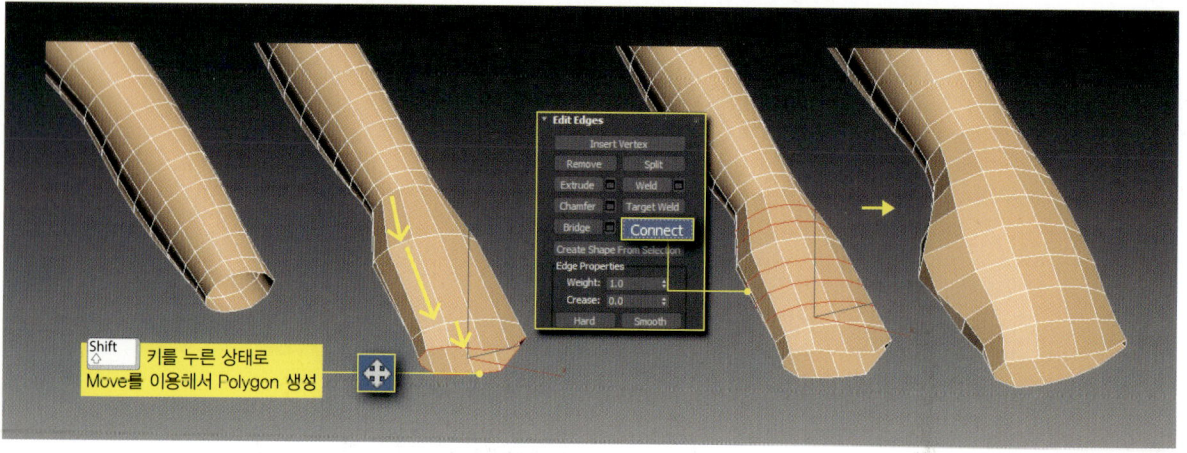

선택 모드를 Border로 선택하고 뚫려 있는 Edge를 모두 선택한 후 Cap으로 구멍을 메우고 Vertex를 Connect로 연결하고 Chamfer로 나눠주면서 손가락이 추가될 부분을 만듭니다.

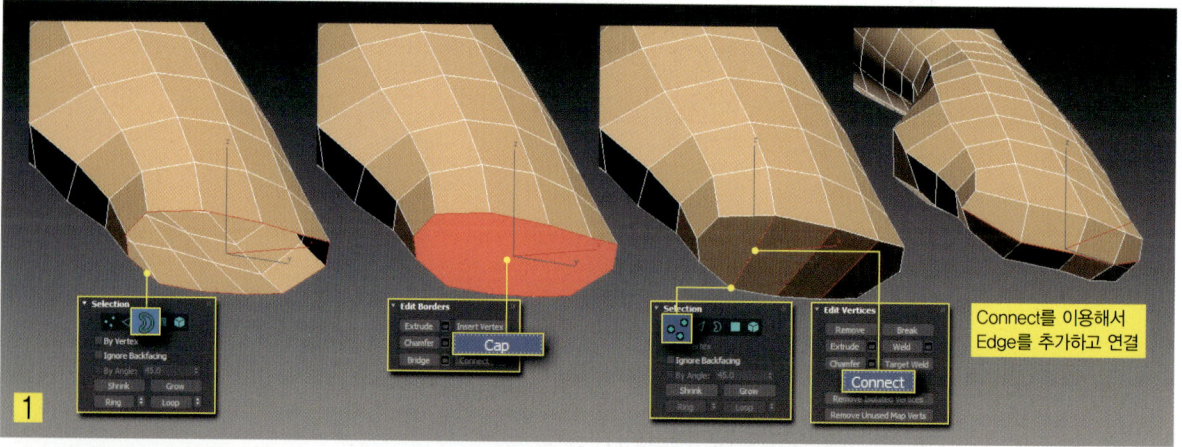

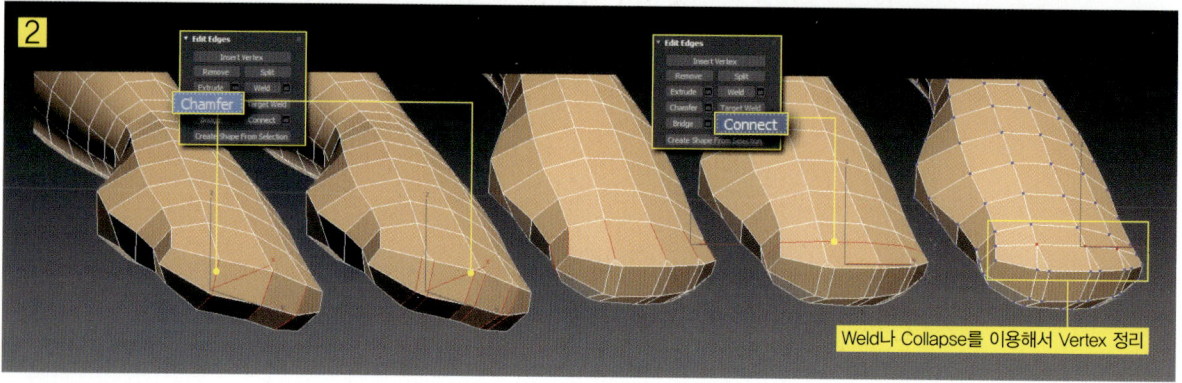

손가락이 추가될 부분의 Polygon을 Extrude를 이용해서 손가락 길이만큼 추가하고 손가락 마디에 필요한 만큼 Edge를 추가한 후 모양을 만들어 갑니다.

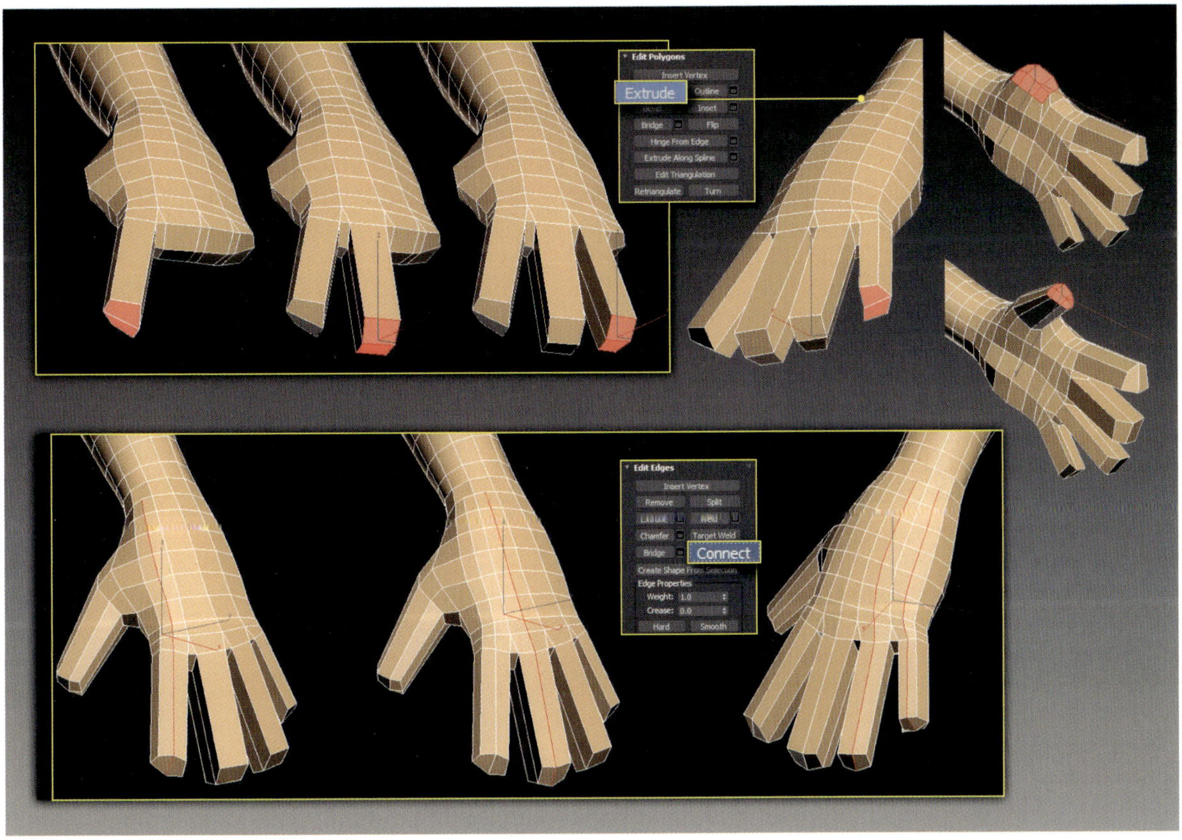

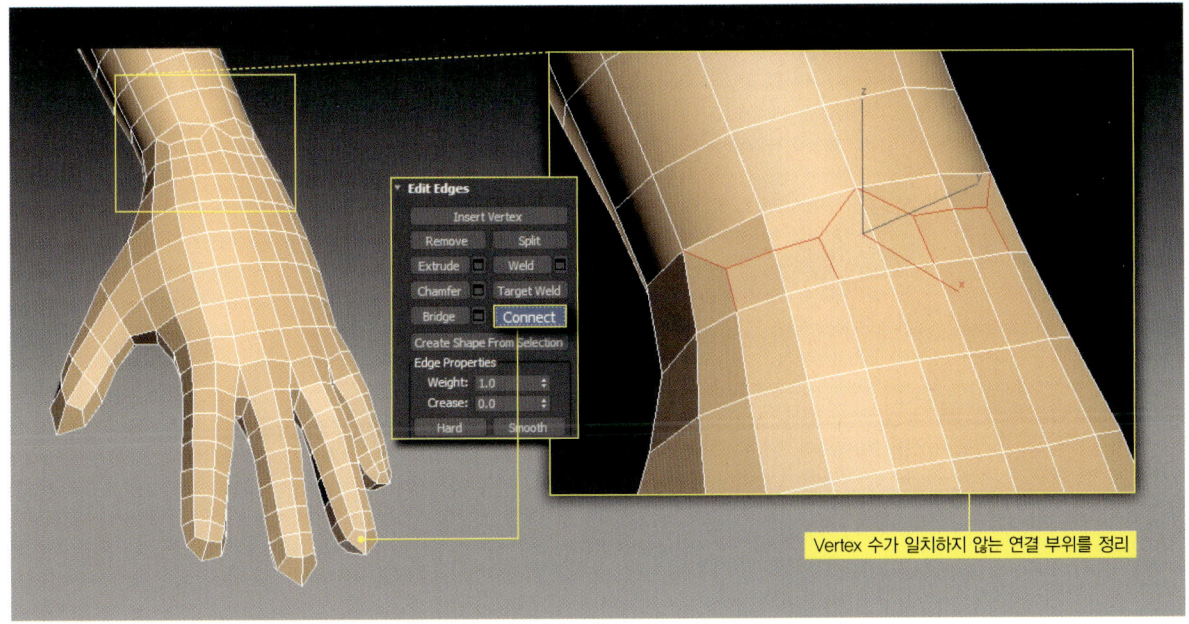

주의할 것은 손가락에 필요한 Edge 수가 증가하므로 팔로 연결되는 부분의 Edge 수와 맞지 않게 됩니다. 이 부분을 다음 그림과 같이 자연스럽게 연결해야 합니다.

Vertex 수가 일치하지 않는 연결 부위를 정리

같은 방법으로 발을 추가하고 완성한 모습입니다.

옷 만들기

이제 옷, 신발, 헬멧 등의 의상과 소품을 작업합니다. 다음은 완성된 캐릭터의 모습입니다.

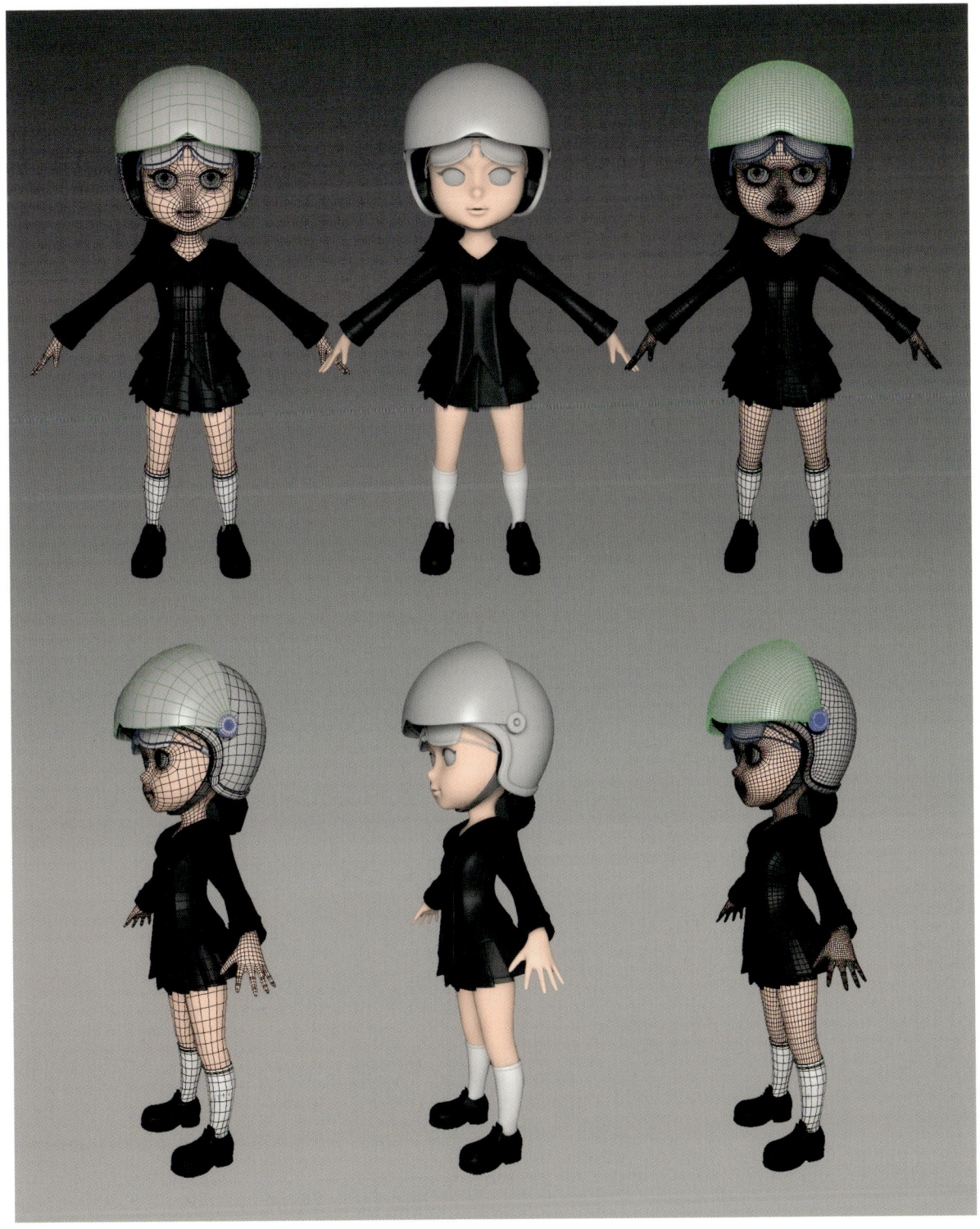

셔츠는 Box를 변형해서 제작합니다. 몸통을 만드는 과정과 흡사합니다. Box를 변형하고 몸통 크기에 맞추어 작업합니다.

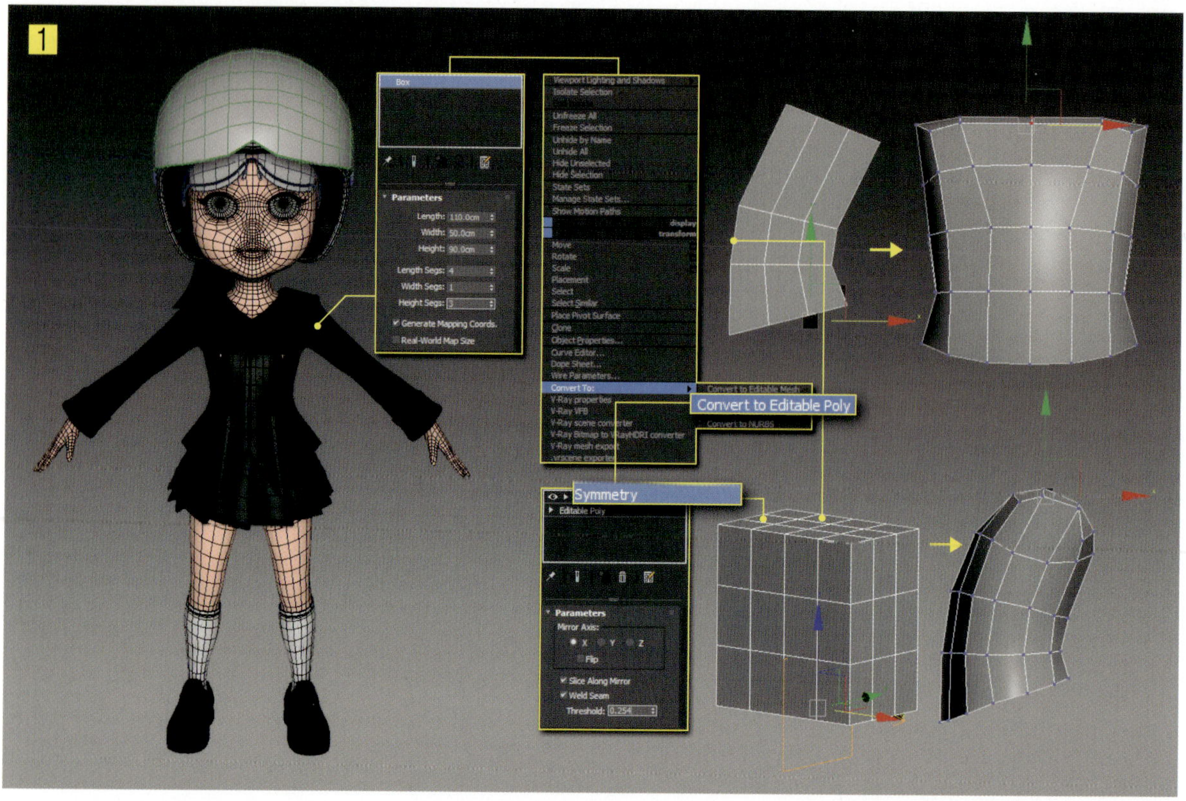

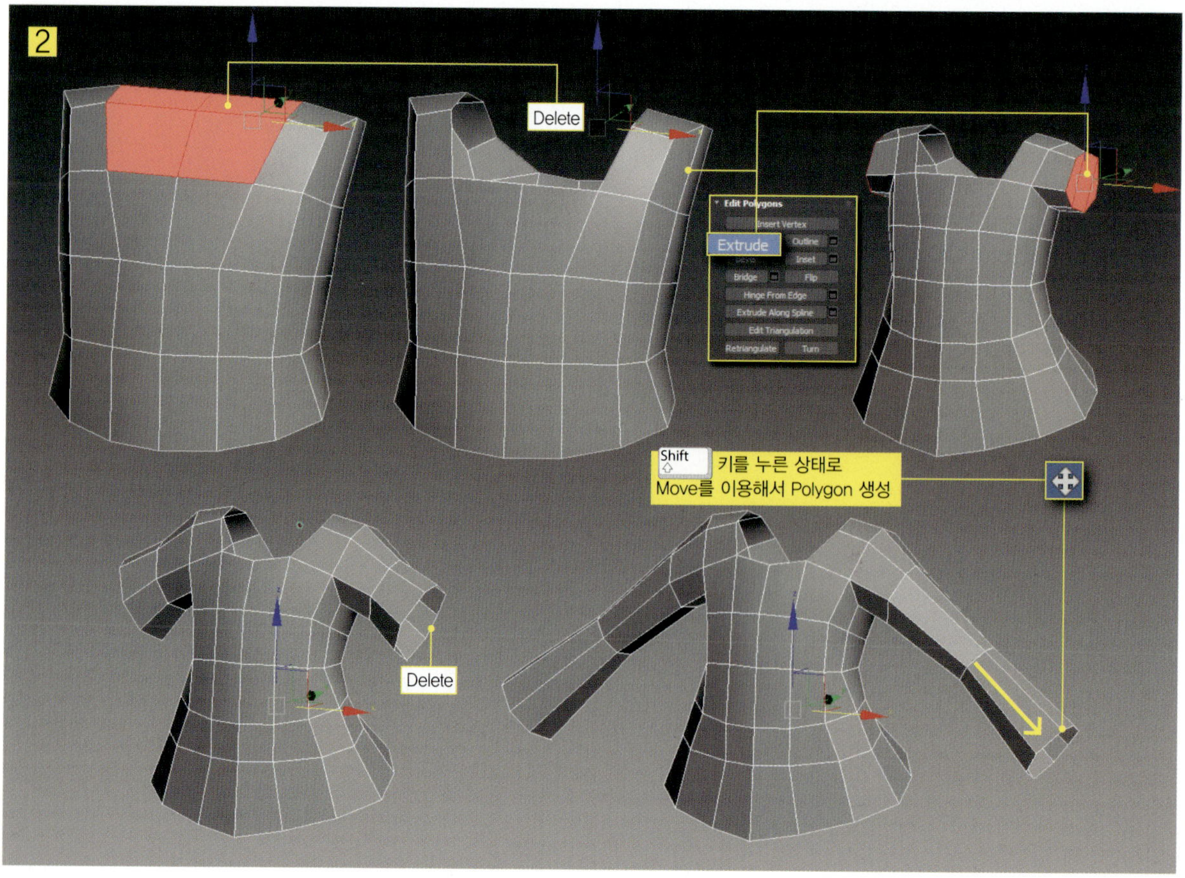

1

2

Shift 키를 누른 상태로 Move를 이용해서 Polygon 생성

Edge를 추가해서 소매와 목의 홈도 만듭니다.

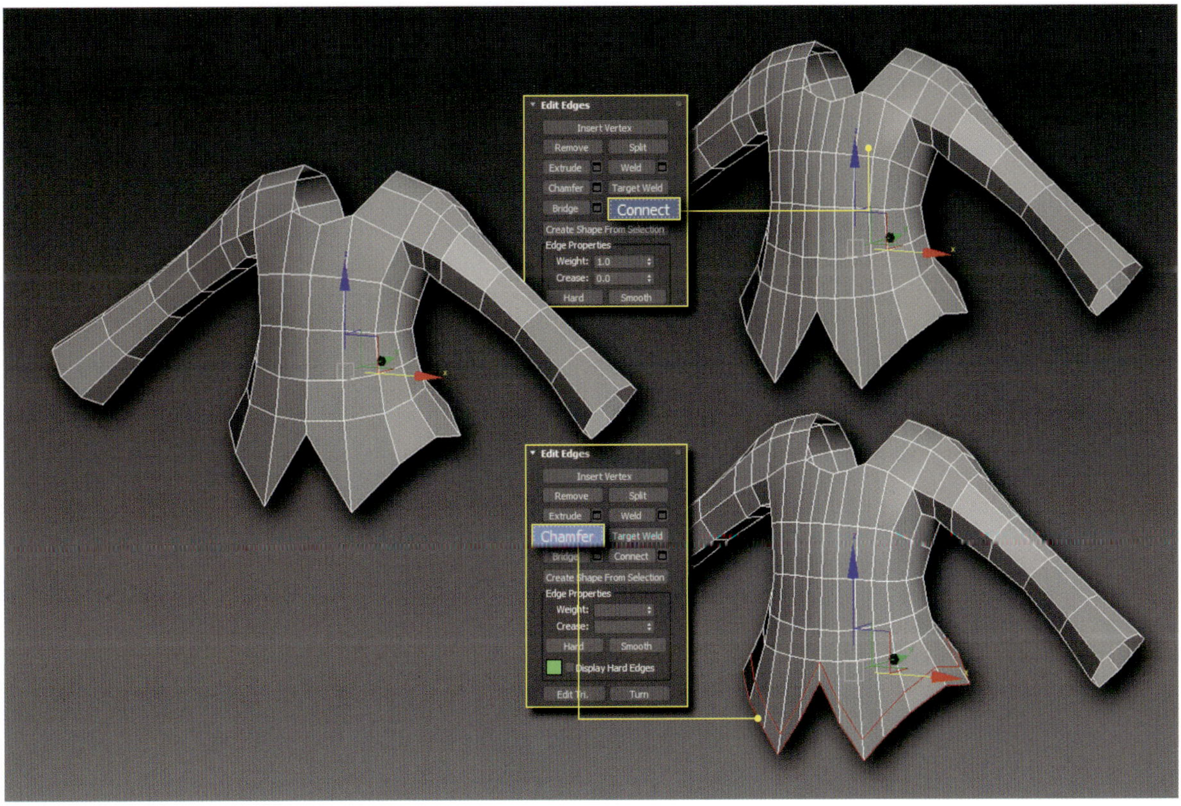

Modify ➡ Shell을 적용해 두께를 주고 다시 Editable Poly로 변환합니다.

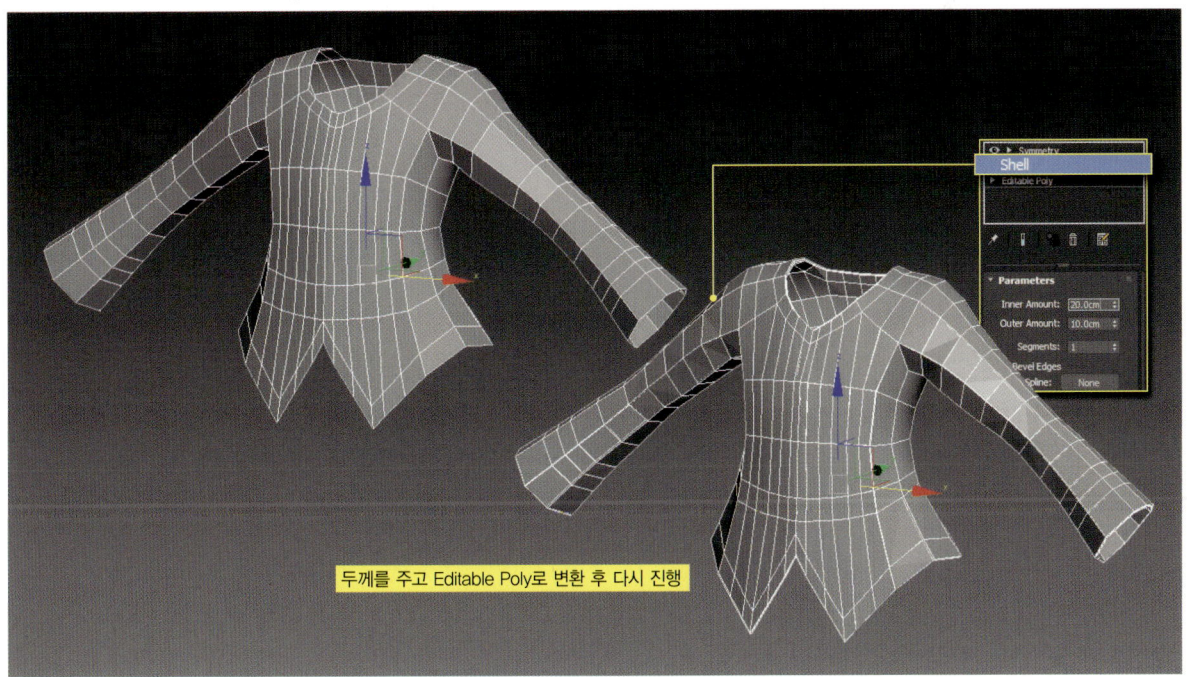

두께를 주고 Editable Poly로 변환 후 다시 진행

소매와 주름 부분에 Edge를 추가해서 변형합니다.

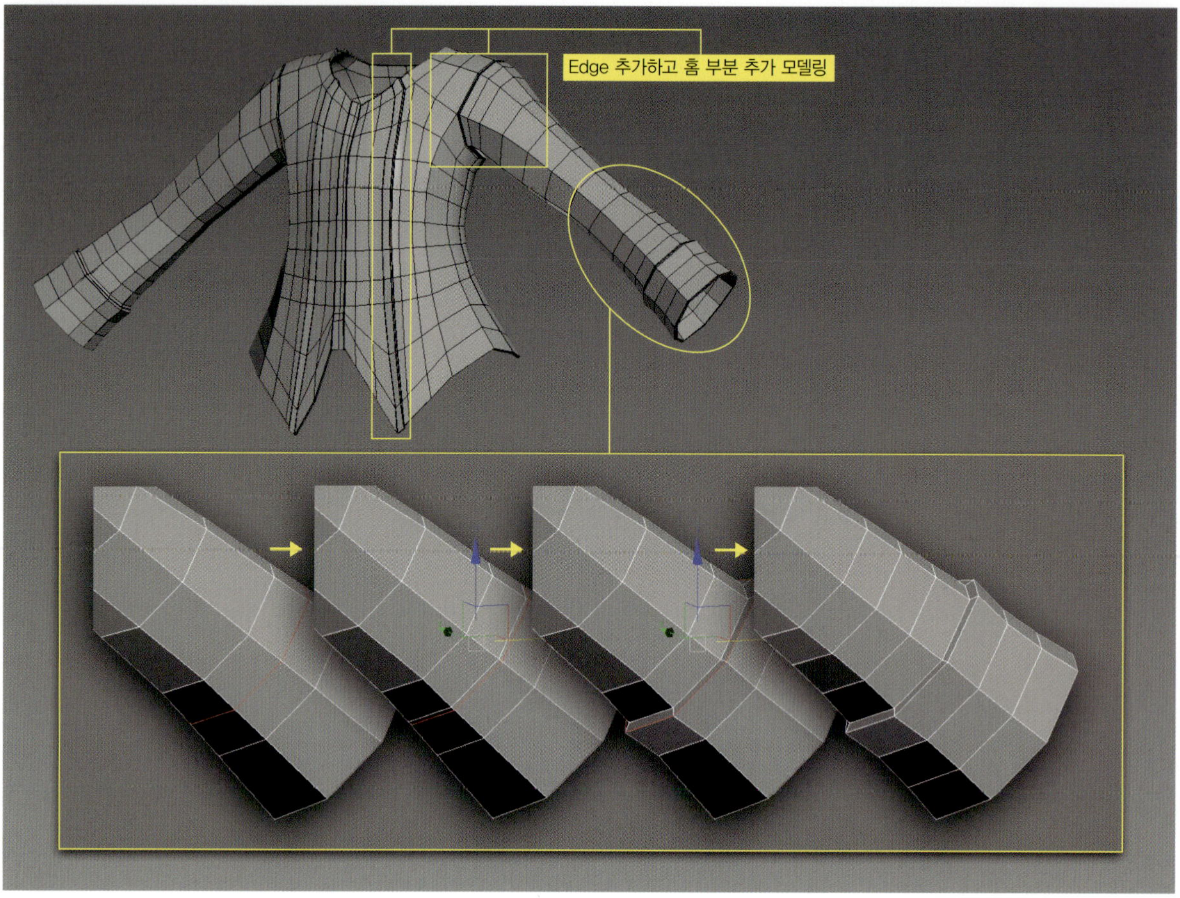

Edge 추가하고 홈 부분 추가 모델링

추가로 셔츠 상단 부분도 작업합니다.

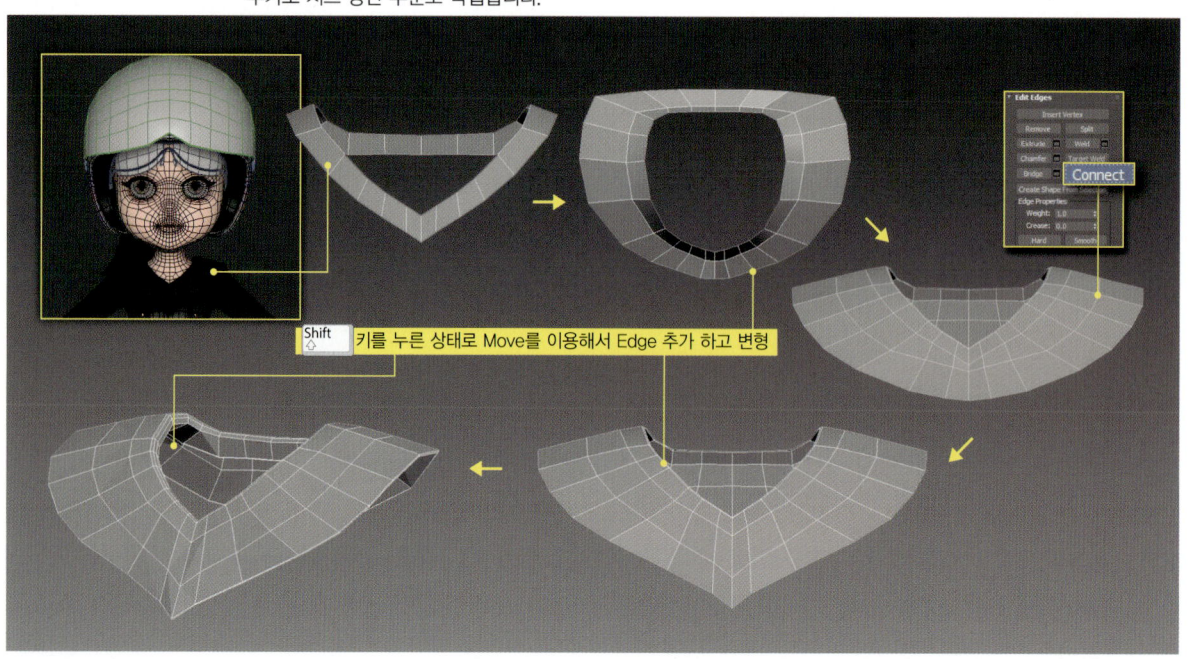

Shift 키를 누른 상태로 Move를 이용해서 Edge 추가 하고 변형

신발 만들기

Box를 이용해서 신발의 기본형을 만들고 발이 들어갈 부분을 삭제하고 다듬어 나갑니다.

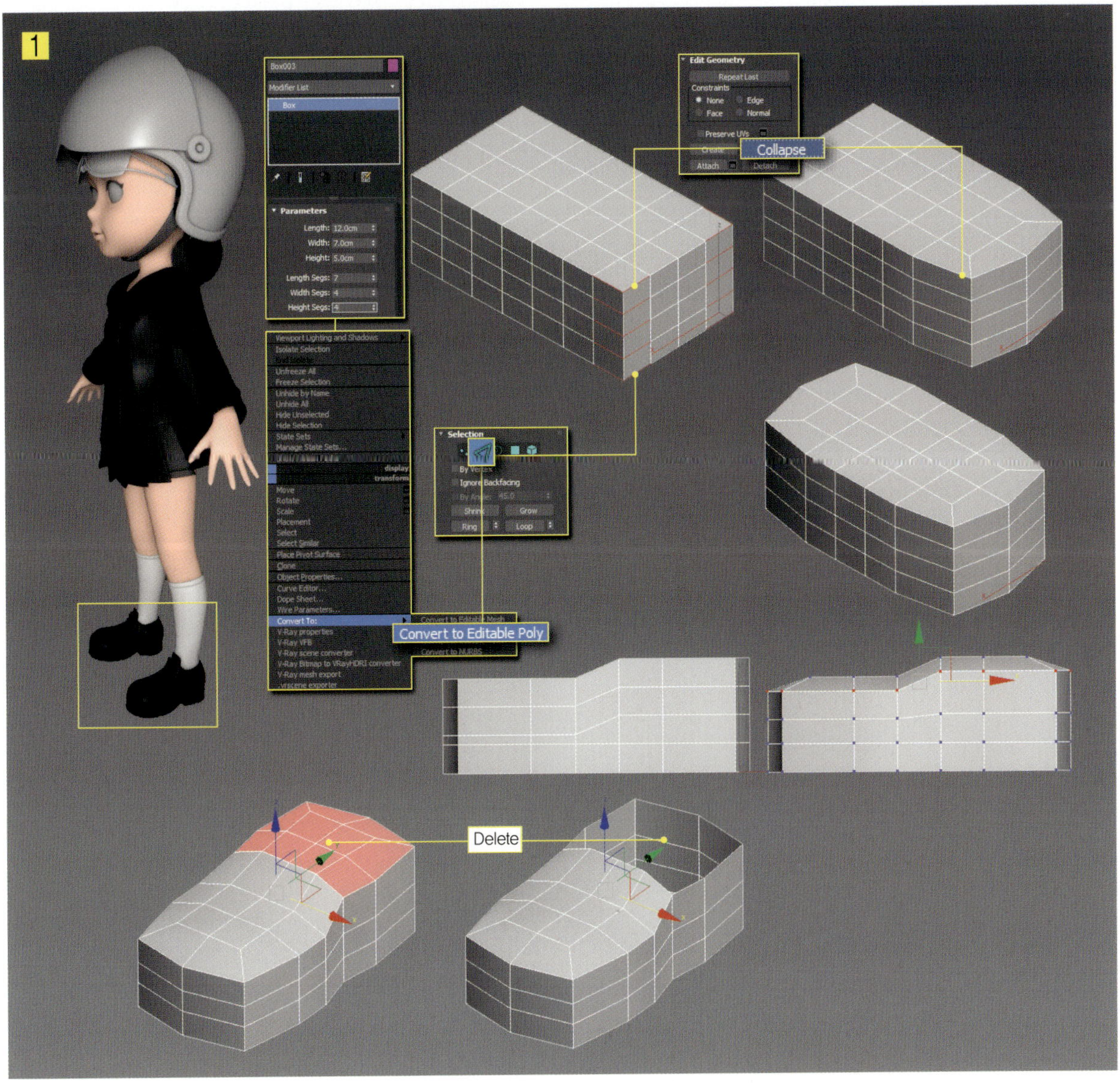

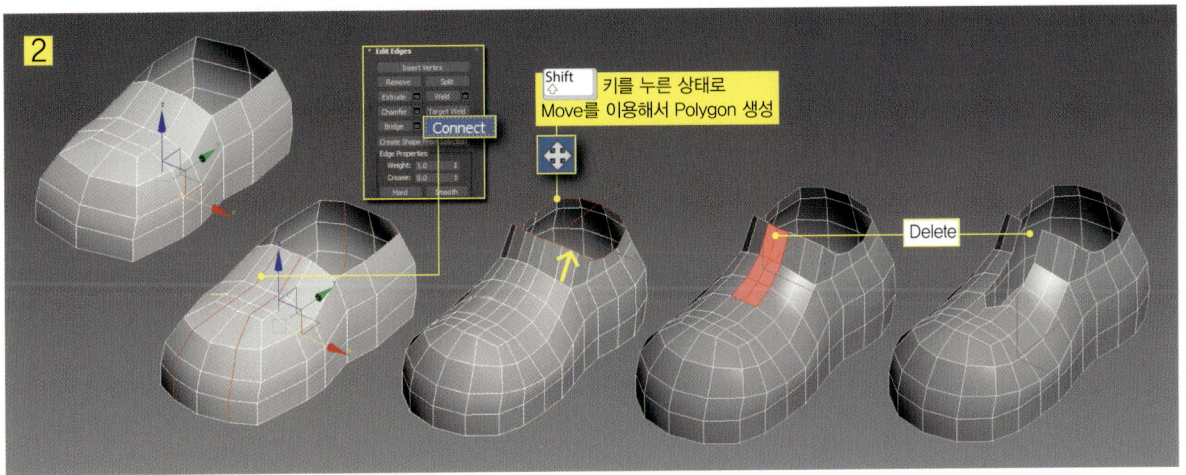

필요한 만큼 Edge를 추가하고 신발끈이 들어갈 부분에 구멍을 만들어 줍니다.

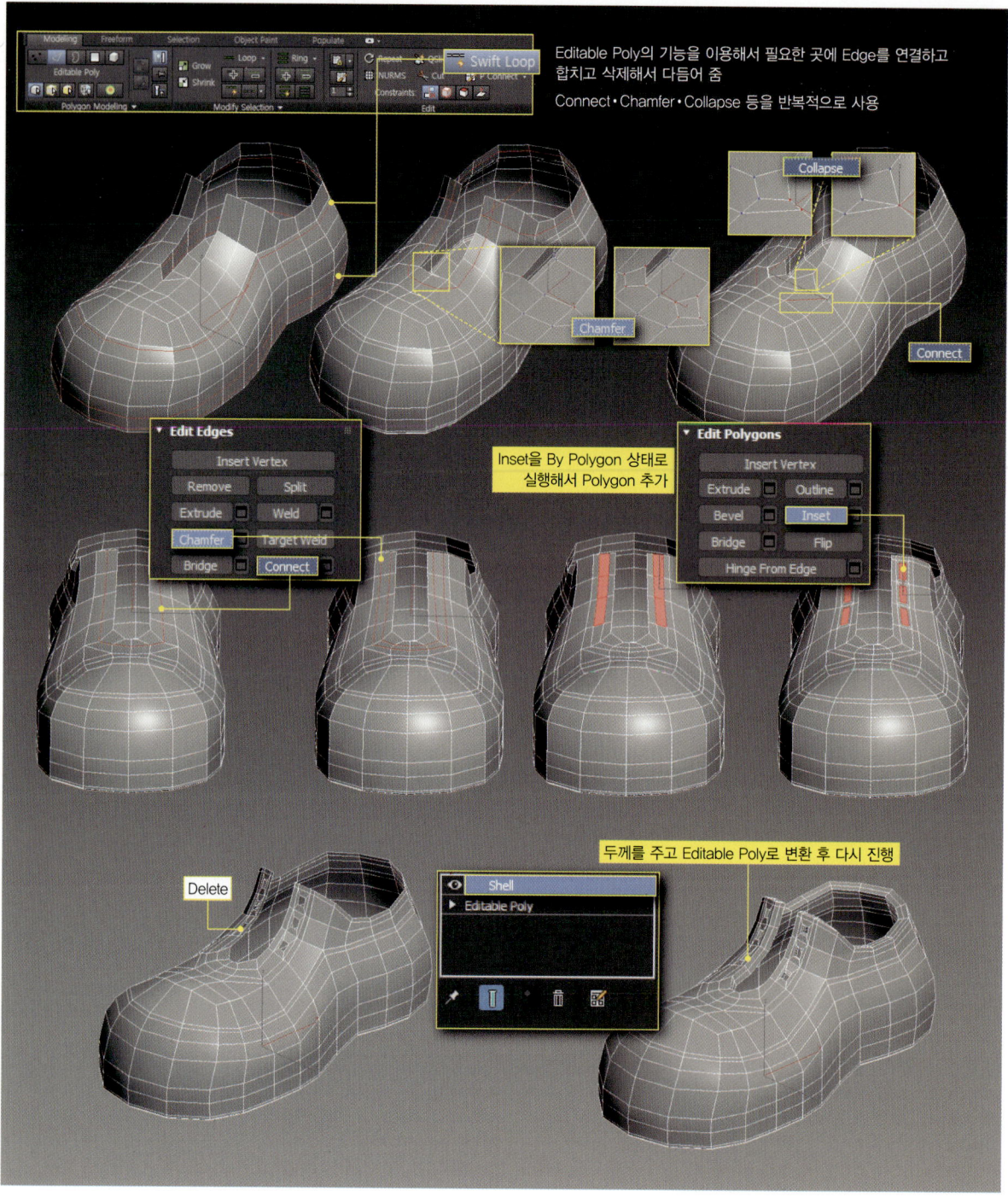

신발의 홈이 되는 부분은 Edge를 추가하고 Connect와 Chamfer 등을 이용해서 작업합니다.

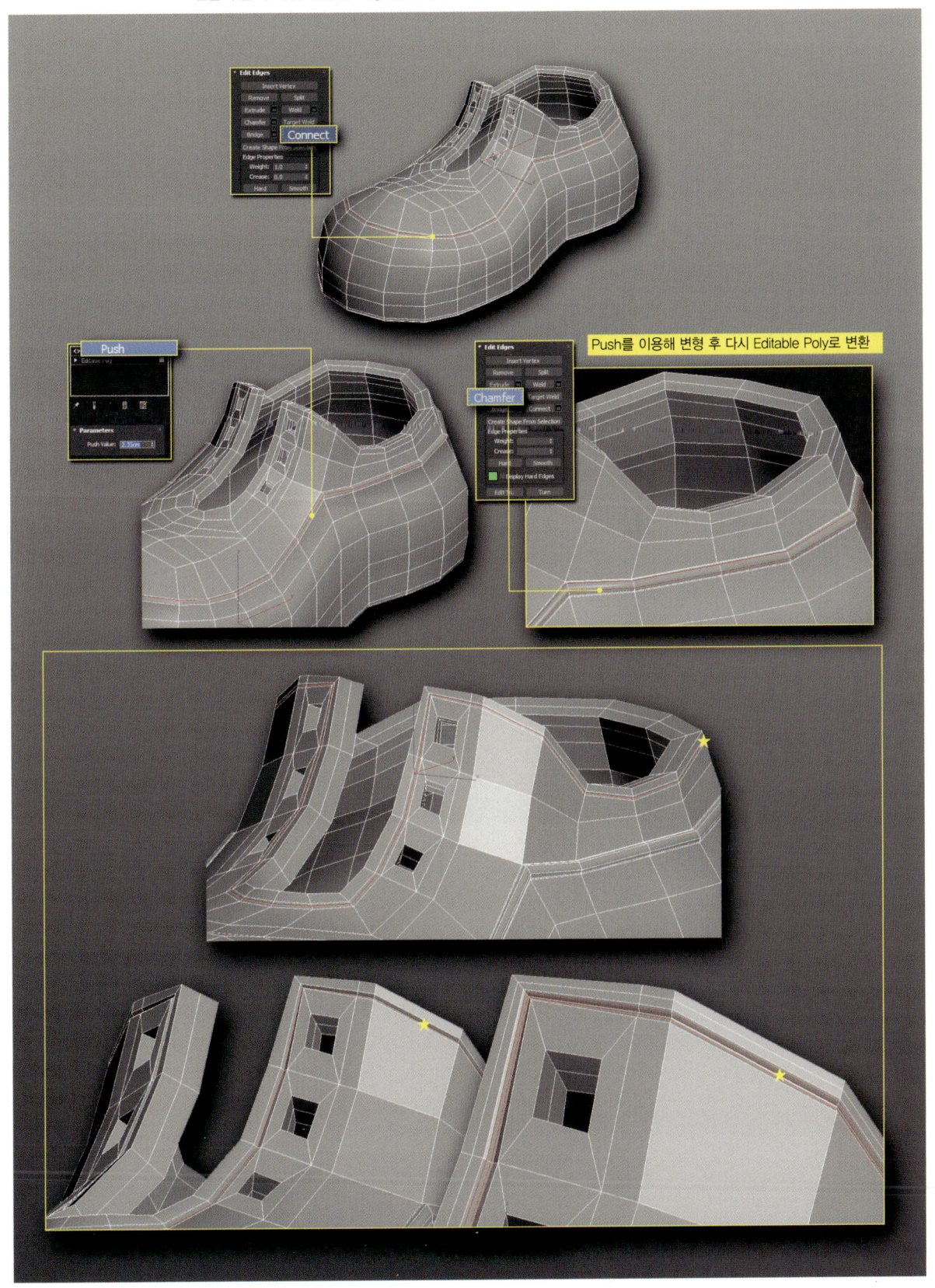

신발끈은 Line을 이용해서 만듭니다.

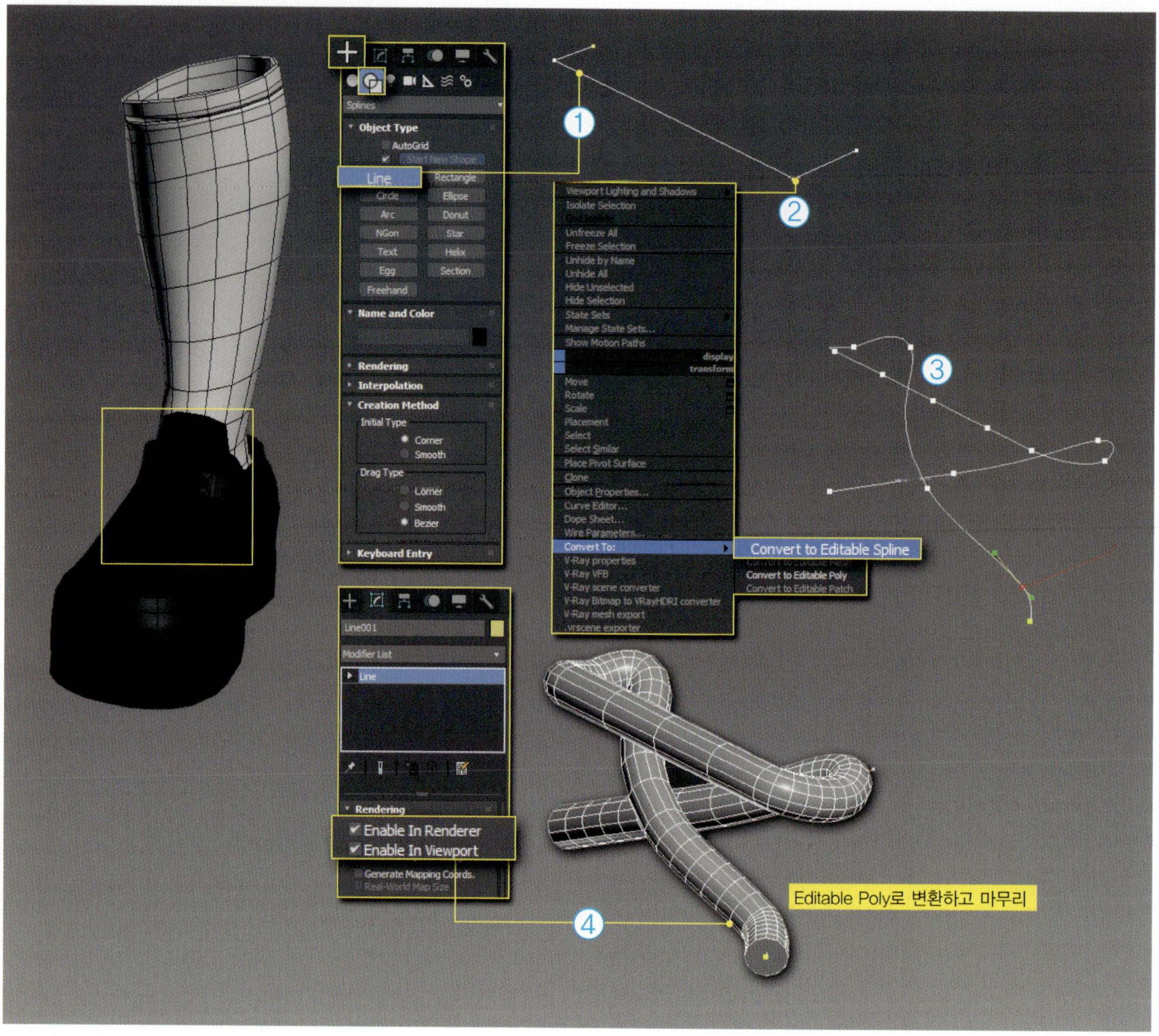

Editable Poly로 변환하고 마무리

신발 바닥은 신발 바닥 부분을 선택하고 Shift 키를 누른 상태로 Move해 복사하고 Modify ➔ Shell을 적용해서 두께를 주고 다시 Editable Poly로 변환합니다.

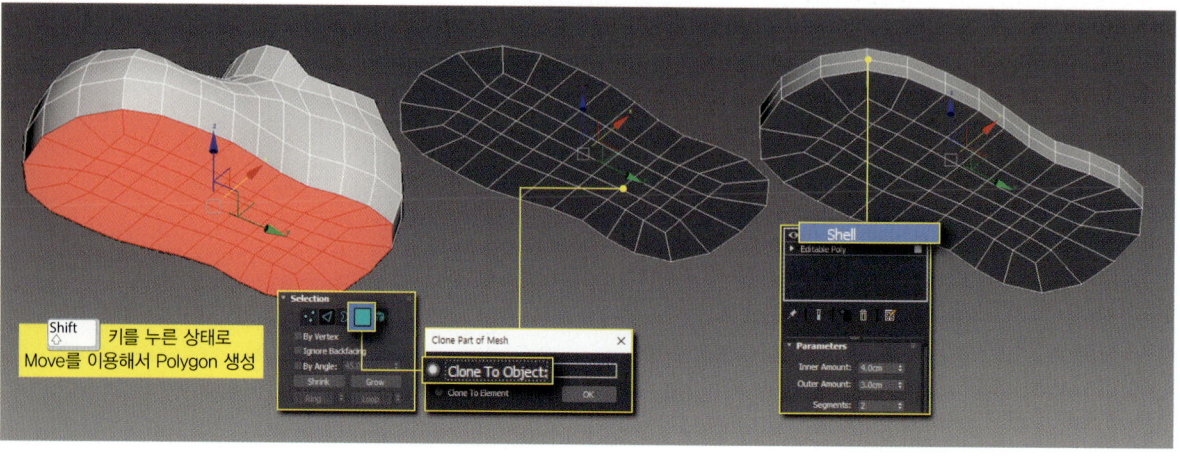

Shift 키를 누른 상태로 Move를 이용해서 Polygon 생성

Vertex를 이동하고 뒷굽 부분 Polygon을 Extrude한 후 Edge를 추가해서 완성합니다.

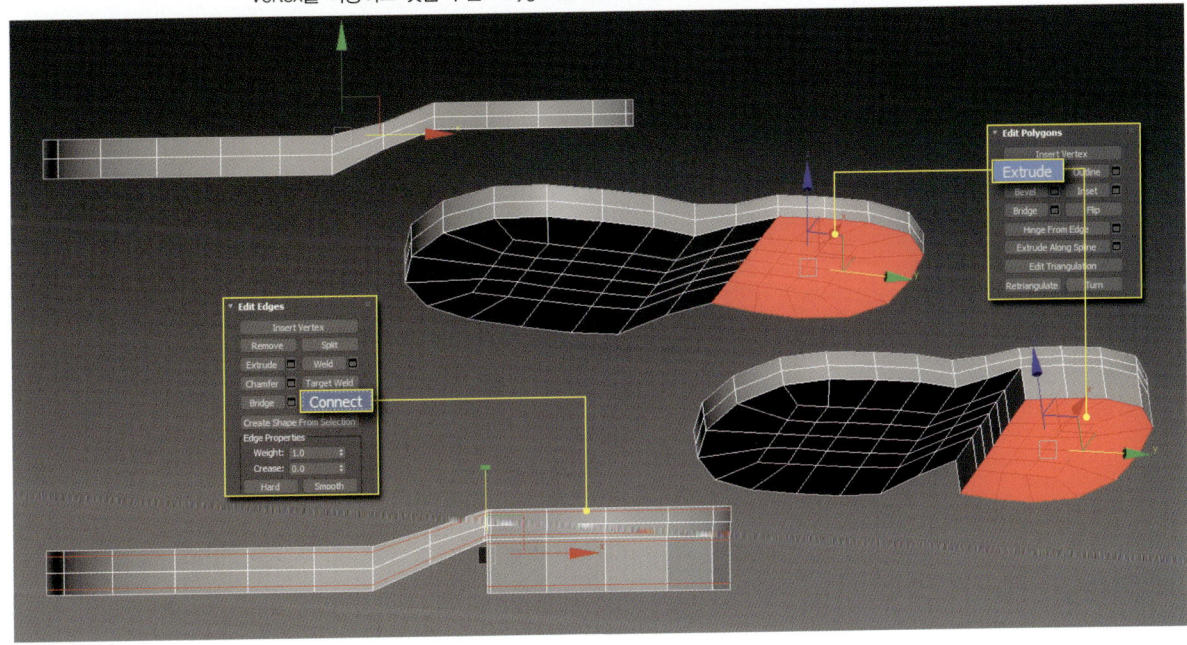

완성한 신발입니다.

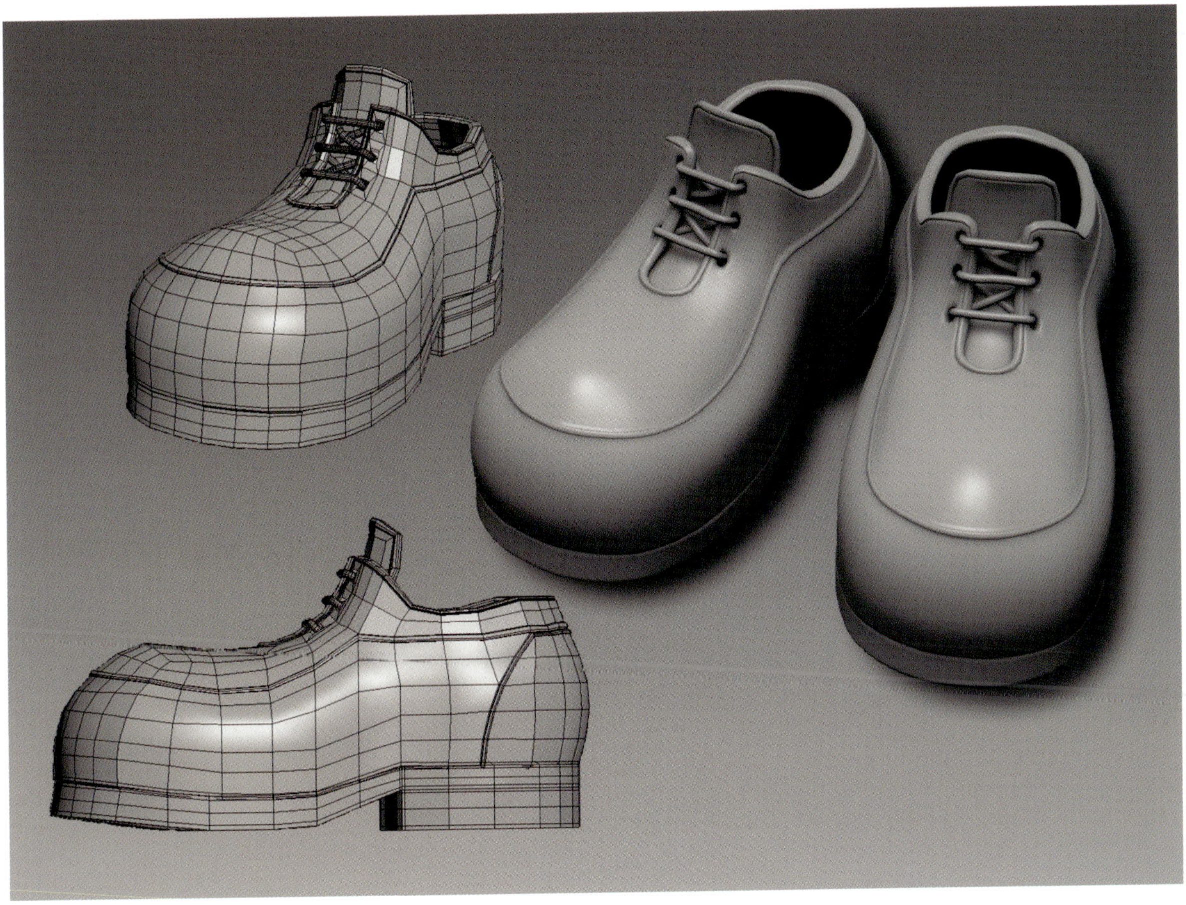

UVW Map의 이해

CHAPTER 06

06

CHAPTER
6

BRIEF INTRODUCTION

앞서 학습한 Object의 표면에 정확하게 이미지를 적용하기 위해서는 Object가 UVW Map 좌표를 가지고 있어야 합니다.

이 챕터에서는 제작한 Object의 표면에 UVW Map 좌표를 설정하는 방법과 기능에 대해서 학습합니다.

www.rubypaper.co.kr에 접속해 자료실에서 다음 파일을 내려받습니다.
Beardoll uvw.max

SECTION 01

UVW Map 좌표의 이해

Object 표면에 원하는 이미지를 표현하기 위해서는 Map 좌표가 설정되어 있어야 합니다. 물체를 도면처럼 펼쳐 놓은 상태를 연상하면 됩니다. 아래는 Object와 Object의 UVW Map 좌표에 이미지가 적용된 모습을 보여줍니다.

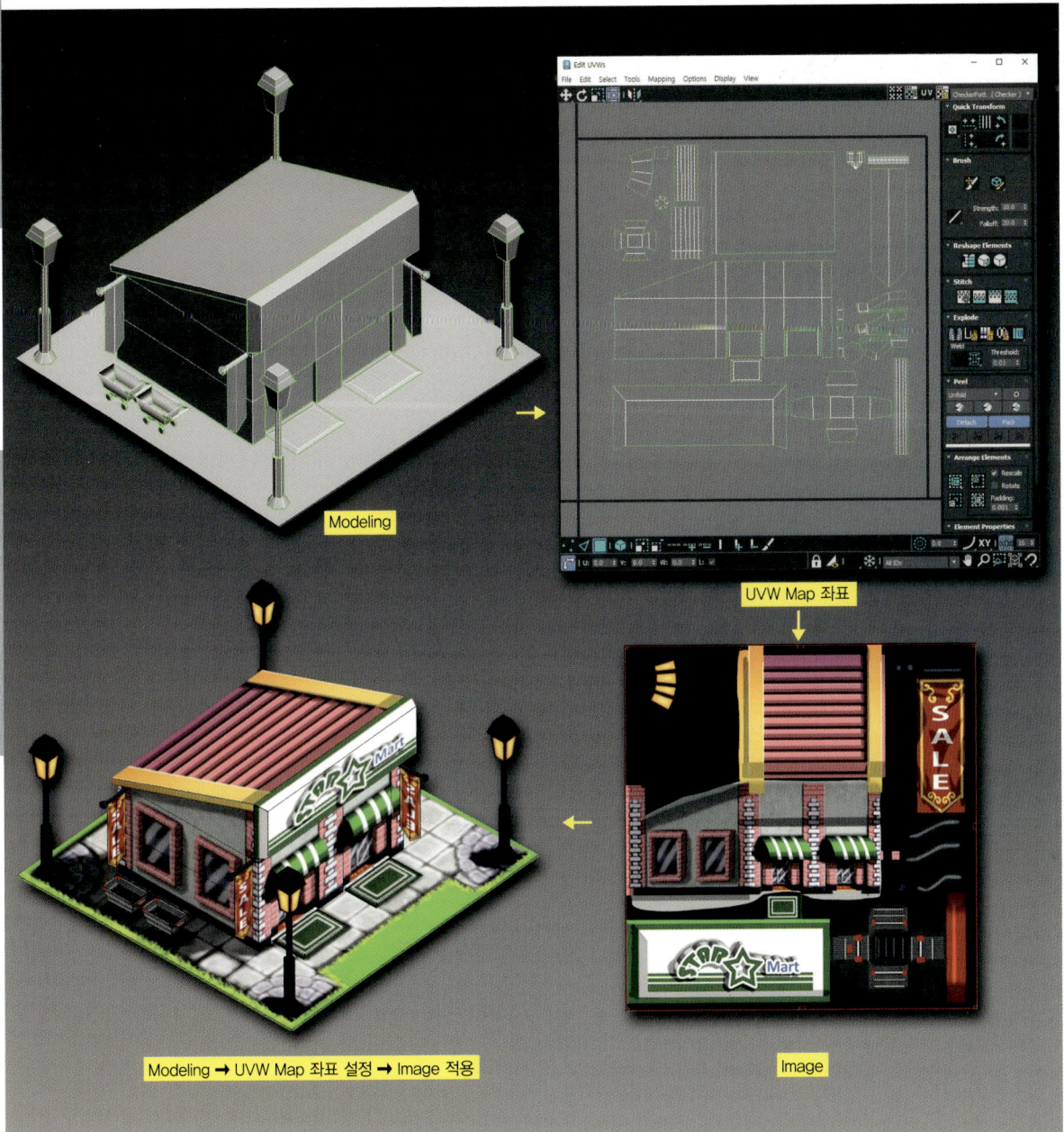

앞의 이미지에서 확인한 것처럼 Object를 제작한 후 표면에 이미지를 적용하기 위해서 UVW Map 좌표를 설정해야 합니다.

UVW Map 좌표를 설정하려면 몇 가지 Modify가 존재하는데 그 중 하나가 캐릭터 제작 과정에서 Plane에 컨셉 이미지를 적용하기 위해 사용했던 Modify ➡ UVW Map이 있었습니다.

이번 챕터에서는 가장 대표적으로 사용되는 Unwrap Uvw의 기능에 대해서 자세히 살펴보고 앞서 제작한 Object의 UVW Map 좌표를 설정해 보도록 하겠습니다.

표면에 색깔과 질감으로만 표현되는 Object의 경우 Map 좌표를 설정하지 않아도 되는 경우도 있습니다.

 일반적으로 디테일을 표현하거나 원하는 곳에 정확하게 이미지를 추가하기 위해서는 필수적인 작업 과정이지만 현재 UVW Map 좌표 설정 없이 직관적으로 Object 위에 이미지를 적용할 수 있는 기술들도 개발되고 실제 사용되고 있습니다.

SECTION 02

Unwrap UVW

Unwrap UVW는 3ds Max에서 UVW Map 좌표를 설정하기 위해 사용되는 대표적인 Modifier이고 좌표 설정을 위한 다양한 기능을 포함하고 있습니다.

Unwrap UVW를 이용해서 UVW Map 좌표를 설정할 때 가장 중요한 것은 어떤 부분을 분리할 것인가를 결정하는 것입니다. 좌표를 펼치기 위해서는 펼쳐질 부분이 분리돼야 하고 UVW Map 좌표가 분리되어 있는 부분은 녹색으로 표시됩니다.

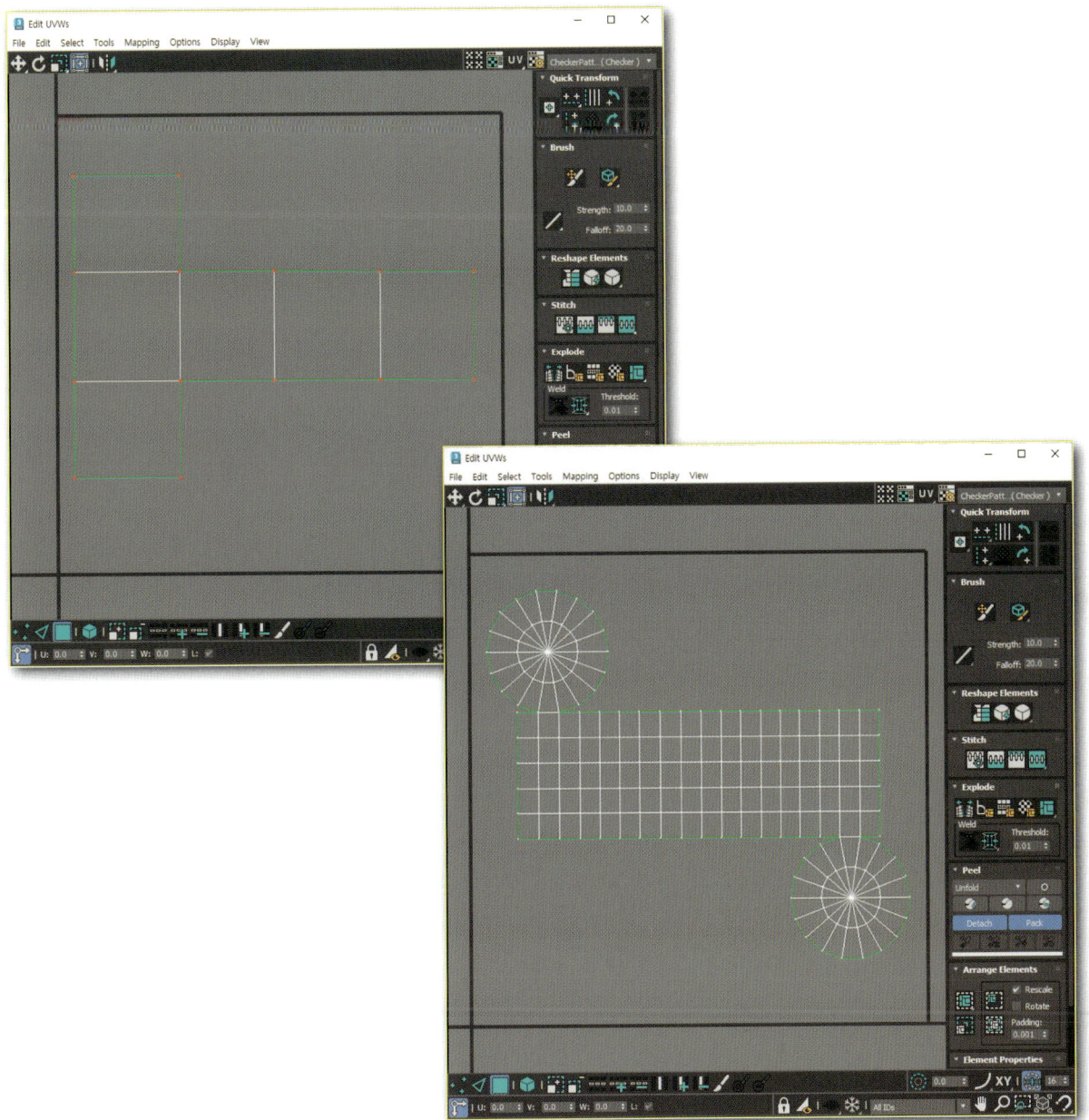

전체를 한 번에 작업하지 않고 원하는 부분을 선택하고 분리해서 펼쳐주고 Map을 적용하기 적합한 곳으로 이동해서 연결하는 것을 반복하는 과정이 Unwrap UVW의 작업 과정입니다.

아래 이미지는 UVW를 분리한 위치에 따른 Map 좌표의 차이를 보여줍니다.

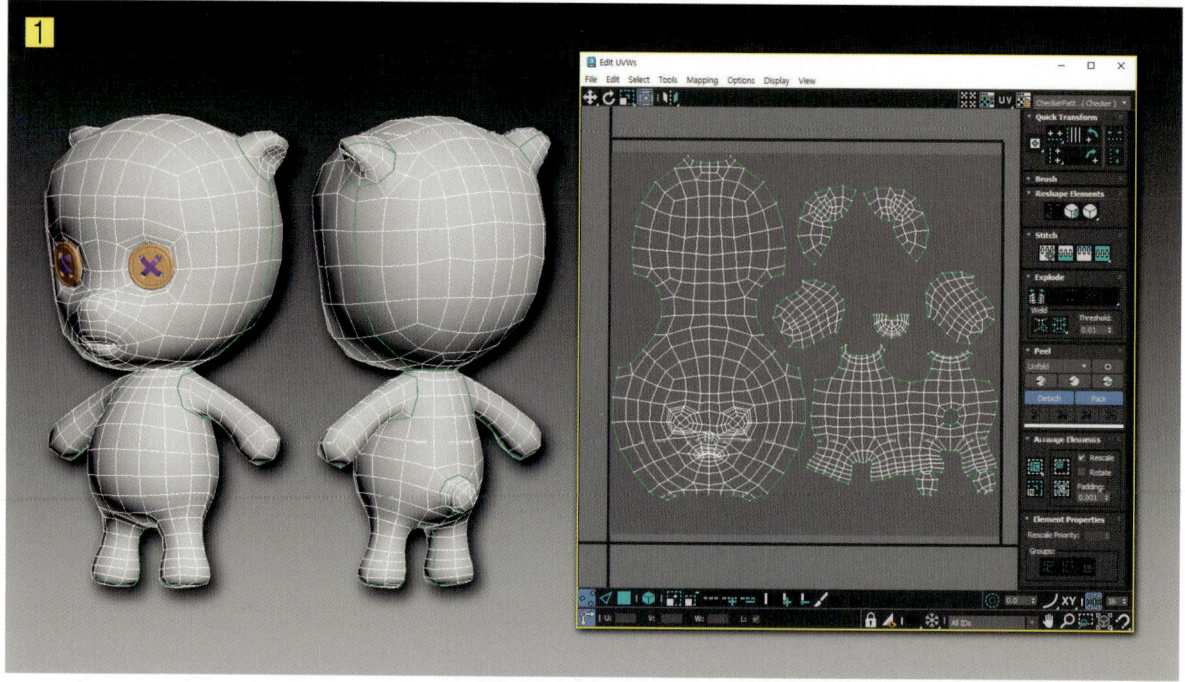

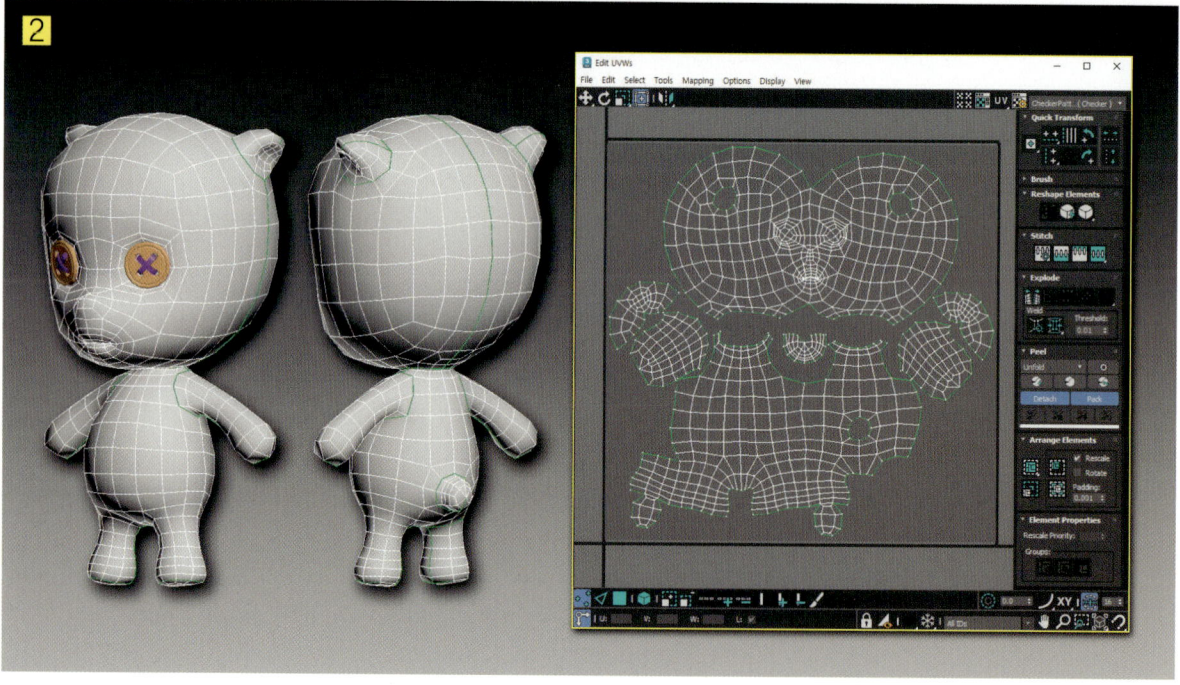

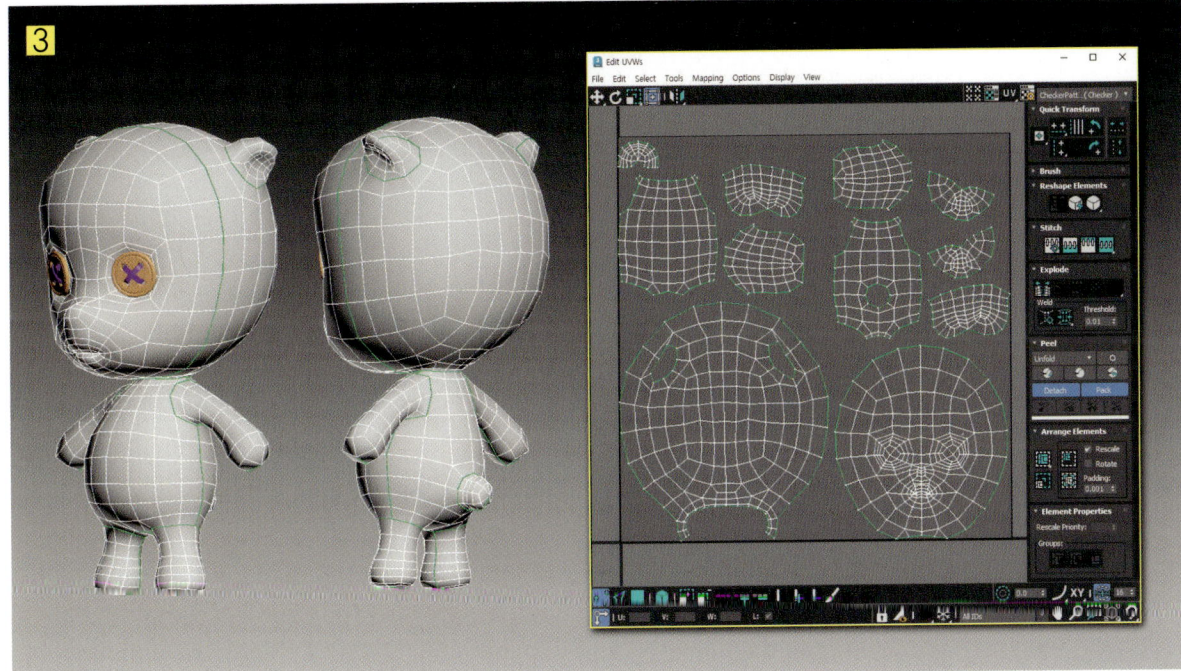

지금부터 가장 기본적인 도형인 Box, Cylinder를 이용해서 Unwrap UVW를 이용해서 UVW Map 좌표를 설정하는 방법을 학습하겠습니다.

Box를 생성하고 Convert To Editable Poly로 변환한 후 Modify ➡ Unwrap UVW를 적용합니다.

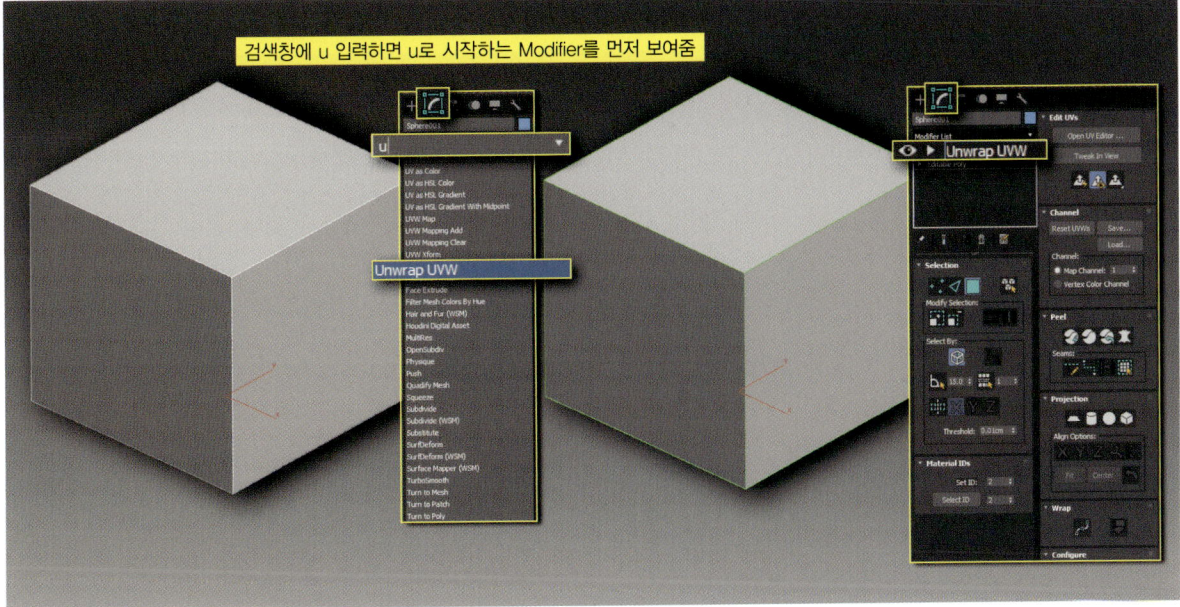

Chapter 06 | UVW Map의 이해

Selection을 확인해보면 Vertex, Edge, Polygon이 존재하는데 이것은 Editable Poly의 선택 모드와 비슷하지만 Object Map 좌표의 Vertex, Edge, Polygon을 의미하는 것입니다. Modify Selection의 Grow, Shrink, Ring, Loop 기능도 Editble Poly의 기능과 동일합니다.

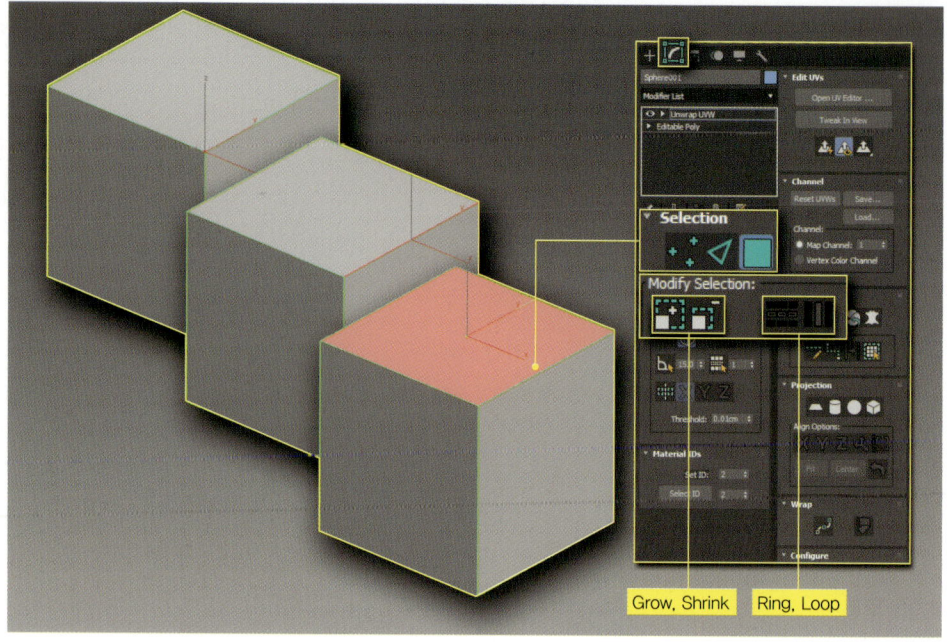

Map 좌표를 확인하고 편집하기 위해서는 Edit UVs 탭의 Open UV Editor 버튼을 클릭합니다.

활성화된 Edit UVWs에는 UVW의 Vertex, Edge, Polygon의 선택을 위한 기능과 Edit UVWs 화면을 내비게이션하기 위한 기능 그리고 선택한 UVW의 Vertex, Edge, Polygon을 이동하고 크기를 조절하고 회전할 수 있는 기능을 포함하고 있습니다. 이는 3ds Max의 기본 기능과 화면 내비게이션과 동일한 방법으로 사용됩니다.

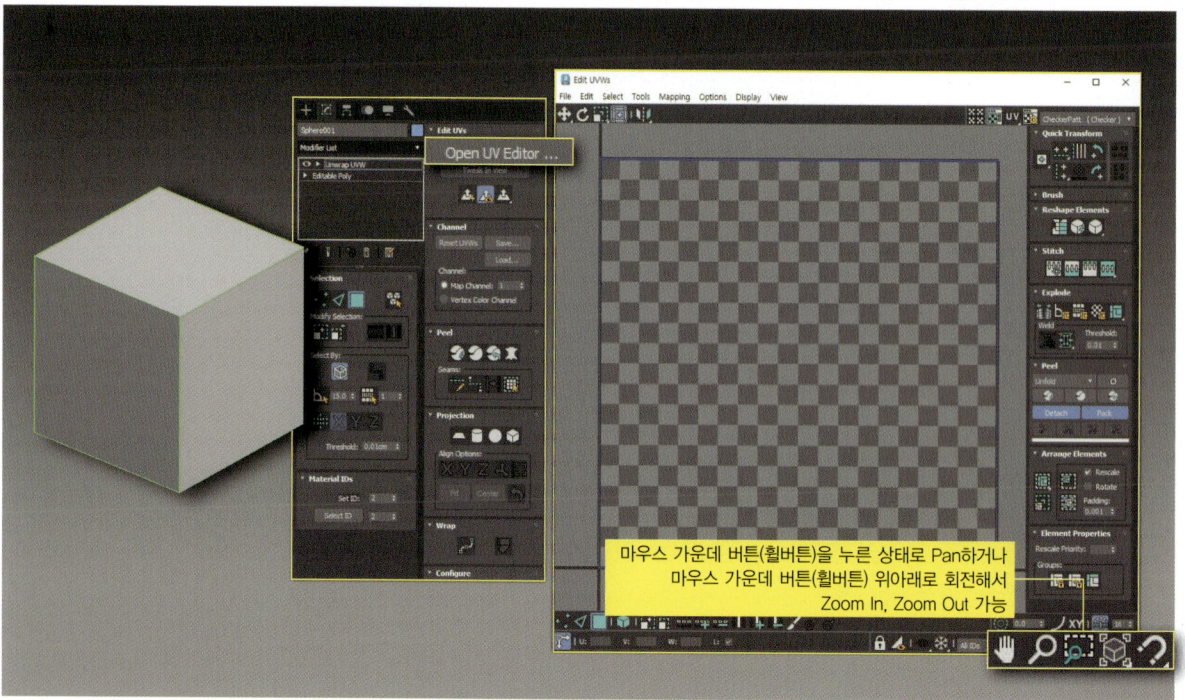

그외 선택한 UVW의 Edge나 Polygon을 분리하거나 다시 연결하고 정렬해서 Map 좌표를 설정하는 데 필요한 다양한 기능을 제공합니다.

Show The Active Map In Dialog 버튼을 클릭하면 Object에 적용된 텍스처가 표시되는데 텍스처가 적용되어 있지 않을 때는 기본적으로 체크 무늬가 활성화되고 오른쪽 상단 박스를 클릭해서 CheckerPattern을 클릭하면 Object에 적용됩니다. 체크 무늬를 확인해가면서 Map 좌표 설정을 진행합니다.

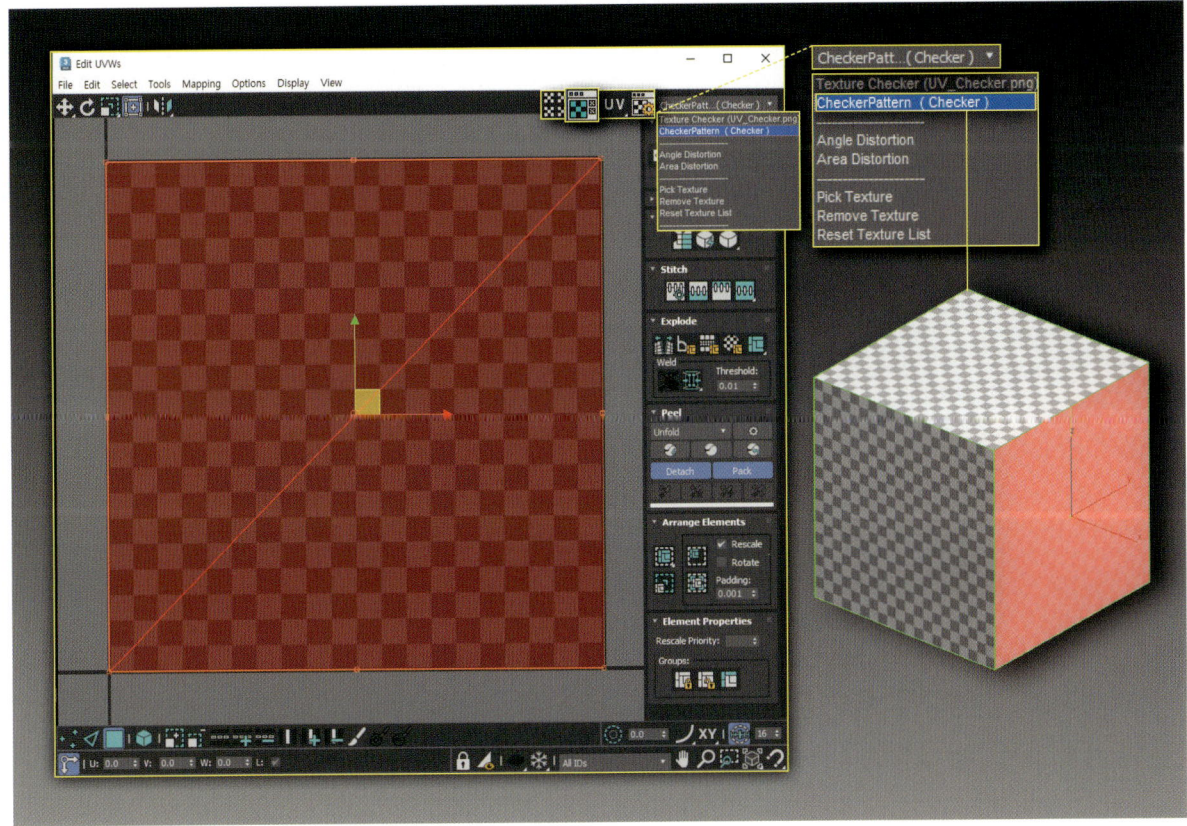

SECTION 03

Projection

Projection은 선택한 Object의 UVW Map 좌표의 전체나 일부를 Plane, Cylinder, Sphere, Box 등 기본적인 형태를 이용해서 펼쳐주는 방식입니다.

Object의 UVW Map 좌표 전체를 선택하고 Projection ➜ Planar을 선택하면 즉시 UVW Map 좌표가 Planar 방식으로 선택한 축 기준으로 설정됩니다. Select By Ignore Backfacing 체크되어 있습니다. Viewport에서 UVW 좌표를 선택할 때 Viewport에서 보이지 않는 Object의 뒷 부분을 선택할 수 없도록 하는 기능입니다. 비활성화해야 전체를 선택할 때 편리합니다.

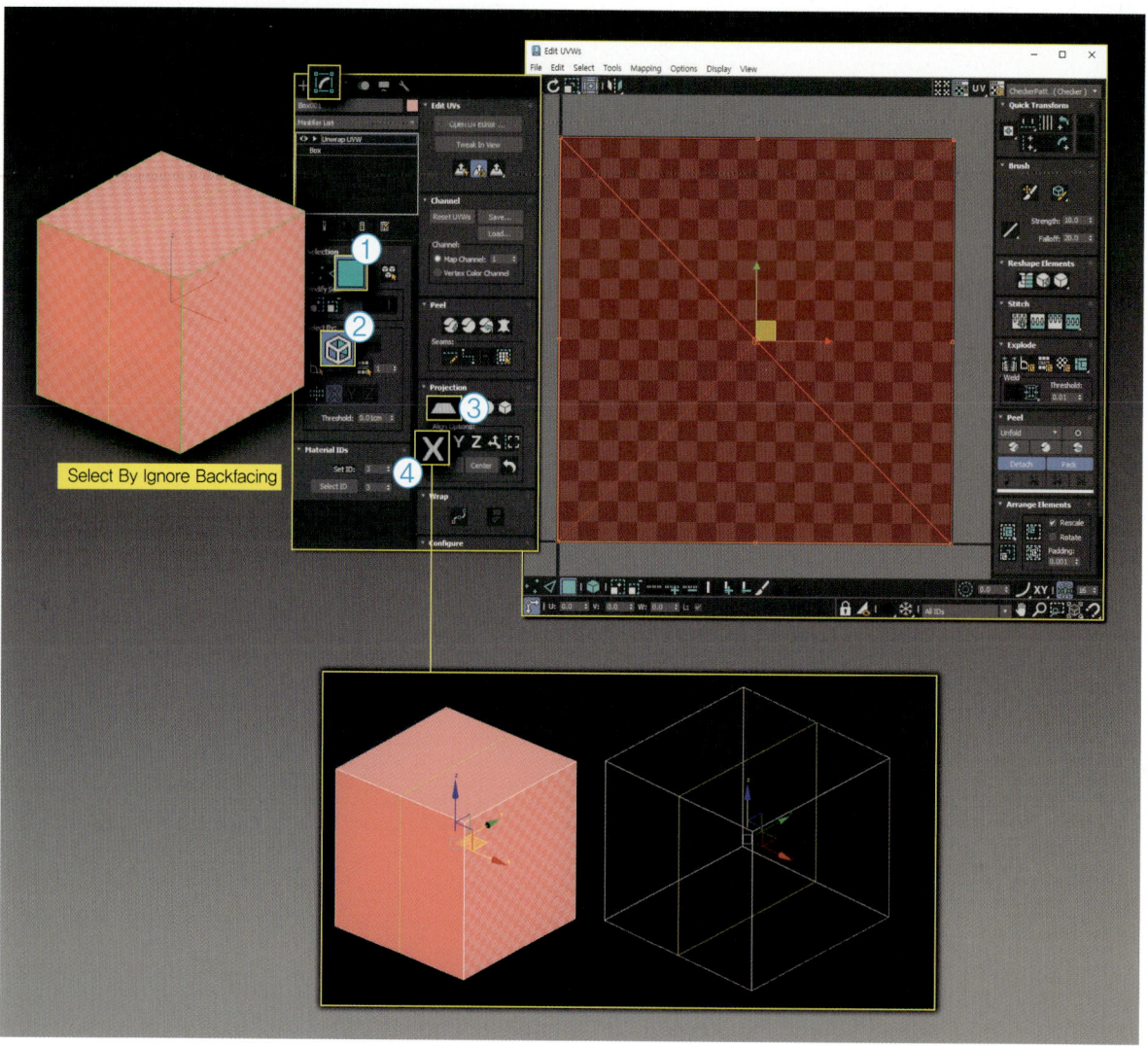

선택한 방향으로 전체를 Projection했기 때문에 펼쳐지지 않고 설정한 축에 평행만 면만 UVW Map 좌표가 설정된 상태입니다.

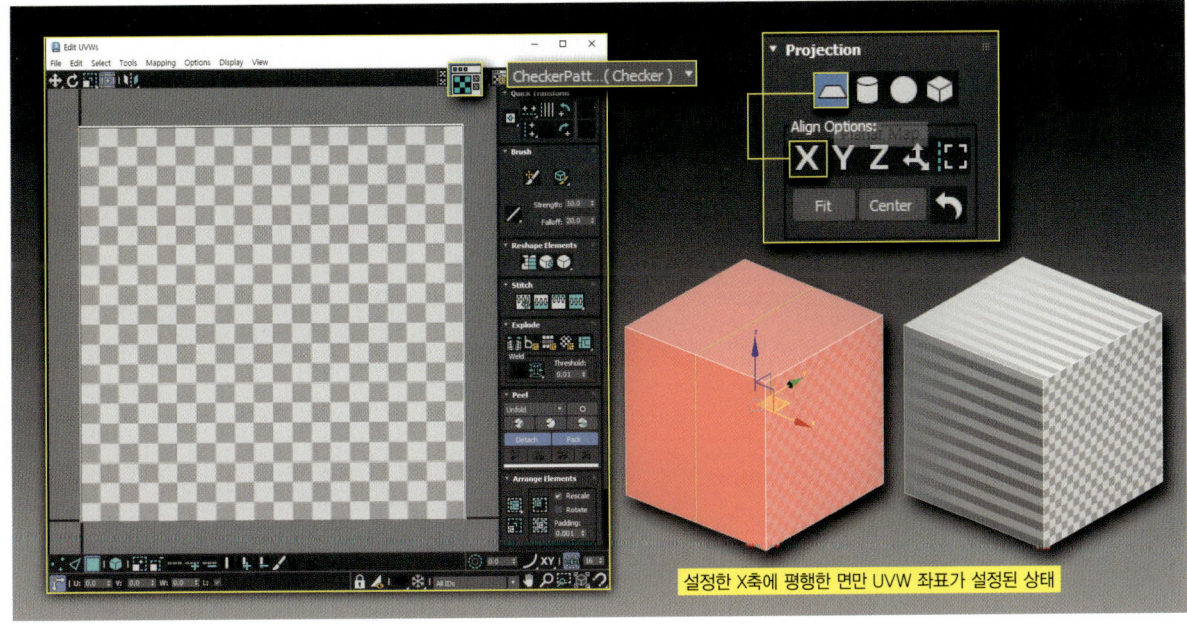

설정한 X축에 평행한 면만 UVW 좌표가 설정된 상태

축을 Z축으로 변경해서 확인해 보면 Z축에 평행한 면만 표시되는 것을 알 수 있습니다.

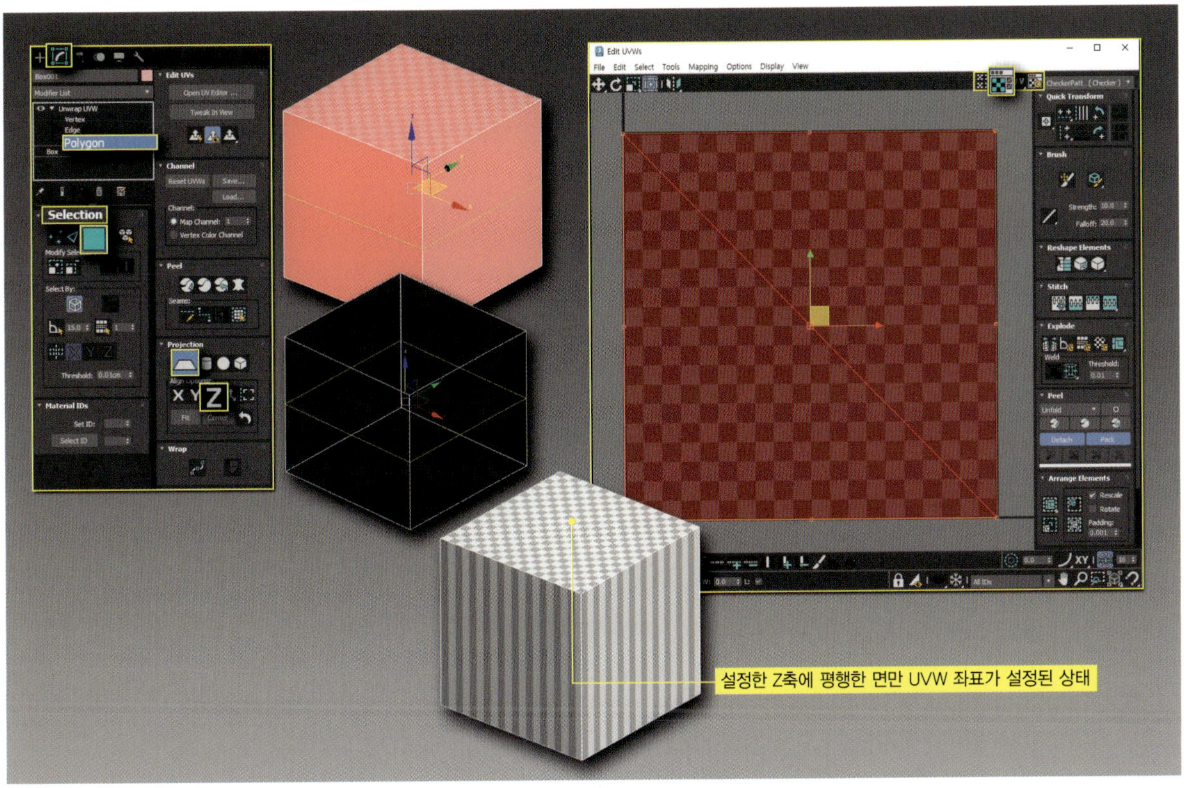

설정한 Z축에 평행한 면만 UVW 좌표가 설정된 상태

이렇게 Box 전체 UVW를 Planar를 적용하면 적용한 축에 평행하지 않은 부분은 펼칠 수 없습니다. 이번에는 Cylinder를 이용해서 UVW 좌표를 설정해 보도록 하겠습니다.

Object 전체 UVW Map 좌표를 선택하고 Cylinder를 적용하면 선택한 UVW를 Cylinder 모양으로 감싸면서 펼쳐줍니다.

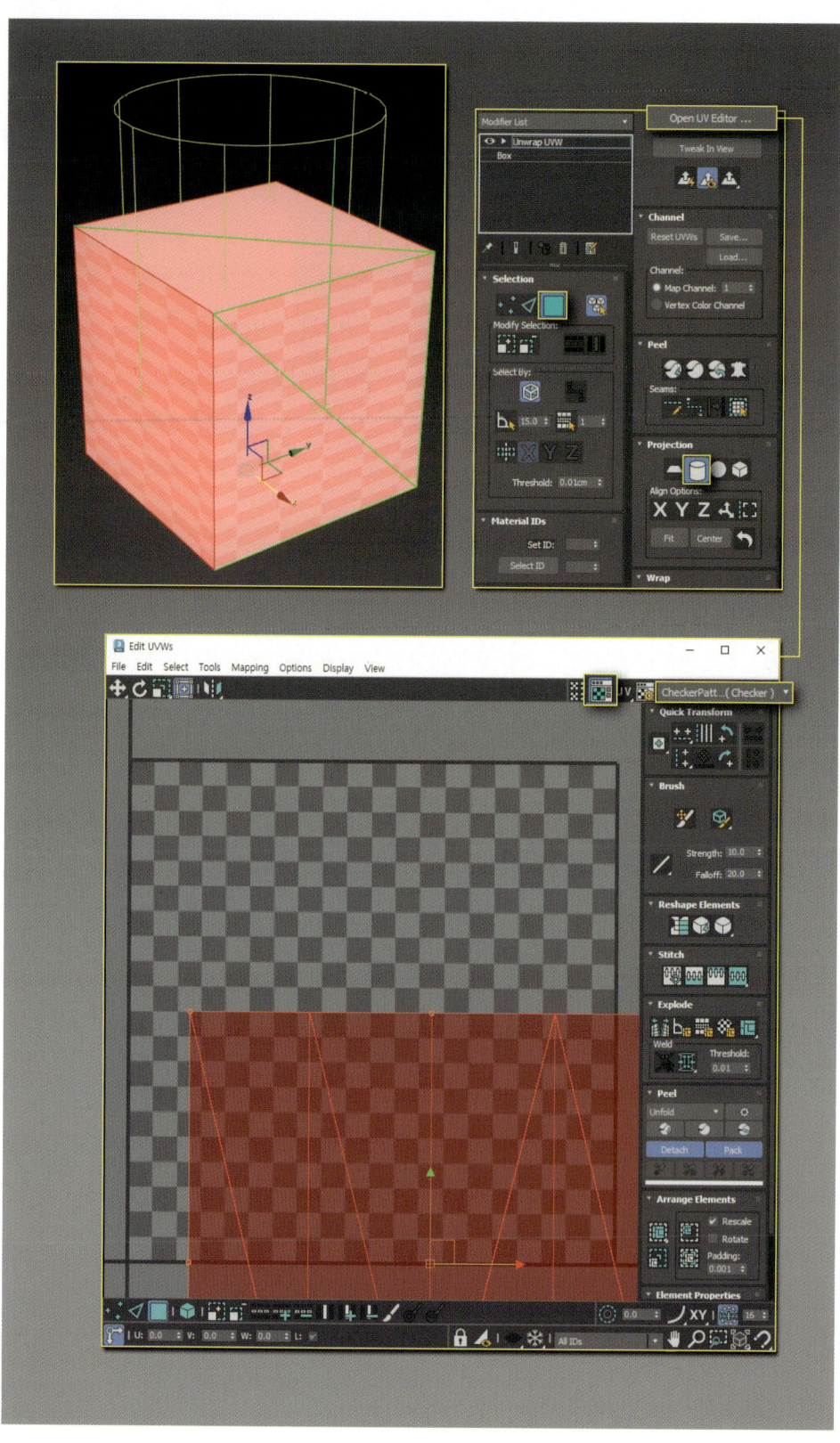

노란색 Unwrap UVW 좌표 기즈모는 Object와 동일한 방법으로 이동, 회전, 크기 조절(단축키 W, E, R)이 가능합니다. Edit UVW 창에서 설정한 Checker가 원래 비율대로 보이도록 설정하는 것이 좋습니다.

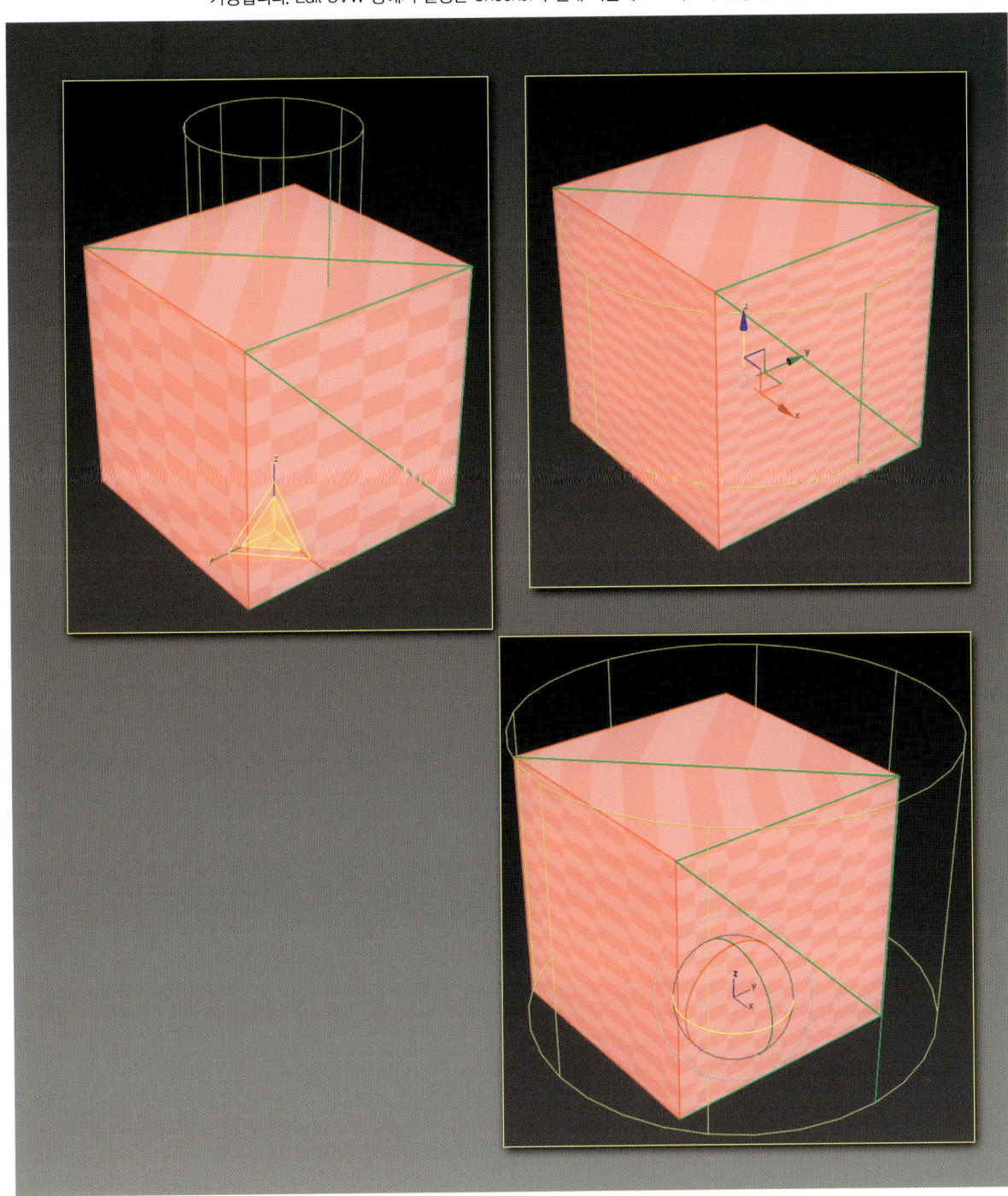

Projection → Align Option에서 축을 변경하거나 Object 크기에 Unwrap UVW 좌표를 일치시킬 수 있습니다. 또한 기즈모를 중심으로 이동시켜 정리할 수 있습니다.

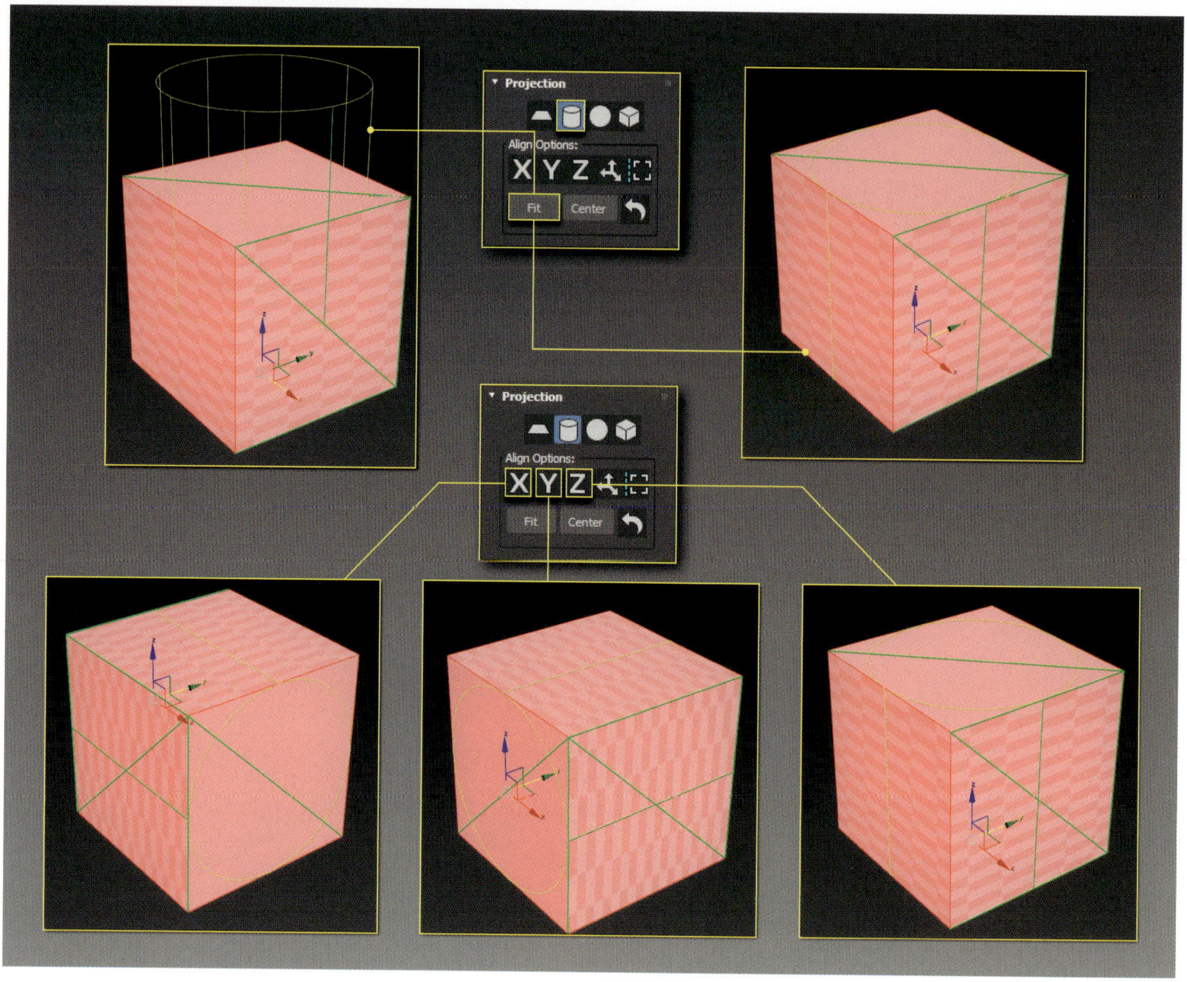

Projection → Align Option → View Align 아이콘을 클릭해서 화면에 평행하게 정렬할 수 있습니다.

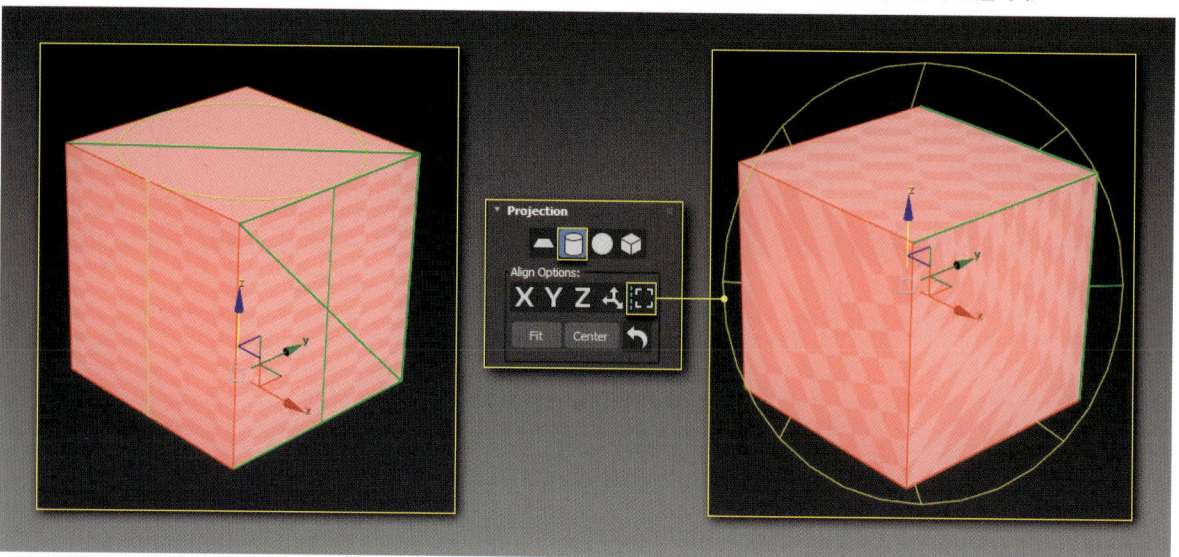

Fit 버튼을 클릭하면 Projection ➡ Cylinder가 Object의 중심으로 이동하고 Edit UVWs 창에서도 UVW Map 좌표로 이동합니다.

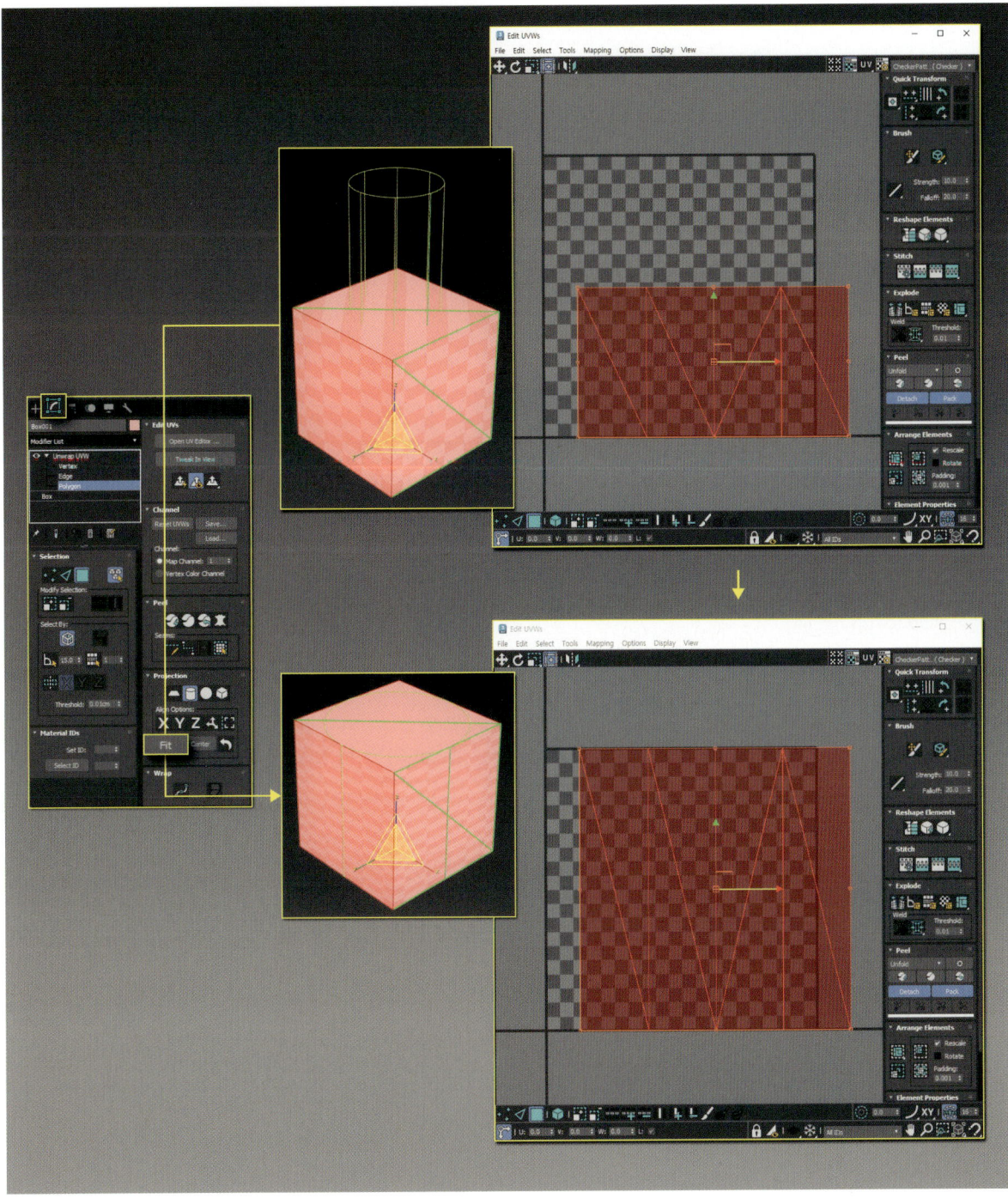

Chapter 06 | UVW Map의 이해

하지만 UVW Map 좌표를 Edit UVWs에서 정렬한 후 확인해보면 Cylinder가 둘러싸지 못하는 윗면과 아랫면은 펼쳐주지 못 하는 것을 알 수 있습니다.

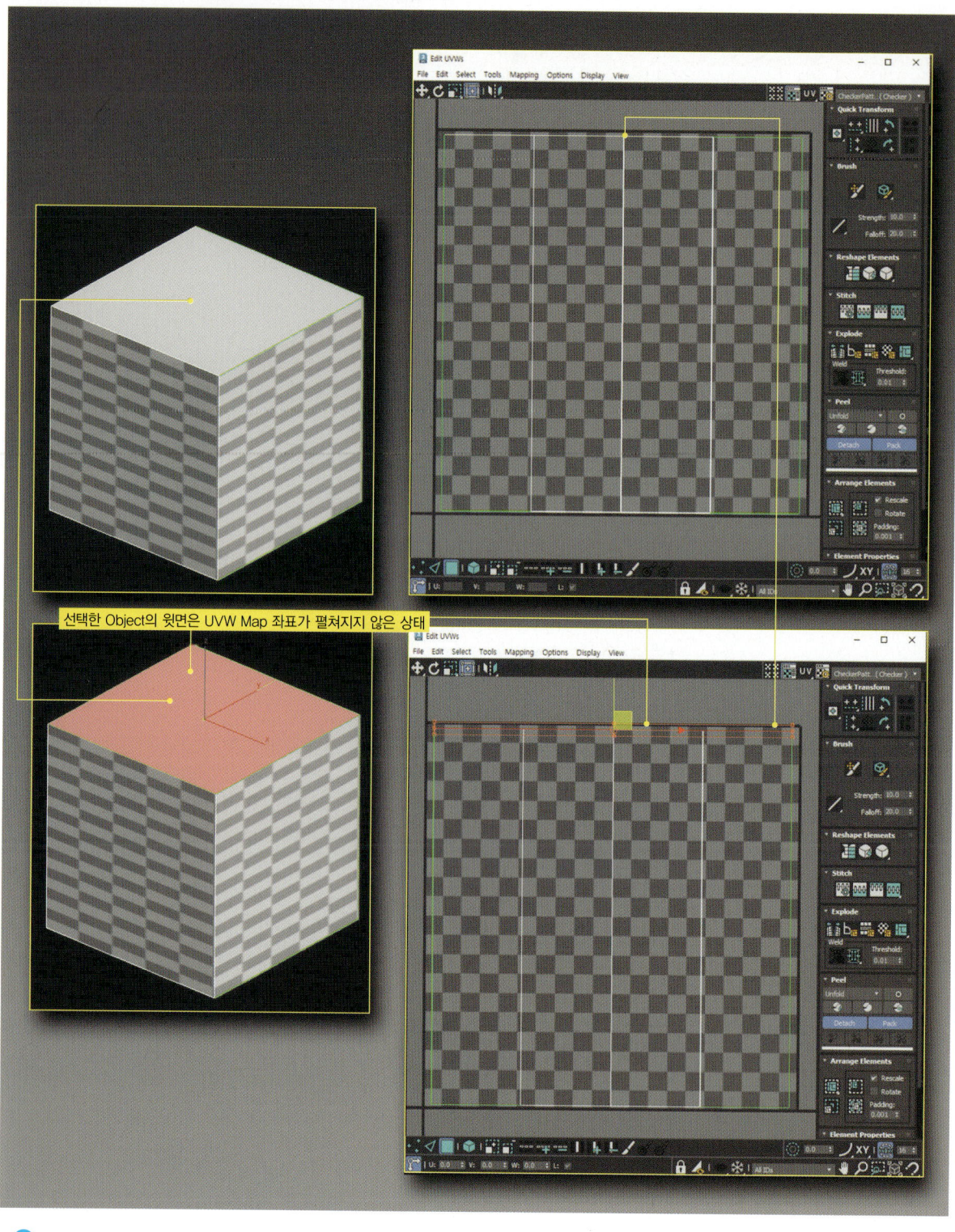

선택한 Object의 윗면은 UVW Map 좌표가 펼쳐지지 않은 상태

> **PINUP TIP**
>
> Object의 UVW 좌표 전체를 Edit UVWs 공간 안에 펼치는 것이 Unwrap UVW 작업의 핵심입니다.
> 이때 얼마나 효율적으로 공간을 활용하여 펼치는가가 관건입니다.

이제 Object를 생성하고 Unwrap UVW의 다양한 기능을 학습하면서 UVW Map 좌표를 설정합니다.

Cylinder를 생성하고 Editable Poly로 변환한 후 Modify ➡ Unwrap UVW를 적용하고 Open UV Editor를 클릭해서 활성화합니다. Edit UVWs를 확인해보면 UVW 좌표가 복잡하게 겹쳐있는 것을 볼 수 있습니다.

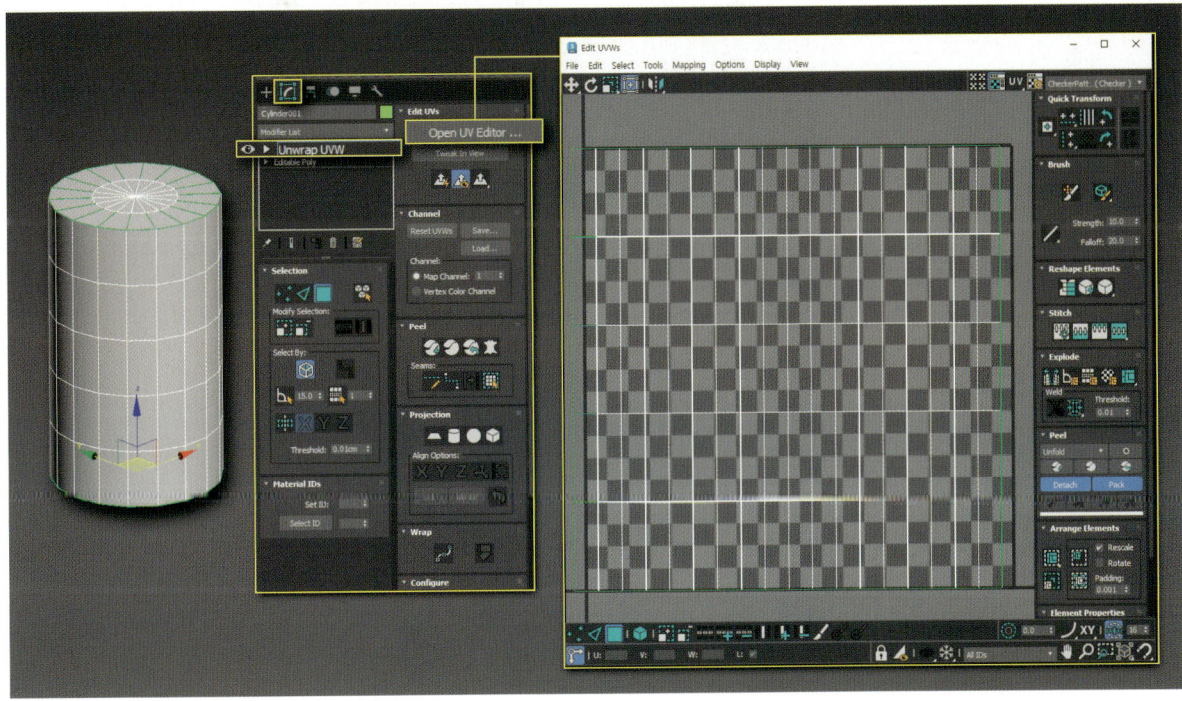

전체 UVW Map(Polygon 모드로 선택합니다)을 선택하고 Projection ➡ Cylinder를 적용합니다. Fit 버튼을 클릭해서 Cylinder에 일치시킵니다. 선택한 UVW Map이 Cylinder 모양으로 감싸지며 펼쳐집니다. 여기서 녹색으로 표시된 부분을 기준으로 분리합니다.

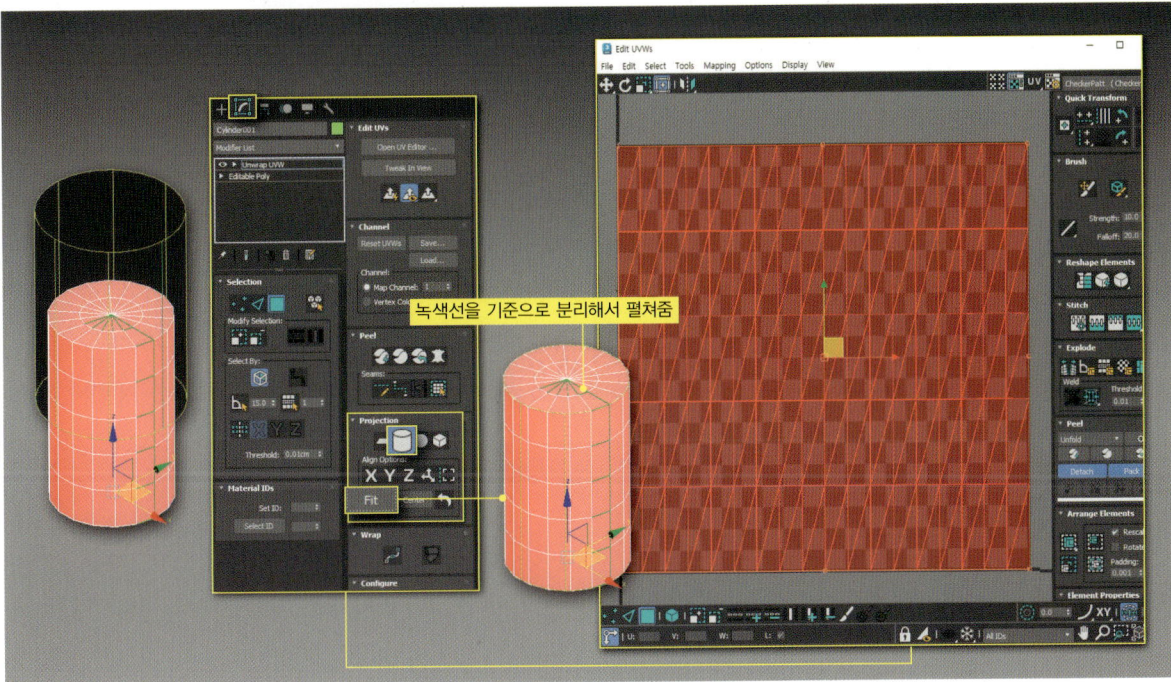

이 상태에서 Cylinder 윗면의 UVW Map을 선택해보면 빨간 선으로만 표시되는 것을 볼 수 있습니다. 윗면은 Cylinder 로 펼쳐주지 못해서 그렇습니다.

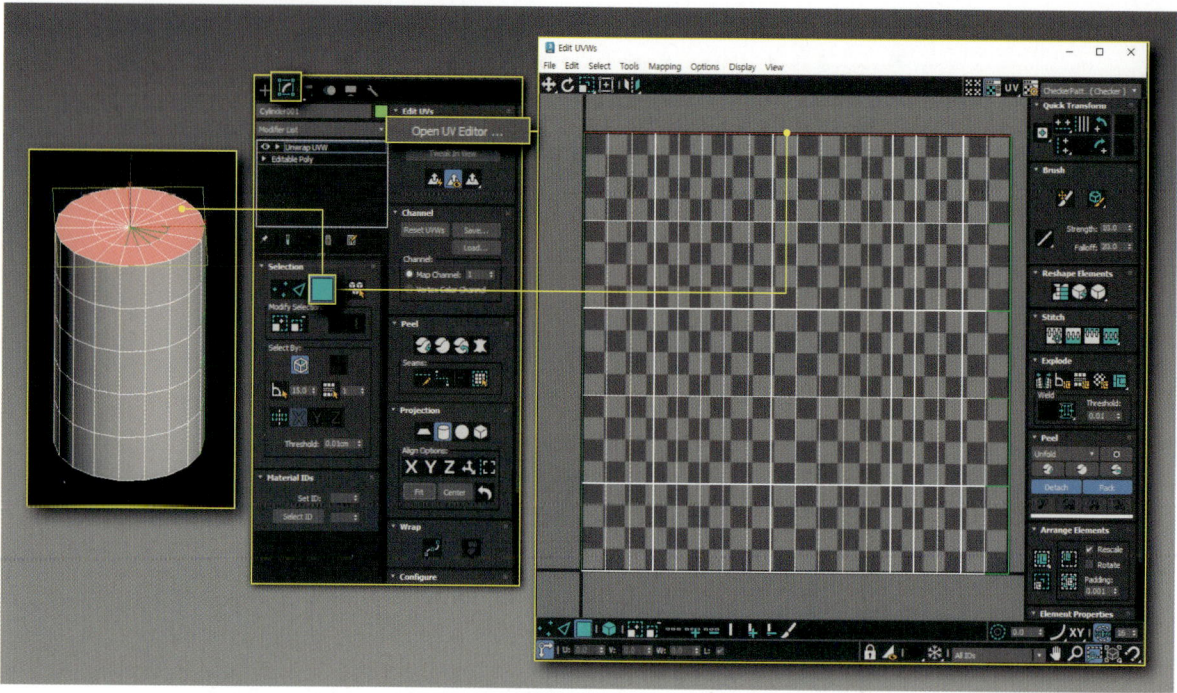

윗면의 UVW Map을 선택하고 Projection ➡ Planar을 선택하고 Align Option에서 윗면의 축과 일치시킵니다. Edit UVWs 창을 확인하면 윗면의 좌표가 펼쳐지면서 중앙에 정렬됩니다.

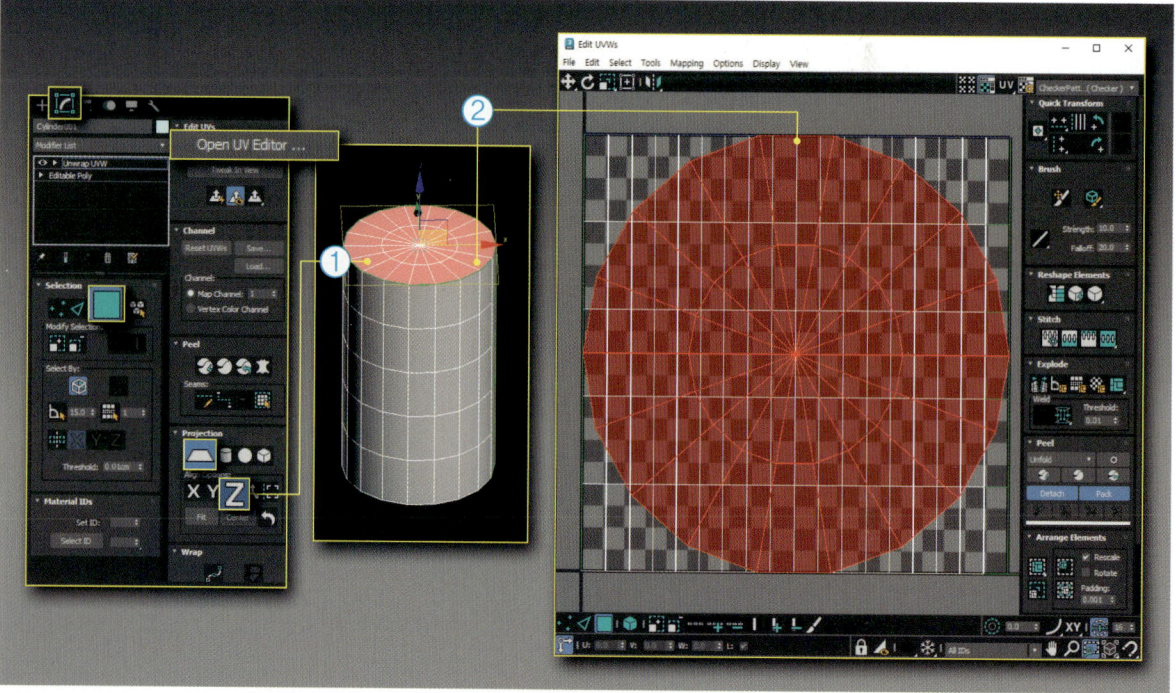

Zoom Out으로 화면을 넓게 하고 선택된 UVW Map을 이동해 정렬합니다.

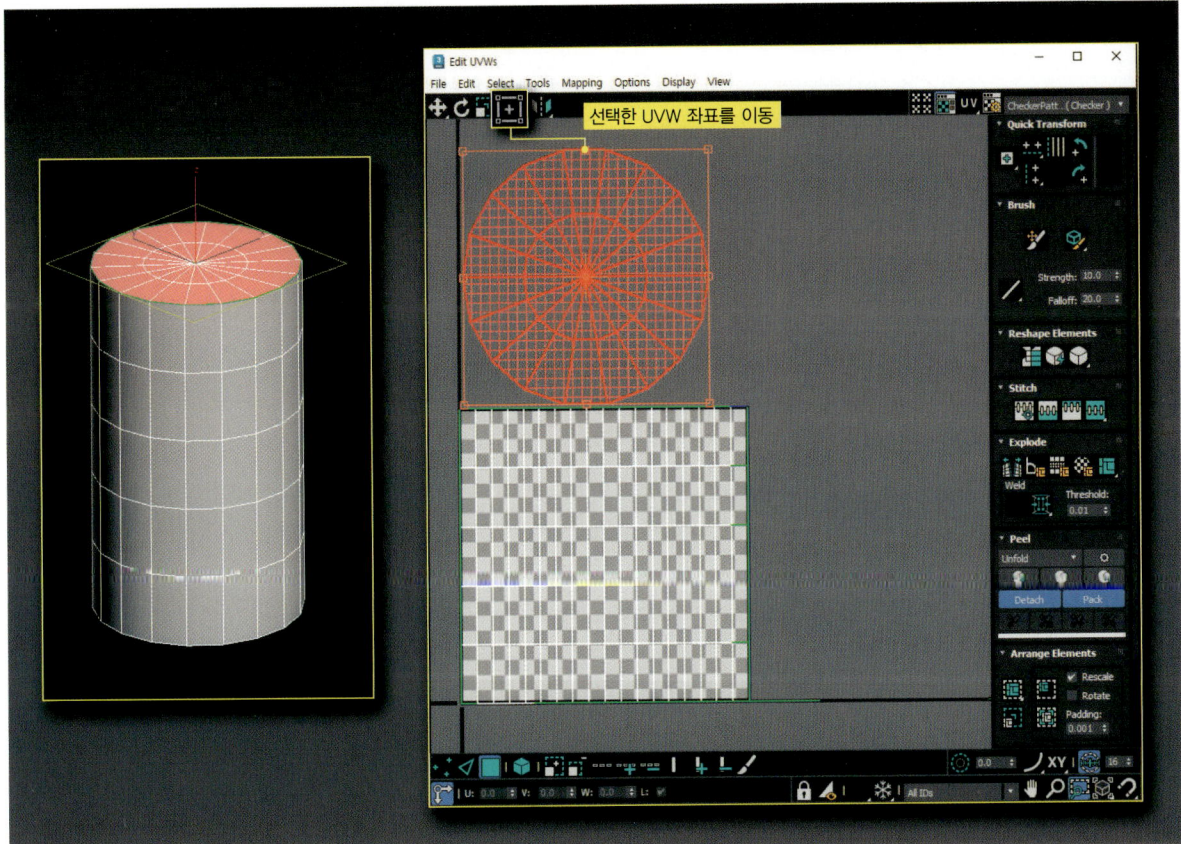

Chapter 06 | UVW Map의 이해

같은 방법으로 아랫면도 Projection ➡ Planar를 이용해서 Map 좌표를 설정하고 이동해서 정렬하고 CheckerPatten을 클릭해서 Object에 적용합니다. 몸통 부분은 CheckerPattern이 늘어나 보이고 윗면은 간격이 일정하게 정리되어 있습니다.

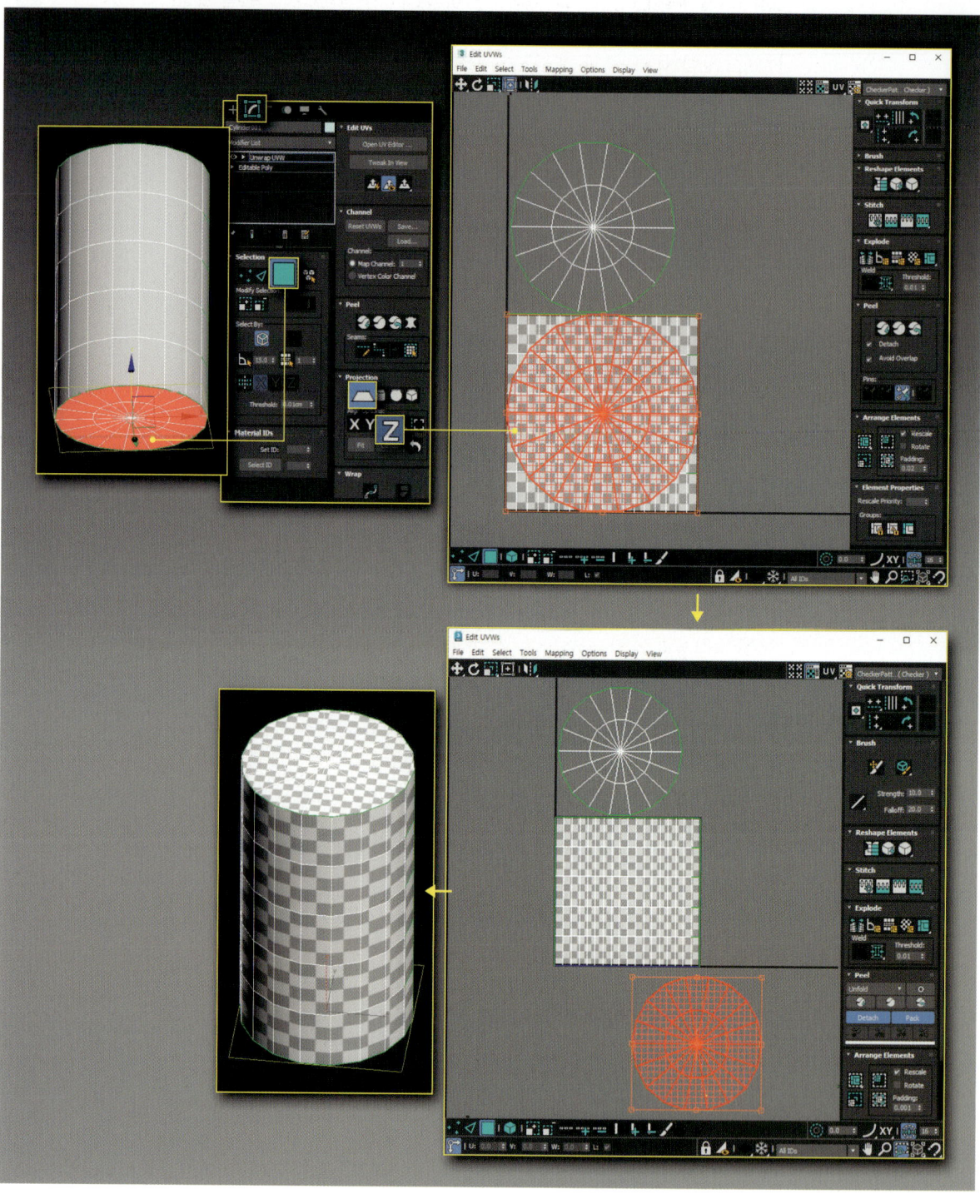

적용된 CheckerPattern이 같은 크기로 정렬하는 것이 중요합니다. 윗면과 아랫면은 Object가 가진 모양 그대로 잘 펼쳐져 있고 몸통 부분은 원래 가진 부피만큼 펼쳐지지 않아서 그렇습니다.

몸통 부분을 선택하고 Scale이나 Freeform을 이용해서 CheckerPattern을 옆으로 펼쳐줍니다. CheckerPattern이 일정하게 정렬된 것을 확인합니다.

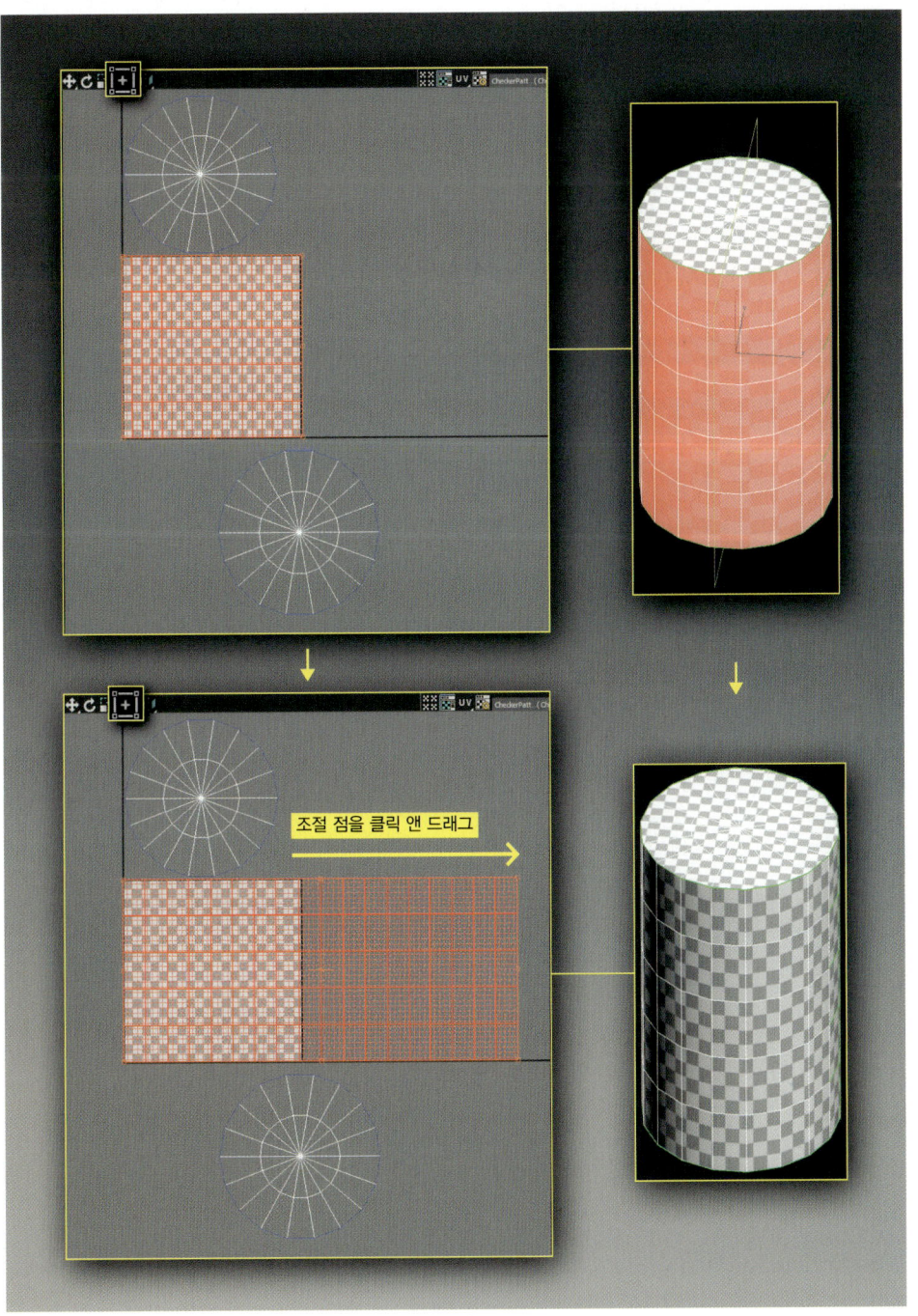

이제 세 부분으로 분리된 UVW Map을 연결합니다. 복잡한 Object일수록 여러 부분으로 나누어 펼쳐주고 연결하는 것이 효과적입니다.

SECTION 04

Stitch와 Detach Edge Vertex

Stitch는 Vertex나 Edge를 선택해서 각 부분을 연결해 떨어져 있는 UVW Map을 한 덩어리로 만드는 기능이고 Detach Edge Vertex는 선택한 UVW Map 좌표를 분리하는 기능입니다.

선택모드를 Edge로 하고 가장자리 Edge를 선택하면 파란색으로 표시되는 부분이 있는데 그 부분이 연결될 부분(Object의 연결되어 있는 자리)입니다.

Edit UVWs 마우스 오른쪽 버튼을 누른 후 Stitch Selected를 실행하거나 Stitch ➡ Stitch:custom 버튼을 클릭하면 윗면의 UVW Map 좌표 부분이 이동해서 연결됩니다.

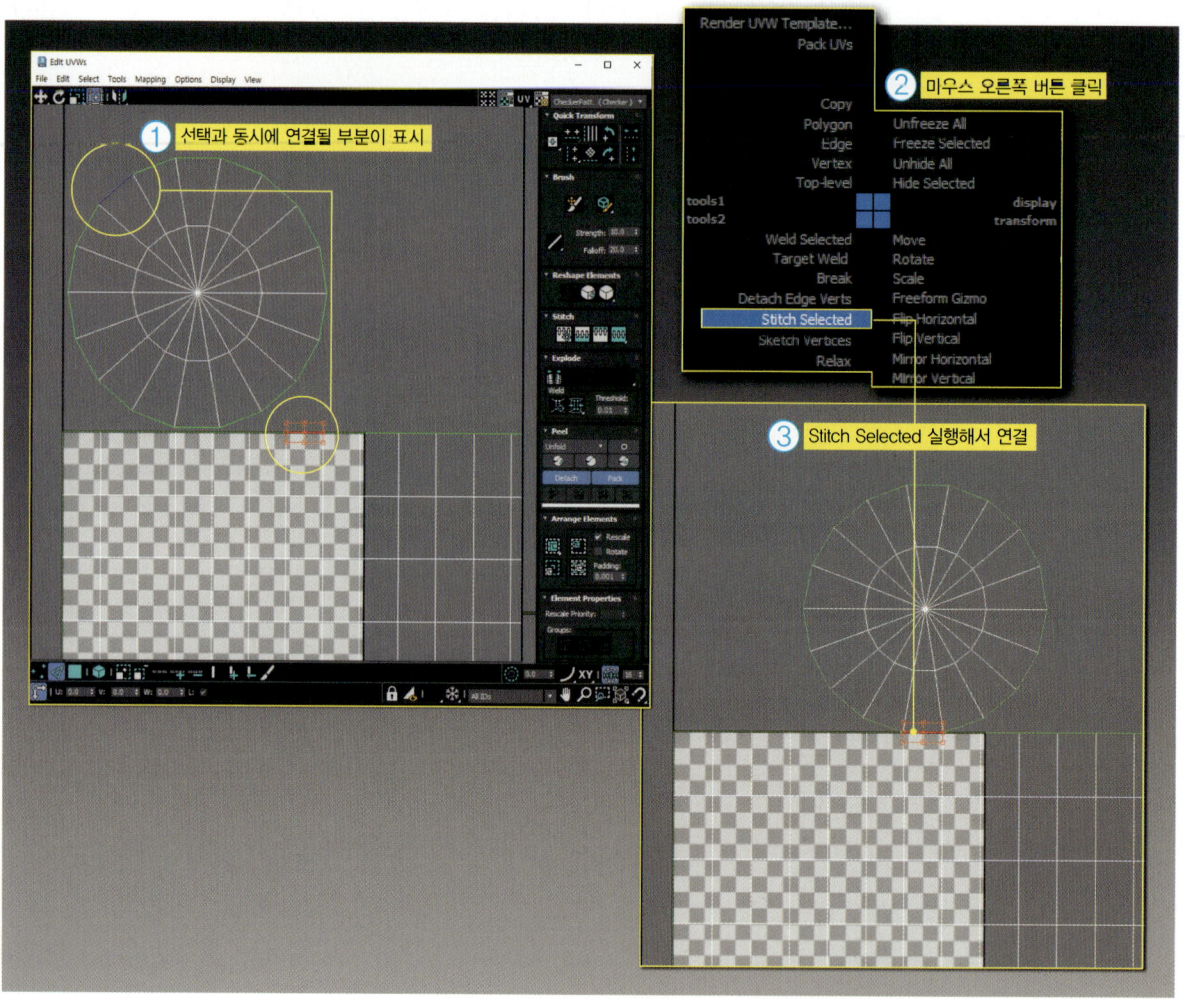

아랫면도 같은 방법으로 연결합니다. 하지만 이번엔 몸통의 UVW Map 좌표와 겹쳐진 것을 볼 수 있는데 이는 아랫면의 UVW Map 좌표가 뒤집혀 있기 때문입니다.

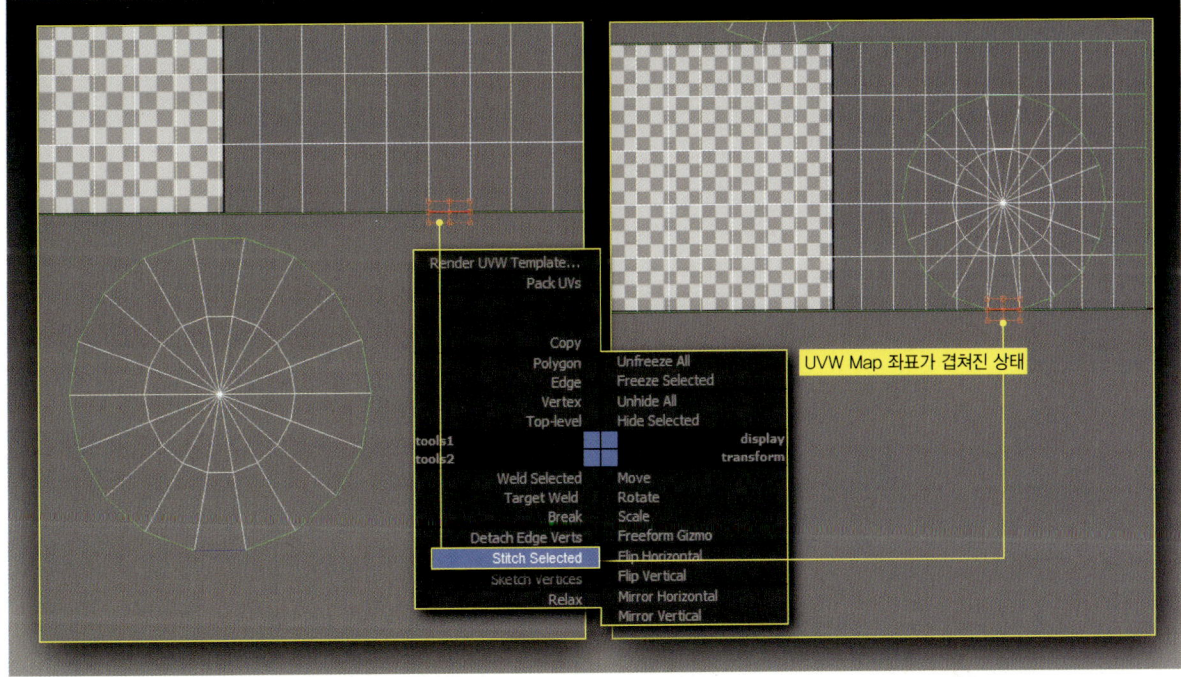

아랫면의 UVW Map 좌표 부분을 Mirror 기능을 이용해서 반전시키고 다시 Stitch를 이용해서 합칩니다.

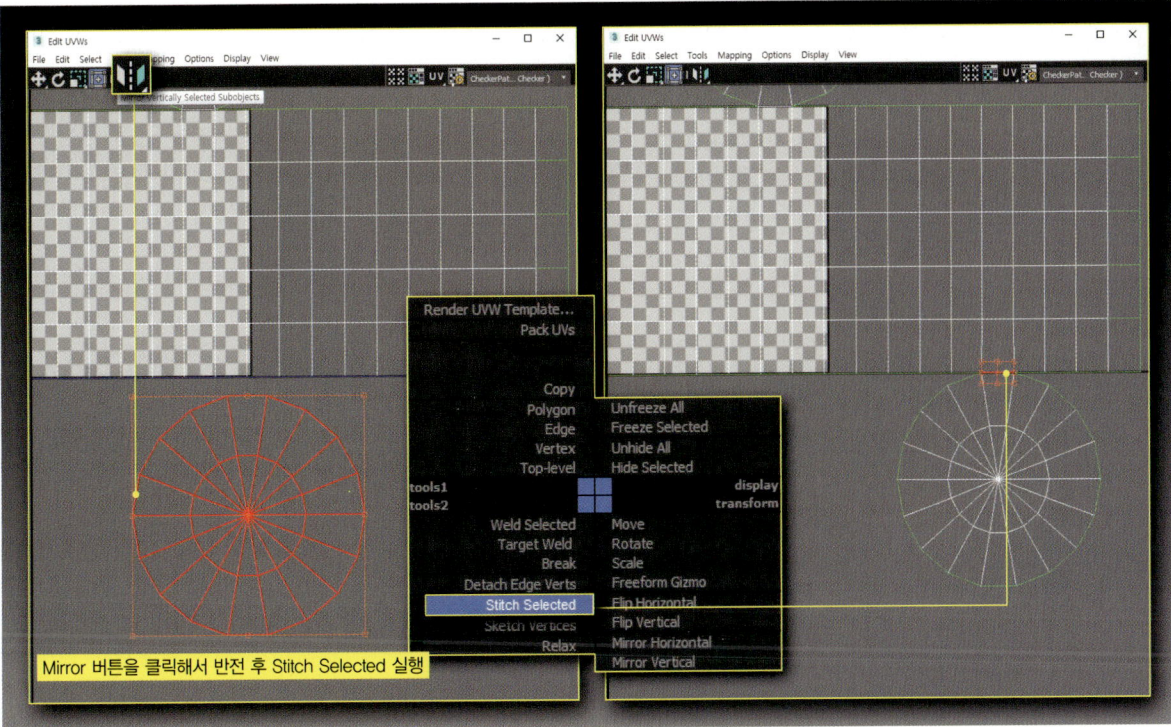

Chapter 06 | UVW Map의 이해

이렇게 완성된 UVW Map 좌표 전체를 선택하고 Freeform Mode를 선택해서 크기를 조절하고 중앙에 정렬합니다.

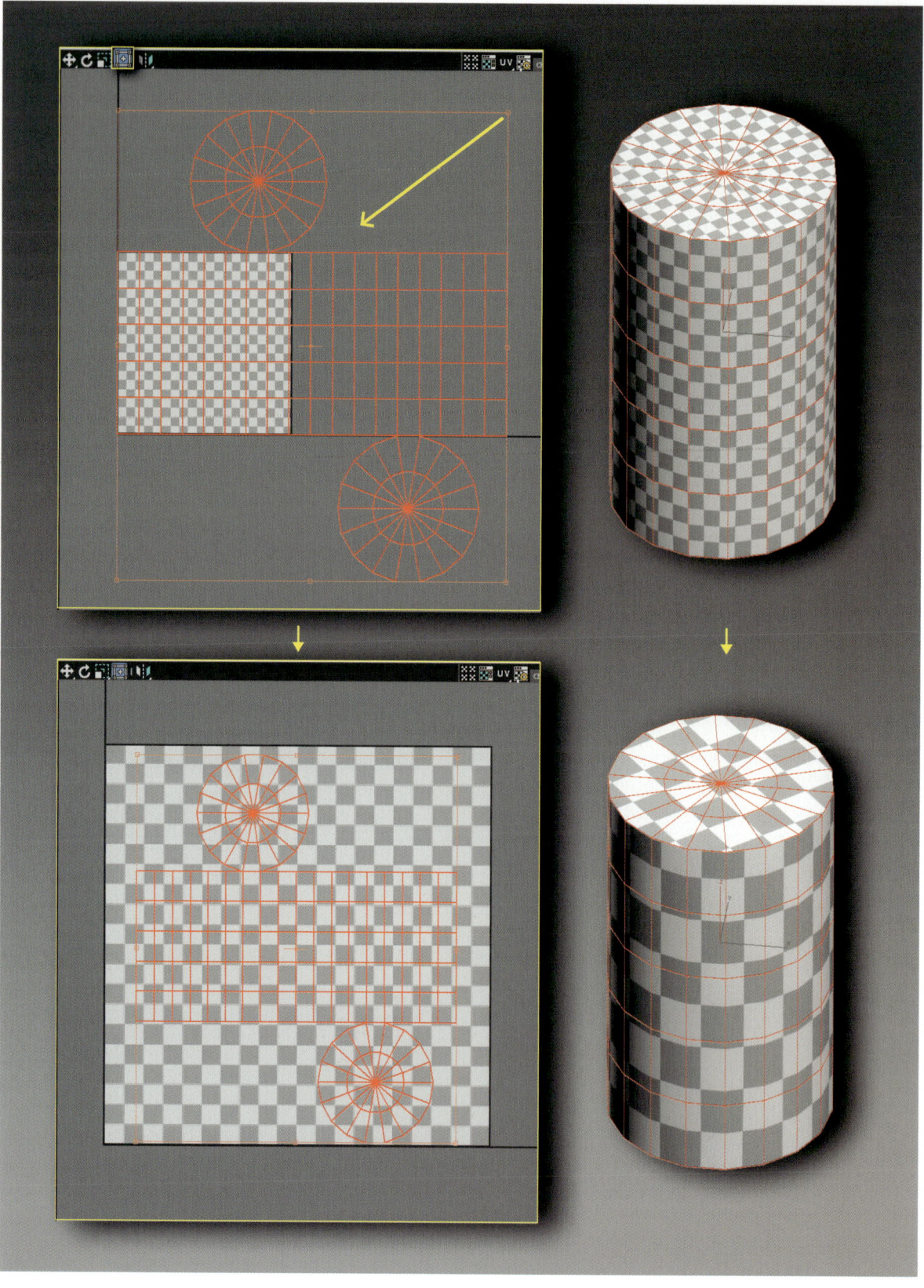

이번엔 다시 윗면의 UVW Map 좌표를 선택하고 Edit UVWs 창에서 마우스 오른쪽 버튼을 클릭하고 Detach Edge Verts를 실행한 후 이동합니다.

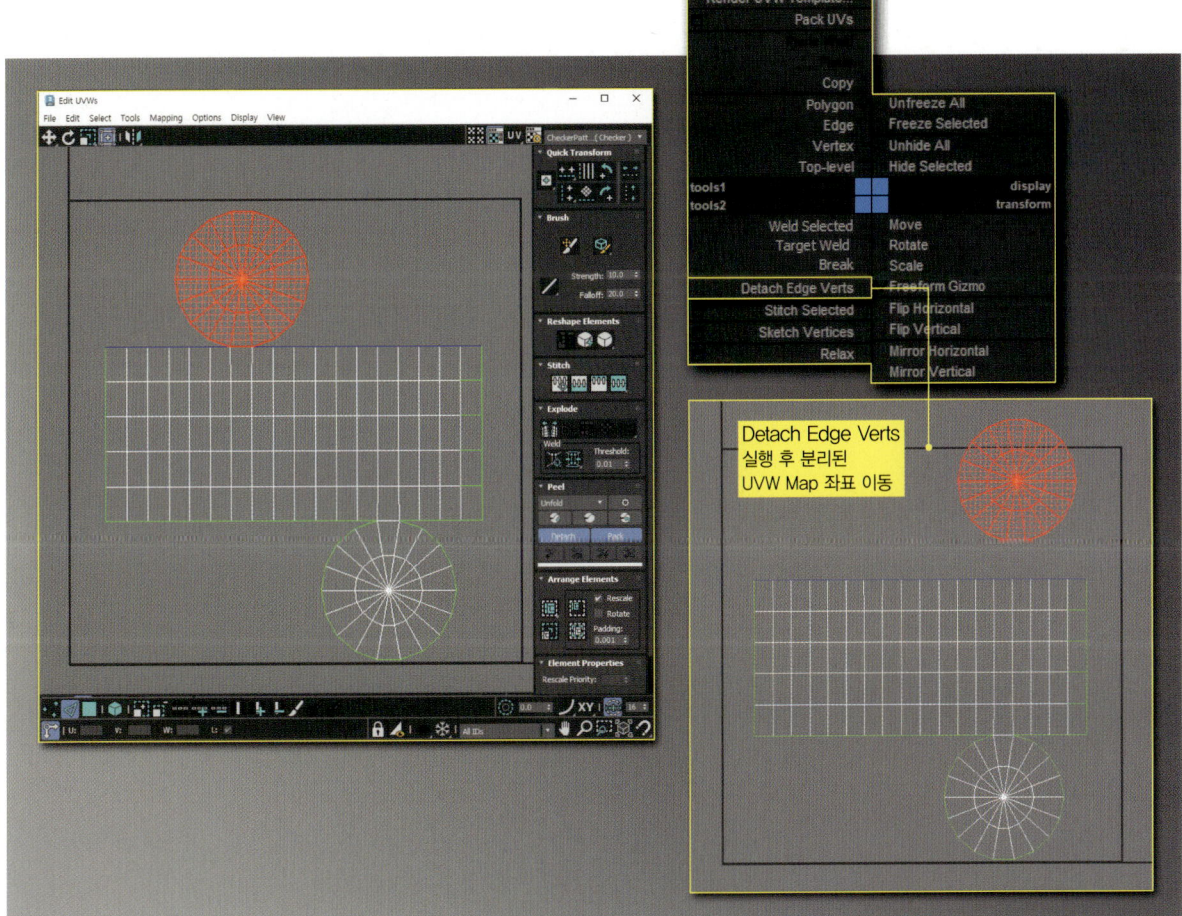

SECTION 05

Stitch

Edit UVWs의 Stitch 기능을 이용해서 선택한 부위를 3가지 방법으로 연결할 수 있습니다. 다시 Edge를 선택하면 연결될 부분이 파란색으로 표시되는데 Stitch To Target, Stitch To Average, Stitch To Source 등의 Stitch 방법에 따라 결과가 달라집니다.

- Stitch To Target은 선택한 Edge가 표시된 파란색 부분으로 이동해서 연결됩니다.

- Stitch To Average는 연결될 두 Edge 사이에 중앙으로 모두 이동해서 연결됩니다.

- Stitch To Source는 현재 선택된 Edge가 파란색으로 표시된 부분의 Edge로 이동해서 연결됩니다.

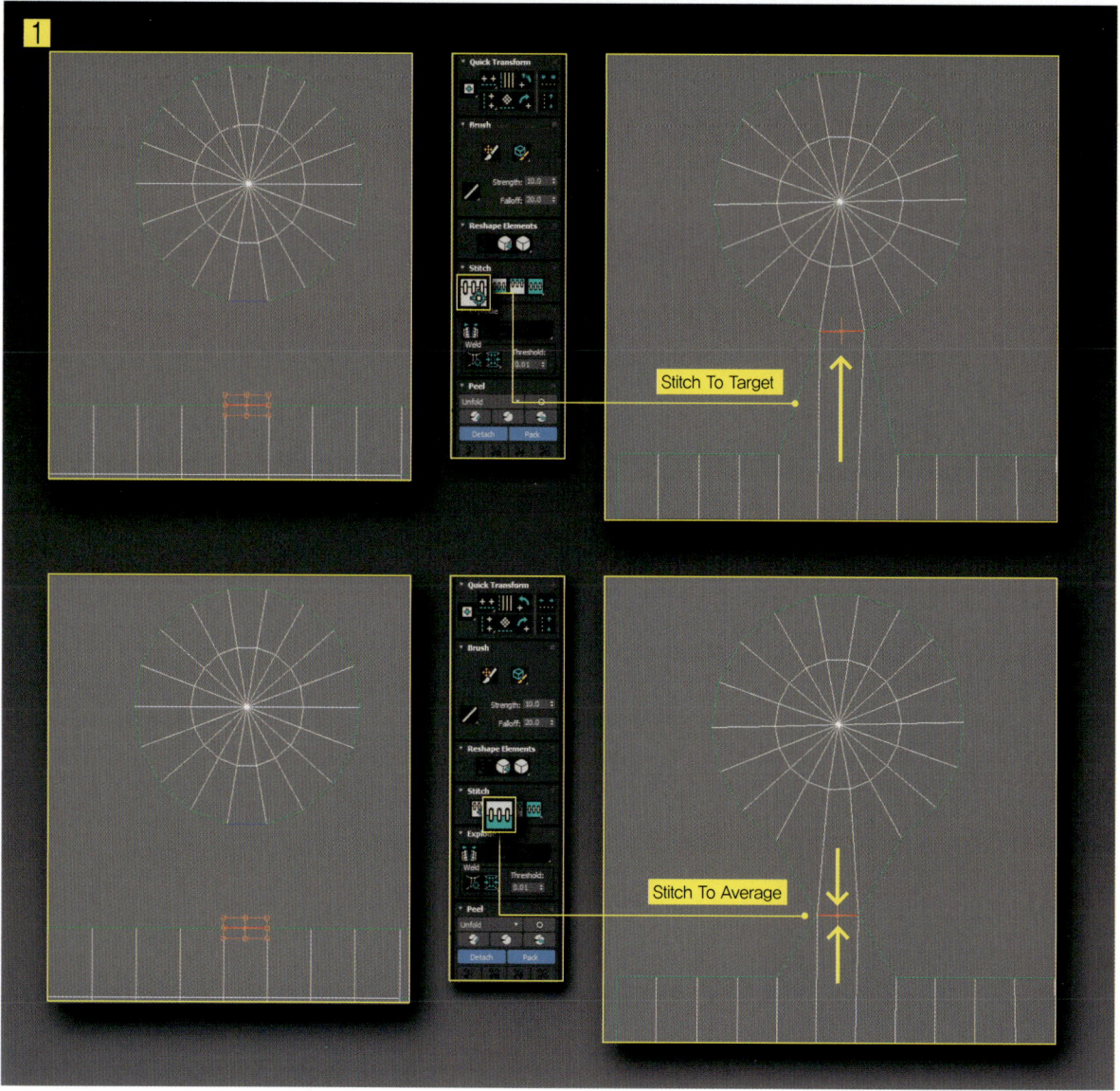

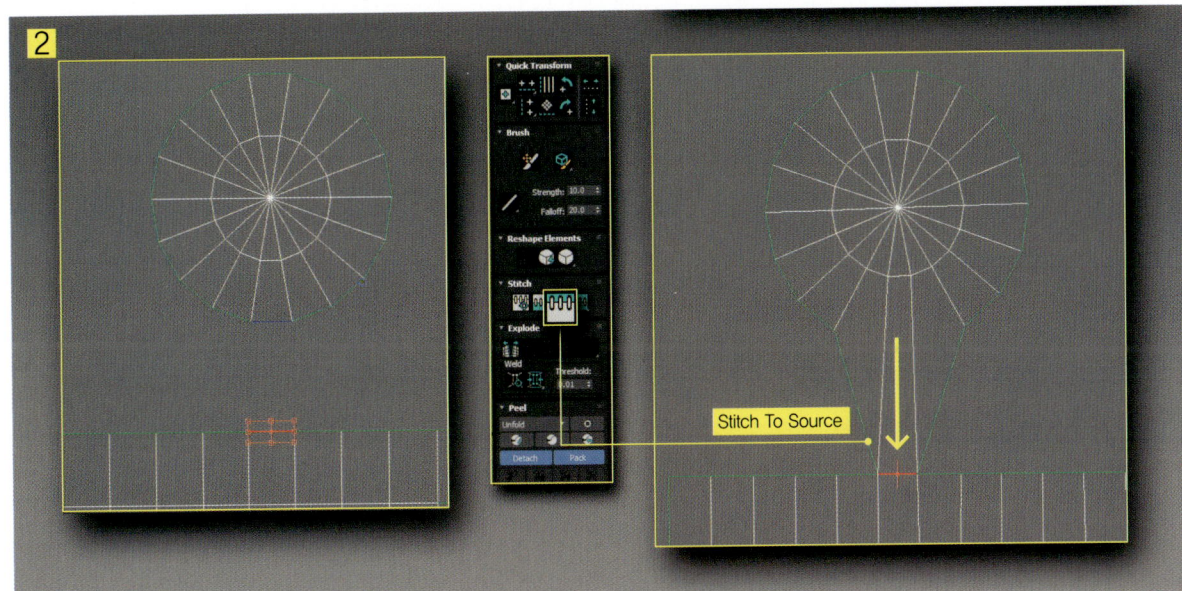

SECTION 06

Quick Transform

선택한 Vertex, Edge, Polygon을 빠르게 정렬하거나 회전해서 편집할 수 있는 기능입니다.

Vertex를 선택하고 Quick Transform의 Align Horizontally To Pivot을 클릭하면 선택한 Vertex가 수평으로 모두 정렬됩니다.

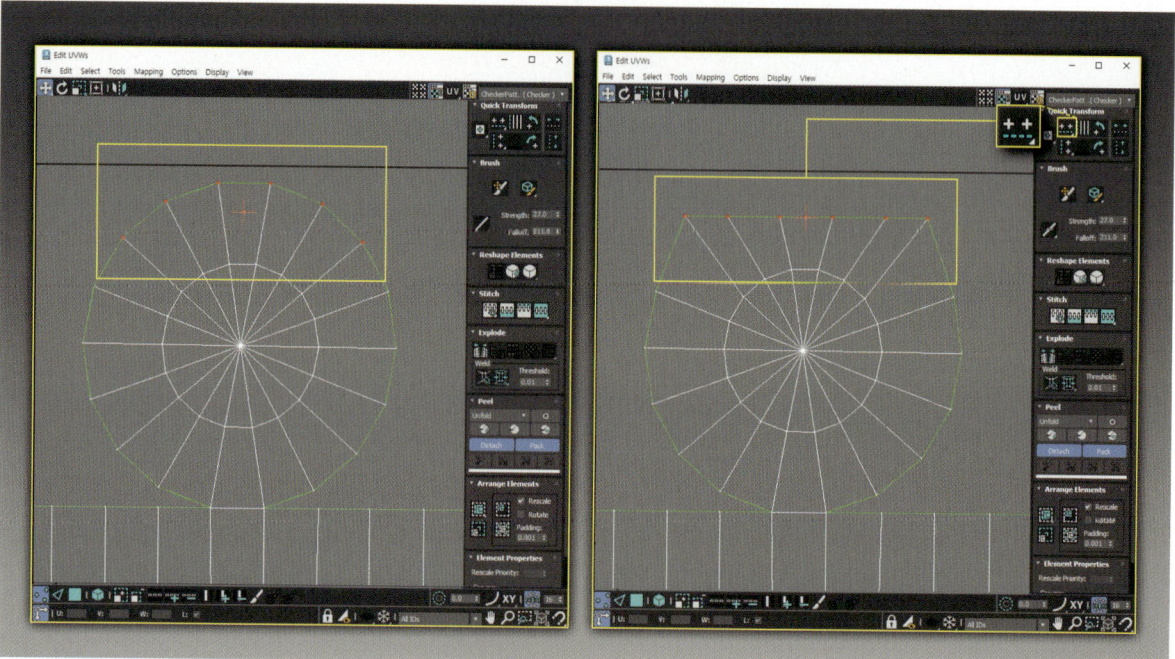

같은 방법으로 Vertex를 선택하고 Quick Transform의 Align Vertically To Pivot을 클릭하면 세로로 정렬됩니다.

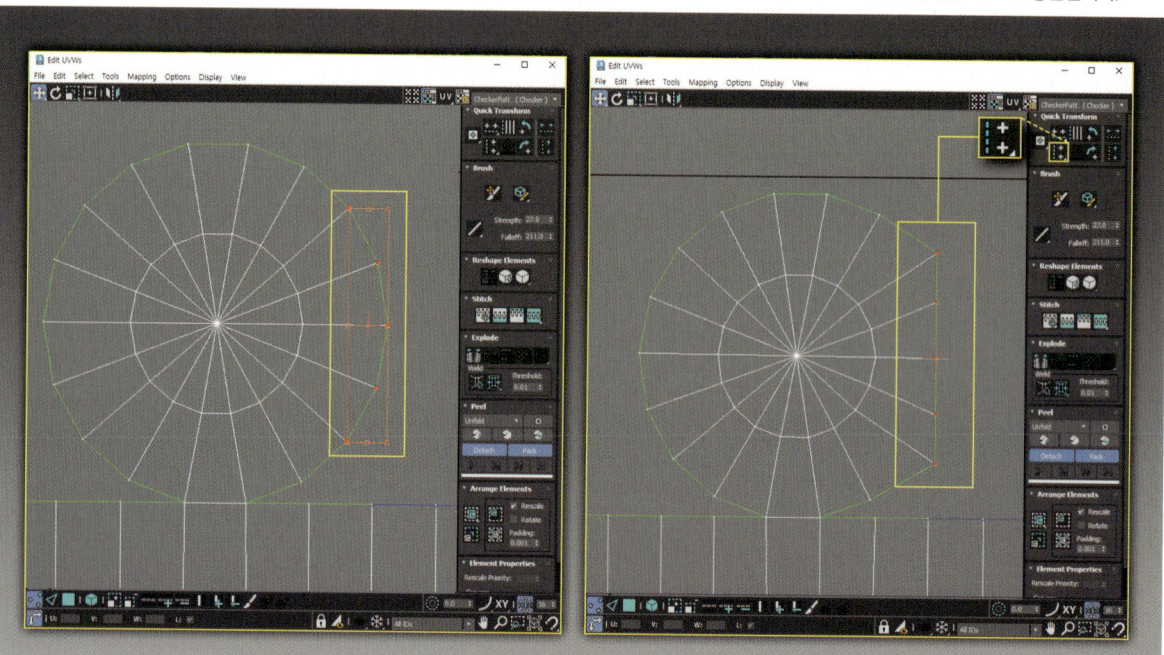

Linear Align은 선택한 Vertex의 첫 번째와 마지막 Vertex를 가로지르는 직선으로 정렬합니다.

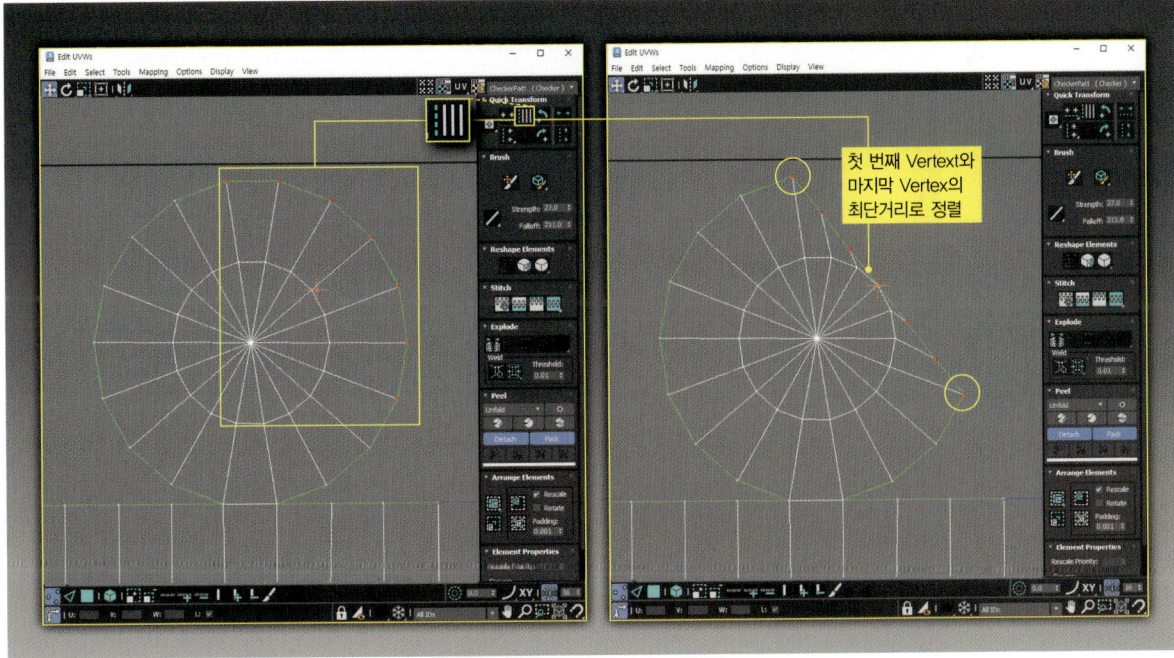

Rotate -90 Around Pivot, Rotate 90 Around Pivot을 이용해서 선택한 UVW Map 좌표를 시계 방향이나 반시계 방향으로 90도씩 회전시킬 수 있습니다.

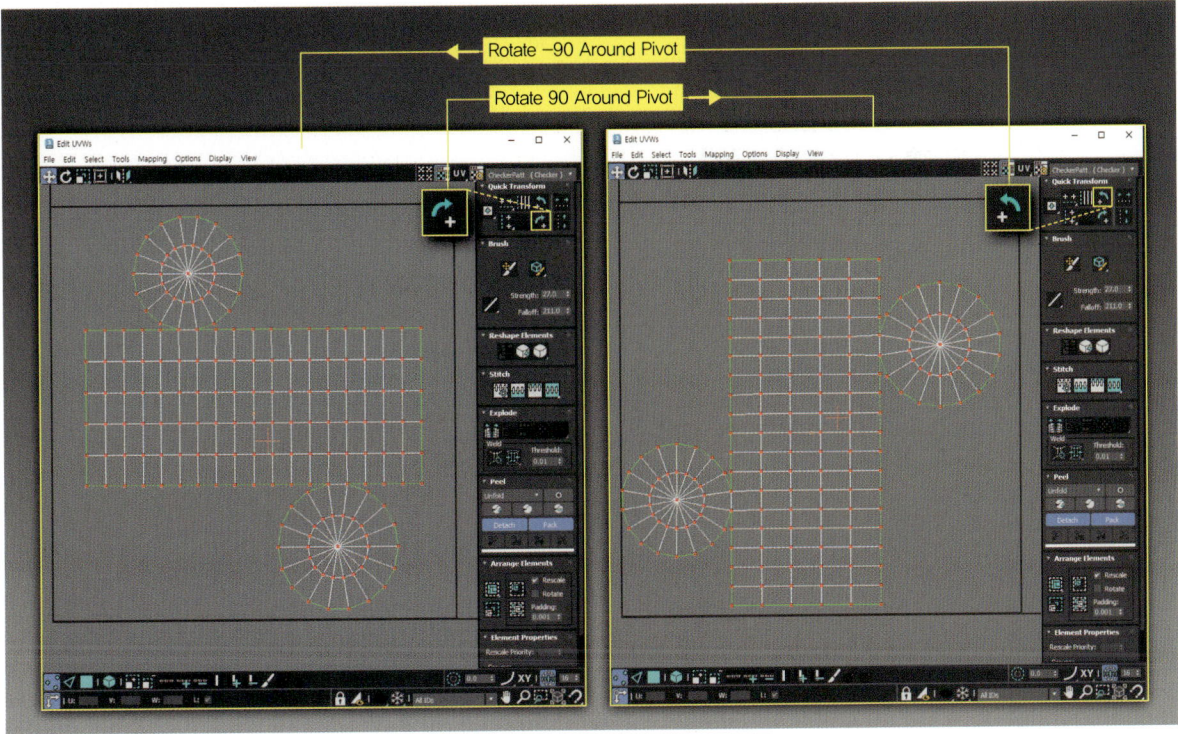

이렇게 UVW Map 좌표를 설정하고 설정한 Map 좌표를 이용해서 Object에 적용될 이미지를 제작할 수 있습니다. 먼저 UVW Map 좌표를 이미지로 저장해야 하는데 Edit UVWs의 Menu Bar에서 Tools → Render UVW Template 을 실행합니다.

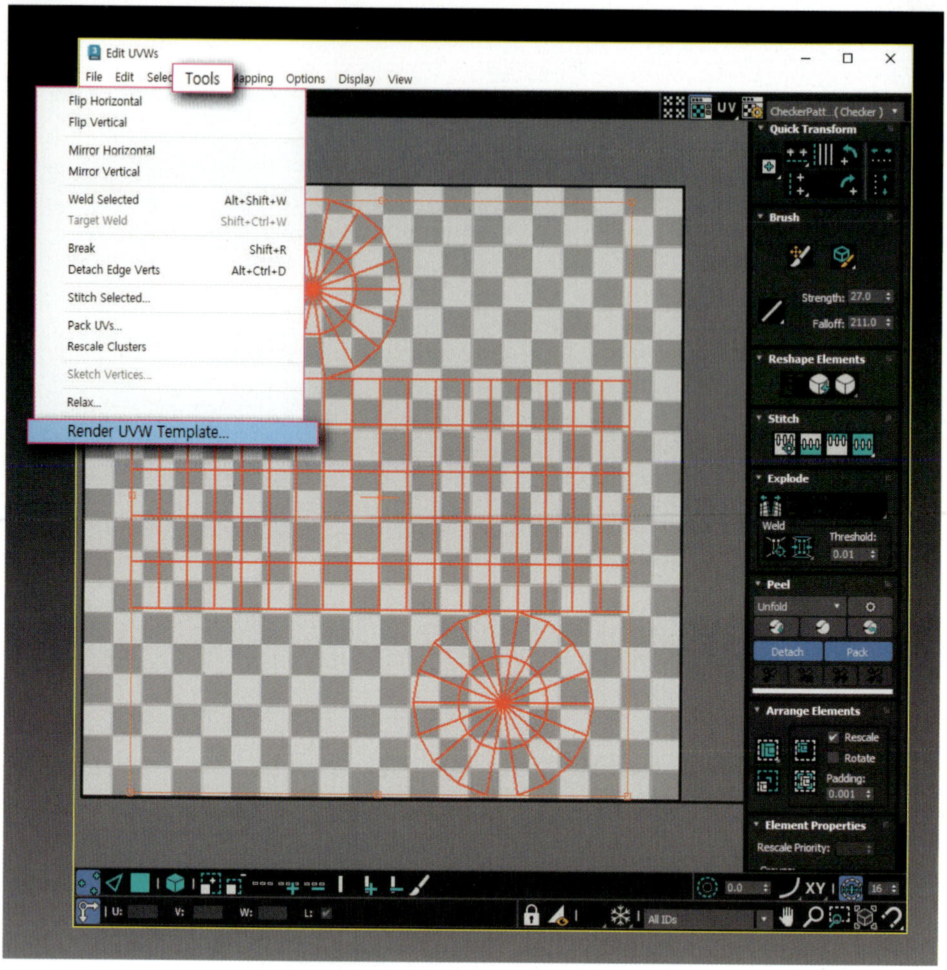

저장될 이미지의 크기를 결정하고 Render UV Template 버튼을 클릭하면 이미지가 생성되고 Save 버튼을 클릭해서 저장합니다.

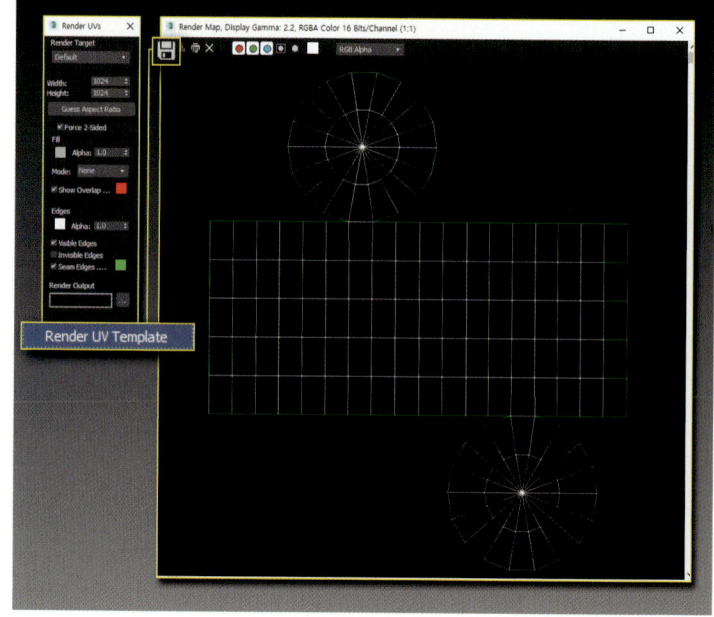

이렇게 저장한 UVW Map 좌표 이미지를 포토샵으로 가져와서 UVW Map 좌표에 맞게 이미지를 제작합니다. 저장한 UVW Map 좌표 이미지를 포토샵의 레이어를 Screen Mode로 변경해서 제작할 이미지와 겹쳐 보이게 합니다.

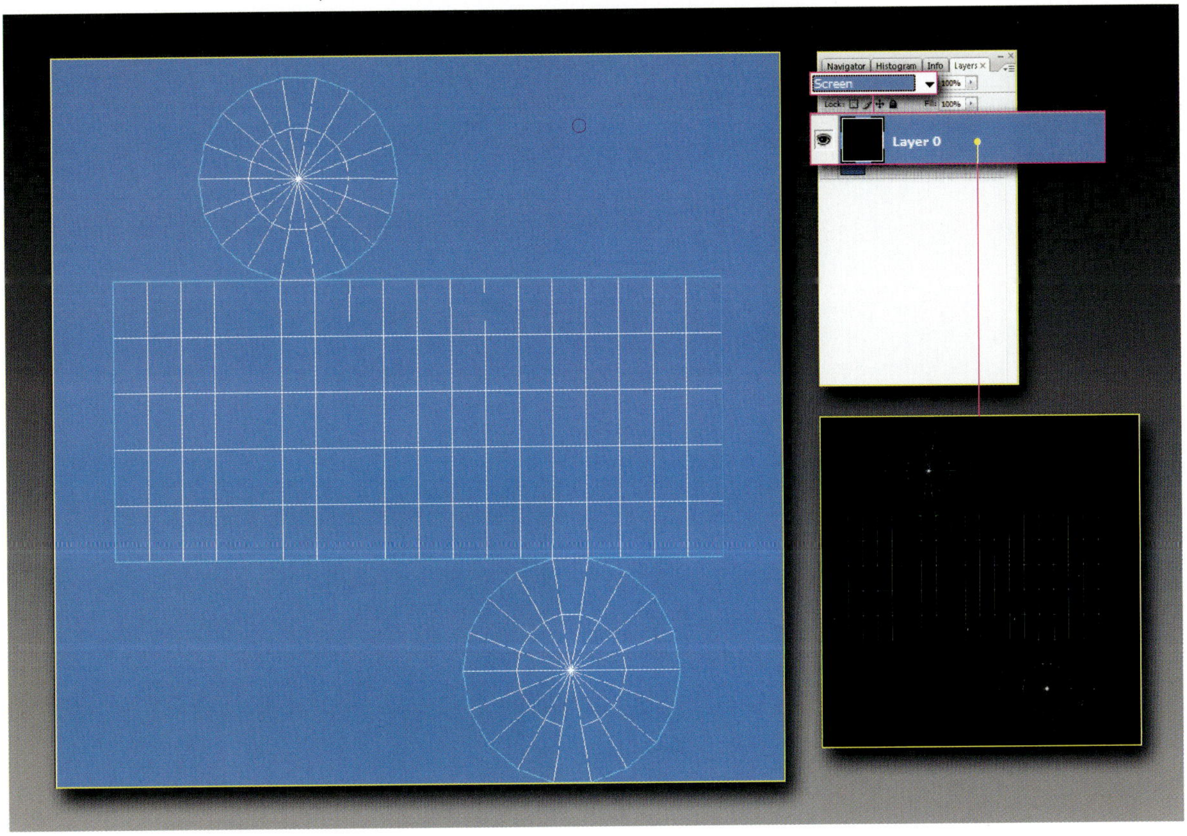

UVW Map 좌표를 참고해서 최종 이미지를 제작합니다.

Material Editor 버튼을 클릭하거나 단축키 M 을 눌러서 Material Editor를 불러옵니다.
선택한 Material의 Diffuse 버튼을 클릭하고 Bitmap을 더블 클릭하여 방금 생성한 이미지를 불러옵니다.

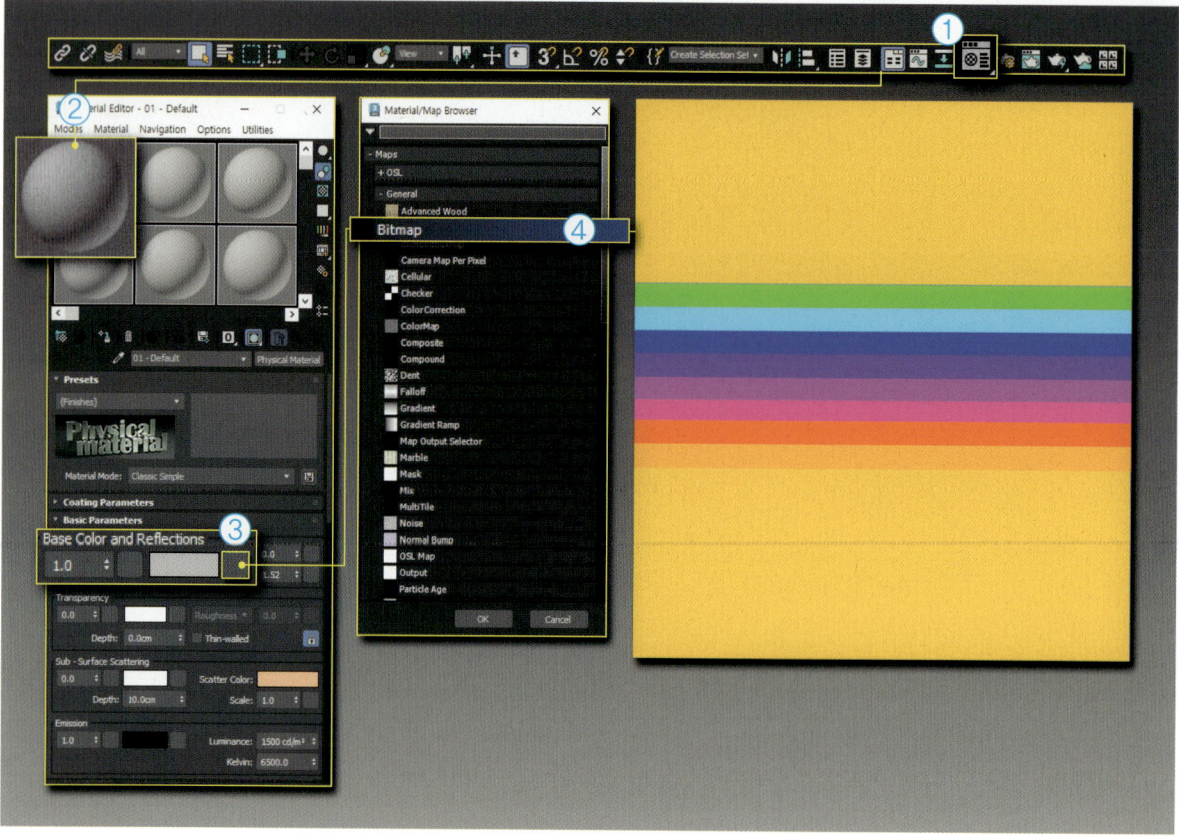

Material Editor가 위 그림과 같지 않을 경우 Render Setup에서 Renderer를 Arnold로 설정합니다. 그 후 버튼을 눌러 Material Editor modes를 Compact Material Editor로 지정하고 재질을 Physical Material로 적용했습니다. Material Editor와 다양한 재질 적용에 대해서는 **챕터 7**에서 자세히 설명하고 있습니다.

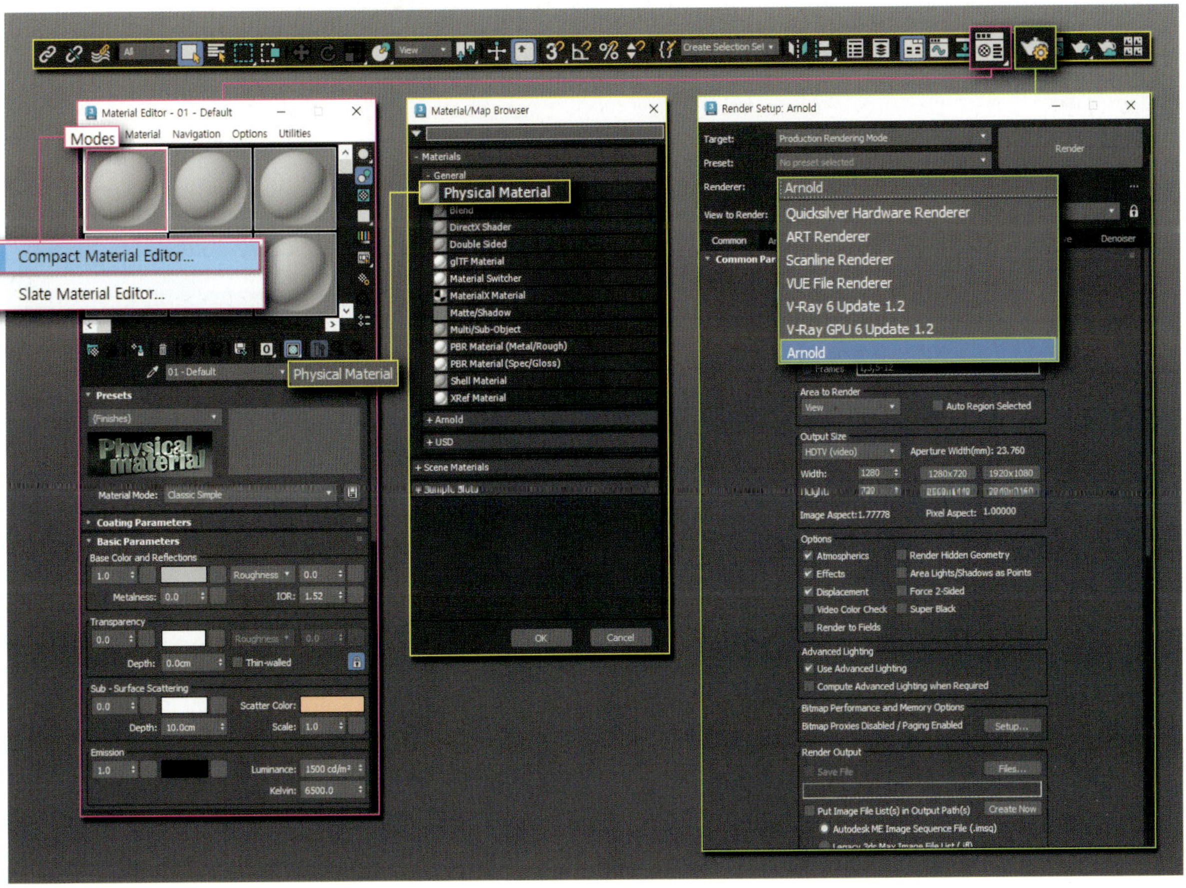

이 Material을 Object에 적용하고 Show Shaded Material In Viewport 버튼을 클릭해서 확인하고 Modify ➔ Turbo Smooth를 적용해서 완성합니다.

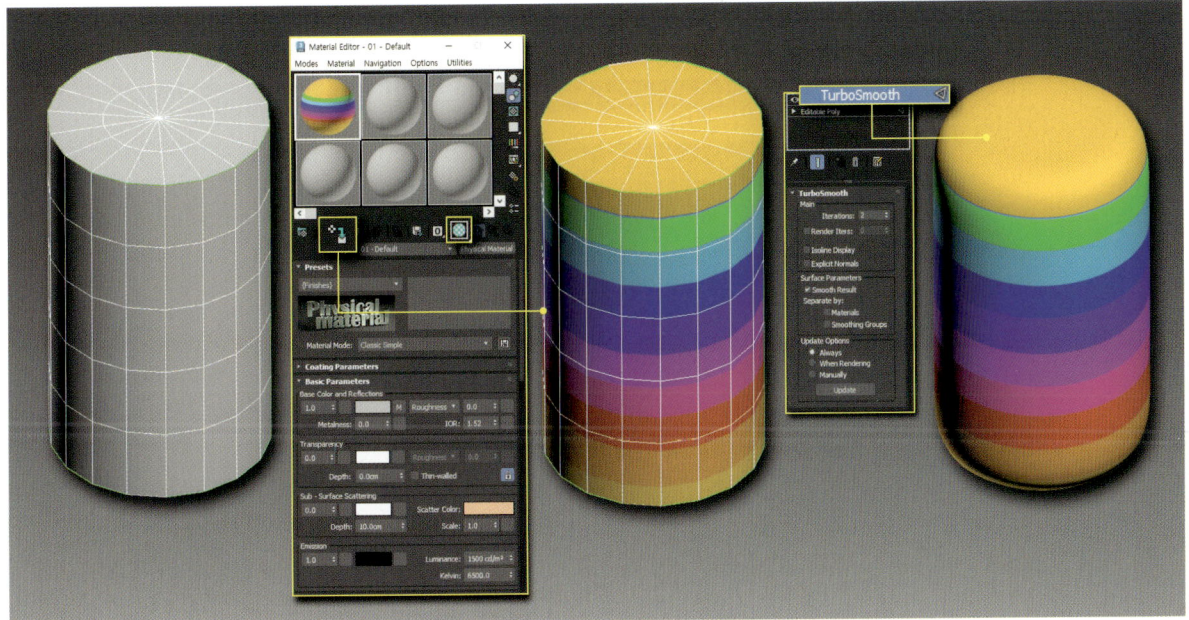

SECTION 07

Explode

Explode는 선택한 UVW Map 좌표의 Vertex, Edge, Polygon을 분리하거나 분리와 동시에 자동으로 UVW Map 좌표를 일정하게 정리하는 기능을 가지고 있습니다.

이번에는 Box를 생성하고 Editable Poly로 변환하고 Modify ➡ Unwrap UVW를 적용했습니다.

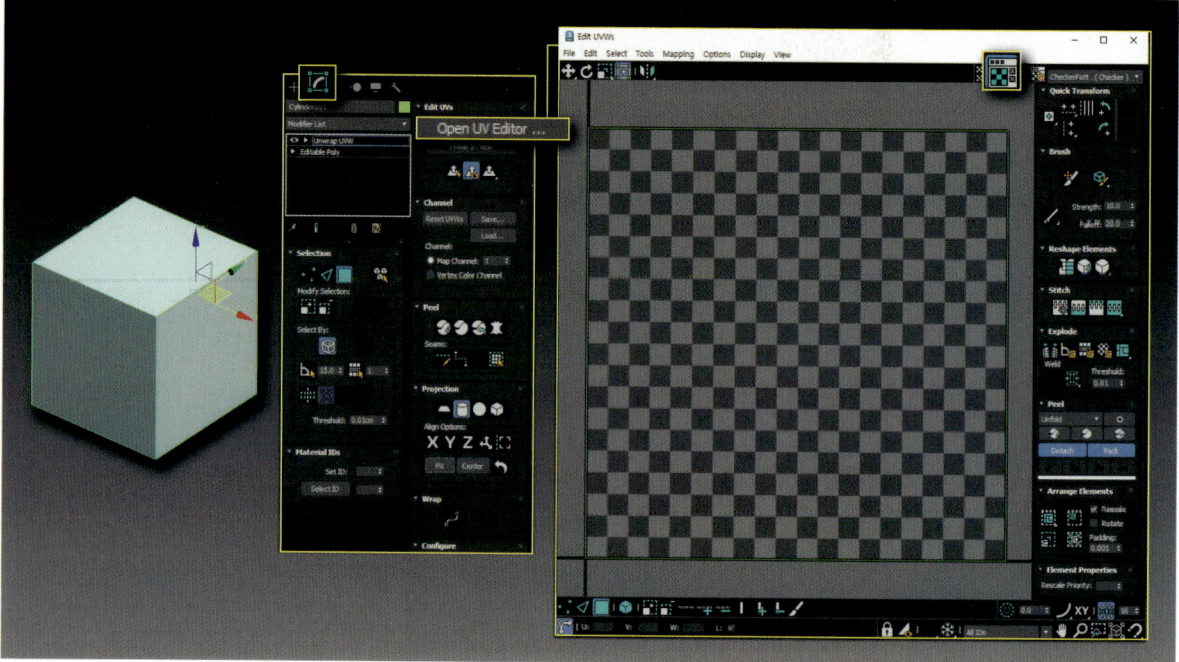

UVW Map 좌표 전체를 선택하고 Explode ➡ Flatten By Polygon Angle을 실행합니다. UVW Map 좌표가 각 면으로 분리되어 화면에 정리된 것을 알 수 있습니다.

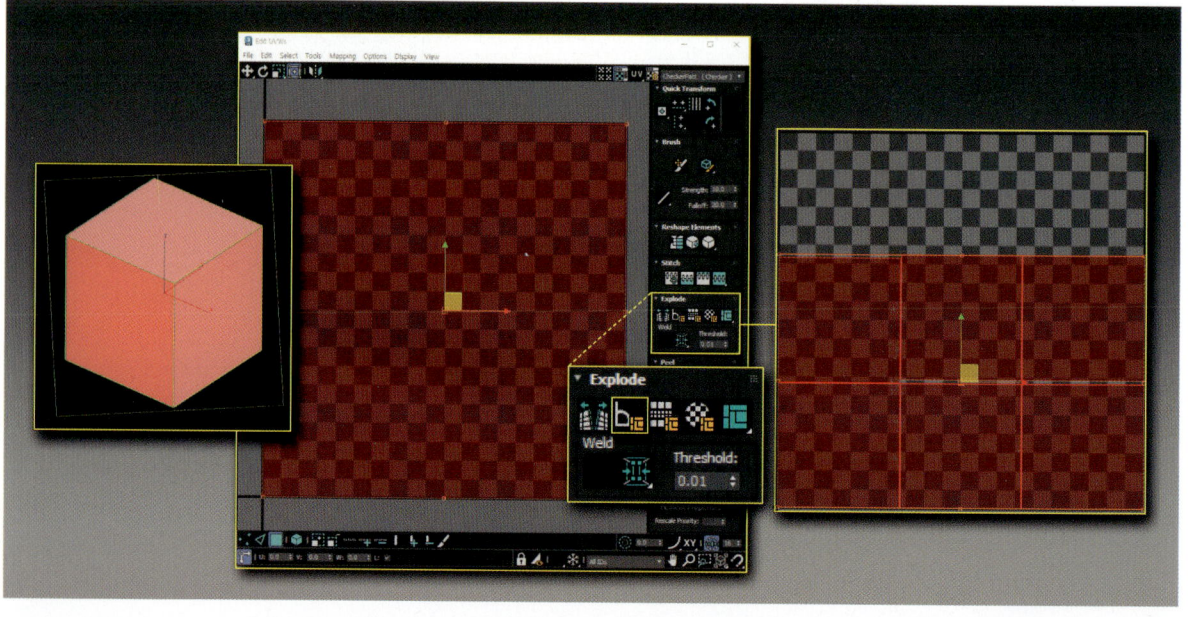

UVW Map 좌표의 Polygon을 선택해보면 Object에서 각 위치를 확인할 수 있습니다.

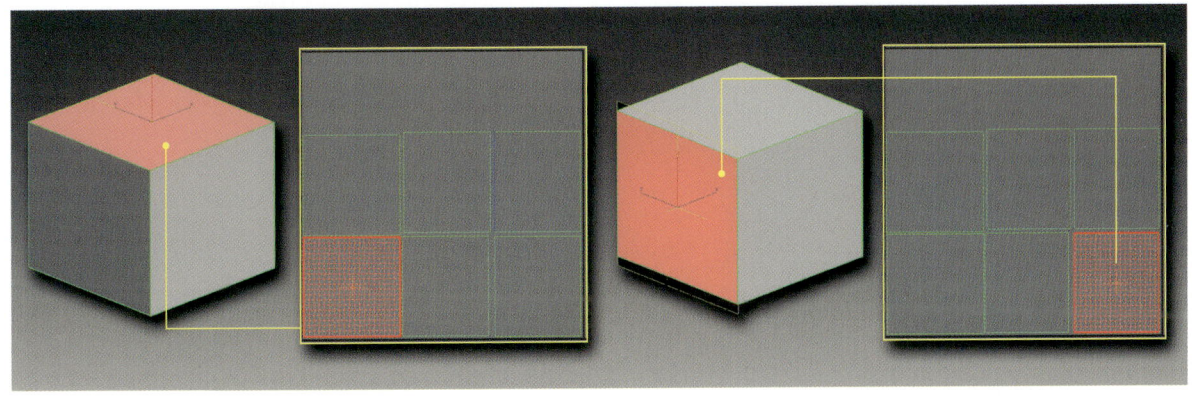

각 부분을 이동하고 회전하고 크기를 조절할 수 있습니다.

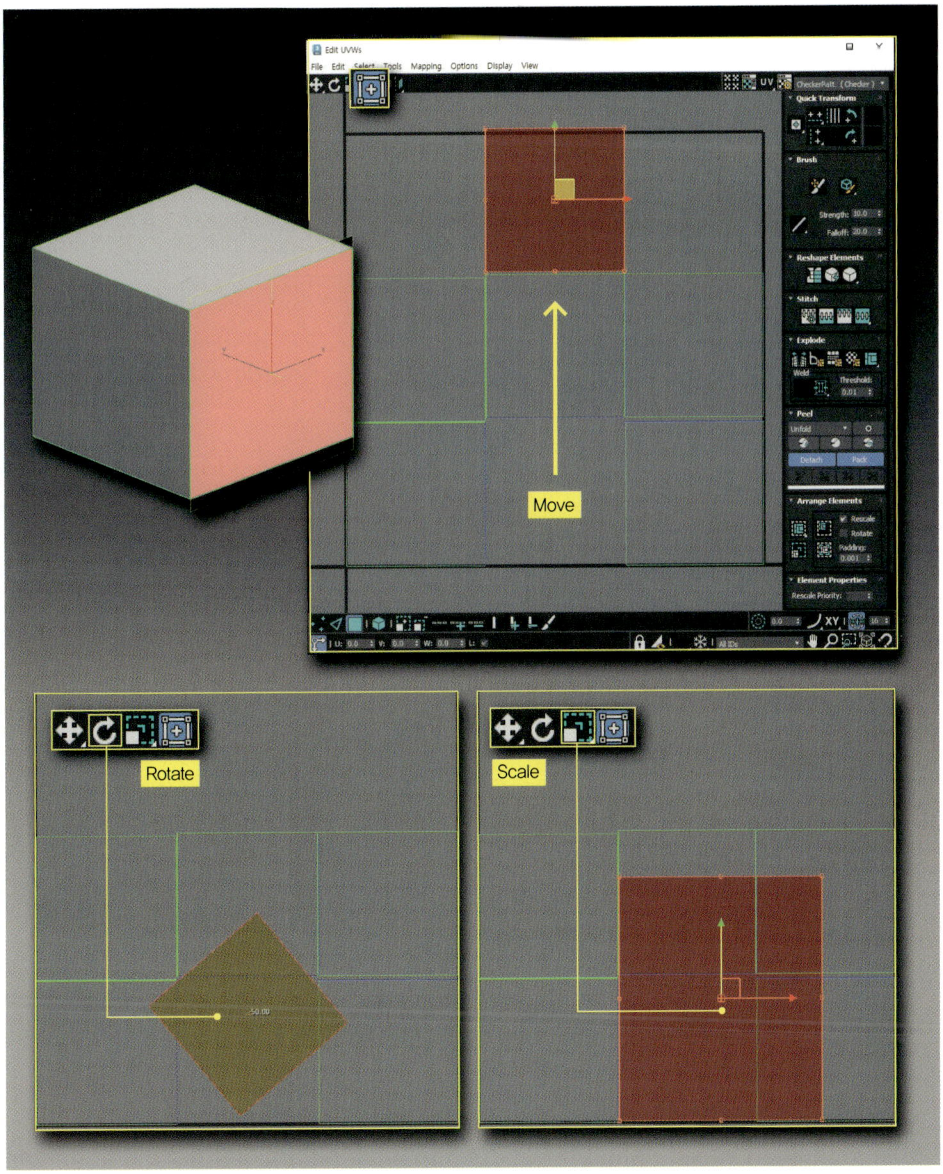

이제 연결될 부분의 Edge를 선택하고 마우스 오른쪽 버튼을 클릭하고 Stitch 기능을 이용해서 연결합니다.

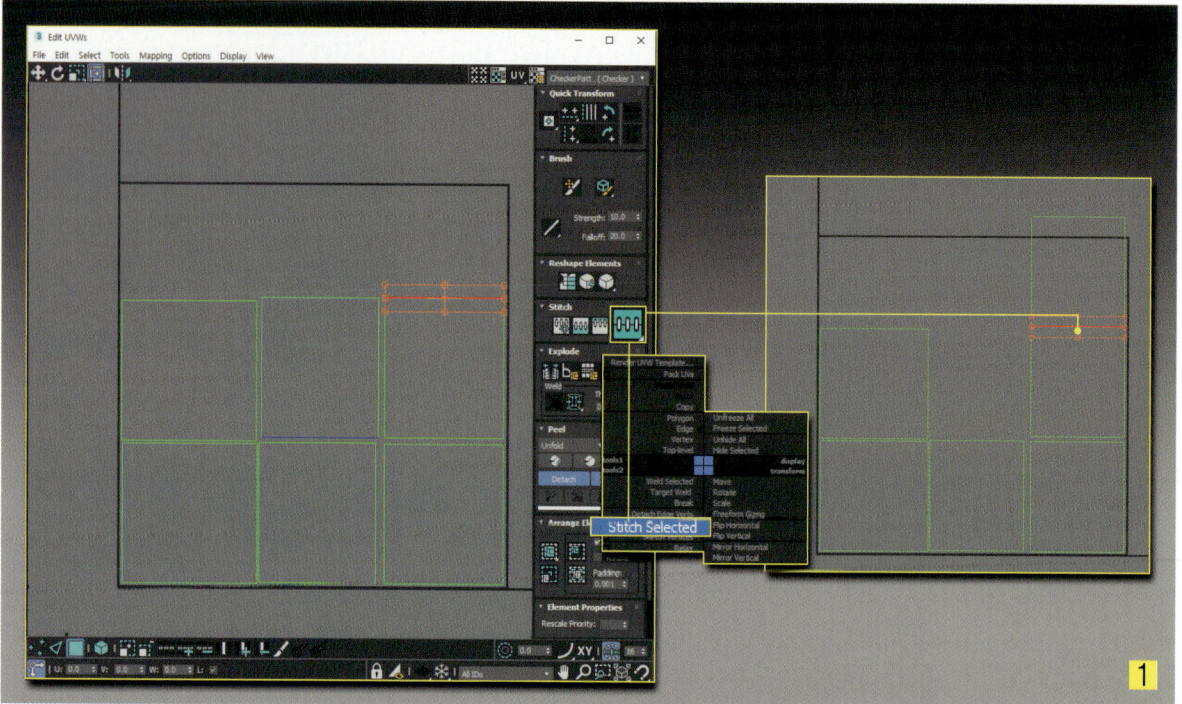

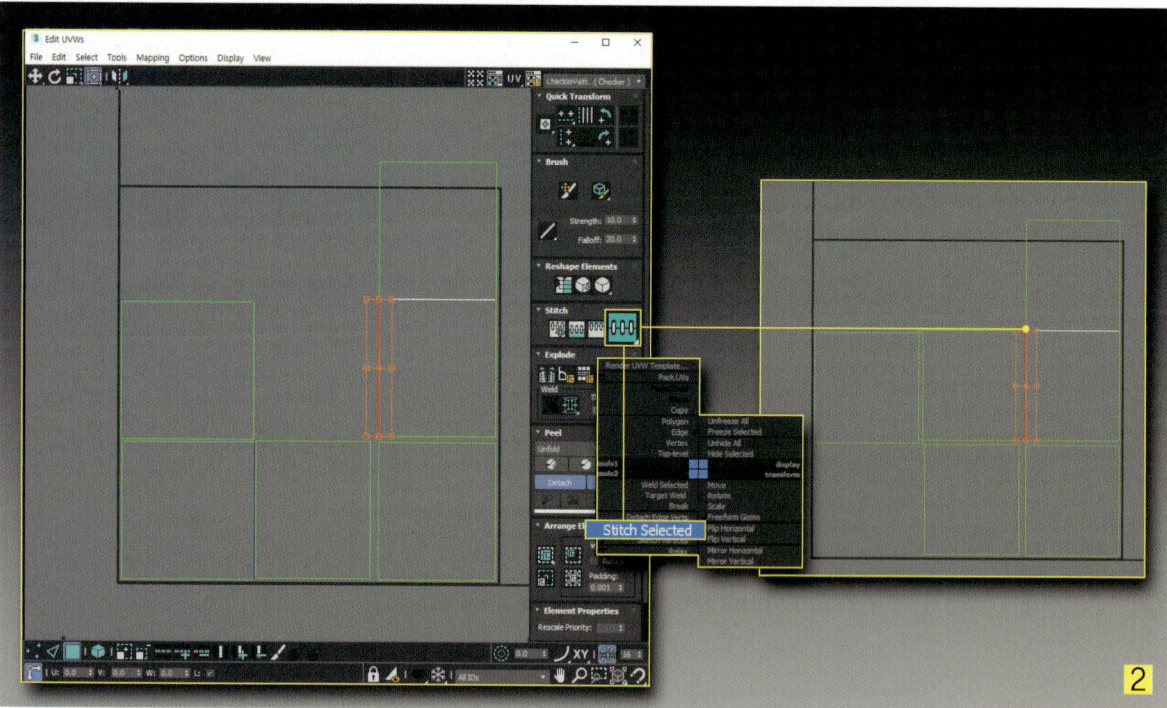

전체를 모두 연결해서 완성한 UVW Map 좌표의 모습입니다.

연결된 UVW Map 좌표의 Vertex, Edge, Polygon은 Break 기능을 이용해서 분리할 수 있습니다. 선택한 Vertex를 Break로 분리하고 이동한 모습입니다.

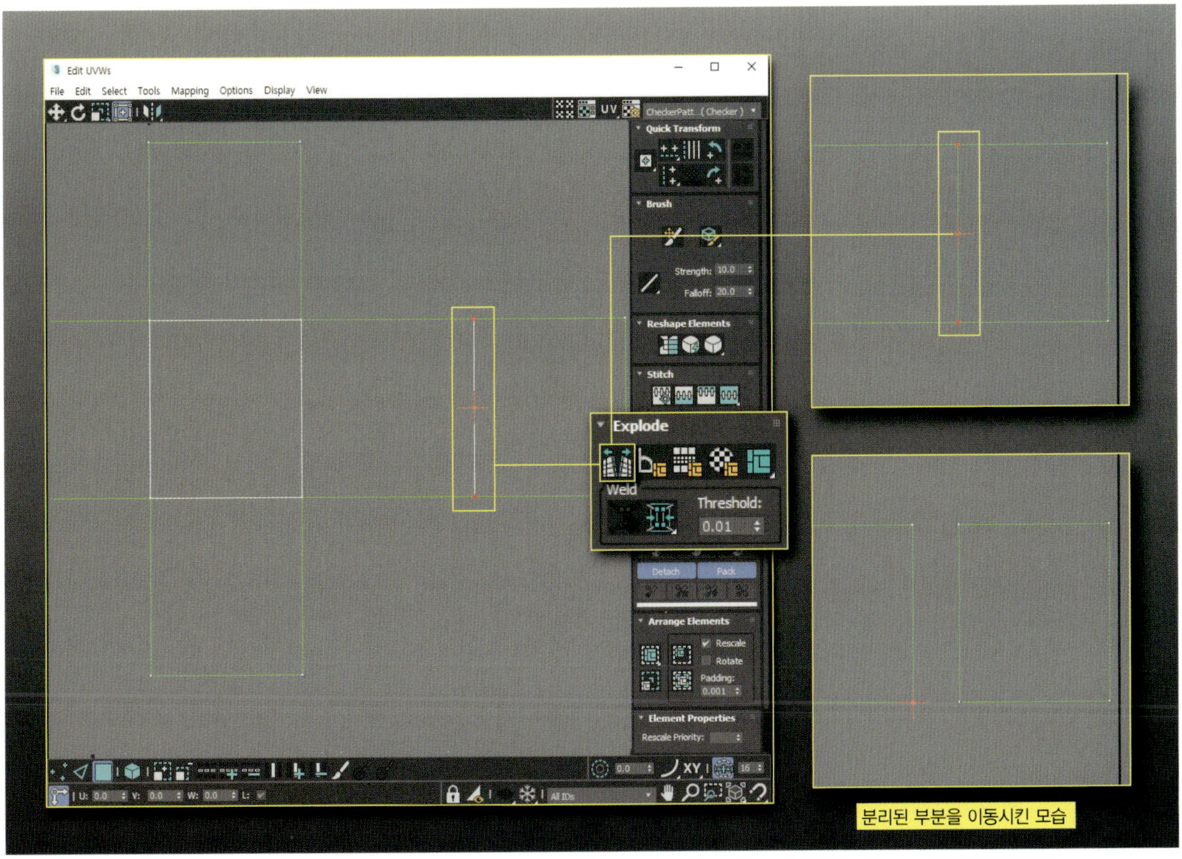

분리된 부분을 이동시킨 모습

Weld 기능을 이용해서도 연결할 수 있습니다. 분리된 UVW Map 좌표에서 연결할 Vertex를 클릭 앤 드래그해서 연결될 Vertex로 커서를 이동하고 떼면 연결됩니다.

연결할 Vertex를 선택하고 Weld All Selected Seams 버튼을 클릭하면 즉시 연결됩니다.

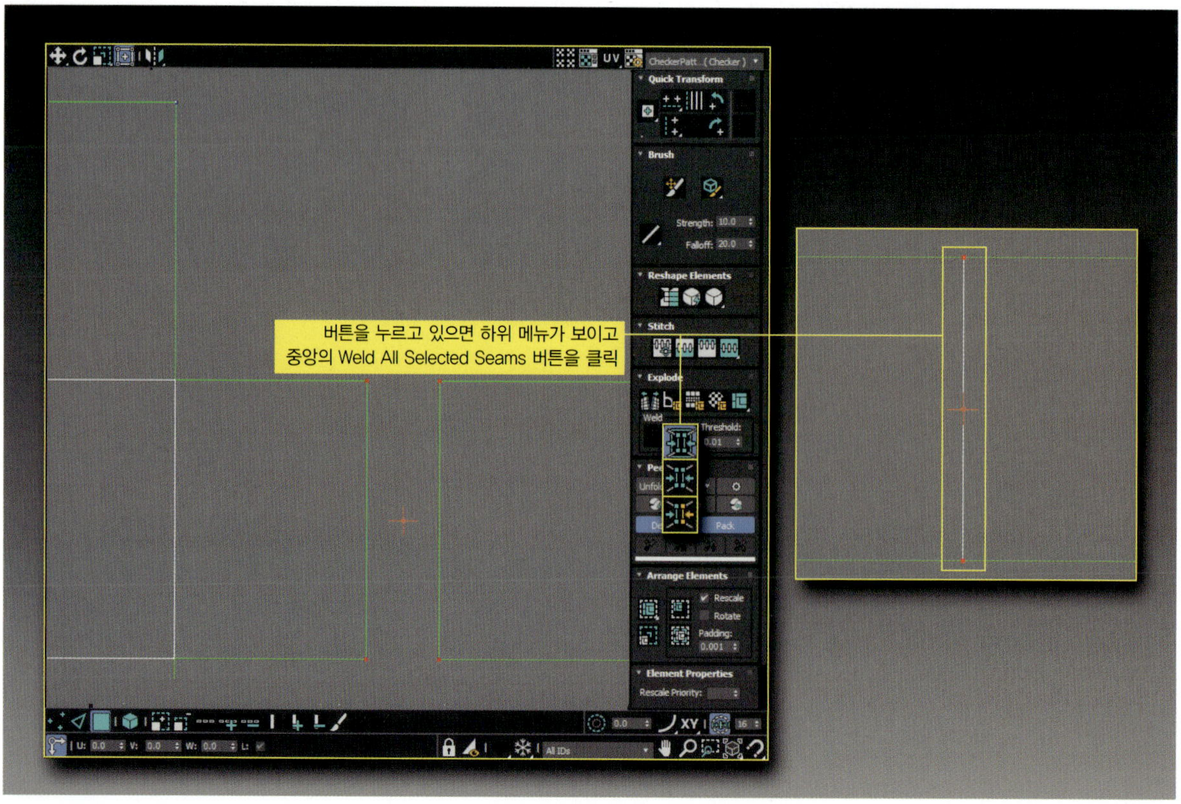

연결할 Vertex를 선택하고 Weld All Selected Seams를 클릭한 상태에서 하위의 Weld Any Match With Select를 실행합니다. 이렇게 하면 선택한 Vertex와 연결된 모든 Vertex(파란색으로 표시되는 모든 Vertex)가 합쳐집니다.

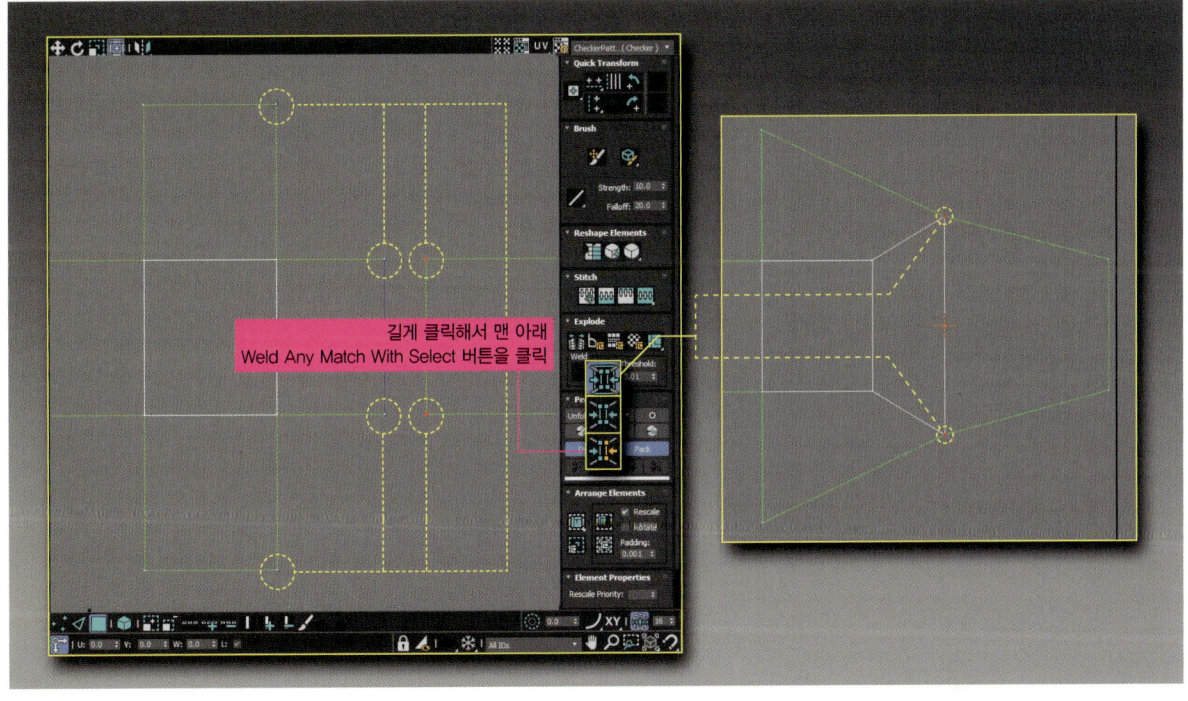

UVW Map 좌표를 이미지로 저장하고 저장한 UVW Map 좌표에 맞추어 Object에 적용될 이미지를 제작한 후 적용한 모습입니다.

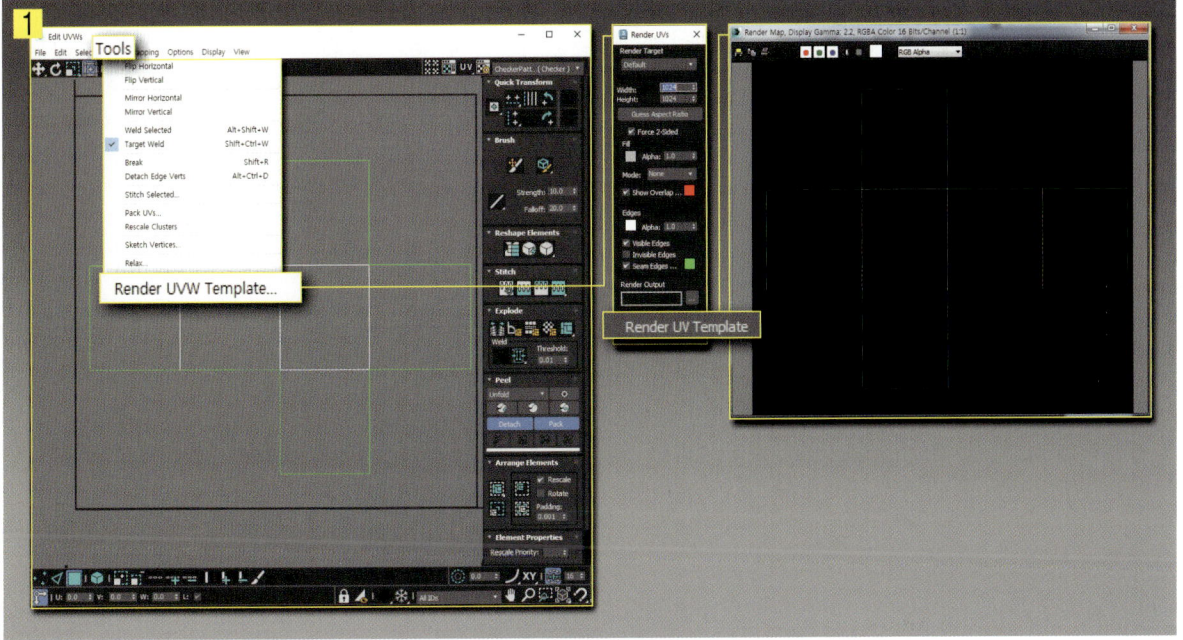

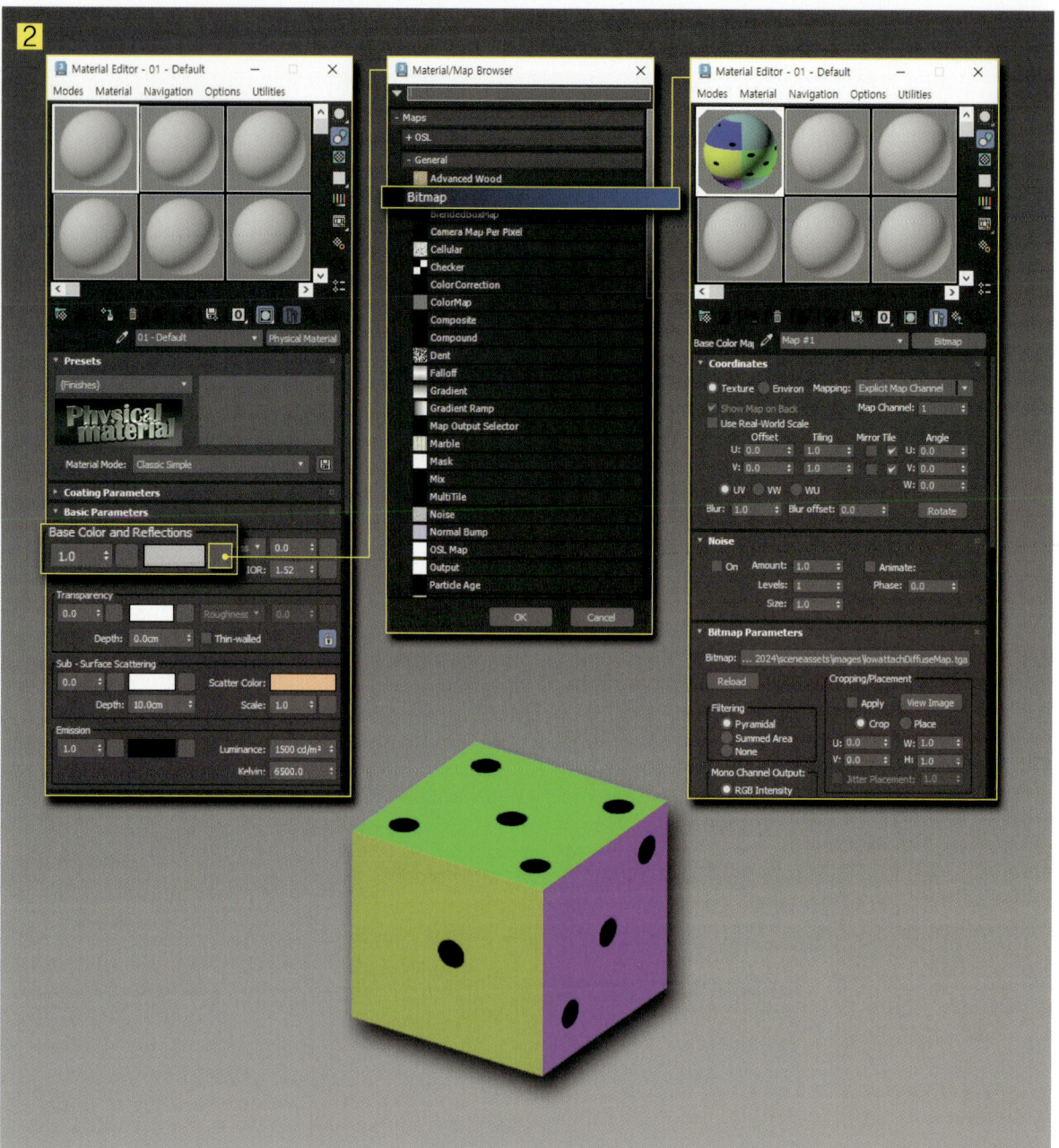

SECTION 08

Low Poly로 제작된 건물 Object의
UVW Map 설정 좌표를 설정하고 이미지 적용하기

같은 방법을 이용해서 간단하게 Low Poly로 만든 건물의 UVW Map 좌표를 설정하고 이미지를 적용해서 완성해 보도록 하겠습니다.

다음 이미지는 전체적으로 Box를 변형해서 만든 건물에 UVW Map 좌표를 설정하고 이미지를 적용해서 완성했습니다. 건물과 바닥 두 부분으로 구분해서 제작했고 건물과 바닥 두 장의 이미지를 적용해서 완성했습니다.

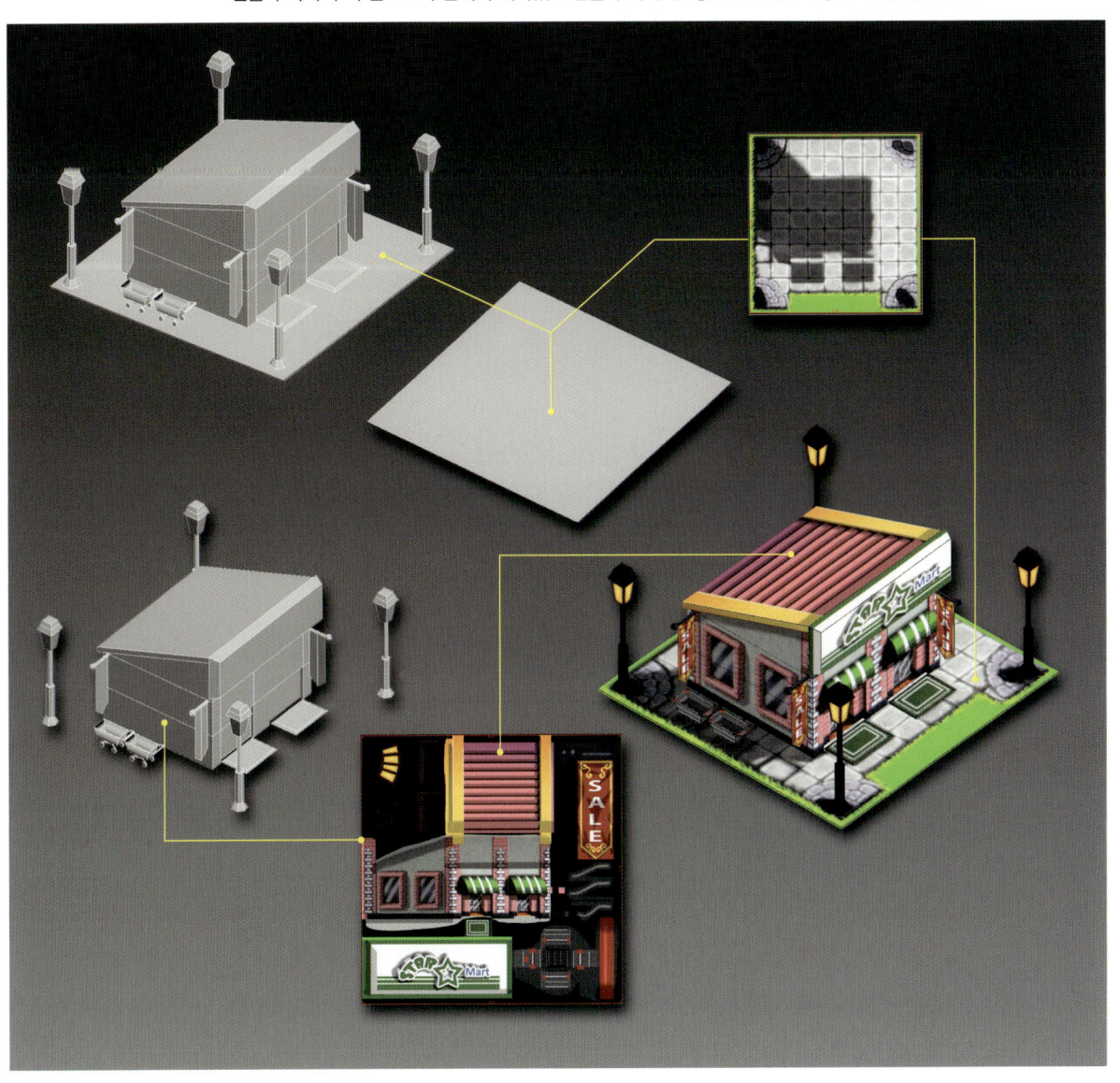

먼저 제작된 가로등의 UVW Map 좌표를 설정합니다. 가로등을 선택하고 Modify → Unwrap UVW 적용하고 UVW Map 좌표를 설정할 부분을 선택하고 Explode → Flatten by Polygon Angle을 실행합니다.

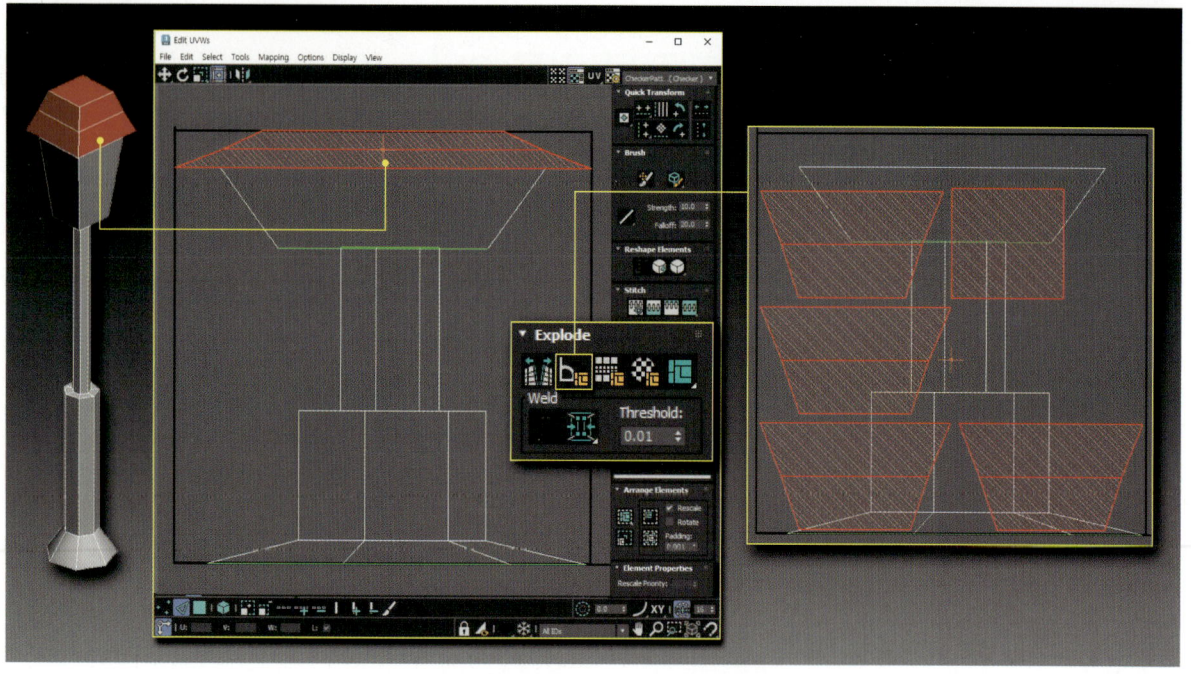

작업을 위해 빈 공간으로 이동시킨 후 Stitch를 이용해서 연결합니다.

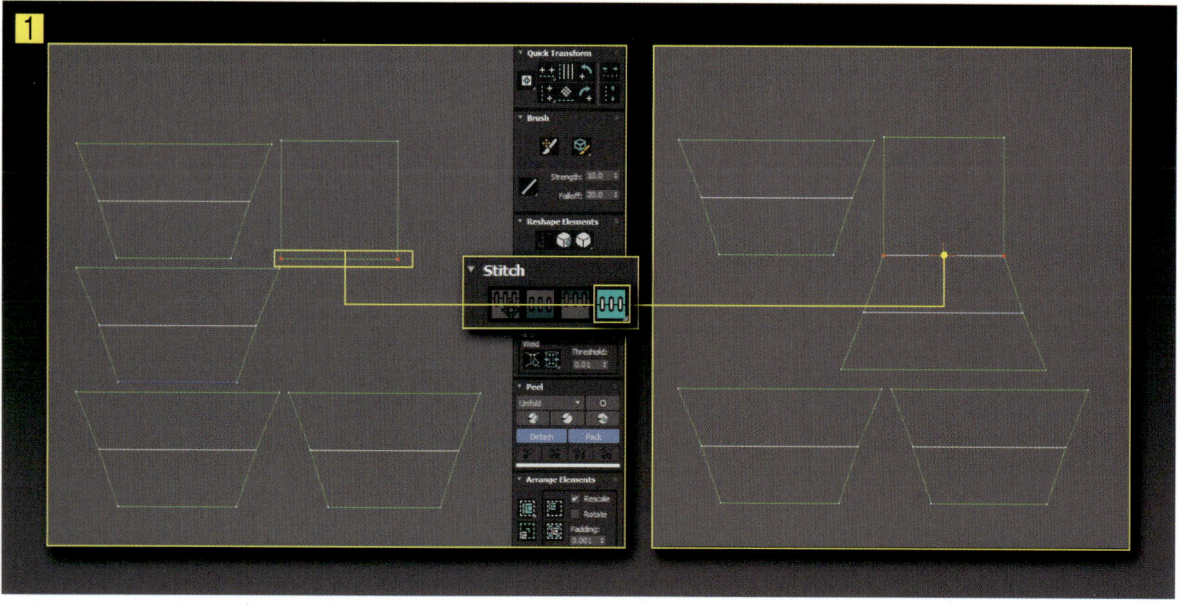

2
Quick Transform
Brush
Strength:
Falloff:
Reshape Elements
Stitch
Weld
Threshold:
Peel
Unfold
Detach
Pack
Arrange Elements
Rescale
Rotate
Padding:

3
Quick Transform
Brush
Strength:
Falloff:
Reshape Elements
Stitch
Weld
Threshold:
Peel
Unfold
Detach
Pack
Arrange Elements
Rescale
Rotate
Padding:

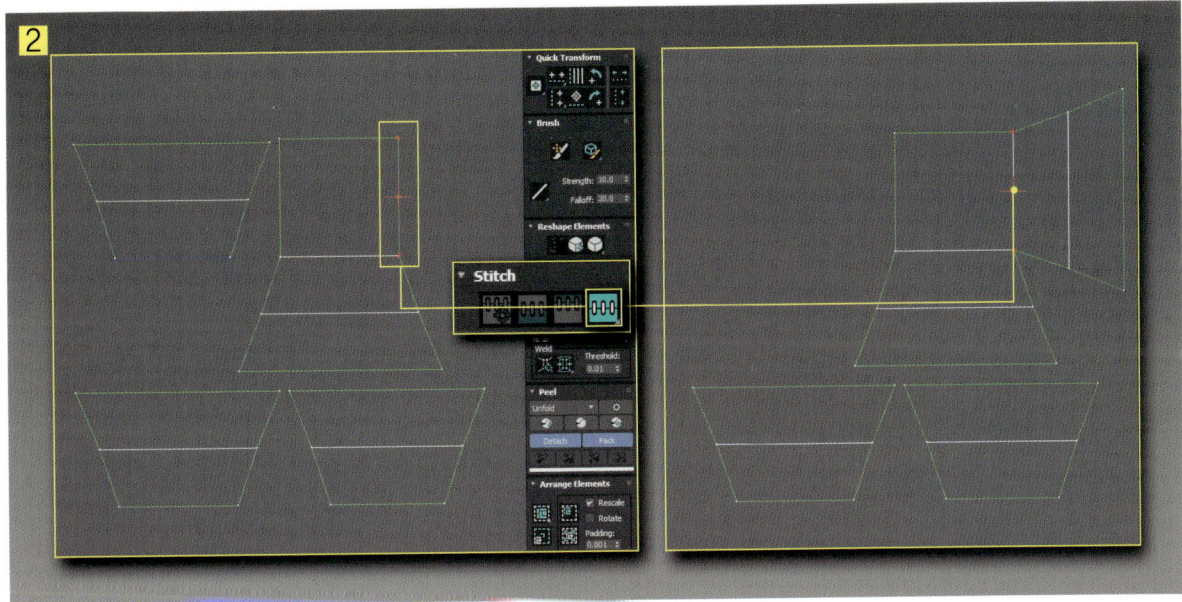

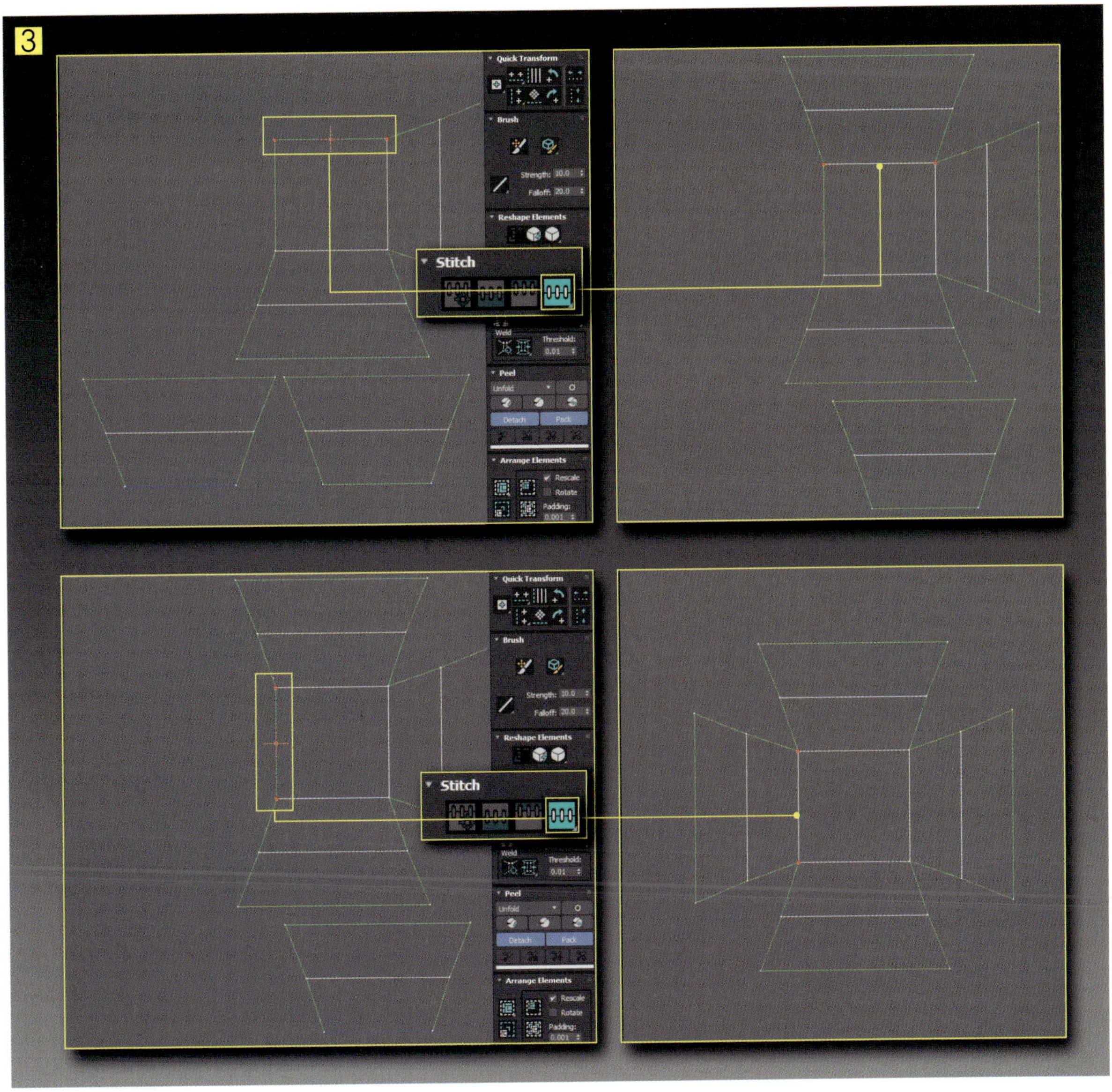

나머지 부분도 같은 방식으로 작업해서 정리합니다.

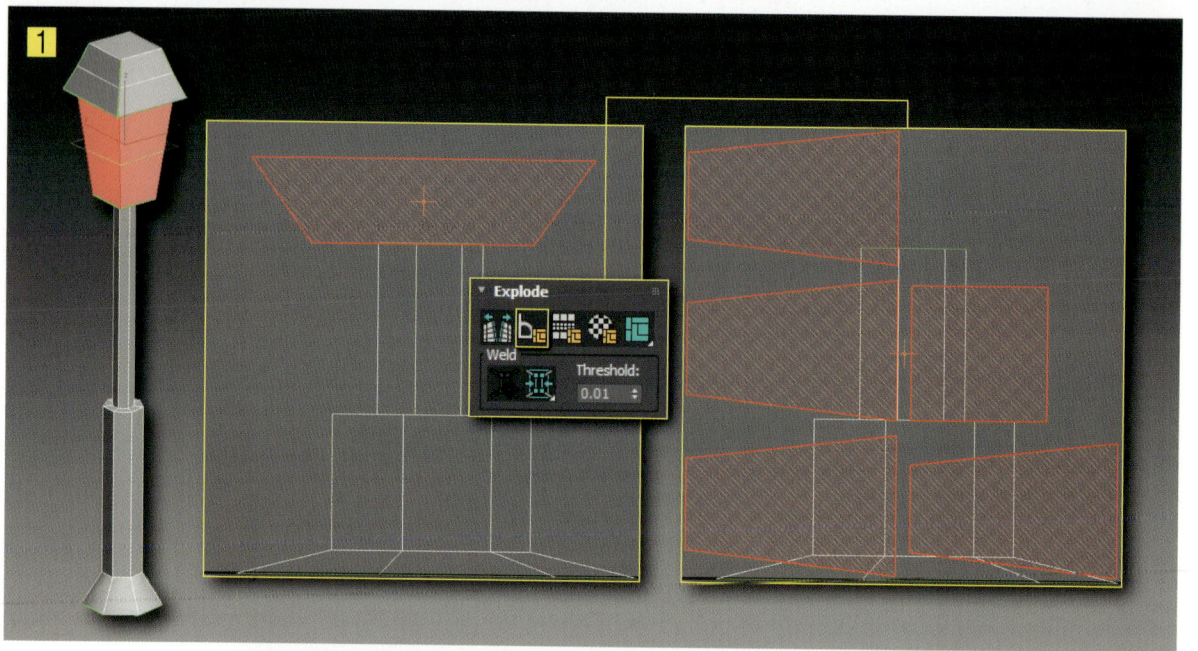

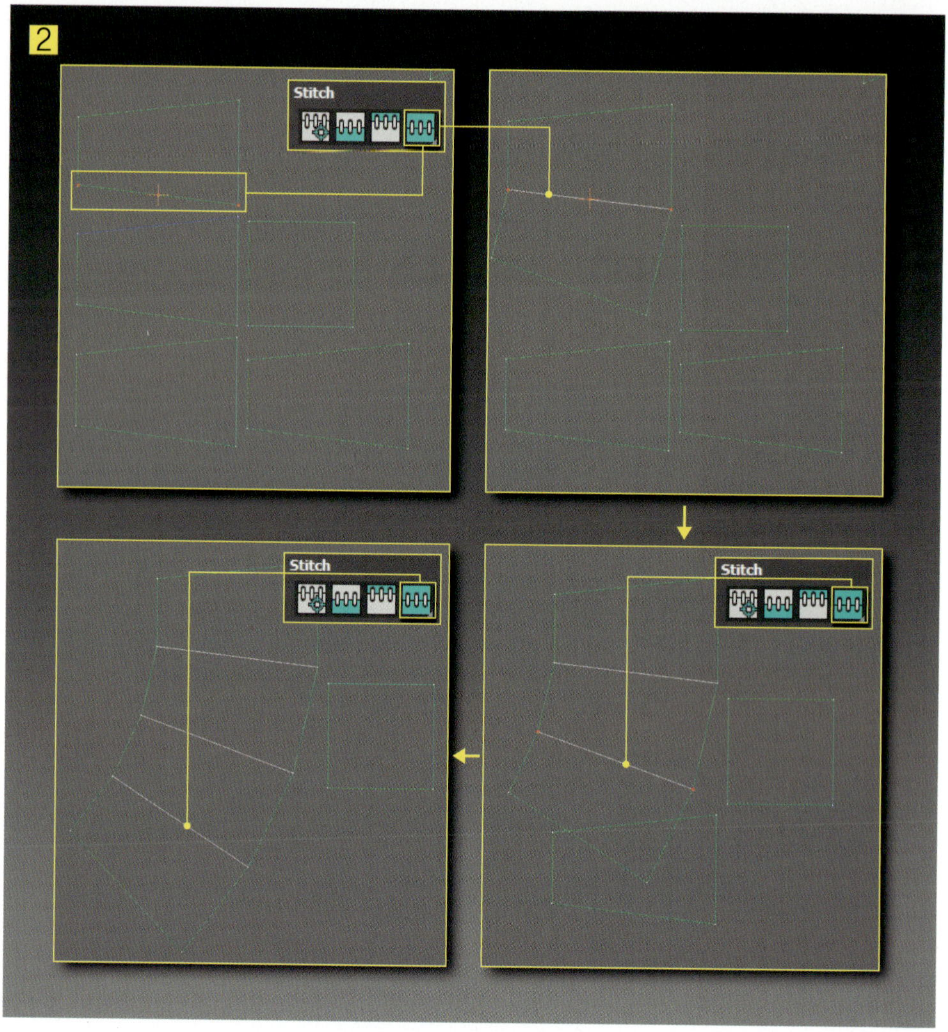

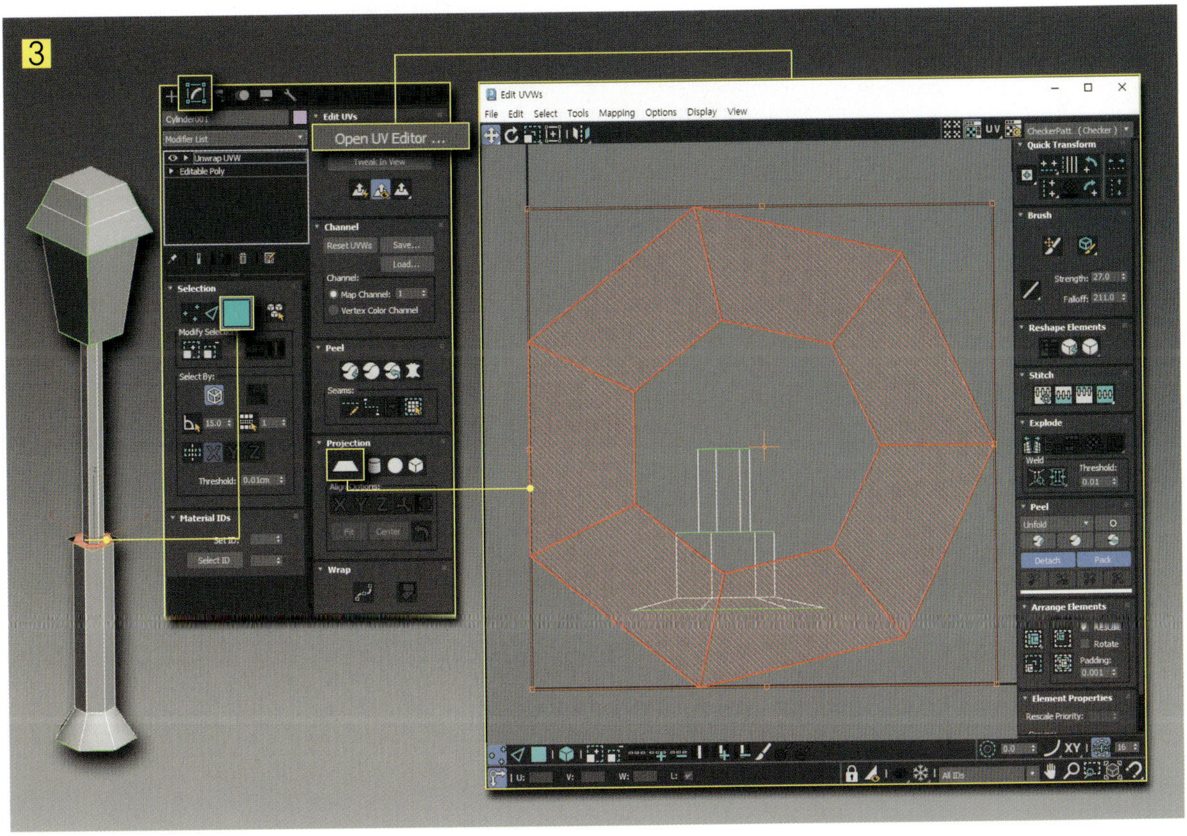

몸통 부분은 Projection ➡ Cylindrical Map을 이용해서 UVW Map 좌표를 펼쳐주고 정리합니다.

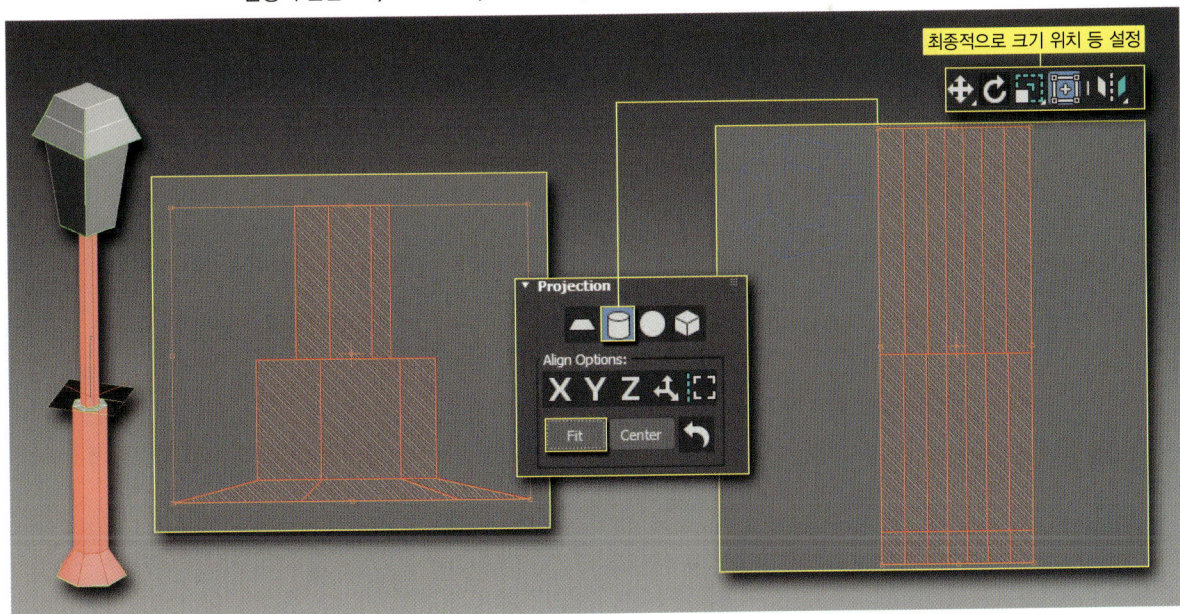

작업한 가로등 UVW Map을 모두 정리한 모습입니다.

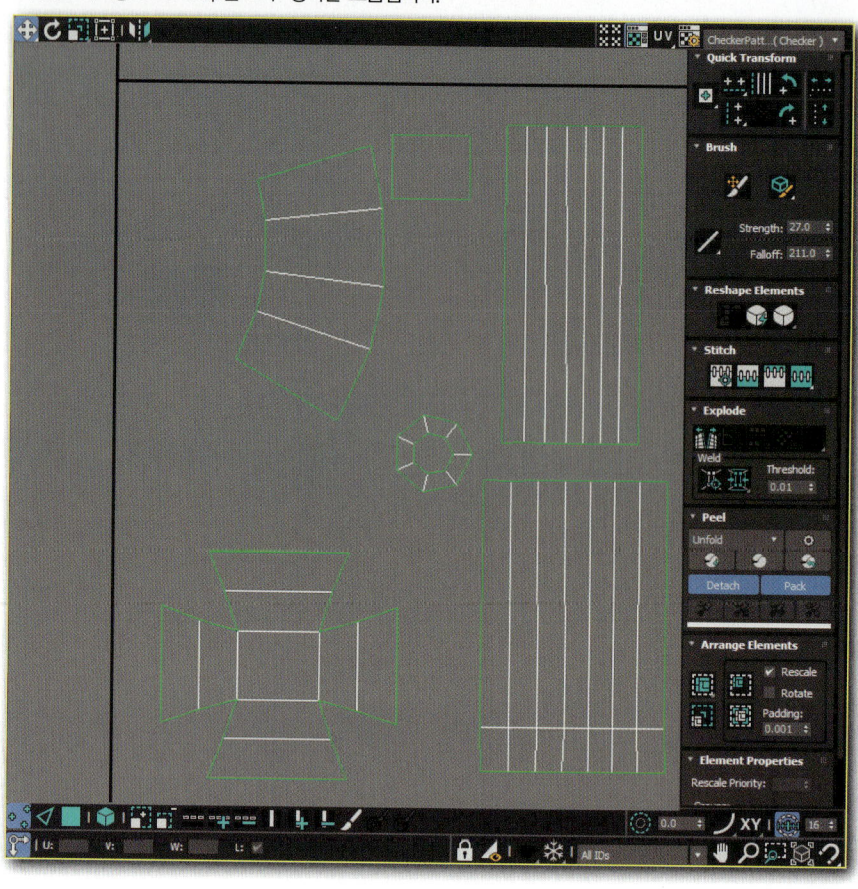

이미지를 적용해서 완성한 모습입니다.

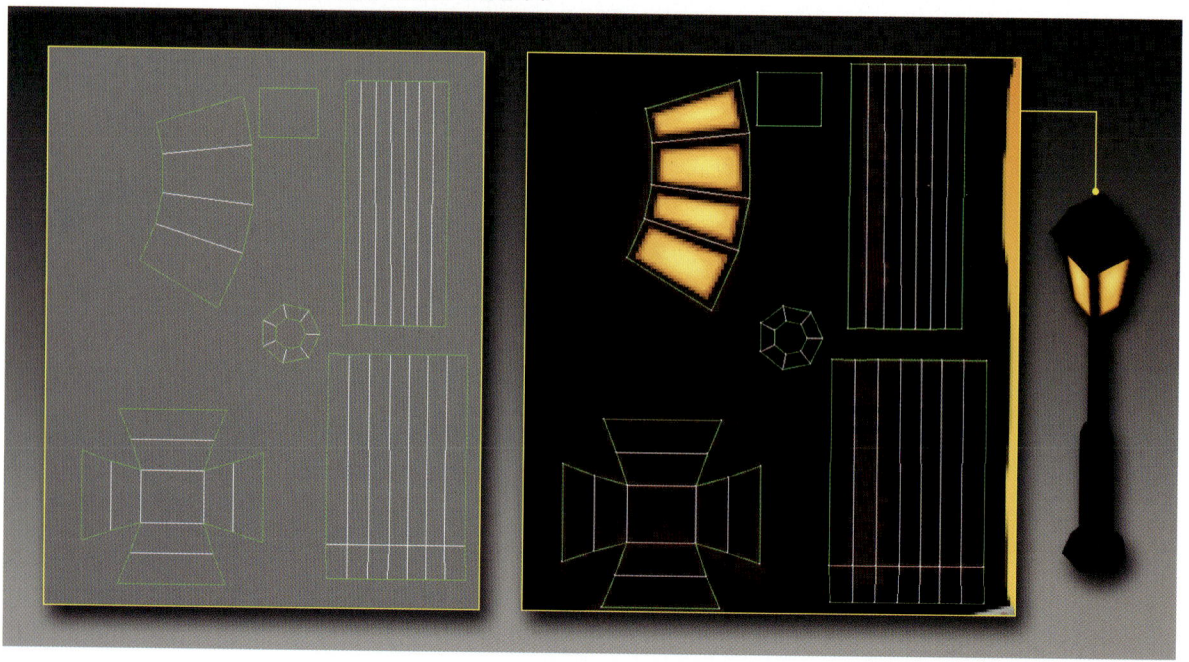

같은 방법으로 건물 전체의 UVW Map 좌표를 설정하고 좌표에 맞게 제작한 이미지를 적용해서 완성한 모습입니다.

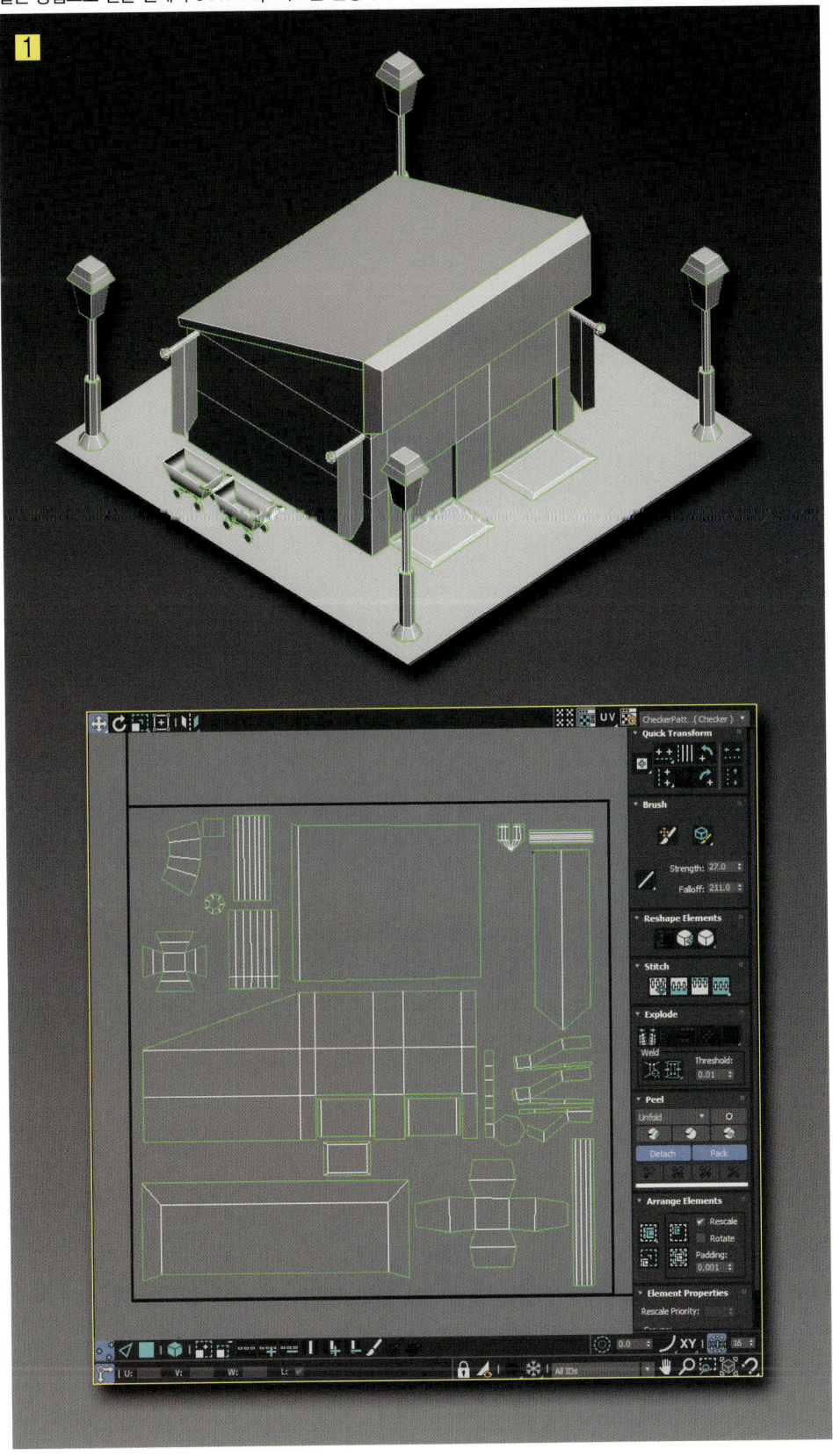

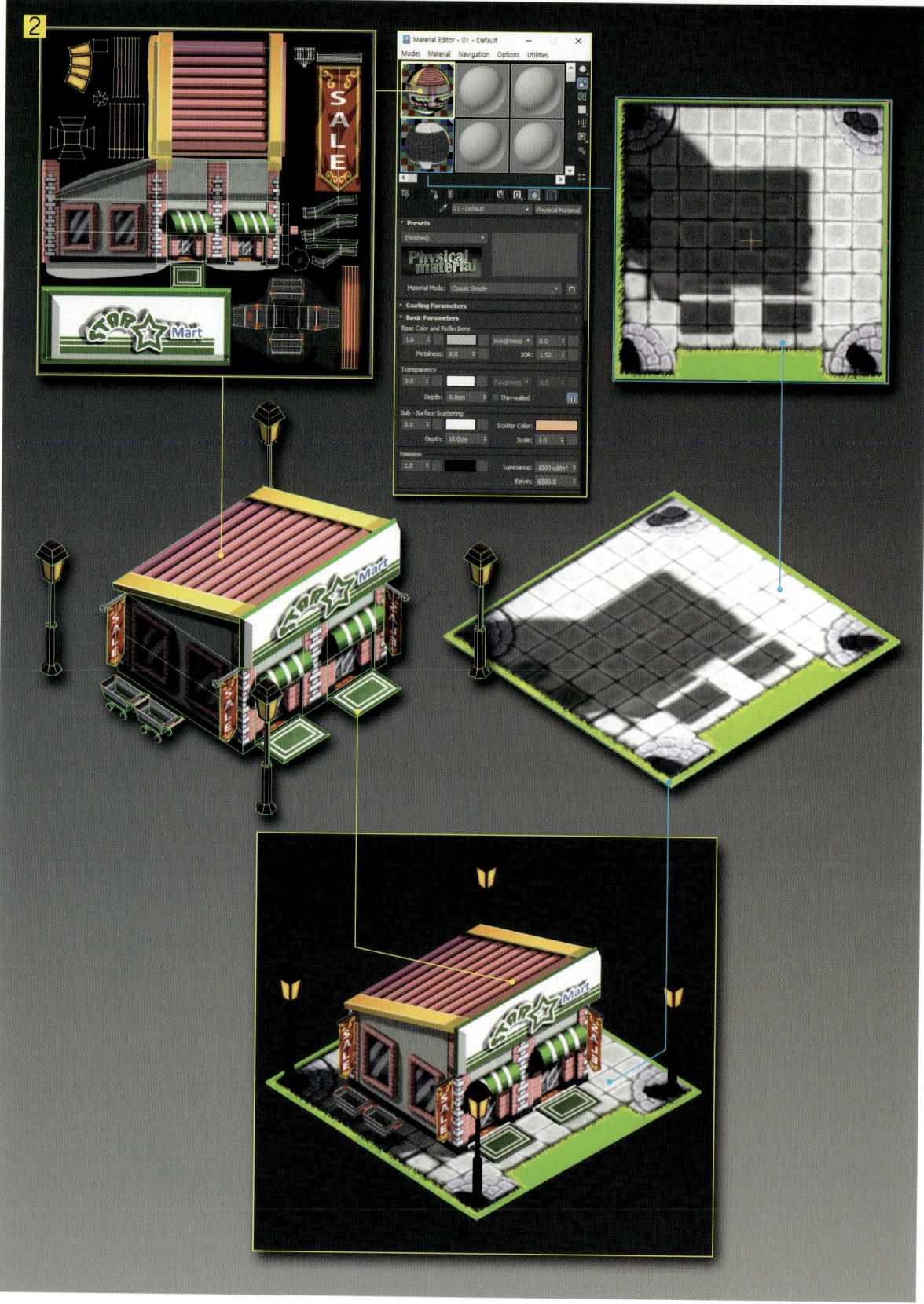

SECTION 09

곰 인형 UVW Map 좌표 설정하기

Beardoll uvw.max

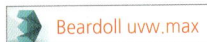

이번엔 조금도 복잡한 형태로 앞서 제작한 곰 인형의 UVW Map 좌표를 설정합니다. Modify ➡ Unwrap UVW를 적용하고 Open UV Editor 버튼을 클릭해서 Edit UVWs를 활성화합니다. UVW Map 좌표가 복잡하게 얽혀 있습니다. Shows The Active Map In The Dialog를 해제합니다.

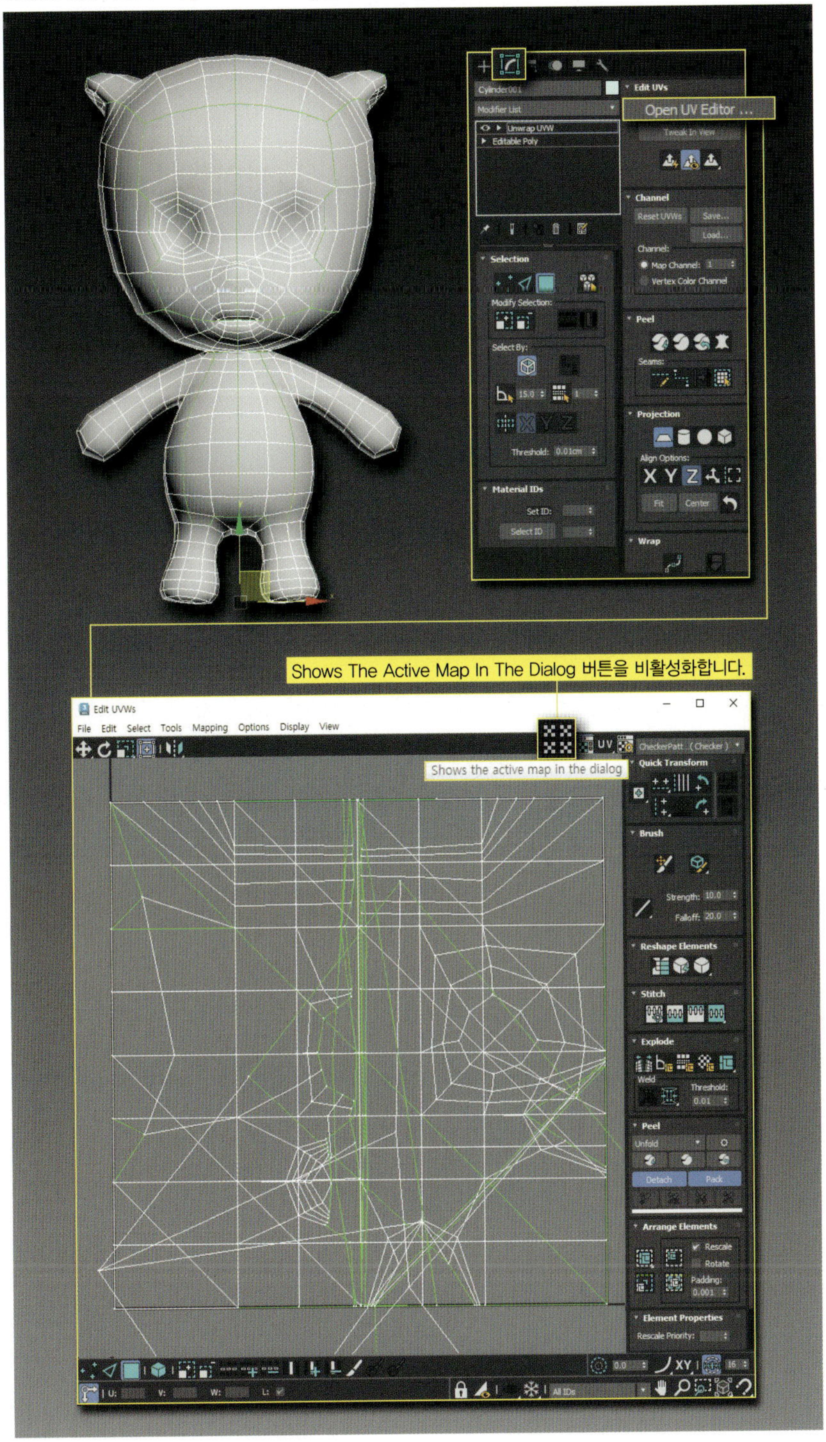

전체 UVW Map 좌표를 선택하고 Projection ➜ Planar를 적용해 작업을 시작합니다.

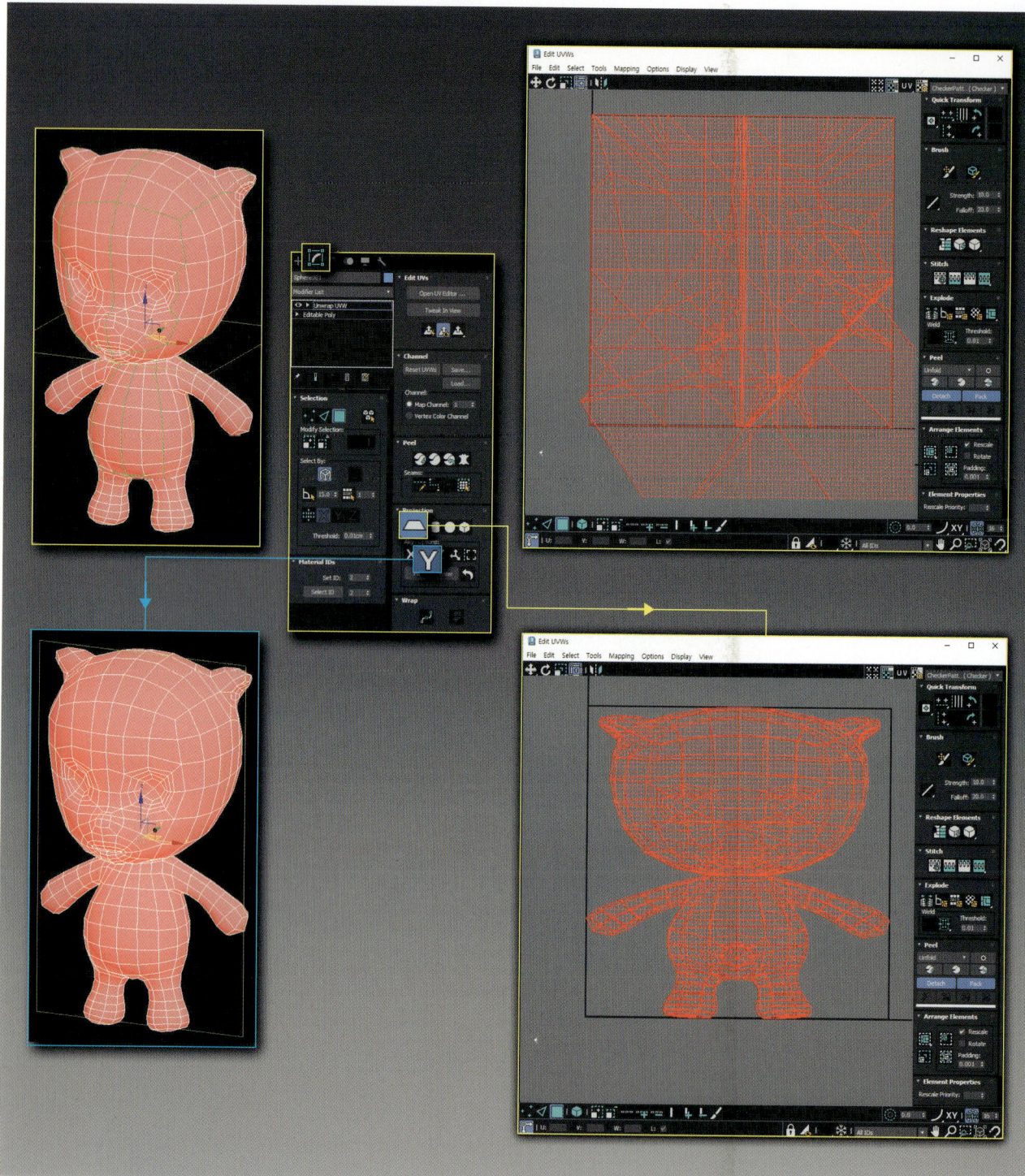

먼저 얼굴과 나머지 부분으로 분리하기 위해서 목 중앙에 평행하게 연결된 Edge를 선택합니다.

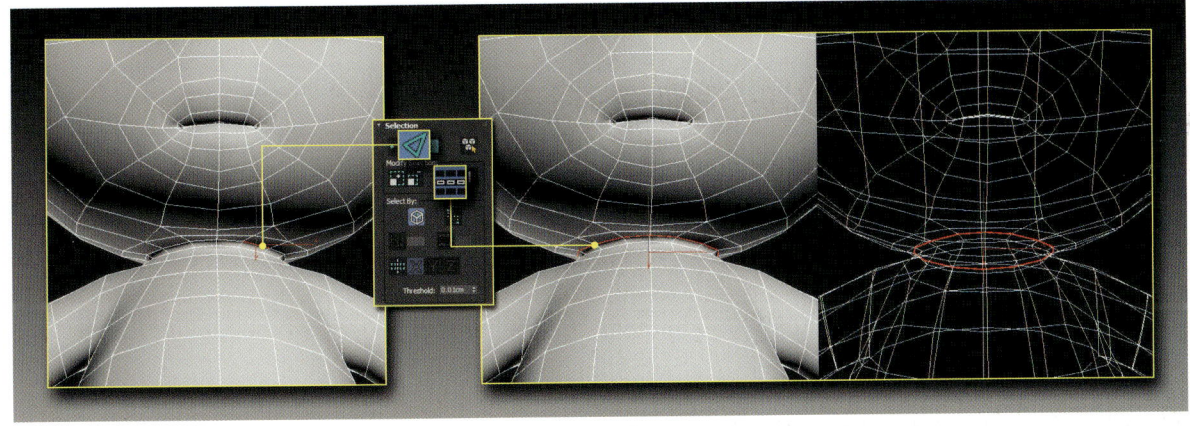

Explode → Break를 실행하거나 마우스 오른쪽 버튼을 클릭하고 Break를 실행해서 분리합니다. 메뉴의 Tool을 클릭해서 실행할 수도 있습니다.

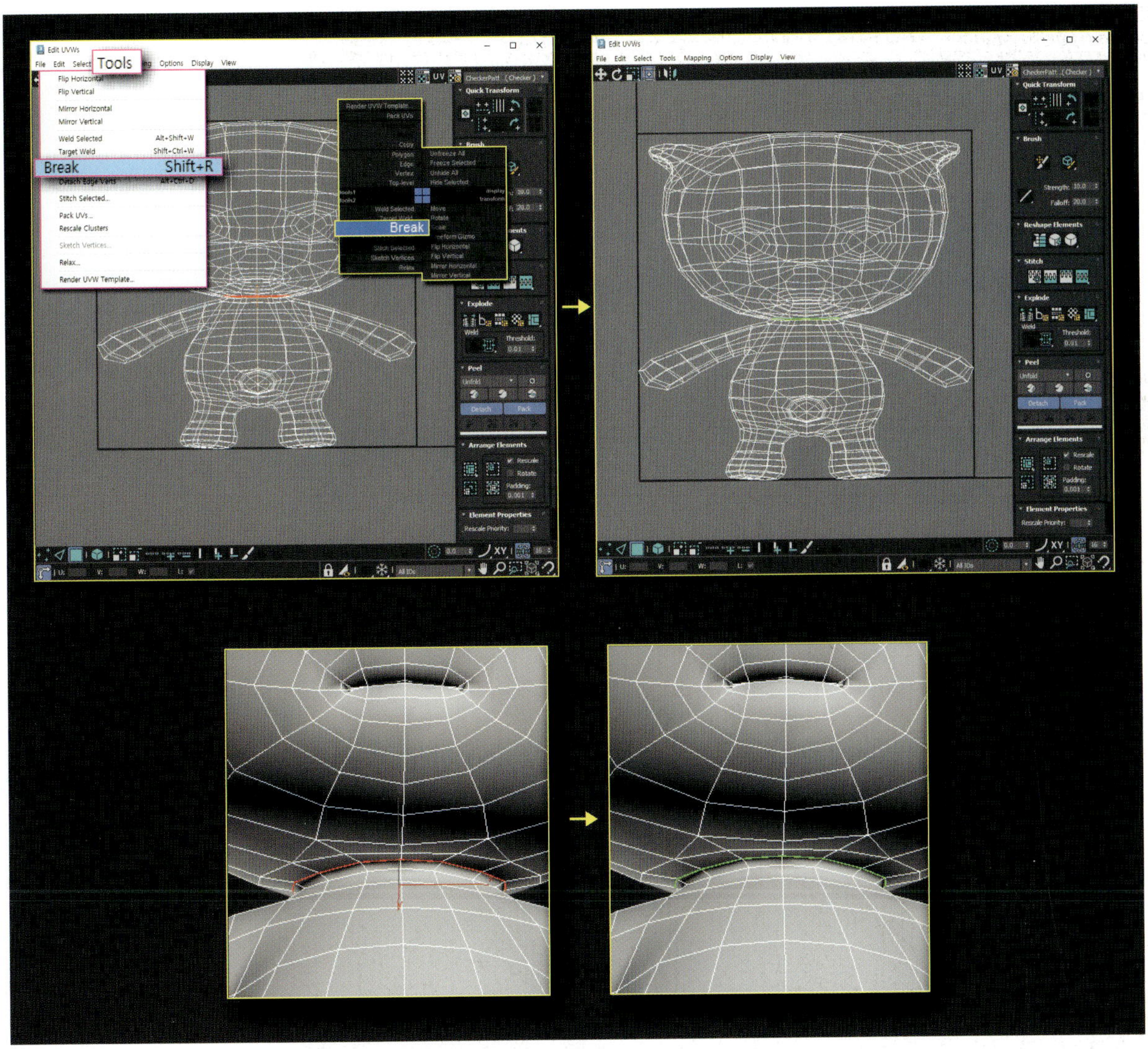

분리된 머리 부분 전체를 선택하고 이동시켜 구분해 둡니다.

Select by Element UV Toggle 버튼을 활성화하면 분리된 UVW Map 좌표를 한 번에 선택할 수 있습니다.

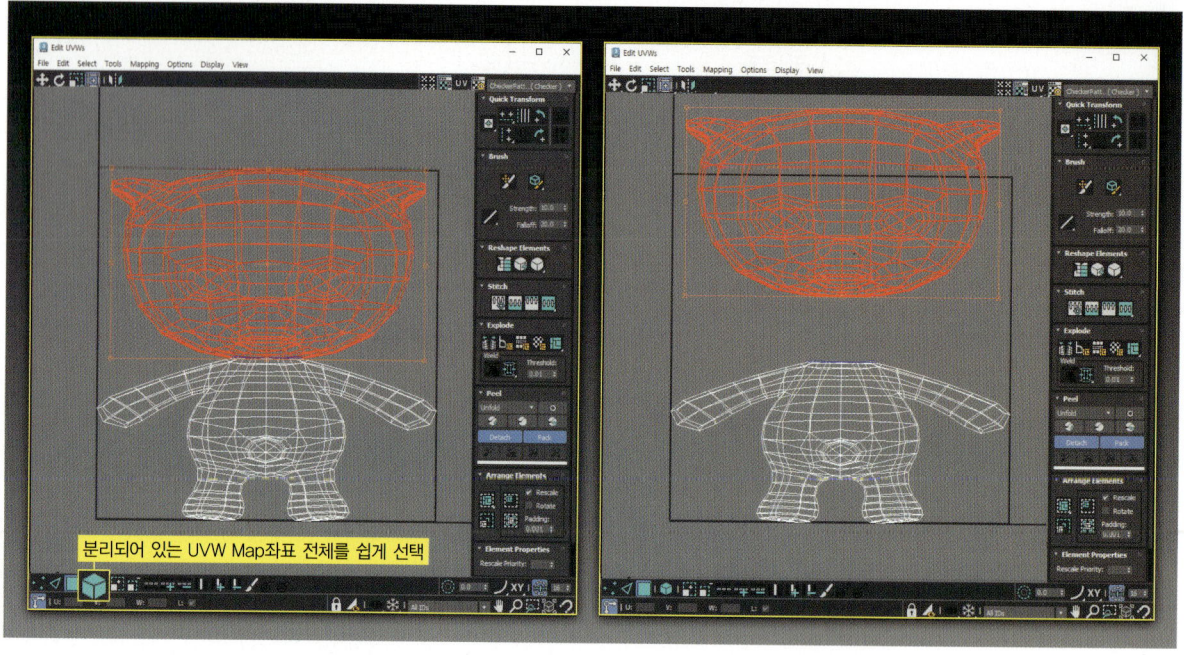

분리되어 있는 UVW Map좌표 전체를 쉽게 선택

같은 방법으로 UVW Map 좌표 작업을 할 부분을 분리해서 정리합니다. 팔과 다리의 연결 부분을 분리한 모습입니다.

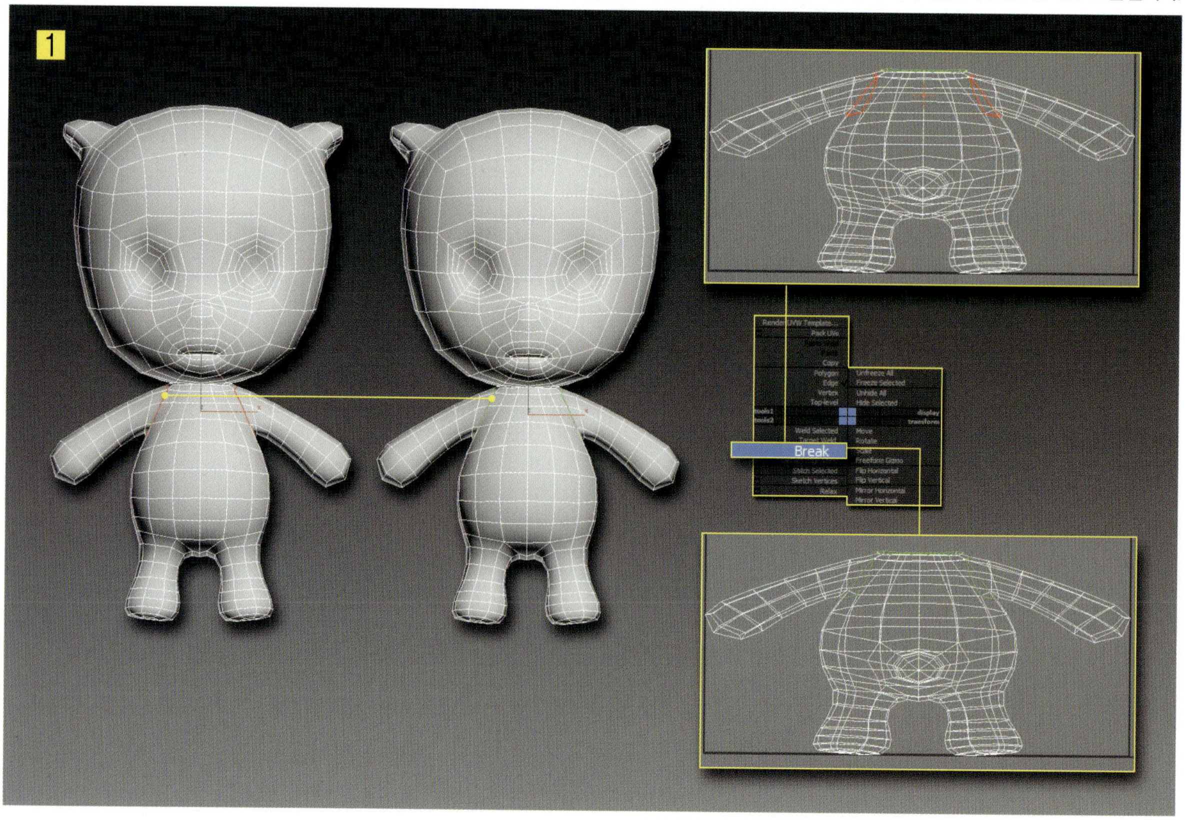

1

562

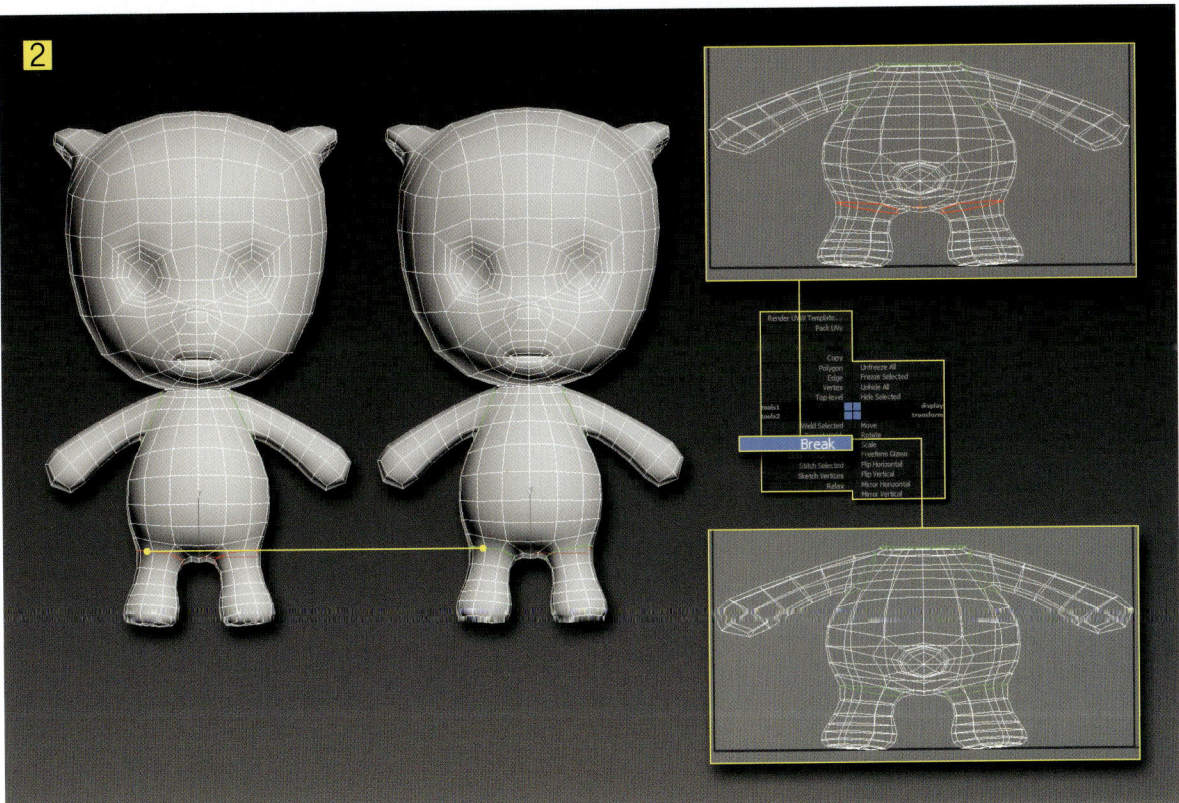

같은 방법으로 귀, 꼬리, 몸통 부분을 분리하고 정리한 모습입니다.

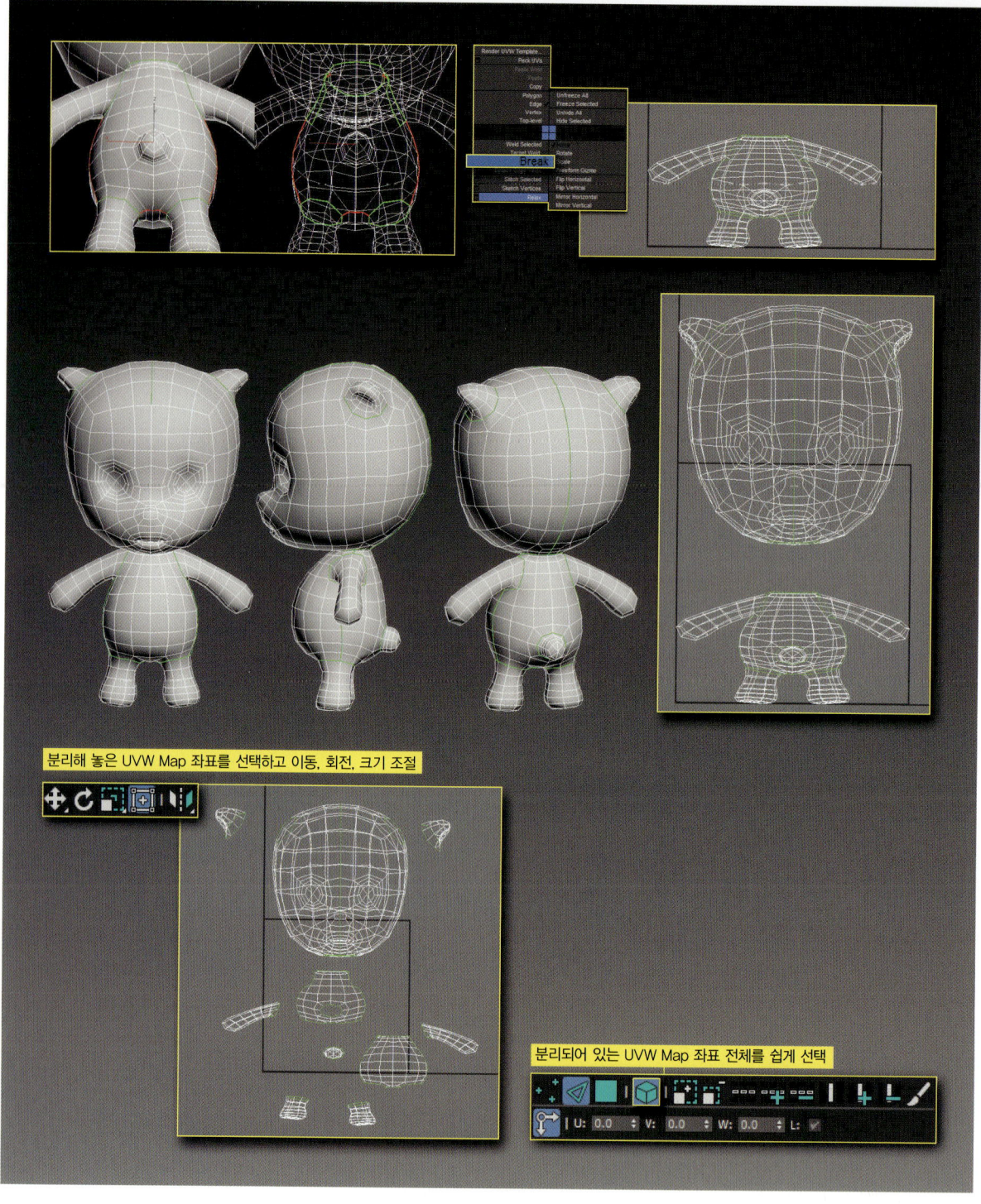

분리해 놓은 UVW Map 좌표를 선택하고 이동, 회전, 크기 조절

분리되어 있는 UVW Map 좌표 전체를 쉽게 선택

이렇게 정리한 UVW Map 좌표를 나눠진 부위별로 다시 Edge를 분리하고 펼쳐서 완성합니다.

Quick Peel과 Relax

복잡한 부분의 UVW Map 좌표를 하나하나 분리하고 연결 부위를 선택해서 합치는 일은 경우에 따라 너무 많은 시간과 노력이 필요합니다. 큰 덩어리로 분리된 UVW Map 좌표를 Quick Peel을 이용해서 한 번의 클릭으로 펼쳐 주고 Relax 로 간격을 조절할 수 있습니다. 곰 인형의 팔 아래 부분의 UVW Map 좌표 아래 부분 Edge를 선택해서 분리하고 Quick Peel 버튼을 클릭하면 즉시 UVW Map 좌표가 펼쳐집니다. Quick Peel을 실행하기 위해서는 선택모드가 Polygon인 상태에서 선택해야 합니다.

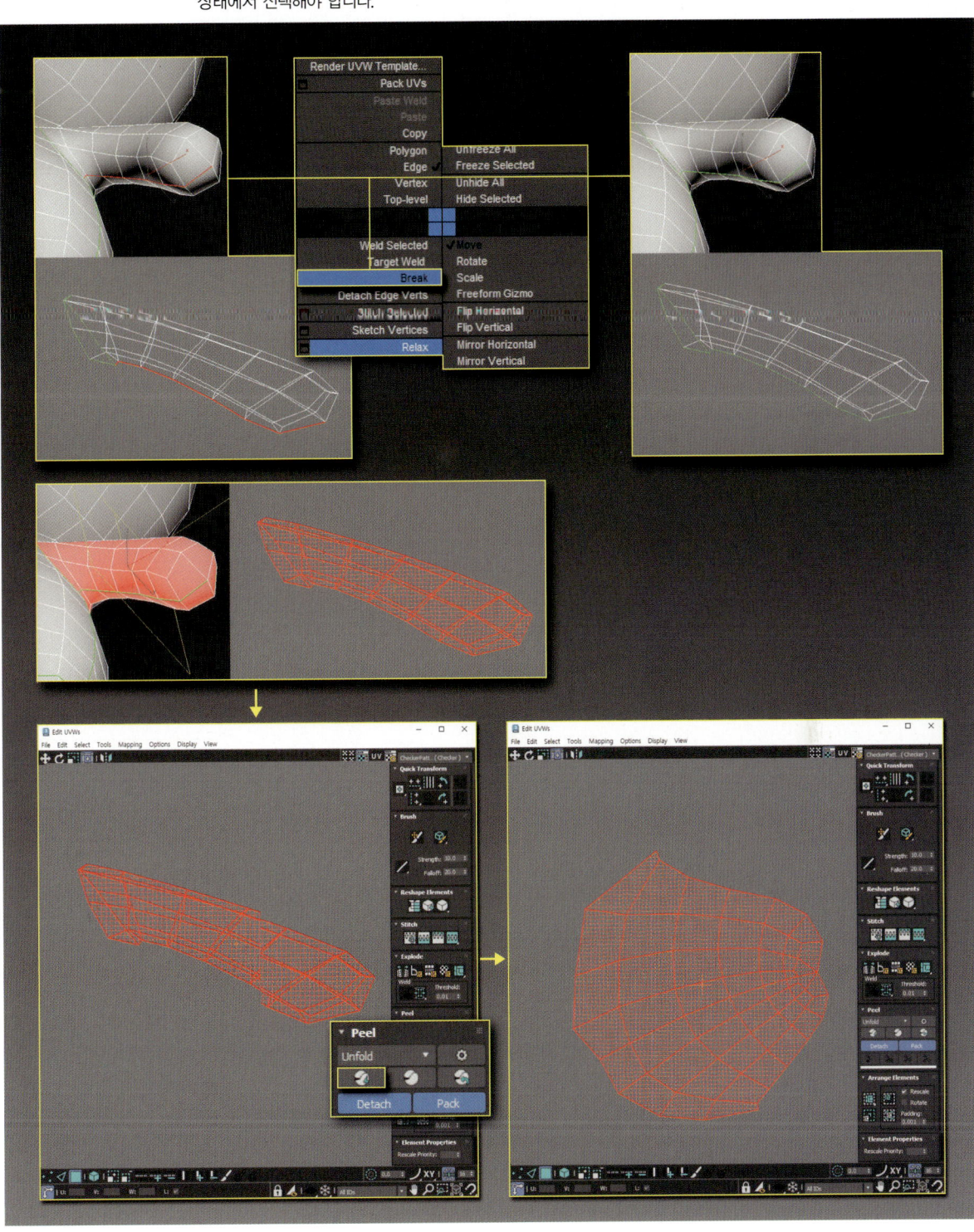

이 상태에서 Edit UVWs의 메인 메뉴의 Tools ➜ Relax를 실행하고 Relax by Polygon Angles로 설정하고 Start Relax 버튼을 클릭하고 적당하게 간격이 유지되었을 때 Apply 버튼을 클릭해서 마무리합니다.

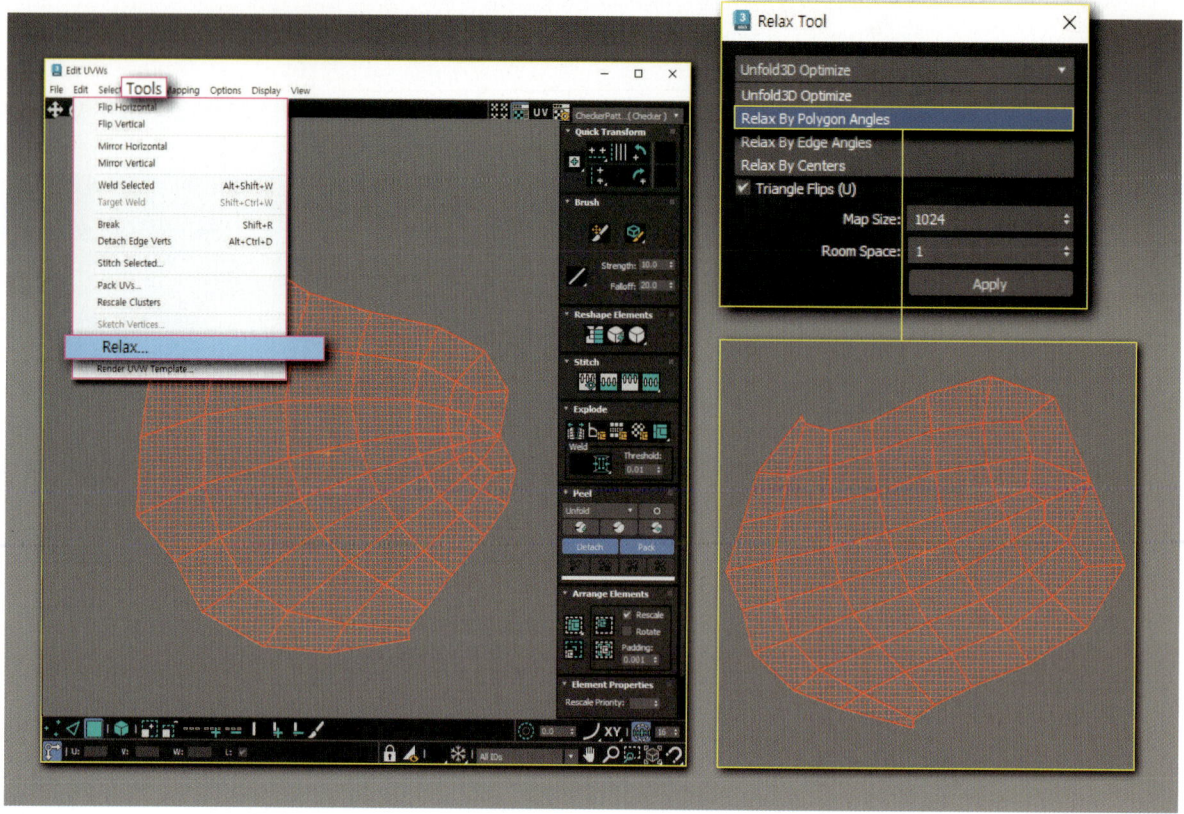

몸통 부분도 같은 방법으로 UVW Map 좌표를 펼칩니다.

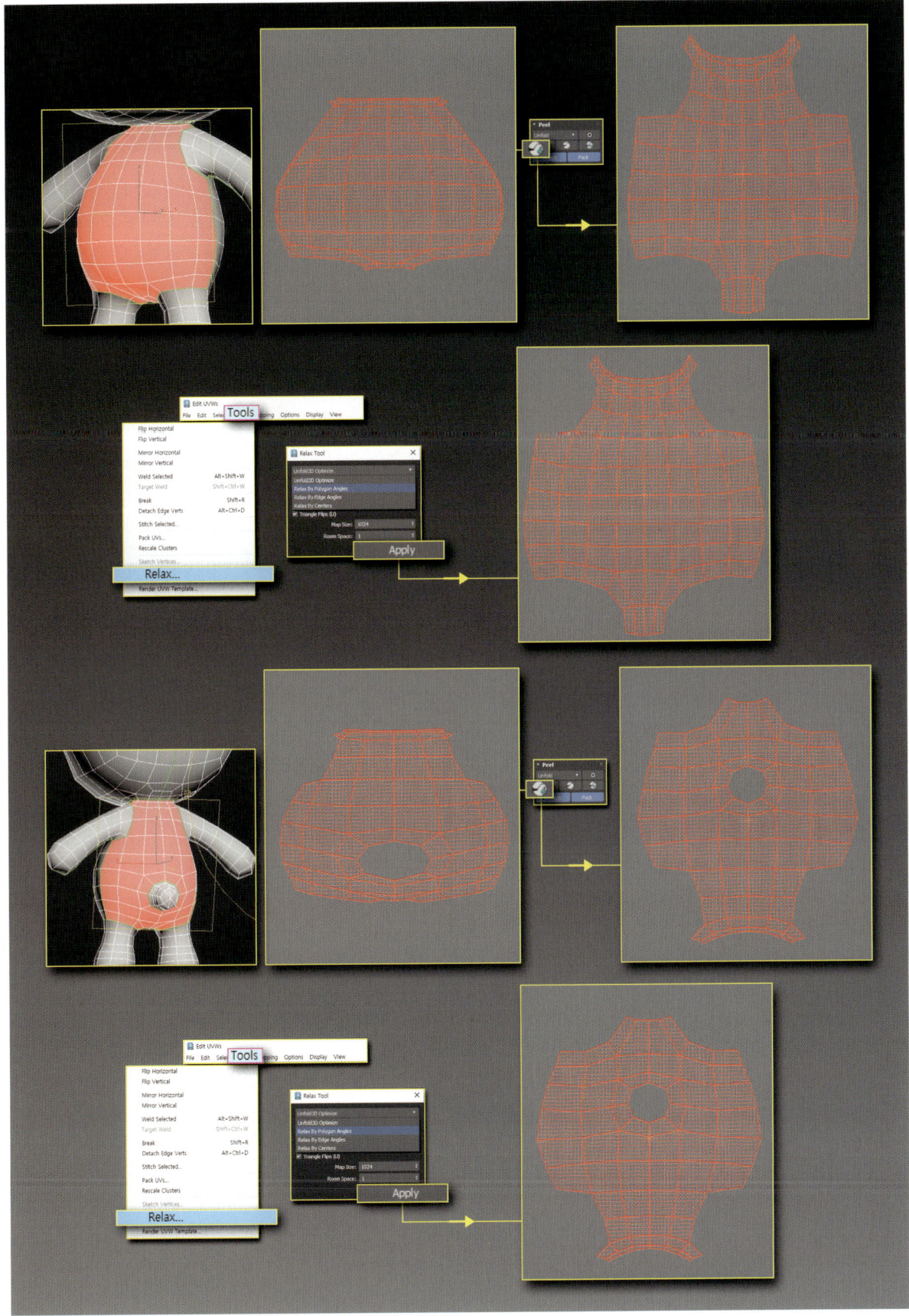

이제 Stitch 기능을 이용해서 연결합니다. 각자 편한 방식으로 작업합니다.

다음은 위 아래로 연결하거나 좌우로 펼쳐서 연결한 두 가지 경우입니다. 먼저 목 부분을 세로로 연결한 모습입니다.

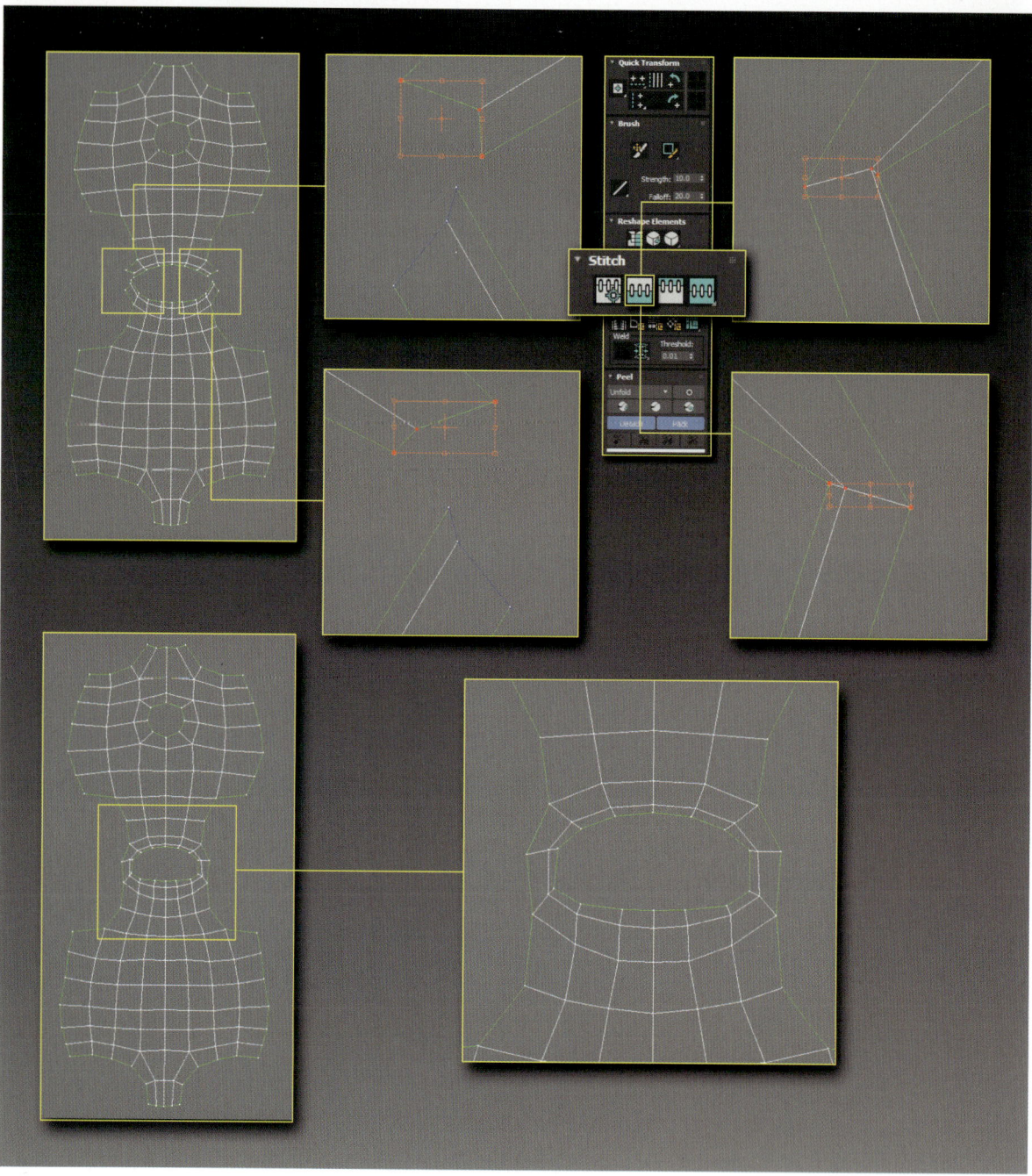

다음은 옆 라인을 좌우로 연결한 모습입니다.

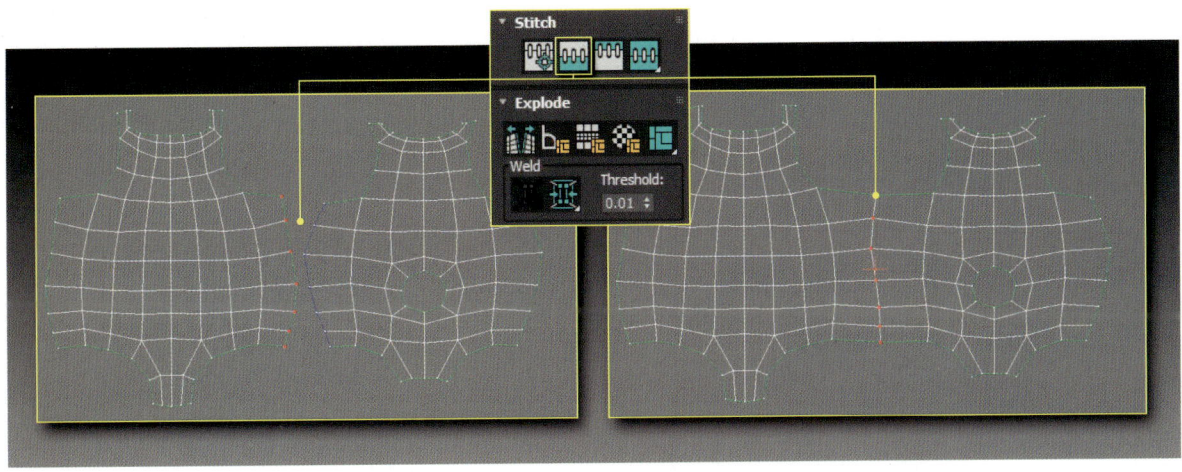

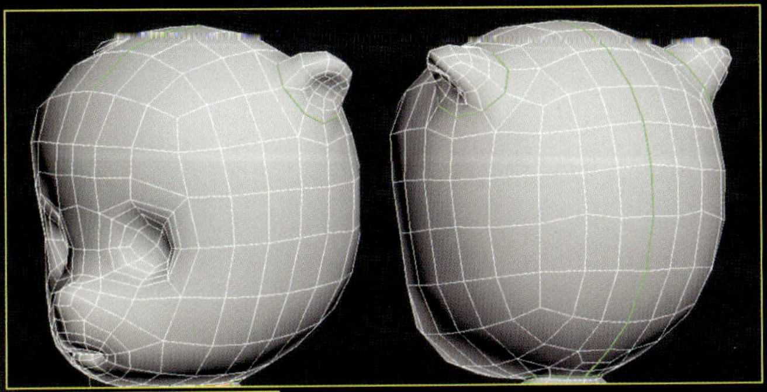

얼굴 부위도 같은 방법으로 펼칩니다. UVW Map 좌표를 적절하게 분리하고 Quick Peel을 이용하면 매우 빠르게 좌표를 펼칠 수 있는 것을 알 수 있습니다.

분리되어 있는 UVW Map 좌표

분리되어 있는 UVW Map 좌표기준으로 펼쳐줌

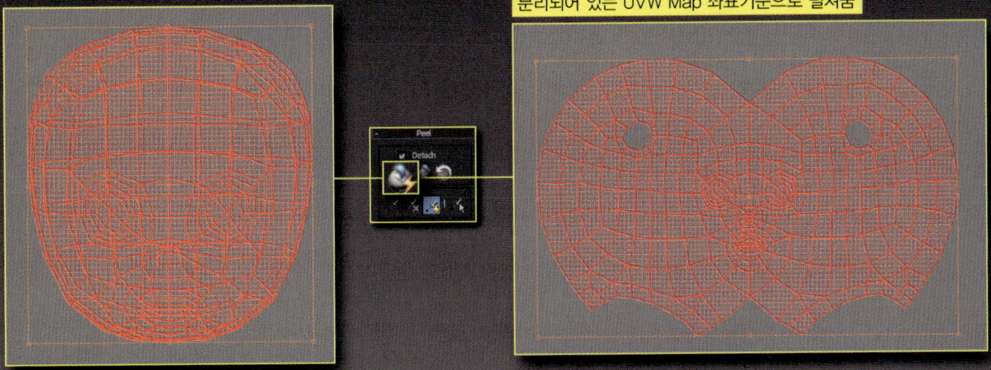

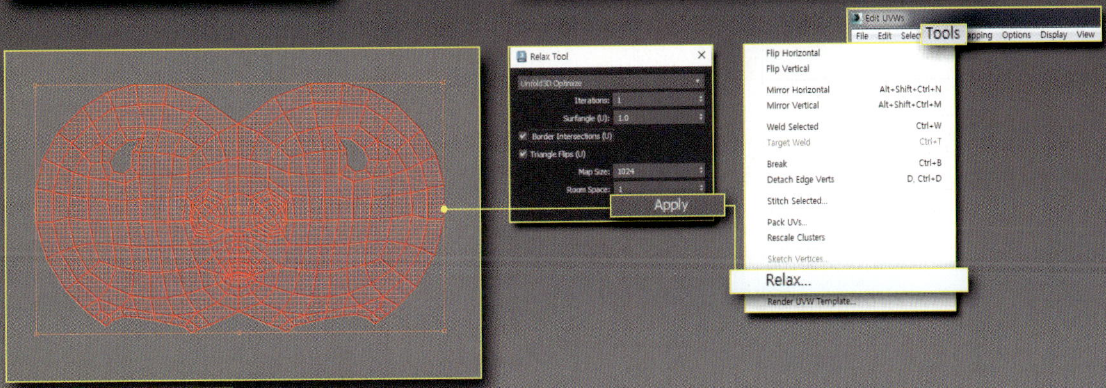

Relax를 실행해서 간격을 조절

이렇게 모든 부분의 UVW Map 좌표를 펼친 상태입니다. Object에 적용될 CheckerPattern을 확인해보면 몸통 부분과 얼굴 부분의 CheckerPattern이 차이가 나는 것을 볼 수 있습니다.

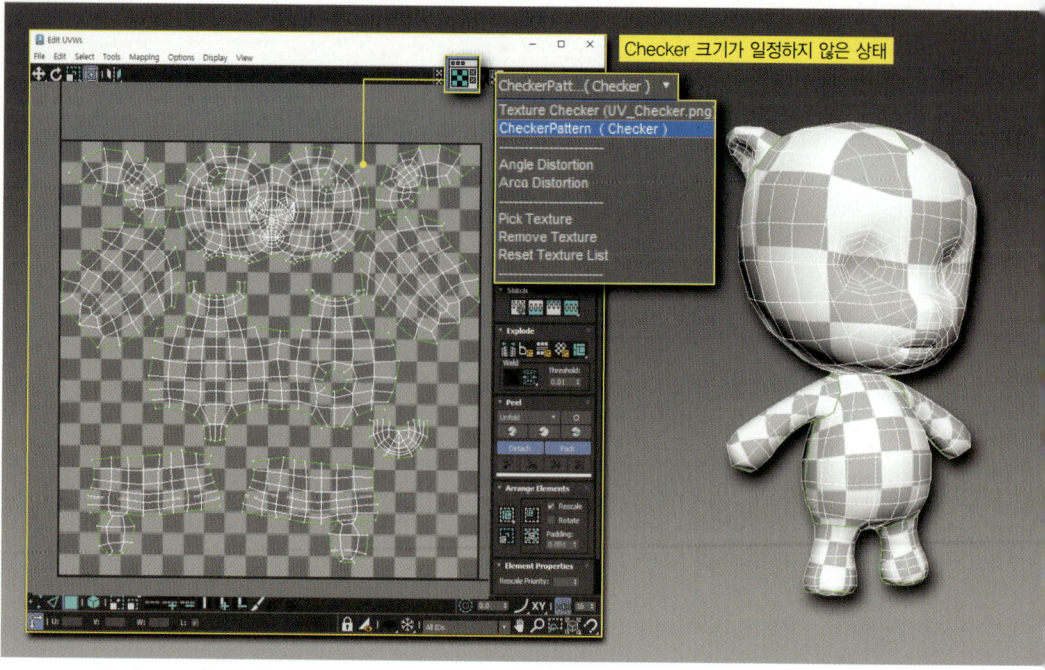

CheckerPattern을 확인하면서 다시 정리합니다. 얼굴 부분이 크기 때문에 UVW Map 좌표에서도 더 넓은 공간이 필요합니다. 가능한 CheckerPattern의 크기가 전체적으로 같은 비율이 유지되도록 UVW Map 좌표를 설정합니다.

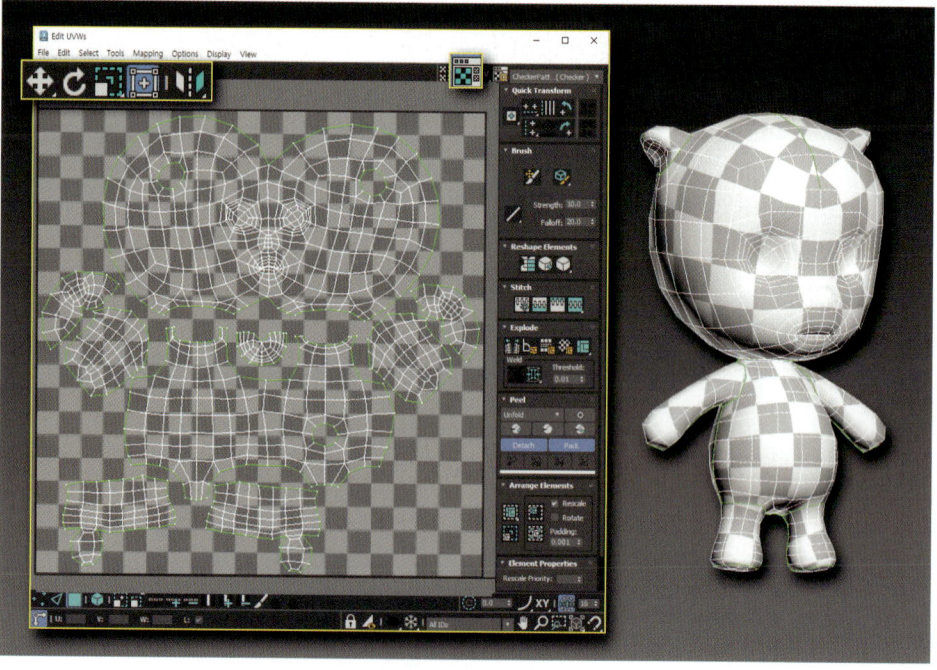

몸통 부분과 다리 부분을 연결하고 Relax를 이용해서 정리하고 마무리했습니다.

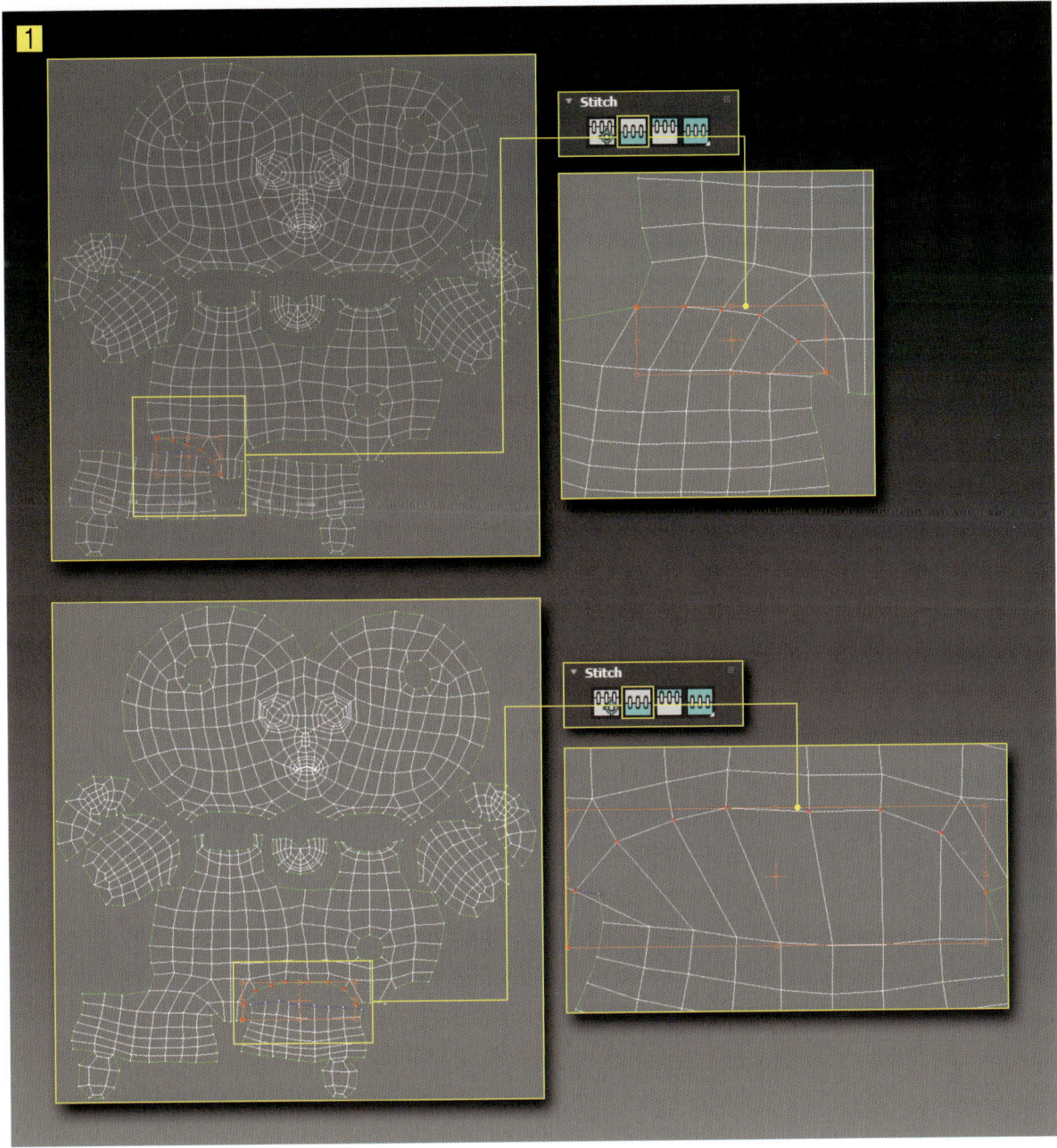

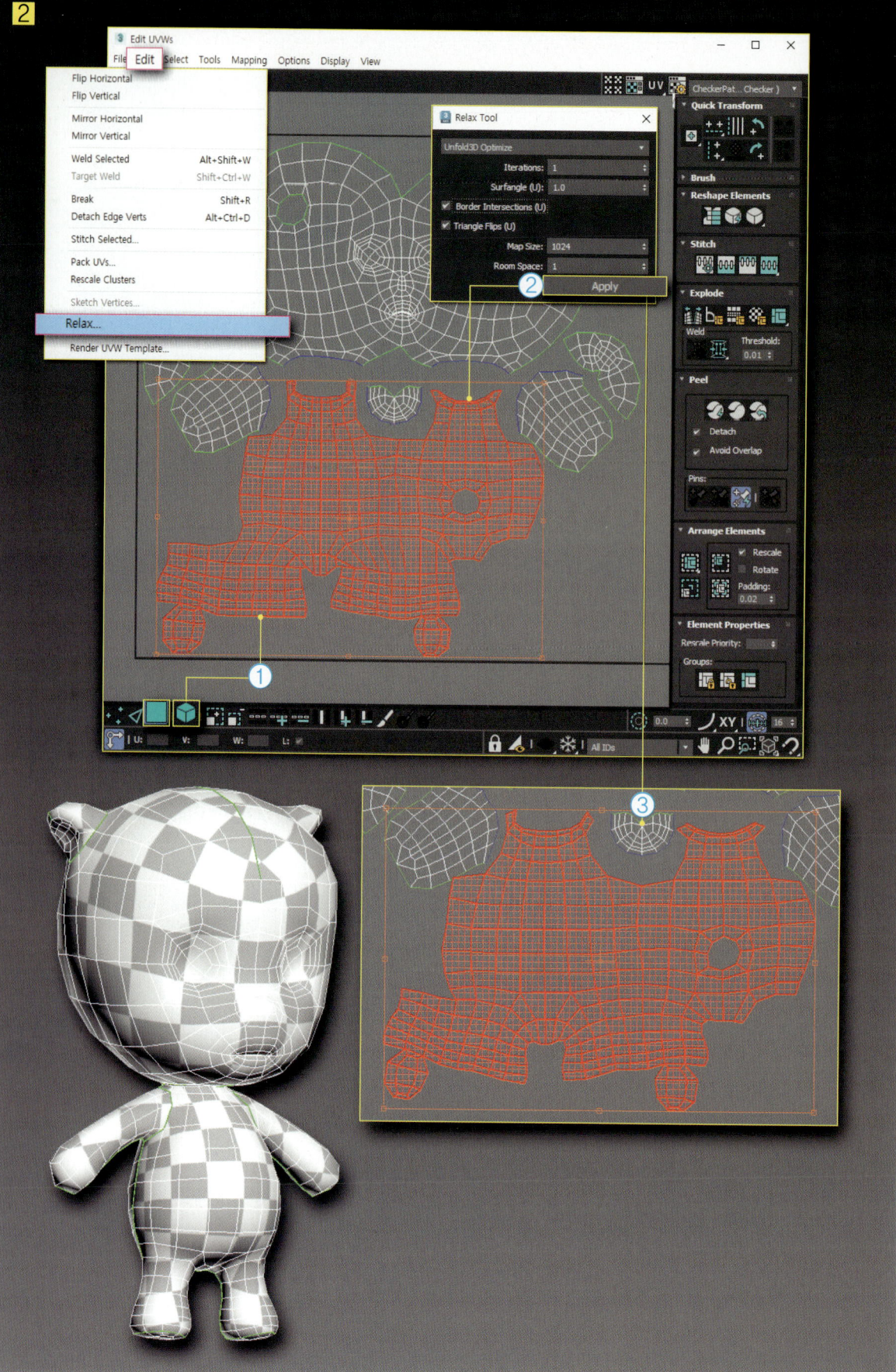

Seams와 Pelt Map

앞서 학습에서 알 수 있듯이 UVW Map 좌표를 작업이 편리하도록 적당하게 구분하고 분리해서 펼쳐서 Map 좌표를 설정하게 되는데 분리된 경계 면을 Seam이라고 합니다.

이번에는 UVW Map 좌표를 분리하지 않고 먼저 Seam을 원하는 부분에 설정하고 Pelt Map이라는 기능을 이용해서 쉽게 펼치는 방식을 알아봅니다.

앞서 학습한 방법과 크게 차이는 없지만 UVW Map 좌표를 분리하지 않고 직관적으로 Seam을 빠르게 설정할 수 있습니다.

먼저 적용된 UVW Map 좌표를 초기화하고 작업을 진행합니다. 간단하게 Modify ➡ Unwrap UVW를 적용하고 Projection ➡ Planar Map을 이용해서 초기화합니다.

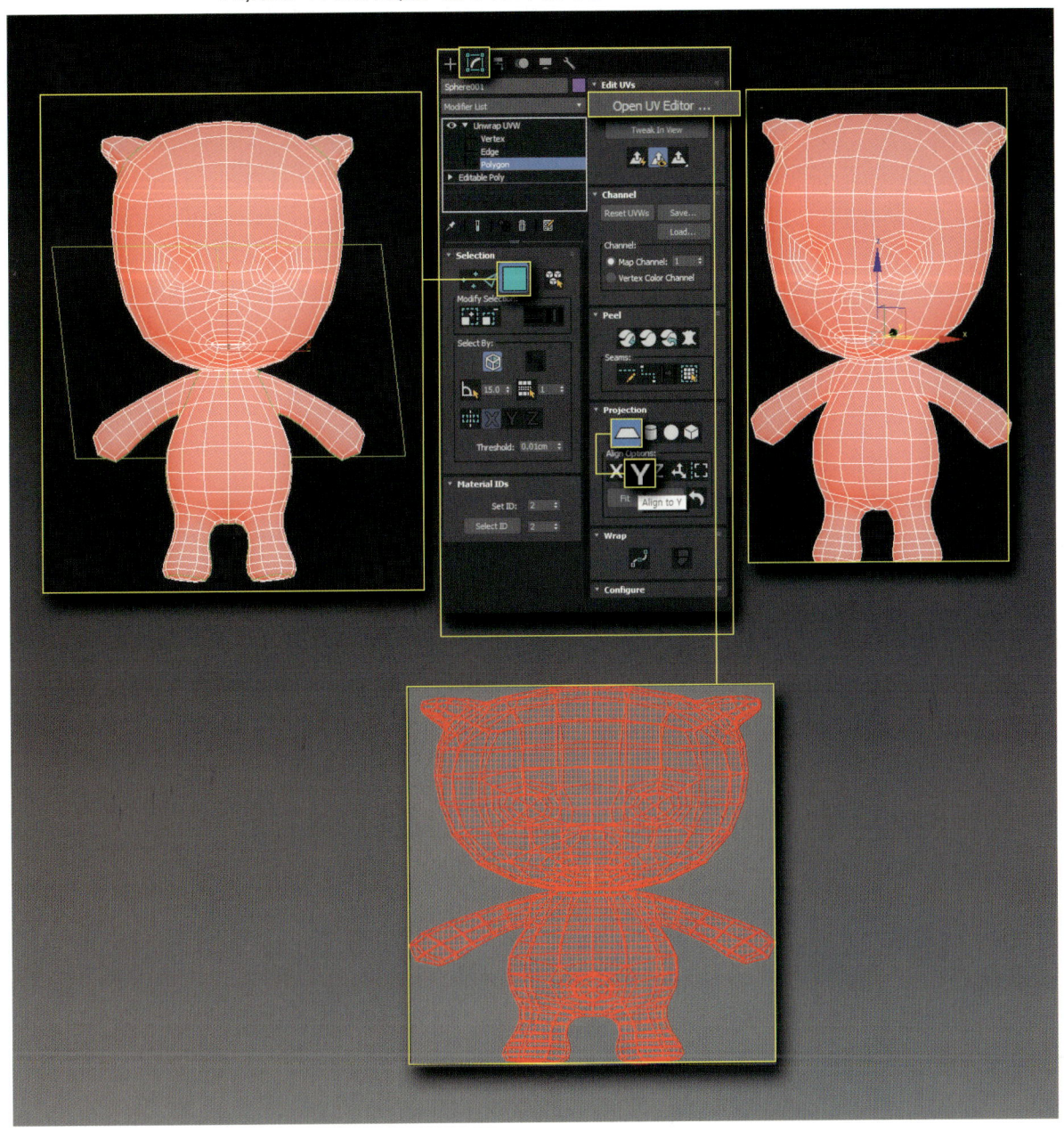

Edit Seams 버튼을 클릭하고 Object의 Edge를 클릭하면 클릭한 Edge가 파란색으로 표시되면서 바로 Seam으로 변경됩니다. 모델링 과정과 마찬가지로 Shift 키를 누른 상태로 클릭하면 선택이 추가되고 Alt 키를 누른 상태로 클릭하면 선택이 제거됩니다.

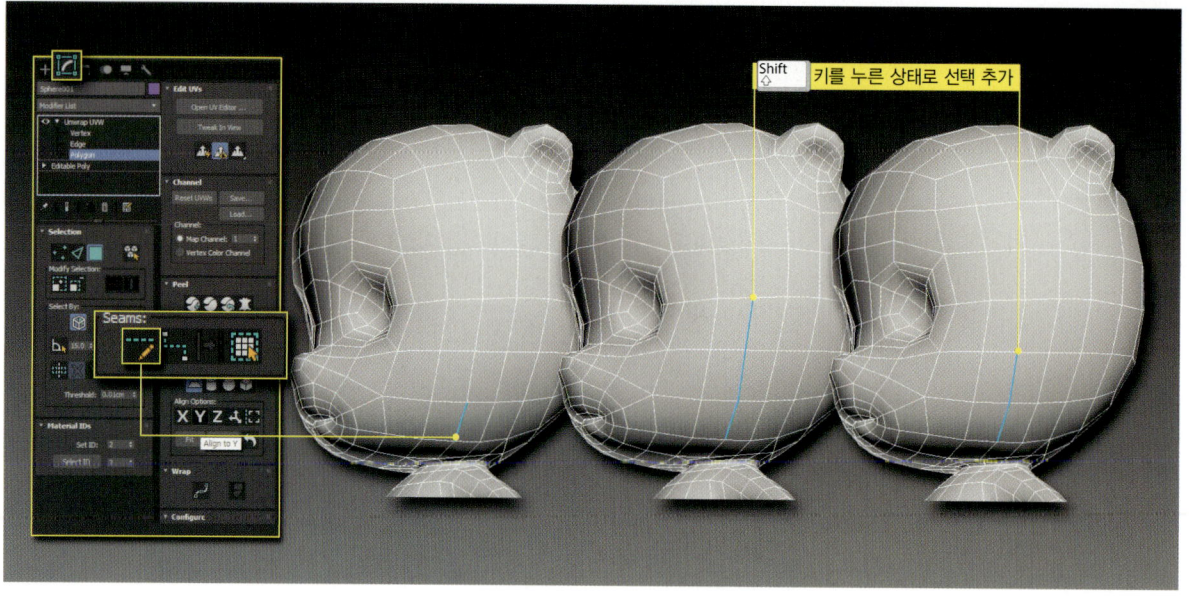

Point-To-Point Seams 버튼을 클릭하고 하나의 Vertex 클릭하고 다시 연결되어 있는 Edge 위에 있는 Vertex를 클릭하면 클릭한 두 Vertex 사이의 Edge를 파란색으로 Seam으로 표시합니다.

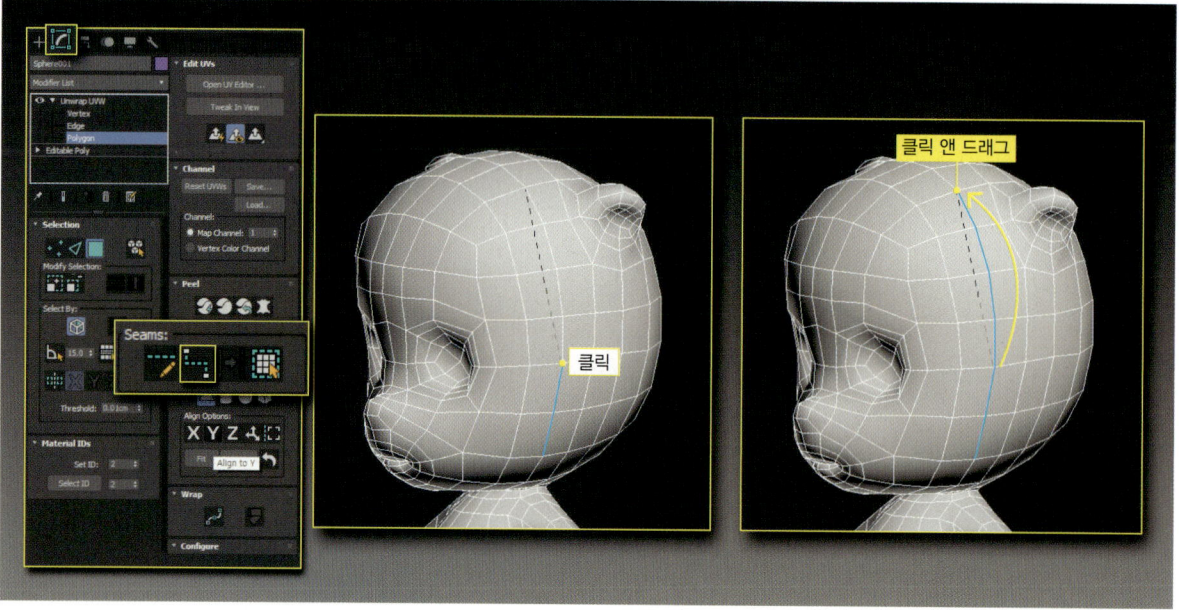

Seams을 이용해서 UVW Map 좌표 작업을 하기 위해서는 Seam을 경계로 해서 UVW Map 좌표를 분리할 수 있도록 연결된 Seam이 끊어지지 않고 완전히 연결되어 있어야 합니다.

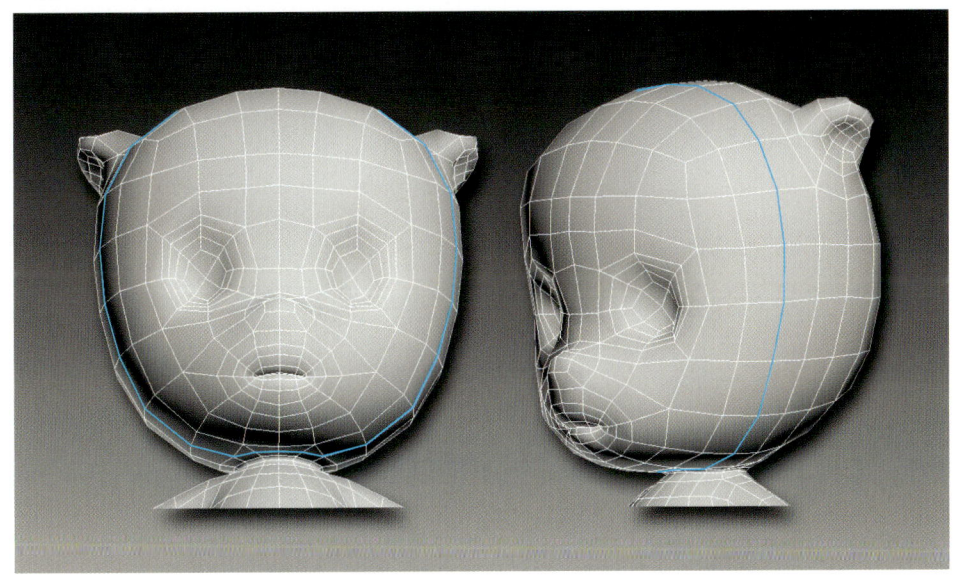

먼저 Seam이 될 Edge를 선택한 후 Convert Edge Selection to Seams를 클릭해서 Seam을 설정할 수도 있습니다.

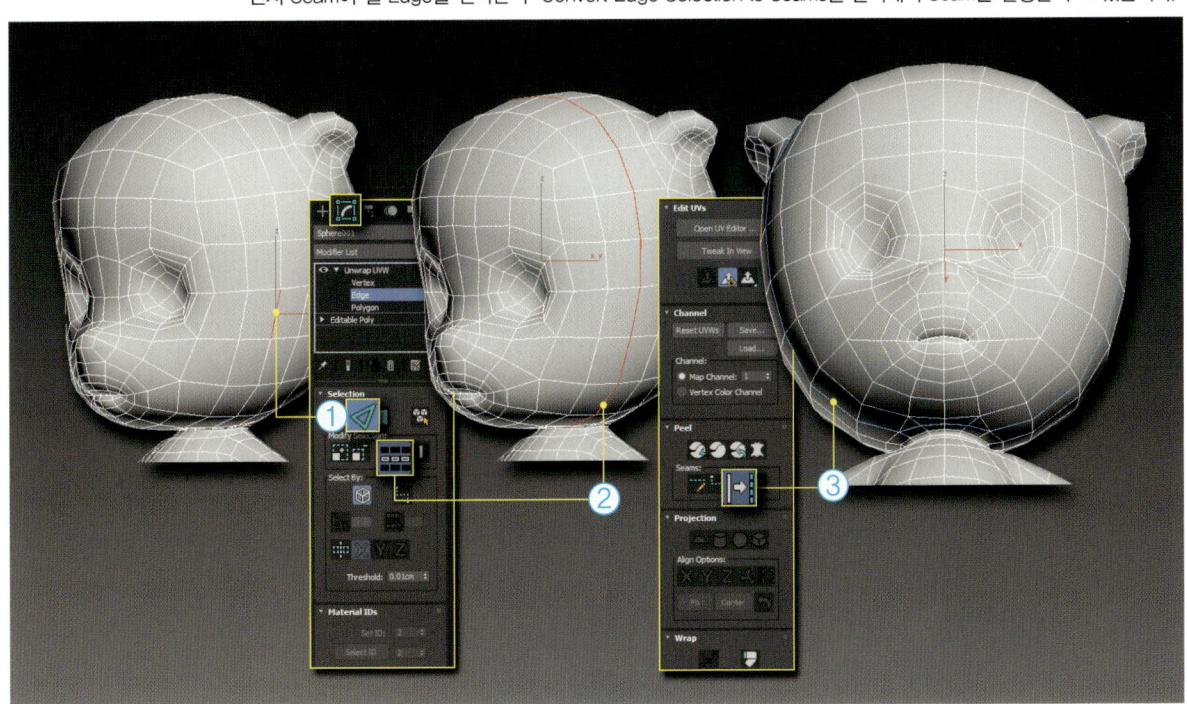

Seams으로 분리된 상태에서 Polygon을 선택하고 Expand Polygon Selection To Seams 버튼을 클릭하고 선택한 Polygon이 포함된 Seam 경계 안쪽 모든 Polygon을 선택합니다.

이렇게 선택한 UVW Map 좌표 부분을 Quick Peel과 Relax를 이용해서 펼칩니다.

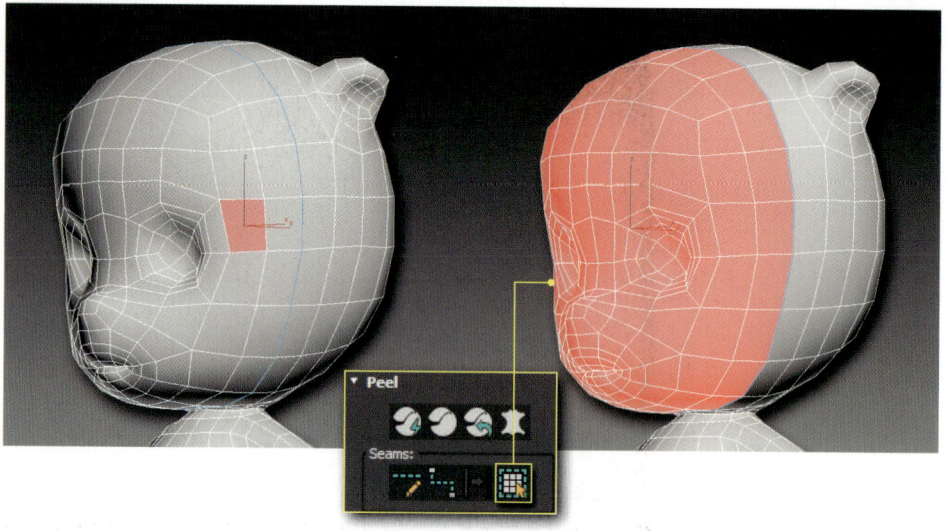

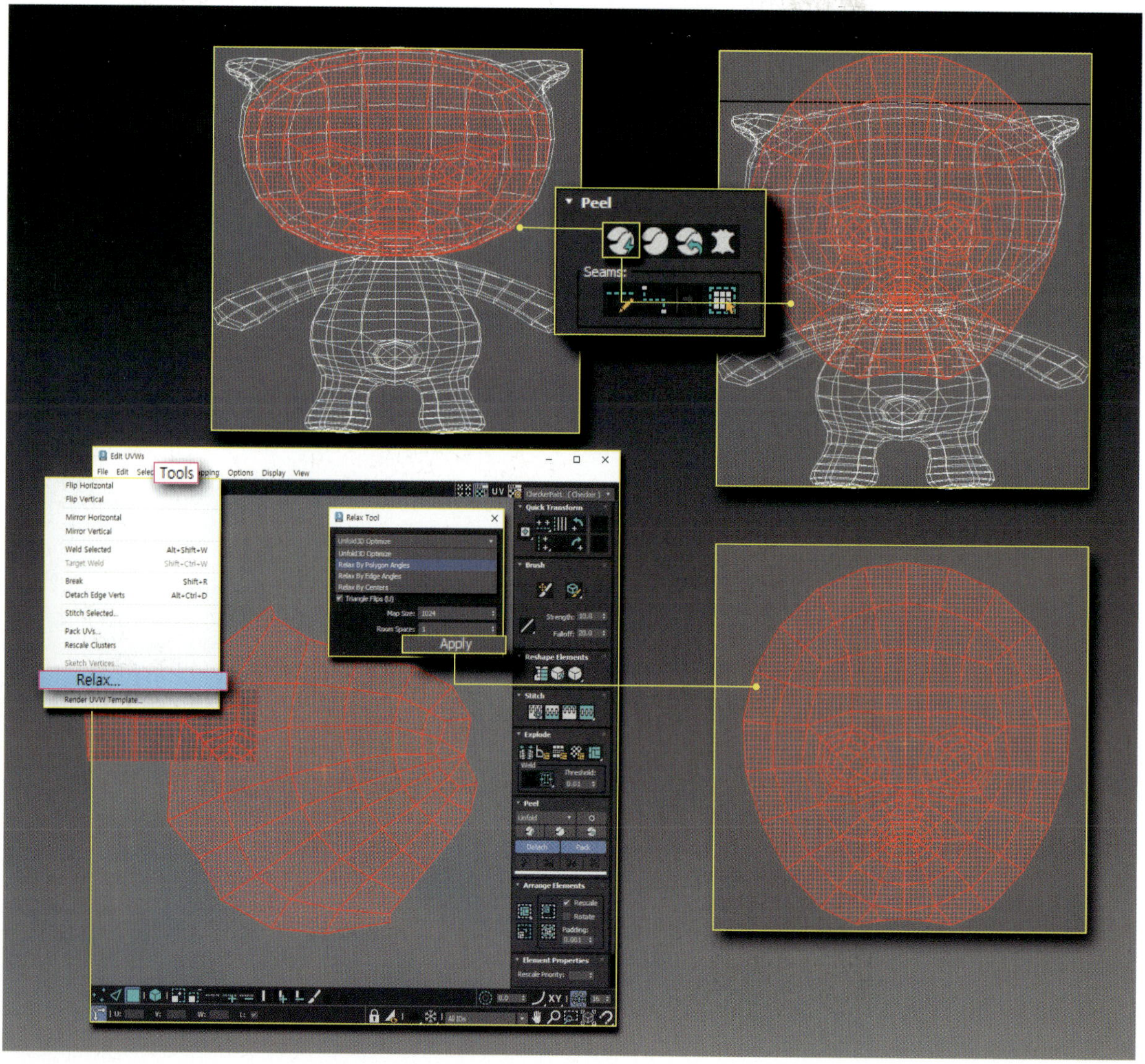

같은 방법을 이용해서 Seam을 추가하고 머리 뒷부분을 선택합니다. Pelt Map을 활성화하려면 선택 모드가 Polygon 인 상태여야 합니다.

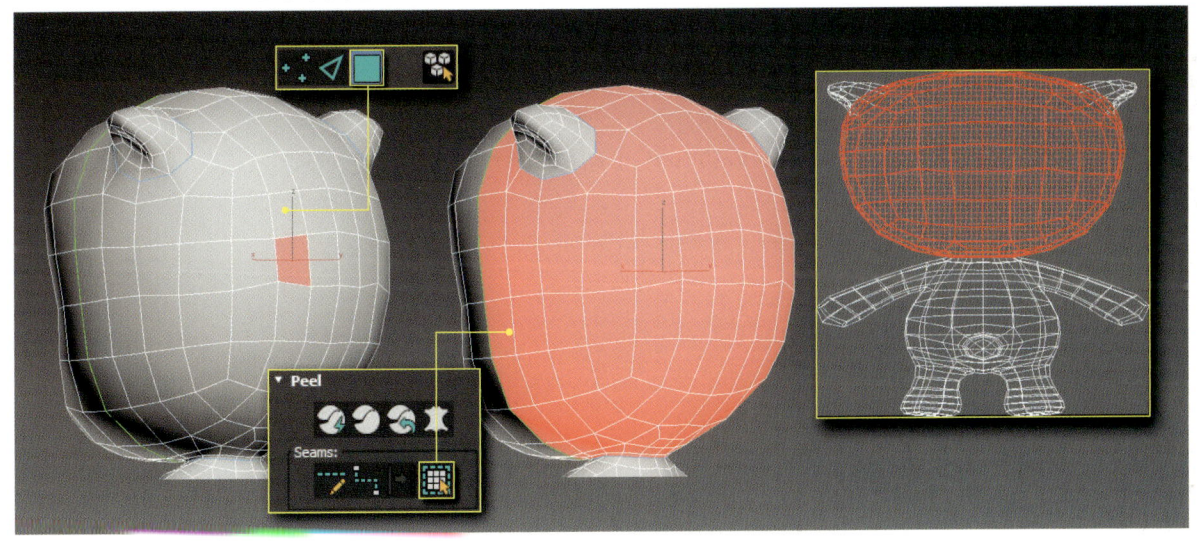

이번엔 Pelt Map 버튼을 클릭해서 Pelt Map 창을 활성화합니다. Edit UVWs 화면에 선택한 부분과 빨간색으로 많은 라인이 표시되는데 빨간색 라인을 기준으로 펼쳐 줍니다.

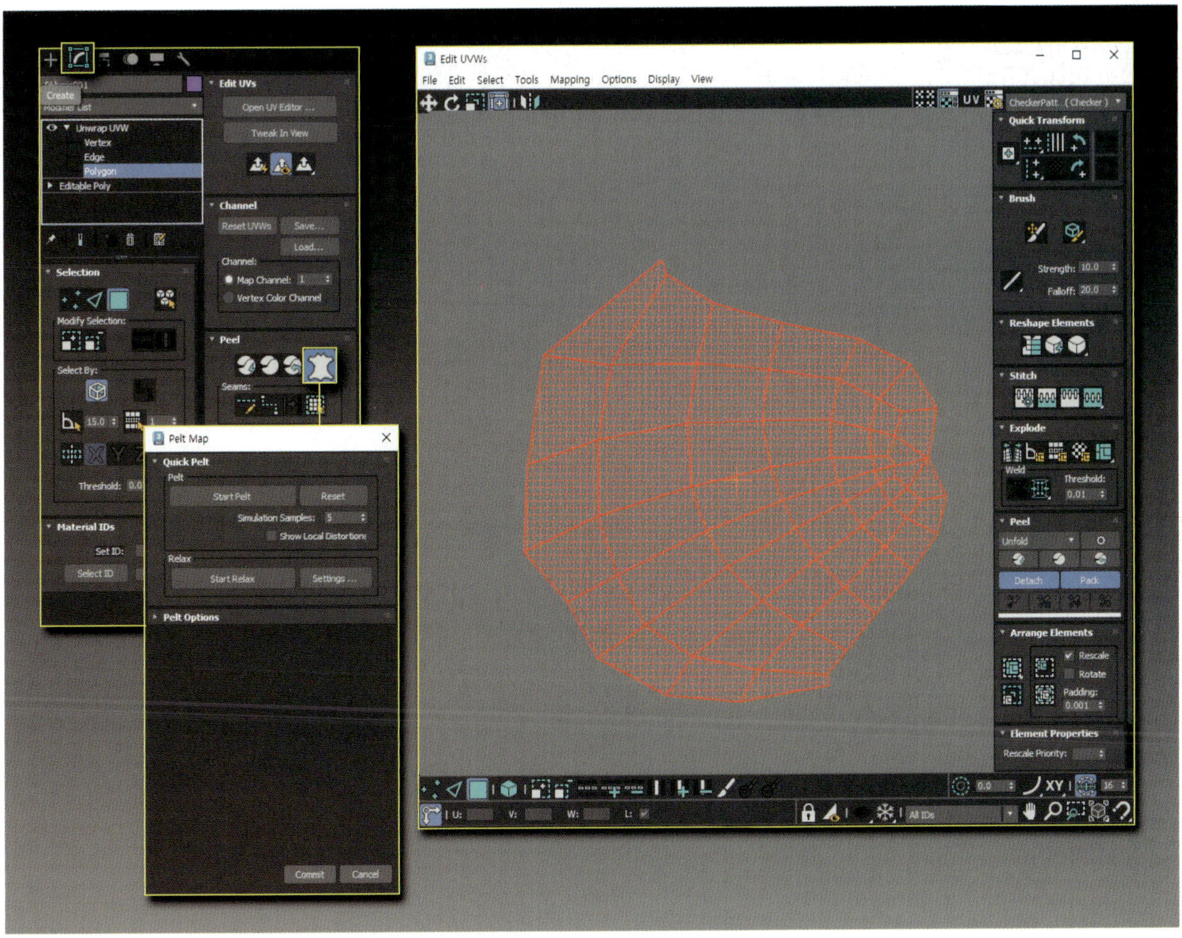

현재 상태에서 Start Pelt 버튼을 클릭하면 원형의 라인을 따라 UVW Map 좌표가 펼쳐지고 바로 Relax를 적용해서 간격을 조절하고 Commit 버튼을 클릭해서 마무리합니다.

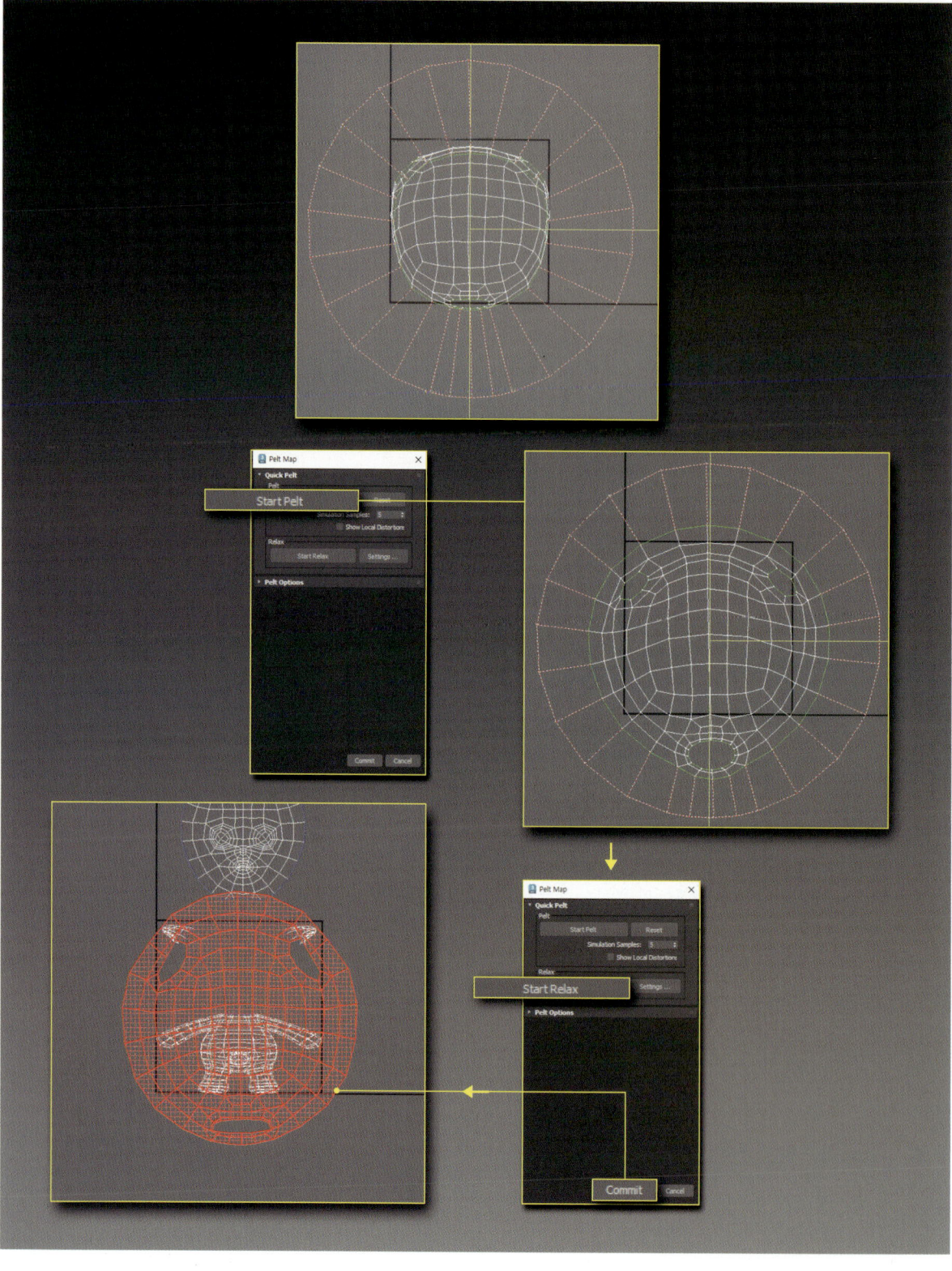

빨간색으로 표시된 라인은 포인트를 이동해서 변형하고 Start Pelt 버튼을 클릭하면 변형한 라인을 기준으로 펼쳐지는 것을 알 수 있습니다.

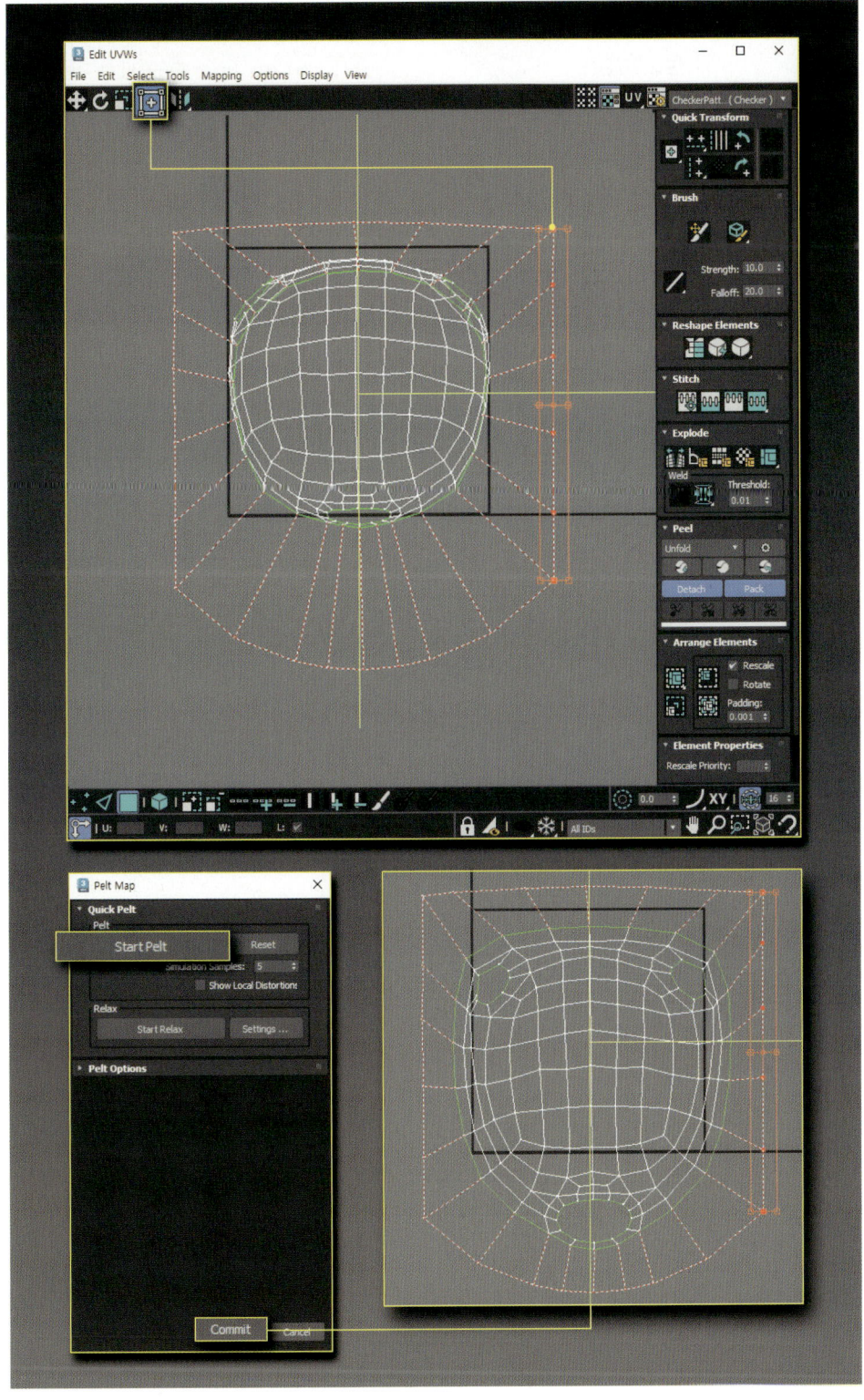

몸통과 팔 등 나머지 부분도 같은 방법으로 펼쳐줍니다.

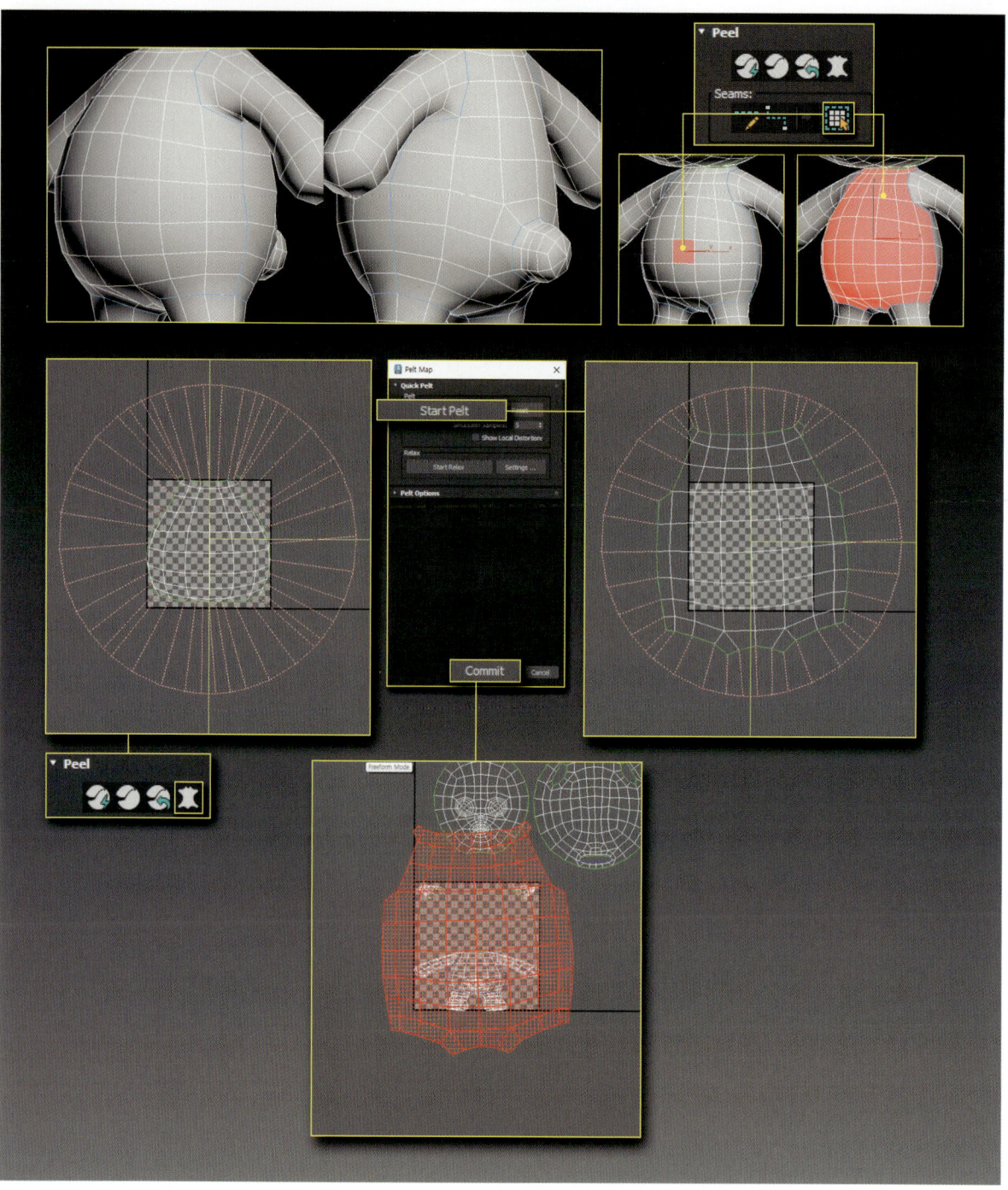

지금까지 작업한 UVW Map 좌표를 빈 공간으로 이동하고 나머지 부분의 UVW Map 좌표 작업을 계속합니다.

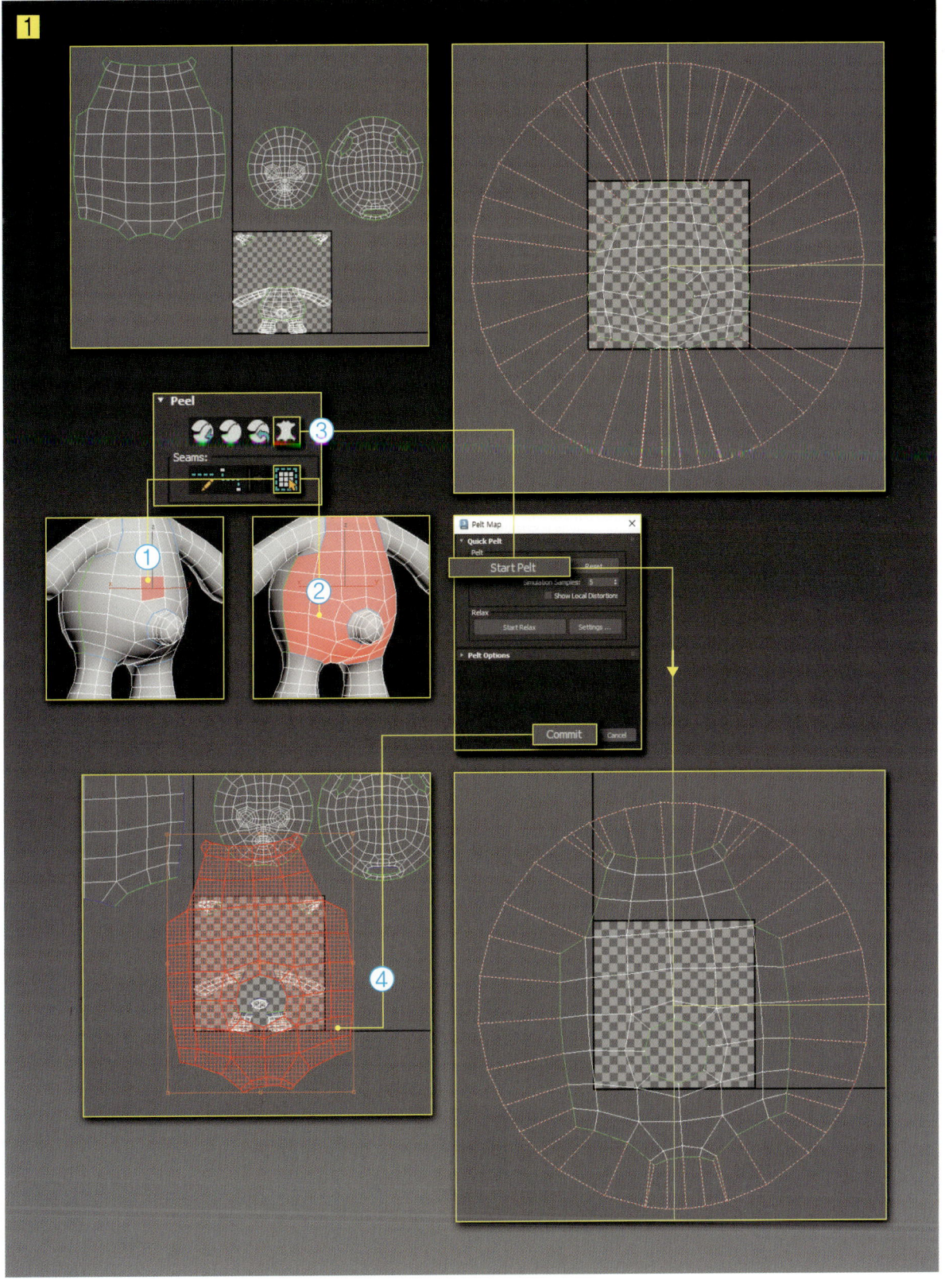

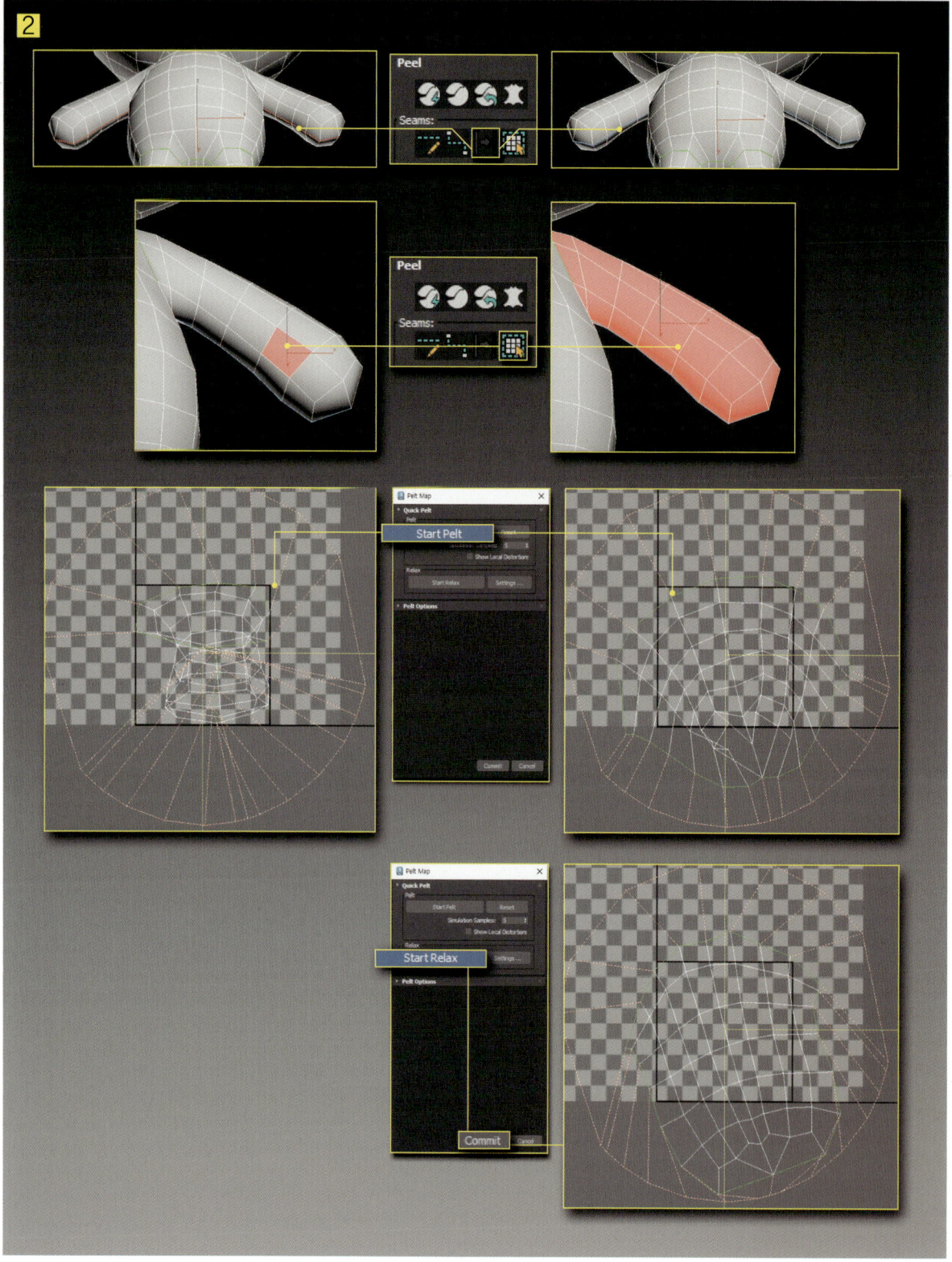

Arrange Elements

Arrange Elements 기능을 이용해서 구분되어 있는 UVW Map 좌표를 빠르게 배치할 수 있습니다.

현재까지 작업된 UVW Map 좌표를 정리한 모습입니다. Object에 표시된 CheckerPattern이 일정한 비율을 유지하지 않고 있습니다.

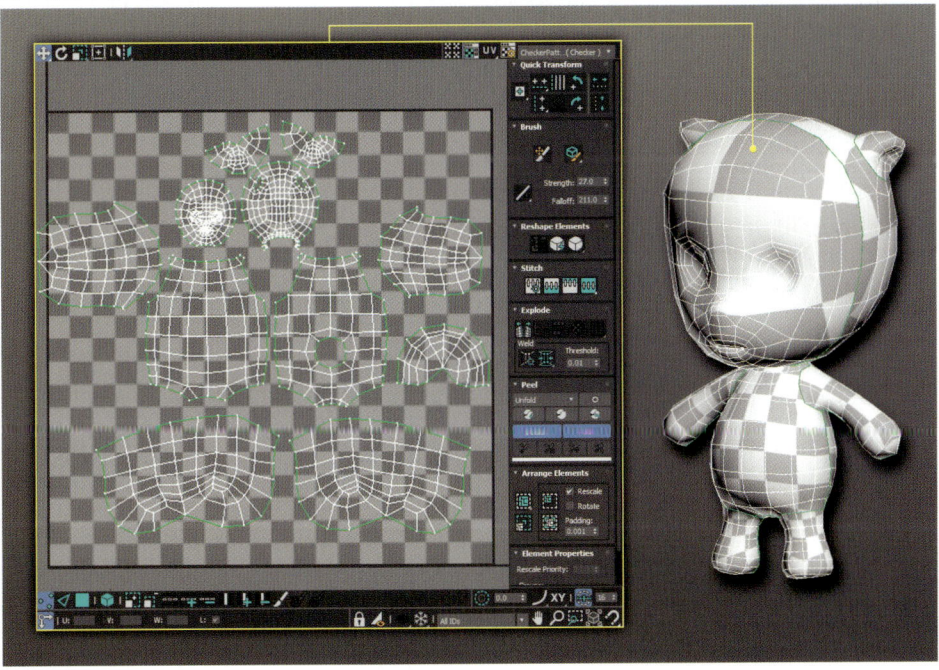

Pack Custom 버튼을 클릭하면 즉시 재정렬되면서 비율을 일정하게 맞춥니다.

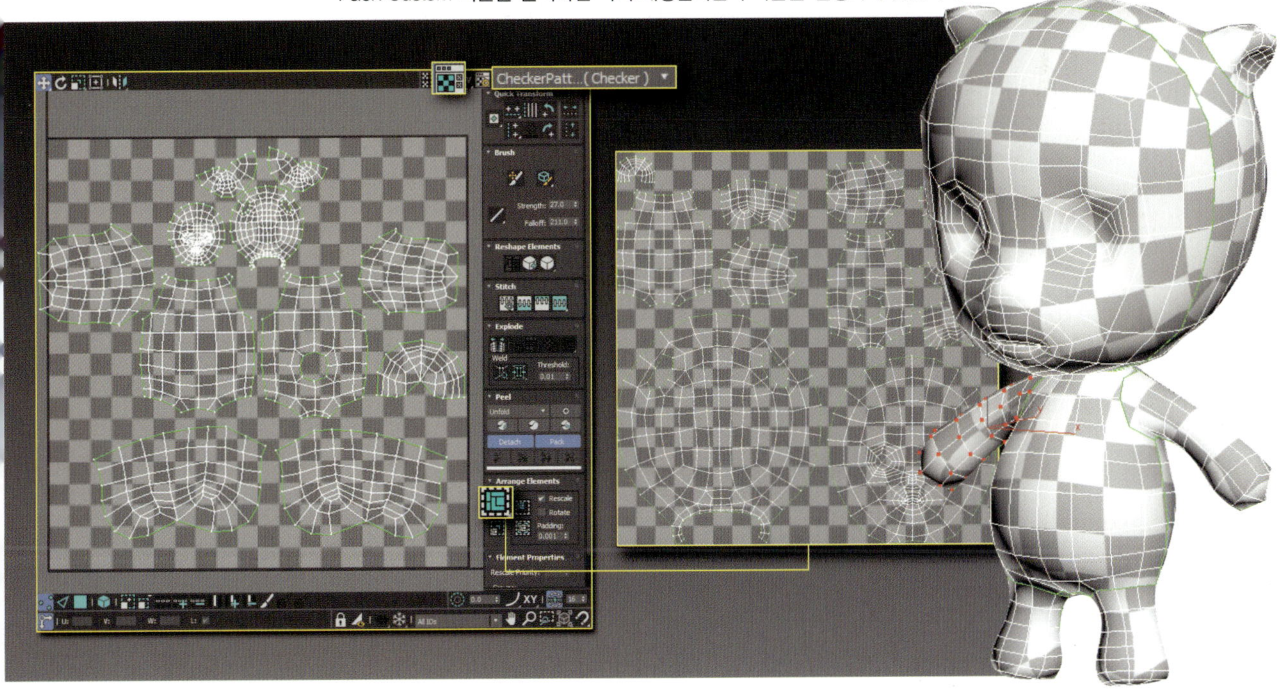

Seam 라인 구분을 달리해서 최종적으로 작업된 두 가지 버전의 UVW Map 좌표의 모습입니다.

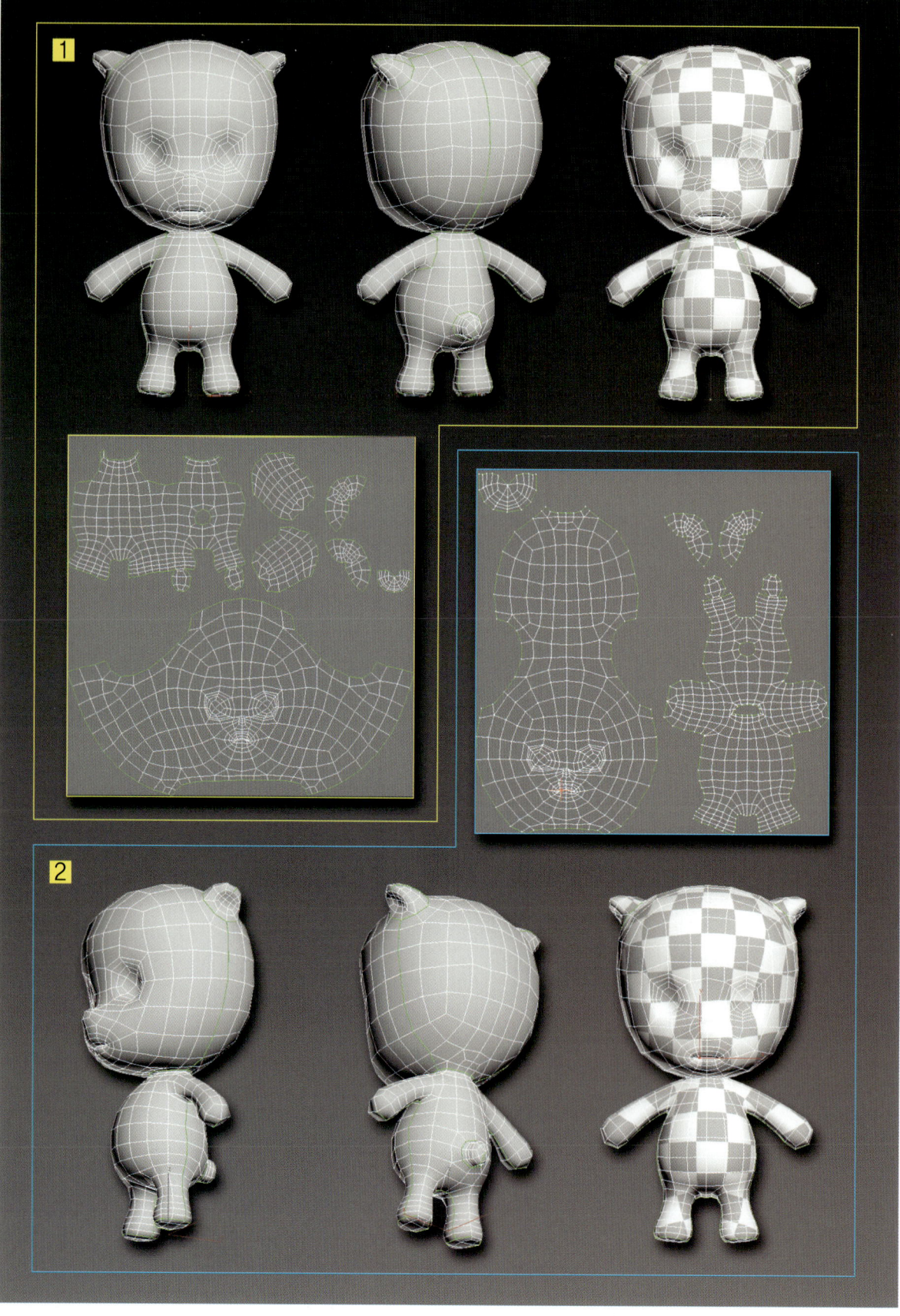

다음은 이렇게 제작한 UVW Map 좌표를 이용해서 이미지를 제작하고 적용한 모습입니다.

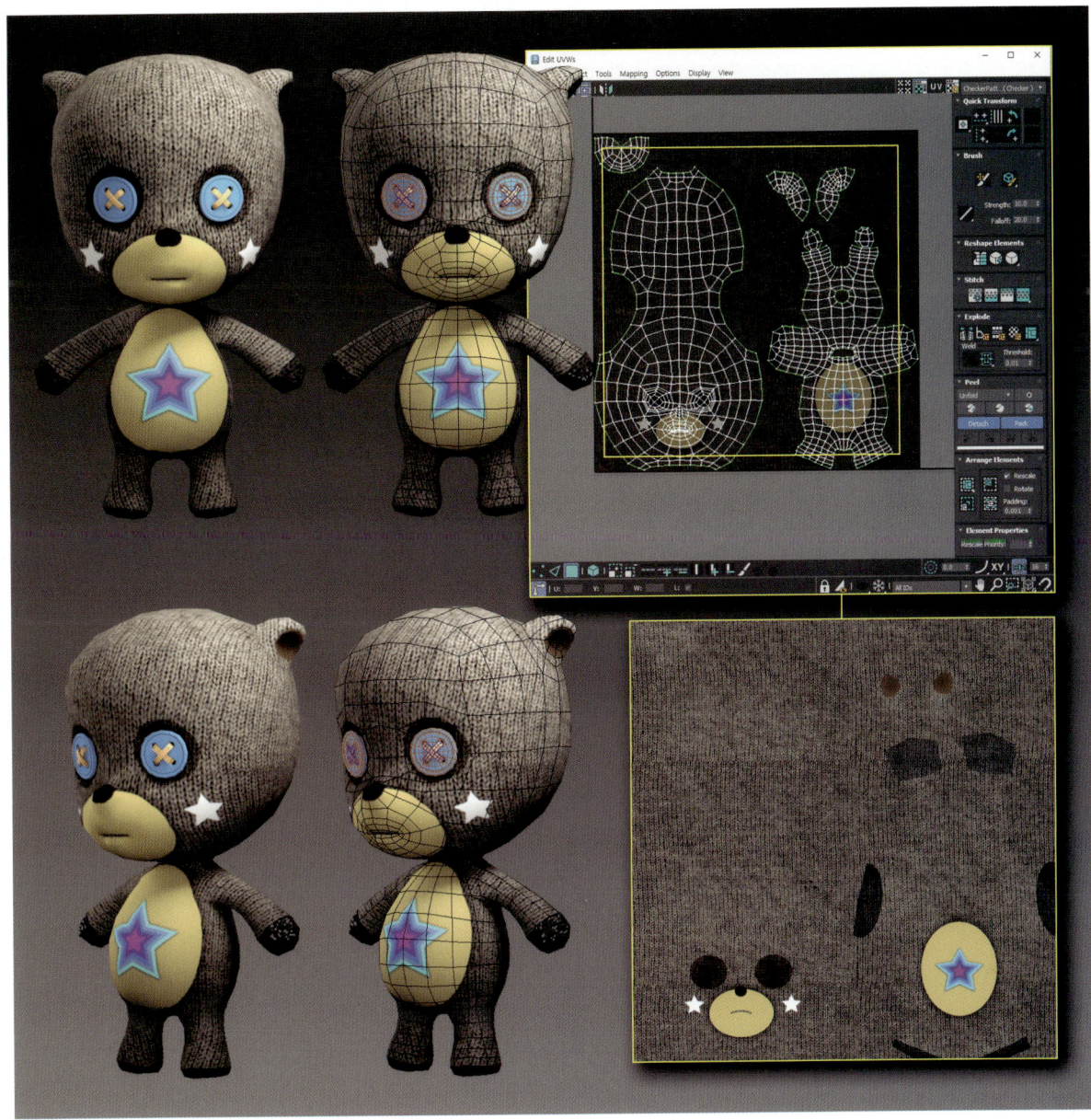

UVW Map 좌표는 최종 적용될 Map에 따라서 혹은 작업자 스타일에 따라서 다양한 형태로 펼칠 수 있습니다. 가장 중요한 것은 UVW Map 좌표의 경계가 드러나지 않도록 어떤 부분을 분리해서 UVW Map 좌표 설정을 할 것인가를 우선적으로 고려해야 합니다.

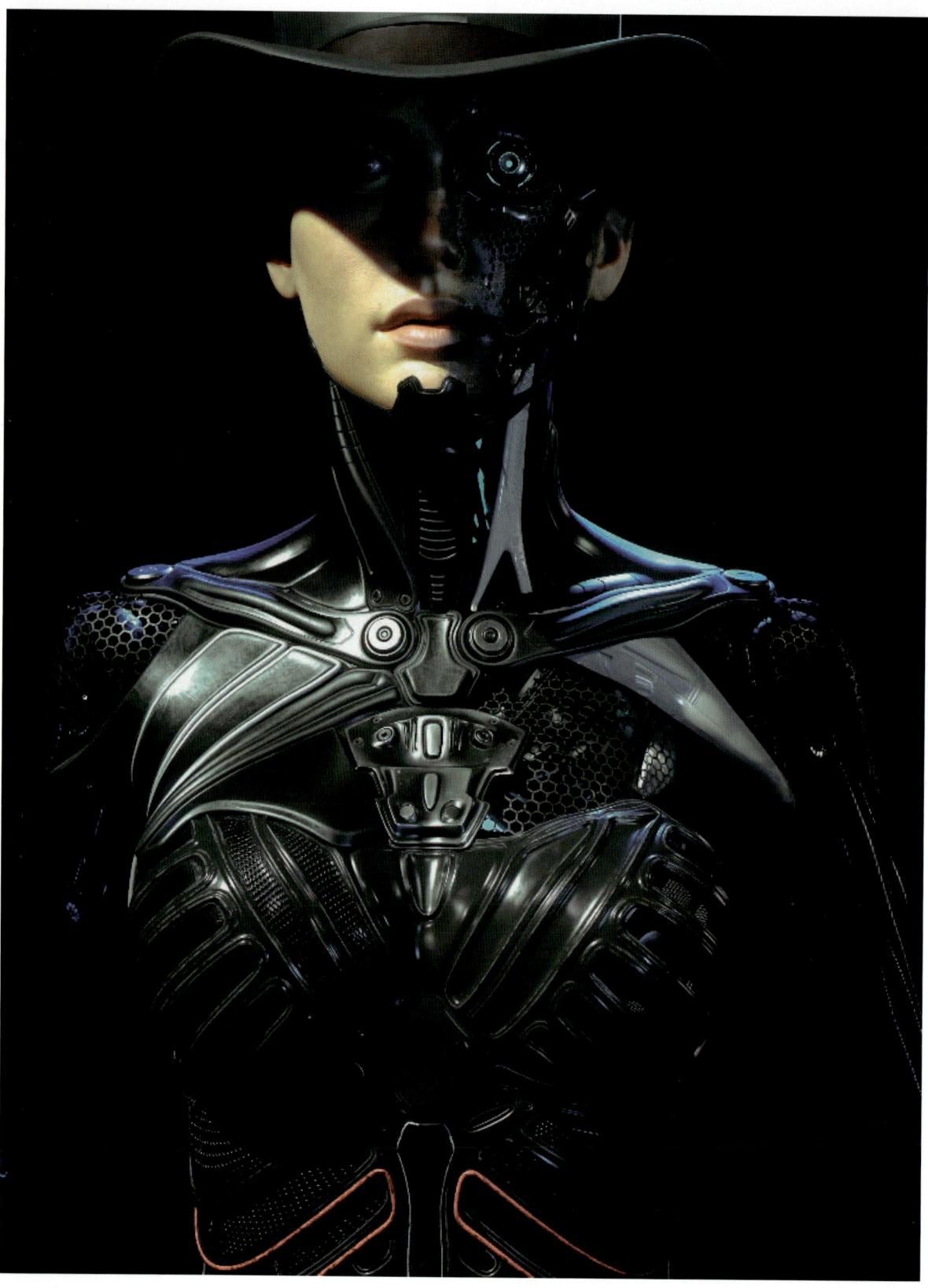

CHAPTER 07

렌더링과 재질

07

CHAPTER
7

BRIEF INTRODUCTION

현실에 존재하는 모든 물체는 물체를 이루는 성분에 따라 빛의 반사, 굴절 등으로 그 특성을 나타냅니다. 즉 색깔, 반사, 투명도, 굴절, 표면의 단단함과 거친 정도에 따라 나무, 돌, 쇠, 플라스틱, 섬유, 피부와 같은 다양한 물체로 구분됩니다.

이를 3D 공간 안에서 표현하는 과정이 Object에 재질을 입히는 것입니다.

www.rubypaper.co.kr에 접속해 자료실에서 다음 파일을 내려받습니다.
Arnold material scene.max
Arnold_remdersetup.max
Scooter Apply Material_arnold.max
Ash_uvgrid03.psd
Cathedral03.hdr
Leather_bump.jpg
Living_room_pano_full.hdr
Wood_17_diffuse.jpg

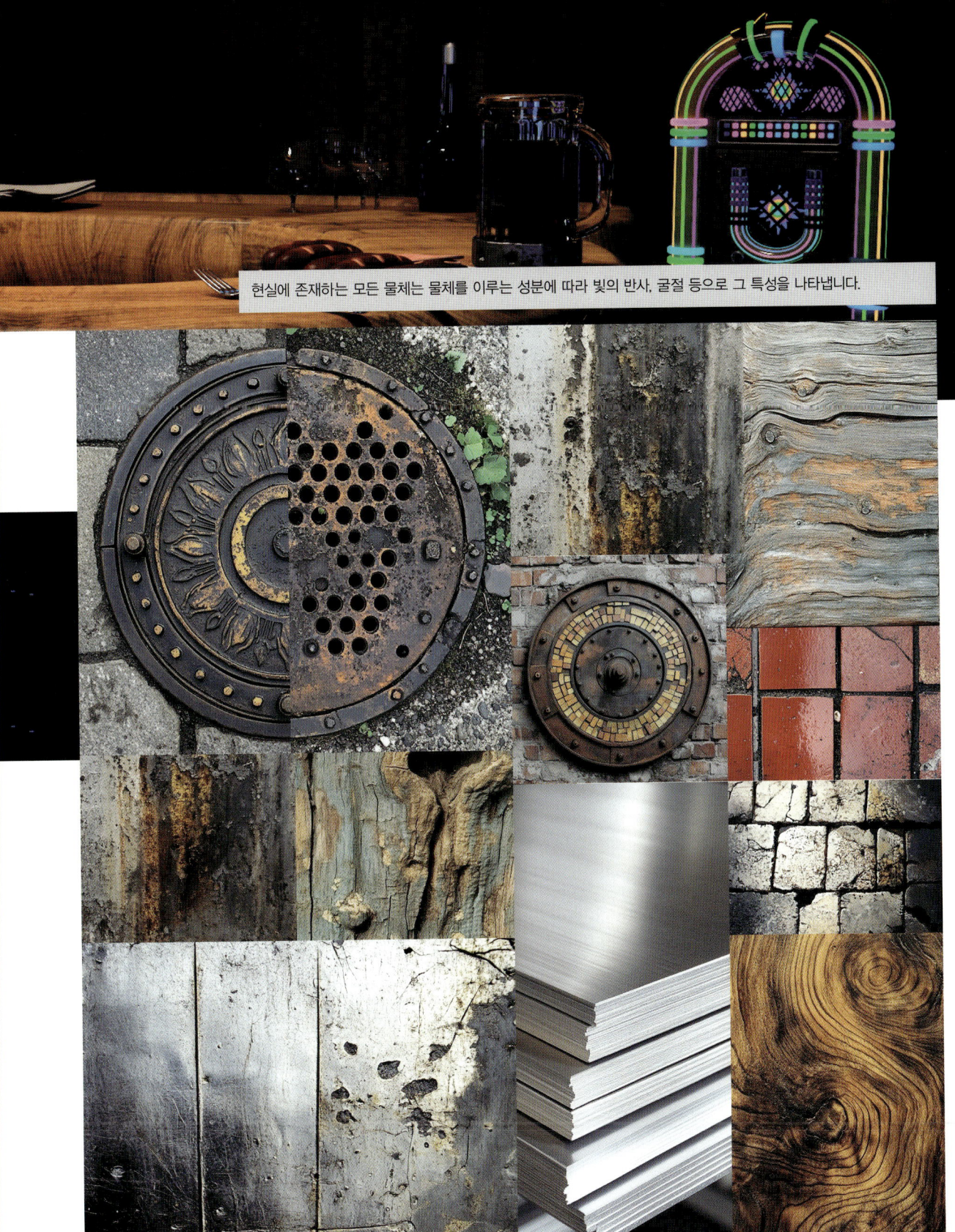

현실에 존재하는 모든 물체는 물체를 이루는 성분에 따라 빛의 반사, 굴절 등으로 그 특성을 나타냅니다.

SECTION 01

Arnold 렌더러

 Arnold_remdersetup.max

이번 챕터에서는 Object의 특성에 맞는 다양한 재질(Material)을 적용하고 라이팅과 카메라를 설치하여 완성된 이미지를 민드는 과정을 학습합니다. 장면을 구성한 후 최송 결과물(이미지 혹은 영상)로 완성하기 위해서 렌더링 (Rendering) 과정을 거치게 됩니다. 렌더링을 위해 3ds Max는 기본적으로 Scanline 렌더러와 Arnold 렌더러를 포함하고 있습니다.

Arnold 렌더러는 애니메이션과 시각 효과에 필요한 복잡한 이미지를 효과적으로 렌더링하면서 파이프라인을 간단하게 유지하고, 사용자가 쉽고 간편하게 사용할 수 있도록 설계되었습니다. Arnold는 실시간 피드백을 제공하여 장면을 더 빠르고 더 효율적으로 재현할 수 있습니다.

Arnold 렌더러는 3ds Max 2018 버전부터 기본 탑재되었습니다. 추가 설치 없이 3ds Max를 설치하면 바로 사용 가능하며, 렌더링 속도도 더욱 빨라지고 있습니다. 높은 품질의 결과물을 보장해 주어 Arnold 렌더러를 사용하는 프로젝트가 점점 늘어나고 있는 추세입니다.

Arnold 렌더러를 활용해 최종 결과물을 만들기 위해서는 제작한 다양한 Object에 그 특성에 맞는 재질이 적용되어 있어야 하고, 원하는 분위기를 연출하기 위한 조명과 카메라를 설치해야 합니다. 이는 현실 세계에서 카메라를 활용해 최종 장면을 만드는 과정과 유사합니다.

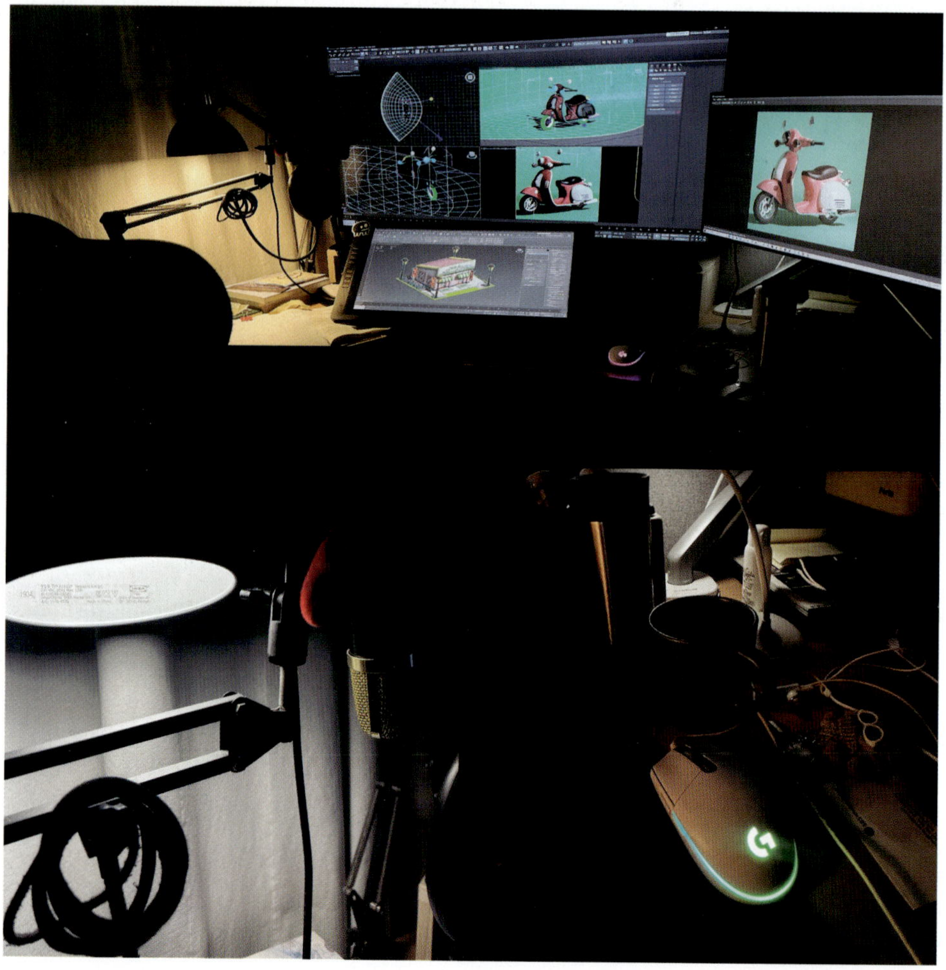

Arnold 렌더러를 사용하기 위해서는 Render Setup에서 Arnold 렌더러를 선택하여 활성화해야 합니다.
Render Setup 버튼을 클릭하여 Render Setup 창을 팝업시키고 Command → Assign Renderer → Production 버튼을 클릭하여 Arnold 렌더러를 선택합니다. OK 버튼을 누르면 Render Setup 창이 Arnold 렌더러로 전환된 것을 확인할 수 있습니다.

Arnold 렌더러를 활용한 렌더링 결과를 확인하기 위해 다음 그림처럼 여러 가지 기본 도형을 생성합니다.

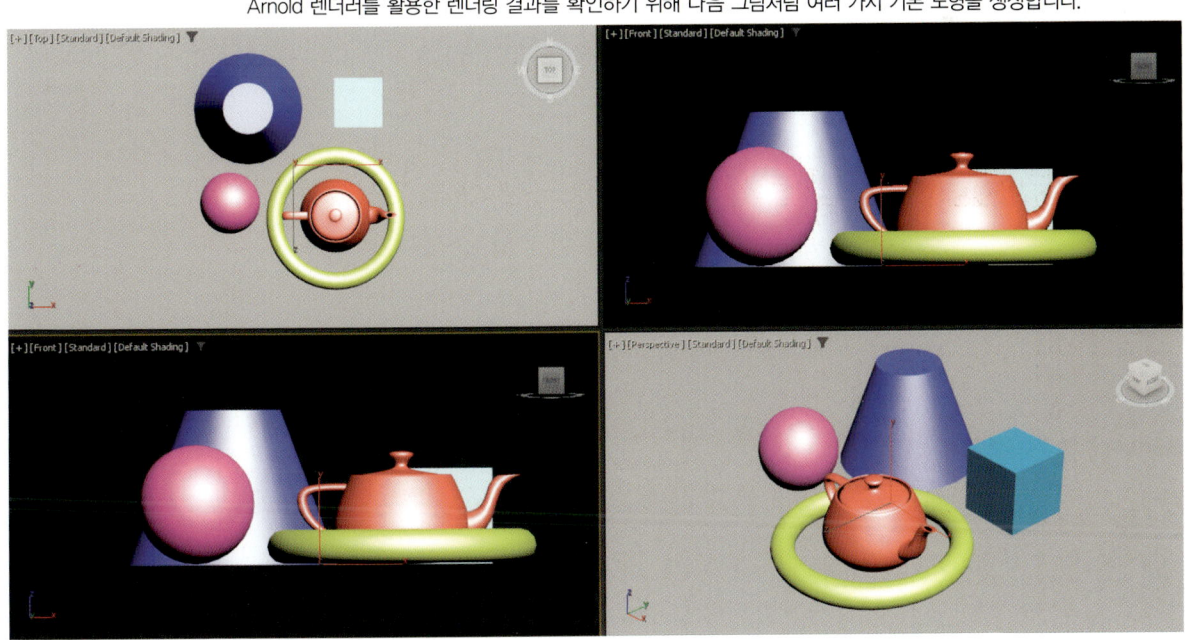

단축키 M 을 누르거나 메뉴바에 아이콘을 클릭해서 Material Editor를 활성화하고 Arnold Material 중 Standard Surface를 더블클릭해서 선택합니다. Arnold 렌더러를 사용하기 위한 가장 기본적인 Material입니다. Material Editor 재질 설정 화면이 변경된 것을 볼 수 있습니다.

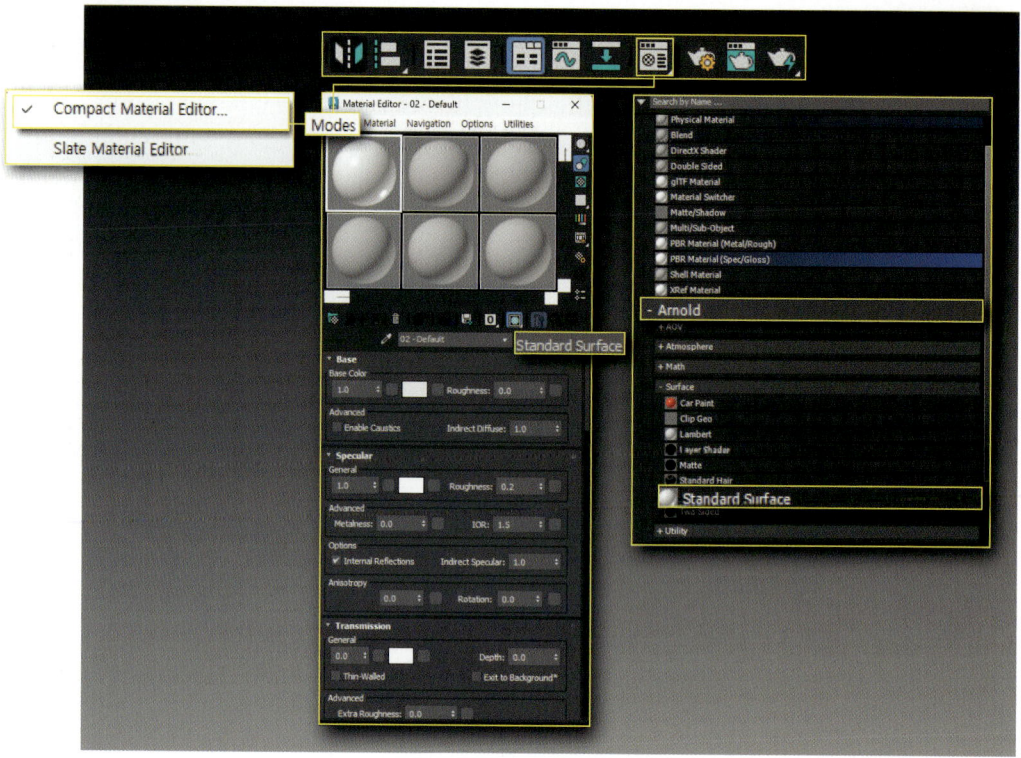

Material Editor는 Compact Material Editor와 Slate Editor 두 가지 모드 중 선택하여 사용할 수 있습니다. 각각 장단점이 있지만 여기서는 Compact Material Editor를 활용하여 설명합니다.

화면에 생성된 모든 Object를 선택하고 Assign Material to Selection 버튼을 클릭하여 방금 생성한 Material을 적용합니다.

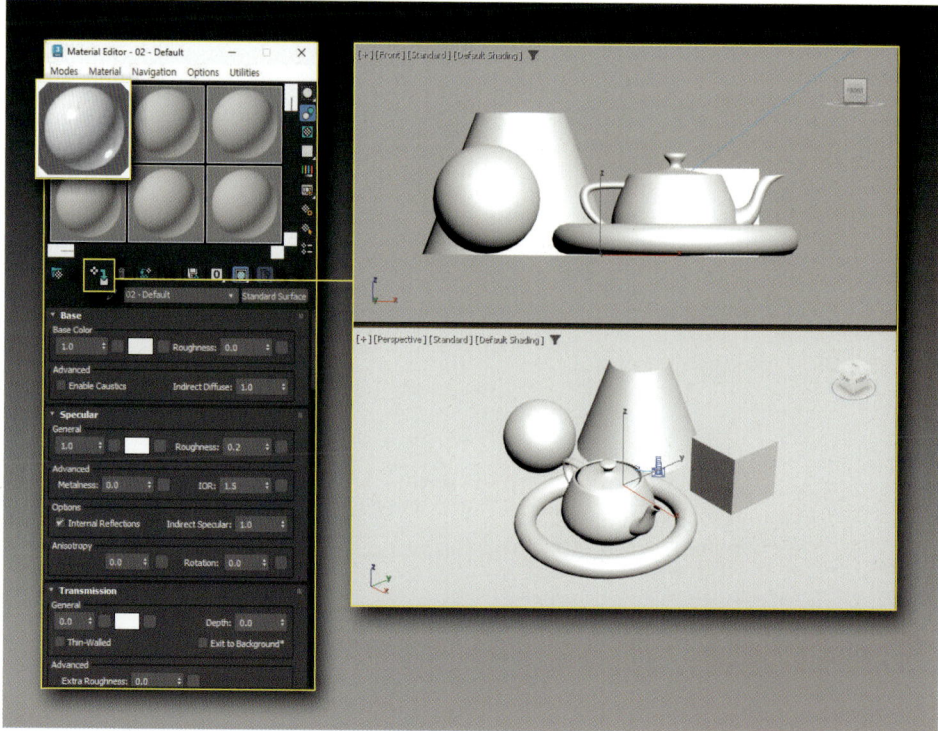

렌더링을 위해서 카메라를 설치해야 하는데, Create ➔ Camera에서 확인하면 Standard Camera와 Arnold Camera를 이용할 수 있습니다. 여기서는 Standard ➔ Target Camera를 설치했습니다.

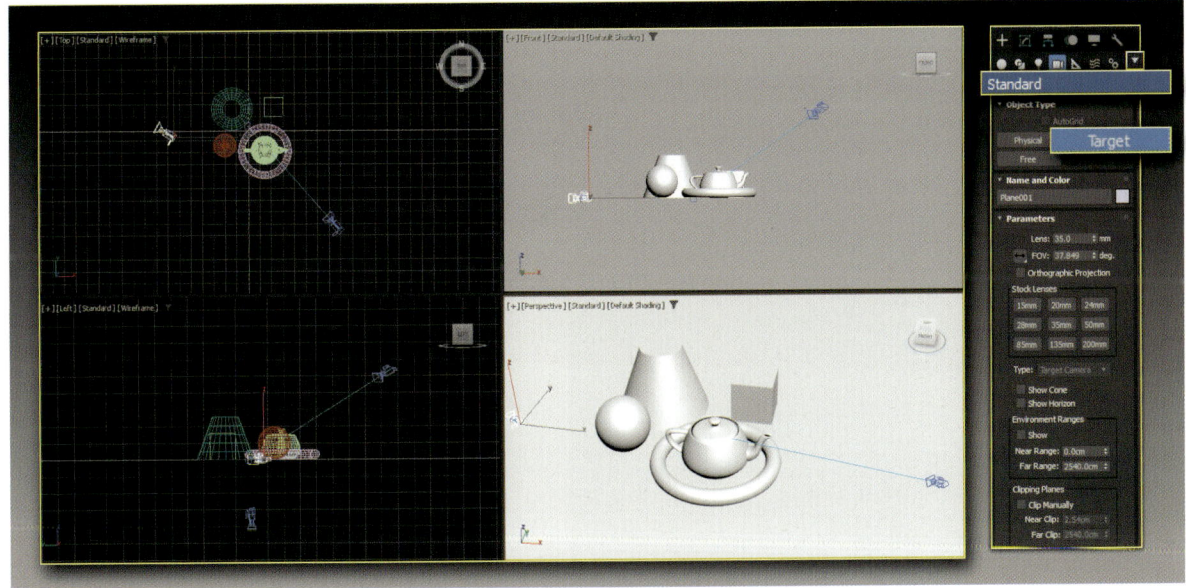

Viewport 버튼을 클릭하여 선택한 Viewport를 Camera Viewport로 변경합니다. Render Setup 아이콘을 클릭하거나 F10 키를 눌러 카메라 렌즈 값과 렌더링될 이미지의 크기를 결정합니다. Viewport 왼쪽 상단의 Cameras 버튼을 클릭하고 Show Safe Frame 버튼을 클릭하거나 단축키 Shift + F 를 누르면 Viewport 화면이 렌더링될 화면과 같은 비율로 표시됩니다.

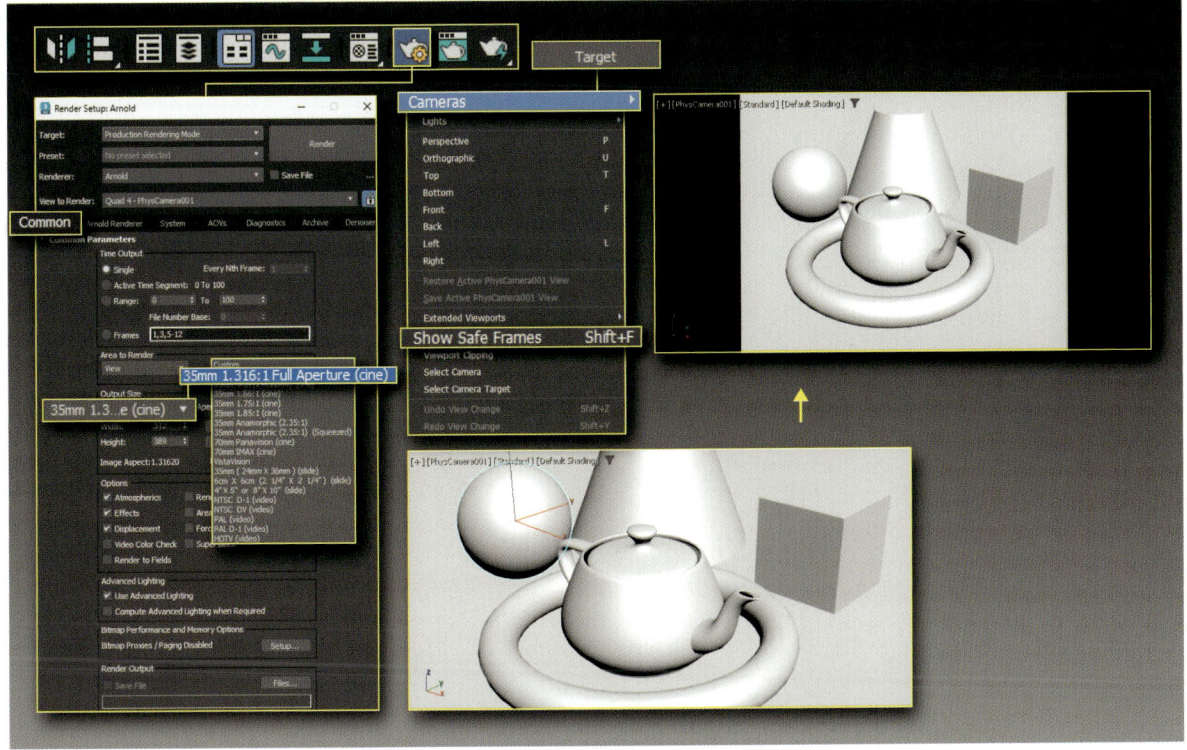

렌더링 결과를 확인하기 위해 Render Production 아이콘을 클릭하여 활성화합니다 (단축키 Shift + Q 혹은 Shift + F10).

클릭하면 선택한 화면이 렌더링되어 결과를 확인할 수 있습니다. 현재는 화면에 생성된 Object가 제대로 보이지 않습니다.

Object가 보이지 않는 이유는 현재 Main Menu → Rendering → Environment Color가 검정색이고 라이트가 설치되어 있지 않기 때문입니다.

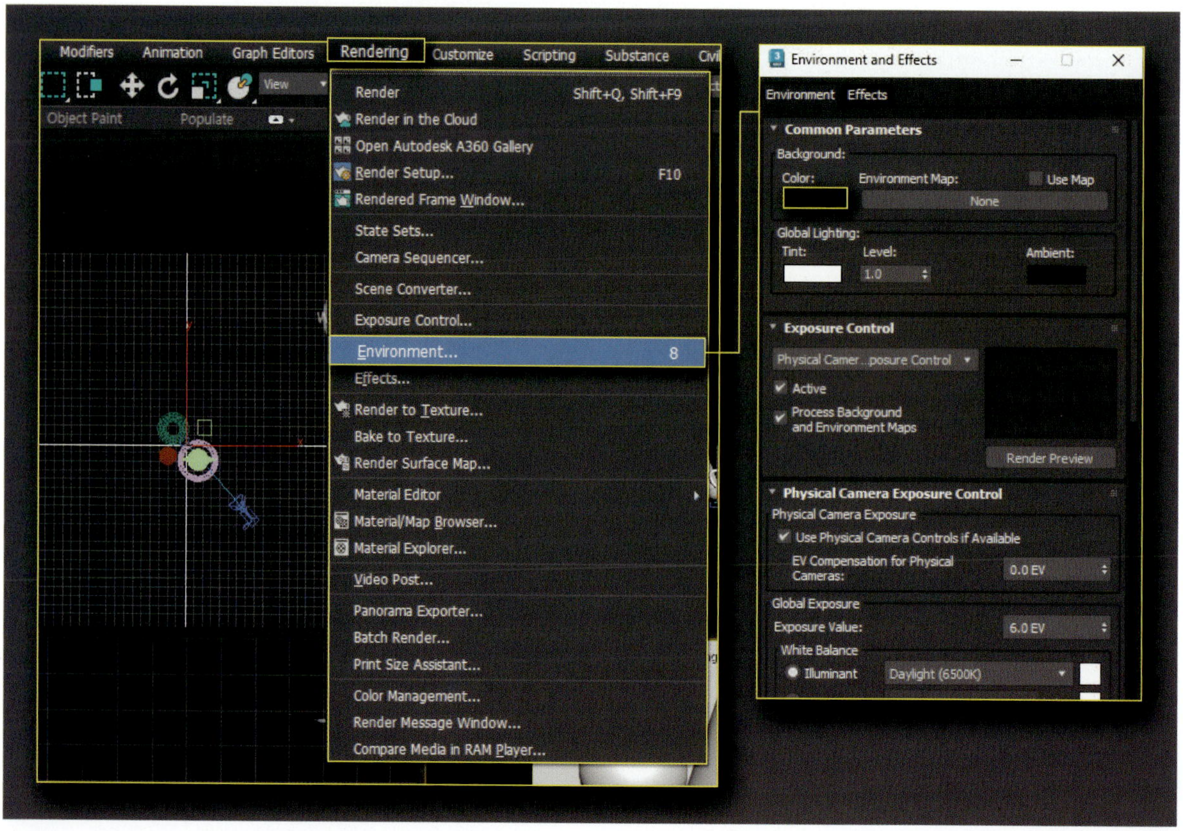

현실 세계에서 사물을 보기 위해서는 빛이 필요합니다. 우리 주변의 모든 사물, 동물, 식물은 표면의 질감과 밀도, 거칠기 등에 따라 빛을 반사하고 굴절시켜 보이는 결과입니다.
3D 공간에서도 물체를 현실적으로 표현하기 위해서 빛이 필요하고, Arnold 렌더러를 이용하는 경우 Arnold Light를 사용합니다.
Create ➜ Light에서 Arnold로 변경하면 Arnold Light가 보입니다.
Arnold Light를 우측 상단에 생성했습니다. 생성한 Arnold Light의 종류를 결정하고 빛의 색과 세기, 노출 강도 등을 조절하여 사실적인 표현이 가능하며, Cast Shadows가 체크되어야 그림자를 표현할 수 있습니다. Camera Viewport 설정을 Realistic로 변경하여 확인해 보면 Arnold Light가 적용된 것을 확인할 수 있습니다.

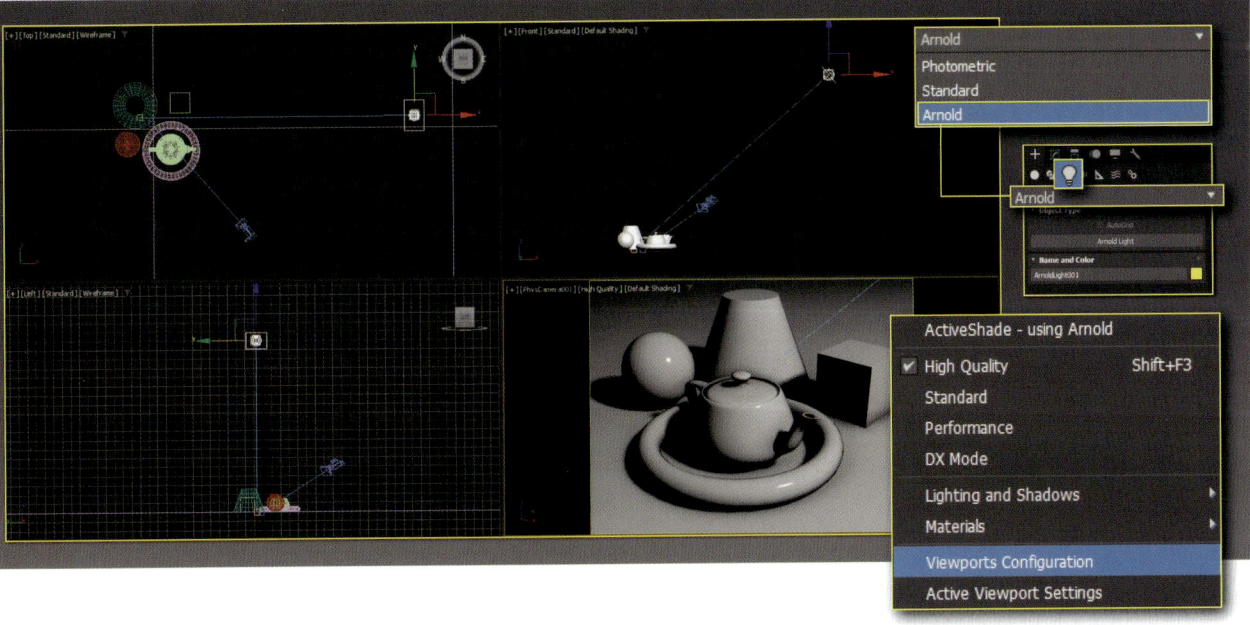

Arnold RenderView 창에서 Render Last 버튼을 클릭하여 렌더링한 모습입니다. 현재는 Light가 적용되어 그림자가 생성되었지만, Light가 물체에 닿은 후 반사되는 반사광은 적용되어 있지 않은 상태입니다.

Arnold RenderView 창에서 Start IPR 버튼을 활성화하면 실시간으로 렌더링 결과물을 미리 볼 수 있습니다.

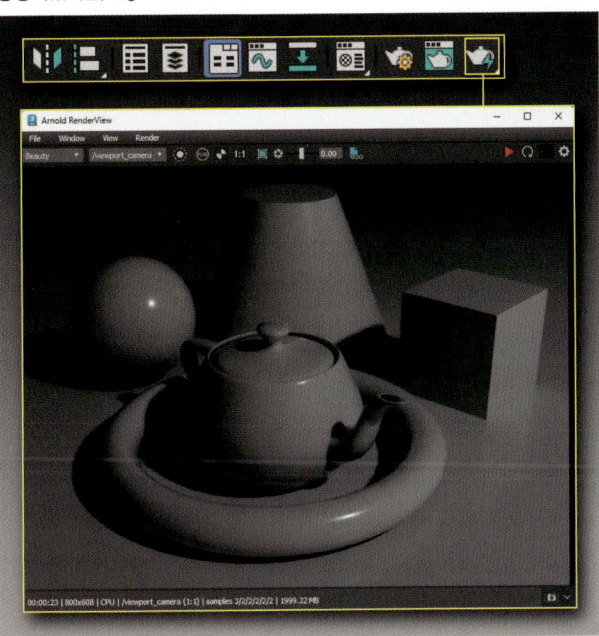

Object를 둘러싸고 있는 Environment(환경)을 조절하여 더욱 사실적인 이미지를 연출할 수 있습니다.
다음은 Environment Color를 밝게 조정하고 렌더링한 결과입니다. Environment Color가 장면에 영향을 주어 전체적으로 밝아졌습니다.

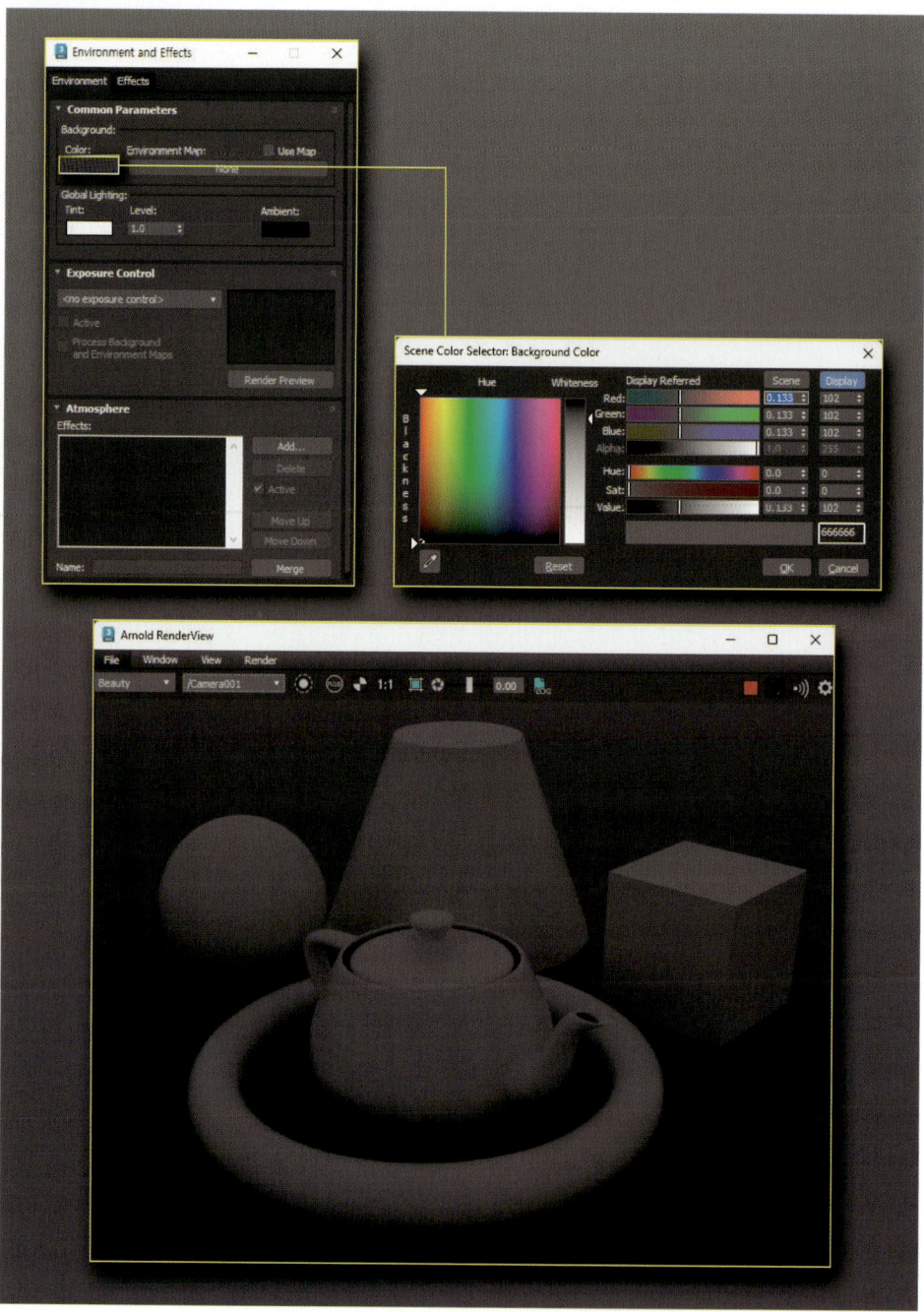

Environment Color를 변경하고 렌더링한 결과입니다. 선택한 색상이 화면 전체에 영향을 주고 있는 것을 볼 수 있습니다.

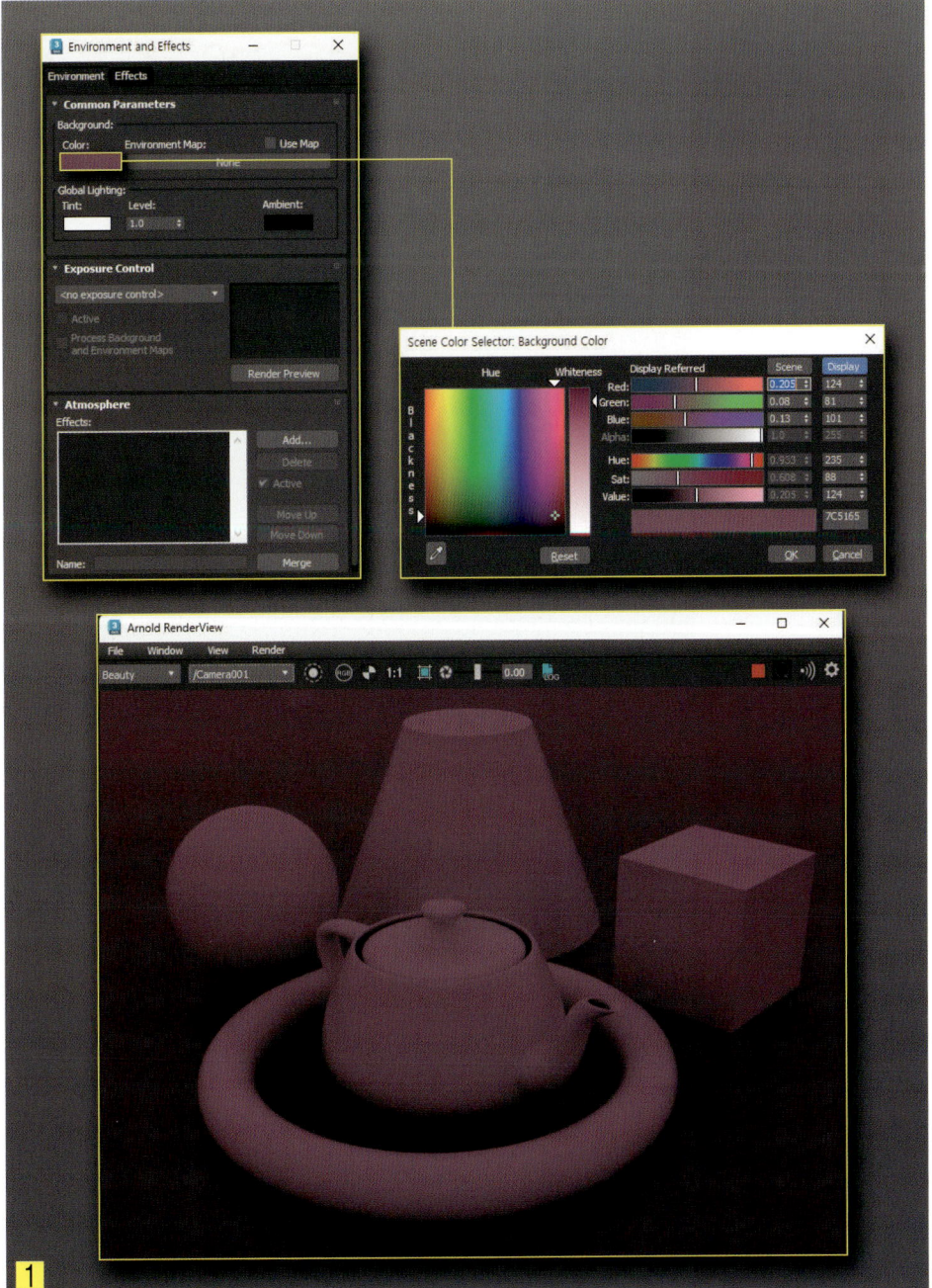

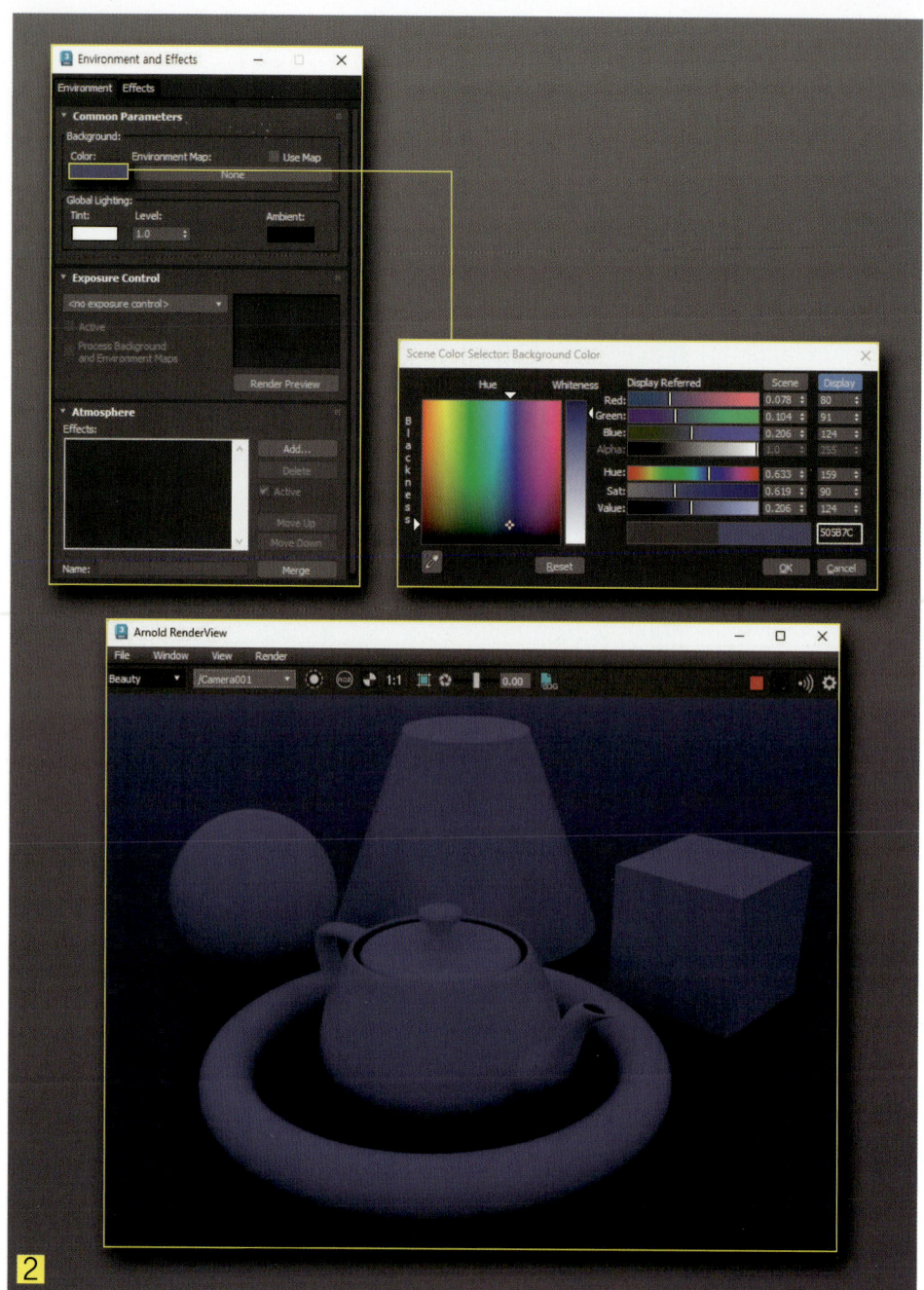

Environment Color는 화면 전체에 직접적인 영향을 줍니다.

더욱 현실적인 장면을 만들기 위해 Environment Color에 현실 세계의 주변 환경을 반영할 수 있는데, 이때 사용하는 것이 HDRI(High Dynamic Range Image)입니다. HDRI는 이미지가 가지고 있는 광원과 빛의 세기 정보를 포함하고 있어서 장면에 실제와 같은 조명으로 사용할 수 있습니다.

다음 이미지는 다양한 환경을 표현할 수 있는 HDRI의 예시입니다.

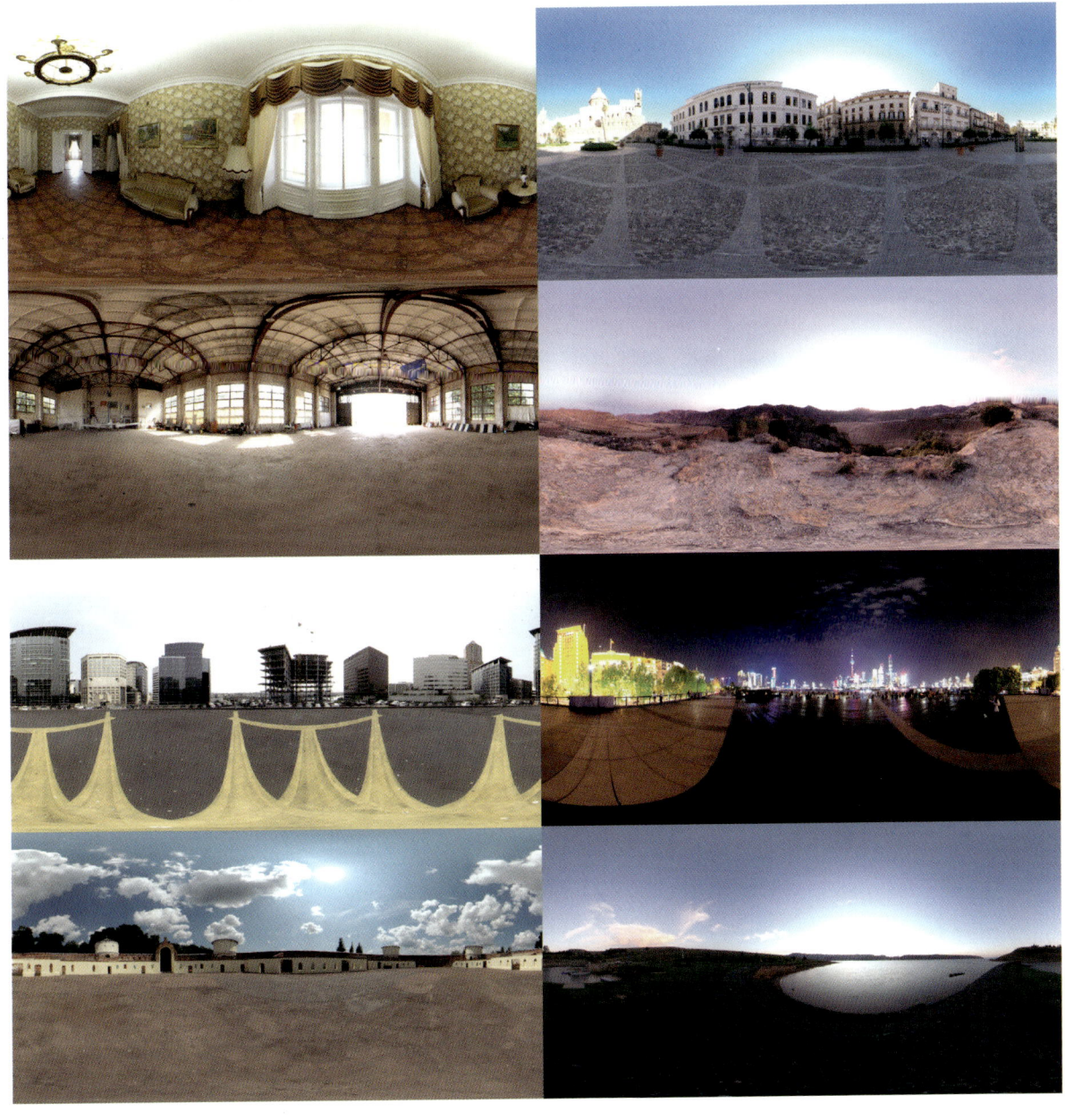

Render → Environment → Environment Map을 클릭하고 팝업 창 Material/Map Browser → OSL → Environment → HDRI Environment를 더블 클릭하면 3ds Max 2024와 함께 설치된 HDRI를 선택할 수 있습니다.

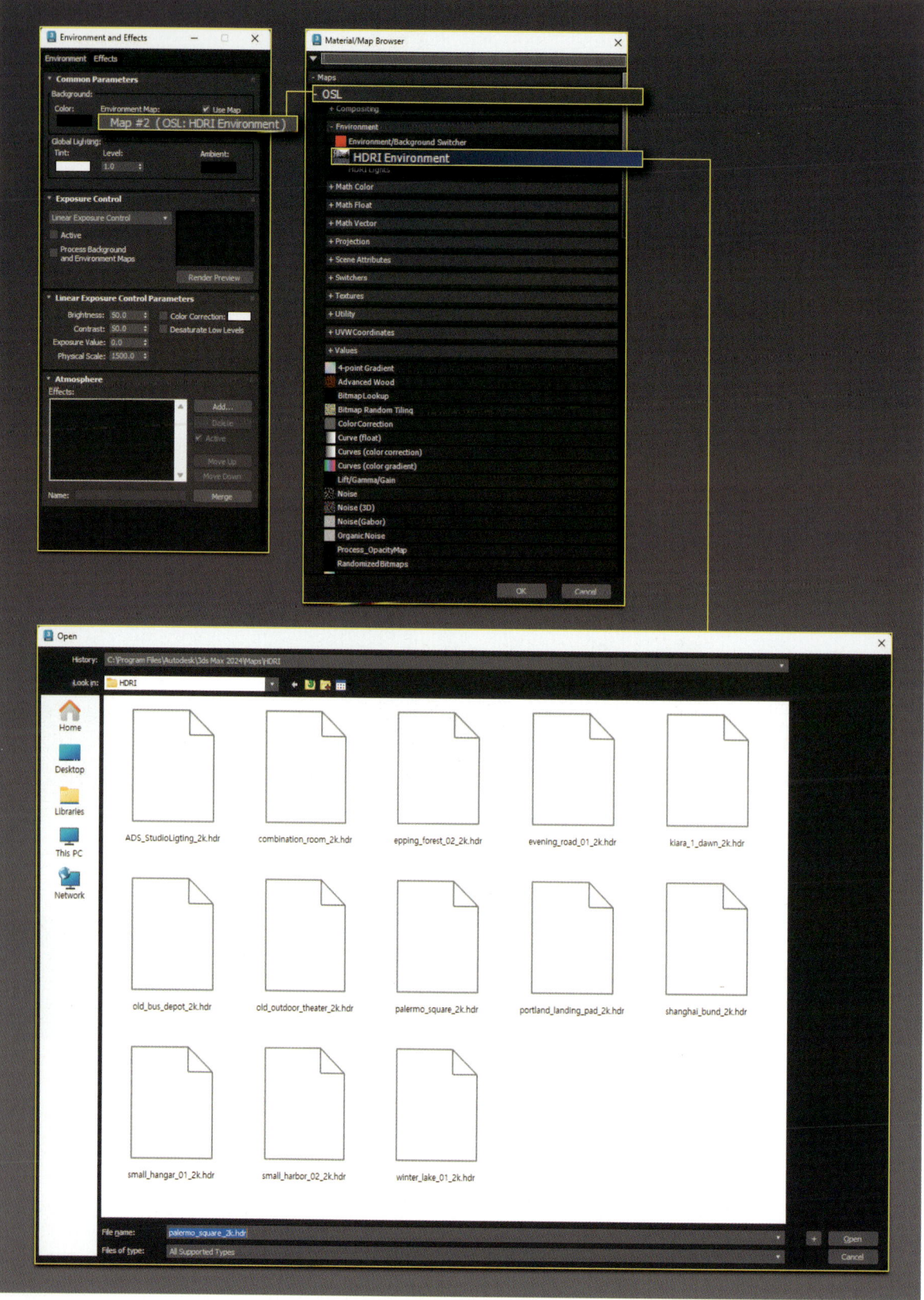

이중 combination_room_2k.hdr을 선택하고 결과를 확인합니다. 선택한 HDRI 이미지가 적용되었습니다. Object의 반사 부분에 선택한 HDRI 이미지가 반사되어 보이고 빛도 반영되었습니다.

다른 HDRI 이미지를 적용하고 확인합니다. HDRI 이미지를 활용하면 주변 환경을 원하는 분위기로 표현할 수 있습니다.

1

지금까지 렌더링된 이미지는 Arnold 렌더러의 기본 설정으로 품질이 높지 않은 상태입니다. 먼저 품질을 높여서 렌더링합니다.

Render Setup → Sampling and Ray Depth → Camera와 Diffuse 수치를 높였습니다.

수치가 높을수록 품질이 향상되지만, 렌더링 시간도 그만큼 길어집니다. 컴퓨터 사양에 따라 렌더링 시간이 달라질 수 있습니다.

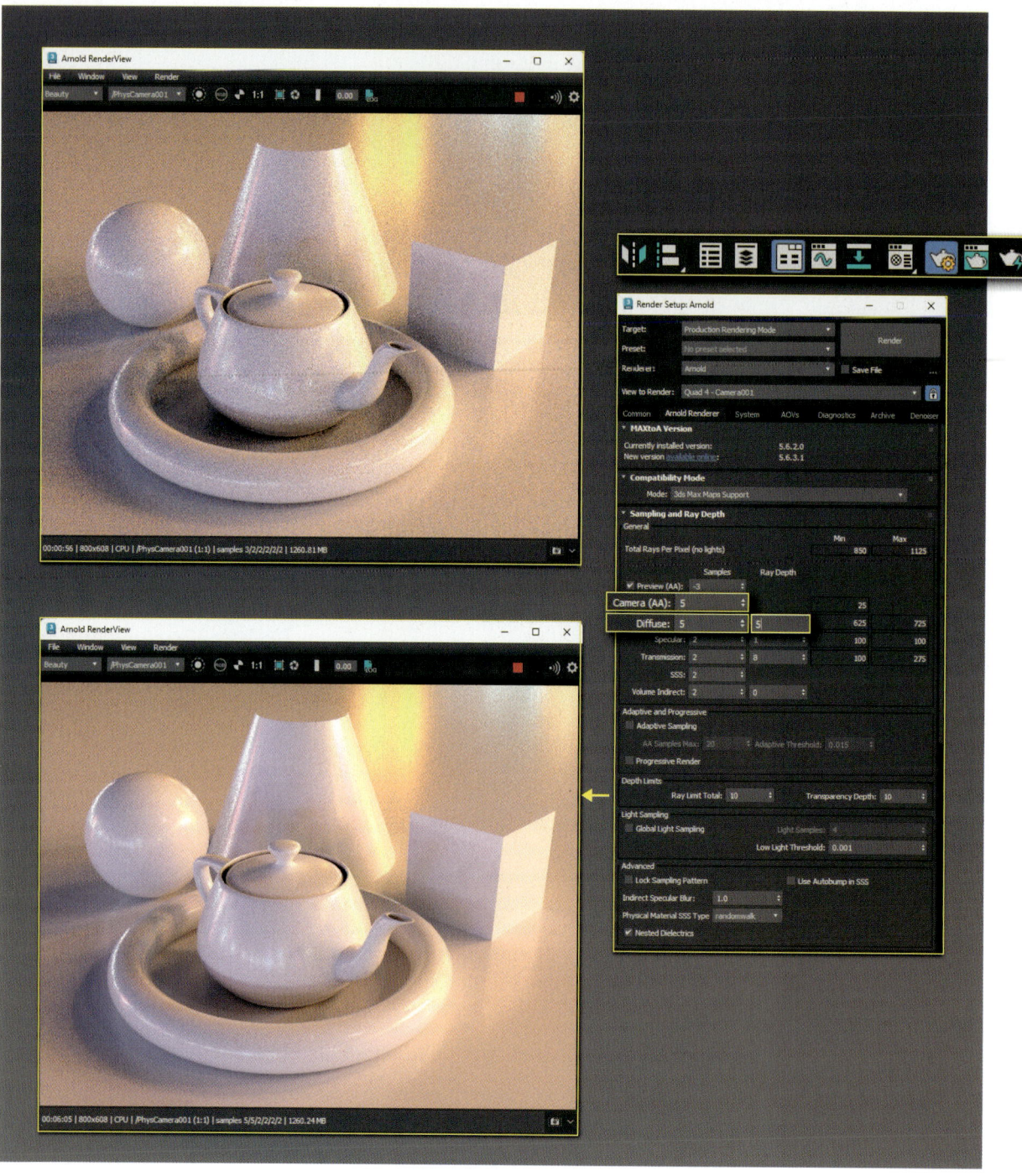

이번에는 Denoiser를 이용하여 렌더링된 이미지의 품질을 높이는 방법을 알아봅니다. 바닥 Object에는 Base Color가 다른 재질을 추가로 적용했습니다.

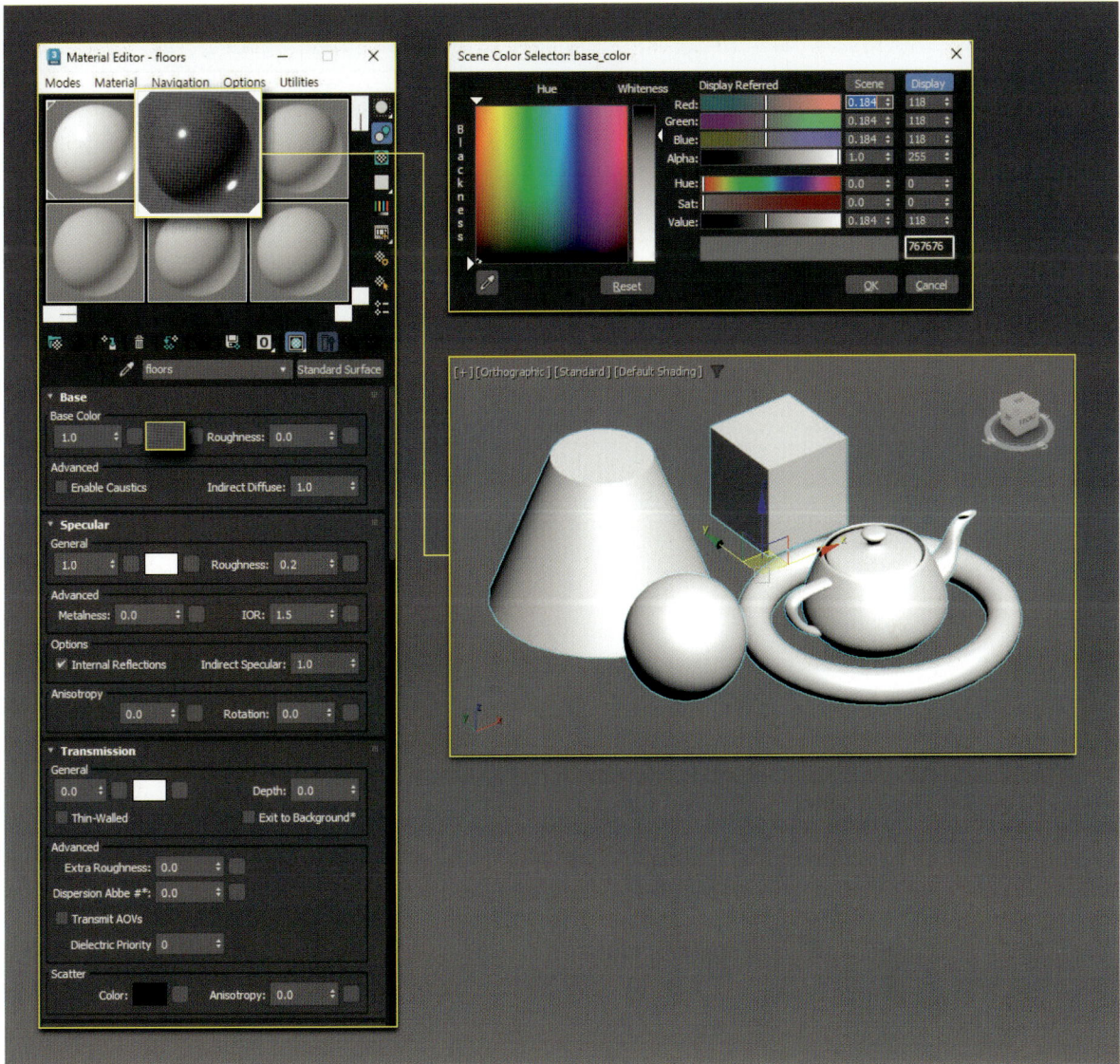

Render Setup ➜ Sampling and Ray Depth ➜ Camera와 Diffuse 수치를 다시 기본 설정으로 바꾸고 렌더링한 후, Arnold RenderView 오른쪽 상단 구석에 있는 Display Setting 아이콘을 클릭합니다. 그러면 오른쪽에 추가 옵션이 나타납니다. 이곳에서 렌더링된 이미지를 보정할 수 있습니다.

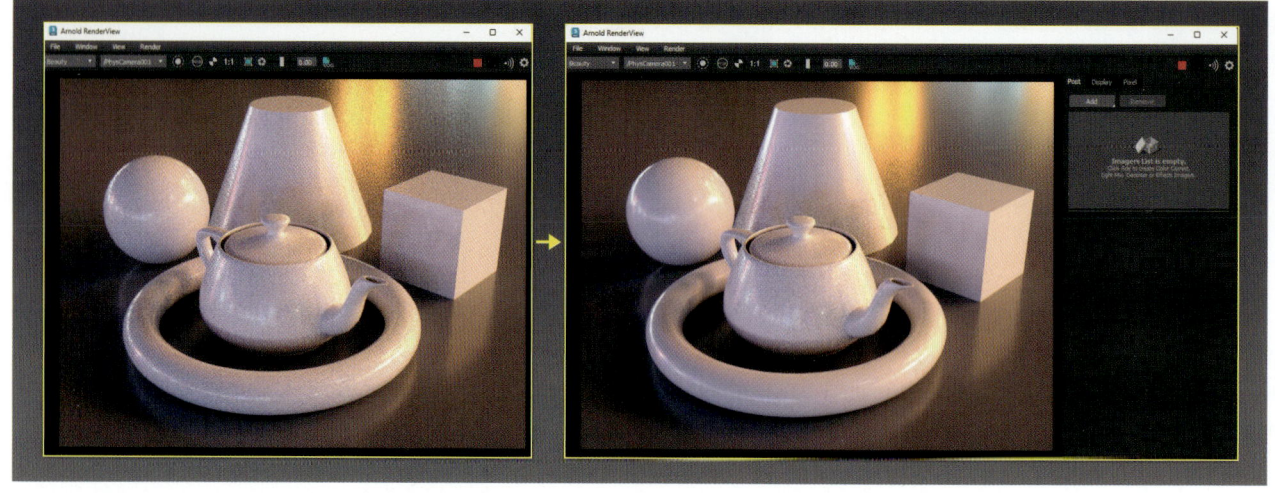

Add 버튼을 클릭하면 나타나는 기능들을 추가하여 전체적인 색상 보정과 노출값 등을 변경할 수 있습니다. 여기서는 Denoiser OptiX를 선택하여 추가합니다. 렌더링한 이미지의 노이즈가 깔끔하게 제거되는 것을 확인할 수 있습니다.

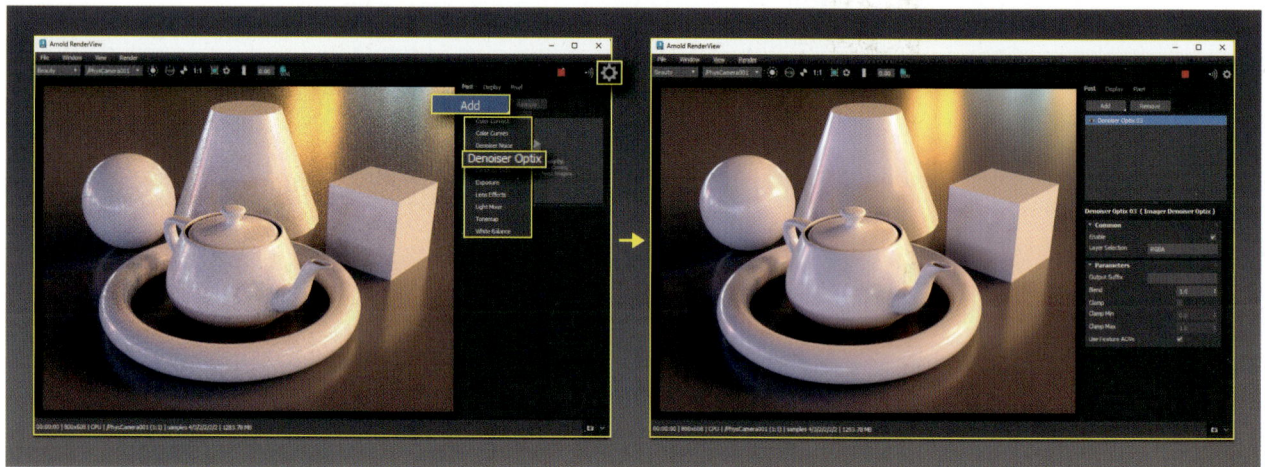

Environment Map에서 적용할 HDRI 이미지를 클릭 앤 드래그하여 Material Editor로 이동시켜 Instance로 복사합니다. 이렇게 하면 적용한 HDRI 이미지를 세부적으로 설정할 수 있습니다.

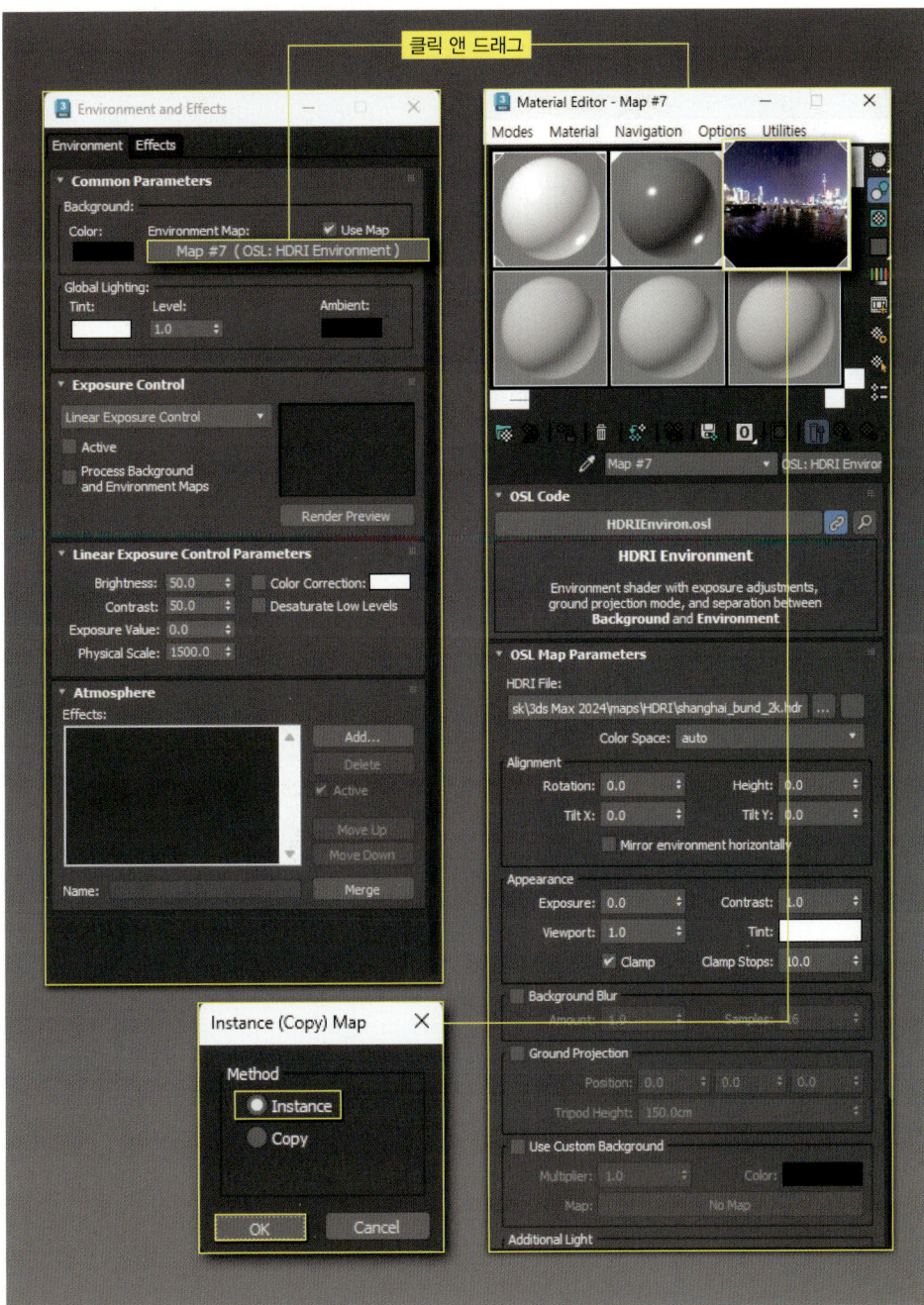

다음은 각 옵션을 조정하여 렌더링한 결과입니다. Alignment → Rotation 수치를 90으로 변경하면 HDRI 이미지가 90도 회전하고, 회전한 주변 환경이 장면에 반영됩니다.

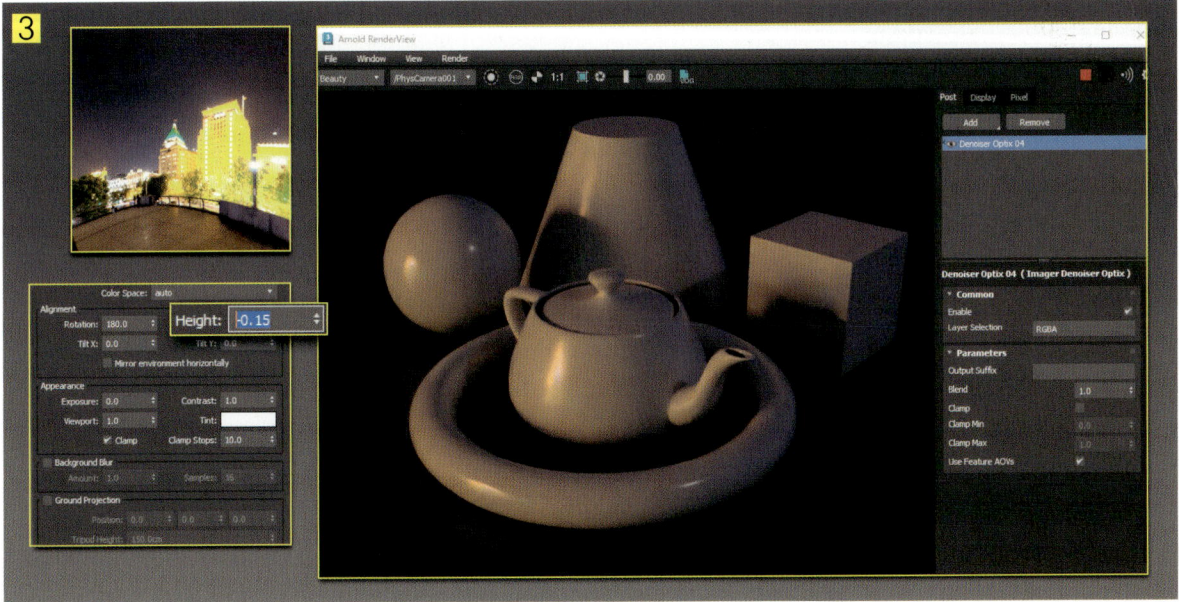

Chapter 07 | 렌더링과 재질

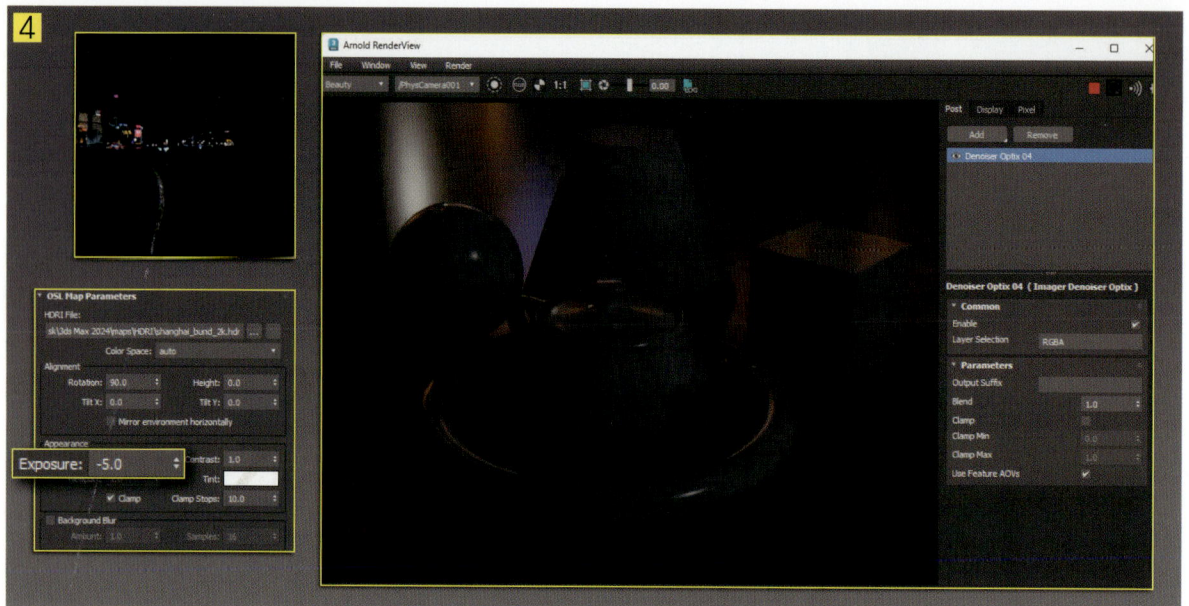

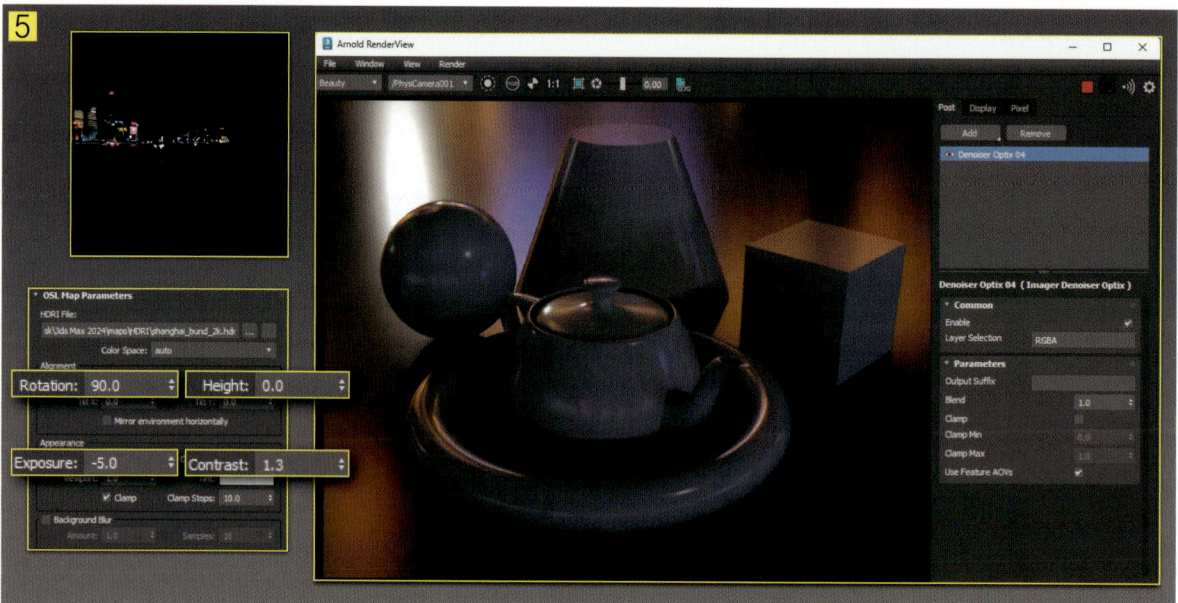

SECTION 02

Arnold Material 기초

Arnold Material의 옵션을 조절하여 다양한 재질(Material)을 생성하고 적용한 후 렌더링 결과를 확인합니다.
Material ➜ Arnold ➜ Surface ➜ Standard Surface를 적용하고 각 옵션을 조정하여 다양한 질감을 표현합니다.
Material을 적용하고 결과를 확인하기 위해 그림처럼 Object를 생성하고 Camera와 Light를 설치했습니다.
또한 앞에서 학습한 방법으로 Arnold Renderer를 설정했습니다.
교재 학습 용 자료인 Arnold material scene을 학습에 활용하시기 바랍니다.

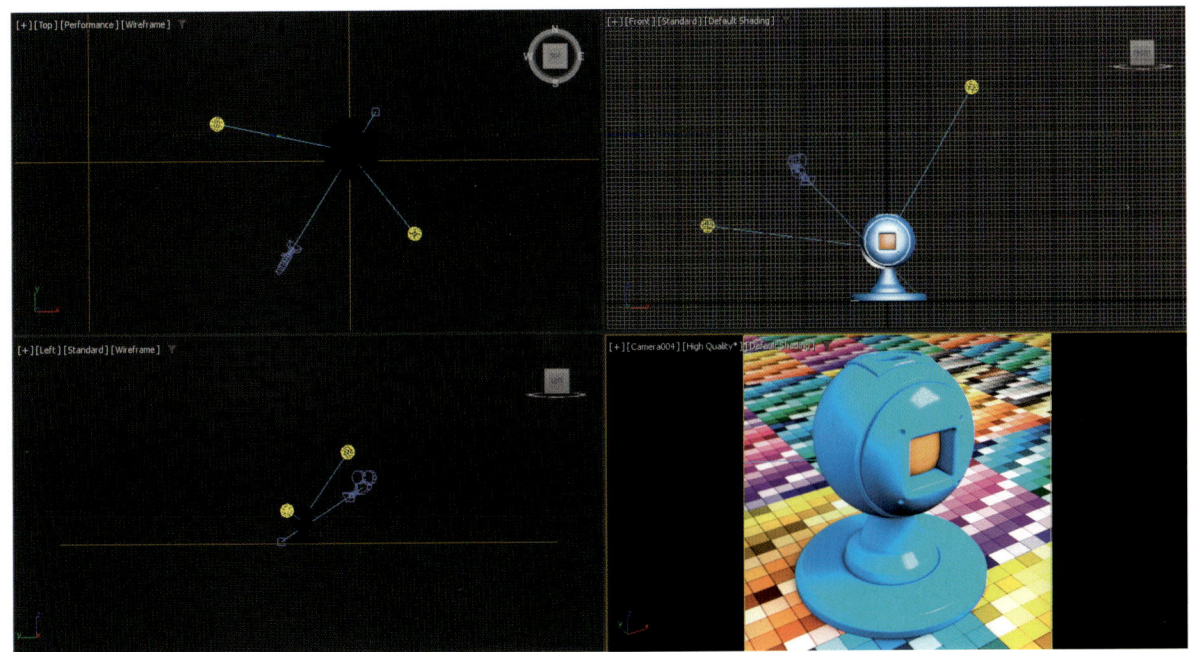

각 Material은 표면 색상, 표면 거칠기(반사), 금속과 비금속 물체의 투명도, 굴절률 등을 조절하여 표현합니다. Arnold에서 제공하는 다양한 Map과 이미지를 적용할 수 있습니다.

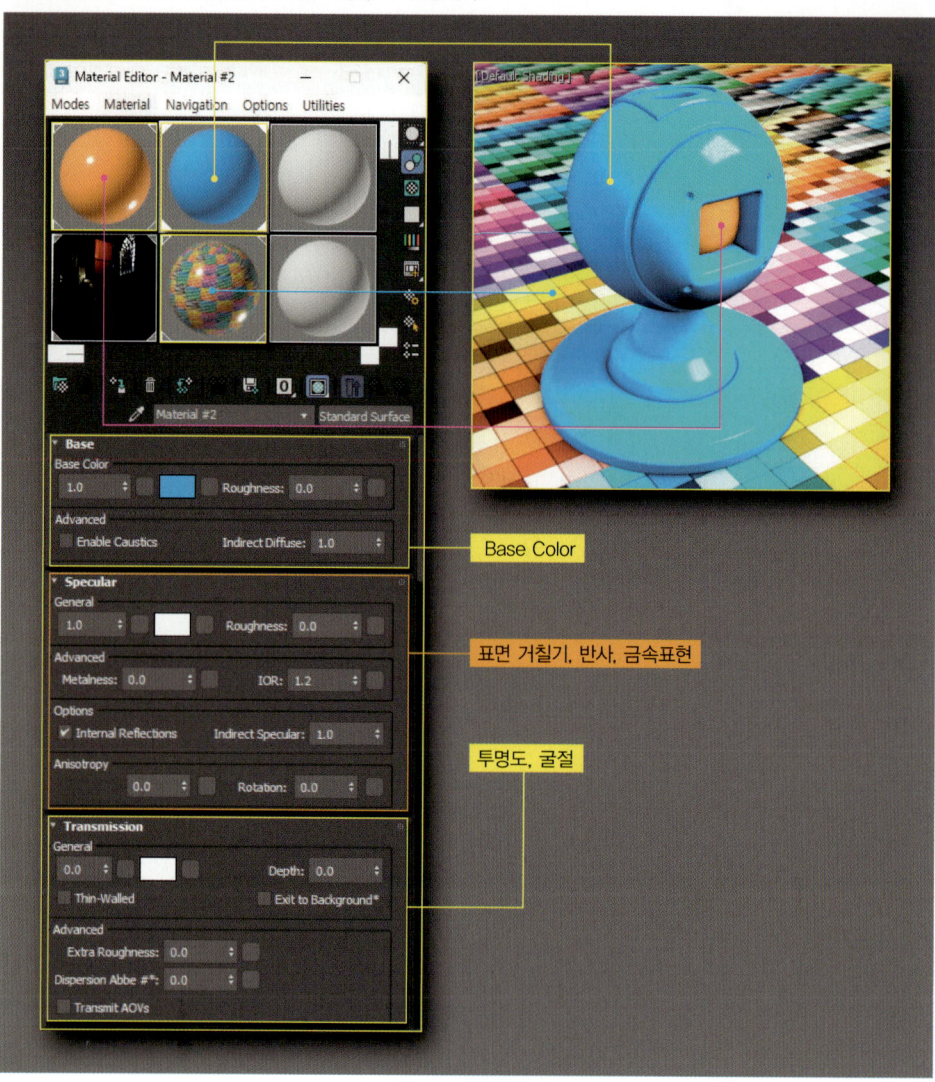

현재 생성된 Object는 다음 그림과 같이 UVW Map 좌표가 설정되어 있는 상태입니다.

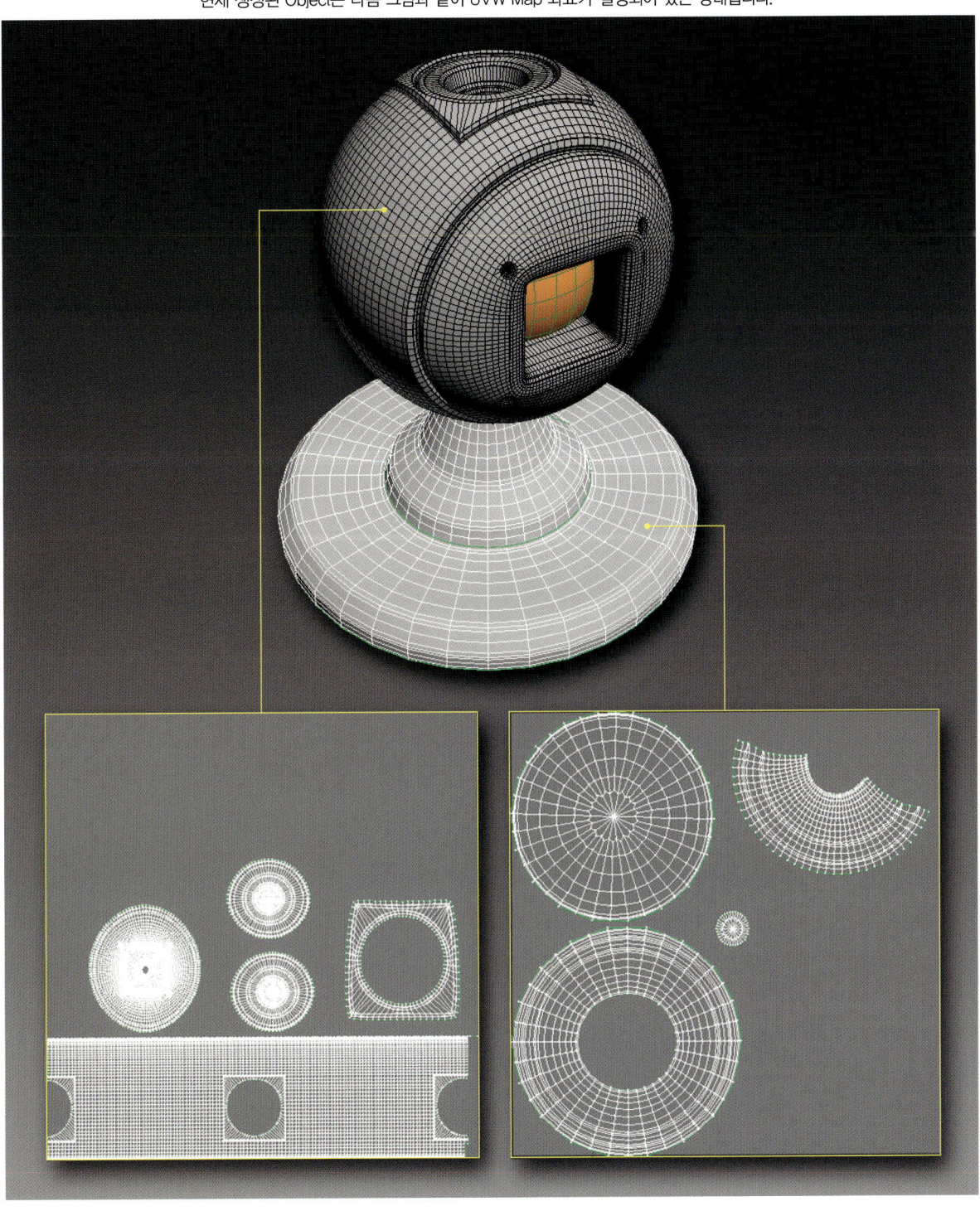

 Base

Base는 Object 표면의 Color와 거칠기를 조절할 수 있는 설정 영역입니다.

■ Base Color

Base Color는 표면의 Color를 변경하거나 3ds Max에서 제공하는 다양한 Map 또는 직접 제작한 이미지를 적용할 수 있는 설정 영역입니다. Base Color의 Color Box를 클릭하면 Color Selector가 나타나고, 여기서 원하는 Color를 선택할 수 있습니다.

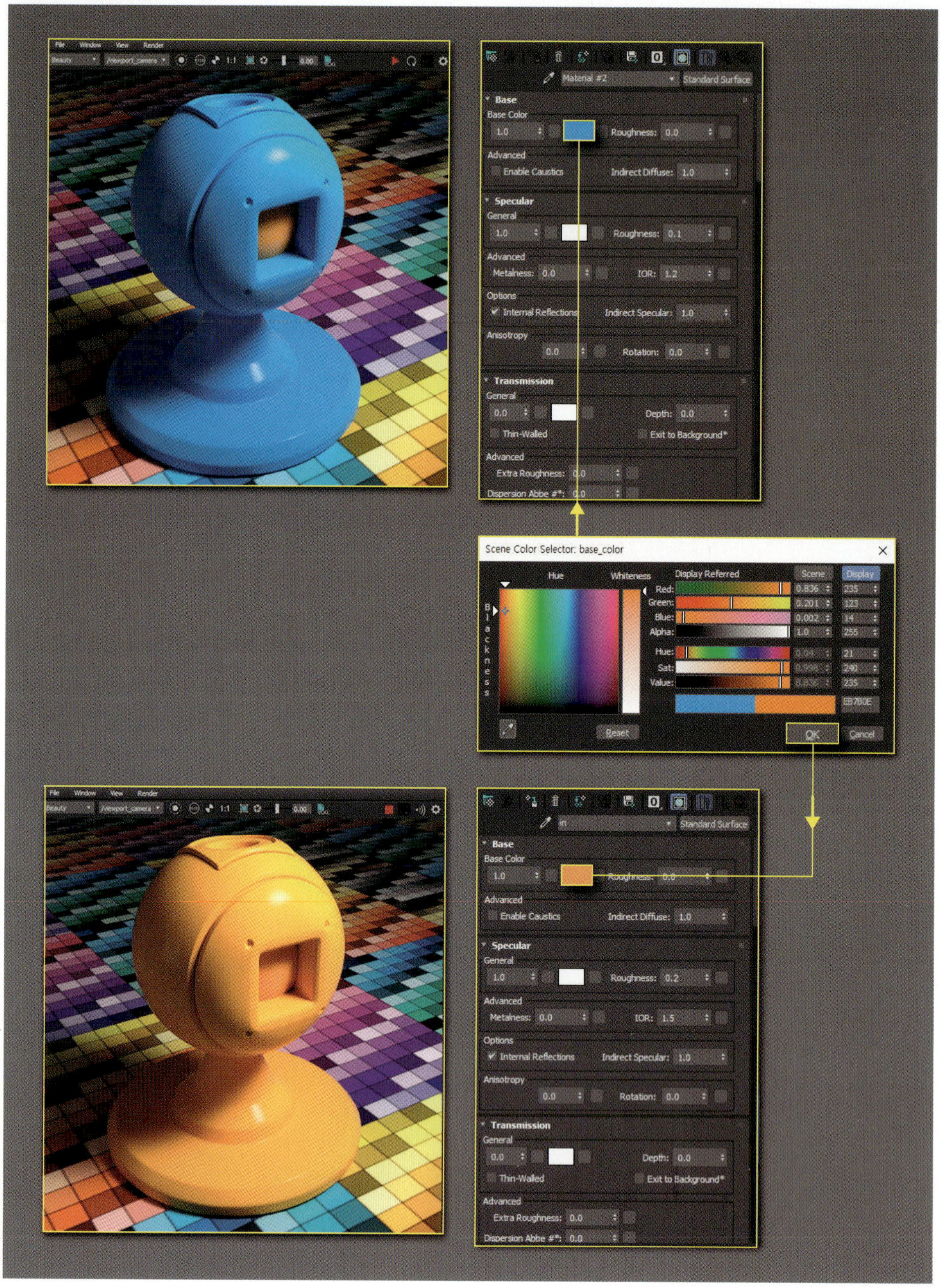

재질창이 slate material mode일 땐 적용하는 방법에는 두 가지가 있습니다:

1. Base Color 옆의 작은 버튼을 클릭한 후 팝업되는 Material/Map Browser에서 선택합니다.
2. Slate Material Editor 왼쪽 공간에서 마우스 오른쪽 버튼을 클릭하고 필요한 Map을 불러온 후 노드를 연결하여 적용합니다.

Base Color에 Uber Noise를 적용하고 렌더링한 결과입니다.

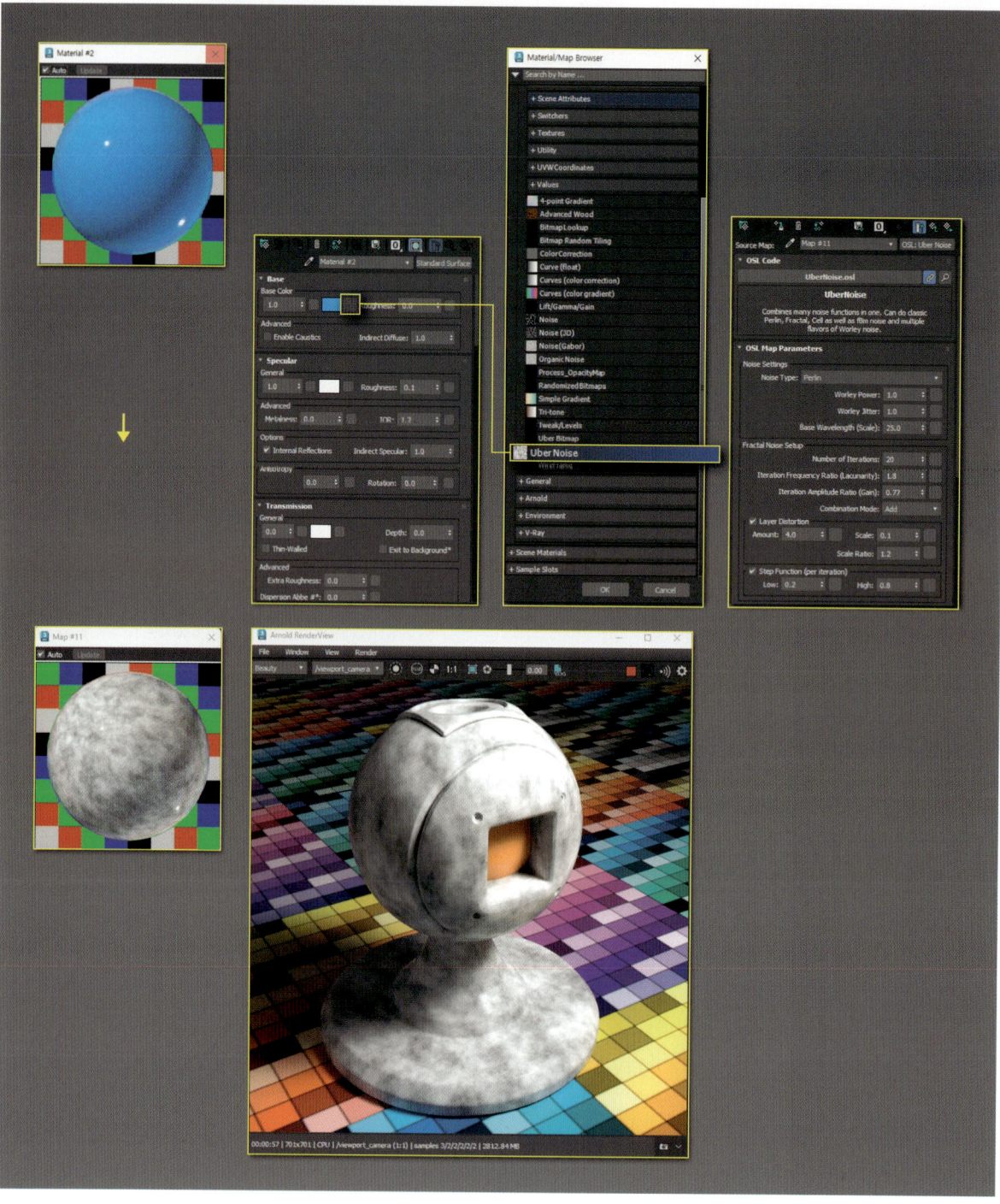

현재 상태에서 Modes를 Slate Material Editor로 변경한 모습입니다. 이 모드는 전체적인 구조를 직관적으로 파악하면서 연결하고 수정할 수 있다는 장점이 있습니다.
두 가지 방식 모두 익숙해지도록 다양한 Material을 적용해보기 바랍니다.

OSL → Organic Noise → Pick Preset을 클릭하고 Abstract Marbley를 선택한 후 렌더링한 결과입니다. OSL Map Parameters의 수치를 조절하여 이를 변형할 수 있습니다.

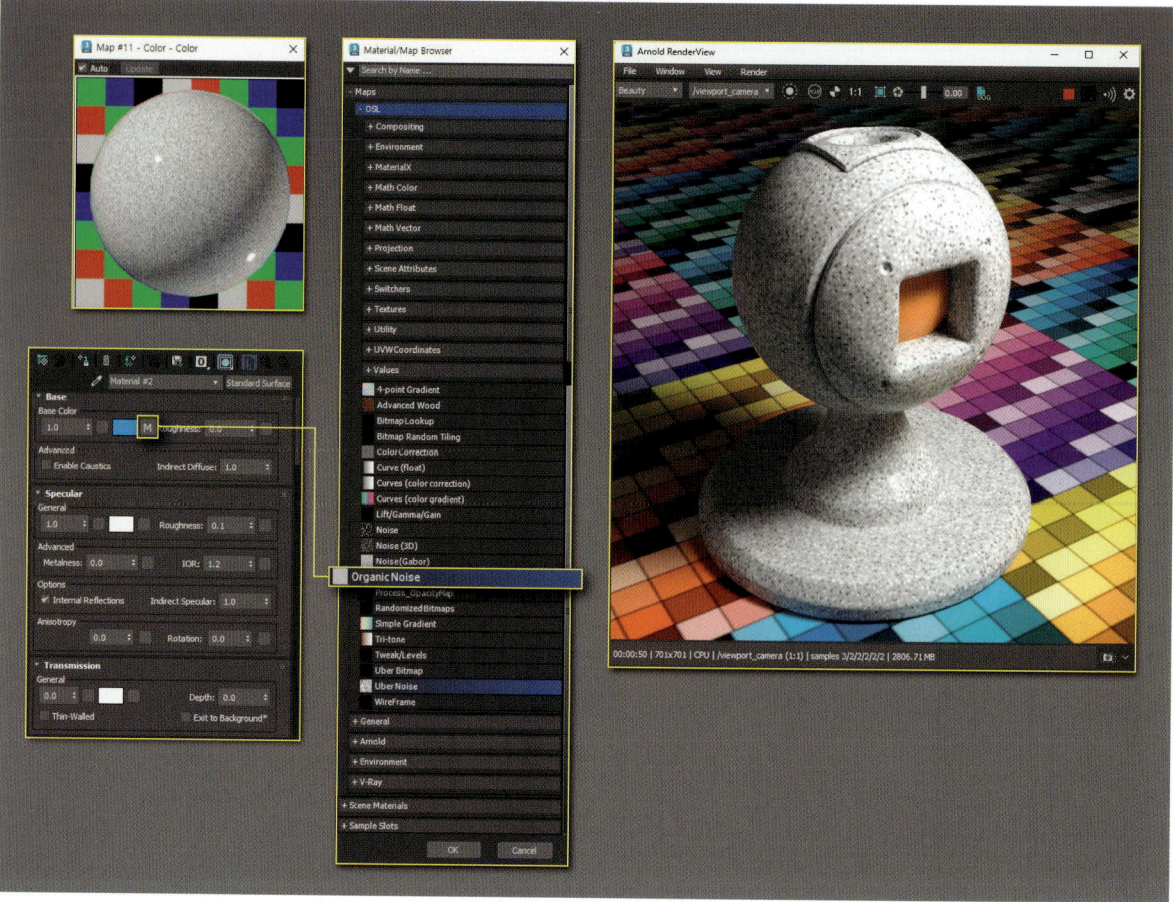

Pick Preset을 클릭하고 Abstract Marbley를 선택한 후 렌더링한 결과입니다.
OSL Map Parameters의 수치를 조절하여 이를 변형할 수 있습니다.

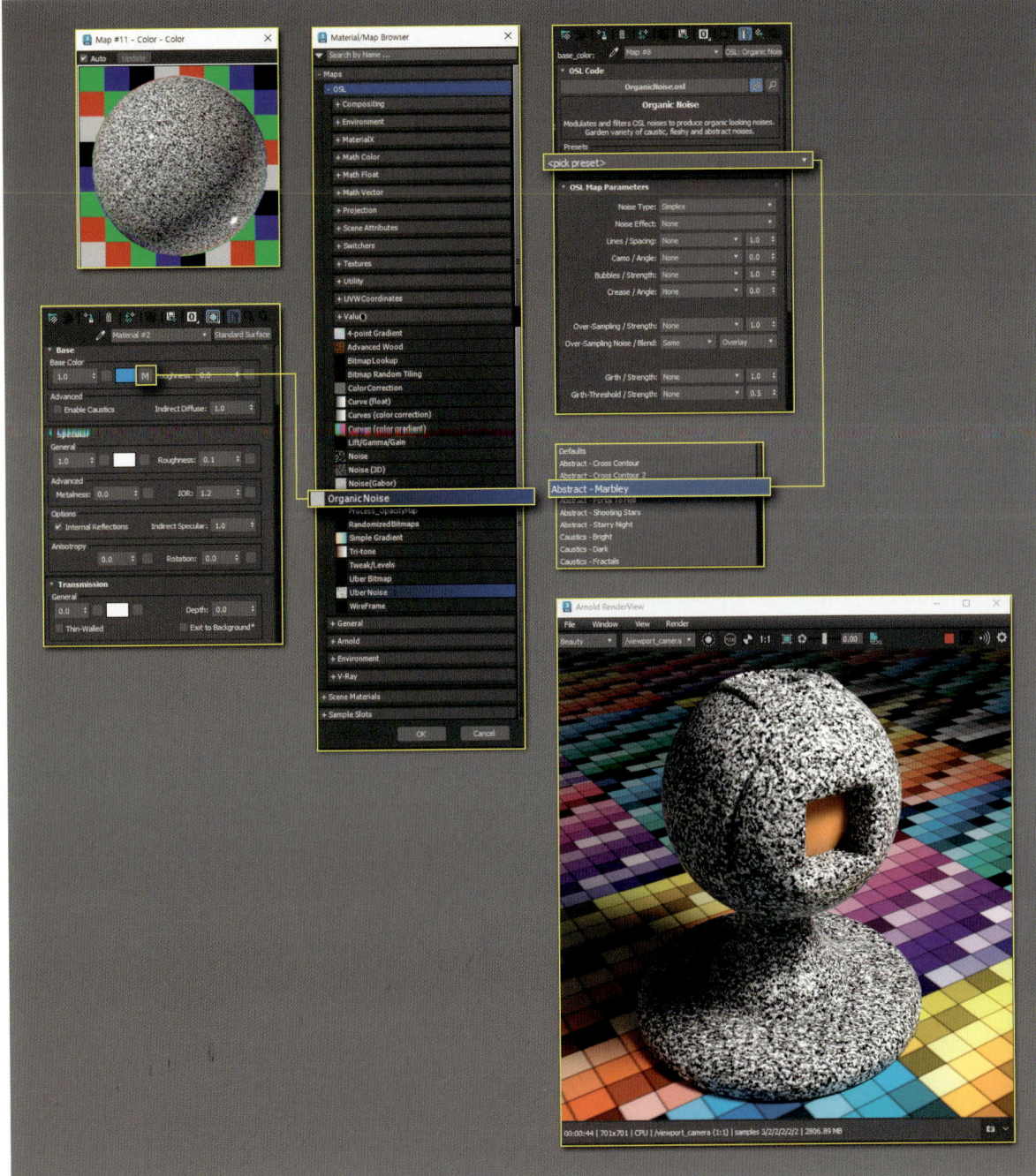

Noise Type을 Fractal Dark로 변경하고, Line / Spacing → Color Burn 수치를 0.2로, UV Scale을 10으로 조절한 결과입니다.

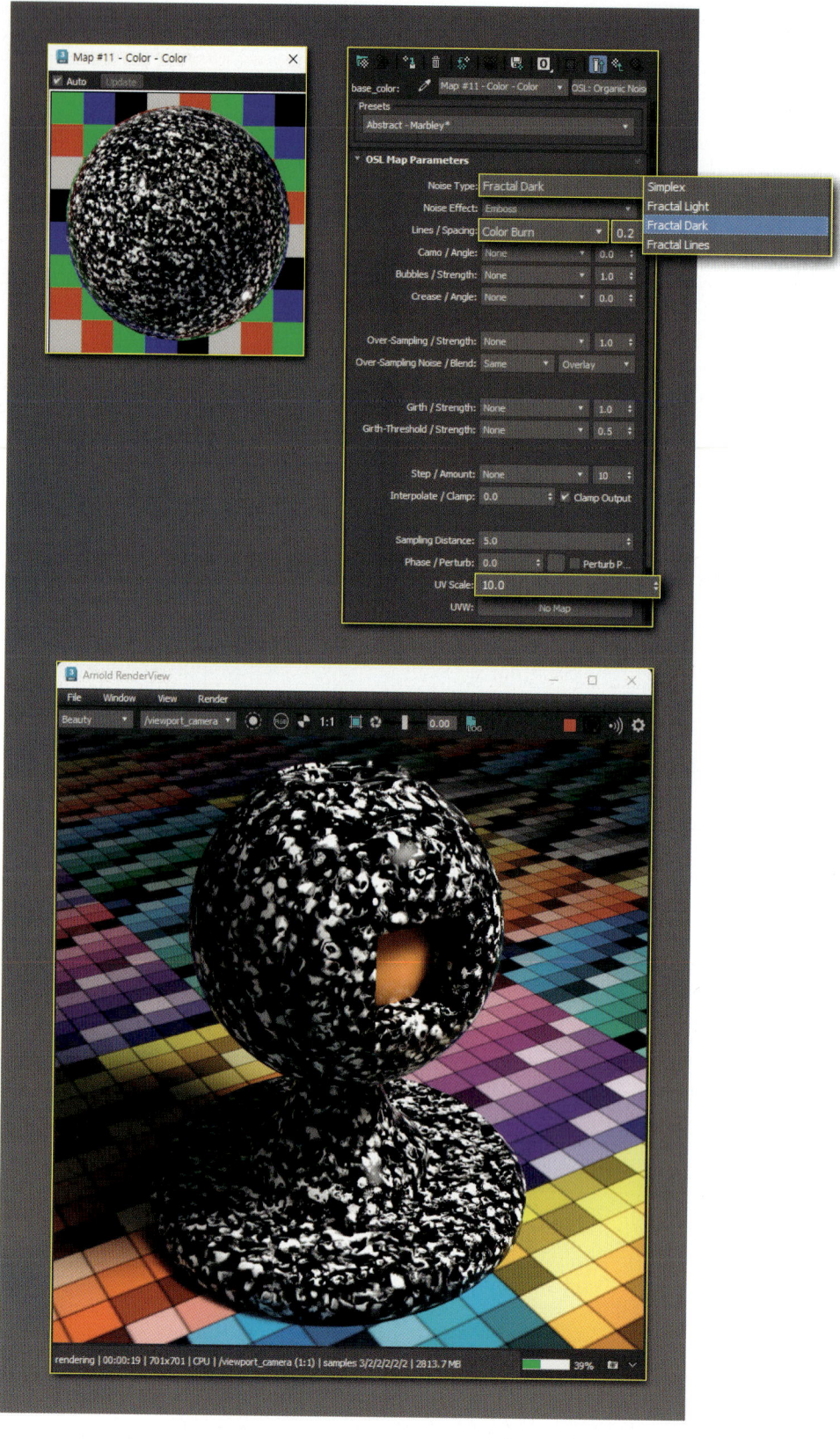

이제 Go to Parent 아이콘을 클릭하여 상위 단계로 올라갑니다. 적용되어 있는 Material → Standard Surface를 클릭하고 다시 Noise를 더블클릭합니다. 그러면 Replace Map 창이 팝업되고, 여기서 Discard old map을 선택한 후 OK를 클릭합니다. 이는 이전에 적용되어 있던 Map을 더 이상 사용하지 않겠다는 의미입니다.

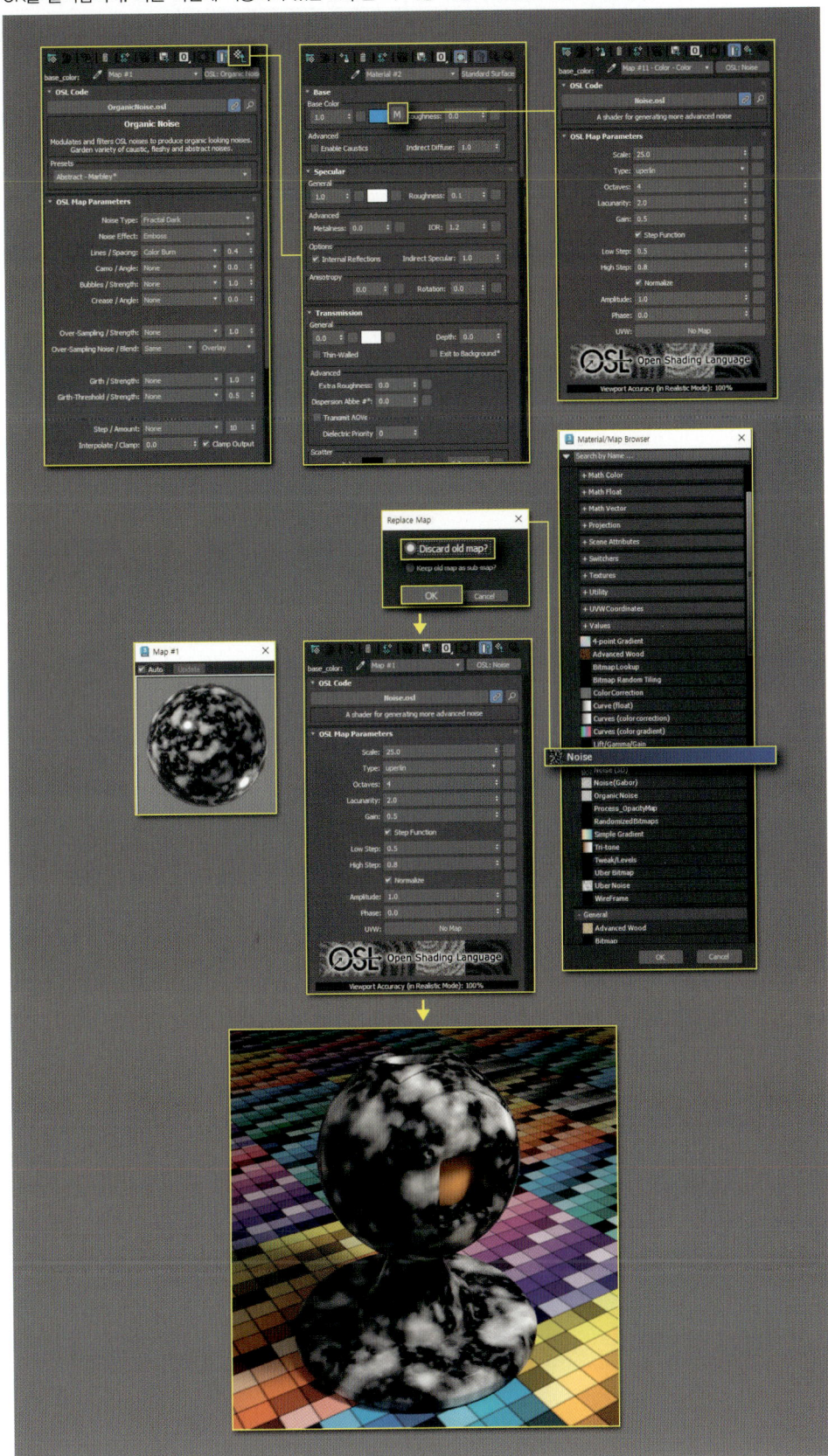

직접 제작한 이미지를 Material Editor의 Base Color에 적용하고 렌더링한 결과입니다.

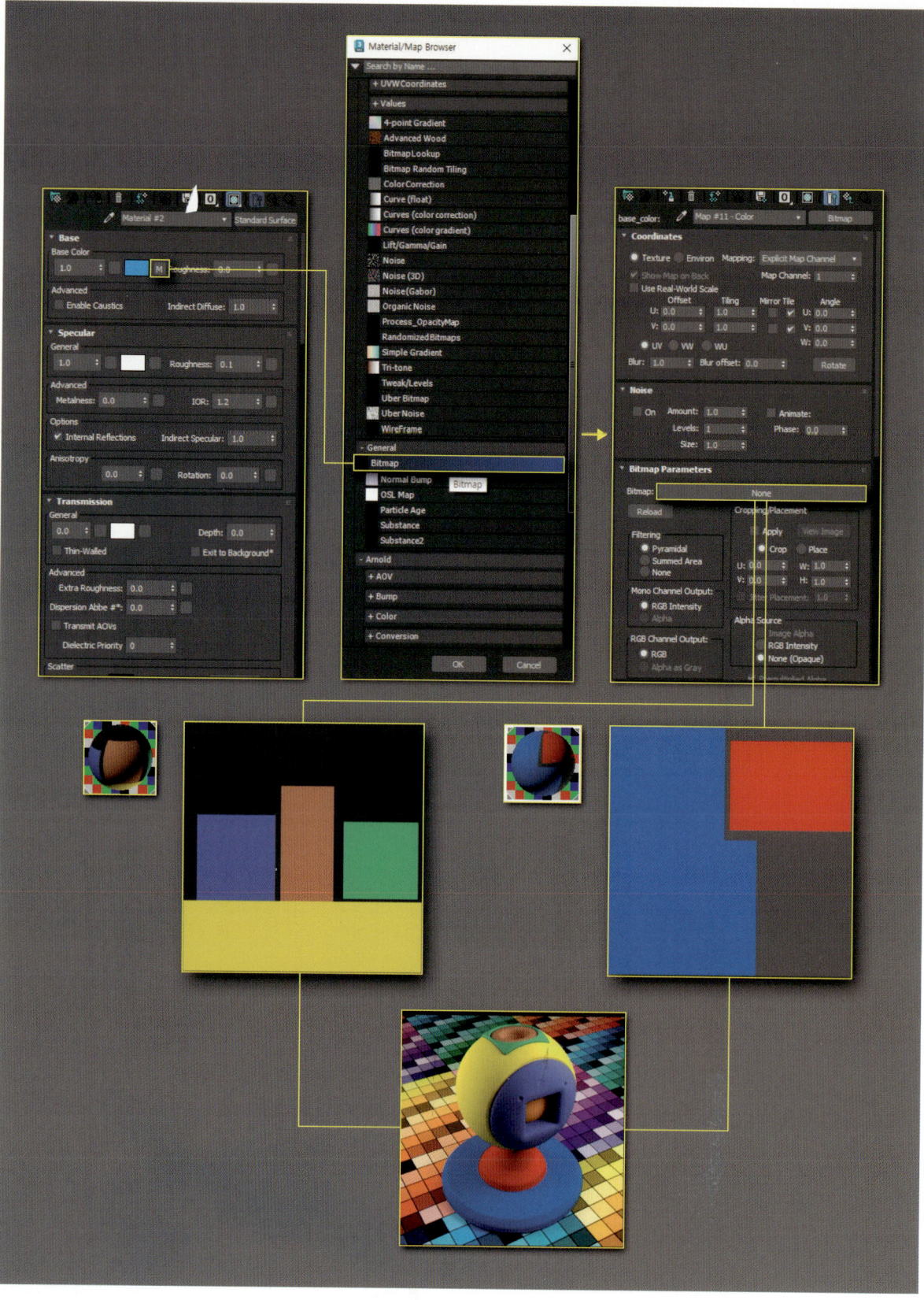

Specular ➔ Roughness

Specular General 값은 정반사 하이라이트의 밝기를 조절하는 정도를 결정합니다.

Specular Color는 정반사에 반영될 색을 결정합니다.

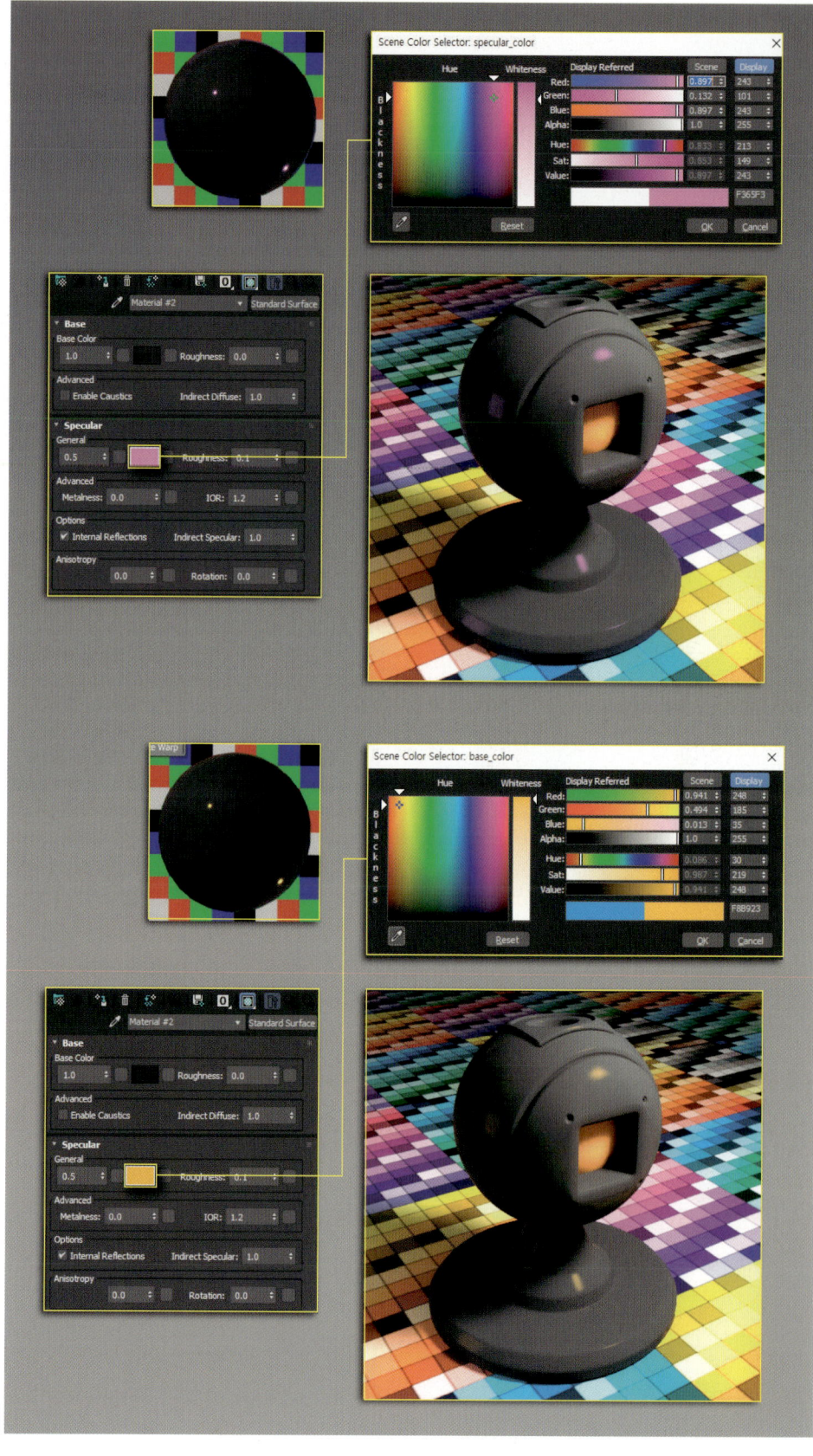

Specular Roughness는 Object 표면의 거칠기를 조절하는 기능입니다. 수치가 낮을수록 표면이 매끄러워져 빛을 선명하게 반사하고, 수치가 높을수록 표면이 거칠게 표현됩니다. Roughness 수치를 다르게 설정하고 렌더링한 결과는 다음과 같습니다.

다음은 Specular Roughness에 Texture → Cell Noise를 적용한 결과입니다.

Metalness

Metalness를 적용하여 Object 표면을 금속으로 표현할 수 있습니다. Metalness 값이 10이면 완전한 금속으로 표현됩니다.

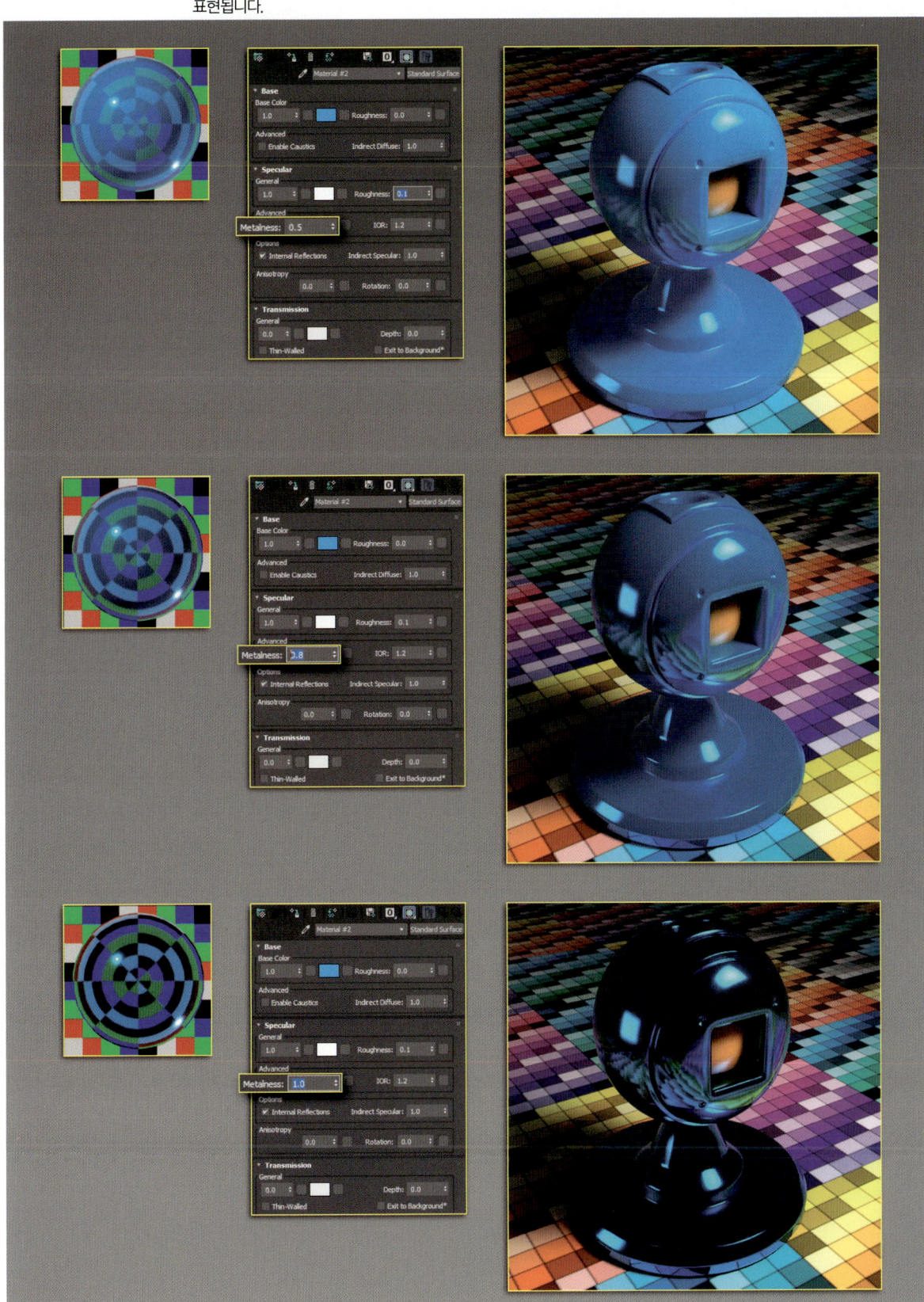

Metalness와 Base Color 수치를 1로 설정하고, Color는 흰색으로, Specular Roughness는 0으로 설정하면 거울처럼 완전히 반사되는 Object를 표현할 수 있습니다.

다음은 Base Color를 변경하고 렌더링한 결과입니다.

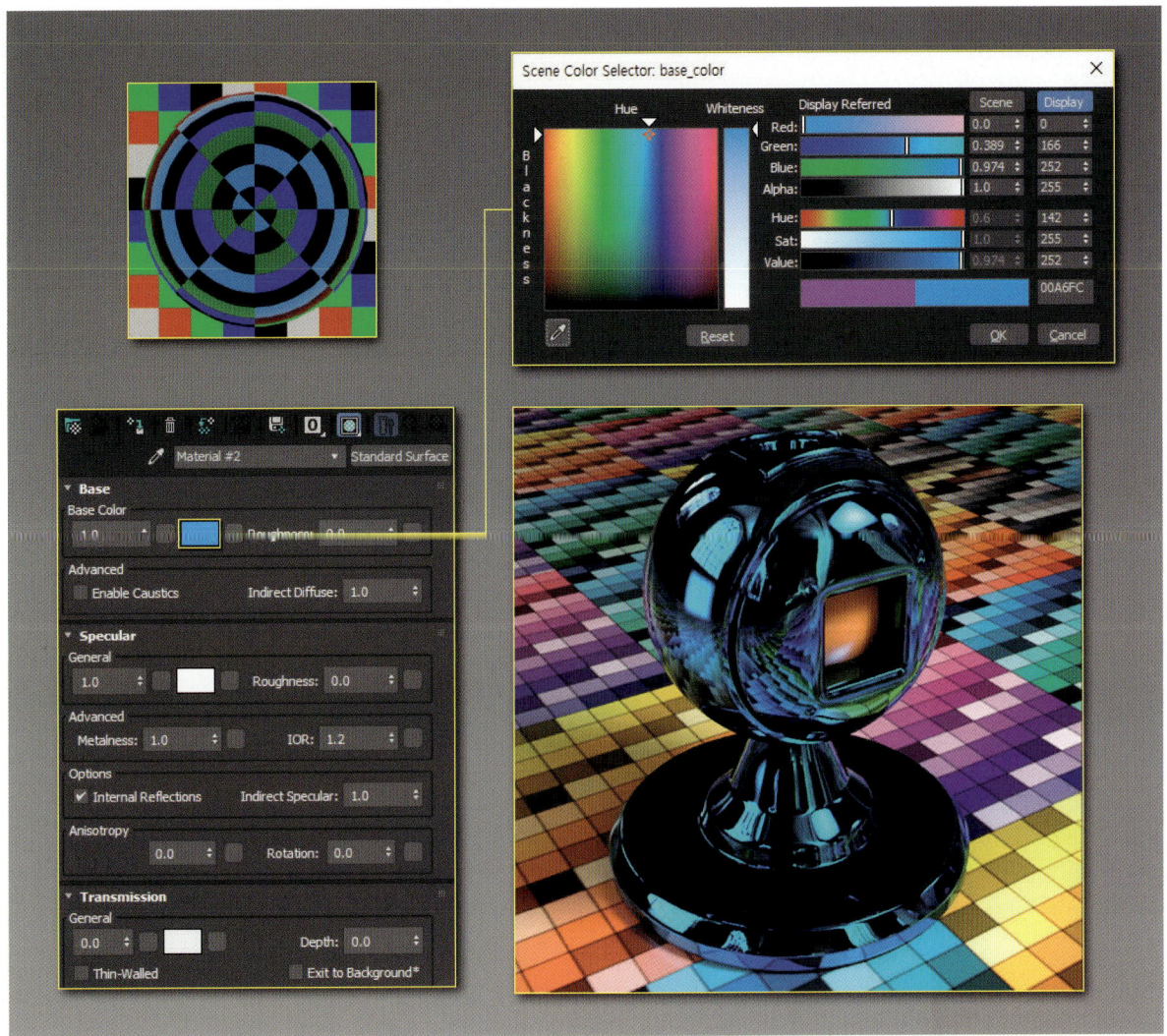

Metalness를 1로 적용한 상태에서 다양한 금속의 표현은 Base Color와 Specular Color 수치를 조절하여 만들 수 있습니다. 다음은 실제 금속의 값 예시입니다.

		Base Color(기본 색상)		Specular Color(정반사 색상)
알루미늄(Al)		0.912 0.914 0.920		0.970 0.979 0.988
구리(Cu)		0.926 0.721 0.504		0.996 0.957 0.823
금은(Au)		0.944 0.776 0.373		0.998 0.981 0.751
철(Fe)		0.531 0.512 0.496		0.571 0.540 0.586
납(Pb)		0.632 0.626 0.641		0.803 0.808 0.862
수은(Hg)		0.781 0.779 0.779		0.879 0.910 0.941
니켈(Ni)		0.649 0.610 0.541		0.797 0.801 0.789
백금(Pt)		0.679 0.642 0.588		0.785 0.789 0.784
은(Ag)		0.962 0.949 0.922		0.999 0.998 0.998

Chapter 07 | 렌더링과 재질

금과 은의 실제 값을 적용하고 렌더링한 결과입니다.

Metalness에 OSL → Textures → Checker를 적용하고 Scale을 조절한 후 (적용되는 Checker의 크기는 설정한 UVW 좌표에 따라 영향을 받습니다) Color를 흰색과 검정색으로 변경한 결과입니다. 흰색 부분은 금속으로, 검정색 부분은 비금속으로 표현됩니다.

이 방법을 활용하여 금속으로 표현된 부분에 변화를 줄 수 있습니다.

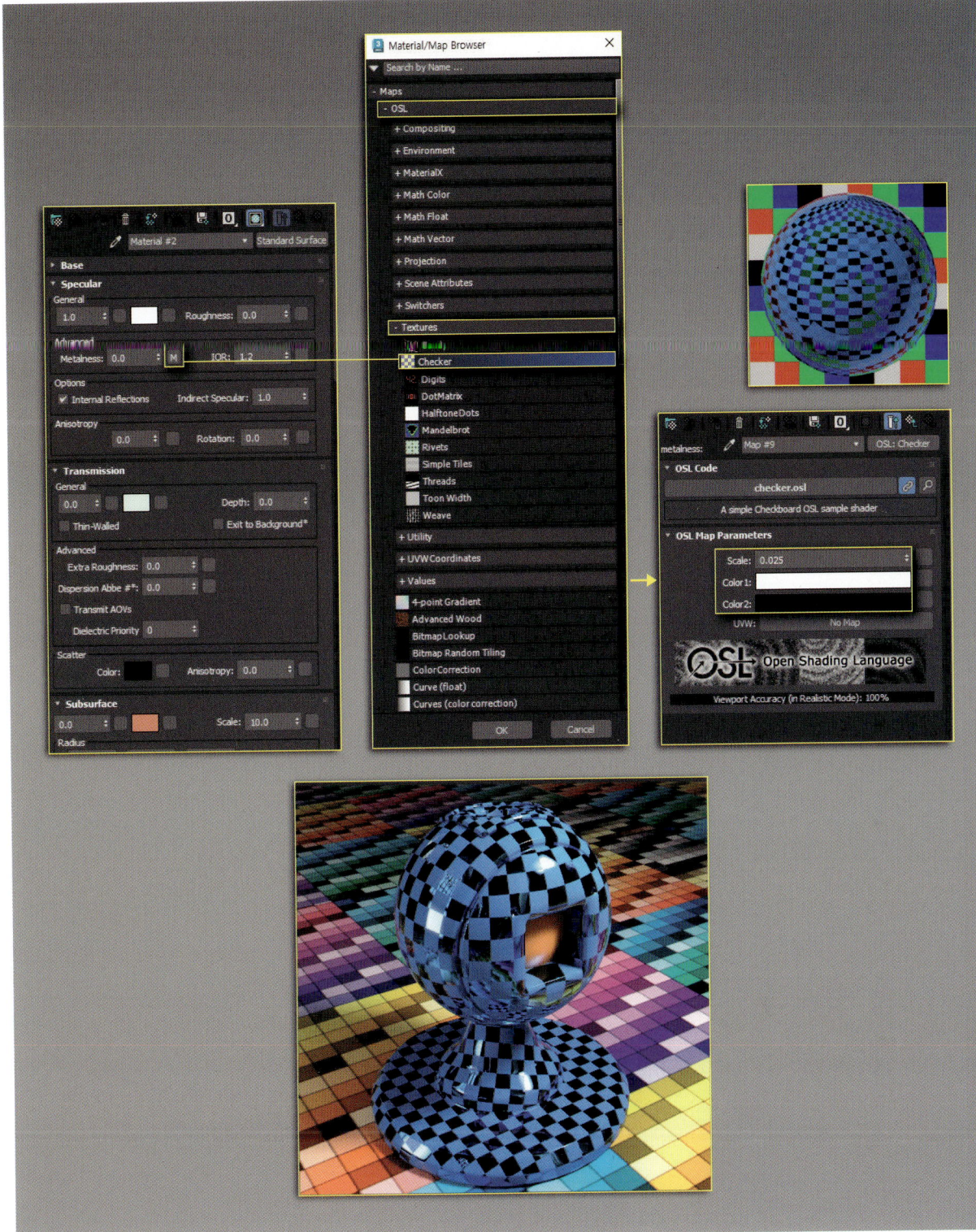

Transmisson

Transmission 기능을 활용하면 유리나 물과 같이 투명한 물체를 표현할 수 있습니다.

Transmission ➜ General 수치만 다르게 설정하고 렌더링한 결과입니다. 수치가 높아질수록 투명도가 높아지는 것을 확인할 수 있습니다.

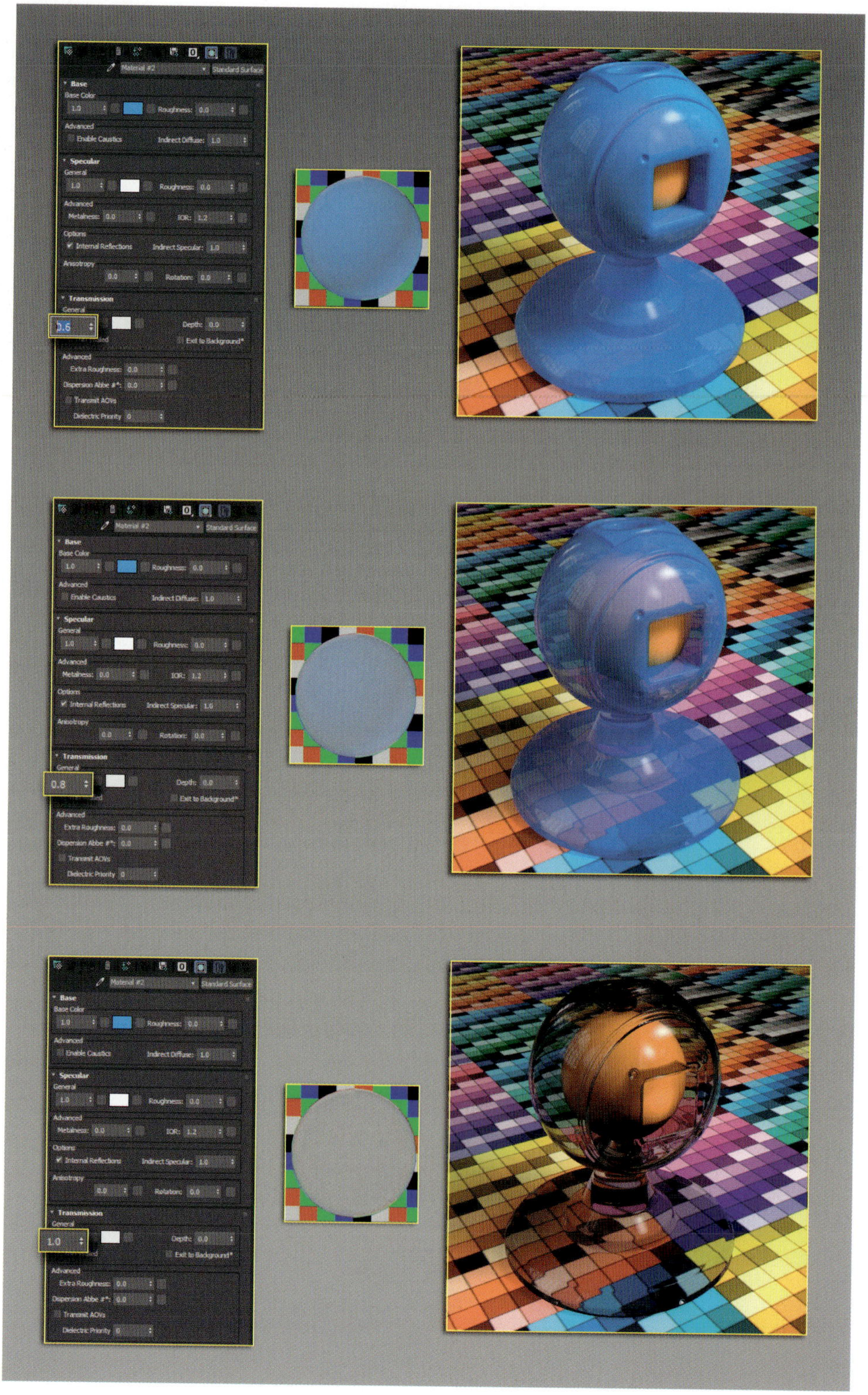

IOR 수치를 변경하여 투과되는 Object의 굴절률을 조절합니다. 수치가 1일 때는 굴절이 일어나지 않습니다.

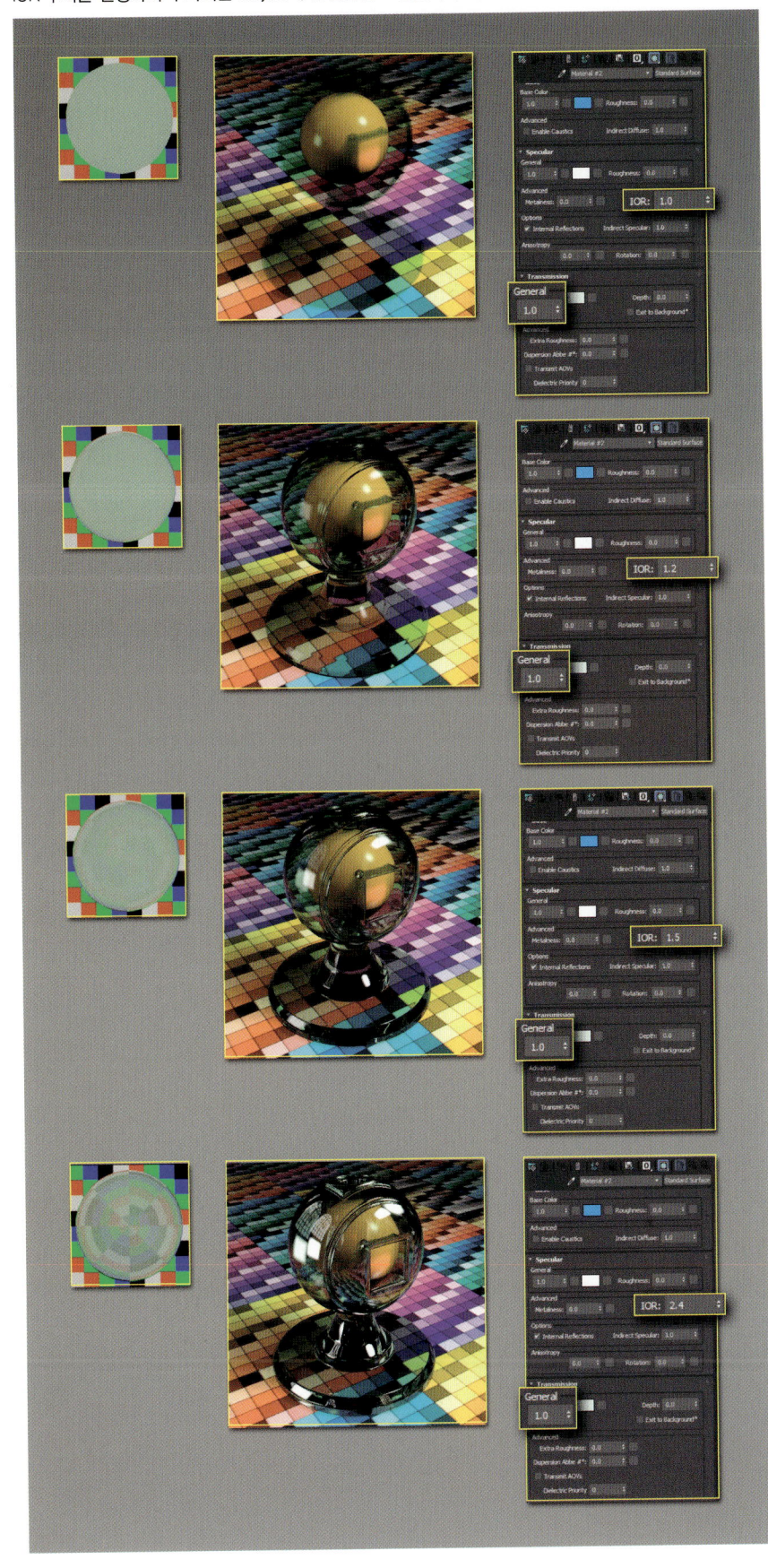

재질에 따른 IOR의 일반적인 값은 다음과 같습니다.

재 질	IOR값
진공	1.0(정확하게)
공기	1.0003
Water	1.333
유리	1.5~1.7
다이아몬드	2.419
이산화탄소, 액체	1.200
얼음	1.309
아세톤	1.360
메틸 알콜	1.360
설탕 용액 30%	1.380
알콜	1.329
형석(렌즈의 재료)	1.434
수정, 용해된	1.460
방해석	1.486
설탕 용액 80%	1.490
유리	1.500
아연 크라운 유리	1.517
크라운 유리 : 보통 유리(전구, 안경)	1.520
염화나트륨	1.530
보통 소금	1.544
폴리스티렌	1.550
수정 2	1.553
에메랄드	1.570

Transmission ➜ Color 값이 1(흰색)에 가까울수록 투명해지고 0(검정색)에 가까울수록 불투명해집니다.

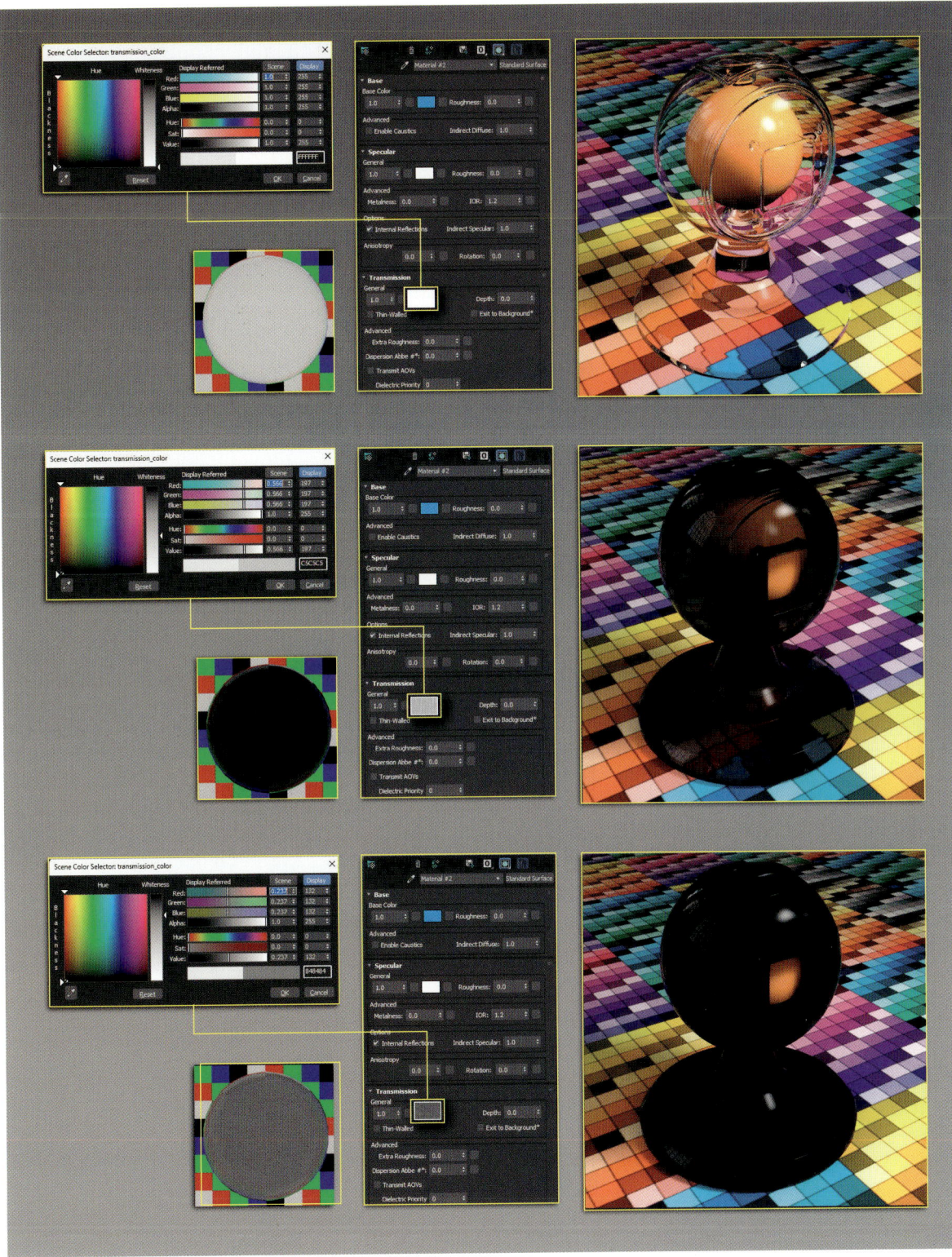

Transmission → Color를 다르게 설정하면 색이 있는 투명한 Object를 표현할 수 있습니다. 다음은 Base Color를 흰색으로 하고 Transmission → Color만 다르게 설정하여 렌더링한 결과입니다. Base Color는 흰색이지만 투명한 Object에 Transmission → Color가 적용된 것을 확인할 수 있습니다.

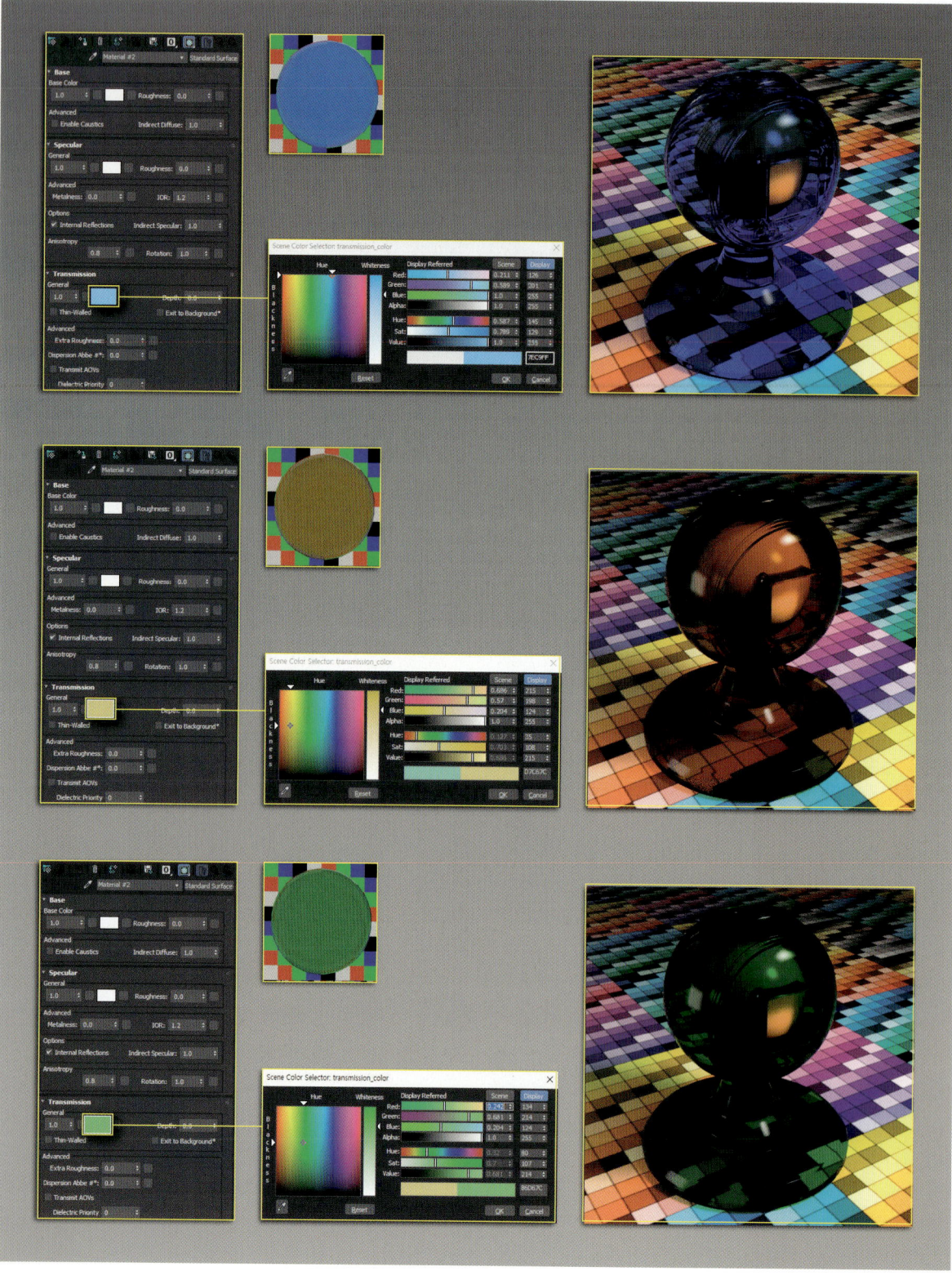

다시 Transmission ➜ Color를 1(흰색)에 가깝게 수정하면 투명해지는 것을 확인할 수 있습니다.

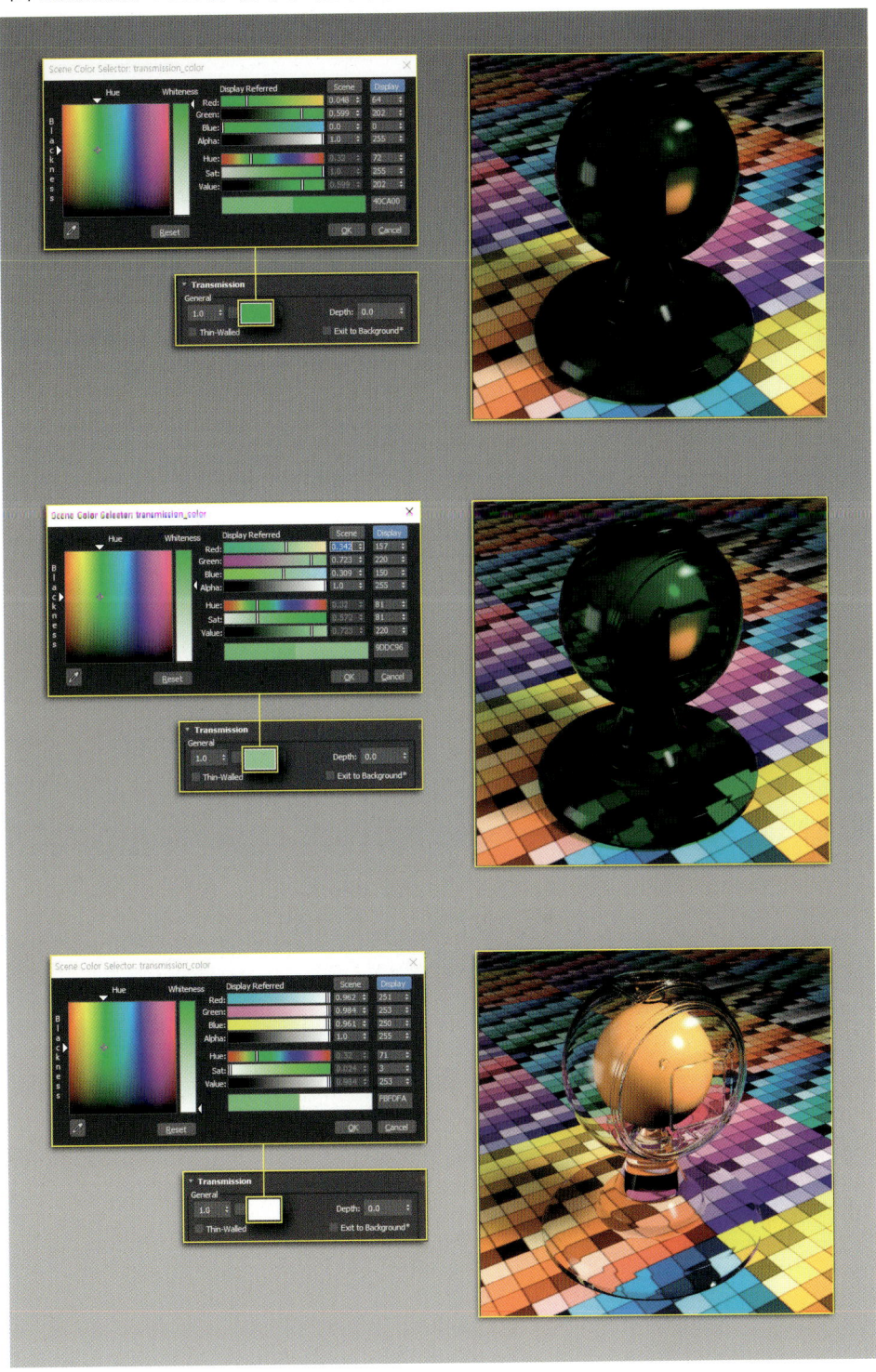

Transmission → Color에 OSL → Texture → Checker를 적용하고 Scale과 Color를 변경한 후 렌더링한 결과입니다.

Depth 값이 높을수록 더 깊은 곳까지 투명해집니다.

Depth를 적용하지 않았을 때와 Depth 수치를 0.1로 적용한 결과의 차이를 확인해보면, Depth 수치가 낮게 적용되어 투명도가 잘 느껴지지 않는 것을 알 수 있습니다.

Depth를 적용하지 않으면 Object 부피와 무관하게 같은 투명도를 보이지만, Depth를 적용하면 Object의 부피에 따라 투명도가 달라집니다.

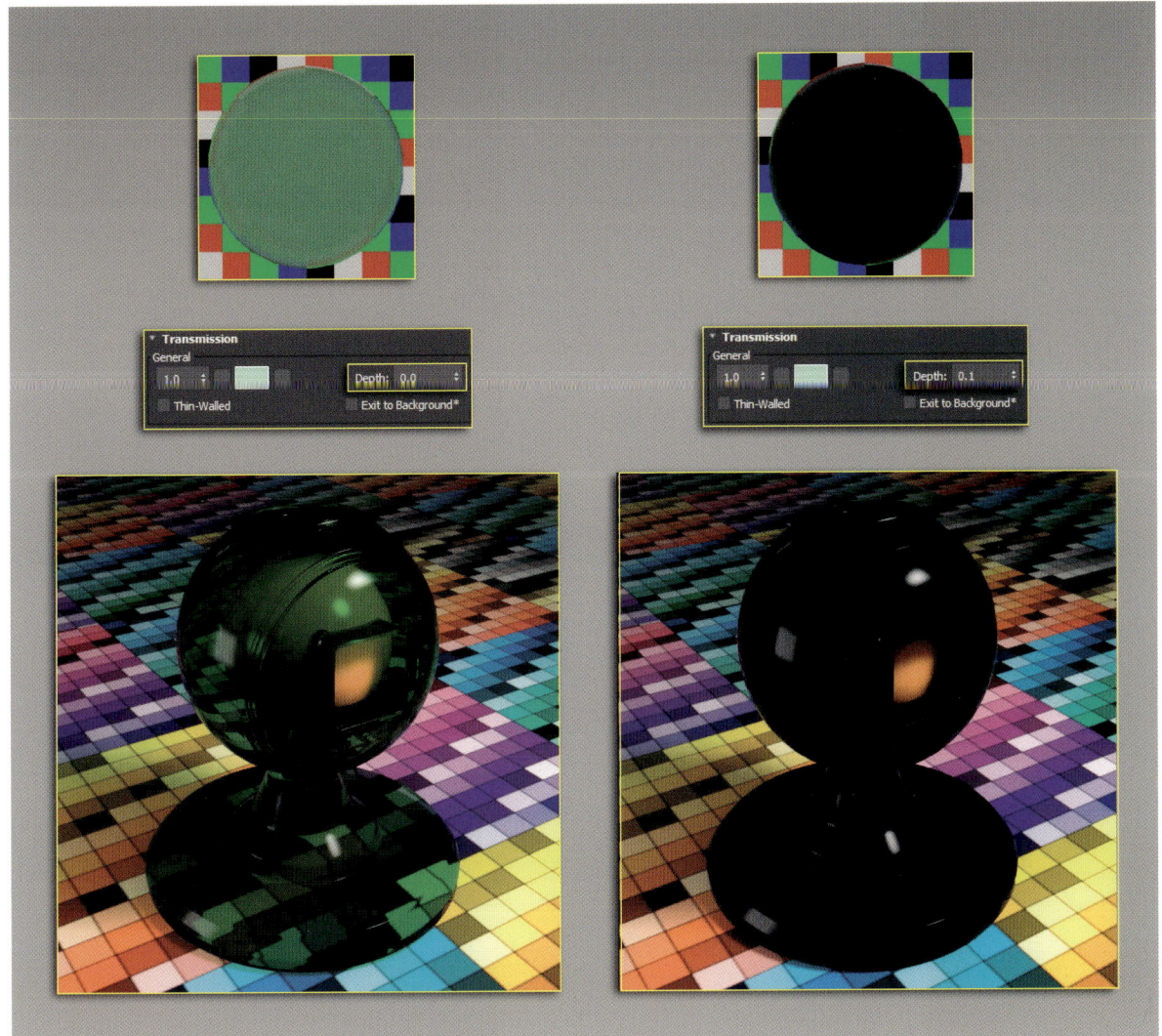

다음 이미지에서 Depth 값에 따른 투명도의 차이를 확인할 수 있습니다.

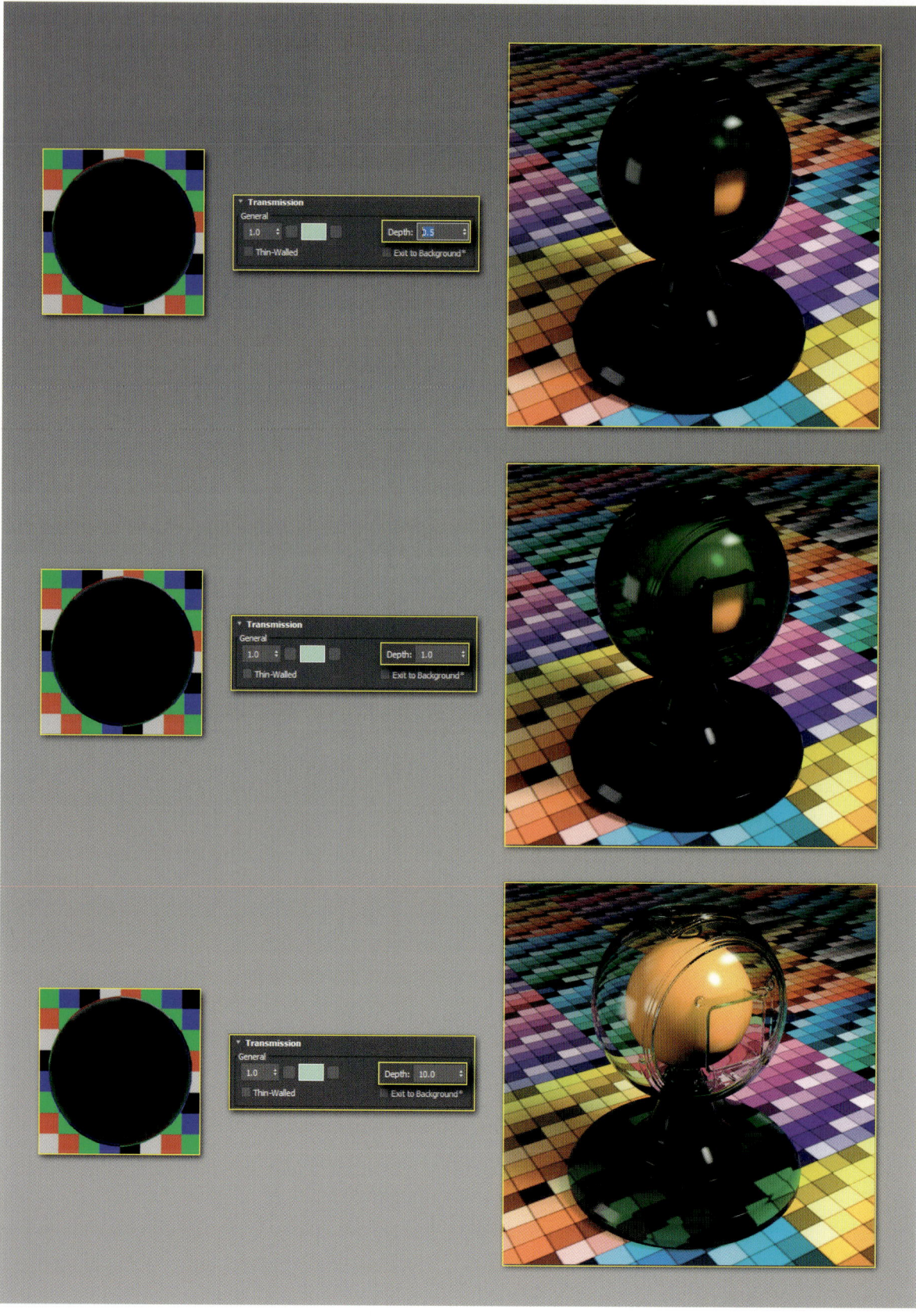

642

Thin-Walled를 체크하면 Object 내부가 비어 있는 상태로, Object 전체에 걸쳐 얇은 두께의 투명도를 표현할 수 있습니다. 따라서 Thin-Walled를 체크하면 Depth 설정이 반영되지 않습니다.

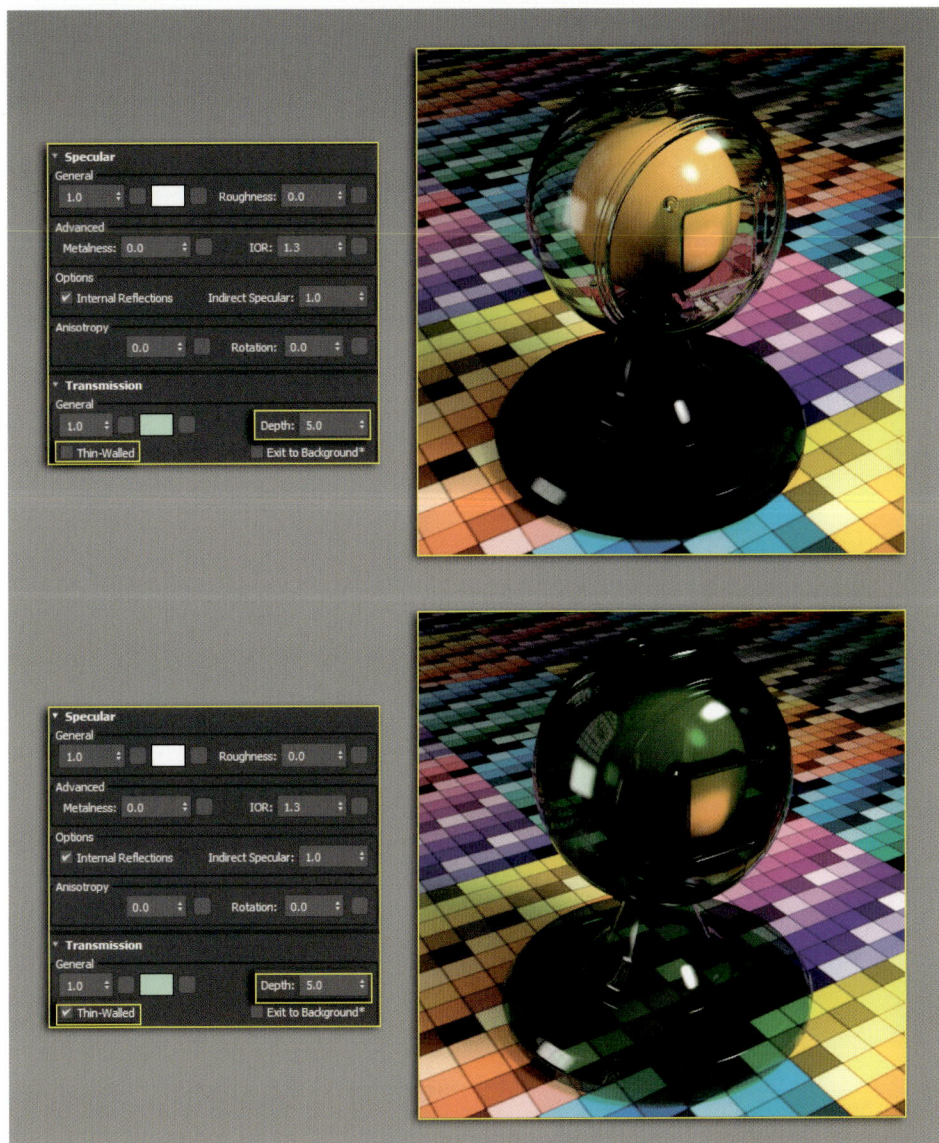

Advanced → Extra Roughness 수치를 조절하여 표면의 거칠기를 조절할 수 있습니다.

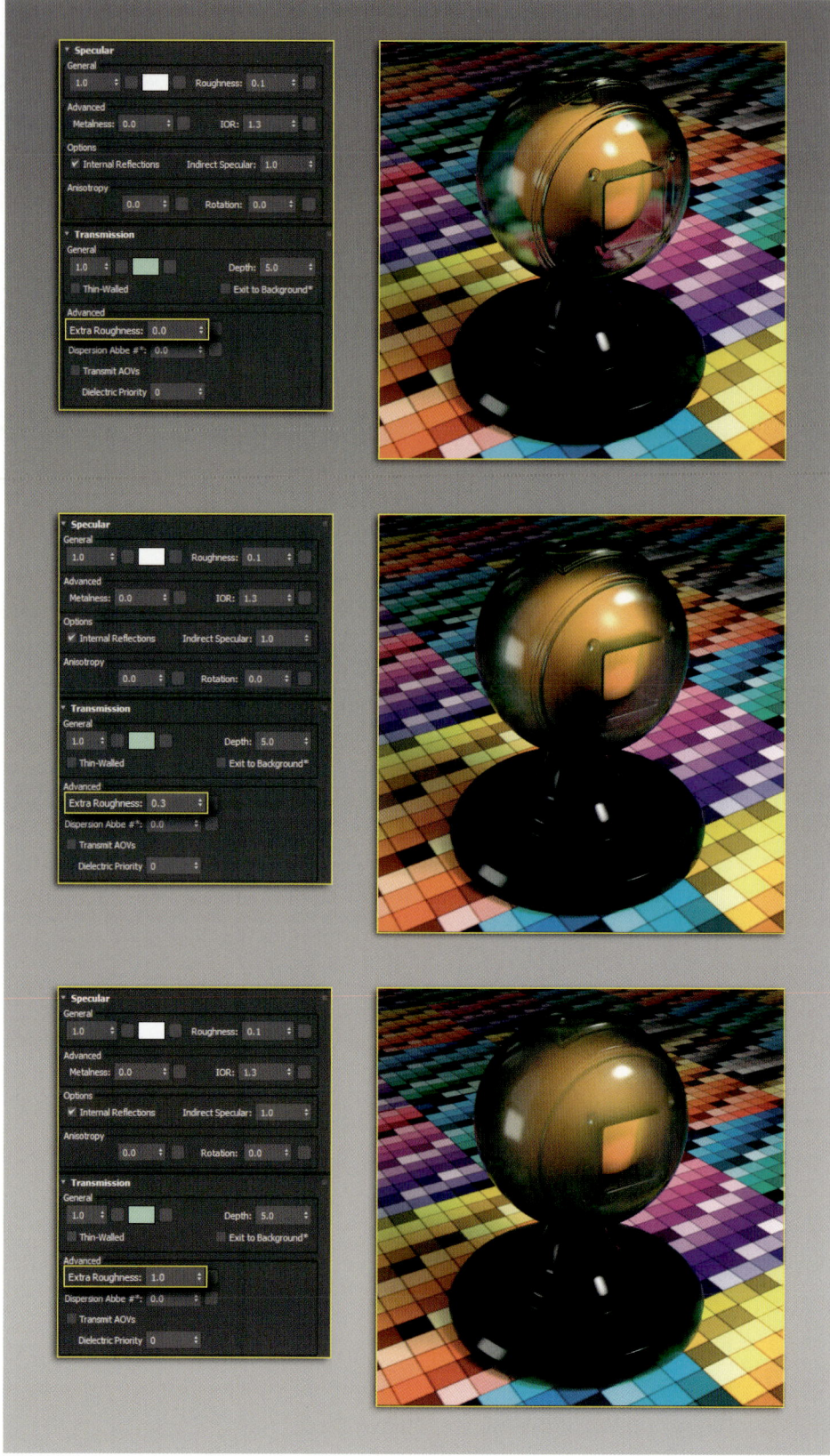

Subsurface

Subsurface를 활용하면 빛이 물체를 투과해 산란하는 효과인 SSS(Sub-Surface Scattering)를 표현할 수 있습니다. 모든 빛은 표면에서 반사되는 것이 아니라, 빛의 일부는 재질에 따라 Object를 투과해 산란됩니다. 사람이나 동물의 피부, 나뭇잎, 플라스틱, 왁스나 우유 등에서 빛의 산란을 눈으로 확인할 수 있습니다.

Base Color를 파란색으로 유지한 채 Subsurface 수치만 높여가며 렌더링한 이미지를 확인하면, 수치가 높아질수록 Object 내부로 빛이 투과되면서 Subsurface Color에 적용된 색이 드러나는 것을 확인할 수 있습니다.

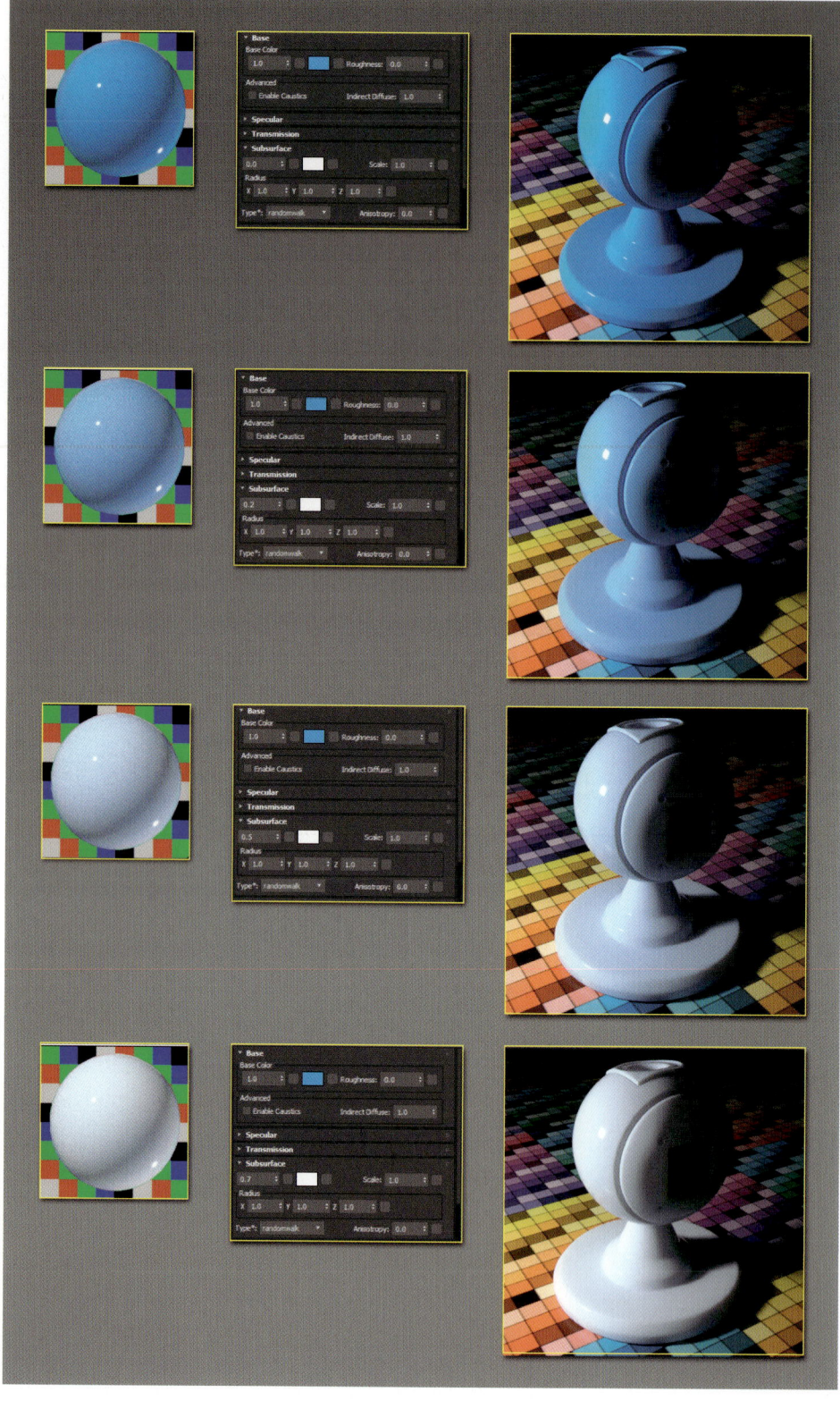

Subsurface Color를 변경하고 Scale 수치를 조절하여 결과를 확인합니다. Scale 수치는 빛이 투과될 Object의 두께를 결정하며, Object의 두께에 따라 투과되는 빛의 양이 달라집니다.

Chapter 07 | 렌더링과 재질

다음은 Subsurface와 Scale 수치를 다르게 설정하여 렌더링한 결과입니다.

Coat

Coat는 Object 표면에 코팅 효과를 주어 광택 표현에 주로 사용됩니다. 코팅된 표면의 거칠기(Roughness)의 정도에 따라 표면 반사를 조절할 수 있습니다. 이는 현실 세계에서 표면에 반사가 없는 물체에 광택이 나도록 코팅액을 바르거나 광택 필름을 부착하는 것과 유사합니다.

다음 그림과 같이 Roughness가 0.7로 반사가 거의 없는 회색 표면의 Object에 Clearcoat를 적용하면, 표면에 광택이 생겨 빛이 반사되는 것을 확인할 수 있습니다.

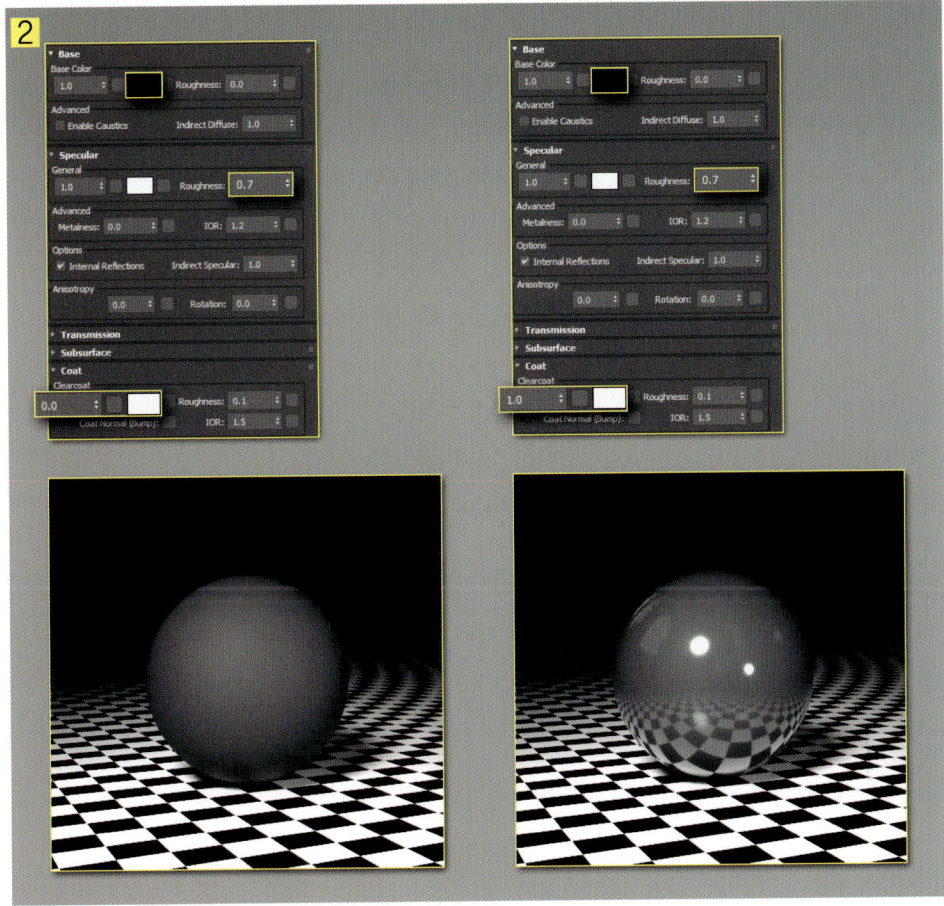

Coat에 Map을 적용하여 코팅되는 위치와 모양을 다양하게 적용할 수 있습니다. Coat 선택 상자를 클릭하고 Material/Map Browser ➔ Maps ➔ OSL ➔ Textures ➔ Checker를 선택한 후, Scale을 0.05로, Color를 흰색과 검정색으로 변경했습니다. 흰색 부분은 Coat가 1로 적용되고 검정색 부분은 Coat가 0으로 적용되어 코팅 효과가 적용되지 않는 것을 확인할 수 있습니다.

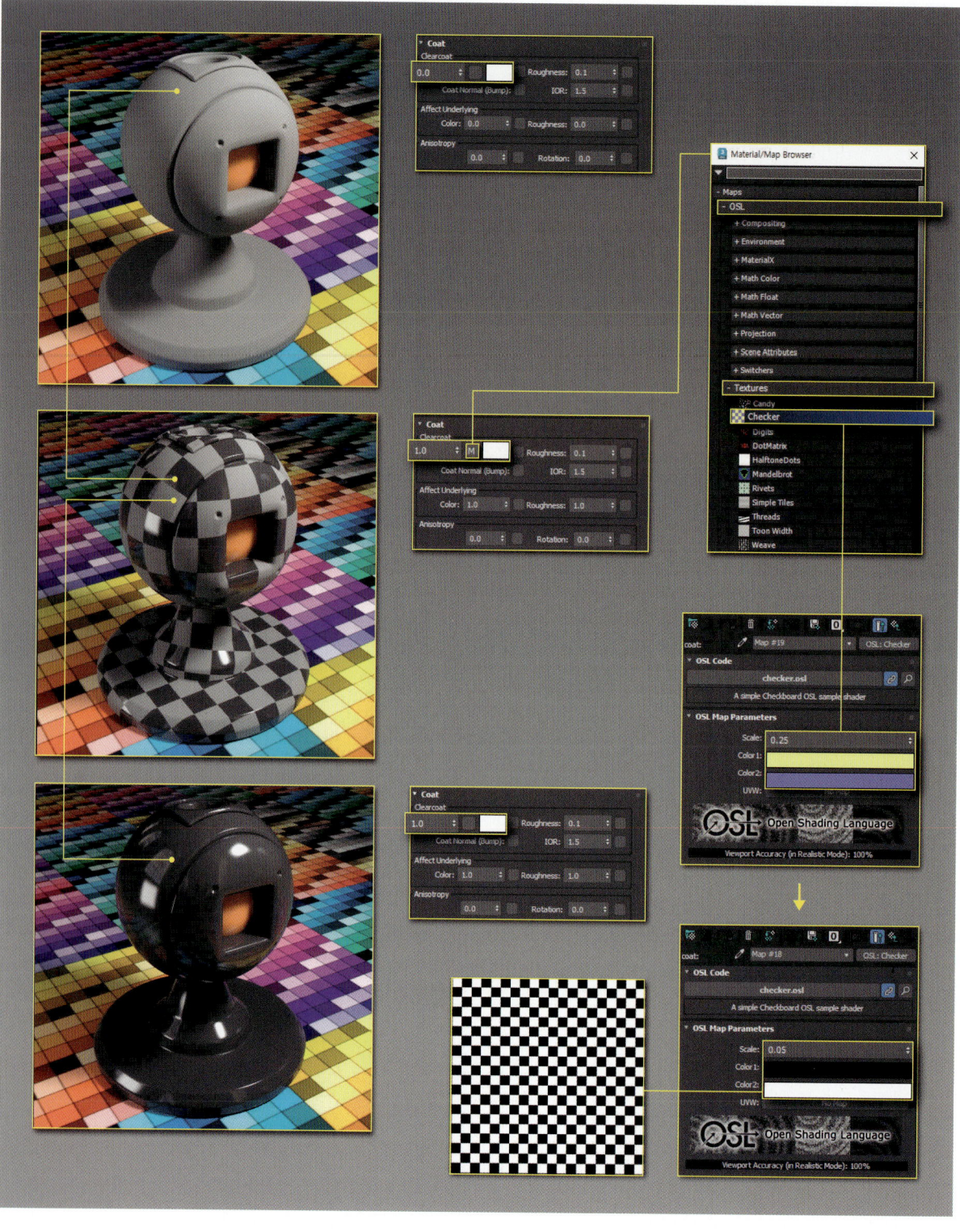

Coat Color는 기본적으로 흰색이 권장되지만, 시각적으로 더 좋은 효과를 위해 다양한 색을 적용할 수도 있습니다.

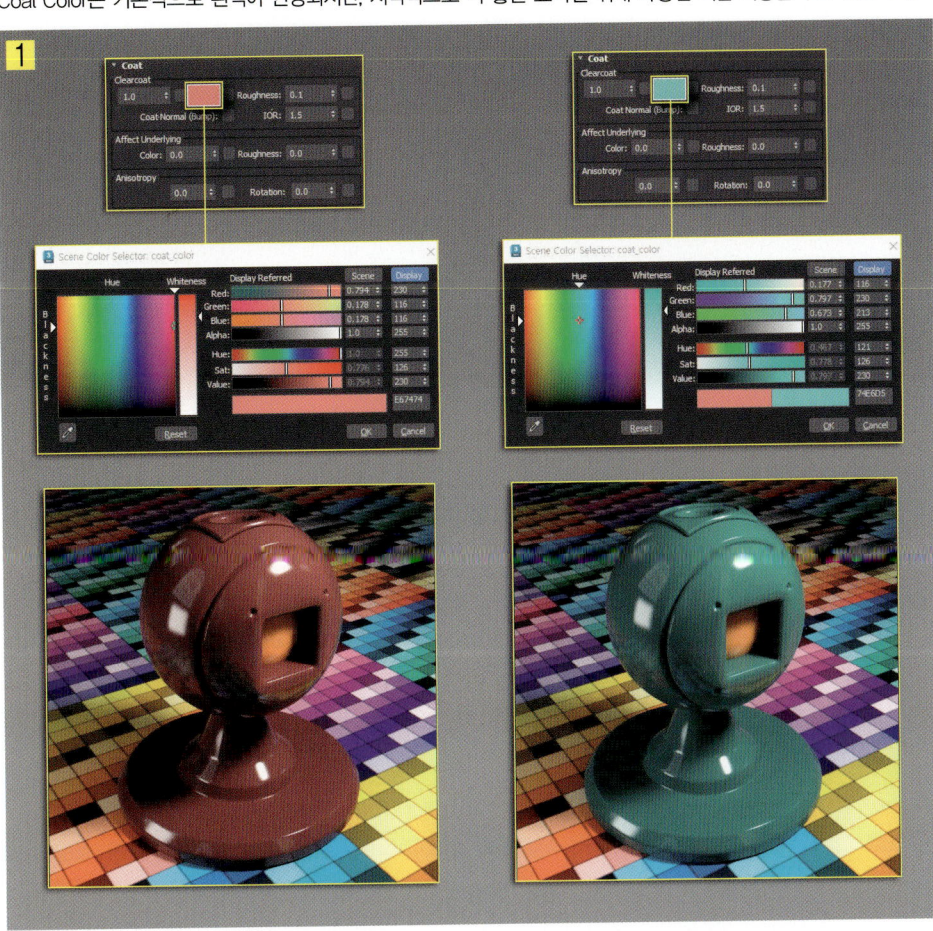

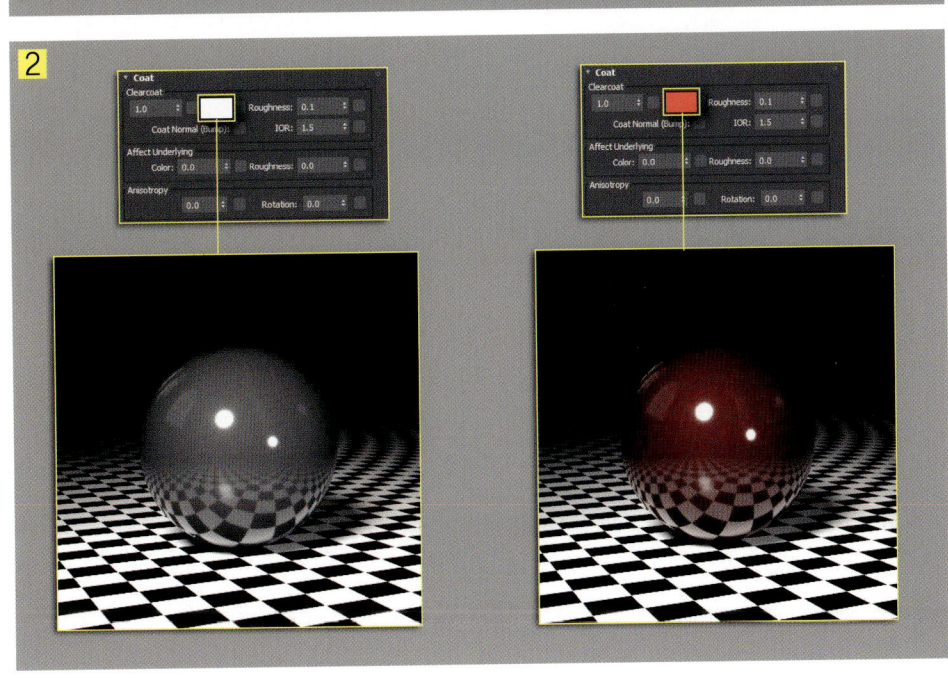

Coat의 Roughness 수치를 조절하여 코팅된 표면의 반사 강도를 조절할 수 있습니다.

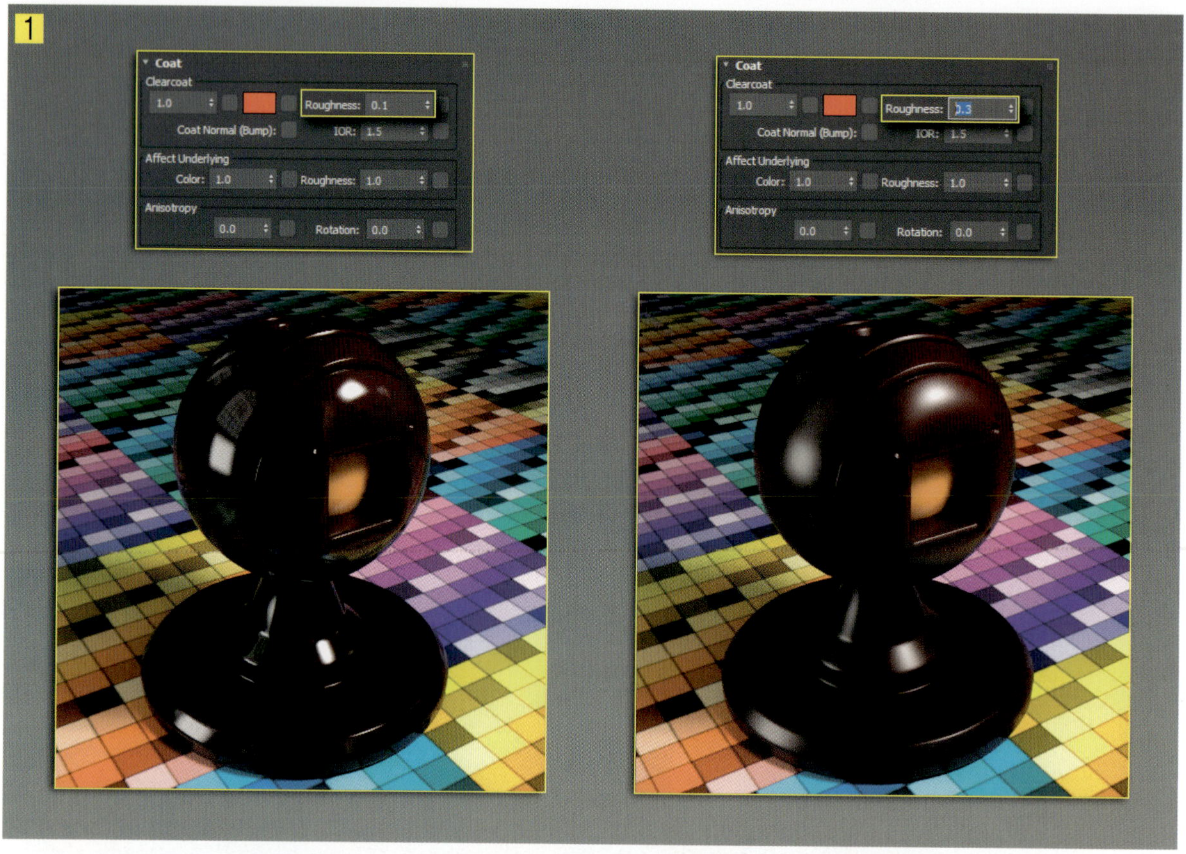

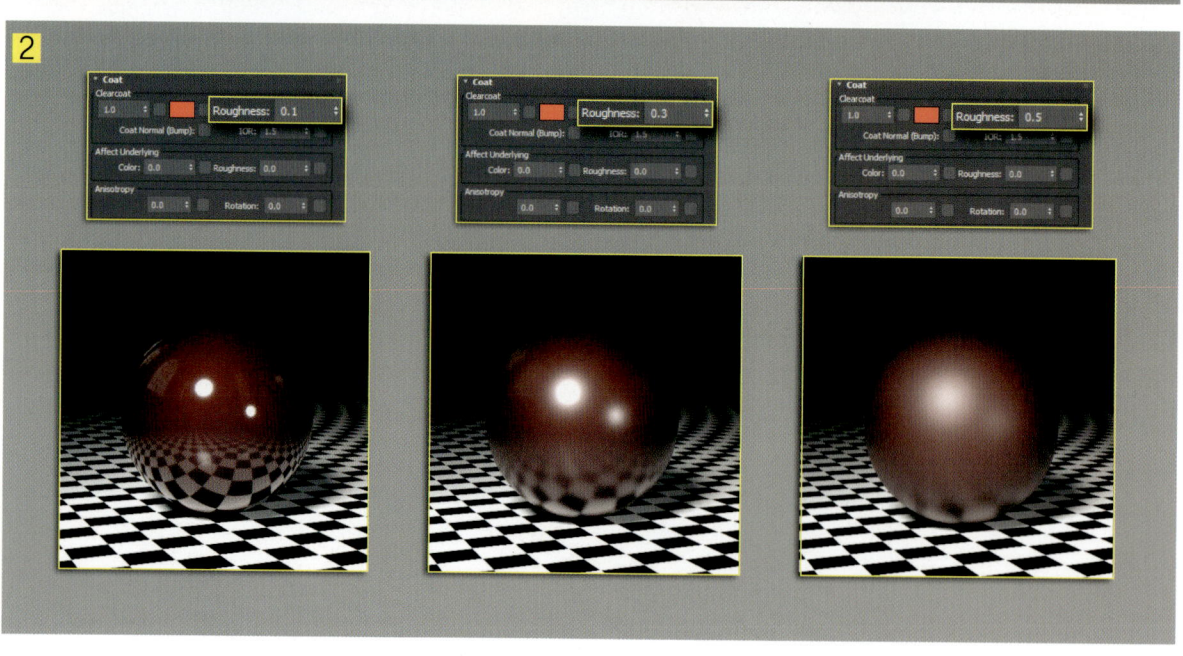

IOR(굴절률) 값을 높여 바라보는 방향의 반사 강도를 증가시킬 수 있습니다.

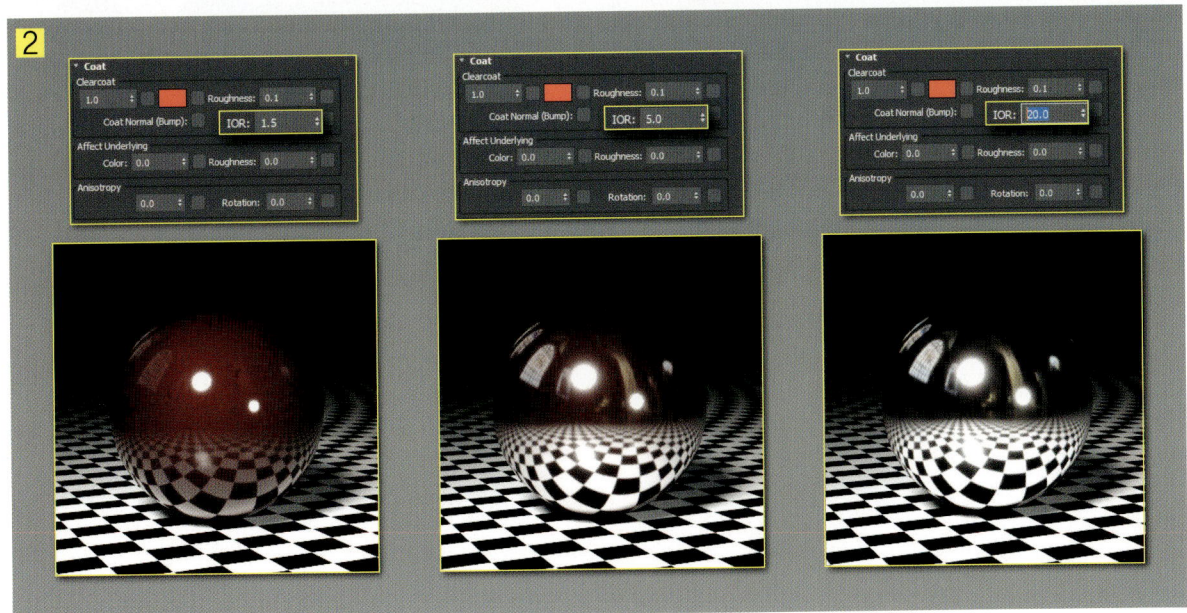

Emission

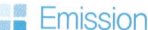

Emission을 적용하면 Object 자체가 발광하는 것을 표현할 수 있습니다.

다음 그림과 같이 여러 Object가 있는 어두운 장면에서 특정 Object의 Emission 수치를 높이면 해당 Object가 발광하며 주변이 밝아지는 것을 확인할 수 있습니다.

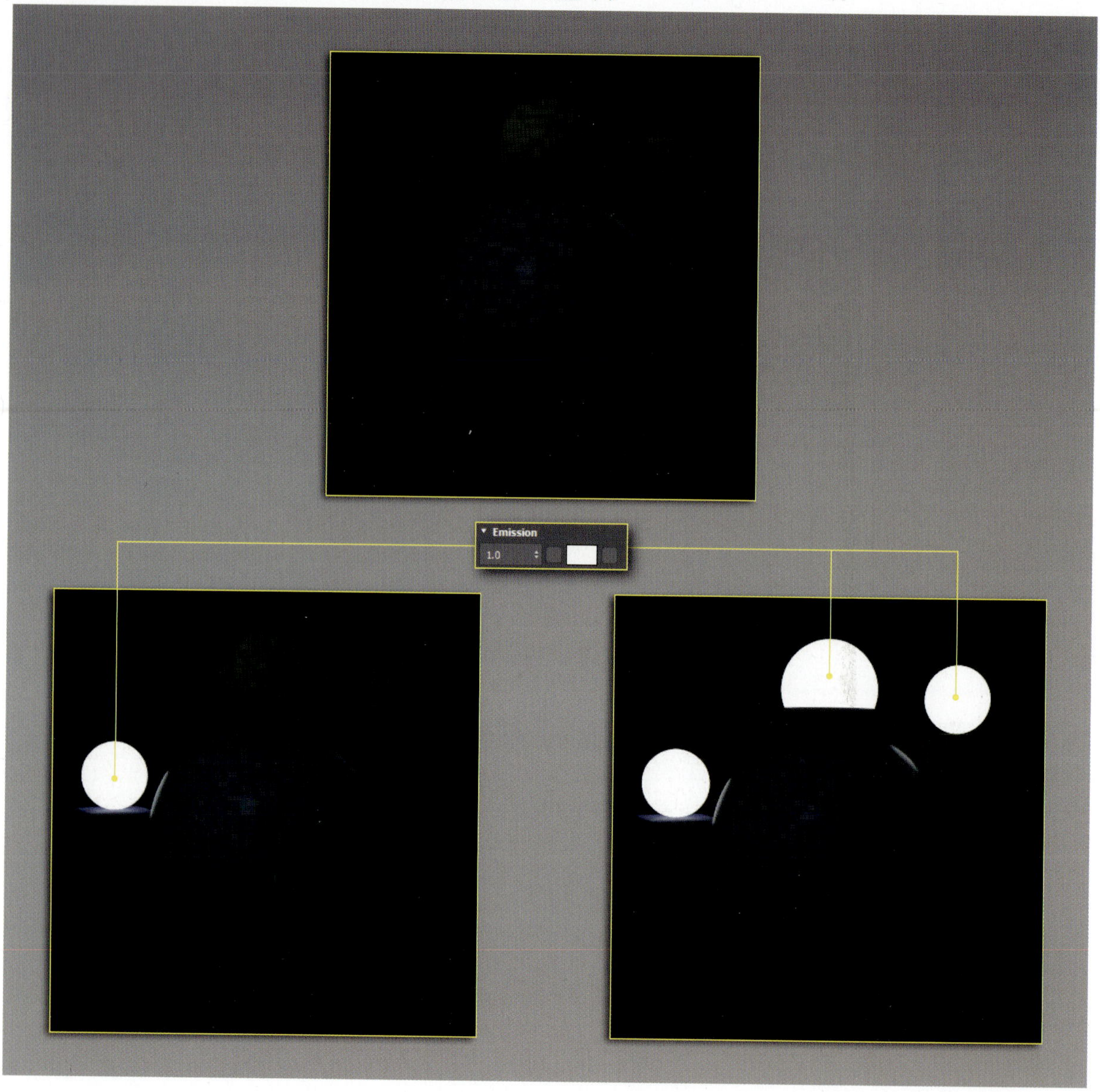

Emission의 수치를 높일수록 Object 주변이 더 밝아집니다.

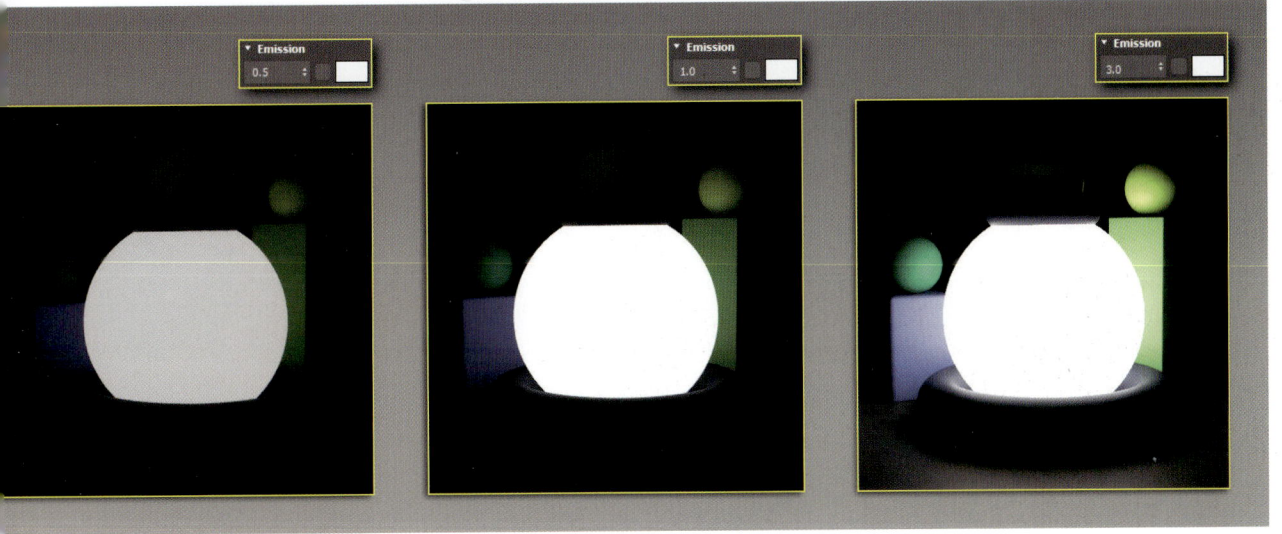

Emission에 Color를 적용하여 색이 발광하는 Object를 표현할 수도 있습니다.

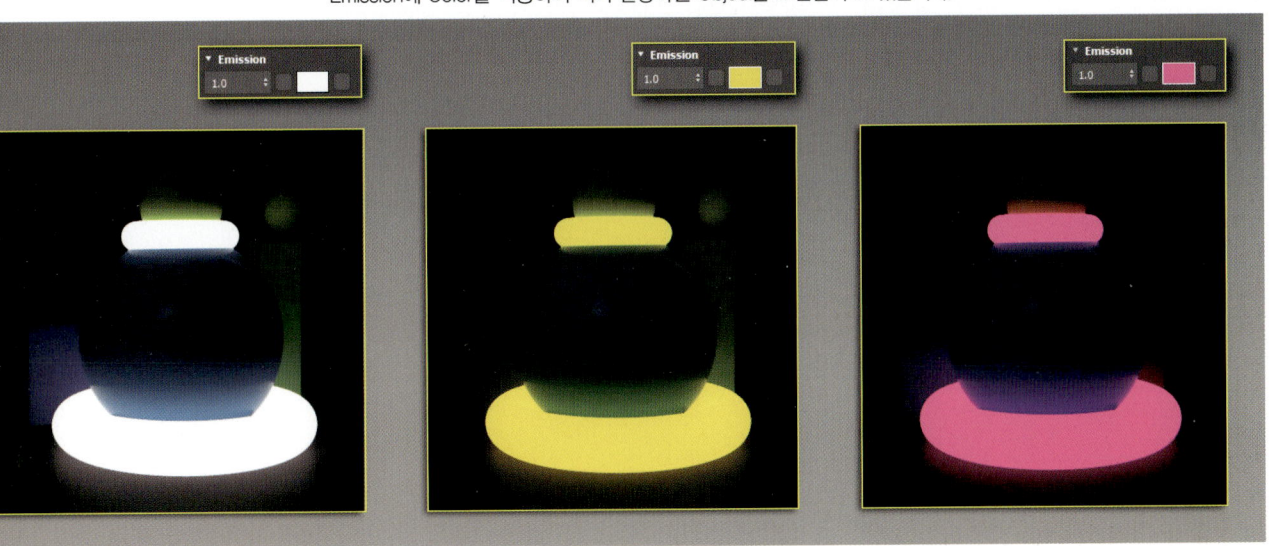

다음은 Emission을 적용해서 다양한 Object를 표현했습니다.

SECTION 03

재질과 렌더링 실습

맥주 펌프 재질 만들기

맥주 펌프는 은색과 금색 두 가지 금속 재질과 손잡이 부분의 검은색 플라스틱 재질로 이루어져 있습니다.
Material/Map Browser ➜ Arnold ➜ Surface ➜ Standard Surface를 적용하여 이를 표현했습니다.
다음은 적용된 Material 설정과 렌더링한 이미지입니다.
3장의 참고자료로 제공한 모델링 데이터를 활용해 material을 적용하면서 학습하기 바랍니다.

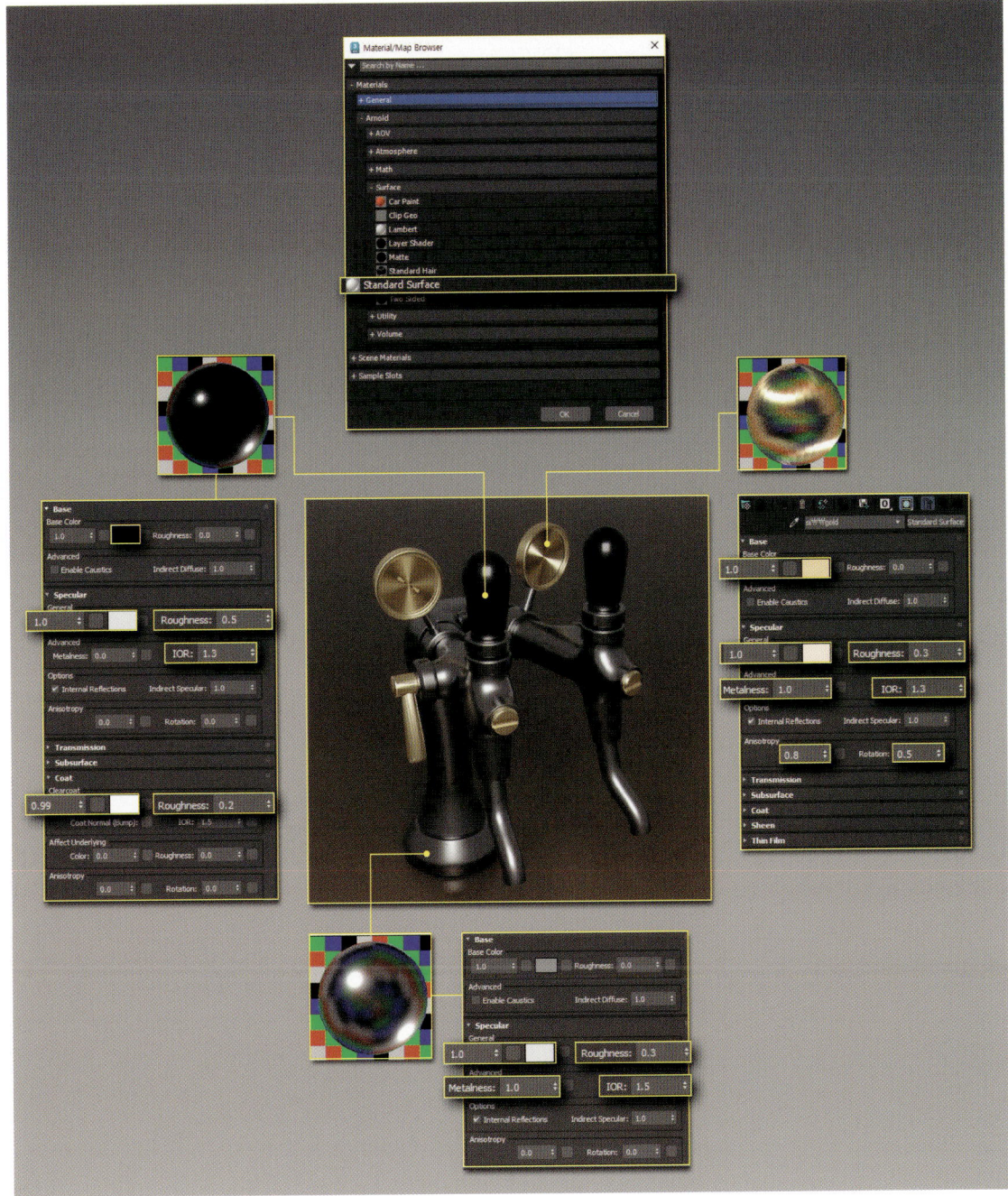

앤틱 의자 재질 만들기

앤틱 의자의 등받이와 다리는 나무로, 방석 부분은 가죽으로, 방석 장식 부분은 금속 재질로 이루어져 있습니다. Base Color에 이미지를 적용하기 위해 UVW Map 좌표를 확인합니다. 다음 그림과 같이 UVW Map이 설정되어 있습니다.

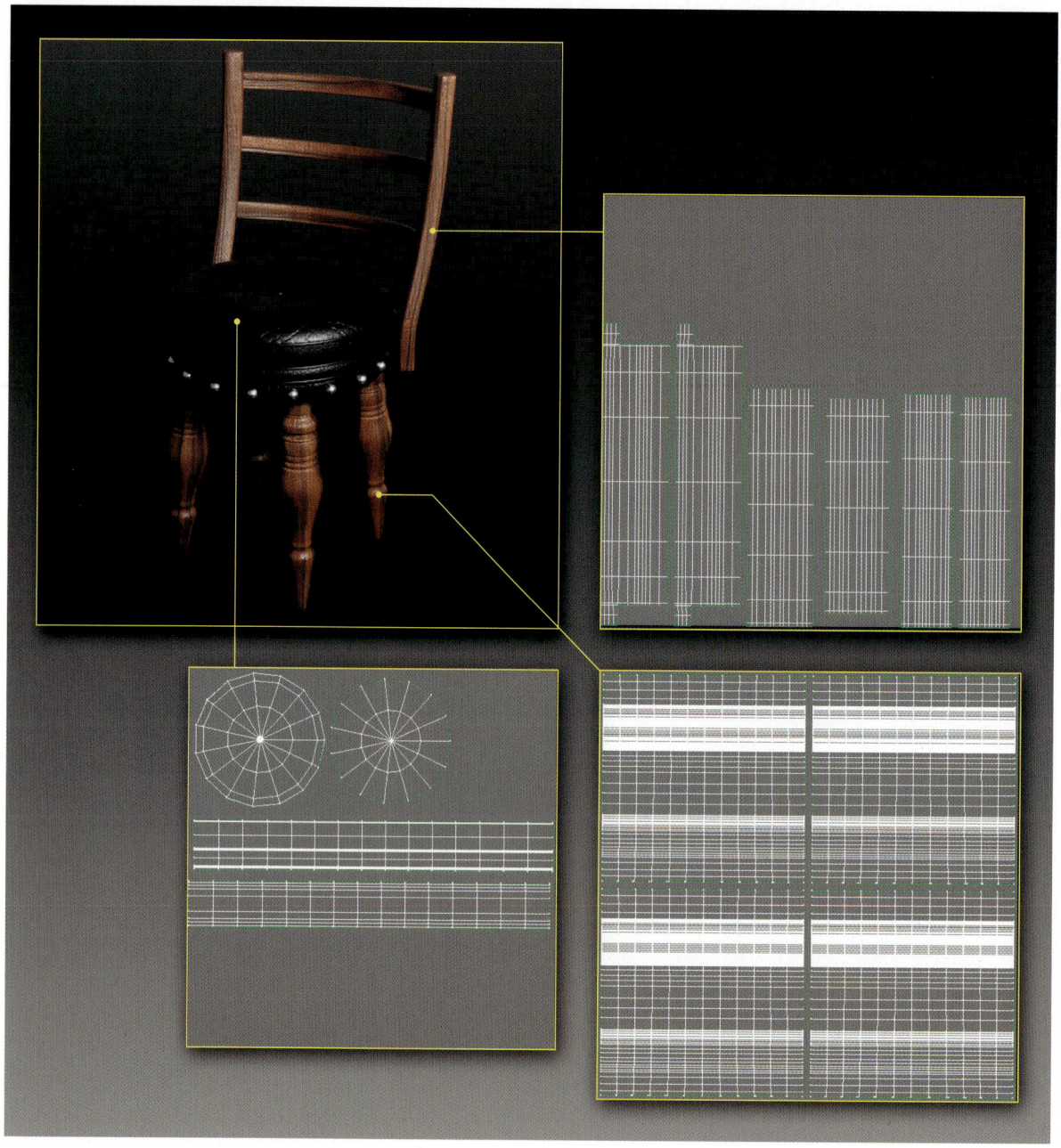

나무로 이루어진 등받이와 다리 부분은 Base Color에 Arnold → Texture → Image에 나무 이미지를 적용해 표현하고, Specular → Roughness 값을 0.4로 조정했습니다.

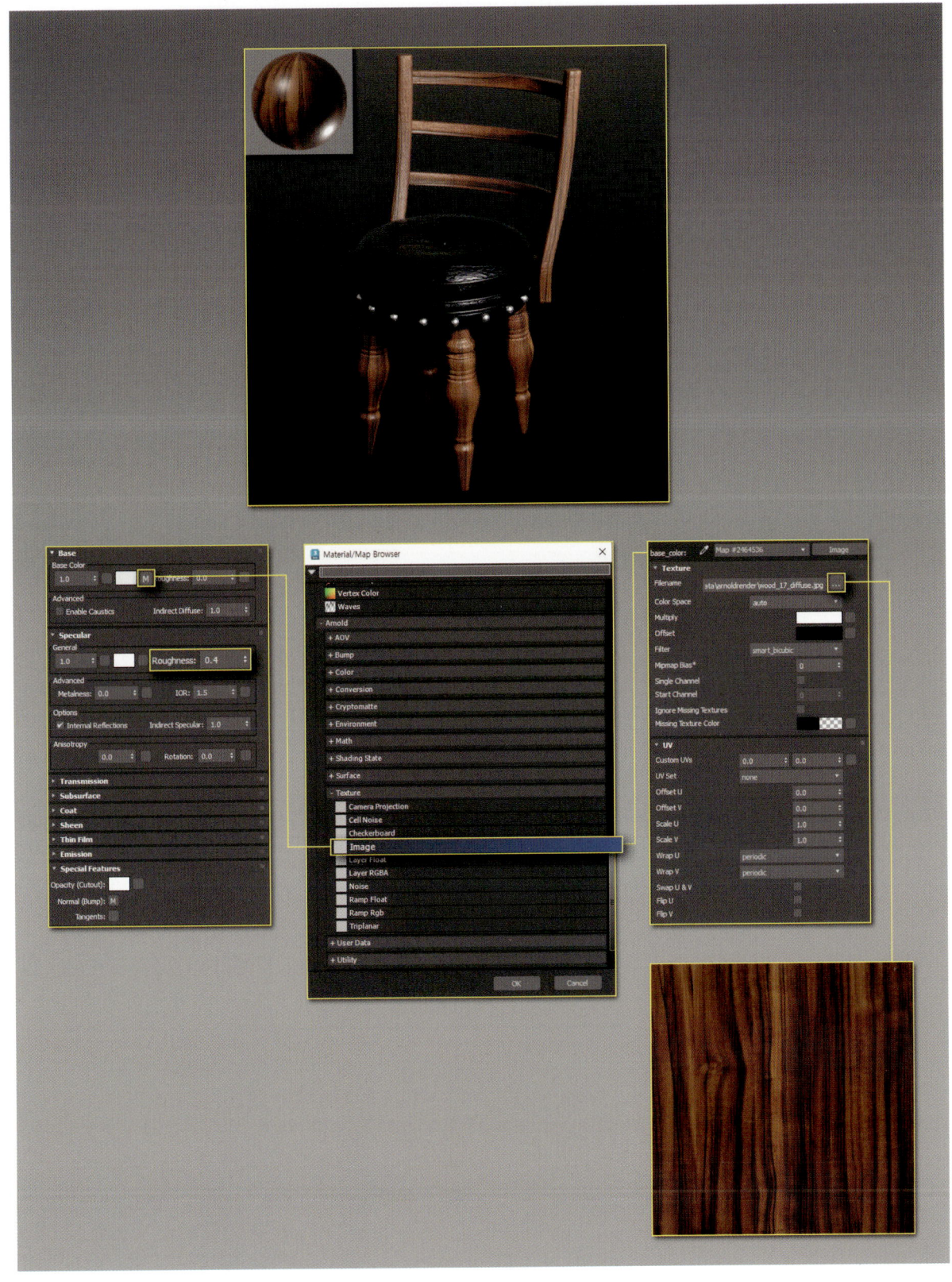

표면의 거친 질감은 Special Features → Normal(Bump)에 Arnold → Bump 2D를 적용하고, Bump Map에 흑백 이미지를 적용하여 표현했습니다.

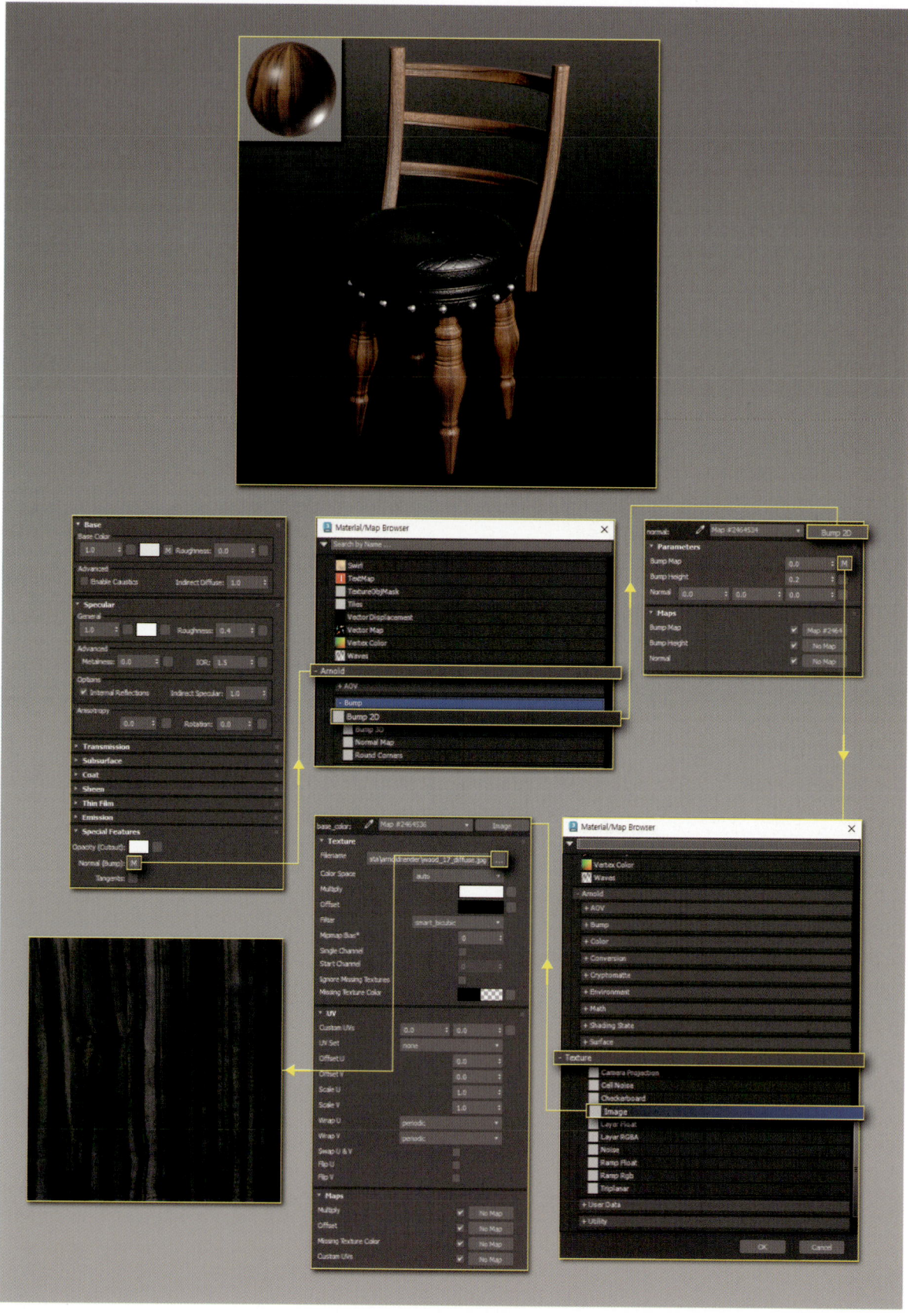

방석 부분도 같은 방법으로 Base Color에 이미지를 적용하고 Special Features ➔ Normal(Bump)에 Arnold ➔ Bump 2D를 적용했습니다.

금속 장식 부분은 Metalness를 1, Roughness를 0.3으로 설정했습니다.

스쿠터 재질 만들기

스쿠터나 자동차는 주변 환경이 반사되는 부분, 헤드라이트와 창문 등과 같이 빛이 굴절되는 투명한 부분, 그리고 빛의 반사와 굴절이 없는 타이어 등으로 구성되어 있습니다.

각 부분에 Arnold → Standard Surface를 다음 그림과 같이 적용하고 렌더링한 결과입니다.

Scooter Apply Material_arnold.max

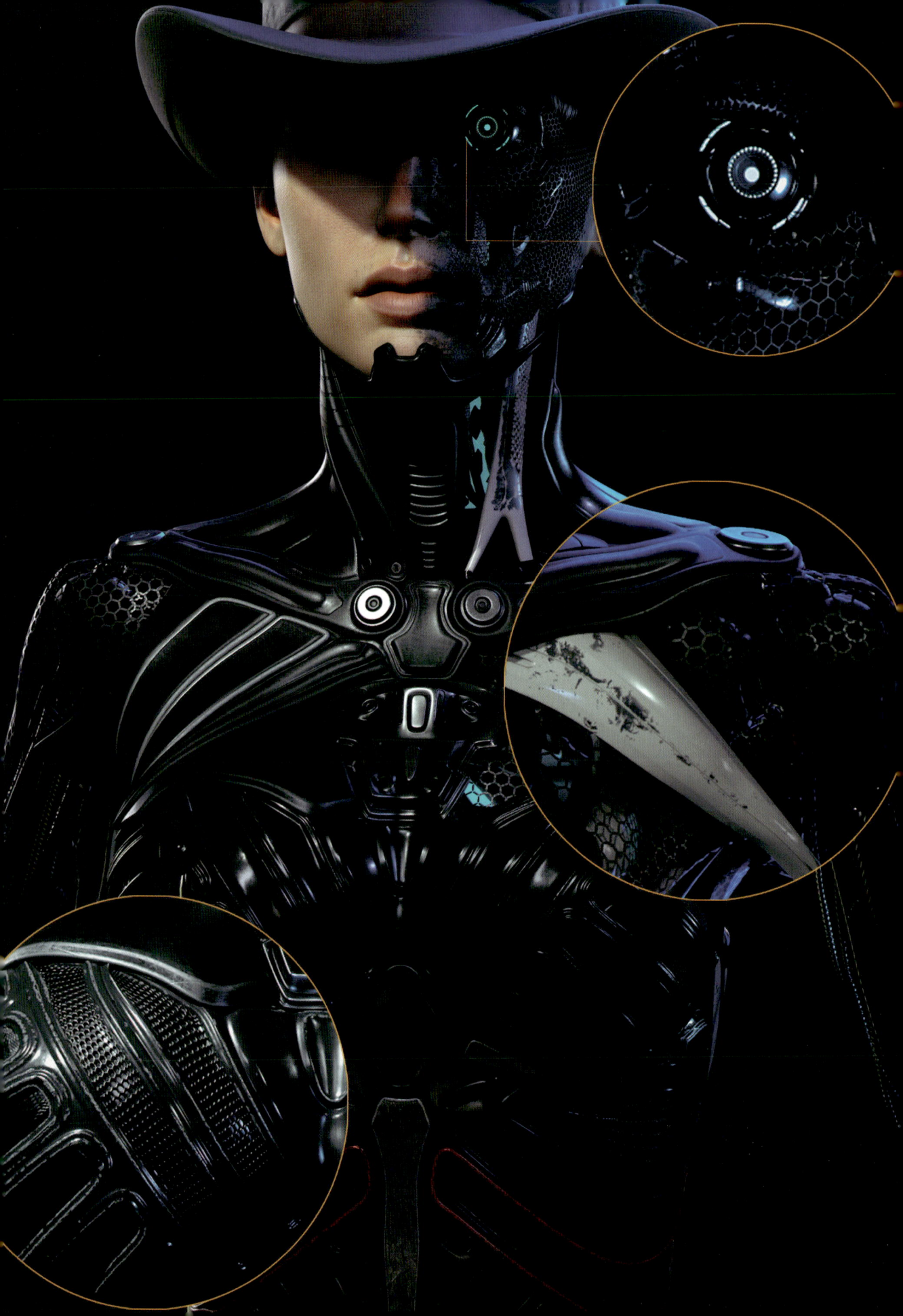

CHAPTER 08

리깅과 포즈

08

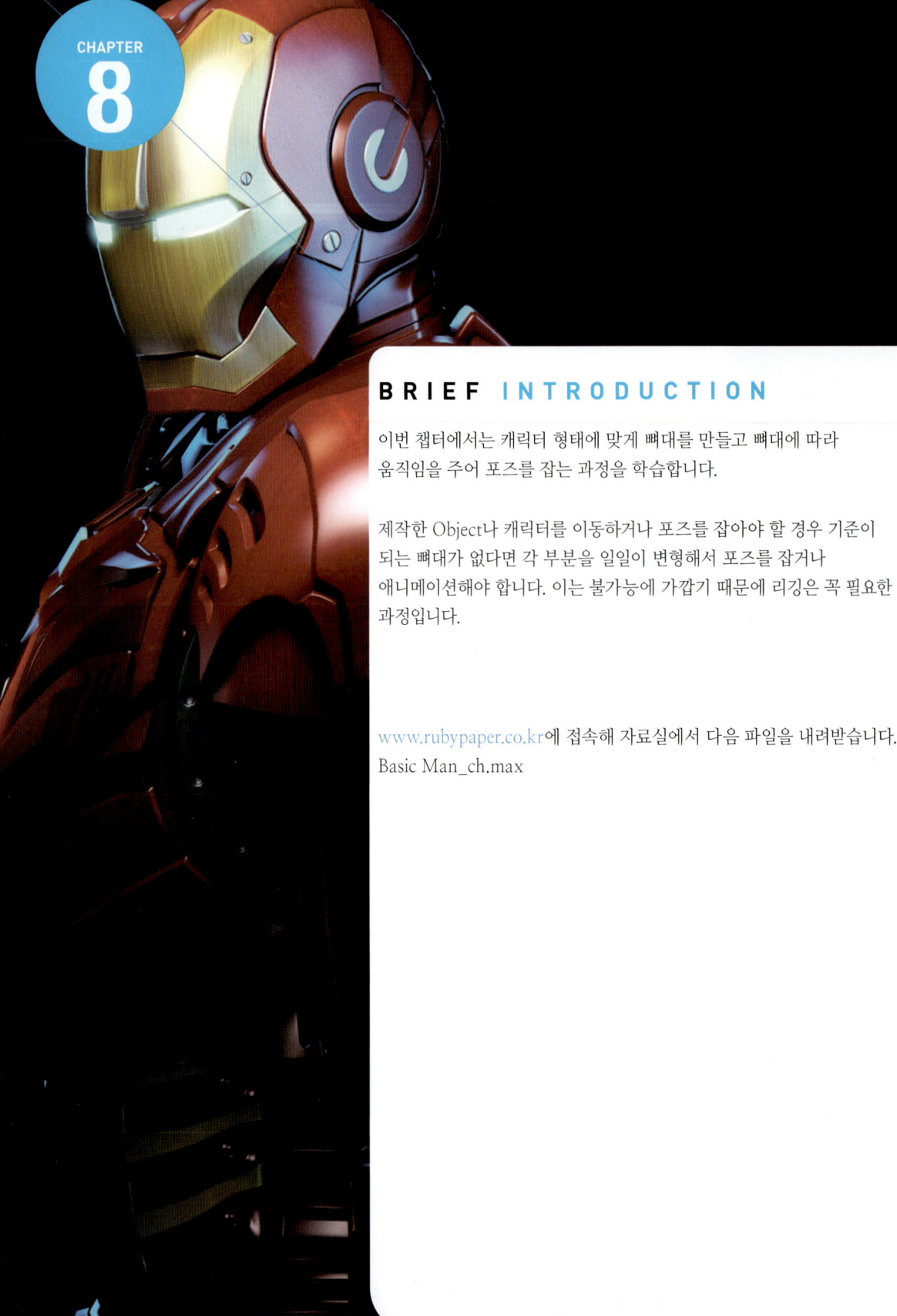

CHAPTER
8

BRIEF INTRODUCTION

이번 챕터에서는 캐릭터 형태에 맞게 뼈대를 만들고 뼈대에 따라
움직임을 주어 포즈를 잡는 과정을 학습합니다.

제작한 Object나 캐릭터를 이동하거나 포즈를 잡아야 할 경우 기준이
되는 뼈대가 없다면 각 부분을 일일이 변형해서 포즈를 잡거나
애니메이션해야 합니다. 이는 불가능에 가깝기 때문에 리깅은 꼭 필요한
과정입니다.

www.rubypaper.co.kr에 접속해 자료실에서 다음 파일을 내려받습니다.
Basic Man_ch.max

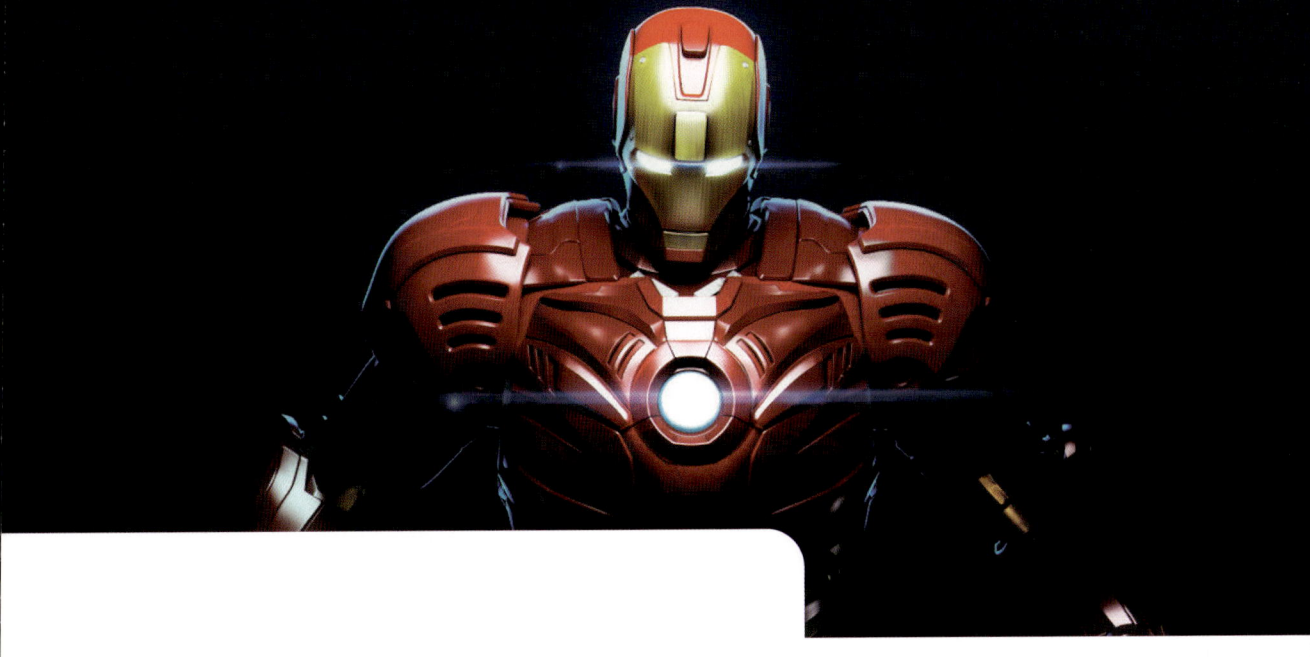

S E C T I O N 01

리깅

리깅(Rigging)은 제작한 Object나 캐릭터의 애니메이션을 위한 준비 단계입니다.

다양한 Object의 움직임을 고려해서 관절이나 연결 부위의 관계를 설정하거나, 캐릭터의 머리, 몸통, 팔, 다리 등 부위에 맞게 뼈대를 설정하고 뼈대에 따라 각 부분이 움직여서 애니메이션이 가능하도록 설정하는 과정입니다.

복잡한 동작이나 로봇, 기계처럼 정교한 움직임이 필요한 경우에는 복잡한 상호 관계를 설정해야 하는 전문 분야이며 학습 범위도 매우 넓습니다.

이 책에서는 기본적인 뼈대를 설정하고 Object의 표면이 지정한 뼈대를 따라 움직이는 기본적인 리깅 방법을 알아봅니다.

■ Bone 생성하기

Cylinder를 생성하고 Editable Poly로 변환합니다.

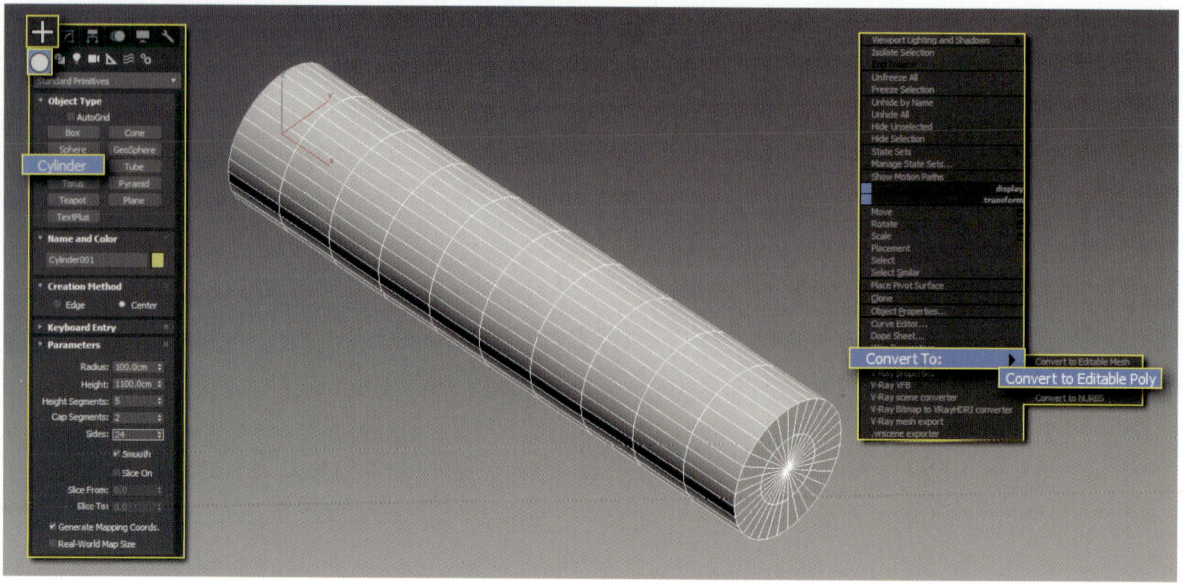

생성한 Cylinder가 따라 움직일 뼈대를 만들어야 하는데 여기서는 간단하게 Animation → Bone Tool을 실행해서 생성하거나 Create → Systems → Bones를 클릭해서 생성할 수 있습니다. Create Bones를 클릭하고 Cylinder의 형태에 맞게 반복 클릭해서 Bone을 생성합니다.

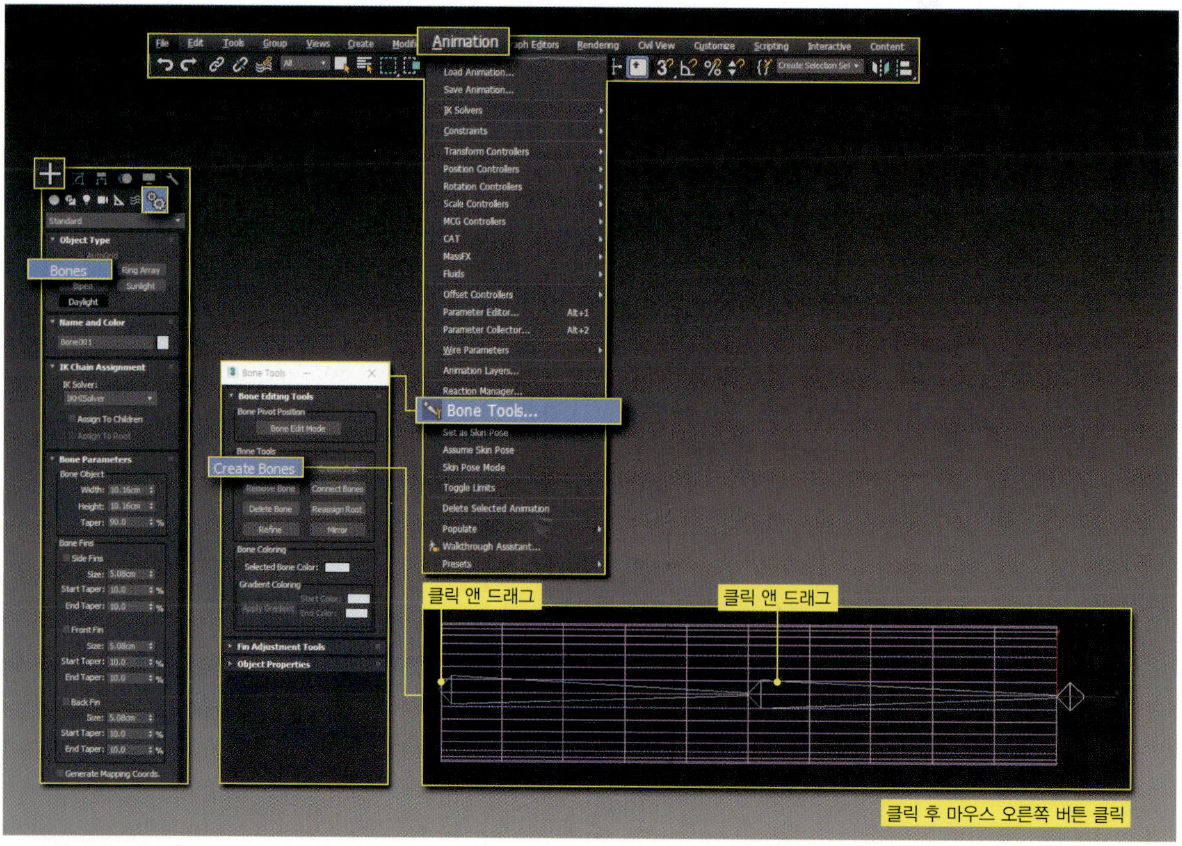

다음 그림은 Bone Tools의 각 기능 설명입니다.

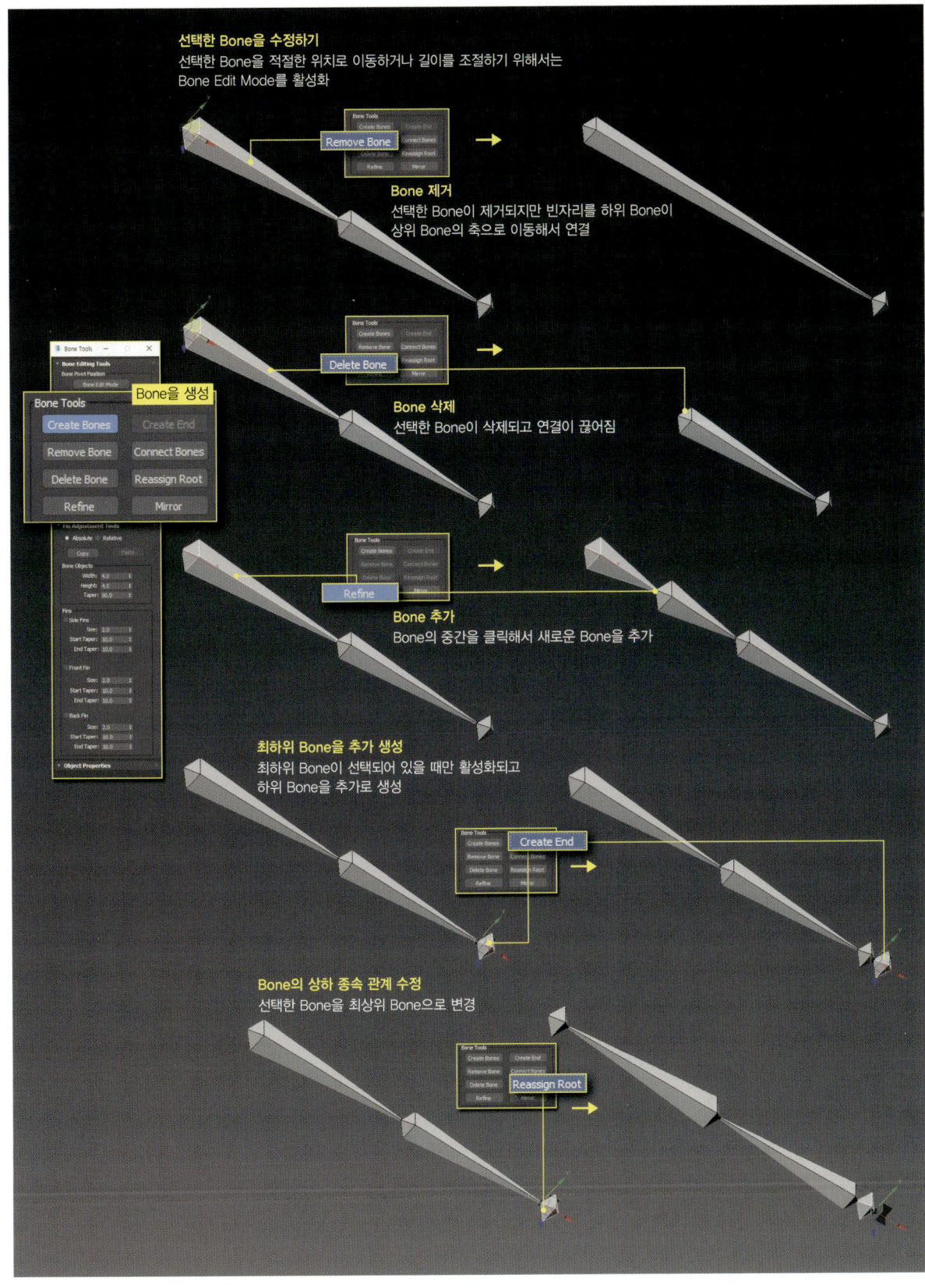

생성한 Bone은 하위 Bone이 상위 Bone을 따라 움직이도록 연결된 상태입니다. 하위 Bone이 상위 Bone에 Link된 상태이고 이러한 관계를 3ds Max에서는 Parents와 Child 관계라고 합니다.

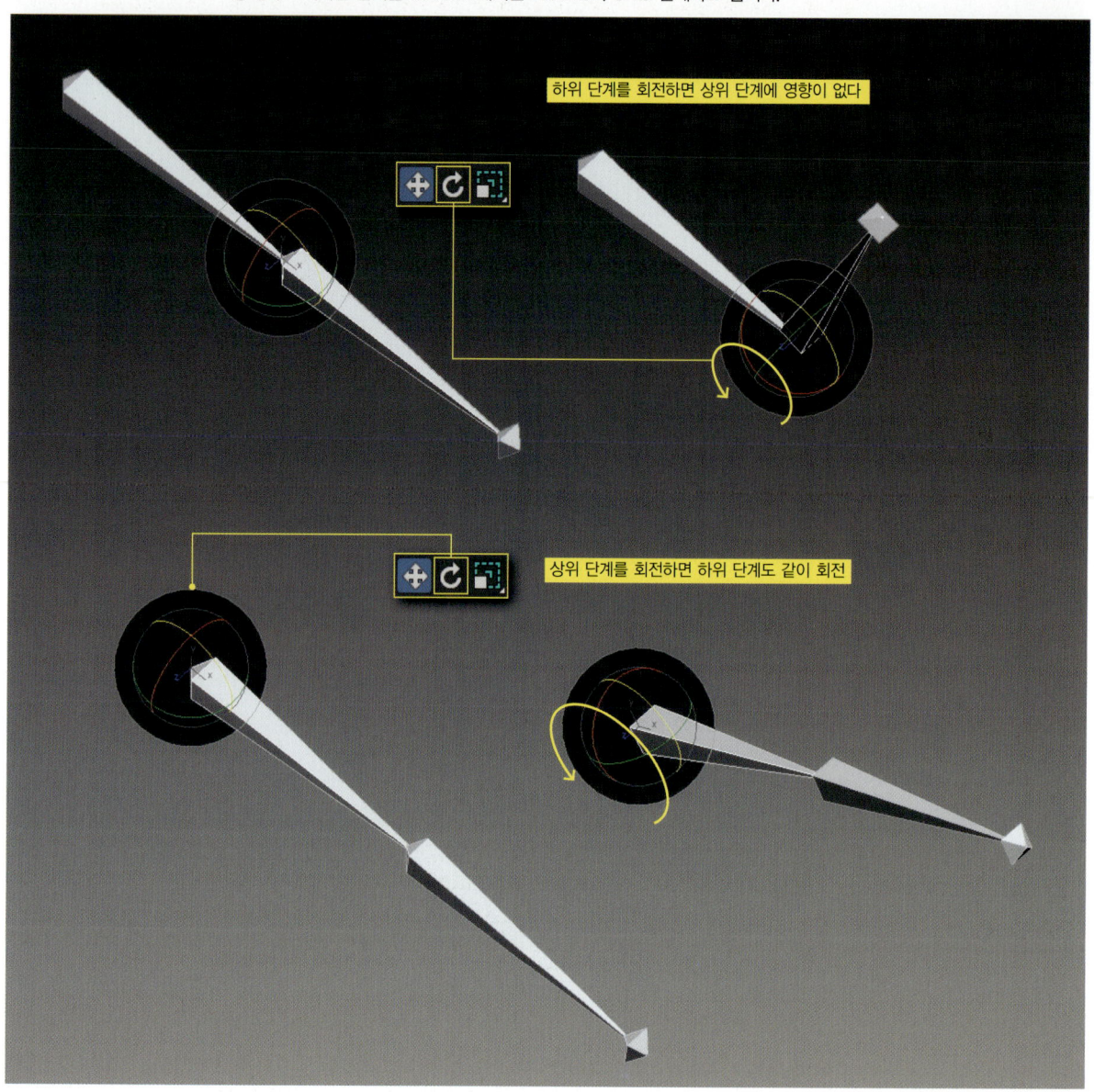

모든 Object는 Link 기능을 이용해서 연결하거나 다시 Unlink를 실행해서 분리할 수 있습니다

서로 다른 Object를 생성합니다. Select And Link 버튼을 활성화하고 Box를 클릭 앤 드래그하고 Sphere 위에서 마우스에서 손을 떼면 Box가 Sphere Link가 됩니다. 결과적으로 Box가 Child가 되고 Sphere가 Parents가 됩니다. 같은 방법으로 Sphere는 Tours에 Link했습니다.

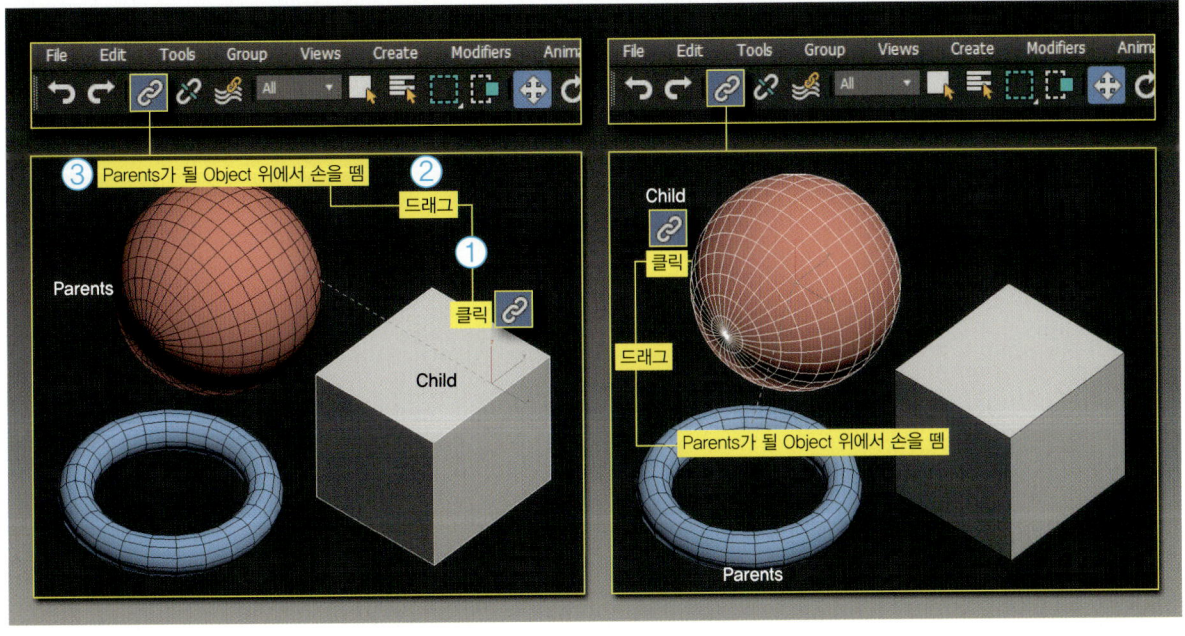

상위 Object를 Move, Rotate, Scale 등을 실행하면 하위 Object가 상위 Object를 따라 움직이는 것을 볼 수 있습니다.

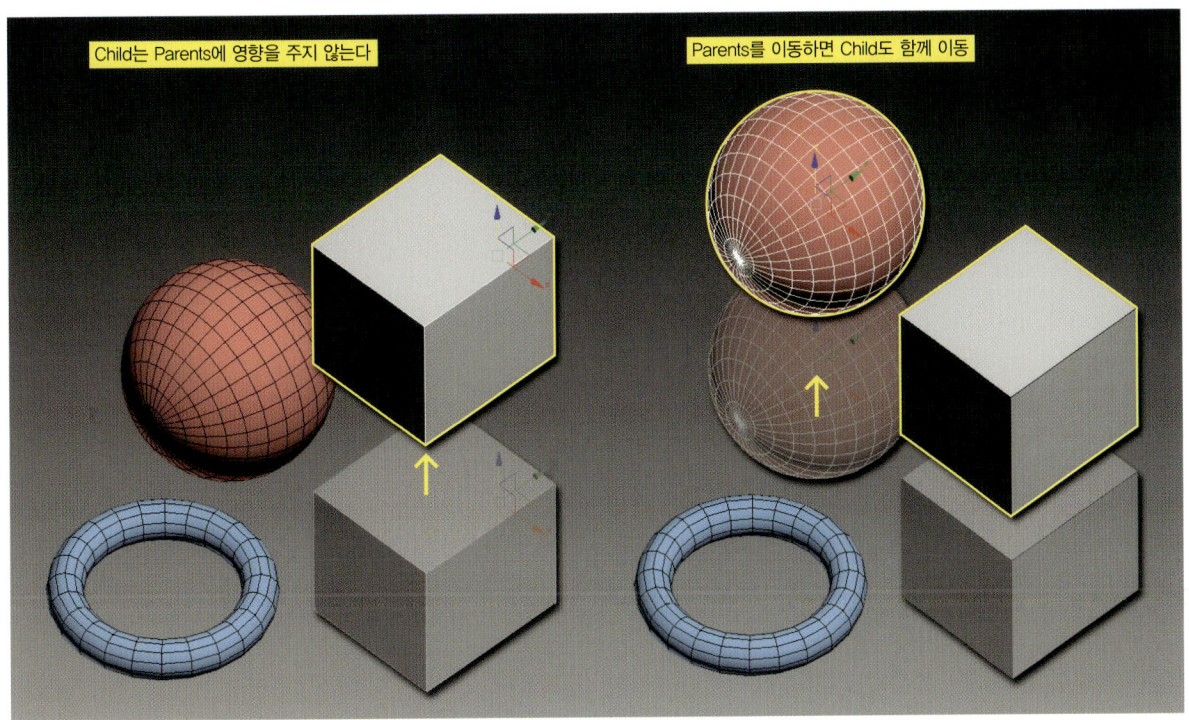

Schematic View를 실행해서 연결 관계를 확인할 수 있습니다. Schematic View에서 각 Object를 선택할 수도 있고 직접 Link나 Unlink할 수 있습니다.

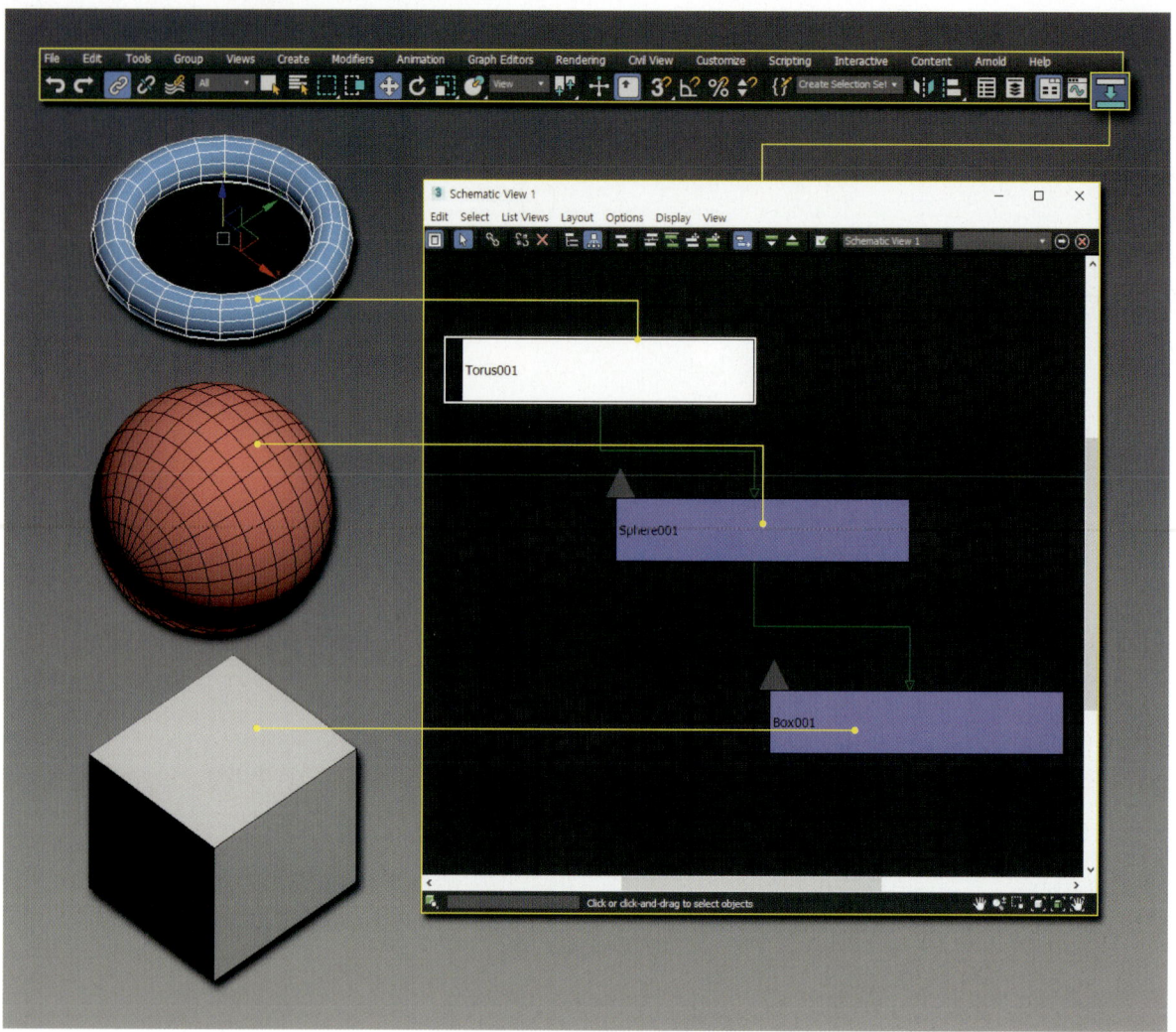

Bone을 따라 움직이기

이제 Cylinder 안에 생성한 Bone을 따라 움직이도록 합니다.

3ds Max에서는 Modify ➡ Skin을 이용해서 선택한 캐릭터의 부위에 맞는 뼈대를 따라 이동하도록 설정할 수 있습니다.

Cylinder를 선택하고 Modify ➡ Skin을 적용합니다.

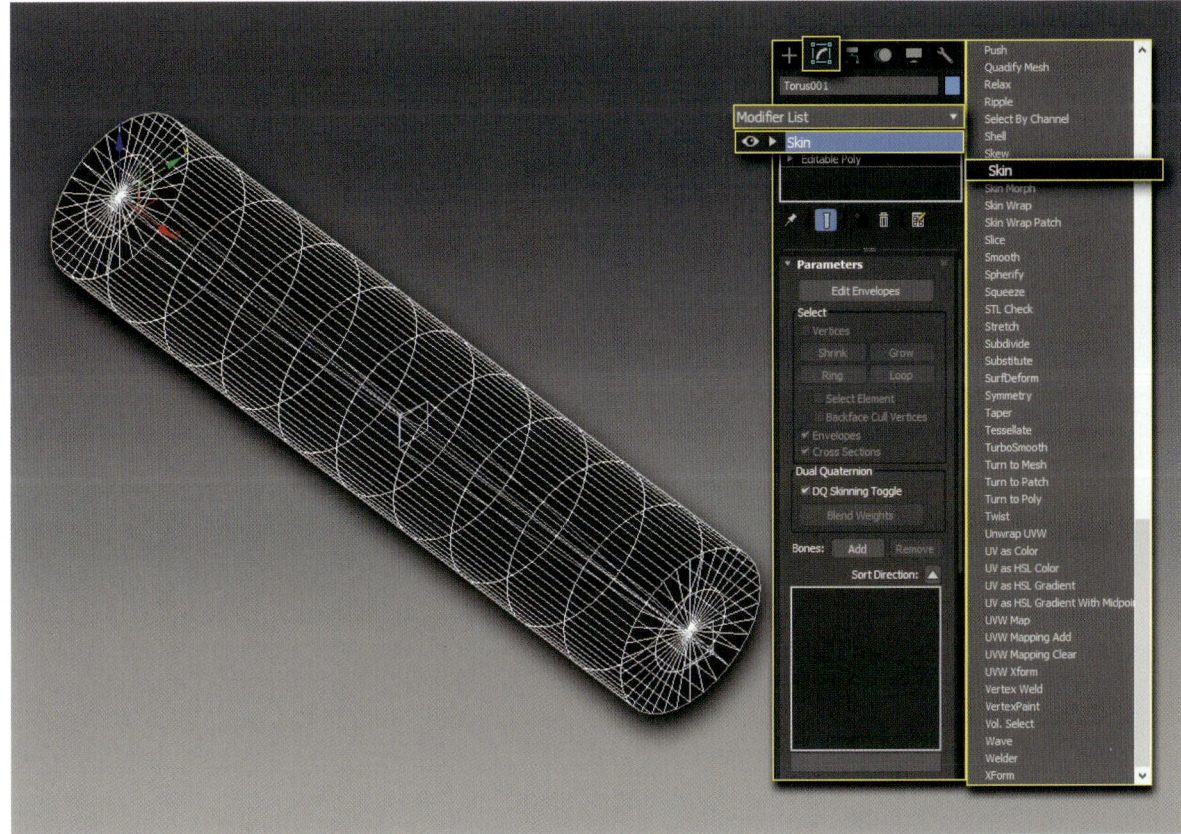

Bones ➜ Add를 클릭하고 Cylinder가 움직이게 될 Bone을 선택합니다.

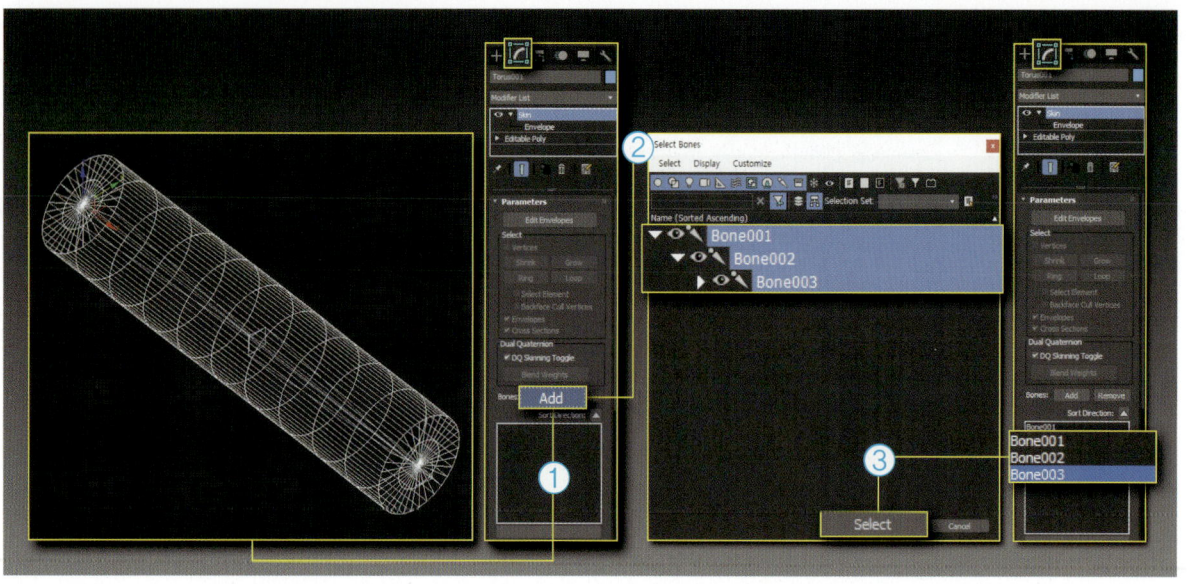

Bone을 회전시키면 Cylinder가 Bone을 따라 움직이는 것을 확인할 수 있습니다.

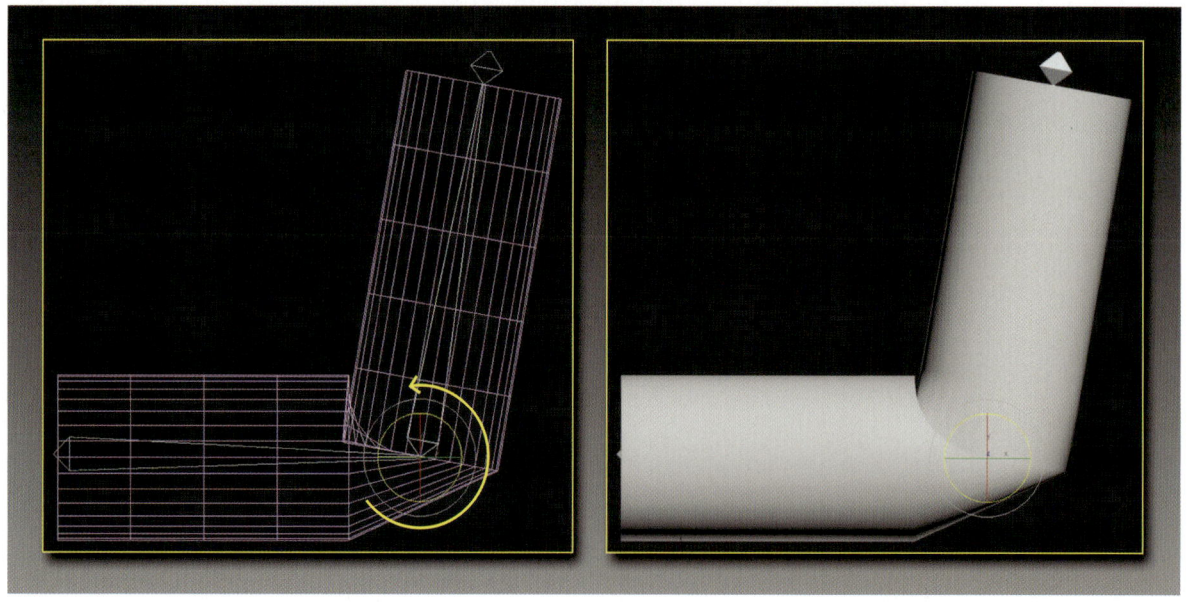

이렇게 Skin을 적용하면 근접한 위치의 Bone에 Object의 Vertex가 연결되는데 각 Vertex가 연결된 값을 Weight 값이라고 합니다. 각 Bone에 할당된 이 Weight 값을 조절해서 Bone의 움직임에 따라 자연스럽게 변형되게 하는 것이 중요합니다.

Weight 값을 조절하려면 Edit Envelopes 버튼을 활성화합니다. Viewport 설정을 Shade로 하면 선택한 Bone에 연결된 Vertex의 Weight 값이 색으로 표시됩니다. 빨간색에 가까울수록 강하게 연결되어 있고 파란색으로 표시될수록 약하게 연결되어 있습니다. 색이 표시되지 않는 부분은 영향이 없는 부분입니다.

특히 관절 부분의 Weight 값이 적절히 설정되어야 자연스러움 움직임을 만들 수 있습니다. 다음 그림은 Weight 값을 설정하고 Bone을 회전한 후 Cylinder에 Modify → TurboSmooth를 적용해서 자연스럽게 변형한 모습입니다.

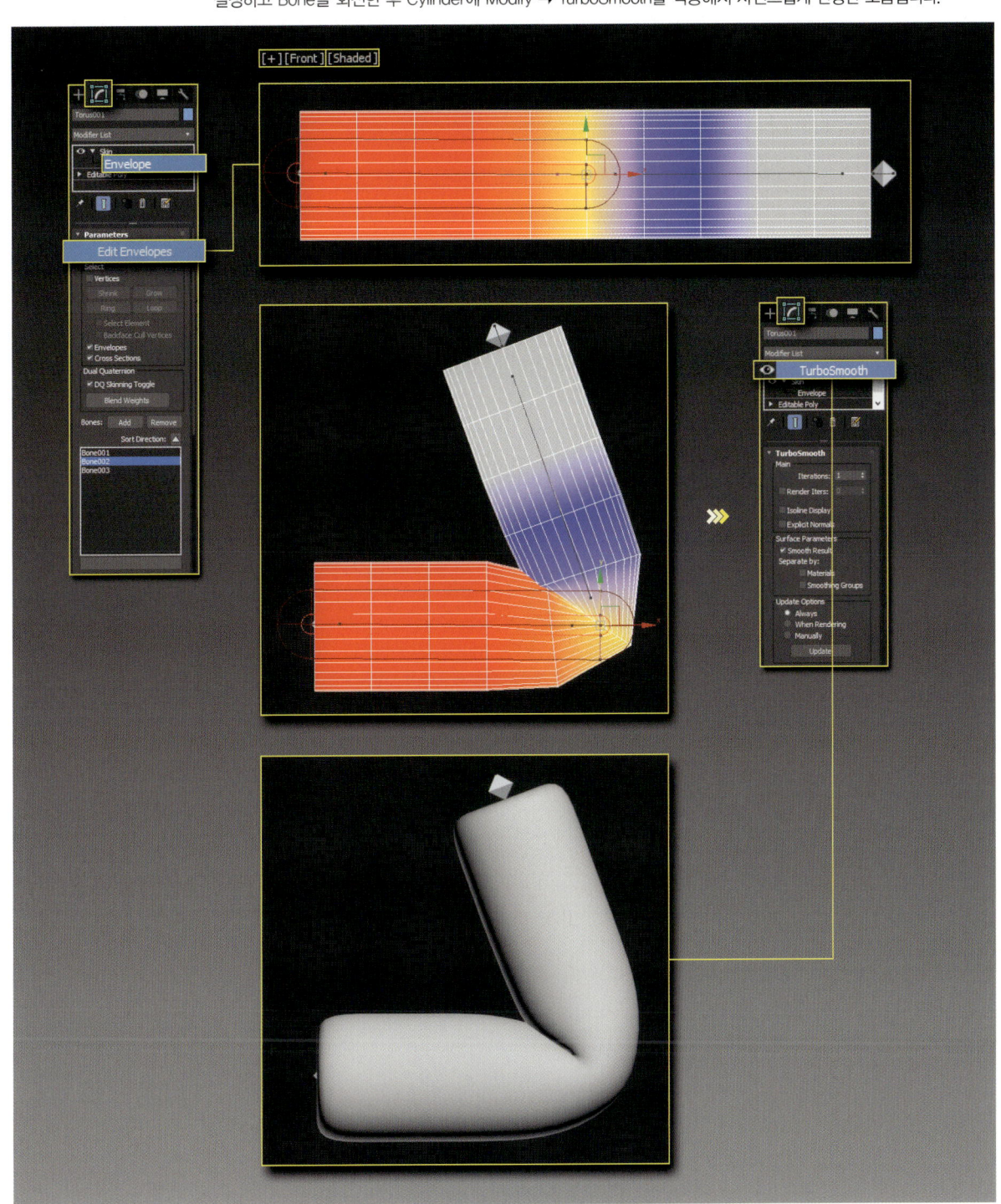

이제 처음 Skin을 적용한 상태에서 Weight 값을 조절합니다. Skin을 적용하고 Bones ➡ Add를 이용해서 Bone을 추가하면 각 Bone과 가까운 위치에 있는 Vertex의 Weight 값이 자동으로 설정되는데 Bone의 움직임에 따라 자연스럽게 변형되도록 관절 부분의 Weight 값을 수정합니다.

현재 상태에서 Bone을 선택해 보면 빨간색만 표시되고 중간 단계가 없는 기본 상태입니다. Bone을 회전시켜 보면 관절 부분이 어색하게 변형됩니다.

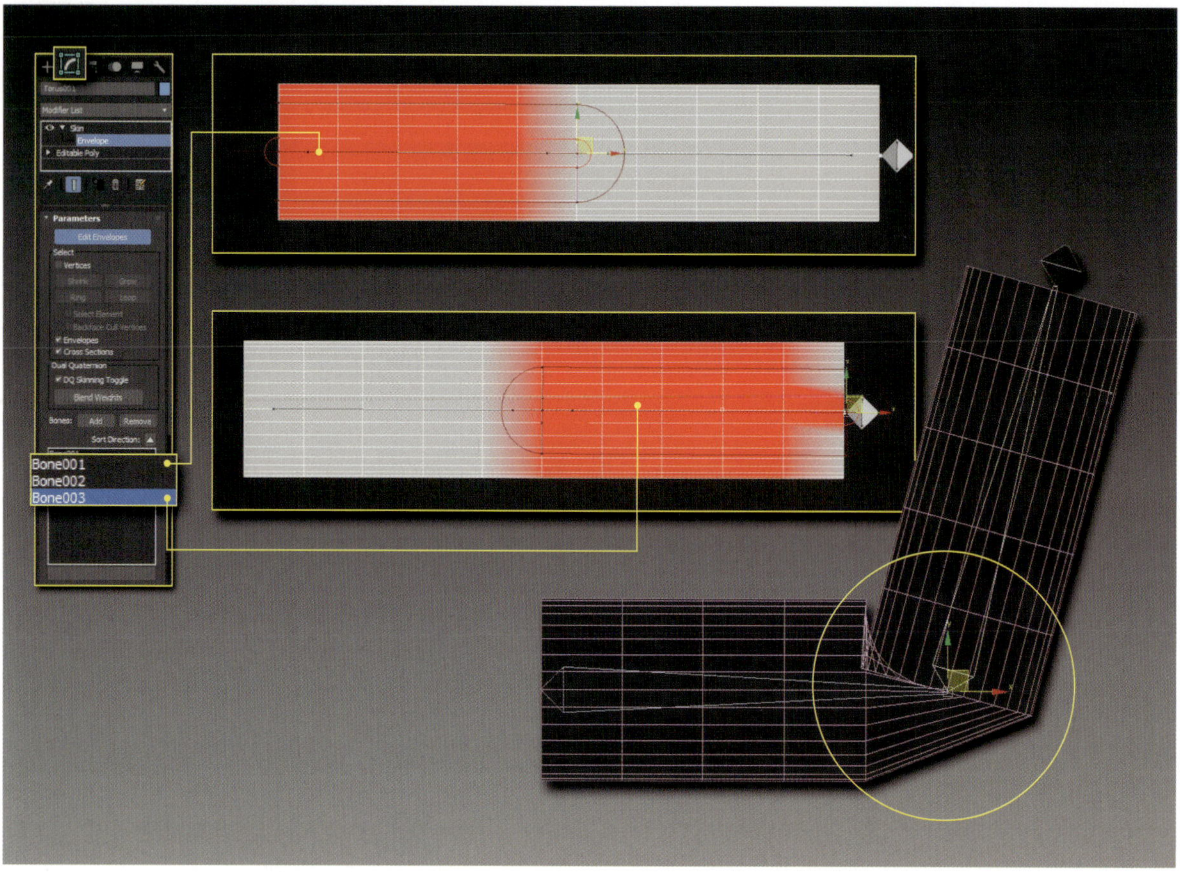

PINUP TIP 빨간색은 선택한 Bone의 Vertex Weight 값이 1로 적용된 것이고 다른 Bone 영향을 받지 않는 상태이고 선택한 Bone에 100% 적용된 것을 의미합니다.

Envelopes와 Cross Sections

Vertex의 Weight 값을 Envelopes와 Cross Sections을 직접 조절해서 Envelopes와 Cross sections가 포함하는 범위에 따라 Weight 값을 적용할 수 있습니다.

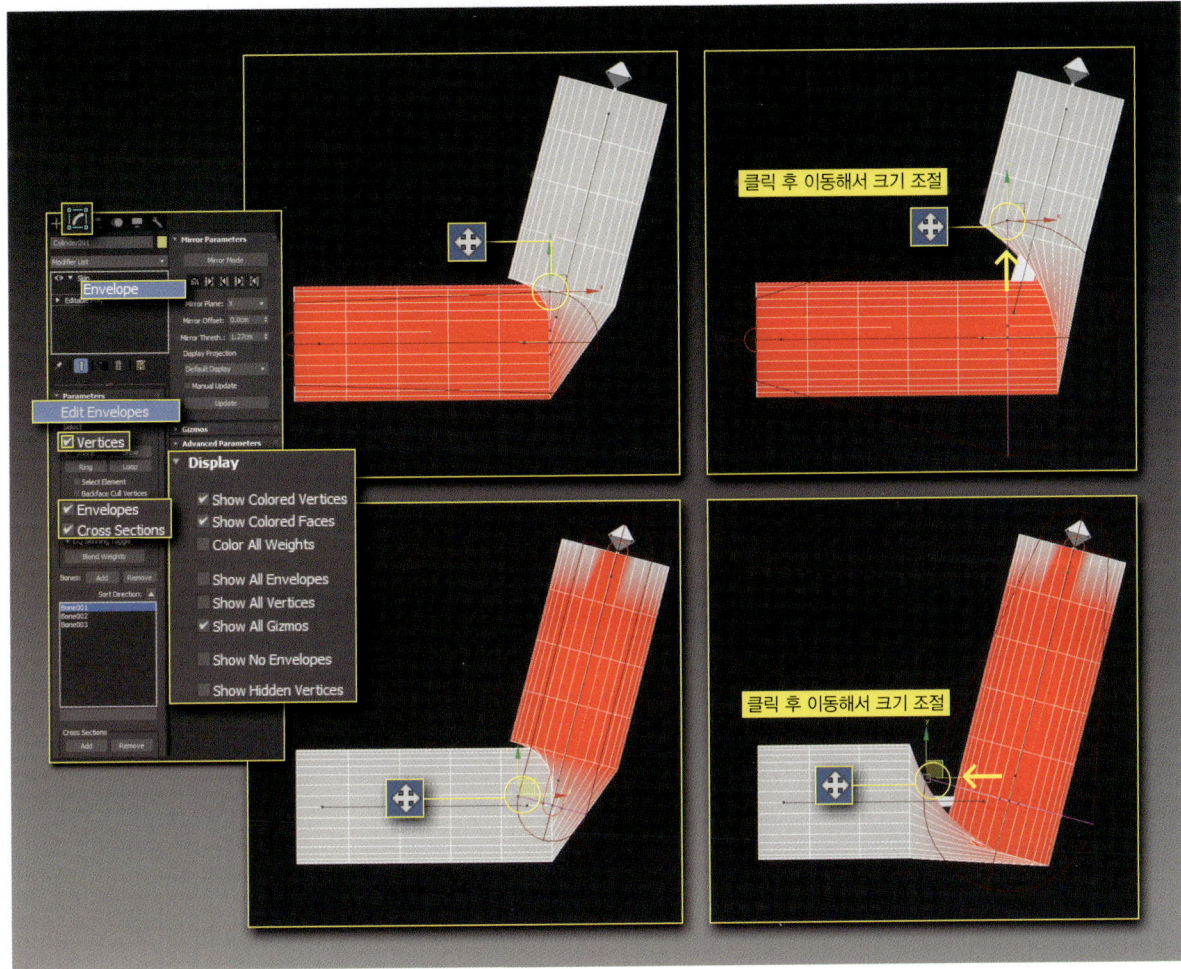

개별적인 Vertex의 Weight 값은 크게 Weight Tool, Paint Weights, Weight Table을 이용한 3가지 방법으로 설정할 수 있습니다.

예제는 빠르고 강력한 Weight Tool을 사용해서 작업했습니다.

■ Weight Tool

Edit Envelopes 버튼을 활성화하고 Select에 Vertex를 체크해야 Vertex의 Weight 값을 수정할 수 있습니다. Weight Tool 버튼을 클릭해서 활성화합니다.

다음 그림은 Weight Tool의 각 기능 설명입니다.

Weight Tool 상단의 Shrink, Grow, Ring, Loop 등 이용해서 Vertex를 쉽게 선택할 수 있는데 Editable Poly의 선택 방법과 동일합니다.

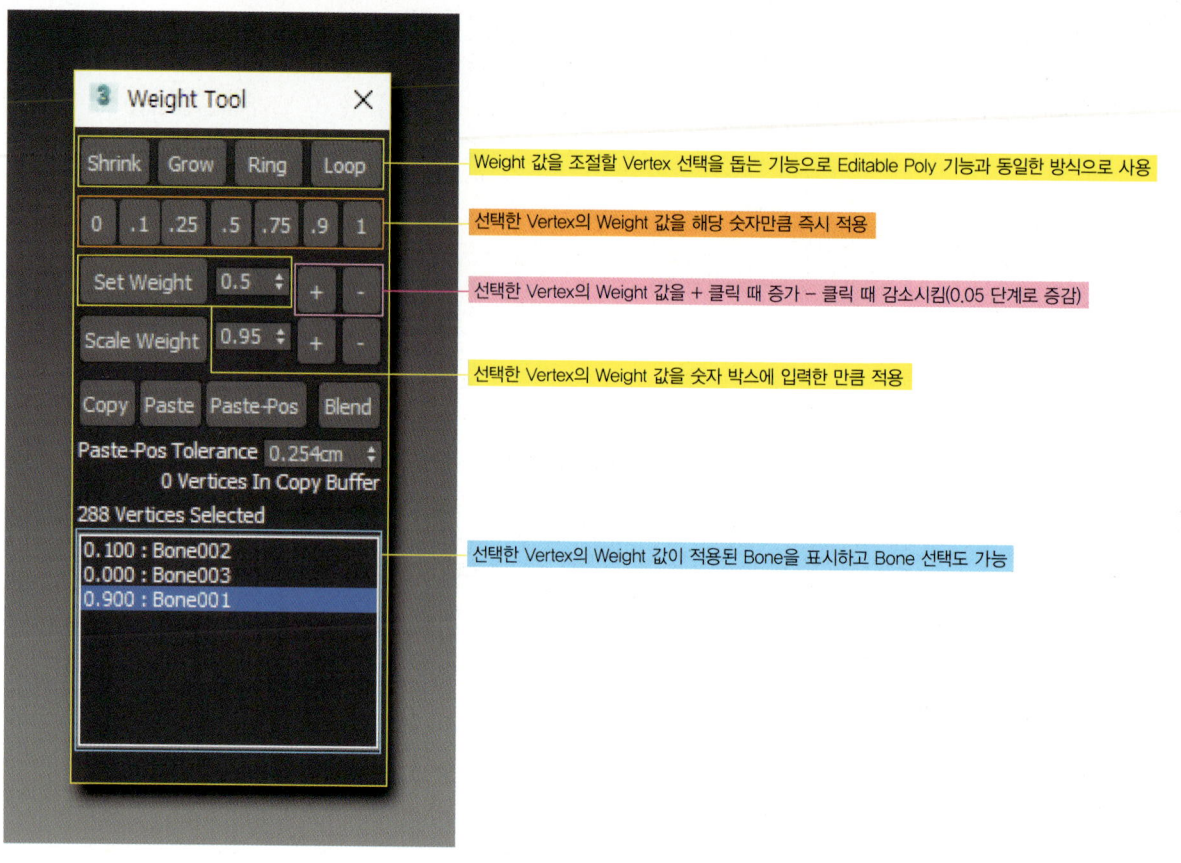

이제 Cylinder의 Weight 값을 조절합니다. 관절 부위의 Vertex를 선택하고 Weight Tool에서 수치를 0.5 클릭합니다. 현재 선택된 Bone의 Vertex Weight 값이 0.5만큼 적용되면서 관절의 중앙 부분으로 이동합니다.

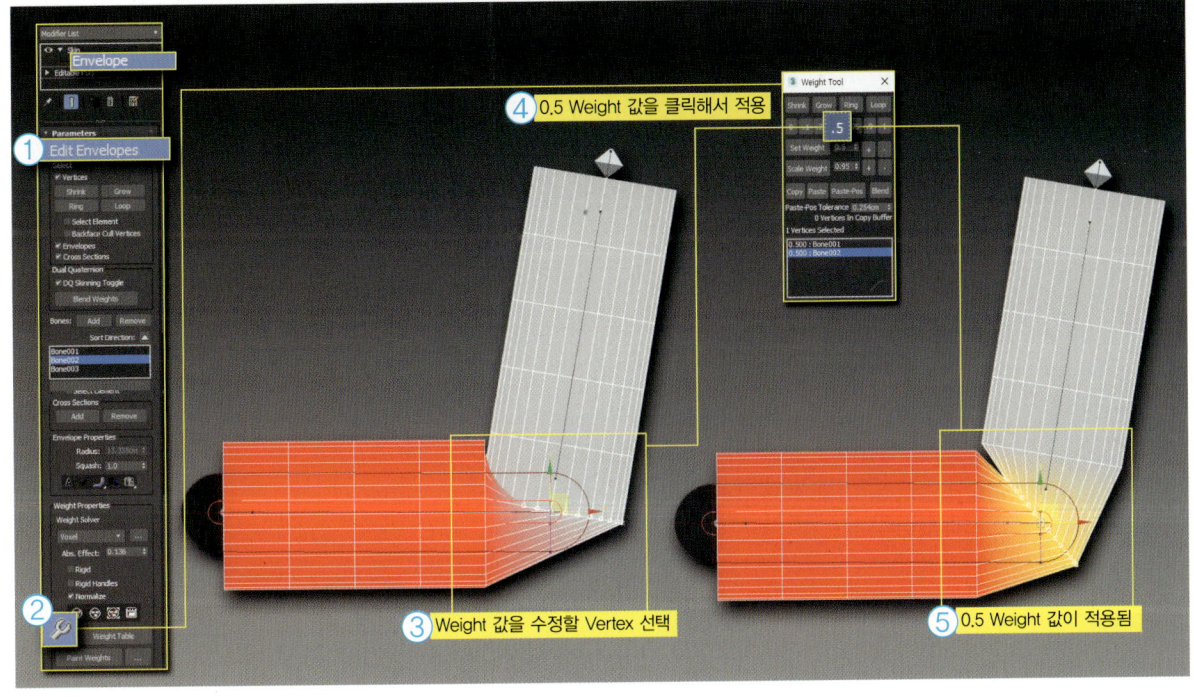

다시 Bone을 선택한 상태에서 수정할 Vertex를 선택하고 Weight 값의 0.1 클릭하면 파란색으로 표시되면서 0.1만큼 영향을 받습니다.

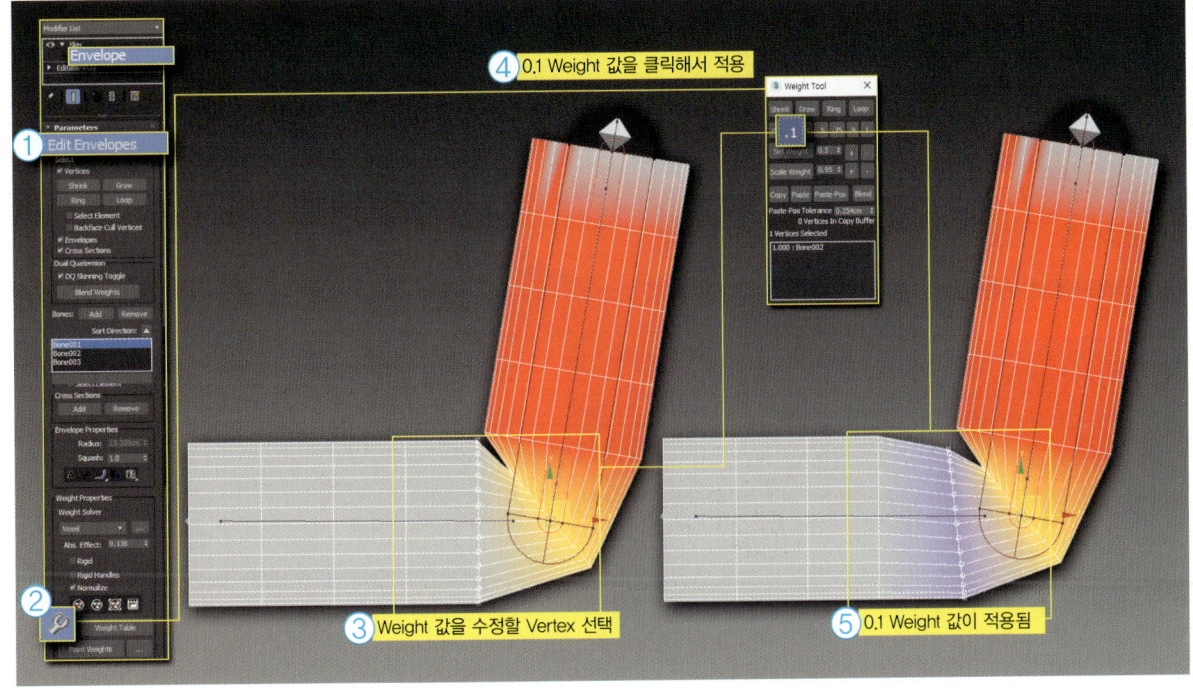

Bone을 다시 변형하고 추가로 Weight 값을 수정했습니다.

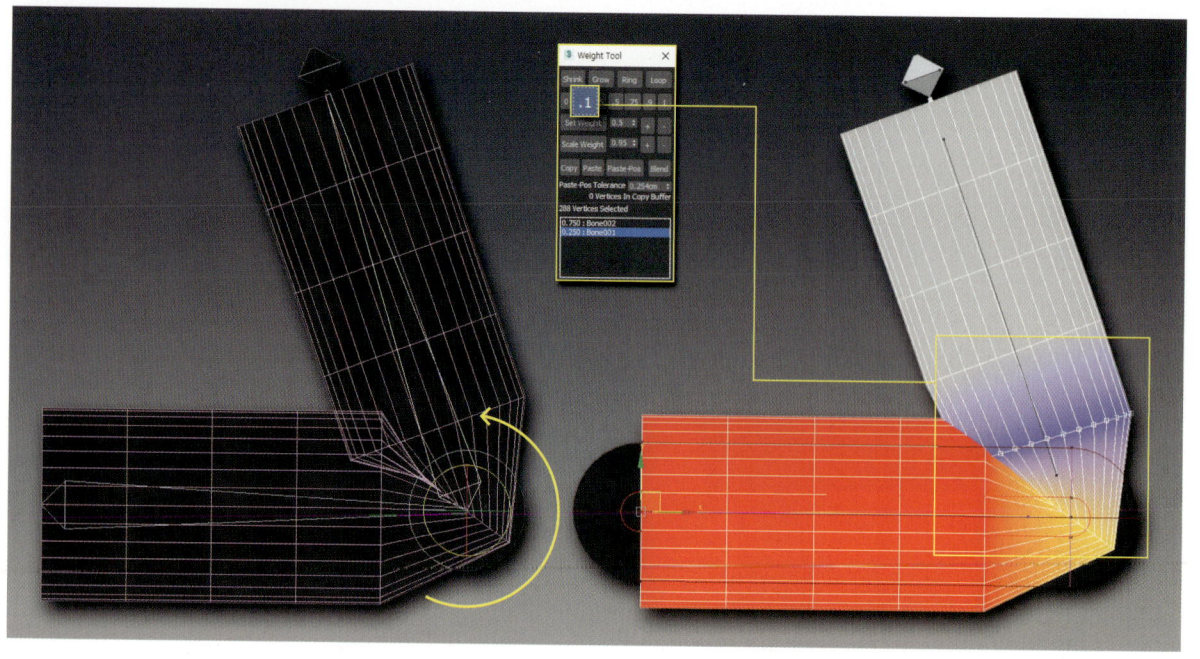

Set Weight 옆의 + 버튼을 누를 때마다 Weight 값이 추가로 적용되고 – 버튼을 누를 때마다 Weight 값이 줄어듭니다.

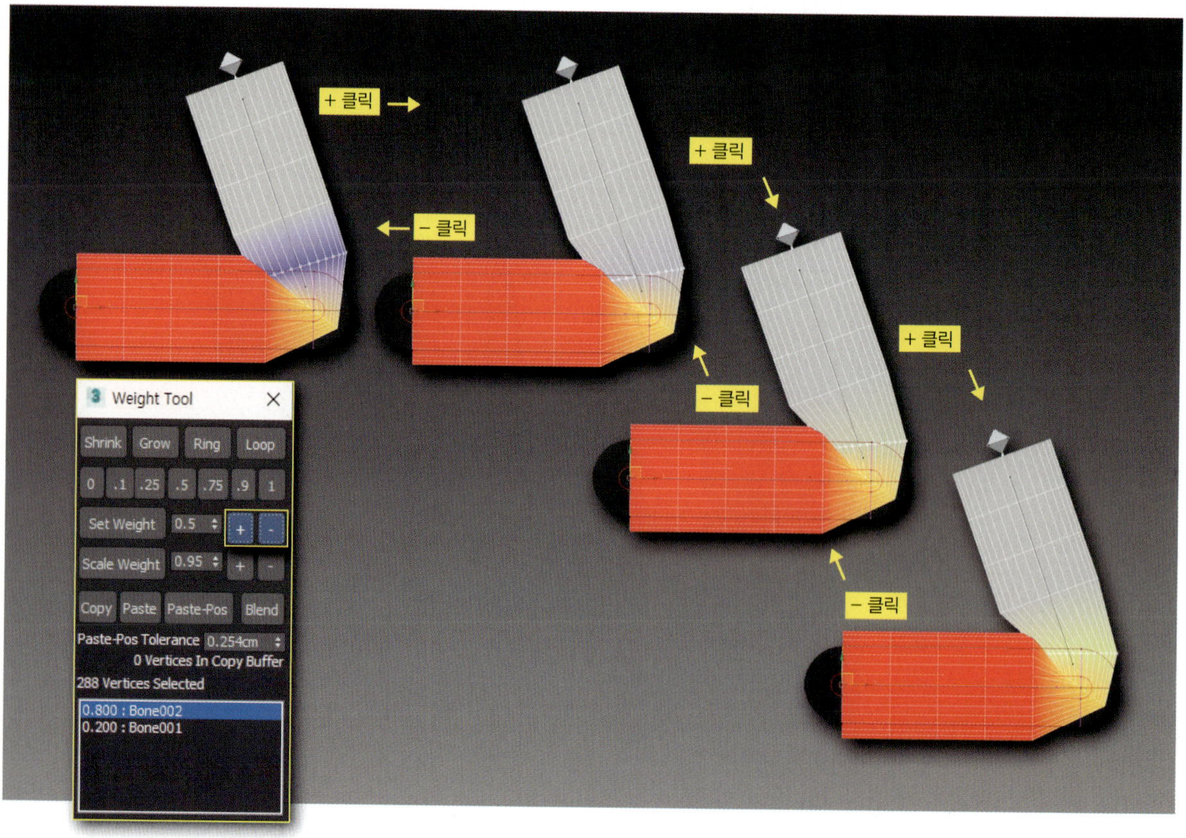

■ Paint Weight

Paint Weight를 이용하면 Weight 값을 직접 Object에 색을 칠하듯이 직관적으로 확인하면서 적용할 수 있습니다.

Paint weight 버튼을 클릭하고 Object 위로 마우스를 가져가면 파란색 원으로 커서가 표시됩니다. Shift + Ctrl 키를 누른 상태로 마우스를 클릭하고 위쪽으로 드래그하면 커서가 커지고 Shift + Ctrl 키를 누른 상태로 마우스를 클릭하고 아래 쪽으로 드래그하면 커서가 작아집니다. 커서의 크기는 영향 받는 범위를 결정합니다.

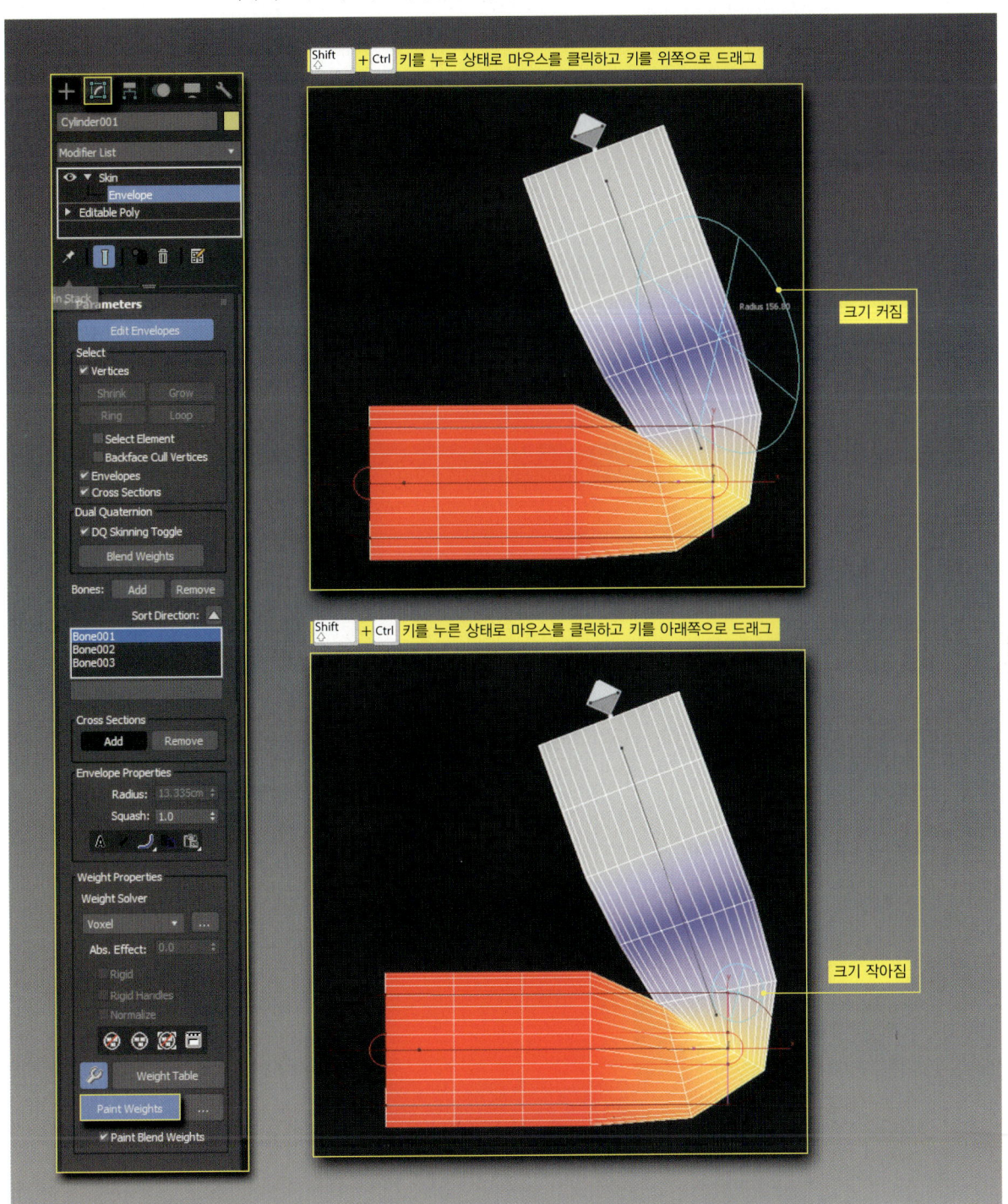

Shift + Ctrl 키를 누른 상태로 마우스를 클릭하고 위쪽으로 드래그하면 커서가 커지고 Shift + Ctrl 키를 누른 상태로 마우스를 클릭하고 아래쪽으로 드래그하면 커서가 작아집니다. 커서의 크기는 영향 받는 범위를 결정합니다.

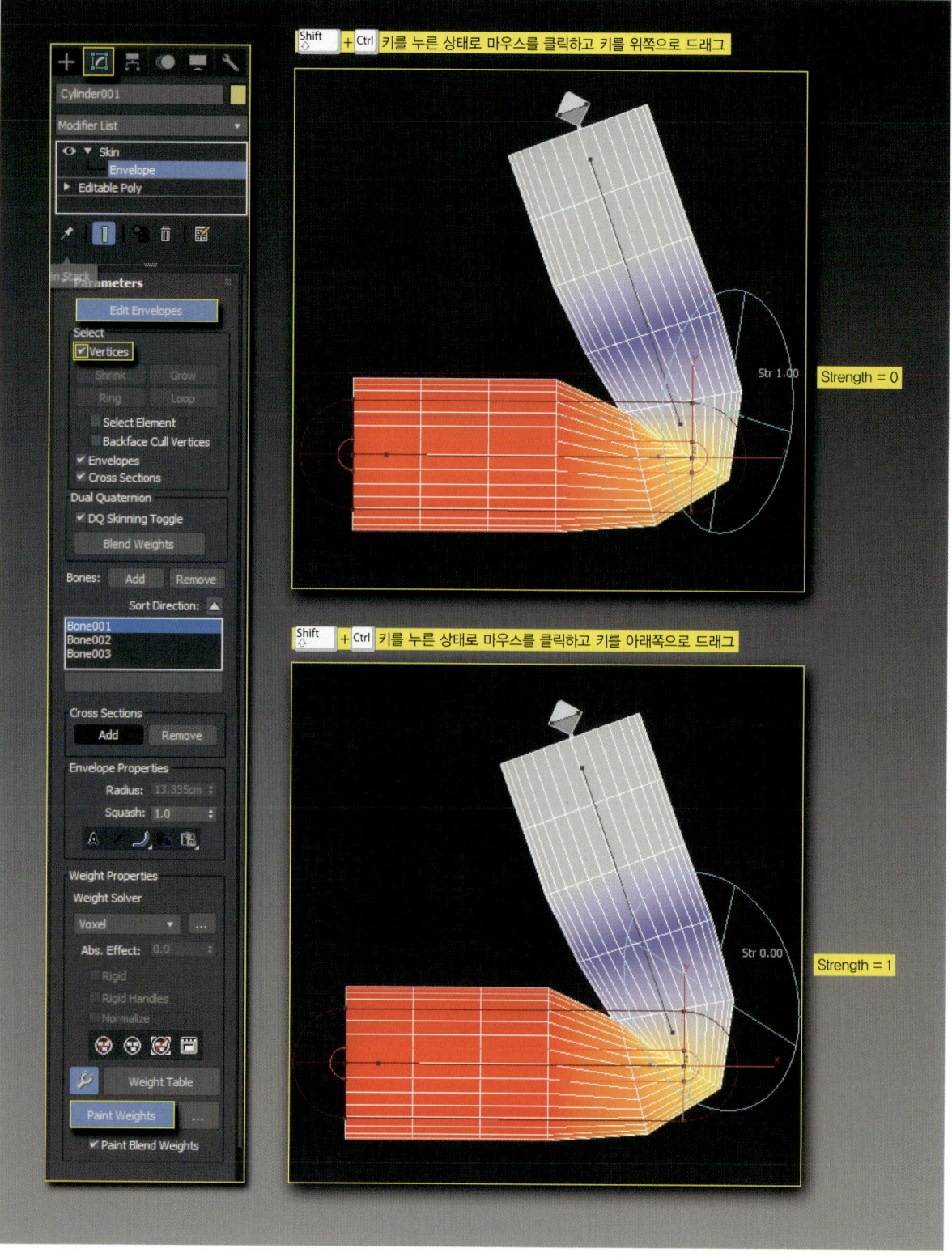

Paint Weight 옆의 Painter Options 버튼을 클릭해서 활성화한 후에 직접 Brush 크기와 세기를 좀 더 세부적으로 적용할 수 있고 Mirror를 활성화해서 대칭으로 Weight 값을 적용할 수 있습니다.

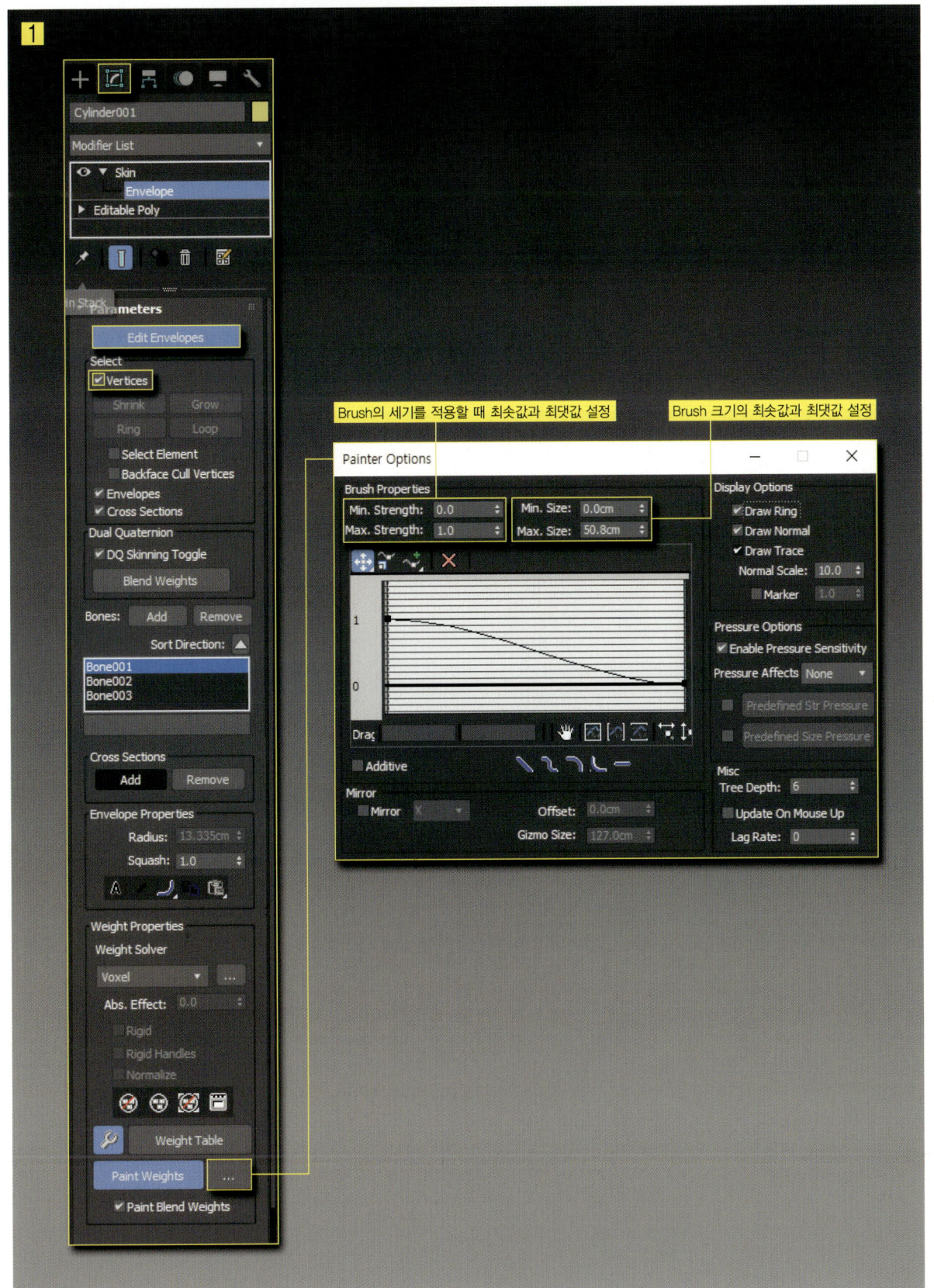

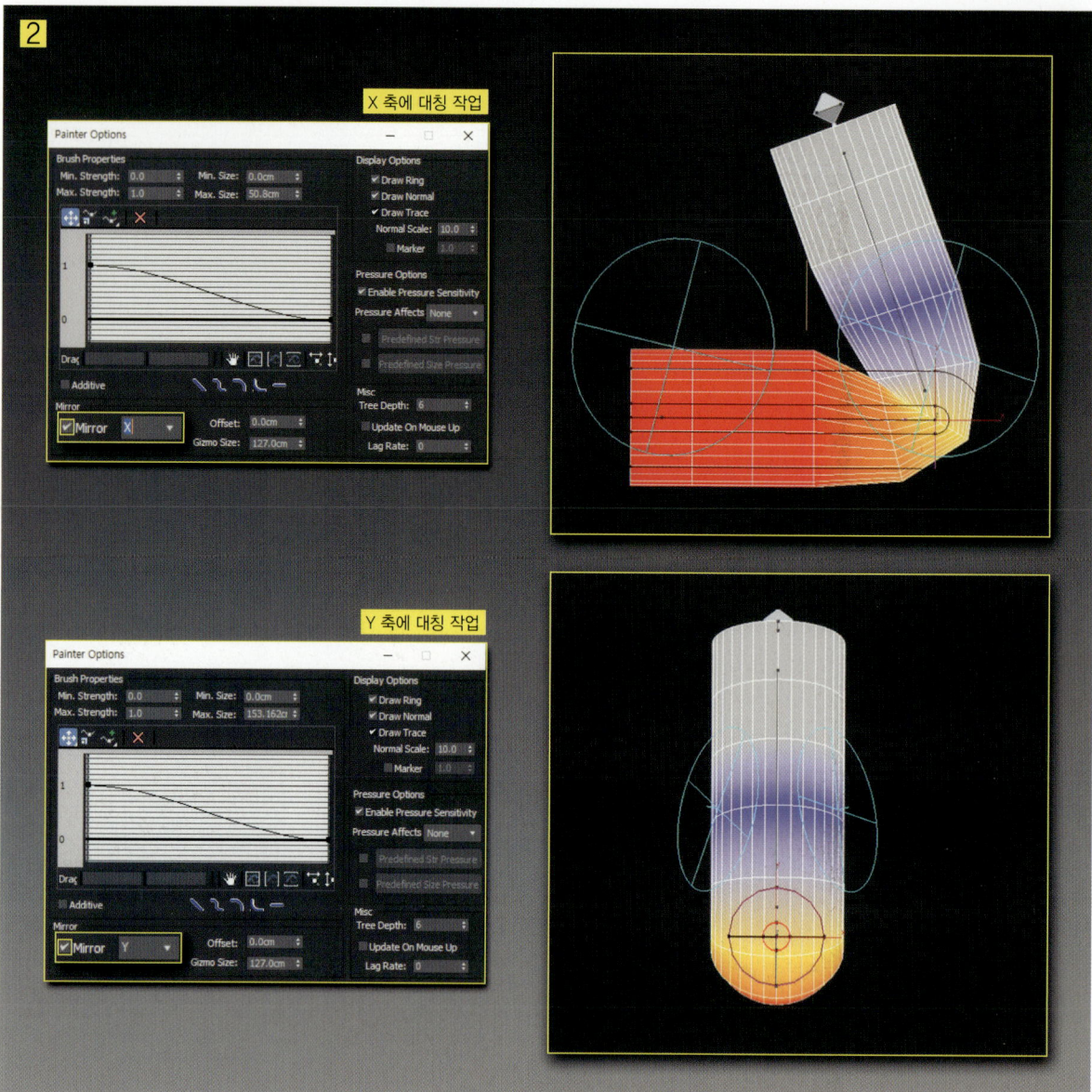

Object 표면을 직접 클릭한 상태로 문지르면 Weight 값이 추가로 적용되고 Alt 키를 누른 상태로 문지르면 적용된 Weight 값을 줄여줍니다.

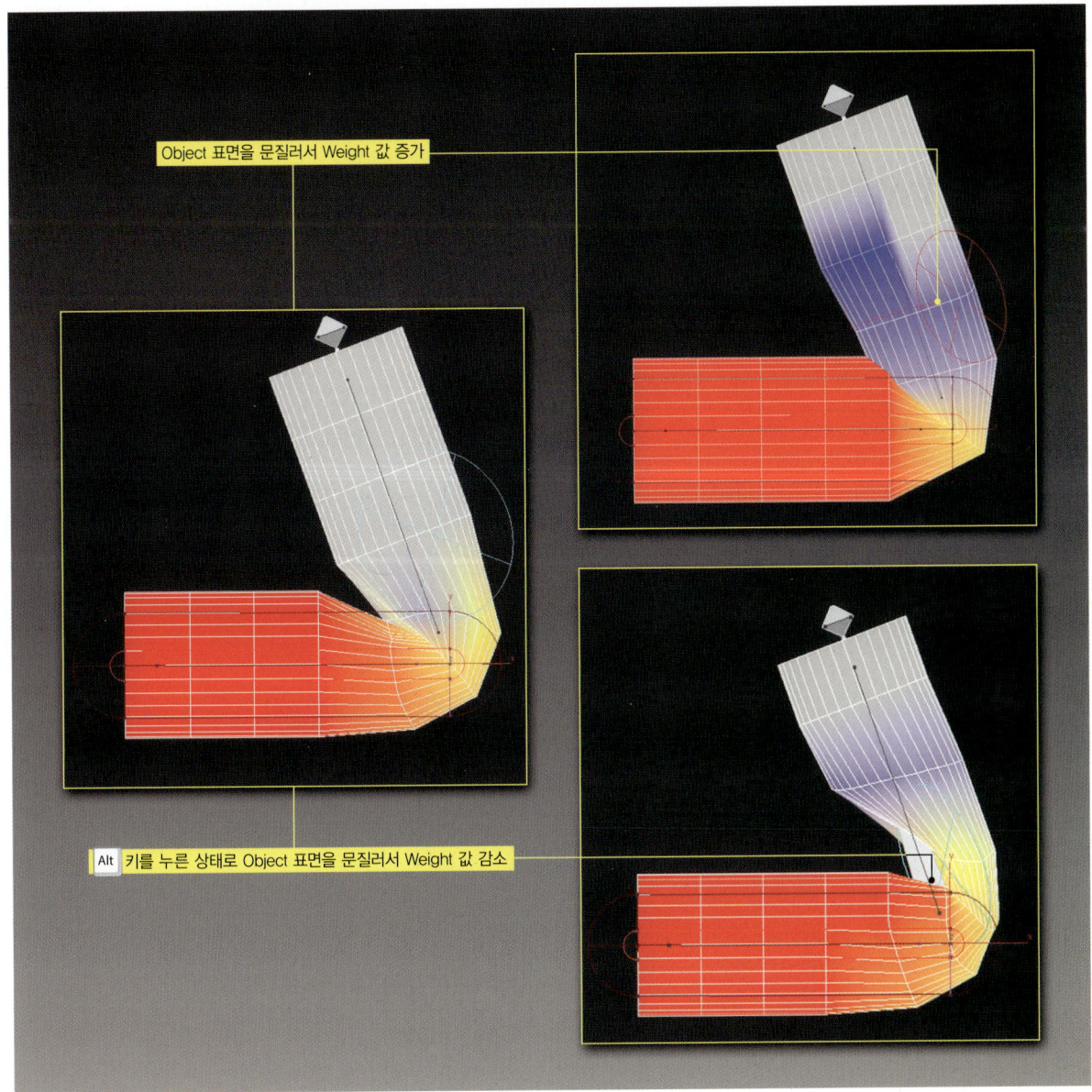

■ Weight Table

Weight Table은 Object의 모든 Vertex의 Weight 값을 표로 확일할 수 있는데 선택한 각 Vertex의 값을 직접 입력해서 수정하거나 여러 개의 Vertex Weight 값을 동시에 마우스 클릭 앤 드래그 방식으로 조절할 수 있습니다.

Weight Table 버튼을 클릭하면 Skin Weight Table이 활성화되고 현재 생성한 Bone과 Object의 Vertex와 Vertex에 적용된 Weight 값이 모두 정리되어 있는 표가 나타납니다. Vertex는 모든 Vertex를 표시하거나 선택된 Vertex 혹은 선택한 Bone에 Weight 값이 적용된 모든 Vertex를 표시할 수 있습니다.

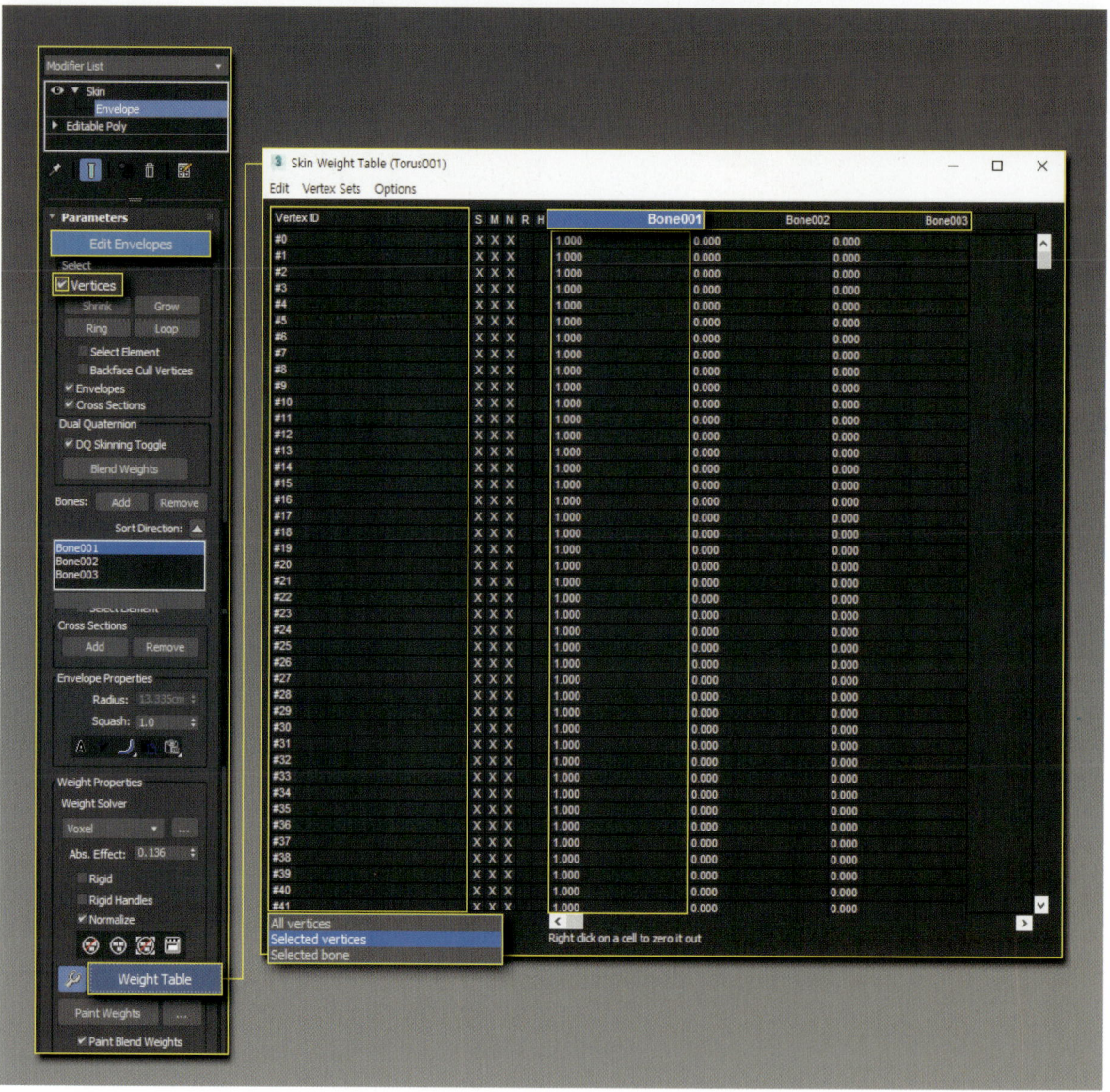

다음 그림을 보면 선택한 Vertex가 Bone001에 Weight가 0.900 적용되고 Bone002에 0.100만큼 적용된 것을 알 수 있습니다.

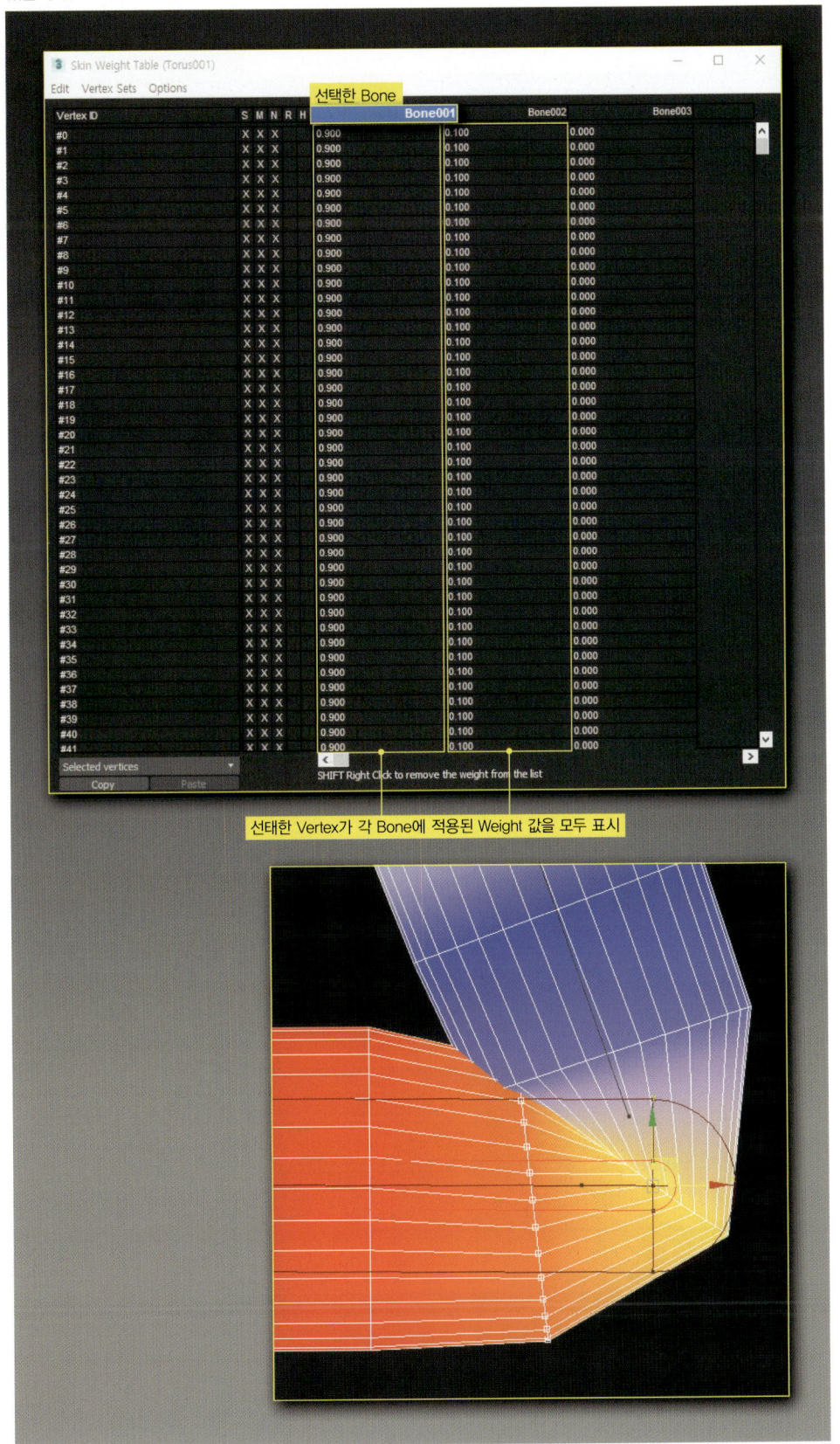

적용된 Vertex를 모두 선택하고 Weight 값은 클릭 후 오른쪽으로 드래그하면 수치가 올라가고 왼쪽으로 드래그하면 수치가 내려갑니다.

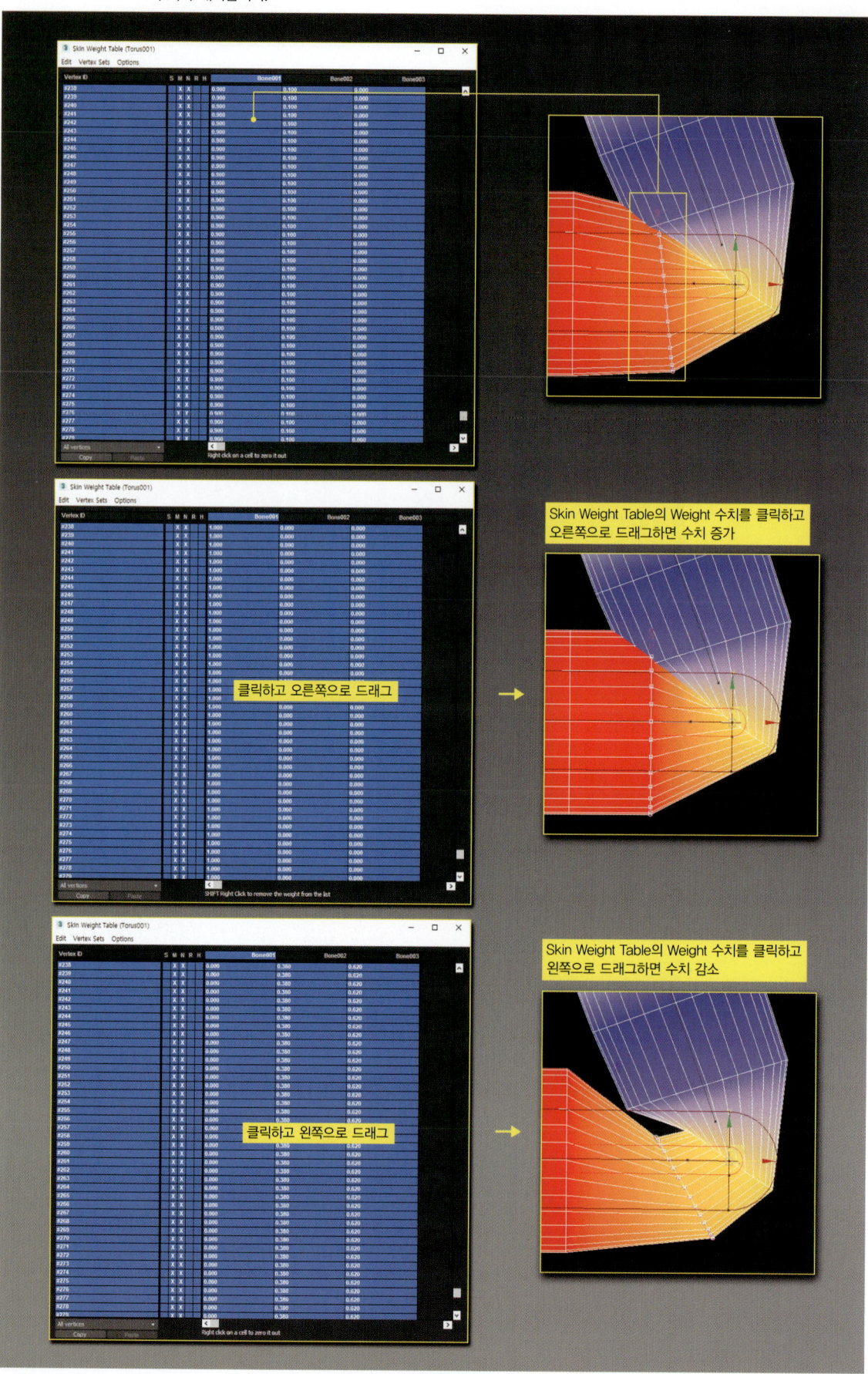

PINUP TIP — 각 Vertex를 하나하나 실시간으로 확인하면서 수정할 수 있기 때문에 정교하게 Weight 값을 변경할 때 사용하면 활용도가 높습니다.

이제 제작한 기본형 캐릭터에 뼈대를 만들고 Skin을 적용해서 움직여 봅시다.

SECTION 02

포즈

3ds Max에서는 캐릭터 애니메이션을 위해서 사람의 구조에 맞게 뼈대를 만들고 애니메이션을 할 수 있는 기능을 제공합니다. 3ds Max를 이용해서 포즈를 취하거나 애니메이션할 때 가장 많이 사용하는 Biped에 대한 활용법을 알아보도록 하겠습니다.

Biped

 Basic Man_ch.max

Biped는 3ds Max에서 기본으로 제공하는 Bone 시스템입니다. 제작한 캐릭터 뼈대의 크기와 위치를 쉽고 빠르게 조절해서 구성할 수 있습니다. 더불어 Biped에 Bone을 연결해서 캐릭터의 의상이나 보호 장비 등을 추가할 수도 있습니다.

챕터5에서 학습했던 인체 기본형 Object를 불러와서 Biped와 Skin을 이용해 포즈를 잡아 봅니다.

본인이 직접 제작한 캐릭터를 불러오거나 Basic man_ch.max 파일을 내려받아 오픈합니다.

먼저 제작한 캐릭터를 World 축의 중심에 발이 닿도록 이동하고 반드시 Reset XForm을 해주는 것이 좋습니다. 모델링 과정에서 Object의 중심이나 크기 등이 변형되어서 문제가 발생할 수 있기 때문에 현재 위치를 기준으로 초기화하는 역할을 합니다.

캐릭터를 선택하고 Utilities ➡ Reset XForm 클릭하고 Reset Selected를 클릭합니다.

Modify로 이동해서 확인해 보면 Xform이 적용되어 있습니다. 이때 Editable Poly로 다시 한번 변환합니다.

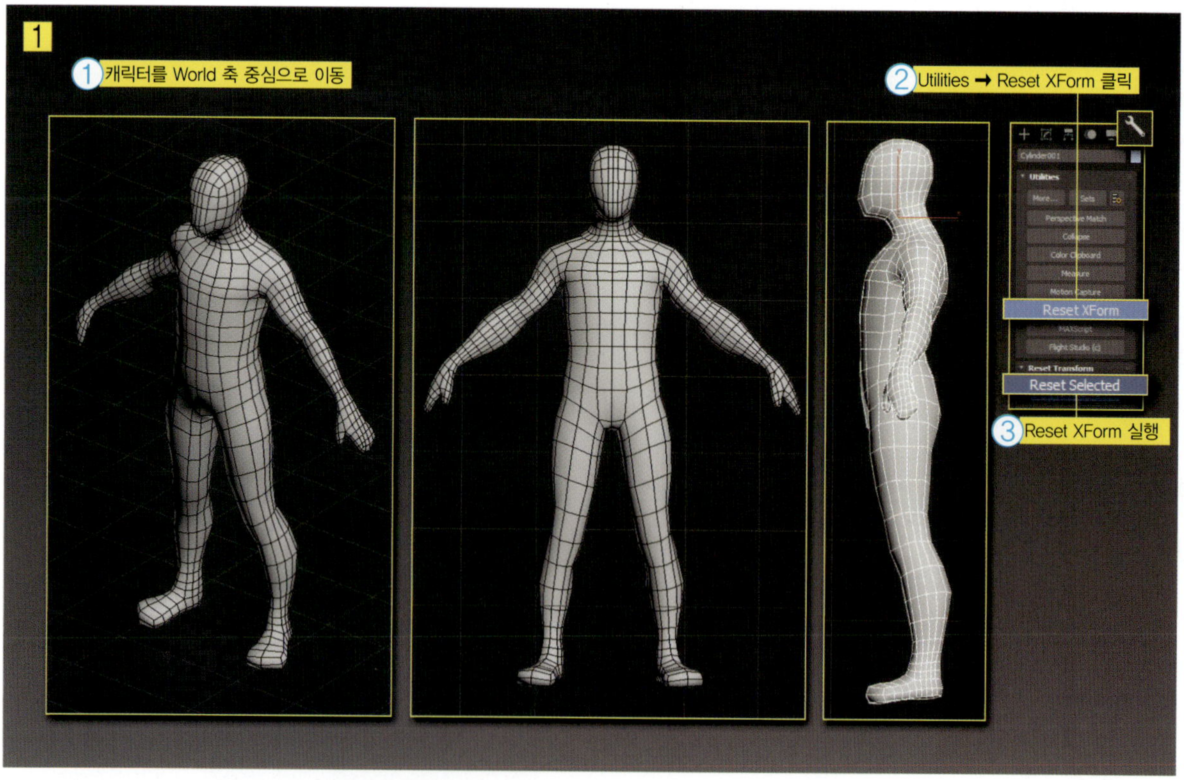

① 캐릭터를 World 축 중심으로 이동
② Utilities ➡ Reset XForm 클릭
③ Reset XForm 실행

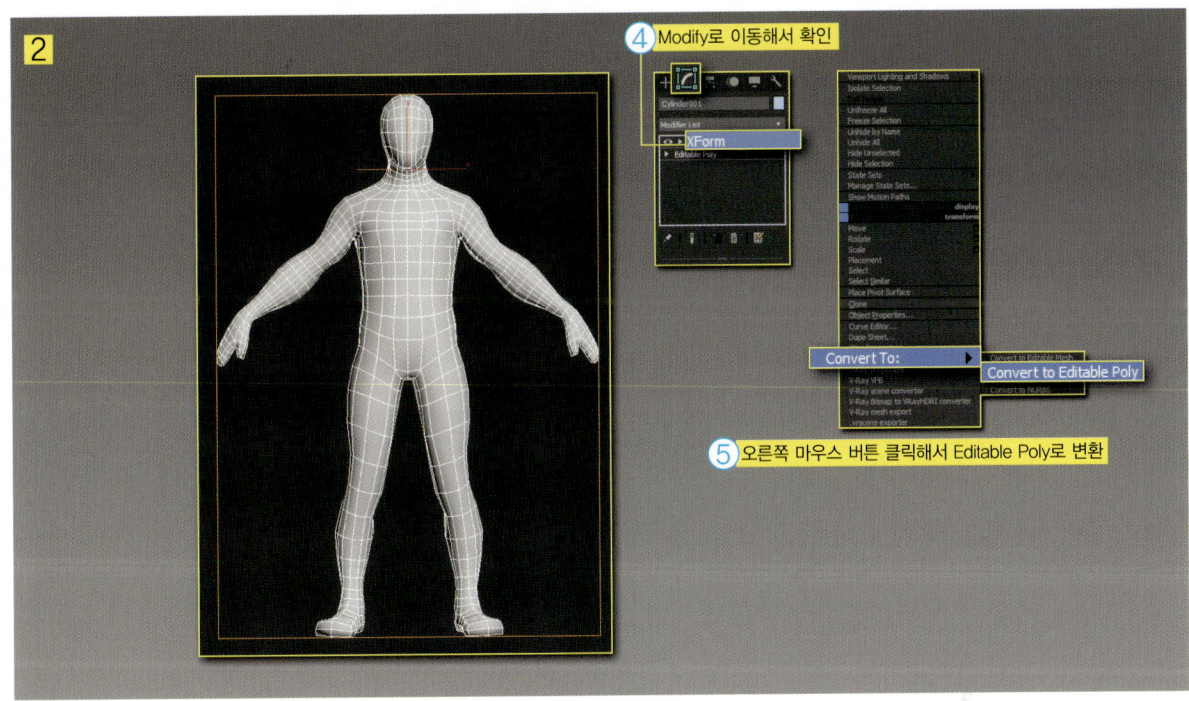

이제 Biped를 생성해서 캐릭터 크기와 형태에 맞도록 변형합니다. Biped는 Create ➜ Systems에서 Biped를 클릭해서 생성합니다. Creation Method에서 Drag Height가 기본 설정으로 되어 있고 Viewport를 클릭하면 한 곳에 생성되고 드래그해서 원하는 만큼 키를 조절할 수 있습니다.

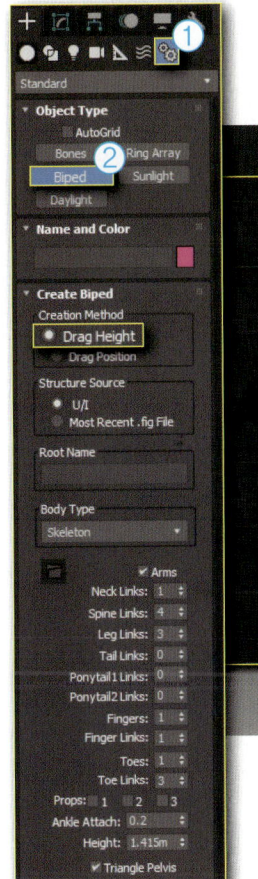
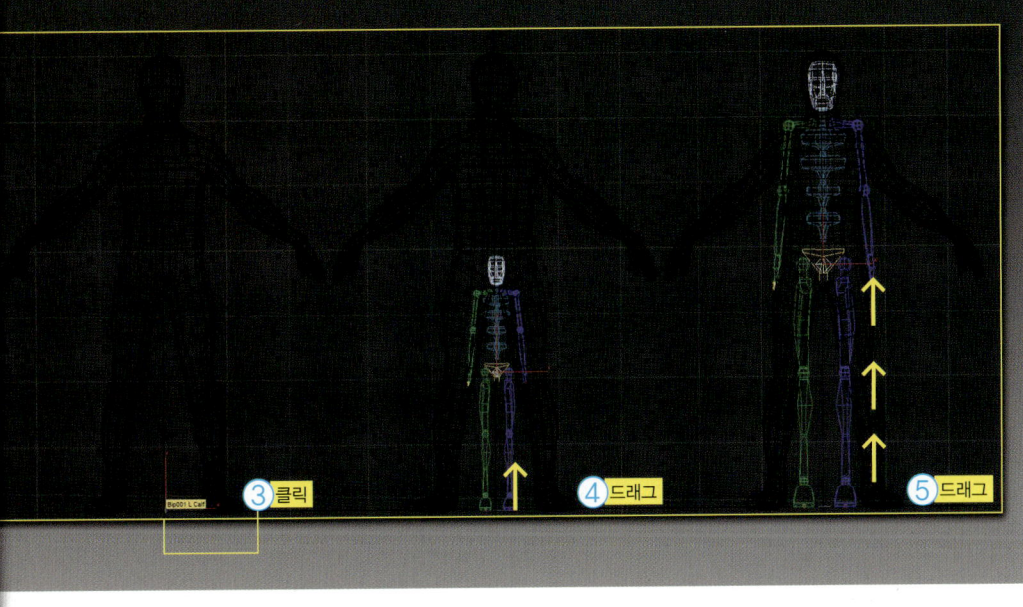

Chapter 08 | 리깅과 포즈 695

Drag Position인 상태에서는 클릭한 자리에 즉시 생성되고 드래그하면 위치가 이동됩니다. 생성한 Biped는 Motion tap으로 이동해서 각 관절의 세부적인 위치와 크기 등을 조절할 수 있기 때문에 이 단계에서는 크기나 위치를 신경쓰지 않아도 됩니다. 생성한 Biped의 Body Horizontal, Body Vertical, Body Rotate 버튼을 클릭하면 Biped의 중심인 Bip001선택됩니다. 선택 후에 World 축의 X축 중심으로 이동해야 좌우 대칭으로 작업할 수 있습니다.

> **PINUP TIP**
>
> 주의할 점은 움직이기 전에 관절의 세부적인 위치와 크기 조절은 Figure Mode 버튼을 활성화한 후에 해야 합니다. 그리고 포즈를 잡거나 애니메이션을 작업할 때는 Figure Mode 버튼을 비활성화해야 합니다.

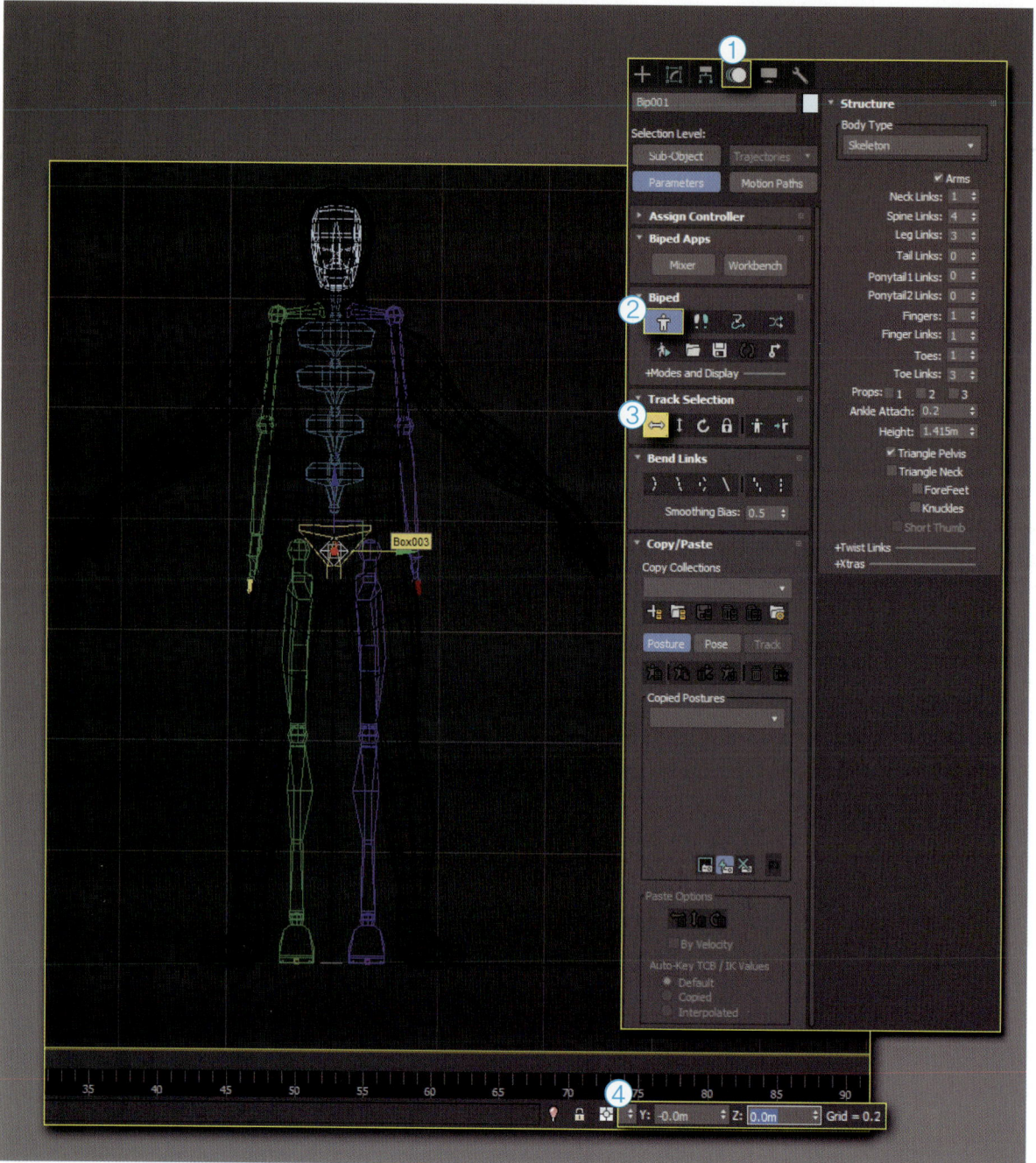

Structure에서 Biped의 형태를 선택할 수 있습니다.

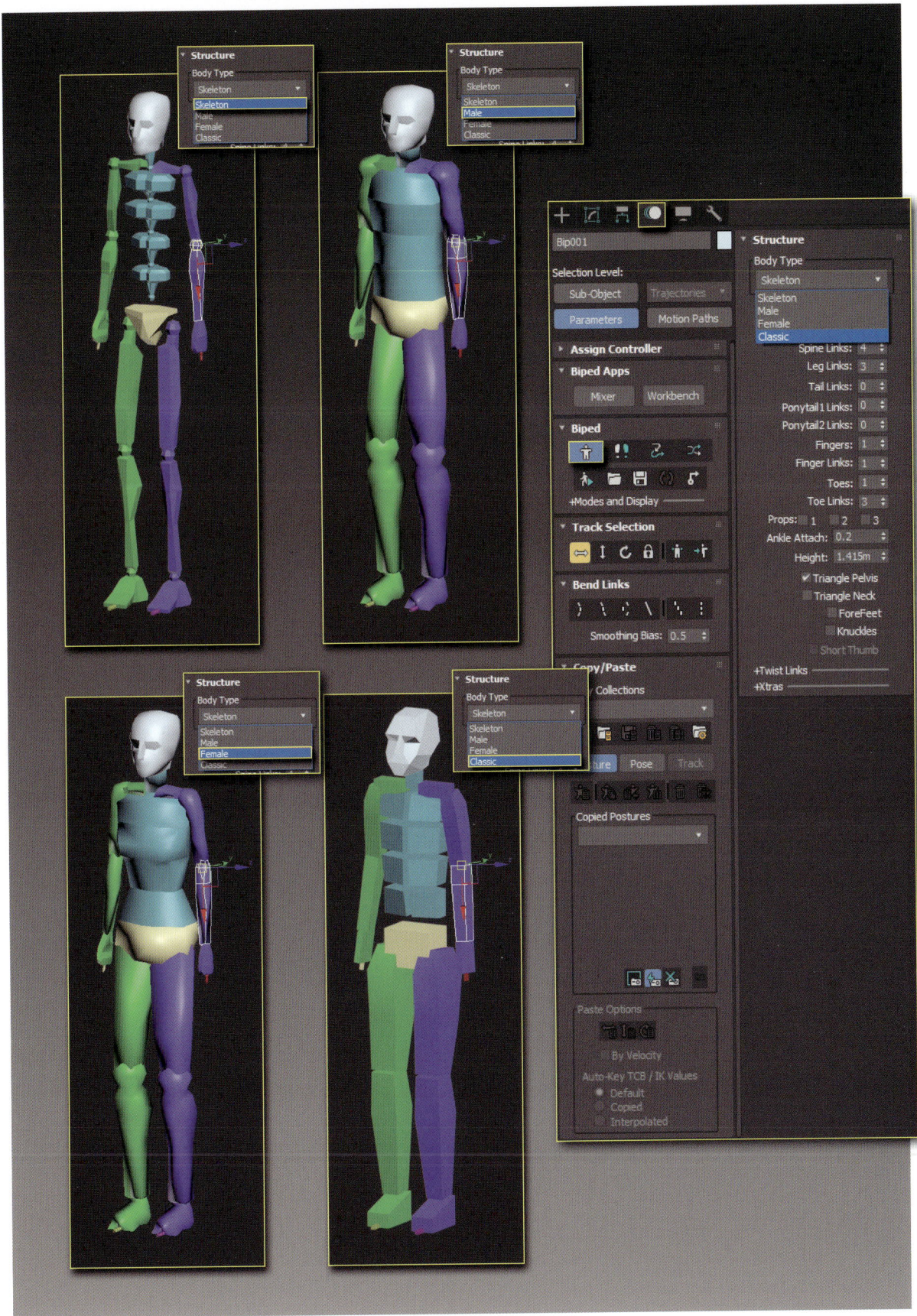

Structure에서 손가락과 발가락 수, 관절의 개수 등을 캐릭터에 맞게 추가합니다.

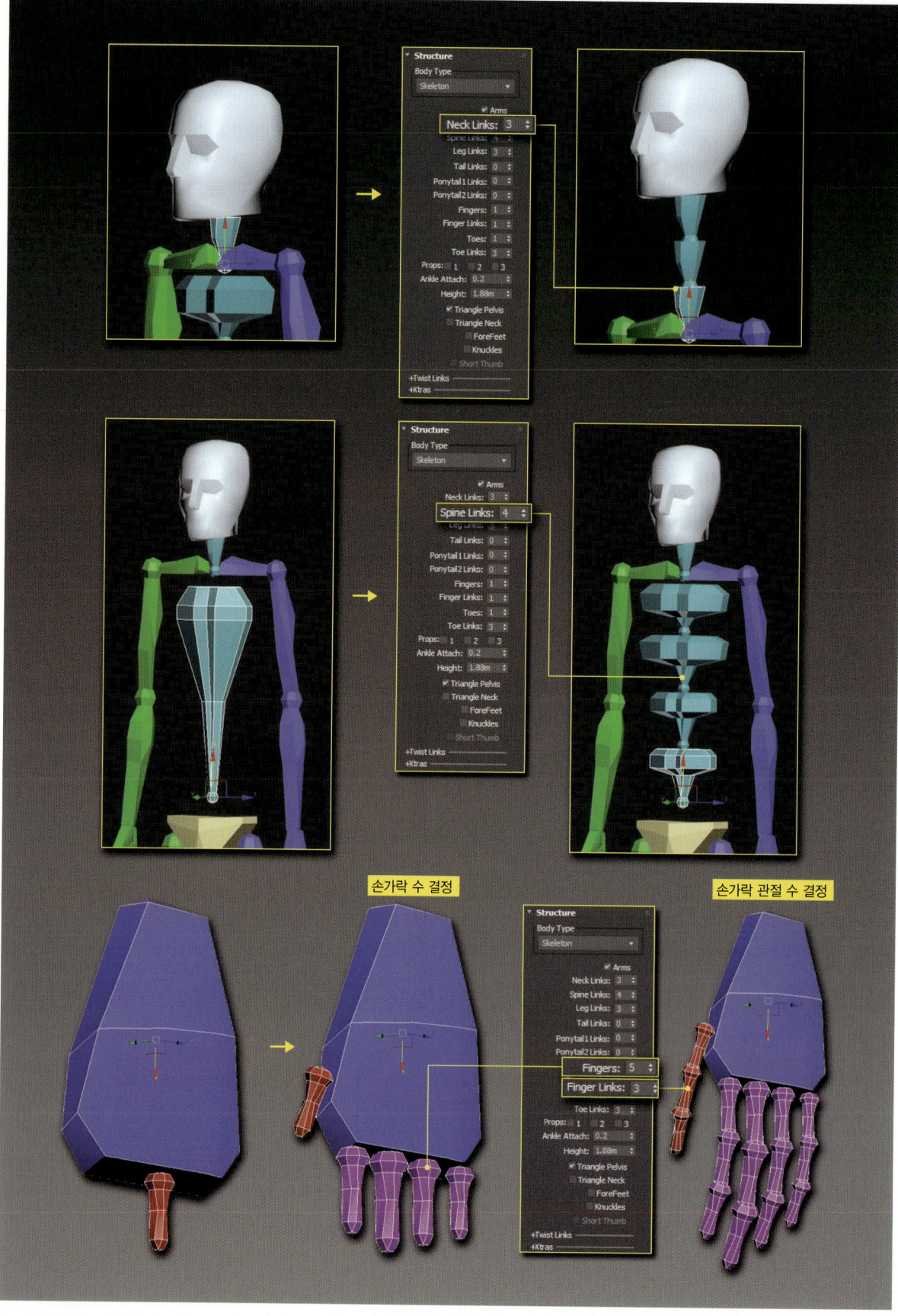

Biped의 발 부분을 선택하고 캐릭터의 형태에 맞게 이동시키면 발 전체가 자연스럽게 이동합니다.

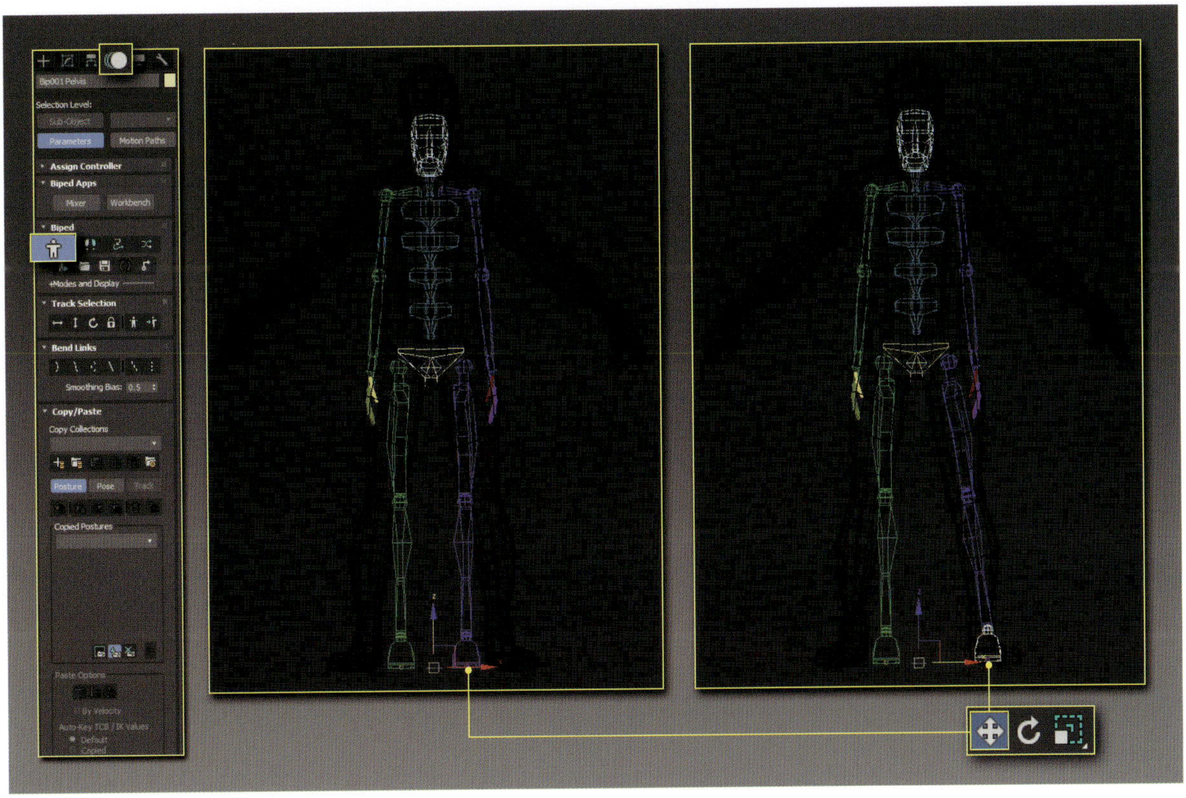

캐릭터를 선택하고 마우스 오른쪽 버튼을 클릭해서 Object Properties를 실행해서 See-Through를 체크하면 캐릭터가 투명하게 보입니다. Biped의 각 부위를 적절하게 위치시킵니다.

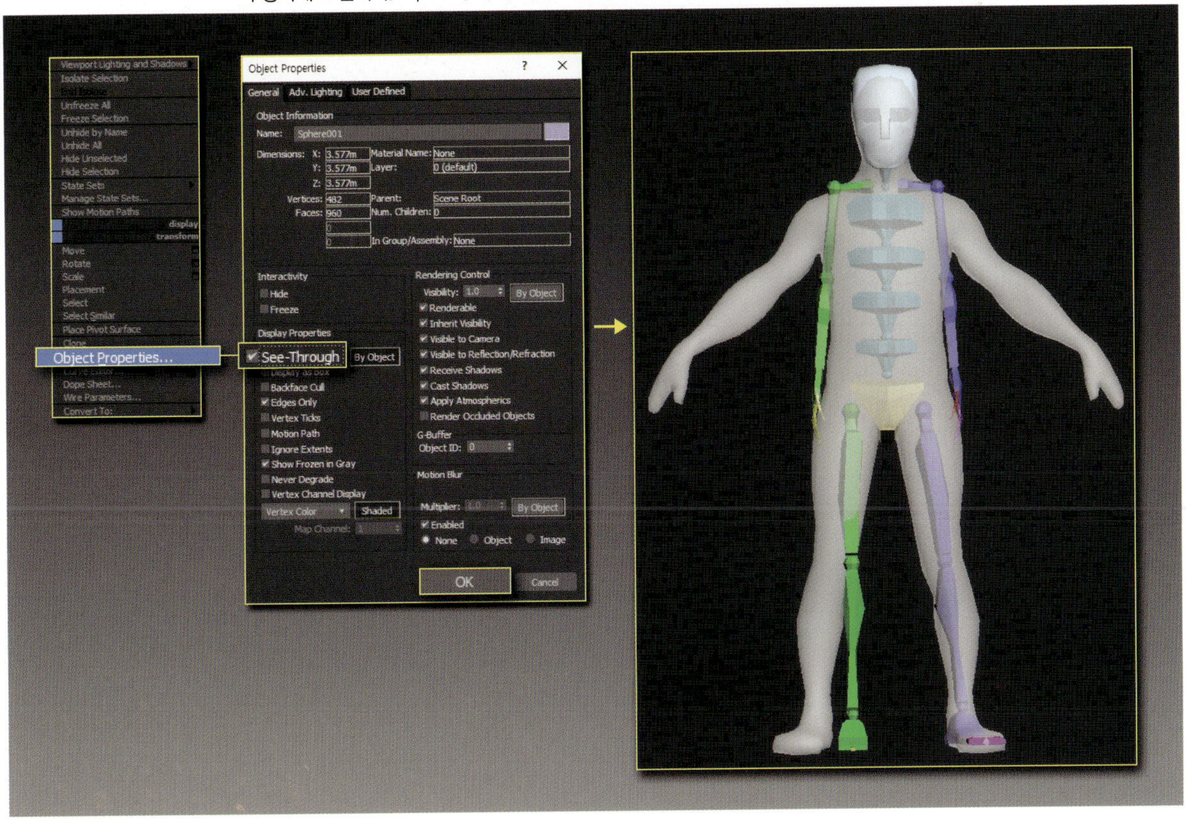

Structure에서 Body Type를 Classic으로 하고 캐릭터의 형태에 맞게 손가락 숫자와 관절 수 등을 확정합니다.

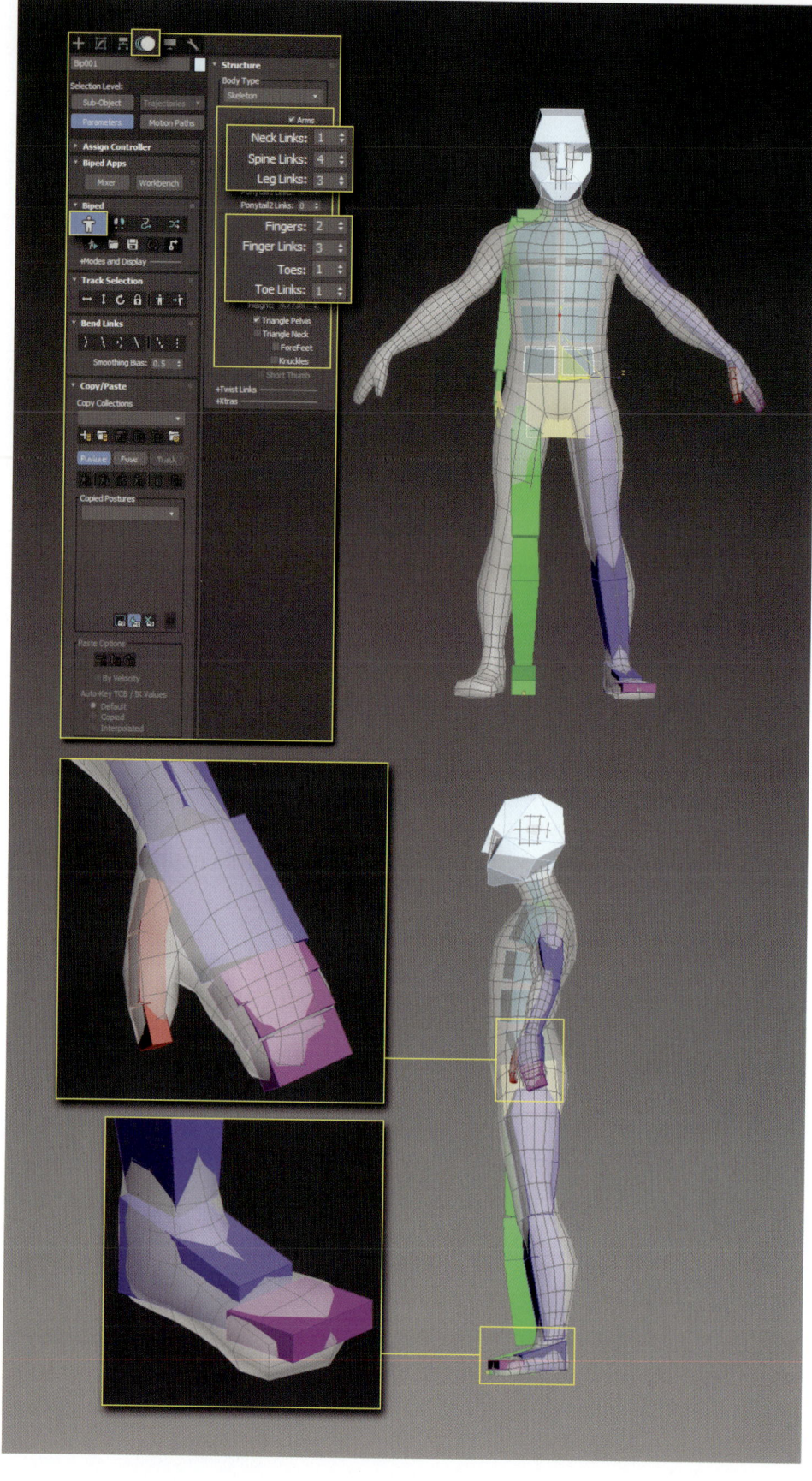

Move, Rotate, Scale 등의 기능을 이용해서 위치를 잡아 줍니다.

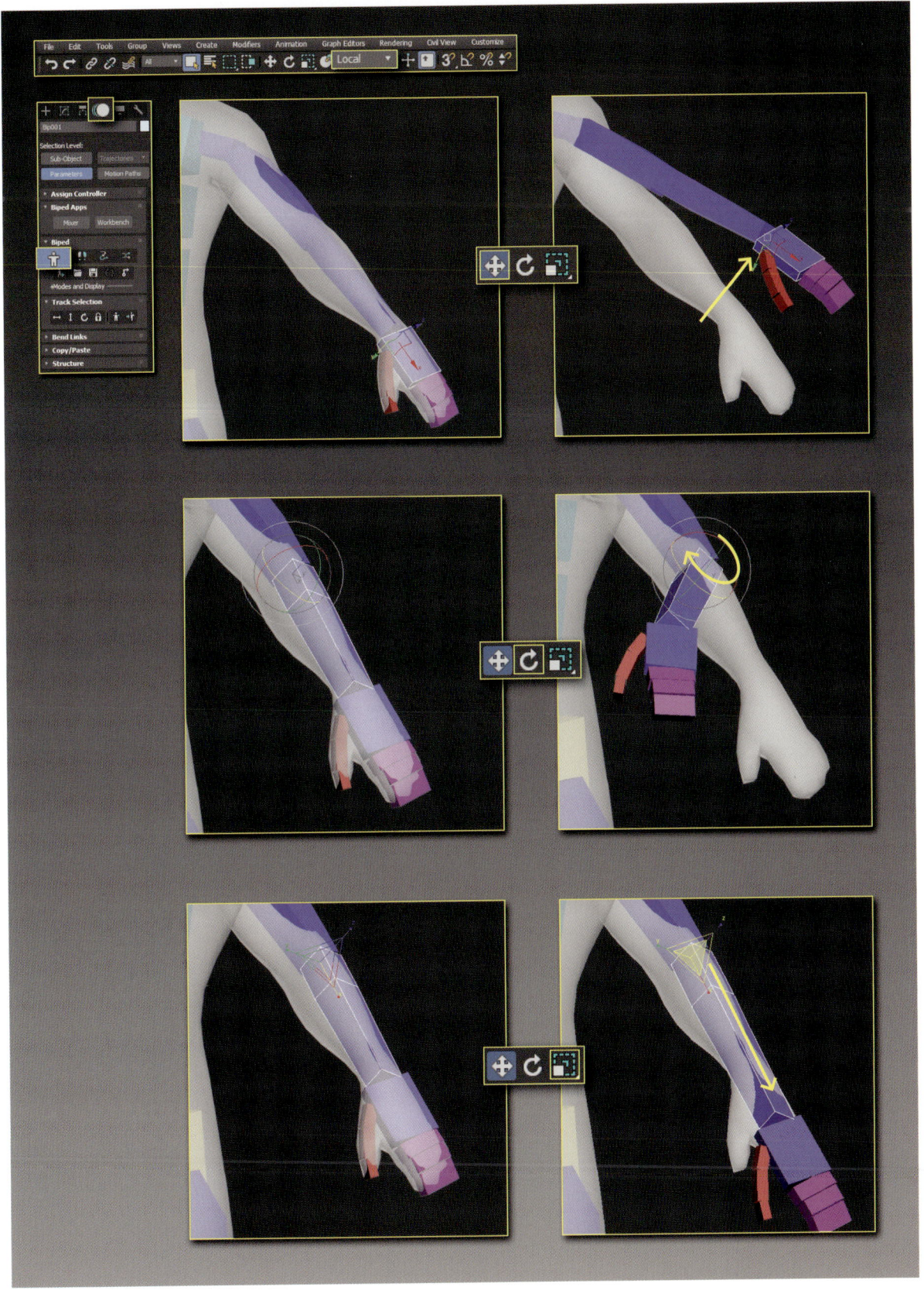

이때 축은 반드시 Local 축으로 하는 것이 좋습니다. 각 관절이 Local 축을 기준으로 정렬되어 있습니다.

Create/Paste → Copy Collections에서 Posture를 활성화하고 Copy Postures 버튼을 클릭하면 선택한 Biped의 현재 설정이 복사됩니다. Paste Posture Opposite를 실행하면 반대 쪽으로 복사된 형태 그대로 적용됩니다.

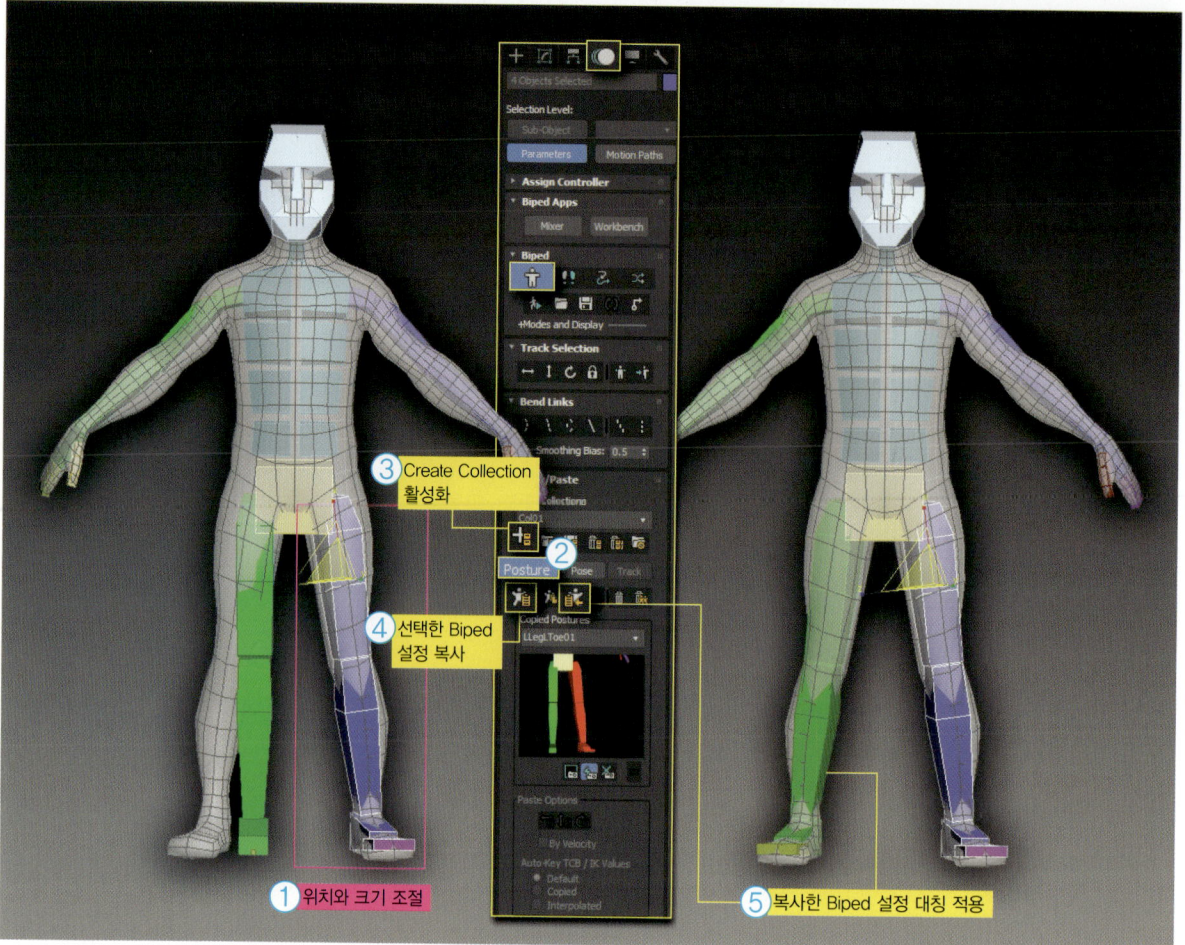

Skin 적용하고 포즈 잡기

지금까지 전체 형태를 캐릭터에 맞게 위치시켰으면 이제 Skin을 적용해서 캐릭터가 Biped를 따라 움직이도록 하겠습니다.

Object를 선택하고 Modify ➡ Skin을 적용한 후에 Bones : Add를 클릭해서 생성한 Biped를 모두 추가합니다.

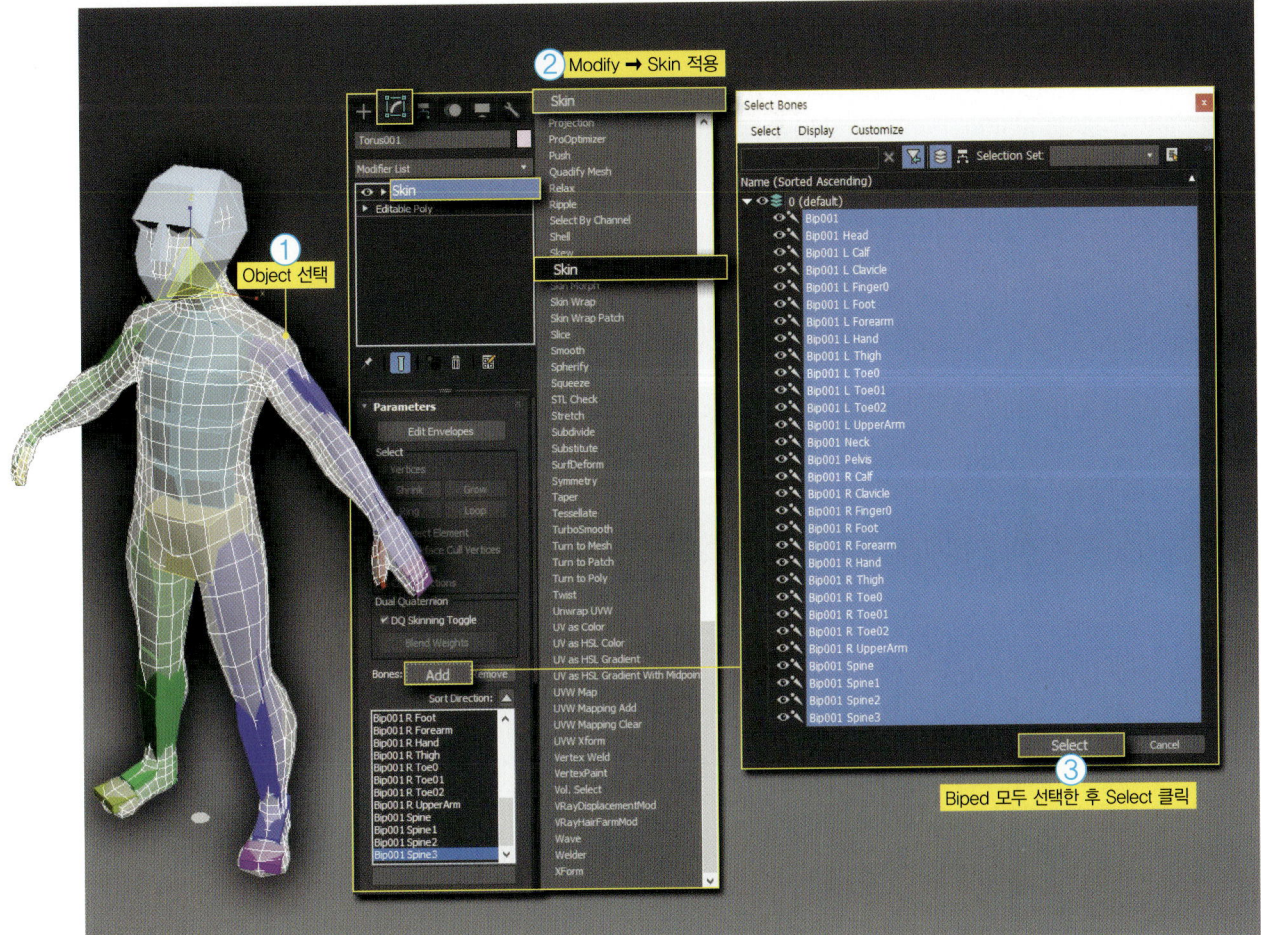

Edit Envelopes를 활성화하고 Vertex를 체크한 후에 Bone을 선택해보면 Weight가 적용되어 있습니다.

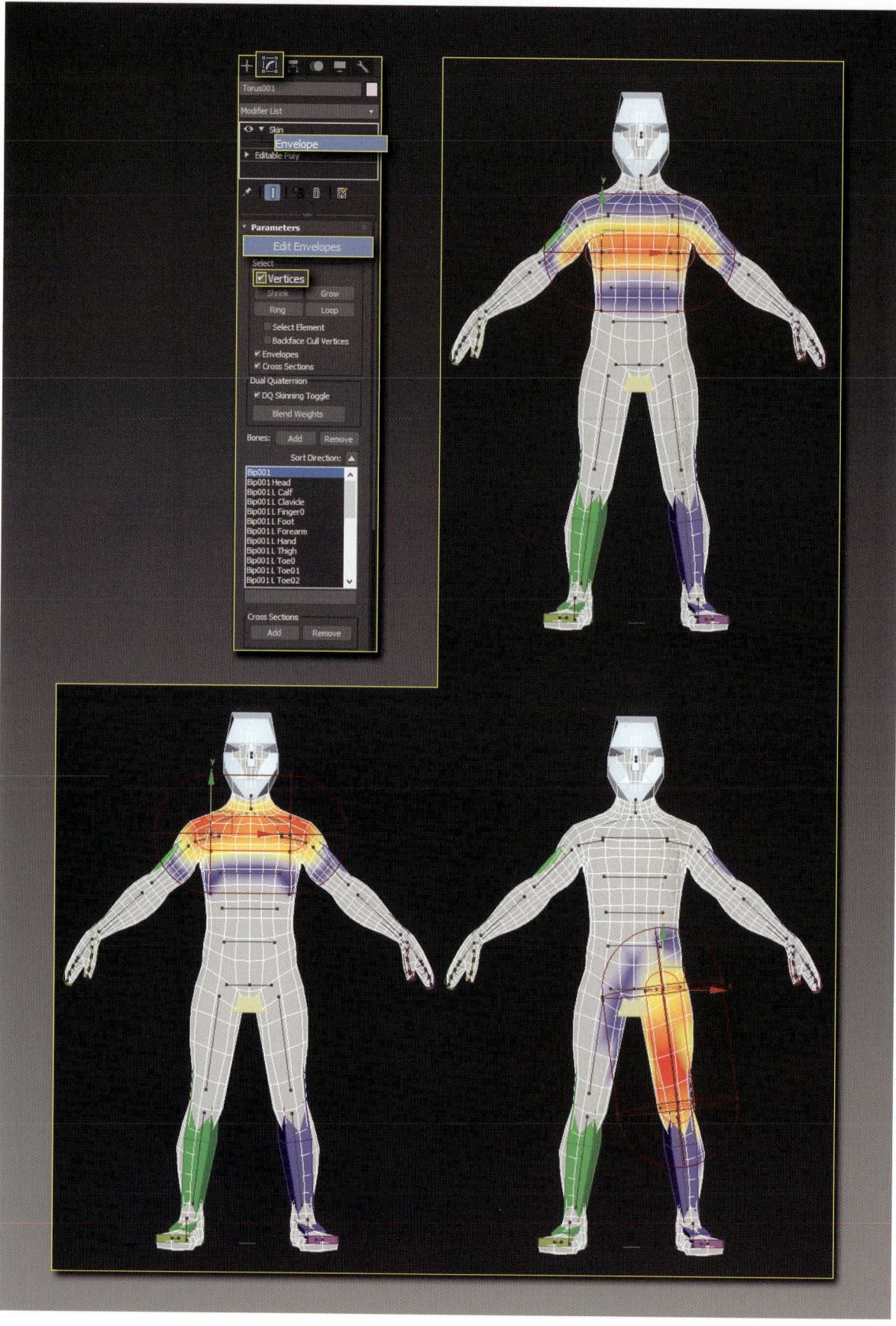

앞서 학습한 방법으로 적절한 Weight 값으로 수정해야 합니다. 적절하게 포즈를 취하고 포즈에 따라서 자연스럽게 변형이 일어나도록 Weight를 수정하는 것이 좋습니다.

포즈를 잡기 위해서는 먼저 Figure Mode 버튼을 비활성화고 Auto Key 버튼을 활성화합니다. 포즈를 잡은 Auto Key 버튼을 비활성화하면 포즈가 적용되고 Figure Mode 버튼을 활성화하면 최초 설정한 상태가 되며 Figure Mode 버튼을 비활성화하면 설정한 포즈를 취하게 됩니다.

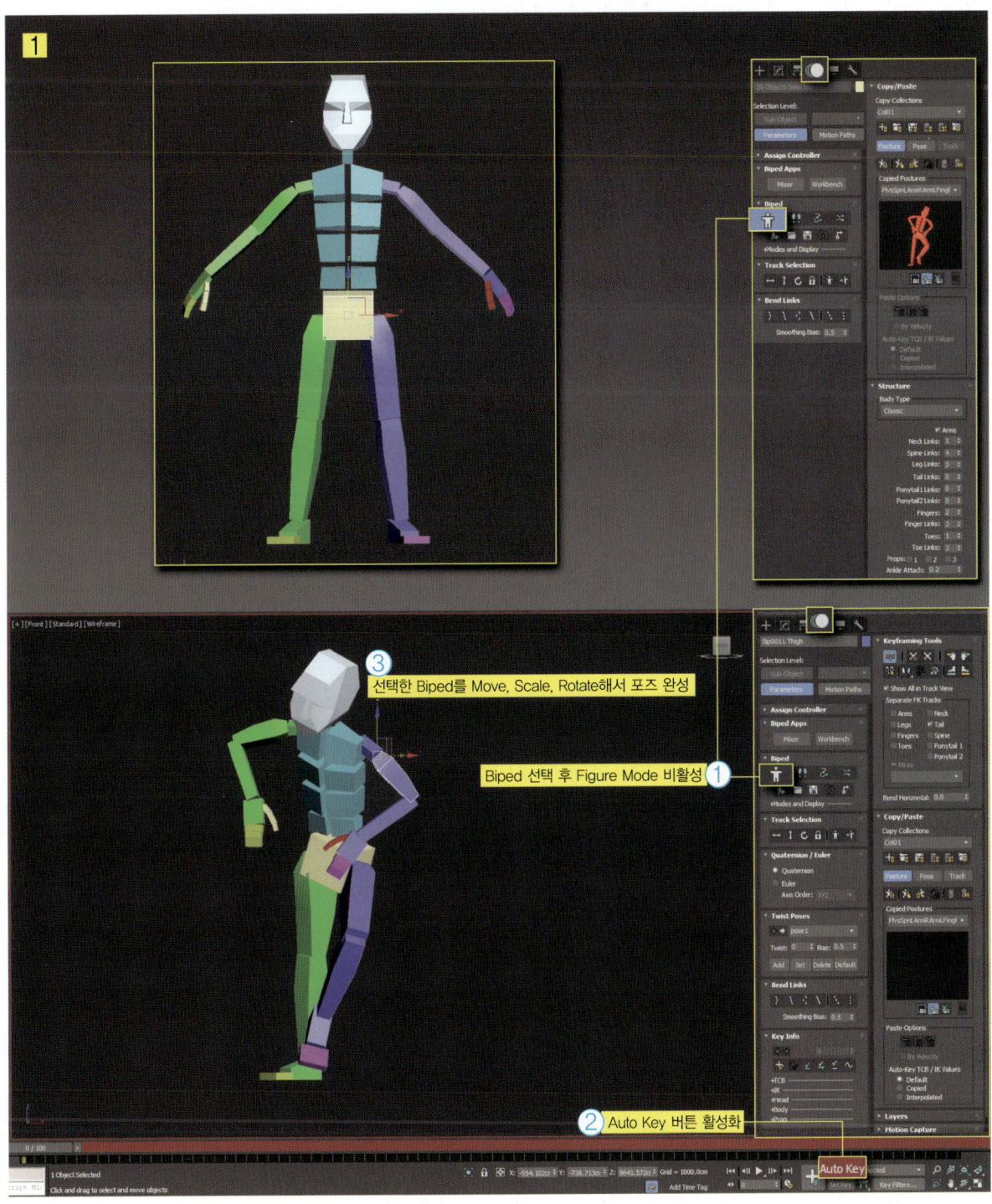

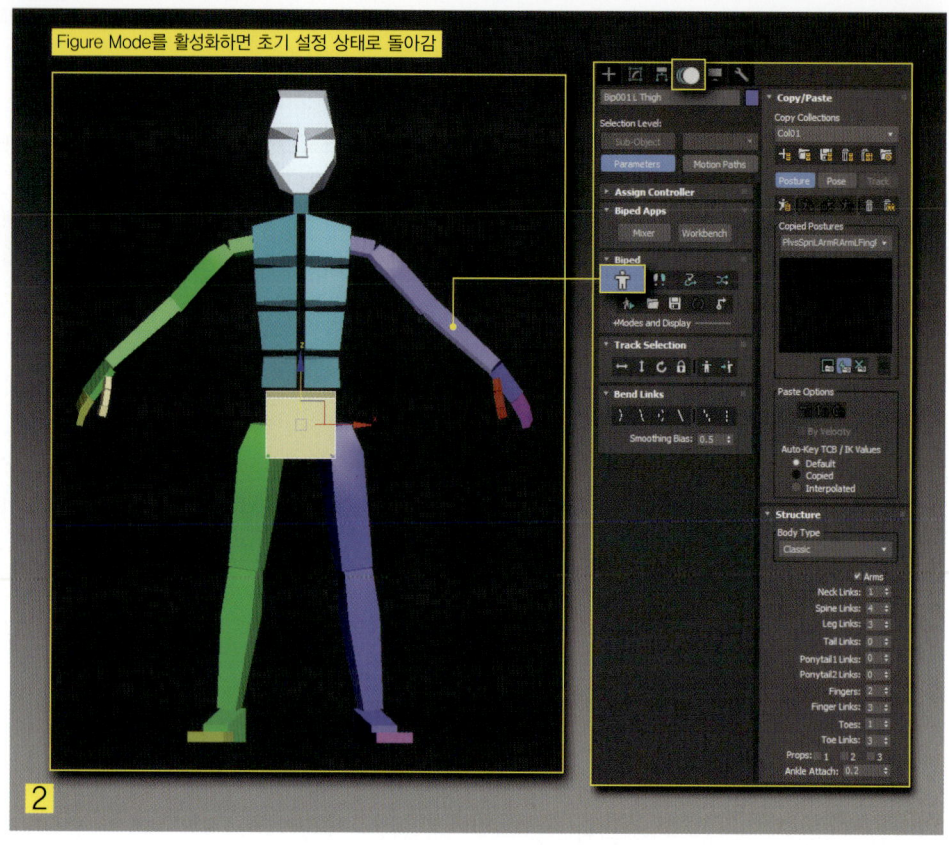

관절을 주로 사용하는 다양한 Pose를 적용해서 Weight를 수정하는 것이 좋습니다.

Time Slide Bar와 Auto Key를 이용해서 모든 Object의 이동과 회전 등을 애니메이션할 수 있습니다.

> **PINUP TIP**
>
> TIme Slide Bar를 순차적으로 이동하면서 Biped의 연속적으로 포즈를 취해서 연결하면 애니메이션이 가능합니다.

이제 포즈를 취하고 Skin Weight 값을 수정합니다. 다음과 같은 포즈를 기본으로 해서 수정했습니다. 캐릭터를 선택하고 Skin의 Envelope에서 Edit Envelopes를 활성화하고 Select Vertices를 체크합니다.

Weight Tool을 이용해서 Weight 값을 수정했습니다.

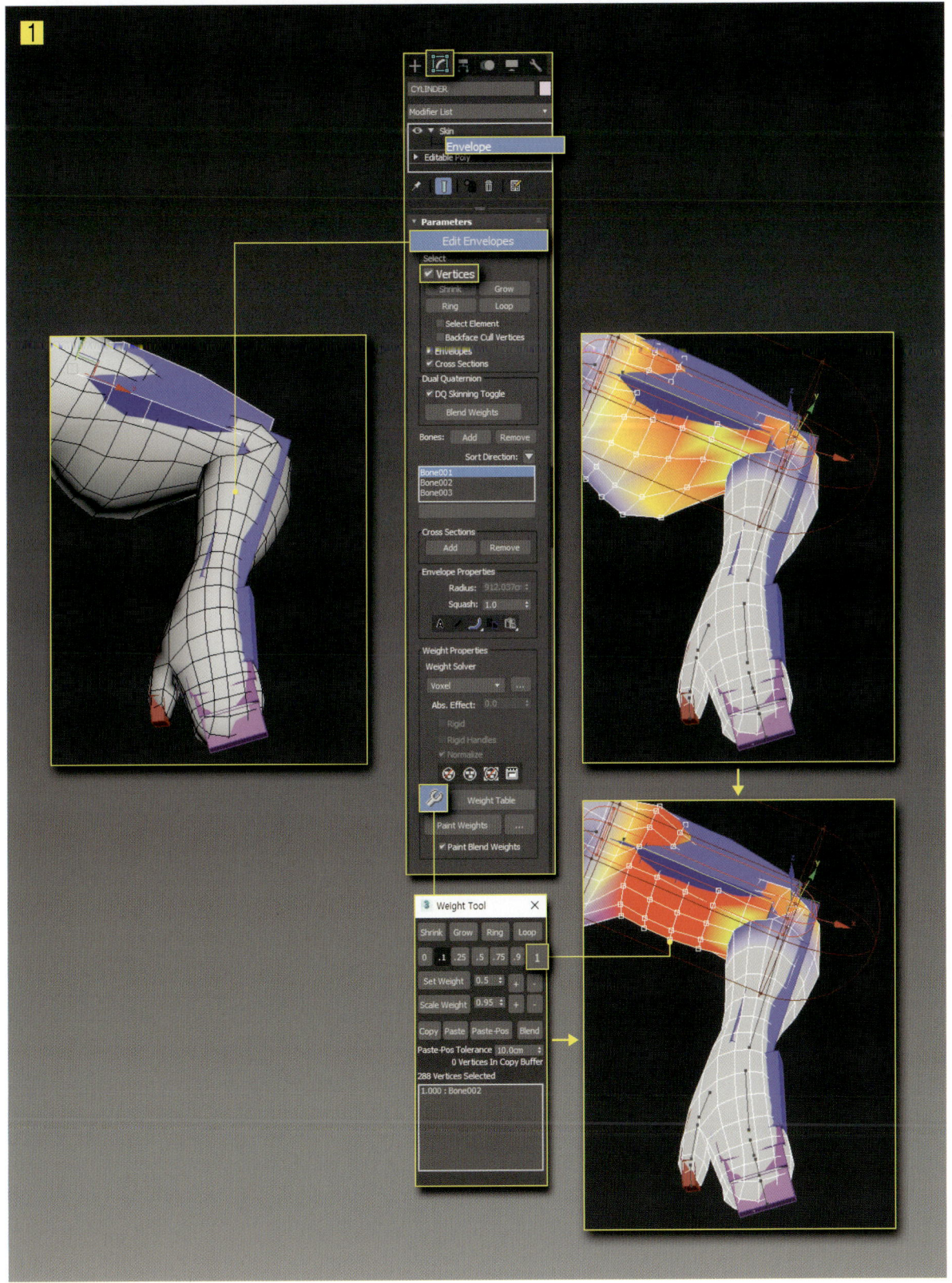

Chapter 08 | 리깅과 포즈

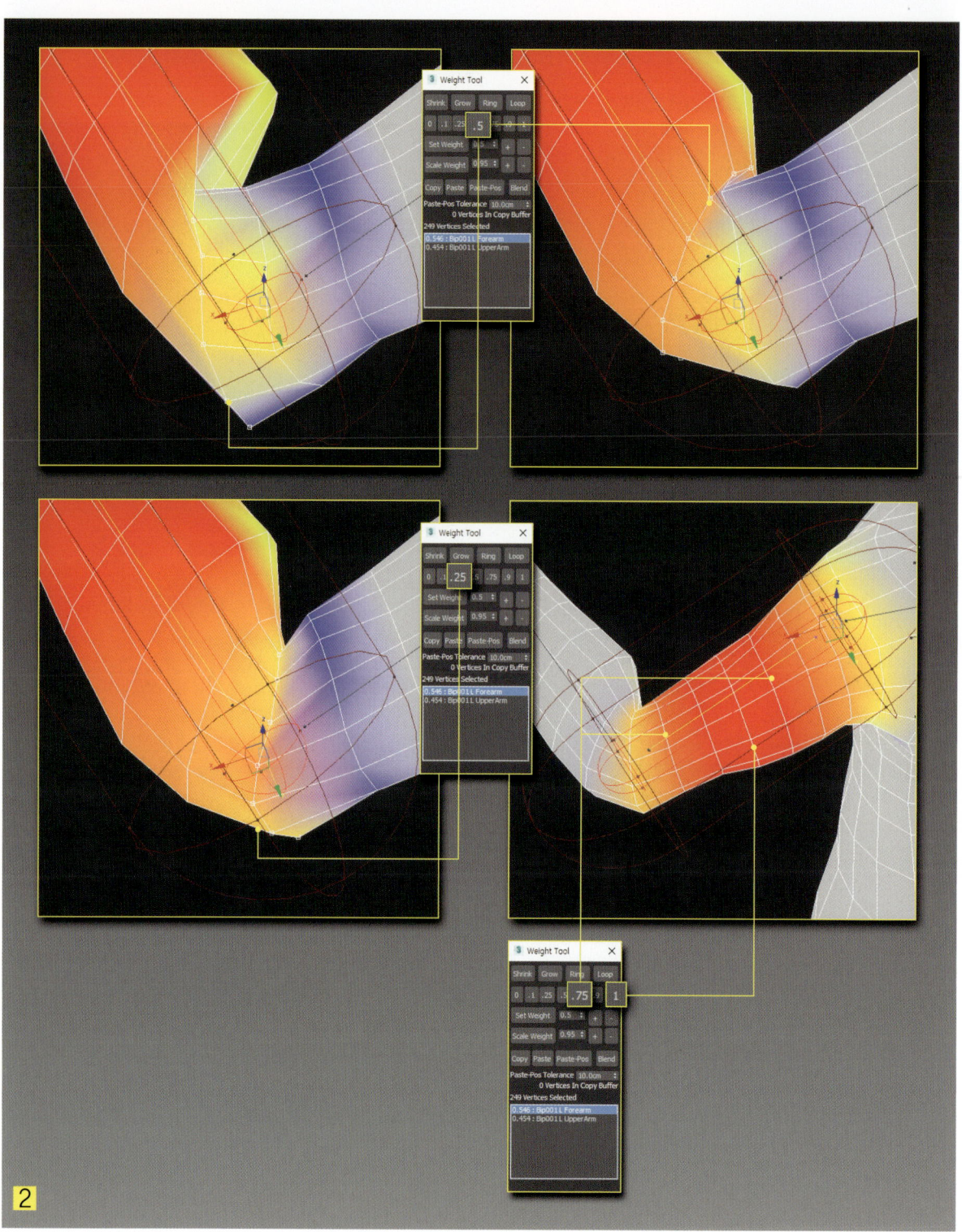

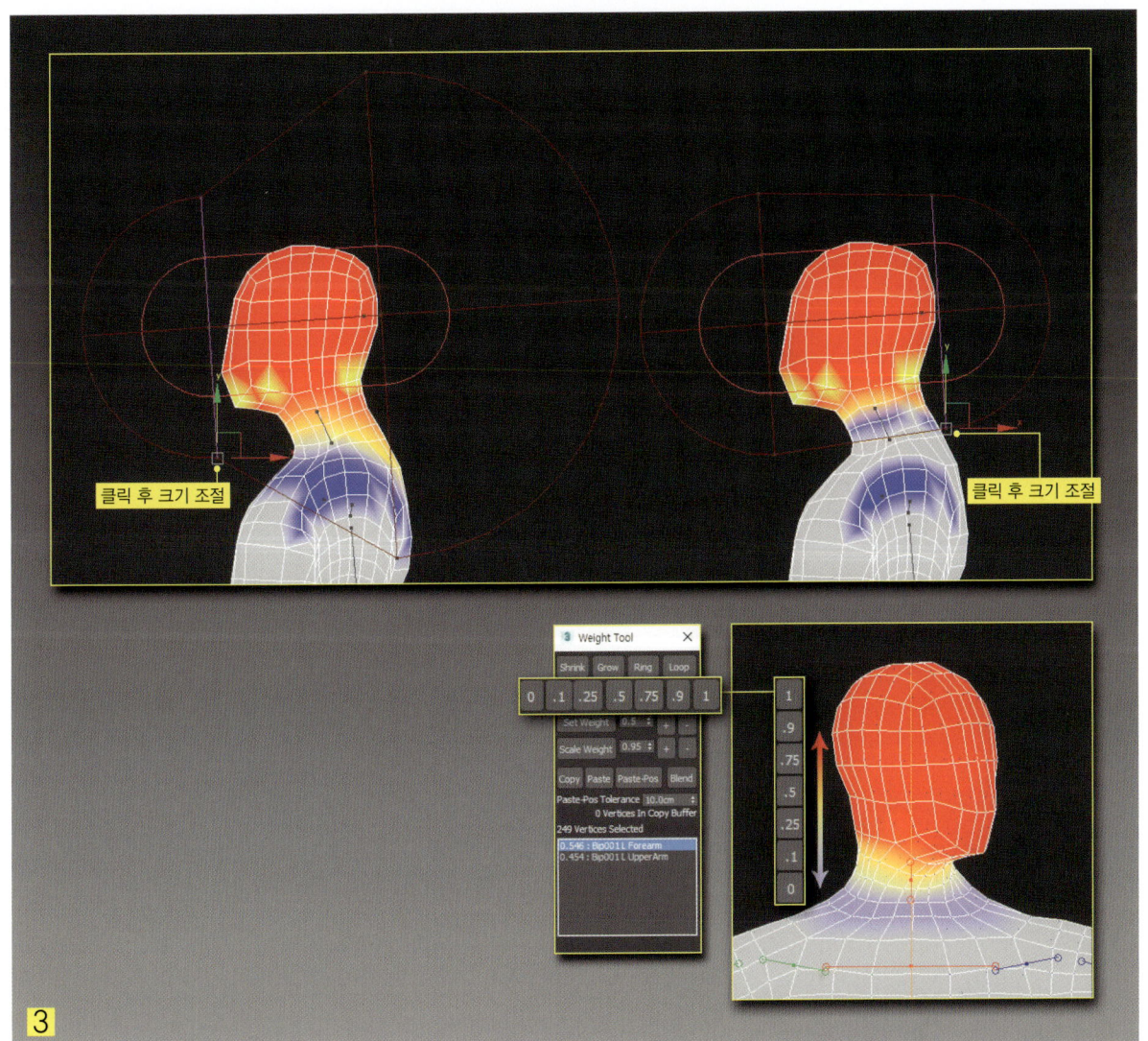

설정한 Vertex의 Weight 값도 반대편으로 그대로 적용할 수 있습니다. Mirror Mode 버튼을 활성화하고 Weight 값이 설정된 Vertex를 선택하고 Mirror Paste 버튼을 클릭합니다. 반대편도 Weight 값이 똑같이 적용되었습니다.

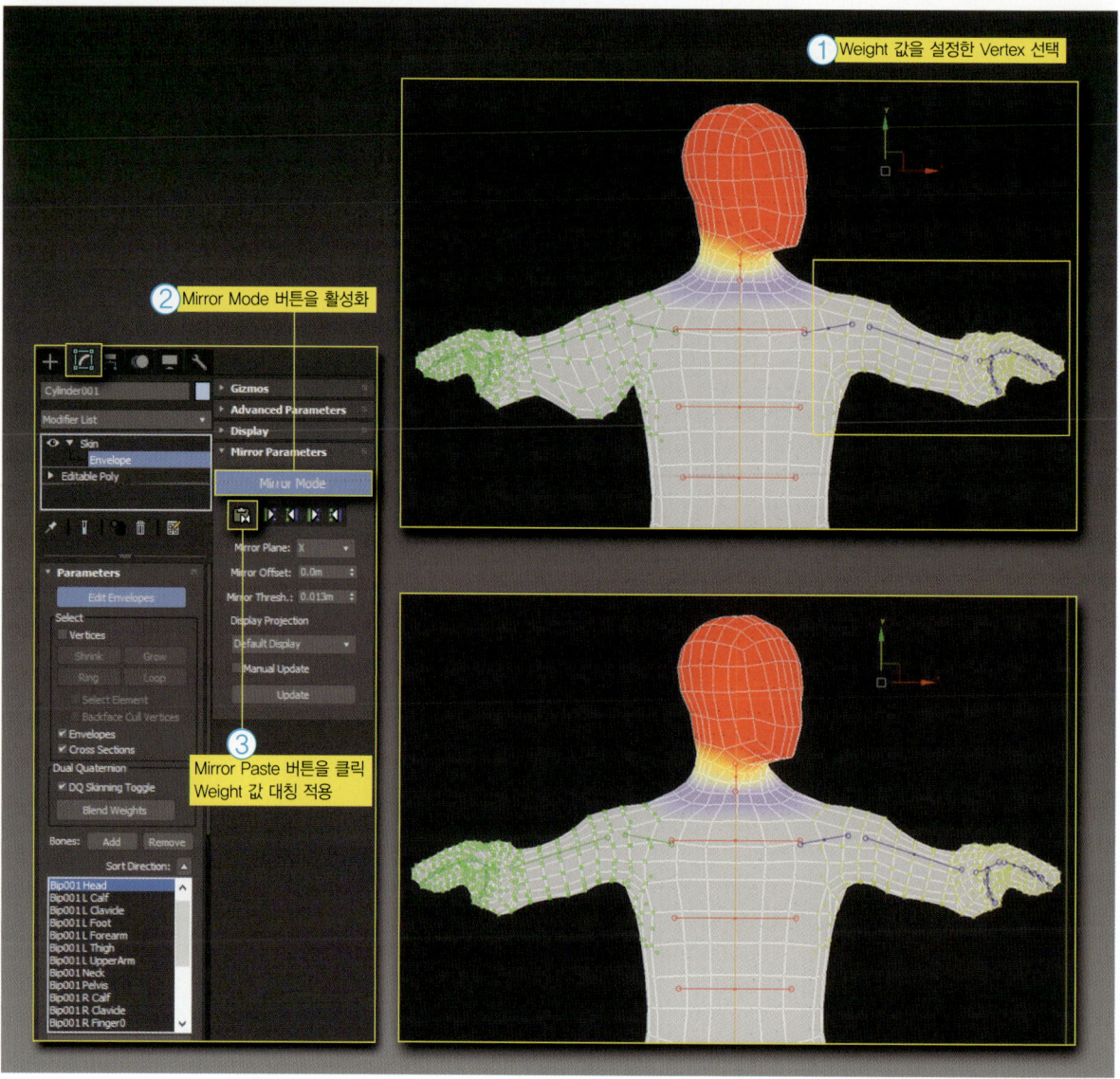

앞서 학습한 방법을 이용해서 계속해서 부위별로 Weight 값을 조절합니다.

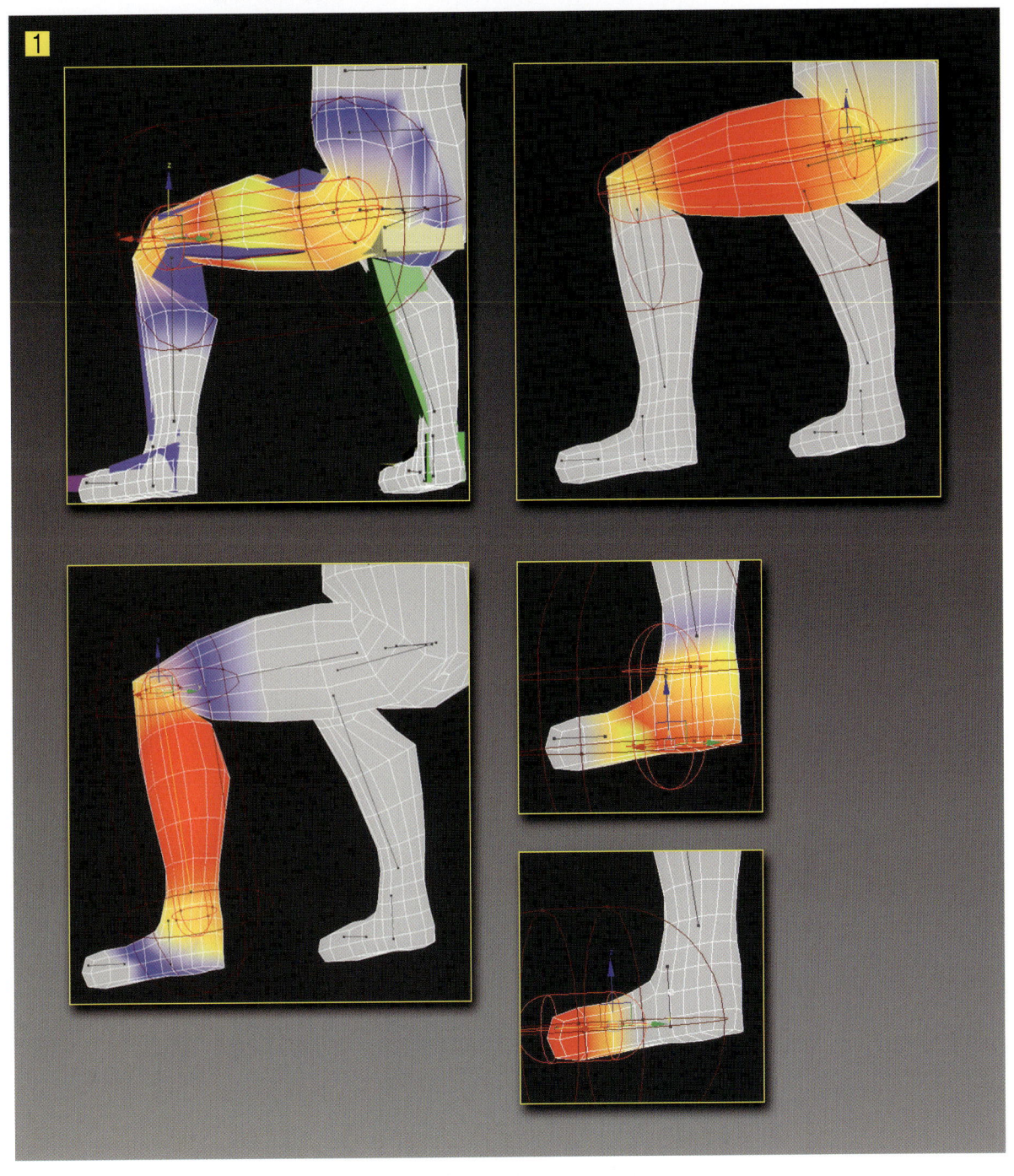

Object와 Biped가 World 축의 중심에 정확하게 대칭된 상태여야 정확하게 Weight 값이 대칭 복사됩니다.

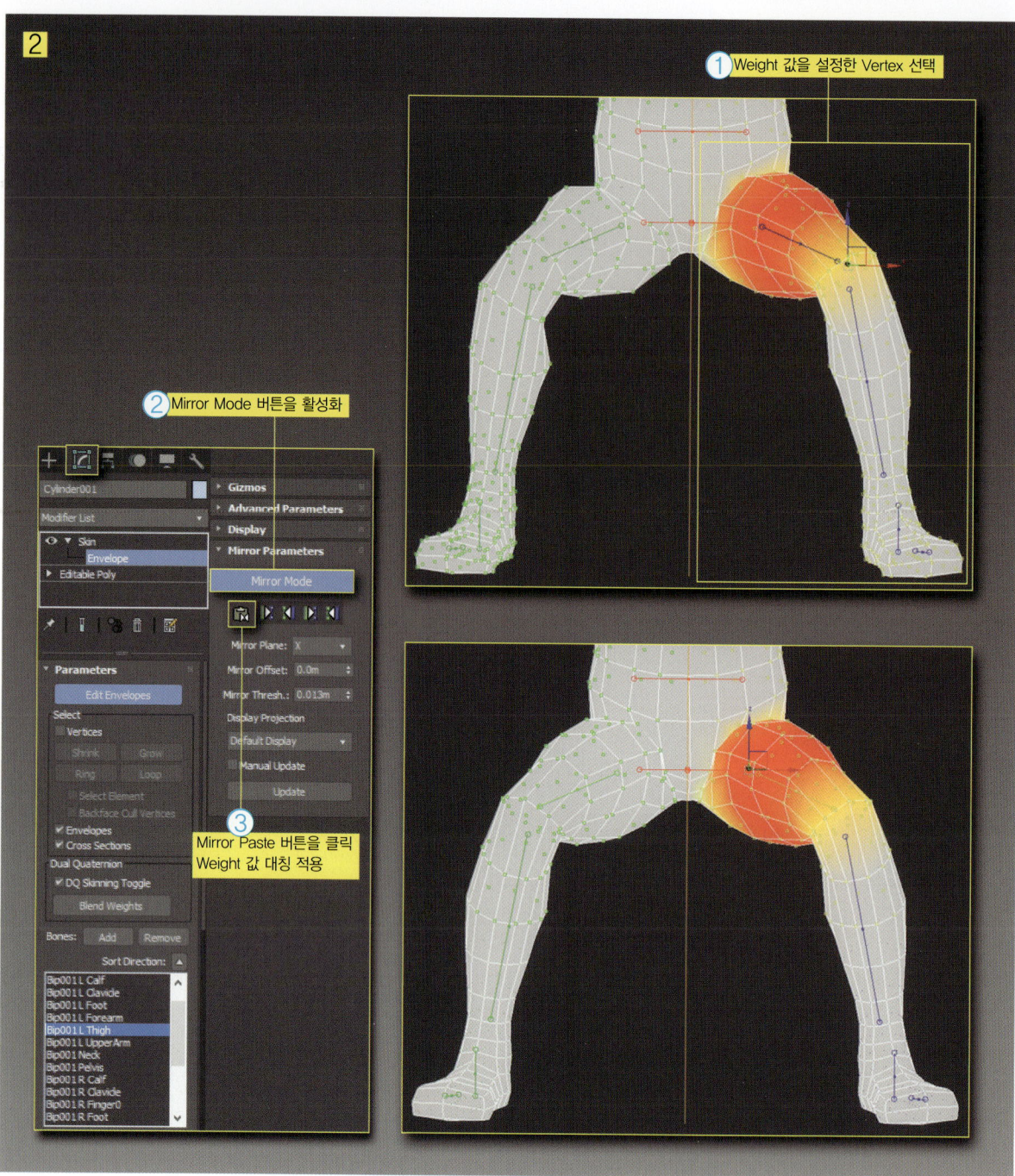

마지막으로 다양한 포즈를 잡고 Modify ➜ TurboSmooth를 적용해서 확인한 모습입니다.

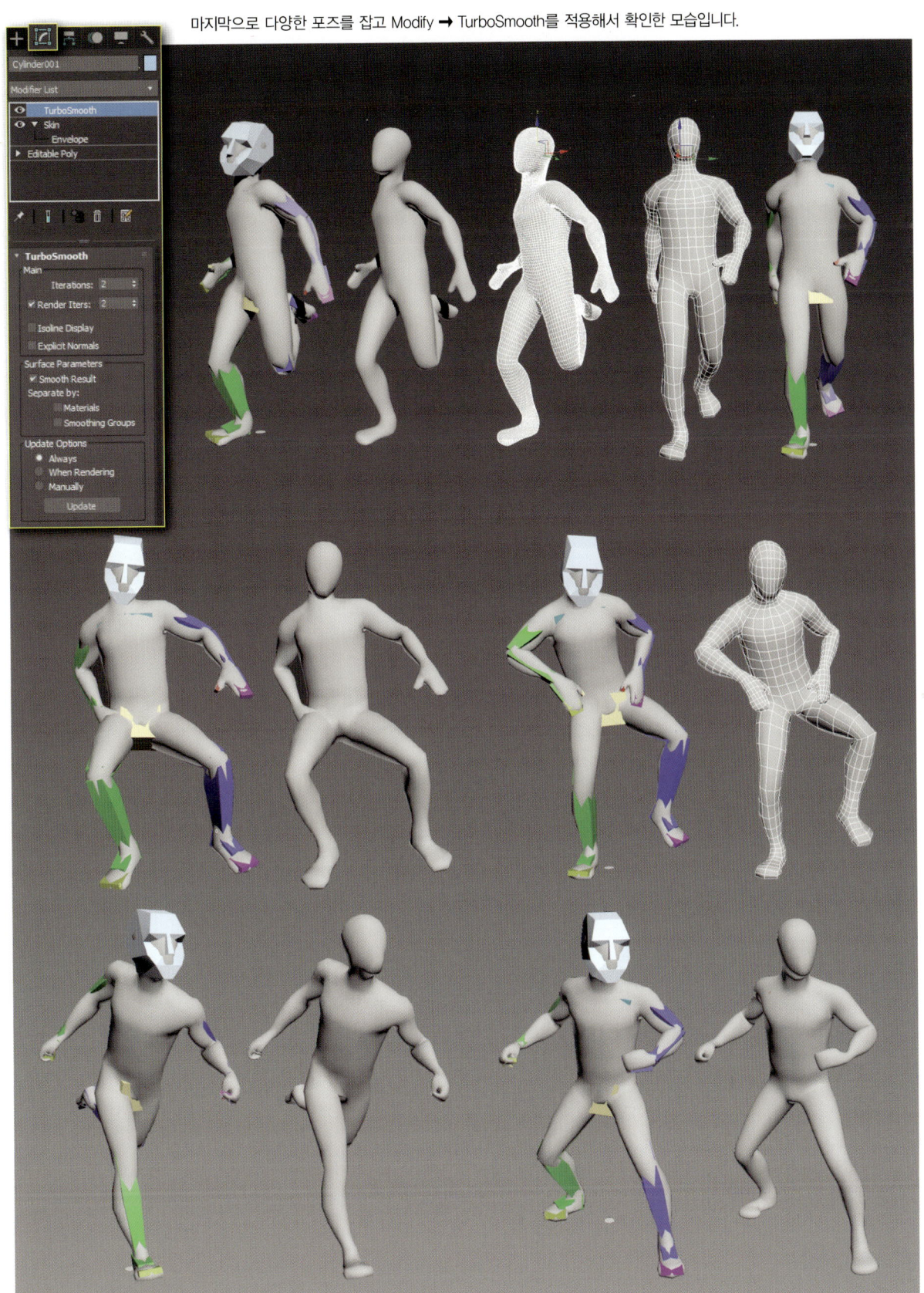

지금까지 Object에 Bone과 Biped를 이용해서 뼈대를 구성하고 Skin을 적용해서 캐릭터가 뼈대를 따라 이동할 수 있도록 해보았습니다.

리깅은 위에서 학습한 인간형 캐릭터 외에도 말, 새와 같이 다리가 여럿이거나 날개가 있는 캐릭터나 자동차, 비행기, 로봇 등 움직임을 가진 모든 캐릭터와 물체가 동작할 수 있도록 설정하는 작업을 의미합니다. 기술적인 학습이 필요한 영역이지만 가장 중요한 것은 캐릭터나 물체의 구조와 동작 원리를 이해하는 것입니다.

이 책의 주요 학습 과제인 모델링 과정도 제작하는 캐릭터와 물체의 최종적인 구조와 필요한 움직임을 파악하여 Edge를 구성하는 것입니다.

기본적인 리깅 학습을 통해 모델링 과정에서 필요한 Edge의 자연스러운 연결과 구성이 왜 필요한지 이해했길 바랍니다.

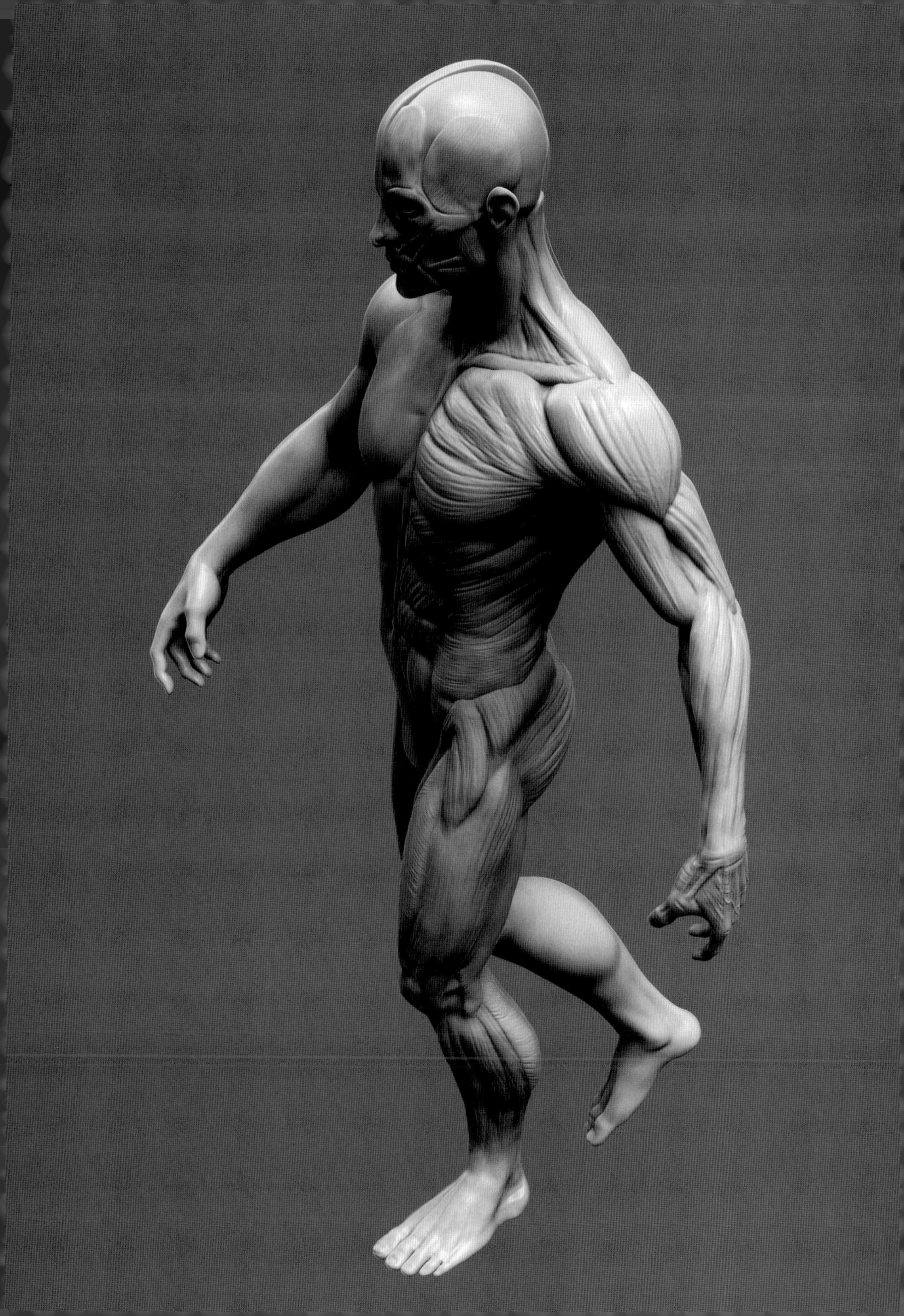

CHAPTER 09

다양한 모델링 접근 방식

09

CHAPTER 9

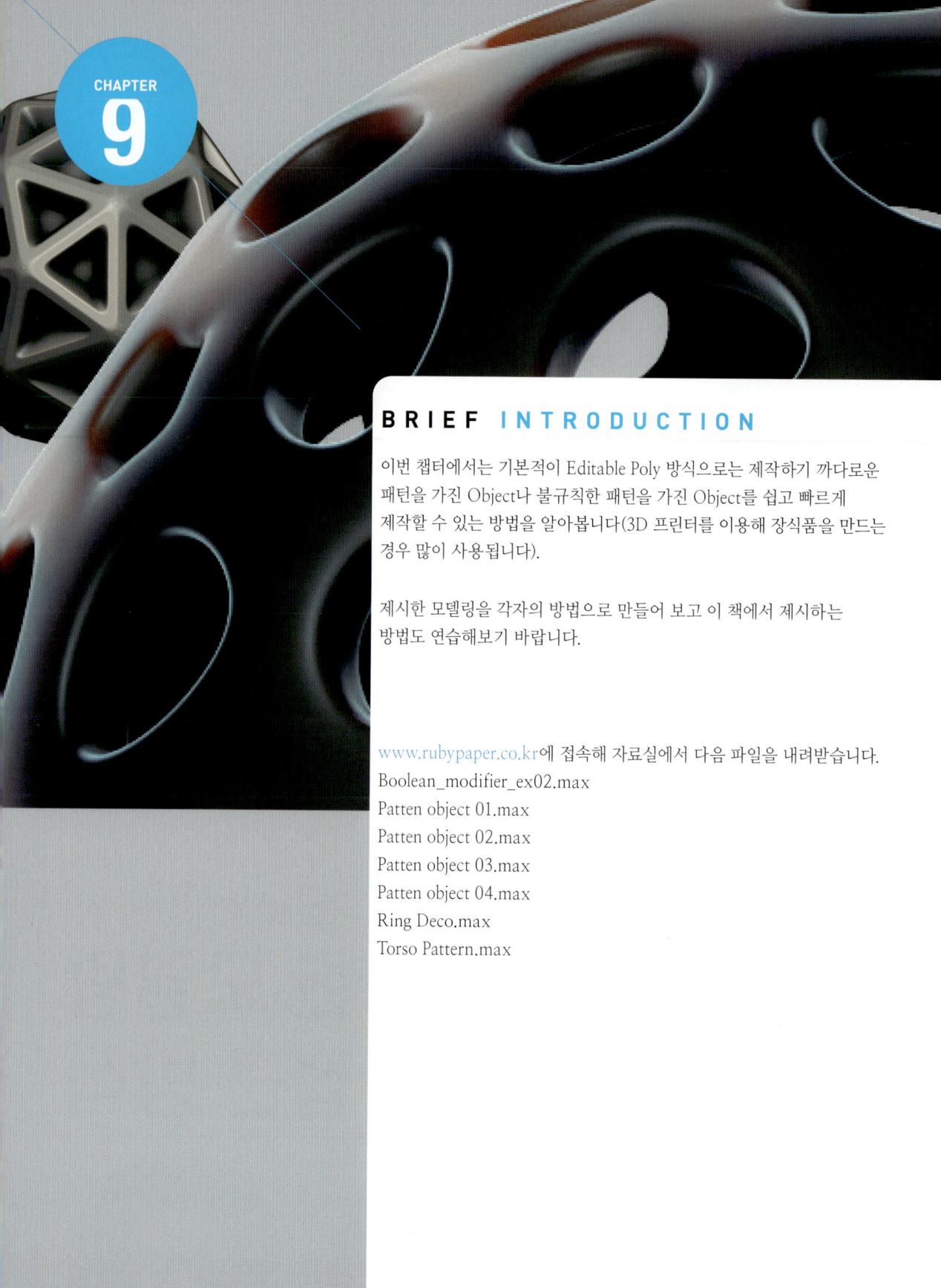

BRIEF INTRODUCTION

이번 챕터에서는 기본적이 Editable Poly 방식으로는 제작하기 까다로운 패턴을 가진 Object나 불규칙한 패턴을 가진 Object를 쉽고 빠르게 제작할 수 있는 방법을 알아봅니다(3D 프린터를 이용해 장식품을 만드는 경우 많이 사용됩니다).

제시한 모델링을 각자의 방법으로 만들어 보고 이 책에서 제시하는 방법도 연습해보기 바랍니다.

www.rubypaper.co.kr에 접속해 자료실에서 다음 파일을 내려받습니다.
Boolean_modifier_ex02.max
Patten object 01.max
Patten object 02.max
Patten object 03.max
Patten object 04.max
Ring Deco.max
Torso Pattern.max

SECTION 01

Boolean과 Retopology 기능을 활용한 모델링

Boolean과 Retopology 기능을 활용하면 아래 그림과 같이 매우 복잡하고 다양한 형태로 이루어진 Object를 직관적이고 빠르게 제작할 수 있습니다.

Boolean_modifier_ex02.max

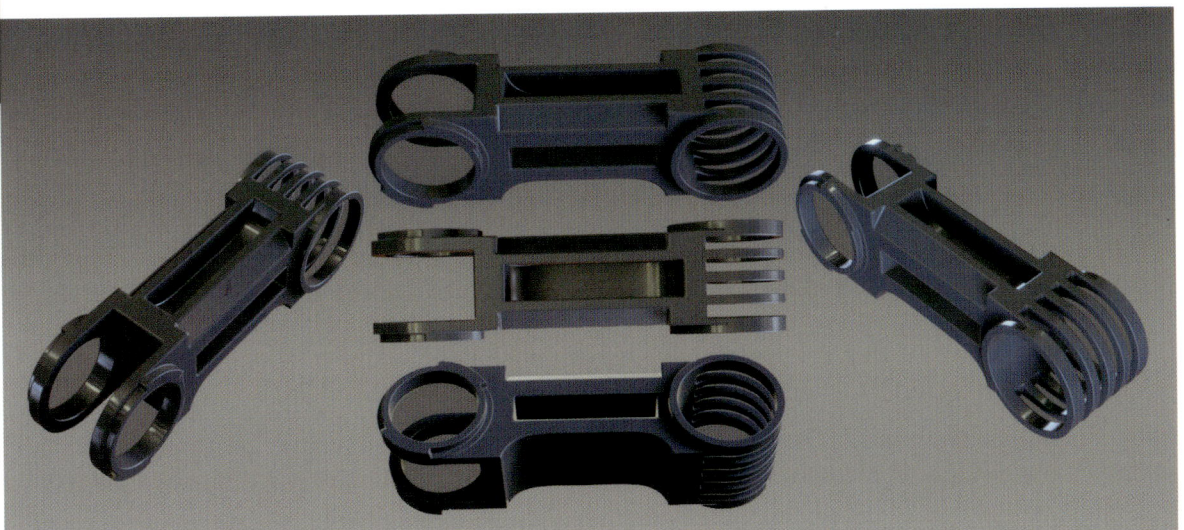

Retopology

Retopology 기능을 활용해서 정리되지 않은 Object의 표면 구조를 빠르게 최적화할 수 있습니다. 다음 그림처럼 Retopology로 연결되지 않은 Vertex를 가진 Object나 복잡하고 불규칙하게 정리되지 않은 Object의 구조를 몇 번의 클릭만으로 형태를 유지하면서 최적화된 구조로 재구성할 수 있습니다. 다음 그림처럼 Spline을 편집하고 Modify → Shell을 적용해서 생성한 Object를 준비합니다. Spline을 활용한 모델링 방법은 챕터 2에서 확인할 수 있습니다.

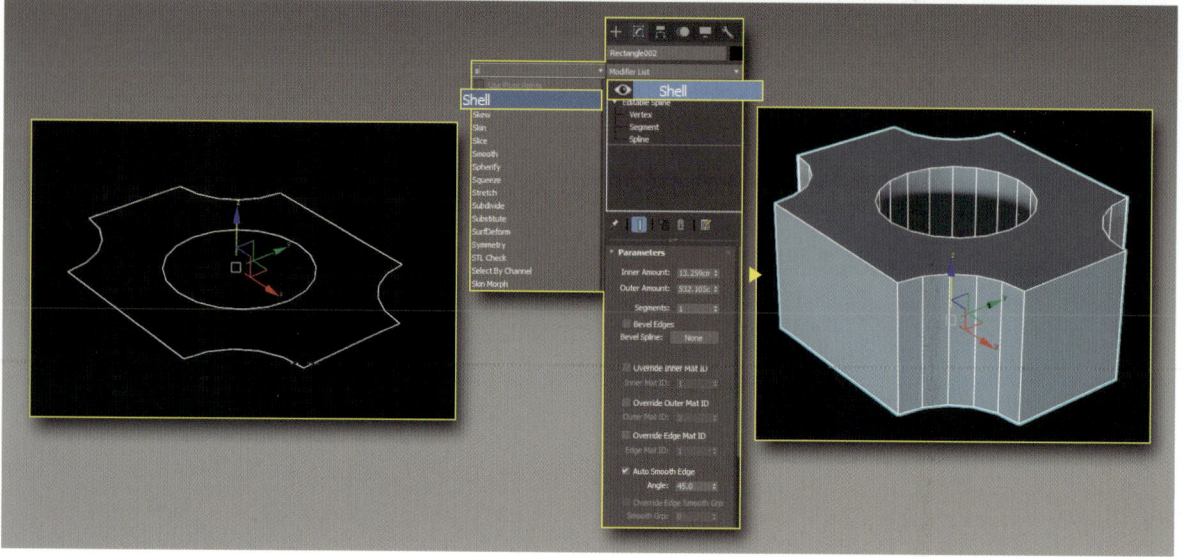

다시 Modify → Retopology를 적용합니다. 기본적인 옵션을 그대로 두고 Face Count에 2000을 입력한 후 Compute 버튼을 실행합니다. Object의 형태를 유지하면서 정리된 것을 확인할 수 있습니다. 결과를 확인한 후 Reset 버튼을 클릭해서 초기화하고 Face Count를 수정하여 Object의 Polygon 수를 조절할 수 있습니다.

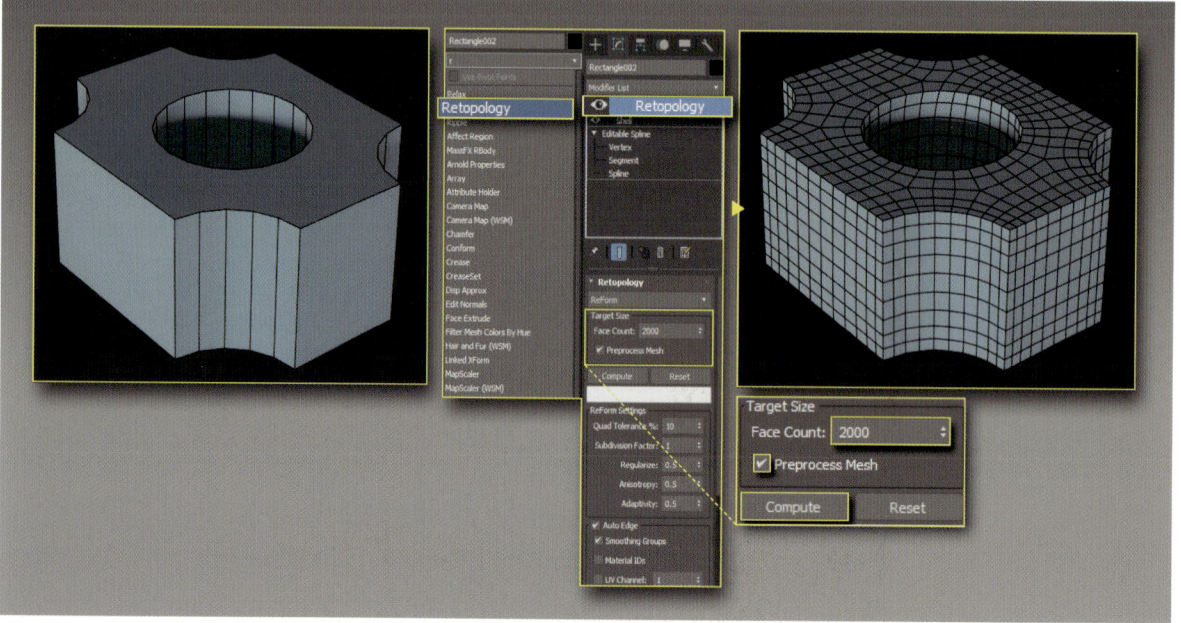

Face Count를 1000과 500으로 각각 설정하고 Compute를 실행한 결과입니다.

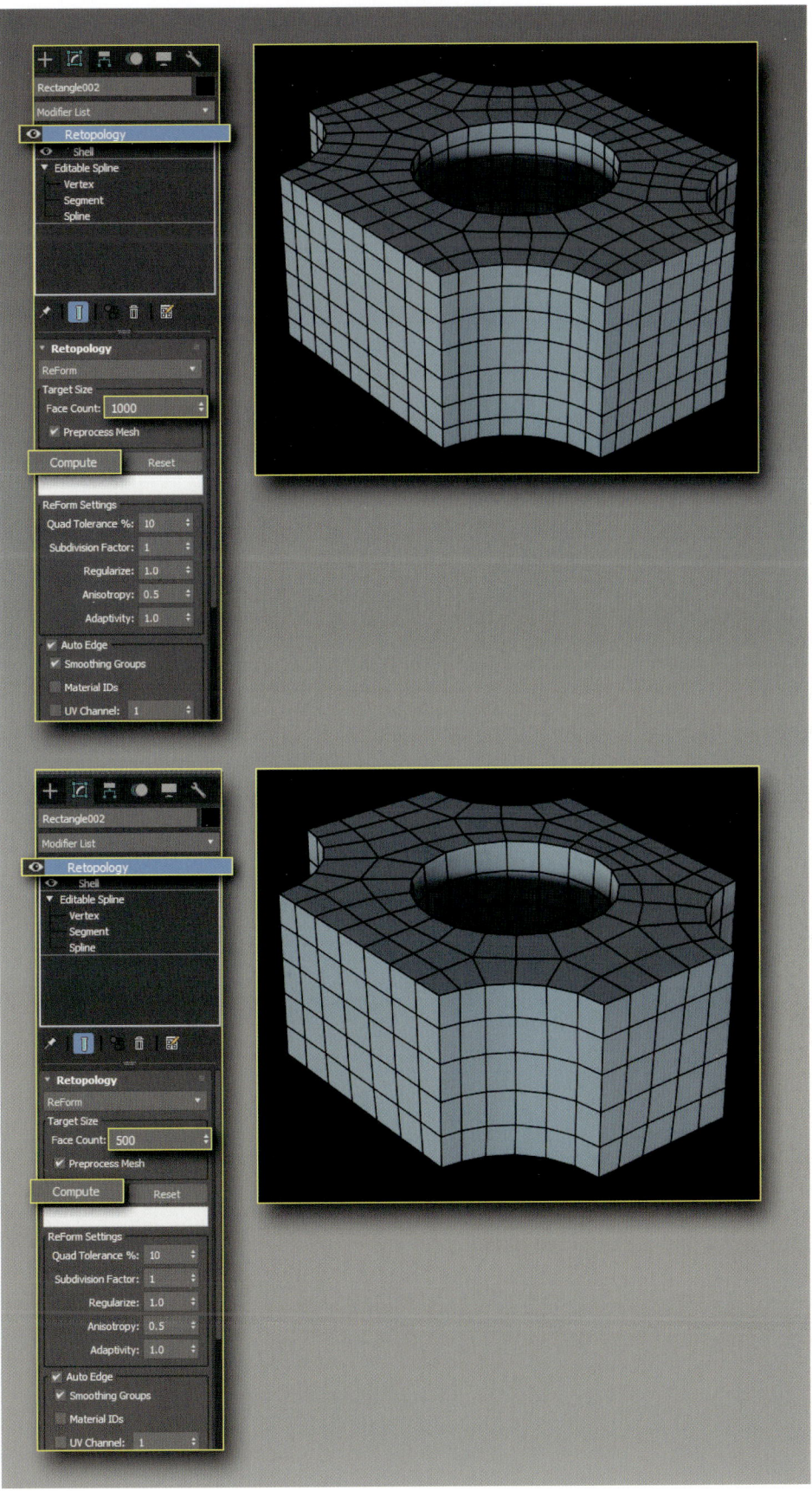

다음은 Sculpting을 통해 제작한 해골 형태 Object에 Modify → Retopology를 적용하여 형태에 알맞게 최적화한 결과물을 보여주는 예시입니다.

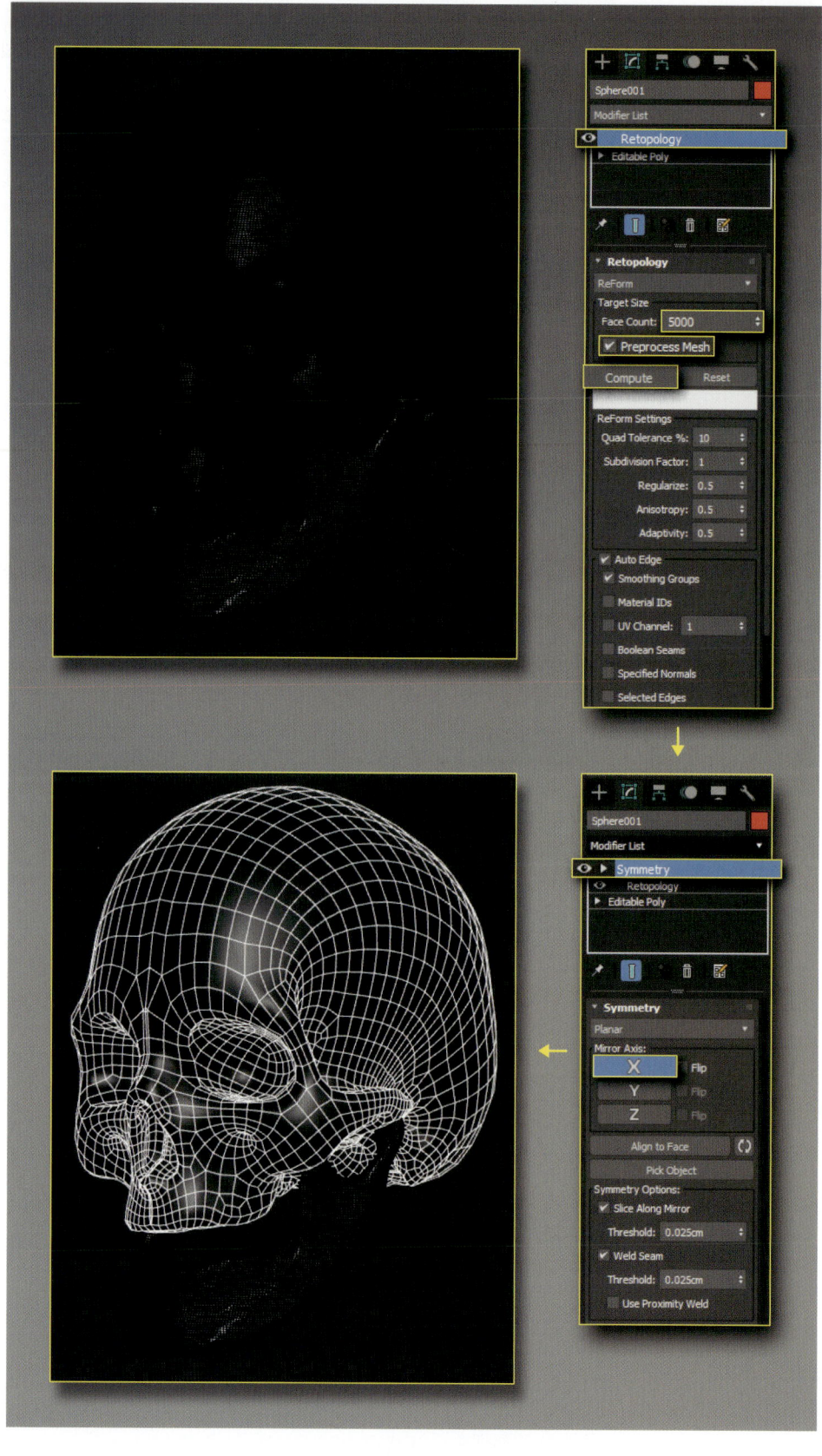

기본 설정인 Reform으로 두고 Auto Edge를 Smoothing Group 상태로 실행하는 것만으로도 충분히 좋은 결과가 나오기 때문에 따로 설정할 필요는 없습니다.

Quad Tolerance: 설정한 Face Count 숫자와 실제 만들어질 Polygon의 숫자 간의 오차 범위를 결정합니다.

Regularize: 숫자가 커질수록 Edge가 더 균일하게 정리됩니다. 1로 설정하면 거의 동일한 크기의 Polygon을 생성합니다.

Anisotropy: 생성되는 면의 정사각형 형태의 정도를 결정합니다. 0에 가까워질수록 정사각형에 가까워지고 1에 가까워질수록 직사각형에 가까워집니다. 기본 설정인 0.5를 추천합니다.

Adaptivity: 표면 형태의 곡률에 따라 Polygon의 크기를 조절합니다.

Boolean

Boolean 기능은 챕터 2에서 Spline을 변형하는 방법으로 학습한 바 있습니다.
Boolean을 이용해서 두 개 이상의 Spline을 합치거나 제거하거나 교차되는 부분을 새로운 Spline으로 만들 수 있었습니다.
같은 방법으로 여러 개의 Object를 한 덩어리로 만들거나 잘라내거나 교차되는 부분을 새로운 형태로 만들어, 빠르고 직관적으로 원하는 형태를 만들어갈 수 있습니다.

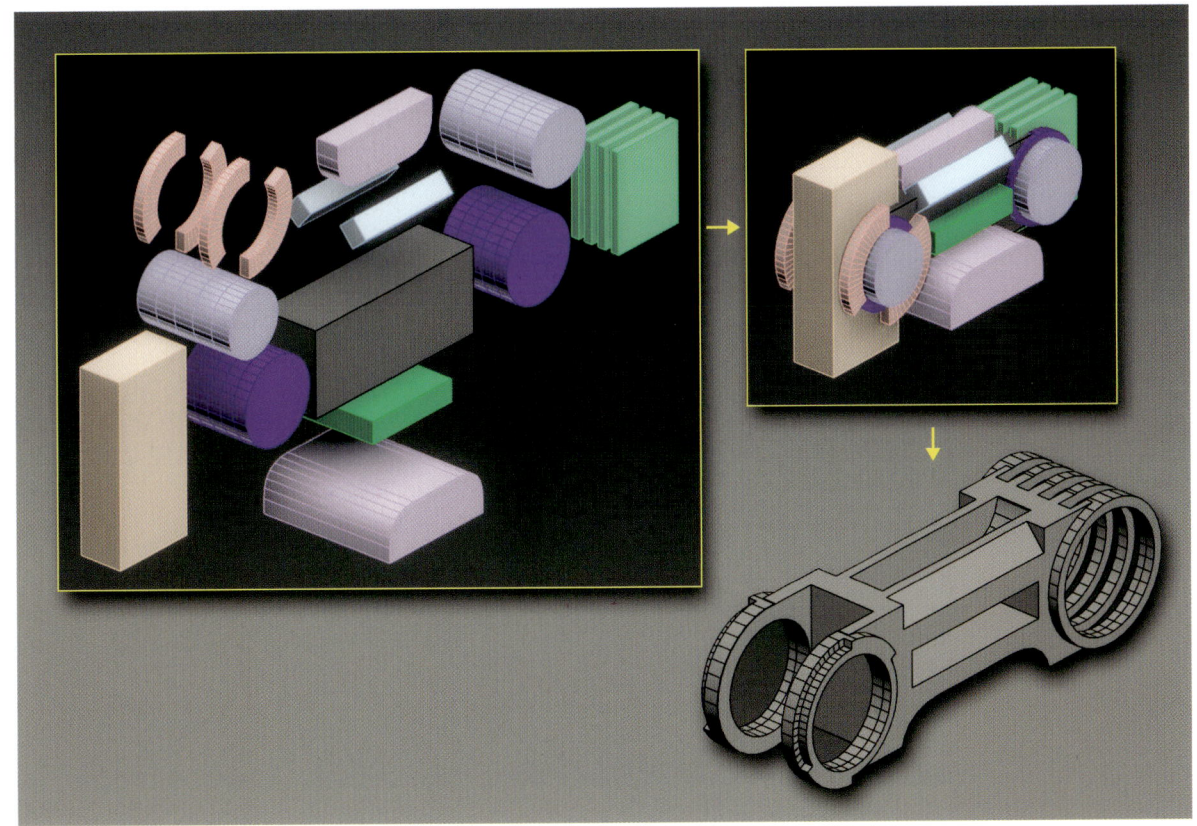

그림처럼 두 개의 Object가 겹쳐 있을 때 하나의 Object를 선택하고 Modify → Boolean을 적용합니다. Add Operations 에서 Boolean의 적용 방식을 결정하고 적용할 Object를 클릭하면 바로 형태가 변형됩니다.

직육면체를 선택하고 Modify → Boolean을 적용한 후, Select to Subtract Operands를 활성화하고 Cylinder를 클릭한 결과입니다. 선택한 형태가 바로 제거된 것을 알 수 있습니다.

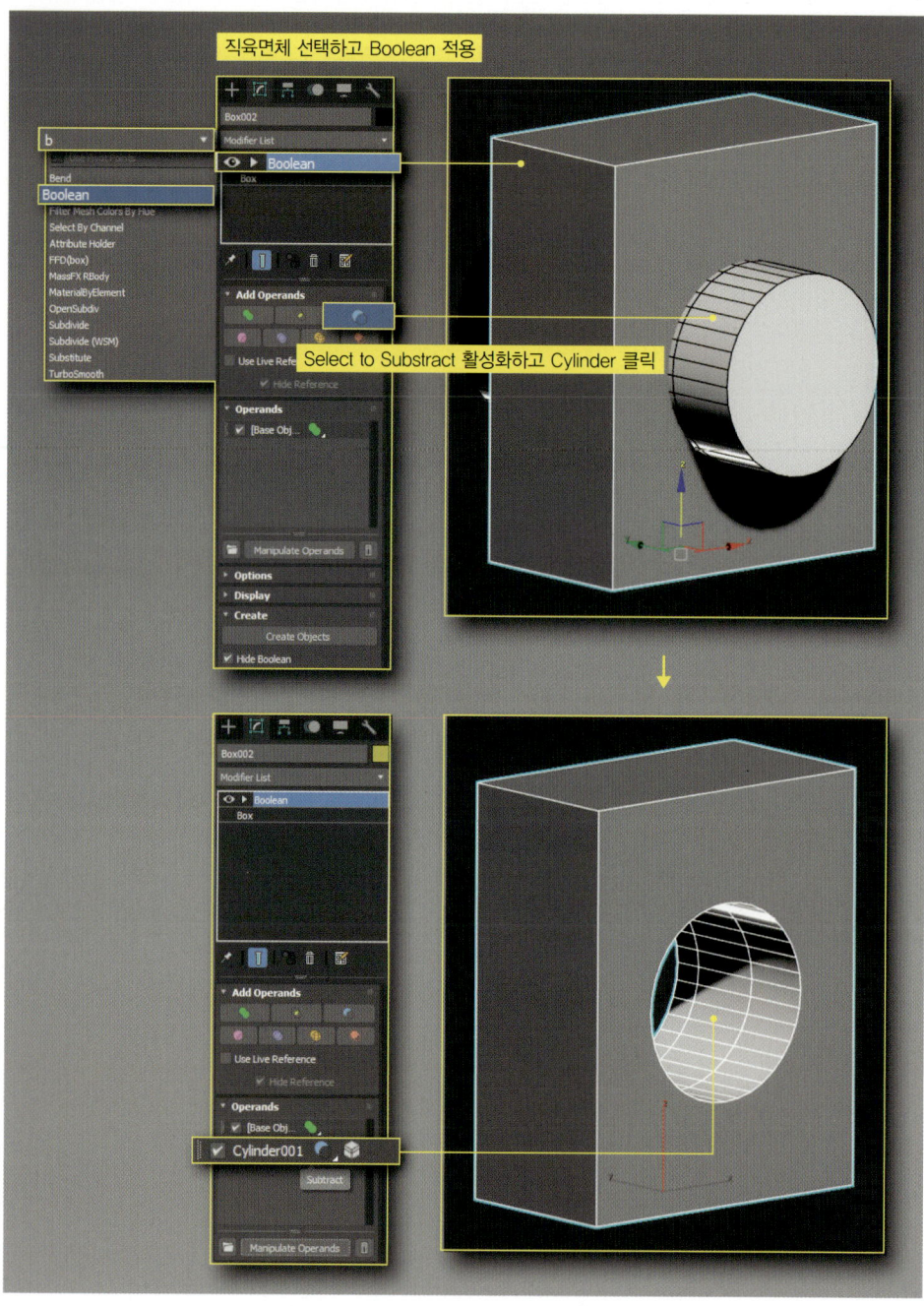

Operands에 처음 선택했던 직육면체는 Base Object로 등록되고, Cylinder는 그 아래에 등록되어 있습니다. Operands에서 Cylinder를 선택하면 적용된 Cylinder가 투명하게 보이고, 이것을 이동하거나 변형하면 실시간으로 Boolean 결과물에 반영됩니다.

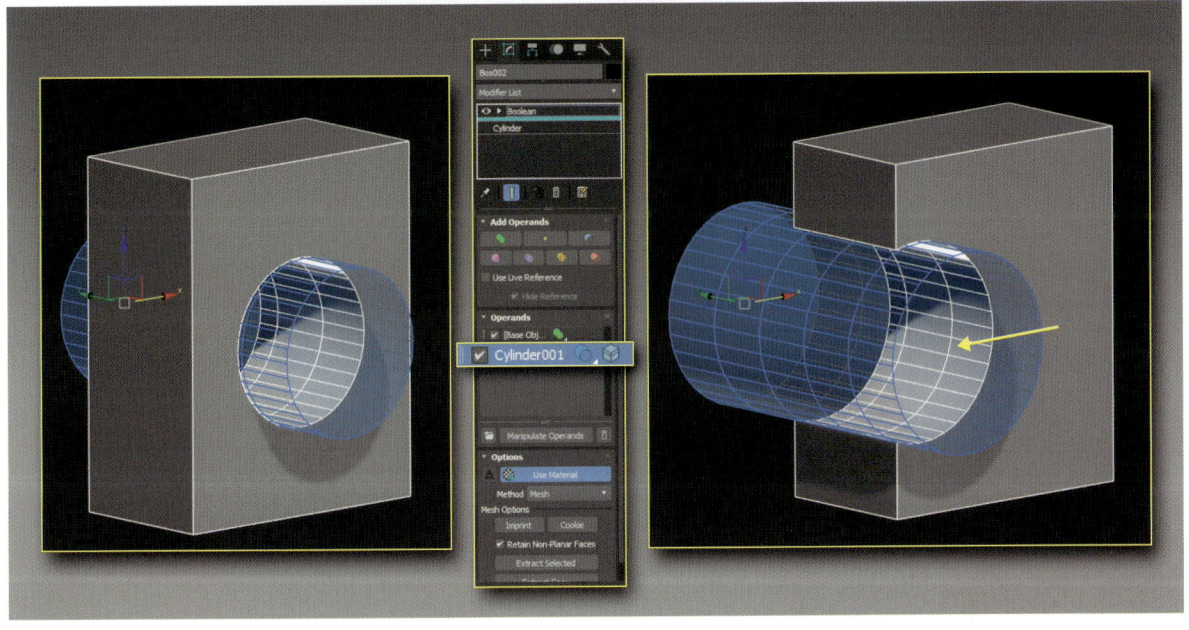

Add Operations에서 선택한 적용 방식의 차이는 다음과 같습니다.
Select to Add Union Operands를 활성화하고 추가 Object를 클릭하면 곧바로 하나의 Object로 합쳐집니다.

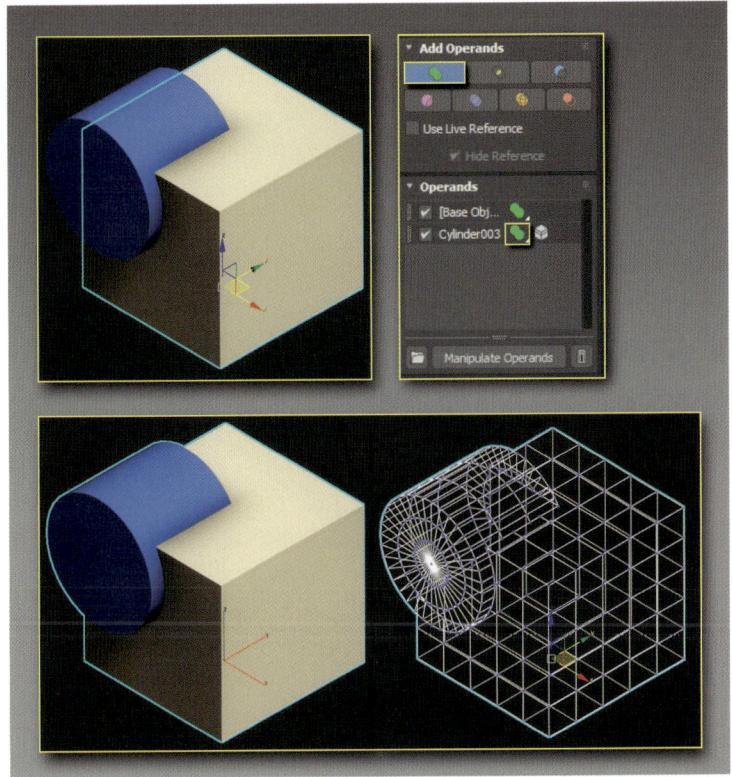

Select to Add Intersect Operands를 활성화하고 추가 Object를 클릭하면 겹쳐 있던 부분이 새로운 Object로 생성되고 다른 부분은 제거됩니다.

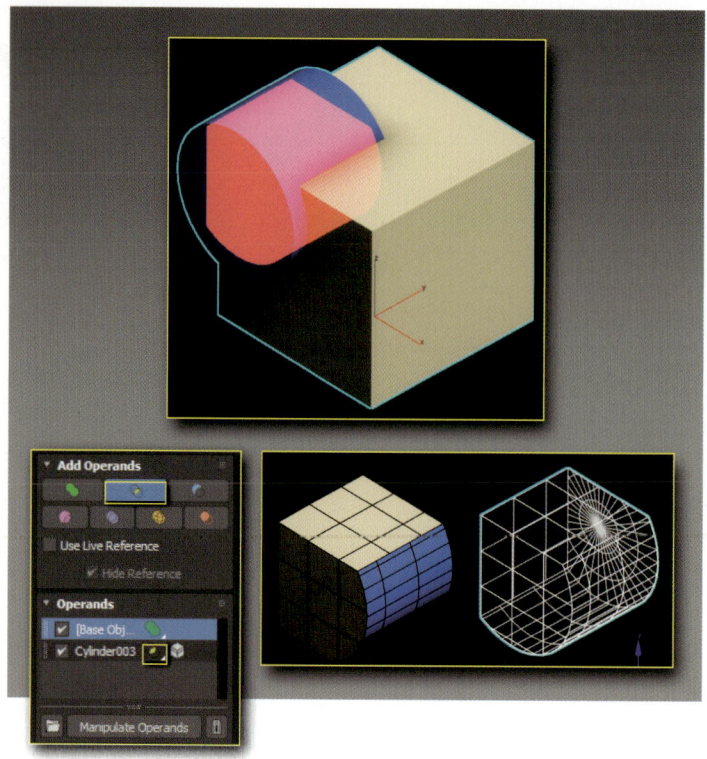

Select to Add Subtract Operands를 활성화하고 추가 Object를 클릭하면 겹쳐 있던 부분이 제거됩니다.

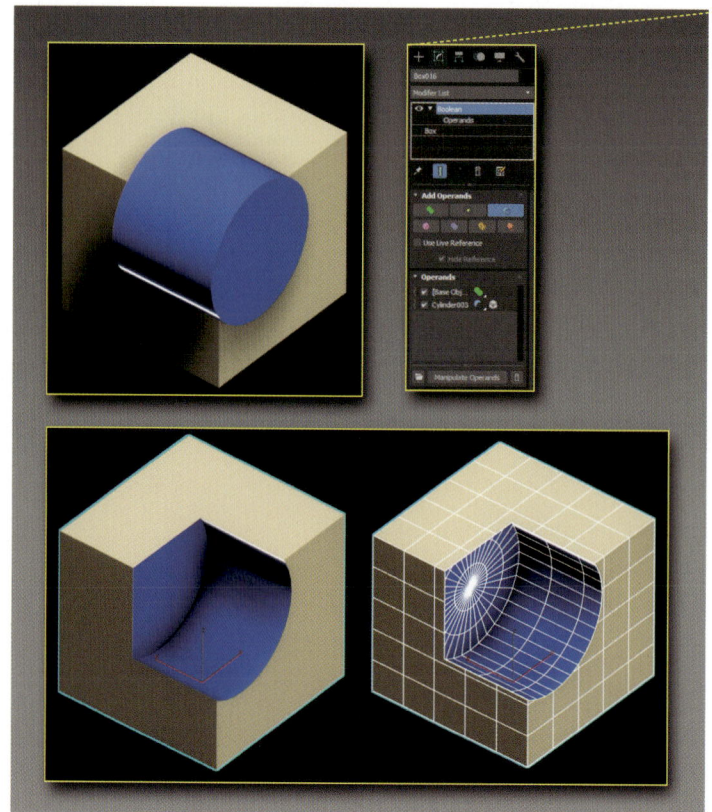
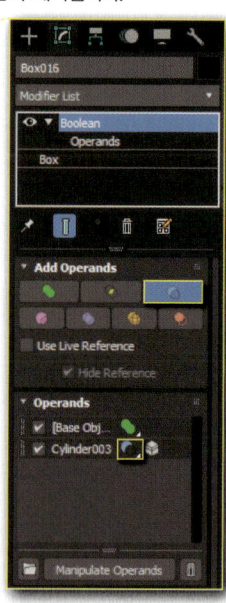

Select to Add Split Operands를 활성화하고 추가 Object를 클릭하면 겹쳐 있는 부분을 기준으로 분리되어 두 개의 독립된 Object로 변형됩니다.

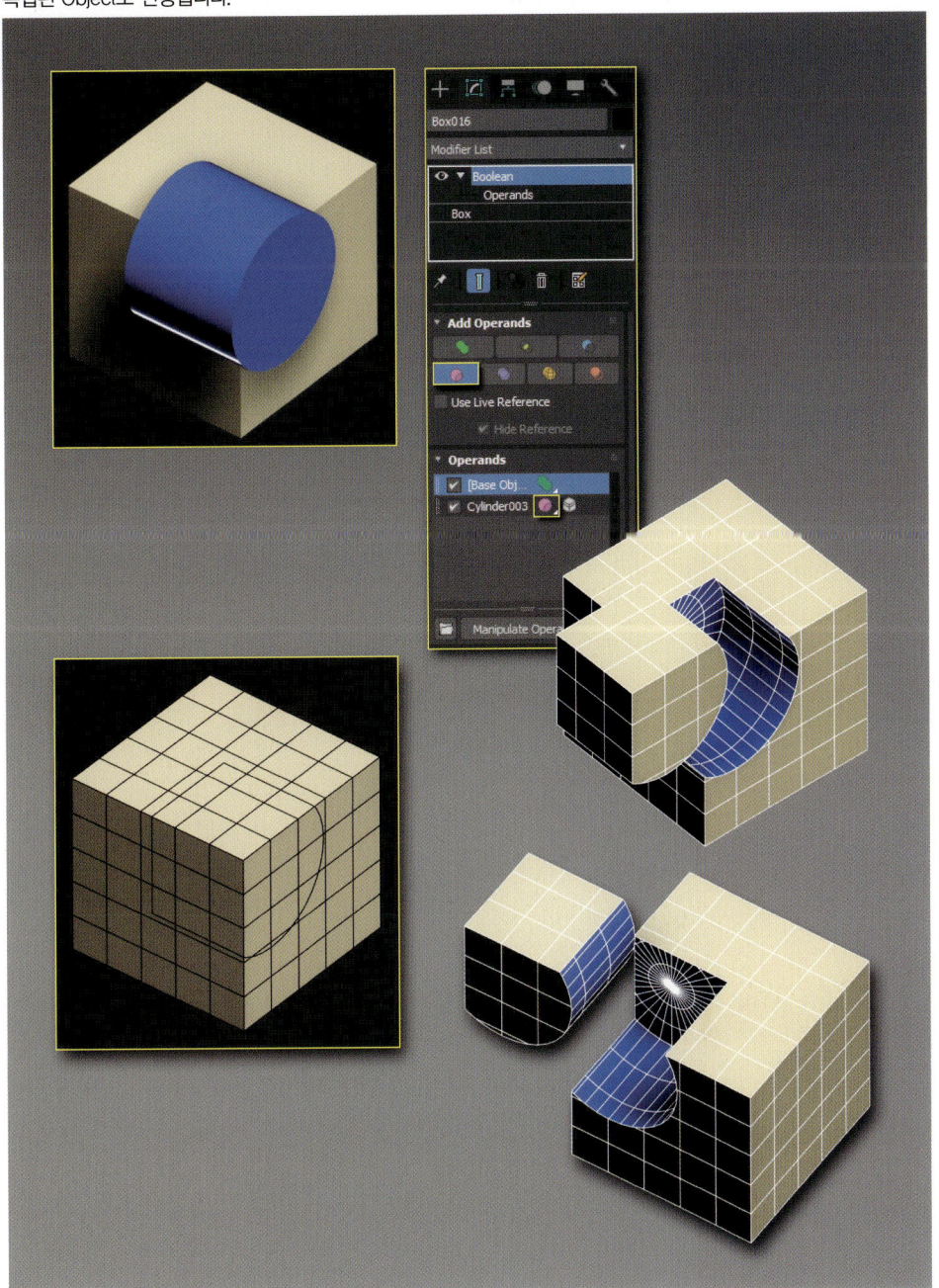

Select to Add Merge Operands를 활성화하고 추가 Object를 클릭하면 클릭한 Object를 제거하지 않고 두 개의 독립된 Object로 분리합니다.

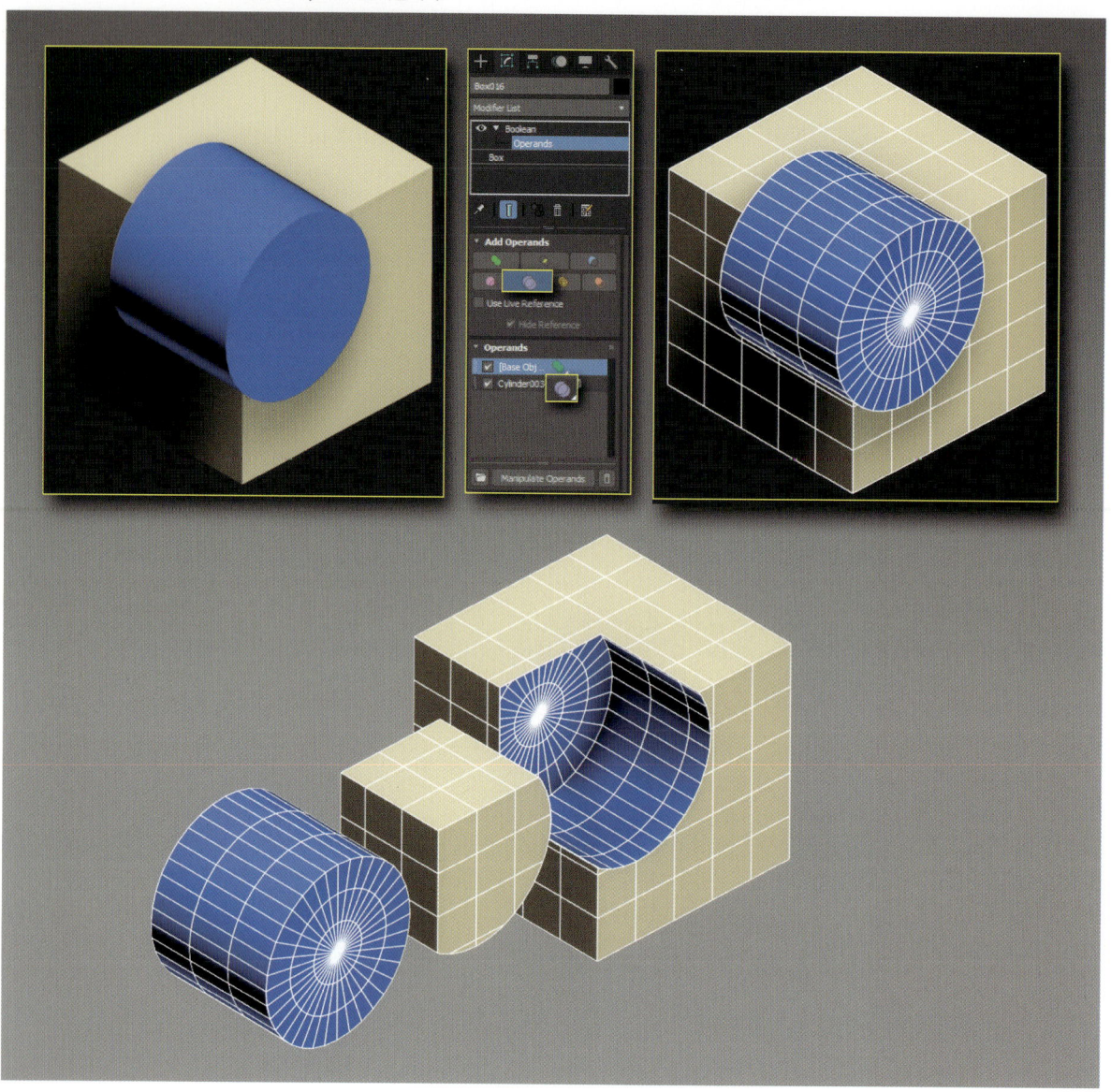

Select to Add Attach Operands를 활성화하고 추가 Object를 클릭하면 Object의 Edge 구성에 영향을 주지 않고 하나의 Object로 결합합니다. 이는 Attach 기능으로 합쳤을 때와 유사한 결과입니다.

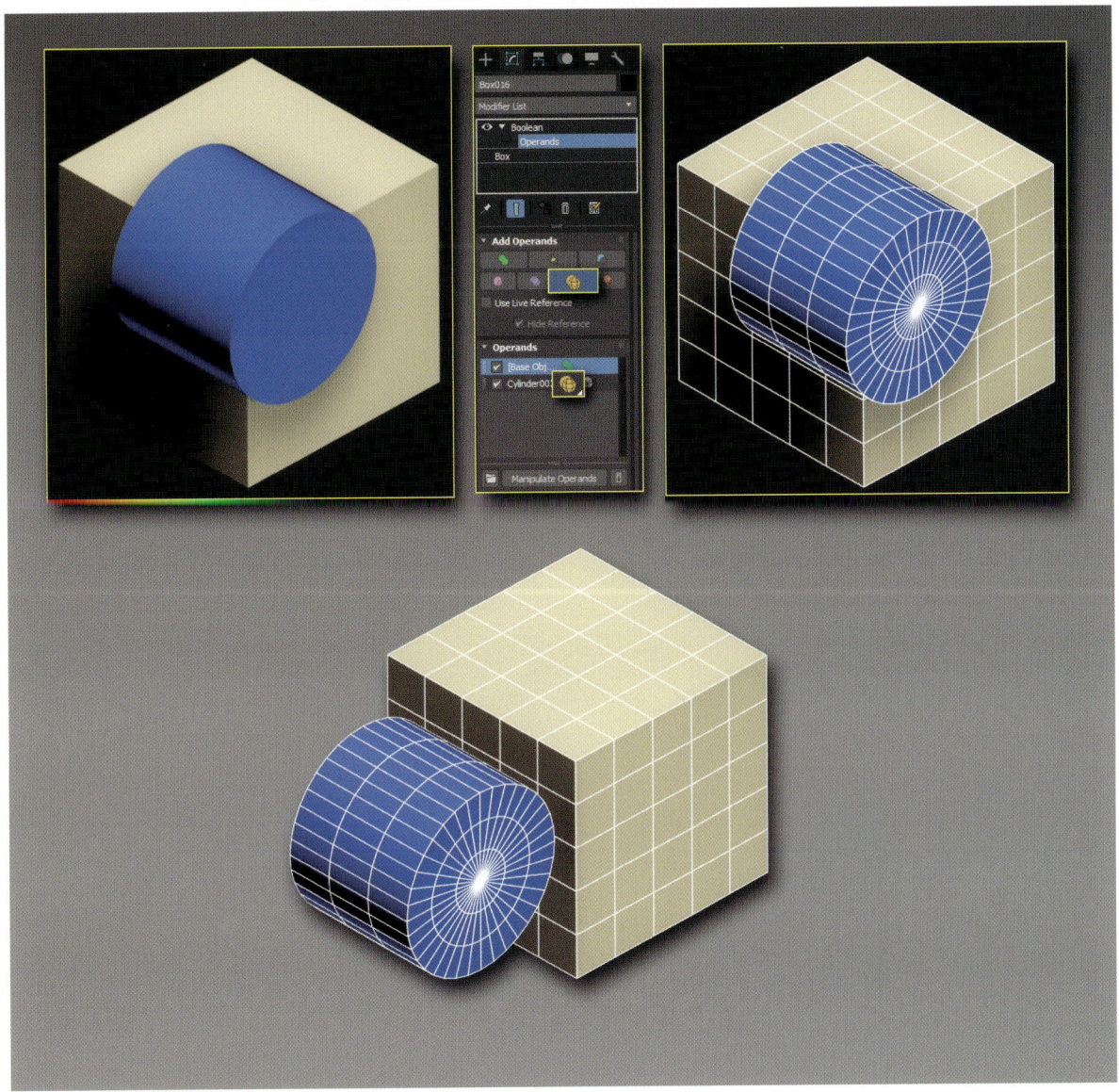

Select to Add Insert Operands를 활성화하고 추가 Object를 클릭하면 클릭한 Object를 제거하지 않고 겹쳐 있던 부분만 제거합니다.

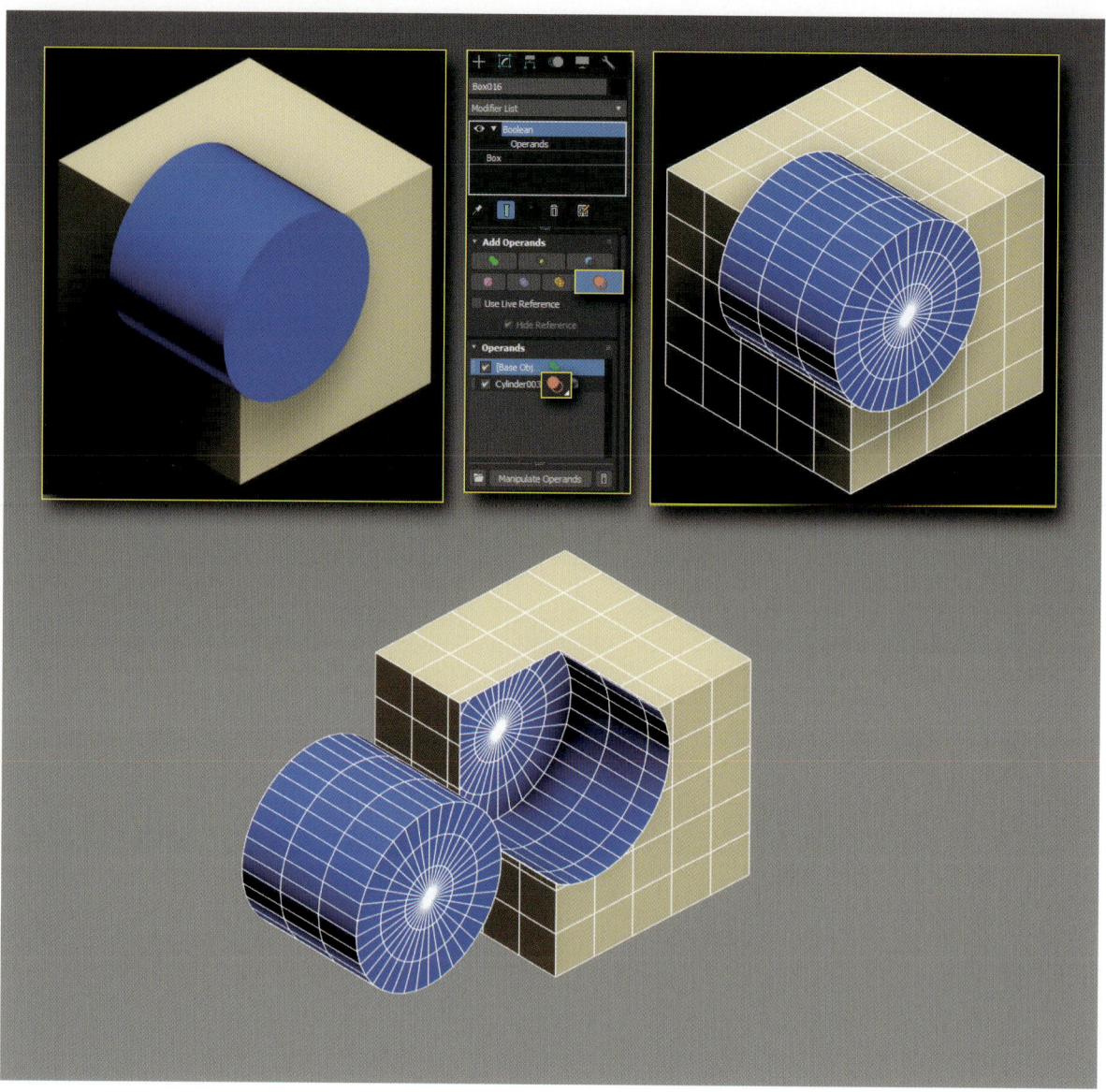

Operands를 확인하면 Boolean을 적용했던 Object를 선택할 수 있고 적용 방식을 실시간으로 변경할 수 있습니다.

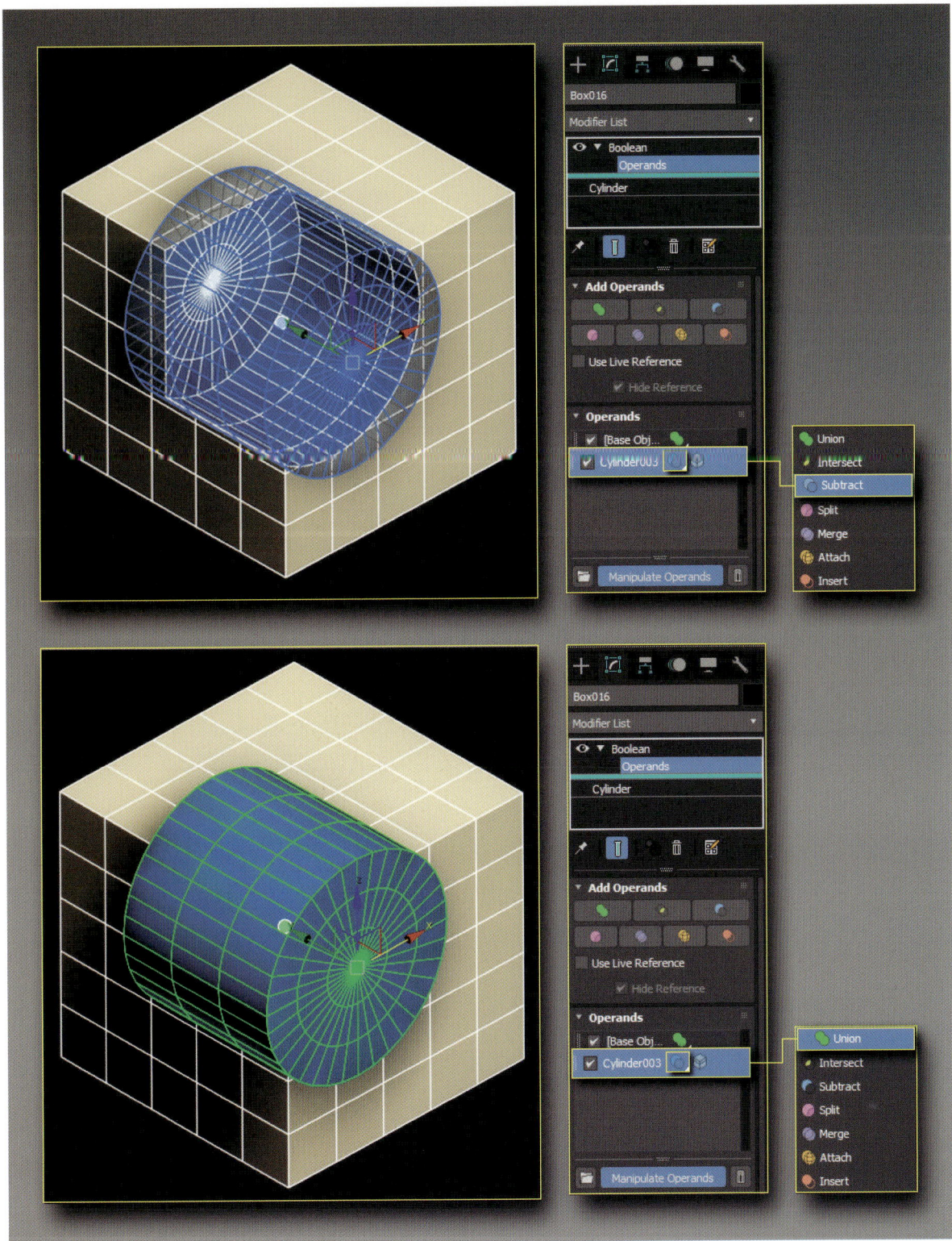

Chapter 09 | 다양한 모델링 접근 방식

Boolean ➜ Option ➜ Method를 변경하여 다양한 결과를 얻을 수 있습니다.
Mesh와 OpenVDB로 변경한 결과의 차이를 보여줍니다.

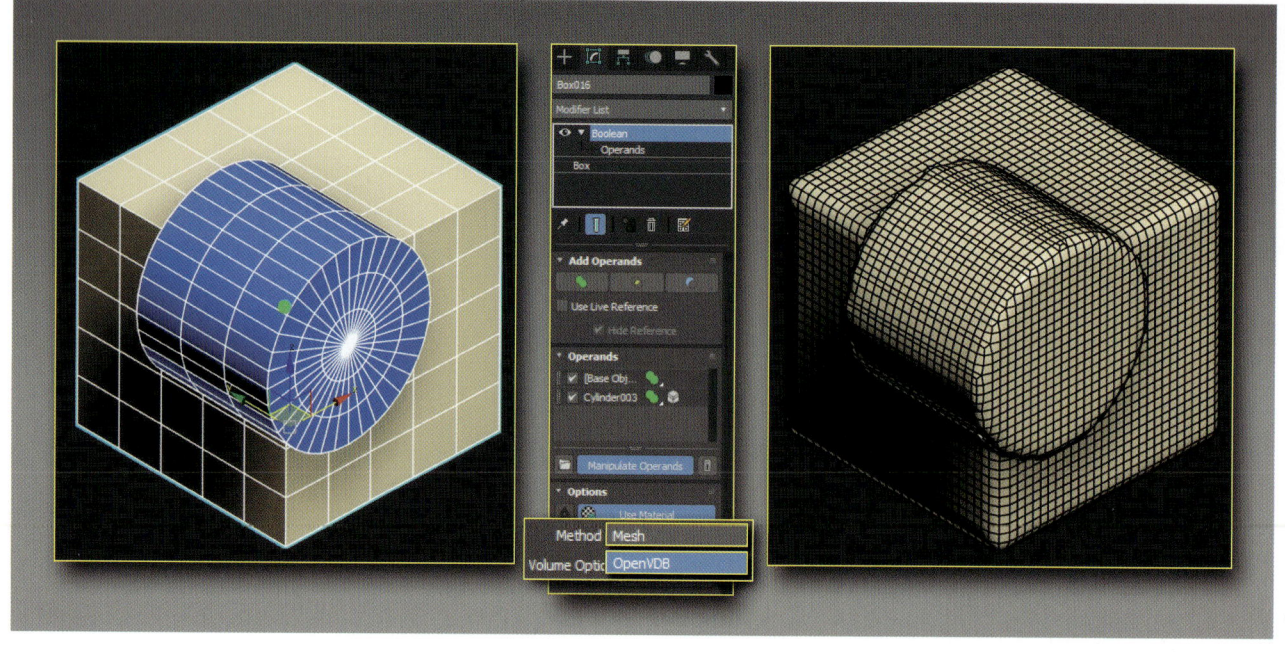

Method를 OpenVDB로 설정하고 Voxel Size를 조절했을 때의 결과 차이입니다..

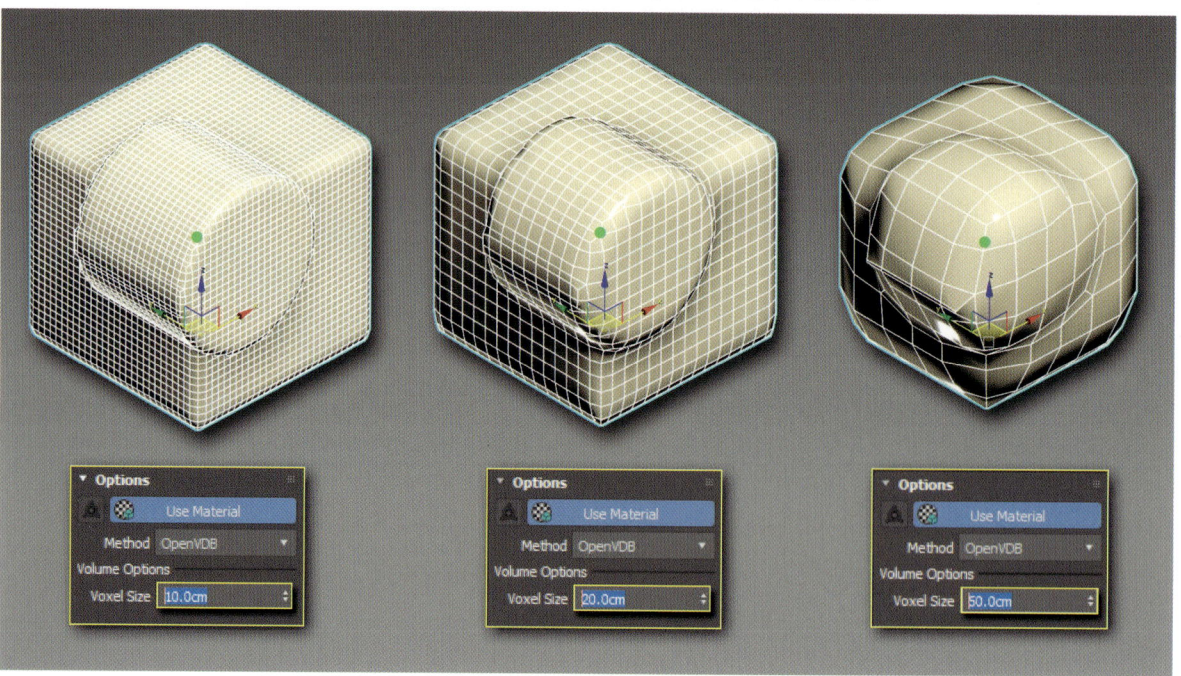

다음과 같은 복잡한 형태의 Object를 Boolean 기능과 Retopology 기능을 활용하여 빠르고 정확하게, 그리고 완성도 높게 제작할 수 있습니다.

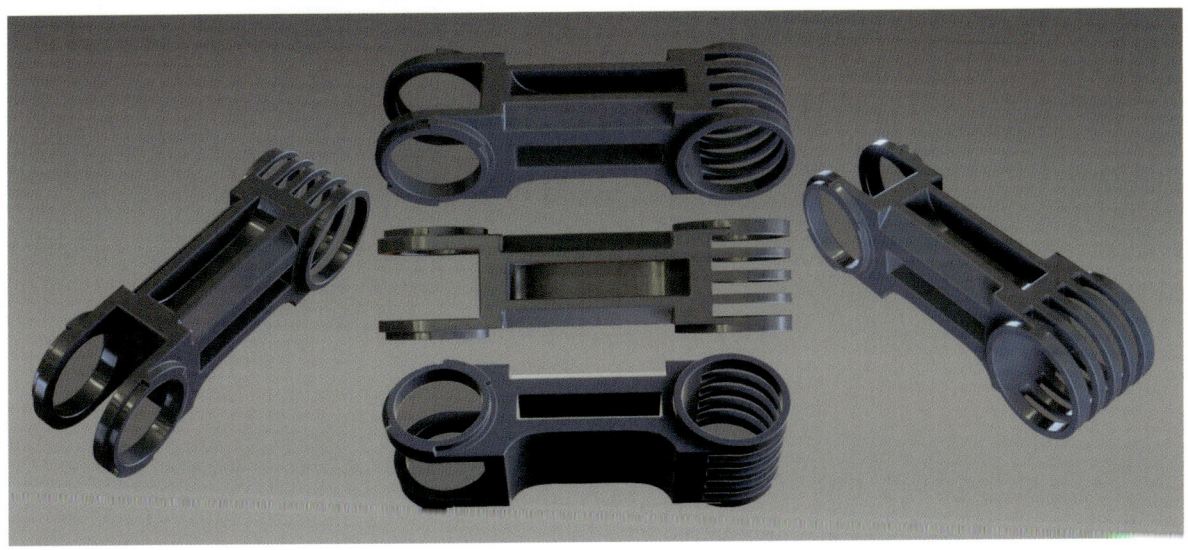

Boolean을 활용해서 복잡한 형태를 제작하기 위해서는 우선,형태를 정확하게 파악하고 기본 Object에 더하거나 제거할 Object를 정교하게 설계해야 합니다. 다음은 위 그림의 Object를 제작하는 과정입니다. 최종 형태에 필요한 기본 Object와 Operands에 적용할 Object를 준비합니다. 적용 후에도 Operands에 적용한 Object는 언제든 변형하여 실시간으로 반영할 수 있습니다.

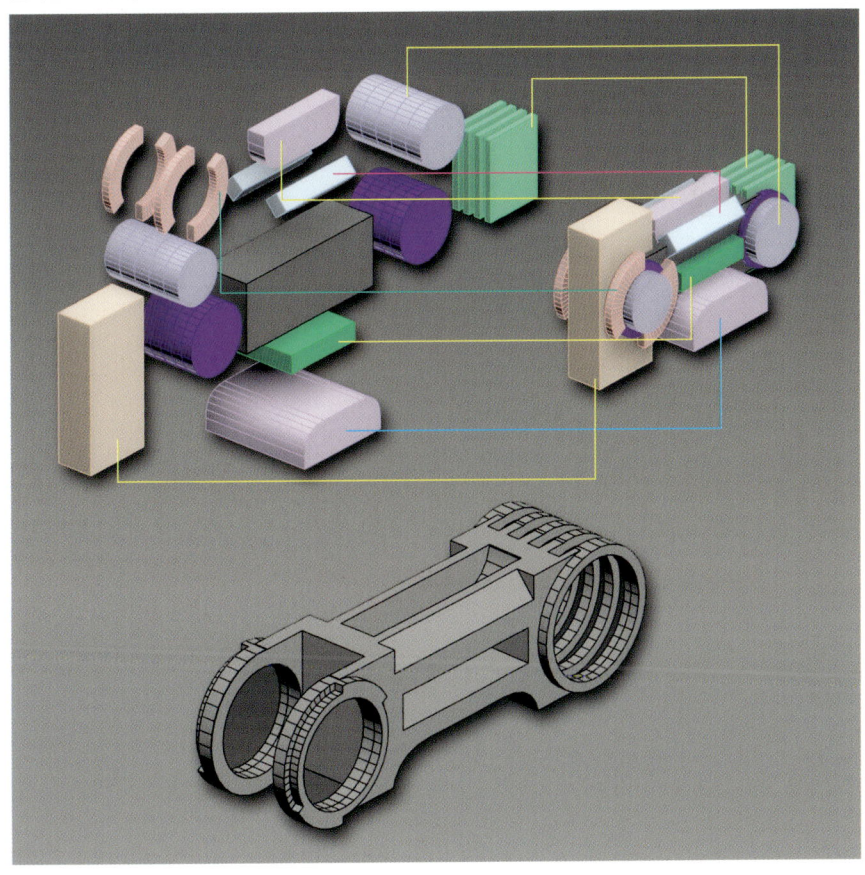

몸통이 될 기본 Object와 양쪽 옆의 Cylinder를 Boolean → Add Operations → Select to Add Union Operands를 적용하여 하나로 만들었습니다.

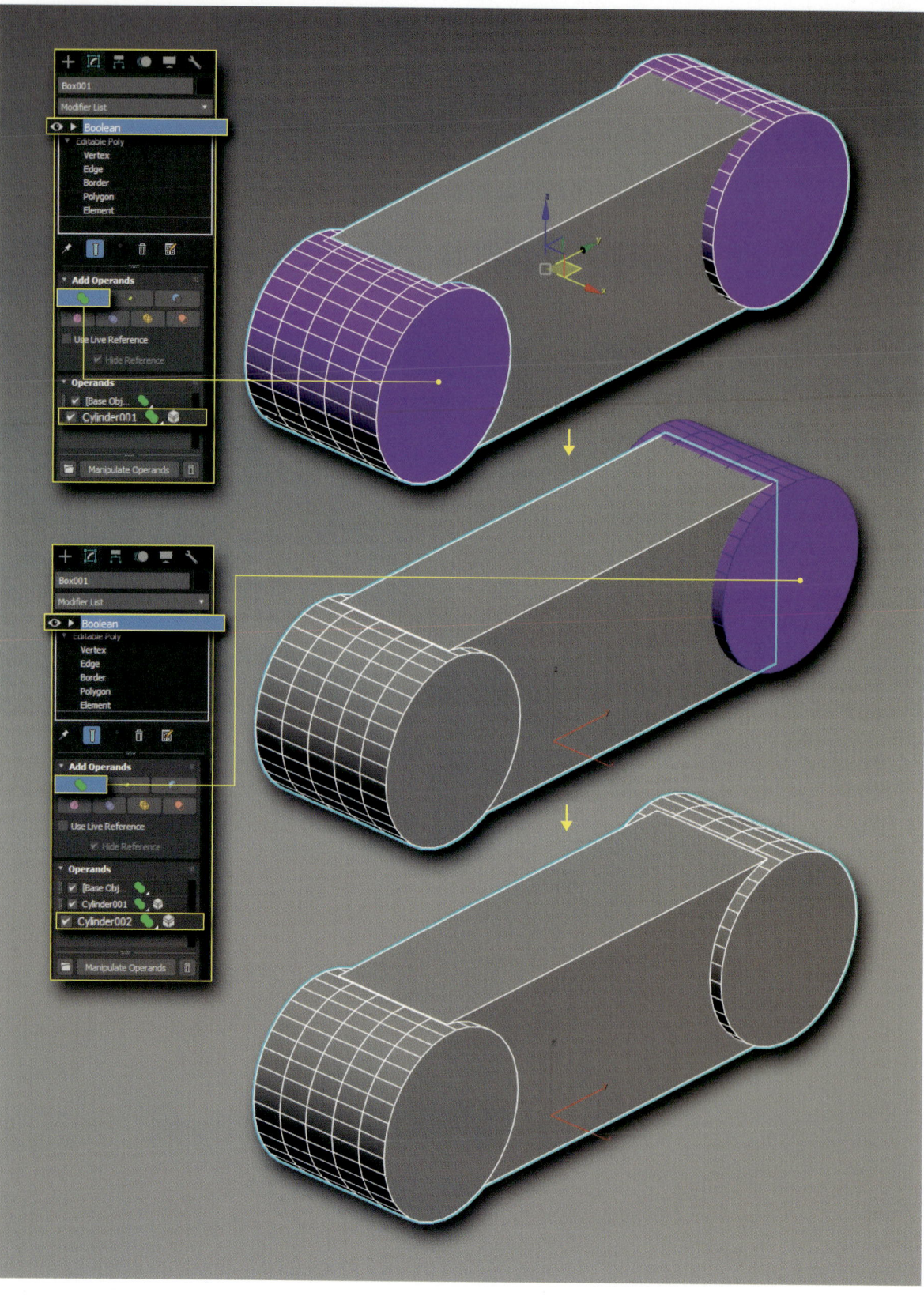

다시 Boolean → Add Operations → Select to Add Split Operands를 적용하여 Cylinder 형태를 제거합니다..

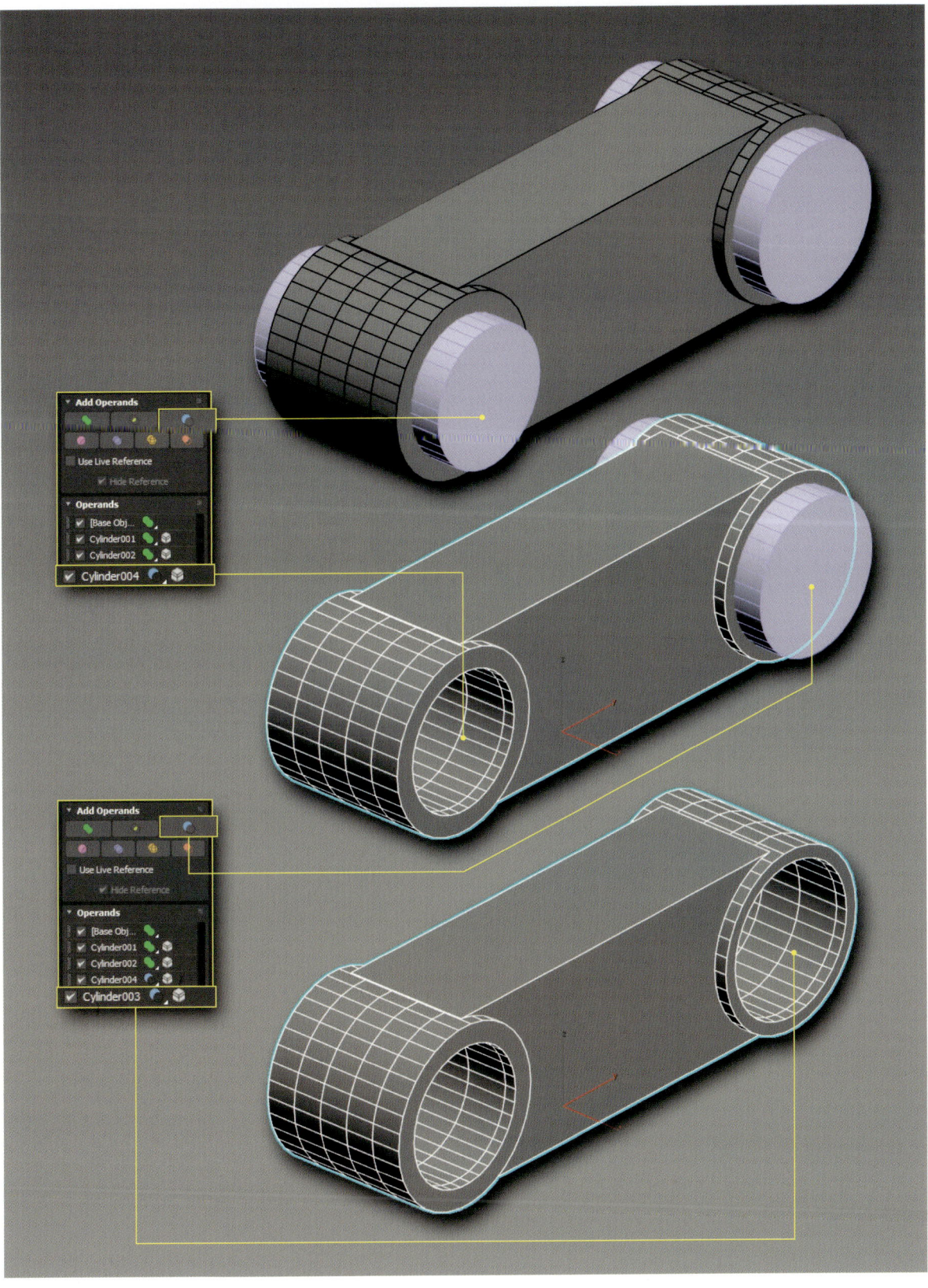

Chapter 09 | 다양한 모델링 접근 방식 735

같은 방법으로 미리 생성해 놓은 Object를 차례로(순서는 바뀌어도 상관없음) Boolean → Add Operations → Select to Add Subtract Operands를 적용하여 순차적으로 제거한 결과입니다.

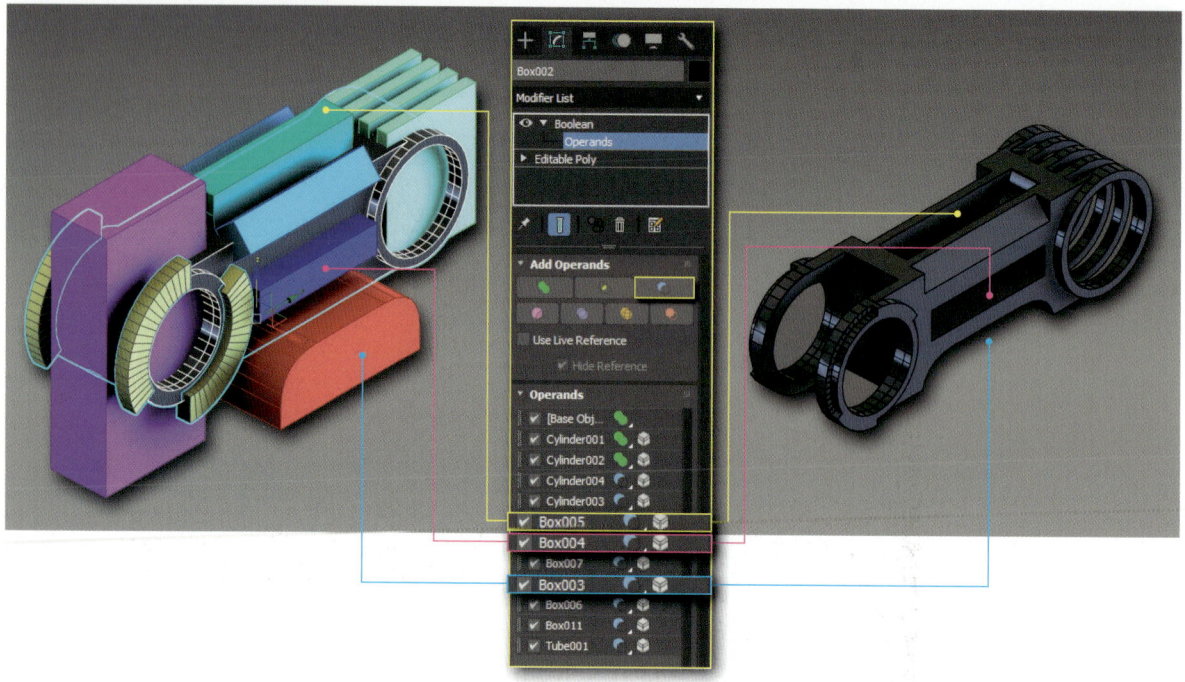

다음은 앞서 학습한 Retopology를 적용하고 Face Count를 50000으로 설정한 후 Compute를 실행한 결과입니다.

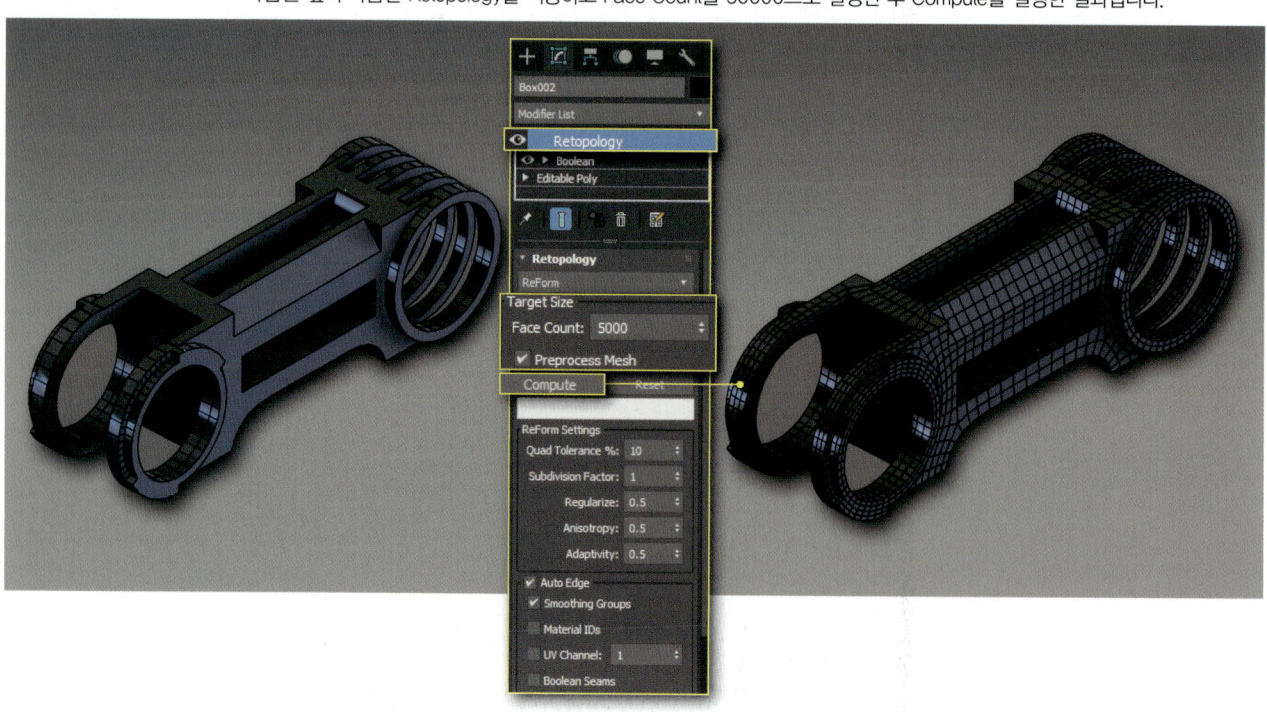

Modify → Edit Poly를 적용한 후 Ribbon → Selection → Hard를 이용하여 모서리 Edge를 모두 선택합니다.

Modify → Crease를 적용한 후 수치를 0.8 정도로 변경하고 다시 Modify → OpenSubdiv를 적용한 결과입니다.

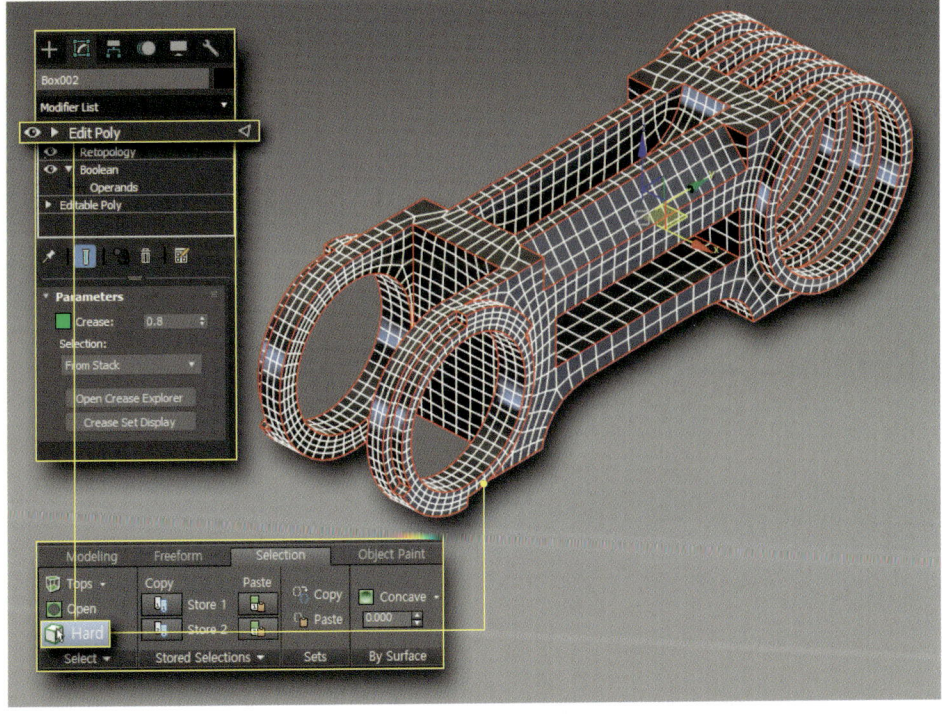

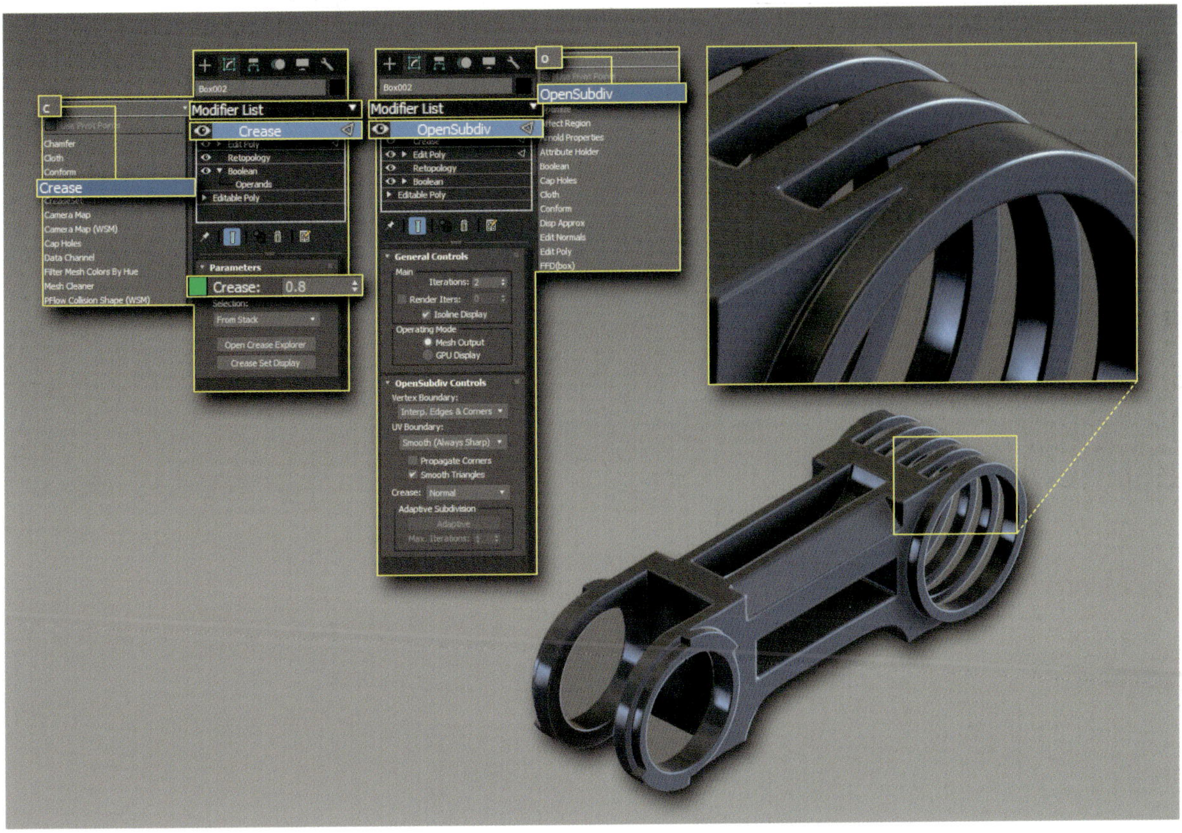

Chapter 09 | 다양한 모델링 접근 방식

SECTION 02

규칙적인 패턴을 가진 Object 만들기 1

각각 다른 패턴으로 전체가 이루어진 Object입니다. 모두 GeoSphere를 이용해서 제작했습니다. 각자 나름의 방법으로 먼저 제작해보기 바랍니다. 꼭 같은 방법이 아니더라도 결과가 같다면 더 좋은 학습이 될 것입니다.

실무에서는 정말 다양한 디자인을 접하게 되고 간혹 매우 복잡하고 작업하기 어려워 보이는 형태를 제작해야 할 경우가 있습니다.

평소 많은 형태를 다양한 방식으로 작업해보면 실무에서 빠르게 문제를 해결하고 대처하는 데 도움이 됩니다.

실무에서는 내가 만들어 본 형태와 만들 수 있는 형태만이 주어지는 것이 아니고 시간 안에 불가능해 보이는 업무도 받게됩니다. 하지만 의외로 몇 가지 기능을 응용해서 해결할 수 있고 이를 빠르게 이해하고 방법을 찾는 것이 바로 실무에서 필요한 능력입니다. 꼭 모델링뿐 아니라 모든 전문 영역에서 적용되는 능력이라 생각합니다.

제작 과정

화면에 GeoSphere를 생성하고 Editable poly로 변환합니다. 선택 모드를 Vertex로 바꾸고 모든 Vertex를 선택한 다음 Chamfer를 이용해서 선택한 Vertex를 모두 분리합니다.

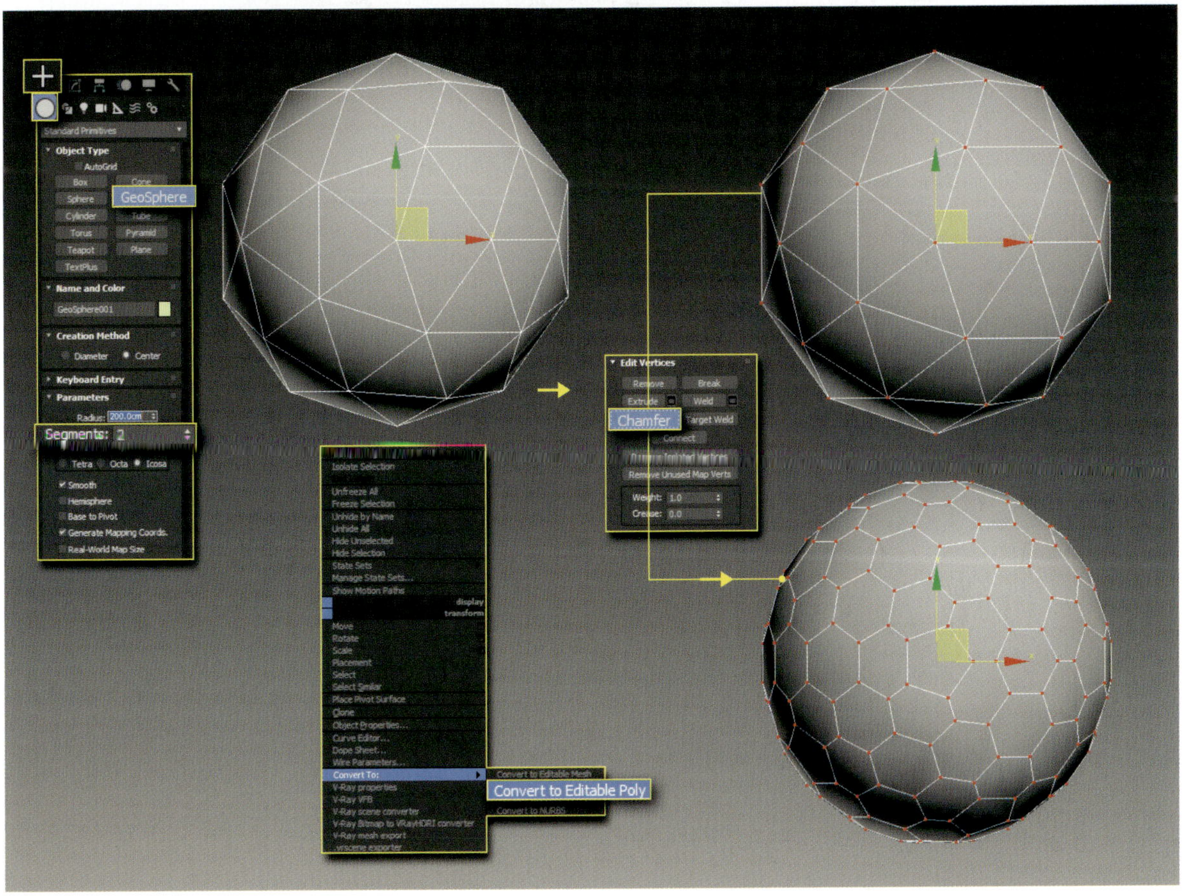

이번에는 선택 모드를 Polygon으로 바꾸고 Inset을 실행하고 By Polygon으로 설정한 후 선택된 모든 Polygon 안쪽으로 새로운 Polygon을 생성합니다.

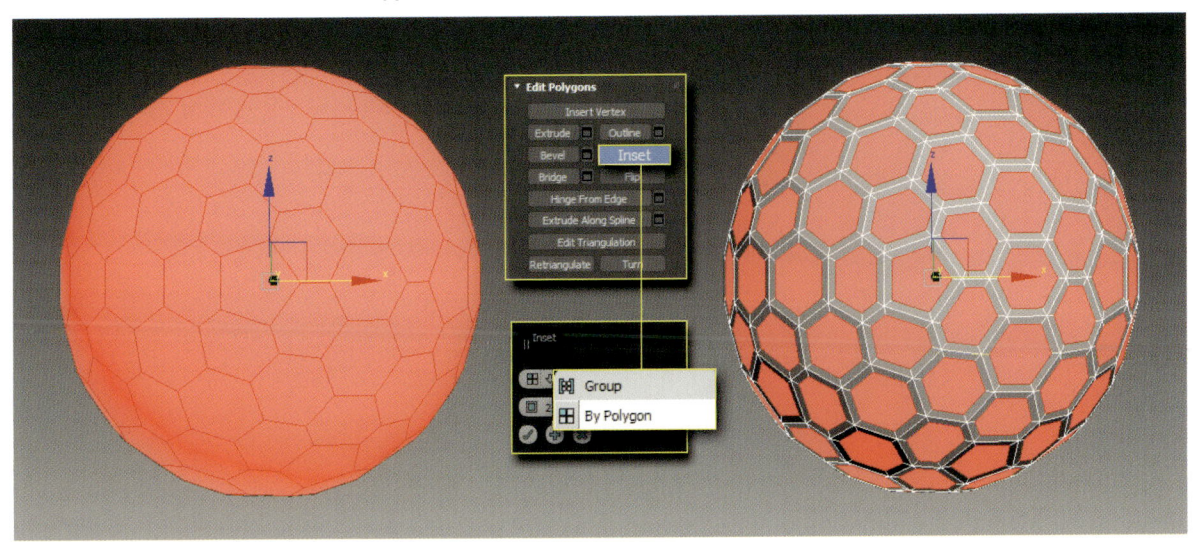

생성된 모든 Polygon을 Delete 키를 눌러 삭제합니다.

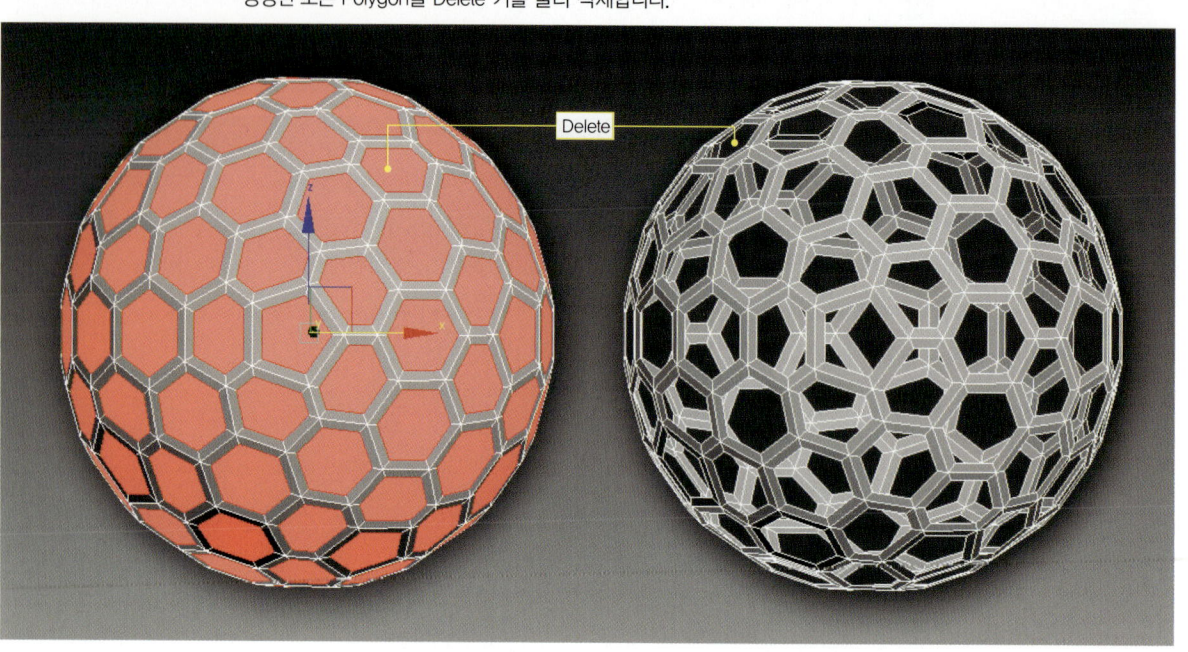

Modify ➡ Shell을 적용해서 두께를 준 후 Editable Polygon으로 다시 변환하고 두 가지 스타일로 완성했습니다. 하나는 Editable Polygon으로 변환한 후 즉시 TurboSmooth를 적용해서 완성하고 다른 하나는 Editable Polygon 변환 후 선택 모드를 Edge로 설정하고 모든 Edge를 선택 후 Chamfer를 실행해서 Edge를 분리한 후에 Turbosmooth 를 적용해서 완성합니다.

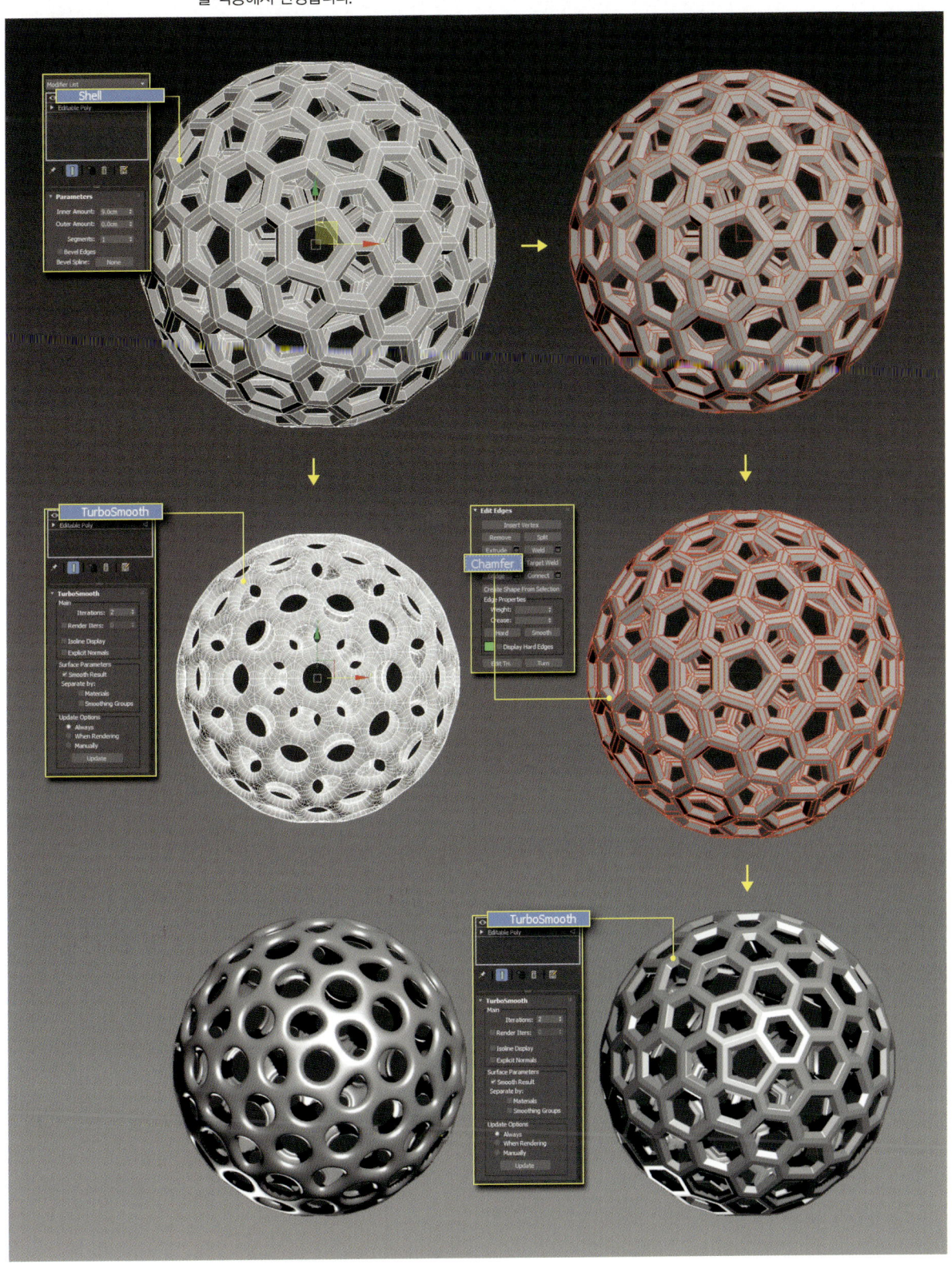

SECTION 03

규칙적인 패턴을 가진 Object 만들기 2

앞선 예제와 비슷해 보이지만 패턴이 다른 Object입니다.

이번에는 Ribbon의 Modeling ➡ Polygon Modeling ➡ Generate Topology 기능을 이용합니다. Generate Topology 기능을 이용하면 제공하는 다양한 형태의 Pattern을 적용해서 적용한 Pattern 형태로 Edge의 연결 모양을 바로 변형할 수 있습니다.

Editable Polygon 상태이고 기본 Object의 Edge가 적절한 간격으로 정리되어 있다면 좋은 결과를 얻을 수 있습니다. Generate Topology를 이용해서 다양한 패턴을 적용해봅니다.

화면에 충분한 Polygon을 가진 Plane을 생성하고 Editable Polygon으로 변환하고 Ribbon의 Modeling ➡ Polygon Modeling ➡ Generate Topology를 실행해서 활성화합니다.

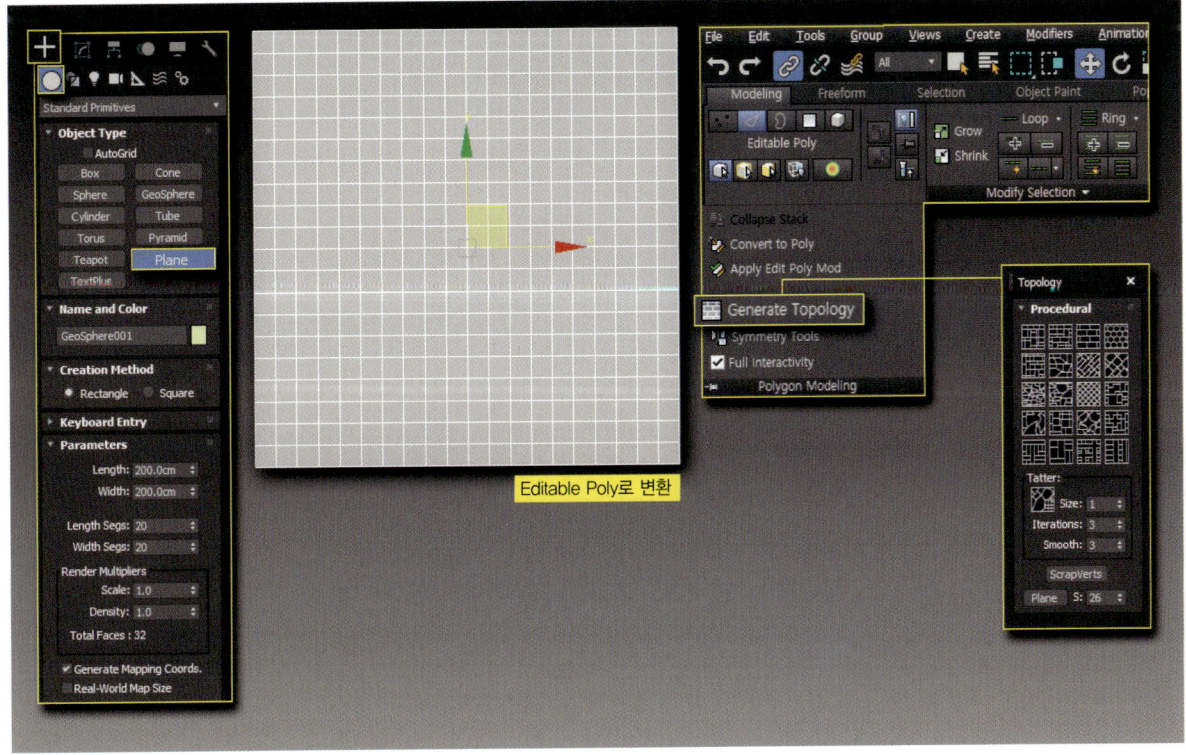

Generate Topology을 확인해보면 다양한 패턴이 표시된 아이콘이 있습니다.

선택 모드를 Edge로 바꾸고 Edge 하나를 선택하고 패턴 버튼을 클릭하면 Edge가 새롭게 정렬되고 패턴이 적용됩니다.

선택한 Edge의 방향에 따라 다르게 적용됩니다. 다음 그림은 Edge의 방향에 따른 결과를 보여줍니다.

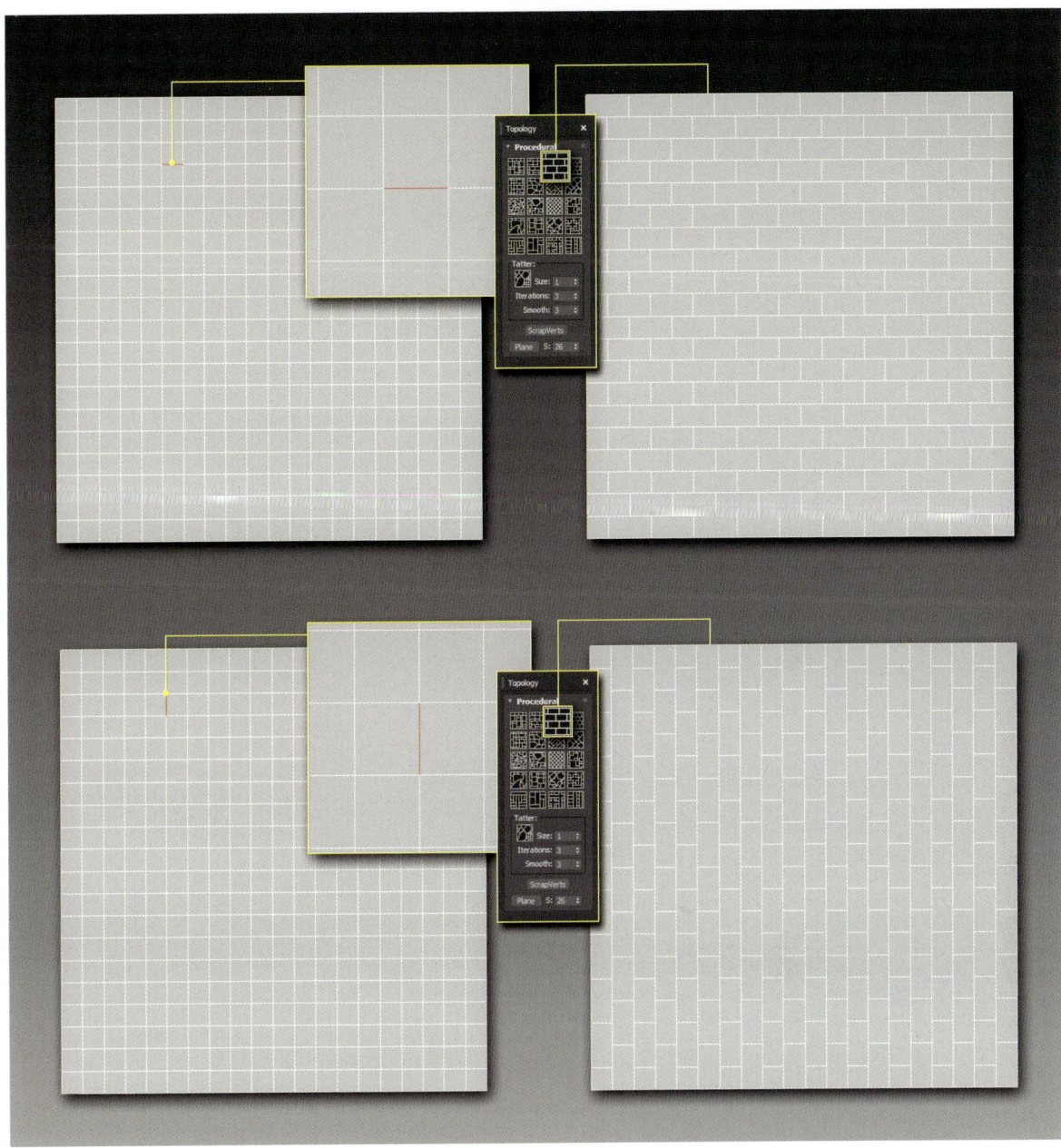

여러 가지 다른 패턴을 적용한 결과를 확인합니다.

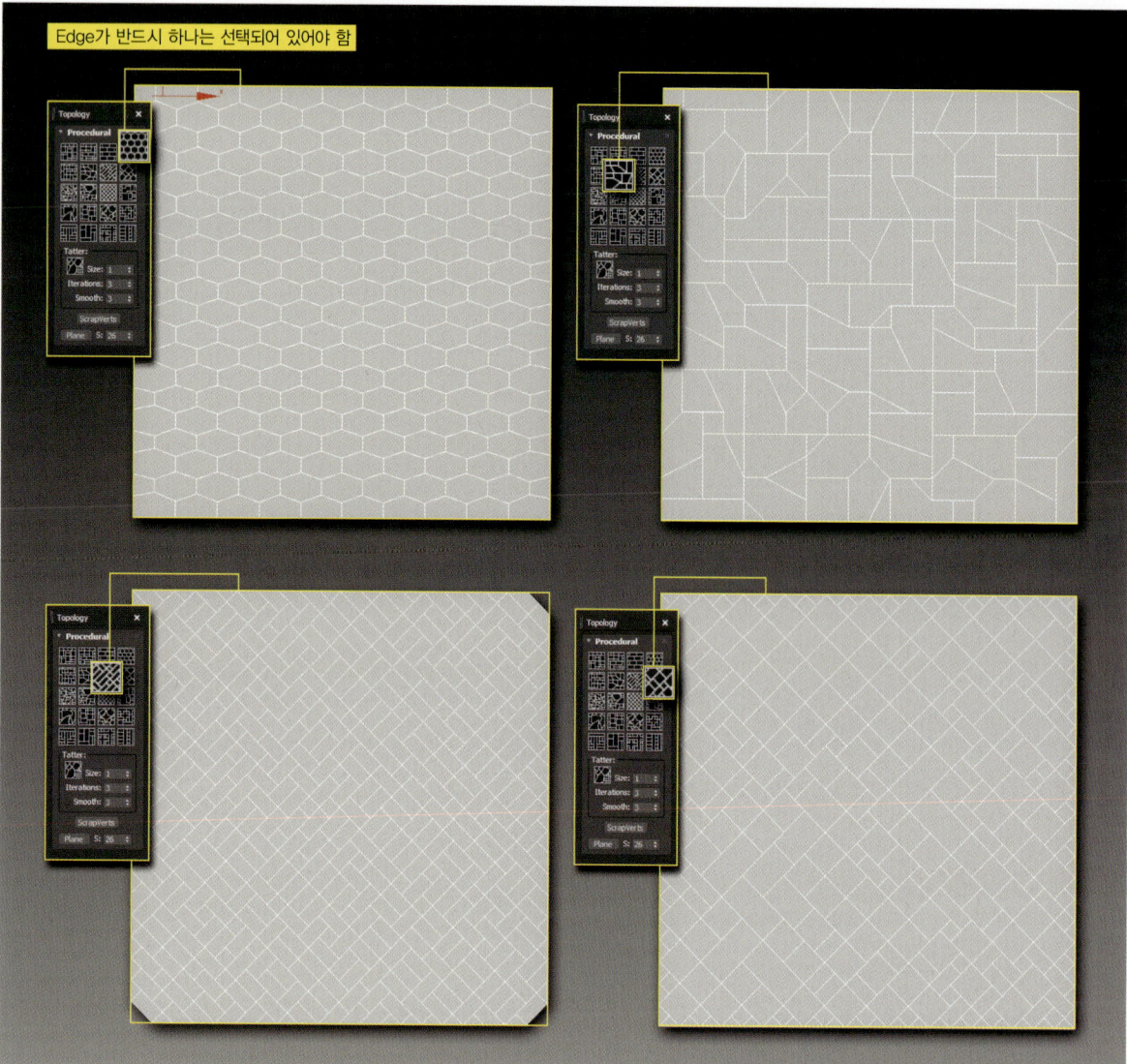

이제 Generate Topology을 실행해서 패턴을 적용하고 Object를 완성합니다.

Length Segs와 Width가 10인 Plane을 생성하고 Editable Poly로 변환하고 Modeling ➡ Polygon Modeling ➡ Generate Topology를 실행합니다. 선택 모드가 Edge인 상태에서 Edge를 선택하고 패턴 버튼을 클릭해서 선택한 패턴이 적용된 Polygon으로 변형합니다.

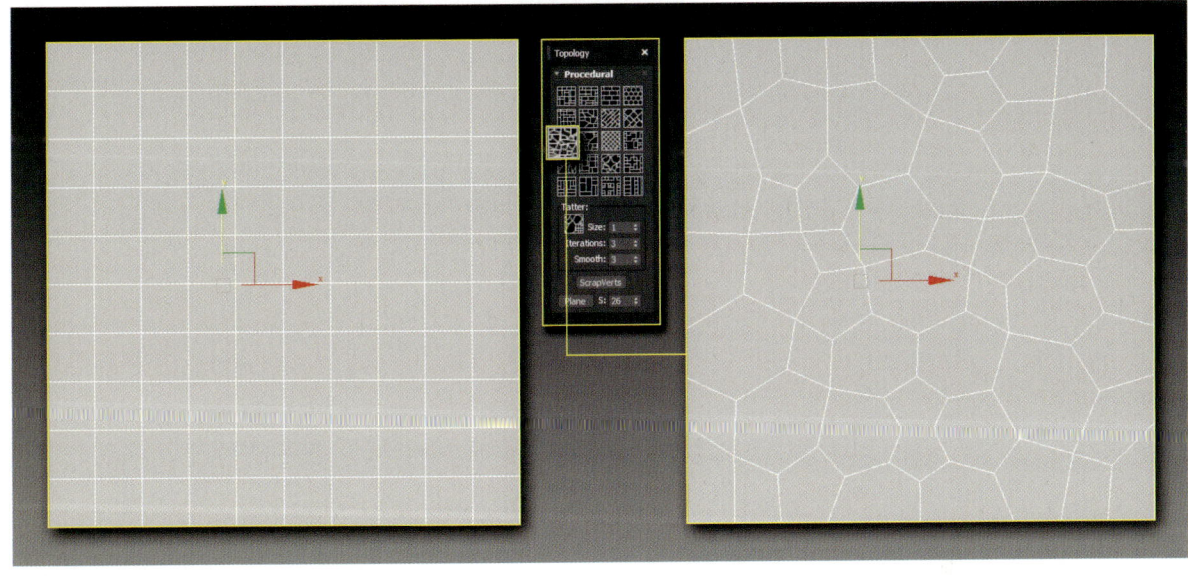

선택 모드를 Polygon으로 변경하고 Inset을 이용해서 가장자리를 정리합니다.

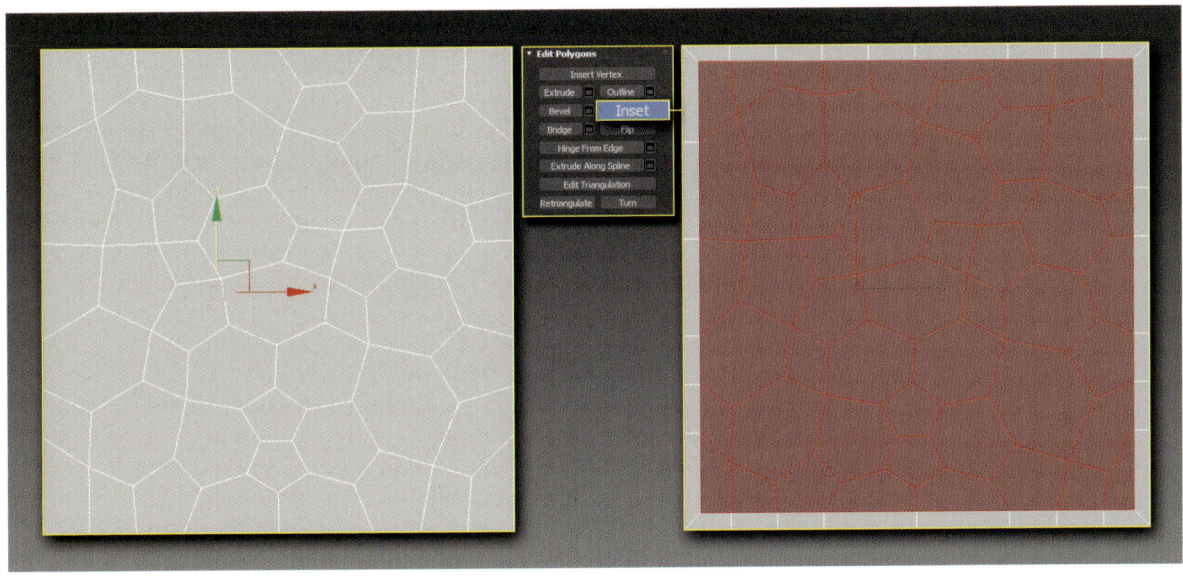

Polygon이 선택되어 있는 상황에서 다시 Inset을 실행합니다. 이번에는 By Polygon을 이용해서 선택한 Polygon 하나 하나 안쪽으로 Polygon을 추가합니다.

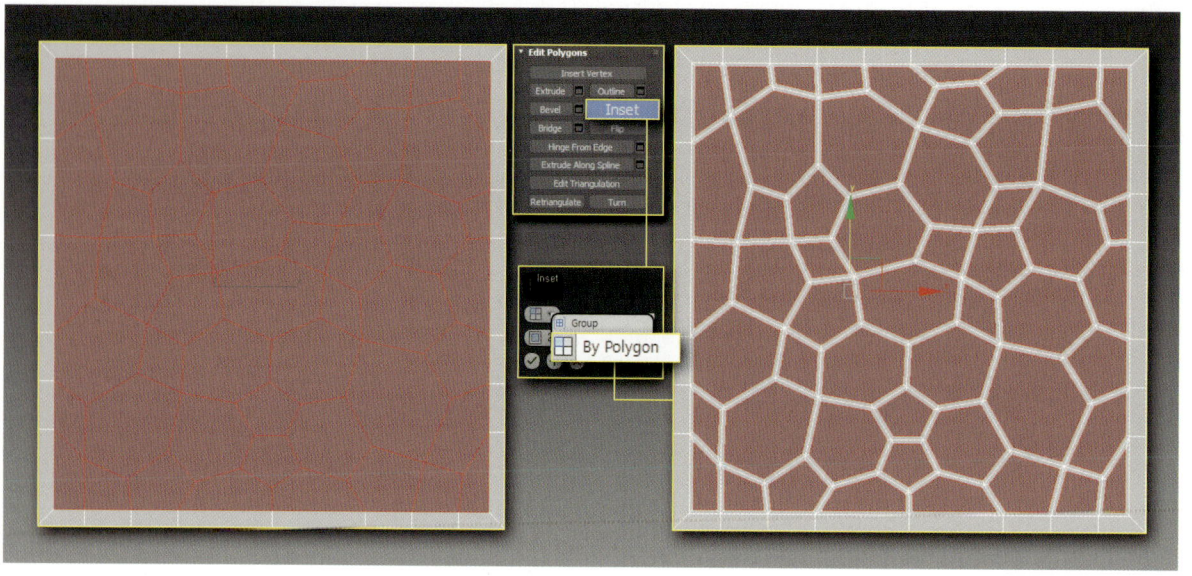

Bevel과 Inset을 이용해서 Polygon을 추가합니다.

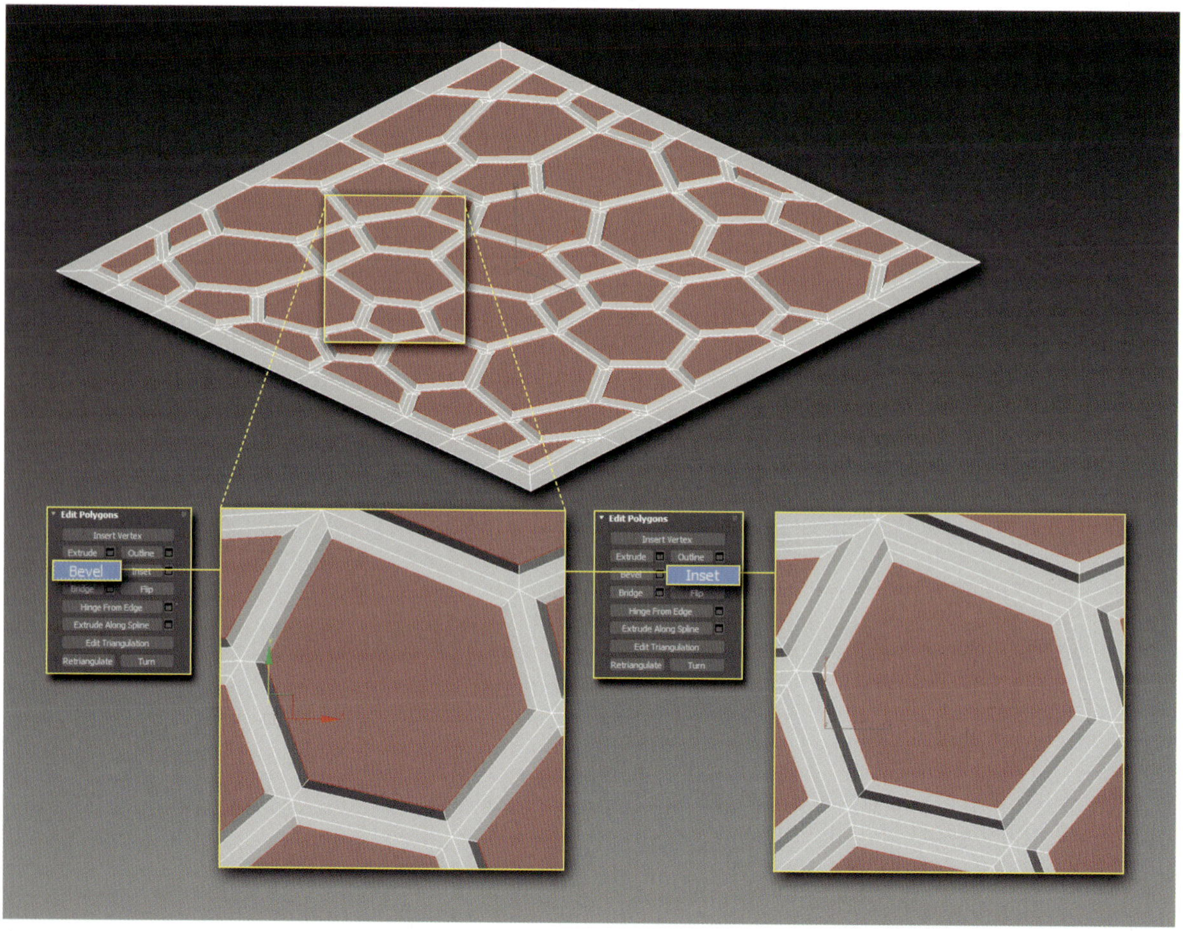

현재까지 작업된 Object를 Modify ➡ TurboSmooth를 실행해서 돌 바닥 형태의 Object를 만들고 Tessellate를 실행해서 날카로운 바닥 형태의 Object를 만듭니다.

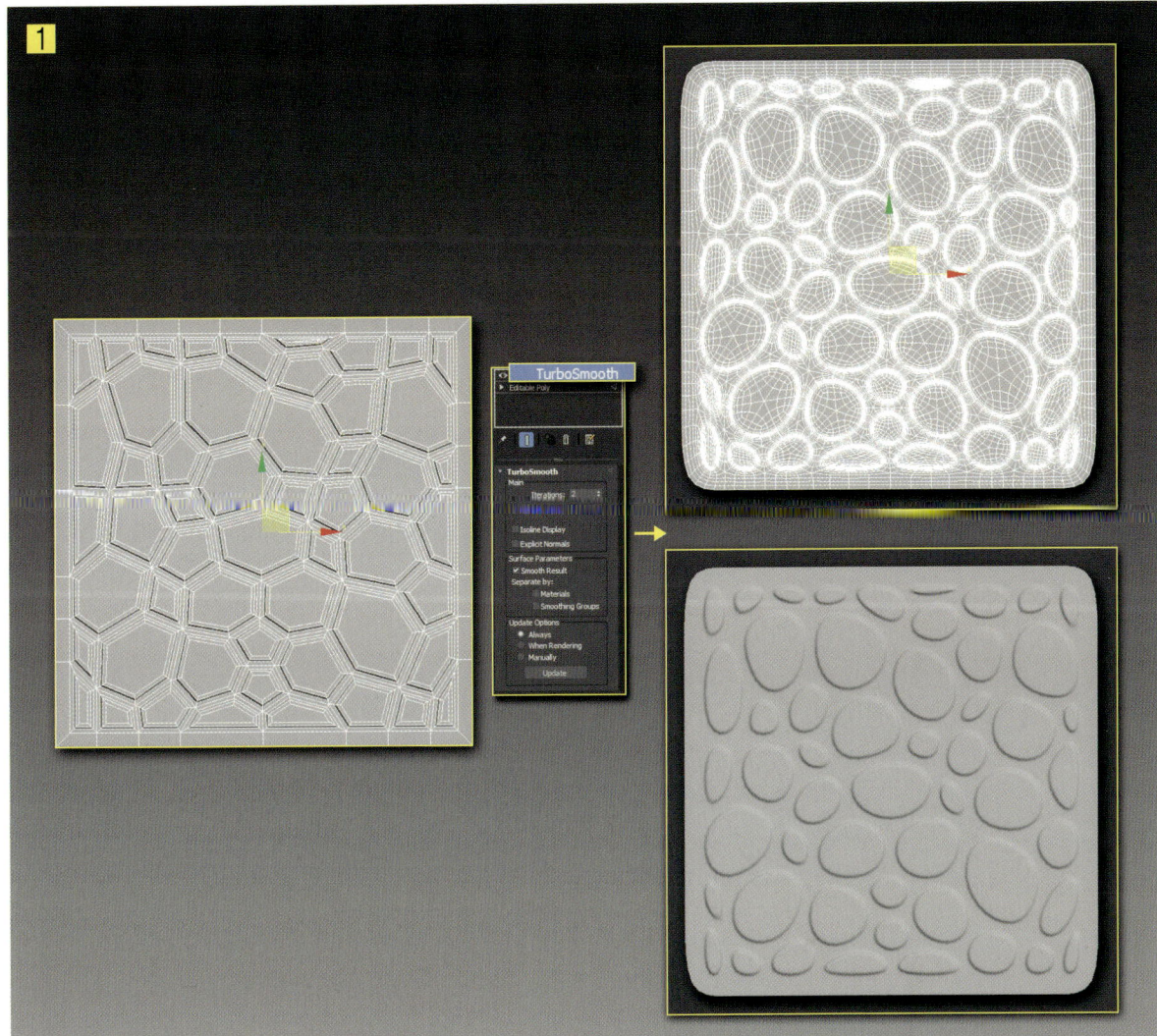

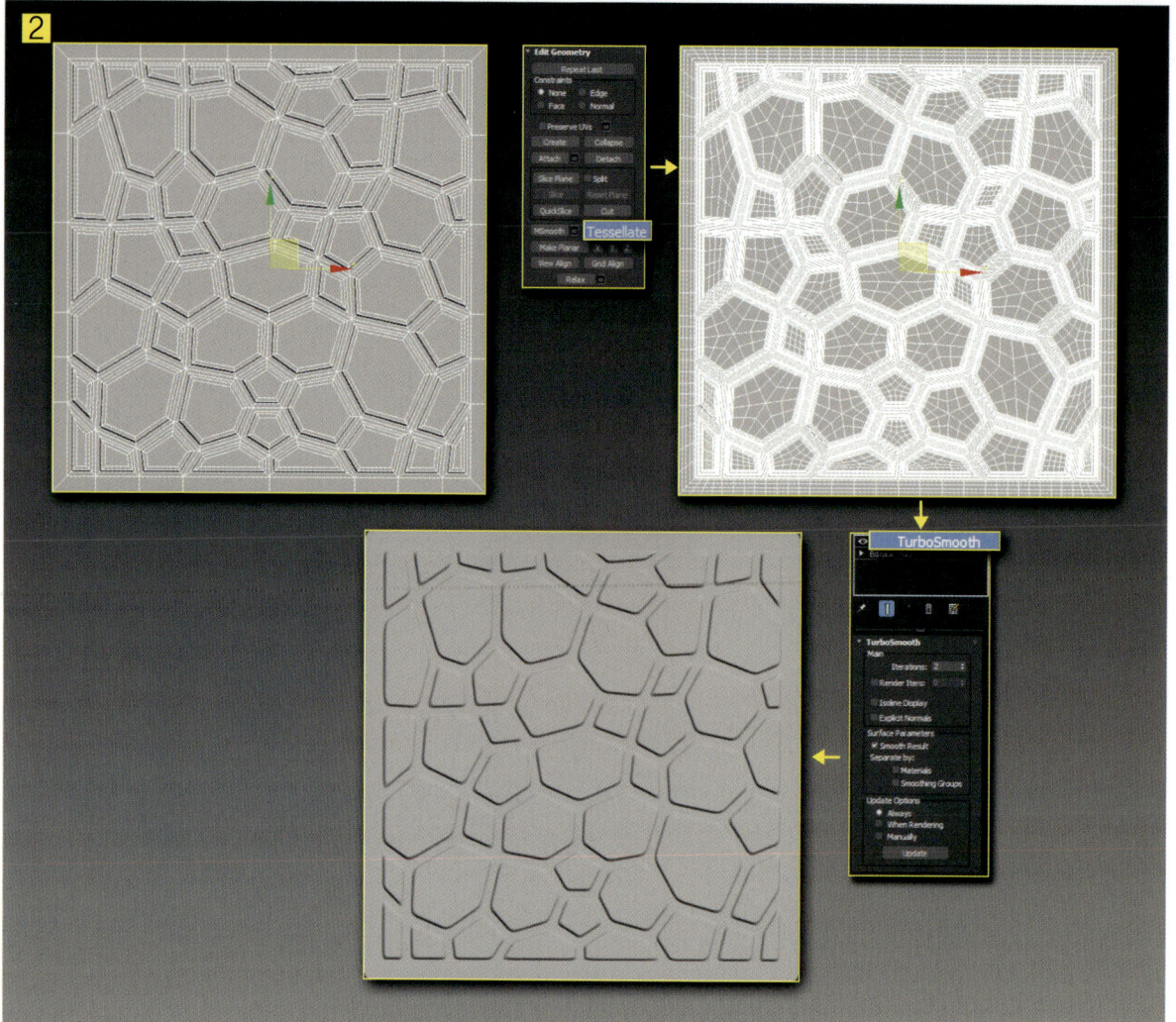

지금까지 학습한 방법을 응용해서 규칙적인 패턴을 가진 Object를 제작합니다.

Sphere를 생성하고 Editable Polygon으로 변환한 후 선택 모드가 Edge인 상태에서 Ribbon의 Modeling ➔ Polygon Modeling ➔ Generate Topology를 실행하고 패턴 중 Hive를 실행합니다.

Hive 패턴은 반드시 Edge 하나가 선택되어 있어야 합니다.

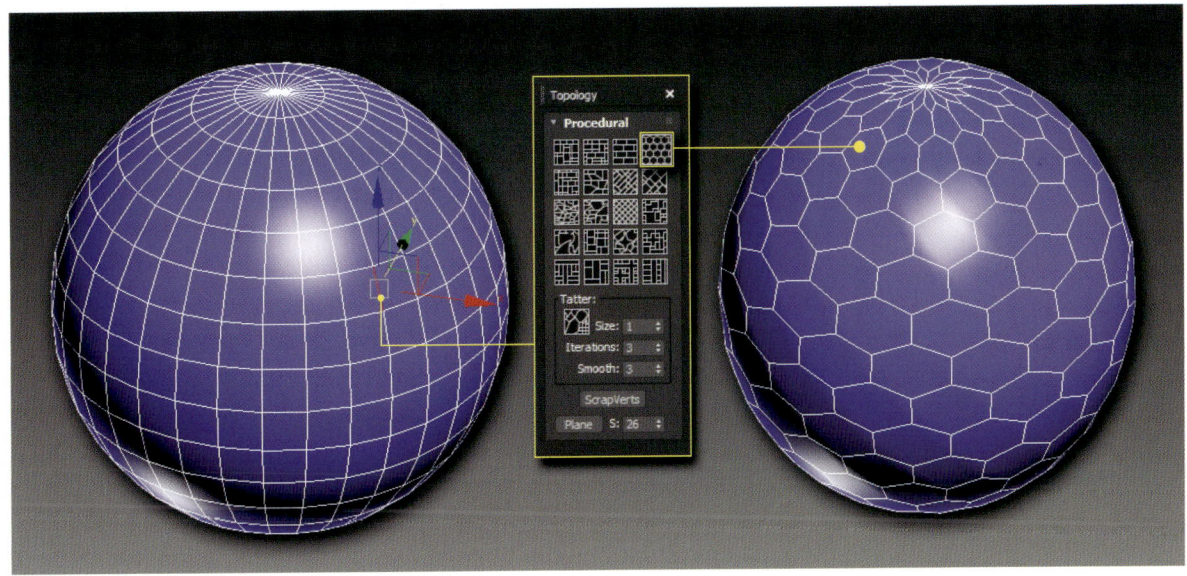

선택 모드를 Polygon으로 변경하고 전체 Polygon을 선택한 후에 Inset을 이용해서 전체 Polygon 안쪽으로 새로운 Polygon을 추가합니다.

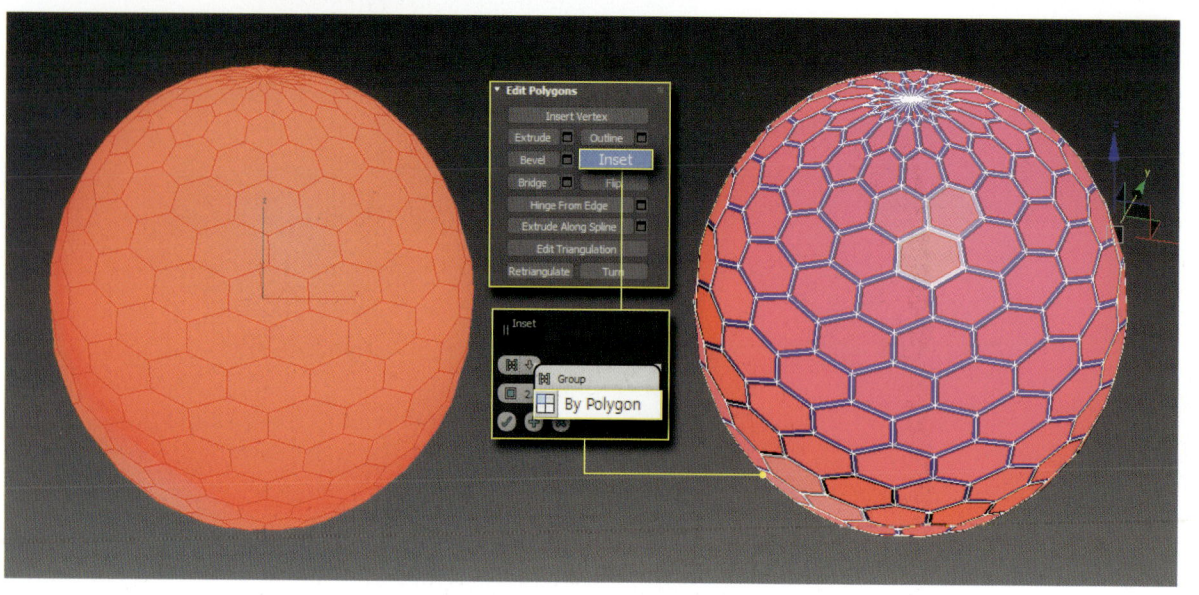

안쪽으로 생성된 Polygon을 Delete 키를 눌러 삭제합니다.

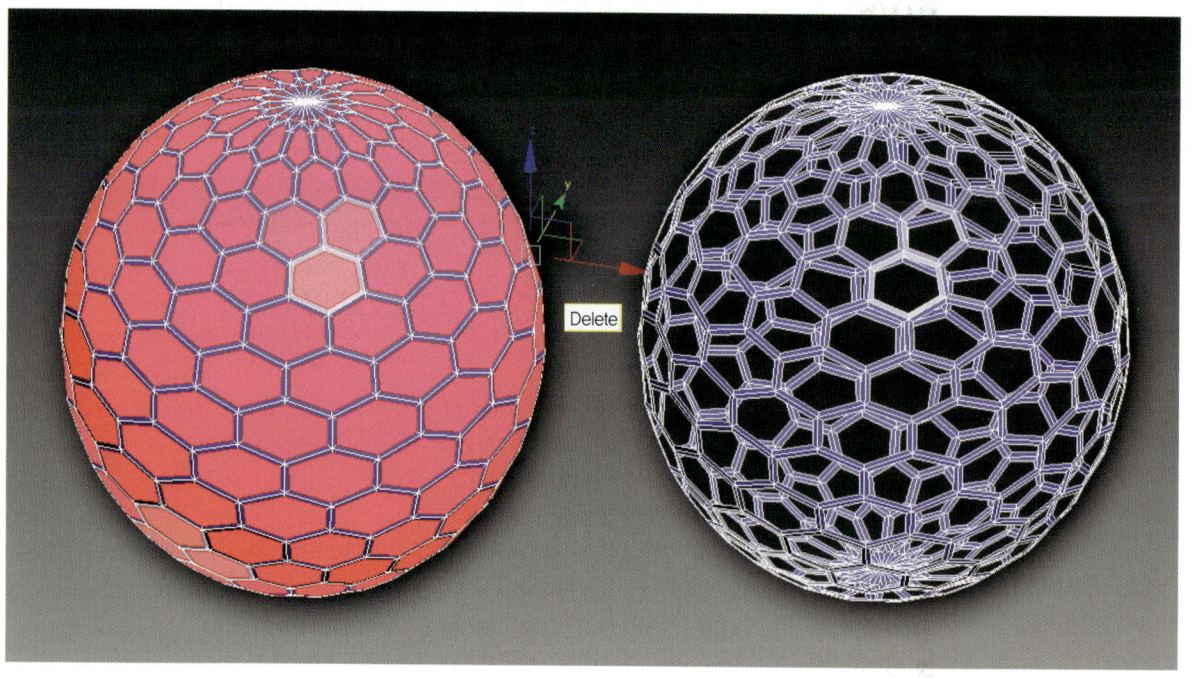

Tessellate을 실행해서 전체적으로 Edge를 추가한 후 Modify ➜ Shell을 적용해서 두께를 주고 다시 Modify ➜ TuboSmooth를 적용해서 완성합니다.

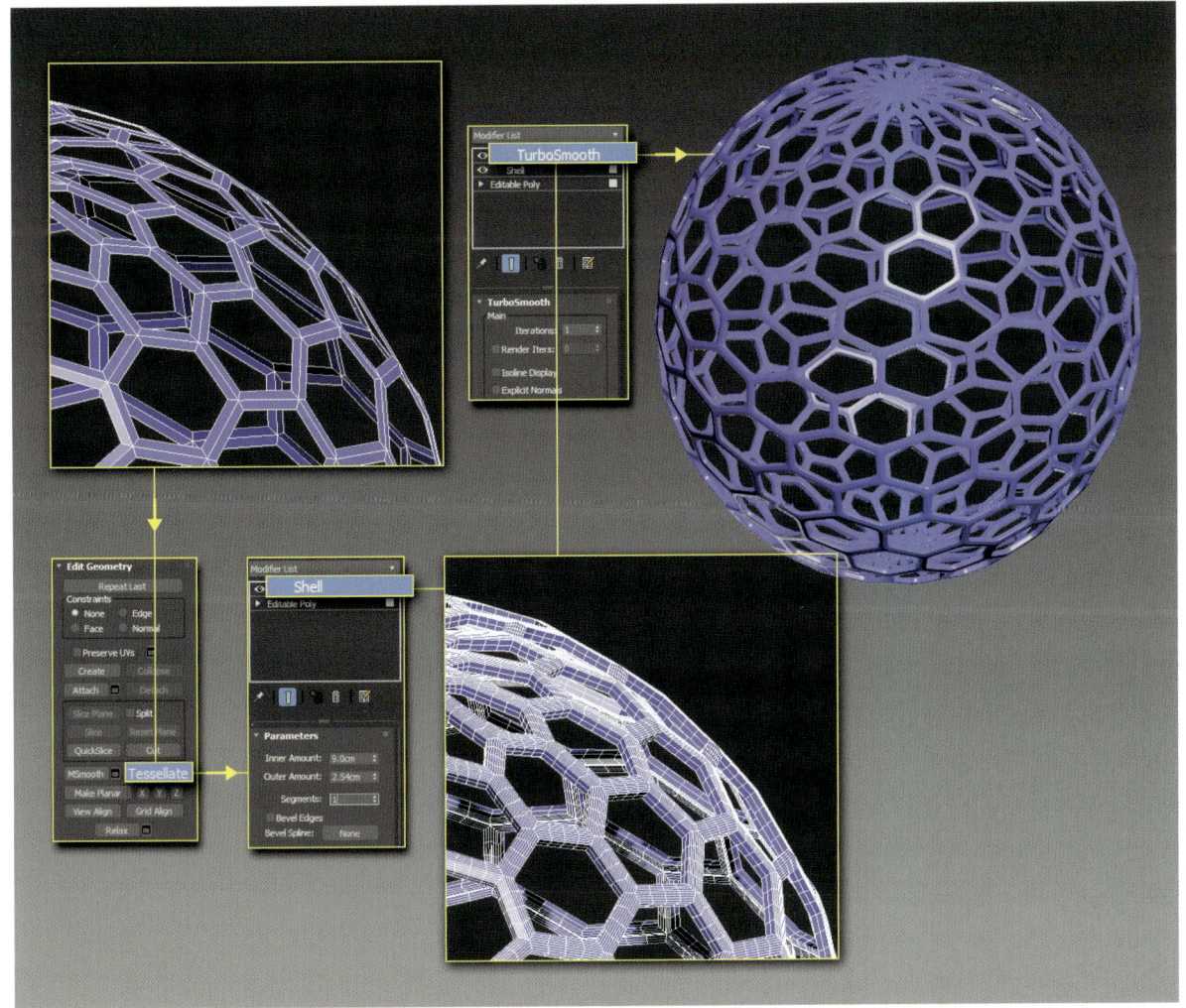

SECTION 04

불규칙한 패턴을 가진 Object 만들기

다음 Object는 앞서 제작한 예제와 비슷해 보이지만 크기와 형태가 조금 다른 패턴으로 이루어져 있습니다.

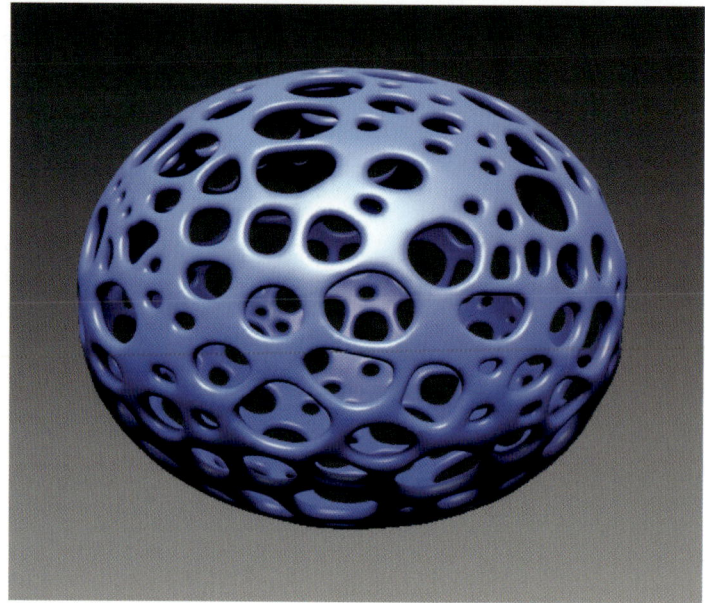

Pattern Object 01.max

앞서 학습한 것처럼 패턴을 만들고 부분을 선택해서 크기를 조절하는 방식으로도 제작할 수 있지만 여기서는 빠르게 불규칙한 패턴을 만드는 방법을 알아봅니다.

Box를 생성하고 Modify ➜ TurboSmooth를 적용하고 Iterations을 충분히 높여서 변형하고 Editable Poly로 변환합니다.

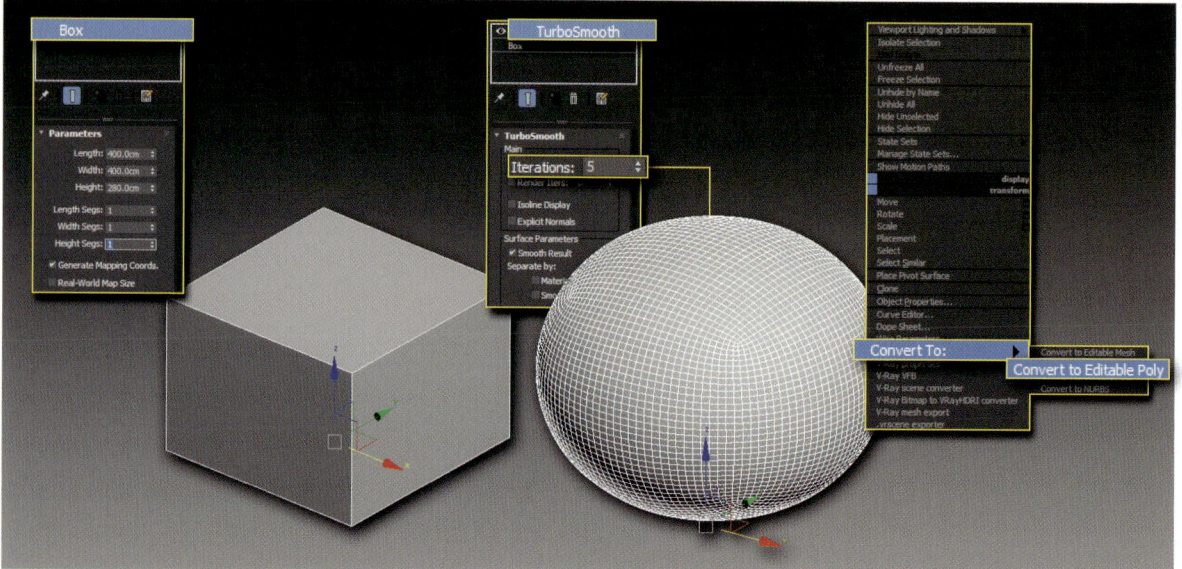

Sphere를 이용하지 않은 이유는 전체적인 Edge의 간격과 Polygon의 크기를 가능한 일정하게 유지하기 위해서입니다. 다음 그림을 보면 같은 구형이지만 Edge 연결과 Polygon 형태가 다르다는 것을 알 수 있습니다.

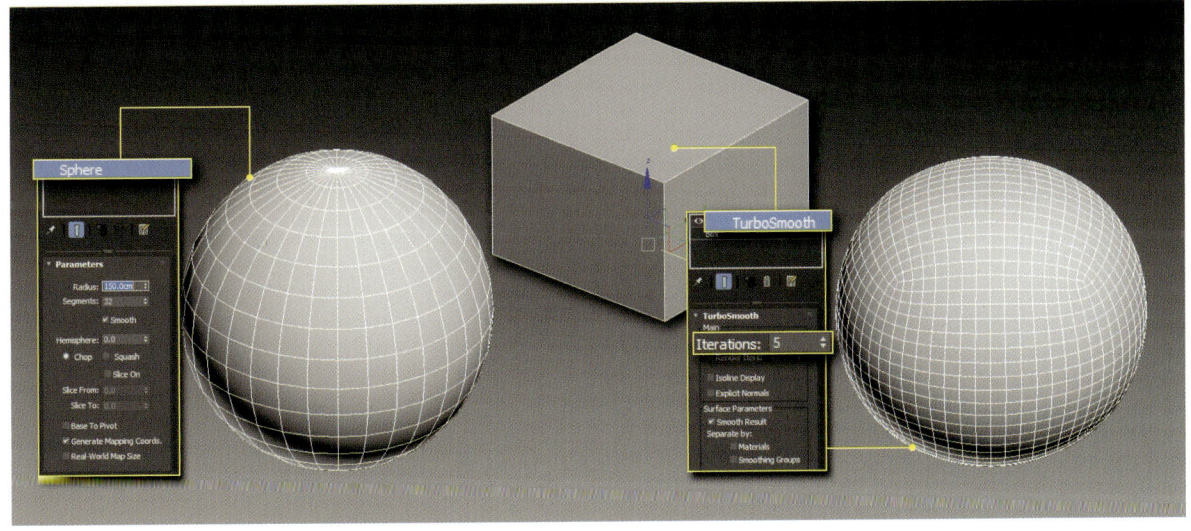

Sphere를 Editable Poly로 변환한 Object에 Tatter를 적용한 결과와 Box를 생성하고 Modify ➔ TurboSmooth를 적용한 후 Editable Polygon으로 변환한 Object에 Tatter를 적용한 결과를 확인해보면 Sphere를 변형한 경우 Object 윗부분의 Edge 간격이 좁아 왜곡이 심해집니다.

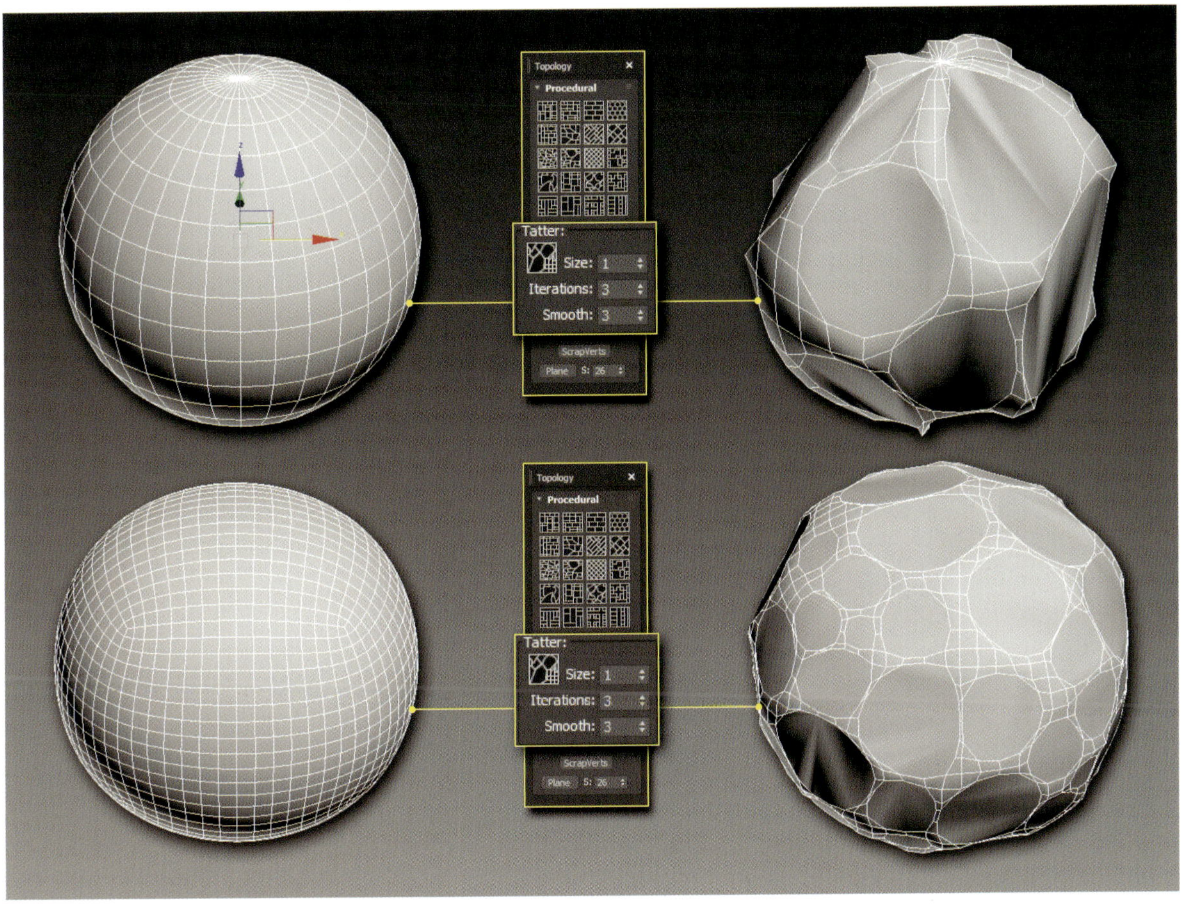

이러한 이유로 Box에 TurboSmooth를 적용해서 변환한 object를 사용합니다. Size를 다르게 해서 Tatter을 실행하면 생성되는 원형의 크기를 조절할 수 있습니다.

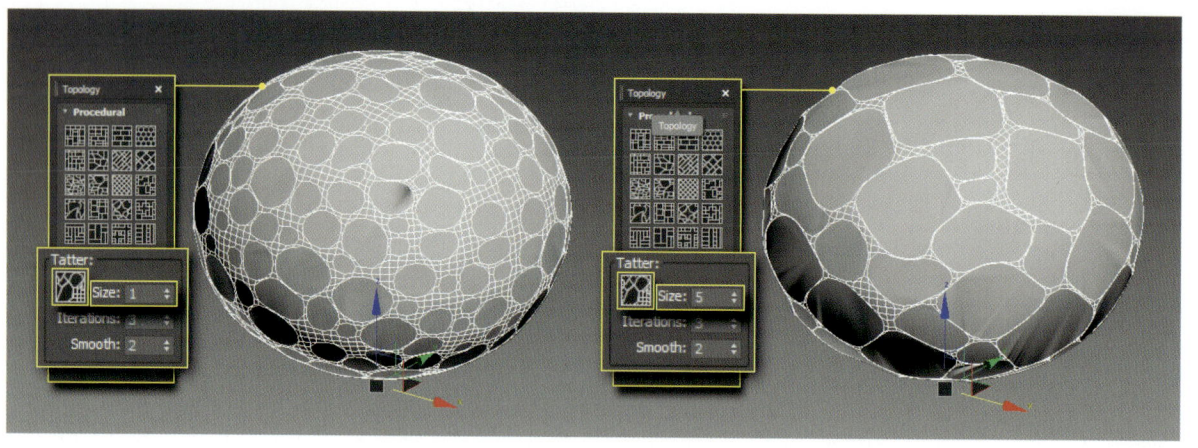

Iterations의 수치에 따라 생성되는 패턴의 불규칙한 정도를 설정할 수 있습니다.

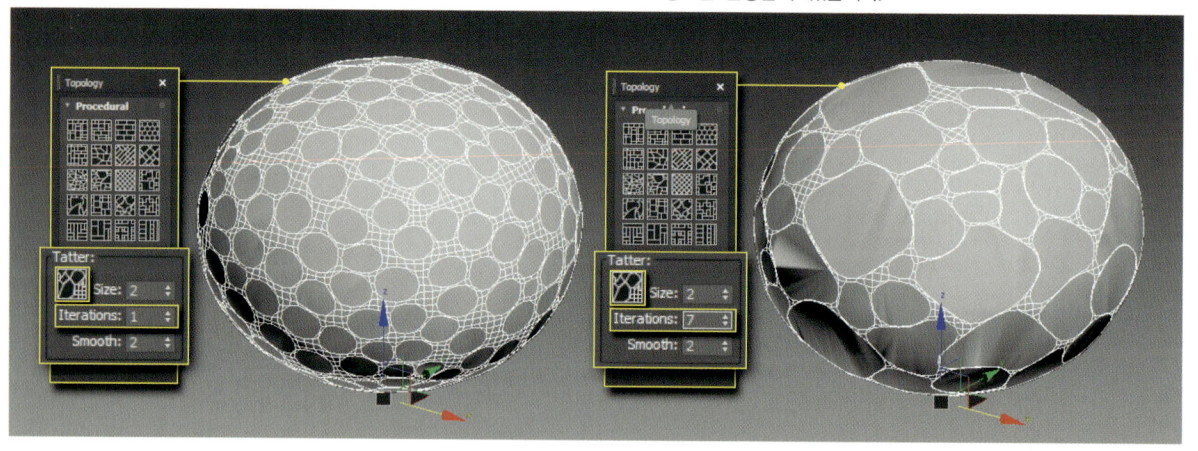

수치가 높을수록 큰 차이를 보이면서 패턴이 생성됩니다. 최종 결과는 다음과 같이 Size 3, Iteration 2, Smooth 3으로 설정하고 실행했습니다.

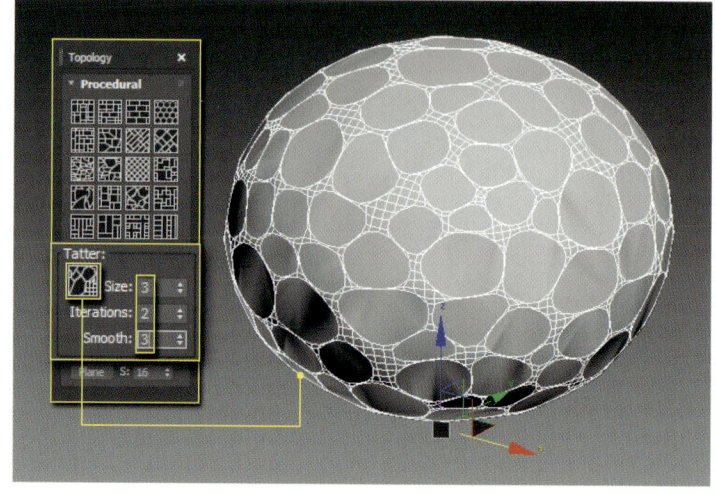

선택 모드를 Polygon으로 설정하면 그림처럼 생성된 원형의 패턴만 선택됩니다. Inset을 실행해서 선택한 Polygon 안쪽으로 새로운 Polygon을 생성하고 Delete 키를 눌러 삭제합니다.

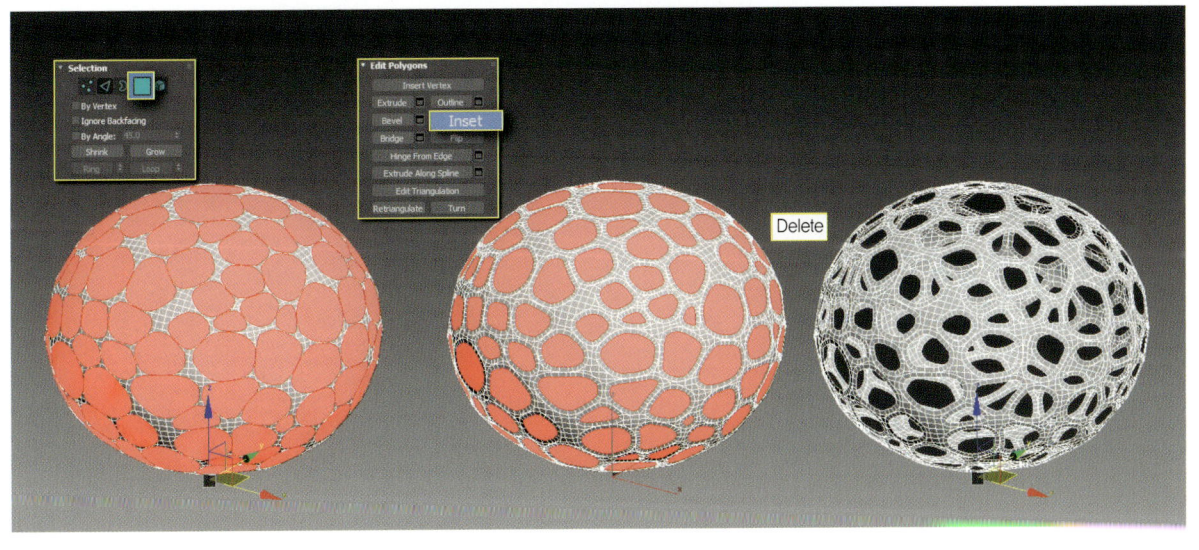

Modify → Relax를 적용해서 전체적으로 Edge 간격을 부드럽게 조정하고 다시 Editable Polygon으로 변환합니다.

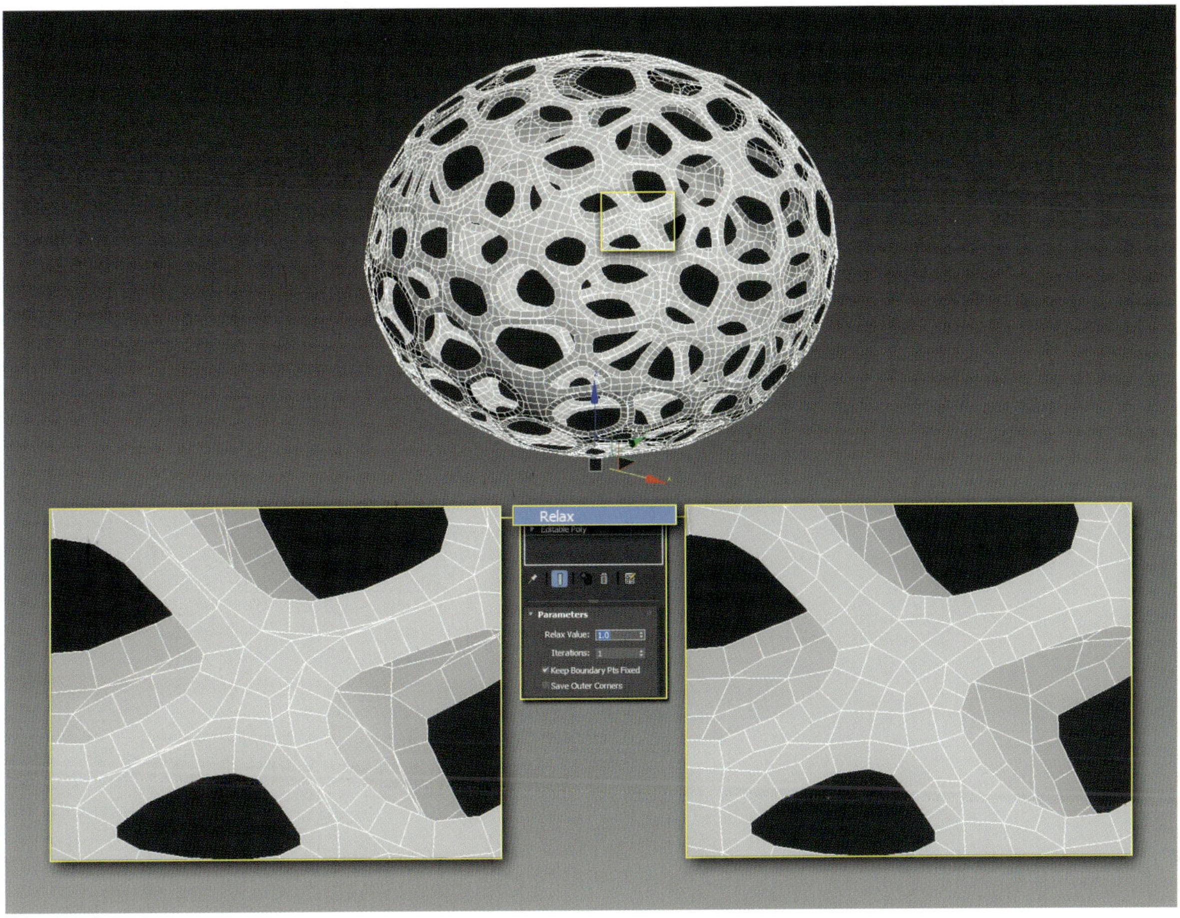

Modify ➡ Shell을 적용해 두께를 가진 Object로 변형합니다.

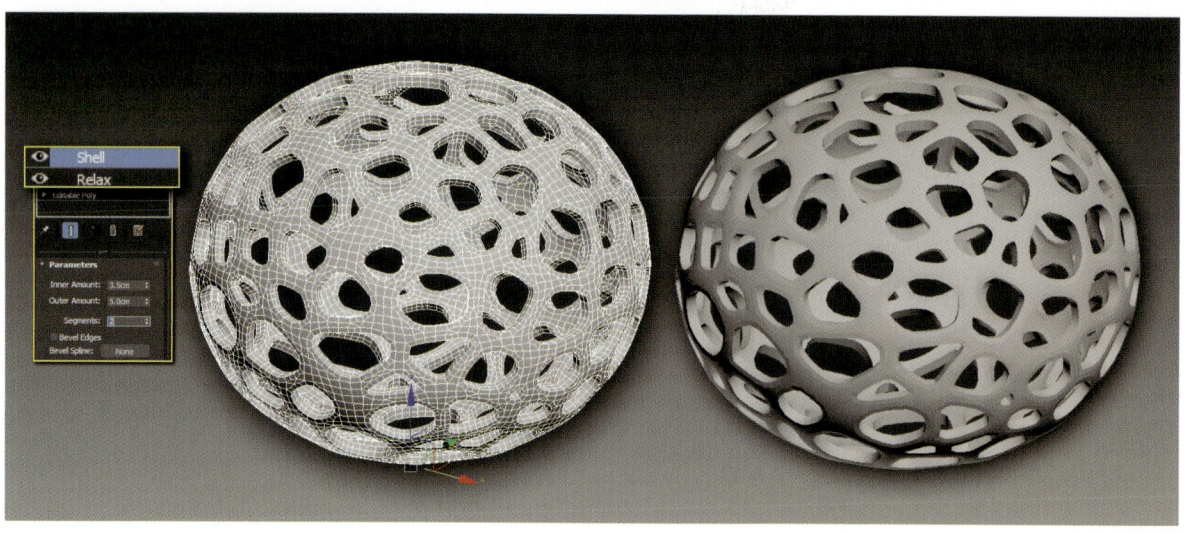

다음은 Tatter의 Size, Iteration를 달리하고 같은 방법을 이용해서 두께가 있는 Object로 변형하고 Modify ➡ TurboSmooth를 적용해서 완성한 결과입니다.

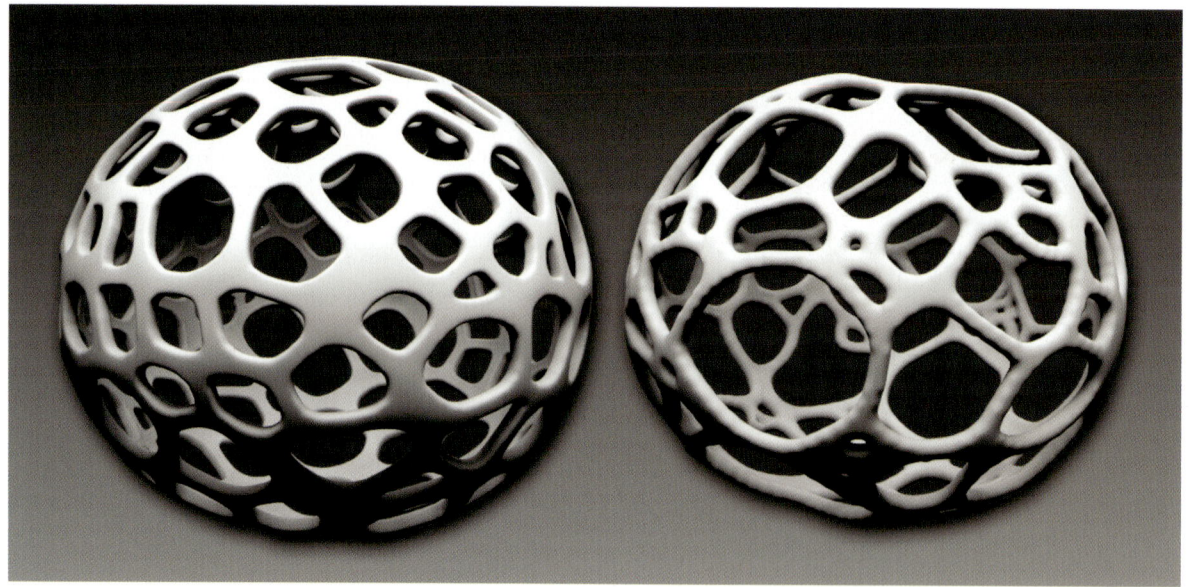

같은 방식을 이용해서 Plane Object를 변형시켜 받침을 만들어 보도록 하겠습니다.

Plane을 생성하고 Editable Polygon으로 변환하고 Modify ➜ FFD를 적용해서 변형합니다.

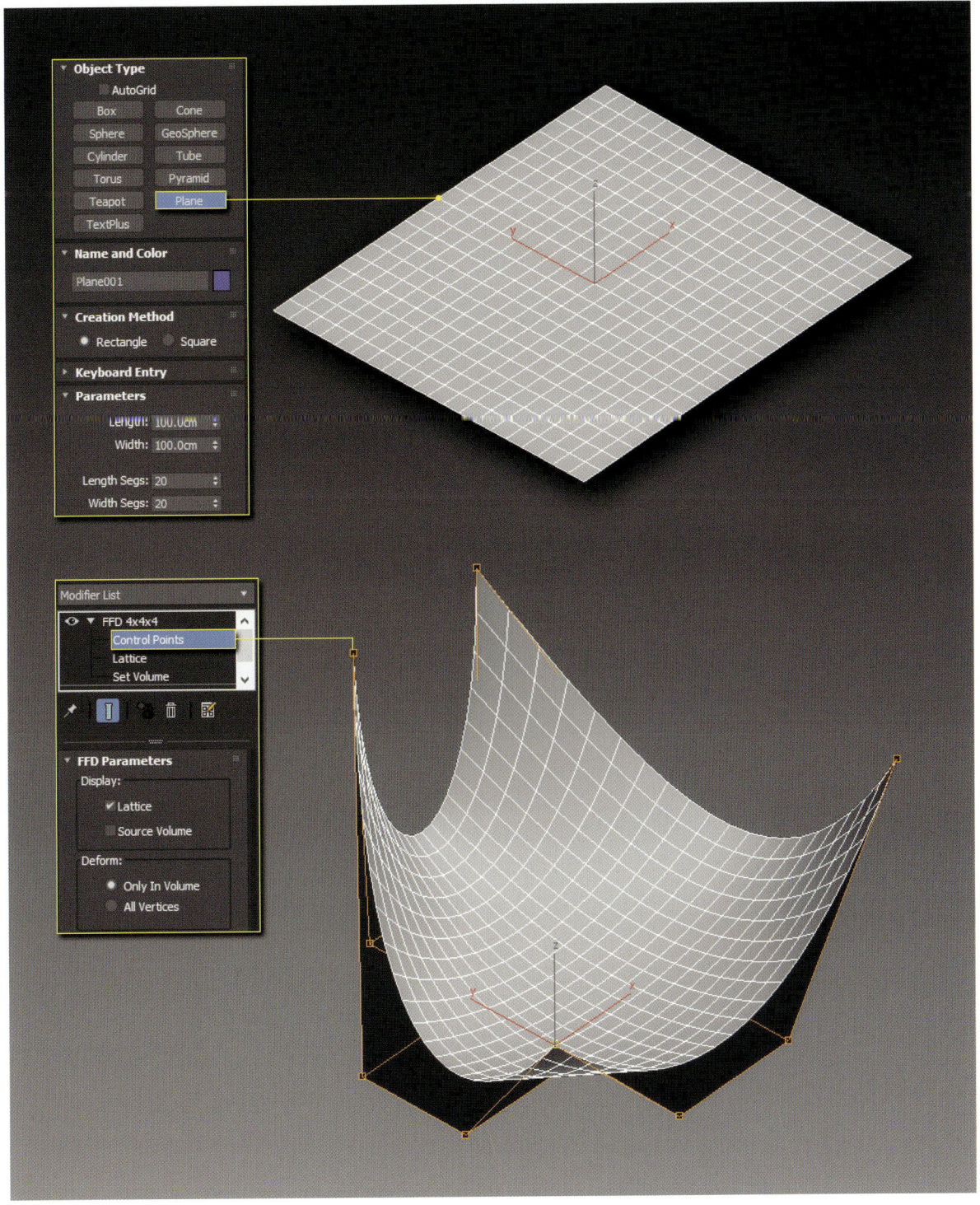

다시 Ribbon의 Modeling ➡ Polygon Modeling ➡ Generate Topology ➡ Tatter를 이용해서 불규칙한 패턴을 적용하고 같은 방법으로 두께가 있는 Object로 완성합니다.

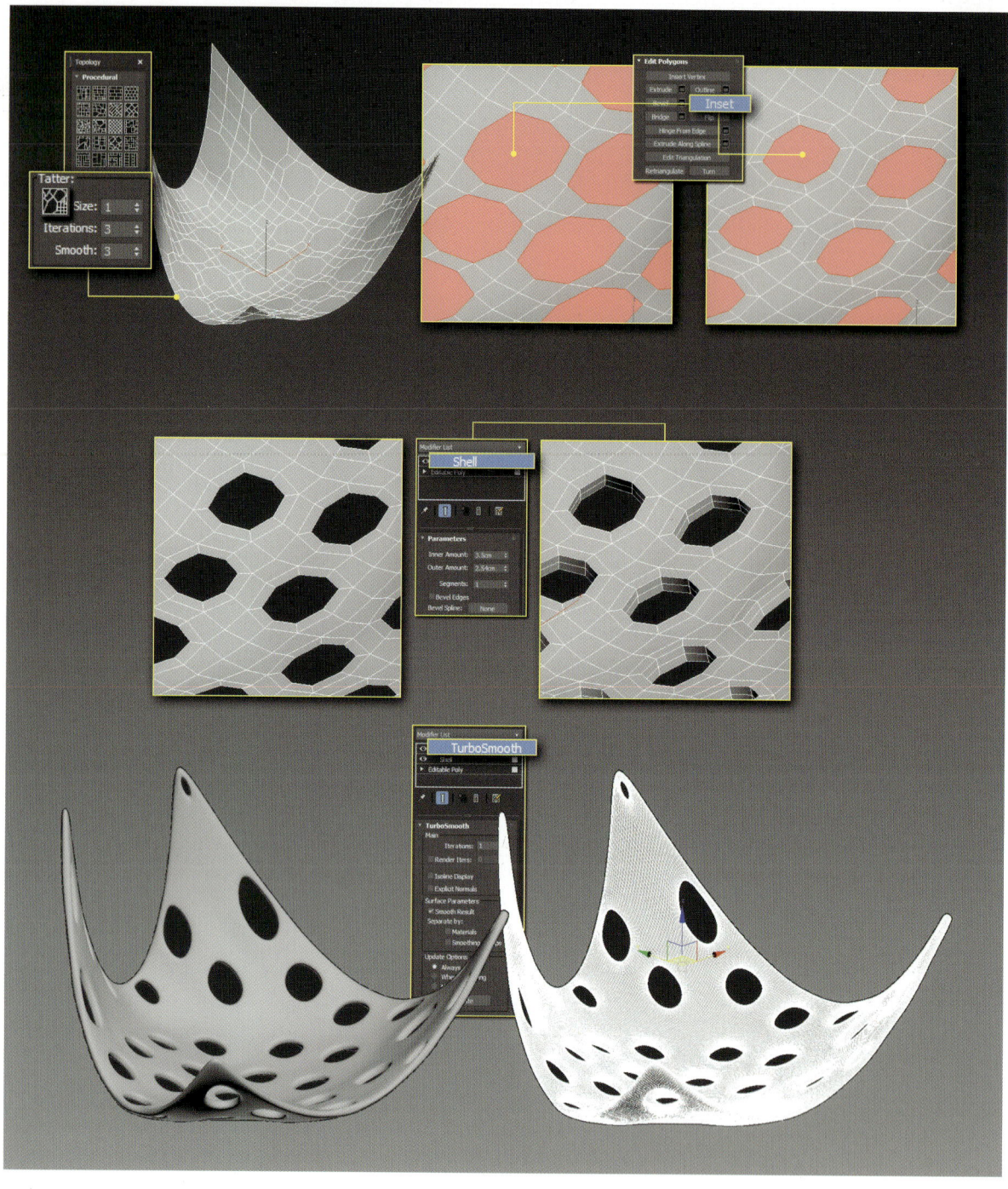

제작한 두 개의 Object를 정렬하고 렌더링한 모습입니다.

패턴 응용하기

앞서 학습한 방법을 이용해서 사람의 상반신을 닮은 Object의 표면 전체에 패턴을 적용한 이미지입니다. Torso Pattern.max 파일을 내려받아 각자 다양하게 변형해보기 바랍니다.

Torso Pattern.max

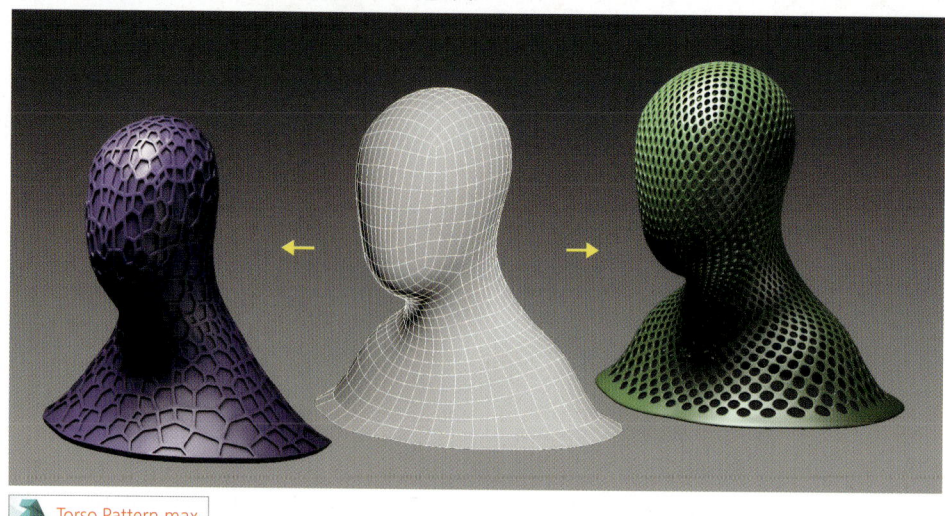

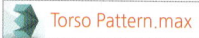

제작 과정은 다음과 같습니다.

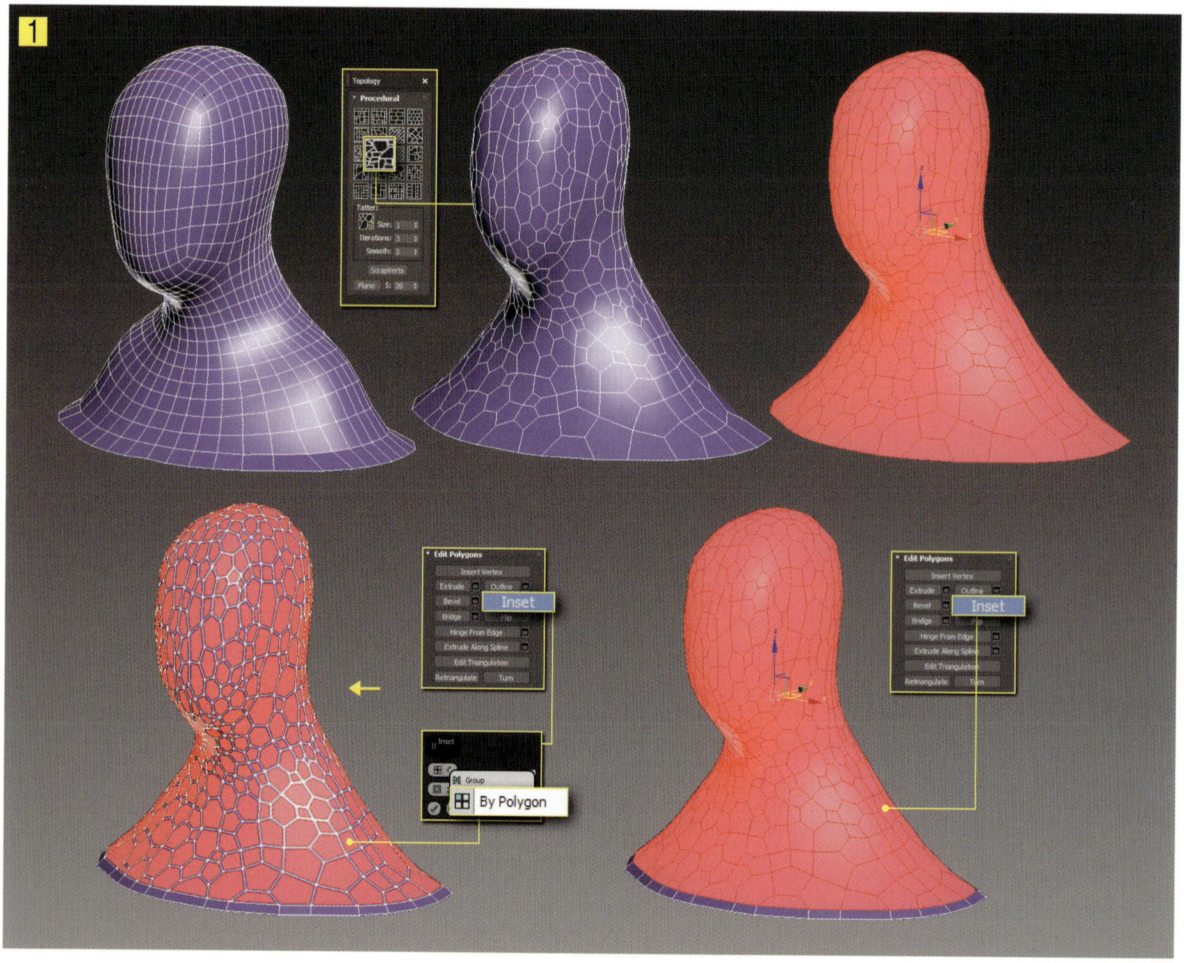

2
Edit Polygons
Insert Vertex
Extrude
Outline
Bevel
Inset
Bridge
Flip
Hinge From Edge
Extrude Along Spline
Edit Triangulation
Retriangulate
Turn
Edit Geometry
Repeat Last
Constraints
None
Edge
Face
Normal
Preserve UVs
Create
Collapse
Attach
Detach
Slice Plane
Split
Slice
Reset Plane
QuickSlice
Cut
MSmooth
Tessellate
Make Planar
View Align
Grid Align
Relax

3

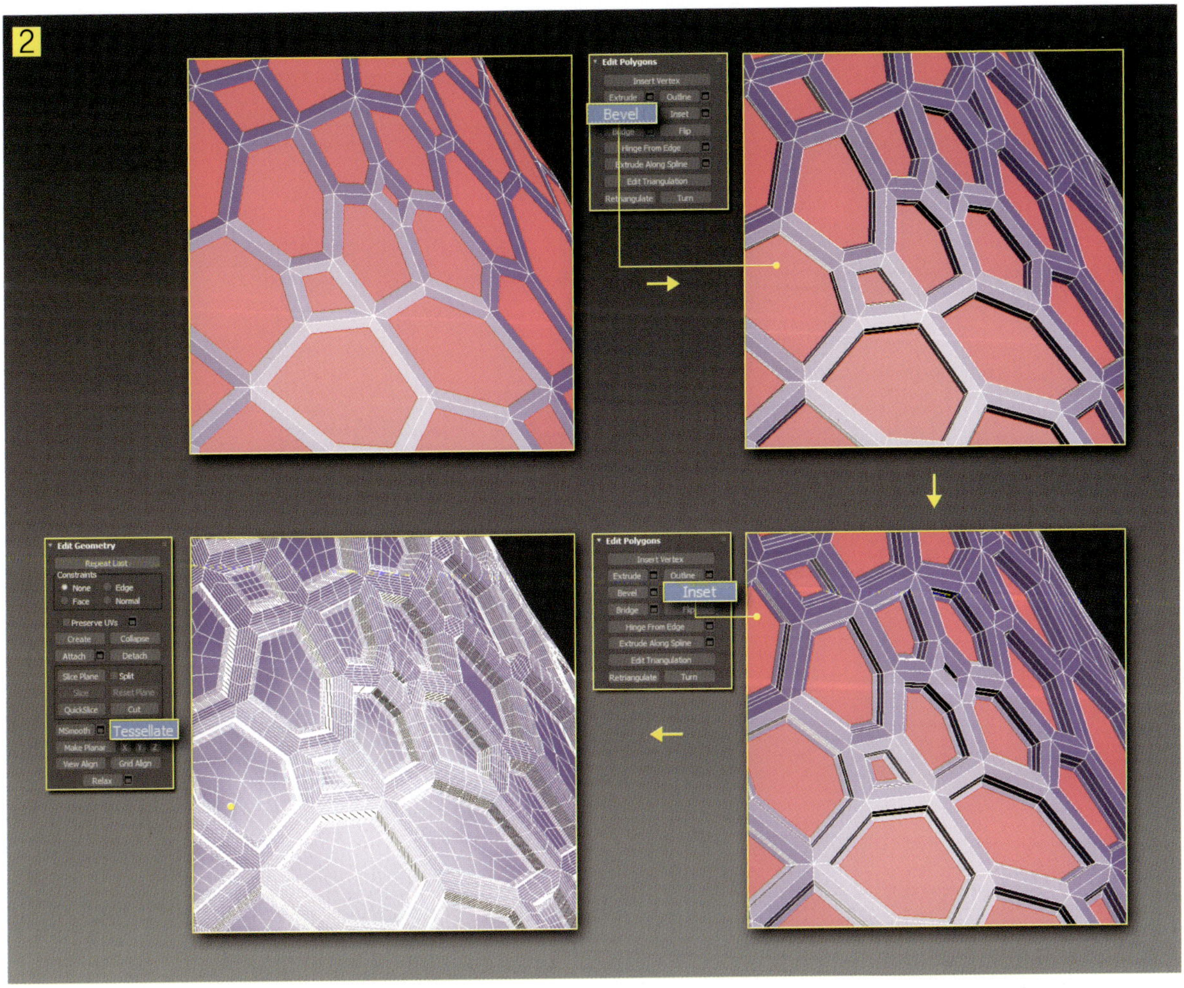

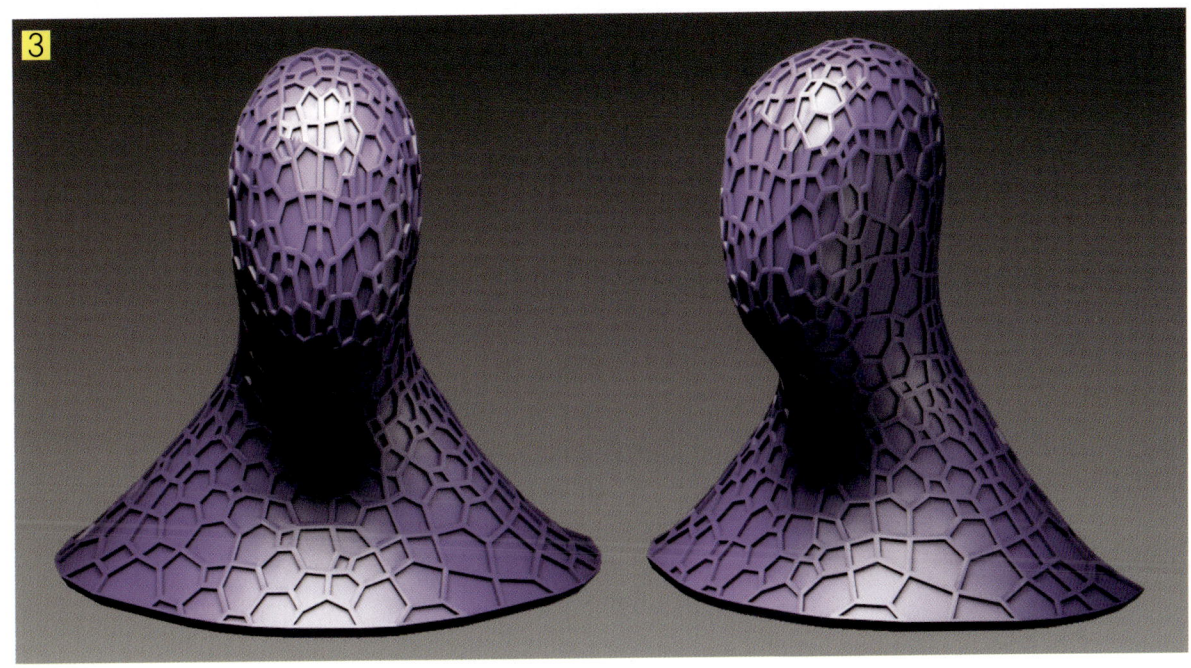

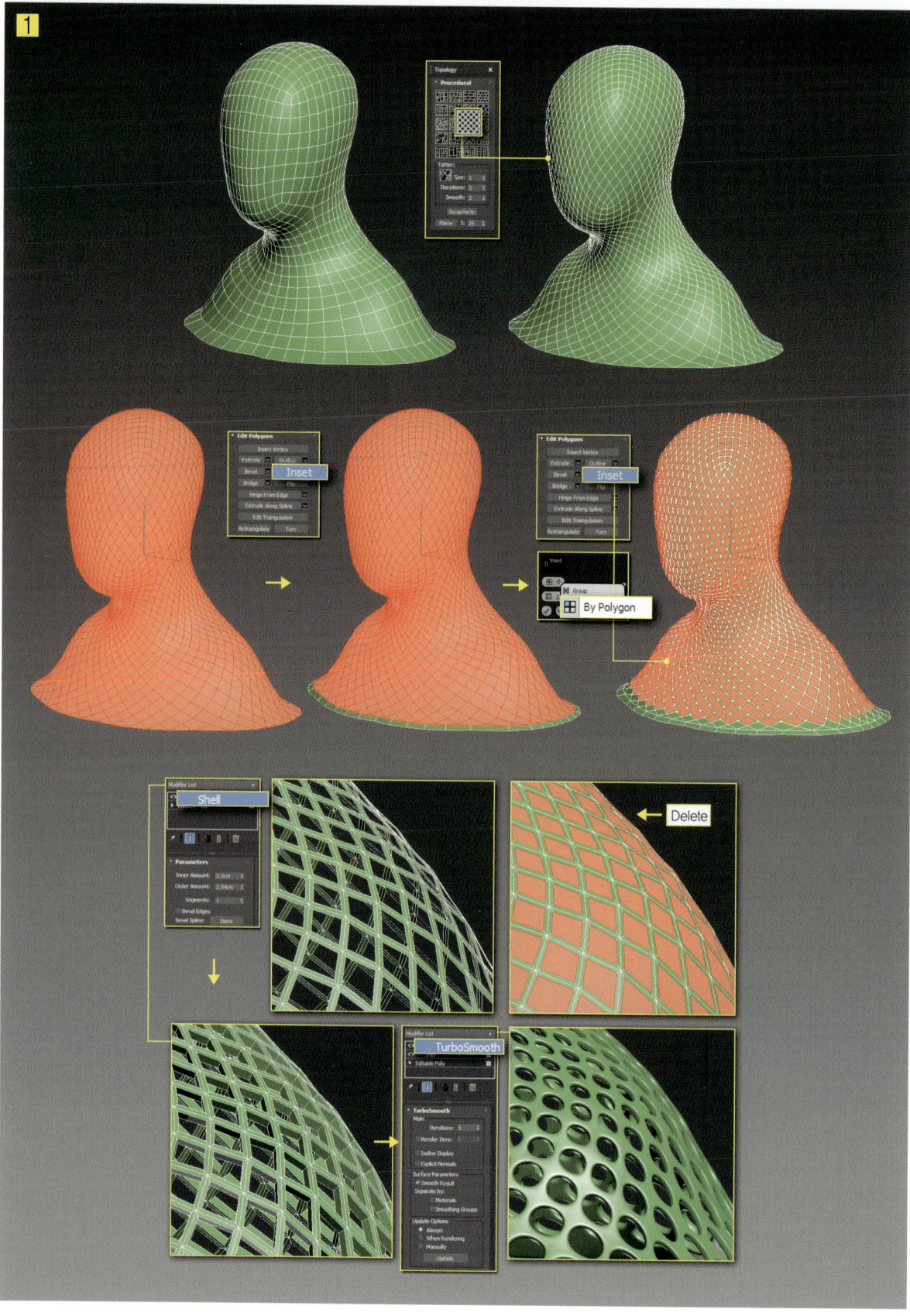

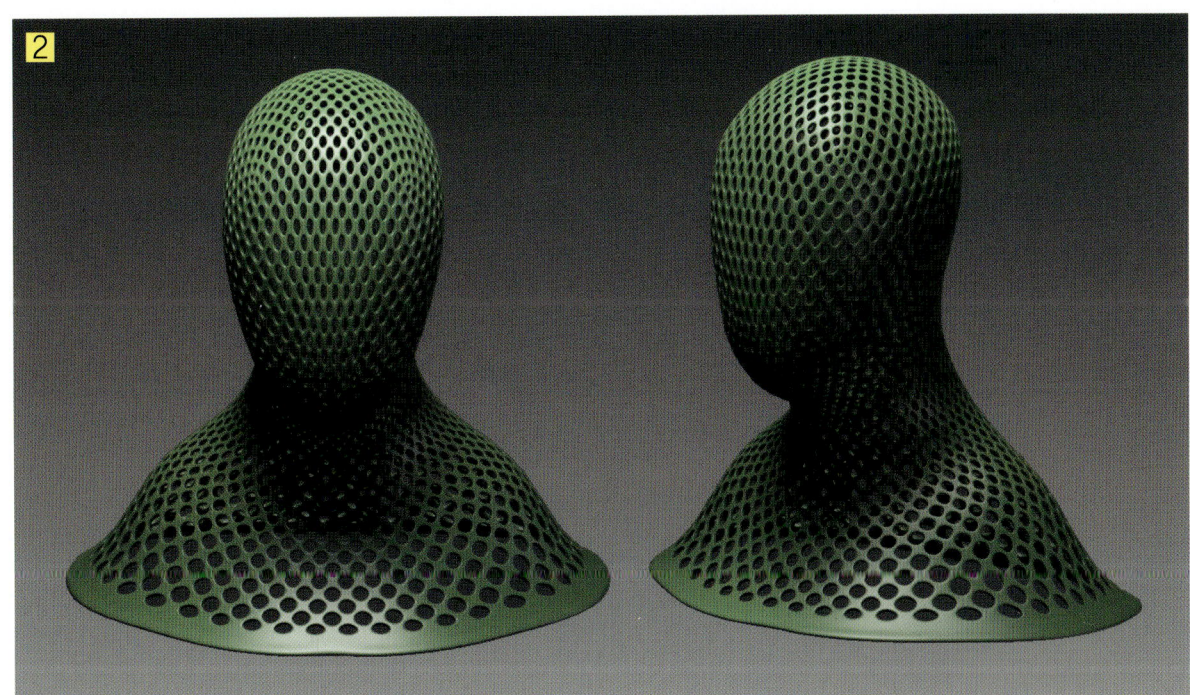

SECTION 05

선택 기능으로 불규칙한 패턴을 가진 Object 만들기 1

아래 그림을 보면 위에서 학습한 패턴과는 다르게 전체적으로 같은 크기와 모양의 패턴으로 되어 있습니다.

Pattern Object 02.max

Object를 Ribbon의 Selection 기능을 이용해서 쉽고 빠르게 전체적으로 불규칙한 Pattern을 표현합니다.

Object 전체의 Vertex, Edge, Polygon의 선택 방법에 따라 다양하게 변형할 수 있습니다.

GeoSphere를 생성하고 Editable Polygon으로 변환하고 선택 모드가 Polygon인 상태에서 Ribbon ➜ Selection ➜ By Random의 %에 25를 입력하고 선택 버튼을 클릭합니다.

전체 Polygon의 25%를 무작위로 선택하는 방법입니다.

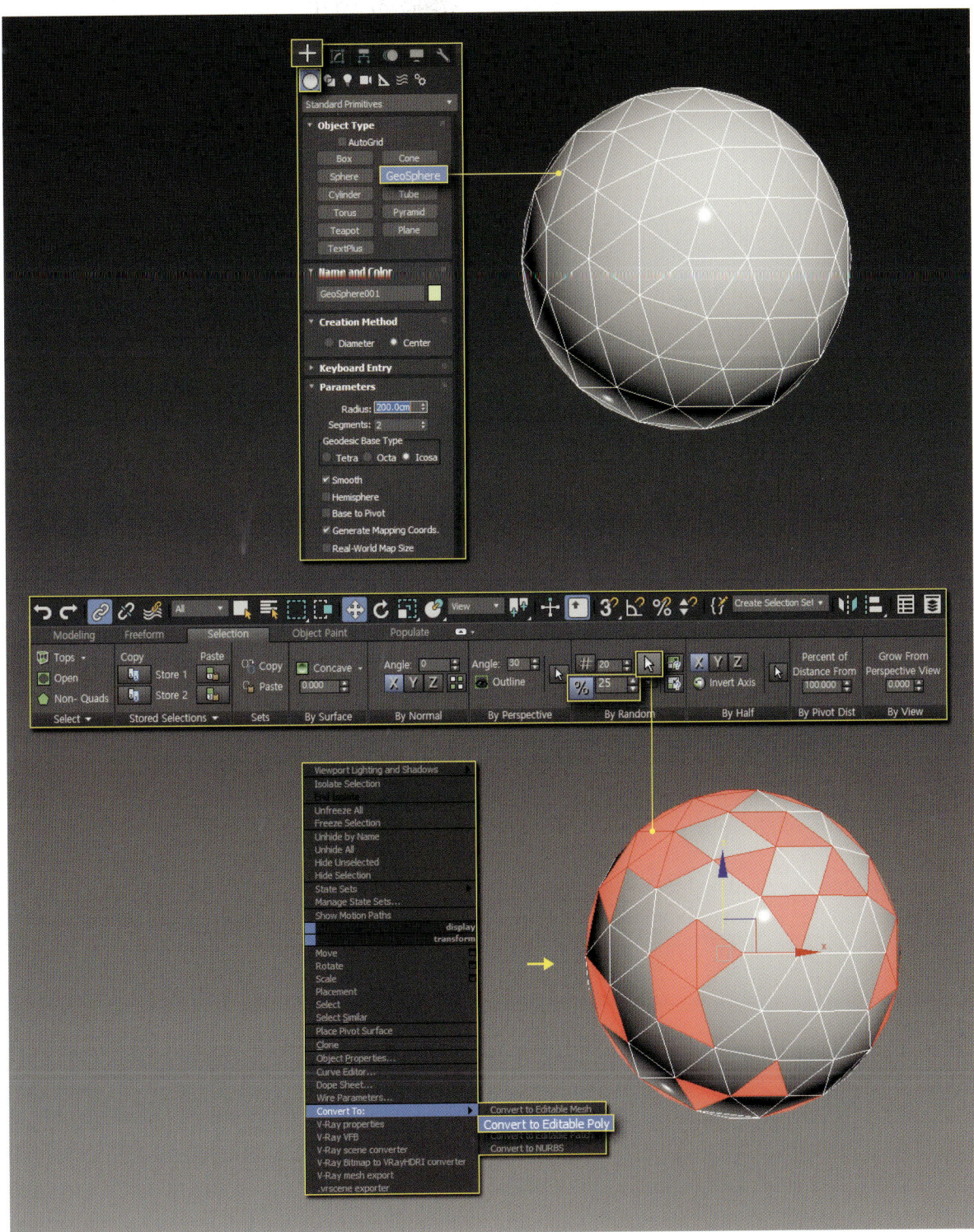

Inset를 이용해서 선택된 Polygon 안쪽으로 새로운 Polygon을 생성하고 Delete 키를 눌러 삭제합니다. 다시 Ribbon ➔ Selection ➔ By Random의 %에 25를 입력하고 선택 버튼을 클릭합니다. 또 다시 선택된 Polygon을 Inset을 실행해서 선택된 Polygon 안쪽으로 새로운 Polygon을 생성하고 Delete 키를 눌러 삭제합니다.

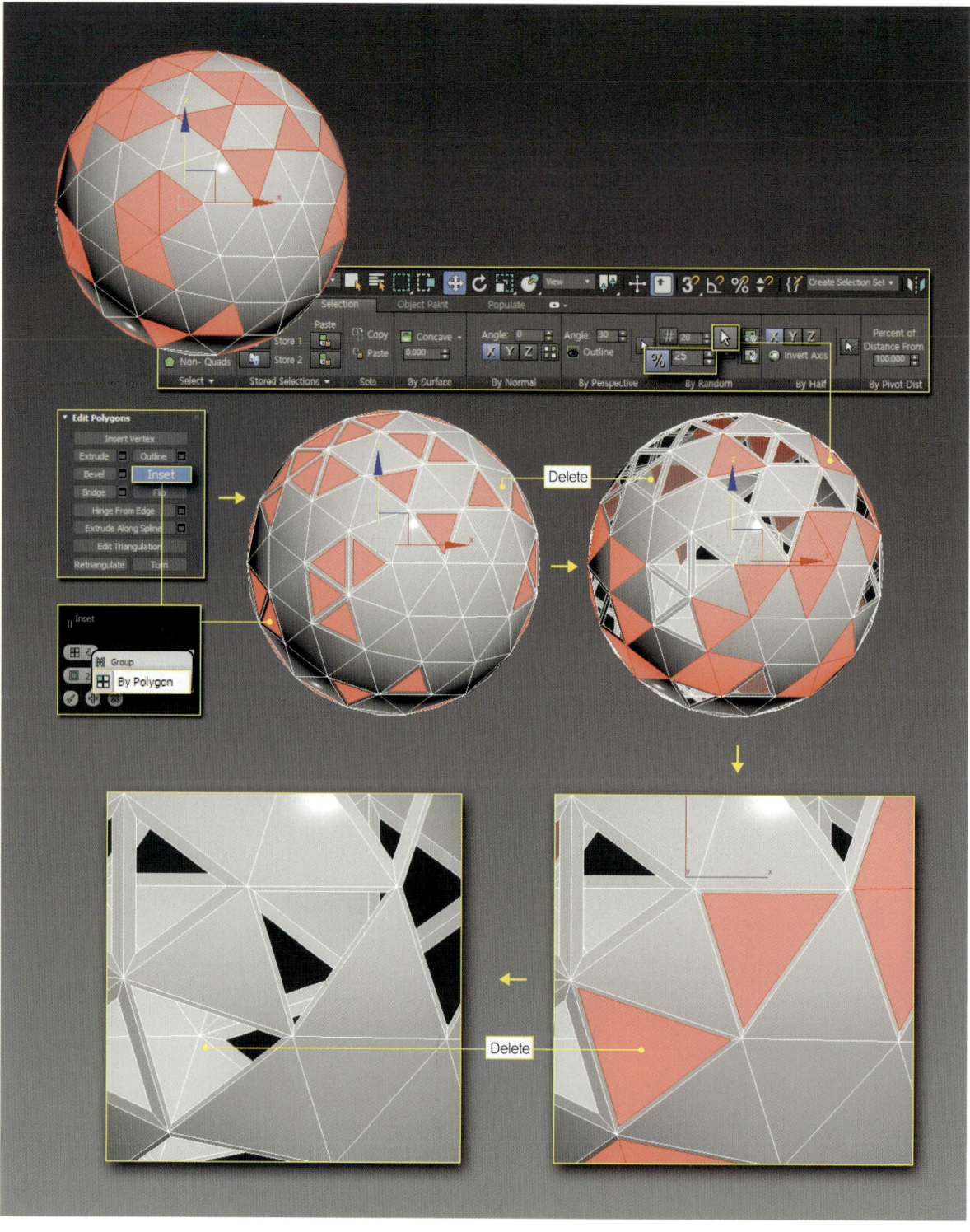

Tessellate를 실행해서 Object 전체에 Edge를 추가하고 Modify ➜ Shell을 추가해서 두께를 주어 완성합니다.

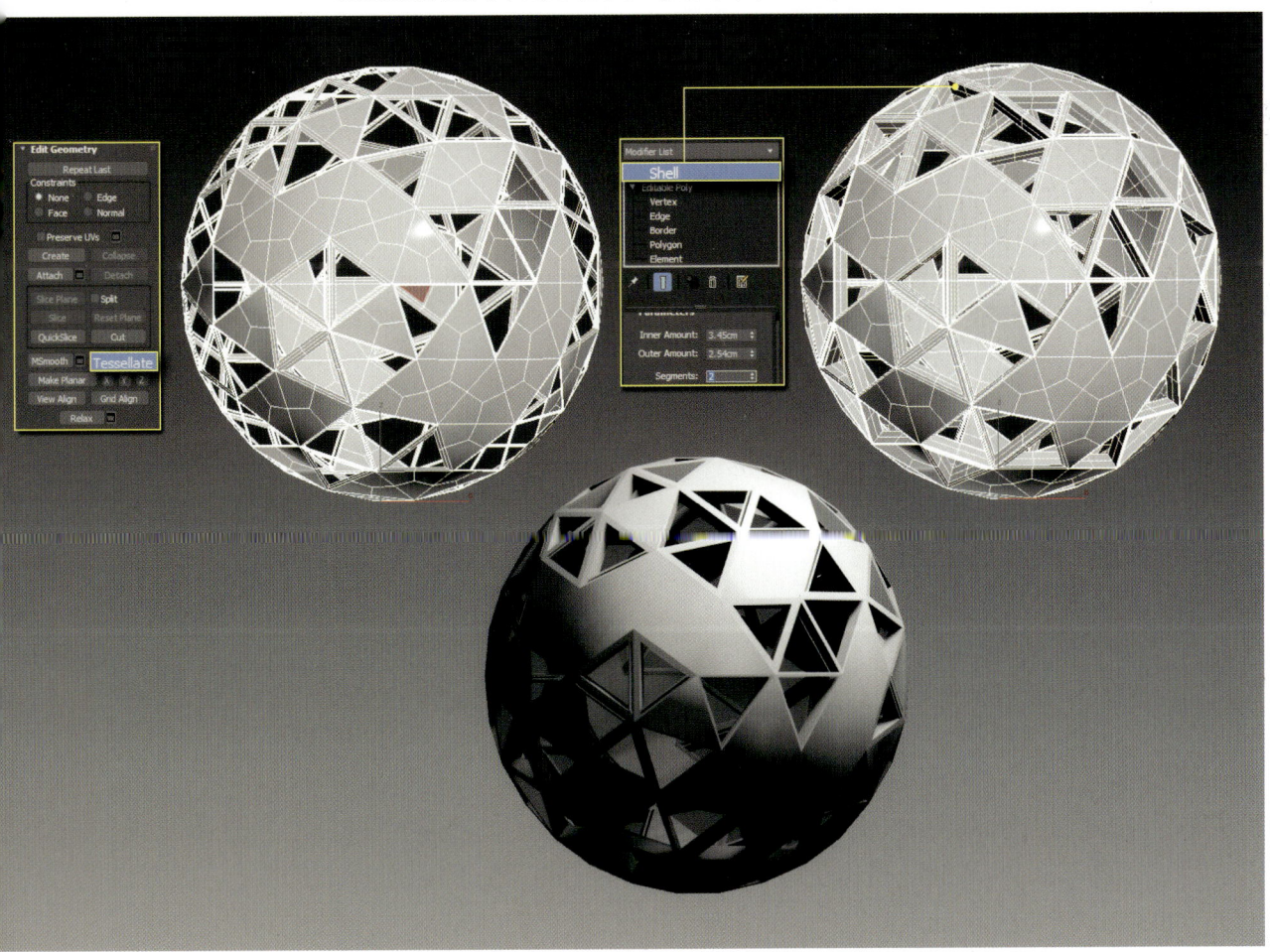

SECTION 06

선택 기능으로 불규칙한 패턴을 가진 Object 만들기 2

다음 이미지는 Pyramid를 같은 방법으로 변형해서 완성한 모습입니다.

 Pattern Object 03.max

다음은 Pyramid Object 제작 과정입니다.

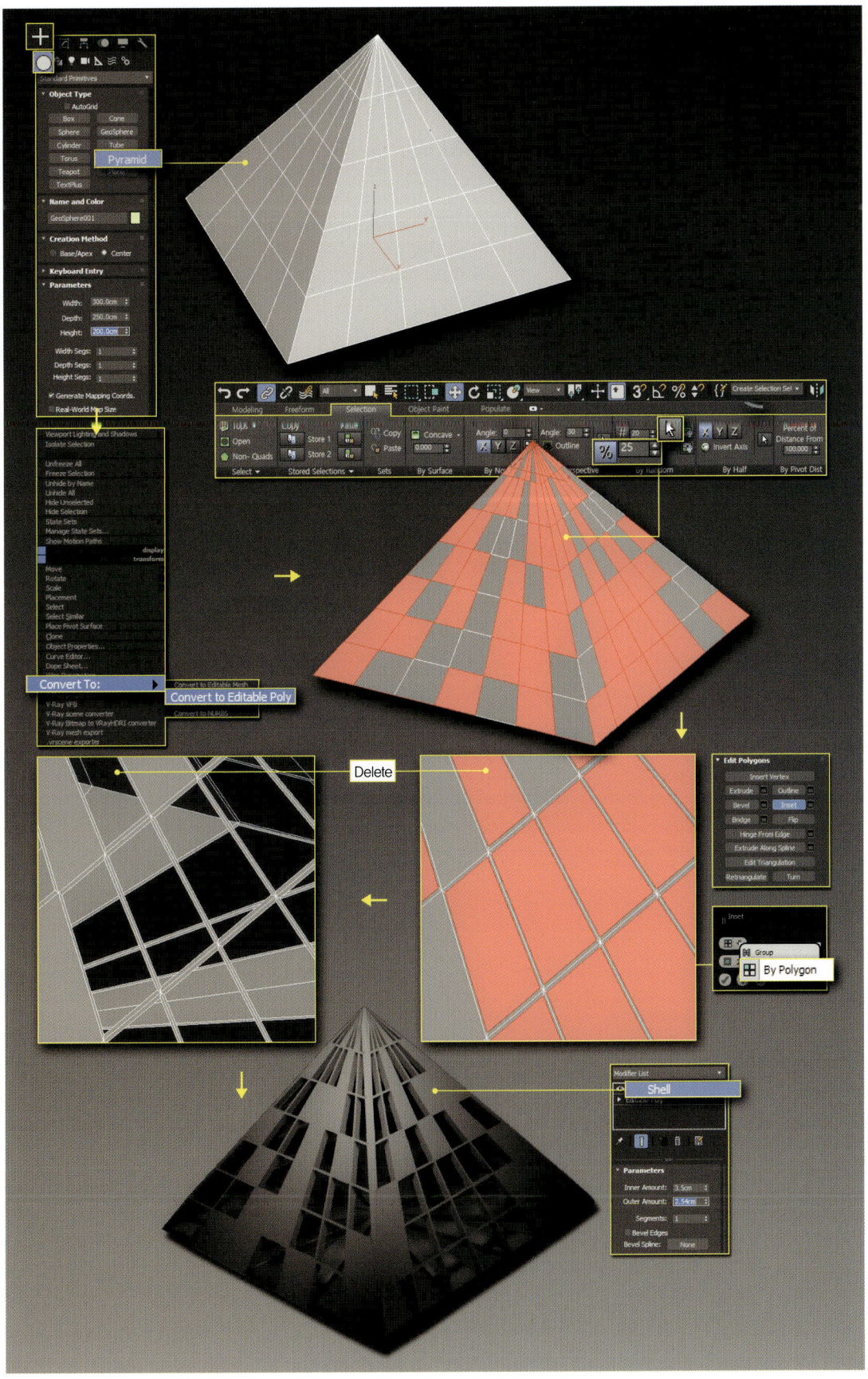

SECTION 07

선택 기능으로 규칙적인 패턴을 가진 Object 만들기 1

비슷한 패턴이나 형태를 가진 Vertex, Edge, Polygon을 한 번에 선택해서 선택한 Vertex, Edge, Polygon을 변형해 패턴을 가진 Object를 제작할 수 있습니다.

Plane을 이용해서 뾰족한 패턴을 가진 Object를 제작한 모습입니다.

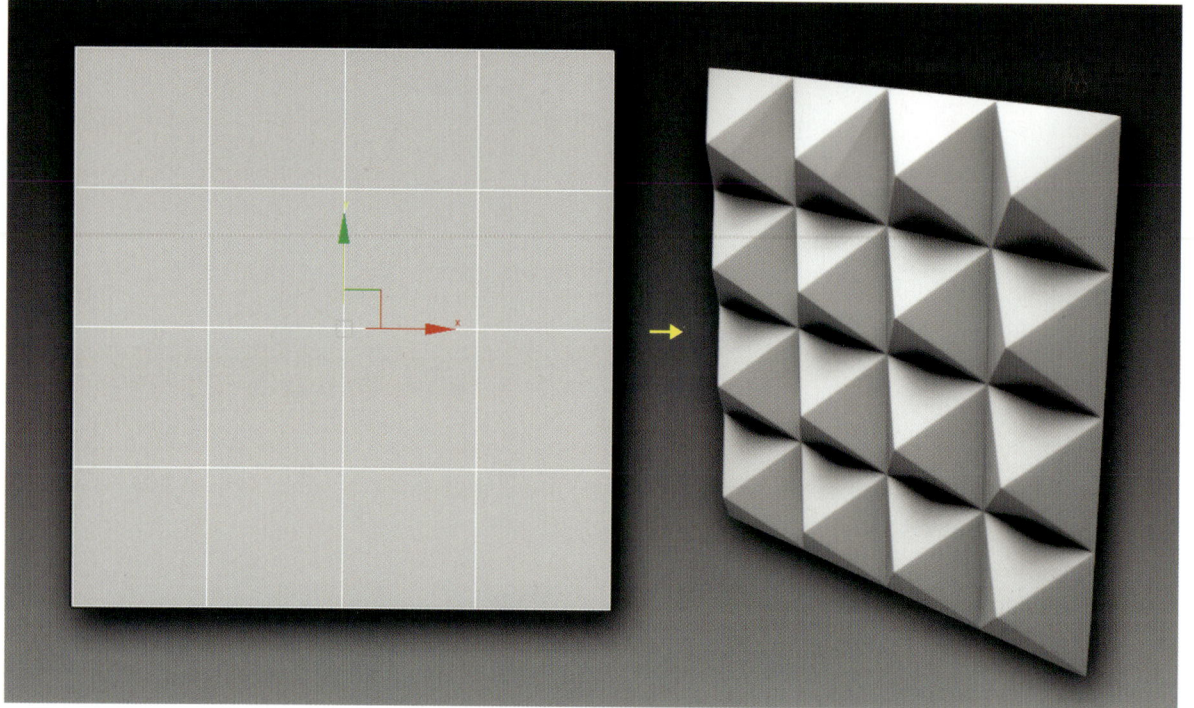

앞서 학습한 방법을 이용해 다양한 방법으로 위 이미지와 같은 Object를 만들 수 있습니다. 제작 과정을 따라하기 전에 각자 떠오르는 방식으로 제작해보기 바랍니다.

가로, 세로 길이가 같고 Length Segs 4, Width 4인 Plane을 생성하고 Editable Polygon으로 변환합니다. 앞서 Tessellate 기능을 이용해서 Polygon을 나눴는데 Tessellate Set Up 버튼을 클릭해서 활성화하고 Tessellate의 기준을 Face로 변경하면 Polygon을 X자 형태로 나눌 수 있습니다.

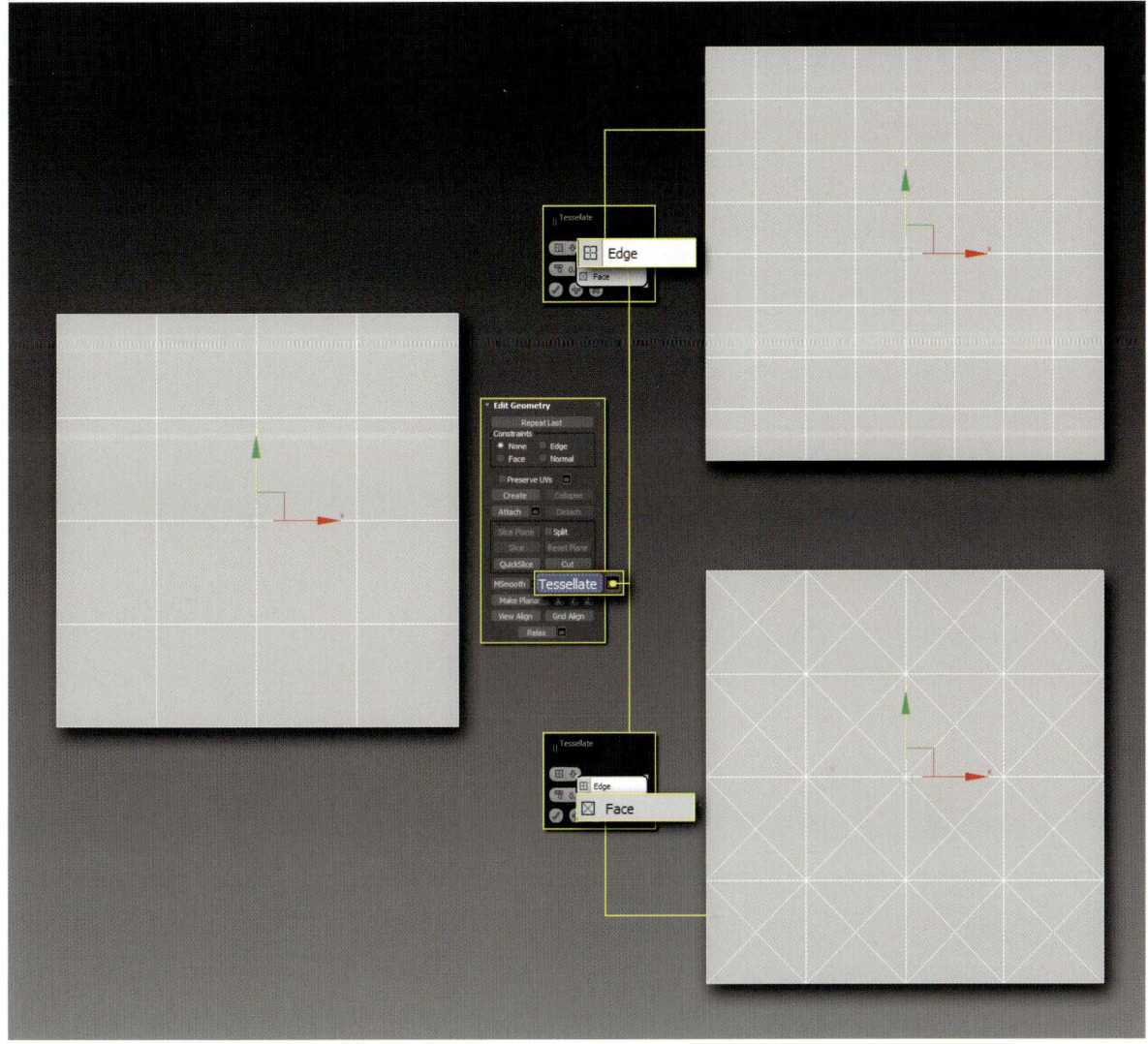

이제 X자로 나눈 중앙의 Vertex를 모두 선택하고 이동해 변형합니다.

일반적인 선택 방법을 이용해도 필요한 Vertex를 모두 선택할 수 있지만 지금보다 복잡하고 데이터가 많은 경우 일일이 선택하려면 많은 노력이 필요합니다. 이를 Ribbon → Selection을 이용해서 해결할 수 있습니다. Ribbon → Selection 으로 이동해서 선택 모드를 Vertex로 설정하고 By Numeric에서 =를 선택하고 Edges: 4를 입력하고 선택 버튼을 클릭합니다. 하나의 Vertex에 4개의 Edge가 연결된 Vertex를 모두 선택한다는 의미입니다. 실행하면 그림처럼 4개의 Edge 가 연결된 모든 Vertex가 선택됩니다. 선택된 모든 Vertex를 이동했습니다.

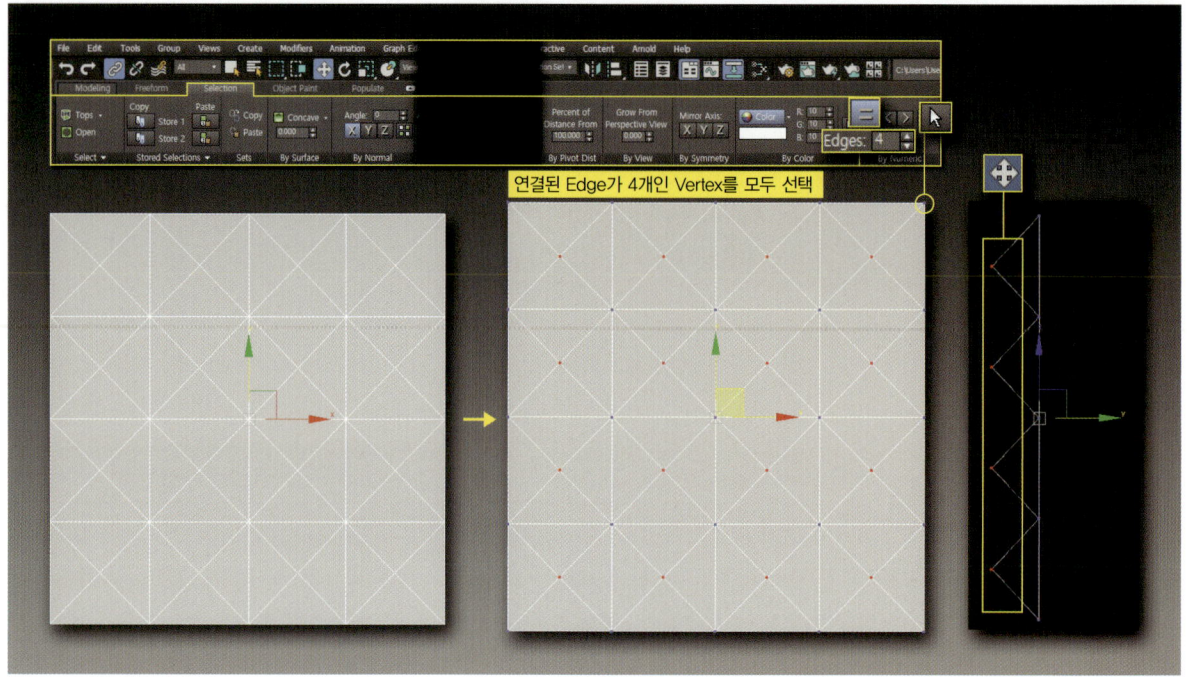

전체 Edge를 Chamfer로 분리하고 Tessellate Set Up에서 이번엔 다시 설정을 Edge로 변경합니다.

Modify ➜ TurboSmooth를 적용해서 완성합니다.

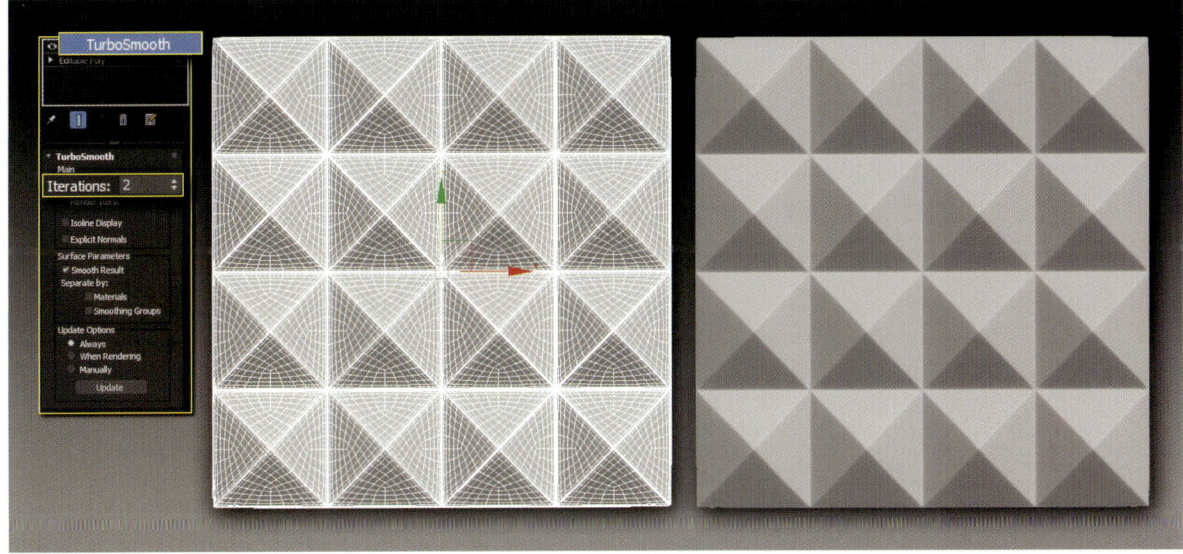

SECTION 08

선택 기능으로 규칙적인 패턴을 가진 Object 만들기 2

같은 방법을 이용해서 정육면체 전체에 같은 패턴을 가진 Object를 제작합니다. Length Segs 4, Width 4, Height 4인 Box를 생성하고 Editable Poly로 변환하고 Tessellate Set Up에서 설정을 Face로 나눠줍니다.

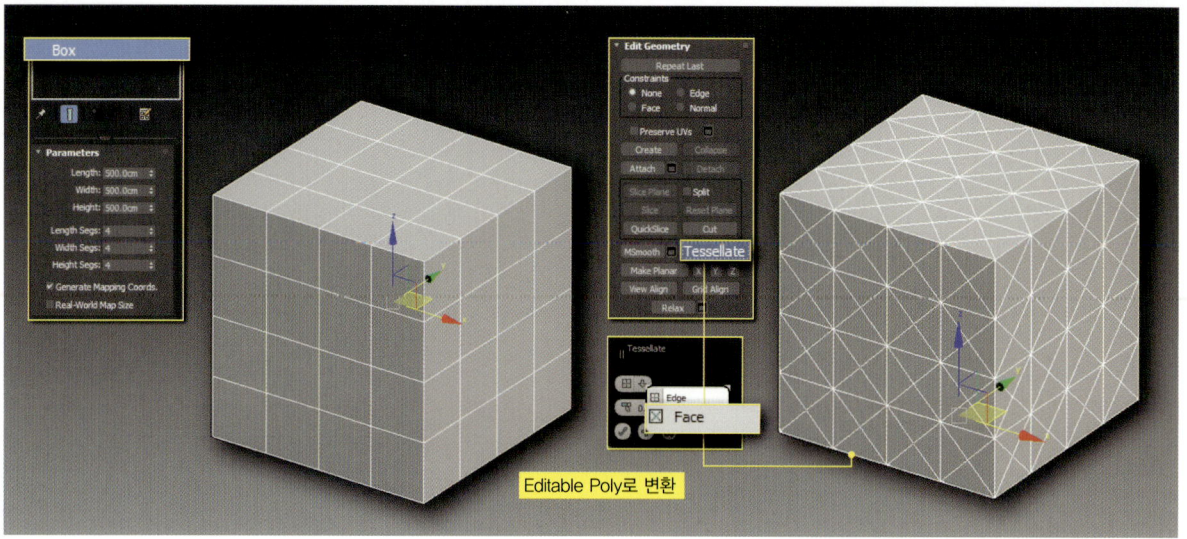

선택 모드를 Vertex로 하고 Ribbon → Selection의 By Numeric의 =는 Edges를 4로 하고 선택 버튼을 클릭해서 4개의 Edge와 연결된 모든 Vertex를 선택합니다.

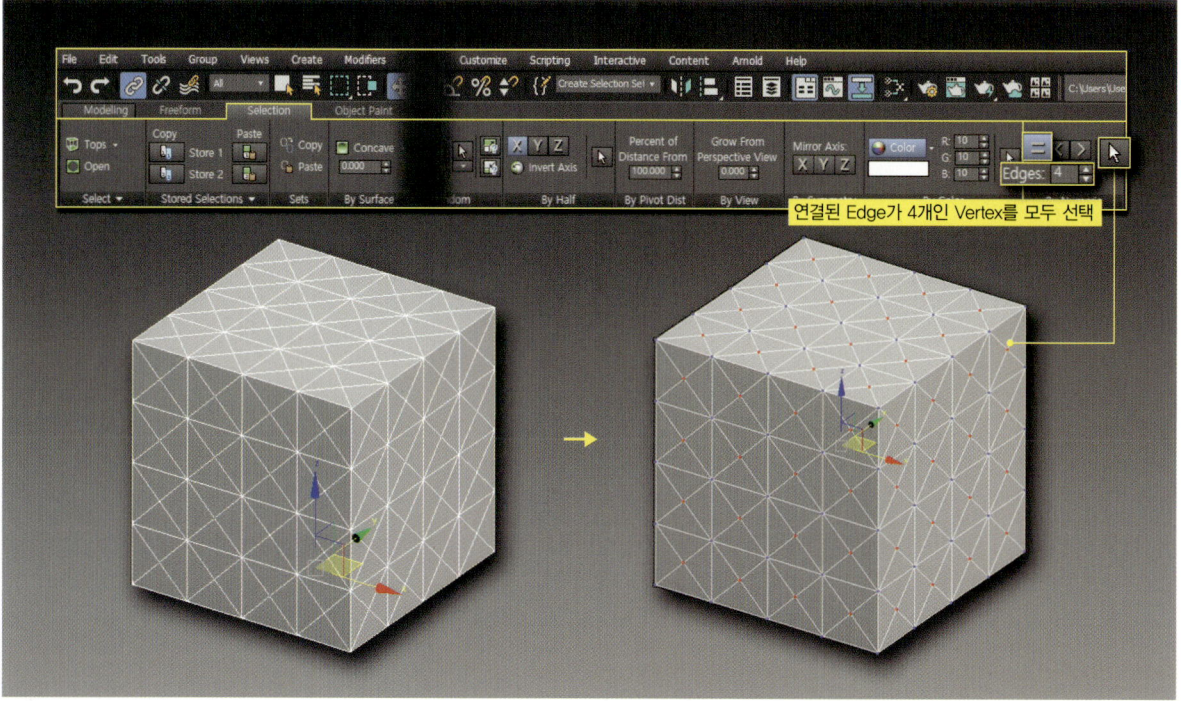

Modify ➞ Push를 적용하고 Push Value의 수치를 높여 선택된 모든 Vertex를 밀어내어 변형합니다.

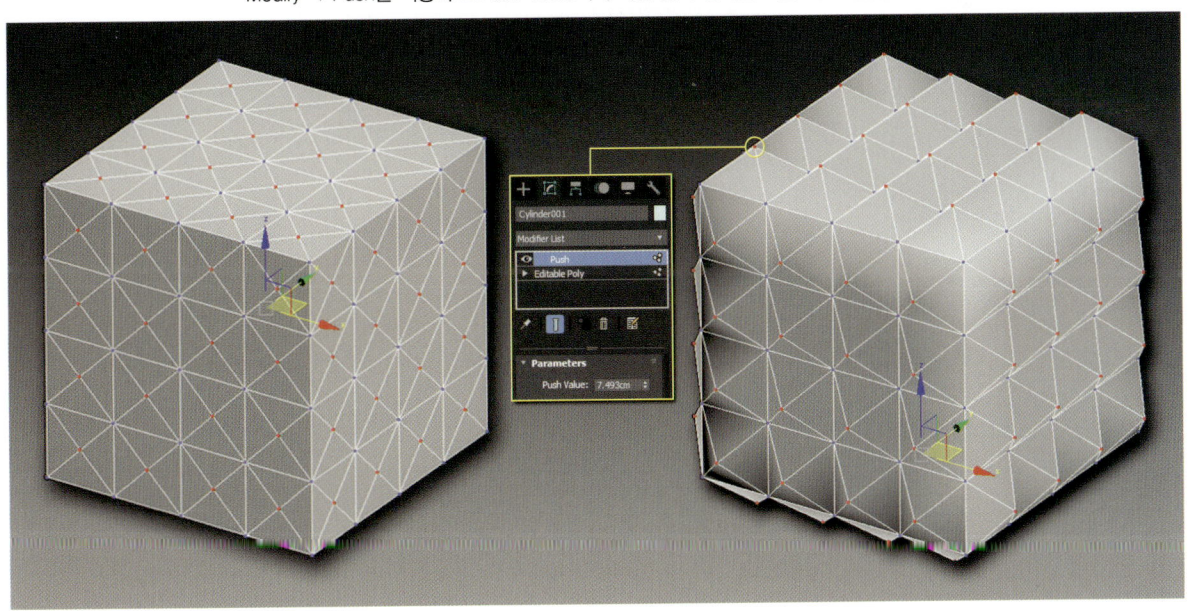

다시 Editable Poly로 변환하고 선택 모드를 Edge로 설정해서 모든 Edge를 선택하고 Chamfer로 분리한 후 다시 전체를 Tessellate Set Up을 실행하고 설정을 Edge로 변경해서 나눠줍니다.

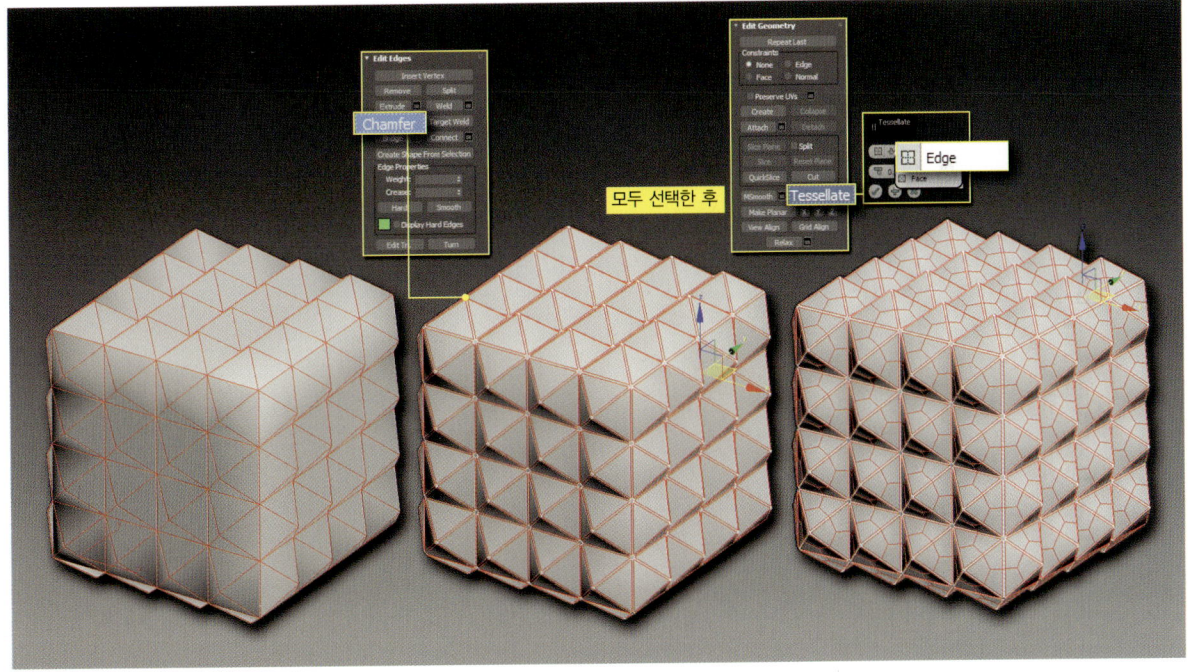

Modify ➡ TurboSmooth를 적용해 완료한 모습입니다.

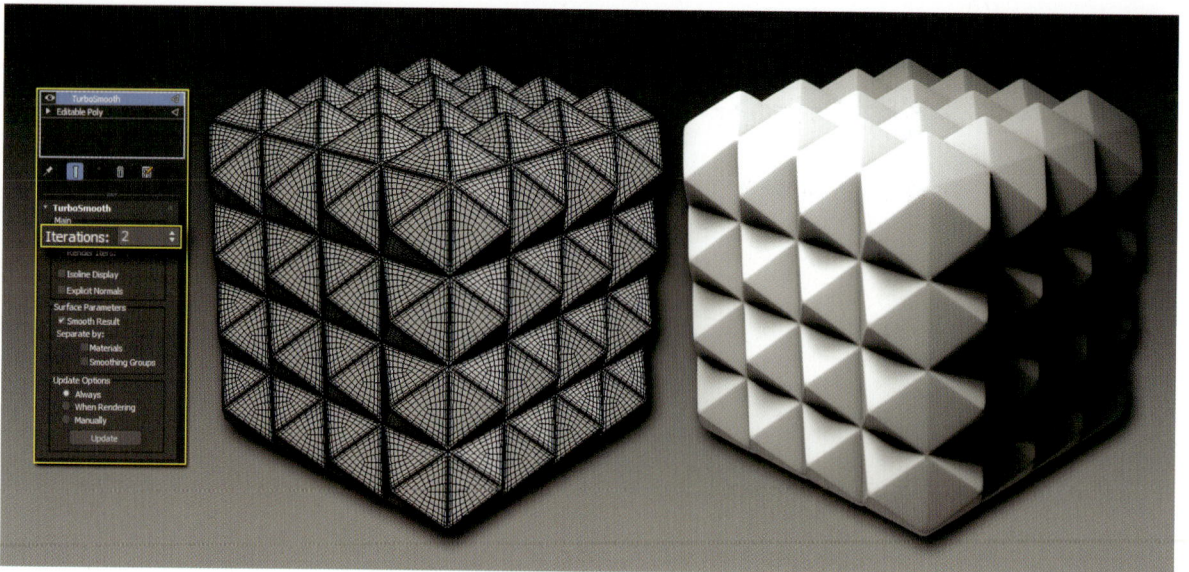

SECTION 09

선택 기능으로 규칙적인 패턴을 가진 Object 만들기 3

다음은 지금까지 학습한 방법을 이용해서 만든 반지 모양 Object입니다. 각자 학습한 내용을 이용해서 만들어보기 바랍니다. Ring Deco.max 파일을 내려받아서 제작합니다.

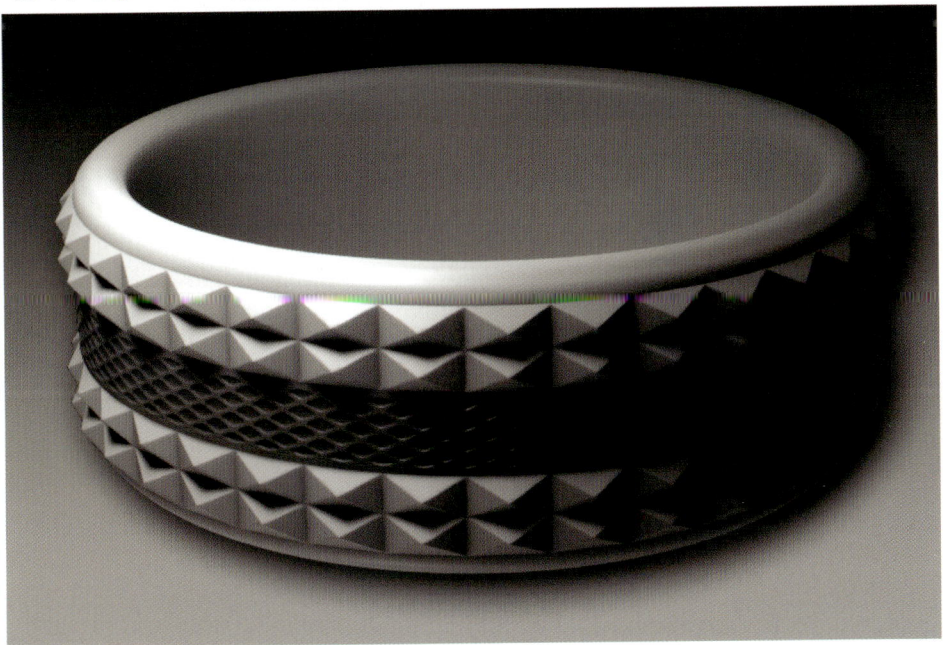

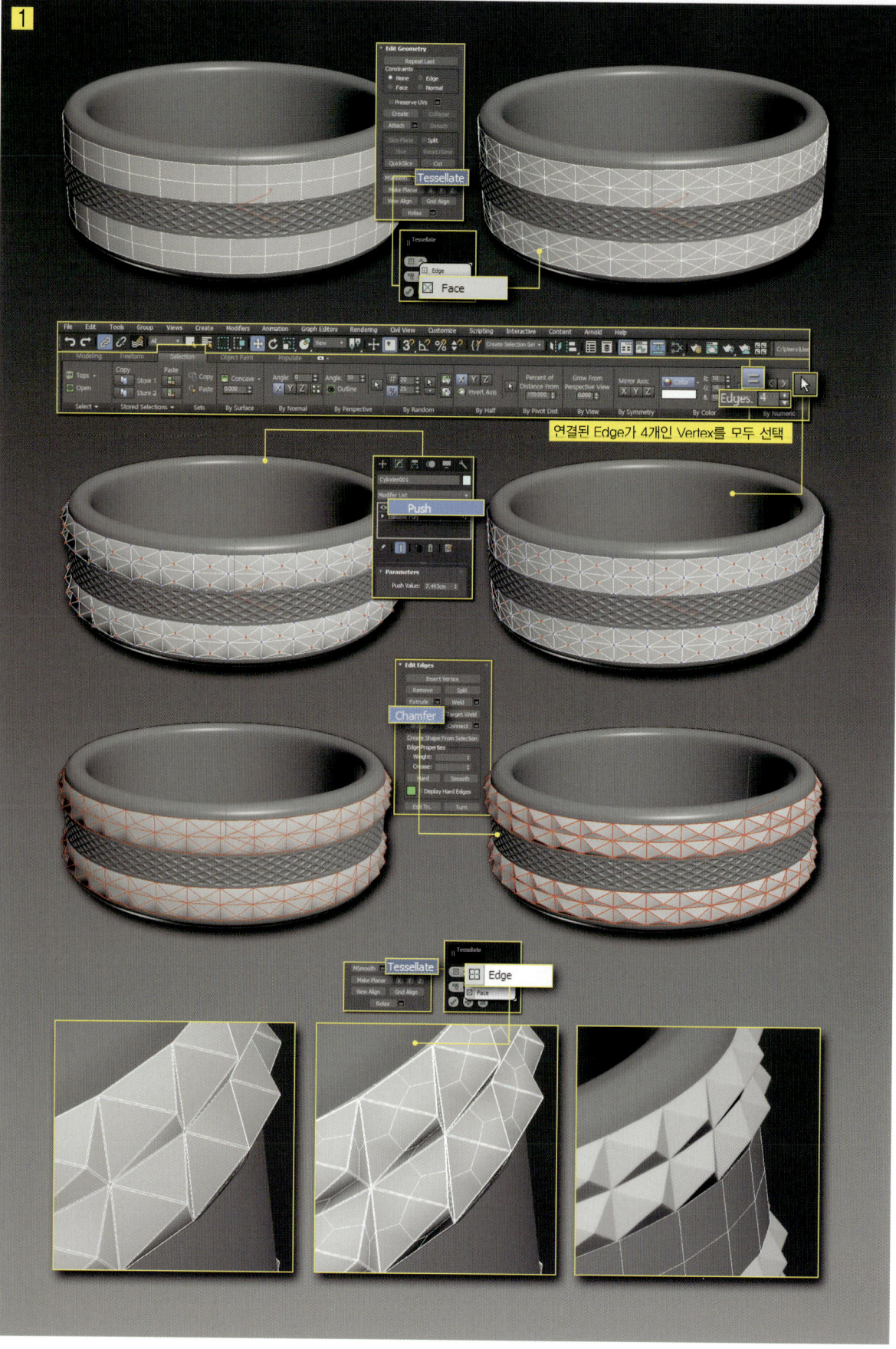

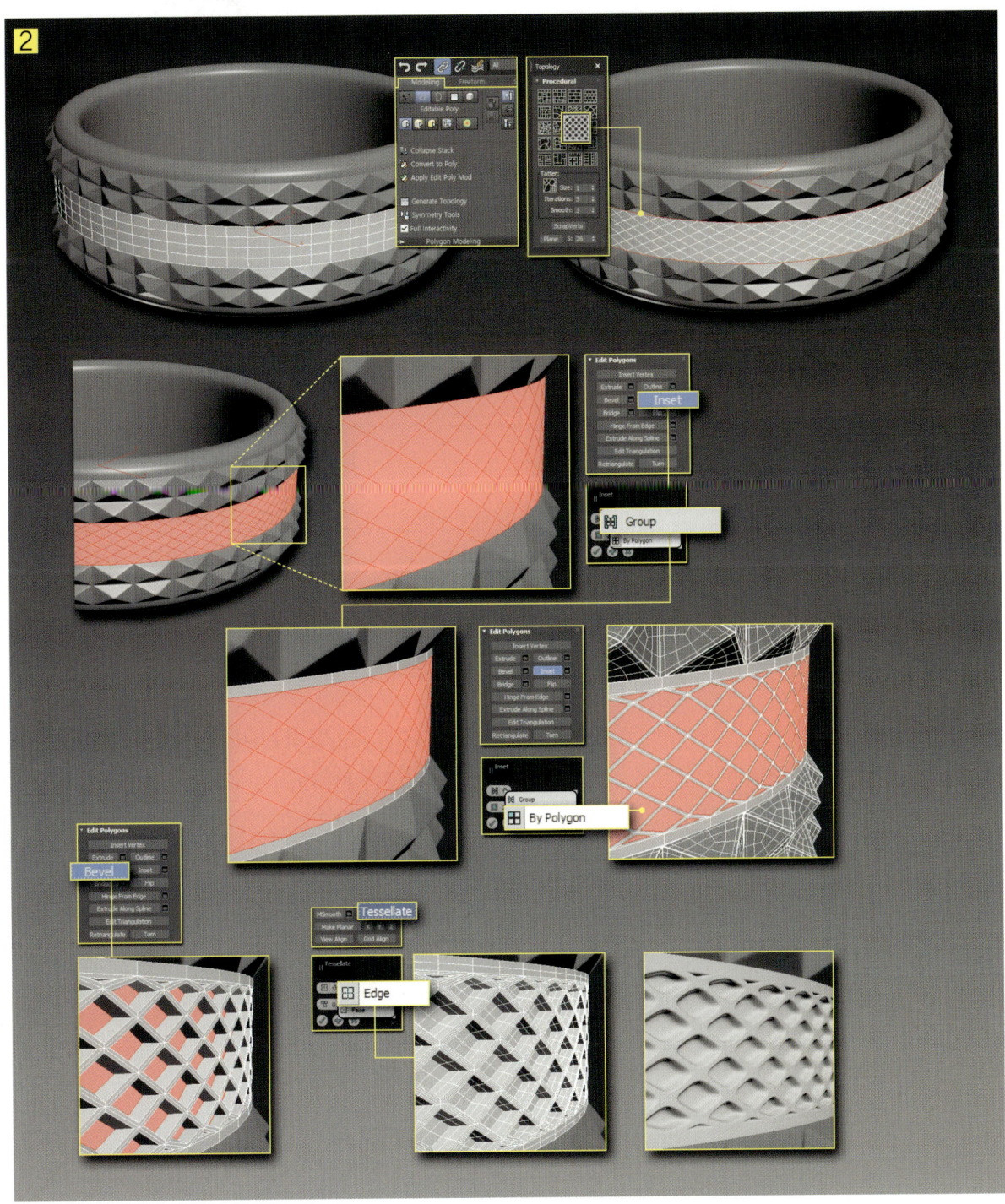

SECTION 10

선택 기능으로 규칙적인 패턴을 가진 Object 만들기 4

다음은 그림처럼 나선형으로 회전된 Object를 Selection 기능을 이용해서 제작했습니다.

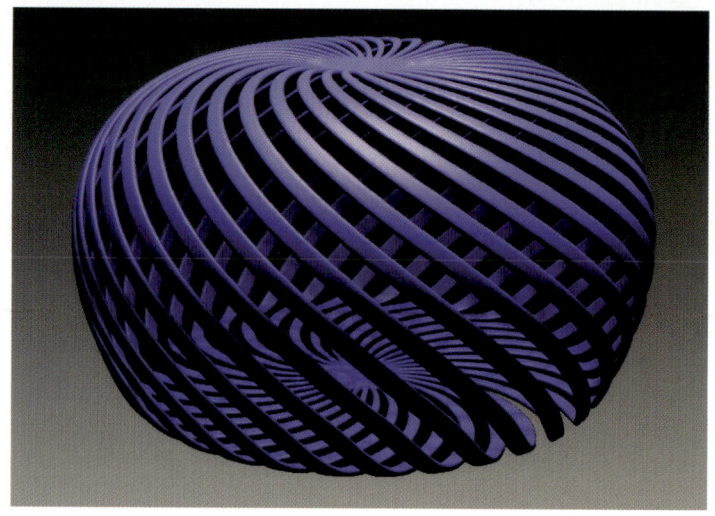

Pattern Object 04.max

Sphere를 생성하고 Modify ➡ Melt를 적용해서 형태를 변형합니다.

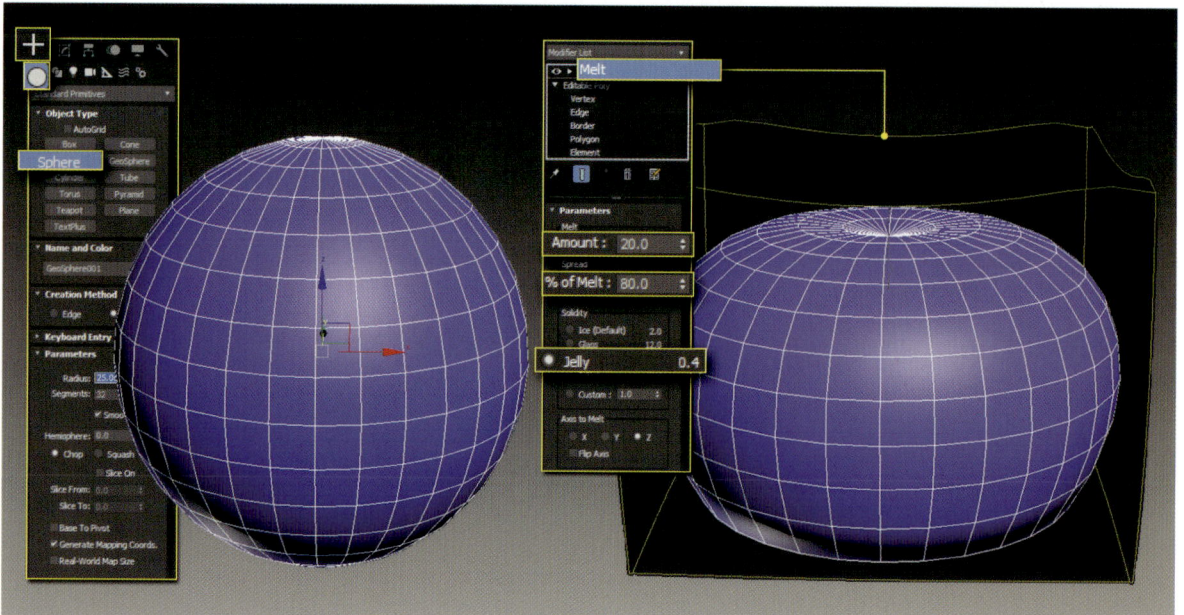

Editable Poly로 변환하고 Modify ➔ Tessellate를 적용해서 Edge를 나눕니다. 그림은 설정에 따른 결과입니다. Iterations를 2로 해서 한 번 나누고 Editable Poly로 변환합니다.

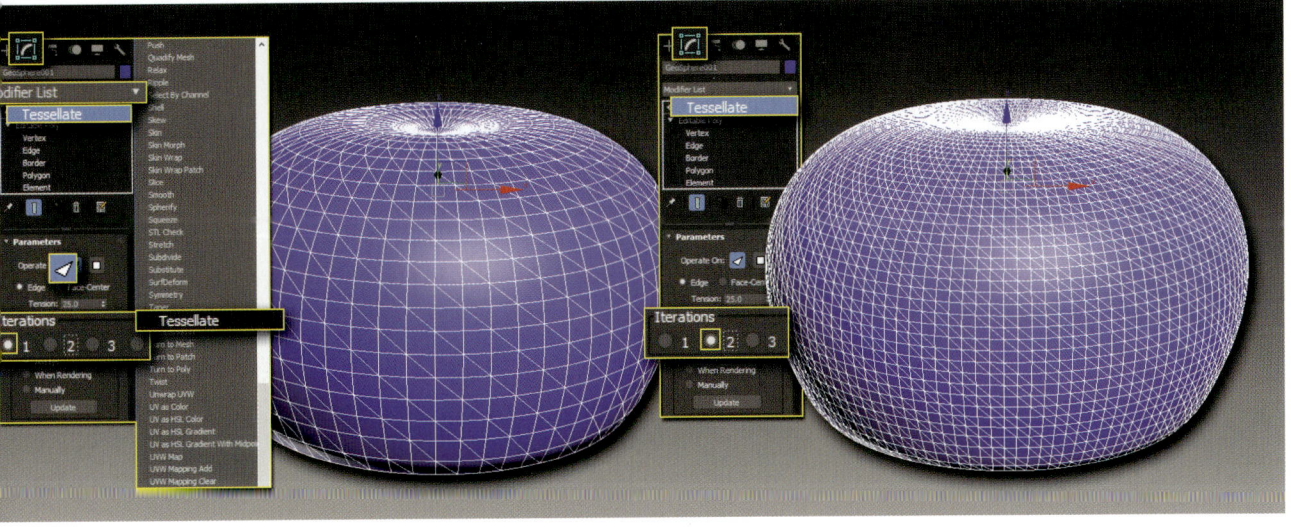

다시 Editable Poly로 변환하고 Ribbon ➔ Selection의 By Numeric의 =은 Edges를 4로 하고 선택 버튼을 클릭해서 4개의 Edge와 연결된 모든 Vertex를 선택합니다. 선택한 Vertex를 Delete 키를 눌러 삭제합니다.

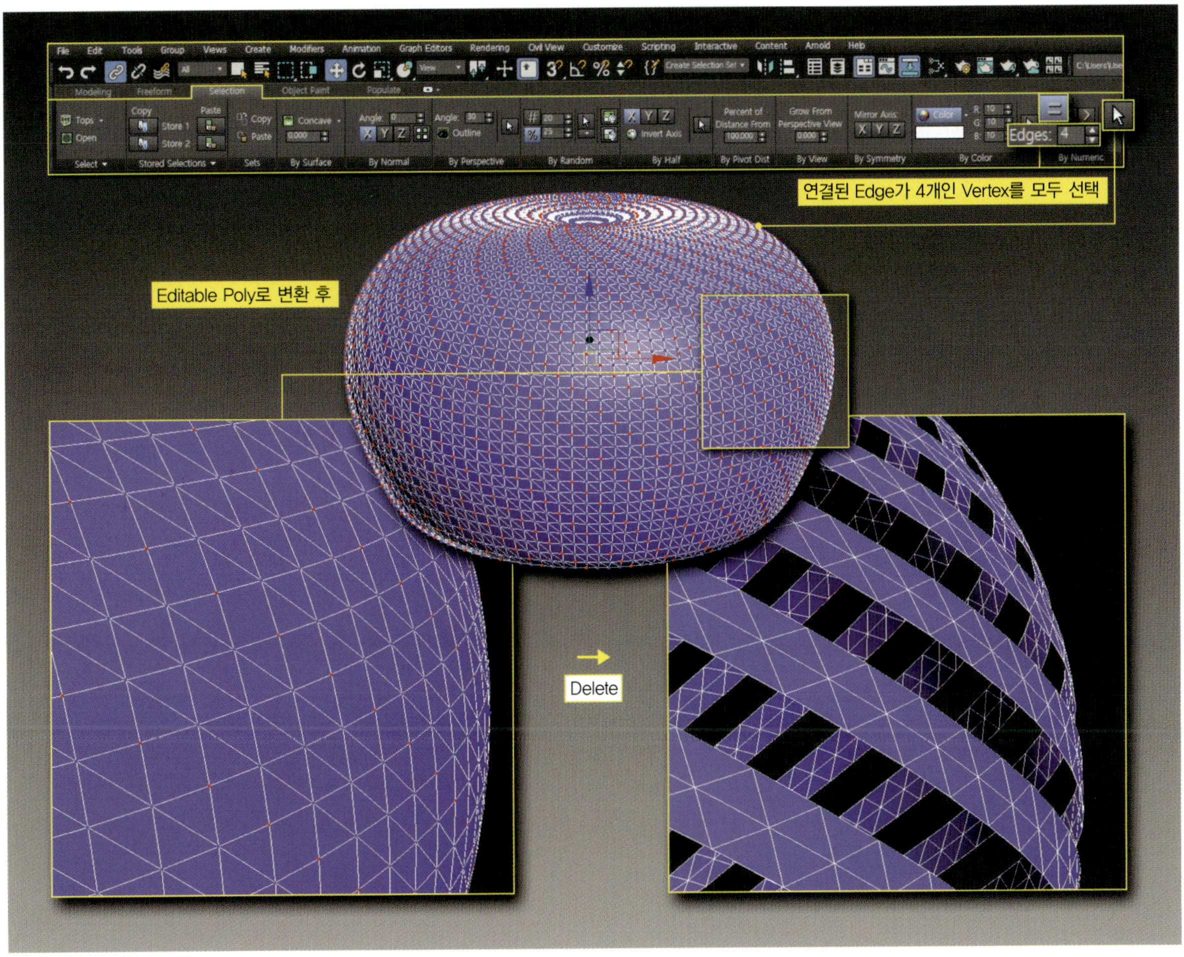

Modify → Shell을 적용해서 두께를 주고 다시 Modify → TurboSmooth를 적용해서 완성합니다.

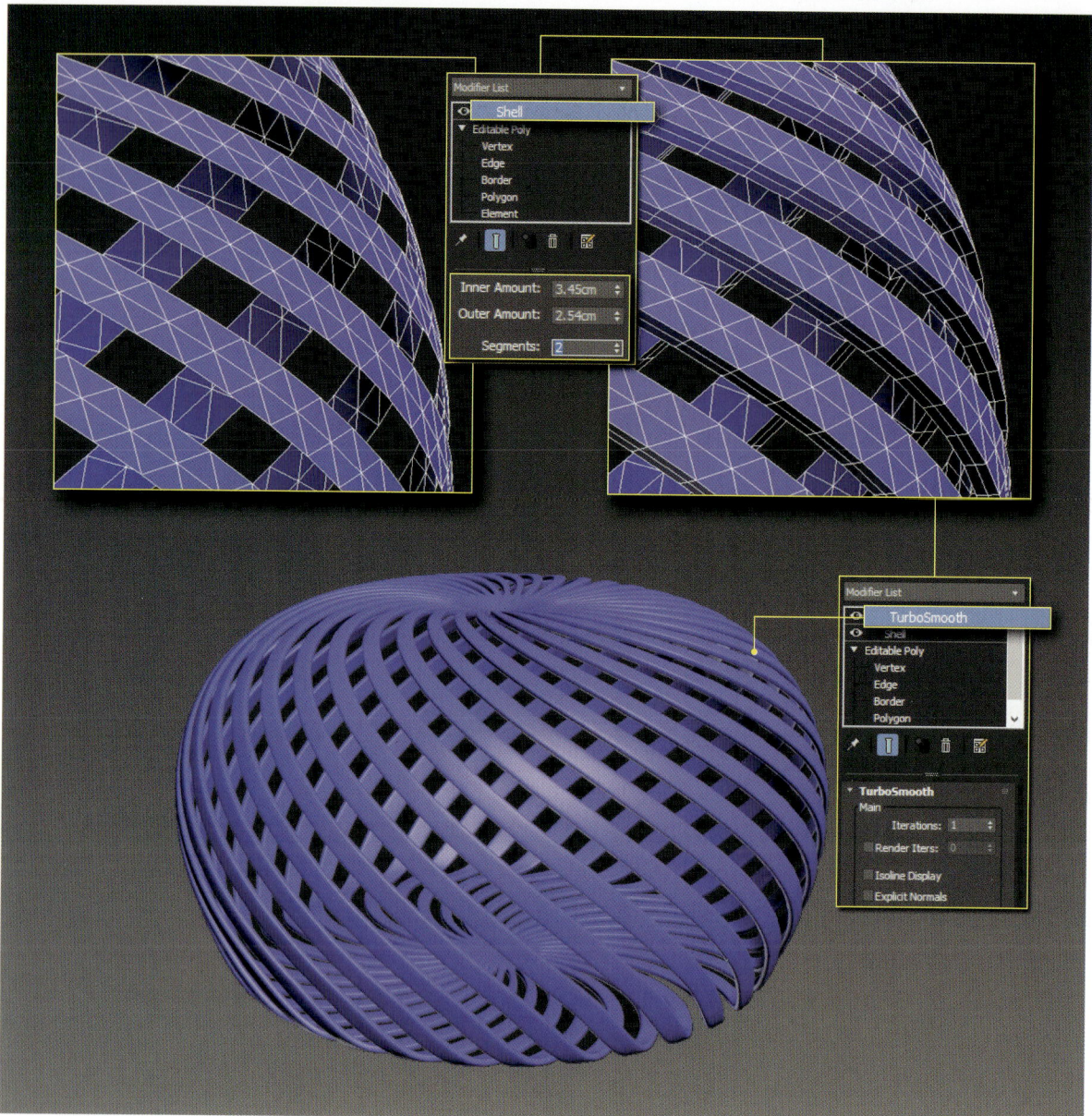

SECTION 11

선택 기능으로 규칙적인 패턴을 가진 Object 만들기 5

선택 기능을 반복적으로 사용해서 Object 전체에 여러 가지 패턴을 적용할 수 있습니다.

다음 Object는 크게 두 가지 형태로 이루어져 있습니다.

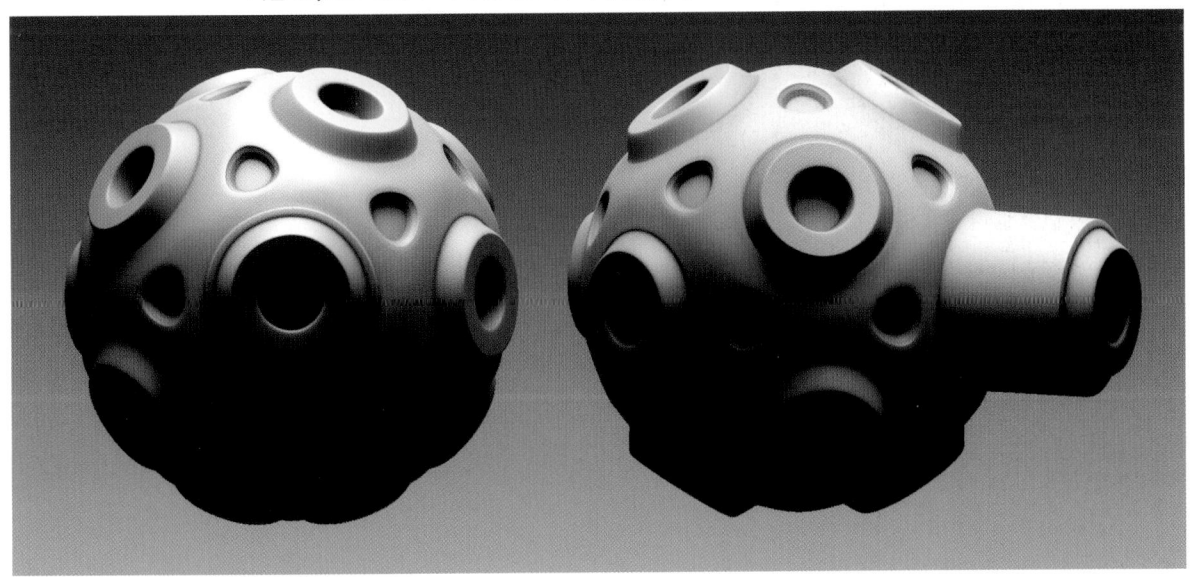

그림처럼 GeoSphere를 생성하고 Editable Poly로 변환한 후 Inset, Extrude 기능을 이용해서 먼저 튀어나온 부분을 제작합니다.

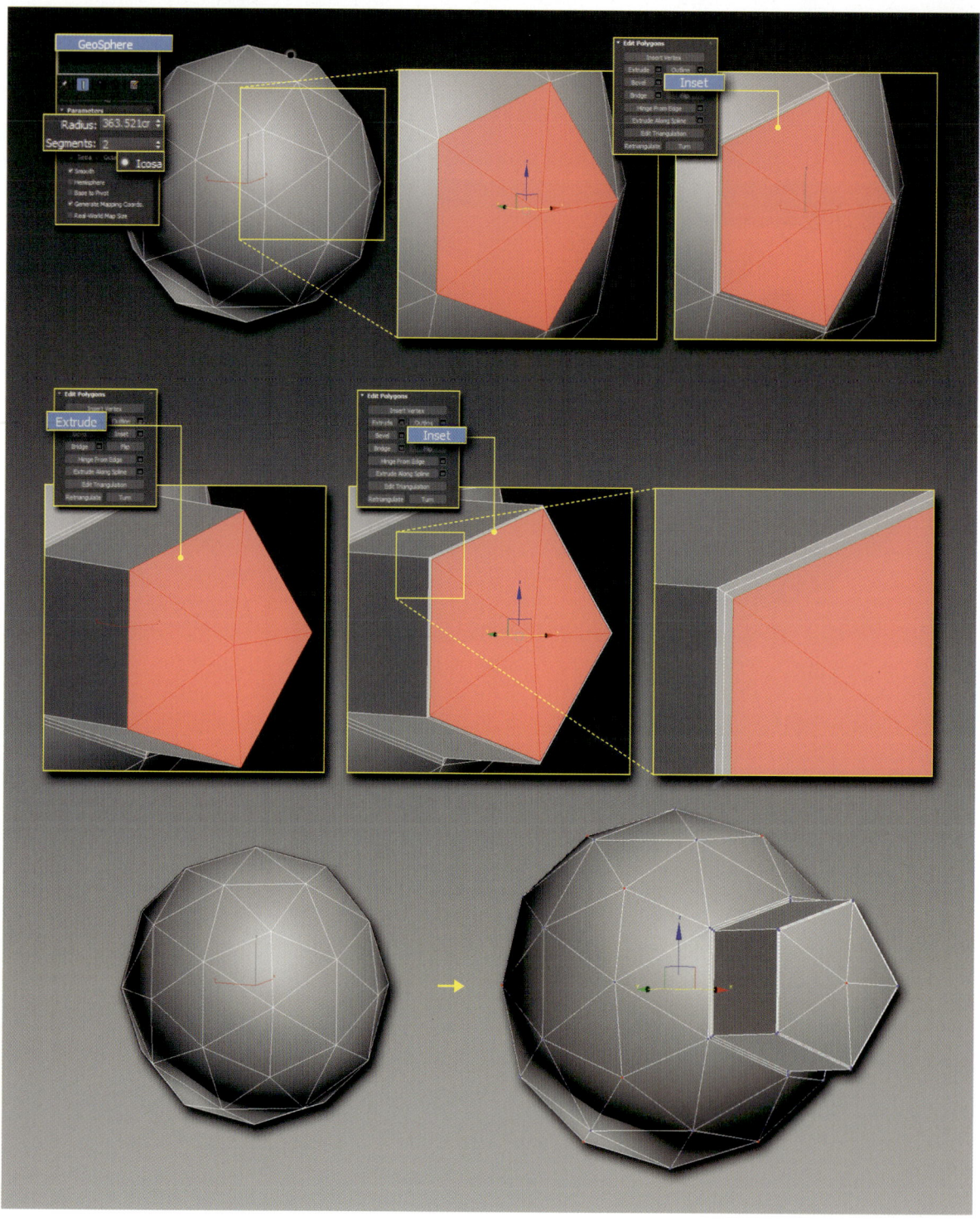

Object를 살펴보면 5개의 Edge가 연결되어 있는 Vertex와 6개의 Edge가 연결되어 있는 Vertex로 이루어져 있습니다.

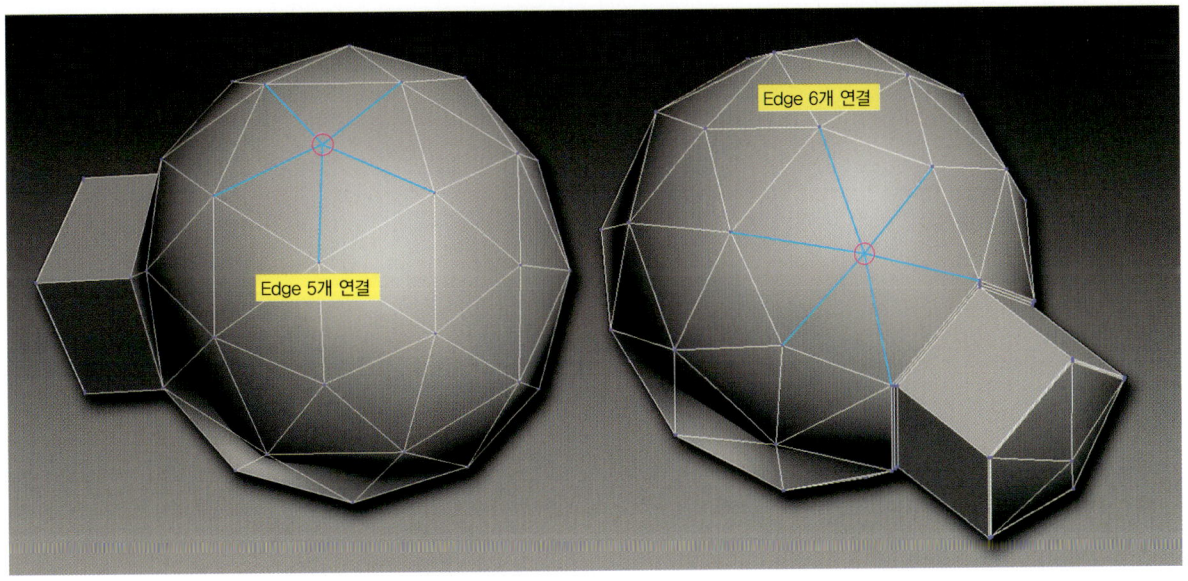

Ribbon → Selection의 By Numeric의 =로 Edges를 5로 하고 선택 버튼을 클릭해서 5개의 Edge와 연결되어 있는 모든 Vertex를 선택합니다. 마우스 오른쪽 버튼을 클릭하고 Convert to Face를 실행해서 선택되어 있는 Vertex에 연결되어 있는 Polygon으로 선택 전환합니다.

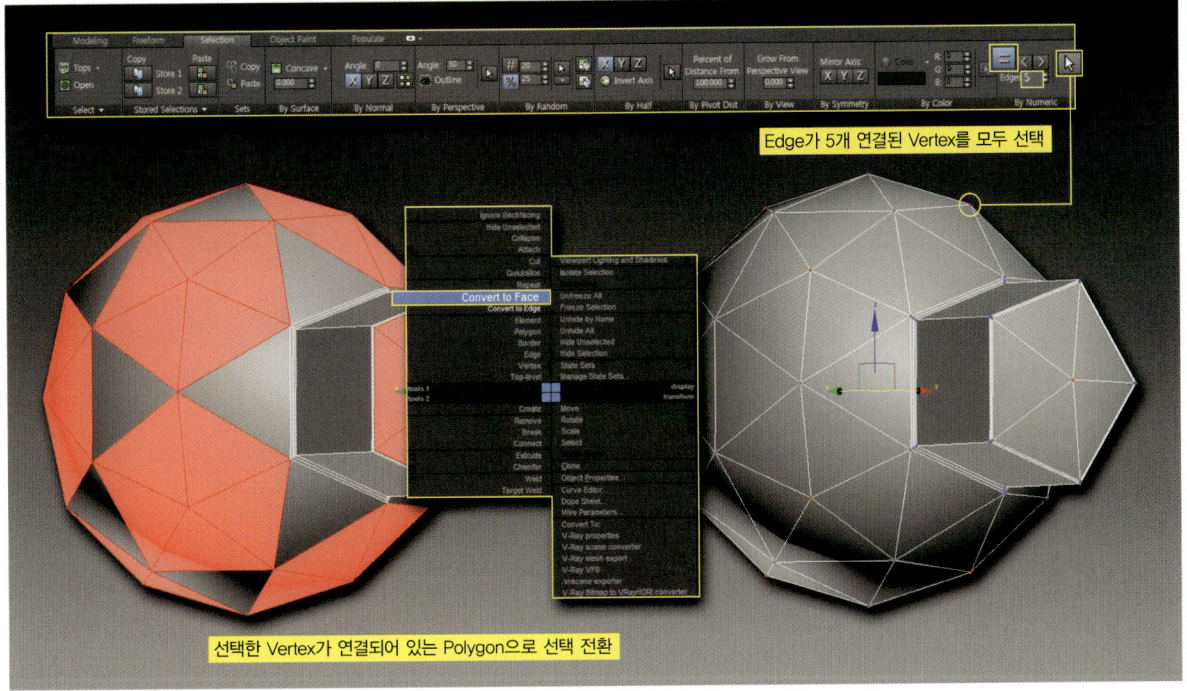

Chapter 09 | 다양한 모델링 접근 방식

Inset과 Bevel을 이용해서 변형합니다.

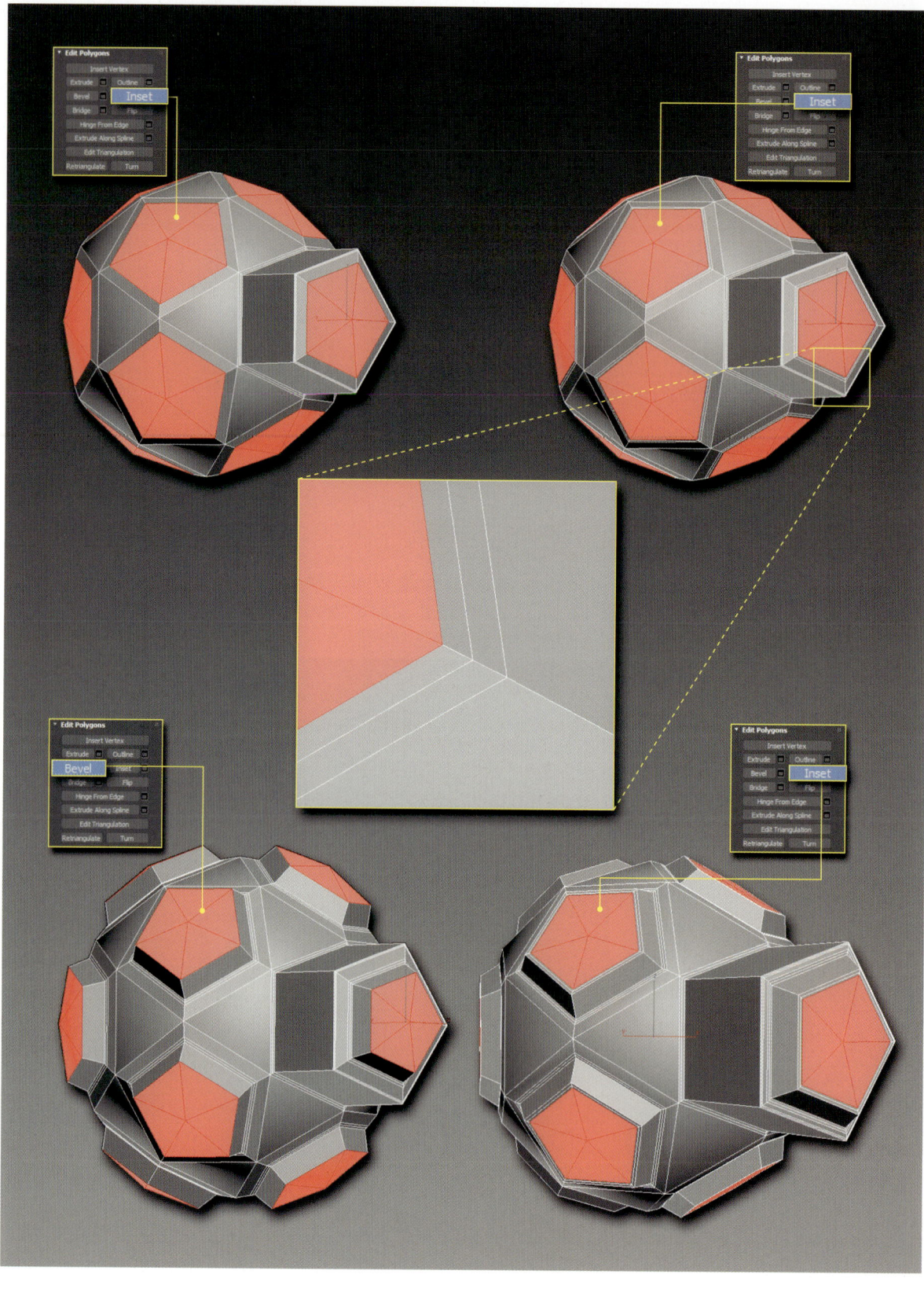

Ribbon ➡ Selection의 By Numeric에 =로 Edges를 5로 하고 선택 버튼을 클릭해서 5개의 Edge와 연결되어 있는 모든 Vertex를 선택하고 Remove를 실행해서 제거합니다.

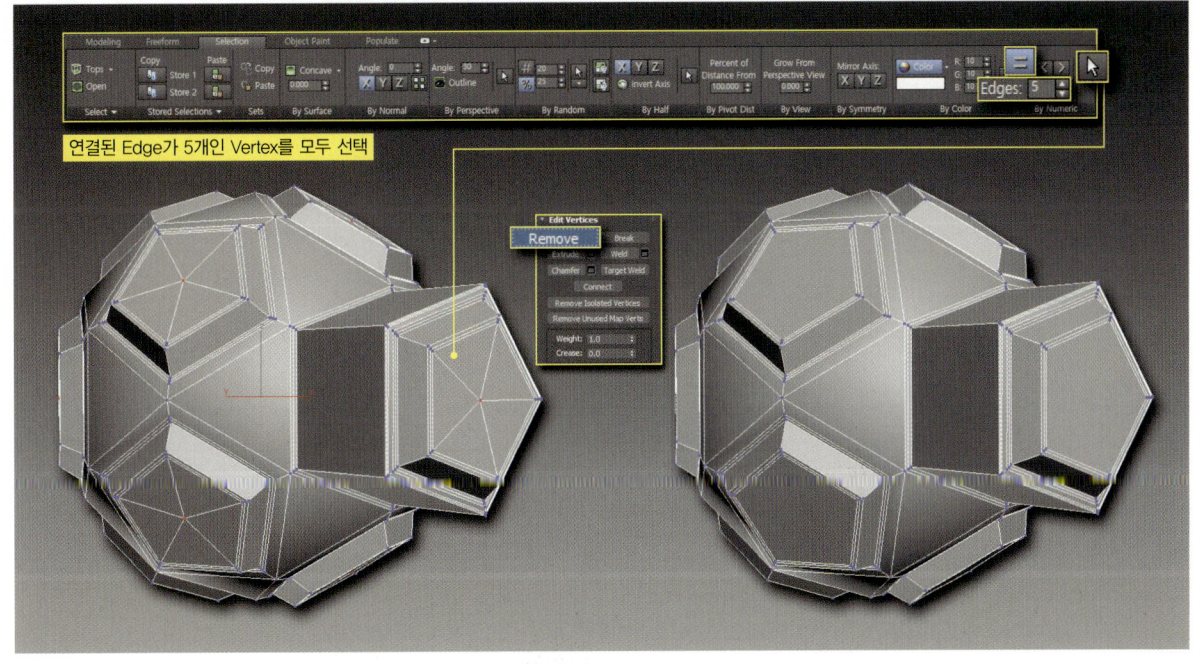

이번에는 하나의 Polygon을 선택하고 선택된 Polygon과 같은 형태의 모든 Polygon을 선택해서 변형했습니다.

먼저 하나의 Polygon을 선택하고 Ribbon ➡ Modeling ➡ Modify Selection으로 이동해서 Similar 버튼을 클릭합니다. 먼저 선택해 놓은 Polygon과 같은 모양의 모든 Polygon이 선택됩니다.

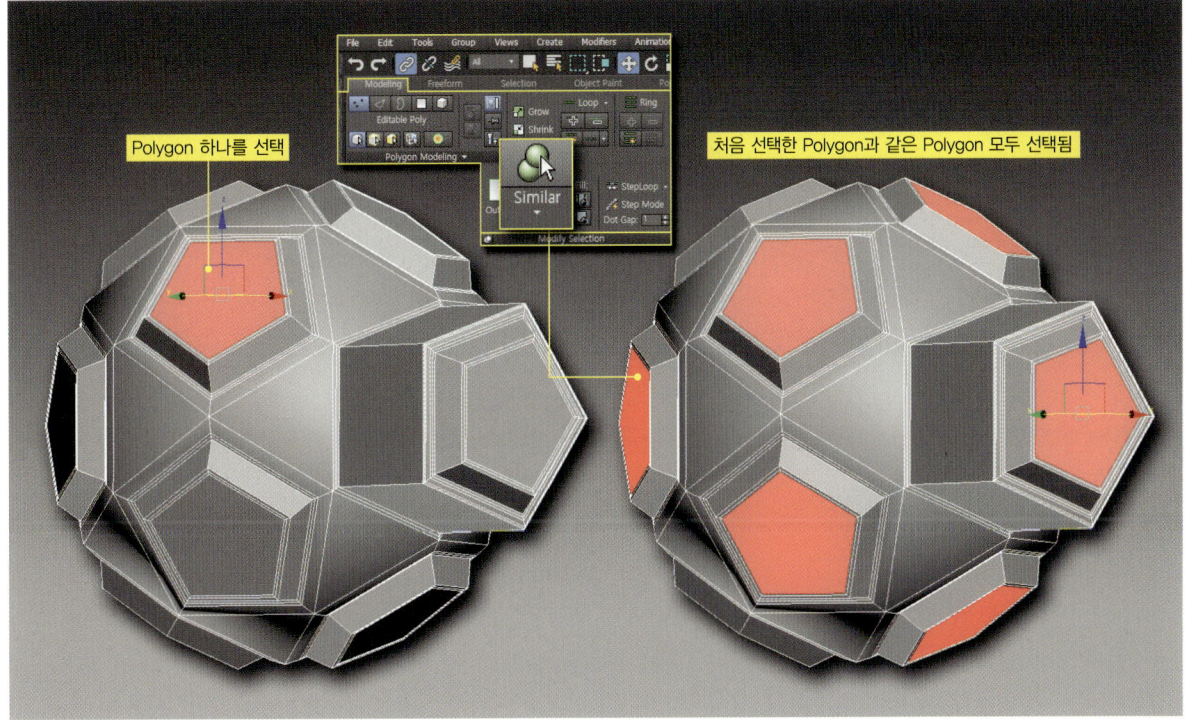

Inset, Bevel을 이용해서 선택한 Polygon을 변형합니다.

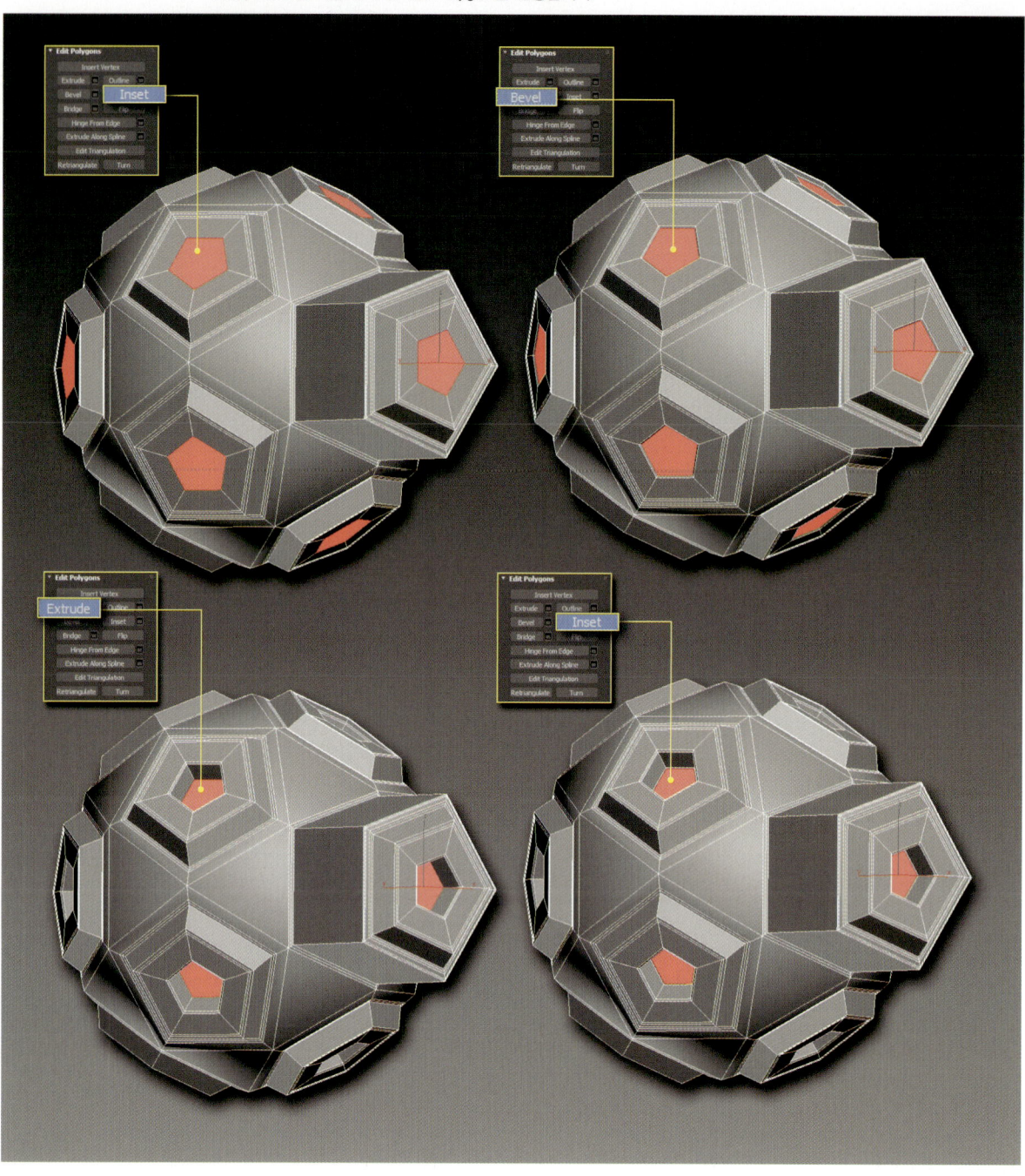

다시 삼각형의 Polygon을 선택하고 Ribbon → Modeling → Modify Selection으로 이동해서 Similar 버튼을 클릭해서 같은 형태의 모든 Polygon을 모두 선택한 후 다시 Inset, Bevel을 이용해서 변형하고 완성합니다.

다음과 같이 복잡한 형태로 이루어진 Object도 앞서 학습한 다양한 모델링 방법을 활용하여 만들어진 결과입니다. 복잡해 보이지만, 추가하려는 형태에 맞게 Edge를 추가하거나 연결하는 기본적인 과정이며, 단순한 형태부터 많은 연습이 필요합니다. 챕터 9에 이르기까지 예제를 통해 연습했다면 누구나 수행할 수 있는 작업입니다.

Skull Object를 3ds Max로 Import하고 Modify ➔ Retopology 기능을 활용해 Polygon을 재구성하고 디테일을 추가하는 방법으로 진행했습니다. Modify ➔ Retopology를 적용하고 Face Count에 적절한 값을 입력한 후 Compute 버튼을 클릭합니다. Object의 형태에 맞게 자연스럽게 Polygon이 구성되는 것을 확인할 수 있습니다. 원하는 결과를 얻을 때까지 Reset 버튼을 클릭하여 초기화하고 Face Count 조정 및 Compute 실행을 반복합니다. 원하는 결과가 나왔을 때 Symmetry를 적용하고, 경우에 따라 Edit Poly를 적용한 후 추가 수정합니다.

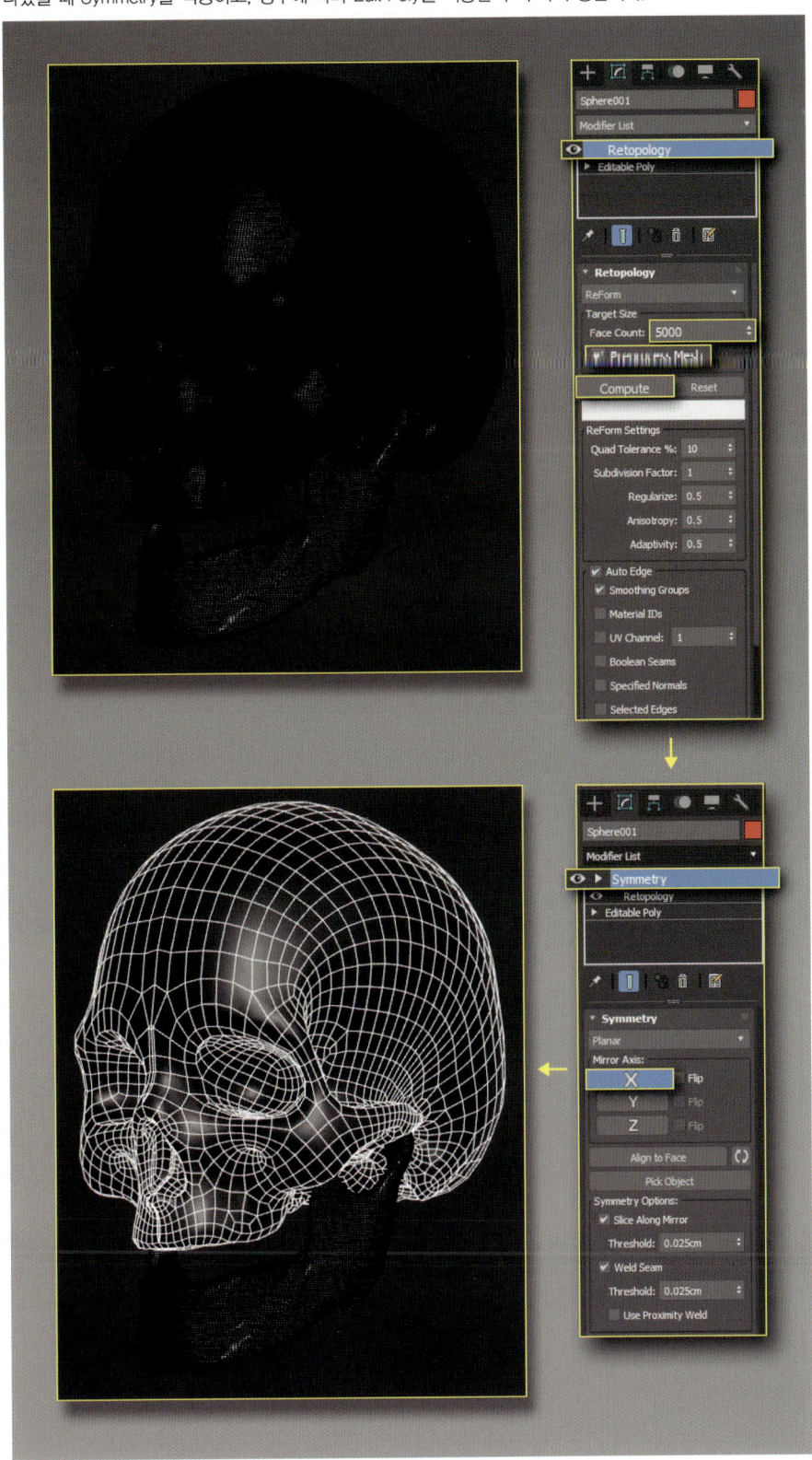

이렇게 최적화한 Object의 머리 부분에 더 많은 디테일을 추가하기 위해, Boolean을 활용하여 앞뒤 두 개의 부분으로 분리할 수 있습니다. 측면에서 두 덩어리로 나누어질 위치와 형태를 Spline을 활용해 평면적으로 만들고 Modify ➜ Shell을 적용해 두께를 주어 완성합니다.

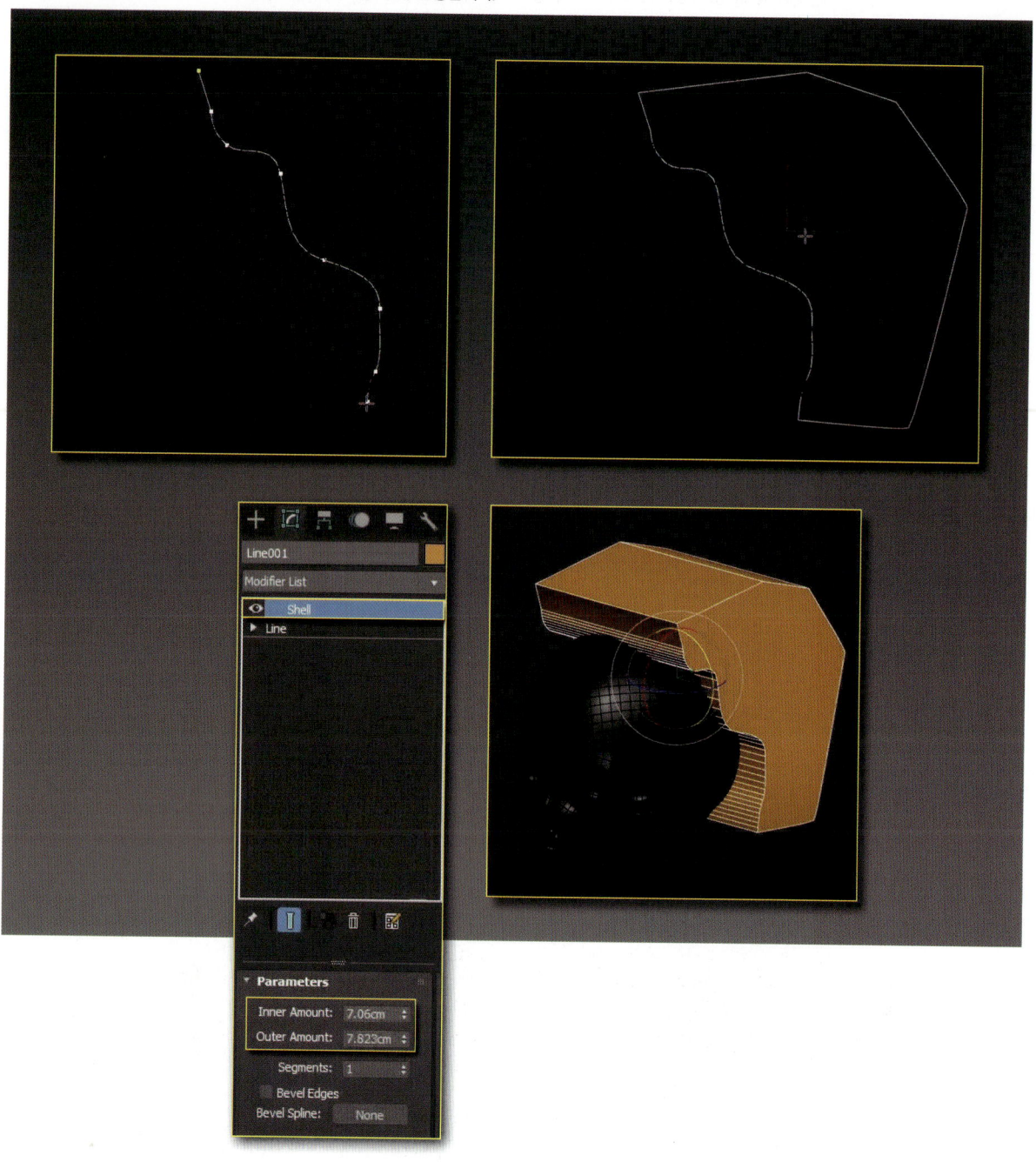

Object가 겹쳐 있을 때 Skull을 선택하고 Modify → Boolean을 적용합니다. Add Operations에서 Boolean의 적용 방식을 Select to Add Split Operands로 선택하고, 분리하기 위해 만들어 놓은 Object를 클릭합니다. 클릭한 Object의 형태의 경계면을 기준으로 Object가 두 덩어리로 나뉘어 있는 것을 확인할 수 있습니다.

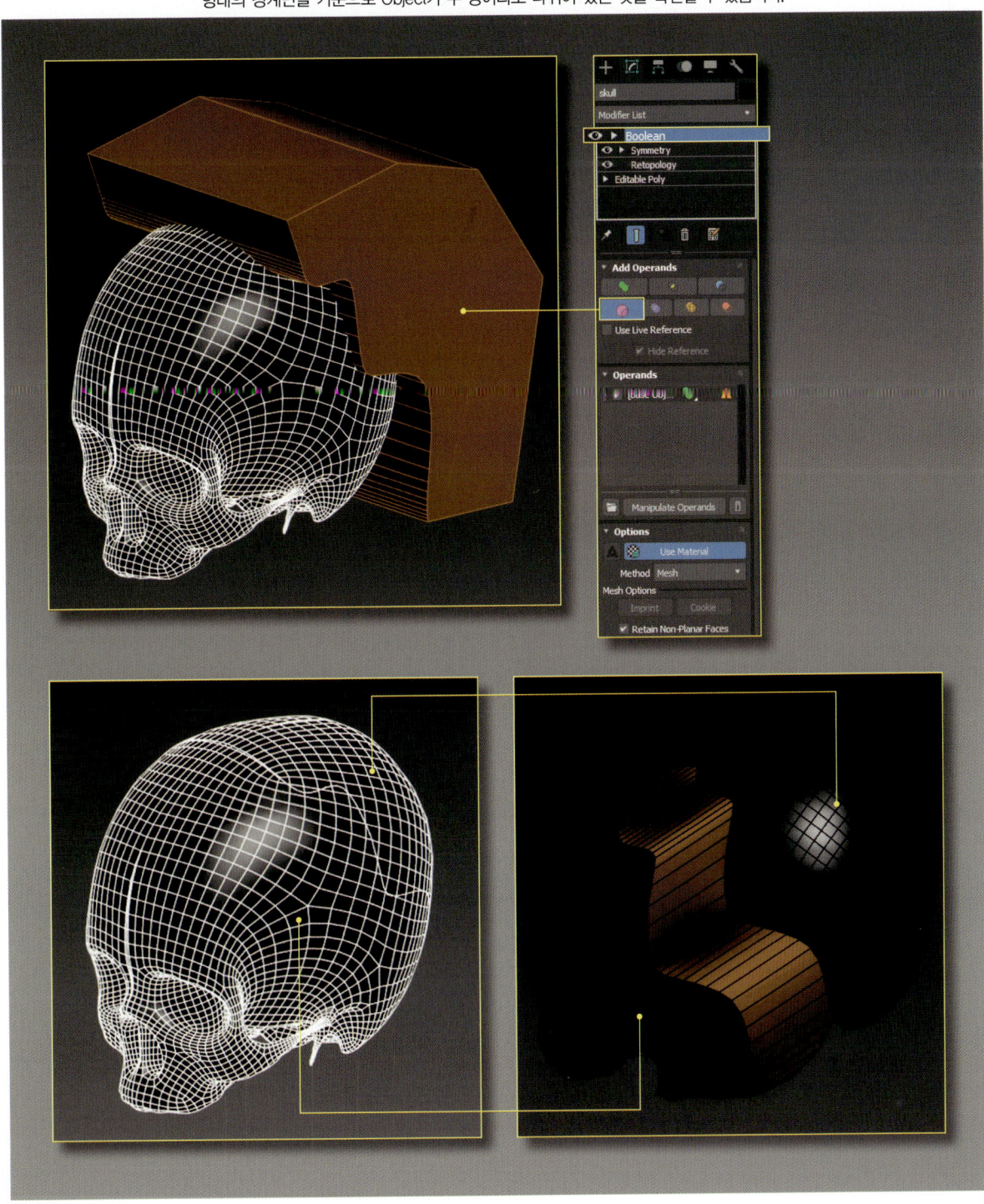

마우스 오른쪽 버튼을 클릭하고 Convert to Editable Poly를 선택하여 변환합니다. 그 후 Element를 선택하고 Detach 기능으로 분리하여 준비합니다.

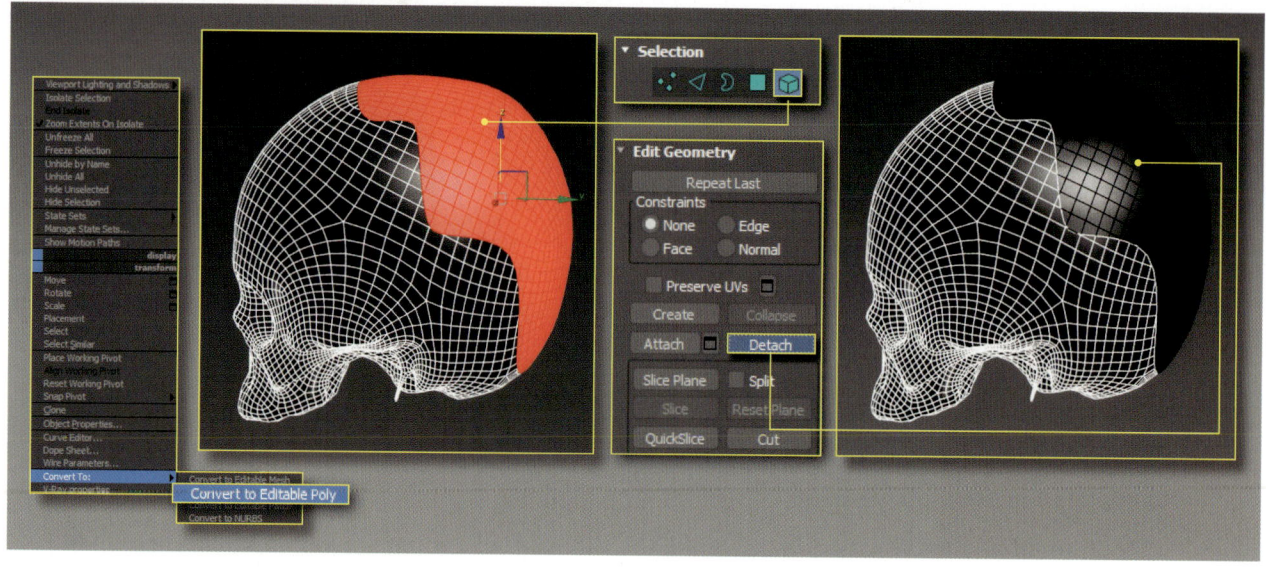

결과를 확인하면 가장자리에 불필요한 Vertex가 많이 남아 있습니다. Modify → Smooth를 적용하고 Auto Smooth를 체크합니다(Retopology를 적용할 때 더 좋은 결과를 얻을 수 있습니다). 그 후 다시 Modify → Retopology를 적용하여 최적화합니다. 그 결과, 불필요한 Vertex가 남지 않고 깔끔하게 정리되는 것을 볼 수 있습니다.

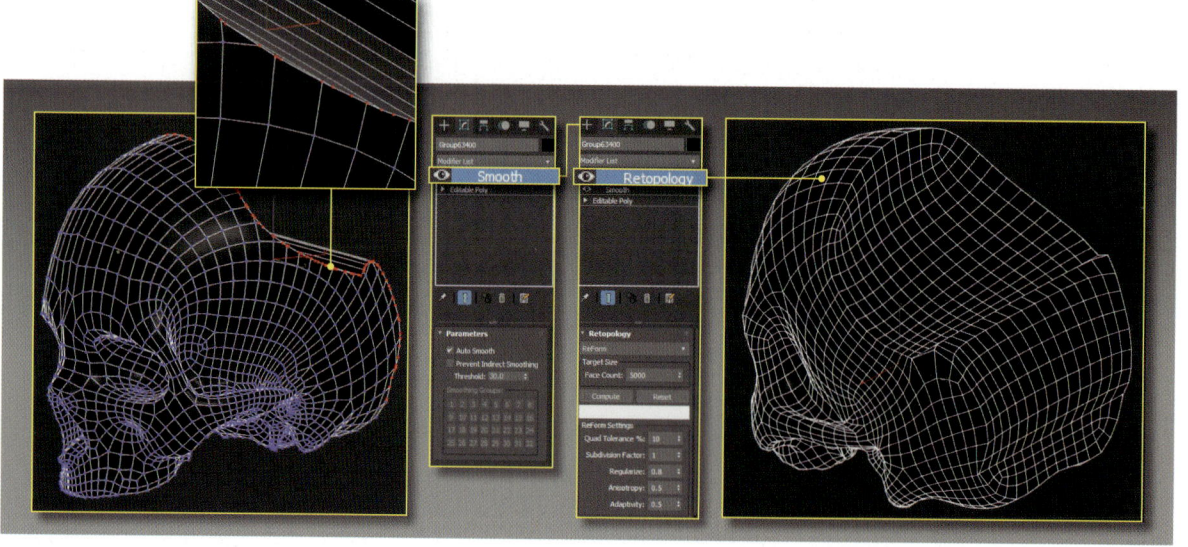

같은 방법으로 다른 부분도
최적화한 결과입니다.

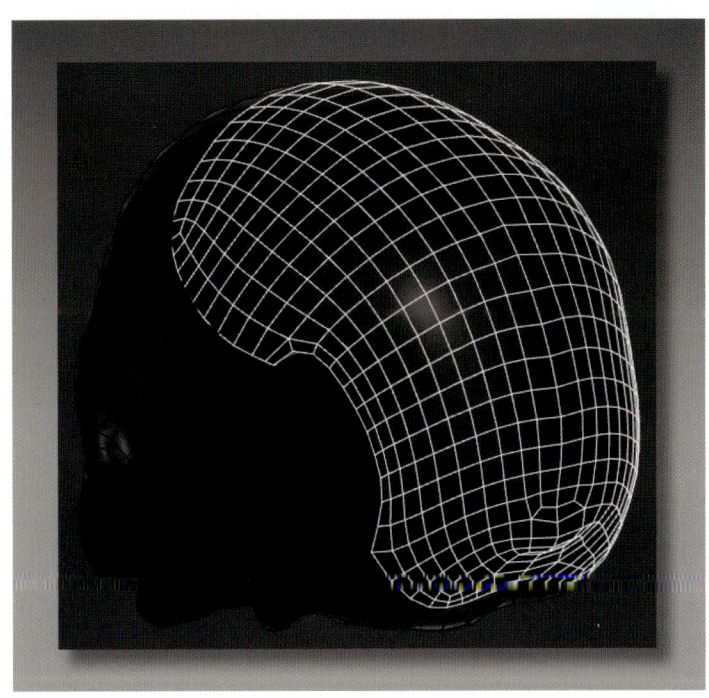

다음 이미지는 같은 방법으로 Object를 추가로 분리하고 디테일을 추가한 결과입니다.

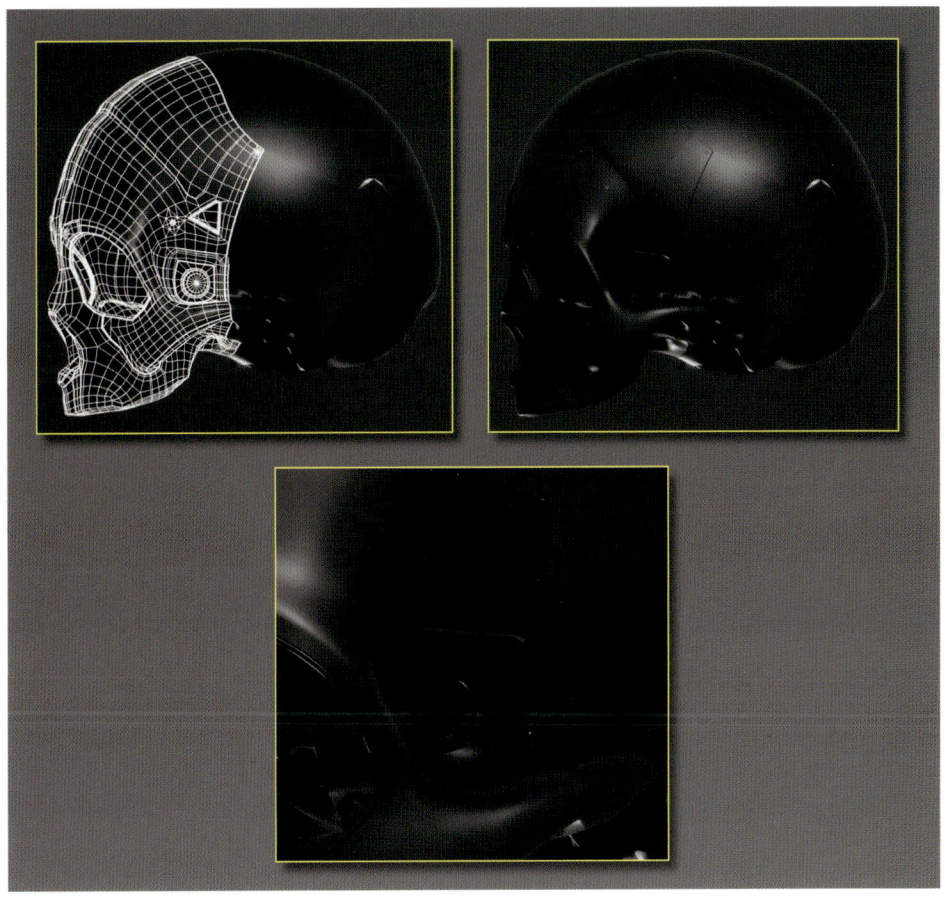

앞서 학습했던 기능을 활용하여 원하는 곳에 원형으로 홈을 파거나 원하는 모양의 형태를 추가할 수 있습니다. 챕터 2, 3에서 학습한 Loop Tools, GeoPoly, Cut 등의 기능을 적극적으로 활용하여 다양한 형태를 연습해 보기 바랍니다.

먼저 GeoPoly를 이용한 변형 과정을 다시 살펴보겠습니다. 다음 그림처럼 Edge가 구성되어 있는 정육면체를 만들고, 원형으로 변형될 부분의 Edge를 선택하여 Edge만 삭제하여 준비합니다.

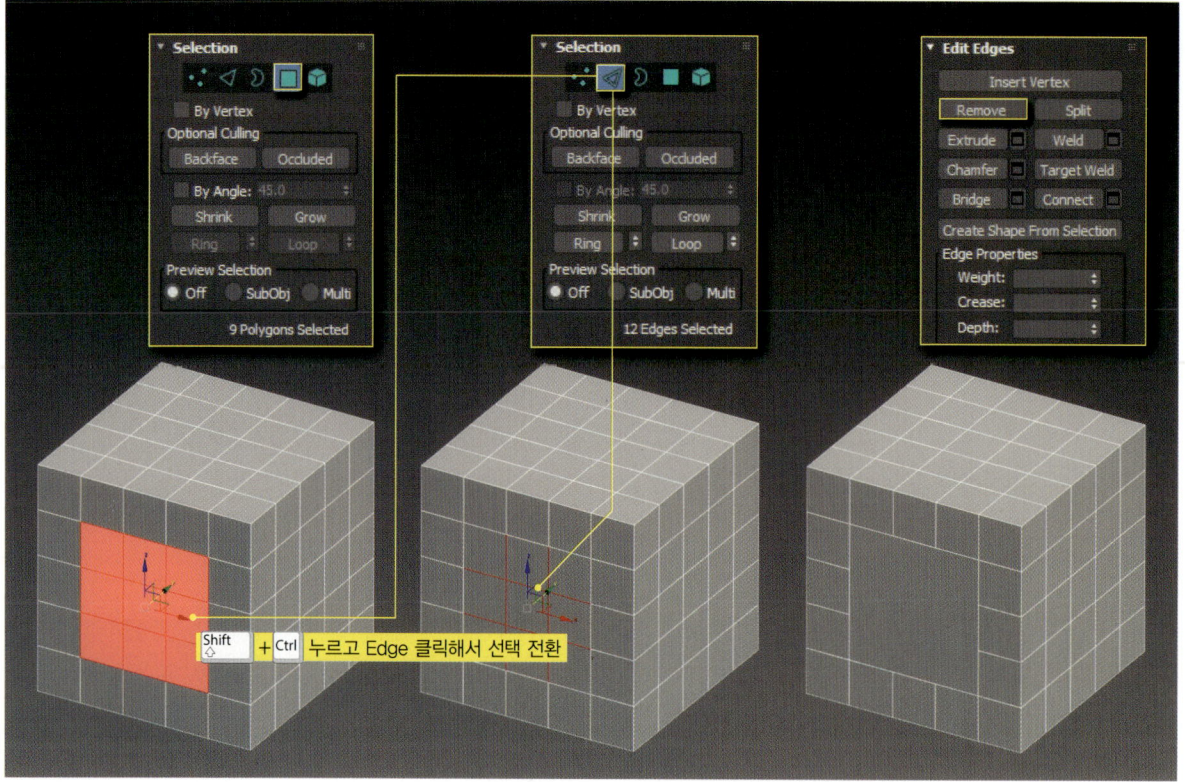

Edge를 삭제한 부분의 Polygon을 선택하고 GeoPoly를 실행하면 해당 부분이 원형으로 변형됩니다.

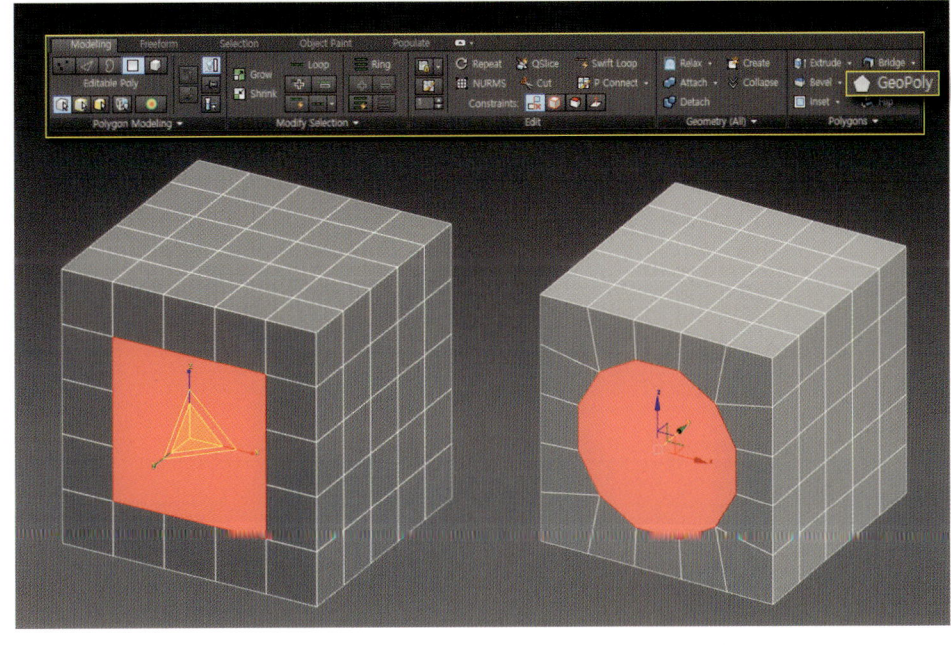

다음은 Inset, Extrude, Bevel, Chamfer 등의 기능을 활용하여 추가로 변형한 결과입니다.

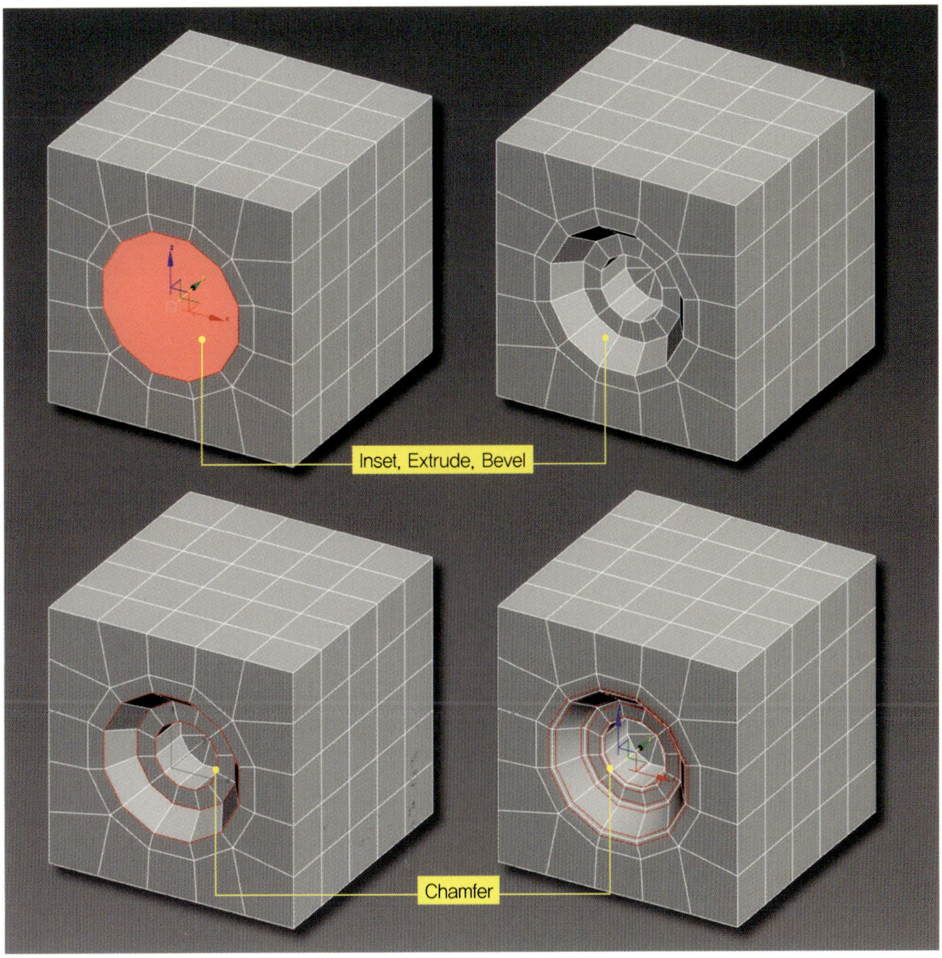

이번에는 Loop Tools → Circle을 활용하여 형태를 추가로 변형한 결과입니다. Loop Tools → Circle을 활용하기 위해서는 원형으로 변형될 가장자리 Edge가 Loop Select가 가능한 상태로 정리되어 있어야 합니다. Inset을 실행하여 안쪽으로 Polygon을 생성하고 이를 삭제합니다. 그 후 가장자리 Edge를 선택하여 Loop Tools → Circle을 실행한 결과입니다.

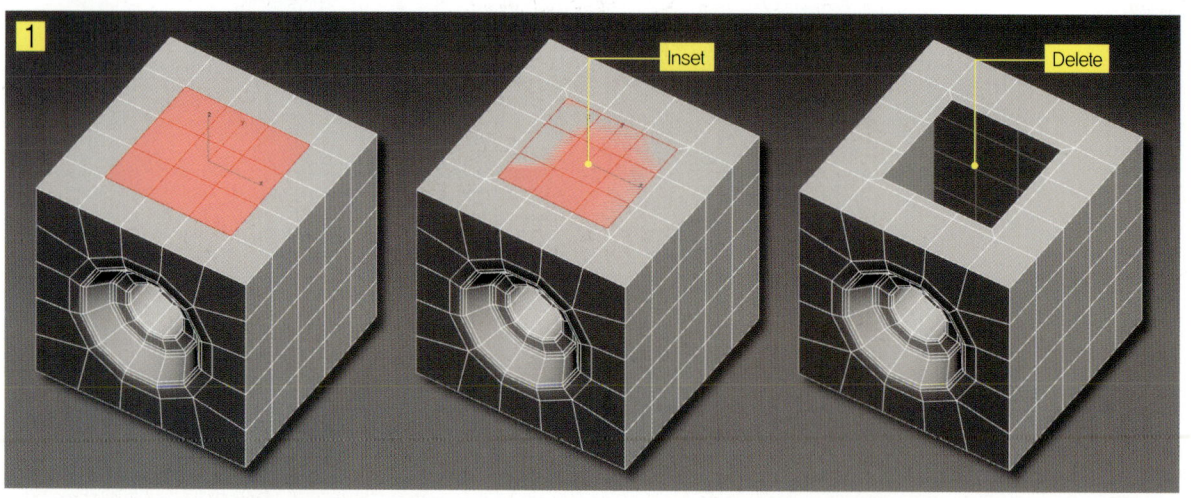

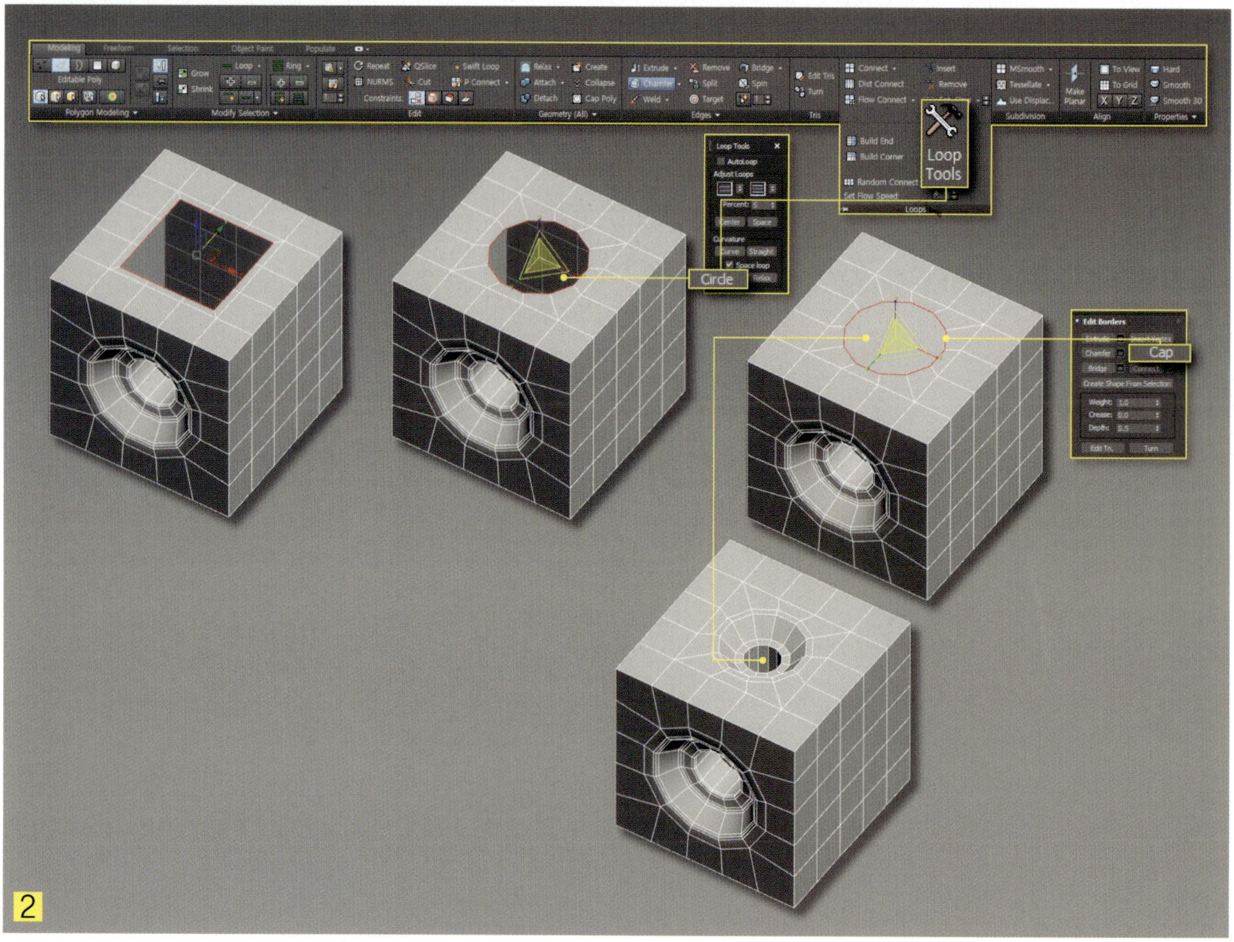

다음은 위의 기능들을 활용하여 Object를 변형하는 과정입니다.

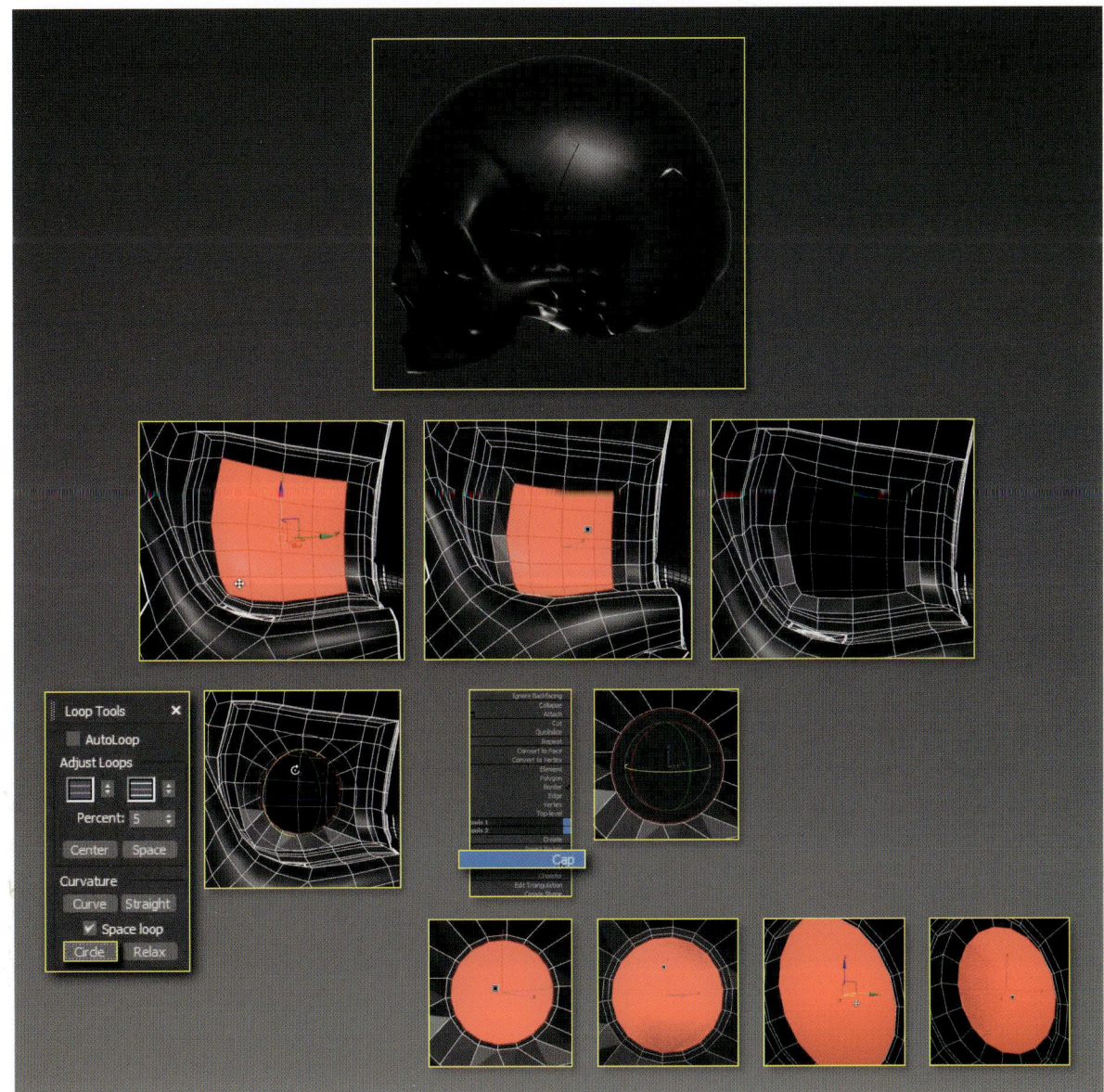

삼각형 모양은 Cut 기능을 이용하여 Polygon을 신속하게 자르고 Edge 구성을 정리했습니다. 이는 개인적으로 가장 자주 사용하는 방법입니다.

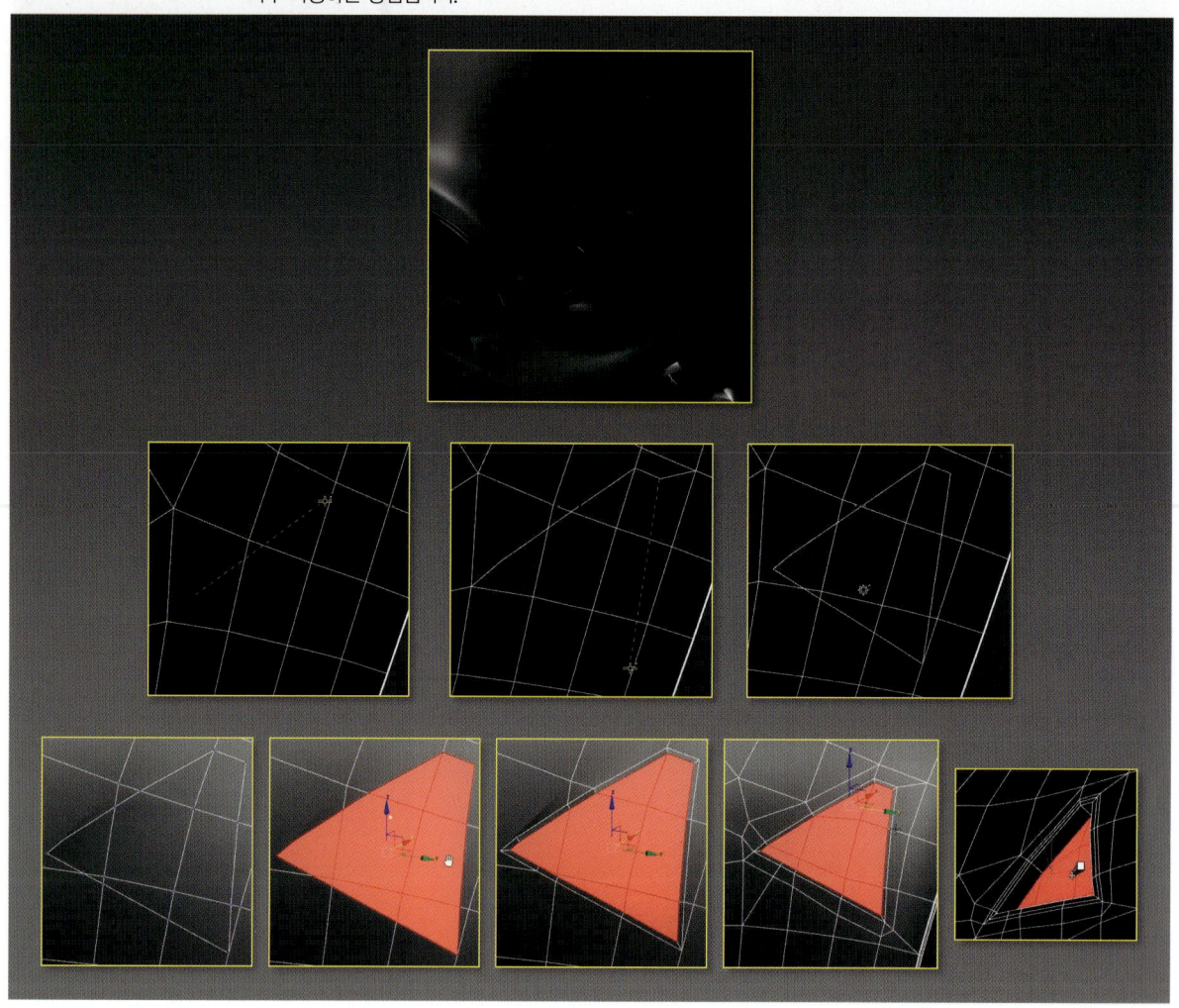

다음은 앞서 학습한 패턴 모델링 방법을 활용하여 디테일을 추가한 결과입니다. 해당 작업 과정은 다음과 같습니다.

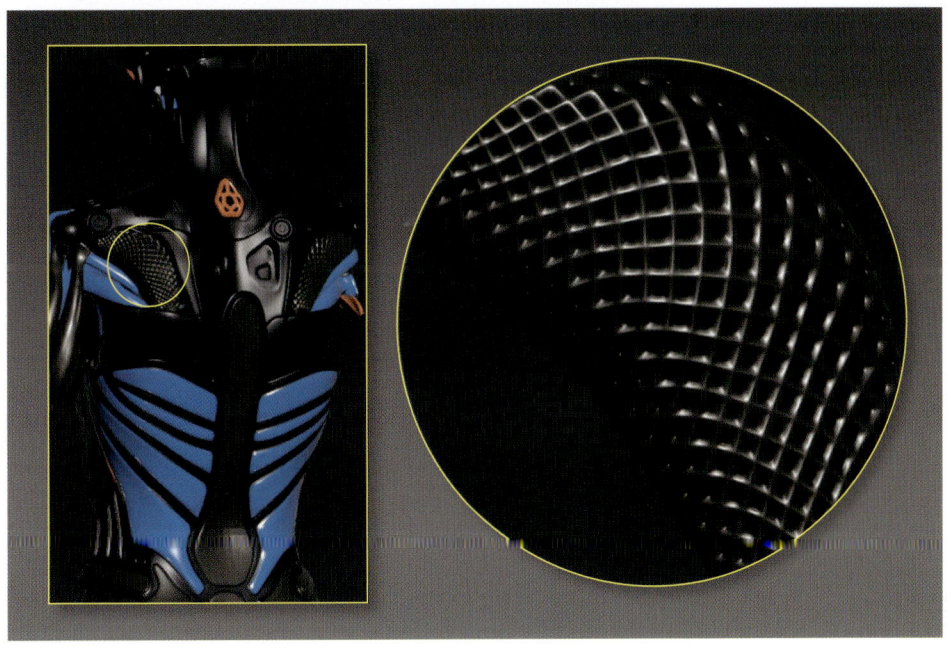

Tessellate와 Quadrify All을 활용하여 Edge의 연결 구조를 빠르게 변경할 수 있습니다.

Sphere를 생성하고 Editable Poly로 변환합니다. 그 후 Object 일부의 Polygon을 선택하고 Tessellate를 Face로 설정하여 실행합니다.

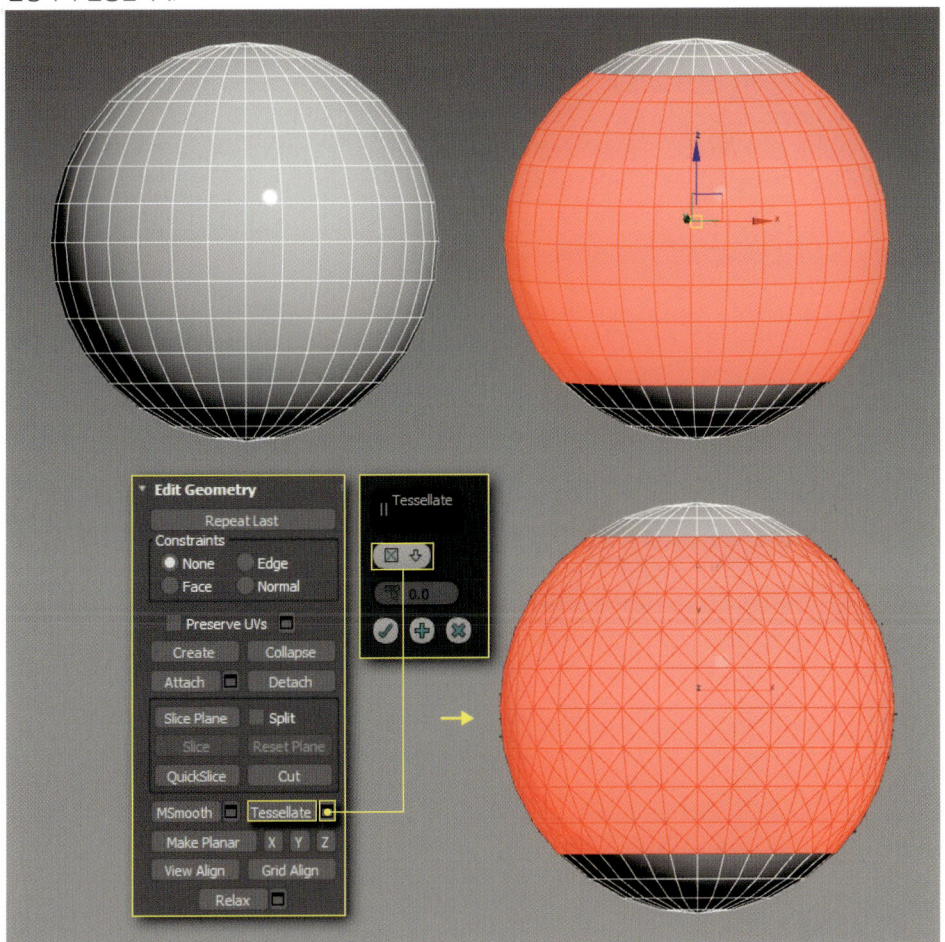

Quadrify All을 실행하면 다음 그림처럼 변형됩니다.

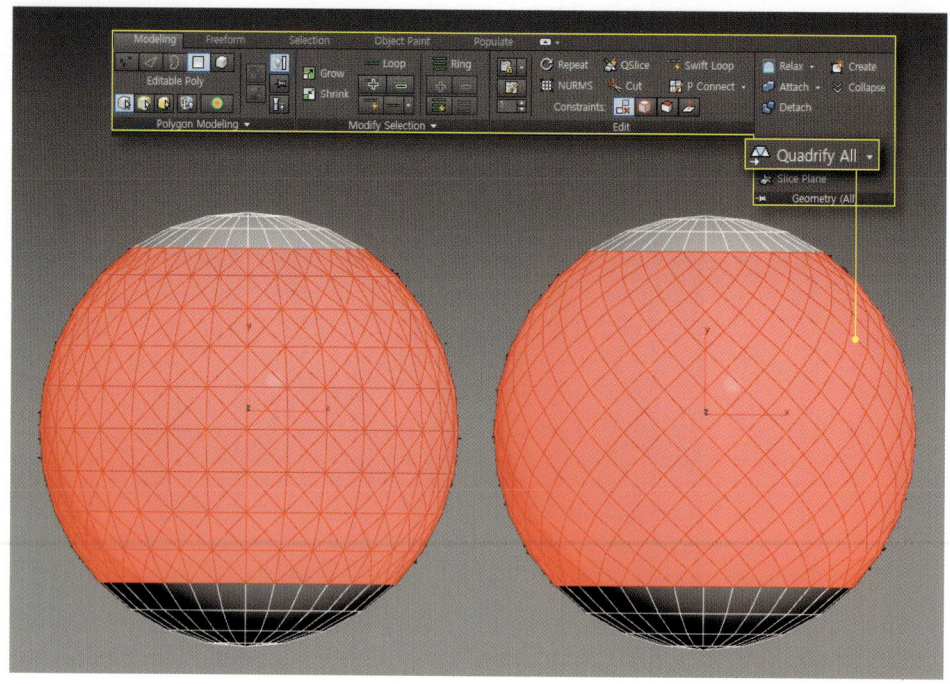

이번에는 Polygon Modeling → Topology를 활용하여 Edge 구조를 변형하고 패턴이 있는 형태로 모델링을 진행합니다.

Sphere를 생성하고 Editable Poly로 변환합니다. 그 후 Object 일부의 Polygon을 선택하고 변형할 부분을 Detach 하여 분리합니다.

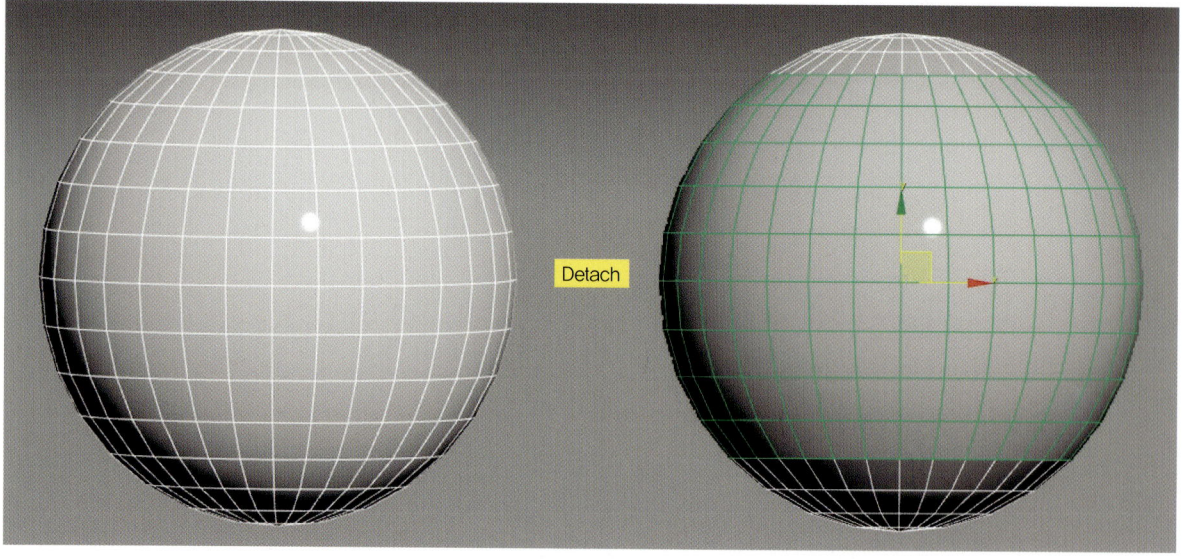

변형할 부분을 선택하고 Polygon Modeling → Topology에서 패턴을 적용합니다. 그 후 다시 Attach하여 하나로 만들고 Vertex를 연결한 결과입니다.

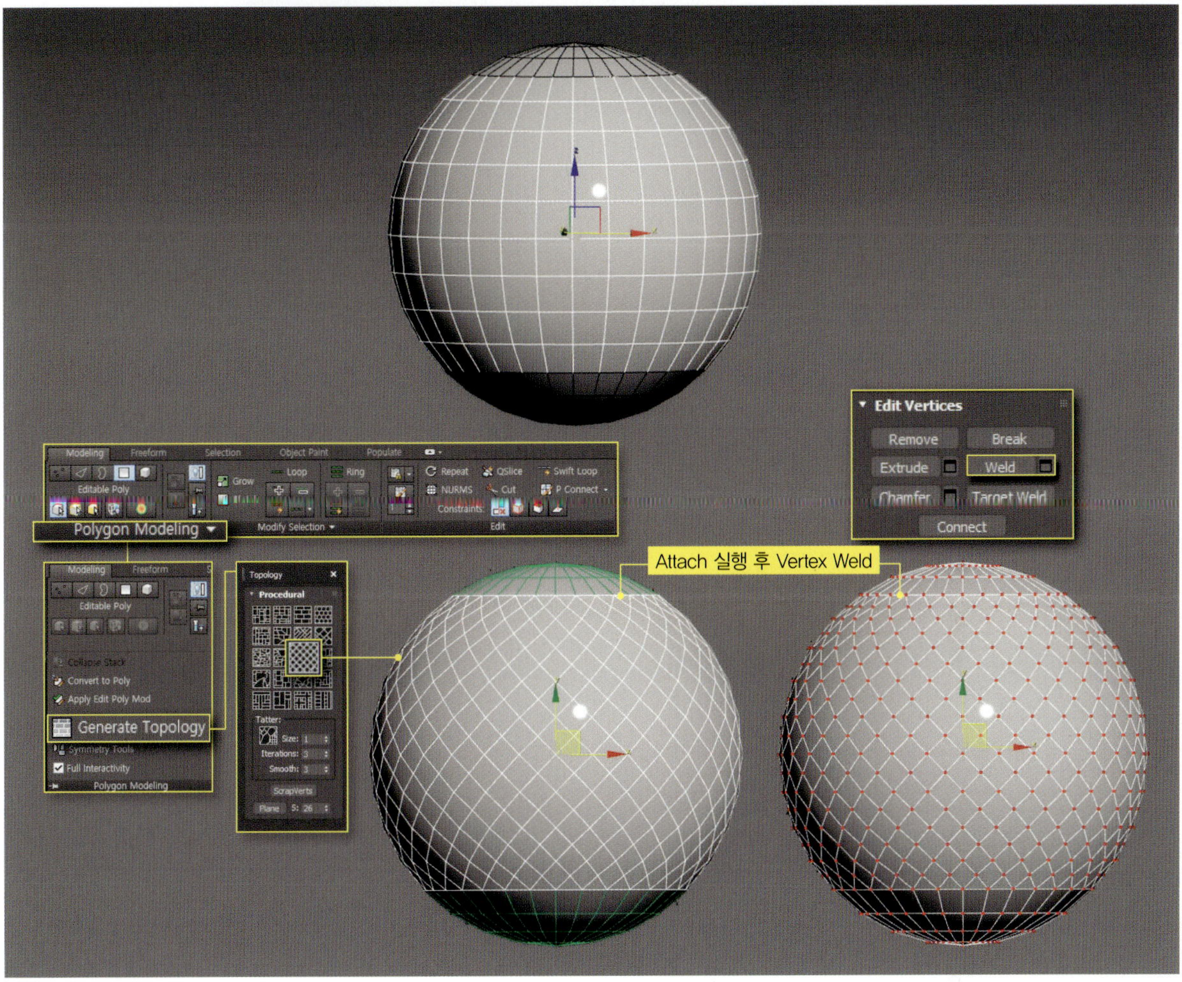

가운데 Edge가 사선으로 변형된 부분의 Polygon을 선택합니다. Inset을 Local로 설정하여 실행한 후, Bevel을 적용하여 변형한 결과입니다.

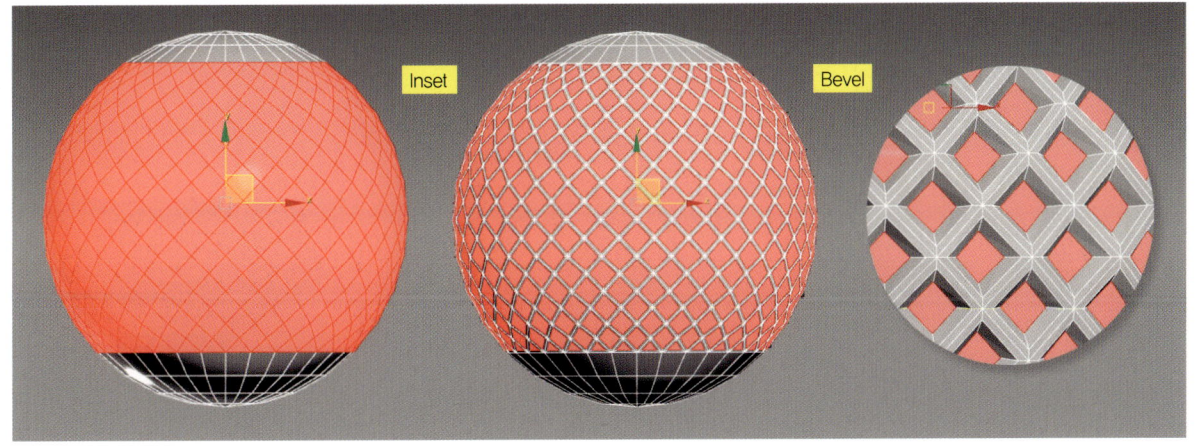

TurboSmooth를 적용한 결과입니다.

어깨뼈에 해당하는 부위를 앞서 설명한 방법으로 변형한 결과입니다.

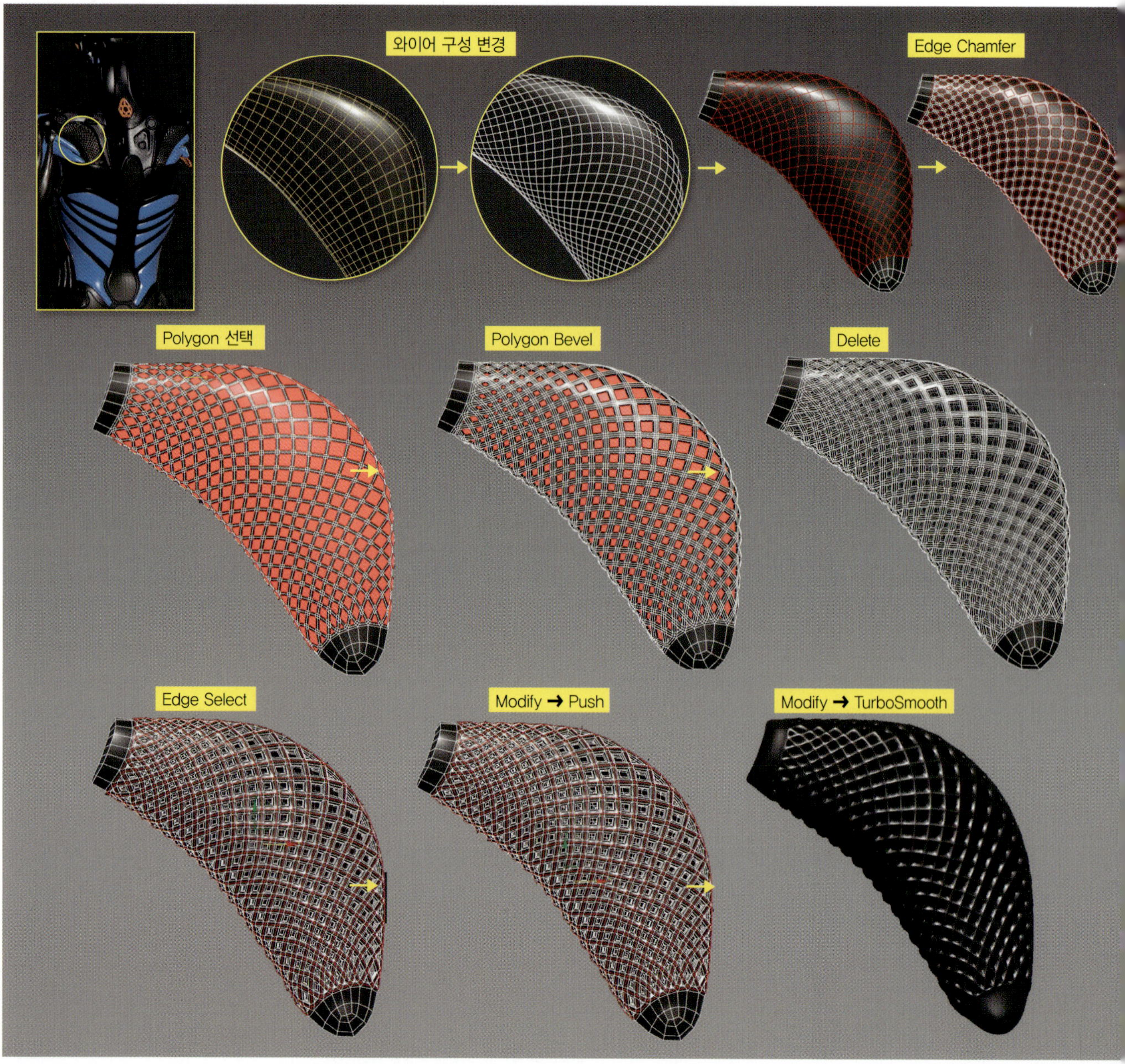

상상력을 발휘하여 이 책에서 다루지 않은 방법으로 모델링해보기 바랍니다. 기능을 단순히 암기하는 데 그치지 말고, 새로운 시도를 통해 얻는 경험이 실력 향상에 가장 중요한 요소입니다.

지금까지 Editable Poly Modeling 방식만으로는 복잡하고 많은 시간이 소요되는 형태를 쉽고 직관적으로 모델링하는 방법을 학습해 보았습니다

각 기능을 어떤 방식으로 응용하는 가에 따라 수없이 많은 형태를 표현할 수 있습니다.

상상력을 발휘해서 교재에서 시도하지 않은 다양한 방법으로 모델링해보기 바랍니다. 기능을 암기하는 것과 더불어 새로운 시도를 통해 얻는 경험도 실무에 많은 도움이 될 거라 확신합니다.